Kompakt-Lexikon Wirtschaftstheorie

Springer Fachmedien Wiesbaden (Hrsg.)

Kompakt-Lexikon Wirtschaftstheorie

1.800 Begriffe nachschlagen, verstehen, anwenden

ISBN 978-3-658-03026-1

Die Deutsche Nationalbibliothek verzeichnet diese Publikation in der Deutschen Nationalbibliografie; detaillierte bibliografische Daten sind im Internet über http://dnb.d-nb.de abrufbar.

Springer Gabler
© Springer Fachmedien Wiesbaden 2013

Redaktion: Stefanie Brich, Claudia Hasenbalg
Layout und Satz: workformedia | Frankfurt am Main | München

Gedruckt auf säurefreiem und chlorfrei gebleichtem Papier

Springer Gabler ist eine Marke von Springer DE.
Springer DE ist Teil der Fachverlagsgruppe Springer Science+Business Media
www.springer-gabler.de

Autorenverzeichnis

Professor Dr. **Oliver Budzinski**, Technische Universität Ilmenau, Ilmenau
Sachgebiet: Geldpolitik und -theorie

Dr. **Peter Haric**, Leitbetriebe Austria Institut, Wien
Sachgebiet: Theorie der Unternehmung

Professor Dr. **Gustav A. Horn**, Hans-Böckler-Stiftung, Düsseldorf
Sachgebiet: Konjunktur

Michael Horvath, Technische Universität, München
Sachgebiet: Volkswirtschaftliche Gesamtrechnung

Dr. **Jörg Jasper**, EnBW AG, Berlin
Sachgebiet: Geldpolitik und -theorie

Professor Dr. **Martin Klein**, Martin-Luther-Universität Halle-Wittenberg, Halle (Saale)
Sachgebiete: Entwicklungspolitik, Internationale Organisationen

Dr. **Ingo Mecke**, Bundeskartellamt, Bonn
Sachgebiet: Kartellrecht, Wettbewerb

Professor Dr. **Albrecht Michler**, Heinrich-Heine-Universität, Düsseldorf
Sachgebiet: Geldpolitik und -theorie

Professor (em.) Dr. **Dirk Piekenbrock**, Duale Hochschule Baden-Würtemberg, Mannheim
Sachgebiete: Haushaltstheorie, Preis- und Markttheorie

Dr. **Andreas Schäfer**, Universität Leipzig, Leipzig
Sachgebiet: Wachstum

Dr. **Carsten Weerth**, Hauptzollamt, Bremen
Sachgebiete: Außenwirtschaft, Europa

Prof. Dr. **Robert K. Freiherr von Weizsäcker**, Technische Universität München, München
Sachgebiet: Volkswirtschaftliche Gesamtrechnung

Professor Dr. **Hans-Werner Wohltmann**, Christian-Albrechts-Universität zu Kiel, Kiel
Sachgebiet: Makroökonomik

Abkürzungsverzeichnis

a.	anno (Jahr)
Abb.	Abbildung
Abk.	Abkürzung
ABl	Amtsblatt
ABl EG	Amtsblatt der Europäischen Gemeinschaften
ABl EU	Amtsblatt der Europäischen Union
Abschn.	Abschnitt
a.F.	alte Fassung
AG	Aktiengesellschaft; Amtsgericht; Ausführungsgesetz
AktG	Aktiengesetz
allg.	allgemein
amerik.	amerikanisch
AO	Abgabenordnung
Art.	Artikel
AStG	Außensteuergesetz
Aufl.	Auflage
AWG	Außenwirtschaftsgesetz
AWV	Außenwirtschaftsverordnung
BBankG	Gesetz über die deutsche Bundesbank
bes.	besonders(-e, -es, -er)
BetrVG	Betriebsverfassungsgesetz
BewG	Bewertungsgesetz
bez.	bezüglich
BFH	Bundesfinanzhof
BGB	Bürgerliches Gesetzbuch
BGBl	Bundesgesetzblatt (I = Teil I, II = Teil II, III = Teil III)
BörsG	Börsengesetz
bspw.	beispielsweise
BStBl	Bundessteuerblatt
bzw.	beziehungsweise
ca.	circa
d.h.	das heißt
DVO	Durchführungsverordnung

EAG	Europäische Atomgemeinschaft
EAGV	Vertrag über die Europäische Atomgemeinschaft
EGV	Vertrag zur Gründung der Europäischen Gemeinschaft
engl.	englisch
ErbStG	Erbschaftssteuer- und Schenkungsgesetz
EStG	Einkommensteuer-Gesetz
etc.	et cetera
EU	Europäische Union
EuGH	Europäischer Gerichtshof
e.V.	eingetragener Verein
evtl.	eventuell
EWGV	Vertrag über die Europäische Wirtschaftsgemeinschaft
ff.	folgende
franz.	französisch
geb.	geboren
GewO	Gewerbeordnung
ggf.	gegebenenfalls
GmbH	Gesellschaft mit beschränkter Haftung
griech.	griechisch
GWB	Gesetz gegen Wettbewerbsbeschränkungen (Kartellgesetz)
HGB	Handelsgesetzbuch
Hrsg.	Herausgeber
i.Allg.	im Allgemeinen
i.d.F.	in der Fassung
i.d.R.	in der Regel
i.e.S.	im engeren Sinn
inkl.	inklusive
i.V.	in Verbindung
i.w.S.	im weiteren Sinn
Jh.	Jahrhundert

KG	Kommanditgesellschaft
KGaA	Kommanditgesellschaft auf Aktien
KStG	Körperschaftsteuergesetz
KWG	Gesetz über das Kreditwesen

| lat. | lateinisch |

mind.	mindestens
Mio.	Millionen
Mrd.	Milliarden
m.spät.Änd.	mit späteren Änderungen

| Nr. | Nummer |

| OHG | offene Handelsgesellschaft |

s.	siehe
S.	Seite
SGB	Sozialgesetzbuch
sog.	sogenannte(-r, -s)
StabG	Stabilitätsgesetz
StGB	Strafgesetzbuch

u.a.	und andere; unter anderem
u.Ä.	und Ähnliche(-s)
UmwG	Umwandlungsgesetz
UStDV	Umsatzsteuer-Durchführungsverordnung
UStG	Umsatzsteuergesetz
usw.	und so weiter
u.U.	unter Umständen
UWG	Gesetz gegen den unlauteren Wettbewerb

v.a.	vor allem
vgl.	vergleiche
VO	Verordnung
vs.	versus

A

ABC-Kurven – die zuerst im → Harvard-Barometer erfasste Gruppierung von empirischen Zeitreihen zwecks Vorhersage der Konjunktur in *drei Klassen:* A (Leaders), die der eigentlichen Konjunkturbewegung vorauseilt, B (Coinciders), die sich im zeitlichen Gleichlauf mit der Konjunktur bewegt und C (Laggers), die dieser zeitlich nachläuft. Die ersten beiden Kategorien werden auch heute noch im Ifo-Konjunkturindex verwendet.

abgeleitete Nachfrage → Nachfrage nach → Produktionsfaktoren und Produkten, welche letztlich aus der Endnachfrage nach Konsumgütern „abgeleitet" wird, also nicht „originär" ist. Die abgeleitete Nachfrage eines Unternehmens (bzw. einer Branche) auf einem → Beschaffungsmarkt hängt ab von der Güternachfrage, von der → Marktform und den Verhaltensweisen auf dem Güter- und Faktormarkt, von der Zielsetzung der Unternehmung (Gewinnmaximierung, Umsatzmaximierung, Aufschlagskalkulation), schließlich von der → Produktionsfunktion. – Für den Fall der Gewinnmaximierung lässt sich die Funktion der abgeleiteten Nachfrage mithilfe der Bedingung Grenzkosten = Grenzerlös oder den → Grenzproduktivitätssätzen (wenn Substituierbarkeit der Faktoren gegeben ist) bestimmen.

abnehmender Skalenertrag – Begriff der → Produktionstheorie. Die → Technologie einer Ein-Produkt-Unternehmung weist abnehmende Skalenerträge auf, wenn bei einer Ver-n-fachung aller Faktoreinsatzmengen die Ausbringungsmenge um weniger als das n-fache steigt (n > 0). – *Formal:* Ist r ein Inputvektor und f eine → Produktionsfunktion, so gilt $f(nr) < nf(r)$ für alle $n > 1$.

Absatzelastizität → Preiselastizität.

Absatzfunktion → Preisabsatzfunktion.

Abschreibung – I. Begriff: 1. *Abschreibung i.e.S.:* Betrag bzw. Methode zur Ermittlung des Betrages, der bei Gegenständen des → Anlagevermögens die im Laufe der Nutzungsdauer durch Nutzung eingetretenen Wertminderungen an den einzelnen Vermögensgegenständen erfassen soll und der dementsprechend in der Gewinn- und Verlustrechnung (GuV) als *Aufwand* (bzw. in der Kostenrechnung als Kosten) angesetzt wird. Die Abschreibungsfähigkeit bezog sich im ursprünglichen Sinn nur auf *abnutzbare Gegenstände des Anlagevermögens*, die sowohl materieller wie immaterieller Art (z.B. Lizenzen, Patente, Konzessionen) sein können. Die aktivierten Anschaffungs- oder Herstellungskosten (nach dt. Recht) werden entsprechend der *voraussichtlichen betrieblichen Nutzungsdauer* jedes Jahr um einen bestimmten Teilbetrag zur Erfassung des in der Rechnungsperiode an dem einzelnen Vermögensgegenstand eingetretenen Werteverzehrs gekürzt. – 2. *Abschreibung i.w.S.:* Von Abschreibung wird heute auch dann gesprochen, wenn die unterschiedlichen, vorgeschriebenen oder möglichen Verfahren zur Abwertung (einschließlich Bewertungskorrekturen) von Vermögensgegenständen des Anlage- und Umlaufvermögens (vgl. § 253 HGB) sowie von Bilanzierungshilfen gemeint sind. Mit Abschreibung i.w.S. wird nicht nur der betrieblich bedingte Leistungsverzehr während einer Rechnungsperiode an einem Vermögensgegenstand des Anlagevermögens erfasst, sondern auch die sich aus sonstigen Abwertungsgeboten und Abwertungswahlrechten ergebenden Wertminderungen. – 3. *Volkswirtschaftliche Gesamtrechnung (VGR):* Wertminderung des Anlagevermögens während einer Periode durch normalen Verschleiß und wirtschaftliches Veralten. Abgeschrieben wird linear zu Wiederbeschaffungspreisen.

Abschreibung – Tabelle 1

Jahr	1	2	3	4	5	6	Summe
r	6/21	5/21	4/21	3/21	2/21	1/21	21/21
R_j	60.000	50.000	40.000	30.000	20.000	10.000	210.000
Rest	150.000	100.000	60.000	30.000	30.000	0	–
Buchwert	155.000	105.000	65.000	35.000	15.000	5.000	–

II. Abschreibungsursachen (Abschreibungsgründe): 1. *Technische Ursachen* können in gewöhnlichem Verschleiß (Gebrauchs- oder Ruheverschleiß, Abbau) oder in außergewöhnlichem Verschleiß (Katastrophenverschleiß) liegen. – 2. Als *wirtschaftliche Ursachen* kommen infrage Nachfrageverschiebungen und Fehlinvestitionen (in beiden Fällen ist der technisch noch vorhandene Leistungsvorrat der Anlage wirtschaftlich nicht mehr voll verwertbar) sowie Ineffizienz (bedingt durch gesunkene Wiederbeschaffungskosten, technischen Fortschritt oder Umsatzrückgang der mit der Anlage erstellten Leistungen infolge Modeänderungen). – 3. *Rechtliche Ursachen* können auf der Entwertung durch gesetzgeberische Maßnahmen, auf dem zeitlichen Ablauf von Verträgen (Miet-, Pacht-, Leasing-, Franchisevertrag) oder Schutzrechten (Konzessionen, Patente, Lizenzen, Musterschutz) beruhen.

III. Abschreibungsarten: 1. *Bilanzielle Abschreibung:* a) *Handelsrecht:* (1) *Planmäßige Abschreibungen:* Planmäßige, d.h. im Voraus festgelegte Abschreibungen sind grundsätzlich für abnutzbare Anlagevermögensgegenstände festzulegen (ausnahmsweise Vereinfachungen: Z.B. geringwertige Wirtschaftsgüter, Festbewertung (Festwert), Gruppenbewertung; i.w.S. sind auch die Abschreibungen auf Bilanzierungshilfen planmäßige Abschreibungen). Es ist gemäß § 253 III HGB ein Abschreibungsplan zu erstellen, der die Anschaffungs- oder Herstellungskosten je Vermögensgegenstand – evtl. vermindert um einen Resterlös – als

Bemessungsgrundlage der Abschreibung, die voraussichtliche Nutzungsdauer (zugleich Verteilungszeitraum für die Anschaffungs- oder Herstellungskosten) und die Abschreibungsmethode (Verteilungsverfahren) bestimmt. Änderungen des Abschreibungsplans sind Ausnahmen vom Grundsatz der Bewertungsstetigkeit (§ 252 I Nr. 6 HGB) und nur begründet zulässig (Bewertung). (2) *Außerplanmäßige Abschreibungen:* Sie sind unter den im HGB genannten Voraussetzungen bei allen Vermögensgegenständen möglich oder geboten (§ 253 III, IV HGB) (vgl. auch Niederstwertprinzip). Fallen die Gründe für eine außerplanmäßige Abschreibung weg, so gilt sowohl für Nichtkapitalgesellschaften als auch für Kapitalgesellschaften das Wertaufholungsgebot (253 V HGB – Ausnahme: entgeltlich erworbener Geschäfts- oder Firmenwert). – b) *Steuerrecht:* Unter Abschreibung subsumiert das Steuerrecht sechs Unterarten: Absetzung für Abnutzung (AfA) und Absetzung für außergewöhnliche technische oder wirtschaftliche Abnutzung (AfaA), Absetzung für Substanzverringerung (AfS), erhöhte Absetzungen, Sofortabschreibung für geringwertige Wirtschaftsgüter, Sonderabschreibungen und Teilwertabschreibungen. – 2. *Kalkulatorische Abschreibungen:* Abschreibungsart der Kostenrechnung, wobei entsprechend dem Ziel der Substanzerhaltung des Unternehmens i.d.R. die Wiederbeschaffungskosten des Bewertungsstichtags als Bemessungsgrundlage dienen. Aufgrund steigender oder sinkender Wiederbeschaffungskosten stimmen die „Gesamtabschreibung" in der Bilanz und in der Kostenrechnung nicht überein.

Abschreibung – Tabelle 2

Jahr	Restbetrag Abschreibungssumme Anfang des Jahres	Afa	Restbetrag Abschreibungssumme Ende des Jahres	Buchwert Ende des Jahres
1	210.000,00	105.000,00	105.000,00	110.000,00
2	105.000,00	52.500,00	52.500,00	57.500,00
3	52.500,00	26.250,00	26.250,00	31.250,00
4	26.250,00	13.125,00	13.125,00	18.12500
5	13.125,00	6.562,50	6.562,50	11.562,50
6	6.562,50	3.281,25	3.281,25	8.281,25

Abschreibung – Tabelle 3

Jahr	Restbetrag Abschreibungssumme Anfang des Jahres	Afa 20 %	Vergleich lineare Afa	anzusetzende Afa	Restbetrag Ende des Jahres
1	210.000	42.000	210.000/6 = 35.000 < 42.000	42.000	168.000
2	168.000	33.600	168.000/5 = 33.600 = 33.600	33.600	134.400
3	134.400			33.600	100.800
4	100.800			33.600	67.200
5	67.200			33.600	33.600
6	33.600			33.600	0

IV. Abschreibungsmethoden: 1. *Lineare Abschreibung:* Die lineare Abschreibung verteilt die Anschaffungs- bzw. Herstellungskosten (AHK) ggf. abzüglich Resterlös (RE) gleichmäßig auf die voraussichtlichen Nutzungsjahre (n). Die Abschreibungsrate (R) ergibt sich wie folgt:

$$R = \frac{AHK - RE}{n}$$

$$= \frac{215.000\ Euro - 5.000\ Euro}{6}$$

$$= 35.000\ Euro/Jahr$$

2. *Degressive Abschreibung:* Die degressive Abschreibung verteilt die entsprechenden Beträge in fallenden Raten; dabei ist entweder die Differenz der Abschreibungsraten

(arithmetisch degressive Abschreibung) oder der Abschreibungsprozentsatz (geometrisch degressive Abschreibung) konstant. – a) *Arithmetisch degressive Abschreibung:* Ist der Differenzbetrag der Abschreibungsraten mit der Abschreibungsrate im letzten Jahr identisch, so wird diese Abschreibung auch als digitale Abschreibung bezeichnet. Es ist zunächst die Summe (Sn) der Nutzungsjahre mithilfe der Summenformel für die arithmetische Reihe zu bilden (a = Anfangsglied der Reihe, e = Endglied der Reihe): Sn = (n / 2) · (a + e) = (6 / 2) · (1 + 6) = 21.

Die Abschreibungsraten, der Abschreibungsfaktor

$$r = \frac{n + 1 - j}{S_n}$$

Abschreibung – Tabelle 4

Jahr	1	2	3	4	5	6	Summe
r	1/21	2/21	3/21	4/21	5/21	6/21	21/21
R_j	10.000	20.000	30.000	40.000	50.000	60.000	210.000
Rest	200.000	180.000	150.000	110.000	60.000	0	–
Buchwert	205.000	185.000	155.000	115.000	65.000	5.000	–

und der Buchwert (BW) in den einzelnen Jahren werden in Tabelle 1 dargestellt.

Die Abschreibungsrate (R) in Euro beträgt dann für ein beliebiges Jahr j (z.B. das 4.) der Nutzungsdauer

$$R_j = (AHK - RE) \cdot \frac{n + 1 - j}{S_n}$$

$$= (215.000 - 5.000) \cdot \frac{(6 + 1 - 4)}{21}$$

$$= 30.000 \; Euro$$

Der Buchwert am Ende eines beliebigen Jahres (z.B. des 5.) beträgt dann

$$BW_j = \frac{AHK - RE}{S_n} \cdot \frac{(n - j)(n + 1 - j)}{2} + RE$$

$$= \frac{(215.000 - 5.000)}{21} \cdot \frac{(6 - 5)(6 + 1 - 5)}{2} + 5.000$$

$$= 10.000 + 5.000$$

$$= 15.000 \; Euro$$

b) *Geometrisch degressive AfA:* Bei der geometrisch degressiven Abschreibung wird die Rate mit einem konstanten Prozentsatz (z.B. p=50) vom jeweils verbleibenden Restwert ermittelt (deshalb auch Buchwertabschreibung). – Vgl. „Abschreibung – Tabelle 2".

Die Abschreibungsrate für ein beliebiges Jahr j (z.B. das vierte) beträgt dann für den Abschreibungssatz i = p/100 (z.B. 0,5)

R_j = (AHK-RE) · $(1-i)^{j-1}$ · i= 210.000 · $0,5^3$ · 0,5
= 13.125.

Der Buchwert für ein beliebiges Jahr (z.B. j = 5) beträgt

BW_j = (AHK-RE) · $(1-i)^j$= 210.000 · $0,5^5$ + 5.000 = 11.562,5.

Wie aus der Tabelle ersichtlich, führt die geometrisch degressive Abschreibung nicht zu einer Vollabschreibung. Um im Beispiel eine Abschreibung auf den Resterlös zu erreichen, müsste der Abschreibungsprozentsatz verändert werden und von den AHK ausgehend berechnet werden:

$$p = 100 \cdot (1 - \sqrt[n]{\frac{RE}{AHK}})$$

$$= 100 \cdot (1 - \sqrt[6]{\frac{5.000}{215.000}}) = 46,57.$$

Diese Möglichkeit entfällt, wenn RE = 0 (da dann p näherungsweise 100 ergäbe). Ein anderer Weg, den auch die Steuer (unter einschränkenden Bedingungen, vgl. § 7 II EStG) zulässt, ist der Übergang von der degressiven auf die lineare Abschreibung, sobald die lineare Abschreibung auf den Restwert der Abschreibungssumme (geteilt durch Restnutzungsdauer R_n) höher als die degressive Abschreibung wäre. Tabelle 3 zeigt die Ermittlung der steuerlichen Afa. Der steuerlich max. mögliche Abschreibungsprozentsatz (im Beispiel wurde mit 20% gerechnet) ergibt sich aus den jeweils aktuellen Steuerrechtsvorschriften (vgl. § 7 II EStG). – 3. *Progressive Abschreibung:* Die progressive Abschreibung ist eine Umkehrung der Ratenfolge der degressiven. Bei *arithmetisch* progressiver Abschreibung ergäben die steigenden Raten also die in Tabelle 4 dargestellten Buchwerte. Entsprechend wäre bei der *geometrisch* progressiven Abschreibung zu verfahren. Diese Verfahren werden selten angewendet, steuerlich

Abschreibung – Tabelle 5

Jahr	gefahrene km	Abschreibung km · 0,50 Euro	Restwert
1	50.000	25.000	125.000
2	60.000	30.000	95.000
3	40.000	20.000	75.000
.	.	.	.
.	.	.	.
Summe	300.000	150.000	–

Abschreibung – Tabelle 6

Jahr	abgebaute Substanz in cbm	Abschreibung cbm · 3 Euro	Restwert
1	5.000	15.000	135.000
2	7.000	21.000	114.000
.	.	.	.
.	.	.	.
Summe	50.000	150.000	–

sind sie unzulässig (ansteigende Abschreibungsbeträge sind in der Steuerbilanz jedoch bei der nachfolgend beschriebenen Leistungsabschreibung möglich). – 4. *Leistungsabschreibung:* Bei der Leistungsabschreibung ist das Leistungsvolumen (LV), die Summe der Leistungseinheiten (LE) zu schätzen und R pro LE zu ermitteln. Die jährliche Abschreibung ergibt sich dann durch Multiplikation der Afa/LE mit der verbrauchten Leistungsmenge. – Handelt es sich bei den bisher verwendeten Daten z.B. um einen Lkw, dessen Fahrleistungen insgesamt auf 300.000 km geschätzt werden (vgl. „Abschreibung – Tabelle 5"), dann ergäbe sich:

$$R/LE = \frac{(AHK - RE)}{LV}$$

$$= \frac{150.000 \; Euro}{300.000 \; km} = 0,50 \; Euro/km.$$

5. *Abschreibung nach dem Substanzwert:* In Abbaubetrieben (Erz- und Kohlebergwerken, Torfwerken, Kiesgruben) kommt als Verfahren zur Ermittlung des Abschreibungsbetrages die Substanzabschreibung infrage. – Zu schätzen ist das Volumen (V) der abbaufähigen Substanz in Mengeneinheiten (ME). Anschaffungskosten abzüglich Resterlös für das abgebaute Grundstück sind durch das Abbauvolumen zu teilen und ergeben die Abschreibung pro ME abgebauter Substanz (vgl. „Abschreibung – Tabelle 6"). Die jährliche Abschreibung ist das Produkt aus abgebauter Substanz und Abschreibung pro ME.

$$R/ME = \frac{AK - RE}{V} = \frac{150.000 \; Euro}{50.000 \; cbm} = 3 \; Euro/cbm.$$

Abschreibungszeitpunkt: Die steuerlichen Regelungen zum Absetzungszeitpunkt gelten auch handelsrechtlich.

V. Buchung: 1. Grundsätzlich werden entsprechend dem Prinzip der Einzelbewertung *Einzelabschreibungen* vorgenommen, jedoch sind in bestimmten Fällen auch Sammelabschreibungen (Pauschalabschreibung) möglich. – 2. Weitere Unterscheidung: a) *Direkte Abschreibung:* Die Abschreibung wird in der Buchhaltung durch direktes Absetzen bei den Vermögenskonten vorgenommen (Buchungssatz: Abschreibungen an Vermögenskonto). – b) *Indirekte Abschreibung:* Die Abschreibung wird auf einem Passivkonto Wertberichtigungen (Erneuerungskonto) gesammelt (Buchungssatz: Abschreibungen an Wertberichtigungen auf Anlagen). Bei diesem Verfahren stimmen die Bilanzwerte auf dem Anlagekonto mit den Anschaffungs- oder Herstellungskosten überein. Aus der Gegenüberstellung von Anlagekonto und Wertberichtigungskonto lassen sich Rückschlüsse auf das technische Alter der maschinellen Anlagen des Betriebes ziehen. Für Kapitalgesellschaften ist nach den Gliederungsvorschriften des HGB nur der *direkte* Ausweis von Abschreibungen vorgesehen. – Durch das Anlagengitter (Anlagespiegel) werden allerdings die der indirekten Abschreibung entsprechenden Informationen ausgewiesen. – 3. *Ausweis:* a) Bei Anwendung des *Gesamtkostenverfahrens* in der Gewinn- und

Verlustrechnung einer Kapitalgesellschaft ist gemäß § 275 II HGB ein differenzierter Ausweis vorgeschrieben: (1) planmäßige und außerplanmäßige Abschreibungen auf immaterielle Vermögensgegenstände des Anlagevermögens (immaterielle Wirtschaftsgüter) und Sachanlagen unter Position Nr. 7a (§ 275 II HGB); (2) Abschreibungen auf Finanzanlagen und Wertpapiere des Umlaufvermögens unter Position Nr. 12; (3) Abschreibungen auf Umlaufvermögensgegenstände, soweit diese die üblichen Abschreibungen überschreiten, unter Position Nr. 7b; (4) die üblichen Abschreibungen (Kriterien für die Unterscheidung der Üblichkeit von der Unüblichkeit von Abschreibungen sind sowohl aus innerbetrieblichem Zeitvergleich als auch aus zwischenbetrieblichem Branchenvergleich zu gewinnen) sind je nach Sachbezug unter Bestandsminderungen (Position Nr. 2), Materialaufwand (Position Nr. 5a) oder sonstige betriebliche Aufwendungen (Position Nr. 8) auszuweisen. – b) Bei Anwendung des *Umsatzkostenverfahrens* werden die Abschreibungen auf Finanzanlagen und Wertpapiere des Umlaufvermögens gesondert (Nr. 11, § 275 III HGB), die übrigen planmäßigen und außerplanmäßigen Abschreibungen je nach Sachbezug unter Herstellungskosten (Nr. 2), Vertriebskosten (Nr. 4), allgemeine Verwaltungskosten (Nr. 5), sonstige betriebliche Aufwendungen (Nr. 7) oder als außerordentliche Aufwendungen (Nr. 15) ausgewiesen. – c) *Sonstige Vorschriften:* (1) Soweit es sich um *außerplanmäßige* Abschreibungen handelt, sind diese im Rahmen von § 277 III HGB gesondert auszuweisen oder im Anhang anzugeben. (2) Abschreibungen sind Bestandteil des Anlagengitters. (3) Im *Anhang* sind die nach steuerrechtlichen Vorschriften im Anlage- und Umlaufvermögen vorgenommenen Abschreibungen anzugeben und zu begründen (§ 281 II HGB).

VI. Bedeutung: 1. *Bilanzpolitik:* Abschreibungen mindern als Aufwand den in der Handelsbilanz und als „Betriebsausgabe" den in der Steuerbilanz ausgewiesenen Gewinn, der wiederum für Ausschüttungen und Steuerzahlungen, also Mittelabflüsse aus dem Unternehmen, i.d.R. maßgeblich ist. Allein durch die Wahl der Abschreibungsmethode (bis 2009/ 2010), d.h. die Entscheidung über den „Abschreibungsverlauf" (Entwertungsverlauf), und die Schätzung der betrieblichen Nutzungsdauer lässt sich der auszuweisende Periodengewinn erheblich beeinflussen, womit für den Bilanzierenden ein beachtlicher Bewertungsspielraum eingeräumt wird. Diese Möglichkeiten der „Manipulation" hinsichtlich des Gewinnausweises und damit der Bilanzpolitik im Sinn einer Publizitätspolitik (gewollte Außendarstellung der Lage des Unternehmens bzw. gezielte Beeinflussung der Adressaten des Jahresabschlusses) der Unternehmen werden durch die evtl. Inanspruchnahme der meist wirtschaftspolitisch motivierten (steuerlichen) Sonderabschreibungen noch verstärkt. Durch diesen legalen bilanzpolitischen Entscheidungsspielraum besitzt ein Unternehmen nicht nur die Möglichkeit, stille Rücklagen (stille Reserven) zu bilden, sondern auch außenstehenden Dritten den Einblick in die Vermögens-, Finanz- bzw. Ertragslage zu erschweren bzw. die wirtschaftlichen Verhältnisse zu retuschieren. Dieser Entscheidungsspielraum wird jedoch durch den Grundsatz der Stetigkeit eingeschränkt, wonach eine einmal gewählte Bewertungsmethode beibehalten werden muss. Abweichungen sind nur in Ausnahmefällen erlaubt; dabei müssen Kapitalgesellschaften diese Abweichungen im Anhang angeben und begründen. Liegt der verrechnete Abschreibungsbetrag über dem tatsächlichen Werteverzehr, dann wird tendenziell ein Beitrag zur substanziellen Kapitalerhaltung geleistet, da sowohl im Handels- als auch im Steuerrecht das Nominalwertprinzip Anwendung findet und somit nicht (wie in der Kostenrechnung) die Wiederbeschaffungskosten, sondern die historischen Anschaffungs- oder Herstellungskosten die Bemessungsgrundlage bilden. – Vgl. auch Bilanzpolitik. – 2. *Finanzierung:* Die über den Umsatzprozess dem Unternehmen wieder zufließenden Abschreibungen („verdiente Abschreibungen") sind ein wesentlicher Bestandteil der Innenfinanzierung (Cashflow) des Unternehmens. – 3. *Weitere Auswirkungen:* Zinsgewinn aufgrund eines zinslosen „Steuerkredits", ggf. Steuerersparnis wegen Steuerprogression, Ausschüttungssperre, Kapazitätserweiterung (Lohmann-Ruchti-Effekt).

Abschwung → Konjunktur, → Konjunkturphasen, → kumulative Kontraktion.

Absorption → Absorptionsansatz; im Inland verbrauchte Gütermenge. – *Gegenteil:* → Hortung.

Absorptionsansatz – 1. Begriff der *monetären Außenwirtschaftstheorie,* wonach die → Leistungsbilanz der → Zahlungsbilanz der Differenz zwischen dem Bruttoinlandsprodukt und der im Inland verbrauchten Gütermengen (→ Absorption) entspricht. Eine Verbesserung des Saldos der Leistungsbilanz ergibt sich langfristig bei einer Abwertung nur dann, wenn die Produktion um mehr steigt als die Absorption. – 2. Begriff der *Entwicklungspolitik und -theorie,* wonach in einem Entwicklungsland seine interne Faktorausstattung (i.w.S.: Arbeitskräfte, Know-how, Kapital, Natur, Infrastruktur etc.) bestimmt, welche Arten und Mengen von außen eingebrachter Faktoren (v.a. Kapital und Knowhow) sinnvoll eingesetzt (absorbiert) werden können. Z.B. begrenzt das Fehlen qualifizierter Arbeitskräfte die sinnvolle Verwendung hoch entwickelter Technologien. – *Gegenteil:* → Hortung.

Abstinenztheorie – von W. Nassau Senior vertretene → Zinstheorie, nach der der Zins eine Belohnung für die Enthaltsamkeit vom sofortigen Verbrauch (Reward for Abstinence) ist.

Abwehrzoll – tarifäre Belastung von Importen zum Schutz der inländischen Anbieter als Reaktion auf → Dumping ausländischer Konkurrenten und/oder auf Versuche eines anderen Landes, durch Zollerhebung die eigene Position einseitig zulasten seiner Handelspartner zu verbessern (sog. Strafzoll). Anti-Dumping-Zölle werden zusätzlich zu den normalen vertragsmäßigen Zöllen erhoben. – Vgl. auch → Antidumpingzoll, → Ausgleichszoll, → Vergeltungszoll.

Abwertung – Wertverlust einer Währung (z.B. Euro) im Vergleich zu einer anderen Währung (z.B. US-Dollar). Die Euro-Abwertung wird im sog. Mengen-Wechselkurs (Kehrwert des Preiswechselkurses) deutlich: 1 Euro = 0,9639 US-Dollar sinkt auf 1 Euro = 0,9574 US-Dollar. Diese Notierung ist am → Devisenmarkt üblich. Eine Euro-Abwertung wird im sog. Preiswechselkurs, wie er i.d.R. „am Bankschalter" notiert wird, nur indirekt deutlich: Z.B. 1 US-Dollar = 1,0374 Euro verändert sich auf 1 US-Dollar = 1,0445 Euro. Der Preiswechselkurs zeigt hier vielmehr die spiegelbildliche → Aufwertung des US-Dollar (Dollarpreis in Euro steigt). – Vgl. auch → Wechselkurs, → Aufwertung, → Wechselkursbildung.

Abwrackprämie – 1. *Begriff:* umgangssprachlicher Ausdruck für Umweltprämie. Die Abwrackprämie war ursprünglich eine staatliche Prämie für den Kauf eines Neuwagens bei gleichzeitiger Verschrottung des Altwagens, die im Rahmen des → Konjunkturpakets II am 14.1.2009 vom Bundeskabinett beschlossen wurde. – 2. *Sinn* der Abwrackprämie war die Abschwächung des dramatischen Einbruchs der Konjunktur der Automobilwirtschaft, der durch die Finanz-und Wirtschaftskrise von 2008 und 2009 hervorgerufen wurde. Die Prämie wurde zeitlich und vom Finanzvolumen her begrenzt, um Druck auf potenzielle Käufer auszuüben, möglichst rasch einen Neuwagen zu erwerben. Desweiteren sollte die Umweltbelastung durch schadstoffärmere Neufahrzeuge gesenkt werden. – 3. *Voraussetzungen:* Antragsberechtigt waren private Besitzer eines mind. neun Jahre alten Pkws, dieser musste mind. ein Jahr auf den Antragsteller zugelassen sein. Für den Kauf eines Neuwagens bzw. eines höchstens ein Jahr alten, einmalig zugelassenen Jahreswagens konnte die Abwrackprämie beantragt werden. Die Verschrottung des Altfahrzeuges musste nachgewiesen werden.

Action Lag → Lag.

adaptive Erwartung → Erwartung.

administrativer Lag → Lag.

administrativer Protektionismus → Verwaltungsprotektionismus.

Ad-Valorem-Zoll → Wertzoll.

Aggregation – I. Wirtschaftstheorie: Zusammenfassung mehrerer Einzelgrößen hinsichtlich eines gleichartigen Merkmals, um Zusammenhänge zu gewinnen, z.B. Zusammenfassung der Nachfrage der einzelnen Haushalte zur Gesamtnachfrage des betreffenden Marktes. – Die Höhe des Aggregationsniveaus wird durch die jeweilige Fragestellung bestimmt. Häufig werden makroökonomische Gesetzmäßigkeiten im Wege der Analogieannahme unter Umgehung der Aggregationsproblematik aus entsprechenden mikroökonomischen Verhaltensgleichungen entwickelt. Dabei wird typischerweise von rational handelnden Wirtschaftssubjekten (nutzenmaximierende Haushalte, gewinnmaximierende Unternehmen) ausgegangen. Die makroökonomischen Verhaltenshypothesen besitzen dann eine mikroökonomische Fundierung. Dies ist kennzeichnend für die → Neukeynesianische Makroökonomik. – Auf der höchsten Aggregationsstufe stehen die Größen der → Makroökonomik, z.B. die gesamte Güternachfrage einer Volkswirtschaft.

II. Statistik: Übergang von enger definierten zu umfassender definierten Variablen *(Variablenaggregation)* oder Übergang von Kenngrößen für enger abgegrenzte (Teil-) Gesamtheiten zu Kenngrößen, die sich auf umfassende Gesamtheiten beziehen *(Sektorenaggregation)*. – Beispiele für Variablenaggregation: Der Übergang von einzelnen Einkommensarten zum Gesamteinkommen oder der Übergang von Vierteljahreswerten zu Jahreswerten (zeitliche Aggregation); für Sektorenaggregation: Übergang von den Durchschnittseinkommen in den Bundesländern zum Durchschnittseinkommen in Deutschland.

III. Ökonometrie: Zur Schätzung makroökonomischer Relationen wird das Durchschnittsverhalten von Gruppen von Wirtschaftssubjekten zugrunde gelegt. Das setzt eine Zusammenfassung mikroökonomischer Sachverhalte über Haushalte und Unternehmen voraus. Eine konsistente Aggregation als logisch-deduktive Ableitung eines Makrosystems aus dem entsprechenden Mikrosystem ist nur unter sehr speziellen Bedingungen möglich. In Spezifikationen ökonometrischer Modelle werden deshalb i.d.R. mikroökonomische Verhaltenshypothesen in analoger Weise auf die Beziehungen zwischen den makroökonomischen Größen übertragen.

IV. Informatik: Verdichtung von Daten. In der Datenmodellierung bedeutet Aggregation, verschiedene miteinander in Beziehung stehende Objekttypen zu einem höheren Objekttyp zusammenzufassen, damit im Folgenden auf den höheren Objekttyp im Ganzen verwiesen werden kann. Dieses Vorgehen hat die Vorteile einer höheren Konsistenz und geringerer Redundanz.

aggregierte Angebotskurve – *Gesamtangebotskurve, gesamtwirtschaftliche Angebotskurve*; Begriff der Makroökonomik. Die aggregierte Angebotskurve beschreibt den Zusammenhang zwischen Preisniveau und aggregiertem Angebot der Unternehmen. Die Lage der aggregierten Angebotskurve in einem Preis-Mengen-Diagramm wird bes. durch die Faktorpreise bestimmt; sie spiegelt also die Bedingungen der Faktormärkte wider. Analytisch lässt sich die aggregierte Angebotskurve über die → Grenzproduktivitätstheorie oder eine → Aufschlagspreisbildung ableiten. – *Verlauf:* (1) Nach der *klassischen Lehre*, die von völliger *Preis- und Lohnflexibilität* ausgeht, ist das Gesamtangebot zu jedem Zeitpunkt allein durch die vorhandenen

Produktionsfaktoren sowie die verfügbare Produktionstechnologie bestimmt. Die Wirtschaft befindet sich stets in einer Situation der Vollbeschäftigung, d.h. alle Produktionsfaktoren sind ausgelastet. In diesem Fall verläuft die aggregierte Angebotskurve senkrecht (preisunelastisch). (2) Im einfachen *IS-LM-Modell der Keynes'schen Lehre* (→ makroökonomische Totalmodelle geschlossener Volkswirtschaften, Nachfrageseite) wird von *Preisstarrheit* ausgegangen. Die Anbieter passen sich bei gegebenem Preisniveau durch Mengenvariation vollkommen elastisch an die jeweilige Höhe der Nachfrage an. In diesem Fall verläuft die aggregierte Angebotskurve als Waagerechte. (3) Zwischen diesen beiden Extremen liegt der Fall, in dem die Anbieter sowohl die Preise als auch die Mengen anpassen. Die aggregierte Angebotskurve weist eine positive Steigung auf. – Der Schnittpunkt von → aggregierter Nachfragekurve und aggregierter Angebotskurve bestimmt das *gesamtwirtschaftliche Preis- und Mengengleichgewicht*. – Vgl. auch → Totalmodelle offener Volkswirtschaften, Angebotsseite.

aggregierte Nachfragekurve – *Gesamtnachfragekurve, gesamtwirtschaftliche Nachfragekurve;* Begriff der Makroökonomik. Die aggregierte Nachfragekurve beschreibt den Zusammenhang zwischen Gesamtnachfrage und Preisniveau. Sie lässt sich analytisch, z.B. aus dem → IS-LM-Modell, ableiten und gibt dann alle Kombinationen von Preisniveau und Output wieder, bei denen – unter der Annahme einer vollkommen elastischen Mengenanpassung der Produzenten – simultanes Gleichgewicht auf Güter- und Geldmarkt herrscht. – *Verlauf:* Im Normalfall zeigt die aggregierte Nachfragekurve einen fallenden Verlauf, d.h. mit sinkendem Preisniveau nimmt die aggregierte Nachfragekurve zu. – *Begründung:* Ein sinkendes Preisniveau impliziert einen Anstieg des realen Geldangebots, das nun größer ist als die gewünschte Geldnachfrage. Die Wirtschaftssubjekte versuchen, die unerwünschte Überschusskasse

z.B. durch den Kauf von Wertpapieren abzubauen. Die steigende Wertpapiernachfrage führt zu einem Anstieg der Kurse und einem Rückgang der Zinssätze. Der Zinsrückgang stimuliert die Investitionsnachfrage. Damit steigen über diesen indirekt wirkenden Realkasseneffekt (sog. → Keynes-Effekt) im IS-LM-Modell aber auch die Güternachfrage, die Produktion und das Einkommen. Dieser Anstieg wird durch die einkommensabhängige Konsumnachfrage noch verstärkt. Der geschilderte → Multiplikatorprozess hält solange an, bis das wegen des Preisniveaurückgangs gestiegene reale Geldangebot bei gesunkenem Zinssatz und gestiegenem Gesamteinkommen auch gerade nachgefragt wird. Sinkt das Preisniveau, ist simultanes Gleichgewicht auf Güter- und Geldmarkt also nur bei gestiegenem Gesamteinkommen möglich. In einem Einkommen-Preis-Diagramm verläuft die aggregierte Nachfragekurve also fallend. Der Grenzfall einer vertikalen Nachfragekurve ergibt sich, wenn der Keynes-Effekt unwirksam ist, d.h. bei vollkommen zinselastischer Geldnachfrage (→ Liquiditätsfalle) oder zinsunabhängiger Investitionsnachfrage (→ Investitionsfalle). – Der Schnittpunkt von aggregierter Nachfragekurve und → aggregierter Angebotskurve bestimmt das *gesamtwirtschaftliche Preis- und Mengengleichgewicht*. – Vgl. auch → Totalmodelle offener Volkswirtschaften.

Agiotheorie – Kapital- und → Zinstheorie von Böhm-Bawerk, ausgehend von der Mindereinschätzung künftiger Bedürfnisse (eine Gütereinheit wird morgen geringer bewertet als eine Einheit heute). Sparen und damit Konsumverzicht heute erfolgt demnach nur, wenn dadurch der zusätzlich mögliche Zukunftskonsum höher ist als der Verzicht an Gegenwartskonsum. Dieser prozentuale Aufschlag (Agio) ist der Zins, das Entgelt des Sparens- bzw. Kapitalangebots.

Agrarstaat – Land, in dem der überwiegende Teil der Erwerbstätigen in der Landwirtschaft tätig ist. – *Gegensatz:* → Industriestaat.

Akkumulation – 1. *Allgemein:* Anhäufung. – 2. Begriff der klassischen Lehre und des Marxismus für Erweiterungsinvestitionen (→ Krisentheorie). – 3. In der → Wachstumstheorie wird analysiert, welche Rolle die Akkumulation von Produktionsfaktoren wie physisches Kapital und Humankapital für die wirtschaftliche Entwicklung eines Landes spielt. Die → Goldene Regel der Kapitalakkumulation diskutiert die Bedingungen (Sparquote, Grenzproduktivität des Kapitals), die zu einer Maximierung des Pro-Kopf-Konsums im Steady-State-Gleichgewicht führen.

Aktionsparameter – I. Preis- und Markttheorie: Größen, die vom einzelnen Handlungsträger unmittelbar, und zwar im Hinblick auf Nutzen- oder Gewinnsteigerung, also zur Verbesserung der eigenen Marktposition, eingesetzt werden können. Bes. Bedeutung haben sie für Unternehmen. – Aktionsparameter sind Preis, Menge, Qualität, Information, Werbung, Konditionen, Service, Forschung und Entwicklung. – Die vom Akteur durch ihren Einsatz indirekt beeinflussbaren Größen bezeichnet man als → Erwartungsparameter. Werden bestimmte Aktionsparameter „oligopolisiert" (→ Aktions-Reaktions-Verbundenheit), kann es zum verstärkten Einsatz anderer Aktionsparameter kommen, was den *Verbund der* Aktionsparameter reflektiert.

II. Entscheidungstheorie: vom Entscheidungsträger im Rahmen der Entscheidung direkt beeinflussbare Größe. Teilkomponente einer Aktion, die erst dann vollständig definiert ist, wenn allen zugehörigen Aktionsparametern bestimmte Ausprägungen bzw. Werte zugeordnet sind (z.B. Absatzpreis für einen Unternehmer, Diskontsatz für die Deutsche Bundesbank). Aktionsparameter müssen sich nicht gegenseitig ausschließen. – Vgl. auch → Erwartungsparameter, Zustandsparameter.

Aktions-Reaktions-Verbundenheit – bezeichnet bes. die Interaktionsprozesse von Akteuren auf Oligopolmärkten (→ oligopolistische Preisbildung). Während der

Monopolist ex definitione keine Konkurrenten besitzt, der Polypolist sie nicht identifizieren kann, muss der Oligopolist beim Einsatz seiner → Aktionsparameter die Reaktion der Konkurrenten berücksichtigen. Die *perzipierte* Aktions-Reaktions-Verbundenheit muss freilich nicht mit der objektiv gegebenen Reaktionsweise übereinstimmen. Die *subjektive* Aktions-Reaktions-Verbundenheit wird mithilfe der Verhaltensweise erfasst. – Man unterscheidet dabei die *polypolistische* und die *oligopolistische Verhaltensweise.* Bei Ersterer wird unterstellt, dass auf eigene Vorstöße des Akteurs keine Reaktion der Konkurrenten erwartet wird (z.B. eine eigene Preissenkung nicht zu einer Preissenkung der Konkurrenten führt). Bei der oligopolistischen Verhaltensweise hingegen wird eine bestimmte Reaktion erwartet, d.h. es wird ein bestimmter → Reaktionskoeffizient gebildet.

aktivistische Wirtschaftspolitik – Wirtschaftspolitik, die auf den gegenwärtigen oder erwarteten Zustand der Wirtschaft reagiert bzw. Einfluss nehmen will. – *Beispiele:* expansive oder kontraktive Geld- und Fiskalpolitik. Während Vertreter der Keynes'schen Lehre (→ Keynesianismus) und des Postkeynesianismus aktivistische Wirtschaftspolitik prinzipiell für notwendig halten und daher befürworten, lehnen Vertreter des → Monetarismus und der → Neuen Klassischen Makroökonomik aktivistische Wirtschaftspolitik ab. Anstelle einer diskretionär betriebenen befürworten sie eine an Regelbindungen orientierte Politik wie z.B. die auf M. Friedman zurückgehende k-Prozent-Regel für das Geldmengenwachstum einer Volkswirtschaft.

AKV – Abk. für → Allgemeine Kreditvereinbarungen.

Akzeleration → Akzelerator.

Akzelerationskoeffizient → Akzelerationsprinzip.

Akzelerationsprinzip – *Akzelerationstheorem, Akzelerationstheorie.* 1. *Begriff:* Investitionshypothese der → Makroökonomik; von Aftalion und Clark aufgestellt, von

Samuelson, Harrod und Hicks verfeinert. Das Akzelerationsprinzip postuliert eine lineare Relation zwischen den induzierten Nettoinvestitionen (→ induzierte Größen) und den Veränderungen der Nachfrage, wobei die Nachfrage durch das → Volkseinkommen gemessen wird. – 2. *Formale Darstellung:* a) *Bei diskreter Zeit:* $I_t = \alpha \times (Y_t - Y_{t-1})$,

wobei: I_t = induzierte Nettoinvestition der Periode t, α = Akzelerationskoeffizient (Akzelerator), Y_t und Y_{t-1} = Volkseinkommen der Periode t und t–1. – b) *Bei stetiger Zeit:* $I_t = \alpha \times (dY / dt)$. Die Größe α wird Akzelerator ("Beschleuniger" bzw. Akzelerationskoeffizient) genannt und ist im Gegensatz zum → Kapitalkoeffizienten, der eine technische Relation ist, als konstanter Verhaltensparameter zu interpretieren. Der Akzelerator α gibt das Verhältnis der Kapitalstockerhöhung (= I) zur Erhöhung oder Änderung des Volkseinkommens an. – 3. *Bedeutung:* In Kombination mit dem → Multiplikator wird das Akzelerationsprinzip zur Erklärungvon → Konjunkturschwankungen herangezogen. Insbesondere sollen die überproportionalen Schwankungen der Investitionstätigkeit erklärt werden. Das Akzelerationsprinzip kann durch das *Kapitalstockanpassungsprinzip* modifiziert werden.

Akzelerationstheorem → Akzelerationsprinzip.

Akzelerationstheorie → Akzelerationsprinzip.

Akzelerator – Der Begriff Akzelerator (Beschleuniger) wird immer dann eingesetzt, wenn ein Impuls eine Beschleunigung (Akzeleration) eines zu erklärenden Wachstumsprozesses bewirkt. – *Beispiel:* Harrod (1939) prägte bei seiner Erklärung der Geschwindigkeit des wirtschaftlichen Wachstums den Begriff → Akzelerationsprinzip (oder auch Akzelerationstheorem, Akzelerationstheorie). Die Nachfrage der Unternehmen nach Investitionsgütern (I) entwickelt sich in Abhängigkeit zu der von den Unternehmen geplanten Produktionsausweitung (dY), die von der erwarteten Nachfrage nach den produzierten Gütern bestimmt wird. Weil diese Proportion auch als Koeffizient bezeichnet wird, spricht man auch vom Akzelerationskoeffizienten.

Allgemeine Kreditvereinbarungen (AKV) – *General Agreements to Borrow (GAB);* 1962 zwischen dem IWF und den im Zehner-Klub (G 10) vertretenen Ländern geschlossenes Abkommen, nach dem sich diese bereit erklärten, dem IWF bei Bedarf Kredite in ihren Währungen zur Verfügung zu stellen für den Fall, dass sich die normalen, aus den Subskriptionsbeiträgen der IWF-Mitglieder stammenden Devisenbestände des IWF bei größeren Währungskrisen als zu gering erweisen. – 1984 wurde das Abkommen um die Schweiz erweitert. Hinsichtlich der Mittelvergabe wurde den Zehnerklub-Mitgliedern ein weitgehendes *Mitspracherecht* eingeräumt, die dadurch erheblichen Einfluss auf die Politik des IWF nehmen können. Die AKV wurden mehrfach modifiziert und verlängert (zuletzt mit Wirkung vom Dezember 2003 um eine weitere Fünfjahresperiode). Das Kreditvolumen wurde von anfänglich 6,4 Mrd. Sonderziehungsrechten (SZR) auf 17 Mrd. SZR sowie zusätzlich 1,5 Mrd. SZR gemäß dem seit 1983 bestehenden Assoziierungsabkommen mit Saudi-Arabien erhöht. Im Rahmen der seit 1997 bestehenden Neuen Kreditveinbarungen (NKV) Im Rahmen der seit 1997 bestehenden Neuen Kreditvereinbarungen (NKV) stehen bei Bedarf 26 Teilnehmerländer und Institutionen bereit, dem IWF bis zu 34 Mrd. SZR zu leihen. Die NKV ersetzen die AKV nicht, sondern ergänzen sie.

allgemeines Gleichgewicht – *simultanes Gleichgewicht.* 1. → Gleichgewicht auf allen Teilmärkten (Produkt- und Faktormärkten); das bedeutet, dass auch alle Wirtschaftssubjekte ein individuelles Gleichgewicht hinsichtlich ihres Wirtschaftsplanes realisieren bzw. dass sie sich an die herrschenden Daten in optimaler Weise angepasst haben. Im Gleichgewicht eines Teilmarktes stimmen aggregiertes Angebot und aggregierte

Nachfrage genau überein, sodass kein überschüssiges Angebot bzw. keine überschüssige Nachfrage auftreten kann. I.d.R. wird dabei Nutzenmaximierung der Haushalte und Gewinnmaximierung der Unternehmen vorausgesetzt. Außerdem kann man zwischen mikroökonomischen Gleichgewichtsmodellen (sog. vollständige Konkurrenz- oder Walrasianische Gleichgewichtsmodelle) und makroökonomischen Gleichgewichtsmodellen unterscheiden. Während bei den mikroökonomischen Modellen des allgemeinen Gleichgewichts keine Güteraggregation vorgenommen wird, behandeln makroökonomische Gleichgewichtsmodelle das simultane Gleichgewicht auf den aggregierten Märkten Gütermarkt, Geldmarkt, Wertpapiermarkt, Arbeitsmarkt und – bei Vorliegen einer offenen Volkswirtschaft – Devisenmarkt. – 2. Die *Modelle des* allgemeinen Gleichgewichts können von unterschiedlicher Komplexität sein. So unterscheidet man Modelle, in denen es nur um Tauschaktivitäten geht, von solchen, welche die Produktion in die Betrachtung einbeziehen. Weiterhin unterscheidet man zeitpunktbezogene von intertemporalen Gleichgewichtsmodellen bis hin zur Einbeziehung von Zukunftsmärkten (auf der Basis von kontingenten Verträgen). – *Ausgangspunkt der Entwicklung einer Theorie des allgemeinen Gleichgewichts* war A. Smiths Metapher von der „unsichtbaren Hand", die das Marktsystem über den Eigennutz der Wirtschaftssubjekte langfristig in eine Gleichgewichtssituation (klassisches Gravitationszentrum) bringe. Die Totalanalyse intendiert im Grunde nichts anderes, als die Bedingungen herauszuarbeiten, unter denen das der Fall ist. Dabei geht es zum Ersten um die Frage, ob unter den jeweils gemachten Voraussetzungen ein solches Gleichgewicht überhaupt existiert. Zum Zweiten wird geprüft, ob das so ermittelte Gleichgewicht eindeutig ist. Im Hinblick auf beide Fragen zeigt sich, dass die Bedingungen, unter denen ein eindeutiger gleichgewichtiger Preis- und Mengen-Vektor existiert, sehr restriktiv sind

(u.a. müssen konvexe Indifferenzkurven und Isoquanten vorausgesetzt werden). Mit diesen Fragen ist aber noch nicht geklärt, wie das Marktsystem in den Zustand gelangt, in dem ein solcher Preis- und Mengen-Vektor zur Existenz kommt. – Dies führt zu der Frage nach der Stabilität des Gleichgewichtszustandes: Gelangt das System nach einer Störung wieder zurück in diesen Zustand? Zur Beantwortung greift man auf die auf L. Walras zurückgehende Tâtonnement-Analyse zurück und diskutiert die Rolle des Auktionators: Da man – bis auf neuere Entwicklungen, in denen auch andere Marktformen analysiert werden – von Preisnehmer- oder Mengenanpasser-Verhalten (Polypol) ausgeht, muss eine Instanz die Preise verändern, solange der Gleichgewichtszustand noch nicht erreicht ist. Dies besorgt der Auktionator, der bei Gütern mit Angebotsüberhang (Überschussangebot) den Preis senkt und ihn bei Gütern mit einem Nachfrageüberhang (Überschussnachfrage) anhebt. Näherungsweise liegt also eine Art Börsenpreisbildung vor. Durch Versuch und Irrtum tastet sich der Auktionator auf diese Weise schließlich an den Gleichgewichtspreis-Vektor heran. Erst wenn dieser ermittelt ist, wird tatsächlich getauscht. Zum gleichen Resultat gelangt man auch ohne Auktionator dann, wenn die Wirtschaftssubjekte Verträge direkt abschließen und diese so lange gegenseitig anpassen, bis sie alle kompatibel sind, bevor sie dann tatsächlich vollzogen werden (Recontracting im Sinn von Edgeworth). – Durch diese Annahmen wird das sog. „False Trading", also das Tauschen zu Nicht-Gleichgewichtspreisen, ausgeschlossen. Genau zu einem solchen Tausch kommt es jedoch bei Abwesenheit des Auktionators bzw. von Recontracting (→ Neokeynesianische Theorie). Da in diesem Fall im Anpassungsprozess Vermögensumverteilungen auftreten, wird das (Wieder-)Erreichen des Gleichgewichtszustandes selbst für den Fall fraglich, in dem die Existenz- und die Eindeutigkeitsfrage bejaht werden können. Im Ergebnis führt dies zu zusätzlichen restriktiven

Bedingungen. – Schließlich ist noch die Frage nach der Optimalität des Gleichgewichtszustandes aufzuwerfen (Wohlfahrtsökonomik). – 3. In der → Neuen Makroökonomik werden v.a. dynamische stochastische allgemeine Gleichgewichtsmodelle (sog. → DSGE-Modelle, Dynamic Stochastic General Equilibrium Models) diskutiert, die entweder von vollständiger Preisflexibilität ausgehen und dann als RBC-Modelle (Real Business Cycle Models) zu den Konjunkturmodellen der → Neuen Klassischen Makroökonomik zählen, oder nominale Rigiditäten (Preisträgheit) und die Modellwelt der monopolistischen Konkurrenz unterstellen und dann neukeynesianische Makromodelle darstellen. – Vgl. → Neukeynesianische Makroökonomik, dynamisches Grundmodell.

Allokation – I. Wirtschaftstheorie: Zuweisung von Gütern und Ressourcen, bezogen auf Personen und/oder Produktionsprozesse. In Marktwirtschaften erfolgt die Allokation primär über Güter- und Faktorpreise, die auf Märkten bestimmt werden (Preismechanismus), in Zentralverwaltungswirtschaften durch zentrale politische Planungsinstanzen II. Statistik: Zuordnung von Teil-Stichprobenumfängen zu den Schichten beim geschichteten Zufallsstichprobenverfahren.

Allokationsfunktion des Preises – Rolle der Güter- und Faktorpreise bei der → Allokation von Gütern und Faktoren. Eine Unternehmung oder Branche kann z.B. einen um so höheren Faktorpreis zahlen, je höher ihre Produktivität (Rentabilität) ist. Bei freier Güter- und Faktorpreisbildung existiert aufgrund der Konkurrenz eine Tendenz, dass die Produktionsfaktoren in den produktivsten Verwendungen eingesetzt werden, wenn Mobilitätshemmnisse nicht ins Gewicht fallen.

Alternativkosten → Opportunitätskosten.

Amplitude – Abstand zwischen den oberen bzw. unteren Wendepunkten einer schwingenden Zeitreihe und einem Mittelwert (Trend) im Verlauf eines → Konjunkturzyklus (→ Konjunkturschwankungen).

Analyse-Methoden – 1. Bei der *statischen Analyse* beziehen sich – bei gegebenen funktionalen Beziehungen – alle untersuchten Variablen auf den gleichen Zeitpunkt bzw. -raum, d.h., das Zeitproblem wird ausgeklammert. – 2. Bei der *komparativ-statischen Analyse* werden zwei statische Gleichgewichtszustände miteinander verglichen. Auch hier kommt lediglich eine Daten-Variation, nicht aber die Zeit ins Spiel. – 3. In der *dynamischen Analyse* wird zwar ein Ablauf in der Zeit simuliert – die Variablen tragen unterschiedliche Zeitindices und wirken zeitverzögert aufeinander ein -, aber es bleibt bei der rein physikalischen Zeit im Sinn I. Newtons. – 4. Bei der *evolutorischen Analyse* wird die historische Zeit berücksichtigt, d.h., es werden Irreversibilitäten und somit auch Veränderungen der funktionalen Beziehungen aufgrund prozessendogener Entwicklungen (z.B. Lernprozesse) und Pfadabhängigkeiten thematisiert.

Angebot – Menge an Gütern i.w.S., die zum Verkauf oder Tausch angeboten wird. Als wichtigste Determinante des Angebots wird der → Preis angesehen. – Erfasst wird das Angebotsverhalten durch → Angebotsfunktionen. Dabei besteht typischerweise ein positiver Zusammenhang zwischen Güterpreisniveau und dem zugehörigen Angebot.

Angebotselastizität – Verhältnis von relativer Veränderung der Angebotsmenge x_A und der relativen Veränderung des Angebotspreises p_A:

$$\eta_{x_A, p_A} = \frac{\frac{dx_A}{x_A}}{\frac{dp_A}{p_A}} = \frac{dx_A}{dp_A} \cdot \frac{p_A}{x_A}$$

Die Angebotselastizität ist positiv, wenn die → Angebotsfunktion normal verläuft, d.h., die Angebotsmenge nimmt zu, wenn der Preis steigt. Je höher die Angebotselastizität, umso stärker reagiert das Unternehmen (bzw. die Branche) auf Preisänderungen. Es besteht darüber hinaus ein Zusammenhang zur Produktionsflexibilität.

Angebotsfunktion – funktionale Beziehung des mengenmäßigen Angebots eines Gutes x in Abhängigkeit vom Preis p: x = F(p). Der Graph der Angebotsfunktion wird als Angebotskurve bezeichnet. Je flacher sie verläuft, umso höher ist die → Angebotselastizität. – Vgl. Grafik „Angebotskurve".

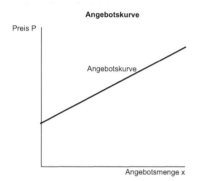

Man unterscheidet Angebotsfunktionen auf der Unternehmens- und der Markt-(Branchen)-Ebene. Die Marktangebotsfunktion ergibt sich gedanklich durch Zusammenfassung (Aggregation) der Unternehmensangebotsfunktionen. Durch Aggregation über alle Güter ergibt sich aus den Marktangebotsfunktionen die *gesamtwirtschaftliche Angebotsfunktion* (→ aggregierte Angebotskurve).

Angebotsökonomik – 1. *Begriff:* Die Angebotsökonomik betont die Bedeutung der *Angebotsseite;* damit deutliche Gegenposition zur Betonung der Nachfrageseite im → Keynesianismus (→ keynesianische Positionen). – Unter Angebotsökonomik *i.e.S.* versteht man die ökonomische Lehre, die ausschließlich auf die Angebotsseite setzt und die Nachfrageseite vernachlässigt. Dahinter steht die klassische Lehrmeinung des → Sayschen Theorems, wonach sich jedes Angebot stets seine eigene Nachfrage schafft, sodass letztlich das Güterangebot das gleichgewichtige Transaktionsvolumen eines Marktes determiniert. – 2. *Maßnahmen:*

a) *Steuersatzsenkungen* (v.a. bei leistungsabhängigen Steuern): Steuersenkungen schaffen starke Leistungsanreize, die zu einem höheren volkswirtschaftlichen Wachstum führen, das so stark sei, dass das Steueraufkommen trotz rückläufiger Steuersätze zunehme (Laffer-Kurve). – b) *Reduzierung der Staatsausgaben,* um den Staat zurückzudrängen und den Privaten und den Marktkräften wieder mehr Spielraum zu verschaffen. Der Staat dürfe nur in ganz eng begrenzten Ausnahmebereichen aktiv werden, denn Staatsausgaben wirken wie Steuern leistungshemmend und demotivierend. – c) *Budgetausgleich* auf niedrigem Niveau. Staatliche Kreditaufnahme verdränge in genau gleichem Umfang private Kreditnachfrage vom Kapitalmarkt. – d) *Deregulierung/ Entregulierung* (v.a. bez. Sozial-, Umverteilungs-, Umweltschutz- und Wettbewerbspolitik): Durch Abbau der „Belastung der Angebotsseite" sollen die Marktkräfte entfesselt werden. Staatliche Interventionen in den genannten Bereichen stellen Marktunvollkommenheiten (unvollkommener Markt) dar, die den dezentralen Koordinations- und Allokationsmechanismus stören. – Aufgrund der Maßnahmen ergeben sich nach Ansicht der Angebotsökonomik zunächst Gewinnerhöhungen, die zu größerer Produktivität und höherem Wachstum, schließlich aber auch zu steigenden Löhnen führen. Eine ungleichmäßigere Einkommensverteilung wird als Voraussetzung eines höheren Gesamtwohlstands angesehen. Der durch die Angebotspolitik ausgelöste Wachstumsschub löst nach dieser Auffassung auch das Inflationsproblem, weil es vorübergehend zu einem Überschussangebot und damit zu einem Druck auf die Preise kommt. – 3. *Kritik:* Die Auffassung, dass sich durch eine Steuersatzsenkung eine Erhöhung des Steueraufkommens erreichen lässt, muss für die derzeit geltenden Steuersysteme zumindest für die kurze und mittlere Frist als widerlegt angesehen werden. Die Hypothesen bez. staatlicher Ausgabenkürzungen und staatlicher Kreditaufnahmen sind empirisch unbelegt. Bei den Vorschlägen zur

Deregulierung werden einseitig die (unbestreitbar vorhandenen) negativen Wirkungen von Interventionen überbetont, die ökonomischen und gesellschaftlichen Vorteile (z.b. soziale Stabilität, Umweltschutz) bleiben dagegen unberücksichtigt. – 4. *Bedeutung:* Die Angebotsökonomik hatte großen Einfluss auf die Wirtschaftspolitik in den ersten Jahren der Reagan-Administration (Reaganomics). Auch die von M. Thatcher in Großbritannien betriebene Wirtschaftspolitik (→ Thatcherismus) folgte im Wesentlichen den Ideen der Angebotsökonomik In Deutschland wurde eine gemäßigte Form der Angebotsökonomik durch den → Sachverständigenrat zur Begutachtung der gesamtwirtschaftlichen Entwicklung (SVR) bis zum Auftreten der jüngsten weltweiten Rezession als Folge der globalen Finanzmarktkrise im Jahre 2007 propagiert. – Vgl. auch → Stabilisierungspolitik.

angebotsorientierte   Wirtschaftspolitik – 1. *Begriff:* Darunter versteht man Maßnahmen der Wirtschaftspolitik, die auf der Angebotsseite der Volkswirtschaft ansetzen. Die angebotsorientierte Wirtschaftspolitik versteht sich als Alternative zur keynesianischen makroökonomischen Nachfragesteuerung (→ Angebotsökonomik, → Globalsteuerung). – 2. *Ziele:* Primär Wachstumssteigerung nach vorausgehender Produktivitätszunahme; sekundär Verteilungsziele. – 3. *Begründung:* Vermeidung der aus monetaristischer Sicht gravierenden Mängel keynesianischer Fiskalpolitik: (1) Ungeeignetes Mittel zur Bekämpfung stagflationärer Situationen, d.h. das gleichzeitige Auftreten von Inflation und stagnierender Wirtschaftätigkeit (→ Stagflation); (2) Verdrängung privater Güternachfrage infolge von Zinssteigerungen oder direkter Crowding-out-Effekt; (3) weitgehende Anpassungs- und Innovationsschwäche aufgrund zunehmender Inflexibilität der Preise, die infolge vermehrter staatlicher Eingriffe in den Privatsektor als Wachstumsbremse gilt.

Angebotspolitik   →   Angebotsökonomik, → angebotsorientierte Wirtschaftspolitik.

Angebotsschock – eine gesamtwirtschaftliche Störung, welche die Produktionskosten erhöht und zu einer Aufwärtsverschiebung der → aggregierten Angebotskurve in traditionellen makroökonomischen Totalmodellen oder der → Phillips-Kurve in neukeynesianischen Makromodellen führt. – *Beispiel:* Erdölpreiserhöhungen 1973/1974. Unmittelbare Folgen sind Erhöhung des Preisniveaus (Inflation) und Rückgang des Outputs, d.h. das Auftreten von → Stagflation.

Angebotstheorie des Haushalts – 1. *Begriff:* Im Rahmen der → Haushaltstheorie die Theorie des Einkommenserwerbs durch das Faktorangebot des privaten → Haushalts: Indem er Arbeitsleistungen anbietet, ist der Haushalt einerseits in der Lage, jenes Einkommen zu erzielen, welches Voraussetzung für die Entfaltung seiner Nachfrage nach Konsumgütern ist. Andererseits ist das Arbeitsangebot auch ein Beitrag zu jener Faktorausstattung, welche die Produktion der nachgefragten Endprodukte erst ermöglicht. Damit wird auch die Einbindung des Haushalts in den volkswirtschaftlichen Kreislauf sowie die Interdependenz von Angebots- und → Nachfrageseite des Haushalts deutlich. – 2. *Determinanten:* Die Höhe des individuellen Arbeitsangebotes in der Planperiode (z.B. für einen Tag) hängt erstens von der Entscheidung des Haushalts über die Aufteilung der ihm max. zur Verfügung stehenden Zeit h^{max} (theoretisch 24 Stunden pro Tag) auf Arbeitszeit h_A und Freizeit h_F ab, sowie zweitens von der Realeinkommenserzielung y durch die Leistung von Arbeitsstunden zu einem gegebenen Reallohnsatz (W/P) pro Stunde (mit dem nominellem Stundenlohn W und dem Konsumgüterpreisniveau P). Beide Argumente – der mit dem realen Arbeitseinkommen erreichbare Güternutzen und der Freizeitnutzen – bestimmen gemeinsam die Nutzenposition U des Haushalts (U = U(y,h_F). Denn das nomininelle → Einkommen ist durch seinen

Einfluss auf das Haushaltsbudget (und damit auf die Budget- bzw. → Bilanzgerade) die Grundlage für die Aufstellung des optimalen Konsumplans und bei gegebenem Konsumgüterpreisniveau auch für die Erzielung von → Nutzen aus Konsumgütern. Mit der Zeitaufteilung wird gleichzeitig auch die Höhe des Freizeitnutzens bestimmt, der aus dem Genuss von Freizeit resultiert. Enthalten ist hier die Annahme, dass Arbeit keinen direkten Nutzen stiftet, sondern als „Arbeitsleid" zu charakterisieren ist.

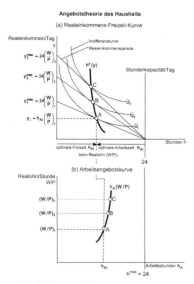

Angebotstheorie des Haushalts

(a) Realeinkommens-Freizeit-Kurve

3. *Grafische Darstellung:* Die zu einem bestimmten Reallohn pro Stunde in Abhängigkeit von der Arbeitszeit erzielbaren Realeinkommen ($y = (W/P)h_A$) können in Form der Realeinkommensgeraden grafisch erfasst werden (vgl. Abb. (a) Realeinkommens-Freizeit-Kurve), deren Steigung durch den jeweiligen realen Stundenlohn (W/P) bestimmt wird. Das max. Realeinkommen/Tag y^{max} =24(W/P) wird (als Abschnitt jeder Realeinkommensgeraden auf der y-Achse ablesbar) erzielt, wenn ohne Freizeit „rund um die Uhr" gearbeitet würde. Die

→ Präferenzordnung des Haushalts bez. Realeinkommen (=Konsumgüternutzen) und Freizeitnutzen wird durch die Schar hyperbelförmiger → Indifferenzkurven mit nach rechts oben ansteigendem Nutzenindex abgebildet. Die optimale, d.h. nutzenmaximale Aufteilung des Zeitbudgets auf Arbeits- und Freizeit ergibt sich für jeden realen Stundenlohn dort, wo die zugehörige Realeinkommensgerade eine Indifferenzkurve tangiert, nämlich diejenige Indifferenzkurve mit dem höchsten erreichbaren Nutzenindex. Bspw. ergibt sich beim Reallohn $(W/P)_1$ der Tangentialpunkt A mit der optimalen Freizeit h_{F1} und der optimalen Arbeitszeit h_{A1} sowie dem realen Arbeitseinkommen y_1. Aus den Tangentialpunkten verschiedener Realeinkommensgeraden kann weiter die Realeinkommens- oder → Lohn-Freizeit-Kurve ermittelt werden, aus der – unter der Annahme, der Haushalt könne sein Arbeitsangebot frei wählen – schließlich die → Arbeitsangebotskurve ableitbar ist (vgl. Abb. (b) Arbeitsangebotskurve). Sie stellt den funktionalen Zusammenhang zwischen dem Reallohnsatz/ Stunde (W/P) und dem Arbeitsangebot h_A dar. Ihr konkreter Verlauf beruht auf der Lage und Gestalt der Indifferenzkurven, d.h. der angenommenen Nutzenfunktion. Im Normalfall ist der *Verlauf der* → Arbeitsangebotskurve umgekehrt s-förmig, d.h. für sehr niedrige Lohnniveaus invers, sodass bei fallendem Lohnsatz das Arbeitsangebot gesteigert werden muss, um das Existenzminimum zu sichern. Dabei können Veränderungen der Höhe des Arbeitsangebots mithilfe des → Einkommenseffekts und des → Substitutionseffektes betrachtet werden. Im Normalbereich (wie in der Abb. (b) nur dargestellt) wird aufgrund der zunehmenden Opportunitätskosten der Freizeit das Arbeitsangebot mit dem Reallohnsatz steigen, während es für höhere Lohnniveaus, bei denen der Nutzen der Freizeit höher als das zusätzlich erzielbare Realeinkommen bewertet wird, fällt. – 4. *Analytischer Lösungsansatz:* Mathematisch lässt sich die Optimalbedingung der

Tangentenlösung mithilfe der *Lagrangeme-thode* ermitteln. Für das Nutzenmaximie-rungsproblem des Haushalts hinsichtlich der Arbeitsangebotentscheidung gilt die *Zielfunktion* U=U(y,h$_F$)=max mit der *Nebenbedingung* yP-W(24-h$_F$)=0. Aus der entsprechenden *Langrangefunktion* L=U(y,h$_F$)-λ(yP-W(24-h$_F$)) folgt die *Optimalbedingung*:

$$\frac{\frac{\partial U}{\partial h_F}}{\frac{\partial U}{\partial y}} = \frac{W}{P}$$

In Worten: Im Optimum (Tangentialpunkt) muss die Grenzrate der Substitution zwischen Freizeit und Realeinkommen aus Arbeitszeit (d.h. die Steigung der Indifferenzkurve) dem Reallohn (der Steigung der Realeinkommens-geraden) entsprechen.

Angebotsüberhang – *Angebotsüberschuss;* → Preisfunktionen, → Totalanalyse.

Animal Spirits – psychische Disposition wirtschaftliche Vorteile zu erzielen.

Anlageinvestitionen – Erwerb von Anla-gen (einschließlich selbsterstellte Anlagen) in einem Zeitraum. Analog zum → Anla-gevermögen werden Anlageinvestitionen brutto (Bruttoanlageinvestitionen) und netto (Nettoanlageinvestitionen) dargestellt. In der Volkswirtschaftlichen Gesamtrechnung (VGR) werden als Anlageinvestitionen sol-che produzierte Vermögensgüter bezeichnet, die dauerhaft oder wiederholt im Produkti-onsprozess eingesetzt werden und deren Nut-zungsdauer mehr als ein Jahr beträgt.

Anlagevermögen – **I. Begriff:** Teile des Ver-mögens einer Unternehmung, die nicht zur Veräußerung bestimmt sind (irrige Bezeich-nung: Anlagekapital). Die Erhaltung, Repa-ratur und Ersatzbeschaffung von Gegenstän-den des Anlagevermögens ist Aufgabe der Anlagenwirtschaft. – Der Anteil des Anla-gevermögens an der Bilanzsumme ist i.d.R. in der Industrie erheblich höher als im Han-del. – Das Anlagevermögen *dient* dem Be-triebszweck. – Die *Finanzierung* des Anlage-vermögens sollte mit langfristig dem Betrieb

zur Verfügung stehendem Kapital erfolgen (Eigenkapital und langfristiges Fremdkapi-tal). Werden kurzfristige Kredite zur Zwi-schenfinanzierung des Anlagevermögens herangezogen, ist auf Dauer eine Konsolidie-rung anzustreben.

II. Handelsrecht: Nach § 247 II HGB nur die Gegenstände, die bestimmt sind, dauernd dem Geschäftsbetrieb zu dienen. – *Gegen-satz:* Umlaufvermögen. – *Zusammenset-zung:* (1) immaterielle Vermögensgegen-stände: z.B. Konzessionen, Firmenwert, geleistete An-zahlungen; (2) Sachanlagen: z.B. Grundstü-cke und Bauten, technische Anlagen und Ma-schinen, Betriebs- und Geschäftsausstattung; (3) Finanzanlagen: z.B. Beteiligungen, Wert-papiere des Anlagevermögen. – Das Anlage-vermögen wird im Betrieb genutzt und z.T. verbraucht (→ Abschreibung und/oder Wert-berichtigung).

III. Steuerrecht: 1. *Steuerbilanz:* Hinsicht-lich der Bewertung ist zu unterscheiden zwi-schen abnutzbarem Anlagevermögen und nicht abnutzbarem Anlagevermögen (Bewer-tung und Maßgeblichkeitsprinzip). – 2. *Erb-schaftsteuer:* Das Anlagevermögen ist i.d.R. mit dem gemeinen Wert anzusetzen (§ 109 I BewG). – *Ausnahmen:* (1) Betriebsgrundstü-cke sind mit den Grundbesitzwerten anzu-setzen (§ 12 III ErbStG), Anteile an Kapital-gesellschaften sind nach §§ 11, 12 BewG zu bewerten (gemeiner Wert; Stuttgarter Verfah-ren).

IV. Volkswirtschaftliche Gesamtrechnung: Wert aller produzierten Vermögensgüter, die länger als ein Jahr wiederholt oder dauerhaft in der Produktion eingesetzt werden. Anla-gevermögen umfasst Sachanlagen (Nutztiere, Nutzpflanzungen, Ausrüstungen, Bauten) und immaterielle Anlagegüter (Computer-programme, Urheberrechte). Nicht zum An-lagevermögen rechnen Finanzanlagen, nicht-produzierte Sachanlagen (Grund und Boden, Bodenschätze) und Gebrauchsvermögen der privaten Haushalte. Das Anlagevermögen ist wie die → Anlageinvestitionen abgegrenzt.

Es wird brutto (Bruttoanlagevermögen) und netto (Nettoanlagevermögen) dargestellt.

Antidumpingzoll → Einfuhrzoll, der den im Importland eintretenden negativen Wirkungen von → Dumping eines Exportlands begegnen soll. Der Antidumpingzoll verteuert den Import und soll somit die → Einfuhr von Dumpingwaren vermindern. Nach dem internationalen Handelsrecht der WTO – vgl. World Trade Organization (WTO) und GATT – setzt die Einführung eines Antidumpingzolls durch das Importland die Erfüllung einiger Bedingungen voraus: (1) der Tatbestand des Antidumpingzolls im Sinn einer regionalen Preisdifferenzierung muss nachgewiesen sein; (2) im Importland muss eine signifikante Schädigung eines Wirtschaftszweiges (nicht nur eines Unternehmens) nachgewiesen werden; (3) der Zusammenhang zwischen dieser Schädigung und dem Antidumpingzoll muss nachgewiesen sein; (4) es muss auch ein volkswirtschaftliches Interesse an der Erhebung eines Antidumpingzolls bestehen. Der Nachweis dieser Kriterien bedeutet i.d.R. einen erheblichen Zeitbedarf und Kostenaufwand für den klagenden Wirtschaftssektor. Ein Antidumpingzoll kann daher von der Europäischen Kommission auch vorläufig festgesetzt werden. Möglich ist auch die Erhebung von Sicherheiten, bis das Prüfverfahren abgeschlossen ist. Ein Antidumpingzoll darf den entstandenen Schaden nicht überkompensieren, d.h. es muss das Prinzip der Verhältnismäßigkeit zwischen Schaden und Maßnahme gewahrt bleiben. Üblicherweise wird als *Dumpingspanne* die Differenz zwischen Exportpreis und Inlandspreis im Exportland durch den Antidumpingzoll abgeschöpft. – Analog zum Antidumpingzoll kann unter ähnlichen Voraussetzungen ein sog. → Ausgleichszoll erhoben werden, wenn Güter aufgrund staatlicher → Exportsubventionen vergleichsweise zu billig exportiert werden. Während Dumping eine private Aktivität ist, sind Exportsubventionen staatliche Maßnahmen (→ tarifäre

Handelshemmnisse). Antidumpingzölle zählen dagegen zu den → nicht tarifären Handelshemmnissen.

Antigleichgewichtstheorie – I. Theorie von J. Kornai: Alternativtheorie zum Gleichgewichtsparadigma (→ Gleichgewicht). Die wirtschaftliche Entwicklung ist ein sich ständig ändernder Prozess, in dem Staat, Verbände, Produzenten und Haushalte auf Informationen reagieren und schließlich unter Berücksichtigung der internen Verhältnisse (eigene Interessen, soziale Bindungen u.a.) mit ihren Entscheidungen in die Realsphäre (Produktion und Konsum) eingreifen und damit neue Entwicklungen anstoßen. Das Wirtschaftsgeschehen wird als ein in historischer (im Gegensatz zu logischer) Zeit ablaufendes System gesehen. – Kornai unterscheidet zwischen Real- und Steuerungssphäre (Informationsverarbeitung, Entscheidungsvorbereitung und Entscheidungen). Er berücksichtigt den Einfluss von Organisationen, Interdependenzen und internen Konflikten auf die Entscheidungsprozesse. – Weitgehend decken sich diese Überlegungen mit denen des Postkeynesianismus (→ Keynesianismus).

II. Sammelbezeichnung: Die Antigleichgewichtstheorie zählt zu den unorthodoxen Ansätzen von → Ungleichgewichtstheorien und kann auch als Sammelbezeichnung für im Gegensatz zur Gleichgewichtstheorie stehende Ansätze verstanden werden. Dazu zählen: a) *Spieltheorie.* – b) *Verhaltenstheoretische Alternativen,* die die üblicherweise unterstellte Maximierungshypothese (Nutzen- bzw. Gewinnmaximierung) in bestimmten Situationen und/oder für bestimmte Problemstellungen ersetzt, z.B. Konzept des Satisfying Behavior (Simon), Theorie der X-Effizienz (Leibenstein), Theorie des Anspruchsniveaus (Katona). – c) → Konflikttheorien.

antizyklisch – 1. Gegen den Konjunkturverlauf (→ Konjunkturschwankungen, → Konjunkturzyklus) gerichtete *Bewegung ökonomischer Größen.* – 2. Gegen den

Konjunkturverlauf gerichtete *Ausrichtung* und *Wirkung wirtschaftspolitischer Maßnahmen* (→ Konjunkturpolitik).

Äquivalenz zwischen tarifären und nicht tarifären Handelshemmnissen – Bei vollständiger Konkurrenz im In- und Ausland und vollständigem → Wettbewerb um die Importlizenzen (z.B. Versteigerung) führen eine → Importquote und ein → Zoll zu derselben Preis-Mengen-Konstellation, vorausgesetzt die → Quote wird auf jener Importmenge festgelegt, zu der auch der Zollsatz führt.

Arbeit – I. Begriff: Zielgerichtete, soziale, planmäßige und bewusste, körperliche und geistige Tätigkeit. Ursprünglich war Arbeit der Prozess der Auseinandersetzung des Menschen mit der Natur zur unmittelbaren Existenzsicherung; wurde mit zunehmender sozialer Differenzierung und → Arbeitsteilung und der Herausbildung einer Tauschwirtschaft und Geldwirtschaft mittelbar. – In der *Antike* und im *Mittelalter* waren die Begriffsinhalte von Arbeit negativ und abwertend: Arbeit galt als unwürdige Tätigkeit, deren sprachliche Synonyme Mühsal, Plage, Last und Not waren; sie wurde dadurch zur Angelegenheit der unteren sozialen Schichten. Erst durch die *christliche Religion* erhielt Arbeit eine positive Bestimmung; bes. in der *protestantischen Ethik* ist Arbeit identisch mit Pflichterfüllung und gottgefälligem Tun, und in einer asketischen, durch Arbeit geprägten Lebensweise wird bereits im Diesseits die Vorbestimmtheit für die ewige Seligkeit sichtbar. Die positive Bewertung von Arbeit hat sich in den sich früh industrialisierenden westlichen Gesellschaften durchgesetzt; *Weber* (1864–1920) sah in der protestantischen Ethik die Voraussetzungen für den kapitalistischen Industrialisierungsprozess. Auch gegenwärtig wird Arbeit, auch → Arbeitseinkommen und der sich darin dokumentierende Erfolg, positiv bewertet.

II. Volkswirtschaftstheorie: → Produktionsfaktor neben → Boden und → Kapital.

Arbeit ist wie Boden ein originärer Produktionsfaktor. – Problematisch ist, dass die Untrennbarkeit von Mensch und Arbeitskraft unberücksichtigt bleibt; deshalb wird Arbeit als eigentlicher Produktionsfaktor, Boden und Realkapital als Produktionsmittel bezeichnet. – Vgl. auch → Wertlehre. – Da die Person des Arbeitenden und die Abgabe von Arbeitsleistungen nicht trennbar sind, kann eine zunehmende → Arbeitsteilung (Spezialisierung) eine höhere Produktivität und Selbstentfaltung (Smith), aber auch eine Einschränkung der Selbstbestimmung und Selbstentfaltung bis hin zur völligen Fremdbestimmung des Arbeitnehmers (→ Marx) darstellen; sie kann Ursache sozialer Spannungen sein. Dem entgegenzuwirken, ist Zweck der Betriebsverfassungs- und Mitbestimmungsgesetze, s. Mitbestimmungsgesetz (MitbestG). – In der kurz- und mittelfristig ausgerichteten keynesianischen → Makroökonomik stellt Arbeit der einzige variable Produktionsfaktor dar. Dabei erfolgt seine Entlohnung gemäß der → Grenzproduktivitätstheorie.

III. Ethik: 1. *Allgemein* galt Arbeit im griech. Altertum als Praxis und damit gegenüber Theorie als minderwertig, so erfährt sie oder das „Bete und arbeite" des Benedikt von Nursia eine erste Aufwertung. Seit der Reformation und bes. seit Hegel und Marx wird Arbeit zur Grundbestimmung des Menschen. – 2. *Wirtschaftsethisch* von Bedeutung ist Arbeit im Zusammenhang mit (1) einer Humanisierung der Arbeitswelt, (2) dem Gedanken der Selbstverwirklichung des Menschen durch und in Arbeit (beides zusammen führt zu neuen, modernen Formen der Arbeitsorganisation) und (3) verbreiteter Massenarbeitslosigkeit. Bei der Arbeitslosigkeit geht es nicht nur um angemessene soziale Sicherung der Arbeitslosen, da Arbeit zur Identität des modernen Menschen gehört. Obwohl es ein einklagbares individuelles „Recht auf Arbeit" wegen der ökonomischen Anreize zur Arbeit auch wirtschaftsethisch nicht geben kann (Wirtschaftsethik), bleibt Arbeitslosigkeit eine sozialpolitische Herausforderung.

IV. Soziologie: Arbeit ist ein Prozess, in dem Menschen soziale Beziehungen eingehen, die im gesamten Lebenszusammenhang von zentraler Bedeutung sind; hierzu gehören die Strukturierung der Zeit, die soziale Anerkennung und das Selbstwertgefühl. – Die Formen der Arbeit bestimmen die Art der sozialen Beziehungen auch über den Arbeitsprozess hinaus und sind Ausdruck des Entwicklungsstandes von Gesellschaften, ihrer sozialen Strukturen, Organisations- und Kooperationsformen und Herrschaftsordnungen; demzufolge stehen sozialer Wandel und die Veränderung von Arbeitsformen und Arbeitsinhalten in enger Beziehung. Arbeit und Gesellschaft sind seit der Industrialisierung einem Wandel ausgesetzt, der vorwiegend durch die Entwicklung der Technik bestimmt ist, die die Arbeit unmittelbar betrifft und zu Strukturwandlungen in Wirtschaft und Gesellschaft führt. – Ein wesentlicher Aspekt für die Zukunft der Arbeit ist die zunehmende Freizeit, durch die die zentrale Stellung der Arbeit im menschlichen Lebenszusammenhang und die Bedeutung der Arbeit für die sozialen Beziehungen berührt wird. Es ist sehr wahrscheinlich, dass ein Bedeutungswandel von Arbeit eintritt, weil Erwerbstätige im Verlauf ihres Arbeitslebens mehrfach ihren Betrieb und ggf. ihre Tätigkeit wechseln müssen.

V. Arbeitswissenschaft/Industriebetriebslehre: Ursprünglich wurde Arbeit nur als Ausdruck der ökonomisch relevanten Kostengütermenge Arbeit betrachtet. Die Definition ging von den ökonomischen Wirkungen der Arbeit aus, die auf Nutzung der Arbeitskraft in der Zeit beruht: Arbeit = Arbeitskraft × Arbeitszeit. – Arbeitskraft und Arbeitszeit sind jedoch keine ökonomischen Begriffe oder Tatbestände, sondern haben in Physik, Physiologie, Soziologie, Psychologie etc. ihre Wurzeln. Aus diesem Grund wird heute Arbeit wesentlich umfassender als ein Potenzial

des Menschen zur Existenzsicherung verstanden, für einen Teil der Erwerbstätigen auch der Selbsterhaltung.

arbeitergeleitete Unternehmung – Unternehmung, die sich im (überwiegenden) Eigentum der Arbeiter befindet und Leistungen für Dritte gegen Entgelt erbringt. Die Anteile an der arbeitergeleitete Unternehmung können dabei handelbar sein. Zusätzlich zu den Arbeiter-Eigentümern können Lohn beziehende Arbeitnehmer angestellt sein. Im Unterschied zur → kapitalistischen Unternehmung werden die Prinzipien der Partizipation, Demokratie und Egalität betont. Des Weiteren spielen genossenschaftliche Prinzipien eine Rolle, soweit es sich um Produktivkooperative handelt. Die Eigentumsverhältnisse haben Auswirkungen auf die Effizienz (→ Theorie der arbeitergeleiteten Unternehmung).

Arbeitnehmerentgelt – Bruttolohn- und -gehaltssumme sowie Sozialbeiträge der Arbeitgeber. Die Bruttolohn- und -gehaltssumme enthält die Löhne und Gehälter (vor Abzug der Sozialbeiträge der Arbeitnehmer und der Lohnsteuer), die Arbeitern, Angestellten, Beamten und anderen Arbeitnehmergruppen aus dem Arbeits- bzw. Dienstverhältnis zugeflossen sind. – Vgl. auch → Arbeitseinkommen.

Arbeitsangebotskurve – analytisches Instrument der → Angebotstheorie des Haushalts. Sie gibt an, in welchem Umfang ein → Haushalt zu alternativen Reallohnsätzen pro Stunde den Faktor Arbeit anbietet. Dabei kommt das Arbeitsangebot jeweils unter Abwägung des Freizeitnutzens und dem realen → Einkommen (Güternutzen) aus Arbeit zustande.

Arbeitseinkommen – I. Volkswirtschaftstheorie: der dem Produktionsfaktor → Arbeit zuzurechnende Teil des im Zuge der Produktion von Gütern entstandenen Einkommens. Die Entstehung des Arbeitseinkommens wird durch die funktionale Verteilungstheorie untersucht.

II. Volkswirtschaftliche Gesamtrechnung: Zusammenfassung von → Arbeitnehmerentgelt und kalkulatorischem Arbeitseinkommen der Selbstständigen (kalkulatorischer Unternehmerlohn). – Vgl. auch → Arbeitseinkommensquote.

III. Sozialrecht: „[...] der nach den allgemeinen Gewinnermittlungsvorschriften des Einkommensteuerrechts ermittelte Gewinn aus einer selbstständigen Tätigkeit. Einkommen ist als Arbeitseinkommen zu werten, wenn es als solches nach dem Einkommensteuerrecht zu bewerten ist." (§ 15 I SGB IV).

Arbeitseinkommensquote – Die Arbeitseinkommensquote gibt das gesamtwirtschaftliche → Arbeitseinkommen in Relation zum Volkseinkommen wieder:

$$AEQ = \frac{W/A}{Y/E} = \frac{(W/A) * E}{Y}$$

wobei AEQ: Arbeitseinkommensquote, W: Löhne, A: Anzahl der Arbeitnehmer, E: Anzahl der Erwerbstätigen, Y: Volkseinkommen. Sie entspricht damit gleichzeitig dem Verhältnis von Lohneinkommen je Arbeitnehmer zu Volkseinkommen je Erwerbstätigen, was im weitesten Sinne auch als Verhältnis von Pro-Kopf-Lohn zur Arbeitsproduktivität verstanden werden kann. Im Unterschied zur → Lohnquote werden bei der Berechnung der Arbeitseinkommensquote auch die aus Arbeit entstandenen Einkommen der Selbstständigen berücksichtigt. Bei der Berechnung der Arbeitseinkommen der Selbstständigen wird dabei in Anlehnung an Kravis (1959) häufig mit der Annahme gearbeitet, dass sich das durchschnittliche Arbeitseinkommen jedes Selbstständigen (und mithelfenden Familienangehörigen) auf den Durchschnittslohn eines abhängig Beschäftigten beläuft. Bei Verwendung der Kravis-Annahme wird Arbeitseinkommensquote durch den Wandel der Beschäftigtenstruktur (Veränderung der Arbeitnehmerquote) genau wie eine bereinigte Lohnquote nicht beeinflusst. Auch aus diesem Grund hat die Arbeitseinkommensquote die bereinigte Lohnquote in der empirischen Analyse weitgehend verdrängt. Eine solchermaßen definierte Arbeitseinkommensquote steht zur bereinigten Lohnquote in einem festen Verhältnis: die Arbeitseinkommensquote liegt immer um den Wert E/A (Kehrwert der Arbeitnehmerquote des Basisjahres) über der bereinigten Lohnquote. – In Deutschland und anderen Industrienationen ist die Arbeitseinkommensquote seit mehreren Jahren stark rückläufig.

Arbeitsintensität – Verhältnis von Arbeitseinsatz zu Kapitaleinsatz; Kehrwert der → Kapitalintensität.

arbeitsintensives Gut – Gut, zu dessen Erzeugung im Vergleich zu einem anderen Gut stets weniger Kapital pro Arbeit benötigt wird, wird als *relativ* arbeitsintensiv bezeichnet. Das andere Gut ist dann *relativ* kapitalintensiv. – Vgl. auch → Heckscher-Ohlin-Handel, → Heckscher-Ohlin-Theorem.

Arbeitskoeffizient – Verhältnis der Einsatzmenge an Arbeitsleistung zu dem damit erzielten Produktionsergebnis. – *Kehrwert:* → Arbeitsproduktivität.

Arbeitslosenquote – Arbeitslosenquoten berechnen – ähnlich wie die Erwerbslosenquote – die relative Unterauslastung des Produktionsfaktors Arbeit(-skraft), indem sie die (registrierten) Arbeitslosen in Relation zu den Erwerbspersonen setzen. Es werden zwei Quoten ermittelt, die sich in der Abgrenzung der Erwerbspersonen unterscheiden. In Deutschland wurde lange die Arbeitslosenquote bezogen auf die *abhängigen zivilen Erwerbspersonen ermittelt.* Sie berücksichtigt lediglich die abhängigen zivilen Erwerbspersonen, also die Summe aus voll sozialversicherungspflichtig Beschäftigten inkl. der Auszubildenden, geringfügig Beschäftigten, Beamten (ohne Soldaten) und (registrierten) Arbeitslosen. Die Arbeitslosenquote bezogen auf *alle zivilen Erwerbspersonen* beinhaltet neben den abhängigen zivilen Erwerbstätigen auch die Selbstständigen sowie die mithelfenden Familienangehörigen. Diese

Berechnung ist im Ausland gebräuchlicher und hat den Vorteil, auch die zunehmende Bedeutung selbstständiger Tätigkeiten zu berücksichtigen. Seit Januar 2009 wird diese Quote auch für spezielle Personengruppen errechnet und damit die statistische Berichterstattung grundsätzlich auf die Darstellung dieser Arbeitslosenquote umgestellt. – Die Bezugsgrößen für die Arbeitslosenquoten beinhalten Informationen aus verschiedenen Statistiken (z.b. Beschäftigungsstatistik, Personalstandsstatistik und Mikrozensus), die erst mit zeitlicher Verzögerung vorliegen. Sie werden einmal jährlich, i.d.R. im April oder Mai, aktualisiert. Eine Rückrechnung erfolgt nicht. – Die Arbeitslosenquoten werden monatlich bzw. jährlich in unterschiedlichen regionalen und personellen Abgrenzungen von der Bundesagentur für Arbeit veröffentlicht.

Arbeitsmarkt – 1. *Begriff:* Zusammentreffen von Arbeitsangebot und Arbeitsnachfrage. – 2. In *traditioneller, neoklassischer Sicht* entspricht die Funktionsweise des Arbeitsmarkts der von Güter- oder anderen Märkten. Sowohl Arbeitsangebot als auch Arbeitsnachfrage sind reallohnabhängig. Das Arbeitsangebot nimmt mit steigendem Reallohn zu (Grenznutzentheorem), die Arbeitsnachfrage nimmt mit steigendem Reallohn ab (Grenzproduktivitätstheorem). Ungleichgewichte (in Form von Arbeitslosigkeit oder Überbeschäftigung) werden durch den Preismechanismus automatisch ausgeglichen (klassische Lehre, → Neoklassik). Grundsätzlich kommt es immer und überall zu einem Gleichgewicht, bei dem jeder Arbeitnehmer, der zum herrschenden Reallohn arbeiten will, auch tatsächlich arbeiten kann. Arbeitslosigkeit ist aus neoklassischer Sicht grundsätzlich freiwilliger Natur (aufgrund hoher Freizeitpräferenzen der Anbieter). Arbeitskräfte, die freiwillig arbeitslos sind, empfinden den Vollbeschäftigungsreallohn als zu niedrig und sind nicht bereit, bei diesem Reallohn eine Beschäftigung aufzunehmen. – 3. *Die Keynessche und keynesianische Kritik* der neoklassischen Arbeitsmarktanalyse richtet sich vor allem gegen die Annahmen Markttransparenz und Gültigkeit des → Sayschen Theorems. Nach Keynes (→ Keynesianismus) wird die tatsächliche Höhe der Beschäftigung auf den Gütermärkten festgelegt. Die Nachfrage nach Arbeit ist eine abgeleitete Größe und wird durch die Höhe der effektiven Nachfrage bestimmt. Ist die effektive Nachfrage kleiner als das Vollbeschäftigungseinkommen (→ Unterbeschäftigungsgleichgewicht), liegt konjunkturelle Arbeitslosigkeit vor, die ursachenadäquat durch die → Konjunkturpolitik bekämpft werden muss.

Arbeitsproduktivität – 1. *Begriff:* Verhältnis von gesamtwirtschaftlichem Produktionsergebnis und Arbeitseinsatz. Arbeitsproduktivität wird häufig mit Produktivität gleichgesetzt. – *Kehrwert:* → Arbeitskoeffizient. – 2. *Arten:* a) *Durchschnittliche* Arbeitsproduktivität (Durchschnittsproduktivität des Faktors Arbeit): die pro eingesetzter Einheit des Faktors Arbeit erzielte Produktionsmenge. b) *Marginale* Arbeitsproduktivität (Grenzproduktivität des Faktors Arbeit): mengenmäßiger Produktionszuwachs auf den Einsatz einer zusätzlichen Einheit des Faktors Arbeit bezogen. – 3. In der *Grenzproduktivitätstheorie der Verteilung* ist die Grenzproduktivität des Faktors Arbeit im Gleichgewicht dem Reallohnsatz gleich. – 4. In der *Volkswirtschaftlichen Gesamtrechnung (VGR)* ist Arbeitsproduktivität definiert als das Verhältnis von → Bruttoinlandsprodukt (BIP) oder unbereinigter → Bruttowertschöpfung jeweils in konstanten Preisen zur Einsatzmenge an Arbeitsleistung (gemessen an der Zahl der Beschäftigten oder an den geleisteten Arbeitsstunden).

Arbeitsteilung – I. Wirtschaftstheorie: 1. *Charakterisierung:* Begriff zur Kennzeichnung der Auflösung einer Arbeitsleistung in Teilverrichtungen, die von verschiedenen Wirtschaftseinheiten ausgeführt werden. Die Wirtschaftseinheiten können sein: Menschen, Unternehmungen, Gebiete, Länder. – Die *Grenzen der Arbeitsteilung* sieht Smith in der

Marktausdehnung und der Kapitalausstattung der Betriebe (daher Befürwortung des → Freihandels und des Sparens im Sinn der Kapitalbildung). – 2. *Formen* (nach Bücher): (1) *Berufsbildung:* Ausgehend von der Arbeitsteilung zwischen Mann und Frau kommt es zur Ausgliederung einzelner Funktionen aus dem Haushalt, die verselbstständigt werden. (2) *Berufsspaltung:* Die in sich komplexen Berufe werden nochmals gespalten, z.B. Schmied in Hufschmied, Nagelschmied etc. (*Spezialisation*). (3) *Arbeitszerlegung:* Zerlegung eines Produktionsprozesses in mehrere, jeweils auf eine Person oder Personengruppe entfallende Teilprozesse (z.B. Stecknadelbeispiel von Smith). Die Arbeitszerlegung führt evtl. zur Zerlegung eines Betriebes in mehrere Teilbetriebe (Produktionsteilung). (4) *Territoriale Arbeitsteilung:* Jedes Gebiet (als Einheit) spezialisiert sich auf die standortmäßig günstigste Produktion. – *Spezialfall:* Internationale Arbeitsteilung. – 3. *Vor-/Nachteile:* a) *Vorteile:* Steigerung der → Produktivität durch bessere Ausnutzung der Arbeitskraft wegen der höheren Geschicklichkeit und evtl. kürzeren Lehrzeit (schon von Smith erkannt). – b) *Nachteile:* (1) Entseelung der Arbeit: wichtiger Kritikpunkt der Sozialisten; (2) Anfälligkeit der Volkswirtschaft gegenüber wirtschaftlichen Krisen; (3) teilweise verringerte Möglichkeiten des Berufswechsels.

II. Industriebetriebslehre: Begriff zur Kennzeichnung der organisatorischen Zerlegung einer Arbeitsaufgabe in Teilaufgaben (Taylorismus) und deren Zuweisung an einzelne Arbeitsausführende. Der personellen, zeitlichen und räumlichen Abstimmung dienen Arbeitsvorbereitung und Maßnahmen der Harmonisierung. – *Arbeitsteilung ermöglicht:* (1) dem Arbeiter Spezialisierung und dadurch Erzielung höherer Leistungen; (2) dem Betrieb einen wirtschaftlichen Einsatz von Arbeitsmaschinen. Am gleichen Arbeitsplatz fallen stets dieselben Arbeitsvorgänge an. – *Beurteilung:* Arbeitsteilung als grundlegendes Organisationsprinzip der modernen Industrie ist nur sinnvoll, wenn die auf verschiedene Arbeiter verteilten Unteraufgaben durch entsprechende Organisation ständig aufeinander abgestimmt werden, sodass trotz der Teilung die Einheitlichkeit des Arbeitsvollzuges gesichert bleibt (Arbeitsverbindung).

Arbeitsvermögen – das gesamtwirtschaftliche → Humankapital.

Arbitrage-Klausel – *Schiedsgerichtsklausel;* im Außenhandel übliche Klausel zur Vereinbarung eines bestimmten Schiedsgerichts (engl. *Arbitration* = Arbitrage) zur Vermeidung des langwierigen und kostspieligen Klageweges vor einem ordentlichen Gericht. Beide Partner unterwerfen sich bei evtl. auftretenden Streitigkeiten einer gemeinsam ausgewählten Schiedsgerichtsordnung und einem Schiedsverfahren aber auch dem daraus resultierenden Schiedsspruch.

ARIMA-Modell – Modellklasse der Zeitreihenanalyse, bei der eine beobachtete Zeitreihe unter Verwendung ihrer verzögerten Werte (*Autoregressiv, AR*) und ihrer gleitender Durchschnitte (*Moving Average, MA*) durch ökonometrische Schätzungen möglichst gut an die Empirie angepaßt wird. Ein ARIMA-Modell enthält Restriktionen auf die Residuen, um stochastische Einflüsse zu erfassen. Die Modelle dienen u.a. der Prognose der Zeitreihe z.B. im → Konjunkturzyklus.

Assoziierungsabkommen – 1. *Allgemein:* Völkerrechtliche Verträge, die bes. Beziehungen zwischen einer internationalen (oder supranationalen) Organisation und einem Nichtmitgliedsstaat begründen. – 2. *Assoziierungsabkommen der EU:* Die EU-Verträge sehen *zwei verschiedene Formen* der Assoziierung Dritter vor. Hierbei handelt es sich um die nach Maßgabe von Art. 198 ff. AEUV vorgeschriebene Assoziierung sog. Überseeischer Länder und Gebiete (*konstitutionelle Assoziierung*) sowie um die Möglichkeit einer *vertraglichen Assoziierung* nach Art. 217 AEUV bzw. Art. 206 EAGV im Fall sonstiger Staaten oder internationaler Organisationen.

a) *Inhalt:* Die Regelungsgegenstände, die gegenseitigen Rechte und Pflichten (die nicht „symmetrisch" sein müssen) sowie die Intensität der Beziehungen können sehr unterschiedlich ausgestaltet sein. b) Die *Zielsetzungen,* welchen den von der EU abgeschlossenen Assoziierungsabkommen dienen sollen, differieren beträchtlich: (1) Vorbereitung des Partners auf einen etwaigen späteren Beitritt (z.B. Türkei); (2) intensive Förderung der wirtschaftlichen Entwicklung der Abkommenspartner (AKP-Staaten); (3) Förderung des gegenseitigen → Freihandels bei gleichzeitiger Anpassung des Rechtsordnung der Partner an das Gemeinschaftsrecht (EWR-Abkommen (EWR) mit den EFTA-Staaten, EFTA); (4) Förderung der Systemtransformation und der Beitrittsfähigkeit (Europaabkommen mit ostmitteleuropäischen Reformstaaten); (5) Stabilisierung einer Konfliktregion (Balkanstaaten). c) *Voraussetzungen:* Auf Seiten der Gemeinschaft erfordert der Abschluss eines Assoziierungsabkommens Einstimmigkeit im Rat der Europäischen Union (vormals Ministerrat) sowie ein Mehrheitsvotum im Europäischen Parlament. Soweit das Abkommen Gegenstände betrifft, welche in der Zuständigkeit der Mitgliedsstaaten liegen, bedarf es zum Inkrafttreten der Ratifizierung durch die Parlamente aller Mitgliedsstaaten der EU. – Vgl. auch → regionale Integration, → Regionalismus.

atomistische Marktstruktur → polypolistische Preisbildung.

Aufschlagspreisbildung – in der → Makroökonomik Übertragung einzelwirtschaftlicher Preisbildungsvorstellungen auf die gesamtwirtschaftliche Ebene. Die Hypothese der Aufschlagspreisbildung geht davon aus, dass sich das Angebotspreisniveau aus dem Produkt von Stückkosten und einem Aufschlagssatz (Mark-up) ergibt. Da aus Vereinfachungsgründen meist nur die Lohnstückkosten berücksichtigt werden, muss der Aufschlagssatz neben einer Gewinnkomponente auch die übrigen Kosten umfassen.

Aufschwung → Konjunkturphasen.

Aufwertung – Wertgewinn einer Währung (z.b. Euro) im Vergleich zu einer anderen Währung (z.b. US-Dollar). – Vgl. auch → Abwertung, → Wechselkurs, → Wechselkursbildung.

Ausbeutung – I. Wirtschaftstheorie: 1. *Wirtschaftstheorie des Marxismus:* Aus Arbeitswertlehre und Mehrwerttheorie wird abgeleitet, dass die Arbeiter nicht den vollen Gegenwert der von ihnen erstellten Güter als Lohn erhalten, sondern nur das ausbezahlt bekommen, was sie zur Deckung des eigenen „Reproduktionsaufwands" (Miete, Ernährung, Kleidung u.a.) benötigen. Die Differenz zwischen dem Wert der produzierten Güter und Lohn (Mehrwert) würde sich der Unternehmer aneignen, d.h. er beute die Arbeiter aus. In welchem *Ausmaß* dies geschehe, soll anhand der sog. Mehrwertrate messbar sein. Die Ausbeutung führe zur fortschreitenden Verelendung der Arbeiter. – *Kritik:* Die Ausbeutungslehre lässt allerdings die produktiven Leistungen der beiden anderen Faktoren (Kapitalgüter und Boden) unberücksichtigt, wie auch der Beitrag des dispositiven Faktors durch sie nicht erklärt wird. – 2. *Pigou* spricht von Ausbeutung, wenn der Lohnsatz unter dem Wertgrenzprodukt der Arbeit liegt. Sind die Faktormärkte durch Konkurrenz gekennzeichnet, kann es keine Ausbeutung geben. Der Faktorpreis kann niedriger als das Wertgrenzprodukt sein, wenn es sich bei dem Faktormarkt um ein Nachfragemonopol oder ein bilaterales Monopol handelt. – 3. *Theorie der Unterentwicklung der Entwicklungsländer:* Dependencia-Theorien.

II. **Wettbewerbsrecht:** Fallgruppe unlauteren Wettbewerbs (unlauterer Wettbewerb), die wettbewerblich eigenartigen Gegenständen ergänzenden wettbewerbsrechtlichen Leistungsschutz gegen unlautere Nachahmung gewährt und den Ruf einer Ware oder Leistung gegen Ausbeutung schützt. – 1. *Unlautere Nachahmung (§ 4 Nr. 9 a UWG):* Leistungen, Produkte und Werbemittel, die nicht unter Sonderrechtsschutz stehen (gewerbliche Schutzrechte, Urheberrechte), dürfen nachgeahmt werden, es sei denn, ihnen kommt wettbewerbliche Eigenart zu und bes. wettbewerbliche Umstände lassen die Verwertung des fremden Leistungsergebnisses als wettbewerbswidrig erscheinen, z.B. eine vermeidbare betriebliche Herkunftstäuschung. Die wettbewerbliche Eigenart folgt nicht aus der schöpferischen (erfinderischen) Qualität des Originals im Sinn der gewerblichen Schutzrechte und des Urheberrechts, sondern aus der Eignung ihrer konkreten Gestaltung, im Verkehr auf die betriebliche Herkunft hinzuweisen oder Vorstellungen von ihrer Besonderheit (Wert-, Güte-, Luxus- oder Modevorstellungen) hervorzurufen. Eignung genügt für die wettbewerbliche Eigenart, für eine vermeidbare Herkunftstäuschung ist eine gewisse Bekanntheit des Produkts Voraussetzung. Alltäglichen Gestaltungen fehlt schon die Eignung. Nichttechnische Merkmale eröffnen eine Vielzahl von Gestaltungsmöglichkeiten und wirken eher wettbewerblich eigenartig als technisch-funktionale Merkmale. – 2. *Bes. Fallgestaltungen:* Identische Übernahme einer auf Fortsetzungsbedarf angelegten Ware ist wettbewerbswidrig, Nachbau und Vertrieb von Ersatzteil-, Instandsetzungs- und Zubehörbedarf grundsätzlich wettbewerbskonform, der detailgenaue Nachbau technischer Elemente z.T. notwendig, um Kompatibilität zwischen Original und Ersatzteil sicherzustellen. – 3. *Anlehnende Rufausbeutung, § 4 Nr. 9 b UWG:* Der Schutz aus § 4 Nr. 9 UWG ist nicht auf die gegenständliche Nachahmung beschränkt, sondern erfasst auch Fälle, in denen fremde Produkte oder Leistungen zum Vorspann des Absatzes (gleichartiger oder ungleichartiger) Ware gemacht werden. Offene Anlehnung zur Empfehlung der eigenen Ware („Ersatz für ..."; „genauso gut wie ...") ist regelmäßig wettbewerbswidrig und kann zugleich unlauterer Behinderungswettbewerb gemäß § 4 Nr. 10 UWG sein. – 4. *Rechtsschutz:* Ansprüche wegen Ausbeutung stehen dem Hersteller der ausgebeuteten Leistung und seinem ausschließlich Vertriebsberechtigten zu, nicht dagegen Mitbewerbern, Verbänden oder Händlern, die nicht alleinvertriebsberechtigt oder sonst unmittelbar verletzt sind.

III. Strafrecht: 1. Missbräuchliches Ausnutzten der Zwangslage oder Schwächesituation des Opfers zur Erlangung übermäßiger Vorteile. – 2. Das Strafrecht kennt den Begriff der Ausbeutung in einer Reihe von Straftatbeständen: a) wenn jemand die Zwangslage, die Unerfahrenheit, den Mangel an Urteilsvermögen oder die erhebliche Willensschwäche eines anderen dadurch ausbeutet, dass er sich oder einem Dritten für die Vermietung von Wohnraum oder damit verbundene Nebenleistungen, für die Gewährung eines Kredits, für eine sonstige Leistung oder für die Vermittlung der vorgenannten Leistungen von diesem einen Vermögensvorteil versprechen oder gewähren lässt, der in einem auffälligen Missverhältnis zu der Leistung oder deren Vermittlung steht, ist dies als Wucher strafbar (§ 291 StGB). – b) Der Begriff der Ausbeutung findet sich ferner in den Straftatbeständen der Zuhälterei (§§ 180a II Nr.2, 181a I Nr.1 StGB), des Menschenhandels zum Zwecke der sexuellen Ausbeutung (§ 232 StGB) und zum Zwecke der Ausbeutung der Arbeitskraft (§ 233 StGB).

Ausfuhr – *Export.*

I. Begriff: 1. *Allgemein:* entgeltliche oder unentgeltliche Abgabe der in einem Wirtschaftsgebiet produzierten Sachgüter *(Sachgüter- bzw. Warenausfuhr)* und/oder von → Dienstleistungen *(Dienstleistungsausfuhr)* in fremde Wirtschaftsgebiete. Teil des → Außenhandels. – *Gegensatz:* → Einfuhr. – 2. *Deutsches Außenwirtschaftsrecht:* Verbringen von Sachen und Elektrizität aus dem dt. → Wirtschaftsgebiet nach fremden Wirtschaftsgebieten (§ 4 II Nr. 4 AWG). – 3. *Zollrecht:* Verbringen von Gemeinschaftswaren aus dem (EU-)Zollgebiet (Art. 3 ZK) im Rahmen des Ausfuhrverfahrens (Art. 161 ZK). Beim Verbringen von

Nichtgemeinschaftswaren spricht der Zollkodex (ZK) von Wiederausfuhr (Art. 182 ZK).

II. Arten: 1. *Direkte Ausfuhr:* Direktausfuhr; *indirekte Ausfuhr:* Ausfuhrhandel. – 2. *Sichtbare Ausfuhr:* Ausfuhr von Waren (Sachgütern der Ernährungswirtschaft, Rohstoffen, Halb- und Fertigwaren); *unsichtbare Ausfuhr:* Erbringung von Dienstleistungen für ausländische Auftraggeber (z.B. Vermittlungsleistungen inländischer Banken für Ausländer, Dienstleistungen für im Inland reisende Ausländer, Vertretertätigkeit für Ausländer, Vergabe von Lizenzen an Ausländer, Versicherungsleistungen, Transportleistungen).

III. Regelungen im Außenwirtschaftsgesetz: Nach den Bestimmungen des → Außenwirtschaftsgesetzes (AWG) ist die Ausfuhr grundsätzlich genehmigungsfrei (§ 1 AWG). Allerdings sieht das Gesetz Möglichkeiten vor, dieses Prinzip einzuschränken. Nach § 5 AWG dürfen außenwirtschaftliche Aktivitäten einer Beschränkung unterworfen werden, um die Erfüllung zwischenstaatlicher Vereinbarungen zu erfüllen, denen das Parlament zugestimmt hat. Darüber hinaus darf die Warenausfuhr beschränkt werden, um die Bedarfsdeckung an lebenswichtigen Gütern im eigenen Lande sicherzustellen (§ 8 I AWG). – Vgl. auch Ausfuhrverfahren, Boykott, → Ausfuhrverbot, → Embargo, → Exportkontrolle.

IV. Steuerrecht: Gewinne aus der Ausfuhr von Waren werden üblicherweise nur im Land des Exporteurs den direkten Steuern unterworfen (Betriebsstättenprinzip), dagegen fallen indirekte Steuern für die ausgeführten Waren oder Dienstleistungen typischerweise im Land des Importeurs an (Bestimmungslandprinzip; → Ausfuhrlieferung). Ausfuhrlieferungen sind in Deutschland von der Umsatzsteuer befreit.

V. Zollrecht: Bei der Ausfuhr von Gemeinschaftswaren bzw. der Wiederausfuhr von Nichtgemeinschaftswaren geht es nur in zweiter Linie um die Erhebung von Abgaben. Denn Ausfuhrzölle würden den allseits gewünschten Export behindern. An erster Stelle steht die Frage, ob exportiert werden darf. Vielfältige Verbote und Beschränkungen sowie handelspolitische Regelungen auf EU-Ebene und im nationalen Recht schränken die Ausfuhr ein. Im Ausfuhrverfahren werden auch die Nachweise für die Umsatzseuer erstellt.

VI. Bedeutung/Besonderheiten: 1. *Bedeutung:* Ausprägung der Internationalisierungsstrategie grenzüberschreitend tätiger Unternehmungen auf der Basis unterschiedlicher Internationalisierungsmotive. – 2. *Vorteile/Nachteile:* Eine reine Ausfuhrorientierung grenzüberschreitend tätiger Unternehmungen ist weniger ressourcenaufwändig und damit risikoärmer als die Produktion im Ausland. Dem steht jedoch die Risiken von Handelshemmnissen sowie die ausländischen Marktrisiken (z.B. Zahlungsrisiken) gegenüber. Außerdem besteht keine Möglichkeit, Faktorkostenunterschiede zwischen In- und Ausland zu nutzen. Häufig wird deshalb die Form der Ausfuhr lediglich als (frühe) Phase im Rahmen des Internationalisierungsprozesses und des internationalen Wachstums gesehen. – 3. Bei der Vorbereitung und Abwicklung von Ausfuhr kommt der *Ausfuhrfinanzierung* bes. Bedeutung zu. Im Handel mit Geschäftspartnern weniger hoch industrialisierter Länder sind wie vor sog. Counter-Trades (→ Kompensationsgeschäfte) verbreitet.

VI. Gesamtwirtschaftliche Bedeutung: → Außenhandel.

Ausfuhrbeschränkung – 1. Rechtsgeschäfte und Handlungen im → Außenwirtschaftsverkehr können beschränkt werden, um (1) die Sicherheit der Bundesrepublik Deutschland zu gewährleisten, (2) eine Störung des friedlichen Zusammenlebens der Völker zu verhüten, oder (3) zu verhüten, dass die auswärtigen Beziehungen der Bundesrepublik Deutschland erheblich gestört werden. – 2. Nach § 7 II → Außenwirtschaftsgesetz (AWG) können bes. beschränkt werden:

a) die → Ausfuhr oder Durchfuhr von (1) Waffen, Munition und Kriegsgerät, (2) Gegenständen, die bei der Entwicklung, Erzeugung oder dem Einsatz von Waffen, Munition und Kriegsgerät nützlich sind, oder (3) Konstruktionszeichnungen und sonstige Fertigungsunterlagen für die unter (1) und (2) bezeichneten Gegenstände; v.a., wenn die Beschränkung der Durchführung einer in internationaler Zusammenarbeit vereinbarten Ausfuhrkontrolle dient. b) Die Ausfuhr von Gegenständen, die zur Durchführung militärischer Aktionen bestimmt sind. c) Rechtsgeschäfte über gewerbliche Schutzrechte, Erfindungen, Herstellungsverfahren und Erfahrungen in Bezug auf die in a) bezeichneten Waren und sonstigen Gegenstände. – 3. Zu den in § 7 I AWG genannten Zwecken können auch Rechtsgeschäfte und Handlungen Deutscher in fremden Wirtschaftsgebieten beschränkt werden, die sich auf Waren und sonstige Gegenstände nach § 7 II Nr. 1 einschließlich ihrer Entwicklung und Herstellung beziehen, wenn der Deutsche (1) Inhaber eines Personaldokumentes der Bundesrepublik Deutschland ist oder (2) verpflichtet wäre, einen Personalausweis zu besitzen, falls er eine Wohnung im Geltungsbereich dieses Gesetzes hätte. – Dies gilt v.a., wenn die Beschränkung der in internationaler Zusammenarbeit vereinbarten Verhinderung der Verbreitung von Waren und sonstigen Gegenständen nach § 7 II Nr. 1 dient. – 4. Die Rechtsgrundlagen für Ausfuhrbeschränkungen sind vielfältig. Neben dem AWG und der → Außenwirtschaftsverordnung (AWV) kommen wegen des einheitlichen Zollgebietes der EU v.a. EU-Verordnungen in Betracht. – *Klassische Beispiele* sind die Sanktionen gegen den Irak, Iran, Liberia, Myanmar, Nordkorea, Simbabwe sowie die EU-Dual Use-VO (→ Dual-Use-Güter).

Ausfuhrerstattung – 1. *Begriff:* Im Marktordnungsrecht der EU (Marktordnung) werden dem Erzeuger für viele Agrarwaren Mindestpreise garantiert, zu denen staatliche Stellen (meist begrenzte) Mengen aufkaufen.

Diese Preise liegen i.d.R. über den → Weltmarktpreisen. Zudem werden in den Mitgliedsstaaten vielfach mehr Agrarwaren erzeugt, als in der Gemeinschaft selbst verbraucht werden können. Sofern der Erzeuger stattdessen seine Ware zum Weltmarktpreis exportiert, wird ihm die Differenz zwischen garantiertem Mindestpreis und Weltmarktpreis erstattet. – 2. *Abwicklung der Ausfuhrerstattung:* Der konkrete Warenkreis für die Ausfuhrerstattung ergibt sich aus der jeweiligen Marktorganisation, bzw. aus der Gemeinsamen Marktorganisation. Darin wird ein festgelegter EU-Binnenmarktpreis festgelegt, der höher ist als der Weltmarktpreis. Diesen Preis schützt die Marktorganisation durch die Erstattung der Differenz bei der Ausfuhr in Drittländer – die sog. *Ausfuhrerstattung.* Die Überwachung der Ausfuhr erfolgt durch die Zollverwaltung mithilfe von bes. EU-Dokumenten, den Ausfuhr-Lizenzen (AGREX), die in Deutschland auf Antrag des Ausführers von der Bundesanstalt für Landwirtschaft und Ernährung (BLE) erteilt werden. Erst nach dem Nachweis der tatsächlichen Ausfuhr aus dem Zollgebiet der EU wird die Ausfuhrerstattung von der EU ausgezahlt, in Deutschland durch das Hauptzollamt Hamburg-Jonas.

Ausfuhrförderung → Exportförderung.

Ausfuhrgenehmigung – Vor jedem Export prüfen die Zollstellen, ob nach nationalen oder gemeinschaftsrechtlichen Vorschriften die → Ausfuhr/Wiederausfuhr von Waren zulässig oder verboten ist. Die Verbote sind zumeist nicht absolut. Vielmehr wird mit Genehmigungen gearbeitet. Hauptsächlich aus außen- und sicherheitspolitischen Gründen bedarf es in vielen Fällen der vorherigen Genehmigung. Kontrolliert wird der Außenwirtschaftsverkehr mit strategisch wichtigen Gütern, v.a. Waffen, Rüstungsgütern und Gütern mit doppeltem Verwendungszweck (sog. → Dual-Use-Güter). Dies sind Waren, Software und Technologie, die für zivile und militärische Zwecke verwendet werden können.

Die Exportkontrollpolitik der Bundesregierung orientiert sich im Rahmen gesetzlicher und internationaler Verpflichtungen am Sicherheitsbedürfnis und außenpolitischen Interesse der Bundesrepublik Deutschland. V.a. soll ihre Sicherheit nicht durch konventionelle Waffen oder Massenvernichtungswaffen bedroht werden. Deutsche Exporte sollen in Krisengebieten weder konfliktverstärkend wirken noch dort zu internen Repressionen oder anderen schwerwiegenden Menschenrechtsverletzungen beitragen. Die internationale Einbindung verpflichtet die Bundesrepublik Deutschland, die auswärtigen Beziehungen nicht durch kritische Exporte zu belasten. Die Ausfuhrgenehmigung kann nur vom Ausführer beantragt werden. Zuständig für die Erteilung der Ausfuhrgenehmigung ist regelmäßig das Bundesamt für Wirtschaft und Ausfuhrkontrolle (BAFA), bei Erzeugnissen der Land- und Forstwirtschaft die Bundesanstalt für Landwirtschaft und Ernährung (BLE).

Ausfuhrkontrolle → Exportkontrolle.

Ausfuhrlieferung – 1. *Begriff im* → Außenwirtschaftsrecht: Sachlich zusammengehörende Warenmenge, die über eine bestimmte → Ausfuhrzollstelle aus dem Zollgebiet der Gemeinschaft ausgeführt und an einen bestimmten Empfänger (Importeur) in → Drittland geleitet wird. – 2. *Umsatzsteuerrecht:* a) Eine Ausfuhrlieferung im Sinn des Umsatzsteuerrechts liegt nur noch vor, wenn der Gegenstand einer Lieferung in das Drittlandsgebiet gelangt; bei Lieferungen in die übrigen Mitgliedstaaten der EU gelten andere, speziellere Regelungen. Bei entsprechendem Nachweis sind Ausfuhrlieferungen umsatzsteuerfrei (§ 4 Nr. 1a UStG); der Steuerabzug für Vorleistungen, die der Unternehmer im Zusammenhang mit der ausgeführten Ware bezogen hat, bleibt erhalten, da die Ware im Ausland komplett ohne inländische umsatzsteuerliche Vorbelastung ankommen soll. Auf diese Art und Weise wird das Bestimmungslandprinzip realisiert

(Entlastung von der Umsatzsteuer im Inland, im Regelfall dann im Bestimmungsland Herstellung der dortigen Umsatzsteuerbelastung z.B. durch Erhebung einer Einfuhrumsatzsteuer). – b) *Arten und Voraussetzungen der Steuerbefreiung* (§§ 4 ff. UStG i.V. mit §§ 6, 6a UStG): (1) Der → Unternehmer befördert oder versendet selbst in das Drittlandsgebiet (ausgenommen Zollfreigebiete): Nur *Ausfuhrnachweis* erforderlich; (2) der Abnehmer befördert oder versendet in das Drittlandsgebiet: Ausfuhrnachweis sowie Nachweis, dass der Abnehmer ein *ausländischer Abnehmer* ist; (3) der Unternehmer oder der Abnehmer befördert oder versendet in ein Zollfreigebiet: Ausfuhrnachweis sowie Nachweis, dass der Empfänger ein ausländischer Abnehmer oder ein im Inland ansässiger Unternehmer ist, der den gelieferten Gegenstand für Zwecke seines Unternehmens verwendet; (4) Für Ausfuhrlieferungen muss zusätzlich ein *Buchnachweis* geführt werden, d.h. die Ausfuhr muss in den Büchern des Unternehmens nachzuvollziehen sein. – c) *Bes. Vorschriften* für Ausfuhrlieferungen im → Reiseverkehr (§ 17 UStDV). – d) *Lage in anderen EU-Mitgliedsstaaten:* Die Regeln für Ausfuhrlieferungen sind innerhalb der EU praktisch vollständig harmonisiert, größere Unterschiede kann es lediglich noch bei der Art der Nachweise geben, die die einzelnen Staaten für das Vorliegen einer Ausfuhrlieferung verlangen können (vgl. Art. 145, 146 der Mehrwertsteuersystemrichtlinie).

Ausfuhrliste – Anlage AL zur → Außenwirtschaftsverordnung (AWV). Die AWV bedient sich zur Regelung der Genehmigungspflichten der Technik der Verweisung auf eine Ausfuhrliste, die als Anlage Teil der Verordnung ist. Abweichend zur → Einfuhrliste (Anlage zum AWG) beschränkt sich die Ausfuhrliste auf die Güter, für die eine der Vorschriften der AWV oder der Verordnung (EG) Nr. 428/2009 des Rates vom 5.5.2009 über eine Gemeinschaftsregelung der Ausfuhrkontrolle von Gütern mit doppeltem Verwendungszweck (ABl. EU Nr. L 134 Seite

1 EG-VO) einen Genehmigungsvorbehalt enthält. – Teil I der Ausfuhrliste besteht aus drei Abschnitten: Abschn. A: Liste für Waffen, Munition und Rüstungsmaterial; ein Teil der von Abschn. A erfassten Waren unterliegt zusätzlich der Genehmigungspflicht durch das → Kriegswaffenkontrollgesetz (KWKG). Die Dual-Use-VO wird durch die Anti-Folter-Verordnung (EG) Nr. 1236/2005 für bestimmte Güter ergänzt. Abschn. C: Gemeinsame Warenliste der EU für Güter mit doppeltem Verwendungszweck ergänzt um nationale Sonderpositionen. Mit der 88. Änderungsverordnung zur AWV wurde die gemeinsame Warenliste der Eurpäischen Union in die dt. Ausfuhrliste Teil I, Abschn. C inkorporiert. Rechtlich gesehen sind dies zwei unterschiedliche Listen. – Die *Bedeutung* der gemeinsamen Warenliste besteht darin, dass sie zusammen mit der EG-VO eine grundlegende Harmonisierung der Exportkontrollen für → Dual-Use-Güter in allen EU-Mitgliedstaaten herbeiführt. Die in der Liste genannten Güter werden von allen EU-Mitgliedsstaaten nach einheitlichen Verfahren kontrolliert. – Teil II der Ausfuhrliste führt Waren pflanzlichen Ursprungs auf, deren Ausfuhr gemäß § 6a AWV i.V. mit § 5 AWG einer Ausfuhrgenehmigungspflicht unterliegen.

Ausfuhrlizenz – *Exportlizenz;* nach EU-Recht für landwirtschaftliche Erzeugnisse erforderlich, die der Gemeinsamen Marktorganisation (GMO) unterliegen und in Länder außerhalb der EU ausgeführt werden sollen. Ausfuhrlizenzen sollen es den zuständigen Stellen ermöglichen, eine Vorausschau über die zu erwartende Ausfuhr zu erhalten, um ggf. gebotene Maßnahmen (vom → Ausfuhrzoll bis hin zur → Ausfuhrbeschränkung nach § 8 I AWV zum Zwecke der Eigenversorgung in Krisenzeiten) anzuwenden. Erteilung durch die Bundesanstalt für Landwirtschaft und Ernährung (BLE) i.d.R. nach Stellung einer Kaution. Ausfuhrlizenzen berechtigen und verpflichten den Ausführer zur Ausfuhr der in der Lizenz genannten Waren

innerhalb der Gültigkeitsdauer der Lizenz; bei nicht oder nicht fristgemäß durchgeführter Ausfuhr (außer in Fällen höherer Gewalt) verfällt die Kaution. – Teil II der → Ausfuhrliste nennt die Waren, auf die sich die in § 6a AWV angeordneten Beschränkungen beziehen.

Ausfuhrprämie – *Exportprämie;* Vergütung bei der Ausfuhr bestimmter Waren; kann vom Staat oder von privaten Vereinigungen (Syndikaten) gewährt werden. – 1. *Offene Ausfuhrprämien* sind relativ selten, da sie Dumping-Charakter haben und das Ausland leicht zu Gegenmaßnahmen anreizen. – 2. Häufiger sind *versteckte Ausfuhrprämien* in Form von Zollrückvergütungen, Vorzugstarifen auf den Verkehrsmitteln, Steuerherabsetzungen etc. Auch der Devisenbonus stellt eine Art Ausfuhrprämie dar. – Vgl. auch → Ausfuhrerstattung.

Ausfuhrpreisbestimmung – entsprechend der im Rahmen der OECD empfohlenen Regelung (§ 9 II AWG), dass im Ausfuhrgeschäft der Ausführer unter Berücksichtigung der außenwirtschaftlichen Belange der Allgemeinheit die Preise so gestalten soll, dass schädliche Auswirkungen, v.a. Abwehrmaßnahmen des Käufer- oder Verbrauchslandes vermieden werden. – Vgl. auch → Ausfuhrverträge, → Exportpreisprüfung.

Ausfuhrrestriktion → Ausfuhrbeschränkung, → Ausfuhrverbot, Embargo, → Exportkontrolle, → Exportrestriktion, Verbote und Beschränkungen.

Ausfuhrüberschuss – *Exportüberschuss.* 1. *Begriff:* Überschuss des Wertes der Warenausfuhr über den Wert der Wareneinfuhr *(aktive* → Handelsbilanz) bzw. Überschuss der Einnahmen aus dem Export von Sachgütern und Dienstleistungen des Auslands über die Ausgaben für Importe von Waren und Dienstleistungen an das Ausland (positiver, aggregierter Saldo der Handels- und Dienstleistungsbilanz). – Vgl. auch → Außenbeitrag zum BIP, → Zahlungsbilanz. – 2. *Wirkungen:* Länder mit umfangreichen internationalen

Zahlungsverpflichtungen (z.b. Bundesrepublik Deutschland: Entwicklungshilfe, Stationierungsabkommen) benötigen geplanten Ausfuhrüberschuss, um den Zahlungsverpflichtungen ohne ständigen Devisenabfluss nachkommen zu können. Ungeplanter Ausfuhrüberschuss führt zur einseitigen Exportorientierung einer Volkswirtschaft und zur Verzerrung der Produktionsstruktur. – *Gegensatz:* → Importüberschuss.

Ausfuhrüberwachung → Exportkontrolle.

Ausfuhrverbot – staatliches Verbot, gewisse Güter oder nach gewissen Ländern zu exportieren. Ausfuhrverbot besteht häufig für Rüstungsgüter, so z.B. i.d.R. für Waffenlieferungen deutscher Unternehmen in militärische Spannungsgebiete. Denkbar auch im Sinn eines → Embargos. – Nach dem dt. Außenwirtschaftsgesetz ist die Ausfuhr von Waren grundsätzlich nicht genehmigungspflichtig (§ 1 AWG), sie kann jedoch beschränkt werden, auch durch weitere Vorschriften des → Außenwirtschaftsgesetzes (AWG), der Außenwirtschaftsverordnung (Ausfuhrverfahren), z.B. für Waffen und Munition, Nukleartechnologie und sonstige Waren von strategischer Bedeutung [sensible Technologien, → Kriegswaffenkontrollgesetz (KWKG)] in bestimmte, als „sensibel" eingestufte Länder. – Ausfuhrverbote können sich jedoch auch aus anderen gemeinschaftsrechtlichen Regelungen (z.B. der Verordnung EG Nr. 428/2009 über Güter mit doppelten Verwendungszweck, sog. Dual-use-VO oder dem europäischen Artenschutzrecht, der Verordnung EG Nr. 338/97), oder anderen nationalen Regelungen (z.B. dem Abfallverbringungsgesetz oder dem Kulturgüterschutzgesetz) ergeben. So soll etwa Abfall grundsätzlich vor Ort entsorgt werden, um *Mülltourismus* in Entwicklungsländer zu unterbinden. – Der Anteil genehmigungspflichtiger Güter an den gesamten Ausfuhren ist gering; Ausfuhrverbote sind sehr selten. Verstöße werden äußerst streng – als Straftaten – geahndet. Zu unterscheiden ist das vollständige Ausfuhrverbot (eine Ausfuhr ist nicht möglich) von einer Ausfuhrbeschränkung mit Genehmigungsvorbehalt (eine Ausfuhr ist nach Beantragung und Erteilung der Ausfuhrgenehmigung von der zuständigen Behörde möglich, z.b. Ausfuhrgenehmigung des Bundesamts für Wirtschaft und Ausfuhrkontrolle (BAFA).

Ausfuhrverträge – Begriff des Außenwirtschaftsrechts: Rechtsgeschäfte, durch die sich ein → Gebietsansässiger (§ 4 I Nr. 5 AWG) zur Lieferung einer Ware nach fremden → Wirtschaftsgebieten (§ 4 I Nr. 2 AWG) verpflichtet (§ 9 AWG).

Ausfuhr von Arbeitslosigkeit → Beggar-my-Neighbour-Politik.

Ausfuhrzoll – der auf ausgeführte Waren (→ Ausfuhr) aufgrund von zollschuldrechtlichen Vorschriften zu erhebende → Zoll. Ausfuhrzoll dient u.a. der Erhöhung der Staatseinnahmen (→ Finanzzoll), dem Abbau eines Ausfuhrüberschusses oder der Drosselung der Exporte nicht regenerierbarer Rohstoffe bzw. der Begünstigung ihrer Verarbeitung im Inland (→ Schutzzoll). Bei Exporten aus der EU werden zumeist nur zeitweilig Ausfuhrzölle erhoben. – Vgl. auch → Einfuhrzoll.

Ausfuhrzollstelle – Zollstelle im Binnenland (meist am Sitz des Ausführers, am Ort einer Zweigniederlassung bzw. einer Betriebsstätte oder am Ort des werksmäßigen Verpackens bzw. Verladens der Ware), bei der das zweistufige Ausfuhrverfahren nach dem Zollkodex (ZK) beginnt und bei der die Ausfuhranmeldung abzugeben ist (erste Stufe des zweistufigen Ausfuhrverfahrens). Zu unterscheiden ist die *Ausgangszollstelle* an der Grenze der EU (zweite Stufe des zweistufigen Ausfuhrverfahrens). Das Ausfuhrverfahren gilt für Gemeinschaftswaren und sinngemäß bei der Wiederausfuhr von unverzollten Waren (Nichtgemeinschaftswaren).

ausgeglichener Handel – Situation, in der der Saldo der → Handelsbilanz gleich Null ist. – Vgl. auch → Zahlungsbilanz.

ausgewogenes Wachstum – *Balanced Growth;* Strategie zur Förderung der Entwicklung der Dritten Welt. Sie geht von dem Grundgedanken aus, dass fehlendes Kapital den Entwicklungsrückstand verursacht. Wegen unzureichender Güternachfrage (Marktenge) fehlt es an Investitionsbereitschaft der Unternehmen. Wenn in allen Sektoren die Nachfrage gleichzeitig gefördert würde, ließe sich das Phänomen der Marktenge überwinden. – Eine Politik des ausgewogenen Wachstums erfordert eine zentrale Planung des gesamten Industriesektors analog einer Planwirtschaft. Zur Festlegung der horizontalen Produktionsstruktur müssen die Wachstumsraten aller Sektoren über die mit den Einkommenselastizitäten gewichtete volkswirtschaftliche Wachstumsrate ermittelt werden. Die vertikale Produktionsstruktur muss auch vertikale externe Effekte erfassen, sodass zu den Einkommenselastizitäten auch die → Substitutionseffekte berücksichtigt werden müssen. Das wirtschaftspolitische Ziel des ausgewogenen Wachstums wird in der Maximierung der sozialen Grenzproduktivität gesehen. – Vgl. auch → Entwicklungspolitik.

Ausgleichsabgabe – I. Außenhandel: In der EU früher, da die Agrarmarktordnung verändert worden ist, im Rahmen der Gemeinsamen Marktorganisation (GMO) neben dem → Zoll als zusätzlicher Schutz gegenüber störenden Weltmarkteinflüssen auf eingeführte drittländische Agrarerzeugnisse erhoben (z.B. auf Obst, Gemüse, Getreide, Zucker, Fleisch und Wein). – Als Ausgleichsabgaben werden auch Abgaben bezeichnet, die in einem oder mehreren Mitgliedsstaaten der EU erhoben werden zur Beseitigung oder Verhinderung von Wettbewerbsbeeinträchtigungen, Verkehrsverlagerungen oder sonstiger ernster Störungen einzelner Wirtschaftszweige, die durch die Errichtung von gemeinsamen Marktorganisationen oder andere Maßnahmen der Gemeinschaft bedingt sind.

II. **Sozialrecht:** monatliche Leistung der Arbeitgeber für jeden Arbeitsplatz, der mit einem schwerbehinderten Menschen oder einem Gleichgestellten hätte besetzt werden müssen, § 77 SGB IX vom 19.6.2001 (BGBl. I 1046) m.spät.Änd. Sie ist vom Arbeitgeber jährlich an das für seinen Sitz zuständige Integrationsamtabzuführen.

III. **Sozialökonomik:** Lastenausgleich.

IV. **Energiepolitik:** Durch das Dritte Verstromungsgesetz vom 13.12.1974 eingeführte, zweckgebune Abgabe(sog. *Kohlepfennig*), die durch Urteil des Bundesverfassungsgerichts vom 7.12.1994 als Finanzierungsinstrument zum Einsatz deutscher Steinkohle für nicht verfassungskonform befunden wurde und deshalb Ende 1995, mit dem Ende des Jahrhundertvertrages, auslief. – Vgl. auch Kohlepolitik.

V. **Naturschutz:** Nach dem Bundesnaturschutzgesetz sind Eingriffe in Natur und Landschaft zu vermeiden. Unvermeidbare Beeinträchtigungen sind auszugleichen. Nach § 15 VII BNatSchG kann das Bundesumweltministerium oder, solange und soweit es von seiner Ermächtigung keinen Gebrauch gemacht hat, können die Länder vorsehen, dass für nicht ausgleichbare Beeinträchtigungen Ersatz in Geld zu leisten ist (früherer Begriff: Ausgleichsabgabe, jetzt: Ersatzzahlung).

Ausgleichsfunktion des Preises → Tâtonnement.

Ausgleichsposten – I. Buchführung: 1. *Begriff:* alle zum Kontenausgleich auf der kleineren Seite der Konten einer Bilanz eingestellten Beträge, vgl. Saldo, Fehlbetrag. – 2. Ein steuerlicher Ausgleichsposten ersetzt in der Betriebsprüferbilanz das Kapitalkonto. Spezielle steuerliche Ausgleichsposten entstehen nach der Rücklagendotierung im Rahmen der körperschaftsteuerlichen Organschaft sowie nach Einbringungen nach dem Umwandlungssteuergesetz.

II. **Außenwirtschaft:** 1. *Ausgleichsposten zur Auslandsposition der Bundesbank:* Ergänzung der Devisenbeschaffung zur Erfassung von Bewertungsveränderungen der

Auslandsaktiva und -verbindlichkeiten der Bundesbank durch Änderungen der Devisenkurse sowie Zuweisung von internationalen Forderungen durch den Internationalen Währungsfonds (IWF). – 2. *Saldo der statistisch nicht aufgliederbaren Transaktionen:* → Restposten der Zahlungsbilanz für aufgrund unvollständiger Erfassung nicht aufgliederbarer Transaktionen. – Vgl. auch → Zahlungsbilanz.

Ausgleichszoll → Zoll als Abwehrmaßnahme im Importland, durch den die → Einfuhr verteuert wird, deren Preis aufgrund staatlicher → Exportsubventionen im Ausland verbilligt wird. – Vgl. auch → Ausgleichsabgabe, → Antidumpingzoll.

Auskunft zur Güterliste – wird vom Bundesamt für Wirtschaft und Ausfuhrkontrolle (BAFA) in Eschborn erteilt. In bestimmten Fällen kann dort auch eine *Auskunft zur Güterliste (AzG)* gegeben werden. Es handelt sich um die Bestätigung, die von der deutschen Zollverwaltung nach § 10 I AWV gefordert werden kann und bestätigt, dass die Ware gemäß → Ausfuhrliste nicht genehmigungspflichtig ist. Es handelt sich um ein güterbezogenes Gutachten und um eine Einzelfallentscheidung.

Ausländerkonvertibilität → Konvertibilität. – *Gegenteil:* Inländerkonvertibilität.

Auslandsinvestition – *Kapitalexport;* Übertragung inländischen Kapitals ins Ausland. Zu unterscheiden sind → Direktinvestition und Portfolio-Investition. – Vgl. auch → internationale Kapitalbewegungen; zur Besteuerung: Ausländische Betriebsstätte, ausländische Einkünfte, ausländische Tochtergesellschaft, Auslandsniederlassung.

Auslandsschulden – Summe der Verbindlichkeiten eines Landes gegenüber allen anderen. Aussagefähiger ist der Saldo aus → Auslandsschulden und → Auslandsvermögen, weil durchaus alle Länder der Welt gleichzeitig Auslandsschulden haben können, da sie auch Forderungen gegenüber dem Ausland besitzen. Die Bundesrepublik Deutschland

ist Netto-Auslandsgläubiger, während viele → Entwicklungsländer Nettoschuldner sind. – Vgl. auch → Auslandsverschuldung, Auslandsverschuldung der Entwicklungsländer.

Auslandsvermögen – 1. *Begriff:* Summe der Forderungen eines Landes gegenüber allen anderen Ländern. Durch *Saldierung* von Auslandsvermögen und → Auslandsschulden wird ersichtlich, ob das betreffende Land Nettogläubiger oder -schuldner ist. – Die *Bundesrepublik Deutschland* z.B. ist Nettogläubiger: Die Nettoauslandsposition der Deutschen Bundesbank (→ Währungsreserven, → Reserveposition im IWF, Sonderziehungsrechte, Forderungen an die Europäische Zentralbank (EZB), Kredite und sonstige Forderungen an das Ausland abzüglich Auslandsverbindlichkeiten) sowie die Nettoforderungen inländischer Unternehmen (einschließlich Kreditinstitute) weisen einen hohen Plus-Saldo auf. – Viele *Entwicklungsländer* sind in erheblichem Maße Nettoschuldner (Auslandsverschuldung der Entwicklungsländer). – 2. *Steuerliche Behandlung:* ausländisches Vermögen.

Auslandsverschuldung – Nettobestand an Verbindlichkeiten des Inlandes gegenüber dem Ausland. Erhöht sich durch → Kapitalimporte, verringert sich durch → Kapitalexporte. Schuldner sind Private und der Staat. – Vgl. auch → Nettoauslandsaktiva, → Zahlungsbilanz.

Auslandszahlungsverkehr – *Grenzüberschreitender Zahlungsverkehr.* 1. *Merkmale:* Im Auslandszahlungsverkehr werden grenzüberschreitende Zahlungen aus dem Kapital-, Dienstleistungs- und Güterverkehr mit dem Ausland von Kreditinstituten abgewickelt. Bei Ländern, mit denen *freier Devisenverkehr* besteht, werden die Zahlungen in konvertierbaren Währungen abgewickelt. Die Bezahlung erfolgt also in Devisen, deren Kurs im Devisenhandel festgestellt wird. Bei *Devisenbewirtschaftung (gebundenem Zahlungsverkehr)* erfolgen die Zahlungen auf der Basis von Devisenzuteilungen oder über ein Zahlungsabkommen im Verrechnungsweg. – 2. *Bestimmungen* in Deutschland für den Auslandszahlungsverkehr: Für den Auslandszahlungsverkehr bestehen nach dem dt. → Außenwirtschaftsrecht grundsätzlich keine Beschränkungen, aber gewisse Meldepflichten gegenüber der Deutschen Bundesbank: a) → Gebietsansässige haben Zahlungen über 12.500 Euro, die sie von → Gebietsfremden oder für deren Rechnung von Gebietsansässigen entgegennehmen oder die sie an Gebietsfremde oder für deren Rechnung an Gebietsansässige leisten, zu melden. Die Meldepflicht besteht nicht bei Ausfuhrerlösen und bei Zahlungen im Zusammenhang mit Krediten mit einer Laufzeit von bis zu zwölf Monaten (§ 59 ff. AWV). b) Gebietsansässige mit Ausnahme der Geldinstitute haben monatlich ihre Forderungen und Verbindlichkeiten gegenüber Gebietsfremden zu melden, wenn diese zusammengerechnet mehr als 5 Mio. Euro betragen (§ 62 AWV). c) Die Meldungen sind der Deutschen Bundesbank bzw. deren zuständiger Hauptverwaltung zu erstatten (§ 63 AWV). Mit Wirkung vom 31.12.2007 wurden die Meldevorschriften im Zahlungsverkehr im Hinblick auf die Realisierung von SEPA angepasst. Die neuen SEPA-Zahlungsinstrumente sehen keinen statistischen Meldeteil mehr vor, daher sind meldepflichtige ausgehende Zahlungen in den Euro-Zahlungsverkehrsraum grundsätzlich der Bundesbank einmal monatlich direkt vom Meldepflichtigen anzuzeigen. – Die Angaben über den Auslandszahlungsverkehr bilden eine wesentliche Grundlage der Zahlungsbilanzstatistik. Vielfach werden diese Zahlungen heute noch über Korrespondenzbankbeziehungen abgewickelt. Dabei führen inländische Korrespondenzbanken für ausländische Kreditinstitute Konten (Lorokonto) i.d.R. in Inlandswährung und/oder Korrespondenzbanken im Ausland führen für inländische Banken Konten (Nostrokonto), i.d.R. in der ausländischen Währung. Im europäischen Zahlungsverkehr werden durch die zunehmende Integration im Zuge der Währungsunion und der Errichtung des einheitlichen europäischen Zahlungsverkehrsraums (Single Euro Payments Area (SEPA)) vermehrt Auslandszahlungen in Euro über Zahlungssysteme geleitet (TARGET2 des Europäischen Systems der Zentralbanken (ESZB), Euro1 und STEP2 der EBA). Der Nachrichtenverkehr zwischen den Korrespondenzbanken und innerhalb der Zahlungssysteme erfolgt heute überlicherweise über SWIFT. – Bei der Abwicklung von Euro-Zahlungen (national und grenzüberschreitend) wird vielfach bewusst auf eine Unterscheidung zwischen Inlands- und Auslandszahlungen verzichtet. Zumal ab dem 1.1.2003 Zahlungen innerhalb der EU zu Inlandskonditionen vorgenommen werden müssen. Voraussetzungen hierfür sind die Angabe des Betrages in Euro, die Benutzung der EU-Standardüberweisung, die korrekte Angabe der IBAN und des → BICs.

Auslastungsgrad – 1. *Begriff:* (1) Auslastung des → Produktionspotenzials durch die tatsächliche gesamtwirtschaftliche Produktion in % (Kapazitätsauslastung); (2) Verhältnis von z.B. → Bruttoinlandsprodukt (BIP) zu Produktionspotenzial. – 2. *Bedeutung:* Messgröße in der → Konjunkturdiagnose (→ Bruttoinlandsprodukt-Lücke). Der Auslastungsgrad ist auf das geschlossene Intervall $(0,1)$ normiert. Zusammen mit dem → Normalauslastungsgrad lässt sich die konjunkturelle Lage einer Volkswirtschaft ermitteln. – 3. *Anwendung:* Der Auslastungsgrad wird zur Konjunkturforschung u.a. regelmäßig verwandt von der Deutschen Bundesbank, vom → Deutschen Institut für Wirtschaftsforschung (DIW) und vom → Sachverständigenrat zur Begutachtung der gesamtwirtschaftlichen Entwicklung (SVR) sowie von fast allen Konjunkturforschungsinstituten im Rahmen ihrer Konjunkturdiagnosen und -prognosen.

Ausschöpfungstheorem → Eulersches Theorem.

Außenbeitrag – in der Volkswirtschaftlichen Gesamtrechnung (VGR) und in der → Zahlungsbilanz Saldo aus Exporten (→ Ausfuhr) und Importen (→ Einfuhr) im Waren- und Dienstleistungsverkehr.

Außenfluktuation – Bezeichnung der → Preistheorie für die aus Preisgründen über die Marktgrenzen wandernde mengenmäßige → Nachfrage. Im einfachen → Monopol und bei vollkommener Konkurrenz wird sie durch Veränderung des Marktpreises ausgelöst, auf den sonstigen Märkten mit homogener und heterogener Konkurrenz durch eine parallele Preispolitik aller Anbieter, die eine marktinterne Wanderung der Nachfrage (→ Binnenfluktuation) ausschließt. Die Außenfluktuation manifestiert sich bei → Normalreaktion (der Nachfrage) bei Preissenkungen durch eine Zunahme der Nachfrage (*positive Außenfluktuation* oder auch *preislatente Nachfrage*) und bei Preiserhöhungen durch eine Abnahme der Nachfrage (*negative Außenfluktuation*). In den enstprechenden Marktnachfrage- oder → Preisabsatzfunktionen schlägt sich der *Grad der Außenfluktuation* in dem Wert der 1. Ableitung der Nachfrage- bzw. Preisabsatzfunktion (dx/dp) nieder, welche wiederum die → Preiselastizität mitbestimmt. – *Gegensatz*: → Binnenfluktuation.

Außengeld → Outside Money.

Außenhandel – I. Charakterisierung: Der Außenhandel umfasst die staatlichen Grenzen überschreitenden Handelsbeziehungen. Er bildet die Grundlage der → internationalen Arbeitsteilung. Der Unterschied zwischenAußenhandel und Binnenhandel ist graduell zu sehen und wird bestimmt durch die Verschiedenartigkeit der Rahmenbedingungen zwischen nationalem und internationalem Geschäft. Diese kommen zum Ausdruck durch unterschiedliche politische, wirtschaftliche, rechtliche und kulturelle Rahmenbedingungen zwischen den beteiligten Ländern. Je fremdartiger die Rahmenbedingungen sind, desto höher sind in der Regel

auch die Anforderungen an die Geschäftsanbahnung sowie die Gestaltung und Abwicklung der Außenhandelsbeziehungen. Je gleichartiger diese sind, desto mehr verlieren die internationalen Handelsbeziehungen ihren Außenhandelscharakter und nähern sich dem Binnenhandel. Konstitutiv für den Außenhandel sind letztlich immer staatliche Grenzen überschreitende Handelsbeziehungen. Binnenhandel liegt demgegenüber dann vor, wenn es sich um innerstaatliche Handelsbeziehungen handelt. Die Gesamtheit aller die nationalen Grenzen überschreitenden Handelsbeziehungen wird als Welthandel bezeichnet. Im Welthandel wird unterschieden zwischen dem intraregionalen Handel und dem interregionalen Handel. Der intraregionale Handel betrifft die Außenhandelsbeziehungen zwischen den Mitgliedsstaaten eines wirtschaftlichen Integrationsraumes (z.B. Europäische Union), wohingegen der interregionale Handel die Handelsbeziehungen zwischen wirtschaftlichen Integrationsräumen erfasst. Aus Sicht der Europäischen Union betrifft der interregionale Handel den Handel der Mitgliedsstaaten der Europäischen Union mit Nichtmitgliedsstaaten. Der Welthandel ist stark konzentriert auf die drei stärksten Wirtschaftsregionen der Welt, die sog. Triade des Welthandels (Europa, Nordamerika und Süd-Ostasien).

II. Formen des Außenhandels: Zu den Grundformen des Außenhandels zählen der Export, der Import sowie der Transithandel. Unter Export (→ Ausfuhr) wird die grenzüberschreitende Bereitstellung von Wirtschaftsleistungen an ausländische Abnehmer (Gebietsfremde) verstanden. Demgegenüber bezieht sich der → Import auf den grenzüberschreitenden Bezug von Wirtschaftsleistungen von Gebietsfremden. Der Transithandel ist eine Kombination aus Export und Import zwischen drei Ländern. Beim Transithandel importiert ein Transithändler mit Sitz in einem Transitland Waren aus einem Ursprungsland und exportiert diese an einen Kunden in einem Bestimmungsland.

Außenhandel kann direkt oder indirekt erfolgen. Maßgeblich für die Abgrenzung zwischen direktem und indirektem Außenhandel ist die Mittelbarkeit der vertraglichen Handelsbeziehungen zwischen inländischem und ausländischem Unternehmen. Beim direkten Außenhandel erfolgt der vertragliche Geschäftsabschluss unmittelbar zwischen dem inländischen und ausländischen Unternehmen. Beim indirekten Außenhandel ist ein rechtlich selbständiger Zwischenhändler mit Sitz im Inland zwischen inländischem und ausländischem Unternehmen eingeschaltet. Im → Außenwirtschaftsgesetz (AWG) wird anstelle der Begriffe Export und Import von Ausfuhr (Ausfuhrhandel) und → Einfuhr (Einfuhrhandel) gesprochen. Der Geltungsbereich des deutschen Außenwirtschaftsgesetzes ist das → Wirtschaftsgebiet, welches definiert ist als das Hoheitsgebiet der Bundesrepublik Deutschland. Neben diesen Grundformen des Außenhandels bestehen verschiedene Sonderformen und kombinierte Geschäftssysteme des Außenwirtschaftsverkehrs, welche in Verbindung stehen mit Außenhandelstransaktionen. Hierzu zählen der → Kompensationshandel, die internationalen Kooperationen, der internationale Lizenzhandel, der Veredelungsverkehr sowie im weiteren Sinne die → Direktinvestition.

III. **Außenhandel aus volkswirtschaftlicher Sicht:** Wird der Begriff Außenhandel in der Volkswirtschaftslehre verwandt, so bezieht er sich auf grenzüberschreitende Handelsbeziehungen aus gesamtwirtschaftlicher Sicht. Gesamtwirtschaftlich werden die Außenhandelsaktivitäten zusammengefasst zum Außenbeitrag. Der → Außenbeitrag ist ein Teil der gesamtwirtschaftlichen Nachfrage. Er erfasst den Saldo aller Exporte und Importe von Gütern und Dienstleistungen zwischen Gebietsansässigen und Gebietsfremden innerhalb einer Abrechnungsperiode. Der Außenbeitrag ergibt sich aus dem Saldo der Handels- und Dienstleistungsbilanz. Die Handels- und Dienstleistungsbilanz sind ihrerseits Teil der nationalen → Zahlungsbilanz. Gegenstand

der → Außenhandelstheorie ist es, Erklärungen für das Zustandekommen und für die Auswirkungen von Außenhandelsbeziehungen aus gesamtwirtschaftlicher Sicht zu liefern (Ursache-Wirkungsbeziehungen). Als wesentliche Bestimmungsgründe für das Zustandekommen von Außenhandel gelten: (1) die Nichtverfügbarkeit von Waren im Importland, wobei zwischen absoluter und relativer Nichtverfügbarkeit zu unterscheiden ist, (2) Kostenvorteile zwischen dem In- und Ausland, welche in Form absoluter als auch komparativer Kostenvorteile (→ komparative Vorteile) bestehen können sowie (3) die Erweiterung der Warenauswahlmöglichkeiten durch Außenhandel. Die Außenhandelspolitik (auch → Handelspolitik genannt) beschäftigt sich mit den unterschiedlichen Leitbildern, Zielsetzungen und Instrumenten zur Beeinflussung der Außenhandelsbeziehungen. Aufgabe der Außenhandelspolitik ist die Gestaltung der internationalen Handelsbeziehungen. Als Leitbilder der Handelspolitik für die Ableitung konkreter handelspolitischer Ziele und Maßnahmen kann dabei entweder der → Freihandel oder der Protektionismus dienen. Eine Politik des Freihandels ist gekennzeichnet durch einen Abbau von Handelshemmnissen. → Protektionismus bedeutet demgegenüber staatliche Beeinflussung des Außenhandels mit dem Ziel, Importe zum Schutz der heimischen Wirtschaft zu beschränken oder die eigene Exportwirtschaft durch gezielte staatliche Maßnahmen zu fördern. Importbeschränkungen können in Form von tarifären und nichttarifären Handelshemmnissen bestehen. Tarifäre Handelshemmnisse sind Handelshemmnisse in Form von Zöllen. Nichttarifäre Handelshemmnisse sind alle nicht auf → Zöllen beruhenden Handelshemmnisse, die eine Einschränkung oder Behinderung des Außenhandels bewirken. Hierzu gehören vor allem: (1) Handelskontingente, (2) Handelsverbote, (3) Selbstbeschränkungen und (4) administrative Handelshemmnisse. → Exportförderung kann in Form staatlicher

Außenhandel Deutschlands

Jahr	Warenausfuhr	Wareneinfuhr in Milliarden Euro	Saldo
2000	597,4	538,3	59,1
2001	638,3	542,8	95,5
2002	651,3	518,5	132,8
2003	664,5	534,5	129,9
2004	731,5	575,4	156,1
2005	786,3	628,1	158,2
2006	893,0	734,0	159,0
2007	965,2	769,9	195,3
2008	984,1	805,8	178,3
2009	803,3	664,6	138,7
2010	952,0	797,1	154,9
2011	1.060,2	902,0	158,2

Quelle: Statistisches Bundesamt Außenhandelsstatistik

→ Subventionen für die Exportwirtschaft oder in Form des → Dumpings bestehen. In der Realität ist vollständiger Freihandel ebenso wenig möglich wie eine vollständige handelspolitische → Autarkie. Meist findet sich daher eine Mischform aus beiden Leitbildern, bei denen entweder der Freihandel als das Grundprinzip der Marktwirtschaft im Vordergrund steht oder der Protektionismus in Form staatlicher Beschränkungen und Interventionen.

IV. Außenhandel aus betriebswirtschaftlicher Sicht: Wird der Begriff Außenhandel in der Betriebswirtschaftslehre verwandt für jene Unternehmen, deren Wertschöpfungsschwerpunkt die Außenhandelsabwicklung ist, so spricht man von institutionellem Außenhandel. Die institutionelle Außenhandelslehre ist eine Wirtschaftszweiglehre, die sich mit den Besonderheiten der Außenhandelsbetriebe beschäftigt. Für den Außenhandel besteht ein eigenständiges Berufsbild, nämlich jenes der Kauffrau bzw. des Kaufmanns im Groß- und Außenhandel. Die Ausübung von Außenhandelsaktivitäten ist jedoch nicht beschränkt auf Unternehmen, welche als Export-, Import- oder Transithandelsunternehmen tätig sind, sondern bezieht sich auf alle Unternehmen die Außenhandelsbeziehungen unterhalten. In dieser Hinsicht ist der Außenhandel eine betriebswirtschaftliche Funktion, welche sich auf das Tätigkeitsgebiet des grenzüberschreitenden Handels von Unternehmen bezieht. Charakteristisch für das Außenhandelsgeschäft sind Umsatzvolumen und Kundenstruktur. Das **typische** Außenhandelsgeschäft ist im Durchschnitt in Bezug auf die einzelne Handelstransaktion im Vergleich zum Einzelhandelsgeschäft in der Regel nach Menge und Wert der Ware ein großvolumiges Handelsgeschäft. Im Hinblick auf die Kundenstruktur ist das Außenhandelsgeschäft überwiegend nicht direkt an den Endkonsumenten gerichtet, sondern bezieht sich primär auf Handelsbeziehungen zwischen inländischen und ausländischen Unternehmen.

Rangfolge der wichtigsten Handelspartner Deutschlands

Einfuhr Herkunftsland	Werte für 2012 in Mrd. EUR	Ausfuhr Bestimmungsland	Werte für 2012 in Mrd. EUR
Niederlande	86,6	Frankreich	104,5
China	77,3	USA	86,8
Frankreich	64,8	Großbritannien	72,2
USA	50,6	Niederlande	71,0
Italien	49,2	China	66,6
Großbritannien	43,5	Österreich	57,9
Russland	42,5	Italien	56,0
Belgien	38,4	Schweiz	48,8
Schweiz	37,7	Belgien	44,6
Österreich	37,2	Polen	42,2
Polen	33,5	Russland	38,1
Tschechien	33,2	Tschechien	31,5
Norwegen	26,2	Spanien	31,2
Spanien	22,3	Schweden	21,2
Japan	21,8	Türkei	20,1

Quelle: Statistisches Bundesamt Außenhandelsstatistik

Bei der Abwicklung von Außenhandelsgeschäften spielen Außenhandelsdokumente eine wichtige Rolle. Außenhandelsdokumente werden benötigt für die Ausfuhr- bzw. Einfuhrabwicklung, den grenzüberschreitenden Transport sowie für den internationalen Zahlungsverkehr und die Zahlungssicherung bei Dokumentenakkreditiven (Akkreditiv) und Dokumenteninkassogeschäften. Im Unterschied zum Binnenhandel gibt es im Außenhandel zusätzliche Risiken. Zu den Außenhandelsrisiken zählen vor allem: politische Risiken, Länderrisiken, Wechselkursrisiken, Konvertierungs- und Transferrisiken, Zahlungsverbot- und Moratoriumsrisiken sowie interkulturelle Verständigungsrisiken. In Abhängigkeit von der rechtlichen Stellung der Handelspartner zueinander wird unterschieden zwischen interorganisatorischem und intraorganisatorischem Außenhandel. Der interorganisatorische Außenhandel betrifft grenzüberschreitende Handelsbeziehungen zwischen voneinander unabhängigen Parteien. Intraorganisatorischer Außenhandel liegt demgegenüber vor beim grenzüberschreitenden Handel zwischen verbundenen Unternehmen. Intraorganisatorischer Außenhandel wird auch als internationaler Intra-Firmenhandel bezeichnet. Er betrifft den Außenhandel im **internationalen Unternehmensverbund**. Nach der Richtung der intraorganisatorischen Außenhandelsbeziehungen wird unterschieden zwischen dem internationalen Intra-Firmenexport und dem internationalen Intra-Firmenimport.

Dokumente in der Außenhandelsabwicklung

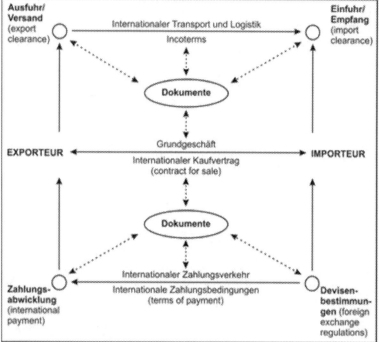

Quelle: Büter C (2013) Außenhandel – Grundlagen internationaler Handelsbeziehungen, Springer Gabler, Wiesbaden.

V. Außenhandelsstatistik: Außenhandelsgeschäfte sind in Deutschland aufgrund gesetzlicher Bestimmungen meldepflichtig. Die Verpflichtung zur Meldung von Außenhandelsgeschäften dient vor allem statistischen Zwecken, wie zum Beispiel der Erstellung der Zahlungsbilanz und der Außenhandelsstatistik. Die Außenhandelsstatistik wird in Deutschland vom Statistischen Bundesamt erstellt. Aufgrund der Mitgliedschaft Deutschlands in der Europäischen Union werden für den Außenhandel zwei statistische Erhebungsformen unterschieden. Extrastat, d.h. die Extrahandelsstatistik, betrifft den grenzüberschreitenden Warenverkehr zwischen den Mitgliedstaaten der Europäischen Union und den Nichtmitgliedstaaten. Die Daten über die Außenhandelsbeziehungen mit Drittstaaten werden von den Zollbehörden erfasst. Intrastat, d.h. die Intrahandelsstatistik, betrifft den Warenverkehr zwischen den Mitgliedstaaten der Europäischen Union. Innergemeinschaftliche Lieferungen (Versendungen) sowie innergemeinschaftliche Erwerbe (Eingänge) müssen in Deutschland von den Unternehmen direkt an das Statistische Bundesamt gemeldet werden. Die direkte Meldung des innergemeinschaftlichen Warenverkehrs ist erforderlich, da innerhalb der Europäischen Union keine zollamtliche Erfassung des Warenverkehrs stattfindet. In der Außenhandelstatistik wird darüber hinaus differenziert zwischen dem Generalhandel und dem Spezialhandel. Der Generalhandel umfasst die Wareneinfuhr und die Warenausfuhr mit Ausnahme der Waren der Durchfuhr, welche in der Außenhandelsstatistik nicht berücksichtigt werden. Dagegen erfasst der Spezialhandel nur jene Waren, die zum Gebrauch, Verbrauch, zur Be- oder Verarbeitung in Deutschland eingehen und die Waren, die aus der Erzeugung sowie der Be- und Verarbeitung in Deutschland stammen und ausgehen. Nicht erfasst sind im Spezialhandel damit im Wesentlichen die Wareneinfuhr auf Lager sowie die Warenausfuhr aus Lager. Um statistische Aussagen darüber zu gewinnen, in welchem Verhältnis Güter im Außenhandel getauscht werden, errechnet man das reale Austauschverhältnis, die so genannten → Terms of Trade (ToT). Die Terms of Trade werden berechnet als Quotient des Exportgüterpreisindex und Importgüterpreisindex in heimischer Währung.

Außenhandelsgewinn → Handelsgewinn.

Außenhandelsgleichgewicht – *Tauschgleichgewicht*. 1. *Außenhandelspraxis*: Bezeichnung für eine ausgeglichene → Handelsbilanz (Außenhandelsgleichgewicht i.e.S.) bzw. ausgeglichenen → Außenbeitrag (Außenhandelsgleichgewicht i.w.S., Handelsbilanz plus Dienstleistungsbilanz). – Vgl. auch → außenwirtschaftliches Gleichgewicht, → Zahlungsbilanz. – 2. In der realen → Außenwirtschaftstheorie für den Zwei-Länder-/Zwei-Güter-Fall abgeleitete Konstellation im Außenhandel, in der es keine Möglichkeit mehr gibt, durch weiteren Güteraustausch die Wohlfahrtsposition beider Länder zu erhöhen. Das Modell definiert aus Basissicht unrealistische Voraussetzungen. – Vgl. → Tauschkurve, → Außenhandelstheorie, → Optimalzoll.

Außenhandelsmonopol – staatliche Zentralstelle, die allein den → Außenhandel abwickelt bzw. die unmittelbare Kontrolle über die außenwirtschaftlichen Beziehungen ausübt. Instrument der → Außenwirtschaftspolitik;

früher im Ostblock und → Entwicklungsländern weit verbreitet, heute sehr selten.

Außenhandelspolitik → Handelspolitik.

Außenhandelstheorie – 1. *Begriff/Bedeutung*: Teilbereich der → realen Außenwirtschaftstheorie (→ Außenwirtschaftstheorie). Die Außenhandelstheorie analysiert die Bestimmungsgründe für die Existenz und Struktur des internationalen Handels und der → internationalen Faktorwanderungen sowie deren Implikationen für die heimische Wohlfahrt und die heimische Einkommensverteilung. Die staatlichen Eingriffe in den internationalen Handel werden in der → Handelspolitik und der → politischen Ökonomik der Protektion untersucht. Die Außenhandelstheorie weist eine beträchtliche Distanz zu den Rahmenbedingungen des Außenhandels in der Realität auf. Sie kann die tatsächlichen Strukturen und Entwicklungen nur partiell erklären. Damit verdeutlicht sie aber in handelspolitischer Hinsicht, welchen Prämissen bes. Beachtung geschenkt werden sollte, wenn die theoretischen Erkenntnisse für die Praxis als relevant angesehen werden. – 2. *Internationale Spezialisierung und Erklärung der Handelsstruktur*: a) *Komparative Vorteile*: Eine der grundlegendsten Erkenntnisse der realen Theorie besagt, dass internationaler Handel u.a. auf → komparativen Vorteilen beruht. Komparative Vorteile kann man auf Technologieunterschiede zurückführen (→ Ricardianisches Modell), sie können aber auch bei international identischen Produktionstechnologien zustandekommen, etwa aufgrund internationaler Faktorausstattungsunterschiede (→ Heckscher-Ohlin-Handel). Sind einzelne Güter in einem Land aufgrund von natürlichen Gegebenheiten oder aufgrund mangelnden technischen Wissens gar nicht verfügbar, so kann man dies als extreme Form komparativer Nachteile (bzw. Vorteile bei den anderen Ländern) auffassen. – Wenn die Erfahrung mit der Erzeugung technologieintensiver Güter dazu führt, dass man in Zukunft leichter weitere technologische Neuerungen erzielen kann (→ dynamische Größenvorteile), dann kann ein ausstattungsbedingter Anfangsvorteil eines Landes im Verlaufe der Zeit noch stärker ausgeprägt werden (→ dynamische komparative Vorteile). – b) *Produktdifferenzierung und Größenvorteile:* Verschiedene empirische Untersuchungen haben ergeben, dass komparative Vorteile den tatsächlichen Handel nur z.T. erklären können. Es wurde beobachtet, dass einerseits die bestehenden Unterschiede zwischen verschiedenen Ländern sich nicht durchweg auf erwartete Art und Weise in der *Struktur* des internationalen Handels niederschlagen (z.B. → Leontief-Paradoxon) und dass andererseits Handel zwischen solchen Ländern sehr intensiv ist, die einander in jeder Hinsicht sehr ähnlich sind. Je ähnlicher zwei Länder in ihren Nachfragerpräferenzen, ihrem Einkommensniveau und in ihrer Faktorausstattung sind, umso mehr wird zwischen ihnen → intra-industrieller Handel zu erwarten sein. – Vgl. auch → Gains-from-Trade-Theorem, → Größenvorteile, → Linder-Hypothese, → Ricardo-Viner-Modell, → Stolper-Samuelson-Theorem, → tarifäre Handelshemmnisse. – b) *Handel ohne komparative Vorteile:* Auch internationaler Handel, der nicht auf der Grundlage komparativer Vorteile erfolgt, bringt Vorteile. Er kann die für den Nachfrager verfügbareProduktvielfalt erhöhen und eine stärkere Realisierung von → Größenvorteilen ermöglichen (*Heckscher-Ohlin-Chamberlin-Modell*). Ferner kann internationaler Handel die Marktmacht heimischer Anbieter reduzieren. Internationaler Handel verringert die Bedeutung von Ländergrenzen für dieMarktabgrenzung und macht so die Märkte insgesamt wettbewerblicher. – c) *Dynamische Vorteile des internationalen Handels:* Die erwähnten Produktions- und Konsumgewinne aus internationalem Handel sind rein statischer Natur. Wenn das höhere Einkommen zu höheren Ersparnissen und höheren Investitionen führt, dann kommen dynamische Effekte

dazu. Es erhöht sich dadurch die Wachstumsrate, und die Einkommenszunahme ist dann langfristig größer als der statische Produktionsgewinn. – Die *neoklassische Wachstumstheorie* besagt allerdings, dass die Wachstumsrate langfristig durch Handel nicht beeinflusst werden kann, sodass der dynamische Effekt sich auf eine Erhöhung des langfristig realisiertenEinkommensniveaus beschränkt. – Die *Ergebnisse der theoretischen Forschung* sind nicht ganz einheitlich, aber es existiert unter den Ökonomen ein breiter Konsens, dass die Wachstumsraten in Ländern mit intensiven wechselseitigen Handelsbeziehungen *ceteris paribus* größer sind als in geschlossenen Ökonomien. Dies kann analog auch auf die Intensivierung dieser Handelsbeziehungen durch Handelsliberalisierung angewandt werden (→ dynamische komparative Vorteile). – Vgl. auch → Autarkie, → Faktorpreisausgleichstheorem, → Heckscher-Ohlin-Theorem, → internationale Faktorwanderungen, → kleines Land, → großes Land, → Mundell-Theorem, → Terms of Trade, → Zoll.

Außenhandelsverlust → Handelsverlust.

Außenhandelsvolumen – I. Amtliche Statistik: Im Rahmen der Außenhandelsstatistik werden neben der nominalen Entwicklung (tatsächliche Werte der Ein- und Ausfuhr) auch das Außenhandelsvolumen und Indizes berechnet. Das Volumen wird ermittelt, indem die Menge des Berichtsmonats mit dem Durchschnittswert des Basisjahres - momentan 2005 – multipliziert wird. Es gibt an, wie groß die Einfuhren bzw. Ausfuhren im Berichtszeitraum gewesen wären, wenn die Durchschnittswerte des Basisjahres konstant geblieben wären. Das Außenhandelsvolumen ist eine wichtige Grundlage für vergleichende internationale Analysen der Marktanteilsentwicklung und wird bspw. von der Deutschen Bundesbank oder verschiedenen Wirtschaftsforschungsinstituten für außenwirtschaftliche Analysen verwendet. Die Veröffentlichung der Ergebnisse der Außenhandelsstatistik erfolgt in Fachserie 7 des Statistischen Bundesamtes.

II. Außenwirtschaft: In den → Handelsabkommen festgelegter Wert des geplanten Warenaustausches zwischen den jeweiligen Vertragsländern, auch als *Handelsvolumen* bezeichnet.

Außenmarkt – Gesamtheit fremder Volkswirtschaften, auf die sich die Außenhandelsaktivitäten der eigenen Volkswirtschaft beziehen können. Der Außenmarkt ist somit gedachter Treffpunkt von Kauf- bzw. Verkaufswünschen zwischen In- und Ausländern.

Außenwert – Der Außenwert einer Währung (auch: Geldwertstabilität, neben dem inneren Wert) gibt an, wie viele Einheiten ausländischer Währung(en) auf dem → Devisenmarkt für eine Einheit des inländischen Geldes gezahlt werden (Mengennotierung). Der bilaterale Außenwert ist demnach der Kehrwert des - in Preisnotierung ermittelten - → Wechselkurses, z.B. des Preises für einen Dollar in Euro.

außenwirtschaftliches Gleichgewicht – *externes Gleichgewicht;* 1. *Begriff:* neben der Preisniveaustabilität, dem hohen Beschäftigungsstand und dem wirtschaftlichen Wachstum eines der vier gesamtwirtschaftlichen Ziele des → Stabilitäts- und Wachstumsgesetzes (StWG). Zu unterscheiden vom definitionsgemäß immer gegebenen Ausgleich der → Zahlungsbilanz. *Zahlungsbilanzgleichgewicht* kann mit Defiziten (Überschüssen) im Außenhandel bzw. in der → Leistungsbilanz bei gleichzeitigen Überschüssen (Defiziten) in der Kapitalverkehrsbilanz einhergehen. – 2. *Merkmale:* Außenwirtschaftliches Gleichgewicht hingegen bezieht sich auf den Ausgleich des → Außenbeitrags bzw. der Leistungsbilanz. In der → monetären → Außenwirtschaftstheorie wird unterschieden zwischen dem *kurzfristigen* außenwirtschaftlichen Gleichgewicht im Sinn eines Gleichgewichts auf dem → Devisenmarkt und dem *langfristigen* außenwirtschaftlichen

Gleichgewicht, bei dem keine Veränderung der Nettoauslandsverschuldung mehr erfolgt (Leistungsbilanzausgleich). – Vgl. auch → Devisenmarkt, → Zahlungsbilanzausgleich.

Außenwirtschaftsbestimmungen – die im EU-Recht und dt. → Außenwirtschaftsgesetz (AWG) und in der → Außenwirtschaftsverordnung (AWV) enthaltenen Vorschriften über den Waren-, Dienstleistungs-, Kapital-, Zahlungs- und sonstigen Wirtschaftsverkehr mit fremden Wirtschaftsgebieten sowie den Verkehr mit Auslandswerten und Gold zwischen → Gebietsansässigen. In Ergänzung hierzu erfolgen Bekanntmachungen des Bundesministers für Wirtschaft und Technologie sowie der Deutschen Bundesbank, die bei der Durchführung von Geschäften im Außenwirtschaftsverkehr ebenfalls zu beachten sind. Kontrolliert wird der → Außenwirtschaftsverkehr mit strategisch wichtigen Gütern, v.a. Waffen, Rüstungsgütern und Gütern mit doppeltem Verwendungszweck (sog. → Dual-Use-Güter) durch das Bundesamt für Wirtschaft und Ausfuhrkontrolle (BAFA) und die Zollverwaltung. Dabei handelt es sich um Waren, Software und Technologie, die für zivile und militärische Zwecke verwendet werden können.

Außenwirtschaftsgesetz (AWG) – Gesetz vom 28.4.1961 (BGBl. I 481) m.spät.Änd., ergänzt durch den Einigungsvertrag vom 31.8.1990 und die → Außenwirtschaftsverordnung (AWV). Neugefasst durch Bek. v. 26.6.2006 (BGBl. I 1386). Wichtigste nationale Gesetzesnorm des → Außenwirtschaftsrechts. Das nationale Außenwirtschaftsrecht wird teilweise überlagert vom EU-Recht, insbesondere dem *Zollkodex*, Verordnung (EWG) Nr. 2913/92 [ersetzt durch den Modernisierten Zollkodex (MZK) Verordnung EG Nr. 450/2008, ab 24.6.2010 gültig, vollst. anwendbar ab 24.6.2013; der MZK wird voraussichtl. erneut geändert und bis Mitte 2013 durch den neuen Unionszollkodex (UZK) ersetzt], der *Dual-Use-Verordnung* (EG) Nr.

428/2009, sowie den Einfuhr- und Ausfuhrregelungen der EU.

I. Inhalt: Das Außenwirtschaftsgesetz regelt für Deutschland nationalstaatlich den → Außenwirtschaftsverkehr und den Wirtschaftsverkehr zwischen → Gebietsansässigen und *Gebietsfremden*, ausgehend vom Prinzip des → Wirtschaftsgebiets (Hoheitsgebiet der Bundesrepublik Deutschland). Durch die Schaffung des Einheitlichen Binnenmarktes der EG wurde das AWG um den Begriff des *Gemeinschaftsansässigen* erweitert, da das AWG nicht den Verkehr innerhalb des Binnenmarktes beschränken darf. Meldevorschriften (z.b. über den → Kapitalverkehr und Zahlungsverkehr) sind jedoch innerhalb des EU-Binnenmarktes erlaubt.

II. Grundsatz: Das Außenwirtschaftsgesetz beruht auf dem Grundsatz, dass alle *Geschäfte mit dem Ausland uneingeschränkt zulässig sind,* soweit sie nicht ausdrücklich Beschränkungen unterworfen worden sind (§ 1 I AWG): *Der Waren-, Dienstleistungs-, Kapital-, Zahlungs- und sonstige Wirtschaftsverkehr mit fremden Wirtschaftsgebieten sowie der Verkehr mit Auslandswerten und Gold zwischen gebietsansässigen (Außenwirtschaftsverkehr) ist grundsätzlich frei.* – *Beschränkungen* können sich aus dem Außenwirtschaftsgesetz selbst ergeben, aber auch aus anderen Gesetzen oder Rechtsvorschriften (z.B. über → Zoll und Verbrauchsteuern, Marktordnungsgesetze für die Landwirtschaft, gesundheitspolizeiliche Vorschriften, Kriegswaffen-Kontrolle, Vorschriften zum Schutz dt. Kulturgutes wegen Auswanderung, Gewerberecht etc.) sowie zwischenstaatlichen Vereinbarungen (§ 1 II AWG). – Vgl. auch Verbote und Beschränkungen.

III. Unmittelbare gesetzliche Beschränkungen: Diese enthält das Außenwirtschaftsgesetz für die Wareneinfuhr (§ 10 AWG), während für den übrigen Außenwirtschaftsverkehr Beschränkungen durch Verbot oder das Erfordernis einer Genehmigung angeordnet werden können (durch Verordnung der Bundesregierung; § 27 AWG). Beschränkungen sind nach Art und Umfang auf das Maß zu begrenzen, das notwendig ist, um den in der Ermächtigung angegebenen Zweck zu erreichen; in die Freiheit der wirtschaftlichen Betätigung ist so wenig wie möglich einzugreifen; abgeschlossene Verträge dürfen nur berührt werden, wenn der angestrebte Zweck erheblich gefährdet wird. Beschränkungen sind aufzuheben, sobald und soweit die Gründe, die ihre Anordnung rechtfertigen, nicht mehr vorliegen.

IV. Genehmigung: Bedürfen Rechtsgeschäfte oder -handlungen einer Genehmigung, so ist diese zu erteilen, wenn zu erwarten ist, dass die Vornahme den Zweck, dem die Vorschrift dient, nicht oder nur unwesentlich gefährdet; andernfalls kann die Genehmigung erteilt werden, wenn das volkswirtschaftliche Interesse an der Vornahme des Rechtsgeschäfts oder der Handlung die damit verbundene Beeinträchtigung des bezeichneten Zwecks überwiegt. Für die Erteilung von Genehmigungen sind grundsätzlich die von den Landesregierungen bestimmten Behörden zuständig, ferner die Deutsche Bundesbank oder die Bundesministerien für Verbraucherschutz, Ernährung und Landwirtschaft, für Wirtschaft und Arbeit, für Verkehr, Bau- und Wohnungswesen sowie das *Bundesamt für Wirtschaft und Ausfuhrkontrolle* (BAFA) und die *Bundesanstalt für Landwirtschaft und Ernährung* (BLE) (§ 28 AWG). Die Erteilung der Genehmigung kann von sachlichen und persönlichen Voraussetzungen abhängig gemacht werden; sind nach dem Zweck einer Vorschrift nur in beschränktem Umfang Genehmigungen möglich, sind die Genehmigungen in der Weise zu erteilen, dass die gegebenen Möglichkeiten volkswirtschaftlich zweckmäßig ausgenutzt werden können. → Gebietsansässige, die durch eine Beschränkung in der Ausübung ihres Gewerbes bes. betroffen werden, können bevorzugt berücksichtigt werden. – Genehmigungen können mit Befristungen, Bedingungen, Auflagen und Widerrufsvorbehalten (Widerruf) verbunden werden; Genehmigungen sind nicht übertragbar und können widerrufen werden, wenn ein Widerrufsvorbehalt bestand oder die persönlichen oder sachlichen Voraussetzungen für die Genehmigung nicht vorlagen oder weggefallen sind, wenn der Inhaber der Genehmigung einer Auflage nicht nachkommt oder die Genehmigung erschlichen wurde. Für die Genehmigung und ihre Ablehnung ist Schriftform vorgesehen; die Versagung oder nur beschränkte Erteilung einer Genehmigung kann nach den allg. Vorschriften im Verwaltungsrechtsweg angegriffen werden; Widerspruch und Anfechtungsklage haben keine aufschiebende Wirkung (§ 30 AWG).

V. Wirksamkeit eines Rechtsgeschäfts: Ein Rechtsgeschäft, das ohne die erforderliche Genehmigung vorgenommen wird, ist unwirksam, es wird durch nachträgliche Genehmigung vom Zeitpunkt seiner Vornahme an wirksam (§ 31 AWG). Ist zur Leistung des Schuldners eine Genehmigung erforderlich, so kann ein Urteil gegen ihn schon vor Erteilung der Genehmigung ergehen; in die Urteilsformel muss ein Vorbehalt aufgenommen werden, dass die Leistung oder Zwangsvollstreckung erst nach Erteilung der Genehmigung erfolgen darf (§ 32 AWG); Entsprechendes gilt für andere Vollstreckungstitel. – Zwangsvollstreckung nur, wenn und soweit Genehmigung erteilt ist.

VI. Verfahren: Durch Rechtsverordnung können Vorschriften über das Verfahren bei der Vornahme von Rechtsgeschäften oder Handlungen im Außenwirtschaftsverkehr erlassen werden, soweit solche Vorschriften zur Durchführung des Gesetzes oder zur Überprüfung der Rechtsgeschäfte oder Handlungen auf ihre Rechtmäßigkeit nach dem Außenwirtschaftsgesetz erforderlich sind. Es kann weiter angeordnet werden, dass Rechtsgeschäfte und Handlungen, bes. aus ihnen erwachsene Forderungen und Verbindlichkeiten sowie Vermögensanlagen und die Leistung und Entgegennahme von Zahlungen

unter Angabe des Rechtsgrundes zu melden sind (§ 26 AWG). – Vgl. auch → Kapitalverkehr, Auslandsniederlassungen, ausländische Unternehmungen im Inland.

VII. Verstöße: Verstöße gegen das Außenwirtschaftsgesetz werden als Ordnungswidrigkeiten (§ 33 AWG) oder Straftaten (§ 34 AWG) geahndet (§§ 33 – 38 AWG). Verwaltungsbehörde für das Straf-und Ordungswidrigkeitenverfahren ist das Hauptzollamt (38 III AWG). Strafverfolgungs- und Ermittlungsbehörden neben der Staatsanwaltschaft sind die Hauptzollämter und Zollfahndungsämter (§ 37 AWG).

VIII. Auskunftpflicht: Im Rahmen des Außenwirtschaftsgesetzes besteht gegenüber Verwaltungsbehörden, der Bundesbank, dem Bundesamt für Wirtschaft und Ausfuhrkontrolle (BAFA) und der Bundesanstalt für Landwirtschaft und Ernährung (BLE) eine Auskunftpflicht (§ 44 AWG). Sachen, die ausgeführt, eingeführt oder durchgeführt werden, sind auf Verlangen darzulegen und können einer Beschauung oder einer Untersuchung unterworfen werden; Beförderungsmittel und Gepäckstücke können von den *Zollbehörden* darauf geprüft werden, ob sie Sachen enthalten, deren → Ausfuhr, → Einfuhr oder Durchfuhr beschränkt ist. Wer nach einem fremden Wirtschaftsgebiet ausreist oder von dort einreist, hat auf Verlangen zu erklären, ob er Sachen mit sich führt, deren Verbringen nach dem Außenwirtschaftsgesetz oder den dazu erlassenen Rechtsvorschriften beschränkt ist (§ 46 AWG).

IX. Außenprüfung: Im Rahmen des Außenwirtschaftsgesetzes haben die Verwaltungsbehörden, insbesondere das Hauptzollamt und die Deutsche Bundesbank, nach § 44 I AWG die Möglichkeit Prüfungen bei den Auskunftpflichtigen vornehmen. Das BAFA und die BLE können zu den Prüfungen Beauftragte entsenden.

Außenwirtschaftspolitik – I. Begriff: Gesamtheit aller staatlichen Maßnahmen im Bereich der außenwirtschaftlichen Beziehungen eines Landes. Außenwirtschaftspolitik umfasst v.a. Außenhandels-, Währungs- und Integrationspolitik, kann aber auch in anderen Politikbereichen enthalten sein (z.b. Bildungs-, Forschungspolitik).

II. Ziele: 1. *Liberale Außenwirtschaftspolitik:* (1) Förderung des Wirtschaftswachstums bzw. der gesamtgesellschaftlichen Wohlfahrt durch Realisierung von → Handelsgewinnen; (2) Gewährleistung individueller Freiheitsrechte (Freizügigkeit); (3) Beitrag zum Abbau politischer und militärischer Spannungen bzw. zur Verwirklichung internationaler politischer → Integration; u.a. – 2. *Interventionistische Außenwirtschaftspolitik* (→ Protektionismus): (1) Schutz der einheimischen Wirtschaft vor ausländischer Konkurrenz (Förderung der Exportwirtschaft); (2) Verbesserung der → Terms of Trade; (3) Sanierung der → Zahlungsbilanz; (4) Konsumsteuerung und Einkommensnivellierung; (5) Erschließung von Einnahmequellen für den Staat durch Erhebung von → Zöllen u.Ä.; (6) im Fall von → Entwicklungsländern Vermeidung von „Abhängigkeiten", „Ausbeutung" und „Strukturdefekten", die aus den Wirtschaftsbeziehungen mit den → Industrieländern resultieren sollen (Dependencia-Theorie), u.a.

III. Instrumente: 1. *Liberale Außenwirtschaftspolitik:* Sie vermeidet direkte staatliche Eingriffe in den Außenwirtschaftsverkehr weitgehend; beschränkt sich im Wesentlichen auf die Gestaltung und Verbesserung der Rahmenbedingungen. Ausnahmen hiervon sind eng begrenzt (z.B. Verbot von Waffen- und Rauschgifthandel) bzw. sollten (nach der Vorstellung ihrer Vertreter) lediglich temporären Charakter haben (z.B. → Schutzzölle für bestimmte Produktionsrichtungen, die längerfristig international wettbewerbsfähig werden können; → Protektionismus) oder Kapitalexportrestriktionen in Entwicklungsländern in der Anfangsphase außenwirtschaftlicher Liberalisierung. – 2. *Interventionistische Außenwirtschaftspolitik:* (1) → Zölle; (2)

Mengenbeschränkungen (→ Kontingente); (3) Im- und Exportverbote; (4) → nicht tarifäre Handelshemmnisse; (5) Devisenbewirtschaftung; (6) → gespaltene Wechselkurse; (7) Kontrolle internationaler Faktorbewegungen; (8) Maßnahmen der → Importsubstitution und → Exportförderung, soweit es sich um direkte staatliche Eingriffe handelt; (9) → Exportkontrolle u.a.

IV. Praxis: Ein Großteil der politischen und rechtlichen Außenhandelskompetenz ist von den Mitgliedsstaaten an die EU übergeben worden, so die → Zollpolitik, die Außenhandelspolitik und die Entschlussfähigkeit über Maßnahmen von Ausfuhrverboten (Verbote und Beschränkungen der Ausfuhr). Einzelne Mitgliedsstaaten könnten jedoch weiterhin nationale Maßnahmen der → Exportförderung beschließen und durchführen (in Deutschland z.B. die Gewährung von Außenhandels-Bürgschaften).

Außenwirtschaftsrecht – *Begriff:* zusammenfassende Bezeichnung für die Rechtsvorschriften, welche die Wirtschaftsvorgänge, die über die Grenzen einer Volkswirtschaft hinausgreifen, betreffen. – *Grundlagen* des dt. Außenwirtschaftsrechts sind das → Außenwirtschaftsgesetz (AWG) und die → Außenwirtschaftsverordnung (AWV). Das 1961 in Kraft getretene dt. Außenwirtschaftsrecht beruht auf dem *Grundsatz*, dass alle Geschäfte mit dem Ausland zulässig sind, soweit nicht ausdrücklich Beschränkungen angeordnet sind (§ 1 S. 1 AWG, *Außenwirtschaftsfreiheit*).

Außenwirtschaftstheorie – 1. *Begriff:* Teilbereich der Volkswirtschaftstheorie, der die internationalen Wirtschaftsbeziehungen zwischen Ländern oder Regionen zum Gegenstand hat. Die Außenwirtschaftstheorie sieht als wesentlichen Unterschied zwischen binnen- und außenwirtschaftlichen Beziehungen den Grad der Beweglichkeit von Gütern und/oder der Faktoren und die Existenz unterschiedlicher Währungen an. – 2. *Untergliederung der Außenwirtschaftstheorie:* Die verschiedenen Modelle der

Außenwirtschaftstheorie lassen sich, wenngleich nicht trennscharf, in zwei große Gruppen teilen: Modelle der realen und Modelle der monetären Außenwirtschaftstheorie. Die → reale Außenwirtschaftstheorie abstrahiert von der Existenz des Geldes und demgemäß auch von der Existenz unterschiedlicher Währungen, während die → monetäre Außenwirtschaftstheorie die Rolle des Geldes ins Zentrum der Betrachtung rückt. Vereinfachend lässt sich sagen, dass die reale Theorie sich auf Fragen der Allokation, der Effizienz und der Verteilung konzentriert, während die monetäre Theorie sich vorwiegend dem Stabilitätsproblem widmet. Fragen des Wachstums werden in beiden Theorieteilen behandelt. – Vgl. auch → Außenhandelstheorie.

Außenwirtschaftsverkehr – Nach § 1 → Außenwirtschaftsgesetz (AWG) der Waren-, Dienstleistungs-, Kapital-, Zahlungs- und sonstige Wirtschaftsverkehr mit fremden Wirtschaftsgebieten sowie der Verkehr mit Auslandswerten und Gold zwischen → Gebietsansässigen. Der Außenwirtschaftsverkehr ist grundsätzlich frei und unterliegt aber den Beschränkungen, die das AWG, oder darauf beruhende Rechtsverordnungen (die → Außenwirtschaftsverordnung (AWV)) sowie das EU-Recht (z.B. Dual-Use-VO) vorschreiben.

Außenwirtschaftsverordnung (AWV) – VO zur Durchführung des → Außenwirtschaftsgesetz (AWG).

äußerer Lag → Lag.

Austauschvolumen – 1. *Mengenmäßige Ein- und Ausfuhr,* die neben den Bewegungen der Preise die Entwicklung des → Außenhandels bestimmt. Das Austauschvolumen gibt die von Preiseinflüssen bereinigte Entwicklung des Außenhandels wieder. – 2. *Wertmäßige Ein- und Ausfuhr* in einem bestimmten Zeitraum. – Vgl. auch → Terms of Trade.

Autarkie – hypothetische Situation eines Landes ohne jegliche internationale Wirtschaftsbeziehungen (ein geschlossenes System, eine Volkswirtschaft, die sich vollständig selbst mit Rohstoffen versorgen kann). Bei der theoretischen Analyse internationaler Wirtschaftsbeziehungen hilfreiche Referenzsituation. In der realen Wirtschaft findet Außenhandel statt, die Volkswirtschaften sind durch internationale Wirtschaftsbeziehungen in Kontakt und tauschen Güter, Kapital und Dienstleistungen aus (ein offenes System).

Autarkiepolitik – Gesamtheit außen- und binnenwirtschaftlicher Maßnahmen, die auf Herstellung der oder zumindest auf Annäherung an die → Autarkie abzielen, z.B. Prohibitivzölle, Verwendungszwang inländischer Güter, Förderung der → Importsubstitution, Verhinderung grenzüberschreitender Faktorbewegungen. – Das Ziel der Autarkie ist nur unter *Wohlstandsverlusten* erreichbar, da viele Güter im Inland nicht oder nur mit höheren Kosten produziert werden können. Der Wohlstandsverlust des autarken Landes wirkt sich wegen der Reduzierung der → internationalen Arbeitsteilung auch auf andere Länder ungünstig aus. – Viele Länder streben trotzdem eine *Selbstversorgung* an, z.B. mit landwirtschaftlichen Erzeugnissen (partielle Autarkie), um etwa im Kriegs- oder Krisenfalle von Importen unabhängig zu sein.

automatische Stabilisierung → Built-in Stability.

autonome Größen – volkswirtschaftliche Größen, die von anderen Größen unabhängig sind. – *Beispiel:* Autonomer Konsum der Keynesschen Konsumfunktion als derjenige Teil der Konsumausgaben, der unabhängig von der Höhe des Volkseinkommens ist. Die Unterscheidung von autonomen Größen und → induzierten Größen hat v.a. modelltheoretische Bedeutung. In makroökonomischen Modellen stellen autonome Größen modellexogene Variablen dar, während es sich bei induzierten Größen um modellendogene Variablen handelt.

autonomer Konsum → autonome Größen, → Konsumfunktion.

autonomes Preisintervall → Preisautonomie, → Preisabsatzfunktion.

autoregressive Erwartung → Erwartung.

AWV – Abk. für *Außenwirtschaftsverordnung;* → Außenwirtschaftsgesetz (AWG).

B

Backward Linkages → Verkettungseffekte.

BAFA – Abk. für *Bundesamt für Wirtschaft und Ausfuhrkontrolle.*

Balanced Growth → ausgewogenes Wachstum.

Bamako-Initiative – 1987 erfolgte Initiative der WHO und der UNICEF für eine Beteiligung der Bevölkerung an der Finanzierung von Gesundheitsleistungen in der Dritten Welt. – Vgl. auch → Basis-Gesundheitsdienst.

Bandbreite – 1. *Devisengeschäft:* i.d.R. im Zusammenhang mit flexiblen (managed floating; begrenzt flexiblen) → Wechselkursen verwendeter Begriff, z.B. im früheren *Europäischen Währungssystem* – dem heutigen EWS II, an dem alle Länder mit Ausnahmegenehmigung mind. zwei Jahre vor der Prüfung teilzunehmen haben (vgl. Stabilitäts- und Konvergenzkriterien von Maastricht). Die Bandbreite bezeichnet die zulässige Abweichung der Devisenkassakurse (Marktkurse) von einem vertraglich vereinbarten Leitkurs. Bei drohender Überschreitung der Bandbreite sind die beteiligten Notenbanken zu Interventionen verpflichtet (→ Interventionspflicht). – Vgl. auch → Zielzonen-System. – 2. *Informatik:* max. Datenübermittlungsrate zwischen Teilen eines Computernetzwerkes gemessen in „Bits per Second" (bps).

Bandwagon-Effekt → Mitläufereffekt.

Bankenliquidität → Liquidität.

Bank Identifier Code → BIC.

Banking-Theorie – Geldtheorie, nach der nicht nur Geld i.e.S., nämlich Banknoten und Münzen, Geldfunktion ausüben und somit maßgeblich das Preisniveau beeinflussen. Die von engl. Ökonomen (Mill, Fullarton, Torke) begründete Theorie bezieht auch Geldsurrogate, wie z.B. Handelswechsel und Kredite, in

die für das Preisniveau maßgeblichen monetären Größen ein. Hierüber existiert ein geldtheoretischer Streit mit der → Currency-Theorie.

Banknote – von einer dazu ermächtigten Bank (Notenbank) ausgegebenes Papiergeld. Für Banknoten als gesetzliches → Zahlungsmittel besteht unbeschränkte Annahmepflicht, z.B. für den Euro innerhalb des europäischen Währungsraums. – *Ausgabe von Banknoten* erfolgt im Eurowährungsgebiet durch das Eurosystem; in der Bundesrepublik Deutschland werden die Eurobanknoten von der Deutschen Bundesbank ausgegeben (§ 14 BBankG bzw. Art. 106 EGV). Bis Ende 2001 wurden auf DM lautende Banknoten ausgeben. – *Stückelung:* Notenstückelung. – Vgl. auch Notenumlauf.

Bargaining-Theorien – Gruppe von Theorien, die Gleichgewichtslösungen nicht über Marktmechanismen, sondern durch Verhandlungsstrategien erklären. – *Häufigste Anwendungen:* Spieltheorie, → bilaterales Monopol.

Barometerdiagnose → Konjunkturdiagnose.

Barometersystem – 1. *Begriff:* Systematische Zusammenstellung ökonomischer Zeitreihen zu Zwecken der Konjunkturdiagnose (→ Konjunkturindikatoren). Der Begriff Barometersystem geht auf das → Harvard-Barometer zurück. – 2. *Entwicklung:* V.a. von Wagemann (Institut für Konjunkturforschung) entwickeltes System ökonomischer Zeitreihen *(Einzelbarometer).* Diese umfassten u.a. folgende Reihen: Produktion, Beschäftigung, Außenhandel, Kredite, Preise. – 3. *Bedeutung:* Heute nicht mehr gebräuchliche Bezeichnung für Konjunkturindikatoren. Gleichwohl werden auch in modernen Konjunkturindikatoren häufig verschiedene Reihen entprechend ihrer Vorlaufeigenschaften zur

Konjunktur gebündelt, so z.B. beim Ifo-Konjunkturindikator.

Bartergeschäft → Kompensationshandel.

Basis-Gesundheitsdienst – *Primary Health Care;* grundbedürfnisorientierter Ansatz nach den Prinzipien der Ursachen- und Zielgruppenorientierung, Partizipation, Eigenverantwortung und Dezentralisierung im Gesundheitssystem, der 1978 in Alma Ata initiiert wurde. Vorgesehen ist die Vorbeugung und Bekämpfung örtlich anzutreffender Gesundheitsprobleme durch die Sicherstellung von Ernährung und Trinkwasserversorgung, sanitäre Anlagen, Impfstoffe, essenzielle Arzneimittel. Anfänglich wurden die Gesundheitsleistungen (z.B. Medikamente) kostenlos verteilt. Mit der → Bamako-Initiative wurde zur Verbesserung der finanziellen Ausstattung der Gesundheitssysteme eine finanzielle Beteiligung der Bevölkerung an ihrer Finanzierung gefordert.

Bedarf – 1. *Ergebnis* objektivierbarer → Bedürfnisse, die messbar und in Zahlen ausdrückbar sind. – 2. Ökonomischer *Begriff* für eine am Markt tatsächlich auftretende → Nachfrage. – 3. Objektorientierte *Handlungsabsicht,* die einem bestimmten Bedürfnis folgt.

Bedürfnis – 1. *Marketing:* Wunsch, der aus dem Empfinden eines Mangels herrührt. Man unterscheidet: → natürliche Bedürfnisse, gesellschaftliche Bedürfnisse (→ Kollektivbedürfnisse) und → Grundbedürfnisse. – 2. *Marktpsychologie/Arbeits- und Organisationspsychologie:* Motiv.

Beggar-my-Neighbour-Politik – Begriff für *„den Nachbarn ausplündern"* oder *„den Nachbarn anbetteln";* Versuch eines Landes, Exportüberschüsse zu erzielen, um auf diese Weise im Inland Einkommen und Beschäftigung zu erhöhen (→ Exportmultiplikator). Da die Zunahme der Exporte eines Landes eine Zunahme der Importe für das Ausland darstellt, können sich durch diese Politik kontraktive Wirkungen für das Ausland (z.B.

Arbeitslosigkeit) ergeben. – Vgl. auch → Importmultiplikator. – *Instrumente* der Beggar-my-Neighbour-Politik sind z.B. → Abwertung der heimischen Währung sowie sonstige Maßnahmen der → Einfuhrbeschränkung und der → Exportförderung.

Bereitschaftskreditabkommen – *Stand-by Arrangement;* Übereinkunft, in dem der IWF einem seiner Mitglieder innerhalb eines festgelegten Zeitraums (meistens ein Jahr) in limitiertem Ausmaß → Ziehungsrechte zur Finanzierung von Zahlungsbilanzdefiziten einräumt. Voraussetzung ist, dass das Mitglied in einer Absichtserklärung (Letter of Intent) die beabsichtigten wirtschafts- und währungspolitischen Maßnahmen zur Wiederherstellung des Zahlungsbilanzausgleichs darlegt (Konditionalität). Der Zahlungsbilanzbedarf braucht bei Abschluss des Bereitschaftskreditabkommens noch nicht vorzuliegen; sobald er eintritt, kann der Kredit abgerufen werden.

Bertrand-Modell → Edgeworth-(Bertrand-)Modell, → oligopolistische Preisbildung.

Bertrand-Oligopol – bes. → Modell nicht kooperativen oligopolistischen Verhaltens. Jeder Anbieter wählt unter der *Annahme* konstanter Preise für die Produkte aller Konkurrenten den für ihn optimalen Preis. Je höher die Preise der Konkurrenten, umso höher auch sein eigener Preis *(Reaktionsfunktion).* Bieten alle Konkurrenten ein homogenes Gut an, dann entsteht de facto vollständige Konkurrenz *(Preisnehmerschaft).* Die steigenden Reaktionsfunktionen widersprechen der seitens jeden Anbieters unterstellten Konstanz der Preise aller Konkurrenten. Es entsteht eine Art strategischen Irrtums, der bei einem internationalen Oligopol die Grundlage für *strategische Handelspolitik* (→ Handelspolitik) sein kann.

Beschaffungsmarkt – ein der eigenen Produktions- oder Handelsstufe vorgelagerter Markt, auf dem Güter für eigene Produktions- oder Handelsprozesse beschafft werden können. – *Gegensatz:* Absatzmarkt.

Beschäftigungsgrad – I. Volkswirtschaftslehre: 1. *Begriff: Auslastungsgrad* des in einer Volkswirtschaft vorhandenen *Erwerbspersonenpotenzials*, d.h. Zahl der im Inland Beschäftigten (oder Erwerbstätigen) in Prozent des Erwerbspersonenpotenzials. Umgekehrt geben eine modifizierte → Arbeitslosenquote (Zahl der registrierten Arbeitslosen und stille Reserve in Prozent des Erwerbspersonenpotenzials) bzw. eine modifizierte Erwerbslosenquote (Erwerbslose in Prozent des Erwerbspersonenpotenzials) den Grad der Unterbeschäftigung des Arbeitskräfteangebots an. – 2. *Bedeutung:* a) Der Beschäftigungsgrad stellt eine Maßzahl für das gesamtwirtschaftliche Beschäftigungsniveau dar. Unter Berücksichtigung nicht-konjunktureller Arbeitslosigkeit kann auch schon ein Wert unter 100 Prozent als Vollbeschäftigungsgrad angesehen werden. – b) Da der Beschäftigungsgrad den Auslastungsgrad des gesamtwirtschaftlichen Produktionspotenzials mitbestimmt, wird er zunehmend als → Beschäftigungsindikator verwendet.
II. **Industriebetriebslehre:** Verhältnis von Ist- zu Vollbeschäftigung, ausgedrückt durch den Koeffizienten:

$$Beschäftigungsgrad = \frac{Ist - Beschäftigung \cdot 100}{Vollbeschäftigung}$$

Vollbeschäftigung ist der Beschäftigungsstand, bei dem die Ausbringung bei gleichbleibender Anlagendimensionierung (Kapazität) auf Dauer nicht mehr gesteigert werden kann.
III. **Plankostenrechnung:** Verhältnis von Istbezugsgröße zu Planbezugsgröße.
Beschäftigungsindikatoren – 1. *Begriff:* Quantitative Größen zur Messung von Beschäftigungsniveau (Niveauindikatoren) und Beschäftigungsstruktur (Strukturindikatoren) räumlich und im Zeitablauf. – 2. *Formen:* a) *Niveauindikatoren:* (1) Absolute Zahlen von Beschäftigten, Arbeitslosen bzw. Erwerbslosen, Erwerbspersonen, Kurzarbeitern, offenen Stellen etc.; (2) Quoten wie → Arbeitslosen- bzw. Erwerbslosenquote,

Erwerbsquote; (3) Wachstumsraten dieser und anderer Größen, die das absolute und relative Beschäftigungsniveau beeinflussen (z.B. → Bruttoinlandsprodukt (BIP), → Arbeitsproduktivität, Arbeitsvolumen und Bevölkerungszahl). – Vgl. auch → Beschäftigungsgrad. – b) *Strukturindikatoren:* U.a. geschlechts-, alters-, berufs-, branchen- und regionalspezifische Verhältniszahlen. – Vgl. auch Beschäftigungsstruktur. – 3. Die Beschäftigungsindikatoren *dienen* der Beschäftigungspolitik zur Analyse vergangener, zur Prognose zukünftiger und zur Formulierung gewünschter Beschäftigungsentwicklungen. – Vgl. auch → soziale Indikatoren.

Beschäftigungsniveau → Beschäftigungsgrad.

Beschäftigungstheorie – 1. *Begriff:* Teil der Volkswirtschaftstheorie, der sich mit der Bestimmung des Arbeitsvolumens (der Beschäftigung) in einer Volkswirtschaft befasst. – 2. *Kontroverse:* Während sich aus neoklassischer Sicht die Wirtschaft (abgesehen von saisonaler und friktioneller Arbeitslosigkeit) immer im Zustand eines Gleichgewichts bei Vollbeschäftigung befindet (*klassische Lehre,* → Neoklassik), zeigt die *Keynes'sche Lehre* (Keynes), dass es durchaus längere Zeiten größerer unfreiwilliger Arbeitslosigkeit geben kann, die i.d.R. auf einen Mangel an gesamtwirtschaftlicher Nachfrage zurückzuführen ist. Nach neoklassischer Vorstellung wird die Beschäftigung wesentlich durch die Angebotsseite (Produktion) bestimmt. Dagegen betonen Keynes und die Keynesianer die Einflüsse der gesamtwirtschaftlichen Nachfrage (Konsumausgaben + Investitionen + Staatsausgaben + Exporte – Importe) auf die Beschäftigung. Diese Kontroverse zwischen Angebots- und Nachfragetheorien ist nach wie vor aktuell und begründet die Unterschiede sowohl in Bezug auf Positionen und Forderungen von Gewerkschaften und Arbeitgeberverbänden in Tarifverhandlungen als auch hinsichtlich der politischen Vorstellungen zu Maßnahmen und Instrumenten einer Beschäftigungspolitik. Die neoklassische Sicht wird vertreten durch den → Monetarismus, die → Neue Klassische Makroökonomik, die → Angebotsökonomik; die keynesianische Sicht wird vertreten durch den → Keynesianismus, die → Neokeynesianische Theorie und die → Neukeynesianische Makroökonomik. – Vgl. auch → Arbeitsmarkt, Arbeitslosigkeit.

Bestandsgleichgewicht – im Rahmen makroökonomischer Modelle verwendeter Gleichgewichtsbegriff, der sich auf die → Bestandsgrößen der Finanzmärkte (Geldmarkt, Märkte für Wertpapiere) bezieht. Bestandsgleichgewicht liegt vor, wenn das Bestandsangebot genau der geplanten Bestandsnachfrage entspricht, d.h. wenn die Wirtschaftssubjekte bereit sind, die tatsächlichen Bestände (an Geld, Wertpapieren) als Planbestand zu halten.

Bestandsgrößen – volkswirtschaftliche Größen, die zeitpunktbezogen zu bestimmten Stichtagen gemessen werden, z.B. Arbeitslosenzahl, Geldmenge, Kapitalstock. Bestandsgrößen können sich im Zeitablauf durch Zu- und Abgänge verändern. Solche Bestandsänderungsgrößen (wie z.B. die gesamtwirtschaftliche Nettoinvestition) sind → Stromgrößen, da sie sich auf einen ganzen Zeitraum beziehen. – *Gegensatz:* → Stromgrößen.

Betrieb – I. Betriebswirtschaftslehre 1. *Begriff:* örtliche, technische und organisatorische Einheit zum Zwecke der Erstellung von Gütern und Dienstleistungen, charakterisiert durch einen räumlichen Zusammenhang und eine Organisation, „die auf die Regelung des Zusammenwirkens von Menschen und Menschen, Menschen und Sachen sowie von Sachen und Sachen im Hinblick auf gesetzte Ziele gerichtet ist" (Kosiol). a) *Örtliche Einheit:* Betrieb ist insoweit der Arbeitsstätte gleichzusetzen, als die Leistungserstellung und -verwertung in einem räumlich und technisch zusammengehörigen, überschaubaren Bereich erfolgt. b) *Organisatorisch-technische*

Einheit: Hilfs- und Nebenbetriebe (Produktionshilfsbetrieb, Produktionsnebenbetrieb) zählen im Gegensatz zur Arbeitsstätte auch dann zur organisatorischen Einheit des Betriebes, wenn sie getrennt vom Hauptbetrieb (Produktionshauptbetrieb) am gleichen Ort und unter derselben technischen Leitung arbeiten. Die organisatorische Kombination des sachlichen Betriebsvermögens mit der verfügbaren Arbeitsleistung durch den Arbeitgeber vollzieht sich im Bereich des Betriebes. – 2. *Arten:* a) nach der *Größe:* Unterscheidung nach der Beschäftigtenzahl, nach Umsätzen, Steuerleistung u.Ä. in Groß-, Mittel- und Kleinbetriebe. Vgl. auch Betriebsgrößenklasse, Betriebsgrößenklassifikation. b) nach *Art der (wirtschaftlichen) Leistung:* (1) Produktionsbetriebe, wie Landwirtschafts-, Handwerks-, Industrie-, Bergbau-Betriebe; (2) Dienstleistungsbetriebe, wie Verkehrs-, Handels-, Bank-, Versicherungs-Betriebe; (3) Verwaltungsbetriebe, wie organisatorisch selbstständige Stätten der Dienstleistung in der Gesundheitspflege (Krankenhäuser, Badeanstalten); (4) Arbeitsstätten der Verwaltung (umstritten). – 3. *Abgrenzung:* Häufig wird in Rechtstexten, in der BWL-Literatur oder auch im alltäglichen Sprachgebrauch Betrieb und Unternehmen synonym verwendet. Diese Begriffe lassen sich hingegen wie folgt differenzieren: a) Ein Unternehmen ist immer Rechtsträger. Hingegen ist ein Betrieb immer einem Rechtsträger zugeordnet. So kann ein Unternehmen aus einem, mehreren bzw. keinem Betrieb (im technischen Sinn) bestehen (z.B. Holding). Das Unternehmen wird durch den Handelsnamen des Kaufmanns (Firma) und die Rechtsform charakterisiert. – b) Im Gegensatz zum Betrieb ist das Unternehmen eine nicht örtlich gebundene Einheit: Standort und räumliche Ausdehnung des Unternehmens decken sich zwar in vielen Fällen mit denen des Betriebes (z.B. beim Ein-Betriebs-Unternehmen). Das Unternehmen kann aber auch aus mehreren Betrieben bestehen, die sich an verschiedenen, voneinander entfernten Orten befinden. Der Betrieb ist in jedem Falle eine örtlich gebundene Einheit. c) Das Unternehmen wird finanzwirtschaftlich getrennt vom Betrieb behandelt: Die finanzielle Einheit wird durch eine kaufmännische Unternehmensrechnung hergestellt, die im Gegensatz zur Betriebsrechnung (Kosten- und Leistungsrechnung) eine Aufwands- und Ertragsrechnung ist. So kann das Unternehmen auch aus betriebsfremden Vermögensteilen (z.B. Beteiligungen, Wertpapieren) und betriebsfremden Tätigkeiten (z.B. Spekulationen) und Marktveränderungen (z.B. Preissteigerungen infolge politischer Ereignisse) Wertzugänge haben. d) Auch werden der Erfolg des Unternehmens und der Erfolg des Leistungsbereichs, also des Betriebs unterschieden. Der Gewinn ist das Maß des Betriebserfolgs. Hingegen wird der Erfolg des Unternehmens bestimmt durch die kapitaltheoretische Erfolgsmessung. Hier bemisst sich die Leistungsfähigkeit anhand des Ertragswertes des eingesetzten Kapitals und der Steigerung des Unternehmenswerts. e) Aus Sicht der Unternehmensführung ist somit nicht Gewinnmaximierung (Betriebserfolg), sondern Rückfluss des eingesetzten Kapitals und Steigerung des Unternehmenswerts (Unternehmenserfolg) das konstituierende Element. Diese Unterscheidung entspricht auch der in der Managementlehre üblichen Bedeutung des Gewinns: Gewinn ist nicht Ziel, sondern nur Mittel der Unternehmensführung (Drucker, Malik). Hingegen wird der Betriebserfolg in der Gewinnmaximierung gesehen. f) Der Betrieb ist das Instrument des Unternehmens: Das Unternehmen ist die Handlungseinheit der Eigentümer zur Verfolgung privatwirtschaftlicher Ziele. Insofern ist ein Unternehmen eine selbstständig planende und entscheidende, wirtschaftlich und rechnerisch selbstständige Einheit, die Markt- und Kapitalrisiken („auf eigene Rechnung und Gefahr") übernimmt und sich zum Verfolg des Unternehmenszweckes und der Unternehmensziele einer oder mehrere Betriebe bedient. Dieses Prinzip unterscheidet sich vom Prinzip der Gewinnmaximierung oder

dem Angemessenheitsprinzip der Gewinnerzielung. I.d.R. wird in dieser Definition des Betriebs Gewinnstreben als zumindest angemessene Verzinsung des betriebsnotwendigen Kapitals definiert. Insofern handelt es sich bei der Gewinnorientierung zunächst um ein konstituierendes Merkmal des Betriebs und um ein Ziel der Betriebsführung. Bei der Steigerung des Ertragswertes des eingesetzten Kapitals und der Unternehmenswertsteigerung jedoch um ein Zielorientierung der Unternehmensführung.

II. **Volkswirtschaftslehre:** systemindifferenter Oberbegriff für Wirtschaftseinheiten, die mittels des Einsatzes von → Produktionsfaktoren für Dritte Leistungen erstellen. Betriebe in Marktwirtschaften werden als Unternehmungen bezeichnet, wenn sie dem Autonomieprinzip, dem Prinzip des Privateigentums und dem erwerbswirtschaftlichen Prinzip gehorchen. – Der Begriff Betrieb wird umgangssprachlich oft als Synonym für → Unternehmung gebraucht. Mit Betrieb können auch nur Teilbereiche der Unternehmung bezeichnet werden.

III. **Soziologie** 1. Betrieb als soziales Gebilde ist *gekennzeichnet durch:* (1) formal festgelegte betriebliche Arbeitsteilung, d.h. Zuordnung von Positionen, Stellen und Abteilungen (formale Organisation); (2) informelle Beziehungen zwischen den Betriebsmitgliedern, die unabhängig von der formalen Organisation und den Betriebszielen bestehen; (3) vertikale Ordnung der Entscheidungskompetenzen und Verantwortung; (4) Verhältnis der Über- und Unterordnung der Positionsinhaber, die aufgrund der vertikalen Ordnung von Kompetenzen und Verantwortlichkeiten entsteht (erste hierarchische Ordnung); (5) durch die gesellschaftlich determinierten Bewertungen der einzelnen Positionen (zweite hierarchische) Ordnung im Sinn von höher und niedriger (Statusorganisation). – 2. *Gegenstand* der Betriebssoziologie.

IV. **Amtliche Statistik** 1. Unterschiedlich definierter *Begriff:* a) im *produzierenden*

Gewerbe: örtlich getrennte Niederlassungen der Unternehmen, die sich von Arbeitsstätten durch Einbeziehung von nahe gelegenen Verwaltungs-, Reparatur- und Hilfsabteilungen unterscheiden. b) im *Baugewerbe:* örtliche Einheiten (i.d.R. nicht Baustellen) mit Schwerpunkt im Baubereich. c) in der *Land und Forstwirtschaft:* technisch-wirtschaftliche Einheit, die für Rechnung eines Inhabers (Betriebsinhaber) bewirtschaftet wird, einer einheitlichen Betriebsführung untersteht und land- und/oder forstwirtschaftliche Erzeugnisse hervorbringt. – 2. *Erfassung:* Je nach der im Einzelfall anzutreffenden Kombination charakteristischer Merkmale können in der tabellarischen Aufbereitung technische Einheiten oder örtlich selbstständige Einzelbetriebe dargestellt werden: vertikal als Haupt- und Nebenbetrieb oder horizontal als Haupt- und Zweigbetriebe einander zugeordnete Einheiten. Besonderheiten sind gemeindlich oder bezirklich nach dem Belegenheitsprinzip getrennt erfasste Betriebe, wenn sie als unvollständige Betriebe (nicht nach der organisatorischen Zusammengehörigkeit der Einheiten) dargestellt werden.

V. Recht 1. *Allgemein:* Rechtsstellung verschieden, je nach Eigenart der betrieblichen Arbeit der einzelnen Wirtschaftszweige (z.B. Handel, Landwirtschaft und Bergbau). – *Gewerbebetrieb:* allg. Vorschriften über den Betrieb eines stehenden Gewerbes in der Gewerbeordnung (GewO) geregelt. Ausgenommene Bereiche in § 6 GewO geregelt. – *Öffentlich-rechtliche Unternehmen:* öffentliche Unternehmen. – 2. *Arbeitsrecht:* Betrieb ist die organisatorische Einheit, innerhalb derer der Arbeitgeber mit seinen Arbeitnehmern durch Einsatz technischer und immaterieller Mittel bestimmte arbeitstechnische Zwecke fortgesetzt verfolgt, die sich nicht in der Befriedigung von Eigenbedarf erschöpfen (Fremdbedarfsdeckung). Durch die arbeitstechnische Zweckbestimmung der organisatorischen Einheit unterscheidet sich der Betrieb von dem weiter gefassten Begriff des → Unternehmens; mehrere Unternehmen können jedoch einen gemeinsamen Betrieb bilden; ein Unternehmen kann aber auch mehrere Betriebe umfassen. Arbeitsrechtliche Vorschriften und Gesetze (Betriebsverfassung, Kündigungsschutz) beziehen sich vielfach auf den Betrieb und seine Größe (Kleinbetrieb). – 3. *Steuerrecht* (v.a. BewG): a) *Allgemeines:* Der Betriebsbegriff wird in vielfältiger Form verwendet. Teilweise steht und fällt die Anwendbarkeit von bestimmten (oft: günstigen) Sondervorschriften daran, dass die Voraussetzungen für das Vorliegen eines Betriebes oder einer bestimmten Sonderform von Betrieben erfüllt sind; werden sie (ggf. knapp) verfehlt, kommen u.U. ganz andere Bestimmungen auf den Sachverhalt zur Anwendung. Das macht die genaue Kenntnis der steuerlichen Betriebsbegriffe für die Praxis bes. wichtig, können geringfügige Fehlbeurteilungen doch erhebliche steuerliche Mehrbelastungen auslösen. b) *Im Einzelnen sind v.a. zu unterscheiden:* (1) *Land- und forstwirtschaftlicher Betrieb:* die Bearbeitung und Nutzung von Grund und Boden zur Gewinnung organischer Erzeugnisse einschließlich ihrer unmittelbaren Verwertung, steuerliche Folge: teilweise günstige Gewinnberechnungsvorschriften. (2) *Gewerblicher Betrieb:* jede selbstständige, nachhaltige Betätigung, die mit Gewinnerzielungsabsicht unternommen wird und sich als Beteiligung am allg. wirtschaftlichen Verkehr darstellt, sofern die Betätigung nicht als Land- und Forstwirtschaft oder freier Beruf anzusehen ist und keine reine Vermögensverwaltung darstellt (§ 15 EStG). Steuerliche Folge: meist auch Gewerbesteuerpflicht. (3) *Wirtschaftlicher Geschäftsbetrieb:* gemäß § 14 AO der Oberbegriff für Betriebe, Gegensatz: Vermögensverwaltung. Steuerliche Folge: Betätigungen einer steuerfreien Körperschaft sind, soweit sie einen solchen Geschäftsbetrieb bilden, grundsätzlich von der Steuerfreiheit ausgenommen. (4) V.a. im Rahmen der Regelungen über Betriebsaufgabe und im Umwandlungssteuerrecht von Bedeutung ist der Begriff des *Teilbetriebes.* (5)

Betriebe gewerblicher Art sind der einzige Bereich, mit dem juristische Personen des öffentlichen Rechts der Körperschaftsteuer unterliegen (§ 1 I Nr.6 KStG), wenn sie nicht ohnehin in bes. privatrechtliche Unternehmungsform gekleidet sind, wie z.b. Sparkassen (Die Eigenbetriebe der öffentlichen Hand in der Unternehmungsform einer Kapitalgesellschaft sind ohnehin unbeschränkt steuerpflichtig.). c) *Umsatzsteuerlich* spricht man nicht vom „Betrieb" des Unternehmers, sondern vom „Unternehmen", in speziellen Zusammenhängen auch vom „Geschäftsbetrieb im Ganzen" (§ 1a UStG); der unterschiedliche Sprachgebrauch hebt hervor, dass die Abgrenzung, wann ein solcher Organismus vorliegt und wann nicht, im Umsatzsteuerrecht (das auf europäisch einheitliche Vorgaben zurückgreift) und im Ertragsteuerrecht (das weitgehend national autonom geprägt ist) unterschiedlich sein kann.

Betriebsminimum – Minimum der durchschnittlichen variable Kosten (Durchschnittskosten). Sinkt der Marktpreis für die Erzeugniseinheit unter das Betriebsminimum, sollte die Produktion eingestellt werden, da nicht einmal die variablen Kosten vom Preis gedeckt werden. Das Betriebsminimum gibt daher die kurzfristige bzw. absolute Preisuntergrenze eines Betriebes an. Es entstehen Verluste in Höhe der fixen Kosten. Auch *Produktionsschwelle* genannt, weil kurzfristig auf die Deckung der Fixkosten verzichtet werden kann, wenn Aussicht auf einen wieder steigenden Marktpreis besteht. – Vgl. auch Kostenverlauf, → Betriebsoptimum.

Betriebsoptimum – Minimum der durchschnittlichen Kosten (Durchschnittskosten). Im Betriebsoptimum erreicht das Verhältnis zwischen Gesamtkosten und Ausbringung den günstigsten Wert. Der Marktpreis im Betriebsoptimum deckt gerade die Gesamtkosten, daher langfristige Preisuntergrenze. Auch *Gewinnschwelle* genannt. – Vgl. auch Kostenverlauf, → Betriebsminimum, → Ertragsgesetz.

Bewegungsvergleich – in der Konjunkturforschung statistische Beobachtung der wechselseitigen Entwicklungsverläufe voneinander abhängiger statistischer Reihen. Die Erkenntnis, ob eine Gleich-, Folge- oder Gegenbewegung von Reihen zueinander vorliegt, vermittelt detaillierte Aufschlüsse bez. der inneren Kräfte und Spannungen eines → Konjunkturzyklus und erleichtert damit die → Konjunkturprognose.

Bewirtschaftung – *staatliche Maßnahme;* Zuteilung von verbrauchseinschränkenden Teilmengen bestimmter Güter, bes. in Mangelzeiten (Kriegswirtschaft) oder auch im Zusammenhang mit staatlicher Preispolitik, i.d.R. durchgeführt als „Rationierung" mithilfe vielfältiger Bezugsschein- oder Kontingentierungsverfahren. – *Anders:* Kontingentierung (→ Kontingent).

Bfai – Abk. für *Bundesagentur für Außenwirtschaft,* seit 1.1.2009 verschmolzen mit der *Invest in Germany GmbH* zur *Germany Trade and Invest – Gesellschaft für Außenhandel und Standortmarketing mbH* (Gtai).

BIC – Abk. für *Bank Identifier Code;* International standardisierter Bankcode (ISO 9362), mit dem weltweit jeder SWIFT-Nutzer identifiziert werden kann (z.B. MARKDEFF für die Deutsche Bundesbank). Der BIC findet weltweit insbesondere Verwendung bei Kreditinstituten. Er hat eine Länge von 8 oder 11 alphanumerischen Zeichen und folgenden Aufbau: BBBBCCLLbbb; BBBB = 4-stelliger Bankcode, vom Finanzinstitut frei wählbar, CC = 2-stelliger Ländercode (nur Alphazeichen), LL = 2-stellige Codierung des Ortes (alphanumerische Zeichen), wenn das 2. Zeichen eine „1" ist, handelt es sich um einen passiven SWIFT-Teilnehmer, wenn das 2. Zeichen eine „0" ist, handelt es sich um einen Test-BIC, bbb = optionale 3-stellige Kennzeichnung („Branch-Code") der Filiale oder Abteilung; Standard „XXX" (alphanumerische Zeichen).

Bifurkation – qualitative Strukturänderung des Zustandsraumes eines Systems (z.B. Änderung des Attraktors), die auftritt, wenn kritische Werte überschritten werden. – *Beispiel für die Lösung eines dynamischen Systems:* Für die → Differenzengleichung

$$x_{t+1} = \mu \cdot x_t \cdot (1 - x_t)$$

verdoppelt sich in Abhängigkeit von m die (asymptotisch stabile) zyklische Lösung, bzw. aus der stationären Lösung wird ein Zweierzyklus; für diesen Bifurkationsprozess existieren als jeweils nach Parametergröße 2^n, mit n = 1, 2, ..., zyklische Lösungen und für n = 0 ein stationärer Lösungswert. Wird m hinreichend groß, existieren Lösungen mit beliebiger Periodenlänge. – Vgl. auch → Chaos-Theorie.

Bifurkationstheorie → Konjunkturtheorie.

Big Push – Schlüsselbegriff der Strategie des → ausgewogenen Wachstums. Zur Erreichung eines selbsttragenden Wachstums ist ein kräftiger Investitionsimpuls notwendig, wobei gleichzeitig ein massiver Kapitaleinsatz in allen Sektoren erforderlich ist.

Bilanz der laufenden Übertragungen → Zahlungsbilanz. Teil der → Leistungsbilanz, in dem die regelmäßig wiederkehrenden einseitigen Übertragungen zwischen Inländern und Ausländern erfasst werden.

Bilanzgerade – *Budgetgerade, Haushaltsgerade;* Begriff aus der → Nachfragetheorie des Haushalts; gibt im Zwei-Güter-Modell den Zusammenhang zwischen dem geplanten Budget *M*, d.h. den für Konsumausgaben vorgesehenen Teil des → Einkommens eines → Haushalts, und den damit bei voller Ausschöpfung des Budgets realisierbaren Gütermengen *x* und *y* bei gegebenen Güterpreisen P_x und P_y wieder. Sie folgt aus der *Budgetrestriktion* $xP_x + yP_y \leq M$, welche besagt, dass die Summe aller mit ihren Preisen multiplizierten Konsumgütermengen nicht größer sein darf als die budgetierte Ausgabensumme des Haushalts. Wird das zur Verfügung stehende Bugdet genau verausgabt, lässt sich aus der *Budgetgleichung* $xP_x + yP_y = M$ durch Auflösung nach *y* die *Funktion y(x) der Bilanzgeraden* in der Mengenebene ermitteln:

$$y(x) = \frac{M}{P_y} - \frac{P_x}{P_y}x$$

$dx=-P_x/Py$ durch das negative Verhältnis der Güterpreise bestimmt wird, ergibt sich der Achsenabschnitt auf der y-Achse, d.h. der maximale *y*-Konsum bei Nichtkonsum des Gutes X ($x = 0$), durch $y^{max} = M/P_y$. Umgekehrt wird der Achsenabschnitt auf der *x*-Achse, also der maximimale x-Konsum bei Nichtkonsum des Gutes Y ($y = 0$), durch $x^{max} = M/P_x$ bestimmt. – Bei der Ermittlung der optimalen (d.h. nutzenmaximalen) Konsumgütermengenkombination bildet die Bilanzgerade (vgl. Abbildung „Bilanzgerade") die rechte Grenze des Lösungsraumes für das Haushaltsgleichgewicht.

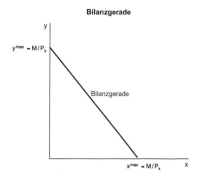

Bilanzgerade

bilateraler Handel – Handel zwischen zwei Volkswirtschaften; → Bilateralismus.

bilateraler Vertrag – Vertrag zwischen zwei Staaten zur Regelung bestimmter Rechtsfragen des Außenhandels, z.B. Abschluss eines → Präferenzabkommens oder eines regionalen Handelsabkommens (→ Bilateralismus).

bilaterales Monopol → Marktform, bei der ein Anbieter und ein Nachfrager einander gegenüberstehen. Näherungsweise kommt diese Marktform auf Arbeitsmärkten vor (Tarifverhandlungen). – Im Fall des bilateralen Monopols lässt sich der Preis theoretisch nicht genau bestimmen, sondern lediglich eingrenzen. Diese Grenzen erhält man, wenn man zum einen dem Anbieter die Rolle des Monopolisten und dem Nachfrager diejenige des Mengenanpassers zuordnet und zum anderen – bei der umgekehrten Machtkonstellation – den Anbieter als Mengenanpasser und den Nachfrager als Monopsonisten betrachtet.

Bilaterales Monopol

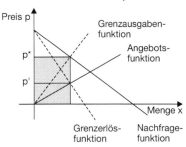

Im ersten Fall kann die Angebotsfunktion als Grenzkostenfunktion interpretiert werden, sodass ihr Schnittpunkt mit der Grenzerlös-Funktion zum Monopolpreis p* führt (→ Monopol). Im zweiten Fall kommt es zum Monopsonpreis p' (→ Monopson). Im bilateralen Monopol gilt mithin p*≥ p ≥ p'. In der Grafik führen p* und p' zur gleichen Menge, was i.Allg. nicht zutreffen muss. Ob der Preis näher bei p* oder p' liegt, hängt vom Verhandlungsgeschick der Kontrahenten (Kontraktkurve) oder sonstigen Umständen (wie z.B. Zeitdruck) ab.

Bilateralismus – System zweiseitiger (bilateraler) → Handelsabkommen und → Zahlungsabkommen im internationalen Wirtschaftsverkehr. Nach Ende des Zweiten Weltkriegs Abbau des Bilateralismus, vorwiegend in der westlichen Welt (GATT bzw. World Trade Organization (WTO), IWF) zugunsten von → Multilateralismus. Eine neue Tendenz der internationalen Wirtschaftsbeziehungen ist die Stärkung des → Regionalismus, also die regionale Integration, die auch von der WTO unterstützt wird (Art. XXIV GATT). Aufgrund der Stagnation der WTO (Doha-Runde) kommt dem Bilateralismus (v.a. in Asien und Ozeanien) eine weiterhin große Bedeutung zu, es kommt daher zu einer *Renaissance des Bilateralismus.*

Binnenfluktuation – Bezeichnung der *Preistheorie* für die aufgrund von Preisdifferenzen zwischen den Produktangeboten eines Marktes und insofern (im Unterschied zur → Außenfluktuation) ausschließlich marktintern wechselnde Nachfrage. – a) *Bei homogener Konkurrenz* wird aufgrund der Indifferenz der Nachfrager durch kleinste Preisdifferenzen eine *totale negative Binnenfluktuation* (mit vollständigem Verlust des bisherigen Absatzes) zulasten der teureren Anbieter ausgelöst, die in gleicher Höhe als *totale positive Binnenfluktuation* dem preisgünstigsten Anbieter bzw. den preisgünstigsten Anbietern zufließt. Der entsprechende Absatzverlust bzw. Absatzgewinn schlägt sich in einer sprunghaft auf Null bzw. um die (anteilige) positive Binnenfluktuation verbesserte Preis-Mengen-Kombination der betroffenen Anbieter nieder (vgl. → Preisabsatzfunktion bei konstantem Konkurrenzpreis im homogenen Oligopol). – b) *Bei heterogener Konkurrenz* verhindern die Präferenzbindungen der Nachfrager eine totale Binnenfluktuation bei kleinsten Preisdifferenzen. Je nach Verteilung der mit Preisen bewerteten Präferenzstärken der Nachfrager kann die Binnenfluktuation graduell hier stark variieren, bei Fehlen schwacher Präferenzen (*Präferenzenleerraum*) und bei insofern nur relativ starken Präferenzen sogar partiell ganz aussetzen, sodass bei alleiniger Preisvariation in einem begrenzten Preisbereich nur noch Außenfluktuation stattfindet. Dies führt aufgrund des partiellen Wegfalls der oligopolistischen → Aktions-Reaktions-Verbundenheit zu autonomen Preisintervallen (→ Preisautonomie) bzw. zum Phänomen der doppelt geknickten Preisabsatzkurve (→ Preisabsatzfunktion). Der Grad der Binnenfluktuation schlägt sich bei heterogener Konkurrenz in den individuellen Preisabsatzfunktionen der Anbieter im Wert und

Vorzeichen spezieller *Binnenfluktuations-koeffizienten* nieder, die auch den Wert der Kreuzpreiselastizität bzw. den → Triffinschen Substitutionskoeffizienten mitbestimmmen. – *Gegensatz*: → Außenfluktuation.

Binnenmarkt – 1. *Allgemein*: Bezeichnung für einen internen Markt mit freiem Waren- und Dienstleistungsverkehr, mit freiem → Kapitalverkehr sowie Freizügigkeit der Arbeitnehmer und Niederlassungsfreiheit der Selbstständigen (→ Wirtschaftsgebiet). – 2. *Außenwirtschaft*: Von der EU verwendeter Begriff zur Kennzeichnung des gemeinsamen Marktes der EU (Integrationstheorie).

Binnenzoll – 1. Von Städten, Herzogtümern und anderen Kleinstaaten bis Mitte des 19. Jh. bei Übergang von Waren über innerdeutsche Grenzen erhobener → Finanzzoll; hemmte den natürlichen Güteraustausch. In vielen Teilen Deutschlands beseitigt durch den Deutschen Zollverein ab 1834, dem bis 1888 insgesamt 39 Staaten beitraten. – 2. Innerhalb der EWG wurden die zwischen den Mitgliedstaaten geltenden Zölle zwischen 1958 und 1968 schrittweise abgeschafft, wodurch 1968 der Gemeinsame Zolltarif der Europäischen Gemeinschaften (GZT) geschaffen wurde. – 3. → Zoll, der während der Übergangsphase bei der Errichtung einer → Zollunion oder → Freihandelszone auf Erzeugnisse der Partnerländer erhoben wird.

BIP – Abk. für → Bruttoinlandsprodukt.

Black List Certificate – Bei Exporten nach Nahost ist teilweise ein Black List Certificate erforderlich, das oft vom Konsulat des Importlandes im Exportland beglaubigt werden muss und z.B. bescheinigt, dass das benutzte Schiff ein bestimmtes Alter nicht überschreitet (Sicherheitsaspekt) und die kontrahierte Reederei oder Versicherung nicht zu den Firmen zählen, die wegen ihrer Beziehungen zu Israel auf der „schwarzen Boykottliste" (Black List) der Arabischen Liga stehen.

Blockade – militärische Maßnahme, die z.B. ein (prinzipiell ziviles) → Embargo durchsetzen oder unterstützen soll.

Boden – 1. *Begriff*: Produktionsfaktor neben → Arbeit und → Kapital. Als → Produktionsfaktor dient der Boden (1) der land- und forstwirtschaftlichen Produktion (i.d.R. unter Einsatz bodengebundenen Kapitals), (2) dem Bergbau, d.h. dem Abbau von Rohstoffen, und (3) als Standortfaktor. – 2. *Charakteristische Merkmale*: a) Der Boden ist i.Allg. *nicht vermehrbar*, wenn auch Neugewinnung von Boden durch Trockenlegung sowie Schaffung von landwirtschaftlich nutzbaren Flächen durch Bodenverbesserungen (Meliorationen) möglich sind. – b) Die landwirtschaftliche nutzbare Bodensubstanz ist durch die Verwitterung von Gestein und Humusierung von organischem Material entstanden. Sie unterliegt der Erosion durch Luft sowie Wasser und ist nur *längerfristig regenerierbar*. – c) Die *Beschränktheit der Bodenressourcen* ist eine der Voraussetzungen für die Gültigkeit des (klassischen) → Ertragsgesetzes in der Landwirtschaft (Bodenertragsgesetz).

Boom – 1. Eine ausgeprägte Zunahme der wirtschaftlichen Aktivität, die sich in hohen Wachstumszahlen, einer deutlich über dem Normalwert liegenden Kapazitätsauslastung, einer spürbaren Beschäftigungszunahme und i.d.R. einer erhöhten Inflationsrate niederschlägt, Hochkonjunktur, Börsenhausse. – 2. In der → Konjunkturtheorie die sich an die Erholung anschließende Phase, nahe bei, aber vor dem oberen Wendepunkt. – Vgl. auch → Konjunkturphasen.

Bowleysches Dyopol – oligopolistisches Preisbildungsmodell, in dem beide Anbieter die Unabhängigkeitsposition beziehen. Dieses Modell führt zu keiner Gleichgewichtslösung. Es kommt zum Machtkampf und zu ruinöser Konkurrenz. – Vgl. auch → oligopolistische Preisbildung.

Branchenbeobachtung – laufende Messung der wirtschaftlichen Aktivitäten in einzelnen Branchen, wie z.B. Maschinenbau, Automobilindustrie, Bauwirtschaft etc. Dient v.a. der Konjunkturbeobachtung. – Vgl. auch → Konjunkturdienst.

Bretton-Woods-Abkommen – am 23.7.1944 in Bretton Woods (New Hampshire, USA) von 44 Ländern geschlossene Verträge über die Errichtung des Weltwährungsfonds (Internationaler Währungsfonds, IWF) und der Weltbank (International Bank for Reconstruction und Development, IBRD), 1946 in Kraft getreten. Die UdSSR hatte die Verträge unterzeichnet, aber nicht ratifiziert; die Bundesrepublik Deutschland trat ihnen am 14.8.1952 bei. – *Ziele:* Umfassende Neuordnung der → Weltwirtschaft nach dem aus der Weltwirtschaftskrise und dem Zweiten Weltkrieg folgenden handelspolitischen Chaos durch Ordnung und Stabilisierung des internationalen Zahlungsverkehrs und Aufbau eines neuen Weltwährungssystems zusammen mit der Havanna-Charta und in enger Zusammenarbeit mit den Sonderorganisationen der UN. – *Hauptelemente* dieses Weltwährungssystems: → feste Wechselkurse, autonome Wirtschaftspolitik der Mitgliedsländer sowie das Bestreben um Verwirklichung der vollen → Konvertibilität. – *Entwicklung:* Bis etwa 1973 (Übergang zu → flexiblen Wechselkursen durch wichtige Welthandelsländer) konnten die internationalen monetären Beziehungen nach dem Bretton-Woods-Abkommen abgewickelt werden. Danach weit gehende Modifizierung dieses Abkommens in Novellierungen (amendments). Die Aufgabe wesentlicher Elemente des Bretton-Woods-Abkommens, v.a. des Systems fester Wechselkurse, wird zurückgeführt auf die damalige Schwäche des Dollars als Leitwährung, die Aufkündigung der Bereitschaft der USA, den Dollar jederzeit in Gold umzutauschen, sowie fundamentale Zahlungsbilanzungleichgewichte wichtiger Handelsnationen.

Bretton-Woods-System → Gold-Devisen-Standard. 1. *Begriff:* → Internationales Währungssystem nach dem Zweiten Weltkrieg bis Anfang der 1970er-Jahre. Benannt nach einem am 27.7.1944 in der Stadt Bretton Woods im US-Bundesstaat New Hampshire unterzeichneten internationalen Abkommen, welches eine *umfassende Neuordnung der Weltwirtschaft* nach dem Zweiten Weltkrieg anstrebte. Zu verstehen als Reaktion auf die durch Abwertungswettläufe und → Protektionismus gekennzeichnete Periode zwischen dem ersten und dem Zweiten Weltkrieg. – *Ziel* war eine reibungslose und von Handelsbarrieren befreite Abwicklung des Welthandels unter engen Schwankungsbändern der Wechselkurse (→ Zielzonen-System). Konzipiert nach dem → Gold-Devisen Standard mit dem US-Dollar als → Leitwährung. – *Kernbestandteile* des in Bretton Woods vereinbarten Währungssystems waren: (1) Festlegung einer Parität von (damals) 35 US-Dollar pro Unze Gold und (2) Verpflichtung der USA zum An- und Verkauf von Dollar zu diesem Preis, (3) Festlegung der → Wechselkurse (Paritäten) der übrigen Währungen gegenüber dem US-Dollar, (4) Verpflichtungen der Notenbanken dieser übrigen Währungen, die Wechselkurse innerhalb einer Bandbreite von ein Prozent um diese Paritäten zu stabilisieren, (5) die Möglichkeit der Veränderung der Paritäten im Fall von fundamentalen Zahlungsbilanzproblemen einzelner Länder (→ Realignments) und schließlich (6) die Errichtung des internationalen Währungsfonds (IWF) zur internationalen Kreditgewährung bei vorübergehenden Zahlungsbilanzproblemen. Neben der Installation dieses Währungssystems wurde in Bretton Woods auch die *Errichtung der Weltbank* (IBRD) zum Zwecke der Entwicklungsländerfinanzierung beschlossen. Ergänzt wurde das Bretton-Woods-Abkommen durch die 1948 unterzeichnete *Havanna-Charta*, die die multilaterale → Handelsliberalisierung anstrebte und aus der das GATT hervorging. – 2. *Probleme:* Das Bretton-Woods-*Währungssystem* brach in den 1970er-Jahren zusammen, und zwar im Wesentlichen aufgrund zweier Konstruktionsfehler. *Erstens* aufgrund des *Redundanzproblems*, manchmal auch das *Problem des n-ten Landes* genannt. Damit ist gemeint, dass es bei n Währungen nur n–1 voneinander unabhängige Wechselkurse, und auch nur

n–1 voneinander unabhängige → Zahlungs-
bilanzen gibt. Wenn n–1 Länder die vorgesehenen Paritäten verteidigen und auf diese
Weise ihre geldpolitische Souveränität aufge-
ben, so ist das n-te Land (das Leitwährungs-
land, in diesem Fall die USA) bei der Wahl
seiner Geldpolitik von außenwirtschaftlichen
Restriktionen befreit. Seine Politik hat aber
gravierende Rückwirkungen auf alle anderen
Länder, es beeinflusst dadurch nämlich die
Entwicklung der nominelle Preise (die Inflationsraten) aller anderen Länder. Die nominelle Verankerung des Gesamtsystems durch
die Gold-Dollar Parität funktionierte nur sehr
begrenzt. Die USA verfolgten gegen Ende der
1960er-Jahre - u.a. bedingt durch den Viet-
nam Krieg - eine inflationäre Politik (Grund:
öffentliche Haushaltsdefizite, expansive Geldpolitik) und waren nur sehr beschränkt zur
Goldkonvertibilität des US-Dollar bereit. Die
anderen Länder aber waren umgekehrt nicht
mehr bereit, die so entstandene Inflationsrate
der USA zu akzeptieren, wozu das Festkurs-
system sie gezwungen hätte. *Das zweite Problem* war die zögerliche *Anpassung der Paritäten* auf Veränderungen fundamentaler
wirtschaftlicher Einflussfaktoren in den einzelnen Ländern (u.a. Goldunter- bzw. Dolla-
rüberdeckung), die dem System keine Glaubwürdigkeit verleihen konnten. Als Resultat
entstanden *destabilisierende Spekulationen*,
und nach einigen Versuchen, das System mit
Veränderungen der Paritäten (→ Realignment) und/oder erweiterten Bandbreiten
zu retten, kam Anfang der 1970er-Jahre der
Zusammenbruch des Bretton-Woods-Systems. – Vgl. auch → Wechselkurspolitik.

Brunner – Karl, 1916–1989, schweizerischer
Nationalökonom, lehrte an der University of
California, Los Angeles (1951–66), Ohio State
University (1966–71), University of Roches-
ter (1971–89) und an der Universität Kons-
tanz (1968–73) und Bern (1974–85). Brunner
war neben Friedman der führende Kopf des
→ Monetarismus.

Bruttoinlandsprodukt (BIP) – Maß für die
gesamte wirtschaftliche Leistung in einer
Volkswirtschaft in einer Periode. Da das BIP
Auskunft über die Produktion von Waren
und Dienstleistungen im Inland nach Abzug
der Vorleistungen und Importe gibt, dient es
als Produktionsmaß und damit als Indikator
für die wirtschaftliche Leistungsfähigkeit einer Volkswirtschaft (Inlandskonzept). Zur
Herleitung und Darstellung wird zwischen
Entstehungs-, Verwendungs- und Verteilungsrechnung unterschieden.

I. Entstehungsrechnung

Summe der Produktionswerte

– Vorleistungen

= Bruttowertschöpfung

+ Gütersteuern

– Gütersubventionen

= *Bruttoinlandsprodukt*

II. Verwendungsrechnung

Private Konsumausgaben

+ Konsumausgaben des Staates

+ Ausrüstungsinvestitionen

+ Bauinvestitionen

+ Sonstige Anlagen

+ Vorratsveränderungen und Nettozugang an
   Wertsachen

+ Exporte von Waren und Dienstleistungen

– Importe von Waren und Dienstleistungen

= Bruttoinlandsprodukt

+ Saldo der Primäreinkommen mit der übrigen Welt

= Bruttonationaleinkommen

– Abschreibungen

= *Nettonationaleinkommen*

III. Verteilungsrechnung

Nettonationaleinkommen (Primäreinkommen)

– Produktions- und Importabgaben an den
   Staat

\+ Subventionen vom Staat

= *Volkseinkommen*

– Arbeitnehmerentgelt

= Unternehmens- und Vermögenseinkommen

In der → Entstehungsrechnung wird die Summe der → Bruttowertschöpfungen der einzelnen Wirtschaftsbereiche ausgehend von den jeweiligen → Produktionswerten nach Abzug der → Vorleistungen gebildet. In der → Verwendungsrechnung werden Konsumausgaben der privaten Haushalte, der privaten Organisationen ohne Erwerbszweck und des Staates, Bruttoanlageinvestitionen, Vorratsveränderungen und der Nettozugang an Wertsachen sowie der → Außenbeitrag unterschieden. Die in der Übersicht gezeigte → Verteilungsrechnung erfolgt erst, nachdem das BIP über die Entstehungs- und Verwendungsrechnung ermittelt wurde. Vom BIP gelangt man zum → Bruttonationaleinkommen (BNE), indem der Saldo der Primäreinkommen gegenüber dem Ausland abgezogen wird. Die brutto ausgewiesenen Größen unterscheiden sich jeweils von den Nettogrößen durch die Berücksichtigung der → Abschreibungen. – Das BIP und die Teilgrößen der Entstehungsrechnung können zu aktuellen Preisen des Berichtsjahres (nominal) oder aus Gründen der intertemporalen Vergleichbarkeit zu Preisen eines Basisjahres (real) dargestellt werden. – Zur Diskussion um das BIP als geeigneten Wohlstandsindikator („Beyond GDP") siehe Volkswirtschaftliche Gesamtrechnung (VGR).

Bruttoinlandsprodukt-Lücke – 1. *Begriff:* Differenz zwischen → Bruttoinlandsprodukt (BIP) und → Produktionspotenzial. – 2. *Bedeutung:* Messzahl zur Bestimmung der konjunkturellen Lage einer Volkswirtschaft. – 3. *Anwendung:* In der Bundesrepublik Deutschland weniger bedeutsam als das Konzept des → Auslastungsgrades, stärkere Verbreitung in den USA. Im Rahmen ökonometrischer Schätzungen und Modelle wird diese Maßzahl allerdings häufig verwendet, um den konjunkturellen Einfluss auf ökonomische Größen quantitativ zu erfassen.

Bruttoinvestitionen – Summe aus Bruttoanlageinvestitionen (Ausrüstungen, Bauten, sonstige Anlagen) und Vorratsveränderungen einschließlich des Nettozugangs an Wertsachen. Die Anlageinvestitionen gelten als brutto, wenn die → Abschreibungen noch nicht abgezogen sind. – Vgl. auch: → Nettoinvestitionen.

Bruttonationaleinkommen (BNE) – früher: *Bruttosozialprodukt.* Das Bruttonationaleinkommen ergibt sich, indem man vom → Bruttoinlandsprodukt (BIP) die → Primäreinkommen abzieht, die an die übrige Welt geflossen sind und umgekehrt jene Primäreinkommen hinzufügt, die von inländischen Wirtschaftseinheiten aus der übrigen Welt bezogen wurden. Das Bruttonationaleinkommen stellt damit die Summe aller von inländischen Wirtschaftseinheiten per Saldo empfangenen Primäreinkommen dar. – Vgl. auch → Nationaleinkommen, → Nettonationaleinkommen.

Bruttosozialprodukt (BSP) jetzt: → Bruttonationaleinkommen (BNE).

Bruttowertschöpfung – zentraler Begriff in der → Entstehungsrechnung des → Bruttoinlandsprodukts (BIP). Bruttowertschöpfung wird i.d.R. durch Abzug der Vorleistungen von den → Produktionswerten ermittelt. – Vgl. auch Volkswirtschaftliche Gesamtrechnung (VGR).

Budgetgerade → Bilanzgerade.

Budgetrestriktion → Bilanzgerade.

Built-in Flexibility – Begriff der Finanzwissenschaft im Bereich der Fiskalpolitik; automatisch mit dem Konjunkturverlauf variierende Positionen auf der Einnahmen- oder Ausgabenseite des Budgets. Wichtig für die Stabilisierungsfunktion der Finanzpolitik, wenn die Built-in Flexibility als → Built-in Stability genutzt werden kann. Sie erzeugt gleichsam automatisch, d.h. ohne zusätzliche wirtschaftspolitische Beschlüsse, eine antizyklische Finanzpolitik.

Built-in Stability – *automatische Stabilisierung*; Begriff der Finanzwissenschaft im Bereich der Fiskalpolitik. *Automatisch* mit dem Konjunkturverlauf variierende Positionen auf der Einnahmen- oder Ausgabenseite des Budgets (→ Built-in Flexibility) können unter bestimmten Voraussetzungen stabilisierend genutzt werden (→ Konjunkturpolitik). „Automatisch" deshalb, da die antizyklische Wirkung ohne wirtschaftspolitische Beteiligung durch Parlament und Regierung eintritt, die bei einer diskretionären antizyklischen Finanzpolitik stets notwendig sind. Entscheidungslags (→ Lags) werden somit vermieden, für Ermessensentscheidungen bleibt im Vollzug kein Raum. – *Voraussetzung für die Wirksamkeit der automatischen Stabilisatoren* ist allerdings, dass die öffentlichen Haushalte bereit und in der Lage sind, die im Konjunkturverlauf entstehenden Defizite (Überschüsse) zu finanzieren (stillzulegen) (→ Konjunkturausgleichsrücklage). – *Beispiele für automatische Stabilisatoren:* (1) *Steuersystem:* Bei progressiver Ausgestaltung der Einkommensteuer steigen (sinken) bei steigenden (sinkenden) Einkommen im Fall eines konjunkturellen Aufschwungs (Abschwungs) die Steuereinnahmen stärker als das Volkseinkommen (Aufkommenselastizität größer Eins) und bremsen dadurch die konjunkturelle Bewegungstendenz, sofern nicht durch andere Steuern oder Ausgaben gegenläufige Impulse gegeben werden. (2) *Arbeitslosenversicherung:* Im konjunkturellen Aufschwung (Abschwung) sind die Einnahmen (Ausgaben) der Arbeitslosenversicherung relativ hoch, die Ausgaben (Einnahmen) dagegen relativ niedrig; somit wird auch hierdurch die konjunkturelle Bewegungstendenz gedämpft.

Bundesstelle für Außenhandelsinformation Bundesagentur für Außenwirtschaft (bfai); fusionierte 2009 mit der der Gesellschaft für Außenhandelsinformationen (GfAI) und Invest in Germany zur Germany Trade and Invest – Gesellschaft für Außenwirtschaft und Standortmarketing mbH (GTAI).

Buy-Back-Geschäft → Kompensationshandel.

C

Capital Flow – angloamerikanische Bezeichnung für *Kapitalwanderungen* (brutto oder netto) aus einer Industrie bzw. einem Wirtschaftsgebiet in andere. Bes. bedeutsam sind internationale Kapitalbewegungen (Kapitalzuflüsse und -abflüsse), die makroökonomisch ihren Niederschlag auf dem → Devisenmarkt finden. In makroökonomischen Modellen offener Volkswirtschaften hängen internationale Kapitalströme maßgeblich von den Renditen (Zinssätzen) in- und ausländischer Wertpapiere ab. – Vgl. → Totalmodelle offener Volkswirtschaften, Nachfrageseite.

CES-Funktion – CES Abk. für *Constant Elasticity of Substitution;* aus empirischer Beobachtung entwickelte substitutionale makroökonomische → Produktionsfunktion mit konstanter, jedoch je nach Volkswirtschaft, Industrie unterschiedlicher → Substitutionselastizität, die alle Werte von null bis unendlich aufweisen kann. – *Spezifiziert* lautet die CES-Funktion:

$$Y = \gamma \left[\delta \; \cdot \; K^{-\rho} + (1 - \delta) \; \cdot \; L^{-\rho} \right]^{-\frac{1}{\rho}},$$

wobei: Y = Output, γ = Effizienzparameter, δ = Distributionsparameter, K = Kapitaleinsatz; L = Arbeitseinsatz, ϱ = Substitutionsparameter ($\varrho = (1/\sigma) - 1$), σ = Substitutionselastizität. Die CES-Funktion in dieser Form ist linear-homogen. Sie lässt sich durch Isoquanten grafisch darstellen, wobei der Substitutionsparameter die Krümmung, der Distributionsparameter die Schiefe der Isoquanten bestimmt. – *Spezialfälle:* Cobb-Douglas-Funktion; → Leontief-Produktionsfunktion.

CFA-Franc-Zone – 1. *Begriff:* Wechselkursunion zwischen der EU (früher Frankreich) und 14 west- und zentralafrikanischen Staaten. Genau genommen gibt es drei Franc-Zonen: zwei afrikanische, die zentralafrikanische BEAC (Banque des états de l'Afrique centrale) und die westafrikanische Franczone BCEAO (Banque des états de l'Afrique de l'Ouest), und eine pazifische. Dennoch spricht man meist von *der* Franc-Zone (auch nach Einführung des Euros). – 2. *Währungen:* Die offizielle Währung der Zentralafrikanischen Wirtschafts- und Währungsgemeinschaft ist der CFA-Franc BEAC (CFA steht für Communauté Financière Africaine). – Der CFA-Franc BEAC ist verbunden mit einem festen Wechselkurs von 655,957 CFA-Franc BEAC pro Euro und mit einer 1:1-Relation zum CFA Franc BCEAO. Die Europäische Zentralbank (EZB) und damit auch die Banque de France üben Einfluss auf die Geldpolitik der beiden Zentralbanken der Franc-Zonen aus. Der Nachteil der Kursbildung an Euro bzw. Franc sind schlechte (hohe) Exportpreise, der Vorteil eine sehr niedrige Inflation, weil die Geldpolitik der Europäischen Zentralbank stabilitätsbewusst ist. Daher, und weil die Wirtschaftskraft in Afrika relativ gering ist, stellt die CFA-Zone keine Gefahr für den Euro dar. Es ist aber anzunehmen, dass mittelfristig diese international einmalige Konstruktion zugunsten flexibler Wechselkurse aufgegeben werden wird, was den Exportbemühungen der afrikanischen Staaten sicherlich Auftrieb verleiht, aber ebenso sicher zu massiver interner Inflation führen wird.

Chamberlin-Heuß-Modell → oligopolistische Preisbildung.

Chang-Smyth-Modell – Weiterentwicklung des → Kaldor-Modells. Das Chang-Smyth-Modell beruht auf einem System zweidimensionaler nicht linearer → Differenzialgleichungen, das nach dem → Poincaré-Bendixson-Theorem einen → Grenzzyklus aufweist. Die hierdurch entstehenden Schwingungen können als Konjunkturschwankungen interpretiert werden.

Chaos-Theorie – 1. *Charakterisierung:* Mathematische Theorie dynamischer Systeme, die diese Systeme durch deterministische, nicht-lineare Differenzen- oder Differenzialgleichungen beschreibt. Wesentliches Charakteristikum chaotischer Systeme ist, dass die Zeitpfade der Variablen äußerst sensitiv auf Veränderungen der Anfangsbedingungen reagieren, bzw. bei nur geringfügigen Änderungen der Anfangsbedingungen ergeben sich nach einer gewissen Zeit vollständig unterschiedliche Zeitpfade: Anschaulich darzustellen am Beispiel eines Billardspiels, bei dem bereits geringfügige Unterschiede beim Abstoß zu extremen Bahnabweichungen führen. – 2. *Bedeutung:* Die Chaos-Theorie steht noch am Anfang. Vielversprechend für eine Anwendung erscheinen Gebiete, bei denen komplizierte Bewegungsvorgänge auftreten (z.B. Wind- und Meeresströmungen, Investitionsdynamik und Konjunkturentwicklung). Durch die Chaos-Theorie hofft man auf Einsichten in Phänomene, die mit den traditionellen Ansätzen nicht gewonnen werden konnten. Werden reale Systeme tatsächlich angemessen durch die Chaos-Theorie beschrieben, so bedeutet dies, dass langfristige Vorhersagen praktisch unmöglich sind, da die → Trajektorien extrem sensitiv von den Anfangsbedingungen abhängen; langfristig orientierte strategische Maßnahmen wären sinnlos. Insbesondere ist die Konjunkturentwicklung weder eindeutig auf konkrete Ursachen zurückzuführen noch durch wirtschaftspolitische Maßnahmen zu beeinflussen.

Clay-Clay-Modelle → neoklassische Wachstumstheorie.

Cobweb-Theorem – *Spinnweb-Theorem;* Ansatz zur Erklärung oszillatorischer Preis- und Mengenbewegungen, die auf verzögerten Angebotsanpassungen (→ Lag) beruhen. Das Modell geht von der Prämisse aus, dass sich das Angebot der Unternehmer nach den Preisen der Vorperiode richtet,

$$A_t = m\,(p_{t-1}) + B,$$

die Nachfrage jedoch vom Preis der laufenden Periode abhängt,

$$N_t = -n(p_t) + b.$$

Die Periodenlänge wird dabei durch die Produktionsdauer des herzustellenden Gutes bestimmt. Kommt es – ausgehend von einer Gleichgewichtslage – zu einer Nachfrageverschiebung, so wird der neue Gleichgewichtspreis wegen der Zeitverzögerung nicht sofort, u.U. gar nicht, erreicht. Bes. markant ist das Cobweb-Theorem beim sog. *Hopfenoder* → Schweinezyklus in Erscheinung getreten. – Je nach Konstellation der Angebots- zur Nachfragekurve sind verschiedene Fälle denkbar. In den nachfolgenden Darstellungen soll A_L die langfristige Angebotskurve, N die ursprüngliche Nachfragekurve kennzeichnen. – 1. Ist die auf die Mengenachse bezogene *Steigung der Angebotskurve größer als die der Nachfragekurve,* ergibt sich ein langfristig *stabiles Gleichgewicht* (vgl. Abbildung „Cobweb-Theorem" (1)). Unterstellt man, dass im Zeitpunkt der Gleichgewichtslage S eine dauerhafte Verschiebung der Nachfrage von N nach N_1 eintritt, wird unter Voraussetzung einer kurzfristigen Unelastizität des Angebots der Preis auf p' steigen (kurzfristige Gleichgewichtslage S'). Der hohe Preis p' und die daran geknüpften Erwartungen werden die Unternehmer zu Produktionsausweitungen veranlassen. Wird jedoch nach Abschluss der Anpassung (z.B. in einem Jahr) die Menge M' zum Preis p' im zweiten Jahr angeboten, ist die Nachfrage nur noch bereit, die Menge zum Preis p" anzukaufen. Der Preissturz auf p" wird die Unternehmer wiederum zu erneuter Anpassung veranlassen, sodass in der nächsten Periode zum Preis von p" nur noch die Menge M" angeboten wird. Diese Menge wird bei gegebener Nachfrage eine Preiserhöhung hervorrufen und kann sogar zum Preise p''' abgesetzt werden. Der Anpassungsprozess wiederholt sich von Periode zu Periode, bis der langfristige stabile Gleichgewichtszustand S_1 erreicht ist, d.h. die Menge M_1 zum Preis p_1 angeboten wird. Es kommt zur Bewegung zum neuen Gleichgewicht hin, wobei das typische „Spinngewebe" entsteht.

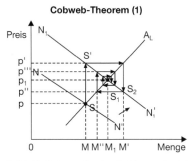

Cobweb-Theorem (1)

2. *Ist die Steigung der Angebotskurve absolut kleiner als die der Nachfragekurve,* liegt ein *labiles Gleichgewicht* vor, d.h. bei Abweichungen vom Gleichgewicht verstärken diese sich immer mehr („explodierender Fall"; vgl. Abbildung „Cobweb-Theorem" (2)). Die jeweiligen Angebotsanpassungen setzen hier eine Preis- und Mengenentwicklung in Bewegung, die sich immer weiter vom Gleichgewichtszustand entfernt.

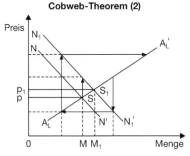

Cobweb-Theorem (2)

3. *Ist die Steigung der Angebotskurve gleich der der Nachfragekurve,* führt die Preis- und Mengenentwicklung weder zum Gleichgewichtszustand hin noch von diesem weg, sondern pendelt zyklisch um den Gleichgewichtspunkt S_1 (vgl. Abbildung „Cobweb-Theorem" (3)). Die Bewegung zum Gleichgewicht hin kann durch *Lernprozesse* der Produzenten verstärkt oder überhaupt erst möglich werden, nämlich dann, wenn einige oder alle

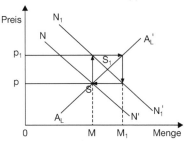

Cobweb-Theorem (3)

Produzenten mögliche zukünftige Preiserhöhungen oder -senkungen bei ihren Produktionsentscheidungen antizipieren, also ihre statischen Preiserwartungen revidieren.

Coinciders → ABC-Kurven, → Konjunkturindikatoren.

Collective Self-Reliance – Begriff aus der Nord-Süd-Diskussion (→ Nord-Süd-Konflikt). Entwicklungsländer begannen durch eine interne Abstimmung ihre Verhandlungspositionen gegenüber den Industrieländern und den transnationalen Konzernen zu verbessern, um in Verhandlungen eine Neue Weltwirtschaftsordnung durchzusetzen. Die Intensivierung der Süd-Süd-Beziehungen soll zu regionalen → Integrationen führen, um die Abhängigkeit von den Industrieländern zu vermindern. – Vgl. auch G 77, UNCTAD, Neue Weltwirtschaftsordnung.

Community Development – Entwicklungsstrategie, die Eigeninitiativen im Wege einer Entwicklung von unten anstrebt. Entscheidend ist die Teilnahme der Bevölkerung an der Ausgestaltung der Maßnahmen zur Verbesserung der Lebensbedingungen (Selbst- und Nachbarschaftshilfe). Der Schwerpunkt liegt in der Förderung von Motivation und Fertigkeiten der armen Bevölkerung in der Dritten Welt, die entscheidender sei als alleinige materielle Hilfe.

Comovement – übereinstimmende, gleichgerichtete Bewegung unterschiedlicher ökonomischer Zeitreihen im

Konjunkturverlauf. – *Beispiel:* → Bruttoinlandsprodukt (BIP) und seine Komponenten oder Produktion im Konjunkturverlauf.

Consols – *Konsols;* festverzinsliche Wertpapiere mit unendlicher Laufzeit; ein theoretischer Begriff, der in der Liquiditätspräferenztheorie verwendet wird.

Counter Trade – *Tauschhandel;* Ware gegen Ware ohne monetäre Zahlungsströme. Es gibt zahlreiche verschiedene Varianten, die u.a. als Bartergeschäft, Gegengeschäft, Gegenkauf, Kompensationsgeschäft, Parallelgeschäft etc. (→ Kompensationshandel) bezeichnet werden, wobei die Begriffsverwendung oft unscharf ist.

Cournot-Oligopol – bes. → Modell nicht kooperativen oligopolistischen Verhaltens. Jeder Anbieter wählt unter der Annahme konstanter Angebotsmengen aller Konkurrenten die für ihn optimale Angebotsmenge. Je mehr die Konkurrenten anbieten, umso weniger bietet der einzelne Anbieter an *(Reaktionsfunktion).* Die Unterstellung konstanter Angebotsmengen für alle Konkurrenten widerspricht der fallenden Reaktionsfunktion, es entsteht eine

Art strategischen Irrtums, der bei einem internationalen Oligopol die Grundlage für *strategische Handelspolitik* (→ Handelspolitik).

Cournotsche Kurve → monopolistische Preisbildung.

Cournotscher Punkt → monopolistische Preisbildung.

Cournotsches Dyopol → oligopolitische Preisbildung.

Currency-Theorie – Geldtheorie, nach der im Gegensatz zur → Banking-Theorie nur Banknoten und Münzen Geld sind. Das Preisniveau kann nach Auffassung der Currency-Theorie nur von diesen beiden monetären Größen beeinflusst werden. Geldsurrogate werden als streng proportionale Größen zur Geldmenge (Noten, Münzen) behandelt und haben von daher keine eigenständige Bedeutung für das Preisniveau. Diese Sichtweise wird damit begründet, dass eine Kreditausweitung entweder die Geldmenge oder die Umlaufgeschwindigkeit des Geldes erhöht und damit ein Preisniveaueffekt ohnedies erfasst wäre.

D

Daten – I. Wirtschaftstheorie: Bezeichnung für volkswirtschaftliche Gegebenheiten, die den Wirtschaftsablauf beeinflussen, ohne von diesem selbst – zumindest unmittelbar und kurzfristig – beeinflusst zu werden. Diese Daten sind teils einzelwirtschaftlicher, teils gesamtwirtschaftlicher Natur (volkswirtschaftlicher Datenkranz von Eucken). – In der *Theorie der quantitativen Wirtschaftspolitik* diejenigen Größen, die weder direkt noch indirekt durch den wirtschaftspolitischen Entscheidungsträger beeinflusst werden können. Dazu zählen auch → autonome Größen wie der autonome Konsum. Größen, die lediglich in einem bestimmten Modell als vorgegeben betrachtet werden, bezeichnet man als exogene Variablen (→ Variable, exogene). Exogene Variablen, die unter direkter Kontrolle der wirtschaftspolitischen Entscheidungsträger stehen, heißen Instrumentvariablen.

II. Ökonometrie: Das zentrale Problem einer Datenbasis für ökonometrische Modelle besteht in der Übereinstimmung der Begriffsbildungen aus der ökonomischen Theorie und der zur Verfügung stehenden wirtschaftsstatistischen Größen. Hinzu kommt, dass wegen der i.d.R. im Hinblick auf ihre asymptotischen Eigenschaften ausgewählten Schätz- und Testfunktionen möglichst große Stichprobenumfänge erwünscht und erforderlich sind. Wegen definitorischer Änderungen, Umstellungen in der Erhebung etc. sind die Daten jedoch meist nur beschränkt miteinander vergleichbar, sodass sich dadurch Restriktionen bez. der Stichprobenumfänge ergeben. – Die Daten für ökonometrische Analysen sind entweder Querschnitts- oder Zeitreihendaten: a) *Querschnittsdaten* ergeben sich aus der Beobachtung verschiedener Wirtschaftssubjekte, z.B. Haushalte oder Unternehmungen, zu einem bestimmten Zeitpunkt. – b) *Zeitreihendaten* resultieren aus der Beobachtung eines bestimmten

Wirtschaftssubjektes oder eines bestimmten Aggregates, z.B. der Konsumausgaben aller privaten Haushalte, über mehrere aufeinander folgende Zeitpunkte. – c) Pooldaten bzw. Paneldaten sind miteinander *kombinierte Querschnitts- und Zeitreihendaten*. Nur in Ausnahmefällen stehen miteinander kombinierbare Querschnitts- und Zeitreihendaten zur Verfügung.

III. Wirtschaftsinformatik: 1. *Begriff:* zum Zweck der Verarbeitung zusammengefasste Zeichen, die aufgrund bekannter oder unterstellter Abmachungen Informationen (d.h. Angaben über Sachverhalte und Vorgänge) darstellen. – 2. *Arten:* a) *Eingabedaten:* Daten, die dem Programm von außen zur Verfügung gestellt werden. – b) *Ausgabedaten:* Daten, die im Wesentlichen Ergebnisse eines Programms darstellen.–c) *Stammdaten:* wichtige Grunddaten eines Betriebes, die über einen gewissen Zeitraum nicht verändert werden. – d) *Bewegungsdaten:* Daten, welche Veränderungen beschreiben und dazu herangezogen werden, Stammdaten zu aktualisieren. – e) *Numerische Daten:* Informationen werden durch Ziffern dargestellt. – f) *Alphanumerische Daten:* Informationen werden durch Ziffern, Buchstaben und Sonderzeichen dargestellt. – 3. *Darstellungsweise:* In einem Datenmodell werden Daten und ihre Beziehungen zueinander abgebildet. Daten werden in Dateien oder Datenbanken gespeichert.

Decision Lag → Lag.

Defizitquote – Verhältnis von staatlichem Defizit (d.h. aller öffentlichen Haushalte) zum → Bruttoinlandsprodukt (BIP). Für EU-Mitglieder sieht der EG-Vertrag vor, dass die Defizitquote die Dreiprozentgrenze nicht überschreitet und mittelfristig (mind.) auf Null zurückgeführt wird.

Deflationierung → reales Inlandsprodukt.

deflatorische Lücke → Gap.

deglomerative Preisdifferenzierung
→ monopolistische Preisbildung.

Dekompositionsproblem → Neue klassische Makroökonomik.

Demand-Reversal – Verletzung des → Heckscher-Ohlin-Theorems, die dadurch zustande kommt, dass z.B. ein relativ kapitalreiches Land eine bes. Präferenz für das → kapitalintensive Gut aufweist. Die angebotsseitige Grundlage für einen → komparativen Vorteil beim kapitalintensiven Gut wird durch die starke Nachfrage nach diesem Gut überkompensiert, sodass dieses Land dann nicht das kapitalintensive, sondern das → arbeitsintensive Gut exportiert.

Demonstrativkonsum → Vebleneffekt.

Depression – Niedergangsperiode im → Konjunkturzyklus (→ Konjunkturphasen). Die Depression folgt auf die Rezession und wird – nach Durchschreiten ihres Tiefpunktes – abgelöst durch die Phase der Erholung bzw. des allmählichen Aufschwungs. In der Depression geht im Gegensatz zur Rezession das → Volkseinkommen in seiner Höhe absolut zurück und sie hält länger an . – Starke Depression wurden in den 80er- und 90er-Jahren des 19. Jh. und v.a. in den 30er-Jahren des 20. Jh. verzeichnet. Jüngst spricht man auch von Depression im Zusammenhang mit der Krise des Euroraums. Insbesondere die Wirtschcaft Griechenlands geriet als Folge einer harten Sparpolitik in eine Depression. Folgen waren Massenzusammenbrüche von Betrieben und damit verbunden hohe Arbeitslosigkeit, augenfällige soziale Übelstände, Zusammenbruch der internationalen Währungsordnung, Autarkiepolitik sowie verhängnisvolle Stärkung radikaler politischer Strömungen. – *Gegensatz:* → Prosperität, → Boom. – Vgl. auch → Krisentheorie.

Deregulierung – I. Volkswirtschaftslehre: Aufhebung von Regulierungstatbeständen (→ Regulierung). In der wirtschaftspolitischen Diskussion häufig erhobene Forderung, um durch die Beseitigung einschränkender Bestimmungen für unternehmerisches Handeln und somit durch die Schaffung von mehr Wettbewerb zu höherer volkswirtschaftlicher Leistungsfähigkeit beizutragen. Diese Forderung wird insbesondere für den → Arbeitsmarkt erhoben. – Vgl. auch → Angebotsökonomik.

II. Bankwesen: Aufhebung bzw. Aufweichung gesetzlicher und bankaufsichtlicher Reglementierungen. Gebräuchlich v.a. im Zusammenhang mit der Auflösung von Trennbankensystemen bis hin zu deren Abschaffung i.e. (Wieder-) Einführung des Universalbankensystems in den USA im Jahre 1999 durch Aufhebung des Glass-Steagall Acts. Allgemein auch Wegfall bzw. Entschärfung nicht mehr als erforderlich betrachteter gesetzlicher Regelungen und Verordnungen (in Deutschland z.B. Streichung der Begrenzung von Beteiligungen an anderen Banken § 12 KWG a.F. oder der Meldepflicht für Organgkredite § 16 KWG a.F.).

Deutsches Institut für Wirtschaftsforschung (DIW) – seit 1941 Name für das Institut für Konjunkturforschung; Sitz in Berlin. – *Hauptaufgaben:* Unabhängige Wirtschaftsforschung im In- und Ausland sowie Veröffentlichung der Ergebnisse; Beratung von Verwaltung und Wirtschaft in der Bundesrepublik Deutschland (→ Wirtschaftsforschungsinstitute). – *Arbeitsgebiete:* Grundlagenforschung an der Schnittstelle von Theorie und Empirie, Erstellung umfangreicher Datensätze (z.B. vierteljährliche volkswirtschaftliche Gesamtrechnungen); laufende Diagnose und Prognose des Wirtschaftsablaufs im In- und Ausland; langfristige Prognose volkswirtschaftlicher Rahmendaten sowie spezieller Daten u.a. im Industrie-, Energie-, Rohstoff- und Verkehrsbereich, Beobachtung und Analyse der Transformationsprozesse in Ostdeutschland. Von besonderer Bedeutung ist das Soziooökonomische Panel (SOEP) des DIW. Das SOEP ist die umfassenste jährlich erhobene Stichprobe über das soziale und wirtschaftliche Verhalten von Haushalten in Deutschland.

Devisenbilanz → Zahlungsbilanz.

Devisenkurs → Preis einer z.B. inländischen Währung, der für eine bestimmte Einheit einer anderen, z.B. ausländischen Währung, zu zahlen ist. Dieser Devisenkurs beinhaltet die sog. *Preisnotierung* einer Währung, während die reziproke Betrachtung (d.h. die Feststellung, welche Menge an ausländischer Währung für den Erhalt der inländischen Währung hingegeben werden muss) als → *Mengennotierung* bezeichnet wird. Mit der Einführung des Euros dominiert im Devisenhandel in Deutschland die Mengennotierung, d.h. es werden die Kurse der wesentlichen gehandelten Währungen auf einen Euro bezogen. Mit Einführung des Euros wurden die amtlichen Devisenkurse abgeschafft. Private und genossenschaftliche Banken veröffentlichen jeweils ihre eigenen Referenzpreise. Amtlichen Charakter hat der Referenzpreis der Europäischen Zentralbank (EZB).

Devisenmarkt → Markt, auf dem verschiedene Währungen gegeneinander getauscht werden. Aus der Sicht des Inlandes sind *Devisen* die ausländischen Währungen bzw. auf ausländische Währung lautende Finanzaktiva. – 1. *Devisenmarktgleichgewicht:* Hier wird unterschieden zwischen zwei verschiedenen Betrachtungsweisen. a) *Stromgrößenorientierte Betrachtung:* identifiziert Leistungsbilanzüberschüsse (-defizite) abzüglich der Nettokapitalexporte (-importe; → Zahlungsbilanz) als Überschussnachfrage (-angebot) nach heimischer Währung. Devisenmarktgleichgewicht erfordert eine Überschussnachfrage von null. b) *Bestandsgrößenorientierte Betrachtung:* Danach ist der Devisenmarkt dann im Gleichgewicht, wenn die → Leistungsbilanz ausgeglichen ist (→ außenwirtschaftliches Gleichgewicht) und die internationalen Kapitalanleger die zu einem bestimmten Zeitpunkt existierenden Bestände der in verschiedenen Währungen notierten Finanzaktiva im Sinn optimaler Portfoliozusammensetzungen auch zu halten bereit sind *(Bestandsgleichgewicht* oder *Portfoliogleichgewicht).* – Vgl. auch → Portfolio-Ansatz zur Wechselkursbestimmung. Das Devisenmarktgleichgewicht wird bei → flexiblem Wechselkurs u.a. durch die Anpassung des Wechselkurses erreicht. – 2. *Devisenmarktinterventionen:* Devisenmarktgleichgewicht kann im Fall eines → fixen Wechselkurses auch durch Devisenmarktinterventionen erreicht werden. Dies sind Verkäufe oder Käufe von Devisen, welche die Zentralbank eines Landes mit der Absicht unternimmt, auf den Wechselkurs Einfluss zu nehmen. Interventionen dieser Art haben auch Auswirkungen auf die Geldmenge, sofern die Zentralbank keine → Sterilisierung betreiben will oder bei perfekter → internationaler Kapitalmobilität nicht betreiben kann. Seit die Hauptwährungen völlig flexibel sind, hat die Bedeutung von Devisenmärkten abgenommen. – Vgl. auch → außenwirtschaftliches Gleichgewicht, → monetärer Ansatz zur Zahlungsbilanztheorie, → Wechselkurstheorie, → Zahlungsbilanzausgleich.

Devisenmarkteffizienz – soll andeuten, dass die nominellen → Wechselkurse bei vollständiger Markttransparenz, rationalen Erwartungen der Wirtschafssubjekte und Abwesenheit → spekulativer Blasen alle gegenwärtig verfügbaren Informationen bez. erwarteter künftiger Veränderungen von Fundamentaldaten bereits voll inkorporieren. Überraschende Wechselkursveränderungen können demnach nur dann eintreten, wenn neue Informationen verfügbar werden. – Vgl. auch → Vermögenspreisansatz zur Wechselkursbestimmung, → Wechselkurstheorie.

Devisenmarktgleichgewicht → Devisenmarkt.

Devisenmarktintervention → Devisenmarkt.

Devisenreserven – Im Besitz der Zentralbank befindliche, auf ausländische Währung lautende Guthaben bzw. Finanzaktiva.

Der Teil der → Währungsreserven, der für Devisenmarktinterventionen verwendet wird. – Vgl. auch → Devisenmarkt.

Devisenterminmarkt → Markt, auf dem Devisentermingeschäfte abgeschlossen werden, bei denen der Geschäftsabschluss und die Durchführung des Geschäftes zeitlich auseinander fallen. Zwei → Wirtschaftssubjekte vereinbaren jetzt, zu einem bestimmten *künftigen* Zeitpunkt bestimmte Mengen zweier Währungen gegeneinander zu tauschen. Der dabei zugrunde gelegte nominelle → Wechselkurs wird *Terminkurs* genannt. Aufschläge *(Reports, wenn der Terminkurs höher ist als der Kassakurs)* und Abschläge *(Deports, wenn der Terminkurs geringer ist als der Kassakurs)* leiten sich aus Zinsunterschieden in den beteiligten Ländern ab. – Vgl. auch → Zinsparität.

Diagnose – Das dt. Wort Diagnose ist aus dem griech. Begriff *diagnostikos* enstanden, der so viel besagt wie „zum Unterscheiden geschickt". So sind Diagnosen Urteilsleistungen, die sich an bestimmten vorgegebenen Kategorien orientieren. Dabei kommt es auf die Genauigkeit, Zuverlässigkeit und Gültigkeit an. – Vgl. auch → Gemeinschaftsdiagnose, → Konjunkturdiagnose, → Situationsanalyse.

Diagnostic Lag → Lag.

Diamond-Modell → Generationenmodelle.

Dichotomie des Geldes – Zweiteilung von monetärem und realem Sektor einer Volkswirtschaft, also Trennung von Geld- und Werttheorie. Geldpolitische Maßnahmen bewirken nach den Vorstellungen klassischer Geldtheorien lediglich eine Änderung des Preisniveaus, nicht dagegen auch Veränderungen der wirtschaftlichen Aktivitäten, also der realen Sphäre. Diese Theorie impliziert die → Neutralität des Geldes. Sie ist überholt, in der neueren Theorien durch mannigfache monetäre Transmissionstheorien bzw. Transmissionsmechanismen (Geldtheorie) überwunden; doch wird sie als geldtheoretische Auffassung von grundlegender Bedeutung immer wieder diskutiert.

Dienstleistungen – I. Allgemein: In Abgrenzung zur Warenproduktion (materielle Güter) spricht man bei den Dienstleistungen von *immateriellen* → Gütern. – Als ein typisches *Merkmal von Dienstleistungen* wird die Gleichzeitigkeit von → Produktion und → Verbrauch angesehen (z.B. Taxifahrt, Haarpflege in einem Frisiersalon, Theateraufführung). Da die unmittelbare, überwiegend auch personengebundene *Arbeitsleistung* des Produzenten hier den wesentlichen Inhalt der Dienstleistungen ausmacht, werden nur geringe Möglichkeiten zur Produktivitätssteigerung gesehen. Daraus wurde die These eines generellen *Produktivitätsrückstands* der Dienstleistungen gegenüber der Warenproduktion abgeleitet (Drei-Sektoren-Hypothese). In modernen Volkswirtschaften haben derartige *gebundene Dienstleistungen* aber nur noch eine relativ geringe Bedeutung, vielmehr wird die Dynamik des Dienstleistungssektors insgesamt von der Entwicklung *ungebundener Dienstleistungen* bestimmt, für die eine zeitliche und räumliche Entkoppelung von Produktion und Verbrauch durchaus charakteristisch ist. Bei diesen ungebundenen Dienstleistungen, zu denen bes. die *produktions-* oder *unternehmensbezogenen Dienstleistungen* gehören (Finanzdienstleistungen, technische Dienstleistungen), erlaubt der Einsatz technischer Hilfsmittel (EDV, Kommunikationstechniken) Produktivitätssteigerungen, die weit über denen der industriellen Produktion liegen können.

II. Marketing: Dienstleistungsmarketing.

III. Außenhandel: Dienstleistungsexporte liegen vor, wenn Inländer Dienstleistungen für Ausländer erbringen. Von Dienstleistungsimporten spricht man, wenn die Ausländer im Inland oder im Ausland Dienstleistungen für Inländer erbringen. – Vgl. auch → Zahlungsbilanz, → Dienstleistungsbilanz.

IV. Amtliche Statistik: Statistische Informationen über Dienstleistungen werden im

Rahmen der Dienstleistungsstatistik erhoben. Dabei werden Dienstleistungsunternehmen befragt, deren Schwerpunkt der wirtschaftlichen Tätigkeit in den Wirtschaftsabschnitten Verkehr und Lagerei, Information und Kommunikation, Grundstücks- und Wohnungswesen, Erbringung von freiberuflichen, wissenschaftlichen und technischen Dienstleistungen, Erbringung von sonstigen wirtschaftlichen Dienstleistungen sowie in der Abteilung Reparatur von Datenverarbeitungsgeräten und Gebrauchsgütern nach der Wirtschaftszweigsystematik (WZ 08) liegt.

Dienstleistungsbilanz – Bestandteil der → Zahlungsbilanz.

Dienstleistungsexport → Ausfuhr, → Dienstleistungen.

Dienstleistungsverkehr → Außenwirtschafts-verkehr.

Differenzengleichung – mathematisches Konzept zur Erfassung zeitlicher Abläufe, angewandt in der Volkswirtschaftslehre (v.a. in der → Konjunkturtheorie und → Wachstumstheorie). Die Zeit wird in Intervalle endlicher Länge aufgeteilt (Perioden) und die Veränderungen der wirtschaftlichen Variablen in aufeinander folgenden Perioden betrachtet (*diskretes Zeitkonzept*). – *Beispiel:* $x_{t+1} = f(x_t)$, mit x_t bzw. x_{t+1} als Wert der Variablen x in der Periode t bzw. t + 1. – Eine *Differenzengleichung n-ter Ordnung* liegt vor, wenn x_t auch von x_{t-n} bestimmt wird. – Vgl. auch → Differenzengleichungssystem, → Differenzialgleichung.

Differenzengleichungssystem – simultane Darstellung der gegenseitigen Beeinflussung von Variablen im diksreten Zeitablauf in Form zweier oder mehrerer Differenzengleichungen. – *Beispiel:* $x_{t+1} = f(x_t, y_t), y_{t+1} = g(x_t, y_t)$, mit x_t, y_t bzw. x_{t+1}, y_{t+1} als Wert der Variablen x und y in der Periode t bzw. t + 1.

Differenzialgewinn → polypolistische Preisbildung.

Differenzialgleichung – mathematisches Konzept zur Erfassung stetiger zeitlicher Abläufe, angewandt in der Volkswirtschaftslehre (v.a. in der Konjunkturtheorie und Wachstumstheorie). Im Gegensatz zur → Differenzengleichung wird die Zeit als Kontinuum mit infinitesimal kleiner Periodenlänge aufgefasst (*stetiges Zeitkonzept*). – *Beispiel:*

$$\frac{dx}{dt} =: x_t = f(x_t),$$

mit dx/dt als Ableitung der Variablen x_t nach der Zeit bzw. Veränderung der Variablen im Zeitpunkt t. – Eine *Differenzialgleichung n-ter Ordnung* liegt vor, wenn in ihr die n-te Ableitung (nach der Zeit) vorkommt. – Vgl. auch → Differenzialgleichungssystem, → Differenzengleichung.

Differenzialgleichungssystem – simultane Darstellung der gegenseitigen Beeinflussung von Variablen im stetigen Zeitablauf in Form zweier oder mehrerer → Differenzialgleichungen. – *Beispiel:*

$$x(t) = f(x(t), y(t)), \ y(t) = g(x(t), y(t)),$$

mit x_t bzw. y_t als Wert der Variablen x und y im Zeitpunkt t; x_t und y_t bezeichnen die Ableitungen nach der Zeit. – *Anders:* → Differenzengleichungssystem.

Diffusionsindex – von W.C. Burns und F. Mitchell in den 1940er-Jahren für das → National Bureau of Economic Research (NBER) entwickelter → Konjunkturindikator (→ Gesamtindikator). Der einfache Diffusionsindex misst den prozentualen Anteil der in die Analyse einbezogenen Einzelreihen, die innerhalb des betrachteten Zeitraums gegenüber der entsprechenden Vorperiode gestiegen (gefallen) sind. – Hat der Diffusionsindex einen Wert zwischen 50 Prozent und 100 Prozent (0 Prozent und 50 Prozent), befindet sich die Wirtschaft in einer allg. Aufschwung-(Abschwung-)Phase.

Directed Technological Change – vom Ökonomen Daron Acemoglu (1998, 2002) entwickeltes Wachstumsmodell, welches der empirischen Beobachtung Rechnung trägt, dass das Verhältnis von qualifizierten zu unqualifizierten Arbeitskräften in den letzten 60 Jahren gestiegen ist, aber andererseits nicht beobachtet wurde, dass das Verhältnis der Löhne für qualifizierte und unqualifizierte Arbeit gesunken wäre. Acemoglu argumentiert anhand eines Wachstumsmodells, ähnlich zu Romer (→ Romer-Modell), dass Technologien entwickelt werden, die entweder komplementär zu qualifizierter oder unqualifizierter Arbeit eingesetzt werden können. In welchem Ausmaß Ressourcen in die Entwicklung neuer Technologien kompelementär zum jeweiligen Produktionsfaktor Arbeit gelenkt werden, hängt von den Innovationsanreizen ab. Wesentlich ist hier also die Relation der Barwerte der Profite. Diese Relation wird wiederum durch zwei Effekte beeinflusst: (1) dem Marktgrößeneffekt und (2) dem Preiseffekt. Erhöht sich das Verhältnis von qualifizierter zu unqualifizierter Arbeit, so ist der Markt für Innovationen komplementär zu qualifizierter Arbeit relativ größer geworden. Dementsprechend steigen die relativen Profite für solche Technologien. Andererseits reduziert sich der relative Preis der produzierten Güter. Gilt nun, dass die Substitutionselastizität zwischen qualifizierter und unqualifizierter Arbeit hinreichend groß ist, dominiert der Marktgrößeneffekt den Preiseffekt. Die Richtung des technischen Fortschritts verlagert sich zugunsten von qualifizierter Arbeit. Damit steigt auch die Produktivität von qualifizierter Arbeit relativ zu unqualifizierter Arbeit, sodass auch ein Anstieg des relativen Lohnes für qualifizierte Arbeit beobachtet werden kann. Als Beispiel wird oft die Entwicklung der Computertechnologie genannt, die komplementär zu qualifizierter Arbeit ist.

Directly Unproductive Activity – Oberbegriff für Ressourcenaufwand, der nicht zum Zweck der Güterproduktion erfolgt, sondern mit dem Ziel der Beeinflussung der → Handelspolitik zugunsten einzelner Interessengruppen. Der Ausdruck „Directly Unproductive" soll andeuten, dass solche Aktivitäten zwar nicht direkt produktiv sind, aber indirekt produktiv wirken können, wenn sie Ressourcen verwenden, die einen negativen Schattenpreis haben.

direkte Preiselastizität der Nachfrage → Preiselastizität.

Direktinvestition – I. Begriff: Form der → Auslandsinvestition. – 1. *Kennzeichen:* → Kapitalexport durch Wirtschaftssubjekte eines Landes in ein anderes Land mit dem Ziel, dort Immobilien zu erwerben, Betriebsstätten oder Tochterunternehmen zu errichten, ausländische Unternehmen zu erwerben oder sich an ihnen mit einem Anteil zu beteiligen, der einen entscheidenden Einfluss auf die Unternehmenspolitik gewährleistet. – *Gegensatz:* Portfolio-Investition, die vorrangig der Geldanlage dient. – 2. *Entscheidungskriterien:* Steuervorteile im Ausland, Abweichungen in den Faktorpreisen und den wettbewerbsrechtlichen Vorschriften, Umgehung von Handelsschranken, Sicherung der Lieferung von Rohstoffen oder Vorprodukten, Erschließung oder Erhaltung von Absatzmärkten (→ Kapitalflucht). Absicherung der politischen Risiken durch Garantien für Kapitalanlagen im Ausland (→ Investitionsschutzabkommen). Entgegen weitverbreiteter Meinung gibt es für das Unterlaufen von Umweltvorschriften als Motiv für Direktinvestition *keine* empirischen Beweise. Eine zusammenfassende Erklärung bietet das eklektische Paradigma. – Vgl. auch → internationale Direktinvestitionen.

II. Wirkungen: 1. Mögliche positive Wirkungen für das Empfängerland (v.a. in Entwicklungsländern): (1) Milderung der Kapitalknappheit und dadurch Steigerung der Produktivität bzw. Beschäftigung sonstiger Produktionsfaktoren; (2) Wachstumsbeschleunigung durch Zunahme der gesamtwirtschaftlichen Investition (externe Investitionsfinanzierung); (3) Entlastung der → Zahlungsbilanz; (4) Beitrag zur Diversifizierung der Produktionsstruktur; (5) positive

Beschäftigungseffekte; (6) Technologietransfer; (7) Induzierung von Investitions- bzw. Produktionsaktivitäten in vor- und nachgelagerten Produktionsstufen. – 2. Mögliche negative Wirkungen für das Empfängerland (bes. in Entwicklungsländern): (1) Verdrängung einheimischer Produzenten; (2) Wohlfahrtsverluste bzw. Einkommenstransfer zugunsten der Investoren durch staatliche Vergünstigungen (z.b. unentgeltliche Gewährung von Infrastrukturleistungen, „Schutzrente" im Weg einer Abschirmung des Marktes durch Importzölle oder subventionierte Inputs und verbilligte Kredite).

III. Meldepflicht: Die Statistik über dt. Direktinvestitionen wird von der Deutschen Bundesbank geführt. (Kontrolle der Ausgaben des Statistischen Bundesamtes, Wiesbaden, sowie des EUROSTAT). Sie stützt sich dabei auf Bestandsmeldungen inländischer Unternehmen und Privatpersonen über das „Vermögen Gebietsansässiger in fremden Wirtschaftsgebieten" (dt. Direktinvestitionen im Ausland) sowie über das „Vermögen Gebietsfremder im Wirtschaftsgebiet" (ausländische Direktinvestitionen in Deutschland). Der Umfang der Meldepflicht von Kapitalausfuhren außerhalb des dt. Wirtschaftsgebietes ergeben sich aus den Vorschriften der → Außenwirtschaftsverordnung (AWV) (§§ 56-58c AWV). Zuwiderhandlungen gegen diese Meldevorschriften stellen Ordnungswidrigkeiten nach § 70 AWV dar.

diskretionäre Finanzpolitik – am Einzelfall orientierte Finanzpolitik (Fiscal Policy), die durch eine explizite Entscheidung von Regierung und Parlament getroffen wird. In der Konjunkturpolitik gehört hierzu z.b. die Entscheidung für Konjunkturprogramme in einer Rezession. Diskretionäre Finanzpolitik impliziert einen diskretionären Mittel- bzw. Instrumenteneinsatz (diskretionärer Mitteleinsatz). – *Gegensatz:* Regelgebundene Finanzpolitik, automatische Stabilisierung, → Built-In Stability, zyklusunabhängige Finanzpolitik.

Diskriminierung – **I. Außenwirtschaft:** unterschiedliche Behandlung der einzelnen Partnerstaaten hinsichtlich des Waren-, Dienstleistungs- oder Kapitalverkehrs. Diskriminierung liegt z.b. vor bei Abweichung von der Meistbegünstigung, bei nach Währungsräumen oder Ländern unterschiedlichen Devisenbestimmungen, bei administrativen Differenzierungen, bei differenzierenden Verkehrstarifen und zahlreichen weiteren → nicht tarifären Handelshemmnissen. Der Abbau von Diskriminierungen zählt zu den Zielen verschiedener internationaler Wirtschaftsorganisationen [World Trade Organization (WTO), OECD, IWF].

II. Wettbewerbsrecht: Behinderungswettbewerb, Deutsches Kartellrecht, Europäisches Kartellrecht.

Disproportionalitätstheorien – 1. *Begriff:* → Konjunkturtheorien, die von der Auffassung ausgehen, dass die wirtschaftlichen Bewegungsvorgänge durch falsche Größenverhältnisse innerhalb der Wirtschaftsstruktur verursacht werden, wie z.b. zwischen den Produktionskapazitäten aufeinander folgender wie gleicher Produktionsstufen, zwischen Kapitalbildung und Produktionssektor, zwischen Produktion und Konsum. Die Disproportionalität verursacht i.d.R. Kapitalfehlleitung und damit Kapitalverlust; andererseits entstehen (im Fall produktionsmäßiger Disproportionalität) Engpässe, die eine rasche Vergrößerung des gesamtwirtschaftlichen Einkommens verhindern. – 2. *Formen:* V.a. → Überinvestitionstheorien, → Überproduktionstheorien, → Unterkonsumtionstheorien.

Disturbance Lag → Lag.

DIW – Abk. für → Deutsches Institut für Wirtschaftsforschung.

Dollarraum – alle Länder deren Währungen direkt (als Zahlungsmittel, sog. *Fremdwährung*) oder indirekt (als → Leitwährung oder als Verrechnungsbasis) mit dem US-Dollar (US$) verbunden sind: dies sind gegenwärtig eine Anzahl mittel- und südamerikanischer Länder (z.B. Ecuador, El Salvador, Panama), aber auch einige asiatische und afrikanische Staaten (z.B. Liberia, Osttimor, Mikronesien, Palau).

Doppeltarif → Mischzoll.

doppelt geknickte Preisabsatzfunktion – monopolistische Konkurrenz.

doppelt geknickte Preisabsatzkurve → polypolistische Preisbildung, → Preisabsatzfunktion, → Preisautonomie.

Dornbusch-Modell – von R. Dornbusch entwickeltes, mittlerweile klassisches → Modell zur Erklärung für das → Überschießen des nominellen Wechselkurses im Anschluss an monetäre Schocks. – *Annahmen:* Unterstellt permanentes → Gleichgewicht in Geld- und Assetmärkten, lässt aber mit träger Preisanpassung verbundene temporäre Ungleichgewichte auf dem Gütermarkt zu. Langfristig erfolgt Gütermarkträumung bei → Kaufkraftparität. – *Störung:* Steigt die heimische Geldmenge, so erfordert Geldmarktgleichgewicht die sofortige Anpassung der nominellen Geldnachfrage. Bei kurzfristig trägen Güterpreisen kann diese Anpassung nur über ein sinkendes Inlandszinsniveau erfolgen. Bei *perfekter* → internationaler Kapitalmobilität kann sich der Inlandszins aber nur vom Auslandszins lösen, wenn die Zinsdifferenz durch *Wechselkursänderungserwartungen* kompensiert wird. Der Wechselkurs wird daher sein neues langfristiges Gleichgewicht überschießen *(Overshooting),* und die daraus resultierende Aufwertungserwartung bringt den Geldmarkt kurzfristig ins Gleichgewicht. Durch das Überschießen des Wechselkurses entsteht auf dem Gütermarkt eine Überschussnachfrage nach heimischen Gütern, die Güterpreise beginnen zu steigen. Dies erhöht seinerseits wiederum die Geldnachfrage, der Inlandszins steigt, und der nominelle Wechselkurs sinkt allmählich auf sein gegenüber der Ausgangssituation abgewertetes neues langfristiges Gleichgewichtsniveau. – Vgl. auch → Wechselkurstheorie.

Drittland – Begriff des Integrations- und Zollrechts. Als Drittländer werden alle Nicht-Mitglieder eines Integrationsraums bezeichnet (z.B. alle Nichtmitgliedsstaaten aus der Sicht der EU, hier: USA, China, Japan). – Vgl. auch → regionale Integration.

Drittlandszollsatz – Zollsätze, die auf Einfuhren von Drittlandswaren in einen Integrationsraum (z.B. Freihandelszone, → Zollunion) erhoben werden (→ regionale Integration). Drittlandszollsätze sind die „normalen", höchsten Zollsätze, in Abgrenzung zu den „besonderen", geringeren → Präferenzzöllen. Drittlandszollsätze werden etwas missverständlich auch als *MFN-Zollsätze* bezeichnet (Most Favoured Nations [MFN]), d.h. die nach dem GATT-Prinzip der Meistbegünstigung auf Einfuhren aus Drittländern angewendet werden. Faktisch sind Drittlandszollsätze ungünstiger, weil höher als Präferenzzölle.

DSGE-Modelle – a) *Charakterisierung:* Es handelt sich hierbei um dynamische stochastische allgemeine Gleichgewichtsmodelle (Dynamic Stochastic General Equilibrium Models), die vollständig mikrofundiert sind, d.h. aus intertemporalen Optimierungsansätzen eines repräsentativen Haushalts und einer repräsentativen Unternehmung abgeleitet werden. Dabei wird – entsprechend der neoclassischen Gleichgewichtstheorie (→ Neue Klassische Makroökonomik) – das Prinzip des allgemeinen Gleichgewichts auf allen Märkten betont. Ein Handel zu falschen (nicht markträumenden) Preisen – was ein charakteristisches Kennzeichen der → Neokeynesianischen Theorie ist – ist in diesen Ansätzen nicht vorgesehen. Durch die Berücksichtigung von Schocks (wie z.B. Technologieschocks), die einem autoregressiven Prozess erster Ordnung folgen, handelt es sich um stochastische Gleichgewichtsmodelle. Dadurch wird in diesen Modellen eine exogene Dynamik erzeugt, während eine endogene (intrinsische) Dynamik durch das intertemporale Konsumglättungsverhalten der Haushalte (→ Euler-Gleichung des Konsums), aber auch durch die Berücksichtigung der Kapitalwachstums, hervorgerufen wird. – b) *Ausprägungen:* Die bekantesten DSGE-Modelle sind die Gleichgewichtsmodelle der realen Konjunkturtheorie (RBC-Modelle) und die dynamischen Gleichgewichtsmodelle der Neukeynesianischen Makroökonomik (→ Neukeynesianische Makroökonomik, dynamisches Grundmodell). Während Modelle der realen Konjunkturtheorie der Neuen Klassischen Makroökonomik zugeordnet sind und von völliger Preis- und Lohnflexibilität ausgehen, berücksichtigen neukeynesianische DSGE-Modelle nominale Rigiditäten auf Güter- und/oder Faktormärkten. Bei Zugrundelegung der Modellwelt der monopolistischen Konkurrenz ist die Preisbildung auf diesen Märkten Friktionen unterworfen, sodass sich als Resultat eine vorausschauende Inflationsgleichung vom Phillips-Kurven-Typ (→ Phillips-Kurve) ergibt, die von den zukünftig erwarteten Grenzkosten bzw. der Outputlücke abhängig ist. Während in RBC-Modellen die Neutralität des Geldes gilt und Konjunkturschwankungen nur durch reale Schocks (insbesondere temporäre Technologieschocks) erzeugt werden, kann in neukeynesianischen dynamischen allgemeinen Gleichgewichtsmodellen eine zyklische Dynamik auch durch monetäre Störungen (insbesondere Zinsschocks) hervorgerufen werden.

dualer Arbeitsmarkt – Arbeitsmarkttheorien.

Dual-Use-Güter – *Güter mit doppeltem Verwendungszweck;* Gegenstände, Technologien und Kenntnisse, die i.d.R. zivilen Zwecken dienen, die aber auch für militärische Zwecke verwendet werden können. Frühere Regelung war u.a. die VO (EG) Nr. 1334/2000 des Rates vom 22.6.2000 über eine Gemeinschaftsregelung der Kontrolle der → Ausfuhr von Gütern und Technologien mit doppeltem Verwendungszweck (ABl. EG 2000 Nr. L 159, S. 1) ist die Ausfuhr von Dual-Use-Gütern, die

in Anhang I aufgeführt sind, genehmigungspflichtig. Die Europäische Union (EU) hat im Zuge ihrer gemeinsamen Handelspolitik die EG-Dual-use-VO erlassen. Die Aktuelle Fassung ist die Verordnung (EG) Nr. 428/2009 vom 5.5.2009 (ABl. EU Nr. L 134/1). Die Dual-Use-VO besteht aus 28 Artikeln und sechs römisch bezifferten Anhängen. Im Anhang I sind alle Güter nach Art. 3 aufgeführt, welche als Dual-Use-Güter gelten. Für sie gelten bes. Exportbestimmungen. Dual-Use-Güter, die in diesem Anhang aufgeführt sind, sind genehmigungspflichtig, wenn diese Güter ganz oder teilweise für militärische Zwecke bestimmt sind oder bestimmt sein können. Die → Ausfuhrgenehmigungen werden durch das Bundesamt für Wirtschaft und Ausfuhrkontrolle (BAFA) erteilt, sofern nicht bereits Allgemeine (Ausfuhr-)Genehmigungen bestehen. Ausfuhrgenehmigungen gelten in der gesamten EU, so gelten in Deutschland auch Ausfuhrgenehmigungen der belgischen oder bulgarischen Ausfuhrkontrollbehörde. Den Mitgliedsstaaten der Europäischen Union bleibt es unbenommen, für Dual-Use-Güter, die nicht im Anhang I aufgenommen sind, gleichwohl eine Genehmigung vorzusehen oder die Ausfuhr ganz zu untersagen. Das ist in Deutschland in der → Außenwirtschaftsverordnung (AWV) geschehen, die auch die nationale Straf- und Bußgeldbewehrung für die EU-Regelung enthält. Anhang II enthält eine *Allgemeine Ausfuhrgenehmigung EU001* nach Art. 9 der Dual-Use-VO. Anhang IIIA enthält das Musterformblatt für Einzel- oder Globalgenehmigungen für die Ausfuhr nach Art. 14 I Dual-Use-VO. Mit der Dual-Use-VO setzt die EU verschiedene völkervertragsrechtliche Verpflichtung zur Überwachung der Warenausfuhr um, u.a. des Wassenaar Arrangement. – „Anhang I: *Liste der Güter mit doppeltem Verwendungszweck:* Mit dieser Liste werden die international vereinbarten Kontrollen für Dual-Use-Güter – einschließlich des Wassenaar Arrangement, des Missile Technology Control Regime (MTCR), der Nuclear Suppliers' Group

(NSG), der Australischen Gruppe und des Chemiewaffen-Übereinkommens (CWÜ) – umgesetzt."Die Gliederung des Anhangs ist komplex. Hier ein kleiner Eindruck der zehn Kategorien: -Kategorie 0: Kerntechnische Materialien, Anlagen und Ausrüstung, Kategorie 1: Besondere Werkstoffe und Materialien und zugehörige Ausrüstung, Kategorie 2: Werkstoffbearbeitung, Kategorie 3: Allgemeine Elektronik, Kategorie 4: Rechner, Kategorie 5: Telekommunikation und Informationssicherheit, Kategorie 6: Sensoren und Laser, Kategorie 7: Luftfahrtelektronik und Navigation, Kategorie 8: Meeres- und Schiffstechnik, Kategorie 9: Raumfahrzeuge und Antriebssysteme.

Dumping – 1. *Allgemeine Bedeutung:* Verkauf von Waren „unter Preis", d.h. unter einem Referenzpreis. Dieser Referenzpreis kann aus dem → Preis für Inlandsverkäufe desselben Gutes (oder vergleichbarer Güter), korrigiert um Transportkosten, oder auch aus den → Grenzkosten bzw. den Durchschnittskosten abgeleitet werden. – 2. *Spezielle Bedeutungen:* a) Verkauf zu nicht kostendeckenden Preisen, wobei die tatsächliche Kostenstruktur und der damit richtige Preis kaum zu ermitteln sind. b) Verkauf von Waren im Export zu niedrigeren Preisen als im Inlandsmarkt (regionale → Preisdifferenzierung) (Definition nach EG-Recht). Dadurch entsteht im Importland unerwünschter Konkurrenzdruck, dem ggf. durch einen → Antidumpingzoll begegnet werden kann. Zu Differenzen zwischen den Inlands- und Exportpreisen kann es immer dann kommen, wenn die Anbieter im Inland oder Ausland Marktmacht haben, wenn die Inlands- und Exportmärkte segmentiert sind und wenn die von den Anbietern wahrgenommenen Preiselastizitäten der → Nachfrage von → Markt zu Markt variieren. c) Beim Wechselkursdumping werden durch eine bewusst unterbewertete Währung Exporthilfen gewährt. d) Als *Umweltdumping* wird oft der Umstand bezeichnet, dass wegen mangelnder Umweltschutzauflagen Unternehmen aus bestimmten

Ländern kostengünstiger anbieten können als andere. e) Als → Sozial-Dumping wird der Umstand bezeichnet, dass in bestimmten Ländern die Arbeitskosten niedriger sind aufgrund des Fehlens sozialer Absicherung (Kranken- und Arbeitslosenversicherung, Unfallschutz) oder gar wegen erlaubter Kinderarbeit. – Vgl. auch → Antidumpingzoll.

Dumpingspanne → Antidumpingzoll.

Duopol – Oligopol.

Durchführungsverzögerung → Lag.

durchschnittliche Sparquote – misst den Anteil des → Sparens der privaten Haushalte am → verfügbaren Einkommen dieses Sektors. – Vgl. auch → marginale Sparquote, → Konsumquote.

Durchsickereffekte → Trickle-down-Effekte.

dynamische Analyse → Analyse-Methoden.

dynamische Größenvorteile – bes. Form von → Größenvorteilen, die bei der Bestimmung → dynamischer komparativer Vorteile eine wichtige Rolle spielen. Wenn eine ökonomische Aktivität unter dynamischen Größenvorteilen steht, dann hängt deren Effizienz nicht vom Niveau dieser Aktivität zu jedem Zeitpunkt ab, sondern davon, in welchem Ausmaß diese Aktivität in der Vergangenheit bis zu diesem Zeitpunkt durchgeführt wurde. – *Bekanntestes Beispiel:* Learning by Doing. Mit jeder Einheit, die zu einem bestimmten Zeitpunkt erzeugt wird, wird der Erfahrungsschatz vergrößert und damit die Effizienz künftiger → Produktion gesteigert. Die Gesamtheit der vergangenen Produktion bestimmt dann zu jedem Zeitpunkt den verfügbaren Bestand an Erfahrungen und Kenntnissen, und je größer dieser Bestand ist, desto geringer sind unter sonst gleichen Bedingungen die Stückkosten der Produktion.

dynamische komparative Vorteile – Verallgemeinerung des Konzepts → komparativer Vorteile auf Situationen, in denen die Produktionstechnologie nicht exogen gegeben, sondern durch endogene Innovationen im Zeitablauf veränderbar ist. Endogene Innovation wird hier als Entwicklung neuer Produktvarianten oder als Verbesserung bestehender Prozesse bzw. Produkte aufgefasst, die einem ökonomischen Anreiz unterliegt. In Übereinstimmung mit der neueren Wachstumstheorie unterstellt die moderne → Außenwirtschaftstheorie eine Art → dynamischer Größenvorteile in der Innovations- oder F&E-Aktivität.

dynamische Makroökonomik – 1. *Begriff:* Analyse der zeitlichen Entwicklung makroökonomischer Größen (z.B. Realeinkommen, Beschäftigung, Preise, Löhne) in Form einer diskreten (formal beschrieben durch ein → Differenzengleichungssystem) oder einer kontinuierlichen Betrachtungsweise (→ Differenzialgleichungssystem). I.S.d. Korrespondenzprinzips von Samuelson wird sie häufig als notwendige Ergänzung der statischen bzw. komparativ-statischen Analyse gesehen. – 2. *Formen:* a) Die *neoklassische Dynamik* unterstellt schnelle Preisflexibilität, sodass in Expansions- und Kontraktionsphasen die Preiseffekte den Mengeneffekten vorangehen. Nach Störungen findet das Wirtschaftssystem daher sehr schnell zu seinem Gleichgewicht zurück. – b) Die *Keynessche Dynamik* kehrt die Abfolge zumindest für die Kontraktionsphase um, die Mengeneffekte eilen den Preiseffekten voran. Dadurch kommt es zu Abweichungen vom Gleichgewicht und es besteht die Gefahr → kumulativer Kontraktionen und anhaltender → Stabilisierungskrisen. – c) Die *Ungleichgewichtsökonomik* erweitert die dynamische Analyse nochmals, indem sie Anpassungsprozesse nicht nur auf dem Weg von Gleichgewicht zu Gleichgewicht untersucht. Es kann vielmehr zu Quasigleichgewichten kommen. – d) Schließlich geben einige Vertreter der *postkeynesianischen Ökonomik* und der → neokeynesianischen Theorie die Gleichgewichtsorientierung der Dynamik völlig auf und betrachten den langfristigen Trend als Abfolge temporärer, kurzfristiger

Gleichgewichte, Ungleichgewichte oder Quasigleichgewichte. – e) In *keynesianischen Makromodellen offener Volkswirtschaften* wird häufig von einer verzögerten Preis- und Lohnanpassung auf dem Güter- und Arbeitsmarkt sowie von rationalen Preis- und Wechselkursänderungserwartungen ausgegangen; man erhält dann ein dynamisches sattelpunktstabiles ökonomisches System (→ Sattelpunktstabilität), auf dessen Grundlage sich die intertemporalen Wirkungen antizipierter geld- und fiskalpolitischer Maßnahmen analysieren lassen. – f) In vollständig mikrofundierten neukeynesianischen Makromodellen (→ Neukeynesianische Makroökonomik, dynamisches Grundmodell) wird neben einer verzögerten Preisanpassung in Form einer vorausschauenden, von der zukünftig erwarteten Inflationsrate abhängigen → Phillips-Kurve von einer dynamischen, realzinsabhängigen → IS-Gleichung, die das intertemporale Konsumglättungsverhalten der privaten Haushalte betont, ausgegangen. Mithilfe eines solchen dynamischen Modells in diskreter Zeit lassen sich insbesondere die dynamischen Effekte von temporären Kostenschocks und die geeignete geldpolitische Reaktion auf solche Schocks analysieren. – Vgl. auch → Neuer Keynesianismus.

dynamisch-evolutorische Theorien der Unternehmung – Gegenstand sind Unternehmungen als Verursacher endogenen wirtschaftlichen und strukturellen Wandels und als eine Determinante von Veränderungen von Wirtschaftssystemen. Es erfolgt eine Abkehr vom Gleichgewicht und der statisch effizienten Allokation. – *Theorien:* (1) *Schumpeter* betont die Rolle der Unternehmer für den Prozess der schöpferischen Zerstörung, den Innovationsprozess. (2) Die → Wachstumstheorie der Unternehmung von *Penrose* betont die Verfügbarkeit der Ressource Management als zentrale Restriktion realisierbarer Neuerungen, der Unternehmungsgröße bzw. -grenzen. (3) *Chandlers* Entwicklungstheorie der Unternehmung bezieht sich auf die Ko-Evolution von technischen und organisatorischen Innovationen und bestimmt die Unternehmensgrenzen u.a. durch die Nachfrageentwicklung (Massenmärkte) und die Kapitalintensität bzw. Investitionserfordernisse in bestimmten Branchen. (4) Der Ansatz von *Richardson* bestimmt die Unternehmensgrenzen mithilfe der Ähnlichkeit von Aktivitäten und durch das Ausmaß der erforderlichen Koordination (Komplementarität). Ähnliche Aktivitäten werden integriert, unähnliche, komplementäre werden mit Kooperationen oder dem Markt koordiniert. (5) *Demsetz* geht davon aus, dass die Unternehmensgrenzen grob durch eine Ökonomisierung der Ausgaben für Wissen bestimmt werden, wobei das Produkt als Vehikel der Wissensübertragung und damit der Spezialisierung dient. (6) *Silver* betont, dass vertikale Integration die Koordination von neuem Wissen erleichtere. Anstatt kostspieliger Informationsübertragung auf potenzielle, selbstständige Vertragspartner schließt der Unternehmer Arbeitsverträge, die eine billigere Informationsübertragung erlauben bzw. erwirbt Unternehmungen. Da der → Unternehmer nicht über alle Fähigkeiten verfügt, um ein Produkt vollständig zu produzieren und außerdem Organisationskosten entstehen, sucht er die Arbeitsteilung. Dabei nimmt er Produktionskostennachteile in Höhe der vermiedenen Informationsübertragungskosten in Kauf. Der so bestimmte Integrationsgrad minimiert (ex post) die Produktions- und Informationsübertragungskosten. Er verändere sich in der Zeit mit den (relativen) Lernprozessen. Silver hebt also auf dynamische Transaktionskosten ab. (7) *Langlois* führt die Entwicklung der Unternehmensgrenzen auf die innovationsbedingte Marktwachstumsrate, die Aneigenbarkeit von Innovationsrenten und die Informationsübertragungskosten zurück, wobei die historische Ausgangssituation ebenfalls eine Rolle spielt (Pfadabhängigkeit). Unternehmungen sind ceteris paribus vertikal um so integrierter, je höher die Marktwachstumsrate ist und umso weniger potenzielle Vertragspartner

bereits vorhanden sind. (8) Die Theorie der dynamischen Unternehmensfähigkeiten (*R. Dosi* u.a.) erklärt die Unternehmensgrenzen mit dem relativen firmenspezifischen organisatorischen und technischen Wissen, seiner pfadabhängigen Weiterentwicklung (Lernen) in den Unternehmungen, der selektierenden Umwelt (stark/schwach) und damit mit den Handelnsmöglichkeiten. Dabei stehen die Kohärenz von Fähigkeiten und die Strategie im Mittelpunkt. Aber auch die Transaktionskosten spielen eine Rolle.

dynamische Wohlfahrtswirkungen des internationalen Handels – Wohlfahrtswirkungen des internationalen Handels (→ Gains-from-Trade-Theorem), die dadurch entstehen, dass das Wachstum (des Nationaleinkommens pro Kopf) eines Landes bedingt durch internationalen Handel entweder vorübergehend oder nachhaltig erhöht wird. Hängt von den Spar- und Investitionsentscheidungen ab. Im *neoklassischen Wachstumsmodell* mit konstanter Spar- und Investitionsquote entsteht im Anschluss an einen statischen Effizienzeffekt (→ Produktionsgewinn aus internationalem Handel) ein Prozess der vorübergehenden Erhöhung der Wachstumsrate des Nationaleinkommens, weil ein Teil des zusätzlichen Einkommens gespart und investiert wird. Langfristig sinkt diese Wachstumsrate jedoch wieder auf die als exogen betrachtete Rate des Bevölkerungswachstums, abgesehen von ebenfalls exogenen technologischen Verbesserungen. Bei optimalem Wachstum beinhaltet diese langfristige Erhöhung des Einkommensniveaus keine zusätzlichen Wohlfahrtseffekte, es sei denn, es liegen Distorsionen vor. Bei *endogenem Wachstum* ist jedoch vorstellbar, dass Handel auch die Wachstumsrate des Pro-Kopf-Einkommens nachhaltig erhöht. – Vgl. auch → Wachstumstheorie.

dynamische Zinstheorie – von Schumpeter entwickelte → Zinstheorie im Sinn einer dynamischen Theorie. Der Zins ist derjenige Gewinn, den der Unternehmer („Pionier") aus der Durchsetzung neuer Kombinationen von Produktionsfaktoren zieht, solange die anderen Unternehmer („Imitatoren") noch nicht auf diesen neuen Stand der Wirtschaft nachgerückt sind. Daher gibt es nur in einer fortschreitenden, evolutorischen Wirtschaft einen Zins, nicht aber in einer stationären Wirtschaft.

E

Economic Exposure → Exposure.

Economies of Information → neoklassische Theorien der Unternehmung.

Edgeworth-(Bertrand-)Modell – oligopolistisches Dyopolmodell, in dem beide Anbieter autonome Preisstrategie auf einem vollkommenen Markt betreiben (Oligopol, → oligopolistische Preisbildung). Edgeworth arbeitet im Gegensatz zu Bertrand mit Kapazitätsbeschränkungen. Durch dauernde Preisunterbietungen und Preisheraufsetzungen entsteht ein Oszillationsmodell. Das Modell führt zu einer „Irrtumslösung".

Effective Competition → wirksamer Wettbewerb.

effektive Nachfrage – auf Keynes zurückgehendes Konzept, nach dem zumindest kurzfristig das Niveau der gesamtwirtschaftlichen Produktion durch die Höhe der am Gütermarkt auftretenden aggregierten Nachfrage bestimmt wird. Zur Vermeidung unerwünschter Lagerbestandsänderungen produzieren die Unternehmen nur so viel, wie sie aufgrund der von ihnen erwarteten Nachfrage auch absetzen können. Dies setzt die genaue Kenntnis der effektiven Nachfrage voraus. Entsprechend passen sie die Höhe ihrer Arbeitsnachfrage an. Daher kann es auf dem Arbeitsmarkt zu Arbeitslosigkeit kommen, obwohl auf dem Güter- und Geldmarkt Gleichgewicht herrscht. – Vgl. auch → Keynesianismus, → Neokeynesianische Theorie.

effektive Protektion – Konzept zur Berücksichtigung der importierten Zwischenprodukte bei der Ermittlung der sektoralen Schutzeffekte eines gegebenen Systems von Zollsätzen. Sofern die Zollsätze (→ Zolltarife) mit zunehmendem Verarbeitungsgrad steigen (Tarif-Eskalation; z.B.: Rohstoff = zollfrei, Halbfertigprodukt 5 Prozent, Fertigprodukt 10 Prozent), ist der tatsächliche Zollschutz für die inländischen Wertschöpfungsprozesse (effektive Protektion) höher als der „angebliche" nominale Zollschutz von 10 Prozent. Schreibt man t_i für den → Zoll auf das Gut i, und a_{ij} für den Anteil des importierten Zwischenprodukts j an den Stückkosten des Gutes i, dann ergibt sich die Rate der effektiven Protektion als

$$\frac{t_i - \sum_{j=1}^{n} a_{ij} t_j}{1 - \sum_{j=1}^{n} a_{ij}}.$$

Man nennt dies auch den *Effektivzoll* im Unterschied zum *Nominalzoll* t_i. Unter bestimmten Voraussetzungen kann dieser Effektivzoll ganz analog zu den Nominalzollsätzen im Fall ohne Zwischenprodukte interpretiert werden, und zwar als die durch das Zollsystem ermöglichte relative Veränderung der Wertschöpfung im Sektor i. – Vgl. auch → Handelspolitik.

Effektivzoll → effektive Protektion.

einfach geknickte Preisabsatzkurve → Kinky-Demand-Modell, → Preisabsatzfunktion.

Einfuhr – *Import.*

I. Allgemein: 1. *Begriff:* entgeltlicher und unentgeltlicher Bezug von Waren und/oder → Dienstleistungen aus dem Ausland. – 2. *Arten:* a) *direkte Einfuhr (unmittelbare Einfuhr):* Einfuhr der Selbstverbraucher, z.B. der weiterverarbeitenden Industrie, die (teils durch Vermittlung von Agenten) mit den ausländischen Lieferanten direkt abschließen. *Indirekte Einfuhr (mittelbare Einfuhr):* Einfuhr durch Einfuhrhändler, die ihrerseits die nachgeordneten Handelsstufen und die weiterverarbeitenden Betriebe beliefern (Einfuhrhandel). – b) *Sichtbare Einfuhr:* Warenimporte, also Güter der Ernährungswirtschaft,

→ Rohstoffe, Halb- u. Fertigwaren. *Unsichtbare Einfuhr:* Einfuhr von entgeltlichen Dienstleistungen, also z.B. Leistungen ausländischer Schiffe beim Transport FOB (Free on Board) gekaufter oder CIF (Costs, Insurance, Freight; ausschreiben besser, vgl. INCO-TERMS) verkaufter Waren, Vermittlungsleistungen ausländischer Banken, Dienstleistungen im Ausland für inländische Reisende etc.

II. **Außenwirtschaftsgesetz:** Verbringen von Waren aus fremden Wirtschaftsgebieten in das → Wirtschaftsgebiet. Wenn sie aus → Drittländern in eine Freizone oder ein Nichterhebungsverfahren übergeführt werden, liegt eine Einfuhr erst vor, wenn sie in der Freizone des Kontrolltyps I verbraucht, gebraucht, bearbeitet oder verarbeitet oder wenn sie in den zollrechtlich freien Verkehr übergeführt werden (§ 4 II Nr. 6 AWG).

III. **Zollrecht:** Verbringen von Waren, d.h. von allen beweglichen Sachen, sowie die Lieferung von elektrischer Energie in das Zollgebiet der EU. Es ist ein *Realakt*, kein Zollverfahren. Bes. bedeutet Einfuhr nicht die Überführung in ein Zollverfahren, etwa in den freien Verkehr. Das Entstehen der Zollschuld ist bei ordnungsgemäßem Verhalten (kein Einfuhrschmuggel) nicht an den Zeitpunkt der Einfuhr geknüpft, sondern hängt von der Überführung der Ware in den zollrechtlich freien Verkehrs ab, der sich je nach dem vom *Zollbeteiligten* gewählten Zollverfahren ergibt. Das Gleiche gilt für Einfuhrumsatzsteuer (EUSt) und die anderen nach Steuergesetzen für eingeführte Waren zu erhebenden Verbrauchsteuern, für die i.Allg. die Bestimmungen des Zollrechts sinngemäß anzuwenden sind.

IV. Umfang: → Außenhandel.

Einfuhrausschreibungen – Hinweise auf Einfuhrmöglichkeiten und -kriterien gemäß § 12 II → Außenwirtschaftsgesetz (AWG) durch die zuständigen Genehmigungsbehörden hinsichtlich Waren, deren Einfuhr genehmigungspflichtig ist (→ Einfuhrliste) oder mengenmäßigen Beschränkungen

unterliegt; wird im *Bundesanzeiger* veröffentlicht. Sobald das Einfuhrkontingent feststeht, kann die Einfuhrausschreibung erfolgen, u.a. mit der Publikation von: Höhe des Kontingents, Verfahren der Kontingentverteilung (→ Verteilungsverfahren), Antragshöchstgrenze, Voraussetzungen für die Antragsstellung, Antragsunterlagen, Art und Weise, mit der die Antragstellung erfolgen kann oder muss (EG-DAT), Ausschreibungsfrist.

Einfuhrbeschränkung – *Einfuhrrestriktion, Importbeschränkung, Importrestriktion;* Beschränkung (1) der → Einfuhr i.Allg., (2) der Einfuhr bestimmter Waren und → Dienstleistungen, (3) der Einfuhr aus bestimmten *Drittländern.* Beschränkungen innerhalb des EU-Binnenmarktes sind seit 1.1.1993 nicht mehr möglich. Nicht zur eigentlichen Einfuhrbeschränkung rechnen allg. Maßnahmen zur Wiederherstellung des Gleichgewichts der → Zahlungsbilanz. (4) Beschränkungen unterliegen normalerweise dem *Genehmigungsvorbehalt* (bei Erteilung der → Einfuhrgenehmigung ist die Einfuhr möglich). Zu unterscheiden sind Verbote, bei denen die Einfuhr immer untersagt bleibt; Verbot, Verbringungsverbot, → Einfuhrverbot. – Vgl. auch → tarifäre Handelshemmnisse, → nicht tarifäre Handelshemmnisse, → Importkontingentierung, → Einfuhrverbot, → Einfuhrzoll, → Protektion, → Binnenmarkt.

Einfuhrgenehmigung – nach Außenwirtschaftsrecht, dem Recht der Verbote und Beschränkungen im grenzüberschreitenden Warenverkehr oder sonstigen Normen erforderliche Genehmigung für die Einfuhr von Waren. Dabei kann es einmal um eine Genehmigung gehen, die Voraussetzung für jedes Verbringen ist. Vereinzelt sind Genehmigungen erst bei Überführung in den zollrechtlich freien Verkehr erforderlich. Bezugsgebiet ist zumeist das Zollgebiet der EU. Zuständig für die Erteilung sind das Bundesamt für Wirtschaft und Ausfuhrkontrolle (BAFA) oder die Bundesanstalt für Landwirtschaft und Ernährung (BLE). Einfuhrgenehmigungen müssen der Zollverwaltung mit der Zollabfertigung vorgelegt werden (heute nicht mehr als Papier sondern als elektronischer Datensatz über ATLAS).

Einfuhrkontingent → Importkontingentierung.

Einfuhrkontrollmeldung – Abk. *EKM*; mit der Zollanmeldung bei Beantragung der Einfuhrabfertigung bestimmter Waren ist die EKM vorzulegen, v.a. für lizenzfreie Marktordnungswaren. Die rechtlichen Regelungen sind in § 27 II Nr. 3 → Außenwirtschaftsverordnung (AWV) und § 27 a AWV enthalten. Bei der elektronischen Zollanmeldung mit dem IT-Verfahren ATLAS ist die papiermäßige EKM durch eine elektronische Weitergabe der Daten an die zuständigen Behörden ersetzt worden (§ 27 II UA 2 S. 1 AWV).

Einfuhrliste – 1. *Bedeutung*: Anlage zum → Außenwirtschaftsgesetz (AWG), aus der entnommen werden kann, ob die → Einfuhr einer Ware genehmigungsfrei oder -bedürftig ist. Die Genehmigungsfreiheit oder -bedürftigkeit ergibt sich aus der Warenliste in Verbindung mit den Länderlisten und den Anwendungsvorschriften zur Einfuhrliste. – Obwohl die Einfuhrliste als Anhang des AWG deren Bestandteil ist, kann sie kraft der Ermächtigung in § 10 II AWG durch Rechtsverordnung ohne Zustimmung des Bundesrates (§ 27 I AWG) geändert werden. Änderungen werden im Bundesanzeiger veröffentlicht. – 2. *Aufbau*: Teil I: Allgemeine Vorschriften und Hinweise zur Anwendung der Einfuhrliste; Teil II: Warenliste. – 3. *Aktuelle Entwicklung*: Seit dem Jahr 2006 ist die Warenliste dahingehend geändert worden, dass nicht mehr alle Waren aufgelistet werden, sondern nur noch Waren für die eine Beschränkung (Einfuhrgenehmigung, Überwachungsdokument, Ursprungszeugnis, Ursprungserklärung, Marktordnungsrechtliche Beschränkungen) besteht, wodurch der Umfang stark reduziert wurde. – 4. *Elektronischer Weg*: Einführer nutzen meist elektronische Ausgaben, da hier die Änderungen jeweils

zentral eingepflegt werden und diese stets auf dem aktuellen Stand sind. Die Vorschriften der Einfuhrliste sind Teil des elektronischen Zolltarifs (EZT), welcher von der Homepage der deutschen Zollverwaltung kostenlos abgerufen werden kann.

Einfuhrlizenz – *Importlizenz*; nach EU-Recht zur Gewährleistung einer ordnungsgemäßen Verwaltung der gemeinsamen Marktorganisation für Marktordnungswaren erforderlich, die in den zollrechtlich freien Verkehr übergeführt werden. Einfuhrlizenzen berechtigen und verpflichten zugleich den Inhaber zur → Einfuhr innerhalb der Gültigkeitsdauer der Einfuhrlizenz. Bei nicht durchgeführter Einfuhr – außer in Fällen höherer Gewalt – verfällt die Kaution. – *Ziele*: Marktbeobachtung; erforderlichenfalls Ermöglichung der Anwendung von Schutzmaßnahmen gegenüber Drittländern. – *Zuständigkeit*: Zur Erteilung von Einfuhrlizenzen in der Bundesrepublik Deutschland ist das Bundesamt für Wirtschaft und Ausfuhrkontrolle (BAFA) oder die Bundesanstalt für Landwirtschaft und Ernährung (BLE) zuständig. – Vgl. auch → Importquote.

Einfuhrquote → Verteilungsverfahren.

Einfuhrrestriktion → Einfuhrverbot, → Einfuhrbeschränkung.

Einfuhrsendung – Warenmenge, die an demselben Tag von demselben Lieferer an denselben Einführer (§ 21b I 1 AWV) abgesandt worden ist und von derselben Zollstelle abgefertigt wird (§ 23 III AWV).

Einfuhrverbot – *Importverbot*; Verbot, das jeglichem Verbringen von Waren in das Zollgebiet der Gemeinschaft entgegensteht (→ Embargo) oder der Überführung von Waren in den zollrechtlich freien Verkehr. Das Einfuhrverbot kann *absolut* sein oder *relativ* und damit *Ausnahmen* zulassen (Verbot mit Genehmigungs- oder Befreiungsvorbehalt, sog. → Einfuhrbeschränkung). Die Gründe sind vielfältig. Grundsätzlich kann sich ein Einfuhrverbot aus dem EU-Recht oder aus § 2 → Außenwirtschaftsgesetz

(AWG) des → Außenwirtschaftsrechts ergeben. Darüber hinaus sind wichtige Bereiche der Schutz der öffentlichen Sittlichkeit, Ordnung und Sicherheit, der Schutz der Gesundheit und des Lebens von Menschen, Tieren und Pflanzen, der Schutz des nationalen Kulturguts von künstlerischem, geschichtlichen oder archäologischem Wert, sowie der Schutz des gewerblichen und kommerziellen Eigentums sog. Verbote und Beschränkungen. – Zur *volkswirtschaftlichen Wirkung*: → Zoll, → Einfuhrbeschränkung, → tarifäre Handelshemmnisse, → nicht tarifäre Handelshemmnisse.

Einfuhrvertrag – Begriff des Außenwirtschaftsrechts für den Vertrag eines → Gebietsansässigen (§ 4 I Nr. 5 AWG) mit einem → Gebietsfremden (§ 4 I Nr. 7 AWG) über den Erwerb von Waren (§ 4 II Nr. 2 AWG) zum Zwecke der Einfuhr (§ 4 II Nr. 6 AWG). Für den Abschluss von Einfuhrverträgen bestehen grundsätzlich keine Beschränkungen.

Einfuhrzertifikat → internationale Einfuhrbescheinigung.

Einfuhrzoll – der für eingeführte Waren (→ Einfuhr) aufgrund von zollrechtlichen Vorschriften auf Grundlage des → Zolltarifs zu erhebende → Zoll, Art. 4 Nr. 10 ZK. Dieser fällt einmal an bei Überführung in das *Zollverfahren des zollrechtlich freien Verkehrs*. Durch Überführung in ein *Nichterhebungsverfahren* (z.B. *aktive Veredelung, Umwandlungsverfahren, vorübergehende Verwendung, Versandverfahren, Zolllagerverfahren*) kann die *Zollschuldentstehung* vermieden oder herausgezögert werden. Ein Einfuhrzoll entsteht aber auch, wenn es für Nichtgemeinschaftswaren bei oder nach der Einfuhr zu Pflichtverletzungen kommt, etwa Einfuhrschmuggel, Verstöße in Zollverfahren oder die Ware der zollamtlichen Überwachung entzogen wird. – Vgl. auch → Ausfuhrzoll.

Einkaufsland – Begriff des Außenwirtschaftsrechts (Legaldefinition in § 21 b II AWV). Land, in dem der → Gebietsfremde ansässig ist, von dem der → Gebietsansässige die Waren erwirbt. Dieses Land gilt auch dann als Einkaufsland, wenn die Waren an einen anderen Gebietsansässigen weiterveräußert werden. Liegt kein Rechtsgeschäft über den Erwerb von Waren zwischen einem Gebietsansässigen und einem Gebietsfremden vor, so gilt als Einkaufsland das Land, in dem die verfügungsberechtigte Person, die die Waren in das → Wirtschaftsgebiet verbringt oder verbringen lässt, ansässig ist oder ihren gewöhnlichen Aufenthalt hat. Das Versendungsland gilt dann als Einkaufsland, wenn die verfügungsberechtigte Person im Wirtschaftsgebiet ansässig ist, sowie bei Waren, die nach vorheriger Ausfuhr zurückgesandt werden oder deren Einkaufsland nicht bekannt ist.

Einkommen – I. Mikroökonomik: Stromgröße im Rahmen der → Haushaltstheorie, die einem → Haushalt innerhalb einer Periode zufließt. Dabei stehen dem Haushalt i.Allg. *vier Einkommensarten* zur Verfügung: (1) Einkommen aus Arbeitsleistung in Form von Lohnzahlungen, indem der Haushalt im Produktionsprozess den Unternehmen verwertbare Leistungen anbietet (Arbeits-Einkommen); (2) Einkommen aus Vermögen in Form von Zinsen bzw. Grundrente durch die Bereitstellung von Kapital oder Boden (Besitz-Einkommen); (3) Einkommen aufgrund rechtlicher Ansprüche oder freiwilliger Zuwendungen (Transfer-Einkommen); (4) Einkommen als Residualgewinn aus unternehmerischer Tätigkeit (Unternehmer-Einkommen). Für die Mehrzahl der Haushalte ist das Arbeitseinkommen von maßgebender Bedeutung. (5) Zu ergänzen sind Differenzialeinkommen, die sich aus Leistungsdifferenzen von Faktoren ergeben. – *Verwendung*: Sein Nettoeinkommen führt der Haushalt einerseits der Vermögensanlage (→ Sparen) und andererseits dem Kauf von Gütern (→ Konsum) zu. Den zum Konsum bestimmten Teil des Einkommens verwendet er optimal für die in seinen Begehrskreis fallenden → Güter, wenn für ihn das zweite → Gossensche Gesetz erfüllt ist

(Haushaltsoptimum). – Vgl. auch → permanentes Einkommen.

II. Makroökonomik: → Volkseinkommen.

III. Finanzwissenschaft: 1. *Allgemein:* Im Rahmen der Einkommensbesteuerung wird diskutiert, welche Einkommensbegriffe am besten die steuerliche Leistungsfähigkeit des Individuums (Leistungsfähigkeitsprinzip) repräsentieren. Die Finanzwissenschaft stützt sich dabei auf die Ergebnisse der Wirtschaftstheorie. – 2. *Definitionen* (nach dem theoretischen Ansatz unterschiedlich): a) Nach der *Quellentheorie* (B. Fuisting): Zum Einkommen zählen nur die ständig fließenden Zugänge; wegen des Ausschlusses aller aperiodischen Zugänge an ökonomischen Größen der engste Einkommensbegriff. – b) Nach der *Reinvermögenszugangstheorie:* Zum Einkommen gehören neben den ständig fließenden Zugängen v.a. auch aperiodische Zugänge und Vermögenswertzuwächse. Damit wird dem Steuergrundsatz der sachlichen „Allgemeinheit" schon besser entsprochen als bei a). – c) Nach dem *Schanz-Haig-Simons-Ansatz:* Mit der Comprehensive Tax Base versucht dieser Ansatz, dem Ideal der Allgemeinheit der Besteuerung bes. nahe zu kommen; er repräsentiert die gegenwärtige Diskussionsgrundlage. – d) *Umfassende Systematik des Einkommens:* (1) *Geldeinkommen:* (a) Faktorentlohnung: Arbeit, Kapital, einschließlich Gewinnausschüttung und -entnahme sowie realisierte Kapital-Wertsteigerungen; (b) Geldzugänge aus der Auflösung und dem Zugang von privatem Vermögen: Entsparen, Erbschaften, Schenkungen, Vermögensveräußerungen; (c) Zugänge aus Transfers: individuelle Transfers, z.B. Unterstützungen, Abfindungen; kollektive Transfers, z.B. Versicherungsleistungen, öffentliche Transfers wie Sozialrenten, Sozialhilfe, Kindergeld. (2) *Gütereinkommen:* (a) Naturalzugänge: Deputate, Dienstwohnung, Ausbildung, Gesundheitsdienste im Unternehmen; (b) Nutzung des (selbst erworbenen oder ererbten) Sachvermögens; (c) private

Realtransfers, z.B. Wohnrechte, Vorteile aus gemeinsamem Haushalt, Nachbarschaftshilfe; öffentliche Realtransfers, z.B. Kuren, Heilverfahren, Heimunterbringung. – Diese Systematik enthält allerdings nur pekuniär erfassbare Elemente, eliminiert demnach rein „psychisches" Einkommen (Bedürfnisbefriedigung); sie enthält nur messbare Zugänge, grenzt demnach häusliche Dienste und Freizeit aus. Inwieweit alle Zugangselemente auch der Besteuerung zu unterwerfen wären, müsste eigens entschieden werden.

IV. Steuerrecht der Bundesrepublik Deutschland: 1. Einkommen als *Grundlage der Steuerpflicht* vom Standpunkt der Steuergerechtigkeit: Gesamtbetrag der einer Person in bestimmter Zeiteinheit (Woche, Monat, Jahr) zufließenden Überschüsse der Wirtschaftsführung, also auch Naturalerträge.a) *Einkommen i.e.S.* (sog. *Quellentheorie*): Nur solche Reineinnahmen, die aus dauernden Quellen, also regelmäßig fließen: (1) fundiertes Einkommen, (2) unfundiertes Einkommen. – b) *Einkommen i.w.S.* (sog. *Reinvermögenszugangstheorie*): Sämtliche, also auch einmalige Einnahmen, wie z.B. Lotteriegewinn. – 2. Das dt. *Einkommensteuerrecht* enthält Teile der Quellen- und der Reinvermögenszugangstheorie. Dieser *synthetische Einkommensbegriff* folgte zunächst im Grundsatz – mit Ausnahme der Heranziehung weniger privater Veräußerungsgewinne (§ 23 EStG) – dem Begriff i.e.S. Die historische Entwicklung hat dann aber, gerade in letzter Zeit (ab 2009) zu einer stärkeren Ausweitung des steuerlichen Einkommensbegriffs in Richtung auf den Begriff des Einkommens i.w.S. mit sich gebracht, da heutzutage nur noch wenige private Veräußerungsgewinne aus dem steuerlichen Einkommensbegriff ausgegrenzt bleiben (§ 20, § 23 EStG). Ausgangspunkt der Einkommensermittlung sind die Einkünfte. Nur Bezüge und Verluste, die innerhalb einer der sieben Einkunftsarten (Einkünfte) anfallen, sind steuerlich relevant. Von der Summe der Einkünfte sind zur Ermittlung des Einkommens bestimmte Aufwendungen und

Freibeträge in Abzug zu bringen. Nach der herrschenden verfassungsrechtlichen Lehre hat der Einkommensteuergesetzgeber zwar bei der Ausgestaltung der steuerlichen Einkommensermittlung einen Ermessensspielraum, ist aber nicht völlig frei, sondern hat bestimmte Grundregeln, z.B. das objektive und das subjektive Nettoprinzip, zu beachten. – 3. *Körperschaftsteuer:* Was als Einkommen gilt und wie es zu ermitteln ist, bestimmt sich grundsätzlich nach den Vorschriften des EStG, wenn nicht das KStG bes. Regelungen enthält (§ 8 I KStG). Damit können bei einer Körperschaft im Grundsatz alle Einkunftsarten anfallen. – *Ausnahme:* Bei Buchführungspflicht nach HGB sind alle Einkünfte als Einkünfte aus Gewerbebetrieb zu behandeln (§ 8 II KStG). Ausgangspunkt der Ermittlung ist hier das Steuerbilanzergebnis, das aufgrund einkommen- und körperschaftsteuerlicher Vorschriften zu korrigieren ist (Einkommensermittlung).

Einkommen-Ausgaben-Modell – makroökonomisches Gütermarktmodell zur Bestimmung des gleichgewichtigen Nationaleinkommens. Das gesamtwirtschaftliche Güterangebot entspricht dem → Volkseinkommen und ist bis zur Kapazitätsgrenze vollkommen elastisch in Bezug auf die Preise. Das Gleichgewichtseinkommen wird allein von der → effektiven Nachfrage bestimmt, die sich im einfachsten Fall aus der einkommensabhängigen Konsumgüternachfrage und der autonomen Investitionsnachfrage zusammensetzt. Das Einkommen-Ausgaben-Modell lässt sich durch das folgende Gleichungssystem beschreiben:

$Y^s = Y$;

$Y^s = Y^d$;

$Y^d = C + I$;

$C = C_0 + c \cdot Y$ $(0 < c < 1)$;

$I = I_0$;

wobei: Y^s = geplantes Güterangebot; Y^d = geplante Güternachfrage; Y = realisierte Güterproduktion (gesamtwirtschaftliches Einkommen); C = Konsumgüternachfrage; C_0 =

autonomer Konsum; c = marginale Konsumquote; I_0 = autonome Investition. Grafisch ergibt sich das Gleichgewichtseinkommen $Y^G = 1/(1 - c) \cdot (C_0 + I_0)$ im Schnittpunkt von Güterangebots- und -nachfragekurve (vgl. Abbildung „Einkommen-Ausgaben-Modell"). Die Güterangebotsfunktion stimmt dabei grafisch mit der 45°-Linie überein, während die aggregierte Nachfragekurve durch vertikale Aggregation der Konsumfunktion und der horizontalen Investitionsfunktion resultiert. Da die marginale Konsumquote c kleiner eins ist, weist die aggregierte Nachfragekurve eine kleinere Steigung auf als die gesamtwirtschaftliche Güterangebotsfunktion, sodass ein gesamtwirtschaftliches Gleichgewicht existiert.

Einkommen-Ausgaben-Modell

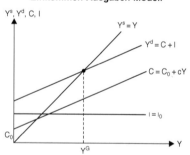

Im Unterschied zur klassischen Lehre wird das Gleichgewichtseinkommen Y^G nur von den autonomen Nachfragekomponenten bestimmt und braucht sich nicht notwendigerweise bei Vollbeschäftigung der Erwerbspersonen einzustellen. Es kann also mit einem Zustand der Unterbeschäftigung auf dem Arbeitsmarkt vereinbar sein. Da die vertikale Differenz zwischen Angebots- und Konsumfunktion mit dem gesamtwirtschaftlichen Sparen S und die vertikale Differenz zwischen Nachfrage- und Konsumfunktion mit der gesamtwirtschaftlichen Investition I übereinstimmt, gilt beim Gleichgewichtseinkommen Y^G die Gleichheit von geplantem gesamtwirtschaftlichen Sparen und geplanter Investitionsnachfrage: $S(Y^G) = I_0$.

Die Haushalte planen bei Vorliegen des Gleichgewichts Y^G gerade so viel Einkommen nicht zu konsumieren, wie die Unternehmen zu investieren beabsichtigen. Die Bedingung S = I lässt sich daher auch als Gleichgewichtsbedingung des Gütermarktes (oder eines dazu spiegelbildlichen Kapitalmarktes) auffassen. Dies setzt allerdings voraus, dass die Planungen der Marktteilnehmer auf korrekten Erwartungen basieren. Planen z.b. die Unternehmen ein Angebot, das größer als das gleichgewichtige Nationaleinkommen Y^G ausfällt, so liegt die geplante und realisierte Produktion über der effektiven Nachfrage; ein Teil der Produktion ist dann nicht absetzbar und führt zu einer ungeplanten Lageraufstockung, die wiederum eine ungeplante Investition darstellt. Die Bedingung S = I gilt dann nur noch ex post (im Sinne der Übereinstimmung von realisierten Größen), während sie ex ante verletzt ist, da das geplante Sparen der Haushalte – sofern sie mit dem höheren Güterangebot und Einkommen rechnen – jetzt größer ausfällt als die geplante Investition.

Einkommenseffekt – *Kaufkrafteffekt, Realeinkommenseffekt.* 1. *Begriff:* Teileffekt der → Slutsky-Hicks-Gleichung. Beschreibt die Reaktion eines → Haushalts auf eine Preisänderung für ein → Gut, die aufgrund der damit ceteris paribus einhergehenden Realeinkommensveränderung bewirkt wird. Der Einkommenseffekt bewirkt, dass der Haushalt bei einer Preissenkung mehr als bisher von den meisten Gütern nachfragen kann und umgekehrt. Die Richtung und Stärke des Einkommenseffekts wird durch die → Einkommenselastizität der Nachfrage des betreffenden Gutes angegeben. Dem Einkommenseffekt entgegengesetzt wirkt i.d.R. der → Substitutionseffekt. – 2. *Einkommenseffekt der Investitionen:* → Wachstumstheorie.

Einkommenselastizität der Nachfrage → Elastizität, die den Zusammenhang zwischen der relativen mengenmäßigen Nachfrage x eines → Haushalts nach einem → Gut

und einer Veränderung seines → Einkommens Y angibt:

$$\eta_{x,Y} = \frac{\frac{dx}{x}}{\frac{dY}{Y}} = \frac{dx}{dY} \cdot \frac{Y}{x}$$

Als ein Maß der Bedürfnisdringlichkeit interpretiert ist sie umso kleiner, je höher die Dringlichkeit ist. → Superiore Güter weisen eine Einkommenselastizität der Nachfrage größer Eins auf, bei relativ → inferioren Gütern ist die Einkommenselastizität der Nachfrage kleiner Eins und bei absolut inferioren Gütern kleiner Null.

Einkommenshypothesen → Konsumfunktion, Lebenszyklus-Hypothese, → permanentes Einkommen, → relative Einkommenshypothese.

Einkommenskonsumkurve – analytisches Instrument der → Nachfragetheorie des Haushalts. Beschreibt die Anpassung der optimalen Konsumgütermengen an Einkommensänderungen des → Haushalts (Voraussetzung: gegebene Güter bei konstanten Preisen und Präferenzen). Darstellung erfolgt in Form eines Einkommensexpansionspfades bzw. -kontraktionspfades oder als Kammlinie über die verschiedenen Haushaltsoptima, die sich aufgrund der einkommensinduzierten Parallelverschiebung der → Bilanzgeraden ergeben. Aus den unterschiedlichen Einkommenskonsumkurven können für separate → Güter → Einkommensnachfragefunktionen abgeleitet werden.

Einkommenskonten – in der Volkswirtschaftlichen Gesamtrechnung (VGR) werden vier Phasen der Einkommensverteilung und -verwendung unterschieden: Einkommensentstehung, primäre Einkommensverteilung, sekundäre Einkommensverteilung nach Ausgabenkonzept und sekundäre Einkommensverteilung nach Verbrauchskonzept sowie Einkommensverwendung. – Vgl. auch Volkswirtschaftliche Gesamtrechnung (VGR).

Einkommensmechanismus → Zahlungsbilanzausgleich.

Einkommensnachfragefunktion – *partielle Konsumfunktion, Engelkurve*; beschreibt in der → Nachfragetheorie des Haushalts die Nachfrage- bzw. Konsumreaktion eines privaten → Haushalts bez. eines Konsumgutes auf Einkommensänderungen bei konstanten Preisen. Die Einkommensnachfragefunktion lässt sich aus der → Einkommenskonsumkurve ableiten. – Bei → superioren Gütern liegt eine positive Beziehung zwischen Einkommen und Nachfrage und ein steigener Verlauf der Engelkurve vor, während sich für absolut → inferiore Güter ein fallender Verlauf ableiten lässt (anomale oder inverse Reaktion).

einseitige Handelsliberalisierung – *Asymmetrisches* Handelsabkommen, das Vergünstigungen nur von einer Vertragspartei beinhaltet; → Handelsliberalisierung. Im Gegensatz dazu beinhalten *symmetrische* bilaterale Handelsabkommen Handelsvergünstigungen für beide Vertragsparteien (→ Bilateralismus). Das → Präferenzabkommen der EU mit den AKP-Staaten ist ein Beispiel für die einseitige Handelsliberalisierung.

einseitige Übertragung – *unentgeltliche Übertragung;* ohne unmittelbare ökonomische Gegenleistung erbrachte bzw. empfangene Güter- und/oder Geldleistungen an das Ausland bzw. aus dem Ausland. Zu den einseitigen Übertragungen zählen v.a. die in Form von verlorenen Zuschüssen geleistete Entwicklungshilfe, Gastarbeiterüberweisungen und Beiträge zu internationalen Organisationen. Die Gegenüberstellung der einseitigen Übertragungen einer Periode erfolgt in der Übertragungs- bzw. Transferbilanz (→ Zahlungsbilanz).

Elastizität – I. Cloud Computing: Bezeichnung für die Fähigkeit eines Rechenzentrums, IT-Ressourcen flexibel und in kurzer Zeit bereitzustellen und wieder freigeben zu können.

II. Preis- und Markttheorie: wichtiges Instrument der ökonomischen Wirkungsanalyse: Verhältnis der relativen (prozentualen) Veränderung der abhängigen Variablen y (Wirkung) zur relativen Änderung der unabhängigen Variablen x (Ursache):

$$\eta_{y,x} = \frac{\frac{\Delta y}{y}}{\frac{\Delta x}{x}} = \frac{\Delta y}{\Delta x} \frac{x}{y}$$

Der Elastizitätskoeeizient gibt dabei mit dem Vorzeichen die *Wirkungsrichtung* und mit seinem absoluten Wert die *Wirkungsstärke* an. Ein Wert von $\eta_{y,x} = -2$ bedeutet z. B., dass y um 2 Prozent abnimmt, wenn x um 1 Prozent zunimmt. Da in diese in der Empirie verwendeten Kennzifferndefinition diskrete Änderungen (Δy und Δx) eingehen, wird sie auch als *Bogen- oder Streckenelastizität* bezeichnet. Als x- und y-Werte werden dabei entweder

(a) die Ausgangswerte x_1 und y_1 oder

(b) die mittleren Werte $\bar{x} = 1/2(x_1 + x_2)$

bzw. $\bar{y} = 1/2(y_1 + y_2)$ eingesetzt.

In theoretischen Untersuchungen wird i.d.R. auf die *Punktelastizität*

$$\eta_{y,x} = \frac{dy}{dx} \frac{x}{y}$$

abgestellt. Hier gilt $\Delta x \to 0$ und damit $\Delta y \to 0$ vgl. Abbildung „Elastizität". – *Häufig verwendete Elastizitäten:* → Preiselastizität, Einkommenselastizität, → Angebotselastizität, → Produktionselastizität, → Skalenelastizität, → Substitutionselastizität etc.

Elastizitätsansatz – theoretischer Ansatz zur Erklärung der Veränderungen der Leistungsbilanz als Folge von Veränderungen des realen Wechselkurses. Am einfachsten darstellbar im Zwei-Güter-Fall. Die ausländische Nachfrage nach dem im Inland erzeugten Gut (Exportnachfrage) hängt ab vom relativen Preis dieses Gutes X = X(R), wobei R = w · P'/ P der reale → Wechselkurs, und W der nominelle Wechselkurs in Preisnotierung ist. Die Ableitung dieser Exportnachfragefunktion

Elastizität

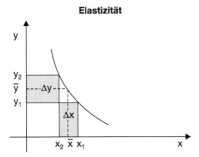

nach dem realen Wechselkurs ist: X' > 0. Analog dazu sei die Importnachfrage (ausgedrückt in Einheiten des Importgutes): $M = M(R)$, wobei M' < 0. In Einheiten des heimischen Gutes ausgedrückt ergibt sich dann die Leistungsbilanz als: $B = X(1 / R)- RM(R)$. Nun verändert sich die Leistungsbilanz gemäß: $\partial B / \partial R = X'- RM'- M$. Die Reaktion der Leistungsbilanz ist also bestimmt durch die Ableitungen X' bzw. M', die ihrerseits die Mengenreaktionen der Handelsströme auf die Preisveränderung determinieren. Die Marshall-Lerner-Bedingung gibt nun an, wie die Preiselastizitäten der Export- bzw. Importnachfrage beschaffen sein müssen, damit $\partial B / \partial R > 0$. Wenn man unterstellt, dass die Leistungsbilanz ursprünglich ausgeglichen war (X = RM), dann erhält man diese Bedingung als: $X' R / X- M' R / M > 1$. Dies lässt sich schreiben als: $|\eta_x| + |\eta_M| > 1$, wobei η_x bzw. η_M die Elastizitäten der Export- bzw. Importnachfragefunktionen darstellen. Diese Preiselastizitäten müssen sich dem Betrag nach auf mehr als eins addieren *(Marshall-Lerner-Bedingung)*. Bei der Ableitung dieser Bedingungen wird allerdings eine perfekt preiselastische Güterangebotsproduktion und somit unendlich große Angebotselastizitäten der Produktion des Ex- und Importgutes unterstellt. Wird die Vorstellung des perfekt preiselastischen Güterangebots aufgehoben, so gilt es, die Angebotselastizitäten bei der Ableitung der Bedingung einer normalen Reaktion der Leistungsbilanz zu berücksichtigen *(Robinson-Bedingung)*. Sind

die Elastizitätsbedingungen hingegen nicht erfüllt, so verschlechtert sich die Leistungsbilanz als Resultat einer Abwertung der heimischen Währung. Für den Fall, dass das Devisenmarktgeschehen von den Handelsströme dominiert wird, würde Instabilität des Devisenmarktes resultieren. – Vgl. auch → Elastizitätspessimismus, → J-Kurven-Effekt.

Elastizitätsoptimismus – Begriff der monetären → Außenwirtschaftstheorie. Erwartung einer Konstellation aus Nachfrage- und Angebotselastizitäten (→ Elastizitätsansatz), die bei → Abwertung der Inlandswährung zu einer Aktivierung (bei → Aufwertung zu einer Passivierung) der → Leistungsbilanz führt *(normale Reaktion)*. – *Gegensatz:* → Elastizitätspessimismus.

Elastizitätspessimismus – auf empirische Untersuchungen der 1950er- und 1960er-Jahre gegründete Skepsis bez. der Erfüllung der Elastizitätsbedingungen (→ Elastizitätsansatz) für die normale Reaktion der → Leistungsbilanz auf relative Güterpreisveränderungen. Mündete v.a. auch in Skepsis bez. der Erreichung des → außenwirtschaftlichen Gleichgewichts über flexible Wechselkurse. Aufgrund jüngerer empirischer Untersuchungen scheint jedoch eher ein → Elastizitätsoptimismus als ein Elastizitätspessimismus gerechtfertigt zu sein. Danach variieren „typische" → Nachfrageelastizitäten zwischen –0,5 und –1,5 für Importgüter und zwischen 0,5 und 2 für Exportgüter. – *Gegensatz:* → Elastizitätsoptimismus.

elementarer Multiplikator → Investitionsmultiplikator.

Embargo – 1. *Begriff:* Eine staatlich angeordnete Zwangsmaßnahme, mit der der Güterhandel mit einem bestimmten Staat unterbunden wird, i.d.R. als Repressalie gegen Völkerrechtsverletzungen oder um das betreffende Land zu bestimmten Handlungen zu zwingen bzw. es davon abzuhalten. – 2. *Bedeutung/Begriffsdifferenzierung:* Im Sprachgebrauch wird die Abgrenzung zwischen Boykott und Embargo oft verwischt: Ein Boykott ist privatwirtschaftlich und eher passiv (freiwilliger Verzicht), ein Embargo staatlich und auch aktiv organisiert (Verbot und Durchsetzung). Je nach Ausmaß unterscheidet man *Total-*, *Partial-* oder *Selektivembargo*. Wirken dabei mehrere Staaten zusammen, spricht man auch von *Kollektivembargo*. Das Embargo ist inhaltlich eng verwandt mit drei anderen völkerrechtlichen Begriffen. Bei einer *Sanktion* handelt es sich um eine Reaktion eines Staates auf völkerrechtswidriges Verhalten eines anderen Staates. Der Begriff *Retorsion* (Vergeltung) wird meist im Zusammenhang mit handelspolitischen Sanktionen verwendet; dies kann also auch ein Embargo sein oder ein Retorsionszoll (→ Zoll). Eine → Blockade ist eine militärische Maßnahme, die z.B. ein (prinzipiell ziviles) Embargo durchsetzen oder unterstützen soll. – 3. *Handelsembargos* wurden in der jüngeren Vergangenheit vom UN-Sicherheitsrat verhängt (u.a. gegen Irak, Iran, Elfenbeinküste). In der EU werden diese Beschlüsse umgehend im Rahmen der Gemeinsamen Außen- und Sicherheitspolitik (GASP) mithilfe von Verordnungen in Gemeinschaftsrecht, parallel dazu und zumeist überflüssig in nationales Recht – in den §§ 69a ff. der → Außenwirtschaftsverordnung (AWV) umgesetzt, um ggf. auch strafrechtliche nationale Sanktionen zu ermöglichen. – 4. *Eigenständige Embargos:* werden von der EU im Rahmen der GASP verhängt (z.B. gegenüber Birma/Myanmar, Demokrat. Republik Kongo, Libanon, Liberia, Nordkorea, Sierra Leone, Simbabwe, Somalia, Sudan, Usbekistan, Weißrussland). Die Überwachung solcher Restriktionen obliegt im Rahmen der Zollabfertigung bei Ein- und Ausfuhr den Zollstellen. Nachteile, die bspw. Exporteuren durch Handelsembargos entstehen (Lieferverbot, Zahlungsverbot) gehen zulasten des Betroffenen, da → Außenwirtschaftsgesetz (AWG) und AWV keine Entschädigungen vorsehen. Man kann sich gegen solche politischen Risiken (weitgehend) bei der Euler Hermes Kreditversicherungs-AG versichern.

Embargowaren – Güter, deren → Ausfuhr aufgrund eines → Embargos beschränkt oder verboten sind; → Exportkontrolle.

empirische Wirtschaftsforschung – 1. *Begriff:* Im Rahmen der Volkswirtschaftslehre die Anwendung bzw. Entwicklung von Methoden zur empirischen Überprüfung ökonomischer Hypothesen sowie zur Analyse der Effizienz des wirtschaftpolitischen Instrumentariums. – 2. *Ziele:* a) Empirisch tragfähige Theorien von nicht tragfähigen zu unterscheiden b) Sammlung und Aufbereitung wirtschaftlicher Daten als Grundlage erklärender Analysen des Wirtschaftsablaufs (Wirtschaftsstatistik, → Konjunkturdiagnose) und als Basis wirtschafts-, finanz-, sozial- u.a. politischer Meinungsbildung. – c) Prognosen und Szenarien der wirtschaftlichen Entwicklung zu erstellen (Wirtschaftswissenschaften, Popper-Kriterium). – 3. *Methoden:* a) Zählungen und Befragungen (Wirtschaftsstatistik, → Konjunkturtest, → Konsumklimaindex). – b) Empirische Analyse statistischer Reihen (→ Konjunkturindikatoren). – c) Aufstellung und Auswertung formaler Modelle (Ökonometrie). – 4. *(Häufig) angewandte mathematische Verfahren:* Schätzung ökonometrischer Modelle, Zeitreihenanalyse, → Input-Output-Analyse.

Endanwender-Kontrolle → End User Control (EUC).

endogene Handelsvorteile – Vorteile, die sich die Unternehmen selbst schaffen, z.B. durch Forschungs- und Entwicklungsaktivitäten oder auch eine erfolgreiche Vermarktungsstrategie. – *Anders:* → exogene Handelsvorteile.

endogene Konjunkturmodelle – Klasse von meist nicht linearen → Konjunkturmodellen, die bei der Erklärung von → Konjunkturschwankungen nicht auf das Vorhandensein von exogenen Störfaktoren angewiesen sind, sondern eine inhärente Schwankungsanfälligkeit aufweisen. Tritt eine Abweichung vom stationären → Gleichgewicht auf, führen diese Modelle zu persistierenden

→ Oszillationen. – Am bekanntesten sind die Modelle von Kaldor (1940), → Kaldor-Modell, und Goodwin (1951), → Goodwin-Modelle. – *Gegensatz:* → exogene Konjunkturmodelle.

endogenes Wachstum – Schlüsselbegriff der neuen Wachstumstheorie. In neoklassischen Modellen kommt der Wachstumsprozess in Pro-Kopf-Größen langfristig, d.h. im Steady State, zum Erliegen. Wachstum in Pro-Kopf-Größen kann hier nur durch exogenen technischen Fortschritt generiert werden. Die endogene Wachstumstheorie erklärt demgegenüber das Zustandekommen von langfristigem Wachstum aus dem Modell heraus, d.h. endogen. Endogenes Wachstum kann sich durch vielerlei Einflüsse ergeben. Bes. Aufmerksamkeit fand in der Literatur der Einflusskanal, bei dem hohe Investitionen in Realkapital zu verstärkter Akkumulation von industriellem Know-how bei den Arbeitskräften führt, was seinerseits die Grenzproduktivität des Realkapitals erhöht und Anreize zu weiteren Investitionen schafft. Durch diesen Effekt haben die Investitionen eines einzelnen Unternehmens einen positiven externen Effekt auf die Investitionsanreize der anderen Unternehmen. Daraus ergibt sich, dass die Investitionsrate in einem Gleichgewicht ohne staatliche Subventionen i.Allg. suboptimal ist und dass richtig angesetzte staatliche Subventionen eine Wohlfahrtsverbesserung erreichen können. Als weitere Triebfeder endogenen Wachstums können Humankapitalakkumulation und Forschung und Entwicklung angesehen werden (s. → Romer-Modell). Ferner versuchen jüngere Ansätze die Interaktion zwischen demografischen Variablen, wie Bevölkerungswachstum und dem Wachstumsprozess zu durchleuchten, d.h. in diesen Modellen ist sogar das Bevölkerungswachstum endogen (s. → Unified Growth Theory).

endogene Wachstumstheorie → neue Wachstumstheorie.

End User Control (EUC) – *Endanwender-Kontrolle, Endverbleibs-Kontrolle, Re-Export-Kontrolle, Wiederausfuhrkontrolle;* Kontrollpflicht, bestehend bez. Waren einschließlich Fertigungsunterlagen, deren → Ausfuhr aufgrund von COCOM-Beschlüssen, UN-Embargobeschlüssen und des Vertrages über die Nichtverbreitung von Kernwaffen oder sonstiger Regelungen in bestimmte Länder genehmigungspflichtig ist. Der Endverbleib der mit einer → Ausfuhrgenehmigung exportierten Waren in dem in Aussicht genommenen Empfängerland ist sicherzustellen. Das für die Beantragung einer Ausfuhrgenehmigung für Embargowaren maßgebliche Verfahren richtet sich nach Bestimmungsort/-land und ggf. dem Empfänger der auszuführenden Waren. Mit festgelegten Formularen ist der Endverbleib der Genehmigungsbehörde nachzuweisen, in Deutschland nach Beteiligung der Zollbehörden dem Bundesamt für Wirtschaft und Ausfuhrkontrolle (BAFA).

Endverbleibs-Kontrolle → End User Control (EUC).

Engelkurve → Einkommensnachfragefunktion.

Entscheidungsverzögerung → Lag.

Entstehungsrechnung – Berechnung und Darstellung des → Inlandsprodukts von der Produktionsseite her; hierzu werden die Bruttowertschöpfungen der einzelnen Wirtschaftsbereiche addiert und um die unterstellte Bankgebühr sowie die → Gütersteuern und → Gütersubventionen korrigiert. Neben der Entstehungsrechnung bilden die → Verwendungsrechnung und die → Verteilungsrechnung den Kernbereich der laufenden Inlandsproduktsberechnung. – Vgl. auch → Bruttoinlandsprodukt (BIP).

Entwicklungsbanken – *Development Banks, Development Finance Companies.* 1. *Charakterisierung:* Bezeichnung für unterschiedliche Spezialinstitute für die Finanzierung von langfristigen Investitionsvorhaben mit entwicklungspolitischer Bedeutung (z.B.

industrielle Großprojekte, Infrastrukturmaßnahmen) bzw. nationalen wirtschaftspolitischen Maßnahmen in Entwicklungsländern. Für Entwicklungsländer sind sie von bes. Bedeutung, da ihnen ein leistungsfähiger Kapitalmarkt fehlt und dadurch Kapitalbildung wegen geringer interner Ersparnismobilisierung ungenügend ist (Ersparnislücke). – 2. *Funktionen:* Neben reinen Finanzierungsleistungen erbringen sie auch Beratungsdienstleistungen bei der Durchführung von Projekten. – 3. *Refinanzierung:* Die Refinanzierung der Entwicklungsbanken erfolgt meist durch staatliche Beteiligungen, Beteiligungen anderer Entwicklungsbanken und durch Emission von Schuldverschreibungen, die aufgrund des guten Standings der Entwicklungsbanken zu günstigen Konditionen am Kapitalmarkt untergebracht werden können. – 4. *International tätige Entwicklungsbanken:* Zur Weltbank-Gruppe gehören folgende miteinander verbundene Organisationen: International Bank for Reconstruction and Development (IBRD), International Finance Corporation (IFC), International Development Association (IDA), International Centre for Settlement of Investment Disputes (ICSID) und Multilateral Investment Guarantee Agency (MIGA). – 5. *National tätige Entwicklungsbanken:* In vielen Entwicklungsländern wurden Entwicklungsbanken gegründet, deren Tätigkeit sich auf die gesamte Wirtschaft des Landes oder bestimmte Sektoren erstreckt (z.B. Entwicklungsbanken zur Förderung des Exports, des Mittelstands oder der Landwirtschaft). Sie sind mit den Wirtschaftsverhältnissen ihrer Klientel vertraut und können bei der Projektplanung Risiken besser beurteilen. Auch in Industrieländern gibt es Entwicklungsbanken wie z.B. die Kreditanstalt für Wiederaufbau (KfW), die in der Bundesrepublik Deutschland u.a. für die finanzielle Zusammenarbeit mit den Entwicklungsländern zuständig ist. – 6. *Wichtige Instrumente:* Gewährung von zinsgünstigen, projektgebundenen Krediten mit längerfristigen Laufzeiten. In neuerer Zeit werden auch nicht-projektgebundene Darlehen zur strukturellen Anpassung von international tätigen Entwicklungsbanken vergeben.

Entwicklungsländer – Staaten, die im Vergleich zu Industrieländern einen Entwicklungsrückstand aufweisen, indem einerseits das erzielte Wohlfahrtsniveau niedrig ist und andererseits die Funktionsfähigkeit des Wirtschaftssystems im Hinblick auf die Erzeugung wohlfahrtsrelevanter Leistungen mangelhaft ist. Indikatoren zur Verdeutlichung des niedrigen Entwicklungsstandes sind: Niedriges Pro-Kopf-Einkommen und das Leben breiter Bevölkerungsschichten in der Nähe des Existenzminimums; geringe Arbeitsproduktivität; hohe Arbeitslosigkeit; geringer Bildungsstand; Dominanz des primären Sektors in gesamtwirtschaftlicher Produktion und im Export; unzulängliche Infrastruktur. – *Verschuldungsprobleme von Entwicklungsländern:* Auslandsverschuldung der Entwicklungsländer. – *Gegensatz:* → Industrieländer. – Vgl. auch Entwicklungstheorie, Länderklassifizierung.

Entwicklungspolitik – 1. *Begriff:* Gesamtheit aller staatlichen Maßnahmen zur Förderung der sozioökonomischen Entwicklung in → Entwicklungsländern. Ziel ist die Verbesserung der Lebensbedingungen in Entwicklungsländern, wobei eine erfolgreiche Entwicklungspolitik ursachenadäquat betrieben werden und auf Erkenntnisse der Entwicklungstheorie zurückgreifen muss. – Die Entwicklungspolitik der Industrieländer wird häufig als *Entwicklungshilfepolitik* bezeichnet. – 2. Wichtige Argumente für die *Erklärung von Unterentwicklung* sind: (1) verfehlte Außenwirtschaftspolitik, wobei die fehlende Konkurrenzfähigkeit der Volkswirtschaften auch auf eine fehlgeleitete Wirtschaftspolitik der Entwicklungsländer zurückgeführt wird; (2) → Protektionismus der Industrieländer; (3) Ursachen gemäß Dependencia-Schule (vgl. Dependencia-Theorien); (4) Faktorausstattung. – 3. *Strategien:* In den 1950er- und 1960er-Jahren wurde Entwicklung mit

Wachstum gleichgesetzt, demzufolge wurden wachstumsorientierte Entwicklungsstrategien formuliert. Als entscheidendes Entwicklungshemmnis wurde der Kapitalmangel angesehen. Mit steigendem Wachstum hofft man die Armut beseitigen zu können. Die Strategie des ausgewogenen Wachstums und die des unausgewogenen Wachstums sind typische Entwicklungsstrategien dieser Periode, wobei im ersteren Fall ein Gesamtkonzept aufeinander abgestimmter Investitionen, im zweiten eine selektive Förderung von Schlüsselindustrien im Mittelpunkt standen. Da ein Durchsickereffekt wachstumsorientierter Entwicklungsstrategien ausblieb, wurden von der Weltbank Strategien mit bes. Berücksichtigung der Umverteilung (Redistribution with Growth) propagiert um die Armen besser zu erreichen. Das endgültige Scheitern der Wachstumsstrategien führte zur Konzentration auf Grundbedürfnisse, mit dem Ziel der direkten Beseitigung der absoluten Armut innerhalb einer Generation. Hierbei sollte eine Mindestausstattung der Armen mit Konsumgütern gewährleistet werden; ein bes. Schwergewicht wurde auf die Partizipation der Beteiligten gelegt. Entscheidend ist zudem die Frage der Binnen- bzw. Außenorientierung der Handelspolitik. Entwicklungsländer, die eine Strategie der Exportdiversifizierung ergriffen, haben im Vergleich zu Ländern mit einer Import-Substitutions-Politik wirtschaftlich besser abgeschnitten und oftmals das Stadium der Unterentwicklung verlassen (asiatische „Tiger"). Eine Strategie der Exportförderung ist v.a. dann erfolgreich, wenn hohe Verkettungseffekte im Inland vorliegen, dann kann der Außenhandel Wachstumsmotor sein. Die Entwicklungspolitik eines Landes muss auch die Frage beantworten, inwieweit Landwirtschaft oder Industrie stärker gefördert werden sollte. Als erfolgreich hat sich eine Politik erwiesen, die die Landwirtschaft nicht vernachlässigt, denn die Entwicklung der Landwirtschaft ist für den Beginn der wirtschaftlichen Entwicklung von zentraler Bedeutung. Auf der einen Seite wird durch sie das Nahrungsmittelangebot gesichert (Vermeidung von Hungersnöten), Arbeitskräfte für den sekundären und tertiären Sektor freigesetzt, und Kaufkraft für Industrie- und Dienstleistungsangebote gebildet, heimische Ersparnisse angeregt und Devisen gesichert. In der Frühphase der wirtschaftlichen Entwicklung gilt es jedoch ein ausgewogenes sektorales Wachstum zwischen Landwirtschaft und Industrie anzustreben. Eine Vernachlässigung der Landwirtschaft führt zu Landflucht, erhöht den Anteil der Subsistenzwirtschaft und schafft eine hohe Abhängigkeit von Nahrungsmittelimporten. – Seit dem Brundtland-Bericht wird die Nachhaltigkeit der Entwicklung betont. Entwicklungsländer benötigen ein aufholendes Wachstum und auch die Folgen der Entwicklung für die Umwelt müssen einbezogen werden. Weitere Prioritäten liegen bei der Überwindung des Problems der explosiven Bevölkerungsentwicklung und der stärkeren Berücksichtigung von Globalisierung und Dezentralisierung von Institutionen und Finanzmitteln.

Entwicklungsstrategien → Entwicklungspolitik.

Erfahrungsgut → Gut, dessen Qualität ein → Haushalt erst nach vollzogenem Konsum feststellen kann. Der Konsum von Erfahrungsgütern zieht Lerneffekte nach sich, die das Nachfrageverhalten zukünftiger Perioden beeinflussen.

Erkenntnis-Lag – *Recognition Lag;* die Zeitspanne zwischen Auftreten einer wirtschaftlichen Störung dem Zeitpunkt, zu dem von der Wirtschaftspolitik ein Handlungsbedarf erkannt wird. Der Erkenntnis-Lag ist Komponente des inneren → Lag. Hauptursachen für das Auftreten eines Erkenntnis-Lag sind Verzögerungen in der Datenerfassung und -auswertung, die Unsicherheit in der Interpretation der Datenlage sowie die Einschätzung der Folgen einer bestimmten Störung auf den Wirtschaftsprozess.

Erlös – I. Rechnungswesen: auf bes. Ertragskonten ausgewiesener Gegenwert aus Verkauf, Vermietung und Verpachtung von Produkten, Waren und Dienstleistungen, vermindert um Umsatzsteuer und Erlösschmälerungen (Umsatzerlös). Die Erlöse umfassen in der *Gewinn- und Verlustrechnung (GuV)* die Umsatzerlöse und einen Teil der sonstigen betrieblichen Erträge. – Beim *Liquidationsverkauf* kann der Erlös einen steuerpflichtigen Liquidationsgewinn enthalten. – 1. Erlös als *Gegenbegriff der* → Kosten: Diese Begriffsfassung setzt sich zunehmend durch mit der Folge, dass der Begriff der Leistung als früher dominierender Gegenbegriff (Kosten- und Leistungsrechnung) nunmehr das Mengengerüst der Erlöse kennzeichnet. – 2. *Erlösarten:*- Teile eines Gesamterlöses, die für bestimmte Entgeltkomponenten (Teilpreise) anfallen, z.B. Grundgebühr und leistungsabhängige Gebühr für Fernsprechleistungen. – Vgl. auch Einzelerlös, Gemeinerlös, negativer Erlös, Nettoerlös, Bruttoerlös.

II. Preis- und Markttheorie: *Umsatz;* stellt das mathematische Produkt aus Preis p und Menge x dar: U = p · x.

Mittels dieser Definition gelangt man zur *Erlös-* oder *Umsatzfunktion:* (a) im Mengenanpasser-Fall bei gegebenem Marktpreis (und konstantem Grenzumsatz) $\overline{p}$ zur linearen Umsatzfunktion

$$U = \overline{p} \cdot x.$$

(b) bei linearer Preisabsatzfunktion x(p) = a – bp und demzufolge p(x) = a/b – x/b (inverse Preisabsatzfunktion) zur „Umsatzparabel"

$$U = p(x)x = (a/b – x/b)x = ax/b – x^2/b$$

mit der linearen Grenzumsatzfunktion
dU/dx = a/b - 2x/b.

Ertragsgesetz – *Gesetz vom abnehmenden* → Grenzertrag; bezeichnet einen produktionstechnischen Sachverhalt, der bei partieller Faktorvariation auftritt. Es wurde ursprünglich für landwirtschaftliche Produktionsprozesse formuliert (A.R.J. Turgot: Bodenertragsgesetz). Dabei wird Boden als fixer, bes.

die Arbeitsleistung als variabler Faktor betrachtet. Vorausgesetzt wird eine → Produktionsfunktion mit begrenzt substitutionalen Produktionsfaktoren; vgl. Abbildung „Ertragsgesetz". Der Gesamtertrag nimmt bei Gültigkeit des Ertragsgesetzes bei Erhöhung des Arbeitseinsatzes zunächst überproportional und danach unterproportional zu (positive, aber abnehmende → Grenzerträge); schließlich geht der absolute Ertrag zurück. Der Boden ist zunächst Überschussfaktor, dessen Aufnahmekapazität für Arbeitsleistungen mit ständig steigendem Arbeitseinsatz sich irgendwann gleichsam erschöpft. Dieser Zusammenhang spiegelt sich im Verlauf des Grenz- und des Durchschnittsertrages wider: Der Grenzertrag nimmt zunächst zu, erreicht ein Maximum (bei A_0) und nimmt schließlich ab. Gleiches gilt für den Durchschnittsertrag, der sein Maximum dann erreicht, wenn sich beide Kurven schneiden. Das Ertragsgesetz der neoklassischen Produktionstheorie unterstellt von Anfang an positive und

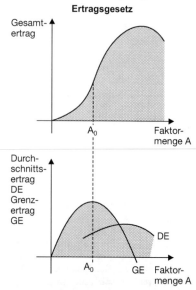

Ertragsgesetz

abnehmende → Grenzerträge (neoklassische Produktionsfunktion).

Erwartung – 1. *Begriff/Einordnung:* Da bei zukunftsbezogenen Entscheidungen meist viele für die Entscheidungsfindung wichtige Größen unbekannt bzw. unsicher sind, können nur Erwartungen über die unbekannten Größen herangezogen werden. Nach Knight sind zwei grundsätzlich verschiedene *Entscheidungssituationen* zu unterscheiden: (1) solche, in denen zumindest subjektive Wahrscheinlichkeiten vorliegen *(Risiko, messbare Unsicherheit)*, und (2) solche, in denen dies nicht der Fall ist *(echte Unsicherheit)*, weil die Informationsbasis zu schmal ist. – 2. *Erwartungshypothesen:* a) *Autoregressive Erwartungen:* Die Erwartungen werden bez. einer bestimmten Variablen allein aus den Vergangenheitswerten dieser Variablen abgeleitet. – Bekannteste Hypothese dieser Klasse ist die *adaptive Erwartungsbildung.* Sie beschreibt einen Lernprozess, bei dem der Erwartungswert der Vorperiode E(p_{t}- 1) um einen Teil (α) des Erwartungsirrtums der Vorperiode p_{t}- 1 – E(p_{t}- 1) korrigiert wird. Der so korrigierte Wert beschreibt die Erwartung für die laufende Periode:

E (p_{t}) = E (p_{t-1}) + $\boldsymbol{\alpha}$ [p_{t-1}– E (p_{t-1})]

bzw. (nach Transformation)

$$E(p_t) = \alpha \sum_{i=1}^{\infty} (1-\alpha)^{i-1} p_{t-i}.$$

Die Gewichte $\alpha(1-\alpha)^{i-1}$ mit $0 < \boldsymbol{\alpha} < 1$ folgen einer abnehmenden geometrischen Reihe. Im Sonderfall $\boldsymbol{\alpha} = 1$ liegen statische Erwartungen als Spezialfall autoregressiver und adaptiver Erwartungen vor. – Kennzeichen autoregressiver Ansätze ist, dass ausschließlich die vorangegangenen Realisationen der zu prognostizierenden Variablen für die Erwartungsbildung herangezogen werden. – b) *Rationale Erwartungen:* Diese gehen auf J.F. Muth (1961) zurück. Das ökonomische Optimierungskalkül wird auf die Erwartungsbildung übertragen. Formal basiert dieser Ansatz auf dem wahr-

scheinlichkeitstheoretischen Konzept bedingter Erwartungen. p_{t} sei eine Zufallsvariable, die eine ökonomische Größe beschreibt (z.B. die Inflationsrate), und I_{t}- 1 die Informationsmenge, die den Wirtschaftssubjekten zum Zeitpunkt t- 1 zur Verfügung steht. Der Ausdruck f(p_{t}/ I_{t-1}) beschreibt die bedingte Dichtefunktion der Zufallsvariablen p_{t}, wenn I_{t-1} gegeben ist. Der bedingte Erwartungswert von p_{t} ist dann:

$$E(p_t/I_{t-1}) = \int_{-\infty}^{+\infty} p_t \cdot f(p_t/I_{t-1}) dp$$

Der Erwartungsirrtum

$$\varepsilon_t = p_{t-} E(p_t / I_{t-1})$$

weist zwei wesentliche Eigenschaften auf: (1) Der bedingte Erwartungswert des Erwartungsirrtums ist gleich null, d.h.:

$$E(\epsilon_t/I_{t-1}) = E(p_t/I_{t-1}) - E[E(p_t/I_{t-1})/I_{t-1}] = 0.$$

Dies folgt daraus, dass in t- 1 der bedingte Erwartungswert bekannt ist. Dessen bedingter Erwartungswert ist also gerade der Erwartungswert selbst. (2) Der Erwartungsirrtum ist mit allen verfügbaren Informationen unkorreliert: Cor (ε_t, I_{t-1}) = 0, wobei: Cor = Korrelationskoeffizient. Wäre dies nicht der Fall, könnten die Erwartungen durch die Berücksichtigung dieser Korrelationen verbessert werden, d.h. die Informationen würden nicht effizient genutzt. – Die Theorie rationaler Erwartungen setzt in der *strengen Form* voraus, dass die Individuen das relevante Modell der Ökonomik und dessen Struktur kennen. Die Erwartungsbildung erfolgt dann in modellendogener Weise auf der Grundlage des relevanten ökonomischen Modells. Neben der strengen Form rationaler Erwartungen werden auch abgeschwächte Modelle rationaler Erwartungsbildung diskutiert *(semirationale Erwartungen),* die weniger hohe Ansprüche stellen und etwa lediglich die Ausschöpfung vorhandener Informationen fordern. – 3. *Bedeutung/Beurteilung:* Weil die autoregressiven Ansätze nur die vergangenen Realisationen der betreffenden Variablen als Informationsquelle benutzen, kommt es i.d.R. zu systematischen Prognosefehlern, aus denen die Individuen keine Konsequenzen ziehen. In vielen Fällen ist ein solches Verhaltensmodell unrealistisch. Rationale Erwartungsbildung schließt systematische Fehler aus. Erwartungsirrtümer können zwar nach wie vor auftreten, sind aber rein stochastischer Natur. Das Konzept rationaler Erwartungen ist bei modernen ökonomischen Theorien (wie → Neukeynesianische Makroökonomik) der dominierende Ansatz zur Berücksichtigung von Erwartungen. Die Bedeutung der rationalen Erwartungen wird jedoch durch die starken Anforderungen dieses Ansatzes (Existenz, Eindeutigkeit und Stabilität von Modell und Struktur) eingeschränkt. Die abgeschwächte Form semirationaler Erwartungen ist häufig nichtssagend und kann zur statischen Erwartungshypothese äquivalent sein. Liegt schließlich echte Unsicherheit vor, ist eine Erwartungsbildung in der oben beschriebenen Weise generell unmöglich. – Vgl. auch → Neue Klassische Makroökonomik, → Konjunkturtheorie, → Wachstumstheorie.

Erwartungsbildung → Wachstumstheorie, Geldtheorie.

Erwartungsparameter – ökonomische Größe, die ein Akteur (Entscheidungsträger) indirekt durch die Fixierung von → Aktionsparametern beeinflussen kann. Setzt z.B. der Monopolist seinen Preis als Aktionsparameter ein, so ist die Absatzmenge Erwartungsparameter.

erweiterte Fondsfazilität – Kreditfazilität des IWF, aus der die Mitglieder ihre normalen → Ziehungsrechte überschreitende Kredite erhalten können. Schaffung der erweiterten Fondsfazilität im September 1974, als sich infolge der ersten Erdölpreisexplosion in vielen Ländern bes. hartnäckige außen- und binnenwirtschaftliche Strukturverzerrungen ergaben. Kredite aus der erweiterten Fondsfazilität haben eine Laufzeit von viereinhalb bis zehn Jahren und betragen maximal 140 Prozent der IWF-Quote des betreffenden Landes.

Erziehungszoll → Zoll, der einen Zollschutz für solche Wirtschaftszweige gewähren soll, die bei → Freihandel der ausländischen Konkurrenz unterliegen würden, bei einem temporären Schutz aber in angemessener Zeit internationale Wettbewerbsfähigkeit erlangen können (*Infant-Industry-Argument,* das von Hamilton und List entwickelt wurde). Vertreter einer liberalen Außenwirtschaftspolitik akzeptieren im Kern das Erziehungszollargument. – *Probleme* ergeben sich bei seiner Operationalisierung: Wie sollen schutzwürdige Industrien identifiziert werden und wie soll gegen den Widerstand der betroffenen Industrie der Zollschutz später zurückgenommen werden?

Escapeklausel – I. Außenwirtschaft / Europarecht: Schutzklausel.

II. Ertragsteuern: 1. *Begriff:* Ausnahmeregelung von der Beschränkung des Zinsabzugs im Rahmen der Zinsschranke (vgl. Regelungen zur Zinsschranke); Zinsaufwendungen sind grundsätzlich einkommensteuerlich unbegrenzt abzugsfähig, wenn der Betrieb zwar zu einem Konzern gehört, dessen Eigenkapitalquote jedoch am Ende des vorangegangenen Abschlussstichtages mind. so hoch ist wie die Eigenkapitalquote des Konzerns ("Escapeklausel"). Ein Unterschreiten der Konzerneigenkapitalquote bis zu einem Prozentpunkt (2% bei Wirtschaftsjahren, die nach dem 31.12.2009 beginnen) führt zu keinen Beschränkungen (§ 4h II S. 1c EStG). Die Eigenkapitalquote ermittelt sich dabei aus dem Verhältnis des bilanziellen Eigenkapitals zu der Bilanzsumme. – 2. *Ermittlung der Eigenkapitalquote:* Für den Vergleich der Eigenkapitalquoten ist grundsätzlich ein bestehender Konzernabschluss zugrunde zu legen. Dies jedoch nur, wenn dieser befreiende Wirkung gemäß der §§ 291 ff. HGB hat. Für den Eigenkapitalvergleich ist i.d.R. die Eigenkapitalquote nach dem für die Zinsschranke maßgebenden Rechnungslegungsstandard (grundsätzlich IFRS, nachrangig HGB und US-GAAP) heranzuziehen. Für die

Ermittlung der Eigenkapitalquote sind jedoch noch Modifikationen bez. des Eigenkapitals und ggf. der Bilanzsumme vorzunehmen. Bspw. sind dazu die Anteile an anderen Konzerngesellschaften in Höhe deren Buchwerte (§ 4h II S. 1c S. 5 ff EStG) zu kürzen. Bei der Ermittlung der Eigenkapitalquote ist außerdem zu beachten, dass nur die Einlagen zu berücksichtigen sind, sofern diesen keine Ausschüttungen bzw. Entnahmen innerhalb der ersten sechs Monate nach dem maßgeblichen Abschlussstichtag gegenüberstehen (§ 4h II S. 1c S. 5 EStG). Außerdem müssen Bilanzierungs- und Bewertungswahlrechte in den zugrunde liegenden Bilanzen einheitlich ausgeübt sein. – 3. *Gesellschafterfremdfinanzierung i.S.d.* § *8a KStG*: Bei Konzernen gilt die Besonderheit, dass Kapitalgesellschaften nur dann von der Zinsschranke durch die Escapeklausel befreit sind, wenn keine schädliche Gesellschafterfremdfinanzierung nach § 8a III KStG vorliegt. Die Gesellschafterfremdfinanzierung ist schädlich, wenn mehr als 10 Prozent des negativen Zinssaldos an von mehr als 25 Prozent unmittelbar oder mittelbar beteiligte Anteilseigner einer Konzern-Gesellschaft, diesen nahe stehende Personen und an rückgriffsberechtigte Dritten gezahlt werden. Die Körperschaft hat die Nachweispflicht, dass eine schädliche Gesellschafterfremdfinanzierung nicht vorliegt. Konzernunternehmen, die einen Eigenkapitalquotenvergleich durchführen, müssen in analoger Weise den Nachweis erbringen, dass innerhalb des gesamten steuerlichen Konzerns keine schädliche Gesellschafterfremdfinanzierung vorliegt. Dabei sind jedoch konzerninterne Finanzierungen nicht zu berücksichtigen. Diese Regelung greift analog für gewerblich tätige Personengesellschaften, die einer Kapitalgesellschaft nachgeordnet sind. Die übergeordnete Kapitalgesellschaft muss hingegen nicht zum Konzern gehören. Voraussetzung hierfür ist, dass die Mitunternehmerschaft zu einem Konzern gehört.

ESVG – Abk. für → Europäisches System Volkswirtschaftlicher Gesamtrechnungen.

EUC – Abk. für → End User Control; *siehe* → Exportkontrolle.

Euler-Gleichung des Konsums – Die Euler-Gleichung des Konsums ist zentraler Bestandteil neukeynesianischer, vollständig mikrofundierter Makromodelle (→ Neukeynesianische Makroökonomik, dynamisches Grundmodell). Sie resultiert aus der Maximierung einer intertemporalen Nutzenfunktion eines repräsentativen Haushalts unter Beachtung einer periodenbezogenen Budgetrestriktion. Wird eine Volkswirtschaft ohne staatliche ökonomische Aktivität und Geldhaltung betrachtet, lautet das Optimierungsproblem des Haushalts:

$$(1) \quad U_t = E_t \sum_{k=0}^{\infty} \beta^k [\frac{1}{1-\sigma} C_{t+k}^{1-\sigma} - \frac{\kappa}{1+\eta} N_{t+k}^{1+\eta}] \to \max$$

unter Beachtung der Nebenbedingung
$(1 + i_{t-1})B_{t-1} + W_t N_t + \Pi_t^r = P_t C_t + B_t$

Dabei gelten folgende Bezeichnungen:
U_t = Nutzen,
E_t = rationaler Erwartungsoperator,
C_{t+k} = Konsumnachfrage in Periode $t+k$,
N_{t+k} = Arbeitsangebot in Periode $t+k$,
B_{t-1} = Wertpapierhaltung am Ende der Periode $t-1$,
W_t = Lohnsatz der Periode t,
P_t = Preisniveau der Periode t,
Π_t^r = reales Gewinneinkommen der Periode t,
β = Diskontfaktor $(0 < \beta < 1)$,
σ = Inverse der intemporalen Substitutionselastizität des Konsums $(\sigma \geq 1)$,
η = Inverse der Arbeitsangebotselastizität $(\eta \geq 1)$,
κ = Skalenparameter $(\kappa > 0)$.

Der Haushalt erzielt einen positiven Nutzen aus seinem gegenwärtigen und (auf die Gegenwart abdiskontierten) zukünftig erwarteten Konsum, während gegenwärtige und zukünftige Arbeit als Leid empfunden wird. In der Budgetrestriktion stehen links die verfügbaren Mittel des Haushalts, die sich aus Zins- und Tilgungszahlungen zu Beginn der Periode t sowie Lohn- und Gewinneinkommen in der Periode t zusammensetzen. Diese Mittel werden für Konsumzwecke und für die Wertpapierhaltung verwendet. Dabei handelt es sich bei B um ein risikoloses nominales Wertpapier mit einer Laufzeit von einer Periode und einer nominalen Effektivverzinsung in Höhe von i. – Die Bedingungen erster Ordnung für ein Nutzenmaximum ergeben sich, indem man die nach C_t aufgelöste Budgetrestriktion, d.h. die Gleichung

$$(3) \qquad C_t = \frac{W_t}{P_t} N_t + \Pi_t^r + (1 + i_{t-1}) \frac{B_{t-1}}{P_t} - \frac{1}{P_t} B_t$$

in die Nutzenfunktion (1) einsetzt (d.h. zur Nutzenfunktion mit absorbierter Budgetbeschränkung übergeht) und anschließend nach den verbleibenden Entscheidungsvariablen B_t und N_t ableitet und diese ersten partiellen Ableitungen von U gleich null setzt. Man erhält dann erstens die Bedingung für die optimale intertemporale Konsumallokation (Euler-Gleichung)

$$(4) \qquad C_t^{-\sigma} = \beta(1 + i_t) E_t \left(\frac{P_t}{P_{t+1}} C_{t+1}^{-\sigma} \right)$$

und die Bedingung für den optimalen Arbeitseinsatz:

$$(5) \qquad \frac{\kappa \cdot N_t^\eta}{C_t^{-\sigma}} = \frac{W_t}{P_t}$$

Während Gleichung (5) eine atemporale (statische) Optimalitätsbedingung darstellt, die das Verhältnis aus dem Grenznutzen der Arbeit und dem Grenznutzen des Konsums (also die → Grenzrate der Substitution zwischen Konsum und Arbeit) absolut gesehen mit dem Reallohnsatz in Verbindung setzt, beschreibt die Euler-Gleichung (4) eine dynamische, zinsabhängige Beziehung zwischen Gegenwartskonsum und zukünftig erwartetem Konsum. Sie lässt sich weiter umformen, wenn man die → Fisher-Gleichung in der Formulierung

$$(6) \qquad 1 + r_t = (1 + i_t) E_t \left(\frac{P_t}{P_{t+1}} \right)$$

mit r_t = Realzins in (4) einsetzt:

$$(7) \qquad C_t^{-\sigma} = \beta(1 + r_t) E_t C_{t+1}^{-\sigma}.$$

An dieser Formulierung der Euler-Gleichung des Konsums wird deutlich, dass der heutige Konsum neben einer vorausschauenden Komponente (d.h. $E_t C_{t+1}$) gleichzeitig vom (Brutto-)Realzins abhängig ist und eine Realzinssteigerung einen Konsumverlagerungseffekt von der Gegenwart in die Zukunft bewirkt. Der Haushalt betreibt dadurch eine Strategie der Konsumglättung. – In neukeynesianischen Makromodellen wird die Euler-Gleichung i.d.R. in logarithmisch-linearer Schreibweise verwendet, indem man sie durch Übergang zu Änderungsraten um den Anfangs-Steady-State linearisiert. Da die Fisher-Gleichung in linearisierter Form lautet

$$(8) \qquad r_t = i_t - E_t \pi_{t+1}$$

wobei $E_t \pi_{t+1}$ die erwartete Inflationsrate bezeichnet, erhält man die log-lineare Version der Euler-Gleichung

$$(9) \qquad c_t = E_t c_{t+1} - \frac{1}{\sigma}(i_t - E_t \pi_{t+1}).$$

Dabei ist die prozentuale Änderungsrate des Konsums oder $\log C_t$. – Die Euler-Gleichung (9) kann gleichzeitig als neukeynesianische → IS-Gleichung aufgefasst werden, da in einer Modellwelt ohne Staat und private Investitionstätigkeit die Güternachfrage nur aus der privaten Konsumgüternachfrage besteht und daher c_t durch das (logarithmierte) Outputniveau y_t und entsprechend der erwartete Zukunftskonsum $E_t c_{t+1}$ durch $E_t y_{t+1}$ ersetzt werden können.

Eulersches Theorem – *Euler-Theorem, Ausschöpfungstheorem, Adding-up-Theorem.* Bei linear-homogenen → Produktionsfunktionen (vgl. auch → Linearhomogenität) gilt:

$$f_1' \cdot r_1 + f_2' \cdot r_2 + \ldots + f_n' \cdot r_n = Q,$$

wobei: f_i' = partielle → Grenzproduktivität des Faktors i, r_i = gesamte Einsatzmenge des Faktors i, Q = Output. – Bei vollständiger Konkurrenz ist das Wertgrenzprodukt $p \cdot f_i'$ als Produkt aus Güterpreis p und partieller Grenzproduktivität gleich dem Faktorpreis q_i,

Multiplikation der obigen Relation mit dem Produktpreis P ergibt daher: $q_1 r_1 + q_2 r_2 + ... + q_n r_n = Q \cdot P$. Die Summe der Kosten für die → Produktionsfaktoren zehrt den gesamten Erlös auf, es bleibt kein Gewinn. – Vgl. auch → Wicksell-Cobb-Douglas-Produktionsfunktion.

Europäische Handelspolitik – die gemeinsame Handelspolitik der Mitgliedsstaaten der EU, in Art. 206-207 AEUV niedergelegt. – 1. *Ziele* (Art. 206 AEUV): Durch die Schaffung einer Zollunion beabsichtigen alle Mitgliedsstaaten, im gemeinsamen Interesse zur harmonischen Entwicklung des Welthandels, zur schrittweisen Beseitigung der Beschränkungen im internationalen Handelsverkehr und zum Abbau der Zollschranken beizutragen. – 2. *Grundsätze* (Art. 207 AEUV): Die gemeinsame Handelspolitik wird nach einheitlichen Grundsätzen gestaltet; dies gilt v.a. für die Änderung von Zollsätzen, den Abschluss von Zoll- und Handelsabkommen, die Vereinheitlichung der Liberalisierungsmaßnahmen, die Ausfuhrpolitik und die handelspolitischen Schutzmaßnahmen. – 3. *Handelspolitisches Instrumentarium:* Das Inkrafttreten des gemeinsamen → Binnenmarktes zum 1.1.1993 erlaubte keine bis dahin immer noch existierenden nationalen Restriktionen bzw. Alleingänge (nationale Einfuhrquoten bzw. -kontingente) mehr. Es wurde deshalb eine Reihe von Verordnungen erlassen, die als „handelspolitisches Instrumentarium" der EU bezeichnet werden können und gleichzeitig eine Anpassung der bis dahin existierenden handelspolitischen Instrumente der EU an das neue GATT bzw. die Ergebnisse der Uruguay-Runde darstellen. – Vgl. auch → tarifäre Handelshemmnisse, → nicht tarifäre Handelshemmnisse.

Europäisches System Volkswirtschaftlicher Gesamtrechnungen – Das Europäische System Volkswirtschaftlicher Gesamtrechnungen (ESVG, engl. European System of Accounts, ESA) ist das in der Europäischen Union einheitlich geltende System der Volkswirtschaftlichen Gesamtrechnung. In seiner derzeit gültigen Fassung von 1995 (ESVG 1995) basiert es auf dem → System of National Accounts (SNA 1993). Per ESVG-Verordnung ist allen Mitgliedsstaaten der EU verbindlich vorgeschrieben, bei Lieferungen von Ergebnissen der Volkswirtschaftlichen Gesamtrechnung (VGR) für EU-Zwecke die Definitionen des ESVG 1995 einzuhalten. Aufbauend auf der Neufassung des SNA von 2008, wird eine Revision zum ESVG 2008 erarbeitet. Die Änderungen sollen ab 2014 von den nationalen statistischen Ämtern umgesetzt werden.

Eurosklerose – im Bereich der Wirtschaft eine Inflexibilität der Märkte, eine zögerliche Anpassungsfähigkeit im Strukturwandel und eine träge Reaktionsfähigkeit beim Auftreten exogener Störungen (Sklerose), sofern sie auf europäische Volkswirtschaften zutreffen, oder auf solche Volkswirtschaften, die nachhaltig vom europäischen Kulturkreis geprägt sind. Der Begriff wurde Mitte der 1980er-Jahre vom Kieler Ökonomen H.Giersch geprägt und wird bei Diskussionen über den europäischen und weltweiten Wettbewerb von Volkswirtschaften nach wie vor verwendet.

evolutorische Analyse → Analyse-Methoden.

evolutorische Wachstumstheorie – 1. *Charakterisierung:* Das wesentliche Merkmal evolutorischer Modelle zur Erklärung von Entwicklungs- bzw. Wachstumsprozessen besteht darin, dass sie sich vorrangig mit der Bedeutung und der Rolle von Neuerungen (Innovationen) für den Wachstumsprozess beschäftigen. Bereits bei Schumpeter stehen die Innovationen im Mittelpunkt und sowohl in der → postkeynesianischen Wachstumstheorie als auch in der → neoklassischen Wachstumstheorie spielt der → technische Fortschritt, in dem sich die ökonomisch relevanten Neuerungen niederschlagen, eine wichtige Rolle (→ Wachstumstheorie). Neu ist dagegen die Art und Weise, wie der technische Fortschritt modelliert wird. Der technische Fortschritt ist in evolutorischen Modellen keine exogene Variable, sondern wird modellendogen durch das Suchen der Unternehmen nach Neuerungen beschrieben. Auf diese Weise bekommt der Unternehmer einen höheren Stellenwert beigemessen als in der traditionellen neoklassischen Wachstumstheorie. – 2. Die *wesentlichen Elemente* einer evolutorischen Wachstumstheorie werden an dem folgenden Modell von Nelson und Winter (1974) verdeutlicht: a) *Neuerungen:* Ein wesentlicher Unterschied zu den Modellen der postkeynesianischen und neoklassischen Wachstumstheorie besteht darin, dass es sich um kein analytisches Modell, sondern um ein Simulationsmodell handelt. Dies hat den Vorteil, dass nicht nur ein einziges repräsentatives Unternehmen modelliert wird, sondern eine größere Anzahl von Unternehmen mit unterschiedlicher Ausstattung und Verhaltensweisen ganz bestimmten Umfeldbedingungen ausgesetzt werden können. Auf diese Weise lässt sich relativ realitätsnah der Wettbewerbsprozess zwischen den Unternehmen abbilden. Darüber hinaus ist es möglich, Zeitpfade des aggregierten Produktionsniveaus, des Faktoreinsatzes und der Faktorpreise zu generieren. So kann die mikroökonomische Ebene mit der makroökonomischen verknüpft und anhand eines Vergleiches mit historischen Zeitreihen überprüft werden, wie gut der Ansatz in der Lage ist, empirische Beobachtungen zu erklären. Neben diesen Vorteilen weisen Simulationsmodelle aber auch eine Reihe von Nachteilen auf. R. Nelson und S. Winter sehen v.a. bei stochastischen Modellen die Gefahr, dass die Ergebnisse möglicherweise nicht repräsentativ sind; denn in solchen Modellen müssen Annahmen über die Verteilung verschiedener Variablen getroffen werden, und diese Annahmen müssen mit der Realität nicht übereinstimmen. Ein weiterer Nachteil ist häufig die geringe Transparenz der Ergebnisse; deren Interpretation wird schwierig, weil der modellendogen ablaufende Selektionsmechanismus im Nachhinein nur noch schwer zu durchschauen ist. – b) *Darstellung:* (1) *Annahmen:* Das Modell besteht aus mehreren Unternehmen, die dasselbe homogene Gut herstellen. Sie verwenden dafür Arbeit und Sachkapital. In einer bestimmten Periode lässt sich ein Unternehmen durch die verwendete Produktionstechnik, welche sich wiederum mithilfe der beiden Inputkoeffizienten für Arbeit und Sachkapital beschreiben lässt, sowie durch den Bestand an Sachkapital charakterisieren. Annahmegemäß produzieren die Unternehmen stets mit voll ausgelasteten Kapazitäten. Für jede Periode lässt sich durch Aggregation der entsprechenden Variablen bei den existierenden Unternehmen das Outputniveau sowie die Arbeitsnachfrage bestimmen. Der Lohn lässt sich folglich mithilfe einer gegebenen Arbeitsangebotskurve für jede Periode berechnen. Die Bruttorendite des Kapitals ergibt sich aus der Differenz zwischen dem Output (bei einem Preis von Eins) und den Lohnkosten, bezogen auf den Kapitalbestand. – Technische Veränderungen ergeben sich dann, wenn die Unternehmen nach Neuerungen suchen, um das von ihnen angestrebte zufrieden stellende Niveau der Profitrate, das im Modell auf 16 Prozent gesetzt wird, zu realisieren. Der Suchprozess wird so modelliert, als existiere ein konstanter Pool technischer Alternativen, die durch unterschiedliche Faktorkoeffizienten charakterisiert sind und für deren Auffinden jeweils die gleiche Wahrscheinlichkeit besteht. Die Suche beschränkt sich auf Produktionsmöglichkeiten, deren Faktorkoeffizienten sich nur sehr wenig voneinander unterscheiden. Nelson und Winter sprechen hier von *Local Search*. Darüber hinaus lässt sich auch die Wahrscheinlichkeit dafür, dass relativ große Differenzen zwischen Faktorkoeffizienten auftreten, und damit das Ausmaß der Innovationssprünge in den Simulationsläufen variieren. Schließlich berücksichtigt das Modell auch die Möglichkeit, dass sich einzelne Unternehmen weniger der Suche nach besseren Produktionsmöglichkeiten widmen als der Imitation bewährter Techniken.

Dass die Unternehmer bei der Einschätzung neuer Produktionstechniken oft Fehler machen, wird dadurch erfasst, dass sie die Inputkoeffizienten neuer Techniken um 20 Prozent zu hoch einschätzen und erst später ihre Einschätzung korrigieren. – Der Bestand an Unternehmen, die als Anbieter auf dem Markt auftreten, ist keineswegs über den gesamten Simulationszeitraum konstant. Vielmehr können potenzielle Anbieter auf den Markt kommen (potenzieller Wettbewerb). (2) *Beurteilung:* Vorgehen und Ergebnisse zeigen, dass der evolutorische Ansatz nicht dem neoklassischen Paradigma entspricht, weicht er doch in zentralen Prämissen von diesem ab. So lassen sich die Unternehmen bei ihrer Investitionsentscheidung nicht von der Gewinnmaximierungsregel leiten, vielmehr streben sie nach der Realisierung eines zufrieden stellenden Niveaus. Außerdem existiert zu jedem Zeitpunkt eine beachtliche Vielfalt an Konstellationen von Inputs und Outputs bei den Unternehmen, sodass die Ergebnisse nicht paretooptimal (Pareto-Optimum) sein können, denn es gibt stets Unternehmen, die noch nicht die besten Produktionstechniken einsetzen, weil sie diese noch nicht entdeckt haben. Folglich wird zu keinem Zeitpunkt ein Gleichgewicht im paretianischen Sinn realisiert. Rechnet man die Annahme, ein ökonomisches System sei inhärent stabil und befinde sich stets im Gleichgewicht oder auf dem Weg dorthin, zum harten Kern des neoklassischen Paradigmas, so darf das hier präsentierte Modell nicht dazu gerechnet werden. Es gibt allerdings andere, analytische Evolutionsmodelle, die sich schwerpunktmäßig mit multiplen Gleichgewichten eines ökonomischen Systems bzw. mit dem Verlassen und Wiederfinden von Gleichgewichtszuständen auseinander setzen. Bei solchen Modellen handelt es sich um Weiterentwicklungen der Gleichgewichtsökonomik und folglich um neoklassische Evolutionsmodelle. – 3. *Ausblick:* Die Beschäftigung mit der Wachstumstheorie im Rahmen der → neuen Wachstumstheorie und der evolutorischen

Wachstumstheorie hat nicht nur zu Erkenntnisfortschritten innerhalb der genannten Paradigmata geführt, sondern zugleich einen Abbau der Mauern zwischen diesen Ansätzen eingeleitet. Bes. dadurch, dass die neoklassische Wachstumstheorie sich schrittweise von der Annahme vollständiger Konkurrenz löst, ergeben sich neue Möglichkeiten, die Einsichten der keynesianischen, der neoklassischen und der evolutorischen Wachstumstheorie zu kombinieren; denn bei unvollständiger, monopolistischer Konkurrenz gewinnt für den Unternehmer – anders als beim Mengenanpasser – die Absatzseite große Bedeutung, sodass sich neoklassischer Ansatz und keynesianische Nachfrageanalyse nicht mehr von vornherein ausschließen, sondern kombiniert werden können. Dann findet auch – trotz unterschiedlicher Akzentsetzung – der innovierende Unternehmer den Freiraum, den er für sein aktives Handeln ausnutzen kann.

evolutorische Wirtschaft – eine sich selbst entwickelnde Wirtschaft, die in makroökonomischen Aggregatgrößen und in der sektoralen Struktur selbstinduziertem Wandel unterliegt, welcher sich z.B. in sektoralem Strukturwandel und in Veränderungen makroökonomischer Aggregatgrößen niederschlägt. Hauptquelle für diesen Entwicklungsverlauf bilden technisch-wirtschaftliche Innovationen und veränderte Nachfragepräferenzen; diese bewirken eine Verlagerung der Investitionsschwerpunkte in der Wirtschaft. Auf den Einzelmärkten ist das vorübergehende Verlassen von Gleichgewichtslagen zwischen Angebot und Nachfrage typisch, wodurch Preisbewegungen induziert und Signale für die „Andersverwendung von Produktionsfaktoren" (Schumpeter) gesetzt werden. – *Gegensatz:* → stationäre Wirtschaft.

Ex-ante-Analyse – I. Volkswirtschaftslehre: Analysemethode, die auf die Erklärung (zukünftiger) volkswirtschaftlicher Zusammenhänge mithilfe von Planungs- und

Erwartungsgrößen abzielt. Im Rahmen einer makroökonomischen Ex-ante-Analyse des Gütermarktes wird das geplante Güterangebot, welches auf der Basis der von den Unternehmen erwarteten Güternachfrage gebildet wird, der aggregierten geplanten Güternachfrage der Haushalte und Investoren gegenübergestellt (→ Einkommen-Ausgaben-Modell) – *Weitere Beispiele:* → Beschäftigungstheorie, → Wachstumstheorie. – *Gegensatz:* → Ex-post-Analyse.

II. Marktforschung: Zukunftsorientierte Untersuchung der Wirkung bestimmter Marketingmaßnahmen (Pretest). – *Gegensatz:* → Ex-post-Analyse.

exogene Handelsvorteile – Vorteile eines einzelnen Unternehmens aus Charakteristika seines Landes, wie etwa Faktorausstattung und sonstige Produktionsbedingungen. – *Anders:* → endogene Handelsvorteile.

exogene Konjunkturmodelle – Klasse von → Konjunkturmodellen, in denen exogene Störungen (→ Schocks) erforderlich sind, um signifikante → Konjunkturschwankungen zu erzeugen. Ohne anhaltende Störungen flachen die Schwingungen im Zeitablauf ab. Die theoretische Möglichkeit von zufällig eintretenden Schwingungen mit konstanter Amplitude oder von explodierenden Schwingungen ist empirisch nicht relevant. Der Zyklus ist unregelmäßig und weist immer wieder zeitspezifische Züge auf. – Zu den exogenen Konjunkturmodellen zählen → Multiplikator-Akzelerator-Modelle, Konjunkturmodelle der → Neuen Klassischen Makroökonomik und der Neu-Keynesianischen Makroökonomie.

Expansion → Konjunkturphasen.

Expenditure Lag → Lag.

exponentielles Wachstum – Zunahme einer Größe im Zeitablauf, wenn die absolute Zunahme im Zeitablauf einem konstanten Anteil des Anfangswertes entspricht. – *Beispiel:* Exponentielles Bevölkerungswachstum.

Wenn angenommen wird, dass die zeitliche Änderung (dt) des Bevölkerungsbestandes B

$$dB/dt := B$$

zu jedem Zeitpunkt t proportional zum gerade vorhandenen Bevölkerungsbestand $B(t)$ ist, dann gilt für die Zunahme der Bevölkerung:

$$B(t) = b \cdot B(T)$$

mit $B(t) > 0$ und einem Proportionalitätsfaktor $b > 0$. Nach Trennung der Variablen folgt:

$$dB/B = b \cdot dt.$$

Nach Integration folgt:

$$\int dB/B = b \cdot \int dt + C.$$

Der natürliche Logarithmus (ln) dieser Funktion lautet:

$$\ln B = b \cdot t \cdot C.$$

Die Bestandsfunktion der Bevölkerung lautet demnach:

$$B(t) = k \cdot e^{bt},$$

mit der Integrationskonstanten k. Der Bevölkerungsbestand wächst exponentiell mit der stetigen Änderungsrate b (pro Zeiteinheit).

Export → Ausfuhr, passive Veredelung und Wiederausfuhr.

Exportbeschränkung → freiwillige Exportbeschränkung, → Exportrestriktion, → Exportkontrolle, → Ausfuhrverbot, → Embargo, Verbote und Beschränkungen.

Exportdiversifizierung – Strategie der Entwicklungspolitik; durch Öffnung (Freihandelspolitik) und eine breite Streuung der Exportindustrien, zu einer nachhaltigen Wirtschaftswachstum zu gelangen (→ Entwicklungspolitik). – *Gegenteil:* → Importsubstitution.

Exporterlösstabilisierung – In den meisten Entwicklungsländern bestehen die Hauptexporte noch zu über 50 Prozent aus Rohstoffen, wobei bei den meisten Entwicklungsländern 50 Prozent des Exportwertes auf zwei oder weniger Rohstoffe entfällt. Da Rohstoffpreise stärkeren Preisschwankungen als Industriegüter unterliegen, können dabei massive Exporterlösschwankungen auftreten. Sind die Preisschwankungen nachfragebedingt, führen sie zu Exporterlösschwankungen; sind sie angebotsorientiert, ergeben sich kompensierende Mengeneffekte. – Zur *Lösung* werden Maßnahmen der kompensatorischen Finanzierung, wie z.b. STABEX-System der EU (→ STABEX) und Rohstoffabkommen wie z.b. das integrierte Rohstoffprogramm der UNCTAD vorgeschlagen.

Exportförderung – *Ausfuhrförderung*. 1. *Begriff und Ziele*: a) *Begriff*: staatliche Förderung der Exporte, darunter (1) private Maßnahmen wie Gemeinschaftswerbung, gemeinschaftliche Exportkreditfinanzierung der Exporteure, Tätigkeit von Auslandshandelskammern etc.; (2) mittelbare und unmittelbare staatliche Maßnahmen (Exportförderung i.e.S.). – b) *Ziele*: i.d.R. Erzielung eines Handelsbilanzüberschusses bzw. Verminderung eines Handelsbilanzdefizits, wenn die Einfuhr nicht gedrosselt werden soll, auch Aufrechterhaltung bzw. Erzielung eines hohen Beschäftigungsgrades, bei staatlichen → Außenhandelsmonopolen häufig politische Motive. – 2. *Instrumente der staatlichen Exportförderung*: a) *unmittelbare fiskalische Maßnahmen*: → Exportsubventionen, → Ausfuhrprämien, Ausfuhrgarantien und -bürgschaften (z.b. in Deutschland durch die Exportkreditgarantien des Bundes, sog. *Euler-Hermes-Deckungen*), → Ausfuhrerstattungen bei landwirtschaftlichen Marktordnungsprodukten, Zinszuschüsse bei Exportkrediten, Investitionshilfen (auch für Auslandsniederlassungen), Ausnahmetarife der Verkehrsmittel für Exportgüter (z.b. Seehafenausnahmetarife). – b) *Kreditpolitische Maßnahmen*: Schaffung bes. günstiger Kreditbedingungen für Ausfuhrgeschäfte, bes. Finanzierungsmittel, differenzierter Zinssätze. – c) *währungspolitische Maßnahmen*: → Abwertung, Schaffung → gespaltener Wechselkurse, Managed Floating. – d) *steuerliche Maßnahmen*: Befreiung oder

Ermäßigung von Steuern (z.b. Umsatzsteuer), Erlaubnis zur Bildung steuerfreier Rücklagen, Sonderabschreibungen auf Exportforderungen etc. – e) Förderung der *Bildung internationaler Exportpreiskartelle* (z.b. OPEC). – f) *staatliche Auslandswerbung*, finanzielle Unterstützung von Messen und Ausstellungen, Beratung und Information der Exportwirtschaft durch staatliche Stellen (Bundesagentur für Außenwirtschaft, diplomatische Vertretungen im Ausland). – 3. *Beschränkung der Exportförderung durch internationale Abkommen*: a) Der *IWF* verbietet eine Manipulation des → Wechselkurses. – b) Die World Trade Organization (WTO) verbietet direkte Ausfuhrsubventionen; es bestehen jedoch zahlreiche Ausnahmen, u.a. im Agrarbereich. – c) Die *OECD* fordert die Abschaffung verschiedener „künstlicher Exportbeihilfen", wie Prämien, direkte Subventionen, über der inländischen Steuerlast liegende Steuervergütungen oder staatlich ermäßigte Versicherungsprämien und Rohstoffpreise. – d) Die *EU* verbietet im innergemeinschaftlichen Handel grundsätzlich alle staatlichen Beihilfen (Art. 107 AEUV) und macht Vorschriften über die zulässigen Steuerrückvergütungen (Art. 111 AEUV). – Von internationalen Vereinbarungen *nicht* betroffen sind nicht diskriminierende Förderungsmaßnahmen (außer Abwertung), wie angemessene Werbung, Information, angemessene Kreditgarantien und Bürgschaften und u.U. die angemessene Vergütung indirekter Steuern. – 4. *Wirkungen*: a) Staatliche Exportförderung in Form von *Subventionen* und sonstigen Maßnahmen, die eine „künstliche" Verbilligung der Exporte darstellen, wirkt auf eine Abweichung des Außenhandels von den komparativen Vorteilen hin und ist insofern i.d.R. eine Ursache von Fehlallokation. Solche Maßnahmen können bestenfalls sinnvoll sein, wenn sie zeitlich begrenzt sind und jungen entwicklungsfähigen Industrien in → Entwicklungsländern zugute kommen (→ Erziehungszoll). – b) Relativ unbedenklich sind staatliche Exportförderungsmaßnahmen, die allg. der *Verbesserung der Marktübersicht* und der Information dienen. – c) Hinsichtlich der Wirkung von *internationalen Exportpreiskartellen* ist neben den Nachteilen für die Weltwirtschaft insgesamt deren beschränkte Funktionsfähigkeit (Rohstoffkartelle) zu beachten. – Vgl. auch → Handelspolitik.

Exportkontrolle – *Ausfuhrkontrolle, Ausfuhrüberwachung.* 1. *Zweck:* Exportkontrollen dienen der Verhinderung unerwünschter Exportentwicklungen, aus wirtschaftspolitischen oder sonstigen Überlegungen geboten oder der Verbesserung der Transparenz hinsichtlich der Zusammenarbeit auf dem Gebiet des internationalen Handels, die es ermöglicht, dass ggf. notwendig werdende Steuerungsmaßnahmen auf staatlicher Ebene eingeleitet werden können. Politische Gründe für Exportkontrolle und → Exportrestriktion können v.a. dann von Bedeutung sein, wenn durch Ein- oder Ausfuhrgeschäfte das Ansehen des exportierenden Staates, die Sicherheit einer Nation, mögliche Beeinträchtigungen des Weltfriedens oder unerlaubte Handlungen (z.B. Verstöße gegen Staatsverträge, Vorschriften für Schutz- oder Förderungsabkommen, Regelungen über den Handel mit hoch qualifizierter Technologie, über die Zusammenarbeit in Rüstungsprogrammen sowie der Export von Waffen und internationale Absprachen/Kontrollregime) einer einheitlichen und strengen Regelung bedürfen. – 2. *Bestimmungen/Zuständigkeit:* a) In den *nationalen Vorschriften* ist die Regelung über die gesetzlichen Bestimmungen für die Abwicklung des Waren-, Dienstleistungs- und Kapitalverkehrs über die Grenzen maßgebend (in der Bundesrepublik Deutschland das Außenwirtschaftsgesetz, die Außenwirtschaftsverordnung, Zollgesetze und das Kriegswaffenkontrollgesetz (KWKG)). Immer größeren Raum nehmen mittlerweile die Vorschriften des EU-Rechts ein, allen voran die Regelungen zu den → Dual-Use-Gütern. – Exportverbote können sich auch aus sonstigen Verboten ergeben, etwa im Abfallbereich. – b) Die Zuständigkeit für die Genehmigungsverfahren liegt zumeist beim Bundesamt für Wirtschaft und Ausfuhrkontrolle (BAFA) oder bei der Bundesanstalt für Landwirtschaft und Ernährung (BLE). – 3. *Internationale Bestimmungen* (dargestellt am Beispiel der US-Exportkontrollbestimmungen): Die Regelung der Exportkontrolle bzw. der Re-Exportkontrolle der USA greift bei Ausfuhren (auch in das europäische Ausland) so weit, dass der Endverbleib der ausgeführten Waren unter Kontrolle gehalten wird, wobei der Empfänger der Waren auch außerhalb des amerik. Hoheitsgebietes die volle Verantwortung hinsichtlich der an ihn gelieferten, von ihm erworbenen Waren trägt. D.h. der Empfänger muss seinerseits prüfen, ob er mit seinem Geschäft unter die US-Exportkontroll- bzw. -Exportregeln fällt. Bereits bei der Erteilung von Ausfuhrgenehmigungen, Exportlizenzen aus den USA sind entsprechende Verfahren so zu gestalten, dass die Verfügungsberechtigung über die Waren und deren schließlicher Endverbleib unter ständiger Kontrolle bleibt. Mit einer laufenden Überprüfung durch die Überwachungsbehörden oder deren beauftragte Organe beim Lizenzhalter sowie bei Empfänger und Endverbraucher der Waren ist zu rechnen.

Exportlizenz → Ausfuhrlizenz.

Exportmultiplikator – reziproker Wert der Summe aus → marginaler Sparquote (s) und → marginaler Importquote (q). Messzahl, die angibt, um wie viel das Einkommen eines Landes (Y) steigt (sinkt), wenn die Exporte (Ex) um eine Geldeinheit steigen (sinken):

$$dY = \frac{1}{s+q} \cdot dEx,$$

wobei: dY = Veränderung des Einkommens; dEx = Veränderung der Exporte (→ autonome Größe) und

$$\frac{1}{s+q} = \text{Exportmultiplikator.}$$

Die Einkommensänderung wird umso größer sein, je kleiner s und q sind, d.h. je weniger Einkommen durch Sparen und

Güterimporte aus dem Ausland versickert. – In Erweiterung des oben beschriebenen Multiplikators, der keine Rückwirkungen aus dem Ausland beachtet, wird im *Zwei-Länder-Fall* die Abhängigkeit der inländischen Einkommensentwicklung von der des Auslandes berücksichtigt. So stellt z.b. eine autonome Exporterhöhung des Inlandes eine entsprechende Zunahme der autonomen Importe des Auslandes dar, was dort isoliert betrachtet das Einkommen und damit auch die (einkommensabhängigen) Importe reduziert. Andererseits ergibt eine (infolge der induzierten Einkommenssteigerung aus zusätzlicher Exportnachfrage) exportbedingte Erhöhung der inländischen Importe eine positive Einkommenswirkung für das Ausland, die wiederum durch die dort ausgelösten Importe die ursprünglichen positiven Impulse auf den inländischen Export und das inländische Einkommen verstärkt etc. – Vgl. auch → Importmultiplikator, → Multiplikator, → Zahlungsbilanzmultiplikator.

Exportprämie → Ausfuhrprämie.

Exportpreisprüfung – Durchführung von Preisprüfungen für Importwaren und -dienstleistungen; inzwischen aufgehoben (§ 44a AWV).

Exportquote – 1. *Außenhandelstheorie:* Anteil des Werts des Exports am Bruttoinlandsprodukt zu Marktpreisen. Die Exportquote wird als Indikator für die Außenhandelsverflechtung einer Volkswirtschaft angesehen. – 2. *Außenhandelspolitik:* Die zum Export freigegebenen → Kontingente bestimmter Warenmengen je Zeitraum (sog. *Exportquoten-Verfahren*). Die jeweils festgelegte Exportquote bezieht sich auf Waren allg., Markenartikel, → Rohstoffe, Edelmetalle oder Devisen; Einhaltung der Exportquote wird im Wege der Ausfuhrüberwachung erstrebt. – *Anders:* Auslandsgeschäftsquote (Außenhandelsquote).

Exportrestriktion – Begriff für alle staatlichen Maßnahmen, die die Ausfuhr/Wiederausfuhr einschränken oder gar unterbinden, wie → Embargo, Verbote, → Ausfuhrzoll, → Exportkontrolle, → Ausfuhrbeschränkung und → Ausfuhrverbot.

Exportstruktur – Güterzusammensetzung der Exporte (→ Ausfuhr) eines Landes. – Vgl. auch → Handelsstruktur.

Exportsubvention – seitens des Staates gewährte finanzielle Unterstützung der Exporte (→ Ausfuhr), um sonst nicht konkurrenzfähige Waren auf dem → Weltmarkt wettbewerbsfähig zu machen. Es handelt sich um ein Instrument der Außenhandelspolitik. – Vgl. auch → tarifäre Handelshemmnisse, → Handelspolitik.

Exportüberschuss → Ausfuhrüberschuss.

Export von Arbeitslosigkeit → Beggar-my-Neighbour-Politik. Durch Handels- und Währungspolitik gestarteter Versuch, das Ausland zugunsten des Inlandes mit steigender Arbeitslosigkeit zu belasten.

Ex-post-Analyse – I. Volkswirtschaftslehre: Analysemethode, die auf eine (rückschauende) Beschreibung volkswirtschaftlicher Zusammenhänge abzielt. – *Beispiele:* → Kreislaufanalyse, Volkswirtschaftliche Gesamtrechnung (VGR). – *Gegensatz:* → Ex-ante-Analyse.

II. Marktforschung: Vergangenheitsorientierte Untersuchung der Wirkung bestimmter Werbe- oder Marketingmaßnahmen (Posttest). – *Gegensatz:* → Ex-ante-Analyse.

Exposure – Exposure bezeichnet grundsätzlich die Tatsache, einem Risiko ausgesetzt zu sein. In der Praxis wird Exposure meist bezogen auf das Wechselkursrisiko (Währungsrisiko). 1. Man *unterscheidet* a) das *transaction exposure*, welches sich auf Wechselkursrisiken bei einzelnen Geschäften bezieht, bspw. das Risiko der Abwertung einer auf USD lautenden Exportforderung bzw. der Aufwertung einer Dollarverbindlichkeit. Das transaction exposure kann sicher und einfach abgesichert werden, z.B. durch ein Devisentermingeschäft. – b) Das *translation exposure* (*book exposure*) beschreibt das Risiko, dass in ausländischer Währung denominierte Aktiva oder Passiva, die über den Wechselkurs in die in Inlandswährung ausgewiesene Unternehmensbilanz umgerechnet („übersetzt") werden, sich ungünstig entwickeln. Das translation exposure kann nicht abgesichert werden. – c) Als *strategic exposure* bezeichnet man Risiken, dass sich Wechselkursänderungen auf die Export- oder Importchancen eines Unternehmens auswirken. Bspw. erschwert die Aufwertung der Inlandswährung die Exportchancen des betreffenden Unternehmens bzw. Landes. Befürchtete oder tatsächliche Exportnachteile bspw. aus der Dollarkursentwicklung können zumindest teilweise kompensiert werden durch Produktionsverlagerungen in den Dollarraum oder den Einkauf von Inputs aus dem Dollarraum. – 2. Als *Bruttoexposure* bezeichnet man die Gesamtheit bestimmter Exposure-Elemente, bspw. sowohl auf der Aktivseite (z.B. Exportforderungen) als auch der Passivseite (z.B. Importverbindlichkeiten) der Bilanz. Das *Nettoexposure* ergibt sich durch Saldierung z.B. von Aktiv- und Passiv-Exposure, jeweils auf eine Währung zu einem bestimmten Zeitpunkt bezogen. – Zur Absicherung des Exposure vgl. auch → Matching, Hedging.

extensives Wachstum – „nach außen" wirkendes Wachstum. In der → Wachstumstheorie bedeutet dies, dass → Produktionspotenzial und Bevölkerung mit der gleichen Rate wachsen. Es findet demzufolge kein Wachstum „pro Kopf" statt (intensives Wachstum).

Externalität – externer Effekt, → Gesamtnachfrageexternalität.

externe Größenvorteile – bes. Form der → Größenvorteile, bei der die Stückkosten eines Gutes bei ansonsten gleichbleibenden Bedingungen (v.a. konstanten Inputpreisen) mit der Gesamtproduktion einer Industrie abnehmen (Economies of Scale, Economies of Scope). – Größenvorteile stellen neben komparativen Vorteilen eine wichtige *Grundlage des internationalen Handels* dar. Unter sonst gleichen Bedingungen ist eine → Spezialisierung auf Güter mit externen Größenvorteilen vorteilhafter als eine Spezialisierung auf Güter mit konstanten → Skalenerträgen.

externer Konsumeffekt – Interdependenz (→ Nachfrageinterdependenz) zwischen den Konsumentscheidungen verschiedener → Haushalte. I.d.R. geht man in der → Haushaltstheorie von Wirtschaftssubjekten aus, die in ihren Entscheidungen voneinander unabhängig sind. Diese Prämisse klammert allerdings viele Phänomene aus, die sich in der Realität als wichtig erwiesen haben, um das Konsumverhalten von Haushalten zu erklären (z. B. Modeerscheinungen). Daher wurde eine Reihe von Verhaltenshypothesen formuliert, die interdependente Bedarfsstrukturen erfassen. – *Arten:* → Mitläufereffekt, → Snobeffekt, → Vebleneffekt.

externes Gleichgewicht → außenwirtschaftliches Gleichgewicht.

Extrapolation – *Trendextrapolation;* in der Zeitreihenanalyse die Fortführung empirisch beobachteter Reihen in die Zukunft aufgrund von Regelmäßigkeiten, die aus den Vergangenheitswerten ermittelt wurden (Trend).

F

Faktor – 1. *Allgemein:* wichtiger Umstand, Gesichtspunkt. – 2. *Wirtschaftstheorie:* → Produktionsfaktoren. – 3. *Mathematik:* Multiplikant und Multiplikator, deren Zusammenwirken das Produkt ergibt.

Faktoreinkommen – das den → Produktionsfaktoren aus der Beteiligung am Produktionsprozess zufließende Entgelt, z.B. Löhne, Gehälter, Zinsen, Gewinne, Mieten und Pachten. Die Verteilung des Gesamteinkommens auf die Faktoren bezeichnet man als funktionale Einkommensverteilung. – *Gegensatz:* → Transfereinkommen.

Faktorintensität – I. Produktion: Das bei einer bestimmten Produktionsmenge realisierte Einsatzverhältnis der → Produktionsfaktoren. – 1. Bei → limitationalen Produktionsfunktionen ist die Faktorintensität für eine gegebene Ausbringungsmenge konstant, kann aber für alternative Ausbringungsmengen variieren. – 2. Bei *linear-limitationalen Produktionsfunktionen* ist die Faktorintensität unabhängig von der Höhe der Ausbringungsmenge konstant. Bei beiden Funktionstypen wird die Faktorintensität ausschließlich durch technische Faktoren determiniert. – 3. Bei → substitutionalen Produktionsfunktionen wird die Faktorintensität durch das Faktorpreisverhältnis festgelegt (→ Minimalkostenkombination) und kann daher auch bei konstanter Ausbringungsmenge variieren.

II. Außenwirtschaft: Faktorintensität dient zur Klassifizierung von Gütern. Unterschieden wird z.B. zwischen arbeits- und kapitalintensiven Gütern. Ein Gut ist arbeitsintensiv (kapitalintensiv), wenn bei seiner → Produktion relativ mehr → Arbeit (→ Kapital) eingesetzt wird als bei der Produktion eines anderen Gutes. – Vgl. auch → Arbeitsintensität, → Kapitalintensität.

Faktorintensitätsumkehrung – Umkehrung in der Reihung der Güter bez. ihrer Kapitalintensität (→ kapitalintensives Gut, → arbeitsintensives Gut). Kommt immer dann zustande, wenn die Substituierbarkeit zwischen den Faktoren → Kapital und → Arbeit in der → Produktion des einen Gutes viel leichter gegeben ist als in der Produktion des anderen Gutes. Dann kann z.B. ein Gut sich als kapitalintensiv erweisen, wenn Kapital im Vergleich zu Arbeit sehr billig ist, wohingegen es arbeitsintensiv wird, wenn Kapital über ein bestimmtes Ausmaß hinaus relativ teuer wird. Kann zur Verletzung des → Heckscher-Ohlin-Theorems führen.

Faktorintensitätsunterschiede – → arbeitsintensives Gut, → kapitalintensives Gut. – Vgl. auch → Heckscher-Ohlin-Handel, → Heckscher-Ohlin-Theorem.

Faktorkosten – Bezeichnung für die Kosten, die auf die → Produktionsfaktoren als wirtschaftlicher Gegenwert für ihren Einsatz im Produktionsprozess entfallen (abzüglich der indirekten Steuern und der Transferzahlungen). Für die Nutzung der Faktoren Arbeit, Kapital und Boden sind entsprechend von den Unternehmen Aufwendungen in Form von Löhnen und Gehältern, Zinsen, Miete und Pacht u.Ä. zu tragen. – Ein in der deutschen Volkswirtschaftlichen Gesamtrechnung (VGR) verwendetes, d.h. in der im ESVG nicht explizit vorgesehenes Konzept zur Bewertung von → Inlandsprodukt und → Nationaleinkommen. Man erhält die Bewertung zu Faktorkosten, indem von den Marktpreisen die Nettoproduktionsabgaben (etwa durch Berücksichtigung indirekter Steuern oder erhaltener Subventionen) abgezogen werden.

Faktormarkt → Markt, auf dem → Produktionsfaktoren oder Verfügungsrechte über solche gehandelt werden. Typische Faktormärkte sind die Märkte für Arbeitskraft, Bodenleistungen, Kapital (→ Arbeitsmarkt, Bodenmarkt, Kapitalmarkt). Die Beziehungen zwischen Güter- und Faktormärkten werden theoretisch über die → Grenzproduktivitätssätze hergestellt (→ abgeleitete Nachfrage).

Faktormobilität – die räumliche, qualifikatorische und sektorale Beweglichkeit der → Produktionsfaktoren. Faktormobilität ist eine der wesentlichen Voraussetzungen zur Entwicklung einer effizienten Wirtschaftsstruktur, da die Allokationsfunktion des Preises (→ Preisfunktionen) nur bei mobilen Faktoren wirksam werden kann. Erhaltung und Erhöhung der Faktormobilität ist daher eine der Hauptaufgaben der staatlichen Strukturpolitik.

Faktornachfrage – Nachfrage einer Unternehmung nach den im → Produktionsprozess eingesetzten → Produktionsfaktoren. Die Faktornachfrage hängt dabei maßgeblich in negativer Weise vom realen Faktorpreis ab. – Vgl. auch → Grenzproduktivitätstheorie.

Faktorpreis → Preis der zur Erfüllung der unternehmerischen Aufgaben erforderlichen → Produktionsfaktoren an den Beschaffungsmärkten (→ Faktormärkten). Steigt oder sinkt der Preis eines Faktors wie z.B. der Lohnsatz einer Arbeitsleistung, so verändern sich die Produktionskosten und im Regelfall auch die → Faktornachfrage. – Vgl. auch → Faktorkosten.

Faktorpreisausgleichstheorem → Lerner-Samuelson-Theorem; Aussage über die Bedingungen, unter denen internationaler Güterhandel zu internationalem Faktorpreisausgleich zwischen Ländern mit unterschiedlicher Faktorausstattung führt. Diese Bedingungen sind: (1) *Vollständige Konkurrenz*, (2) international ausgeglichene Güterpreise (→ Freihandel ohne Transportkosten), (3) international identische Produktionstechnologien mit konstanten Skalenerträgen und ohne → Faktorintensitätsumkehrungen sowie (4) in den betrachteten Ländern

gleichzeitig erfolgende → Produktion positiver Mengen von mind. ebenso vielen technologisch verschiedenen Gütern, wie es Faktoren gibt. Ist eine dieser Bedingungen für zwei beliebige Länder nicht erfüllt, so entsteht zwischen diesen kein vollständiger Faktorpreisausgleich. Diese Bedingungen sind unter sonst gleichen Umständen umso eher erfüllt, je geringer die Faktorausstattungsunterschiede zwischen den betrachteten Ländern, und je ausgeprägter die Faktorintensitätsunterschiede zwischen den verschiedenen Gütern sind.

Faktorproduktivität – Quotient aus dem Gesamtertrag, der durch Einsatz aller → Produktionsfaktoren erzielt wird, und der Einsatzmenge eines Faktors (*partielle Faktorproduktivität*) bzw. der totalen Faktorkosten (*totale Faktorproduktivität*). – Vgl. auch → Arbeitsproduktivität.

Faktorproportionen – Verhältnis des mengenmäßigen Einsatzes der verschiedenen Einsatzgüter (Faktoreinsatzmengen) eines Produktionsprozesses. – Vgl. auch → Heckscher-Ohlin-Handel, → Faktorintensität, → Arbeitsintensität, → Kapitalintensität.

Faktorproportionen-Theorem → Heckscher-Ohlin-Theorem.

Faktorproportionen-Theorie → Heckscher-Ohlin-Handel.

Faktorvariation – 1. Gibt man unterschiedliche Produktionsniveaus vor, erhält man definitionsgemäß unterschiedliche → *Isoquanten*. Sie zeigen eine um so höhere Produktmenge an, je weiter sie vom Ursprung entfernt sind. Sie schneiden sich auch nicht. Isoquanten, die eine größere Menge repräsentieren, werden durch höheren Einsatz von A und/oder B erreicht, falls die Faktoren substituierbar sind. Ausgehend vom Faktoreinsatz ($\overline{A}$, $\overline{B}$) und der Produktmenge $\overline{X}$ können Isoquanten mit höherem Produktionsniveau erreicht werden, wenn entweder eine *partielle* Faktorvariation (Erhöhung von A bei Konstanz von B = $\overline{B}$ oder umgekehrt Erhöhung von B bei Konstanz von A = $\overline{A}$) oder eine *to-*

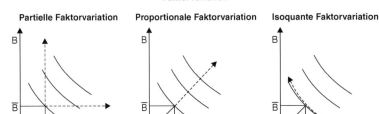

Faktorvariation

Partielle Faktorvariation   Proportionale Faktorvariation   Isoquante Faktorvariation

tale Faktorvariation vorgenommen wird. Im letzteren Fall werden beide Faktoreinsatzmengen zugleich verändert. Wichtig sind hier die beiden Unterfälle der *proportionalen* und der *isoquanten* Faktorvariation (vgl. Abbildung „Faktorvariation"). – a) Bei der ersteren werden die Faktoren im gleichen Verhältnis erhöht (oder vermindert). Bei limitationalen Produktionsfaktoren kommt *nur* diese Art der Faktorvariation in Betracht. Isoquante Faktorvariation bedeutet eine Bewegung entlang einer Isoquante (konstante Produktmenge), woraus die Bezeichnung resultiert. – b) Die *partielle* Faktorvariation wird vorgenommen, wenn der (die) andere(n) Faktor(en) nicht beschafft werden kann (können) oder man z.B. abwartet, ob der Anstieg der Nachfrage auch dauerhaft ist, zwischenzeitlich behilft man sich etwa mit Überstunden. – c) *Proportionale* Faktorvariation – praktisch eine Variation der *Betriebsgröße* – wird bei steigender Nachfrage vorgenommen, wenn die (erwarteten) Faktorpreise unverändert bleiben. Eine isoquante Faktorvariation wird realisiert, wenn das Faktorpreisverhältnis sich ändert (→ Minimalkostenkombination). – 2. Formal lässt sich bei. *partieller* Faktorvariation die Produktmenge x allein in Abhängigkeit vom variierten Faktoreinsatz (im Beispiel A) darstellen: x = F(A, B, C, ...) wird zu x = F(A, $\overline{B}$, $\overline{C}$, ...) = f(A). Im Fall *proportionaler* Faktorvariation kann die Produktmenge x als Funktion des Einsatzniveaus λ dargestellt werden: Aus

A = λ $\overline{A}$ und B = λ $\overline{B}$ folgt: x = F(A, B) = f(λ $\overline{A}$, λ $\overline{B}$) = f(λ). Daraus können der Grenzertrag *(partielles Grenzprodukt)* ∂ x / ∂ A bzw. ∂ x / ∂ B einerseits (→ Ertragsgesetz), das *Niveaugrenzprodukt* dx /d λ andererseits bestimmt werden. Der partiellen Faktorvariation ist die → *Produktionselastizität*, der proportionalen die → *Skalenelastizität* und der isoquanten die → *Substitutionselastizität* zugeordnet. – Bei der *isoquanten* Faktorvariation ergibt sich aus der Produktionsfunktion die

$$x = \overline{x} = F(A, B) \Rightarrow B = f(A).$$

Gleichung der Isoquante: Die Isoquante lässt sich auch mithilfe der Formel für das *totale Grenzprodukt*,

$$dx = \frac{\partial x}{\partial A} + \frac{\partial x}{\partial B} dB$$

(diese gilt für alle Faktorvariationen), beschreiben, und zwar durch die Bedingung dx = 0, was zu

$$-\frac{dB}{dAy} = \frac{\frac{\partial x}{\partial A}}{\frac{\partial x}{\partial B}}$$

führt (→ Minimalkostenkombination), d.h. die → Grenzrate der Substitution ist als das Verhältnis der Grenzerträge darstellbar.

False Trading → Totalanalyse.

Fehlallokation – Abweichung von der optimalen → Allokation. Eine Reallokation der Ressourcen bzw. Güter ist bei komparativ-statischer Betrachtung derart möglich, dass die bestehende Knappheit verringert wird.

Fehlallokationshypothese → Neue Klassische Makroökonomik.

Fehlinvestition – Investitionsprojekt, das die mit dieser Investition verbundenen quantitativen Ziele (z.B. Wirtschaftlichkeit, Rentabilität) oder qualitativen Ziele (z.B. Sozialziele, Umweltziele) nicht erfüllt.

Feinsteuerung – *Feinabstimmung*; in der → Makroökonomik eine wirtschaftspolitische Strategie, die versucht, auch schon auf sehr kleine Störungen zu reagieren. In den 1960er-Jahren, der Blütezeit des → Keynesianismus, ging man davon aus, dass sich mithilfe des makroökonomischen Instrumentariums auch geringfügige konjunkturelle Schwankungen durch Feinsteuerung vermeiden ließen. Im Gefolge der Krise des Keynesianismus und der Entwicklung neuerer makroökonomischer Ansätze wurde das Konzept der Feinsteuerung sehr viel kritischer gesehen. Auch Keynesianer gehen heute davon aus, dass eine makroökonomische Politik der Feinsteuerung grundsätzlich nicht möglich ist.

fester Wechselkurs – von Regierung oder Zentralbank festgesetzter → Wechselkurs. Man unterscheidet entsprechend feste Wechselkurse durch Interventionen der Zentralbanken bei freien Finanz- und Kapitalmärkten einerseits sowie feste Wechselkurse durch administrative Maßnahmen des Staates ohne Freiheit auf Finanz-, Devisen- und Kapitalmärkten andererseits. Zwischen reinen flexiblen bzw. floatenden Wechselkursen und festen Wechselkursen gibt es verschiedene Stufen, die auf eine begrenzte Flexibilität (*managed floating*) oder auf eine Leitkursanpassung im Falle grundlegender fundamentaler Zahlungsbilanzungleichgewichte (→ *Realignment*) hinweisen.

Festpreis → Preisfunktionen.

Festpreismodell – *Fixpreismodell*; makroökonomisches Modell mit starren Preisen, bei dem als Reaktion auf Ungleichgewichtssituationen nur die Mengen angepasst werden. Am bekanntesten sind das auf Hicks zurückgehende → IS-LM-Modell, in dem simultan der Güter- und Geldmarkt (sowie implizit auch der Wertpapiermarkt) betrachtet werden, und die von Mundell und Fleming in den 1960er-Jahren entwickelte Erweiterung dieses Ansatzes um internationale Handels- und Kapitalströme (→ Mundell-Fleming-Modell, → IS-LM-Z-Modell). – Vgl. auch → IS-LM-Z-Modell einer Währungsunion.

finanzielle Kapitalgesellschaften – Sektor in der Volkswirtschaftlichen Gesamtrechnung (VGR), der Bundesbank, Banken, Versicherungen und deren Hilfsgewerbe sowie Pensionskassen umfasst. – Vgl. auch → nicht finanzielle Kapitalgesellschaften.

finanzielle Repression – Behinderungen des Finanzwesens in der Dritten Welt durch staatliche Interventionen und Vorschriften, die zur Entwicklung dualer Finanzmärkte führten. – Vgl. auch → Entwicklungspolitik.

Finanzierungsrechnung – Teil der Volkswirtschaftlichen Gesamtrechnung (VGR), der aus einer Strom- und einer Bestandsrechnung besteht. Die Stromrechnung schließt an die gesamtwirtschaftlichen Güter- und Leistungstransaktionen. Die Bestandsrechnung ist Teil einer umfassenden → Vermögensrechnung, die Forderungen und Verbindlichkeiten der Sektoren bzw. der Volkswirtschaft darstellt. Die Finanzierungsrechnung wird in Deutschland von der Deutschen Bundesbank erstellt, für den Euro-Raum ist die Europäische Zentralbank zuständig.

Finanzierungssaldo – I. Volkswirtschaftliche Gesamtrechnung: Saldo aus Veränderungen von Forderungen und Verbindlichkeiten einzelner Wirtschaftssektoren oder Saldo aus deren Einnahmen und Ausgaben. Ein positiver Finanzierungssaldo (*Finanzierungsüberschuss*) gibt an, dass anderen Sektoren per Saldo Mittel zugeflossen sind. Diese

Situation trifft für den Sektor „private Haushalte" zu. Ein negativer Finanzierungssaldo *(Finanzierungsdefizit)* gibt an, dass aus anderen Sektoren per Saldo Kredite aufgenommen wurden. – Staat und Kapitalgesellschaften sind i.d.R. typische Defizitsektoren. In Relation zum Bruttoinlandsprodukt (→ Defizitquote) ist das Defizit der öffentlichen Haushalte ein wichtiges Stabilitätskriterium.

II. Finanzwissenschaft: 1. *Budgetkonzept* zur Beurteilung des → konjunkturellen Impulses der gesamten öffentlichen Haushalte (expansiv oder kontraktiv). Der Finanzierungssaldo kann auf der Grundlage der Finanzstatistik (Kassenrechnung) oder Volkswirtschaftlichen Gesamtrechnung ermittelt werden und fällt unterschiedlich aus. – 2. Im *Haushaltsplan*: Einnahmen-/Ausgabensaldo.

Finanzvermögen – I. Finanzwissenschaft: 1. *Begriff:* Teil des Vermögens der öffentlichen Hand, der wirtschaftlich genutzt wird (auch Erwerbsvermögen genannt). Das Finanzvermögen unterliegt – abgesehen von haushalts- und aufsichtsrechtlichen Bestimmungen – dem Privatrecht, ohne die für das Verwaltungsvermögen geltenden Abweichungen und Einschränkungen. – *Gegensatz:* Verwaltungsvermögen. – 2. *Bestandteile:* (1) Betriebsvermögen (Wirtschaftsbetriebe, Kapitalbeteiligungen); (2) allg. Kapital- und Sachvermögen, soweit diese nicht Verwaltungs- oder Betriebsvermögen sind (z.B. Darlehen und Treuhandvermögen). – 3. *Zwecke:* (1) Aus den typischen Aufgabenfeldern der öffentlichen Hand abgeleitete Zwecke, z.B. Tätigkeiten, die durch freie Unternehmerinitiativen nicht oder nur unvollkommen wahrgenommen werden bzw. den Unternehmen nicht überlassen bleiben sollen; (2) Finanzvermögen als Folge von Sanierungen; (3) Einnahmeerzielung; (4) Einflussnahme auf Unternehmen und Märkte. – 4. In der *neueren Diskussion* wird die Legitimation dieser Form der Staatstätigkeit kritisch hinterfragt; dabei geht es v.a. um die Privatisierung des Finanzvermögens.

II. Volkswirtschaftliche Gesamtrechnung: Synonym für *Geldvermögen* bzw. *Forderungen.*

Finanzzoll – *Fiskalzoll;* → Zoll auf Waren, bei dem die Erzielung von steuerlichen Einnahmen für den Staatshaushalt im Vordergrund steht. Finanzzoll belastet die Waren wie eine Steuer (Zölle – sog. Einfuhr- und Ausfuhrabgaben – sind in Deutschland Steuern nach § 3 III Abgabenordnung, AO). Finanzzoll ist mit der Politik der Nichteinmischung des Staates in den → Außenhandel vereinbar. – Vgl. auch → Erziehungszoll, → Schutzzoll, → Zollzwecke.

Fisher-Effekt – Eins-zu-eins-Beziehung zwischen erwarteter Inflationsrate und Nominalzinssatz (Zinsfuß). Die → Fisher-Gleichung geht davon aus, dass Kreditgeber und Kreditnehmer eine bestimmte Realverzinsung für den Kredit vereinbaren möchten. Da in derartigen Kontrakten aber üblicherweise der nominale Zinssatz fixiert werden muss, wird neben dem angestrebten Realzinssatz auch die erwartete Inflationsrate berücksichtigt. Steigt die erwartete Inflationsrate um einen bestimmten Prozentsatz, wird man erwarten, dass der Nominalzinssatz um den gleichen Prozentsatz steigt. Der Realzinssatz bliebe dann konstant.

Fisher-Gleichung – auf den amerik. Ökonom Fisher (1867–1947) zurückgehende Relation, die den nominalen Zinssatz (i) als Summe von realem Zinssatz (r) und Inflationsrate (π) darstellt: $i = r + \pi$. Hintergrund der Fisher-Gleichung ist die einfache Überlegung, dass die Nominalverzinsung einer Finanzanlage nicht notwendig dem Kaufkraftanstieg entspricht. Erzielt man mit einer einjährigen Anlage eine Nominalverzinsung von 8 Prozent und beträgt die Inflationsrate 5 Prozent, so hat sich der Güterberg, der gekauft werden kann, nur um 3 Prozent erhöht. Beträgt die Inflationsrate 8 Prozent, so ist die Kaufkraft überhaupt nicht gewachsen: Die Nominalverzinsung von 8 Prozent wird gerade durch die Inflation aufgezehrt. Die

Fisher-Gleichung zerlegt die Nominalverzinsung also in ihre beiden Komponenten Realverzinsung und Inflationsrate. Im Rahmen einer → Ex-ante-Analyse ist dabei die tatsächliche durch die erwartete Inflationsrate zu ersetzen. Diese Form der Fisher-Gleichung wird in der *Euler-Gleichung* des Konsums zugrundegelegt, in welcher aus einem intertemporalen Nutzenmaximierungsansatz die Realzinsabhängigkeit des privaten Konsums abgeleitet wird. – Vgl. auch Inflation, → Fisher-Effekt, → Neukeynesianische Makroökonomik, dynamisches Grundmodell.

Fiskalismus → Keynesianismus.

Fiskalzoll → Einfuhrzoll, → Finanzzoll, → Zoll, → Zollzwecke.

fixer Wechselkurs – fester Wechselkurs; nomineller → Wechselkurs, der entweder im Rahmen eines → internationalen Währungssystems, oder auch über einseitige → Wechselkurspolitik auf einem bestimmten Niveau fixiert ist. Die Aufrechterhaltung eines fixen Wechselkurses erfordert entsprechende Devisenmarktinterventionen. – Vgl. auch → fester Wechselkurs, → flexibler Wechselkurs, → internationales Währungssystem, → Zahlungsbilanzausgleich, → Wechselkurspolitik.

Fixpreismodell → Festpreismodell.

flexibler Wechselkurs – nomineller → Wechselkurs, der sich ohne wirtschaftspolitisch motivierte Devisenmarktinterventionen frei nach → Angebot und → Nachfrage bildet. – Vgl. auch → fixer Wechselkurs, → Floating; → internationales Währungssystem, → Zahlungsbilanzausgleich, → Wechselkurspolitik.

Floating – Ausdruck für die freie Beweglichkeit der nominellen → Wechselkurse. Bei Beeinflussung der Wechselkursbewegung durch Devisenmarktinterventionen spricht man auch vom *schmutzigen Floating*. – Vgl. auch → flexibler Wechselkurs, → Devisenmarkt, → internationales Währungssystem, → Wechselkurspolitik.

Forderungen Gebietsansässiger an Gebietsfremde – analog *Verbindlichkeiten Gebietsansässiger bei Gebietsfremden*. 1. Forderungen (Verbindlichkeiten) durch alle → Gebietsansässige (ausgenommen Kreditinstitute) gegenüber → Gebietsfremden sind bei der Deutschen Bundesbank zu melden, wenn diese innerhalb eines Monats mehr als 5 Mio. Euro übersteigen (§ 62 I AWV). – 2. Meldefrist für Forderungen und Verbindlichkeiten aus dem *Dienstleistungs- und Warenverkehr (Ausfuhrforderungen bzw. -verbindlichkeiten)* einschließlich der geleisteten und entgegengenommenen Anzahlungen gemäß § 62 III AWV: monatliche Meldung bis zum 20. Tag des Folgemonats nach dem Stand des letzten Werktages des Vormonats. – 3. Meldefrist für Forderungen und Verbindlichkeiten aus *Finanzbeziehungen mit Gebietsfremden* gemäß § 62 II AWV: monatliche Meldung bis zum 10. des Folgemonats nach dem Stand des letzten Werktages des Vormonats.

freie Liquiditätsreserven – nach überwiegender Auffassung, v.a. der kredittheoretischen Geldlehre, die Grundlage der Geld- und Kreditschöpfung (Geldpolitik). Freie Liquiditätsreserven sind jener Teil der Bankenliquidität (→ Liquidität), über den die Banken frei verfügen können, in der aggregierten Bilanz aller Kreditinstitute ergeben sie sich aus der Differenz von Liquiditätssaldo und Mindestreserve.

freie Produktionszone → Sonderwirtschaftszone.

freier Marktzutritt – Begriff der → Preistheorie; besteht, wenn ein Anbieter ohne institutionelle (Lizenzen, Konzessionen oder Berufsqualifikationen) oder ökonomische (Kosten der Produktionsaufnahme) Schranken auf einem Markt sein Produkt anbieten kann, wobei solche Schranken auch aus strategischen Gründen von den etablierten Anbietern errichtet werden können.

Freihandel – internationaler Güterhandel (→ Außenhandel), der frei von jeglicher handelspolitischer Beeinflussung ist. In der

→ Außenhandelstheorie theoretisch angestrebtes Ziel. Die Welthandelsorganisation – World Trade Organization (WTO) und das GATT gehen ebenfalls vom Ziel des Freihandels aus, weswegen keine neuen *tarifären Maßnahmen* (→ Einfuhrzoll) erhoben werden dürfen. Neben den Einfuhrzöllen können mengenmäßige Beschränkungen (→ Kontingente) den freien Handel behindern. In der realen Wirtschaft behindern weltweit zahlreiche *tarifäre* und *nicht tarifäre Maßnahmen* den freien Handel.

Freihandelszone – *Free Trade Association (FTA)*.

I. **Außenhandelspolitik:** Spezifisches Konzept zur regionalen → Handelsliberalisierung (→ regionale Integration, → Regionalismus). Bei einer Freihandelszone werden zwischen den Partnerländern schrittweise alle Zölle und Kontingente, d.h. alle tarifären und nicht tarifären Handelshemmnisse, abgebaut – innerhalb der Freihandelszone werden keine Zölle erhoben; im Unterschied zur → Zollunion behält jedes Mitgliedsland einer Freihandelszone weiterhin die volle Autonomie bei der Gestaltung seiner Handelspolitik (→ Drittlandszollsatz, → Einfuhrzoll, → Kontingent, etc.) gegenüber Drittstaaten. – Damit verhindert wird, dass Importe aus Drittstaaten den Umweg über dasjenige Mitgliedsland nehmen, das den geringsten Zoll für das jeweilige Gut erhebt, bedarf es im Binnenhandel einer Freihandelszone der Vorlage von Ursprungsnachweisen (administrativ aufwendig bei Produkten, die in einem Mitgliedsland weiterverarbeitet wurden) und der Anwendung kompensatorischer Binnenzölle. – Eine Freihandelszone (z.B. die EFTA, NAFTA) verstößt prinzipiell gegen das Meistbegünstigungsgebot (Meistbegünstigung) des GATT; Art. XXIV GATT definiert die Voraussetzungen, unter denen eine Freihandelszone zwischen Mitgliedern der Wolrd Trade Organization (WTO) zulässig ist. – Vgl. auch → Integration, → Regionalismus.

II. **Entwicklungspolitik:** Aus dem nationalen → Binnenmarkt von Entwicklungs- und Transformationsländern formal-juristisch ausgegliederte, weltmarktorientierte Standorte von Produktion und Handel, mit denen sich das betreffende Land in die → internationale Arbeitsteilung einzugliedern versucht. – Vgl. auch → Sonderwirtschaftszonen.

freiwillige Arbeitslosigkeit – Arbeitslosigkeit, → Arbeitsmarkt.

freiwillige Exportbeschränkung – *Voluntary Export Restriction (VER);* bes. Form eines → nicht tarifären Handelshemmnisses. Das exportierende Land beschränkt die Exportmenge für ein bestimmtes Partnerland auf ein bestimmtes Niveau. Der Umstand, dass das Ausland auf diese Weise durch eine protektionistische Maßnahme profitiert, macht die freiwillige Exportbeschränkung gelegentlich politisch attraktiv. Mengenbeschränkungen führen aber mitunter nicht nur zu heimischen Preiserhöhungen. Es kann seitens der Anbieter der betroffenen Güter ein Anreiz bestehen, die zugestandenen Mengen mit höherwertigen Gütern auszunutzen (*quality upgrading*). – Vgl. auch → Handelspolitik.

Freizonenfiktion – Bezeichnung dafür, dass sich Waren in Freizonen des räumlich durch Zollzäune abgetrennten *Kontrolltyps I* und Freilagern zwar geografisch im Zollgebiet der EU befinden, aber zollrechtlich als außerhalb des Zollgebiets der Gemeinschaft befindlich anzusehen sind. Die Waren in Freizonen *gelten* als nicht im Zollgebiet befindlich. Es handelt sich nach dieser rechtlichen *Fiktion* um Nichtgemeinschaftswaren, die an der Zollgrenze beim Verlassen der Freizone zollrechtlich behandelt werden müssen. Sofern ein *Statusnachweis* über den zollrechtlichen Status einer *Gemeinschaftsware* erbracht werden kann, ist das Verlassen ohne weitere Zollbehandlung möglich.

Frequenz – 1. *Allgemein:* Anzahl von Schwingungen pro Periode. – 2. Auf → Konjunkturschwankungen übertragen: Anzahl von abgeschlossenen → Konjunkturzyklen während einer vorgegebenen Periode. Eine *hohe Frequenz* ist gleichbedeutend mit kurzwelligen Konjunkturschwankungen, während eine *niedrige Frequenz* langwellige Konjunkturschwankungen anzeigt.

Frühindikatoren → Konjunkturindikatoren, operative Frühwarnung, strategische Frühaufklärung.

Fundamentaldaten – Langfristige, grundlegende Informationen über die realen Produktionsmöglichkeiten, über die Strukturen der Wirtschaft sowie über den Vermögensstatus der Wirtschaftseinheiten. – Vgl. auch → Vermögenspreisansatz zur Wechselkursbestimmung, → spekulative Blase.

Fünf Weise – auch als fünf Wirtschaftsweise bezeichnet; Mitglieder des → Sachverständigenrates zur Begutachtung der gesamtwirtschaftlichen Entwicklung (SVR).

funktionsfähiger Wettbewerb → wirksamer Wettbewerb.

G

Gains-from-Trade-Theorem – theoretische Aussage über die Wohlfahrtswirkungen des → internationalen Handels im Vergleich zur → Autarkie (s. hierzu → dynamische Wohlfahrtswirkungen des internationalen → Handels). Danach bewirkt internationaler Handel eine Wohlfahrtsverbesserung gegenüber der hypothetischen Autarkiesituation. Diese Verbesserung gilt allerdings nicht von vornherein für jedes Individuum. Es ist vielmehr zu erwarten, dass einzelne Individuen besser, andere jedoch schlechter gestellt werden (z.B. → Stolper-Samuelson-Theorem). Dennoch kann insgesamt von einer Wohlfahrtsverbesserung gesprochen werden, und zwar in dem Sinn, dass die zunächst schlechter Gestellten durch ein geeignetes System von Pauschalsteuern und Pauschaltransfers *kompensiert* werden können (vgl. *Kaldor-Hicks-Scitovsky*), und dass danach immer noch einzelne Individuen bei Handel besser gestellt sind als bei Autarkie. – Der Unterschied zwischen beiden Situationen kann mithilfe eines sog. *Äquivalenzmaßes* zum Ausdruck gebracht werden. Das ist jenes Ausmaß an Einkommenskompensation, das die Konsumenten bei Autarkiepreisen in eine Lage brächte, die sie gleich bewerten würden wie → Freihandel *(equivalent variation)*, bzw. jene Einkommenskompensation, die sie bei Freihandelspreisen erhalten müssten, um in eine Lage zu kommen, die sie gleich bewerten wie die Autarkie *(compensating variation)*. Die *Gains-from-Trade-Theoreme* hängen auf entscheidende Weise von den → Terms of Trade ab. Sie setzen sich aus dem Konsumgewinn (→ Konsumgewinne aus internationalem Handel) und dem Produktionsgewinn (→ Produktionsgewinn aus internationalem Handel) zusammen. – Vgl. auch → Handelspolitik.

Gap – *Lücke.* 1. *Begriff:* In einer geschlossenen Volkswirtschaft die Differenz zwischen geplanter Investition und geplantem → Sparen bzw. dem Unterschied zwischen Gesamtausgaben für Konsum und Investition (monetäre Nachfrage) und Gesamteinkommen (Geldwert des Angebots). – 2. *Fälle:* a) Ist die geplante Investition größer als das geplante Sparen, d.h. die monetäre Nachfrage größer als das monetäre Angebot, so ergibt sich eine *inflatorische Lücke (Inflationary Gap).* Die Expansionstendenz des Einkommens bedeutet in diesem Fall eine Gefahr für die Geldwertstabilität (Inflationsgefahr), wenn die Entwicklung vom Zustand der Vollbeschäftigung ausgeht. Die Gefahr entfällt weitgehend bei unterbeschäftigten Ressourcen. – b) Ist das geplante Sparen größer als die geplante Investition, die monetäre Nachfrage also kleiner als das monetäre Angebot, so ergibt sich eine *deflatorische Lücke (Deflationary Gap),* d.h. die Tendenz zur Einkommenskontraktion. – 3. Der Begriff kann sich auch auf eine Produktionslücke (Output Gap) beziehen. – Vgl. auch → Keynesianismus, → Einkommen-Ausgaben-Modell, → Neukeynesianische Makroökonomik, dynamisches Grundmodell.

Garantien für Kapitalanlagen im Ausland

– Absicherung von → Direktinvestitionen gegen politische Risiken im Anlageland. Auch die Erträge können einbezogen werden. Instrumente werden angeboten von nationalen und internationalen Institutionen; zu Letzteren gehört die Weltbanktochter Multilaterale Investitions-Garantie-Agentur (MIGA) für Direktinvestitionen in → Entwicklungsländern.

Gebietsansässige – 1. → Außenwirtschaftsrecht, → Außenwirtschaftsgesetz (AWG); Gebietsansässige sind natürliche Personen (ohne Rücksicht auf Staatsangehörigkeit) mit Wohnsitz oder gewöhnlichem Aufenthalt im → Wirtschaftsgebiet sowie juristische Personen und Personenhandelsgesellschaften mit Sitz oder Ort der Leitung im Wirtschaftsgebiet. Zweigniederlassungen → Gebietsfremder im → Wirtschaftsgebiet (§ 4 I Nr. 1 AWG) gelten als Gebietsansässige, wenn sie hier ihre Leitung und gesonderte Buchführung haben. Betriebsstätten Gebietsfremder im Wirtschaftsgebiet gelten als Gebietsansässige, wenn sie hier ihre Verwaltung haben (§ 4 I Nr. 5 AWG). – 2. *Zollrecht:* Das EU-Zollrecht stellt zur Bestimmung der Ansässigkeit auf das Zollgebiet der Gemeinschaft ab und orientiert sich am Wohnsitz natürlicher Personen oder dem satzungsgemäßen Sitz jur. Personen. Vielfach dürfen nur Ansässige Bewilligungen zu Zollverfahren beantragen und Waren anmelden oder als Vertreter handeln. – *Gegensatz:* → Gebietsfremde.

Gebietsfremde – Begriff aus dem dt. → Außenwirtschaftsrecht, dem → Außenwirtschaftsgesetz (AWG) (§ 4 I Nr. 7 AWG). Gebietsfremde sind natürliche Personen mit Wohnsitz oder gewöhnlichem Aufenthalt in fremden Wirtschaftsgebieten sowie juristische Personen und Personenhandelsgesellschaften mit Sitz oder Ort der Leitung in fremden Wirtschaftsgebieten. Zweigniederlassungen Gebietsansässiger in fremden Wirtschaftsgebieten gelten als Gebietsfremde, wenn sie dort ihre Leitung haben und für sie eine gesonderte Buchführung besteht; Betriebsstätten Gebietsansässiger in fremden Wirtschaftsgebieten gelten als Gebietsfremde, wenn sie dort ihre Verwaltung haben. – *Gegensatz:* → Gebietsansässige.

Gebrauchsvermögen – im Europäischen System Volkswirtschaftlicher Gesamtrechnungen (ESVG) nur zur Darstellung „unter dem Strich" genannter Teil des → Volksvermögens. Gebrauchsvermögen wird nach den Konzepten der Volkswirtschaftlichen Gesamtrechnung (VGR) nicht für Produktionszwecke eingesetzt, seine Anschaffung daher als → Konsum und nicht als → Anlageinvestition verbucht. Das Gebrauchsvermögen der privaten Haushalte umfasst deren Gebrauchsgüter (z.B. Möbel, Kraftfahrzeuge oder Hausgeräte), es wird VGR nur gelegentlich berechnet.

Gebrauchswert → Wert.

gebundener Zahlungsverkehr – Zahlungsverkehr, dessen Abwicklung aufgrund des → Zahlungsabkommens zwischen zwei Ländern an die im bilateralen Abkommen vereinbarte(n) Währung(en) gebunden ist.

gedämpfte Schwingung – eine Schwingung, deren → Amplitude im Zeitablauf abnimmt und (evtl. asymptotisch) verschwindet. Tritt v.a. in → Multiplikator-Akzelerator-Modellen der → Konjunkturtheorie auf und wird als abnehmende → Konjunkturschwankung interpretiert. Sie ist auch Ausdruck der Stabilität eines Modells, das nach einer Störung allmählich wieder auf seinen Gleichgewichtspfad zurückkehrt.

Gegengeschäft → Kompensationshandel, → Kompensationsgeschäft.

Gegengiftthese → Wettbewerbstheorie.

Gegenseitigkeitsgeschäft → Kompensationsgeschäft, → Kompensationshandel.

Gegenwartspräferenz → Zeitpräferenz.

Gegenwartspreis – Preiskonzept der intertemporalen Gleichgewichtstheorie (→ intertemporales Gleichgewicht). Es ermöglicht, Güter, die auf verschiedene Zeitpunkte datiert sind, wertmäßig intertemporal miteinander zu vergleichen. Der Gegenwartspreis eines Gutes ist die Geldsumme (ausgedrückt in Einheiten des → Standardguts), die heute gezahlt werden muss, damit dieses in Zukunft geliefert wird. Er entspricht damit dem erwarteten Preis eines Gutes auf dessen → Zukunftsmarkt.

Gegenwartswert – *Zeitwert.*

I. Kalkulation: auf den Kalkulationszeitpunkt abgezinstes Endkapital (Diskontierung).

II. Bilanzierung: Der Gegenwartswert von Forderungen und Rentenverpflichtungen ist gleich dem Barwert.

III. *Wirtschaftstheorie:* Wert von Gütern, die auf verschiedene Zeitpunkte datiert und zu → Gegenwartspreisen bewertet sind.

Geld – 1. *Begriff/Charakterisierung:* Geld oder Zahlungsmittel sind Aktiva, die aufgrund von Marktkonvention oder gesetzlicher Verpflichtung vom Gläubiger zur Abdeckung von Verbindlichkeiten angenommen werden. – Der *Übergang von der Naturaltausch- zur Geldwirtschaft* begann mit der zunächst lokalen Gewohnheit, durch die Einigung auf ein Zwischentauschgut den zuvor simultanen Austausch zweier Leistungen in getrennte Vorgänge des Kaufs und Verkaufs zu zerlegen. Als Medium dienten zunächst aufbewahrfähige Güter (Warengeld, z.B. Felle, Öle, Schmuck). Mit der Entwicklung des Handelverkehrs und der Arbeitsteilung wurden diese durch Finanzaktiva (Münzen, private und staatliche Banknoten sowie Giralgeld in Form täglich fälliger Sichteinlagen bei Geschäftsbanken) ersetzt. – In der *modernen Geldverfassung* findet die Geldschöpfung durch die Zentralbank (Zentralbankgeld) oder das Banksystem (Giralgeld) statt. Die Verwendung gesetzlicher Zahlungsmittel bietet dem Schuldner die Gewähr, nicht in Verzug zu geraten. – 2. *Grundfunktionen:* a) *Rechenmittelfunktion:* Durch Gleichsetzen einer Geldeinheit mit dem Nominalwert von Eins wird die mögliche *Anzahl der* Naturaltauschraten, die bei n Güterarten fast der Hälfte des Quadrats von n entspricht, auf n Geldpreise verringert. Die Funktion des Geldes als Rechenmittel des Tauschverkehrs könnte allerdings auch von einem abstrakten Maß wahrgenommen werden. Diese Funktion ist daher nicht konstitutiv für das Wesen des Geldes – b) *Wertaufbewahrungsfunktion:* Entsprechendes gilt für die Funktion der Wertaufbewahrung. Die Haltung von Geld erlaubt, Kaufkraft interregional und intertemporal zu transportieren. Diese Funktion wird aber auch von anderen Aktiva erfüllt, und zwar oft besser, weil mit sinkendem Wert des Geldes nur der Nominalwert, nicht dagegen der für die Qualität der Wertaufbewahrung entscheidende Realwert erhalten

bleibt. – c) *Tauschmittelfunktion:* Konstitutiv für das Wesen des Geldes ist daher allein die Eigenschaft bzw. Funktion als transaktionsdominierendes Tauschmittel. Diese Eigenschaft verleiht Geld den höchsten Liquiditätsgrad von Eins; das bedeutet, dass Geld ohne Abschlag zum Nominalwert angenommen wird. Als transaktionsdominierendes Tauschmittel ermöglicht Geld den Marktteilnehmern die Einsparung von Transaktionskosten sowie von Informationskosten über die Marktmöglichkeiten. Als Tauschmittel erweitert das Geld mit dieser Kostenersparnis bei gegebener Faktorausstattung den Bereich der realen Produktionsmöglichkeiten der Volkswirtschaft. – 3. *Makroökonomische Geldaggregate:* Geldmenge.

Geldangebot – Geldmarkt, Geldtheorie.

Geldangebotstheorie – Geldtheorie.

Geldbasis → monetäre Basis.

Geldfunktionen → Geld.

Geldillusion – psychologisch begründete Einstellung zum Geldwert mit bes. Vertrauen in seine (scheinbar) objektive Gegebenheit und Stabilität, d.h. Vertrauen der Wirtschaftssubjekte zum umlaufenden Geld. Dahinter steht das Vertrauen der Bevölkerung in die durch den Staat geschaffene und durch seine Autorität (scheinbar) abgesicherte Geldordnung. Geldillusion liegt z.B. dann vor, wenn bei Inflation Nominaleinkommenssteigerungen (irrtümlich) mit Realeinkommenserhöhungen gleichgesetzt werden. Dies kann dann zu einem anderen Ausgabenverhalten führen als bei fehlender Geldillusion – Vgl. auch → Realplanung.

Geldmengen-Preis-Mechanismus → Zahlungsbilanzausgleich.

Geldnachfrage – Geldmarkt, Geldtheorie.

Geldnachfragetheorie – Geldtheorie.

Geldschöpfung – Geschäftsbanken verfügen über freie liquide Mittel (→ freie Liquiditätsreserven), mit deren Hilfe sie Kredite gewähren können. I.d.R. werden diese Kredite zu dem Zweck aufgenommen, Zahlungen für Käufe von Gütern und Dienstleistungen vorzunehmen. Somit kommt es wieder zu Einzahlungen bei Banken bzw. zu neuen Einlagen im Bankensystem. Da die Einlagen bei Banken Forderungen gegen das Bankensystem darstellen, werden diese als → Geld bezeichnet. Zusätzliche Kredite führen also über die Einlagenbildung zu einer Vermehrung der Geldmenge. Der Geldschöpfungsprozess kann im Bankensystem so lange vorangetrieben werden, bis die freien Liquiditätsreserven durch die Mindestreserven (die für Einlagen zu halten sind) und durch den Bargeldabzug bei der Kreditverwendung aufgezehrt sind. Eine einzelne Bank kann natürlich nur im Umfang ihrer freien Liquidität Kredite gewähren. Die Geschäftsbanken in ihrer Gesamtheit können ein Mehrfaches an Krediten vergeben und damit an Geld schaffen, denn mit der Kreditgewährung einer Bank entstehen bei anderen Banken wiederum Einlagen, also zusätzliches Geld.

Geldschöpfung der Geschäftsbanken – Geldtheorie.

Geldvermögen – Synonym für *Finanzvermögen* bzw. *Forderungen.*

Geldvernichtung – Geldtheorie.

Geldwert – *Kaufkraft des Geldes;* die für eine Geldeinheit käufliche Gütermenge („Güterpreis des Geldes", Preiser). – 1. *Binnenwert:* Diese entspricht dem inversen Wert des Preisniveaus; bei einem Steigen des Preisniveaus sinkt die mit einer Geldeinheit zu erwerbende Gütermenge und umgekehrt. – 2. *Außenwert:* Kaufkraft einer über den → Wechselkurs umgerechneten inländischen Währungseinheit im Ausland. – Vgl. auch → Kaufkraftparitätentheorie. – 3. *Stabilisierung des Geldwertes (Geldwertstabilität)* ist eine Maxime für die Wirtschaftspolitik eines Landes; sie soll v.a. mithilfe der Geldpolitik erreicht werden. – Vgl. auch Inflation. – 4. *Theorie des Geldes:* Geldtheorie.

Geldwertstabilität → Geldwert, Inflation.

Gemeinbedürfnisse → Kollektivbedürfnisse.

Gemeinschaftsdiagnose – Im Auftrag des Bundeswirtschaftsministeriums von vier dt. → Wirtschaftsforschungsinstituten und ihren jeweiligen Konsortialpartnern zweimal jährlich durchgeführte Analyse. Diese umfasst sowohl → Konjunkturdiagnose als auch -prognose und auf diesen basierende konjunkturpolitische Empfehlungen. Die Gemeinschaftsdiagnose ist die Grundlage für die Konjunkturprognose der Bundesregierung und der Steuerschätzung. Sie wird alle drei Jahre neu ausgeschrieben, sodass sich die Zusammensetzung der beteiligten Institute ändert.

Gemeinschaftsfremde – Begriff aus dem dt. → Außenwirtschaftsrecht, § 4 I Nr. 8 → Außenwirtschaftsgesetz (AWG); alle anderen Personen als Gemeinschaftsansässige.

Generationenmodelle – Neben dem Ramsey-Modell ist das OLG-Modell von Allais (1947), Samuelson (1958) und Diamond (1965) der zweite wichtige mikrobasierte Ansatz in der Makroökonomik, mit dem Ziel, die Ersparnisbildung der Haushalte und damit die Kapitalakkumulation mikroökonomisch fundiert zu erklären (s. → neoklassische Wachstumstheorie). Zu jedem Zeitpunkt t sind Mitglieder unterschiedlicher Generationen am Leben, die über Märkte und/oder präferenzgesteuert (z.B. Vererbung, Bildungsausgaben für Kinder, etc.) miteinander interagieren. Ist letzteres nicht der Fall, handeln die Generationen vollkommen eigennützig, sodass sie die Auswirkungen ihrer Entscheidungen auf andere Generationen nicht berücksichtigen. Man spricht auch von Modellen sich überlappender Generationen (engl. Overlapping Generations (OLG) models). Diese Modelle bieten den Vorteil, dass Entscheidungen über den Lebenszyklus hinweg analysiert werden können (z.B. Ersparnisbildung). – 1. *Allgemeine Struktur des Modells:* Im einfachsten Fall leben Individuen für zwei Perioden und ziehen Nutzen u

aus Konsum der ersten (c_t) und zweiten Lebensperiode (c_{t+1}), sodass der Lebensnutzen U folgendermaßen formuliert werden kann

$$U(c_t, c_{t+1}) = u(c_t) + \frac{1}{1+\rho}u(c_{t+1}),$$

wobei $\rho > 0$ die Zeitpräferenzrate aufgreift und zukünftiger Konsum mit der Rate $\beta = 1/(1+\rho) < 1$ diskontiert wird (Minderschätzung zukünftiger Bedürfnisse). Die Funktionen $u(.)$ unterliegen den üblichen Konkavitätsannahmen, $u'(.) > 0$ und $u''(.) < 0$, sodass Konsum positivem aber abnehmendem Grenznutzen unterliegt. Annahmegemäß bieten Haushalte (nur) in der ersten Periode unelastisch eine Zeiteinheit Arbeit an und erzielen einen Lohn w_t, welcher den Konsum heute und in der zweiten Lebensperiode finanzieren muss. Dies führt dazu, dass in der zweiten Lebensperiode nur konsumiert werden kann, wenn in der ersten Periode s_t gespart wird, sodass folgende Budgetrestriktion beachtet werden muss

$$w_t = c_t + s_t.$$

Der Konsum der zweiten Periode entspricht dem mit dem Zins r_{t+1} verzinsten Konsumverzicht der ersten Periode, d.h. $c_{t+1} = (1+r_{t+1})s_t$. Ouput Y_t wird mithilfe einer neoklassischen Produktionstechnologie erstellt, sodass $Y_t = F(K_t, L_t)$. L_t ist der aggregierte Arbeitskräftebestand, welcher dem Arbeitsangebot der Generation entspricht, die sich gerade in ihrer ersten Lebensperiode befindet. Den Kapitalstock (K_t) der Periode t besitzt die gegenwärtig alte Generation, den sie mit ihren Ersparnissen der vergangenen Periode ($t-1$) aus ihrem Arbeitseinkommen angelegt hat. Die Bedingung erster Ordnung des Nutzenmaximierungsproblems liefert die optimale Beziehung zwischen gegenwärtigen und zukünftigen Konsum (sog. Euler-Gleichung):

$$u'(c_{1t}) = \beta(1 + r_{t+1})u'(c_{2t+1}).$$

Diese Gleichung determiniert zusammen mit der Budgerestriktion implizit die Ersparnis

pro Haushalt als $s_t = s(w_t; 1 + r_{t+1})$. Der Kapitalstock der nächsten Periode entspricht der aggregierten Ersparnis der gegenwärtigen Periode, sodass

$$K_{t+1} = s_t L_t.$$

Damit erhält man die Kapitalintensität der nächsten Periode als

$$\frac{K_{t+1}}{L_t} = s_t$$
$$\frac{K_{t+1}}{L_t+1}\frac{L_{t+1}}{L_t} = s_t$$
$$\Rightarrow k_{t+1} = \frac{K_{t+1}}{L_t+1} = \frac{s_t}{1+n},$$

wobei $L_{t+1} = (1+n)L_t$ und $(1+n)$ den exogenen Wachstumsfaktor der Bevölkerung angibt. Unter diesen sehr allg. Annahmen sind keine geschlossenen analytischen Lösungen erhältlich. Deshalb wird in der Literatur die sogenannte kanonische Form des OLG-Modells benutzt. – 2. *Kanonische Form des OLG-Modells:*

$$U(c_t, c_{t+1}) = \ln(c_t) + \beta\ln(c_{t+1})$$
$$Y_t = AK_t^\alpha L_t^{1-\alpha} \rightarrow y_t = Ak_t^\alpha$$

Damit wird die Entwicklung der Kapitalintensität unter Verwendung der Euler-Gleichung durch folgende Differenzengleichung beschrieben

$$k_{t+1} = \varphi(k_t) = \frac{\beta}{(1+n)(1+\beta)}(1-\alpha)Ak_t^\alpha$$

Im Steady State muss gelten, dass die Kapitalintensität konstant ist, sodass

$$k^* = k_{t+1} = k_t = \left(\frac{\beta(1-\alpha)A}{(1+n)(1+\beta)}\right)^{\frac{1}{1-\alpha}}.$$

Die Anpassung an diesen Steady State veranschaulicht die folgende Abbildung, ausgehend von einem Startwert k_0 in der Periode $t=0$. Dieser Steady State ist global stabil, sodass Abweichungen davon Bewegungsprozesse auslösen, die zu k^* zurückführen. Das resultierende Gleichgewicht stimmt im Gegensatz zum Ramsey-Modell (s. Ramsey-Modelle)

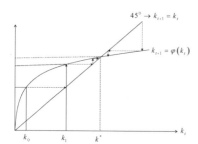

nicht mit der eines sozialen Planers überein. Das Gleichgewicht kann infolge von Überakkumulation nicht Pareto-optimal sein, obwohl alle Märkte kompetitiv sind. Die Ursache hierfür liegt darin, dass keine Generation bei ihrer Ersparnisbildung die Konsequenzen auf den Zins der nächsten Generation berücksichtigt. Je mehr sie also sparen, desto niedriger wird der zukünftige Zins sein, was zu noch mehr Ersparnisbildung führen kann und damit zu Überakkumulation (siehe auch → goldene Regel der Kapitalakkumulation und → Solow-Modell). Überakkumulation ist also das Resultat einer Externailtät durch Ersparnisbildung der gegenwärtig Jungen auf den zukünftigen Zins. – 3. *Altruistisches Verhalten:* In einigen Anwendungen verhalten sich OLG-Haushalte nicht komplett eigennützig, sondern ziehen Nutzen aus ökonomischen Variablen ihrer Kinder, wie z.B. deren Einkommens- oder Humankapitalniveau oder aber auch deren Vermögen, was ein Vererbungsmotiv generieren würde. Verhalten sich Individuen gegenüber ihren Nachfahren vollständig altruistisch, in dem Sinne, dass das Nutzenniveau der Nachfahren die Wohlfahrt der gegenärtigen Generation beeinflusst, würde man den Lebensnutzen folgendermaßen definieren

$$U_t = u(c_t) + \beta u(c_{t+1}) + \gamma U_{t+1}$$

und sich aus Forwärtiteration folgender Zusammenhang ergeben

$$U_t = \sum_{t=0}^{\infty} \gamma^t [u(c_t) + \beta u(c_{t+1})].$$

Obwohl jede Generation nur Nutzen aus dem Nutzenniveau ihrer direkten Nachfahren zieht, ist diese intergenerative Verknüpfung der Haushalte hinreichend eine Planerlösung zu replizieren, in dem Sinne, als dass sich jede Generation so verhält, als ob sie die Wohlfahrt jeder jemals lebenden Generation maximieren würde. Die Lösung dieses Problems stimmt qualitativ mit dem Ramsey-Modell überein.

Gesamtangebotskurve → aggregierte Angebotskurve.

Gesamtindikator – 1. *Begriff:* Zusammenfassung einzelner → Konjunkturindikatoren, sodass die Gesamtlage der → Konjunktur so mit einen Blick erfasst werden kann. – Vgl. auch → Konjunkturbarometer, → Barometersystem. – 2. *Konstruktion:* (1) Aggregation durch einen → Diffusionsindex; (2) Aggregation durch Standardisierung von Zeitreihen. – 3. *Vorteile und Grenzen:* Der Gesamtindikator fasst die unterschiedlichen Informationen über den Konjunkturverlauf in eine einzige Größe zusammen und bietet somit eine einfache und anschauliche Information über den aktuellen Konjunkturzustand. Er erklärt aber nicht das Zustandekommen von Konjunkturschwankungen. Zudem sind bestenfalls vorlaufende Teilindikatoren sinnvoll für Prognosen einzusetzen.

Gesamtnachfrageexternalität – die makroökonomische Auswirkung der Preisanpassung eines Unternehmens auf die Nachfrage nach den Produkten aller anderen Unternehmen. Verringert ein Unternehmen den Preis für sein Produkt, dann vermindert es dadurch in geringem Maße auch das gesamtwirtschaftliche Preisniveau. Dies führt zu einem entsprechenden Anstieg der Realkasse, der seinerseits das Gesamteinkommen geringfügig erhöht. Die Zunahme des Gesamteinkommens bewirkt einen Anstieg der Nachfrage nach den Produkten aller anderen Unternehmen. Aus Sicht des preissenkenden Unternehmens stellt dies eine → Externalität dar.

Gesamtnachfragekurve → aggregierte Nachfragekurve.

Gesamtvermögen – I. Steuerrecht: Früherer Begriff im Rahmen der Vermögensteuer; das gesamte Vermögen des unbeschränkt Steuerpflichtigen, soweit es nicht ausdrücklich von der Vermögensteuer befreit war, d.h. inländisches und im Ausland befindliches Vermögen (§ 114 BewG).

II. Volkswirtschaftliche Gesamtrechnung: → Vermögen.

gesamtwirtschaftliche Angebotskurve → aggregierte Angebotskurve.

gesamtwirtschaftliche Nachfragekurve → aggregierte Nachfragekurve.

gesamtwirtschaftliches Produktionspotenzial → Produktionspotenzial.

Geschäftsklima – Befragung auf Unternehmensebene zur Einschätzung der gegenwärtigen und zukünftigen Konjunkturentwicklung. Das Geschäftsklima ist Ergebnis dieser Befragung. Der bekannteste und aussagekräftigste Geschäftsklimaindex wird vom → ifo Institut für Wirtschaftsforschung ermittelt.

Geschäftsklima-Index → Konjunkturtest.

Gesetz vom Ausgleich der Grenznutzen → Gossensche Gesetze.

Gesetz zur Förderung der Stabilität und des Wachstums → Stabilitäts- und Wachstumsgesetz (StWG).

gespaltener Wechselkurs – *multipler Wechselkurs*. 1. *Begriff:* Festsetzung verschiedener → Wechselkurse für verschiedene außenwirtschaftliche Transaktionen. 1. Instrument interventionistischer → Außenwirtschaftspolitik mit dem Ziel, entsprechend den von der Regierung gesetzten Prioritäten bestimmte Transaktionen zu erleichtern, andere zu belasten. Die Einführung gespaltener Wechselkurse ist nach dem IWF *genehmigungsbedürftig.* – 2. *Formen:* Differenzierung i.d.R. nach Handels- und Finanztransaktionen, aber auch nach Gütergruppen sowie Trägern und Richtungen der außenwirtschaftlichen

Aktivitäten. Anwendung v.a. in → Entwicklungsländern, gelegentlich auch in Industrieländern. – 3. *Beurteilung:* Gespaltene Wechselkurse erfordern aufwendige Kontrollen; sie verfehlen vielfach die erstrebten Ziele, indem sie z.B. zur Bildung von Devisenschwarzmärkten führen. Da die verschiedenen Kurse die Devisenknappheit nicht widerspiegeln, sind sie Ursache von → Fehlallokationen.

gestaffelte Preissetzung – Bezeichnung für die Beobachtung, dass nicht alle Unternehmen einer Volkswirtschaft ihre Preise gleichzeitig an veränderte Rahmenbedingungen anpassen, sondern die Preisanpassungen zeitlich versetzt erfolgen. Gestaffelte Preissetzung ist überwiegend das Ergebnis von vertraglichen Bindungen, wie z.B. Lieferverträgen oder Tarifabkommen. – Die Existenz von gestaffelter Preissetzung führt auf makroökonomischer Ebene zur *Inflexibilität* des gesamtwirtschaftlichen Preisniveaus. Für ein einzelnes Unternehmen ist der → relative Preis seines Produktes die entscheidende Größe. Würden bei einem Anstieg des Geldangebots alle Unternehmen ihre Preise proportional erhöhen, blieben die relativen Preise unverändert. Ein einzelnes Unternehmen muss bei seiner Preissetzungsentscheidung jedoch davon ausgehen, dass die anderen Unternehmen aufgrund vertraglicher Bindungen ihre Preise nicht sofort anpassen können. Eine Preiserhöhung bedeutet für das Unternehmen in diesem Fall eine Erhöhung seines relativen Preises. Um nicht zu viele Kunden an andere Unternehmen zu verlieren, wird das betreffende Unternehmen seinen Preis daher nur langsam und unvollkommen anpassen. Da die anderen Unternehmen zu den Zeitpunkten, zu denen sie ihre Preise anpassen können, analoge Überlegungen anstellen, führt die gestaffelte Preissetzung makroökonomisch gesehen zu Trägheiten bei der Anpassung des gesamtwirtschaftlichen Preisniveaus. – Gestaffelte Preissetzung liegt angebotsseitig dem Grundmodell der Neukeynesianischen Makroökonomik (→ Neukeynesianische Makroökonomik, dynamisches Grundmodell) zugrunde. – Vgl. auch → Phillips-Kurve.

Gewinn – I. Handelsrecht: 1. *Unternehmungsgewinn* (Jahresüberschuss): Differenz zwischen Erträgen und Aufwendungen eines Geschäftsjahres (Unternehmensergebnis). – 2. *Ermittlung des Gewinns:* Erfolgsrechnung, Gewinnermittlung. – 3. *Behandlung des Gewinns* (der Gewinnanteile): a) bei *Personengesellschaften:* Gewinn- und Verlustbeteiligung. – b) bei *Kapitalgesellschaften:* Gewinnausschüttung, Gewinnverwendung.

II. Kostenrechnung: 1. *Betriebsgewinn:* Differenz zwischen Erlösen und Kosten einer Periode (Betriebsergebnis; Deckungsbeitrag). – 2. *Neutraler Gewinn:* Unternehmungsgewinn – Betriebsgewinn (neutrales Ergebnis).

III. Steuerrecht: Die Ermittlung des Gewinns kann auf unterschiedliche Weise erfolgen (Einkünfteermittlung). Der steuerpflichtige Gewinn unterliegt der Einkommen- oder Körperschaftsteuer und bildet den Ausgangswert für die Errechnung des Gewerbeertrags (§ 7 GewStG).

IV. Preis- und Markttheorie: Differenz zwischen Erlös U(x) und Kosten K(x): G(x) = U(x) – K(x). Die erste Ableitung dieser Funktion nennt man *Grenzgewinn:* G'(x)=U'(x) – K'(x). Der Grenzgewinn ist demnach die Gewinnveränderung, die sich ergibt, wenn eine Einheit zusätzlich produziert und verkauft wird. Er muss gleich Null werden, wenn ein Maximum bestimmt werden soll (notwendige Bedingung):

$$G'(\overline{x}) = 0 \Leftrightarrow U'(\overline{x}) = K'(\overline{x})$$

Hinreichend ist die Bedingung:

$$G''(\overline{x}) < 0, \text{ also } U''(\overline{x}) < K''(\overline{x}).$$

Gewinnmaximierung – Verhaltensannahme, nach der eine Unternehmung ihren → Gewinn maximiert. Bezeichnet man den Erlös E als Funktion von n Aktivitätsniveaus $a_1, ..., a_n$, also E = E($a_1, ..., a_n$), und die Kosten K als Funktion derselben Aktivitätsniveaus, also

K = K($a_1, ..., a_n$), dann wählt die Unternehmung ihre Aktivitäten so, dass E($a_1, ..., a_n$) – K($a_1, ..., a_n$) maximiert wird. Dabei hat die Unternehmung Restriktionen zu berücksichtigen, die durch technische Erfordernisse und durch die Handlungen anderer Marktteilnehmer vorgegeben sein können.

Gewinnschwelle – Break-Even-Point, → Betriebsoptimum.

Giffen-Effekt – anomale Reaktion der → Nachfragefunktion. Im Gegensatz zur → Normalreaktion (der Nachfrage) steigt die Nachfrage (bei dem einkommensinferioren Gut, z.B. Getreide) bei steigendem Preis (und fällt die Nachfrage beim einkommenssuperioren Gut, z.B. Fleisch). Der → Einkommenseffekt überwiegt den → Substitutionseffekt.

Giffen-Paradoxon – Anomale Nachfragereaktion, bei der sich als Folge einer Preiserhöhung für ein → Gut die nachgefragte Menge erhöht (→ Giffen-Effekt). Der Fall des Giffen-Paradoxon tritt auf, wenn der → Haushalt aufgrund seines niedrigen → Einkommens gerade nur diejenigen Nahrungsmittel kaufen kann, die sein physisches Existenzminimum sicherstellen. Steigt der Preis eines je Nährwerteinheit relativ billigen Nahrungsmittels, müssen Anteile der Konsumsumme zulasten teurerer Nahrungsmittel auf dieses umgeschichtet werden, um das Nährwertminimum nicht zu unterschreiten. Die Wahrscheinlichkeit für das Auftreten des Giffen-Paradoxon ist um so größer, je höher der Ausgabenanteil für dieses Gut am Einkommen ist.

Giralgeldschöpfung – Fähigkeit der Geschäftsbanken auf der Basis freier Liquiditätsreserven (Überschussreserven) durch Kreditvergabe das Buchgeld zu schaffen. Die Kreditschöpfungsmultiplikatoren hängen insbesondere ab von der Höhe der freien Liquidität, vom Mindestreservesatz und von der Bargeldabflussquote.

Gleichgewicht – I. Gleichgewicht aus methodischer Sicht: Ein methodisches Gleichgewicht kennzeichnet einen

Beharrungszustand, in dem Wirtschaftssubjekte keine Veranlassung haben, ihr Verhalten zu ändern, weil sie sich optimal an die relevanten Daten angepasst haben. Eine Revision wird nach dieser Sicht erst dann wieder vorgenommen, wenn sich die „Daten" exogen ändern. – In *evolutorischer Perspektive* kann jedoch jederzeit durch einen schöpferischen Einfall oder durch eine neue Interpretation der Situation oder der Zukunft (Erwartungsänderung) ein Handlungsimpuls ausgelöst werden, ohne dass sich die äußeren Daten geändert haben. Es liegt dann ein temporäres Gleichgewicht vor, das sich z.B. durch Erwartungsanpassungen fortlaufend verändert. Durch diese endogen bestimmten Antriebsmomente wird die Nützlichkeit des Gleichgewichtskonzepts zumindest in prognostischer Hinsicht eingeschränkt. In einem sog. Erwartungsgleichgewicht finden keine Erwartungsanpassungen (als Folge von Erwartungsirrtümern) mehr statt; ein solches Gleichgewicht ist bei Konstanz der Datenvariablen dauerhafter Natur.

II. Gleichgewicht im theoretischen Sinne: In der vom Gleichgewicht bestimmten *Wirtschaftstheorie* wird das Gleichgewichtskonzept auf Individuen *(Haushalts- und Unternehmensgleichgewicht),* auf der (Güter-) Marktebene im Sinne der Übereinstimmung von geplantem aggregierten Angebot und geplanter aggregierter Nachfrage *(Marktgleichgewicht)* oder auf das Marktsystem als Ganzes *(allgemeines oder simultanes Gleichgewicht auf allen Märkten;* → allgemeines Gleichgewicht) angewendet. Setzt man voraus, dass sich alle Akteure optimal an die weiterhin für gegeben gehaltenen Strategien der jeweils anderen Akteure angepasst haben, liegt ein sog. *Nash-Gleichgewicht* vor. Ein Sonderfall liegt vor, wenn Marktteilnehmer auf einzelnen Märkten mengenmäßig rationiert sind und ihre eigentlichen, aus einem unbeschränkten Optimierungsansatz resultierenden Pläne nicht voll realisieren können. Passen sie sich dann mit ihren Angebots- oder Nachfrageplänen der jeweiligen Rationierungsschranke

an, d.h. gehen zu effektiven Plänen über, kommt durch diese Planrevision ein temporäres Gleichgewicht bei Mengenrationierung zustande. Dies ist der Gleichgewichtsbegriff der Neokeynesianischen Theorie. – Vgl. auch → außenwirtschaftliches Gleichgewicht, → Bestandsgleichgewicht, → Devisenmarkt, Fließgleichgewicht, → Stromgleichgewicht, Spieltheorie; Wirtschaftssoziologie.

gleichgewichtiger Wachstumspfad → Wachstumstheorie.

gleichgewichtiges Wachstum – Begriff der Wachstumstheorie. Gleichgewichtiges Wachstum (balanced growth) liegt vor, wenn sich alle wichtigen makroökonomischen Größen, wie Volkseinkommen, Investition, Sparen, Konsum, Kapitalbestand mit der gleichen und konstanten Wachstumsrate entwickeln. Im Einklang mit den → Kaldor-Fakten wird gleichgewichtiges Wachstum als eine Allokation definiert, in der der Pro-Kopf-Output mit konstanter Rate wächst, der Kapitalkoeffizient (K/Y) und der Zinssatz konstant sind.

Gleichgewichtsmenge – 1. *Allgemein:* Gütermenge im → Gleichgewicht. – 2. In einer *marktwirtschaftlich organisierten Wirtschaft:* Bei positivem → Gleichgewichtspreis (eines Gutes) die Menge, bei der die angebotenen und nachgefragten Gütermengen übereinstimmen, bei Gleichgewichtspreisen von Null (d.h. es handelt sich um freie Güter) die nachgefragte Menge.

Gleichgewichtspreis (eines Gutes) – Preis, zu dem keine Überschussnachfrage nach dem angebotenen Gut besteht. D.h., ist der Gleichgewichtspreis (eines Gutes) positiv, dann stimmen die zu diesem Preis nachgefragten und angebotenen Gütermengen überein. Ist der Gleichgewichtspreis (eines Gutes) gleich Null, kann die angebotene die nachgefragte Menge übertreffen. Man spricht in diesem Fall auch von freien Gütern. – Vgl. auch Abbildung „Gleichgewichtspreis".

Gleitzoll – Form des → Mischzolls, bei der die Zollbelastung mit steigendem (sinkendem) Einfuhrpreis sinkt (steigt). Ziel ist eine

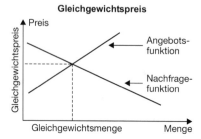

Gleichgewichtspreis

flexible Abschirmung des Marktes vor Preisveränderungen am → Weltmarkt zur → Protektion der inländischen Anbieter bzw. zur Preisstabilisierung im Inland. – *Nachteile:* Technische Probleme begünstigen bei der Anpassung des → Zolltarifs an neue Einfuhrpreise die Spekulation an den Warenmärkten; Produktivitätsfortschritte im Ausland können beim Gleitzoll im Gegensatz zum → Wertzoll oder zum → spezifischen Zoll nicht weitergegeben werden, die → internationale Arbeitsteilung wird dadurch behindert.

Globalkontingent – allg. mengen- oder wertmäßige Begrenzung der Einfuhr ohne Festsetzung der Länder, von denen die einzelnen Waren bezogen werden müssen, u.U. sogar ohne Festsetzung der Waren, die bezogen werden dürfen. Globalkontingente sind ein Mittel, die Enge des → Bilateralismus zu vermeiden und den Welthandel freier zu gestalten. – *Gegensatz:* → Länderkontingent. – Vgl. auch Einfuhr- bzw. → Importkontingentierung.

Globalsteuerung – 1. *Allgemein:* Wirtschaftspolitisches, auf Keynes (1936) zurückgehende Konzeption der gesamtwirtschaftlichen Nachfragesteuerung, wonach staatliche ökonomische Aktivität sich auf die Beeinflussung makroökonomischer Aggregate auf der Nachfrageseite der Volkswirtschaft (wie z.B. Investitionen, Konsum) beschränkt. Durch Globalsteuerung soll das Niveau der gesamtwirtschaftlichen Güternachfrage entsprechend der Entwicklung des → Produktionspotenzials und des gesamtwirtschaftlichen

Güterangebotes beeinflusst werden. Innerhalb des durch die Globalsteuerung gesetzten Rahmens soll der Marktmechanismus als Koordinationsprinzip dienen. – 2. *In der Bundesrepublik Deutschland* bedeutet Globalsteuerung primär Beeinflussung der gesamtwirtschaftlichen Nachfrage über eine antizyklische Wirtschaftspolitik (diskretionärer Mitteleinsatz), die sowohl diskretionär als automatisch sein kann. – *Voraussetzung:* Die Steuerung der Gesamtnachfrage soll zur Realisierung der in § 1 StWG aufgeführten gesamtwirtschaftlichen Ziele beitragen. Da die Wirksamkeit der Globalsteuerung von der Zuverlässigkeit der → Konjunkturdiagnose und → Konjunkturprognose abhängt, sind gesicherte Kenntnisse über die ökonomischen Zusammenhänge, auch in quantifizierter Form, aber auch ein adäquates Instrumentarium unabdingbare Voraussetzungen (quantitative Wirtschaftspolitik). Erfahrungen der Vergangenheit lehren, dass diese Voraussetzungen zumindest mit dem rechtzeitigen Vorlauf nur bedingt gegeben sind (→ Stabilisierungspolitik).

Gold-Devisen-Standard – abgeschwächte Variante des → Goldstandards. Eine Währung folgt dem → Goldstandard (→ Leitwährung), und für die anderen Währungen werden feste Wechselkurse zur → Leitwährung vereinbart. Entspricht der ursprünglichen Konzeption des → Bretton-Woods-Systems.

goldene Regel der Kapitalakkumulation – von Phelps (1961) geprägter Begriff. Als „goldene" Regel der Kapitalanhäufung durch Ersparnisbildung (Kapitalakkumulation) wird diejenige bezeichnet, die im Gleichgewicht (also dauerhaft) das höchste Pro-Kopf-Einkommen (und damit den größtmöglichen Konsum) in einem Land bewirkt. Weil ein dauerhafter Zustand bestimmt werden soll, ist es weder sinnvoll, heute das komplette Einkommen zu sparen und damit einen maximalen Kapitalbestand zu schaffen, noch das komplette Einkommen heute für Konsum einzusetzen und damit den Kapitalbestand weder zu erneuern, noch zu erhöhen. Nach Phelps ist die optimale Sparquote im Wachstumsgleichgewicht diejenige, die der Kapitaleinkommensquote (Verhältnis von durch den Kapitaleinsatz erzieltem Einkommen zum Kapitaleinsatz) entspricht. Ist die Sparquote in einer Volkswirtschaft geringer als die Kapitaleinkommensquote, muss sie nach der goldenen Regel der Kapitalakkumulation erhöht werden, ist sie geringer, muss sie gesenkt werden. Die Regel wird von Phelps selbst als „technische" Bedingung des neoklassischen Wachstumsmodells bezeichnet, weil bei dieser Betrachtung zunächst noch keine Rolle spielt, welche Präferenzen die Bürger hinsichtlich der zeitlichen Verteilung ihres Konsums haben. Diese wird z.B. im Wachstumsmodell von Ramsey (1928) thematisiert. – Vgl. auch → Wachstumstheorie, → Solow-Modell und → Ramsey-Modelle.

Goldstandard – dadurch charakterisiert, dass die Geldmenge eines Landes entweder buchstäblich in Gold definiert ist – sei es, indem geprägtes Gold als Geld fungiert, oder sei es, indem Papiergeld auf Goldeinheiten lautet -, oder dass die Notenbank einen bestimmten Preis zwischen der Geldeinheit (z.B. Euro) und Gold garantiert und jederzeit in unbeschränkter Menge zu entsprechenden Umtäuschen bereit ist. Wenn dies mehrere Länder zugleich tun, dann sind auch die relativen Preise zwischen den verschiedenen nationalen Währungen, d.h. die nominellen → Wechselkurse fixiert. Bei einem reinen Goldstandard wäre die Geldmenge wertgleich dem monetär genutzten Goldbestand eines Landes.

Goodwin-Modell – Modell der → Konjunkturtheorie, von Goodwin (1967) entwickelt und besteht aus einem zweidimensionalen → Differenzialgleichungssystem. Die Konjunkturschwankungen ergeben sich aus einem Konflikt zwischen Lohnquote und Beschäftigungsquote. Ist die Beschäftigungsquote hoch, setzen die Beschäftigten hohe Lohnforderungen durch, und die Profitquote sinkt. Als Folge reduzieren die Unternehmen ihren Output und die Beschäftigung. Dieser Porzess hält an bis die Verhandlungsmacht der Beschäftigten so stark abgenommen hat, dass sie die Lohnquote fällt. Dann läuft der Prozess in umgekehrter Richtung mit steigendem Output und Beschäftigung bis sich derZyklus vollendet hat. Dieses Modell gehört zur Klasse der → Räuber-Beute-Modelle, in dem die Beschäftigungsquote die Beute und die → Lohnquote den Räuber darstellt.

Gossensche Gesetze – Theoreme der → Haushaltstheorie; gehen auf Gossen (1810–1858) zurück. Sie stellen die inhaltliche Umsetzung der kardinalen → Nutzentheorie dar. – 1. Durch das *erste* Gossensche Gesetz wird die Beziehung zwischen dem → Grenznutzen und der Konsummenge eines → Gutes hergestellt. – *Prämisse:* Unabhängigkeit der Nutzenposition von allen anderen Gütern und Wirtschaftssubjekten. Mit zunehmender Konsumtion eines Gutes sinkt nämlich dessen Grenznutzen, und bei einem Grenznutzen von Null wird schließlich ein Sättigungspunkt erreicht, an dem für keine weitere Einheit des Gutes Geld aufgewendet wird. – 2. Nach dem *zweiten* Gossenschen Gesetz verteilt (bei rationalen Verhalten) ein → Haushalt sein → Einkommen so auf die verschiedenen Güter seines Begehrskreises, dass der in Geldeinheiten gemessene Grenznutzen des Einkommens in allen Verwendungen gleich ist (Gesetz von Ausgleich der Grenznutzen).

Governance-Structure-Theorie der Unternehmung → Neoklassische Theorie der Unternehmung, wobei sie sich als Weiterentwicklung der → Transaktionskostentheorie der Unternehmung sowie als moderne Institutionentheorie versteht. – Nach Williamson ist ökonomische Organisation als *Vertragsproblem* zu fassen. Verträge regeln Transaktionen, wobei Transaktionskosten ex ante und ex post entstehen, weil die Verhandlungen

Governance-Structure-Theorie der Unternehmung

Wirkung der Determinanten Häufigkeit und Spezifität bei gegebener mittlerer Unsicherheit auf die Wahl der governance structure nach Williamson		Investitionsmerkmale		
		unspezifisch	gemischt spezifisch	hochspezifisch
Häufigkeit der vorgenommenen Transaktionen	gelegentlich	Marktkontrolle (klassischer Vertrag)	dreiseitige Kontrolle (neoklassische Verträge)	
	wiederholt	Marktkontrolle (klassischer Vertrag)	zweiseitige Kontrolle	vereinheitlichte Kontrolle (vertikale Integration)
			(Kooperation bzw. relationale Verträge)	

Quelle: Williamson, O. E., Die ökonomischen Institutionen des Kapitalismus, Tübingen 1990, S. 89

ex post davon abhängen, ob der Vertrag vollständig ex ante spezifiziert worden ist und auch alle zukünftigen Ereignisse, die den Vertragsgegenstand berühren, vorhersehen und erfassen kann. Ex ante vollständige Verträge würden allerdings sehr hohe Transaktionskosten verursachen und eine entsprechend hohe Rationalität erfordern. – *Annahmen* der begrenzten Rationalität und Opportunismus einerseits und Komplexität/Unsicherheit und Spezifität andererseits ergeben zusammen die Transaktionskostenprobleme. Das Begriffspaar begrenzte Rationalität/Komplexität schließt aus, dass Verträge ex ante vollständig spezifiziert werden können. Das Begriffspaar Opportunismus/Spezifität bildet die Quelle hoher Ex-Post-Transaktionskosten bei Nachverhandlungen bzw. Vertragsanpassungen (fundamentale Transformation). Spezifität ist die Hauptdeterminante der Transaktionskosten, vor Unsicherheit und Häufigkeit. – Williamson unterscheidet *Spezifität* von physischen Aktiva, Humankapital, Raum und sog. (Vertrags-)Geiseln (Widmungsspezifität, → spezifische Investitionen). Spezifität ist eine Eigenschaft von Investitionen, deren Wert vom Fortbestand der Vertragsbeziehung abhängt und somit Quasirenten erzeugt, die sich opportunistische

Vertragspartner anzueignen drohen, wenn Vertragsanpassungen erforderlich werden. – Ausgehend von einer Markt-Hierarchie-Polarisierung untersucht Williamson die *Make-or-Buy-Entscheidung* und fragt, warum und welche Transaktionen in einer Unternehmung selbst durchgeführt werden, während andere über den Markt bezogen werden. Vertikale Integration von Transaktionen in eine Unternehmung sind eine Folge (bes. spezifitätsbedingt) zu hoher Transaktionskosten des Marktes (Marktversagen, → Grenzen der Unternehmung). Die Hierarchie hat begrenzte Transaktionskostenvorteile, die bes. bei spezifischen Transaktionen wirksam werden (Kontrollmechanismen, sequenzielle Anpassungsvorteile etc.). Diese *Vorteile* sind wegen der entstehenden Organisationskosten begrenzt, sodass die Integration nur ausgewählter Transaktionen erfolgt. Dabei werden verschiedene Organisationsstrukturen miteinander verglichen. – Die *Organisationsstruktur der Unternehmung* dient der Verringerung der Transaktionskosten durch die Ökonomisierung der Folgen begrenzter Rationalität. Die Evolution von der funktionalen zur multidivisionalen bzw. konglomeraten (→ Theorie der Mehrproduktunternehmung) und multinationalen Unternehmung folge einer

Ökonomisierung der Transaktionskosten. Die Technik (Unteilbarkeiten) sei in den seltensten Fällen Ursache für Integration, da eine Technik nicht an eine Organisationsform gebunden sei, also ganz verschieden organisiert werden könne. Folglich entscheiden die Transaktionskosten über die Wahl der Organisationsform, nicht die Technik. – Williamson entwirft selbst ein umfassenderes Schema, das auch die vielfältigen *Kooperationsformen* (relationale Verträge) erfasst. Im Kern geht es darum, die verschiedenen Transaktionen entsprechend ihren Eigenschaften (Spezifität, Unsicherheit, Häufigkeit) eindeutig verschiedenen Koordinationsstrukturen zuzuordnen, wobei unterstellt wird, es werden die Transaktions- und Produktionskosten minimiert (vgl. Abbildung „Governance-Structure-Theorie der Unternehmung"). – Gegen den Ansatz von Williamson wird zunehmend *Kritik* geäußert: Es fehlten dynamische Transaktionskosten, bes. Informationsübertragungskosten, um die Grenzen der Unternehmung zu erklären. Spezifität besitze keine eindeutige Wirkung auf die Integrationsentscheidung. Die Vernachlässigung von Technik und Innovationen bzw. der Entwicklung technischer Möglichkeiten führe dazu, dass die Erklärung der Entwicklung von Organisationsstrukturen zu kurz greife, v.a. weil die Technik als gegeben und frei zugänglich unterstellt wird. Diese Kritikpunkte werden von den → dynamisch-evolutorischen Theorien der Unternehmung aufgegriffen, die demzufolge die Grenzen der Unternehmung u.a. von der Marktdynamik abhängig machen.

Gravitationsmodell → Modell zur Beschreibung und Erklärung von räumlichen Interaktionen.

Grenzanbieter → marginaler Anbieter, → polypolistische Preisbildung.

Grenzausgabe – Ausgabenzuwachs, der beim Kauf einer zusätzlichen Mengeneinheit eines Gutes oder Faktors entsteht. Sie hängt vom Verlauf der → Preisbeschaffungsfunktion ab. Mit den Ausgaben A = p · X bestimmt sich die Grenzausgabe als:

$$\frac{dA}{dx} = p + x\frac{dp}{dx}$$

Im Fall der *linearen Preisbeschaffungsfunktion* p = αx ergibt sich:

$$\frac{dA}{dx} = 2\alpha x$$

(wegen A = px = αx²). – Die *Grenzausgabenfunktion* verläuft oberhalb der Preisbeschaffungsfunktion (vgl. Abbildung „Grenzausgabe").

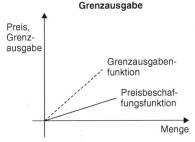

Grenzausgabe

Im Fall des *Mengenanpasserverhaltens* (Polypol) gilt:

$$\frac{dA}{dx} = p \ (\text{wegen}\frac{dp}{dx} = 0).$$

Grenzen der Unternehmung – 1. *Begriff:* Die Grenzen der Unternehmung stecken den Bereich ab, auf den sich der autonome Wirtschaftsplan einer selbstständigen Unternehmung erstreckt. Die *vertikalen* Grenzen der Unternehmung beziehen sich auf den Anteil der Unternehmung an einer Wertschöpfungskette bzw. auf die Zahl der vertikal aufeinander bezogenen arbeitsteiligen Elementarprozesse, die innerhalb einer Unternehmung ausgeführt werden. Die *horizontalen* Grenzen der Unternehmung werden durch die Breite des Leistungssortiments oder der Zahl der in einer Unternehmung erzeugten Leistungen für Dritte gemessen (→ Mehrproduktunternehmung). Dabei wird unterschieden, in welchem Maße Beziehungen zwischen den Produktlinien bestehen, wobei zwischen zusammenhängenden oder verwandten und unzusammenhängenden oder konglomeraten Relationen unterschieden wird. – 2. *Theorien:* (1) Neoklassisch fundierte Theorien der Unternehmung: → Neoklassische Theorie der Unternehmung; (2) → dynamisch-evolutorische Theorie der Unternehmung.

Grenzerlös – *Grenzumsatz;* Erlöszuwachs (dU), der aus dem Verkauf einer zusätzlichen Mengeneinheit (dx) resultiert. Er hängt vom Verlauf der Nachfragefunktion des betrachteten Gutes ab. Analytisch gilt:

$$\frac{dU}{dx} = \frac{d(px)}{dx} = p + x\frac{dp}{dx} = p(1 + \frac{xp}{p}\frac{dp}{dx}) = p(1 - \frac{1}{\eta}),$$

wobei: η = direkte → Preiselastizität der Nachfrage. Der Ausdruck

$$\frac{dU}{dx} = p(1 - \frac{1}{\eta})$$

wird als *Amoroso-Robinson-Relation* bezeichnet. Im Fall einer *linearen* → Preisabsatzfunktion x(p) = a – bx und der inversen Funktion p(x) = a/b – x/b, ergibt sich für den Umsatz U wegen U(x) = p(x)x = ax/b – x²/b als Grenzerlös:

$$\frac{dU}{dx} = \frac{a}{b} - \frac{2x}{b}$$

Die Grenzerlöskurve verläuft unterhalb der Preisabsatzkurve (vgl. Abbildung „Grenzerlös"). Bei *Mengenanpasserverhalten* (Polypol) gilt für einen gegebenen Marktpreis $p = \bar{p}$ die lineare Umsatzfunktion U(x) = $\bar{p}$ x und damit der konstante Grenzerlös

$$\frac{dU}{dx} = \bar{p}.$$

Grenzertrag – *Grenzprodukt.* 1. *Partieller Grenzertrag:* Mathematisches Produkt aus der → Grenzproduktivität eines → Produktionsfaktors i δ x/δ r$_i$ und einer infinitesimal kleinen Einsatzmengenveränderung dr$_i$;

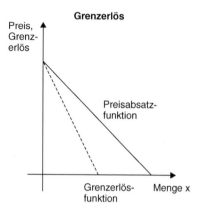

Grenzerlös

Preis, Grenzerlös

Preisabsatzfunktion

Grenzerlösfunktion   Menge x

$$(\frac{\partial x}{\partial r_i})dr_i$$

2. *Totaler Grenzertrag:* Summe der partiellen Grenzerträge aller *n* Produktionsfaktoren, also:

$$dx = (\frac{\partial x}{\partial r_1})dr_1 + (\frac{\partial x}{\partial r_2})dr_2 + ... + (\frac{\partial x}{\partial r_n})dr_n.$$

Grenzkosten – *Marginalkosten;* mathematisch werden die Grenzkosten, d.h. die zusätzlichen Kosten je Produktionseinheit, aus dem Quotienten δ K/δ x abgeleitet, indem der Quotient für sehr kleine Werte von Δx ($\Delta x \rightarrow 0$) gebildet wird, wodurch der Differenzialquotient

$$K'(x) = \frac{dK(x)}{dx}$$

entsteht. – Analytisch betrachtet sind die Grenzkosten gleich der Steigung der Gesamtkostenfunktion. Der aufsteigende Ast der Grenzkostenkurve ist vom Minimum der durchschnittlichen variablen Kosten an bei vollständiger Konkurrenz gleich der Angebotskurve; bei unvollkommener Konkurrenz dient sie zur Bestimmung des Cournotschen Punktes (→ monopolistische Preisbildung). Die Grenzkosten sind wichtig zur Bestimmung der Preisuntergrenze und Grundlage für die Grenzplankostenrechnung.

Grenzleistungsfähigkeit des Kapitals – Mithilfe dieses Konzepts lässt sich die Zinsabhängigkeit von Investitionen erklären. Investitionen erbringen im Laufe ihrer Lebensdauer Nettoerlöse. Werden alle zukünftig erwarteten Nettoerlöse mit einem Zinssatz auf den Entscheidungszeitpunkt der Investitionsdurchführung abdiskontiert, spricht man vom Kapitalwert eines Investitionsprojektes. Die Grenzleistungsfähigkeit des Kapitals entspricht nun demjenigen internen Zinssatz (r) des Kapitals, bei dem die Summe der abdiskontierten zukünftigen Nettoerlöse genau den Anschaffungskosten des Investitionsobjektes entspricht. Ein Investitionsobjekt ist demnach genau dann für einen Investor gewinnbringend, wenn der interne Zinssatz den Marktzinssatz für alternative Finanzanlagen (i) übersteigt – dies begründet den Begriff Grenzleistungsfähigkeit. Da verschiedene Investitionsobjekte eine unterschiedliche Grenzleistungsfähigkeit r aufweisen, gilt: Bei sinkendem Marktzinssatz (i) werden immer mehr Investitionsobjekte rentabel. – Das Aggregat aller Investitionsobjekte einer Volkswirtschaft kann durch eine stetig verlaufende *Investitionsfunktion* dargestellt werden, die einen negativen Zusammenhang zwischen Marktzinssatz und gesamtwirtschaftlicher privater Investitionstätigkeit beschreibt (vgl. Abbildung „Grenzleistungsfähigkeit des Kapitals"). Die Lage dieser Kurve im i/I-Diagramm ist stark von der subjektiven unternehmerischen Ertrags- oder

Grenzleistungsfähigkeit des Kapitals

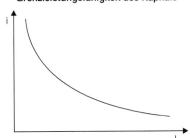

Erlöserwartung abhängig. Eine allg. Verbesserung (Verschlechterung) dieser Erwartung führt zu einer Rechtsverlagerung (Linksverlagerung) der Investitionsfunktion. Die unternehmerische Ertragserwartung wird damit aber auch zu einem Lageparameter der makroökonomischen IS-Gleichung und Nachfragekurve. – Vgl. auch → IS-LM-Modell, → Makroökonomische Totalmodelle geschlossener Volkswirtschaften, → Wachstumstheorie.

Grenznutzen – Begriff der mikroökonomischen → Haushaltstheorie bzw. → Nutzentheorie; bezeichnet den Nutzenzuwachs, der einem → Haushalt durch den Konsum einer zusätzlichen Einheit eines → Gutes erwächst. In formaler Sicht handelt es sich um die erste Ableitung der → Nutzenfunktion U(x), also U'(x) = dU/dx (vgl. Abbildung „Abnehmender Grenznutzen").

Abnehmender Grenznutzen

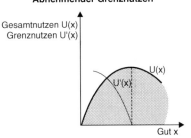

Grenzprodukt – *physisches Grenzprodukt*; Zunahme der Produktionsmenge, wenn die Einsatzmenge eines Faktors um eine Einheit erhöht wird (partielles Grenzprodukt) oder das Einsatzniveau aller Faktoren um eine Einheit gesteigert wird (Niveaugrenzprodukt). – Vgl. auch → Grenzertrag.

Grenzproduktivität – Begriff der → Produktionstheorie. Grenzproduktivität bezeichnet die Änderung der Ausbringungsmenge einer Unternehmung bei einer (infinitesimal) kleinen Änderung der Einsatzmenge eines → Produktionsfaktors r_i. – *Mathematisch:* Der partielle Differenzialquotient der

→ Produktionsfunktion nach dem betreffenden Faktor $\partial x / \partial r_i$. Die Grenzproduktivität bildet einen Maßstab für die produktive Wirksamkeit der jeweils zuletzt eingesetzten Faktoreneinheit.

Grenzproduktivitätssätze – stellen die Verbindung zwischen der Entlohnung der im Produktionsprozess eingesetzten Güter und Leistungen (→ Produktionsfaktoren) p_{Ai} und den mit diesen erzielbaren Erlösen U her. Im Fall der *Gewinnmaximierung* muss der marginale Aufwand dem marginalen Erlös entsprechen. Solange der zusätzliche Erlös, der sich als Folge des Einsatzes einer zusätzlichen Einheit eines Faktors ergibt, größer ist als die entstehende Ausgabe, lohnt sich noch eine Ausdehnung des Einsatzes dieses Faktors. Im umgekehrten Fall empfiehlt sich eine Einschränkung (zu beachten ist, dass Substituierbarkeit der Produktionsfaktoren A_i vorausgesetzt ist). Bezeichnet x die hergestellte Menge und liegt die → Produktionsfunktion $x = F(A_1, A_2, ..., A_n)$ vor, so hat also zu gelten (i = 1, 2, ..., n):

$$\frac{d(p_{Ai}A_i)}{dA_i} = \frac{\partial x}{\partial A_i}\frac{dU}{dx}$$

Dabei steht

$$\frac{d(p_{Ai}A_i)}{dA_i}$$

für die → Grenzausgabe, die der Kauf einer zusätzlichen Einheit des Faktors A_i hervorruft,

$$\frac{\partial x}{\partial A_i}$$

für die (physische) → Grenzproduktivität des Faktors A_i und

$$\frac{dU}{dx}$$

für den → Grenzerlös des hergestellten Gutes x. Grenzausgabe und Grenzerlös hängen von der → Marktform bzw. der Verhaltensweise ab. Die allg. Formel enthält demnach eine Reihe von Spezialfällen, je nach der Situation auf den Beschaffungs- und Absatzmärkten.

Grenzproduktivitätstheorie – 1. *Charakterisierung*: Von Thünen, Clark, Walras und Böhm-Bawerk entwickelte Theorie der Einkommensverteilung. – *Grundgedanke* ist, dass die Unternehmer → Produktionsfaktoren derart einsetzen, dass der Gewinn maximal wird. Die Gewinnmaximierung erfolgt auf der Grundlage von Produktionsfunktionen, wobei abnehmende Grenzerträge der Produktionsfaktoren (→ Ertragsgesetz) unterstellt werden, sowie gegebene Faktor- und Güterpreise. – 2. a) Die *mikroökonomische* Grenzproduktivitätstheorie stellt dar, welche Produktionsfaktormengen eine Unternehmung bei gegebenen Preisen nachfragt, wenn sie ihren Gewinn maximieren will. Für den gewinnmaximalen Faktoreinsatz muss gelten, dass der Faktorpreis mit dem → Wertgrenzprodukt des Faktors (d.h. dem Produkt aus Absatzpreis und Grenzproduktivität) übereinstimmt. Gleichwertig hierzu ist die Bedingung, dass der reale Faktorpreis (wie z.B. der Reallohnsatz) der Grenzproduktivität entspricht. Bei einer linear-homogenen Produktionsfunktion (wie z.B. der → CES-Funktion) wird der gesamte Erlös durch die Faktorentlohnung ausgeschöpft, es bleibt kein Gewinn (→ Eulersches Theorem). – b) Über die *makroökonomische* Grenzproduktivitätstheorie lässt sich die neoklassische → aggregierte (Güter-)Angebotskurve begründen. Dabei wird die Modellwelt der vollständigen Konkurrenz auf allen Güter- und Faktormärkten unterstellt. Gewinnmaximierende wettbewerbliche Unternehmen fragen am Arbeitsmarkt Arbeitskräfte entsprechend ihrer Grenzproduktivität nach. Wird von einer Produktionsfunktion mit abnehmenden Grenzerträgen ausgegangen, so verläuft die Arbeitsnachfrage in einem Reallohn-Beschäftigungs-Diagramm fallend (vgl. Abbildung „Grenzproduktivitätstheorie"). Gleichzeitig verläuft die Arbeitsangebotskurve steigend.

Grenzproduktivitätstheorie

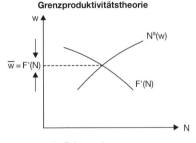

w = realer Faktorpreis
F'(N) = Grenzproduktivität
N = Faktormenge
N^s(w) = Faktorangebot

Da im Gewinnmaximum die Grenzproduktivität gleich dem Reallohnsatz sein muss, wird durch das (Vollbeschäftigungs-)Gleichgewicht auf dem Arbeitsmarkt und den dadurch fixierten Reallohnsatz auch eine bestimmte, optimale Höhe der Beschäftigung und der Grenzproduktivität festgelegt. Bei einer Produktionsfunktion mit abnehmenden Grenzerträgen ist damit auch eine eindeutige optimale Höhe des gesamtwirtschaftlichen Angebots bestimmt. Dieses ist nur vom Reallohnsatz (und – bei Einbeziehung des Faktors Kapital – vom realen Mietzins des Kapitals) abhängig, d.h. insbesondere vom gesamtwirtschaftlichen Preisniveau unabhängig. Folglich ist die optimale Höhe des gesamtwirtschaftlichen Angebots mit jedem Preisniveau vereinbar. Genau dies zeigt die senkrecht (preisunelastisch) verlaufende neoklassische → aggregierte Angebotskurve.

Grenzproduzent → marginaler Anbieter.

Grenzrate der Substitution – subjektive Wertschätzung eines bestimmten → Gutes durch einen → Haushalt in Form von Mengeneinheiten eines anderen Gutes. Sie kann in Bezug auf zwei Güter als Maß der Bereitschaft des Haushalts interpretiert werden, auf Mengeneinheiten des ersten Gutes zugunsten einer bestimmten Menge des zweiten zu verzichten, ohne eine Veränderung des Nutzenniveaus in Kauf nehmen zu müssen. – In

modelltheoretischer Sicht ist die Grenzrate der Substitution das Steigungsmaß einer → Indifferenzkurve, deren Verlauf i.d.R. als fallend angenommen wird.

Grenzrate der Transformation → Transformationskurve.

Grenzumsatz → Grenzerlös.

Grenzvorteilskurve → Monopson.

Grenzzyklus – Begriff aus der Theorie der → Differenzialgleichungen. Ein Grenzzyklus ist eine geschlossene Kurve in einem → Phasendiagramm, gegen die entweder alle Entwicklungspfade (→ Trajektorien), die in unterschiedlichen Startpunkten beginnen, konvergieren oder auf der eine Trajektorie beginnt und dort verbleibt. Grenzzyklen werden v.a. in der mathematischen → Konjunkturtheorie verwendet.

Größenvorteile – bes. Eigenschaft der Produktionstechnologie, wonach die Gesamtfaktorproduktivität mit zunehmender Produktionsmenge zunimmt (Economies of Scale). Impliziert, dass die gesamten Stückkosten bei konstanten Faktorpreisen mit zunehmendem Output abnehmen. Bei *internen Größenvorteilen* hängen die Stückkosten bei konstanten Faktorpreisen nur vom Output der betrachteten Firma ab, bei → *externen Größenvorteilen* vom Output der gesamten Industrie. Ist dabei der Output nur der heimischen Industrie relevant, so spricht man auch von *nationalen Größenvorteilen,* ist die weltweite Produktion der betreffenden Industrie gemeint, dann liegen *internationale Größenvorteile* vor. Größenvorteile stellen eine wichtige Grundlage für internationale → Spezialisierung dar, allerdings ergibt sich dabei nicht von vornherein eine eindeutige → Handelsstruktur.

großes Land – Land, das durch sein Angebots- und Nachfrageverhalten auf den Weltmärkten die → Weltmarktpreise beeinflusst und nicht als gegeben hinzunehmen hat. Es handelt sich um ein Land mit großer Marktmacht, tatsächlich muss es sich nicht um ein

Land mit geografisch großer Ausdehnung handeln. – *Gegenteil*: → kleines Land.

Grundbedürfnisse – können unterschiedlich abgegrenzt werden. Die OECD rechnet hierzu → natürliche Bedürfnisse und → Bedürfnisse nach Gesundheit, Bildung, Erwerbstätigkeit und Qualität des Arbeitslebens u.a. – Vgl. auch → soziale Indikatoren.

Gründerjahre – Schlussphase eines in Deutschland 1869 einsetzenden Aufschwungs, in deren Verlauf, auch gefördert durch eine Liberalisierung des Aktienrechts, die optimistische Stimmung nach dem Sieg über Frankreich und eine Liquidisierung des Kapitalmarktes durch die franz. Reparationen viele Unternehmen gegründet wurden. Die Investitionen in Industrie- und Verkehrsunternehmen sowie in den Wohnungsbau erreichten Rekordhöhen. 1873 brach die Spekulation zusammen. Der „Gründerkrach" leitete die von 1873 bis 1879 dauernde „Gründerkrise" ein. Dies war die erste konjunkturelle Krise in der deutschen Wirtschaftsgeschichte.

Gtai – Abk. für Germany Trade and Invest – Gesellschaft für Außenhandel und Standortmarketing mbH.

Gut – 1. *Begriff*: materielles oder immaterielles Mittel zur Befriedigung von menschlichen Bedürfnissen; insofern vermag es → Nutzen zu stiften. – 2. *Arten*: Im Gegensatz zu freien Gütern unterliegen ökonomische bzw. wirtschaftliche Güter der → Knappheit (→ knappes Gut). Nur letztere sind Gegenstand des wirtschaftenden Handelns von Menschen, wie es die → Mikroökonomik untersucht. Unterliegt ein Gut nicht dem Ausschlussprinzip und zudem der Nichttrivialität des Konsums, so wird auch von einem (geborenen) öffentlichen Gut gesprochen. Im Gegensatz dazu sind beim privaten Gut die Eigentumsrechte einem Besitzer genau zugeordnet. Bei den meritorischen Gütern handelt es sich grundsätzlich um private Güter, bei denen aber auf eine Anwendung des Ausschlussprinzips

aus gesellschaftlichen Gründen verzichtet wird, z.B. wegen sozialer Aspekte oder beim Vorliegen externer Effekte nach R. Musgrave. Zur direkten Bedürfnisbefriedigung sind nur Konsumgüter in der Lage, während die Gütereigenschaft der Kapitalgüter bzw. Produktionsgüter über den Produktionsprozess abgeleitet ist. Kurzlebige Konsumgüter sind Gebrauchsgüter wie z.B. Nahrungsmittel. Liegen kurzfristige Produktionsgüter vor, dann handelt es sich um Werkstoffe (Rohstoffe, Hilfsstoffe und Betriebsstoffe). Langlebige Konsumgüter, wie privat genutzte Pkw, sind ebenso wie langlebige Produktionsgüter (Betriebsmittel) über einen längeren Zeitraum nutzbar. Der wirtschaftliche → Wert eines knappen Gutes ist eine Größe, die von den subjektiven Bedürfnissen der wirtschaftenden Menschen bestimmt wird. Neben dieser subjektiven Wertlehre (Neoklassik; Grenznutzenschule) gibt es die objektive Arbeitswertlehre. Letztgenannte bemisst den Wert eines Gutes in Abhängigkeit der zur Produktion notwendigen Arbeitskraft. – Vgl. auch → Erfahrungsgut, → Vertrauensgut, → Suchgut, Individualgut, → inferiores Gut, → superiores Gut, → heterogene Güter, → homogene Güter, → arbeitsintensives Gut, → kapitalintensives Gut, → Dienstleistungen, meritorisches Gut, → Produktivgut.

Güter-Geldmarkt-Modell → IS-LM-Modell.

Gütersteuern – sind in der Volkswirtschaftlichen Gesamtrechnungen Steuern und ähnliche Abgaben, die pro Einheit einer gehandelten oder produzierten Ware oder Dienstleistung zu entrichten sind. Sie umfassen die nichtabziehbare Umsatzsteuer (Teil der Umsatzsteuer, der nicht im Rahmen des Vorsteuerabzugsverfahrens von der geschuldeten Umsatzsteuer abgezogen werden kann), Importabgaben (wie Zölle, Verbrauchsteuern und Abschöpfungsbeträge auf eingeführte Güter) und sonstige Gütersteuern (Verbrauchsteuern u.Ä.).

Gütersubventionen – in den Volkswirtschaftlichen Gesamtrechnungen (VGR) → Subventionen, die bei produzierten oder eingeführten Waren oder Dienstleistungen geleistet werden.

güterwirtschaftliche Außenwirtschaftstheorie → Reale Außenwirtschaftstheorie. Erklärung und Analyse der Ursachen und Wohlfahrtswirkungen des → Freihandels; bedeutende Ökonomen waren *David Ricardo, Torrens, Heckscher, Ohlin.*

H

Hamburgisches Welt-Wirtschafts-Archiv (HWWA) – *Institut für Wirtschaftsforschung;* Ende 2006 abgewickeltes unabhängiges → Wirtschaftsforschungsinstitut mit umfangreicher Forschungstätigkeit und international bedeutendem Bibliotheks-, Archiv- und Dokumentationsbereich. Letzterer wurde der Zentralbibliothek für Wirtschaftswissenschaften in Kiel angegliedert. Gegründet wurde das Institut 1908. Sitz in Hamburg. – *Aufgabe:* Erarbeitung von Entscheidungshilfen für die Praxis in Wirtschaft und Politik durch empirisch wissenschaftliche Analysen. – *Forschungsgebiete:* Konjunktur, Geld und öffentliche Finanzen; Weltkonjunktur; Wirtschaftsordnung; internationale Finanzen; Wirtschaftsbeziehungen zwischen Industrieländern; Ost-West-Wirtschaftsbeziehungen; Entwicklungsländer und Nord-Süd-Wirtschaftsbeziehungen.

handelbare Güter – Güter, die international gehandelt werden können und deswegen in verschiedenen Ländern, abgesehen von Transportkosten und *Handelshemmnissen,* denselben → Preis aufweisen. Die Preise der handelbaren Güter werden durch → Angebot und → Nachfrage auf dem → Weltmarkt und nicht durch nationale Gegebenheiten bestimmt. – *Gegensatz:* → nicht handelbare Güter.

Handelsabkommen – 1. *Begriff:* Zwischenstaatliche (völkervertragsrechtliche) Vereinbarung zur Regelung des Güterverkehrs in einem bestimmten Zeitraum (meist ein Jahr), meist in Verbindung mit einem den Zahlungsverkehr und die Höhe des Swing regelnden → Zahlungsabkommen *(Handels- und Zahlungsabkommen).* – 2. *Inhalt:* In den Handelsabkommen wird das gesamte Handelsvolumen vereinbart. Handelsabkommen enthalten meist Listen der Waren, die im Lauf des Vertragsjahres zur → Einfuhr zugelassen

werden sollen. – 3. *Durchführung:* Vorgesehene Importkontingente stellen keine Verpflichtung zur Abnahme der aufgeführten Waren dar; die Verpflichtung erstreckt sich nur auf die Erteilung von Importlizenzen. Wenn jedoch (z.B. aufgrund eines verzerrten → Wechselkurses) kein kommerzielles Interesse der Importeure an den ausländischen Produkten besteht, werden die Kontingente nicht ausgeschöpft. Daraus kann sich eine einseitige Verschuldung eines Partners ergeben, der zur Entlastung seiner → Zahlungsbilanz die noch nicht zur Einfuhr ausgeschriebenen → Kontingente so lange zurückhält, bis der andere Vertragspartner durch entsprechende Einkäufe einen Ausgleich der Lieferungen und damit der Zahlungsverpflichtungen hergestellt hat. Ist ein Swing vereinbart, so kann erst nach dessen Überschreitung eine weitere Kreditierung der Exporte verweigert werden. – 4. Eine *wichtige Form* des Handelsabkommens sind *Selbstbeschränkungsabkommen* (→ freiwillige Exportbeschränkung; *Voluntary Export Restraints, VER*).

Handelsablenkung – *Handelsumlenkung;* Verlagerung des Imports (→ Einfuhr) eines Produktes von einem kostengünstigeren → Drittland zu dem weniger kostengünstigen, aber durch Zollabbau preisgünstigeren Integrationspartner, wenn z.B. zwei Länder eine → Zollunion bilden. Die Bildung der → Zollunion hat in diesem Fall eine → Fehlallokation zur Folge, da die → Produktion des betreffenden Gutes beim Integrationspartner zunimmt, obwohl dies sowohl für das betreffende → Drittland als auch für das Importland nachteilig ist. Handelsablenkung bewirkt also eine negative Wohlfahrtswirkung der wirtschaftlichen → Integration zwischen Volkswirtschaften. Zu beachten ist der positive Effekt der → Handelsschaffung, der sich durch die Reallokation der → Produktionsfaktoren von den teuren Eigenerstellung hin zur preiswerteren Herstellung im Partnerland ergibt.

Handelsbilanz – I. Handelsrecht: 1. *Allgemein:* Die durch § 242 I HGB vorgeschriebene Bilanz, die ein Kaufmann bei Beginn seines Handelsgewerbes (Eröffnungsbilanz) und jeweils für den Schluss eines Geschäftsjahres (Jahresbilanz) aufzustellen hat. – Vgl. auch Jahresabschluss. – 2. *Konzernabschluss:* Handelsbilanz II.

II. **Außenwirtschaft:** → Zahlungsbilanz, Teil der → Leistungsbilanz, in der die Warenausfuhr als Zahlungseingang und die Wareneinfuhr als Zahlungsausgang erfasst wird. Daneben gibt es in der Leistungsbilanz die → Dienstleistungsbilanz, die Einkommensbilanz sowie die → Bilanz der laufenden Übertragungen.

Handelsgewinn – *Außenhandelsgewinn;* Begriff der realen → Außenwirtschaftstheorie: Gesamtheit der Vorteile, die die Handel treibenden Länder durch → Freihandel realisieren. – 1. *Statischer Handelsgewinn:* zu unterscheiden: a) *Tauschgewinn:* ergibt sich schon durch die internationale Angleichung der Preise gehandelter Güter; daraus folgt die Wohlfahrtssteigerung durch Angleichung der Grenznutzen bei der Verwendung der betreffenden Güter. – b) *Spezialisierungsgewinn:* ergibt sich über den Tauschgewinn hinaus, indem infolge der Preisverschiebungen die Produktionsstruktur in effizientere Verwendungen gelenkt wird, d.h. die Produktionsstruktur sich ändert. Das Ergebnis derartiger Reallokationsprozesse wird auch als „relatives Maximum der Produktion" bezeichnet. Wird über die nationale Mobilität der → Produktionsfaktoren hinaus auch noch die internationale Mobilität zugelassen (gemeinsamer Markt), tritt eine weitere Änderung der Produktionsstruktur ein, man spricht dann von „absolutem Maximum der Produktion". – 2. *Dynamischer Handelsgewinn:* Weitere Handelsvorteile, und zwar v.a.: (1) Technologietransfer; (2) Einfuhr von benötigten, aber im betreffenden Land nicht produzier- bzw.

verfügbaren Gütern; (3) Intensivierung des Wettbewerbs durch Öffnung der eigenen Märkte für die ausländische Konkurrenz; (4) bessere Nutzung der Größenvorteile (Economies of Scale) durch Ausweitung der Märkte; (5) Beschleunigung des Wirtschaftswachstums durch steigende Kapitalbildung; (6) Mobilisierung brachliegender Ressourcen bzw. nicht genutzter Produktionskapazitäten durch Ausdehnung der Nachfrage (→ Vent-for-Surplus-Theorie).

Handelshemmnisse → tarifäre Handelshemmnisse, → nicht tarifäre Handelshemmnisse.

Handelsindifferenzkurve – Begriff der → Außenhandelstheorie; Ort aller Kombinationen von Import- und Exportgütern, die einem Land den gleichen → Nutzen stiften.

Handelsliberalisierung – Befreiung des internationalen Handels von → tarifären Handelshemmnissen und → nicht tarifären Handelshemmnissen. Für den Fall des Alleingangs eines einzelnen Landes spricht man von *unilateraler* → Liberalisierung, während die Abstimmung mehrerer bzw. vieler Länder als *plurilaterale* bzw. → *multilaterale* Liberalisierung bezeichnet wird. Im Rahmen der World Trade Organization (WTO) wird der völkervertraglich geregelte Abbau der Handelshemmnisse und damit die → Handelsliberalisierung gefördert.

Handelspolitik – 1. *Begriff:* Unter Handelspolitik versteht man einerseits die gezielte wirtschaftspolitische Beeinflussung des internationalen Güterhandels durch → tarifäre Handelshemmnisse bzw. → nicht tarifäre Handelshemmnisse, bzw. auch die Reduktion oder Beseitigung derselben (→ Handelsliberalisierung). Unter Handelspolitik versteht man andererseits auch jenen Teilbereich der → realen Außenwirtschaftstheorie, in dem die Wirkungen der verschiedenen Maßnahmen der Handelspolitik untersucht werden (auch *Theorie der Handelspolitik*). – 2. *Maßnahmen:* Man unterscheidet allg. zwischen tarifären und nicht tarifären Handelshemmnissen. – a) *Tarifäre Hemmnisse* setzen an den *Preisen* der international gehandelten Güter an, indem sie einen Keil zwischen den → Weltmarktpreis und den im Inland zustandekommenden → Preis treiben. Das bekannteste Beispiel dafür ist ein → Zoll, der den heimischen Preis des importierten Gutes über den Weltmarktpreis anhebt. Nun können auch die heimischen Produzenten des Importersatzgutes einen höheren Preis erzielen. Ähnliches gilt für eine → Exportsubvention, wenn der Weltmarktpreis unter dem Binnenmarktpreis liegt. – b) *Nicht tarifäre Handelshemmnisse* können sehr viele verschiedene Formen annehmen. Am bekanntesten sind → Importquoten und → freiwilligen Exportbeschränkungen. Andere Formen nicht tarifärer Handelshemmnisse sind administrative Barrieren, diskriminierende Regulierungen, etc. Mengenbeschränkungen ziehen ähnliche Preiseffekte nach sich, wie sie bei tarifären Hemmnissen direkt eingeführt werden. Eine Importquote kann z.B. ähnlich wie ein Zoll den heimischen Preis über den Weltmarktpreis erhöhen. Bei geringer Anzahl heimischer Anbieter von Importersatzgütern führen Mengenbeschränkungen viel leichter zur Erhöhung der Marktmacht als tarifäre Maßnahmen. – 3. *Handelspolitik bei vollständiger Konkurrenz:* Die Theorie der Handelspolitik untersucht die Wirkungen verschiedener handelspolitischer Maßnahmen. Dabei interessiert v.a., unter welchen Bedingungen ein Land durch solche Maßnahmen eine *Wohlfahrtssteigerung* erreichen kann, und mit welcher Konsequenz dies für die anderen Länder verbunden ist. Das älteste und vielleicht wichtigste Ergebnis ist, dass ein → kleines Land weder durch die Einführung eines → Zolls noch durch die Einführung einer → Exportsubvention eine Wohlfahrtssteigerung erzielen kann, vorausgesetzt, es herrscht vollkommene Konkurrenz, und vorausgesetzt, es gibt keine Verzerrungen. Ein → *großes Land* hingegen kann *ceteris paribus* durch

handelspolitsche Maßnahmen Wohlfahrtssteigerungen erzielen.

Handelsschaffung – Verstärkung des Handels zwischen zwei Ländern als Ergebnis der Verringerung oder Beseitigung der zwischen ihnen bestehenden → tarifären Handelshemmnisse (z.B. in einer → Freihandelszone oder einer → Zollunion) bei Aufrechterhaltung von *Handelsbarrieren* gegenüber Drittländern. Dieser Effekt ist für sich genommen mit den positiven Wohlfahrtswirkungen des internationalen Handels verbunden. Dazu kommt jedoch ein negativer Effekt der → Handelsablenkung (Handelsumlenkung). – Vgl. auch → Integration, → Handelspolitik.

Handelssteuern – Steuern, die an grenzüberschreitenden Gütertransaktionen anknüpfen. Können positiv (z.B. → Einfuhrzoll) und negativ (z.B. → Exportsubvention) sein. – Vgl. auch → tarifäre Handelshemmnisse.

Handelsstruktur – I. Betriebswirtschaft: Organisatorischer Aufbau und Zusammensetzung des (Binnen-)Handels zu einem bestimmten Zeitpunkt. Einblicke in die Handelsstruktur vermitteln die amtliche Statistik (Handelsstatistik) und die Strukturerhebungen mittels der Handels- und Gaststättenzählungen (Handelszensus). Differenziertere Erhebungen nach Regionen, Betriebsformen, Kooperationszugehörigkeit u.a. erstellen Industrie- und Handelskammern und die berufsständischen Organisationen des Handels. II. Außenwirtschaft: Struktur der internationalen Handelsströme zwischen zwei oder mehreren Ländern. Zentrales Erkenntnisziel der → realen Außenwirtschaftstheorie und der → Handelspolitik.

Handelstheorie → Außenhandelstheorie.

Handelsverlust – *Außenhandelsverlust;* in der → realen Außenwirtschaftstheorie aufgezeigte Möglichkeit, dass sich die Wohlfahrtsposition eines Landes durch Übergang zum → Freihandel nicht erhöht, sondern verringert, z.b. möglicherweise dann, wenn die sozialen und privaten → Kosten voneinander abweichen oder durch Aufnahme des → Außenhandels Arbeitskräfte freigesetzt werden, die aufgrund unzulänglicher Mobilität und unzureichender Flexibilität der Löhne unbeschäftigt bleiben.

Handelsverzerrung – *statischer Integrationseffekt;* die Errichtung eines regional begrenzten Handelsliberalisierungsprojekts (→ Zollunion, → Freihandelszone, → regionale Integration, → Regionalismus) bewirkt für die nichtbeteiligten Volkswirtschaften (Drittländer) zusätzliche Diskriminierungseffekte. Diese entstehen dann, wenn Güter, die vor der Blockbildung von den Wirtschaftssubjekten des Gemeinsamen Marktes aus der restlichen Welt importiert wurden, fortan jedoch bei Produzenten aus Partnerländern bezogen werden, obwohl diese jene Produkte weniger effizient erzeugen, nun aber infolge des internen Freihandelsvorteils preiswerter anbieten können. Die damit verbundene Verschlechterung der weltweiten Faktorallokation hat wohlfahrtsmindernde Auswirkungen. Der Effekt der → Handelsablenkung kann nur bei denjenigen Gütern eintreten, bei denen die Höhe der Außenprotektion des Präferenzraums größer ist als der Produktionskostenvorteil der Drittländer. – Vgl. auch → Handelsschaffung, → Handelspolitik.

Handelsvorteile → endogene Handelsvorteile, → exogene Handelsvorteile.

Handlungsfreiheit – Freiheit, → Wettbewerbstheorie.

Harmonielehre – Auffassung der klassischen Lehre, nach der das einzelwirtschaftliche Gewinnstreben gleichzeitig dem Gemeinwohl dient. Begründet wird diese Ansicht damit, dass die höchsten Gewinne dort zu erzielen sind, wo der Bedarf am größten ist. Das Streben nach Gewinnmaximierung sorgt dafür, dass die wichtigsten Bedürfnisse zuerst befriedigt werden. Wegen des Konkurrenzmechanismus werden die Gewinne im Laufe der Zeit abgebaut. – *Kritik:* Die Harmonielehre gilt nur in der Modellwelt der vollständigen Konkurrenz. Sie überschätzt die → Elastizität der Betriebe und Märkte. Das vielfältige Versagen des Konkurrenzmechanismus (Oligopole, Monopole, Rigiditäten von Löhnen und Preisen) bleibt unbeachtet.

harmonische Schwingung – eine Schwingung, deren → Amplitude im Zeitablauf konstant bleibt. Tritt v.a. in → Multiplikator-Akzelerator-Modellen der → Konjunkturtheorie auf. – Vgl. auch → gedämpfte Schwingung.

Harmonisiertes System zur Bezeichnung und Codierung von Waren (HS) – Abk. *HS, Harmonized Commodity Description and Coding System;* das harmonisierte System (HS) ist eine aus ca. 5.000 Codenummern bestehende Klassifikation der Vereinten Nationen zur Einteilung von Waren (Dienstleistungen nicht eingeschlossen) für zolltarifliche Zwecke und zur Klassifizierung von Außenhandelsdaten. Die Nomenklatur des HS ist Basis des → Zolltarifs der Europäischen Union (EU), der Grundlage für die Erhebung der Ein- und Ausfuhrabgaben ist und die Aufgabe hat, alle Waren systematisch zu erfassen und die jeweilige Position für eine Abgabenerhebung festzulegen. Das HS wurde unter der Leitung der Weltzollorganisation erarbeitet; es wird weltweit in mehr als 200 Verwaltungen angewendet und fungiert zunehmend als Definitions- und Beschreibungsklassifikation für verschiedene Wirtschaftsklassifikationen, z.B. Güterklassifikationen (Klassifikationen, Warenklassifikationen des Außenhandels). Es ist in Europa seit 1988 in Kraft, momentan in der revidierten Fassung von 2012 (HS 2012), die die Version von 2007 ablöste. Eine Revision erfolgt ungefähr im Abstand von fünf Jahren. Nach dem HS-Übereinkommen kann die sechsstellige HS-Nomenklatur nach eigenen Notwendigkeiten weiter gefächert werden. So hat die EU, um zolltariflichen und statistischen Belangen gerecht zu werden, eine zusätzliche Untergliederung vorgenommen, was zur Kombinierten Nomenklatur

(KN) geführt hat. Ebenfalls abgeleitet wurde der integrierte Zolltarif der EU, TARIC. Die Mitgliedsstaaten bauen auf diesem Grundwerk ihre Gebrauchs-Zolltarife auf, so auch den dt. Elektronischen Zolltarif (EZT). – Vgl. → Zolltarif, Weltzollorganisation (WZO)

Harrod-Domar-Modell – 1. *Harrod-Modell:* a) *Annahmen:* Harrod berücksichtigt in seinem Modell nur den Gütermarkt und modelliert eine geschlossene Volkswirtschaft ohne Staat. Dies hat zur Folge, dass sich die gesamtwirtschaftliche Nachfrage nur aus privatem Konsum und Investition zusammensetzt. Die Preise sind konstant. Das Sparverhalten lässt sich anhand der *Sparfunktion* beschreiben: S_t = s · X_t mit s < 1 und konstant. Das Sparen S resultiert somit aus dem Realeinkommen X der laufenden Periode t, das sich aus der Produktion in t ergibt und ihrem Wert entspricht. Die durchschnittliche Sparquote entspricht der marginalen Sparquote s und ist konstant. Mit der *Investitionsfunktion* führt Harrod den Akzelerator (v) ein: I_t = v · δ X mit v = konstant. Der konstante *Akzelerator* (zu dt.: „Beschleuniger") gibt an, in welchem Umfang durch Änderungen in der erwarteten Produktion aufgrund veränderter Nachfrage zusätzliche Investitionen induziert werden. Der Akzelerator ist zwar ein Verhaltensparameter, es ist aber nahe liegend, dass die Investitionen sich an den technischen Möglichkeiten orientieren, sodass der *Kapitalkoeffizient* (β = K/X) als Richtschnur für die Investitionen angesehen werden kann. Der Kapitalkoeffizient gibt an, in welchem Umfang der Kapitalbestand (K) vergrößert werden muss, wenn zusätzliche Nachfrage durch eine Ausweitung der Produktion (X) mithilfe eines normal ausgelasteten Kapitalbestandes befriedigt werden soll. Daraus folgt, dass man sich den Akzelerator am treffendsten als zusammengesetzten Parameter vorstellen muss, der einerseits die technischen Bedingungen, andererseits aber auch ein davon abweichendes Verhalten der Investoren berücksichtigt, das sich z.B. aus deren Risikoeinstellung ergeben kann. – Es gibt verschiedene Möglichkeiten,

die *Erwartungsbildung der Investoren* zu beschreiben. Die Erwartung bez. der Nachfrageänderung kann sich auf die Differenz zwischen der Nachfrage am Ende dieser Periode (X_t) und der Nachfrage am Ende der letzten Periode (X_t-1) beziehen (Fall b) oder aber auf die Differenz zwischen der Nachfrage am Ende der nächsten Periode (X_{t+1}) und der Nachfrage am Ende dieser Periode (X_t) (Fall a). – b) Um nun zur *gleichgewichtigen Wachstumsrate* (w_x*) zu kommen, bei der sich in jeder Periode das Periodengleichgewicht einstellt, formuliert Harrod die Gleichgewichtsbedingung, setzt die Spar- und die Investitionsfunktion ein und löst die Gleichung nach der Wachstumsrate auf. Daraus folgt für den *Fall a:* S_t = I_t (Gleichgewichtsbedingung)

$$s \cdot X_t = v \cdot \Delta X$$

$$\frac{\Delta X}{X_t} = w_x* = \frac{s}{v}.$$

Für *Fall b* ergibt sich nach einigen Umformungen:

$$w_x* = \frac{s}{v - s}.$$

Für beide Fälle gilt, dass die Investoren mit einer ganz bestimmten, durch s und v vorgegebenen Wachstumsrate der Nachfrage rechnen müssen, damit sich auch in der folgenden Periode das Periodengleichgewicht einstellt und die gleichgewichtige Wachstumsrate realisiert wird. Gehen die Investoren von einer geringeren Wachstumsrate aus und investieren auch entsprechend weniger, so entsteht in der folgenden Periode ein Angebotsüberschuss, da die Investitionsnachfrage nicht die durch das Sparen entstehende Nachfragelücke schließt. Die Unternehmer korrigieren daraufhin ihre Absatzerwartungen, indem sie für die nächste Periode mit derselben Konstellation, d.h. mit einem geringeren Nachfragezuwachs rechnen (→ Erwartung, → Wachstumstheorie, Geldtheorie). Dadurch verschlimmert sich jedoch die Situation, denn infolge der weiter schrumpfenden Nachfrageerwartung sinken auch die induzierten Investitionen. Es kommt zu einem *kumulativen Kontraktionsprozess*, der immer weiter weg vom dynamischen Gleichgewichtspfad führt. Für den entgegengesetzten Fall, dass mit einer zu großen Änderung der Nachfrage gerechnet wird, ergibt sich ein *kumulativer Expansionsprozess*. Die *Stabilitätsanalyse* der gleichgewichtigen Wachstumsrate zeigt also ihre Instabilität. Sofern auch nur ein einziges Mal „falsche" Erwartungen gebildet werden, führt kein Weg zum dynamischen Gleichgewicht zurück. Harrod spricht deswegen auch vom Wachstum „auf des Messers Schneide". – 2. *Ergänzungen von Domar*: Im Wachstumsmodell von Harrod spielt lediglich die Nachfrageseite der Investitionen eine Rolle *(Einkommenseffekt der Investitionen)*. Die Tatsache, dass die Maschinen, sobald sie einmal in den Produktionsprozess integriert sind, auch die Produktionsmöglichkeiten vergrößern, wird vernachlässigt. Diesen *Kapazitätseffekt der Investitionen* analysiert Domar explizit. Fügt man Domars Analyse in das Harrod-Modell ein, zeigt sich eine verstärkte *Instabilität des Harrod-Domar-Modells* am augenfälligsten. Jetzt müssen die Unternehmer mit einer ganz bestimmten Wachstumsrate der Nachfrage rechnen, sodass sie durch ihre Investitionen genau die notwendigen Kapazitäten zur Befriedigung der Nachfrage schaffen. So wird das *Harrod-Paradoxon* bestätigt, das besagt, dass unterausgelastete Kapazitäten nicht dadurch entstehen, dass zu viel, sondern dass zu wenig investiert wird. – 3. *Beurteilung*: Mit dem Harrod-Domar-Modell ist es zwar gelungen, einen gleichgewichtigen Wachstumspfad abzuleiten, aber dieser ist instabil; jede Störung führt zu einer dauerhaften Abweichung nach „oben" oder nach „unten". Der Grund liegt darin, dass das Modell gänzlich auf stabilisierende Faktoren verzichtet. Eine Nachfrageerhöhung wird vollständig über eine steigende Produktionsmenge kompensiert, egal, ob die Kapazitäten vorher ausgelastet waren oder nicht. Dadurch, dass die Preise konstant sind, kann die Nachfrage auch nicht in Form höherer Preise verpuffen. Auch die dämpfende Wirkung steigender Zinsen kommt nicht zum Tragen, da es keinen Geldmarkt gibt, der dies auslösen könnte. Die Realität bestätigt jedoch nicht das Katastrophenszenario, das sich hieraus ergibt. – Vgl. auch → postkeynesianische Wachstumstheorie.

Harvard-Barometer – von W.M. Persons an der Harvard University entwickeltes Indikator-System (→ Konjunkturindikatoren), das ursprünglich aus fünf Gruppen von Zeitreihen bestand, später aber auf drei Gruppen reduziert wurde (→ ABC-Kurven). Zeitreihen, die zu der gleichen Gruppe gehören, zeigen ein ähnliches Verhalten im Zeitablauf bez. der Zyklenlänge und der Wendepunkte. – Das Harvard-Barometer wurde in den 1920er-Jahren in den USA für die → Konjunkturprognose eingesetzt und später wegen deutlich falscher Vorhersagen aufgegeben.

Haushalt – I. Volkswirtschaftstheorie: Privates Sozialgebilde, das eine oder mehrere Personen mit individueller Willensbildung umfasst. Er stellt die Planungs- und Entscheidungseinheit beim Erwerb von → Einkommen dar, und zwar als Anbieter der Faktorleistungen Arbeit, Kapital und Boden oder Unternehmerleistung (→ Angebotstheorie des Haushalts). Ebenso obliegt ihm die Verwendung von Einkommen zum Kauf von Gütern (→ Konsum) sowie zur Vermögensbildung (→ Sparen, → Nachfragetheorie des Haushalts). → Institutionelle Theorien der Haushaltung betonen die Rolle des Haushalts als Produzent, der innerhalb des Konsumtionszeitraums bestimmte Eigenschaften der Konsumgüter zur Nutzenerzielung erst kombiniert bzw. produziert. – Das *Verhalten von Haushalten im Wirtschaftsprozess* wird zusammenfassend in der → Haushaltstheorie als Teilbereich der → Mikroökonomik behandelt. Dabei wird i.d.R. Rationalität im Sinn der strikten Gültigkeit des ökonomischen Prinzips bei knappen Ressourcen unterstellt. Bezogen auf die Einkommensentstehung impliziert dies ein einkommensmaximierendes Verhalten und für die Einkommensverwendung das Streben nach größtmöglicher Befriedigung der Bedürfnisse durch nutzenmaximierendes Verhalten.

II. Finanzwissenschaft: Gegenüberstellung von Voranschlägen der Einnahmen und Ausgaben der öffentlichen Hand (Haushaltsplan) im Haushaltsjahr.

III. Amtliche Statistik: Privathaushalt.

Haushaltsgerade → Bilanzgerade.

Haushaltsgleichgewicht → Nachfragetheorie des Haushalts, → Gleichgewicht.

Haushaltsoptimum → Nachfragetheorie des Haushalts.

Haushaltsproduktionsfunktion – beschreibt im Rahmen der → institutionellen Theorie der Haushaltung den physischen Transformations- bzw. Produktionszusammenhang, durch den ein → Haushalt bestimmte Gütereigenschaften sowie zur Verfügung stehende Zeitquanten erst kombinieren muss, um → Nutzen aus den am Markt erworbenen → Gütern ziehen zu können.

Haushaltstheorie – 1. *Charakterisierung:* Teilbereich der → Mikroökonomik; Theorie vom wirtschaftlichen Verhalten privater → Haushalte. Letzteres wird im Grundsatz durch die Rationalitätshypothese charakterisiert. Rationales Verhalten kann einerseits als Nutzenmaximierung, andererseits aber auch als eine Prämisse aufgefasst werden, die lediglich eine in sich widerspruchsfreie Konsumwahl des einzelnen Haushalts unterstellt. Einen zur Nutzenmaximierung alternativen Ansatz stellt das → Satisficing dar. – 2. *Teilgebiete:* (1) → Nachfragetheorie des Haushalts; (2) → Angebotstheorie des Haushalts; (3) → institutionelle Theorie der Haushaltung.

Hauswirtschaft – *geschlossene Hauswirtschaft;* → Wirtschaftsstufe, bei der alle benötigten → Güter innerhalb einer Wirtschaftseinheit produziert und konsumiert werden. Eine → Arbeitsteilung mit anderen Wirtschaftseinheiten findet nicht statt. Die betreffende Wirtschaftseinheit ist ohne wirtschaftliche Verbindung zur Außenwelt (→ Autarkie).

Havanna-Charta → Bretton-Woods-System, → ITO, World Trade Organization (WTO), GATT.

Heckscher-Ohlin-Handel – Handel auf der Grundlage von internationalen Faktorausstattungsunterschieden. Länder spezialisieren sich auf solche Güter, zu deren → Produktion in bes. Maße jene Faktoren verwendet werden, mit denen sie auch reichlich ausgestattet sind. Exakte Formulierung des Zusammenhangs im → Heckscher-Ohlin-Theorem. Heckscher-Ohlin-Handel birgt eine Tendenz zum internationalen Ausgleich der → Faktorpreise. Dieser Zusammenhang wird im → Faktorpreisausgleichstheorem exakt formuliert.

Heckscher-Ohlin-Theorem – in der → Außenhandelstheorie logisch stringente Fassung des Zusammenhangs zwischen internationalen Faktorausstattungsunterschieden und der → Handelsstruktur. – *Einfachster Fall:* Gegeben sind zwei Länder mit identischen, linear homogenen Produktionstechnologien und identischen, homothetischen Präferenzen, vollkommene Konkurrenz, perfekte intersektorale → Faktormobilität, Vollbeschäftigung und → Freihandel. Land A besitze pro Arbeiter mehr Kapital als Land B (die absoluten Faktorausstattungen sind irrelevant). Gut 1 sei das relativ → kapitalintensive Gut, und es gebe keine Faktorintensitätsumkehrungen. Unter diesen Annahmen wird das relativ kapitalreiche Land das relativ kapitalintensive Gut 1 exportieren. Umgekehrtes gilt für das Land B bzw. das Gut 2. – *Beweis:* Freihandel impliziert einheitliches Güterpreisverhältnis in beiden Ländern. Dabei muss das kapitalreiche Land im Vergleich zum Gut 2 mehr vom Gut 1 erzeugen als das arbeitsreiche

Land, um seine → Produktionsfaktoren voll auszulasten (→ Rybczynski-Theorem). Die Konsumstruktur ist aber in beiden Ländern gleich, sodass die erwähnte → Handelsstruktur folgt. Für den (realistischen) Fall mehrerer Güter gilt das Heckscher-Ohlin-Theorem nicht mehr zwingend für jeden beliebigen paarweisen Vergleich, sondern nur mehr im Durchschnitt. Bei beliebig vielen Gütern, Faktoren und Ländern wird die Betrachtung erleichtert, indem man nicht mehr den Güterhandel selbst, sondern den damit indirekt erfolgenden Faktorhandel betrachtet.

hedonische Methode – berücksichtigt bei der Preisbereinigung oder Deflationierung Veränderungen der Qualität von Produkten. – In der Volkswirtschaftlichen Gesamtrechnung (VGR) macht sich dies bei Gütern bemerkbar, bei denen die Marktpreise fallen, während die Produkte eine immer weiter steigende Qualität aufweisen, wie es bei IT-Gütern der Fall ist. Für die traditionelle Preismessung zeigen derartige Güter deutlich stärkere Rückgänge, die hedonische Preismessung weist hingegen real ein höheres Wirtschaftswachstum aus.

heterogene Güter – sachlich verschiedene → Güter, die miteinander konkurrieren können (Problem der Marktabgrenzung), wenn sie (in gewissem Grad) funktional austauschbar sind (z.B. verschiedene Automarken, Motorräder; → Substitutionsgüter). – *Gegensatz:* → homogene Güter.

heterogene Konkurrenz → Surrogatkonkurrenz.

Hickssche Nachfragefunktion → Nachfragefunktion.

Hicksscher Supermultiplikator – *Supermultiplikator;* Beziehung im Hicksschen → Multiplikator-Akzelerator-Modell zwischen Wachstumsrate der autonomen Investitionen und Niveau des zugehörigen Gleichgewichtspfads des Einkommens. Ist diese Wachstumsrate null, erhält man aus dem Hicks'schen Supermultiplikator den üblichen Keynes'schen → Multiplikator.

Hierarchie – I. Organisation: 1. *Begriff:* System der Über-/ Unterordnung zwischen organisatorischen Einheiten. Bei einer gegebenen Anzahl von organisatorischen Einheiten ist eine Hierarchie umso steiler (flacher), höher (niedriger) die Zahl der Hierarchieebenen ist. Hierarchie stellt dabei das grundlegende Ordnungssystem von Organisationen und sozialen Systemen dar. – 2. *Arten:* a) *Zielhierarchie* legt als Zweck-Mittel-Hierarchie das angestrebte Handeln einer Organisation fest. – b) *Aufgabenhierarchie* beschreibt die aus den Unternehmenszielen abgeleiteten operationalen Teilaufgaben. – c) *Stellenhierarchie* legt das Stellengefüge fest, in welchem den einzelnen organisatorischen Einheiten operationale Teilaufgaben zugewiesen werden. – d) *Personenhierarchie* bezeichnet die Positionierung der Stelleninhaber innerhalb einer hierarchischen Ordnung. – 3. *Zweck:* Hierarchie besitzt Koordinationsfunktion, indem eine übergeordnete Stelle untergeordneten Stellen Anweisungen erteilt, die darauf gerichtet sind, den spezialisierten Aufgabenvollzug zielentsprechend auszurichten.

II. Theorie der Unternehmung: → kapitalistische Unternehmung, → Theorie der Unternehmung.

Hochkonjunktur → Konjunkturphasen.

Höchstpreis → Preisfunktionen.

homogene Güter – sachlich gleiche → Güter, die völlig substituierbar sind. – *Gegensatz:* → heterogene Güter.

homogene Produktionsfunktion – Spezielle → Produktionsfunktion, die durch → Homogenität charakterisiert ist: Wenn das Niveau des Faktoreinsatzes λ erhöht wird, erhöht sich die Ausbringungsmenge ebenfalls um das λ-fache. Dabei kann sich der Output proportional, unter- oder überproportional verändern, d.h., es liegen konstante, abnehmende oder steigende → Skalenerträge vor (vgl. Abbildung „Homogene Produktionsfunktion (1)"). Dieser Zusammenhang kann auch mithilfe der → Skalenelastizität beschrieben werden. Ist diese durchweg

Homogene Produktionsfunktion (1)

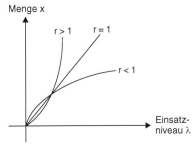

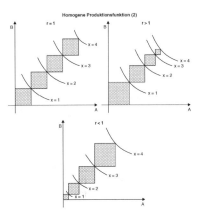

konstant, liegen homogene Produktionsfunktionen vor. Letztere werden definiert durch die Bedingung: $f(\lambda A, \lambda B) = \lambda^r f(A, B)$. Dabei bezeichnet r den *Homogenitätsgrad*. Man unterscheidet linear-homogene (r = 1), unterlinear-homogene (r < 1) und überlinear-homogene (r > 1) Produktionsfunktionen (Abbildung (1)). Im Fall r = 1 bedeutet dies, dass z.B. eine Verdoppelung aller eingesetzten Produktionsfaktormengen zu einer Verdoppelung des Outputs führt; ist r > 1, wächst der Output entsprechend stärker an, während sich im Fall r < 1 der Output weniger als verdoppelt. – Man kann diesen Zusammenhang auch anhand des *Isoquantensystems* darstellen (vgl. Abbildung „Homogene Produktionsfunktion (2)"). Erhöht man sukzessive das Output-Niveau jeweils um eine Einheit, so benötigt man das gleiche (r = 1), ein kleineres (r > 1) oder ein größeres (r < 1) „Faktorpäckchen". Im Übrigen stimmt r mit der Skalenelastizität $\eta_{x,\lambda}$ überein. Welcher Fall realiter eintritt, ist eine (empirische) Frage der Produktionstechnik bzw. der Organisation. Unmittelbar ersichtlich ist, dass ein Zusammenhang mit dem Verlauf der Kostenfunktion besteht. – Homogene Produktionsfunktionen besitzen die ökonomische Eigenschaft, dass die Grenzrate der Substitution (bzw. das Verhältnis der Grenzerträge) nur abhängig ist vom *Verhältnis* der Faktoreinsatzmengen. Im Fall r = 1 gilt dies auch für die Grenzerträge ($\partial x/\partial A$, $\partial x/\partial B$) selbst. So folgt z.B. für die

→ Wicksell-Cobb-Douglas-Produktionsfunktion

$$(x = cA^\alpha B^{1-\alpha})$$

sofort

$$\frac{\partial x}{\partial A} = \alpha c\, A^{\alpha-1} B^{1-\alpha}$$
$$= \alpha c \left(\frac{B}{A}\right)^{1-\alpha} = \varphi\left(\frac{B}{A}\right);$$
$$\frac{\partial x}{\partial B} = c(1-\alpha)A^\alpha B^{-\alpha}$$
$$= c(1-\alpha)\left(\frac{A}{B}\right)^\alpha = \theta\left(\frac{B}{A}\right),$$

mithin

$$\frac{\partial x}{\partial B} \Big/ \frac{\partial x}{\partial A} = \left(\frac{1-\alpha}{\alpha}\right) \cdot \frac{A}{B} = \Psi\left(\frac{B}{A}\right).$$

Homogenität – 1. *Begriff*: Eine Funktion f: $R^n \to R$ heißt homogen vom Grad r, wenn für jede reelle Zahl $\lambda > 0$ die Beziehung gilt:

$$f(\lambda x_1, \lambda x_2, \lambda x_3, \cdots, \lambda x_n) = \lambda^r \cdot f(x_1, x_2, x_3, \cdots, x_n),$$

d.h. bei Multiplikation aller Variablen mit einem Faktor λ nimmt der Funktionswert den λ^r–fachen Wert an. – *Spezialfall*: →Linearhomogenität (Homogenität vom Grade 1). – 2. *Bedeutung*: Homogene, v.a. linear-homogene Funktionen, finden in → Produktions- und Kostentheorie, → Nutzentheorie, → Haushaltstheorie und → Wachstumstheorie Verwendung. – *Beispiele*: (1)

→ Homogene Produktionsfunktionen implizieren bei konstanten Faktorpreisverhältnissen konstante Einsatzverhältnisse der → Produktionsfaktoren. Im Fall linear-homogener → Produktionsfunktionen gilt daneben das → Ertragsgesetz und bei zusätzlichem Vorliegen vollständiger Konkurrenz das → Eulersche Theorem. (2) *Linear-homogene Nutzenfunktionen* beinhalten Freiheit von Geldillusion. Aus ihnen abgeleitete Einkommens-Konsumfunktionen haben Einkommenselastizitäten von 1, die in der Wachstumstheorie eine der Voraussetzungen für gleichmäßiges Wachstum (sog. evolutorische Wirtschaft) sind.

Homogenitätsgrad → Homogenität.

homothetische Präferenzen – Wertschätzung verschiedener Güter seitens eines → Konsumenten so geartet, dass er diese Güter bei gleichbleibenden relativen Preisen immer in denselben Mengenrelationen nachfragt, auch wenn sein Einkommen variiert. Homothetische Präferenzen werden in der → realen Außenwirtschaftstheorie häufig unterstellt, um das Augenmerk konsequent auf angebotsseitige Grundlagen des internationalen Handels zu legen.

Hortung – 1. *Hortung von Geld:* Dauerhafter oder vorübergehender Entzug von → Geld aus dem Geldkreislauf. Durch Hortung entsteht ein effektiver Nachfrageausfall; die → Umlaufgeschwindigkeit des Geldes sinkt. In der klassischen Lehre galt die Hortung als unplausibel, weil der Haltung von Geld kein eigener Nutzen zugebilligt wurde. Bei Hortung ist das → Saysche Theorem, das in der klassischen Lehre zentrale Bedeutung hat, ungültig. – *Kritik:* Liquiditätspräferenztheorie (Geldtheorie, → makroökonomische Totalmodelle geschlossener Volkswirtschaften, Nachfrageseite). – 2. *Hortung von Waren:* Übermäßiger Lageraufbau bei Produzenten, Händlern oder Haushalten. Ursache ist meist die Erwartung von Knappheiten und/oder stark steigenden Preisen.

Human Capital → Humankapital.

Humankapital – *Human Capital.* 1. *Allgemein:* Das auf Ausbildung und Erziehung beruhende Leistungspotenzial der Arbeitskräfte (Arbeitsvermögen). Der Begriff Humankapital erklärt sich aus den zur Ausbildung dieser Fähigkeiten hohen finanziellen Aufwendungen und der damit geschaffenen Ertragskraft. – 2. *Wachstumstheorie:* (1) An Personen gebundenes Wissen bzw. als an Personen gebundene Fähigkeiten; (2) Wissenspool einer Volkswirtschaft in Form von dokumentiertem Wissen. – 3. *Grundlegende Ansätze zur Entstehung:* (1) Es wird davon ausgegangen, dass Humankapital bewusst durch den Einsatz von Ressourcen (Lernen, Trainieren) produziert wird; (2) es werden (Learning-by-Doing-)Prozesse unterstellt. Humankapital entsteht in diesem Fall als Nebenprodukt im Produktionsprozess. Die jeweiligen Varianten bei Definition und Entstehung haben weit reichende Konsequenzen für die wachstumstheoretische Bedeutung des Humankapitals – 4. In der *Volkswirtschaftlichen Gesamtrechnung* wird Humankapital nicht als → Vermögen ausgewiesen. – Vgl. auch Verteilungstheorie, → neue Wachstumstheorie, Humankapitaltheorien, Humanvermögen.

Humankapitalmodelle → neue Wachstumstheorie.

HWWA – Abk. für → Hamburgisches Welt-Wirtschafts-Archiv.

hybride Systeme – Begriff aus der → Neukeynesianischen Makroökonomik. In hybriden Makromodellen werden die zu erklärenden Variablen (wie Output und Inflation) gleichzeitig von der zukünftig erwarteten Entwicklung und der vergangenen Entwicklung dieser Variablen bestimmt. So ist in der neukeynesianischen → IS-Gleichung der Output der Periode t vom erwarteten Output der Folgeperiode t+1 abhängig. Im Hybrid-Fall wäre er gleichzeitig vom Outputniveau der Vorperiode abhängig. Entsprechendes gilt für die neukeynesianische → Phillips-Kurve (Inflationsgleichung).

Hysterese – *Hysteresis;* aus der Physik übernommene Bezeichnung für die länger anhaltende Nachwirkung der historischen Werte von ökonomischen Variablen auf ihre aktuellen Werte. Das Phänomen der Hysterese wurde in jüngerer Zeit v.a. im Zusammenhang mit der → natürlichen Arbeitslosigkeit diskutiert. Danach führt eine hohe Arbeitslosigkeit der Gegenwart, die als Folge exogener Schocks (wie Ölpreisschocks) entstanden ist, auch nach dem Fortfall dieser Schocks zu keinem Rückgang, sondern zu einem Anstieg der künftigen natürlichen Arbeitslosigkeit.

Hysterese bedeutet in diesem Zusammenhang also das Fortbestehen hoher (Sockel-) Arbeitslosigkeit, auch wenn die Ursache dafür nicht mehr existent ist. – *Mögliche Gründe hierfür:* Arbeitslosigkeit führt zu Qualifikationseinbußen und erschwert somit das Finden einer neuen Beschäftigung; Arbeitslosigkeit führt zu Frustration und verringert die Bereitschaft, aktiv nach einem neuen Arbeitsplatz zu suchen. – Vgl. auch → Wechselkurshysterese, Insider-Outsider-Theorien.

Hysteresis → Hysterese.

IARIW – Abk. für *International Association for Research in Income and Wealth*; 1947 gegründete Internationale Vereinigung zur Erforschung des Volkseinkommens und -vermögens und Förderung von Theorie und Praxis der Volkswirtschaftlichen Gesamtrechnungen (VGR). Auf zweijährlich stattfindenden Versammlungen treffen sich Gesamtrechner aus allen Ländern zum Erfahrungsaustausch und zur Beratung internationaler Vorhaben (z.B. Revision der internationalen Gesamtrechnungssysteme). – *Veröffentlichung:* The Review of Income and Wealth.

ifo Institut für Wirtschaftsforschung – Sitz in München, gegründet 1949. Gemeinnütziges, auf überregionaler Basis arbeitendes → Wirtschaftsforschungsinstitut, das von gemeinsam vom Bund und vom Land Bayern finanziert wird. In seinem Kuratorium finden sich Vertreter von Wirtschaft, Verbänden, Gewerkschaften, Verwaltungen und Wissenschaft. – *Hauptaufgabengebiete:* (1) Dienstleistungen für die Forschung und die wirtschaftspolitisch interessierte Öffentlichkeit: Bereitstellung von Daten, Informationen und Serviceleistungen; Unternehmensbefragungen (→ Konjunkturtest); Aufstellung des ifo Geschäftsklima-Index; Datenbank für den europäischen Institutionenvergleich,. (2) Wirtschaftspolitische Beratung. (3) Wirtschaftswissenschaftliche Forschung (v.a. auf den Gebieten öffentlicher Sektor, Sozialpolitik, → Arbeitsmärkte und Makroökonomie). – *Wichtige Veröffentlichungen:* ifo Schnelldienst und ifo Wirtschaftskonjunktur; zahlreiche Studien.

IfW – Abk. für → Institut für Weltwirtschaft .

immaterielle Anlagegüter – in der Volkswirtschaftlichen Gesamtrechnung (VGR) Teil des → Anlagevermögens. Als immaterielle Anlagegüter gelten v.a. Ausgaben für Suchbohrungen, Computerprogramme und Urheberrechte.

imperfekte Kapitalmobilität – Situation, in der entweder → internationale Kapitalverkehrskontrollen oder Risikoaversion der internationalen Anleger vorliegen. Das Kapital ist nicht vollständig mobil. *Beispiel:* Bankenkrise, → Weltwirtschaftskrise. – Vgl. auch → internationale Kapitalmobilität.

Import – alle Waren- und Dienstleistungsumsätze mit Wirtschaftseinheiten, die ihren ständigen Sitz (Wohnsitz) außerhalb Deutschlands haben. Aus Sicht des Zollrechts alle Einfuhren in das Zollgebiet der EG (EU). – Vgl. auch → Einfuhr.

Importbeschränkung → Einfuhrbeschränkung, Verbote und Beschränkungen.

Importkontingentierung – Maßnahmen zum Zwecke der → Einfuhrbeschränkung. – 1. *Arten:* Die → Einfuhr bestimmter Waren wird für einen festen Zeitraum auf eine Höchstmenge *(Mengenkontingent)* oder auf einen Höchstwert *(Wertkontingent)* beschränkt. Die Höhe der Kontingente wird entweder in Handelsverträgen mit den einzelnen Partnerländern vereinbart (→ Länderkontingent) oder für alle Länder zusammen festgesetzt (→ Globalkontingent). – 2. *Wirkungen:* Die → Einfuhrbeschränkung bedeutet im Gegensatz zu den → Zöllen einen systemfremden Eingriff in den marktwirtschaftlichen Ablauf, da sie den → Wettbewerb zwischen inländischen und ausländischen Produzenten ausschließt. Während eine Zollmauer durch Kostensenkung im Ausland „übersprungen" werden kann, bleibt beim Mengenkontingent die Einfuhrmenge (beim Wertkontingent die auszugebende Devisenmenge) stets gleich, gleichgültig ob die inländische → Produktion teurer und die ausländische Produktion billiger geworden ist oder nicht. Die → Preisbildung auf dem

Inlandsmarkt wird beim Mengenkontingent vollständig, beim Wertkontingent weitgehend unabhängig vom → Weltmarktpreis festgelegt. – 3. Von verschiedenen Organisationen, v.a. World Trade Organization (WTO)/GATT, OECD und UNCTAD wird die *Beseitigung* des Systems der Einfuhrbeschränkung durch zunehmende → Liberalisierung der Einfuhr oder durch Umrechnung der Mengenrestriktionen in entsprechende Zollprozente angestrebt. – Vgl. auch → nicht tarifäre Handelshemmnisse.

Importlizenz → Einfuhrlizenz.

Importmultiplikator – Messzahl, die (in Analogie zum → Exportmultiplikator) die Änderung des → Volkseinkommens infolge einer Importänderung um eine Geldeinheit angibt. Kommt z.B. eine Importsteigerung aufgrund einer Präferenzverschiebung von inländischen zu im Ausland erstellten Konsumgütern zustande, nimmt das inländische Volkseinkommen entsprechend dem Importmultiplikator um das Mehrfache der ursprünglichen Importsteigerung ab, soweit eine Anpassung durch Veränderung der Güter- und Faktorpreise nicht erfolgt *(negativer Importmultiplikator)*. Das Umgekehrte gilt bei Substitution von Importen durch Inlandsproduktion, wobei nicht ausgelastete Produktionskapazitäten unterstellt werden *(positiver Importmultiplikator)*. Modelltheoretisch lassen sich Import- und Exportmultiplikator mithilfe makroökonomischer Gütermarktmodelle berechnen. – Vgl. auch → Multiplikator, → Einkommen-Ausgaben-Modell.

Importquote – 1. *Außenhandel:* bes. Form eines → nicht tarifären Handelshemmnisses, bei dem das importierende Land die Importmenge auf ein bestimmtes Niveau beschränkt. – Vgl. auch → freiwillige Exportbeschränkung, → Äquivalenz zwischen tarifären und nicht tarifären Handelshemmnissen, → Handelspolitik. – 2. *Volkswirtschaftliche Gesamtrechnung:* Anteil der → Importe am → Bruttoinlandsprodukt (BIP).

Importrestriktion → Einfuhrbeschränkung, Verbote und Beschränkungen.

Importstruktur – Güterzusammensetzung der Importe (→ Einfuhr) eines Landes. – Vgl. auch → Handelsstruktur.

Importsubstitution – 1. *Begriff:* a) *Allgemein:* Ersetzen von Importen durch inländische Produktion. – b) Importsubstitution liegt *(nach Chenery)* vor, wenn der Importanteil am inländischen Gesamtangebot sinkt. Im Fall einer wachsenden Wirtschaft kann Importsubstitution also auch bei absolut zunehmenden Importen als gegeben angesehen werden. – Zu unterscheiden: a) *Natürliche Importsubstitution:* Ergebnis des Strukturwandels unter Freihandelsbedingungen, verursacht durch internationale Verschiebungen der Angebots- und Nachfragebedingungen. – b) *Wirtschaftspolitisch induzierte Importsubstitution* (Importsubstitution-Strategie): I.d.R. (wie auch im Folgenden) mit dem Begriff gemeint; v.a. für Entwicklungsländer diskutiert. – 2. *Charakteristik:* a) *Ziele* v.a.: (1) Förderung von Wirtschaftszweigen, die möglichst nachhaltige Entwicklungseffekte bzw. positive Effekte entfalten, v.a. des industriellen Sektors; (vgl. Entwicklungspolitik; Gegenteil zur Strategie der Exportförderung) (2) Gewährung von Entwicklungschancen für junge Industrien, die zwar kurzfristig der ausländischen Konkurrenz unterlegen sind, jedoch längerfristig international wettbewerbsfähig zu werden versprechen; (3) Entlastung der → Zahlungsbilanz; (4) (gelegentlich erhoffte) Nationaleinkommens- und Wachstumswirkungen durch positive Multiplikator- und Akzeleratorwirkungen. – b) *Maßnahmen:* (1) Einfuhrrestriktionen, wie → Zölle, Kontingente und Devisenbewirtschaftung; (2) allg. Maßnahmen der Produktions- und Investitionsförderung, wie Subventionen und steuerliche Vergünstigungen. – 3. *Ergebnisse:* a) Entwicklungsländer, die auf Importsubstitutionen mittels einer interventionistischen Politik setzen, verzeichnen in der ersten Phase *i.d.R. Wohlfahrtseinbußen*, da sie auf einen Teil der Handelsgewinne verzichten. Längerfristig sind *positive Wirkungen* möglich, wenn die geförderten Industrien tatsächlich ausgeprägte positive externe Effekte entfalten bzw. die erhoffte Wettbewerbsreife erlangen. – b) Die *bisherigen Erfahrungen* sind in vielen Fällen negativ, da u.a. folgende *Politikfehler* gemacht wurden: (1) Die Verbesserung der Angebotsbedingungen (Sach-, Humankapital- und Infrastrukturausstattung u.a.) als wichtige Ergänzung zu den Maßnahmen der Importsubstitutionen wird oft vernachlässigt. (2) Positive Wirkungen der Schutz- bzw. Förderungsmaßnahmen für die betreffenden Wirtschaftszweige werden oft konterkariert, indem z.B. benötigte Inputs und Investitionsgüter durch Einfuhrrestriktionen verteuert werden oder die internationale Wettbewerbsfähigkeit durch Inflation und Überbewertung der eigenen Währung beeinträchtigt wird. (3) Im Rahmen der Importsubstitution-Politik werden vielfach Investitionen induziert, die nur bei anhaltendem Schutz bzw. dauerhafter Förderung überleben können und daher ständige gesamtwirtschaftliche Verluste bedingen.

Importsubvention – staatliche Förderung (Zuschuss, → Zollkontingent etc.) zur Förderung bzw. Erleichterung der → Einfuhr eines → Gutes (sog. Wareneinfuhr von Sachgütern). – Vgl. auch → tarifäre Handelshemmnisse.

Importüberschuss – *Einfuhrüberschuss;* Überschuss der Ausgaben für den → Import von Waren und → Dienstleistungen, berechnet durch den aggregierten Saldo der → Handelsbilanz und der → Dienstleistungsbilanz, an das Ausland über die Einnahmen aus Exporten von Waren und Dienstleistungen (negativer → Außenbeitrag). – *Gegensatz:* → Exportüberschuss. – Vgl. auch → Zahlungsbilanz, → Außenbeitrag.

Importverbot → Einfuhrverbot, Verbote und Beschränkungen.

Importvordepot – von devisenschwachen Ländern angewandtes Instrument. Die (erwünschten) Importgüter werden in einer „Freiliste" ausgewiesen. Vor Ausfuhr aus dem Stamm- bzw. Exportland muss der Importeur (Zielland) die → Einfuhr anmelden. Er erhält für die Dauer eines bestimmten Zeitraumes ein „registro". Während dieser Frist muss dann auch die Lieferung erfolgen. Bei der Registro-Erteilung muss vom Importeur ein Importvordepot in Landeswährung gestellt werden, dessen Höhe den Gegenwert des Importvolumens darstellen kann. Die zinslos zu hinterlegende Summe kann aber auch – je nach Zielsetzung der Landespolitik – höher oder niedriger sein. Gleichzeitig erhält der Importeur die Genehmigung zum Devisenerwerb in Höhe der registrierten Einfuhr. Durch den gezielten Einsatz von Importvordepots können Warenströme qualitativ und quantitativ – und somit auch Exportmöglichkeiten in diese Länder – beeinflusst werden. Administrativ aufwendig.

Importzertifikat → internationale Einfuhrbescheinigung.

income expenditure model → Einkommen-Ausgaben-Modell.

Indifferenzkurve – analytisches Instrument der → Haushaltstheorie, das im Zwei-Güter-Modell alle Gütermengenkombinationen darstellt, die dem → Haushalt den gleichen → Nutzen stiften und die er folglich als gleichwertig beurteilt. Die Indifferenzkurve erfasst jene Güterbündel, die im Rahmen der ordinalen → Nutzentheorie den gleichen Nutzenindex (→ Nutzenindexfunktion) besitzen. Widerspruchsfreie Indifferenzkurvensysteme können sich nicht schneiden, da ein Schnittpunkt unterschiedliche Nutzenniveaus auf der gleichen Indifferenzkurve repräsentieren würde. Ihre Krümmung hängt vom Grad der Substituierbarkeit der betreffenden Güter ab. Im Grenzfall vollständiger Substitute verläuft die Indifferenzkurve linear.

Indikatoren → Beschäftigungsindikatoren, → Konjunkturindikatoren, → soziale Indikatoren, Umweltindikatoren.

Individualeinkommen – 1. *Begriffe:* a) Das einer Person oder einem Haushalt während einer Periode zufließende Entgelt für den Einsatz von Arbeit oder Kapital (*Produktionsaspekt*, vor der Umverteilung).–b) Geldbetrag oder sonstige Mittel, die einer Person oder einem Haushalt in einer Periode zur Deckung des Bedarfs an wirtschaftlichen Gütern (ohne Rückgriff auf vorhandenes Vermögen) zur Verfügung stehen (*Verfügungsaspekt,* nach der Umverteilung). – 2. In der Volkswirtschaftlichen Gesamtrechnung entspricht das Individualeinkommen dem → verfügbaren Einkommen der privaten Haushalte nach dem Verbrauchskonzept, also unter Einschluss bes. bestimmter vom Staat den einzelnen Haushalten unentgeltlich zufließender Leistungen.

Individualkonsum – Summe aus den Konsumausgaben privater Haushalte und den sozialen Sachtransfers, d.h. dem Wert der (bes.) staatlichen Erziehungs-, Gesundheits- und ähnlichen Leistungen, die letztlich von privaten Haushalten verbraucht werden, ohne dass bei ihnen dafür Ausgaben anfallen. – Vgl. auch → Kollektivkonsum.

Industrial Organization School → wirksamer Wettbewerb.

Industrieländer – Staaten mit folgenden Merkmalen: relativ hoher Anteil der verarbeitenden Industrie am → Bruttonationaleinkommen (BNE); relativ lange Tradition der industriellen Produktion; relativ hohes technologisches Niveau und → Pro-Kopf-Einkommen; relativ hohe Funktionsfähigkeit bzw. Effizienz des Wirtschaftssystems. Trotz des stetig steigenden Wertschöpfungsanteils des Dienstleistungssektors in vielen der klassischen Industrieländer werden diese auch weiterhin als Industrieländer bezeichnet, auch wenn hierdurch die Bedeutung der industriellen Wertschöpfung stark an Bedeutung verloren hat. – *Gegensatz:* → Entwicklungsländer.

Industrieökonomik – *Theory of Industrial Organization.* 1. *Begriff:* Eine von der Theorie geleitete empirische Forschung zur Organisation und Struktur der Industrie i.w.S. Im Mittelpunkt der Industrieökonomik steht die Frage, ob das bei der Herstellung von Gütern und Dienstleistungen erzielte Ergebnis für die gesellschaftliche Wohlfahrt zufriedenstellend ist. – 2. *Ausgangspunkt* ist das „*Structure-Conduct-Performance-Paradigma*": Es besagt, dass sich das Ergebnis einer „Industry" (Branche) durch die Struktur und das Verhalten der Unternehmen in ihr erklären lässt. Die Struktur beinhaltet die Rahmenbedingungen, die die Unternehmen einer „Industry" in ihren Entscheidungen beachten müssen. Im Rahmen dieser Gegebenheiten besteht für die „Industry" ein gewisser Handlungsraum, der das erreichbare Ergebnis festlegt. Dieser stochastische Zusammenhang wird in neueren Beiträgen zur Industrieökonomik abgewandelt, indem retrograd auch von einer Einflussnahme des Ergebnisses auf das Verhalten und auch die Struktur ausgegangen wird. – 3. *Ansätze:* Vgl. Abbildung „Industrieökonomik – Ansätze". – 4. *Anwendung:* a) Ursprünglich wurde die Industrieökonomik in der Regierungspolitik und in der Rechtsprechung genutzt. Struktur und Verhalten sind Ansatzpunkte für die Wirtschafts- und Wettbewerbspolitik (allgemeine Wirtschaftspolitik). Sie sind auch Kriterien für die Beurteilung der Marktmacht und deren Auswirkung auf das Ergebnis in der Antitrust-Gesetzgebung und -Rechtsprechung. – b) Aktuell erfährt die Industrieökonomik aus dem Bereich der Wettbewerbskonzepte innerhalb eines strategischen Managements neue Impulse (Analyse des Unternehmerverhaltens mithilfe spieltheoretischer Ansätze).

Industriestaat – Staat, dessen Arbeitsbevölkerung zum größten Teil im Handwerk, im Gewerbe, v.a. aber in der Industrie beschäftigt ist. – *Gegensatz:* → Agrarstaat.

Industrieökonomik – Ansätze

	Marktstruktur	Marktverhalten	Marktergebnis
Bain (1968)	1. Anbieterkonzentrationsgrad 2. Nachfragerkonzentrationsgrad 3. Grad der Produktdifferenzierung 4. Eintrittsbedingungen	1. Festsetzung von Preisen und Mengen der Anbieter 2. Festsetzung von Vertriebskosten und Produktpolitik 3. „Predatory and Exclusionary Tactics" 4. Nachfrageverhalten	1. technische Effizienz der Produktion 2. Preis/Grenzkosten der Produktion 3. Output/möglichen Output bei Preis gleich Grenzkosten 4. Verkaufsförderungs-/ Produktionskosten 5. Produkteigenschaften 6. Fortschritt
Caves (1972)	1. Anbieterkonzentration 2. Produktdifferenzierung 3. Marktschranken 4. Wachstumsrate der Marktnachfrage 5. Preiselastizität der Nachfrage 6. Nachfragekonzentration	1. Politik der Preisfestsetzung 2. Politik der Qualitätsbestimmung 3. Politik der Markträumung	1. Vollbeschäftigung und Preisstabilität 2. Fortschritt, Forschung und Innovation 3. Effizienz (Profit Rates, Efficient Scale of Production, Sales Promotion and Product Changes)
Koch (1974)	1. „Industry"-Reife 2. öffentliche Regulierung 3. Produktdifferenzierung 4. Anbieter- u. Nachfragekonzentration 5. Eintrittsbarrieren 6. Kostenstrukturen 7. vertikale Integration 8. Diversifikation 9. „Scale Economies"	1. Kollusion 2. Preisstrategie 3. Produktstrategie 4. Anpassung an Wechsel 5. Forschung und Innovation 6. Werbung 7. „Legal Tactics"	1. Output 2. Outputwachstum 3. technologischer Fortschritt 4. Beschäftigung 5. allokative Effizienz 6. „Cross-Efficiency" 7. Einkommensverteilung
Shepherd (1979)	1. Marktanteil 2. Konzentration 3. Eintrittsbarrieren 4. vertikale Modelle 5. andere – Lebenszyklen – Wachstum – Zufallsprozesse – Regierungspolitik	1. Preisverhalten – gemeinsame Gewinnmaximierung – Preisdiskriminierung 2. Marktausschluss	1. Preis-Kosten-Modelle 2. Effizienz: statisch und dynamisch 3. Einkommensverteilung 4. „Content"
Scherer (1980)	1. „Economics of Scale" 2. Fusionisten und Konzentration 3. Regierungspolitik 4. stochastische Determinanten	1. Preisverhalten 2. Produktstrategie und Werbung 3. technologische Innovation 4. „Plant Investment" 5. „Legal Tactics"	1. Produktions- und allokative Effizienz 2. Fortschritt 3. Vollbeschäftigung 4. Einkommensverteilung

induzierte Größen – ökonomische Variablen eines Modells, deren Entwicklung von anderen ökonomischen und außerökonomischen Größen beeinflusst wird. – *Beispiel:* Als induzierter Konsum wird derjenige Teil des Konsums bezeichnet, der durch das Volkseinkommen bestimmt wird. Die Trennung von induzierten Größen und → autonomen Größen ist eine modelltheoretische Vereinfachung. Im Rahmen eines makroökonomischen Modells stellen induzierte Größen gleichzeitig endogene Variablen (→ Variable, endogene) dar, während es sich bei autonomen Größen um exogene Variablen (→ Variable, exogene) handelt.

inferiores Gut – gemäß → Haushaltstheorie ein → Gut, dessen mengenmäßige Nachfrage mit steigendem → Einkommen nur in geringerem Maße zu- bzw. sogar abnimmt. Dabei handelt es sich i.d.R. um geringerwertige Güter, die mit steigendem Einkommen durch höherwertige ersetzt werden. – Bei *relativ* inferioren Gütern erhöht sich die nachgefragte Menge bei einer → Einkommenselastizität der Nachfrage kleiner 1 nur unterproportional zum Einkommen, während bei *absolut* inferioren Gütern der Konsum absolut sinkt.

Inflationsimport – Durch den steigenden → Preis importierter Güter, die mit in die Berechnung des Warenkorbs zur Bestimmung des Preisniveaus eingehen, steigt der Gesamtwert des Warenkorbs (Inflation). Importpreise können u.a. steigen aufgrund von Preiserhöhungen im Exportland oder durch → Abwertung der Inlandswährung des Importlandes. – Vgl. auch → Kaufkraftparität; importierte Inflation.

inflatorische Lücke → Gap.

Inländerkonvertibilität → Konvertibilität. – *Gegenteil:* → Ausländerkonvertibilität.

Inländerkonzept – statistischer Begriff der Volkswirtschaftlichen Gesamtrechnung (VGR): Inländer sind alle Wirtschaftseinheiten (Institutionen und Personen), die ihren ständigen Sitz bzw. Wohnsitz innerhalb der betrachteten Volkswirtschaft haben, daher oft auch als Wohnortkonzept bezeichnet. Für die Abgrenzung ist i.Allg. die Staatsangehörigkeit ohne Bedeutung. – *Anders:* → Inlandskonzept.

Inlandskonzept – Begriff der Volkswirtschaftlichen Gesamtrechnung (VGR): Beim Inlandskonzept erfolgt die Abgrenzung etwa von Einkommen oder der Erwerbstätigen nach dem geographisch bestimmten Wirtschaftsgebiet, unabhängig von der Zugehörigkeit des die Transaktion tätigenden Wirtschaftssubjekts, daher oft auch als Arbeitsortkonzept bezeichnet. Das Inlandskonzept erfasst somit die wirtschaftliche Tätigkeit von In- und Ausländern im Inland. – *Anders:* → Inländerkonzept.

Inlandsprodukt – Darstellung des Produktionsergebnisses einer Periode im Inland (→ Inlandskonzept). Das Inlandsprodukt unterscheidet sich vom → Nationaleinkommen um den gegenüber dem Ausland entstandenen Saldo der → Primäreinkommen. Es ist in erster Linie ein Produktionsmaß und dient als Indikator für die wirtschaftliche Leistungsfähigkeit einer Volkswirtschaft. Zu unterscheiden ist zwischen dem Bruttoinlandsprodukt (BIP) (einschließlich der Abschreibungen) und dem Nettoinlandsprodukt.

Innengeld → Inside Money.

innerer Lag → Lag.

Input-Output-Analyse – volkswirtschaftliche Modellrechnung, in der mithilfe von → Input-Output-Tabellen volkswirtschaftliche Prognosen oder Simulationen ausgeführt werden. In der einfachen Form geht man von der Annahme einer linear-limitationalen Produktionstechnik aus, d.h. man unterstellt, dass aller Einsatz von Produktionsfaktoren (Input) der Höhe des in der Analyse zu variierenden Produktionsausstoßes (Output) proportional ist. Diese Modelle werden sowohl für Produktions- als auch für Preisuntersuchungen verwendet.

Input-Output-Rechnung – Teil der Volkswirtschaftlichen Gesamtrechnung (VGR), der die Aufstellung und Auswertung von → Input-Output-Tabellen umfasst.

Input-Output-Tabellen – Teil der Volkswirtschaftlichen Gesamtrechnung (VGR), der in Form eines in sich geschlossenen Rechenschemas die Güterströme, die zwischen den zu → Produktionsbereichen zusammengefassten Produktionseinheiten eines Wirtschaftsraums in einer bestimmten Periode fließen, darstellt. Die gütermäßige Verflechtung wird so sichtbar, also welche Güter in welchem Umfang jeder Produktionsbereich verbraucht und welche Güter in die intermediäre und letzte Verwendung eingehen.

Inselparabel – auf Phelps zurückgehende und von Lucas in die → Konjunkturtheorie eingeführte Parabel, die verdeutlichen soll, dass es trotz rationaler → Erwartungen wegen unvollständiger Information zu → Konjunkturschwankungen kommen kann, weil Marktteilnehmer nicht zwischen Änderungen des gesamtwirtschaftlichen Preisniveaus und denen von relativen Preisen unterscheiden können. Sie verfügen nur über Informationen über ihre eigene Umgebung (Insel), nicht aber über den Rest der Welt.

Inside Lag → Lag.

Inside Money – *Innengeld*. 1. *Begriff*: Teil der Geldversorgung einer Volkswirtschaft, der auf einer Verschuldung des privaten Sektors (private Unternehmungen, Haushalte oder Geschäftsbanken) beruht. Es umfasst nur das durch bankgeschäftliche Geldschöpfung (Geldtheorie) geschaffene Buchgeld; das vom Staat bzw. der Zentralbank geschaffene Geld bleibt hierbei unberücksichtigt. – *Gegensatz*: → Outside Money. – 2. *Bedeutung*: Die Unterscheidung zwischen Außen- und Innengeld hat unter geldtheoretischen Gesichtspunkten mit Blick auf den Vermögenscharakter des Geldes Bedeutung. Während dem Außengeld Vermögenscharakter zugesprochen wird, stellt nach überwiegender Auffassung das Innengeld kein Vermögensgut dar. Die Vertreter dieser Auffassung begründen dies mit der Tatsache, dass im privaten Sektor

den Forderungen gleichhohe Verbindlichkeiten gegenüberstehen. Die Differenz zwischen Soll- und Habenzinsen, deren Kapitalisierung auf Vermögenscharakter hinweist, bleibt dabei unberücksichtigt, was wiederum von Kritikern dieser Differenzierung nach Außen- und Innengeld angeführt wird.

Inspektionszertifikat – Bei Akkreditiven, aber auch aufgrund amtlicher Importvorschriften ist oft ein Waren-Kontroll-Zertifikat (Pre-Shipment Inspection Certificate (PSI)) erforderlich, das durch dazu befugte Stellen/ Behörden ausgefertigt wird und die Übereinstimmung der verpackten und verschifften Ware mit der Bestellung bzw. den Importvorschriften des Einfuhrlandes bescheinigt.

Institut der Deutschen Wirtschaft e.V. (IW) – von Verbänden und Unternehmen der privaten Wirtschaft getragenes Wirtschaftsforschungsinstitut (→ Wirtschaftsforschungsinstitute); gegründet 1951 mit Sitz in Köln. – *Arbeitsgebiet*: Alle Bereiche der Wirtschafts- und Sozialpolitik, des Bildungs- und Ausbildungssystems sowie der gesellschaftlichen Entwicklung.

Institut für Weltwirtschaft (IfW) – unabhängiges, bes. an der weltwirtschaftlichen Forschung orientiertes → Wirtschaftsforschungsinstitut an der Universität Kiel mit umfangreicher Forschungstätigkeit und international bedeutendem Bibliotheks-, Archiv- und Dokumentationsbereich. Gegründet 1914. – *Arbeitsgebiet*: Anwendungsorientierte Wirtschaftsforschung, v.a. auf den Gebieten Wachstum, Strukturpolitik und internationale Arbeitsteilung; Umwelt- und Ressourcenökonomik; Raumwirtschaft; Entwicklungsökonomie und weltwirtschaftliche Interpretation; Konjunktur. – *Wichtige Veröffentlichungen*: Weltwirtschaftliches Archiv/ Review of World Economics; Kieler Studien.

Institut für Wirtschaftsforschung → Deutsches Institut für Wirtschaftsforschung (DIW), → Hamburgisches Welt-Wirtschafts-Archiv (HWWA), → ifo Institut für Wirtschaftsforschung, → Institut für

Wirtschaftsforschung Halle (IWH), → Rheinisch-Westfälisches Institut für Wirtschaftsforschung (RWI).

Institut für Wirtschaftsforschung Halle (IWH) – selbstständiges, unabhängiges und gemeinnütziges → Wirtschaftsforschungsinstitut mit überregionaler Bedeutung; wurde zum 1.1.1992 vom Bund und dem Land Sachsen-Anhalt gegründet mit Sitz in Halle (Saale). – *Hauptaufgaben:* Empirische Wirtschaftsforschung und wissenschaftliche Begleitung des Transformationsprozesses in Ostdeutschland und in den Ländern Mittel- und Osteuropas sowie Forschungen zur Industriepolitik.

institutionelle Theorie der Haushaltung – 1. *Charakterisierung:* Die institutionell orientierte → Haushaltstheorie befasst sich mit dem Nachfrageverhalten als einer Aktivität, die über die reine Konsumwahl hinausgeht. Nach Lancaster hängt der → Nutzen der → Güter unmittelbar von deren spezifischen Eigenschaften ab, die in unterschiedlicher Weise Nutzen stiften, und nur mittelbar von den nachgefragten Güterarten an sich. Damit unterliegt das nutzenmaximierende Verhalten des Haushalts zwar weiterhin der durch die → Bilanzgerade gegebenen Einkommensrestriktion, ist aber um einen produktionstheoretischen Gesichtspunkt zu erweitern. Dieser bringt den Zusammenhang zwischen den am Markt erworbenen Gütern und dem daraus zu ziehenden Nutzen zum Ausdruck. – 2. *Gütertransformation im Haushalt:* Die Beschreibung der Transformation von Güterinputs in Nutzen-Outputs durch den Haushalt erfolgt durch die → Haushaltsproduktionsfunktion, die inhaltlich dessen Konsumtechnik widerspiegelt. Die aus der Konsumaktivität des Haushalts resultierenden Outputs gehen als Argumente in die → Nutzenfunktion ein. Der Haushalt muss also jene (effizienten) Konsumaktivitäten bestimmen, die ihm bei gegebener Konsumtechnik und gegebener Budgetgerade zur größten Menge bestimmter Gütereigenschaften verhelfen. Die Parameter dieses Kalküls sind, da sie sich auf die objektiven Gütereigenschaften beziehen, für alle Haushalte gleich und unabhängig von der jeweiligen Präferenzstruktur. Letztere kommt ins Spiel, wenn der Haushalt aufgrund seiner Nutzenfunktion entscheidet, welche der effizienten Konsummöglichkeiten er tatsächlich zu realisieren beabsichtigt und welches Güterbündel in der Folge nachgefragt wird. – 3. *Zeitbedarf des Konsums:* Die Zeit, die ein Haushalt für seine Konsumaktivitäten benötigt, berücksichtigt der Ansatz von Becker. Während eines bestimmten Betrachtungszeitraums muss nach Abzug der Arbeitszeit die verbliebene Zeit ausreichen, um alle geplanten Konsumaktivitäten auch zu verwirklichen. Gerade in Wohlstandsgesellschaften können die Möglichkeiten des Konsums so umfangreich sein, dass sie wegen knapper zur Verfügung stehender → Konsumzeit nicht genutzt werden können. Auch hier wird ein produktionstheoretischer Ansatz gewählt, nach dem ein Haushalt originäre Konsumgüter, die er am Markt erwirbt, in produzierte Konsumgüter transformiert, die wiederum als Argumente in die Nutzenfunktion eingehen. Die Haushaltsproduktionsfunktion wird aber durch die Zeitquanten erweitert, die für diese Konsumaktivität benötigt werden. – Die *Nutzenmaximierung* unterliegt nicht mehr ausschließlich einer geldlichen Beschränkung, die durch die Bilanzgerade widergespiegelt wird, sondern auch einer zeitlichen. Die Verbindung zwischen der zur Verfügung stehenden Konsumzeit und der Höhe des Arbeitseinkommens wird bei gegebenem Lohnsatz durch die Entscheidung des Haushalts über die Allokation der verfügbaren Gesamtzeit auf Arbeits- und Konsumzeit hergestellt. Die Höhe des Einkommens variiert dann mit dem Anteil der Konsumzeit an der Gesamtzeit. Die Nutzenmaximierung kann folglich als Maximierung unter Nebenbedingungen mit zeitlichen und monetären Restriktionen betrachtet werden, deren Grenze durch das → Totaleinkommen des Haushalts gegeben ist. Im Becker-Modell ist damit die Bestimmung eines allgemeinen Gleichgewichts möglich, das simultan das Angebots- und Nachfrageverhalten des Haushalts erklärt.

Instrumental Lag → Lag.

Integration – Herstellung einer Einheit oder Eingliederung in ein größeres Ganzes.

I. Unternehmenstheorie: → dynamisch-evolutorische Theorie der Unternehmung, → Governance-Structure-Theorie der Unternehmung, → Grenzen der Unternehmung, → Theorie der Mehrproduktunternehmung, → Transaktionskostentheorie der Unternehmung.

II. Organisation: → Koordination.

III. Außenwirtschaft: Zusammenführung zweier oder mehrerer Volkswirtschaften. Dies reicht von der Verringerung bzw. dem Abbau von → tarifären Handelshemmnissen und → nicht tarifären Handelshemmnissen bis zur Vereinheitlichung verschiedener Bereiche der Wirtschaftspolitik. – Als *handelspolitische Maßnahme* bedeutet Integration die Verringerung oder Beseitigung von Handelshemmnissen zwischen den integrierenden Ländern, bei Aufrechterhaltung der Handelshemmnisse gegenüber Drittländern. Behalten die Länder ihre eigenen Handelspolitiken gegenüber Drittländern, spricht man von einer → Freihandelszone, gehen sie zu einer gemeinsamen Handelspolitik nach außen über, spricht man von einer → Zollunion. In einem gemeinsamen Markt (in der EU auch → Binnenmarkt genannt, vgl. EU und EG, EEA) werden die sog. vier Freiheiten realisiert: Freiheit des Waren- und Dienstleistungsverkehrs, Kapitalmarktintegration sowie die Freizügigkeit der Arbeitnehmer und Niederlassungsfreiheit. In einer Wirtschaftsunion als dann folgende Stufe der Integration ist die Wirtschaftspolitik (Fiskal- und Strukturpolitik, Sozialpolitik) zumindest koordiniert. Findet zudem eine gemeinsame Zentralbank mit einer gemeinsamen Währung Anwendung, dann ist mit der Wirtschafts- und → Währungsunion die höchste Stufe der

wirtschaftlichen Integration realisiert (Beispiel EU, EWWU). – *Wirkungen:* → Handelsschaffung, → Handelsablenkung. – Vgl. auch → regionale Integration, → Regionalismus, → Handelspolitik, Wirtschaftsunion, → Währungsunion.

IV. Wettbewerbstheorie: wirtschaftlicher oder rechtlicher Zusammenschluss mehrerer Unternehmen (Unternehmenszusammenschluss). Integration und Unternehmenskonzentration werden häufig synonym verwendet. – *Arten:* (1) Horizontale Integration: Zusammenschluss von Unternehmen derselben Produktionsstufe; (2) Vertikale Integration: Zusammenschluss von Unternehmen unterschiedlicher, durch Angebots- und Nachfragebeziehungen verbundener Produktionsstufen. – Zur Bedeutung der Integration für die strategische Planung vgl. Wertschöpfungsstrategie.

Integrationsformen → Freihandelszone, → regionale Integration, → Regionalismus, → Zollunion.

integrierte ländliche Entwicklung – Konzept zur Förderung des ländlichen Raums in Entwicklungsländern. Die Ausschöpfung des latenten → Produktionspotenzials kleinbetrieblicher Landwirtschaft soll Wachstumsimpulse auf der Entstehungsseite des → Nationaleinkommens ergeben, wodurch auch eine gleichmäßigere Einkommensverteilung angestrebt und die absolute Armut überwunden wird. Integrierte ländliche Entwicklung wendet sich an die ländliche Gesellschaft als Ganzes und strebt eine Verbesserung der produktiven Beschäftigung armer Bevölkerungsgruppen an. – *Ziel* ist ein selbsttragender Entwicklungsprozess, welcher mit verstärkter Eigeninitiative der betroffenen Bevölkerung einhergeht. Schwerpunkte liegen in der Förderung von Kleinstunternehmern und in der Verbesserung der Situation der Gruppe der Pächter. – *Maßnahmen* integrierter ländlicher Entwicklung erstrecken sich u.a. auf den technologischen Bereich der landwirtschaftlichen Produktivitätsförderung, den Aufbau der dazu notwendigen leistungsfähigen Dienstleistungsstruktur, eine Änderung der Agrarverfassung (Verteilung des Grundeigentums, Rechtsstellung der Pächter), den Ausbau der ländlichen materiellen Infrastruktur und die Verbesserung der sozialen Infrastruktur. – Vgl. auch → Entwicklungspolitik.

intensives Wachstum → extensives Wachstum.

Interdependenz – I. Wirtschaftstheorie: Bezeichnung für die gegenseitige Abhängigkeit und Beeinflussung volkswirtschaftlicher Größen. Bei makroökonomischen keynesianischen und neukeynesianischen Totalmodellen handelt es sich meistens um vollständig interdependente ökonomische Systeme, die nicht rekursiv, sondern nur simultan gelöst werden kann. – Vgl. auch → Totalanalyse, → Totalanalyse offener Volkswirtschaften.

II. Entscheidungstheorie: 1. *Sachliche Interdependenz (horizontale Interdependenz):* Die bei einer Zeitpunktbetrachtung bestehenden Wechselbeziehungen zwischen verschiedenen Entscheidungsfeldern in einer Unternehmung. – 2. *Zeitliche Interdependenz (vertikale Interdependenz):* Wechselbeziehungen zeitlich aufeinander folgender Entscheidungen (mehrstufige Entscheidung).

III. Organisationstheorie: 1. *Begriff:* gegenseitige Abhängigkeit organisatorischer Einheiten bei ihrer Aufgabenerfüllung. – 2. *Formen:* a) *Gepoolte Interdependenz:* Mehrere organisatorische Einheiten greifen auf eine Ressource zu. – b) *Sequenzielle Interdependenz:* Ein Objekt wird nacheinander von verschiedenen organisatorischen Einheiten einmal bearbeitet. – c) *Reziproke Interdependenz:* Ein Objekt wird nacheinander von mehreren organisatorischen Einheiten bearbeitet, kehrt dabei aber wieder zu einer organisatorischen Einheit zurück, die das Objekt bereits bearbeitet hat.

Interimsabkommen – *Zwischenabkommen,* völkerrechtliches Vertragswerk, das nicht endgültig in Kraft getreten ist. – *Beispiele:* Europa-Abkommen, → regionale Integration.

inter-industrieller Handel → Intra-industrieller Handel, → substitutiver Handel. – *Gegenteil:* → komplementärer Handel

International Association for Research in Income and Wealth → IARIW.

internationale Arbeitsteilung – 1. *Begriff:* Bezeichnung für die weltweite Struktur des Einsatzes der → Produktionsfaktoren und die Spezialisierung einzelner Länder auf die → Produktion verschiedener Güter. Internationale Arbeitsteilung stellt sich mit der Aufnahme des → Außenhandels bzw. der Beseitigung von → tarifären und → nicht tarifären Handelshemmnissen ein. Eine *Verzerrung* der internationalen Arbeitsteilung durch Handelshemmnisse beeinträchtigt die → Handelsgewinne. – 2. *Wirkungen:* Internationale Arbeitsteilung impliziert eine Verflechtung der Volkswirtschaften untereinander, die u.a. auch eine Übertragung von Konjunktur- und Preisniveauimpulsen positiver wie negativer Art mit sich bringen kann (→ internationaler Konjunkturverbund, Inflation). Ziel internationaler Abkommen im Bereich der Handels- und Währungspolitik (GATT bzw. World Trade Organization (WTO), IWF) ist es deshalb, solche negativen Wirkungen auszuschalten und eine volle Nutzung der Handelsgewinne zu erreichen. – 3. *Bedeutung:* a) Für → *Industrieländer* gilt der weitgehend unumstrittene Grundsatz, dass eine ungestörte internationale Arbeitsteilung allen Beteiligten Vorteile bringt; gleichwohl wird auch hier verschiedentlich staatlicher Einfluss auf die Entwicklung der internationalen Arbeitsteilung befürwortet (→ Protektionismus).–b) Für → *Entwicklungsländer* wird die Vorteilhaftigkeit stärker in Frage gestellt und oft für diese Länder mit verschiedenen Begründungen eine mehr oder weniger stark interventionistische → Außenwirtschaftspolitik bis hin zur Abkopplung vom Weltmarkt empfohlen (Dependencia-Theorien).

internationale Direktinvestition – 1. *Begriff:* bes. Form der internationalen *Kapitalanlage* von Ersparnissen, die mit der

Managementkontrolle über das investierte → Kapital verbunden ist. I.d.R. mit der Entstehung von multinationalen Unternehmungen verbunden. – 2. *Faktoren:* Internationale Direktinvestition kann durch das Zusammenwirken dreier Faktoren erklärt werden: (1) Der Investor muss in irgendeiner Weise einen organisatorischen oder *Know-how-Vorteil* (*organizational advantage*) besitzen, an den die Wirksamkeit des investierten Kapitals gebunden ist. (2) Das Gastland muss über einen örtlichen Vorteil (z.B. billige Arbeitskräfte) verfügen (*locational advantage*). (3) Es muss vorteilhaft sein, das erwähnte organisatorische Know-how über firmeninterne Kontrolle anstelle von Markttransaktionen zum Einsatz zu bringen. Diese drei Faktoren werden gelegentlich mit dem Kürzel *OLI* zusammengefasst. – Vgl. auch → Direktinvestition, → internationale Faktorwanderungen, Joint Venture.

internationale Einfuhrbescheinigung – *Importzertifikat (IC), Einfuhrzertifikat;* Bescheinigung, auf Anforderung des ausländischen Käufers von den in seinem Land zuständigen Behörden ausgestellt. Die internationale Einfuhrbescheinigung dient bei genehmigungs- und überwachungspflichtigen Waren der → End User Control (EUC).

internationale Faktorbewegungen → internationale Faktorwanderungen.

internationale Faktormobilität – Grad der Reagibilität → internationaler Faktorwanderungen (→ Arbeit, → Kapital) auf internationale *Faktorpreisunterschiede.* Bei perfekter Faktormobilität würden Faktorwanderungen sofort und in solchem Ausmaß erfolgen, dass internationaler *Faktorpreisausgleich* erfolgt. – Vgl. auch → internationale Kapitalmobilität.

internationale Faktorwanderungen – internationale Bewegungen von originären → Produktionsfaktoren. – *Unterscheidung:* (1) *bei* → *Arbeit:* → Migration. (2) *Bei* → Kapital: Unterscheidung zwischen Finanzkapitalbewegungen und

Sachkapitalwanderungen. *Sachkapitalbewegungen* verändern – wie → Migration – die Faktorausstattung eines Landes. *Finanzkapitalbewegungen* können auch ohne Veränderung der Realkapitalausstattung eines Landes stattfinden, und zwar einfach durch Erwerb oder Verkauf von Eigentumsrechten an bestehendem Sachkapital und den damit verbundenen Einkommensansprüchen (→ internationaler Kapitalverkehr, → internationale Kapitalmobilität). – In einem *statischen Kontext* beinhaltet die internationale Bewegung von Sachkapital den Abbau, den Transport, und die Wiederinbetriebnahme von schon einmal installierten Produktionsanlagen. – Im *dynamischen Kontext* bedeutet die internationale Beweglichkeit von Finanzkapital u.a. die Verfügbarkeit von ausländischen Ersparnissen zur Installation neuer Anlagen im Inland (→ Nettoinvestitionen). – Auf diese Weise wird die → internationale Kapitalmobilität mitunter von großer Bedeutung für die Entwicklung der Sachkapitalausstattung eines Landes. – Bei internationaler Kapitalmobilität wird die internationale Verteilung des Sachkapitalbestandes der ganzen Welt von der internationalen Verteilung der Eigentumsansprüche auf diesen Kapitalbestand entkoppelt. Werden heimische Ersparnisse nicht im Inland, sondern im Ausland investiert, so spricht man von *internationalen Investitionen* (→ internationale Portfolioinvestition, → internationale Direktinvestition). – Die → internationale Faktormobilität kann durch die subjektive Bindung der Faktoreigner an einzelne Länder oder durch wirtschaftspolitische Maßnahmen (Migrationspolitik, → internationale Kapitalverkehrskontrollen) beschränkt sein. – *Wanderungsanreize:* Ob und in welchem Ausmaß bei Abwesenheit solcher Barrieren internationale Faktorbewegungen auch tatsächlich stattfinden, hängt von den Wanderungsanreizen ab. Die → Außenwirtschaftstheorie sieht einen wesentlichen Bestimmungsgrund für internationale Faktorbewegungen in *internationalen Faktorpreisunterschieden.* – Vgl. auch → Faktorpreisausgleichstheorem, → Handelspolitik.

internationale Größenvorteile → Größenvorteile.

internationale Kapitalbewegungen – 1. *Begriff:* Transaktionen zwischen Volkswirtschaften, die i.d.R. Änderungen von Höhe und/oder Struktur ihrer *Nettoauslandsposition* bewirken. Sie werden in der → Zahlungsbilanz erfasst. – 2. *Systematisierung nach verschiedenen Kriterien:* a) *Autonome vs. induzierte internationale Kapitalbewegungen:* Autonome internationale Kapitalbewegungen beruhen auf unabhängig gefassten Entscheidungen, d.h. werden losgelöst von anderen internationalen Transaktionen bzw. anderen Zahlungsbilanzposten durchgeführt. Induzierte internationale Kapitalbewegungen resultieren aus Saldenänderungen anderer Positionen der Zahlungsbilanz (z.B. Finanzierung eines Leistungsbilanzdefizits, Devisenmarktinterventionen der Zentralbank). – b) *Kurzfristige vs. langfristige internationale Kapitalbewegungen:* Als kurzfristige internationale Kapitalbewegungen zählen solche mit einer Laufzeit bis zu einem Jahr, solche mit längerer Laufzeit gelten als langfristige internationale Kapitalbewegungen. Diese Abgrenzung ist allerdings nicht unproblematisch, weil Positionen der einen Kategorie relativ leicht in die andere umgewandelt werden können. Bei den langfristigen internationalen Kapitalbewegungen wird weiter unterschieden zwischen → Direktinvestitionen und Portfolio-Investitionen. – c) *Unentgeltliche vs. entgeltliche internationale Kapitalbewegungen:* Im Gegensatz zu unentgeltlichen internationalen Kapitalbewegungen (z.B. verlorene Zuschüsse im Rahmen von Entwicklungshilfe, Beiträge an internationale Organisationen; einseitige Übertragungen) ziehen entgeltliche (zweiseitige) internationale Kapitalbewegungen kompensierende Leistungszuflüsse bzw. -verpflichtungen nach sich. – d) *Nach der Erfassung in der Zahlungsbilanz:* internationale Kapitalbewegungen von privaten Wirtschaftssubjekten, Wirtschaftsunternehmen und öffentlichen Haushalten werden in der Bundesrepublik Deutschland in der → Kapitalbilanz bzw. → Übertragungsbilanz erfasst, solche der Zentralbank in der Devisenbilanz. – 3. *Motive für autonome internationale Kapitalbewegungen:* a) Bei *entgeltlichen internationalen Kapitalbewegungen:* Internationale Divergenzen der ökonomischen, sozialen und politischen Bedingungen, z.B. hinsichtlich Geld- und Kapitalmarktzinsen, steuerlicher Behandlung, Wechselkurserwartungen, internationale Devisenspekulation, Grenzproduktivität des Kapitals in der Gegenwart und deren erwarteter zukünftiger Entwicklung, Marktzugangsbeschränkungen durch Zölle, Kontingente u.a., sozialer und politischer Stabilität (Sicherheit für Person und Eigentum, Verstaatlichungstendenzen), sonstiger wirtschaftspolitischer Maßnahmen (Gewährleistung monetärer Stabilität, staatliche Lohn- und Preiskontrollen, Devisenbewirtschaftung u.a.). – b) Bei *unentgeltlichen* internationalen Kapitalbewegungen politische, moralische, humanitäre, aber auch wirtschaftliche Motive (Entwicklungshilfe).

internationale Kapitalmobilität – in der → monetären Außenwirtschaftstheorie verwendeter Begriff für den Grad der internationalen Verflechtung der Kapitalmärkte. Bei Abwesenheit von → internationalen Kapitalverkehrskontrollen und bei Risikoneutralität der Anleger liegt *perfekte Kapitalmobilität* vor, es kommt zur ungedeckten → Zinsparität. Andernfalls entstehen → Risikoprämien. – Vgl. auch → internationale Faktormobilität, → Zahlungsbilanzausgleich.

internationale Kapitalverkehrskontrollen – *administrative Behinderungen* des → internationalen Kapitalverkehrs. Diese können in Gestalt von Steuern auf → Kapitalimporte bzw. → Kapitalexporte vorliegen, oder in Form von *Mengenrestriktionen, Genehmigungspflichten* oder *Meldepflichten* für internationalen Kapitalverkehr. – Vgl. auch

→ internationale Kapitalmobilität, → Zahlungsbilanzausgleich.

internationale Liquidität → Liquidität.

internationale Portfolioinvestition – rein renditeorientierte grenzüberschreitende Veranlagung von Ersparnissen (Finanzkapital), die in keiner Weise mit der Managementkontrolle über das investierte Kapital verbunden ist. – Vgl. auch → internationaler Kapitalverkehr, → internationale Direktinvestition.

internationaler Faktorpreisausgleich → Faktorpreisausgleichstheorem.

internationaler Kapitalverkehr – grenzüberschreitender Tausch von in inländischer oder ausländischer Währung denominierten Finanzaktiva, entweder in Form eines → Kapitalexports oder eines → Kapitalimports. – Vgl. auch → Zahlungsbilanz, → internationale Kapitalmobilität, → Zahlungsbilanzausgleich.

internationaler Konjunkturverbund – internationale Übertragung von Konjunkturschwankungen. – Bei → festen Wechselkursen ist der internationale Konjunkturverbund stärker ausgeprägt. Nach der *Lokomotivtheorie* überträgt sich ein Konjunkturaufschwung (über die Zunahme der → Importe) auch auf die Partnerländer. – Bei → flexiblen Wechselkursen ist der internationale Konjunkturverbund schwach. – Vgl. auch → Zahlungsbilanzausgleich.

internationaler Konjunkturzusammenhang – *internationaler Konjunkturverbund.*
1. *Begriff:* Internationale Übertragung von (nationalen) → Konjunkturschwankungen. – 2. *Übertragungsmechanismus:* Durch Importe und Exporte werden die Konjunkturschwankungen übertragen; dies ist bei festen → Wechselkursen stärker ausgeprägt als bei → flexiblen Wechselkursen. Ein weiterer Übertragungskanal sind die international verflochtenen Kapitalmärkte. – 3. *Messung:* Erfolgt durch ein International Economic Indicator System (IEI), das vom NBER, der OECD und dem Center for International

Business Cycle Research (CIBCR), New York entwickelt wird. Dieses System ist ähnlich wie das → Harvard-Barometer aufgebaut und umfasst Leaders, Laggers und Coinciders (→ ABC-Kurven). Für die EU gibt es Indikatoren, die durch EUROSTAT, das statistische Amt der EU, bereitgestellt werden.

internationaler Preiszusammenhang → Kaufkraftparität.

internationales Währungssystem – Sammelbegriff für alle rechtlichen und organisatorischen Regelungen, welche die monetären Aspekte der internationalen Wirtschaftsbeziehungen betreffen. Betrifft das Ausmaß der Wechselkursflexibilität (Devisenmarktgleichgewicht) im Fall → fixer Wechselkurse: Detailgestaltung der Verpflichtung zu Devisenmarktinterventionen, Ausmaß an → internationaler Kapitalmobilität bzw. Ausmaß und Art der → internationalen Kapitalverkehrskontrollen. – Vgl. auch → Zahlungsbilanzausgleich, → Wechselkurspolitik, → Bretton-Woods-System.

internationale Transfers – einseitige, d.h. ohne unmittelbare Gegenleistung erfolgende *Übertragungen* von Gütern, → Dienstleistungen, oder Finanzaktiva. – *Beispiele:* Entwicklungshilfeleistungen in realer Form (z.B. unentgeltliche Lieferung von Gütern), oder in monetärer Form (Übertragung von Finanzaktiva). – Vgl. auch → Zahlungsbilanz.

internationale Währungspolitik → Wechselkurspolitik, → internationales Währungssystem.

internationale Zahlungsabkommen → Zahlungsabkommen.

intersektorale Faktormobilität → Ricardo-Viner-Modell.

intertemporaler Handel – Ein Land betreibt *intertemporalen Handel*, wenn es ein bestimmtes Gut in der Gegenwart exportiert, um dieses Gut in einer späteren Periode wieder zu importieren, oder umgekehrt. Betrachtet man die Gesamtheit aller Güter, so entsteht intertemporaler Handel wenn ein Land in der gegenwärtigen Periode einen Handelsbilanzüberschuss aufweist, um in der Zukunft Handelsbilanzdefizite haben zu können. – Intertemporaler Handel unterliegt einer *intertemporalen Budgetrestriktion*: Der Gesamtwert der Leistungsbilanzsalden aller Perioden, abdiskontiert zu einem gemeinsamen Zeitpunkt, muss null sein. – Vgl. auch → Zahlungsbilanzausgleich.

intertemporales Gleichgewicht – Form des dynamischen → Gleichgewichts. Hierbei ist unterstellt, dass für jedes Gut ein vollständiges System von Gegenwarts- und → Zukunftsmärkten existiert. Auf diesen werden zu Beginn des Zeithorizonts alle Pläne zu einem Gleichgewicht koordiniert. Danach werden die Märkte geschlossen und ausschließlich die beschlossenen Pläne durchgeführt. Es findet später keine Markteröffnung statt. Damit ist ein intertemporales Gleichgewicht eine zeitliche Interpretation eines → stationären Gleichgewichtes. Zu einem realitätsnäheren Gleichgewichtskonzept, das v.a. die Wiedereröffnung von Märkten vorsieht.

Interventionspflicht – Verpflichtung der Zentralbank im System → fixer Wechselkurse, durch Devisenkäufe bzw. -verkäufe am → Devisenmarkt einzugreifen (zu intervenieren), wenn der → Wechselkurs am Markt von dem administrativ festgelegten Festkurs abweicht (s. auch → Kaufkraftparität) bzw. die Grenzen der → Bandbreite um die Parität (→ Interventionspunkte) erreicht. Im Falle einer drohenden → Abwertung (→ Aufwertung) der heimischen Währung wird die Notenbank Devisen verkaufen (kaufen), um den festen Wechselkurs zu verteidigen. – Im System frei → flexibler Wechselkurse besteht keine Interventionspflicht der Zentralbank.

Interventionspunkte – in einem System → fixer Wechselkurse die fixierten Grenzen der → Bandbreite um den → Leitkurs, bei deren Erreichen die Zentralbank verpflichtet ist, durch Devisenkäufe bzw. -verkäufe den Wechselkurs innerhalb der → Bandbreite zu halten (→ Interventionspflicht).

intra-industrieller Handel – Weist ein Land innerhalb ein und derselben Industrie sowohl Exporte als auch Importe auf, so nennt man dies *intra-industrieller Handel*. Empirisch v.a. für Industrieländer, und zwar selbst für sehr eng gefasste Industriedefinitionen beobachtbar. – *Erfassung*: Intra-industrieller Handel wird gemessen als Anteil des Absolutbetrags des Nettohandels (Exporte – Importe) innerhalb eines Sektors am gesamten Bruttohandel (Exporte + Importe) dieses Sektors. Diese sektoralen Anteile können über ein gewichtetes Maß des Gesamtmaßes des intra-industriellen Handels aggregiert werden. Eine auf → komparativen Vorteilen beruhende internationale Spezialisierung generiert im Unterschied dazu *inter-industriellen Handel*. Dabei exportiert ein Land bestimmte Güter und importiert dafür Güter eines anderen Sektors (Industrie). Intra-industrieller Handel wird in der → realen Außenwirtschaftstheorie v.a. über Produktdifferenzierung und → Größenvorteile erklärt.

intramarginaler Anbieter → marginaler Anbieter.

inverser Handel – 1. *Begriff*: In der → realen Außenwirtschaftstheorie diskutierte Konstellation, in der die Struktur des Außenhandels verschiedener Länder nicht ihren → komparativen Vorteilen entspricht, indem z.B. Güter mit einem komparativen Kostenvorteil nicht exportiert, sondern importiert werden. Ursache dieses inversen Handels kann sein, dass ein Gut, das faktisch einen komparativen Vorteil aufweist, zu einem überhöhten Preis angeboten wird, etwa aufgrund von Faktorpreisen, die wesentlich über den gesamtwirtschaftlichen → Opportunitätskosten liegen. – 2. Bei manchen Autoren wird von inversem Handel (z.T. auch von Handel ohne komparative Kostenvorteile) auch dann gesprochen, wenn die divergierenden → Grenzkosten bzw. marginalen Opportunitätskosten sich aufgrund unterschiedlicher *Nachfragefunktionen* in den Handel treibenden Ländern und nicht in erster Linie aufgrund unterschiedlicher Transformationskurven ergeben.

Investitionsfalle – tritt im Rahmen der IS-LM-Analyse (→ IS-LM-Modell, → makroökonomische Totalmodelle geschlossener Volkswirtschaften, Nachfrageseite) auf, wenn die Investitionen zinsunabhängig sind. In diesem Fall verläuft die IS-Kurve senkrecht im Hicksschen Zins-Einkommen-Diagramm, sodass eine Geldmengensteigerung das Realeinkommen unverändert lässt. Zwar sinkt in diesem Fall der Zinssatz, doch die Investitionen bleiben konstant und mit ihnen das Realeinkommen. – Der Grenzfall einer vertikal verlaufenden IS-Kurve ist bei extrem pessimistischen unternehmerischen Erlös- oder Ertragserwartungen denkbar, diese führen dazu, dass nach der Methode der → Grenzleistungsfähigkeit des Kapitals kein Investitionsvorhaben mehr gewinnbringend ist.

Investitionsfunktion – 1. *Begriff:* Funktionale Beziehung zwischen den Investitionseinflussgrößen und der Höhe der Investitionsausgaben in der makroökonomischen Theorie. – 2. Die wahrscheinlich älteste Investitionsfunktion ist das → Akzelerationsprinzip von Clark (1917); weitere Investitionsfunktionen wurden aufgestellt u.a. von Tinbergen, Klein und Goldberg, Frisch. – 3. Als wichtigster Bestimmungsfaktor für die Investitionshöhe wird sowohl in der Keynesschen Lehre als auch in der neoklassische Theorie der *Zinssatz* gesehen. Die Zinsabhängigkeit der Investitionsnachfrage wird dabei mithilfe des Konzepts der Grenzleistungsfähigkeit bzw. → Grenzproduktivität des Kapitals gezeigt (→ Grenzleistungsfähigkeit des Kapitals, → Kapitalproduktivität). Die Keynessche Investitionsfunktion hängt dabei – im Unterschied zum neoklassischen Ansatz – von den unternehmerischen Ertrags- oder Erlöserwartungen ab, die häufigen Schwankungen unterliegen können. Demzufolge beschreibt die Keynessche Investitionsfunktion einen eher instabilen Zusammenhang zwischen Zins und Investitionsausgaben.

Investitionsmultiplikator – *elementarer Multiplikator;* 1. *Begriff:* Die durch den reziproken Wert der → marginalen Sparquote bestimmte Messzahl, die im Rahmen des einfachen keynesianischen Gütermarktmodells (→ Einkommen-Ausgaben-Modell) angibt, um wie viel das Volkseinkommen steigt, wenn die Investitionsausgaben als → autonome Größe um eine Einheit steigen:

$$dY = \frac{1}{s} \cdot dI,$$

wobei: dY = Änderung des Volkseinkommens; s = marginale Sparquote; dI = Investitionsänderung. – *Beispiel:* Beträgt die marginale Konsumquote c = 0,8, so ist in einer geschlossenen Volkswirtschaft ohne staatliche ökonomische Aktivität die Sparquote s = 0,2 (denn c + s = 1). Werden dauerhaft zusätzliche Investitionen dI in Höhe von 100 Einheiten getätigt, so ergibt sich eine mehrfache Einkommenssteigerung von insgesamt

$$dY = \frac{1}{0,2} \cdot 100 = 500 \text{ Einheiten.}$$

2. *Erläuterung:* Die mehrfache Einkommenssteigerung ist das Ergebnis eines Multiplikatorprozesses auf dem Gütermarkt, der von der autonomen Investitionssteigerung angestoßen wird. Die Erhöhung der Investitionsnachfrage um 100 Einheiten bedeutet einen gleich großen Anstieg der gesamtwirtschaftlichen Güternachfrage. Im keynesianischen Gütermarktmodell (→ Einkommen-Ausgaben-Modell) führt die Nachfrageerhöhung um 100 Einheiten zunächst zu einem Anstieg von Produktion und Einkommen um ebenfalls 100 Einheiten (und zwar in der Investitionsgüterindustrie). Von dem zusätzlichen Einkommen fließen entsprechend der marginalen Sparquote 20 Einheiten in das Sparen, entsprechend der marginalen Konsumquote werden 80 Einheiten nachfragewirksam. In der nächsten Multiplikatorrunde steigen Produktion und Einkommen daher um 80 Einheiten (wobei diese Steigerung in der Konsumgüterindustrie erfolgt). Von diesem zusätzlichen Einkommen werden gemäß

der marginalen Konsumquote 80 Prozent, d.h. 64 Einheiten, wiederum nachfragewirksam. In der nächsten Multiplikatorrunde steigen Produktion und Einkommen um 64 Einheiten. Dieser Prozess der Produktions- und Einkommenssteigerung setzt sich, streng gesehen, unendlich lang fort. Er lässt sich mathematisch durch eine unendliche geometrische Reihe beschreiben, deren Wert unter den getroffenen Annahmen bei 500 Einheiten liegt. Der Investitionsmultiplikator beträgt im vorliegenden Fall fünf, denn aus der ursprünglichen Erhöhung der Gesamtnachfrage von 100 Einheiten ergibt sich eine fünfmal so hohe Einkommenssteigerung. Unter realistischeren Bedingungen ist der Wert des Investitionsmultiplikators allerdings deutlich kleiner, da neben der privaten Ersparnisbildung weitere Sickerverluste in Form von Steuerzahlungen an den Staat und Abflüssen in das Ausland (erhöhte Importgüternachfrage) zu berücksichtigen sind. – Aus modelltheoretischer Sicht nimmt der Investitionsmultiplikator bereits auch dadurch ab, wenn der reine Gütermarktansatz um den monetären Sektor erweitert wird, d.h. zum → IS-LM-Modell übergegangen wird. In diesem Fall sind Rückwirkungen vom Geldmarkt in Form von Zinssteigerungen zu berücksichtigen, die zu einem Rückgang der zinsabhängigen Investitionen und damit des Investitionsmultiplikators führen. In offenen Volkswirtschaften, die sich modelltheoretisch durch das → IS-LM-Z-Modell (→ Totalmodelle offener Volkswirtschaften, Nachfrageseite) darstellen lassen, sind zudem Wechselkurseffekte zu berücksichtigen. Bei hoher Kapitalmobilität ergibt sich im System flexibler Wechselkurse eine Aufwertung der heimischen Währung, die wiederum im Normalfall den heimischen → Außenbeitrag (Handelsbilanzsaldo) verschlechtert und einen weiteren Rückgang der gesamtwirtschaftlichen Güternachfrage bewirkt. Im Grenzfall der vollkommenen Kapitalmobilität sowie einem flexiblen Wechselkurssystem würde sich für den

Investitionsmultiplikator sogar ein Wert von null ergeben.

Investitionsquote – Anteil der → Bruttoinvestitionen am → Bruttoinlandsprodukt (BIP).

Investitionsschutzabkommen – zwischenstaatliches (völkervertragrechtliches) Abkommen, in welchem das Gastland Kapitalanlegern aus dem Ausland Entschädigungsleistungen garantiert, falls Vermögensteile enteignet werden. Weltweit bestehen mehr als 3000 Investitionsschutzabkommen. Deutschland hat bilaterale Investitionsschutzabkommen mit 131 Staaten (Stand 2012). Privatwirtschaftliche Investitionsschutzabkommen können Investoren abschließen. Die zur Weltbankgruppe gehörende Multilateral Investment Guarantee Agency (MIGA) bietet gleichfalls Schutzinstrumente für Direktinvestitionen in Entwicklungsländern an.

IS-Gleichung → IS-Kurve.

IS-Kurve – *IS-Gleichung*; 1. *Begriff:* in der Makroökonomik Bezeichnung für die Gleichgewichtskurve des gesamtwirtschaftlichen Gütermarktes. Dabei wird ein vollkommen elastisches Mengenanpassungsverhalten der Produzenten an Änderungen der gesamtwirtschaftlichen Güternachfrage unterstellt. – 2. *Bedeutung:* a) Im traditionellen, auf Hicks zurückgehenden Keynesianismus spielt die IS-Kurve im Rahmen makroökonomischer Totalmodelle geschlossener und offener Volkswirtschaften eine große Rolle, da sie zusammen mit der → LM-Kurve die Nachfrageseite einer Volkswirtschaft beschreibt. – Vgl. auch → makroökonomische Totalmodelle geschlossener Volkswirtschaften, Nachfrageseite; → Totalmodelle offener Volkswirtschaften, Nachfrageseite.–b) In der → Neukeynesianischen Makroökonomik werden mikrofundierte IS-Gleichungen verwendet, die den vorausschauenden Charakter des Konsums sowie seine Realzinsabhängigkeit betonen; im Ergebnis erhält man dynamische IS-Gleichungen, die aus der → Euler-Gleichung des Konsums resultieren und dadurch gekennzeichnet sind, dass das laufende Einkommen vom zukünftig erwarteten und evtl. auch vom vergangenen Einkommen abhängig ist.

IS-LM-Modell – *Güter-Geldmarkt-Modell;* auf Hicks zurückgehendes makroökonomisches Fixpreismodell, das die Nachfrageseite einer Volkswirtschaft erfasst. Es handelt sich hierbei um die bekannteste Interpretation der Keynesschen Lehre (→ Keynesianismus) und kann grafisch im Hicks-Diagramm (Zins-Einkommen-Diagramm) dargestellt werden. Das IS-LM-Modell besteht aus der Gleichgewichtskurve des Gütermarktes (→ IS-Kurve) und der Gleichgewichtskurve des Geldmarktes (→ LM-Kurve) und legt simultan die Gleichgewichtswerte des Zinssatzes und des Volkseinkommens fest (→ makroökonomische Totalmodelle geschlossener Volkswirtschaften, Nachfrageseite). Es eignet sich für die Analyse der kurzfristigen Wirkungen von Maßnahmen der → Globalsteuerung. Dabei wird aufgrund der Fixpreisannahme für den gesamtwirtschaftlichen Gütermarkt eine vollkommen elastische Mengenanpassung der Unternehmen an erwartete Nachfrageänderungen unterstellt. Nur durch diese Annahme kann überhaupt die IS-Kurve als eine Gleichgewichtskurve des Gütermarktes aufgefasst werden. – Das Modell betrachtet nur die Nachfrageseite einer geschlossenen Volkswirtschaft und kann zu einem analogen Modell für offene Volkswirtschaften (→ IS-LM-Z-Modell) oder zu Totalmodellen für geschlossene sowie offene Volkswirtschaften durch Berücksichtigung der Angebotsseite (→ makroökonomische Totalmodelle geschlossener Volkswirtschaften, → makroökonomische Totalmodelle offener Volkswirtschaften) erweitert werden.

IS-LM-Z-Modell – Übertragung des → IS-LM-Modells auf offene Volkswirtschaften durch Berücksichtigung internationaler Güter- und Kapitalströme. Dieses Modell geht auf Arbeiten von Mundell und Fleming aus den 1960er-Jahren zurück und wird daher

auch als → Mundell-Fleming-Modell bezeichnet. Neben der Gleichgewichtskurve des Gütermarktes (→ IS-Kurve), der Gleichgewichtskurve des Geldmarktes (→ LM-Kurve) wird jetzt auch die Gleichgewichtskurve des Devisenmarktes (→ Z-Kurve) berücksichtigt. Grafisch ist dieses Modell wie schon das IS-LM-Modell in einem Zins-Einkommen-Diagramm darstellbar (→ Totalmodelle offener Volkswirtschaften, Nachfrageseite). Das Modell eignet sich für die Analyse der kurzfristigen Wirkungen geld- und fiskalpolitischer Maßnahmen in alternativen Wechselkurssystemen. Dabei wird typischerweise hohe (im Grenzfall sogar vollkommene) → internationale Kapitalmobilität unterstellt.

IS-LM-Z-Modell einer Währungsunion – makroökonomisches Totalmodell einer → Währungsunion (Zusammenschluss von Ländern, die in ihrer Gesamtheit einen einheitlichen Währungsraum mit einer gemeinsamen Zentralbank bilden). Diese besteht im einfachsten Fall aus zwei Mitgliedsländern U_1 und U_2, die eine Einheitswährung (wie z.B. den Euro), eine gemeinsame Zentralbank (wie z.B. die Europäische Zentralbank) und gegenüber dem Rest der Welt einen gemeinsamen flexiblen Wechselkurs (in Mengennotierung) aufweisen. Kurzfristig kann von einem vollkommen elastischen Güterangebot in den Unionsländern ausgegangen werden. Wird eine in ihrer Gesamtheit kleine offene Währungsunion betrachtet, so besteht das Gesamtmodell entsprechend dem → IS-LM-Z-Modell (→ Totalmodelle offener Volkswirtschaften, Nachfrageseite) für eine kleine offene Volkswirtschaft aus je einer Gütermarktgleichung (→ IS-Gleichung) für die Länder U_1 und U_2, einer gemeinsamen Geldmarktgleichung (→ LM-Gleichung) und der Bedingung für die ungedeckte → Zinsparität. In den IS-Gleichungen ist dabei zwischen dem innergemeinschaftlichen Handelsbilanzsaldo H und dem Handelsbilanzsaldo B gegenüber dem Rest der Welt zu unterscheiden. Die Summe dieser beiden bilateralen Salden bildet dann den gesamten Außenbeitrag des jeweiligen Unionslandes. Das IS-LM-Z-Modell für eine kleine Währungsunion besteht aus den folgenden Gleichungen:

$$Y_1 = C_1(Y_1) + I_1(i_1) + G_1 + H(Y_1, Y_2) + B_1(Y_1, Y^*, E)$$

bzw.

$$Y_2 = C_2(Y_2) + I_2(i_2) + G_2 - H(Y_1, Y_2) + B_2(Y_2, Y^*, E)$$

sowie

$$M = L_1(Y_1, i_1) + L_2(Y_2, i_2),$$

mit $i_1 = i_2 = i^*$. Die erste Gleichung charakterisiert die IS-Gleichung des Landes U_1. Die mit dem Index 1 gekennzeichneten Variablen beziehen sich dabei auf dieses Land. Die gesamtwirtschaftliche Güternachfrage des Unionslandes U_1 setzt sich aus dem einkommensabhängigen privaten Konsum C_1, der zinsabhängigen privaten Investition I_1, den Staatsausgaben für Güter und Dienste G_1 und den bilateralen Handelsbilanzsalden H und B_1 zwischen den Unionsländern U_1 und U_2 bzw. zwischen U_1 und dem großen Ausland zusammen. Eine Steigerung des Einkommens Y_1 verschlechtert die Handelsbilanzsalden H und B_1, da dadurch die Importe steigen, während eine Zunahme des Einkommens im Partnerland Y_2 bzw. im großen Ausland Y^* über die Steigerung der Güterexporte zu einer Verbesserung von H bzw. B_1 führt. Der Handelsbilanzsaldo gegenüber dem großen Ausland hängt außerdem vom flexiblen Wechselkurs E ab, welcher – wie in der Europäischen Währungsunion üblich – in Mengennotierung angegeben wird; demzufolge bedeutet eine Steigerung von E eine Aufwertung der Einheitswährung, was wiederum im Normalfall mit einer Verschlechterung des bilateralen Außenbeitrags B_1 verbunden ist. Für das Land U_2 gilt eine analoge IS-Gleichung; der innergemeinschaftliche bilaterale Handelsbilanzsaldo stimmt dabei bis auf das Vorzeichen mit dem des Partnerlandes U_1 überein. In der gemeinsamen Geldmarktgleichung bezeichnet M das exogen vorgegebene Gesamtgeldangebot der Union, dem die einkommens- und

zinsabhängige Geldnachfrage der beiden Länder gegenübersteht. Dabei werden auf den Wert eins normierte Preisniveaus der Länder U_1 und U_2 angenommen. Wird von vollkommener Kapitalmobilität ausgegangen, stimmen die Zinssätze i_1 und i_2 in der Union überein und sind bei Vernachlässigung von Wechselkursänderungserwartungen gleichzeitig mit dem exogen vorgegebenen Auslandszinssatz i^* identisch. Abbildung „IS-LM-Z-Modell einer Währungsunion" zeigt die grafische Darstellung des IS-LM-Z-Modells für eine kleine Währungsunion in einem Y_1-Y_2-Diagramm und außerdem die wichtigsten Lageparameter der IS_1-, IS_2- und LM-Kurve.

IS-LM-Z-Modell einer Währungsunion

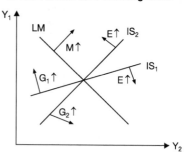

Anhand dieses Fixpreismodells lassen sich die Wirkungen, die von stabilisierungspolitischen Maßnahmen auf die Länder der Union ausgehen, analysieren (→ Stabilisierungspolitik in einer Währungsunion).

Isokostenkurve – *Isotime, Isokostenlinie, Kostenisoquante;* Menge aller Faktormengenkombinationen, die eine Unternehmung bei gegebenem Budget und bei gegebenen Faktorpreisen höchstens kaufen kann.

Isoproduktkurve → Isoquante.

Isoquante – *Isoproduktkurve;* Menge aller Faktoreinsatzmengenkombinationen, die zu gleicher Ausbringungsmenge führen. – *Merkmal:* Bei Betrachtung zweier variabler Einsatzfaktoren lässt sich die Isoquante

als horizontaler Schnitt (Höhenlinie) durch
das Ertragsgebirge auf Höhe einer konstanten Ausbringungsmenge x und parallel zu der
durch die variierten → Produktionsfaktoren
(z.B. A und B) aufgespannten Faktorebene
veranschaulichen. Bei ertragsgesetzlichen
Produktionsfunktionen (neoklassische Produktionsfunktion) verlaufen die (nach rechts
im Wert ansteigenden) Isoquanten

$$\overline{x_1}(A, B) < \overline{x_2}(A, B) < \overline{x_3}(A, B)$$

konvex zum Ursprung, woraus das Gesetz
der abnehmenden Grenzrate der Substitution folgt.

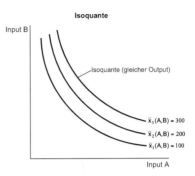

ITO – Abk. für *International Trade Organization, Internationale Handelsorganisation,
Organisation Internationale du Commerce;*
gemäß Art. I der Havanna-Charta vorgesehene Handelsorganisation der UN zur Verwirklichung der in der Charta niederge-
legten Ziele des Wiederaufbaus und der
→ Integration der Weltwirtschaft auf handelspolitischem Gebiet. Die Nichtratifizie-
rung der Charta durch die USA führte dazu,
dass die ITO nicht institutionalisiert wurde.

Die handelspolitischen Abschnitte der Havanna-Charta traten am 1.1.1948 als *General Agreement on Tariffs and Trade* (GATT)
in Kraft. Durch die Schlussakte der achten
Welthandelsrunde (Uruguay-Runde) wurde
im April 1994 in Marrakesch die World Trade
Organization (WTO) gegründet, die seit 1995
die ursprünglichen Aufgaben der *ITO* und
des *GATT* wahrnimmt.

IWH – Abk. für → Institut für Wirtschaftsforschung Halle.

J

Jahresgutachten → Sachverständigenrat zur Begutachtung der gesamtwirtschaftlichen Entwicklung (SVR).

Jahreswirtschaftsbericht – nach dem → Stabilitäts- und Wachstumsgesetz (StWG) ein von der Bundesregierung jährlich im Januar vorzulegender Bericht, in dem enthalten sein müssen: (1) *Stellungnahme* zum Jahresgutachten des → Sachverständigenrates zur Begutachtung der gesamtwirtschaftlichen Entwicklung (SVR); (2) *Jahresprojektion* (Darlegung der für das laufende Jahr von der Bundesregierung angestrebten wirtschafts- und finanzpolitischen Ziele), die sich der Mittel und der Form der Volkswirtschaftlichen Gesamtrechnung (VGR) bedienen soll, ggf. mit Alternativrechnung; (3) *Darlegung* der für das laufende Jahr geplanten Wirtschafts- und Finanzpolitik. Diese muss anhand der im Stabilitäts- und Wachstumsgesetz festgelegten wirtschaftspolitische Ziele begründet werden.

J-Kurven-Effekt – Eine Abwertung der heimischen Währung führt bei gegebenen nominellen Güterpreisen zu einer sofortigen Verteuerung der Importgüter bzw. Verbilligung der Exportgüter. Angenommen wird, dass die Importgüter in ausländischen Währungseinheiten fakturiert und mithilfe des Wechselkurses in inländischen Währungseinheiten umzurechnen sind, während die Exportgüter in inländischer Währung gehandelt werden. Daraus resultiert kurzfristig eine Verschlechterung der → Leistungsbilanz. Reagieren mittel- bis langfristig bzw. nach Ablauf der Kontrakphase jedoch die gehandelten Gütermengen gemäß den Elastizitätsbedingungen, verbessert sich die Leistungsbilanz wieder, sodass sich im Zeitverlauf eine J-Kurven-artige Entwicklung der Leistungsbilanz ergibt.

Jones-Modell – vom Ökonomen C.I. Jones (1995) entwickeltes Wachstumsmodell.

Dieses Modell ist im Wesentlichen identisch zum → Romer-Modell, verwendet aber eine allgemeinere Formulierung der Technologie im Forschungssektor, d.h. neue Ideen oder „blueprints" dA/dt werden mit Arbeit, d.h. Forschern L_A und den kumulierten Bestand an Entwicklungen der Veragangenheit A entwickelt, wobei gilt:

$$\dot{A} = dA/dt = \eta A^{\phi} L_A^{\gamma} \quad .$$

I.d.R. wird unterstellt, dass $0<\phi<1$, sodass Innovationen die Produktivität der Forschung und Entwicklung in der Zukunft erhöhen. Ein negativer Wert würde bedeuten, dass es zunehmend schwieriger werden würde neue Entwicklungen durchzuführen und dass die offensichtlichen Ideen zuerst durchgeführt werden. Außerdem gilt: $0<\gamma\leq1$, wobei γ kleiner 1 bedeutet, dass mehr Forscher auch Gefahr laufen würden gleichzeitig dieselbe Erfindung hervorzubringen (im Romer-Modell gilt: $\Phi=\gamma=1$). Diese Formulierung dient dem Zweck, der vorgebrachten Kritik gegenüber dem Romer-Modell Rechnung zu tragen, dass dort die langfristige Wachstumsrate positiv von der Bevölkerungsgröße abhängt (Skaleneffekt). Jones zeigte, dass nach dem Zweiten Weltkrieg sowohl die Anzahl der Wissenschaftler und Ingenieure in den G-5-Staaten als auch das Verhältnis von Wissenschaftlern zu Ingenieuren anstieg. Demgegenüber beobachtete man aber eine stationäre Zeitreihe bzgl. der Wachstumsraten der totalen Faktorproduktivität und des Bruttoinlandsproduktes. – Nimmt man an, dass die Anzahl der Forscher ein Anteil v der zur Verfügung stehenden Arbeit betrage, also $L_A=vL$, dann ergibt sich für die logarithmierte Wachstumsrate des Outputs im Forschungssektor

$$\ln(\dot{A}/A) = \ln(\eta) + (\phi - 1)\ln(A) + \gamma\ln(\nu) + \gamma\ln(L) \cdot$$

Differenziert man nun letzte Gleichung nach der Zeit erhält man Wachstumsraten der jeweiligen Terme. Da die Veränderung der Wachstumsrate von A entlang des gleichgewichtigen Wachstumspfades Null sein muss, genauso wie v, erhält man

$$0 = (\phi - 1)\dot{A}/A + \gamma \dot{L}/L \; ,$$

sodass

$$\dot{A}/A = \frac{\gamma n}{1 - \phi} \; ,$$

wobei n die konstante und exogene Wachstumsrate der Bevölkerung angibt. Damit ist der Skaleneffekt nicht mehr vorhanden. Die Wachstumsrate hängt von der Wachstumsrate der Bevölkerung ab. Allerdings ist die langfristige Wachstumsrate nicht mehr durch Politik beeinflussbar. Deswegen wird diese Art von Modell auch semi-endogenes Wachstumsmodell genannt.

Juglar-Zyklus → Konjunkturzyklus.

Justum Pretium – lat. für gerechter → Preis, von den mittelalterlichen Scholastikern vertretene Lehre, wonach derjenige Preis als gerecht anzusehen ist, der die Produktionskosten des betreffenden Gutes deckt, wobei diese aber auf der Grundlage des „standesgemäßen Unterhalts" der Produzenten kalkuliert sein müssen. Die normative Lehre vom Justum Pretium ist demnach eine Kostentheorie des Preises ohne Berücksichtigung der Nachfrageseite. – Vgl. → Produktions- und Kostentheorie.

K

Kaldor-Fakten – von Nicholas Kaldor (1963) aufgestellter Katalog an stilisierten Fakten, denen der Wachstumsprozess typischerweise folgt und mit *balanced growth* (gleichgewichtigem Wachstum) gleichgesetzt wird: (1) Der Pro-Kopf Output wächst über die Zeit. (2) Die Kapitalausstattung pro Kopf (Kapitalintensität) wächst über die Zeit. (3) Die Verzinsung des Kapitalstocks ist nahezu konstant. (4) Das Verhältnis von physischem Kapital zu aggregiertem Output ist konstant. Damit wachsen beide Aggregate mit gleicher und konstanter Rate. (5) Die Einkommensverteilung zwischen Arbeit und Kapital ist nahezu konstant, d.h. die Lohnquote und die Profitquote sind nahezu konstant.

Kaldor-Modell – Modell der → Konjunkturtheorie, von Kaldor (1940) entwickelt. Wichtigste Konsequenz des Kaldor-Modells ist das Zustandekommen endogener → Konjunkturzyklen, die im Zeitverlauf nicht verschwinden; wurde im → Chang-Smyth-Modell formalisiert.

Kaldors Wachstumsmodell – Wachstumsmodell (→ postkeynesianische Wachstumstheorie) von Kaldor mit den entscheidenden Größen technischer Fortschritt und Profitrate: (1) → Technische Fortschrittsfunktion (TFF): Mithilfe der TFF gelingt es Kaldor, den positiven Einfluss eines autonomen und induzierten technischen Fortschritts auf die Höhe der gleichgewichtigen Wachstumsrate der Pro-Kopf-Produktion abzubilden. Die TFF basiert auf einer neoklassischen → Produktionsfunktion, die für die Produktionsfaktoren Arbeit, Kapital und technischer Fortschritt sinkende Grenzerträge aufweist. Kaldor endogenisiert und erklärt damit einen Teil des technischen Fortschritts durch die Hypothese, dass mit der Kapitalintensivierung der Produktion weiterer technischer Fortschritt induziert wird. Davon zu

unterscheiden ist der *autonome technische Fortschritt* (F^{aut}), der unabhängig von der Kapitalintensivierung ist. N. Kaldors TFF beschreibt nun den Einfluss der zunehmenden Kapitalintensivierung T (Erhöhung des Kapitaleinsatzes (K) je Arbeitskraft (A)) und des technischen Fortschritts auf das intensive Wachstum, d.h. auf die Entwicklung des Nationaleinkommens (X) je Arbeitskraft (A):

$$(1) \qquad W_{X/A} = \alpha W_{K/A} + F^{aut}.$$

Der Parameter α ist die Summe aus der direkten Produktionselastizität des Kapitals (n) und einem Faktor (a), der angibt, in welchem Ausmaß durch die zunehmende Kapitalintensivierung (positives $w_{K/A}$) technischer Fortschritt induziert wird. Diese Gleichung lässt sich auch in der neoklassischen Produktionstheorie ableiten, solange α konstant bleibt. Kaldor behauptet jedoch, α werde bei rascherer Kapitalintensivierung kleiner. Er begründet dies u.a. damit, dass zunächst die profitabelsten Neuerungen und später die weniger profitablen durchgeführt werden. Ein weiterer Grund liege darin, dass die Lerneffekte, die durch den Umgang mit neuen Maschinen erzielt werden, zunächst stark sind und dann immer mehr abnehmen. Dank des im nächsten Abschnitt erläuterten Stabilisierungsmechanismus wird der Wachstumsprozess immer wieder auf den langfristigen Gleichgewichtspfad zurückgeführt, auf dem Nationaleinkommen und Kapitalbestand mit gleicher Rate wachsen. Die Höhe dieser Rate wird allein von der Lage der TFF bestimmt. Dies zeigt die Gleichsetzung von w_X und w_K in Gleichung (1), die zur Gleichung (2) führt:

$$(2) \qquad w_{X/A}^* = F^{aut}/(1 - \alpha).$$

Das Tempo des autonomen und induzierten technischen Fortschritts bestimmt die gleichgewichtige Wachstumsrate der

Pro-Kopf-Produktion. Die Durchsetzung des technischen Fortschritts betrachtet Kaldor unter gesellschaftlichem Aspekt und spricht von der technischen Dynamik einer Volkswirtschaft, d.h. von ihrer Bereitschaft, neue Techniken anzuwenden und deren Folgen zu akzeptieren. (2) *Profitratenabhängige Investitionen:* Die Unternehmer orientieren sich bei ihrer Investitionsentscheidung an der erwarteten Nachfrageänderung und der erwarteten Änderung der Profitrate bzw. der Verzinsung des eingesetzten Kapitals (G/K); wobei: G = Gewinn = Umsatz – Kosten. Die von Nachfrageänderungen induzierten Investitionen lassen sich aus der TFF ableiten (für $w_A = 0$):

(3) $\quad I_t(\Delta N) = (w_{X,t-1} - F^{aut})K_t/\alpha.$

Festzulegen bleibt, welche *Nachfrageänderung* (DN) die Unternehmer erwarten. Hier wählt Kaldor die folgenreiche Annahme, die erwartete Nachfrageänderung entspräche stets der Wachstumsrate des Nationaleinkommens der Vorperiode. Dadurch werden destabilisierenden Erwartungsfehler, die im Harrod-Domar-Modell eine entscheidende Rolle spielen, ausgeschlossen. Bei den *profitratenabhängigen Investitionen* nimmt Kaldor an, dass sich die Unternehmen an der Änderung der Kapitalproduktivität der Vorperiode orientieren. Diese Annahme stützt auf die definitorische Beziehung G/K = X/K · G/X, wonach ein positiver Zusammenhang zwischen der Profitrate G/K und der Kapitalproduktivität X/K besteht, bes. wenn die Gewinnquote (G/X), wie Kaldor annimmt, konstant ist. Daraus folgt für die profitratenabhängigen Investitionen (wobei τ die Stärke des Einflusses angibt):

(4) $\quad I_t(G/K) = \tau d(X_{t-1}/K_{t-1})/dt.$

Für den gleichgewichtigen Wachstumspfad nimmt Kaldor wie Harrod und Domar Periodengleichgewicht an. Damit gilt auch hier:

(5) $\quad w_K^* = I/K = sX/K = s/\beta.$

Wenn s und β konstant sind, befindet sich die mit dieser Rate wachsende Volkswirtschaft im *dynamischen Gleichgewicht*. Da s annahmegemäß konstant ist, beschränkt sich die Gleichgewichtsbedingung auf die Relation von K und X. Diese darf sich im Zeitablauf nicht verändern, denn nur dann ist β konstant. Durch die Annahme N. Kaldors, die nachfrageinduzierten Investitionen orientierten sich an der realisierten Wachstumsrate der Vorperiode, würde in jeder Periode die Wachstumsrate der Vorperiode reproduziert, sofern es nur diese Investitionen gäbe. Da aber zusätzlich zur Nachfrage auch die Profitratenerwartung relevant ist, gibt es nur eine einzige stabile gleichgewichtige Wachstumsrate. Bei dieser ist die Kapitalproduktivität konstant. In der Abbildung „Kaldors Wachstumsmodell" ist sie mit P_0 gekennzeichnet. Solange das reale Inlandsprodukt und der Kapitalbestand mit unterschiedlichen Raten wachsen, ändert sich dagegen mit der Kapitalproduktivität die Profitratenerwartung so, dass die Akkumulationsrate des Kapitals sich der gleichgewichtigen Wachstumsrate annähert. Hinter diesem Stabilisierungsmechanismus steht die Annahme des *sinkenden Grenzertrages des Sachkapitals*, und zwar trotz des induzierten technischen Fortschritts. Wenn also z.B. in der Abbildung „Kaldors Wachstumsmodell" links von P_0 das Nationaleinkommen rascher wächst als der Kapitalbestand, steigt zwar die Kapitalproduktivität, aber dieser Anstieg ist nicht von Dauer. Vielmehr nähern sich beide Wachstumsraten wegen der zusätzlichen, profitratenabhängigen Investitionen einander an. Im Gleichgewicht ist die Kapitalproduktivität konstant, die Unternehmer rechnen mit einer konstanten Profitrate, und es werden keine profitratenabhängigen Investitionen mehr induziert. (3) *Modifikation:* Der Zusammenhang zwischen Profitrate und Kapitalproduktivität ist nicht mehr so eng, wenn die *Annahme der konstanten Einkommensverteilung* (G/X) fallen gelassen wird, wie die definitorische Beziehung G/K = G/X · X/K zeigt. Es wäre denkbar, dass eine sinkende Gewinnquote die steigende Kapitalproduktivität teilweise oder vollständig kompensiert. Der Stabilisierungsmechanismus ist damit außer Kraft gesetzt. Dass dieser

Kaldors Wachstumsmodell

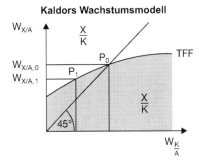

Fall nicht völlig abwegig ist, zeigt die intensivere Auseinandersetzung mit N. Kaldors Verteilungstheorie (Keynes-Kaldor-Verteilungstheorie). Die *stabilisierende Wirkung einer variablen Kapitalproduktivität* hat Kaldor mit der neoklassischen Wachstumstheorie gemein. Dennoch steuert der Unternehmer durch seine Investitionsentscheidungen den Akkumulationsprozess. In der neoklassischen Wachstumstheorie dagegen passen sich die Unternehmer an Faktorpreisveränderungen an, die mit der variablen Kapitalproduktivität einhergehen.

Kapazitätsauslastungsgrad → Auslastungsgrad.

Kapital – I. Volkswirtschaftstheorie: Kapital wird definiert als → Produktionsfaktor neben → Arbeit und → Boden. Unter Kapital wird in diesem Zusammenhang der Bestand an Produktionsausrüstung verstanden, der zur Güter- und Dienstleistungsproduktion eingesetzt werden kann *(Kapitalstock)*. *Geld für Investitionszwecke:* Es spielt dabei keine Rolle, aus welchen Quellen – Sparen, Unternehmergewinn, Krediten – das Kapital zur Verfügung gestellt wird. Kurzfristig ist für die Bildung von Produktionsausrüstung *(Realkapital)* nur die Finanzierung, nicht aber ein vorausgehendes Sparen notwendig (→ Nettoinvestitionen). Im Gleichgewicht einer geschlossenen Volkswirtschaft müssen allerdings geplante Realkapitalbildung (Investition) und Sparen übereinstimmen. – Kapital als Kategorie der

Außenwirtschaftslehre: → internationale Kapitalbewegungen, → Zahlungsbilanz. – Vgl. auch → Humankapital.

II. Betriebswirtschaftslehre: Die auf der Passivseite der Bilanz einzelner Unternehmungen ausgewiesenen Ansprüche an das Vermögen (einschließlich Abgrenzungsposten). – Es wird unterschieden: a) nach *Dauer* und *Gewinnanspruch:* (1) *Eigenkapital:* grundsätzlich unbefristet, mit Gewinnbeteiligung nur im Fall eines vom Unternehmen erzielten Reingewinns. (2) *Fremdkapital:* lang-, mittel- oder kurzfristiger Kredit i.d.R. mit festem Anspruch auf Verzinsung, auch im Fall eines ausgewiesenen Verlustes, ggf. mit darüber hinausreichendem Gewinnanspruch; b) nach der betriebswirtschaftlichen *Funktion* des Kapitals im Unternehmen: (1) *betriebsnotwendiges Kapital*, (2) *Ergänzungskapital*, also für den eigentlichen Betriebszweck nicht notwendiges Kapital – 2. *Ausweis* des Kapitals *in der Bilanz* (Passiv-Seite): a) *Eigenkapital*, abhängig von der Unternehmungsform: (1) bei *Einzelunternehmungen und Personengesellschaften* in den Kapitalkonten (diese verändern sich je nach Zugang oder Abgang bei Entnahmen, Einlagen, Gewinnen und Verlusten). Bei Unterbilanz erscheint ein *negatives Kapitalkonto (Unterbilanzkonto)* auf der Aktivseite. (2) Bei *Kapitalgesellschaften* auf den Konten: Gezeichnetes Kapital, (Grundkapital bzw. Stammkapital) sowie zusätzlich auf den Konten: Rücklagen, Gewinnvortrag und Jahresüberschuss. Kapitalverluste dürfen das gezeichnete Kapital nicht mindern, sondern müssen, soweit sie nicht mit Rücklagen verrechnet werden, gesondert ausgewiesen werden. – Vgl. auch Verlustvortrag, Jahresfehlbetrag, Fehlbetrag. b) *Fremdkapital* (unabhängig von der Unternehmungsform) als: Verbindlichkeiten, Rückstellungen. – c) *Rechnungsabgrenzungsposten* (Rechnungsabgrenzung) und *Aufwandsrückstellungen* (Rückstellungen).

Kapitalakkumulation → Goldene Regel der Kapitalakkumulation.

Kapitalausfuhr → internationale Kapitalbewegungen, → Kapitalverkehr, → Kapitalflucht, → Kapitalexport.

Kapitalbewegungen → internationale Kapitalbewegungen.

Kapitalbilanz – Teil der → Zahlungsbilanz (s. → Restposten der Zahlungsbilanz), in dem seit 1995 mit dem Europäischen System Volkswirtschaftlicher Gesamtrechnungen (ESVG), der → Kapitalverkehr, unterteilt in vier Arten, dargestellt wird. Man differenziert zwischen den ausländischen Direktinvestitionen, den Portfolio-Investitionen, dem Kreditverkehr und den Finanzderivaten.

Kapitalbildung – 1. *Begriff:* a) *Ältere Wirtschaftstheorie:* Spar- und Investitionsvorgang insgesamt. Kapitalbildung bedeutet demnach Konsumverzicht und dadurch ermöglichte Vergrößerung der volkswirtschaftlichen Produktionsausrüstung. Das Angebot an Geldkapital sorgt für Investitionen (→ Saysches Theorem). – b) *Moderne Wirtschaftstheorie:* Spar- und Investitionsvorgang werden zerlegt, da die Spar- und Investitionspläne von zwei verschiedenen Personenkreisen aufgestellt werden und damit geplantes Sparen und geplantes Investieren voneinander unabhängig sind und in ihrer Größe voneinander abweichen können. – 2. *Formen:* a) *Kapitalbildung aus bereits verteiltem Einkommen* (Lohn, Gehalt, Zins- oder Unternehmereinkommen): Die Ersparnisse werden als langfristige Kredite (direkt oder über Kreditinstitute) oder als Beteiligung (z.B. durch Erwerb von Aktien) der Wirtschaft zur Verfügung gestellt. – b) *Kapitalbildung aus noch nicht verteiltem Einkommen oder Selbstfinanzierung:* Gewinne der Unternehmung (Unternehmereinkommen) werden nicht ausgeschüttet, sondern verbleiben in der Unternehmung (Erhöhung des Eigenkapitals, Bildung offener oder stiller Reserven).

Kapitalexport – Kauf einer auf ausländische Währung lautenden Forderung durch inländische Wirtschaftssubjekte. Dadurch erhöht sich die Gläubigerposition des Inlandes gegenüber dem Ausland. Kapitalexporte können auch dadurch erfolgen, dass Inländer von Ausländern auf inländische Währung lautende Aktiva kaufen (Abnahme der → Auslandsverschuldung). – Vgl. auch → Zahlungsbilanz.

Kapitalflucht – Transfer (s. Realtransfer) von liquiden Mitteln ins Ausland, ohne Rücktransfer in absehbarer Zeit. Nicht zur Kapitalflucht zählen normale → internationale Kapitalbewegungen, wie z.B. Direktinvestitionen. Motive für die *Kapitalflucht* sind häufig eine hohe Abgabenlast, Vermeidung und Hinterziehung von Steuern, eine inländische Niedrigzinspolitik, die Verweigerung staatsbürgerlicher Solidarität, oder krimineller Art wie Geldwäsche etc. Die Kapitalflucht wird durch die Globalisierung und immer intensivere Verflechtung der verschiedenen Volkswirtschaften begünstigt.

Kapitalimport – Kapitalaufnahme im Ausland zur Finanzierung von Importen oder Investitionen im Inland. Bedeutet → Auslandsverschuldung. – Vgl. auch → Zahlungsbilanz.

Kapitalintensität – *Capital-Labour-Ratio;* Verhältnis zwischen den Produktionsfaktoren Kapital und Arbeit. Kapitalintensität wird berechnet als → Kapitalstock bezogen auf die Erwerbstätigen im Inland. – Vgl. auch → Wachstumstheorie, → neoklassische Wachstumstheorie.

kapitalintensives Gut – Ein → Gut, für dessen Erzeugung unabhängig vom Faktorpreisverhältnis stets mehr → Kapital pro → Arbeit eingesetzt werden muss als für ein anderes Gut, wird als *relativ* kapitalintensiv bezeichnet. Dieses andere Gut ist dann *relativ* arbeitsintensiv. – Vgl. auch → Heckscher-Ohlin-Handel, → Heckscher-Ohlin-Theorem.

kapitalistische Unternehmung – oft als Gegensatz zur → arbeitergeleiteten Unternehmung gebraucht, wobei in der marxistischen Theorie der Unternehmung die These vertreten wird, die Unternehmung als Hierarchie sei nicht aus Effizienz-, sondern aus Herrschaftsgründen entstanden (Marglin).

Anders dagegen die → Team-Theorie der Unternehmung, die eine solche Unterscheidung ablehnt, weil ihr zufolge derjenige Eigentümer ist, der → spezifische Investitionen vorgenommen habe, wobei es sich auch um Humanvermögen handeln kann (z.B. Anwaltssozietäten).

Kapitalkoeffizient – *Capital-Output-Ratio;* Verhältnis zwischen Kapitaleinsatz (K) und gesamtwirtschaftlichem Produktionsergebnis (Y_r). – *Zu unterscheiden:* (1) *Durchschnittlicher Kapitalkoeffizient:* Relation zwischen → Kapitalstock und realem → Bruttoinlandsprodukt (BIP). (2) *Marginaler Kapitalkoeffizient:* Kapitaleinsatzerhöhung für eine zusätzliche Produktionsmengeneinheit. – *Kehrwert:* → Kapitalproduktivität. – Vgl. auch → Wachstumstheorie.

Kapitalproduktivität – 1. *Begriff:* Verhältnis zwischen gesamtwirtschaftlichem Produktionsergebnis (Yr) und Kapitaleinsatz (K). – 2. *Arten:* a) *durchschnittliche Kapitalproduktivität:* Die pro eingesetzter Einheit des Faktors Kapital erzielte Produktionsmenge (Yr / K). Die Kapitalproduktivität steigt im Zeitablauf einerseits durch den Anstieg der → Arbeitsproduktivität (Yr / A), sie sinkt andererseits durch die Erhöhung der Kapitalintensität (K / A). Dies zeigt die definitorische Beziehung: Yr/K = Yr/A · A/K = (Yr / A) / (K / A), wobei A = eingesetzte Arbeit. – b) *Marginale Kapitalproduktivität* (Grenzproduktivität des Kapitals): Produktionsmengenzuwachs, der auf den Einsatz einer zusätzlichen Einheit des Faktors Kapital zurückzuführen ist (dYr / dK). – 3. In der → Grenzproduktivitätstheorie der Verteilung ist die Grenzproduktivität des Faktors Kapital im Gleichgewicht mit dem realen Zinssatz gleich. – Kehrwert: → Kapitalkoeffizient. – 4. In der *Volkswirtschaftlichen Gesamtrechnung (VGR)* ist die Kapitalproduktivität definiert als das Verhältnis von → Bruttoinlandsprodukt (BIP) oder unbereinigter → Bruttowertschöpfung zum → Kapitalstock, jeweils gemessen in konstanten Preisen.

Kapitalrendite – Rentabilität.

Kapitalstock – Maß für den Produktionsfaktor Kapital, das das jahresdurchschnittliche Bruttoanlagevermögen (→ Anlagevermögen) in konstanten Preisen ausweist. Der Kapitalstock spielt bei der Bestimmung des Produktionspotenzials eine wesentliche Rolle. Die Ermittlung erfolgt im Rahmen der Volkswirtschaftlichen Gesamtrechnung (VGR).

Kapitaltheoretische Kontroverse – Im Mittelpunkt der wissenschaftlichen Auseinandersetzungen stand dabei zunächst die Frage nach der Existenz einer aggregierten Produktionsfunktion, der im Rahmen der neoklassischen Wachstums- und Verteilungstheorie eine zentrale Rolle zukommt. Die Cambridge (England)-Ökonomen kritisierten, dass aus partialanalytischen (mikroökonomischen) Überlegungen abgeleitete Beziehungen auf aggregierte Größen der Makroökonomie übertragen werden. Diese Vorgehensweise ist jedoch nur im modelltheoretischen Spezialfall einer Ein-Gut-Ökonomie angebracht. Anderenfalls tritt das Problem auf, dass zur Bestimmung des Wertes des aggregierten Kapitalstocks die Preise der einzelnen, heterogenen Kapitalgüter bekannt sein müssen, um diese zu einem gesamtwirtschaftlichen Kapitalstock aufaddieren zu können. – Im Verlauf der Debatte wurde klar, dass die Vorgabe einer definierten „Menge an Kapital" vor Kenntnis der relativen Preise der verschiedenen Kapitalgüter grundsätzlich logisch unhaltbar ist. Wie Piero Sraffa (1960) gezeigt hat, müssen beide – die Preise der Kapitalgüter und die Profitrate – simultan bestimmt werden. Eine knappheitstheoretische Erklärung der Profitrate ist daher nicht möglich. Das Problem betrifft nicht nur die Ökonomie insgesamt, sondern auch Wirtschaftssektoren und einzelne Unternehmungen. – Im Ergebnis hat die Kapitaltheoretische Kontroverse einen Zirkelschluss innerhalb der neoklassischen Kapitaltheorie offengelegt, der ihr theoretisches Fundament infrage stellt. Hieraus ergeben sich weitreichende Folgen für andere Teilgebiete des neoklassischen Paradigmas.

Kapitalverkehr – Gesamtheit der finanziellen Transaktionen, die nicht direkt durch den Waren- und Dienstleistungsverkehr bedingt sind (sonst: Zahlungsverkehr). – Vgl. auch → internationale Kapitalbewegungen, Kapitalmarkt.

Kapitalvernichtung – Begriff der → Konjunkturtheorie. Kapitalvernichtung tritt in Phasen der wirtschaftlichen Kontraktion ein, wenn ökonomisch und technisch noch verwendbare Produktionsmittel wie Gebäude, Maschinen, Verkehrsanlagen auf Dauer stillgelegt oder, weil unrentabel oder veraltet, finanziell abgeschrieben werden.

kardinale Nutzentheorie → Nutzentheorie.

Kassenhaltung – 1. *Begriff:* Halten von Bar- und Buchgeldbeständen, um zukünftige Zahlungsverpflichtungen termin- und betragsgenau erfüllen zu können. – 2. *Problem der optimalen Kassenhaltung:* Ergibt sich, da diese Verpflichtungen bez. des Zeitpunkts ihres Eintreffens und ihrer Höhe teilweise unsicher sind. Ist der Kassenbestand höher als die anfallenden Auszahlungen, so entstehen dem Unternehmen → Opportunitätskosten; ist er niedriger als die anfallenden Auszahlungen, treten Verzugszinsen oder Fehlmengenkosten auf. Die dann notwendige Anpassung des Kassenbestandes verursacht zusätzlich Transferkosten (Gebühren, Provisionen). – 3. *Lösungsansätze:* Ein Lösungsansatz besteht in der Anwendung zweiseitiger Bestellpunktverfahren: Überschreitet der Kassenbestand eine Obergrenze, so wird der überschießende Teil kurzfristig investiert; unterschreitet er eine Untergrenze, so wird er (z.B. durch Auflösung anderer Guthaben) erhöht. Liegt der Kassenbestand zwischen den Bestellpunkten, so ist wegen der zu hohen Transaktionskosten Nichtstun optimal. Die Festlegung der Bestellpunkte kann durch Schätzung der Wahrscheinlichkeitsverteilung der zukünftigen Geldnachfragen aus Vergangenheitsdaten der Unternehmung erfolgen.

Katallaxie → spontane Ordnung

Käufermarkt – Marktsituation sinkender Preise. Ursache eines Käufermarkts ist ein Angebotsüberschuss, der sich bei steigendem Angebot und konstanter Nachfrage ergibt, bzw. ein Nachfragedefizit, das sich bei sinkender Nachfrage und konstantem Angebot ergibt. – *Gegensatz:* → Verkäufermarkt.

Kaufkraft des Geldes → Geldwert.

Kaufkrafteffekt → Einkommenseffekt.

Kaufkraftparität – Situation, in der die Kaufkraft zweier Währungen, gemessen anhand eines Index von verschiedenen Güterpreisen, gleich ist. – *Arten:* (1) *Absolute Kaufkraftparität:* Schreibt man P* bzw. P für den in ausländischer bzw. heimischer Währung ausgedrückten Preis des im Ausland bzw. Inland erzeugten identischen Gutes, und w für den nominellen → Wechselkurs in Preisnotierung, so impliziert die Kaufkraftparität: P = wP*. Bei → fixem Wechselkurs folgt aus der Kaufkraftparitätenbedingung, dass sich das Inland nicht vor Preisniveauschocks aus dem Ausland abschotten kann *(internationaler Preiszusammenhang).* Hebt man die Fixierung des Wechselkurses auf, so folgt aus der Kaufkraftparitätenbedingung eine Theorie zur Erklärung von Wechselkursbewegungen bei exogen determinierten Preisniveaus (→ Kaufkraftparitätentheorie). (2) *Relative Kaufkraftparität:* Absolute Kaufkraftparität kommt dann nicht zustande, wenn die Güter in den beiden Ländern nicht zu denselben Preisen, ausgedrückt in identischer Währung, angeboten werden. Hierfür verantwortlich sind Transportkosten, Handelshemmnisse, Marktsegmentierung, → nicht handelbare Güter. In diesen Fällen kann die Kaufkraftparität gleichwohl in relativer Form erfüllt sein, sodass die Veränderungsrate des nominellen Wechselkurses in Preisnotierung gleich ist der Inflationsdifferenz zwischen dem Inland und dem Ausland. – Vgl. auch → Wechselkurstheorie, → Wechselkurspolitik.

Kaufkraftparitätentheorie – Versuch, den → Wechselkurs bei freien Währungen durch die Kaufkraftverhältnisse in den entsprechenden Ländern zu erklären. – 1. *Naive Kaufkraftparitätentheorie:* Entwicklung der Wechselkurse zwischen zwei Ländern wird durch die Entwicklung des Verhältnisses des Inlandspreisniveaus zum Auslandspreisniveau determiniert. Die Schwäche dieses Ansatzes liegt z.B.: (1) In der Vernachlässigung nationaler Güter (unbebaute Grundstücke, Immobilien, Wohnungsmieten, → Dienstleistungen), die sehr wohl das Preisniveau, aber nicht den → Wechselkurs beeinflussen können; (2) in der Ausblendung anderer Faktoren neben Exporten und Importen, die Devisenangebot und -nachfrage beeinflussen. (3) Abweichungen vom Modell der vollkommenen Konkurrenz, wie Präferenzen, → Monopole, Transaktionskosten und Informationskosten. – 2. *Modifizierte Kaufkraftparitätentheorie:* Veränderung des Wechselkurses pro Zeiteinheit entspricht längerfristig der Veränderung der Preisniveaurelation der betrachteten Länder, ohne dass der Wechselkurs in jedem Zeitpunkt unbedingt mit dem Verhältnis des Preisniveaus übereinstimmen muss. Steigt z.B. das Inlandspreisniveau, so wertet die Inlandwährung ab (d.h., der Preis für eine ausländische Währungseinheit, ausgedrückt in heimischen Währungseinheiten, steigt). Dies wird mit sinkender Nachfrage nach relativ teurer gewordenen Inlandsgütern und damit entsprechend geringer Nachfrage nach der inländischen Währung auf dem Devisenmarkt erklärt. – Vgl. auch → Wechselkurstheorie. – 3. *Kritik:* Der grundlegende Einwand gegen die Kaufkraftparitätentheorie stellt darauf ab, dass Devisenangebot und -nachfrage und der Wechselkurs zwischen zwei Währungen nicht nur von Preisentwicklungen und Güterströmen bestimmt wird, sondern wesentlich auch von Spekulationen, Zinsdifferenzen, Konjunkturentwicklungen im In- und Ausland sowie von politischen Faktoren (Streiks, Skandale, Wahlergebnisse etc.).

Kausalmonismus – Bezeichnung für einen methodischen Ansatz von

→ Konjunkturtheorien, die → Konjunktur im Wesentlichen aus einer einzigen Ursache zu erklären versuchen. – *Gegensatz:* → pluralistische Theorien.

Kernnachfrage → Preisabsatzfunktion.

Keynes-Effekt – 1. *Begriff:* Wirkungen von Änderungen der realen Geldmenge auf die Güternachfrage. – 2. *Wirkungsweise:* Beim Keynes-Effekt handelt es sich um einen indirekt (über den Wertpapiermarkt) wirkenden → Realkassenhaltungseffekt, der im Rahmen des traditionellen keynesianischen → IS-LM-Modells die Güternachfrage dadurch beeinflusst, dass eine überschüssige Realkassenhaltung zunächst eine Mehrnachfrage nach Wertpapieren hervorruft, die über Zinssenkungen die Investitionsnachfrage und anschließend über einen → Multiplikatorprozess auch die Konsumgüternachfrage beeinflusst. – 3. Das Gegenstück zum Keynes-Effekt wäre ein direkt wirkender Realkasseneffekt, bei dem eine überschüssige Kassenhaltung unter Umgehung des Wertpapiermarktes zu einer unmittelbaren Erhöhung der privaten Konsumgüternachfrage führt. Ein solcher Realkassenhaltungseffekt wird auch als Pigou-Effekt bezeichnet. – Vgl. auch → aggregierte Nachfragekurve, → makroökonomische Totalmodelle geschlossener Volkswirtschaften, Nachfrageseite, → Realkassenhaltungseffekt.

keynesianische Positionen – Weiterentwicklungen von Wirtschaftstheorie und -politik in der Folgezeit und aus Anlass der 1936 erschienenen „Allgemeinen Theorie" von Keynes (sog. Keynessche Lehre). – 1. Auf theoretischem Gebiet sind bes. *zwei Ausprägungen der keynesianischen Theorie* von Bedeutung, beide im Wesentlichen auf Hicks (1937) zurückgehend: a) Das *IS-LM-Schema* (→ IS-LM-Modell), in dem die Keynessche Analyse auf eine kurzfristige Theorie zur formalen Bestimmung des Gleichgewichtseinkommens bei konstanten Preisen und Löhnen reduziert wird. Nach Ansicht vieler Keynesianer (Robinson, Kaldor, Minsky u.a.) wird damit der

Kerngehalt der Keynesschen Lehre nicht getroffen. V.a. fehlen die Aspekte Unsicherheit und → Erwartung, Rolle des Lohnniveaus im Konjunkturablauf, Bedeutung historischer, institutioneller und sozialpsychologischer Faktoren, Dynamik. Das IS-LM-Modell reduziert die Keynessche Lehre auf eine Theorie zur Ableitung des Gleichgewichts bei Unterbeschäftigung. Die von Keynes analysierten Zusammenhänge zwischen Löhnen, Preisen und Beschäftigung werden nicht aufgenommen. – b) *Formalisierung der Konjunkturzyklen:* Mithilfe eines → Multiplikator-Akzelerator-Modells wird versucht zu zeigen, dass es in einer Marktwirtschaft stets zu zyklischen Entwicklungen kommen muss. Zwar wird die konjunkturelle Instabilität des privaten Sektors explizit formal abgeleitet, die Keynesschen Gedanken zur → Konjunkturtheorie werden dadurch aber nur unvollständig beschrieben. – 2. *Keynesianische Konzeption der* → Globalsteuerung mit dem Ansatzpunkt der gesamtwirtschaftlichen Nachfrage: a) *Begriff:* Die ursprünglich von Keynes als reine Vollbeschäftigungspolitik geplante Strategie wird erweitert zur antizyklischen Steuerung je nach Konjunkturlage. Die Ziele sind für die Bundesrepublik Deutschland im Stabilitätsgesetz (StabG) fixiert. – b) V.a. *zwei grundsätzliche Probleme* behindern den Erfolg dieser Strategie: Vollbeschäftigungspolitik in Rezessionen geht auch zulasten höherer Inflationsraten, die u.U. akzelerieren, bes. wenn die Inflation konzentrationsbedingt verstärkt wird (Stabilitätsdefizit der Globalsteuerung); Antiinflationspolitik führt i.d.R. erst zu Mengenanpassungen bei konstanten oder sogar steigenden Preisen (→ Stagflation, → Stabilisierungskrise) und erst später zu Preissenkungen. Wegen dieser Probleme fordern die Keynesianer wettbewerbs- und einkommenspolitische Absicherungen in zahlreichen Varianten, wie diskretionären Mitteleinsatz, Regelmechanismen, regelgebundenen Mitteleinsatz, → Feinsteuerung nach Regionen bzw. Sektoren. – 3. Die eher vordergründig verfahrenstechnische Diskussion dieser Varianten führte am Kern der Problematik (endogene Instabilitätstendenz des Systems) vorbei und war einerseits Anlass zur Ablösung keynesianischer Strategien durch → Monetarismus sowie → Angebotsökonomik und andererseits Grund zur Erweiterung der theoretischen Grundlagen keynesianischer Analyse in Richtung stark formalisierter gleichgewichts- und ungleichgewichtstheoretischer Ansätze wie → Makroökonomik offener Volkswirtschaften, → Neukeynesianische Makroökonomik und → Neokeynesianische Theorie, aber auch Grund zur Rückbesinnung auf Keynes durch den Postkeynesianismus. – Vgl. auch → Keynesianismus.

keynesianische Wachstumstheorie → postkeynesianische Wachstumstheorie.

Keynesianismus – I. Begriff: Als Keynesianismus bezeichnet man eine *Denkrichtung innerhalb der Volkswirtschaftslehre,* die sich aus der Wirtschaftslehre des Nationalökonomen Keynes und der von ihm an der → Neoklassik geübten Kritik entwickelt hat. Der Begriff wird häufig auch synonym für eine interventionistische, primär am Ziel der Sicherung von Vollbeschäftigung orientierte staatliche Wirtschaftspolitik verwendet, wie sie schon von Keynes selbst empfohlen worden war. Der Keynesianismus erlangte nach dem Zweiten Weltkrieg weite Verbreitung in der volkswirtschaftlichen Theorie, aber auch in der praktischen Politik vieler Länder, und stellte bis Anfang der 1970er-Jahre die vorherrschende volkswirtschaftliche Lehrmeinung dar. Probleme einer praktischen Umsetzung keynesianischer Konzepte und theoretische Kritik v.a. durch Vertreter des → Monetarismus ließen die Bedeutung des Keynesianismus seitdem schwinden. In jüngerer Zeit, insbesondere im Anschluss an die Finanzmarktkrise 2008 und die daraus resultierende weltweite Rezession, haben allerdings auf Keynes zurückgehende Konzepte der Konjunktursteuerung (antizyklische Fiskal- und Geldpolitik) wieder stark an Bedeutung gewonnen. – Aus der

ursprünglichen Keynesschen Wirtschaftslehre entwickelten sich schon bald nach dem
Tod von Keynes *konkurrierende Schulen,* zwischen denen z.T. größere Meinungsunter-
schiede existieren als zwischen Monetaristen auf der einen Seite und Keynesianern auf
der anderen Seite. All diesen Strömungen des
Keynesianismus ist jedoch gemeinsam, dass
sie eine Marktwirtschaft für inhärent instabil
halten, dass sie die wesentlichen Ursachen gesamtwirtschaftlicher Instabilität in Schwankungen der gesamtwirtschaftlichen Endnachfrage, v.a. der Investitionen, sehen und
dass sie die Gefahr eines anhaltenden gesamtwirtschaftlichen Ungleichgewichts mit hoher Arbeitslosigkeit betonen, aus dem sich die
Wirtschaft aus eigener Kraft allein aufgrund
der von den Klassikern betonten „Selbstheilungskräfte" nicht befreien kann. Vertreter
des Keynesianismus fordern daher Interventionen des Staates in den Wirtschaftsprozess,
um durch wirtschaftspolitische Maßnahmen
das reale Wirtschaftswachstum anzukurbeln
und Vollbeschäftigung zu erreichen. Im Gegensatz zu monetaristischen Empfehlungen,
die den Schwerpunkt auf die stabilisierenden Wirkungen einer mittelfristig orientierten Geldpolitik legen, wollen Keynesianer
den gesamten „Instrumentenkasten" staatlicher Wirtschaftspolitik (allgemeine Wirtschaftspolitik) nutzen und fordern insbesondere auch einen antizyklischen Einsatz der
Fiskalpolitik.

II. Keynessche Wirtschaftslehre: Keynes legte
mit seinem 1936 veröffentlichten Buch „A
General Theory of Employment, Interest and
Money" den *Grundstein für einen Paradig-
men-Wechsel in der Nationalökonomie,* der
von späteren Interpreten als wissenschaftliche „Revolution" (Klein) beschrieben wurde.
Dabei war der Erfolg seines bahnbrechen-
den Werkes im Rückblick betrachtet um so
erstaunlicher, als es auf einen in der → Makroökonomik heute so verbreiteten formalen Apparat verzichtete und in weiten Teilen
weniger klar und präzise geschrieben war als
seine schon 1930 veröffentlichte „Treatise on

Money". – Das wissenschaftliche Werk von
Keynes, das in erster Linie als eine Kritik der
Theorie des → allgemeinen Gleichgewichts
der Neoklassik und der von ihr geforderten
minimalistischen Rolle des Staates im Wirtschaftsprozess anzusehen ist, wird bis heute
kontrovers diskutiert. Unbestritten ist, dass
Keynes sich v.a. darum verdient gemacht hat,
das Denken in und die Analyse von gesamtwirtschaftlichen Größen wie Konsum, Sparen, Investition und Einkommen auf eine
neue Grundlage zu stellen. Er hat auf diese
Weise wichtige Impulse für die Entwicklung
der volkswirtschaftlichen → Kreislaufanalyse, der Volkswirtschaftlichen Gesamtrechnung (VGR) und der gesamten modernen
Makroökonomik gegeben. Der Meinungs-
streit entzündet sich jedoch bis heute an den
von Keynes vorgetragenen Überlegungen zur
Erklärung von Wirtschaftskrisen und seinen
daraus abgeleiteten Empfehlungen zu ihrer
Überwindung. – In seinen Arbeiten, die ganz
unter dem Eindruck der „Großen Depression" entstanden, argumentiert Keynes, dass
so Marktwirtschaft offensichtlich nicht so
funktioniert, wie es sich die Nationalökonomen in ihren Theorien vorgestellt haben. Seinem eigenen neuen Erklärungsansatz zufolge
ist Arbeitslosigkeit keineswegs – wie bei den
Klassikern noch – eine eher zufallsbedingte
Abweichung vom Normalzustand der Vollbeschäftigung, die sich aufgrund der „Selbstheilungskräfte" des Marktes vergleichsweise
rasch und ohne staatliches Zutun ganz von
allein wieder einstellen werde. Dem von
ihm heftig kritisierten → Sayschen Theorem der Klassiker stellt er sein *Konzept der
gesamtwirtschaftlichen Endnachfrage* entgegen, wobei er als dessen instabilstes und
bei allgemeiner wirtschaftlicher Unsicherheit sogar völlig unberechenbares Element
die Investitionsnachfrage der Unternehmen
ausmacht. Auf diese Weise begründet Keynes, dass eine Marktwirtschaft bei pessimistischen Zukunftserwartungen und nach unten vergleichsweise starren Löhnen in einen
Zustand mit hoher Arbeitslosigkeit geraten

kann, aus dem es erst vergleichsweise spät (oder nie) eine Erholung aus eigener Kraft geben wird. – Keynes, dem der Spruch „in the long run we are all dead" zugeschrieben wird, forderte daher eine aktive staatliche → Konjunkturpolitik, die seiner Diagnose folgend v.a. die Aufgabe hat, die unzureichende gesamtwirtschaftliche Endnachfrage einer im Zustand der Unterbeschäftigung verharrenden Volkswirtschaft auszuweiten. Dabei sah er, seinem eigenen theoretischen Erklärungsansatz folgend, die Schlüsselrolle für eine Überwindung der Depression in einer *Ankurbelung der Investitionen,* die nicht nur die instabilste Komponente der Endnachfrage sind, sondern zugleich die größten Wirkungen auf Einkommen und Beschäftigung haben. Bei der Suche nach geeigneten wirtschaftspolitischen Maßnahmen billigte Keynes zwar einer expansiven Geldpolitik durchaus Bedeutung zu, die Investitionen durch niedrige Zinsen zu stimulieren. Bei wirtschaftlicher Unsicherheit und pessimistischen Erwartungen sah er aber letztlich die staatliche Fiskalpolitik als wirksamstes Mittel an, um vergleichsweise rasche und starke Effekte auf Einkommen und Beschäftigung zu ermöglichen. Eine Beschleunigung des Inflationstempos nahm er dabei nicht nur billigend in Kauf, vielmehr war eine relativ schnelle Erholung der Preise gegenüber den Löhnen für ihn sogar conditio sine qua non der angestrebten wirtschaftlichen Erholung, weil dadurch über sinkende Reallöhne Beschäftigungssteigerungen ermöglicht werden.

III. Ausprägungen des Keynesianismus: Schon bald nach dem Ableben von Keynes setzten Versuche ein, seine noch ganz unter dem Eindruck der Großen Depression entstandenen Ideen auf die Verhältnisse einer vom Zweiten Weltkrieg zerstörten und desintegrierten Weltwirtschaft zu übertragen. Volkswirte wie Hicks, Hansen und Samuelson bemühten sich, die verbalen Ausführungen von Keynes *in mathematische Formeln zu fassen* und einer breiteren, mathematisch vorgebildeten akademischen Leserschaft

nahezubringen. Auf diese Weise wurden bspw. das Multiplikator-Akzelerator-Prinzip (→ Multiplikator-Akzelerator-Modelle) und das auf Hicks zurückgehende IS-LM-Modell (→ makroökonomische Totalmodelle geschlossener Volkswirtschaften, Nachfrageseite) erdacht und verbreitet, die in nachfolgenden Lehrbuch-Generationen für zentrale Botschaften der Keynesianischen Wirtschaftstheorie stehen. – Diesen ersten Versuchen einer Formalisierung und Konkretisierung der Keynesschen Theorie folgten Ansätze einer *stärkeren Differenzierung und besseren Fundierung einzelner Bausteine des Modells.* Wichtige Beiträge kamen dabei von Vertretern der → Neokeynesianischen Theorie wie Patinkin, Clower, Leijonhufvud und Malinvaud, die die Grundlagen für eine Keynesianische Analyse sich wechselseitig beeinflussender Ungleichgewichte auf Güter- und Faktormärkten legten. Im Mittelpunkt des Interesses stand aber auch der Ausbau des IS-LM-Modells zu Totalmodellen offener Volkswirtschaften (→ Totalmodelle offener Volkswirtschaften, Nachfrageseite), wie dem → Mundell-Fleming-Modell, das die Analyse der kurzfristigen Wirkungen keynesianischer Geld- und Fiskalpolitik in verschiedenen Wechselkursregimen ermöglicht. Von Vertretern des → Neuen Keynesianismus kamen wichtige Beiträge zu einer solideren mikroökonomischen Fundierung keynesianischer Theorien, insbesondere zur Begründung von Lohn- und Preisstarrheiten und deren Konsequenzen für das Entstehen gesamtwirtschaftlicher Instabilitäten. – Die zunehmende Formalisierung und Verfeinerung dieser theoretischen Modelle, die sich zusammenfassend einerseits als Gleichgewichtsmodelle der → Neoklassischen Synthese und → Neuen Neoklassischen Synthese und andererseits als Ungleichgewichtsmodelle der Neokeynesianischen Theorie kennzeichnen lassen, aber auch wachsende empirische Evidenz zugunsten zentraler Hypothesen der verschiedenen Keynesianischen Theorien trugen dazu bei, den grundlegenden

Erklärungsansatz zu stützen und ihm in der wirtschaftswissenschaftlichen Disziplin Anerkennung und Geltung zu verschaffen. Begriffe und Kategorien der keynesianischen Analyse waren schon bald nach dem Zweiten Weltkrieg in die nationalen volkswirtschaftlichen Rechnungssysteme eingedrungen und zentrale Hypothesen wie die spezifisch keynesianische Konsumfunktion, keynesianische Überlegungen zur Zinselastizität der Investitionen sowie deren Abhängigkeit von subjektiven Faktoren (→ Animal Spirits) und die keynesianische Erklärung der Nachfrage nach Geld (Geldtheorie) prägten zunehmend das Verständnis der Nationalökonomen wie auch der von ihnen beratenen Politiker von wichtigen gesamtwirtschaftlichen Zusammenhängen.

IV. Postkeynesianismus: Vertreter des Postkeynesianismus behaupten, dass sich Keynes' Nachfolger und Interpreten mit ihren Versuchen, das Werk von Keynes gleichsam in einen Kanon von ökonomischen Gesetzmäßigkeiten und in einen formalen Modellapparat im Stile der → Neoklassischen Synthese hineinzuzwängen, schon früh von dem entfernt haben, was Keynes selbst eigentlich sagen und bewirken wollte. Auf diese Weise sind ihrer Auffassung nach eben nicht nur die Form, sondern letztlich auch *zentrale Anliegen, Inhalte und wesentliche Aussagen der ursprünglichen Keynesschen Wirtschaftslehre verfälscht* und z.T. sogar geradezu in ihr Gegenteil verkehrt worden. Aus diesem Grunde verwerfen Postkeynesianer nicht nur das → IS-LM-Modell, von dem sich auch sein „Erfinder" Hicks später selbst distanzierte. Sie lehnen grundsätzlich die bes. für die → Neoklassische Synthese typische gleichgewichtstheoretische Analyse ab und fordern stattdessen ein Denken in Ungleichgewichten mit mehr oder weniger starren Preisen und rationierten Mengen auf Güter- und Faktormärkten. Solche Mengenrationierungsansätze sind modelltheoretisch von Clower (als Hauptvertreter der → Neokeynesianischen Theorie) in den 1960er-Jahren im Rahmen seiner dualen

Entscheidungshypothese entwickelt worden. Postkeynesianer sind skeptisch, was die grundsätzliche Prognostizierbarkeit und Stabilität wirtschaftlichen Verhaltens unter Bedingungen allg. Unsicherheit betrifft, und sie betonen, dass die gesamtwirtschaftliche Entwicklung maßgeblich durch die Verteilung von Macht und Einfluss der wirtschaftlichen Entscheidungsträger auf den Faktor-, Güter- und Geldmärkten einer Volkswirtschaft beeinflusst ist. – Es kann nach dem Gesagten nicht verwundern, dass der Postkeynesianismus *kein geschlossenes Theoriegebäude* geliefert hat, das sich mit den formalen Modellen der Neoklassischen Synthese vergleichen ließe. Der gesamte Denkansatz dieser Schule ist geradezu darauf ausgerichtet, für neue Annahmen, Ideen und Konzepte im Sinn der ursprünglichen Lehre offen und entwicklungsfähig zu bleiben. Zu ihren frühesten Vertretern zählen Robinson, eine Schülerin von Keynes, und Kalecki, der zentrale Gedanken der Wirtschaftslehre von Keynes schon um Jahre vorwegnahm und daher wohl eher als Prä-Keynesianer zu charakterisieren ist.

V. Wirtschaftspolitisches Programm: Den skizzierten Zielvorstellungen und Überlegungen entsprechend forderte Keynes und fordern Vertreter des Keynesianismus noch heute in krassem Gegensatz zu Vorstellungen der Klassiker und der Neoklassik eine aktive Rolle des Staates, der ihrer Auffassung nach in den wirtschaftlichen Prozess eingreifen muss, wenn die Selbstheilungskräfte des Marktes versagen. Keynes empfahl dafür in einer anhaltenden Rezession mit Massenarbeitslosigkeit eine *expansive Fiskalpolitik* mit zusätzlichen Staatsausgaben, die durch zusätzliche Kreditaufnahme des Staates zu finanzieren sind, um auf diese Weise Investition, Einkommen, Konsum und gesamtwirtschaftliche Nachfrage zu steigern. Auch eine *expansive Geldpolitik* hielt er für sinnvoll, da sie durch niedrige Zinsen ein günstiges Investitionsklima schaffen kann. Allerdings sah Keynes durchaus, dass eine solche Geldpolitik bei sehr pessimistischen Erwartungen und allg. wirtschaftlicher Unsicherheit erfolglos bleiben kann (sog. → Investitionsfalle), sodass der Staat auf die Fiskalpolitik angewiesen bleibt, damit der expansive Impuls auf Konsum und Investitionen überspringt. Keynes war sich allerdings auch bewusst, dass staatliche Kreditfinanzierung von zusätzlichen Ausgabenprogrammen in der Rezession eine höhere Staatsverschuldung bedingt, die mittelfristig durch entsprechende Haushaltsüberschüsse und Tilgung der neu entstandenen Staatsverschuldung im Boom kompensiert werden muss. – Keynesianische Empfehlungen zur Rolle und Bedeutung der *Lohnpolitik und Einkommenspolitik* sind ambivalent und uneinheitlich. Zwar sind sich die meisten Vertreter des Keynesianismus darin einig, dass die Reallöhne bei Unterbeschäftigung zu hoch sind, und sie nehmen mit Keynes an, dass eine Senkung der Reallöhne leichter möglich ist, wenn die Preise steigen als wenn die Nominallöhne fallen, weil sich die Gewerkschaften und ihre Mitglieder Kürzungen der Geldlöhne widersetzen werden. Aus diesem Grunde sehen die meisten Keynesianer den einzig wirksamen Weg zu einer Überwindung von Arbeitslosigkeit in der Steigerung der effektiven Nachfrage. Uneinigkeit besteht hingegen darüber, ob auch Lohnsenkungen oder umgekehrt sogar Lohnerhöhungen das Einkommen steigern und das Beschäftigungsniveau erhöhen. Da Lohnzuwächse nicht nur zusätzliches Einkommen schaffen und den Konsum beleben können, sondern auch die Produktionskosten und die Preise in die Höhe treiben, sind die meisten Vertreter des Keynesianismus mit Robinson der Meinung, dass ein antizyklischer Einsatz der Lohnpolitik weder durchsetzbar noch allein ausreichend ist, um einen hohen Beschäftigungsgrad zu gewährleisten. – Vertreter des Keynesianismus zeichnen sich i.d.R. durch vergleichsweise großen Optimismus aus, was ihre Einschätzung der Leistungsfähigkeit des politischen Systems i.Allg. und die Steuerbarkeit globaler wirtschaftlicher Größen im Besonderen betrifft. Sie unterstellen damit die

prinzipielle „*Machbarkeit*" *einer antizyklischen staatlichen Konjunkturpolitik,* die nicht nur in der Rezession, sondern auch im Boom den Anforderungen der Konzeption genügt. Keynes selbst war in dieser Hinsicht zweifellos skeptischer als viele seiner Anhänger und vermutete sogar, dass angesichts der Unberechenbarkeit des Investorenverhaltens bei allg. wirtschaftlicher Unsicherheit „eine ziemlich umfassende Verstaatlichung der Investition sich als das einzige Mittel zur Erreichung einer Annäherung an Vollbeschäftigung erweisen wird" (Keynes 1936, S. 318). Es waren wohl primär solche Überlegungen, die Kritiker veranlassten, den überzeugten Liberalen Keynes in die Nähe von Marx zu rücken.

VI. Praktische Umsetzungsprobleme und wirtschaftliche Folgen: Die bei der Umsetzung keynesianischer Konjunkturpolitik in der Vergangenheit gemachten Erfahrungen haben in den meisten Ländern gezeigt, dass sich Konzepte einer antizyklischen → Globalsteuerung makroökonomischer Aggregate in der Praxis kaum realisieren lassen. Insbesondere aufgrund langer und variabler Verzögerungen (→ Lag) kamen die geld-, fiskal- und einkommenspolitischen Maßnahmen *oft zu spät und in falscher Dosierung,* sodass sie in vielen Fällen nicht nur das Ziel einer gesamtwirtschaftlichen Stabilisierung nicht erreichten, sondern in einigen Fällen offenbar zusätzliche Instabilitäten erst erzeugt haben. Dabei erwiesen sich keynesianisch orientierte staatliche Investitions- und Ausgabenprogramme insbesondere in föderalistischen Staaten meist als ausgesprochen prozyklisch und damit letztlich sogar krisenverstärkend. – Auch die Verwirklichung der schon von Keynes selbst betonten Aufgabe, nicht nur in der Rezession Staatshaushaltsdefizite zuzulassen, um damit die Konjunktur anzukurbeln, sondern im Boom Staatshaushaltsüberschüsse zu erwirtschaften, um die Konjunktur bremsen und die Staatsverschuldung längerfristig in Grenzen halten zu können, scheitert i.d.R. an grundlegenden Problemen politischer Willens- und

Entscheidungsbildung in einer Demokratie. Der Keynesianismus erweist sich daher als ein Programm, das in der wirtschaftspolitischen Praxis höchst asymmetrisch wirkt und deshalb längerfristig zu chronischen Staatshaushaltsdefiziten und damit dann auch zu einer *nahezu ungebrochen steigenden Staatsverschuldung* führt. Daraus können Krisen – wie die derzeitige europäische Staatsschuldenkrise – resultieren, die zu einem Zusammenbruch ganzer Volkswirtschaften oder sogar eines gemeinsamen Währungsraumes führen können. – Gefahren birgt darüber hinaus auch die dem Keynesianismus immanente und von Vertretern der Konzeption meist sogar offen ausgesprochene *Bevorzugung des Ziels der Vollbeschäftigung gegenüber dem Ziel der Sicherung eines stabilen Preisniveaus.* Da der Staat auf diese Weise quasi eine „Vollbeschäftigungsgarantie" abgibt, entlässt er damit die Arbeitsmarktparteien de facto aus ihrer Verantwortung, bei der Lohnfindung darauf zu achten, dass der Arbeitsmarkt geräumt wird. Unter solchen Bedingungen sehen sich Regierung und Zentralbank dann aber immer wieder vor das Dilemma gestellt, entweder den lohnpolitischen Druck, der vom Arbeitsmarkt ausgeht, in Inflation münden zu lassen oder die lohnbedingte Inflation zu bekämpfen und damit dann einen Anstieg der Arbeitslosigkeit in Kauf zu nehmen. Da eine Regierung, die sich in regelmäßigen Abständen zur Wiederwahl stellen muss, vom Wahlvolk v.a. für gravierende Verletzungen des Beschäftigungsziels zur Rechenschaft gezogen wird, ist damit dem Konzept des Keynesianismus in einer Demokratie offenbar ein gewisser „inflationärer Bias" immanent.

Keynes-Ramsey-Rule → Ramsey-Modelle

Keynes-Wicksell-Ansatz   →   monetäre Wachstumstheorie.

Kinky-Demand-Curve   →   Kinky-Demand-Modell, → Preisabsatzfunktion.

Kinky-Demand-Modell – 1. *Begriff*: Oligopolmodell (Oligopol) der einfach geknickten Preisabsatzkurve (im Unterschied zur doppelt geknickten Preisabsatzkurve – vgl. → Preisabsatzfunktion, monopolistische Konkurrenz), das die Preisstarrheit im Oligopol erklären soll. – 2. *Begründung der Kinky-Demand-Curve*: Der Knick in „der" Preisabsatzkurve (vgl. Abb. Kinky-Demand-Modell) kommt dadurch zustande, dass bei Annahme heterogener Konkurrenz zwei verschiedene oligopolistische Preisabsatzfunktionen mit asymmetrischer Erwartung über das Konkurrenzverhalten kombiniert werden. Der betrachtete Anbieter 1 befindet sich in der Ausgangslage, die durch einen gleich hohen Konkurrenzpreis ($p_1 = p_K$) chrakterisiert ist, in der Preis-Mengen-Kombination $K(p_1, x_1)$. – a) *Im Falle einer Preissenkung* erwartet er, dass die Konkurrenz mitziehen wird, weil diese sonst je nach Preisunterbietung mehr oder weniger Absatz und Gewinn verlieren würde. Es gilt dann die Preisabsatzfunktion bei weiterhin gleich hohen Konkurrenzpreisen, mit anderen Worten die Preisabsatzfunktion bei „paralleler" Preispolitik $x_1 = x_1(p_1 = p_K)$. b) *Im Falle einer Preiserhöhung* erwartet er umgekehrt, dass die Konkurrenz nicht mitziehen, sondern ihren Preis konstant halten wird, weil sie dann von seinen Absatzverlusten profitieren könnte. Es gilt in diesem Fall die Preisabsatzfunktion bei konstantem Konkurrenzpreis: $x_1 = x_1(p_1, \overline{p}_K)$, Da die Preisabsatzkurve bei paralleler Preispolitik wegen des ausbleibenden Käuferwechsels steiler verläuft als bei konstantem Konkurrenzpreis (auf letzterer verliert er im Alleingang bei Preiserhöhungen Käufer an die Konkurrenz, während er bei einer alleinigen Preissenkung von der Konkurrenz Käufer gewinnt) entsteht beim Ausgangspreis der besagte Knick. – 3. *Begründung der Preisstarrheit*: Unterstellt man für den betrachteten Oligopolisten Gewinnmaximierung als Zielsetzung, wird an der Lage der Cournot-Punkte auf beiden (durchgängig betrachteten) Preisabsatzkurven sein ganzes Gewinndilemma deutlich. Bei paralleler Preispolitik liegt der gewinnmaximale Cournot-Punkt C_{1a} – unerreichbar! – oberhalb von K auf der gestrichelten

Kinky-Demand-Modell

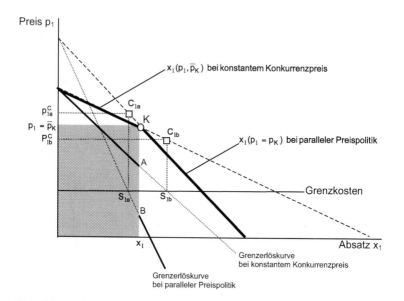

Preis p_1

$x_1(p_1, \bar{p}_K)$ bei konstantem Konkurrenzpreis

C_{1a}

p_{1a}^C

K

$p_1 = \bar{p}_K$

C_{1b}

P_{1b}^C

$x_1(p_1 = p_K)$ bei paralleler Preispolitik

A

Grenzkosten

S_{1a} S_{1b}

B

x_1 Absatz x_1

Grenzerlöskurve
bei konstantem Konkurrenzpreis

Grenzerlöskurve
bei paralleler Preispolitik

Weiterführung des unteren Astes der -geknickten Preisabsatzkurve. Bei konstantem Konkurrenzpreis im gewinnmaximalen Punkt C_{1b} – ebenfalls unerreichbar! – unterhalb von K auf der gestrichelten Fortführung der Preisabsatzkurve bei konstantem Konkurrenzpreis. Quintessenz: Bei einer alleinigen Preiserhöhung würde er sich von C_{1b} entfernen und bei einer parallelen Preissenkung von C_{1a}, sodass er bei einer Preisveränderung in jedem Fall Gewinn einbüßen würde. Also kann er als second-best-Lösung nur den bisherigen Preis beibehalten. Dass es sich im erzwungenen Knickpunkt nicht um ein echtes Gewinnmaximum handelt, wird daran erkennbar, dass zwischen der (horizontalen) Grenzkostkurve und der zu der gekickten Preisabsatzkurve gehörenden Grenzerlöskurve kein Schnittpunkt existiert. Denn die Grenzkostenkurve verläuft senkrecht unterhalb von K zwischen A und B durch eine

Sprungstelle. Infolgedessen kann die Gewinnmaximierunsbedingung (Grenzerlös = Grenzkosten) nicht erfüllt werden. – 4. *Kritik:* Damit relativiert sich aber auch das Argument der Preisstarrheit: a) Schneiden die Grenzkosten die Grenzerlöskurve oberhalb von A, ergibt sich ein gewinnmaximierender Preiserhöhungsspielraum auch im Alleingang. – b) Schneiden die Grenzkosten die Grenzerlöskurve unterhalb von B, eröffnet sich ein gewinnmaximierender Preissenkungsspielraum, selbst wenn die Konkurrenz mitzieht. – Auch wenn diese Alternativfälle nicht relevant werden, bleibt die Annahme fragwürdig, dass sich die Konkurrenz bei ihrer Preisentscheidung nur an den resultierenden Absatzgewinnen oder -verlusten orientiert. Unterstellt man auch für die Konkurrenz gewinnmaximierendes Verhalten, ergibt sich ein Desinteresse an einer Preisaktion oder

-reaktion erst im Bertrand-Gleichgewicht. – Vgl. → oligopolistische Preisbildung.

Kitchin-Zyklus → Konjunkturzyklus.

kleines Land – Ein Land, das zu den auf dem → Weltmarkt bestimmten → Terms of Trade aus seiner Sicht beliebige Mengen exportieren bzw. importieren kann, ohne die Weltmarktpreise zu beeinflussen, wird als kleines Land bezeichnet. Es handelt sich um ein Land mit geringer Marktmacht, tatsächlich muss es sich nicht um ein Land mit geografisch geringer Ausdehnung handeln. Verursachen hingegen Veränderungen der Importnachfrage bzw. des Exportangebots eines Landes Weltmarktpreisveränderungen (Veränderungen der Terms of Trade), so handelt es sich um ein → großes Land. – Vgl. auch → Handelspolitik.

Klein-Goldberger-Modell – auf keynesianischer theoretischer Grundlage basierendes ökonometrisches Modell der USA, das u.a. zur Simulation von → Konjunkturschwankungen dient.

knappes Gut – *wirtschaftliches Gut, Wirtschaftsgut*; → Gut, das nicht zu jeder Zeit und an jedem gewünschten Ort in der gewünschten Qualität und Menge zur Verfügung steht (verfügbare Gütermenge < Bedarfsmenge). – *Gegenteil*: freies Gut.

Knappheit – folgt aus der Tatsache, dass die Menge der → Güter, die zur vollständigen Befriedigung der menschlichen → Bedürfnisse (Sättigung) notwendig ist, deren Verfügbarkeit bzw. die Möglichkeiten der Produktion übersteigt. Knappheit bzw. → knappe Güter sind der Grund des wirtschaftenden Handelns von Menschen. Die auf → Märkten jeweils auftretenden → Preise sind Ausdruck dieser Knappheitsrelation (Knappheitspreise).

Knappheitspreise → Knappheit.

Koexistenz – politischer Begriff für ein friedliches Nebeneinanderleben von Völkern oder Menschen verschiedener politischer Weltanschauungen.

Kollektivbedürfnisse – *Gemeinbedürfnisse*. 1. *Historisch*: → Bedürfnisse, die aus dem Zusammenleben in einer Gesellschaft entstehen und durch diese ausgedrückt werden. – 2. In der *neuen Forschung*: (1) *Individuelle Bedürfnisse*, die nicht über den Markt befriedigt werden können, sondern nur durch öffentliche Güter; (2) *meritorische Bedürfnisse*, die sich prinzipiell über den Markt befriedigen lassen, wegen deren Bedeutung die zugehörenden Güter aber vom Staat bereitgestellt werden. Die Kollektivbedürfnisse werden als Rechtfertigung für staatliche Eingriffe in die Marktwirtschaft und die Finanzwirtschaft (Finanzwissenschaft) angesehen.

Kollektivembargo → Embargo.

Kollektivkonsum – Teil der → Konsumausgaben des Staates, der nicht dem → Individualkonsum zugerechnet wird.

Kollusionslösung – Oligopolmodell (Oligopol), in dem die Anbieter in einem Kartell ihre Aktionen so aufeinander abstimmen, dass sie den Gesamtgewinn der Branche maximieren. Sie verhalten sich wie ein Monopolist und betreiben gemeinsame Gewinnmaximierung. Problematisch ist in der Praxis die Gewinnaufteilung (Kollektivmonopol; Macht).

komparative Kosten → Opportunitätskosten; → komparative Vorteile.

komparative Vorteile – 1. *Begriff*: Eine von mehreren Grundlagen der internationalen Spezialisierung und des internationalen Handels. Hypothetische Referenzsituation ist die → Autarkie. Wenn in einem Land bei Autarkie der → Preis des Gutes 1 im Vergleich zum Gut 2 geringer ist als in einem anderen Land, dann hat dieses Land einen komparativen Vorteil beim Gut 1. – 2. *Ursachen* komparativer Vorteile sind Produktivitätsunterschiede (→ Ricardianisches Modell) oder internationale *Faktorausstattungsunterschiede* (→ Heckscher-Ohlin-Handel). Länder exportieren bei → Freihandel Güter bei denen sie komparative Vorteile aufweisen, und importieren Güter bei denen andere Länder komparative Vorteile aufweisen. Wenn man mehr als zwei Güter und mehr als zwei Länder betrachtet, dann ist allerdings die Verbindung zwischen komparativen Vorteilen und der → Handelsstruktur nicht mehr für jedes beliebige Güter- und Länderpaar eindeutig gegeben. Der eben erwähnte Zusammenhang zwischen komparativen Vorteilen und der Handelsstruktur gilt dann nur im Durchschnitt.

komparativ-statische Analyse → Analyse-Methoden.

Kompensationsgeschäft – I. Wertpapiergeschäft: Verrechnung von entgegengesetzt lautenden Aufträgen durch eine Bank, ohne dass diese über eine Börse abgewickelt werden; Kauf- oder Verkaufsaufträge von Kunden für im Inland zugelassene Wertpapiere mussten gemäß § 22 BörsG a.F. über eine Börse abgewickelt werden, falls keine andere Weisung vorlag. Durch die Umsetzung der MiFID im Jahre 2007 wurde die Regelung gestrichen, vgl. zum Hintergrund auch Börse.

II. Handel/Außenhandel: *Gegengeschäft, Gegenseitigkeitsgeschäft.* 1. *Begriff:* Kompensationsgeschäfte sind dadurch gekennzeichnet, dass Wirtschaftssubjekte bewusst wechselseitig Leistungen aneinander abgeben bzw. voneinander abnehmen, unabhängig davon, ob zusätzliche Zahlungsströme erfolgen oder nicht. Dies ist bes. bedeutsam für Länder mit Devisenknappheit. Internationale Kompensationsgeschäfte werden auch als *Counter-Trade-Geschäfte* bezeichnet. Bei der Vollkompensation (sog. Bartergeschäft) gleichen sich die Warenströme wertmäßig vollständig aus (Kompensationsquote 100 Prozent), während bei der Teilkompensation ein Teil des wertmäßigen Warenstromes durch einen Zahlungsstrom ausgeglichen wird. Eine Überkompensation liegt dann vor, wenn die Gegenkäufe wertmäßig höher als die Verkäufe sind. Es haben sich verschiedene Formen von Kompensationsgeschäften herausgebildet. – 2. Wichtige *Formen:* (1) *einfache Kompensation:* Austausch der Leistungen

durch zwei Parteien. (2) *Dreiecksgeschäft:* Einschalten von drei Parteien, wobei jede Partei Abnehmer und Lieferant einer anderen Partei ist. (3) *Parallelgeschäft:* Sachlich zusammenhängende, wechselseitige Belieferung wird mithilfe von zwei einseitigen Geschäften abgewickelt und die jeweiligen Leistungen durch einen entsprechenden Zahlungsstrom abgegolten. (4) *Auflagengeschäft:* Kompensationsgeschäfte, die vertraglich nicht so konkret festgelegt sind und eher den Charakter eines „Gentleman's Agreement" haben. (5) *Junktimgeschäft:* Geschäft, das durch eine umgekehrte Reihenfolge des Parallelgeschäfts gekennzeichnet ist. Ein Importeur, der an einer ausländischen Ware interessiert ist, sucht sich einen Exporteur, der bereit ist unter Bezahlung einer entsprechenden Prämie seine Gegengeschäftsverpflichtung an den Importeur abzutreten. Er führt, indem er seinen Import mit der zukünftigen Gegengeschäftsverpflichtung des Exporteurs junktimiert, das beabsichtigte Importgeschäft durch. (6) *Bartergeschäft:* Kompensationsgeschäft, bei dem nur Warenaustausch ohne zusätzlichen Zahlungsstrom stattfindet. (7) *Buy-Back-Geschäft (Rückkaufgeschäft):* Kompensationsgeschäft, bei dem die mit der gelieferten Anlage erstellten Produkte (z.B. Grundstoffe, Fertigerzeugnisse) vom Anlagenlieferanten gekauft werden, zur eigenen Verwendung, wenn die Produkte den quantitativen, qualitativen und zeitlichen Anforderungen der eigenen Produktion entsprechen, oder zur Vermarktung über entsprechende Kanäle, z.B. durch Gegengeschäftshändler (Kompensateure). – Vgl. auch → Kompensationshandel.

Kompensationshandel – *Tauschhandel, Gegengeschäft; Kompensationsgeschäft.* 1. *Begriff:* Unterschiedliche Vereinbarungen zum wechselseitigen Warenaustausch ohne Transfer von Zahlungsmitteln, wobei die damit verbundene zwischenstaatliche Wertübertragung nur in Form von Gütern bzw. Dienstleistungen erfolgt. Entwicklungsländer praktizieren Kompensationshandel von Kapitalgüterimporten zum Schutz ihrer Zahlungsbilanz und als Hilfe zur weltweiten Vermarktung nicht wettbewerbsfähiger heimischer Güter. Kompensationshandel wird auch in Transformationsländern praktiziert. Gründe waren Devisenknappheit und generelle Schwierigkeiten im nationalen Geld- und Kreditverkehr. – 2. *Tauschhandelsformen:* a) → Kompensationsgeschäft (Gegenseitigkeitsgeschäft, Bartergeschäft): Tausch von Ware gegen Ware auf der Basis eines Vertrages ohne Finanztransaktionen, wobei Weltmarktpreise als Anhaltspunkte dienen. Wird häufig bei Rohstoffen durchgeführt. – b) *Parallelgeschäft (Counterpurchase):* Bezeichnet zwei voneinander unabhängige Verträge mit getrennten Zahlungsverpflichtungen, die durch ein Protokoll miteinander verbunden sind, wobei Kontrolle und Abrechnung über sog. Evidenzkonten erfolgen. Der Gegenbezug kann auch auf Dritte (z.B. Banken, Handelshäuser) übertragen werden *(Dreiecksgeschäft).* – c) *Direkte Kompensation (Rückkaufgeschäft, Buy-Back-Geschäft):* Lieferung und Gegenlieferung stehen in technischer Beziehung zueinander. Zur Teilfinanzierung bereitgestellter Produktionsanlagen werden bestimmte Mengen der später hergestellten Waren abgenommen. Mit diesen Kompensationsgeschäften wird oft auch ein Technologietransfer verbunden. – d) *Offset-Geschäft:* Großlieferungen werden mit umfangreicher, industrieller Kooperation und Entwicklung im Importland verbunden. Technologie- und Know-how-Transfer sind vorgesehen. – 3. *Bewertung:* Bei Entwicklungsländern werden Kompensationshandel zu Instrumenten der Etablierung langfristiger Handelsbeziehungen, zu einem Medium für Technologietransfer und zur Arbeitsplatzschaffung verwendet, wobei kurzfristig der Absatz von Überschüssen auf Spotmärkten an Bedeutung verliert. Durch Preiszugeständnisse verlieren Kompensationshandel an Wert. Es existieren Schätzungen, dass mehr als 10 Prozent des Welthandels über Kompensationshandel abgewickelt werden.

komplementärer Handel – Beim komplementären Handel ergänzen sich die Handelsstrukturen der beteiligten Länder, indem gegenseitig Waren gehandelt werden, die im Empfängerland nicht produziert werden – *Beispiel:* Erdöl – High-Tech-Maschinen. – *Gegensatz:* → substitutiver Handel.

Komplementärgut – 1. *Begriff:* → Gut, dessen Verwendung zwangsläufig oder gewöhnlich die Verwendung eines anderen Gutes bedingt. – 2. *Merkmale:* Die Güter sind so miteinander verbunden, dass sich beide im Absatz ergänzen und gegenseitig fördern. Steigt der → Preis des für den Ge- oder Verbrauch „primären" Gutes, so nimmt u.U. nicht nur die Nachfrage nach diesem Gut, sondern – in gleichem Maße – die Nachfrage nach allen Komplementärgütern ab (negative Kreuzpreiselastizität). – 3. *Beispiele:* Briefpapier und Briefumschläge; Kugelschreiber und Kugelschreiberminen.

Kondratieff-Zyklus → Konjunkturzyklus.

Konflikttheorien – Analyse ökonomischer und gesellschaftlicher Dauerkonflikte und daraus abzuleitender Verhaltensweisen von Gruppen, Organisationen und Institutionen. Der traditionelle Gleichgewichtsbegriff im Sinn umfassender Planerfüllung wird als irrelevant angesehen. Ruhezustände (z.B. aufgrund vorübergehender Kompromisse) sind zwar möglich, aber nicht als Gleichgewichte im traditionellen Sinn zu bezeichnen, da sie endogen bereits wieder den Keim für neue Konflikte und damit Bewegung in sich tragen. Konflikttheorien erleichtern die Einbeziehung realistischer Phänomene wie z.B. Irreversibilitäten, Verhaltensweisen außerhalb der Maximierungshypothese, Existenz von Gruppen, Organisationen und Institutionen, Unsicherheit, Oligopolsituationen und gesellschaftliche Dauerkonflikte und Interessengegensätze. – Vgl. auch → Antigleichgewichtstheorie, Verteilungstheorie, → Gleichgewicht.

konjekturale Anpassung – Anpassung der Absatzmenge an den „mutmaßlichen" Preis oder Anpassung des Preises an die erwartete Absatzmenge. Die *konjekturale* → Preisabsatzfunktion stellt sich bei erwarteter

→ Normalreaktion (der Nachfrage) im Preis-Mengen-Diagramm i.d.R. als eine fallende Kurve dar.

Konjunktur – 1. *Begriff*: Mehr oder weniger regelmäßige Schwankungen aller wichtigen gesamtwirtschaftlichen Größen wie z.B. Produktion, Beschäftigung und Preise. Hieraus können zyklische Schwankungen der gesamtwirtschaftlichen Aktivität, gemessen z.B. durch den Grad der Kapazitätsauslastung (→ Auslastungsgrad), hergeleitet werden. – 2. Im *allg. Sprachgebrauch* wird der Begriff Konjunktur etwas unpräzise als Aufschwung bzw. Aufschwungphase verwendet. – 3. In der → Konjunkturtheorie wird der Begriff Konjunktur verwendet, um die Existenz von zyklischen Bewegungen (→ Konjunkturzyklus) anzuzeigen und die wirtschaftliche Lage eines Sektors oder der gesamten Wirtschaft im Verlauf eines solchen Zyklus zu beschreiben. Die Konjunkturtheorie ist bestrebt, Erklärungsansätze für das Entstehen und den Verlauf von Konjunkturzyklen zu liefern. – Vgl. auch → Mengenkonjunktur, → Preiskonjunktur, → Konjunkturschwankungen.

Konjunkturausgleichsrücklage – bei der Deutschen Bundesbank angesammelte unverzinsliche Guthaben des Bundes und der Länder. Nach näherer Maßgabe des Haushaltsplans oder einer Rechtsverordnung der Bundesregierung haben bei einer die volkswirtschaftliche Leistungsfähigkeit übersteigenden Nachfrageausweitung Bund und Länder zur Erreichung der Ziele des → Stabilitäts- und Wachstumsgesetzes (StWG) als Operationalisierung einer antizyklischen Finanzpolitik (finanzpolitische Stabilisierungsfunktion) der Konjunkturausgleichsrücklage Mittel bis zu 3 Prozent der jährlich erzielten Steuereinnahmen zuzuführen (§§ 15 ff. StWG). – *Zweck*: Die Konjunkturausgleichsrücklage soll bei einer Abschwächung der allg. Wirtschaftstätigkeit im Interesse des gesamtwirtschaftlichen Gleichgewichts zusätzliche Ausgaben finanzieren. Durch die Einführung der Schuldenbremse in die Verfasung ist die Konjunkturausgleichsrücklage allerdings obsolet geworden, da nicht gegenfinanzierte Ausgaben nur noch bei schweren konjunkturellen Einbrüchen oder bei ungeplanten Haushaltsüberschüssen auf dem Kontrollkonto getätigt werden dürfen.

Konjunkturbarometer – *Wirtschaftsbarometer*; methodisches Verfahren zur Messung und Vorhersage des konjunkturellen Verlaufs (→ Konjunkturindikatoren, → Konjunkturprognose). Das Konjunkturbarometer beruht auf der Annahme, dass das mehrfach beobachtete Aufeinanderfolgen statistischer Indikatoren invariant ist. Wenn also in der Vergangenheit bestimmte Zeitreihen der allg. konjunkturellen Entwicklung immer vorausgeeilt sind, wird postuliert, dass das auch in Zukunft der Fall sein wird. – *Heute gebräuchlich*: Konjunkturindikatoren. – Vgl. auch → Harvard-Barometer.

Konjunkturdiagnose – 1. *Begriff*: Bestimmung des konjunkturellen Ist-Zustands einer Wirtschaft. – *Anders*: → Konjunkturprognose. – 2. *Methoden*: a) *Zeitreihenanalyse*: Zeitreihen bestimmter makroökonomischer Größen (z.B. Bruttoinlandsprodukt, Volkseinkommen, Konsum und Investitionen) können herangezogen werden. Zu einer differenzierteren Konjunkturdiagnose wird eine Vielzahl weiterer Zeitreihen verwendet. – b) → Konjunkturindikatoren, die mittels Zeitreihen konstruiert werden können. – c) *Befragungen* zahlreicher Unternehmen über den gegenwärtigen Konjunkturzustand: In der Bundesrepublik Deutschland werden solche Befragungen vom → ifo Institut für Wirtschaftsforschung durchgeführt (→ Konjunkturtest, → Tendenzbefragung). – d) *Vergleich von* → Produktionspotenzial und tatsächlicher Produktion: Aus diesem Vergleich wird der konjunkturelle Zustand einer Wirtschaft abgeleitet (→ Auslastungsgrad). – Bes. *Probleme* weist die Diagnose des unteren und oberen Wendepunktes (→ Konjunkturphasen) auf: Nach dem unteren (oberen) Wendepunkt müssen die gesamtwirtschaftlichen

Aktivitäten zu(ab-)nehmen, sodass die Diagnose dieser Wendepunkte die Prognose des zukünftigen Konjunkturverlaufs impliziert. – 3. *Anwendung:* Wichtig für die → Konjunkturpolitik, da eine genaue Kenntnis des gegenwärtigen Konjunkturzustands notwendig ist, um geeignete wirtschaftspolitische Maßnahmen nach Art, Höhe und zeitlichem Einsatz ergreifen zu können. – Vgl. auch → Gemeinschaftsdiagnose.

Konjunkturdienst – periodische, wirtschaftliche Berichterstattung mit der Absicht, Ergebnisse der → Konjunkturforschung für die Allgemeinheit nutzbar zu machen. Dem Konjunkturdienst dienen in der Bundesrepublik Deutschland z.B. folgende Veröffentlichungen: „ifo-Schnelldienst" des ifo-Instituts für Wirtschaftsforschung, München; „iwd" des Instituts der Deutschen Wirtschaft, Köln sowie die Publikationen anderer Wirtschaftsforschungsinstitute.

konjunktureller Impuls – 1. *Begriff* der Finanzwissenschaft: konjunktureller Einfluss des Budgets. – 2. *Konzept des* → Sachverständigenrates zur Begutachtung der gesamtwirtschaftlichen Entwicklung (SVR) zur Messung der konjunkturellen Anstoßwirkung, die der öffentliche Haushalt durch seine Budgetpolitik auslöst.

konjunkturelle Verstärkereffekte – Bezeichnung der → Konjunkturtheorie für die Kräfte, die den konjunkturellen Auf- oder Abschwung verstärken. Konjunkturelle Verstärkereffekte können z.B. aus dem Zusammenwirken von → Multiplikator und Akzelerator oder aus sich verändernden → Erwartungen entstehen.

Konjunkturempfindlichkeit – Ausmaß der Abhängigkeit wirtschaftlicher Aktivitäten von Konjunktureinflüssen.

Konjunkturforschung – 1. *Begriff:* Wissenschaftlich-methodisches Bemühen, die konjunkturelle Entwicklung der Wirtschaft zu analysieren, zu erklären und zu prognostizieren. Man versteht unter Konjunkturforschung zumeist die empirisch orientierte

Konjunkturbetrachtung im Unterschied zu der rein theoretischen Konjunkturlehre. – Vgl. auch → Konjunktur, → Konjunkturtheorien. – 2. *Teilgebiete:* Branchenbeobachtung, → Konjunkturdiagnose, → Konjunkturprognose sowie die Verfolgung der jeweiligen konjunkturellen Entwicklung der einzelnen gesamtwirtschaftlichen Größen auch in internationalen Kontext – 3. *Verfahren:* (1) Die mit → Konjunkturindikatoren arbeitenden Verfahren; (2) analytische Verfahren, die am Instrumentarium der Volkswirtschaftlichen Gesamtrechnung (VGR) ansetzen; (3) ökonometrische Konjunkturmodelle (Ökonometrie). – 4. *Träger:* → Sachverständigenrat zur Begutachtung der gesamtwirtschaftlichen Entwicklung (SVR), → Wirtschaftsforschungsinstitute, Universitätsinstitute, Verbände, Banken und private Beratungsgesellschaften.

Konjunkturforschungsinstitute → Wirtschaftsforschungsinstitute.

konjunkturgerechter Haushalt – *Budgetkonzept;* Weiterentwicklung des Konzepts des → konjunkturneutralen Haushalts. Der konjunkturgerechte Haushalt stellt deutlicher auf einen konjunkturellen Impuls der öffentlichen Haushalte ab. Die gemäß dem konjunkturneutralen Haushalt ermittelten tatsächlichen expansiven oder kontraktiven Impulse werden mit denjenigen verglichen, die notwendig wären, wenn bei einer gegebenen Abweichung vom Gleichgewichtspfad die Haushaltspolitik ein Nachfragedefizit oder einen Nachfrageüberschuss ausgleichen sollte. Der konjunkturgerechte Haushalt zeigt die quantitativen Effekte der jeweiligen Haushaltspläne an.

Konjunkturgeschichte – chronologische Darstellung der Wirtschaftsbewegungen seit Erkenntnis ihres zyklischen Ablaufs. Konjunkturgeschichte löste die nicht an Periodizität gebundene → Krisengeschichte ab. – 1. *Voraussetzungen:* Echte → Konjunkturen konnten sich erst in einer ausgebildeten Marktwirtschaft (mit weit gehender

Entfaltung der privat- und weltwirtschaftlichen Arbeitsteilung) einstellen. Wirtschafts- und Sozialgeschichte lehren, dass sich dieser enge Zusammenhang aller Wirtschaftselemente im Laufe des 18. Jh. einspielte und Anfang des 19. Jh. zu klaren Konjunkturbildungen führte. – 2. *Beginn:* Die Geschichte der periodischen Wirtschaftszyklen beginnt nach T. Baranowski mit der engl. Krise von 1825. Dafür spricht, dass danach drei gleich lange – 10- bis 11-jährige Zyklen (Krisen von 1836, 1847, 1857) – folgten; andererseits lassen die Goldfelderentdeckungen und ein sprunghafter organisatorisch-technischer Fortschritt um 1850 erkennen, in welch hohem Maße die Konjunkturverläufe von äußeren Datenveränderungen beherrscht werden. – 3. *Umkehrpunkte:* Wendejahre des Aufschwungs nach der Krise von 1857 waren: 1866/1867, 1873, 1882, 1890, 1900, 1907, 1913 (aufgefangen durch den Ersten Weltkrieg). Die Intervalle weisen eine deutliche Tendenz zu immer kürzeren Zyklen auf. – 4. *Nach 1920:* Im Wesentlichen durch kriegs- und nachkriegsbedingte Störungen bestimmt; aus ihnen folgte die von ungewöhnlich hoher Arbeitslosigkeit begleitete Krise und langandauernde → Depression der 1930er-Jahre. Alle bedeutenden marktwirtschaftlich organisierten Volkswirtschaften versuchten, durch staatliche Eingriffe und verschiedenartige Lenkungsmaßnahmen den Konjunkturzyklus abzuschwächen. – 5. *Nach 1945:* Die Konjunkturen verlaufen gleichfalls stark staatlich beeinflusst. Die früher mit großen sozialen Härten und zahllosen Unternehmungszusammenbrüchen verbundenen Depressionsphasen verliefen wesentlich milder. Teilweise wurden im Abschwung (→ Konjunkturphasen) lediglich die realen Wachstumsraten der wirtschaftlichen Aktivitäten reduziert, sie wurden aber nicht negativ. Somit fand noch im Abschwung ein Wirtschaftswachstum statt, das jedoch im Vergleich zum Aufschwung niedriger war. – 6. *Nach 2007:* In diesem Sinne sind auch infolge der Finanz- und Wirtschaftskrise ab 2008 weltweit Konjunkturprogramme verabschiedet worden, die neben Bürgschaften und anderen Sicherungsformen auch Investitionen in Milliardenhöhe vorsehen, um die negativen gesamtwirtschaftlichen Folgen der durch die sog. Subprime-Krise 2007 in den USA ausgelöste Finanzkrise einzudämmen.

Konjunkturindikatoren – 1. *Begriff:* Ökonomische Zeitreihen und aus ihnen abgeleitete Messgrößen, die den Konjunkturverlauf anzeigen. – 2. *Konstruktion:* Die gebräuchlichste Konstruktion von Konjunkturindikatoren geht auf ein Verfahren zurück, das von W.C. Burns und F. Mitchell für das → National Bureau of Economic Research (NBER) entwickelt wurde. Danach werden ökonomische Zeitreihen in drei Gruppen zusammengefasst: Vorlaufende, gleichlaufende und nachlaufende Reihen (Leading, Coinciding and Lagging Series, auch Leaders, Laggers und Coinciders genannt), die dem „eigentlichen" Konjunkturverlauf, dargestellt durch den Referenzzyklus (hypothetischer Vergleichszyklus), zeitlich vorauseilen, mit ihm zusammenfallen oder ihm hinterhereilen. – 3. *Anwendung:* Unbestritten kann mit Konjunkturindikatoren der vergangene Konjunkturverlauf gemessen werden. Die Prognosegüte der vorlaufenden Indikatoren ist nicht sehr hoch. In der Regel liefern sie nur in Kombination mit anderen Prognosegrößen rechtzeitige und verlässliche Hinweise auf die künftige Konjunkturentwicklung (→ Konjunkturdiagnose, → Konjunkturprognose).

Konjunkturmodell – Erklärung der Existenz und Prognose von → Konjunkturschwankungen durch das Erstellen eines formalen → Modells. Um formal als Konjunkturmodell gelten zu können, muss ein Konjunkturmodell Differenzen- und/oder → Differenzialgleichungen 2. Ordnung aufweisen oder aus einem System von Differenzen- und/oder Differenzialgleichungen bestehen, das endogene Schwingungen hervorbringen kann. – *Zu unterscheiden:* → endogene Konjunkturmodelle und → exogene

Konjunkturmodelle. – *Zur Darstellung von Einzelmodellen:* → Konjunkturtheorie.

konjunkturneutraler Haushalt – Budgetkonzept des → Sachverständigenrates zur Begutachtung der gesamtwirtschaftlichen Entwicklung (SVR), erstmals in seinem Jahresgutachten 1967/1968 entwickelt und angewendet, im Jahresgutachten 1994/1995 mit einem größeren Gewicht zugunsten der Messung des strukturellen Defizits und des → konjunkturellen Impulses weiterentwickelt. – Ein Haushaltsvolumen ist nach diesem Konzept dann *konjunkturneutral,* wenn es für sich genommen unmittelbar keine Abweichungen der Auslastung des → Produktionspotenzials von dem bewirkt, was mittelfristig als normal angesehen wird. – Aus der Konstruktion des konjunkturneutraler Haushalts resultierende *Regeln:* (1) Konjunkturneutral sind die *öffentlichen Ausgaben* dann, wenn sie, auf ein Basisjahr bezogen, proportional zum Produktionspotenzial zu- oder abnehmen. Als Basisjahr wird der Zeitraum angenommen, in dem die öffentlichen Ausgaben eine den allokativen und distributiven Zielinhalten gemäße Quote aufweisen. – (2) Konjunkturneutral sind *Steuereinnahmen,* die den gleichen prozentualen Zuwachs wie das → Volkseinkommen aufweisen (Aufkommenselastizität gleich Eins). – (3) Konjunkturneutral ist die *öffentliche Verschuldung* (öffentliche Kreditaufnahme), insoweit ihre Zuwachsrate der des Produktionspotenzials entspricht. – Vgl. auch → konjunkturgerechter Haushalt.

Konjunkturpaket II – Als Folge der durch die Subprime-Krise in den USA ausgelösten weltweiten Finanzkrise wurden international Konjunkturprogramme verabschiedet, die neben Bürgschaften und anderen Sicherungsformen auch Investitionen in Milliardenhöhe vorsehen. In Deutschland wurde Oktober 2008 der Finanzmarktstabilisierungsfonds (SoFFin) geschaffen, der über 480 Mrd. Euro verfügt. Im November 2008 wurde das 15 Punkte umfassende Maßnahmenpaket

„Beschäftigungssicherung durch Wachstumsstärkung" („Konjunkturprogramm I") verabschiedet, dessen Kern der Förderung der Kurzarbeit war. Das im Februar 2009 verabschiedete „Konjunkturpaket II" der Bundesregierung sah Sonderausgaben in Höhe von 50 Mrd. Euro, also etwa 2 Prozent vom BIP vor; Kernstück war ein Investitionsprogramm in Höhe von 17,3 Mrd. Euro für Schulen, Hochschulen, Verkehrswege und öffentliche Gebäude sowie eine → Abwrackprämie bei der Verschrottung von älterer PKWs, wenn gleichzeitig ein Neuwagen gekauft wurde.

Konjunkturphasen – *1. Begriff:* Phasen zyklischer Schwankungen des Bruttoinlandsprodukt um den Auslastungsgrad des → Produktionspotenzials, die auch als Konjunkturzyklus bezeichnet werden. *2. Merkmal:* Zurückgehend auf Schumpeter werden neben oberem und unterem Wendepunkt *vier* Konjunkturphasen unterschieden. Misst man den Konjunkturzyklus von einem unteren Wendepunkt zum nächsten, so erhält man das *Vier-Phasen-Schema* (vgl. Abbildung „Konjunkturphasen"). (1) Die *Aufschwungsphase* nach dem unteren Wendepunkt wird als Erholung oder *Expansionsphase* bezeichnet, gekennzeichnet durch verbesserte Kapazitätsauslastung, steigende private Investitionen und Beschäftigung, zunehmendes Volkseinkommen und erhöhten privaten Konsum. (2) Die Erholung geht in den *Boom (Hochkonjunktur, Prosperität)* über, sobald die → Produktionsfaktoren mehr als im Trend üblich ausgelastet sind. Diese Phase dauert an, bis die Volkswirtschaft ihre Auslastungsgrenze erreicht, und eine Erhöhung der realen Volkseinkommens nicht mehr möglich ist. Es kommt zu starken Preissteigerungen und Störungen auf dem Geld- und Kapitalmarkt. (3) Nach Erreichen des oberen Wendepunktes geht die Entwicklung in einen *Abschwung* über, in dem in der Boomphase bei überhöhtem Zinsniveau durchgeführten Investitionen sich als unrentabel erweisen. Es kommt zu einem Rückgang der privaten Investitionen, höherer Arbeitslosigkeit und zu

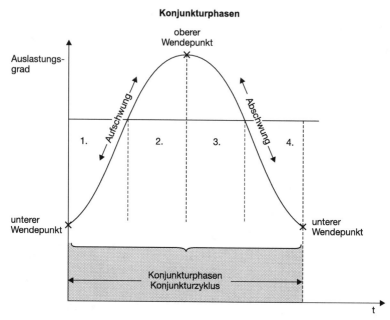

Konjunkturphasen

Auslastungs-
grad

oberer
Wendepunkt

Aufschwung

Abschwung

1.   2.   3.   4.

unterer
Wendepunkt

unterer
Wendepunkt

Konjunkturphasen
Konjunkturzyklus

t

einer Stagnation des privaten Konsums. Gewinne und Beschäftigung sinken, zahlreiche Unternehmen geraten in Schwierigkeiten. (4) Die Phase vor dem unteren Wendepunkt ist die *Depression (Krise)*, gekennzeichnet durch hohe Arbeitslosigkeit, geringe Kapazitätsauslastung, geringe Investitionstätigkeit und hohe Bankenliquidität. – 2. *Klassifikation nach Haberler:* Es werden zwei Phasen und zwei Wendepunkte unterschieden: (1) Aufschwung (Prosperitätsphase, Expansion), (2) Niedergang (Depressionsphase, Kontraktion), (3) oberer Wendepunkt (Niedergang, Krise im technischen Sinn), (4) unterer Wendepunkt (Aufschwung, Wiederbelebung). – 3. *Messung:* (1) → Auslastungsgrad; (2) → Bruttoinlandsprodukt (BIP) oder vergleichbare Größe.

Konjunkturpolitik – 1. *Begriff:* a) *Konjunkturpolitik i.w.S.:* Maßnahmen der staatlichen Wirtschaftspolitik, die einen hohen Auslastungsgrad der Produktionskapazitäten (v.a.

einen hohen Beschäftigungsstand) sowie ein stabiles Preisniveau und eine ausgeglichene Zahlungsbilanz erreichen und sichern sollen. Konjunkturpolitik i.w.S. entspricht weitgehend der → Stabilisierungspolitik. Diese Begriffe werden im täglichen Sprachgebrauch häufig synonym verwendet. – b) *Konjunkturpolitik i.e.S.:* Gesamtheit aller Maßnahmen, die auf die Verstetigung der Nachfrage- und Produktionsentwicklung und einen hohen Auslastungsgrad der Produktionskapazitäten abzielen. Unter → Stabilitätspolitik wird i.d.R. das speziellere Ziel verstanden, den Binnenwert und den Außenwert der Währung zu stabilisieren. Abzugrenzen ist Konjunkturpolitik auch von → Wachstumspolitik, die nicht auf die kurzfristige Verstetigung des Wirtschaftsablaufs abzielt, sondern den Wachstumstrend der Wirtschaft, also die Menge aller dauerhaft rentablen Produktionsmöglichkeiten (→ Produktionspotenzial) erhöhen soll. – 2. *Ziele:* Die Zielsetzung der

Konjunkturpolitik i.e.S. besteht darin, starke Konjunkturausschläge zu vermeiden und auf anhaltende Vollbeschäftigung hinzuwirken. Die Wirtschaft soll im Gleichgewicht gehalten werden und das gesamtwirtschaftliche Angebot im Gleichschritt mit der gesamtwirtschaftlichen Nachfrage expandieren. Zudem soll das außenwirtschaftliche Gleichgewicht gewahrt werden. Ob das in der Praxis der Fall ist, wird mithilfe des Produktionspotenzials und seines Auslastungsgrads ermittelt. Erfolgreich ist die Konjunkturpolitik, wenn es ihr gelingt, Abweichungen des Auslastungsgrades vom Normalauslastungsgrad klein zu halten, also starke Rezessionen mit der Folge von Unterbeschäftigung sowie konjunkturelle Überhitzungen mit der Folge von Produktionsengpässen und starken Preisniveausteigerungen zu vermeiden. – 3. *Instrumente:* a) *Fiskalpolitik:* Im Zuge einer Rezession können entweder die öffentlichen Ausgaben (z.B. öffentliche Investitionen) erhöht und/ oder die öffentlichen Einnahmen (z.B. Steuern) vermindert werden, um die im privaten Sektor vorhandene Kaufkraft zu stärken. Es wird ein negativer Budgetsaldo der öffentlichen Haushalte geschaffen, um die Gesamtnachfrage zu beleben (Deficit Spending) und in einem Konjunkturaufschwung einen Budgetüberschuss zu realisieren, um einer Überbeanspruchung des Produktionspotenzials entgegenzuwirken. Eine solche antizyklische Entwicklung des Budgetsaldos ergibt sich bereits aus der Ausgestaltung des dt. Steuersystems. Das Steueraufkommen geht in Rezessionsphasen stark zurück, während viele Staatsausgaben (z.B. Arbeitslosengeld) in der Rezession ansteigen. Der öffentliche Haushalt wirkt somit automatisch konjunkturstabilisierend (→ automatische Stabilisierung). Eine Voraussetzung für die stabilisierende Wirkung des öffentlichen Budgets ist es, dass die in Aufschwungsphasen reichlich fließenden Steuermittel stillgelegt werden, und dann in der Rezession für zusätzliche Ausgaben zur Verfügung stehen. – b) *Geldpolitik:* Die Geldpolitik kann mit ihrem Instrumentarium die

gesamtwirtschaftliche Nachfrage nicht unmittelbar beeinflussen, aber über Zinssatz- und Geldmengenänderungen hat sie indirekt starken Einfluss auf die Ausgabendispositionen der privaten Haushalte und Unternehmen. Die Wirksamkeit einer konjunkturpolitisch orientierten Geldpolitik hängt im Wesentlichen von der Stärke des Zusammenhangs von monetärem und realem Bereich einer Wirtschaft ab. Die keynesianische Erklärung dieses Zusammenhangs betont die Liquiditätskomponente geldpolitischer Maßnahmen; eine Erhöhung der Bankenliquidität reduziert die Zinssätze und somit die Kreditkosten und beeinflusst auf diesem Wege die realen Investitionen. Die monetaristische Erklärung betont hingegen die Vermögenskomponente: Geldmengenerhöhungen stoßen eine lange Kette von Substitutionsvorgängen an. Zunächst steigt die Nachfrage nach Wertpapieren und an Finanzaktiva, was deren Rendite sinken und am Ende der Kette zu höherer Geldnachfrage führt. Reale Effekte der Geldpolitik sind aber nur vorübergehend; langfristig steigt allein das Preisniveau. – c) *Arbeitsmarktpolitik:* In jüngster Zeit zählen auch arbeitsmarktpolitische Maßnahmen wie v.a. die Förderung der Kurzarbeit zur Stabilitätspolitik. – 4. *Probleme:* Diagnose und Prognose des Konjunkturzyklus (→ Konjunkturprognose); Dosierung und Terminierung konjunkturpolitischer Maßnahmen; Wechselkursregime (→ Stabilisierungspolitik in einer großen offenen Volkswirtschaft; → Stabilisierungspolitik in einer kleinen offenen Volkswirtschaft).

Konjunkturprognose – 1. *Begriff:* Bedingte Vorhersage über den Verlauf der künftigen konjunkturellen Entwicklung. Eine Konjunkturprognose basiert auf der → Konjunkturdiagnose und Regelmäßigkeiten im Konjunkturverlauf, deren Auftreten auch in der Zukunft mit einer gewissen Verlässlichkeit erwartet werden kann. Sie ist sowohl theoretisch als auch empirisch fundiert und beruht auf bestimmten Annahmen (z.B. über den zukünftigen Kurs der inländischen

Wirtschaftspolitik, die weitere Entwicklung der → Wechselkurse, der Konjunktur im Ausland etc.). – 2. *Gegenstand der* Konjunkturprognose ist das Zahlenwerk der Volkswirtschaftlichen Gesamtrechnung (VGR), das ein konsistentes Gesamtbild der Wirtschaftslage vermittelt. Einzelne Größen, denen im Rahmen der Konjunkturprognose bes. Aufmerksamkeit zukommt, sind die Veränderungsraten des realen Bruttoinlandsproduktes, des privaten Konsums, der Investitionen, der Aus- und Einfuhr, der Preise, der Einkommen und der Beschäftigung. – 3. *Der Zeithorizont der* Konjunkturprognose umfasst bis zu sechs oder acht Quartale. In der Öffentlichkeit finden jene Konjunkturprognosen bes. Beachtung, die am Ende des laufenden für das folgende Kalenderjahr abgegeben werden. – 4. *Ziel der* Konjunkturprognose ist es v.a., die Wendepunkte im Zyklus und die Stärke der konjunkturellen Ausschläge zu prognostizieren, und aufzuzeigen, mit welchem Kurs in der Geld-, Finanz-, Sozial- und Lohnpolitik verhindert werden kann, dass es zu stärkeren Abweichungen von den gesamtwirtschaftlichen Zielen kommt. Die Prognose der Wendepunkte ist eine *Zeitpunktprognose;* sie ist damit wesentlich schwieriger und auch ungenauer als die übliche Zeitraumprognose, die eine Aussage über die konjunkturelle Entwicklung über einen längeren Zeitraum macht. – 5. *Verfahren:* Für die kurzfristige Konjunkturprognose (bis zu einem Quartal) haben sich *extrapolative Verfahren,* die bestimmte Regelmäßigkeiten der zu prognostizierenden Zeitreihe in der Vergangenheit erfassen, als durchaus nützlich erwiesen (Zeitreihenanalyse). Die traditionelle Konjunkturprognose stützt sich v.a. auf geeignete → Konjunkturindikatoren, die gegenüber der wirtschaftlichen Aktivität einen zeitlichen Vorlauf aufweisen. Konjunkturindikatoren ermöglichen jedoch nur qualitative Konjunkturprognosen. *Ökonometrische Modelle* lassen dagegen auch quantitative Schätzungen sowohl des Konjunkturverlaufs als auch z.B. von Wahrscheinlichkeiten

zu, mit der z.B. eine Rezession zu erwarten ist. Neben sehr stark disaggregierten Modellen (200 und mehr Gleichungen) werden auch hoch aggregierte Modelle verwandt. – 6. *Praxis:* a) In der praktischen Konjunkturprognose finden zumeist alle beschriebenen *Verfahren* gleichzeitig Anwendung. Prognosewerte für die wichtigsten Größen der Volkswirtschaftlichen Gesamtrechnung (VGR) werden zumeist in einem *iterativen Verfahren* erstellt. Zunächst werden die bereits weitgehend festgelegten Variablen (z.B. zukünftige Staatsausgaben aufgrund eines bereits verabschiedeten Budgets) und exogenen Variablen (s. → Variable, exogene) zusammengestellt. Dann wird eine erste Schätzung der Nachfrage- und Verteilungsrechnung vorgenommen. Anschließend erfolgt eine Berücksichtigung der Rückkopplungseffekte, bis eine konsistente Schätzung aller Variablen des Systems erreicht ist. – b) *Veröffentlichungen:* Die großen → Wirtschaftsforschungsinstitute Deutschlands sowie der → Sachverständigenrat zur Begutachtung der gesamtwirtschaftlichen Entwicklung (SVR) veröffentlichen regelmäßig Konjunkturprognosen. Diese werden u.a. mit ökonometrischen Modellen erstellt, und sie gehen auch in die → Gemeinschaftsdiagnose dieser Institute ein. Konjunkturprognosen für die Weltwirtschaft werden u.a. von der OECD und vom Internationalen Währungsfonds (IWF) erstellt. – 7. *Beurteilung:* Niemand kann sicher wissen, was sich in Zukunft ereignen wird. Konjunkturprognosen müssen daher zwangsläufig Prognosefehler aufweisen. Diese können beruhen auf (1) einer Fehlspezifikation des Prognosemodells, (2) falschen Annahmen über die exogenen Variablen, (3) exogenen Störungen (z.B. Ölpreisschock, Schuldenkrise) und (4) einer Revision des der Schätzung zugrunde liegenden statistischen Datenmaterials. Die Güte von Konjunkturprognosen ist in der Öffentlichkeit umstritten. Am zuverlässigsten sind jene Konjunkturprognosen, die aus dem iterativen Zusammenwirken von Fachleuten und ökonometrischen Prognosemodellen hervorgegangen sind.

Konjunkturprogramm – 1. *Begriff*: In Zeiten konjunkturellen Abschwungs, bspw. bedingt durch hohe Arbeitslosenzahlen, zu geringem Binnenkonsum oder aber einer globalen Krise wie in der Finanzkrise 2008/2009, greift der Staat im Rahmen seiner → Konjunkturpolitik in das marktwirtschaftliche Geschehen mithilfe zeitlich befristeter Maßnahmenbündel ein, die man als Konjunkturprogramme bezeichnet. – 2. *Ziel*: Konjunkturprogramme zielen darauf u.a. mit Steuersenkungen und Ausgaben wie direkten staatlichen Investitionen und auch durch Förderung privater Investitionen die Nachfrage im Wirtschaftskreislauf wieder anzuregen und damit zur Belebung des → Arbeitsmarktes und der Wirtschaft insgesamt beizutragen. – 3. *Klassische Maßnahmen*: (a) Steuer- und Abgabensenkungen, (b) Senkung der Sozialversicherungsbeiträge, (c) Erhöhung von Sozialleistungen, (d) vermehrte staatliche Investionen/ Ausgaben. – 4. *Beispiele*: (a) Gewährung steuerlicher Vergünstigungen: z.B. verbesserte Abschreibungsmöglichkeiten, (b) verstärkte Vergabe öffentlicher Aufträge (z.B. in den Bereichen Straßenbau, Stadtsanierung, Umweltschutz) oder aber durch die Gewährung von Investitionszulagen (u.a. für strukturschwache Regionen zur Arbeitsplätzeschaffung), (c) Senkung der Beiträge z.B. zur Krankenversicherung. – 5. *Ursprung*: Der Gedanke staatlichen Eingreifens in das Wirtschaftsgeschehen durch staatliche Investionen in Zeiten der Rezession geht auf John Maynard Keynes zurück. Er hielt die Nachfrage für den Dreh- und Angelpunkt der Konjunktur. Daher müsse der Staat in Abschwungphasen auch unter Inkaufnahme von Verschuldung diese ankurbeln. Um erfolgreich zu sein, müsen die Maßnahmen rechtzeitig erfolgen, gezielt und zeitlich begrenzt sein. – Vgl. auch → Konjunkturpaket II.

Konjunkturrat – 1. *Begriff*: 1967 nach § 18 StWG errichtete Institution (Beratungsgremium) zur konjunkturpolitischen Koordinierung von Bund, Ländern und Gemeinden, um eine konsistente → Konjunkturpolitik auf allen Ebenen des föderativen Staates zu sichern. – 2. *Besetzung*: Bundesminister für Wirtschaft und Arbeit (Vorsitz) sowie der Finanzen, je ein Vertreter eines Landes und vier Vertreter der Gemeinden, Gemeindeverbände; die Deutsche Bundesbank hat das Recht, an den Sitzungen teilzunehmen. – 3. *Schwerpunkt/Aufgabenbereich*: Prinzipiell alle Aspekte der → Stabilisierungspolitik (wie im StWG kodifiziert); bes. Möglichkeiten der Deckung des Kreditbedarfs der öffentlichen Haushalte (Debt Management). Der Konjunkturrat ist zu hören, wenn über eine Begrenzung der öffentlichen Kreditaufnahme befunden wird (§§ 19–25 StWG). – 4. *Bedeutung*: Zusammen mit den übrigen Instrumenten der zurückgedrängten Stabilisierungspolitik keynesianischer Prägung hat der Konjunkturrat an Bedeutung verloren.

Konjunkturschwankungen – *Konjunkturwellen*; wirtschaftliche Wechsellagen, bzw. zyklische Bewegung wirtschaftlicher Größen im Zeitablauf. Die Erklärung des Zustandekommens von Konjunkturschwankungen ist Gegenstand der → Konjunkturtheorie. – Vgl. auch → Konjunkturzyklus.

Konjunkturstabilisierung → Stabilisierungspolitik.

Konjunkturtest – genauer: *ifo-Konjunkturtest*; Verfahren der Wirtschaftsbeobachtung. Vom → ifo-Institut für Wirtschaftsforschung entwickelte Methode, seit 1950 praktisch angewandt. Es erfolgt eine monatliche Befragung von über 7.000 Unternehmen zu ihrer Einschätzung der konjunkturellen Lage und ihrer kurzfristigen Erwartungen. Der ifo-Konjunkturtest ist in mehr als 300 Produktgruppen bzw. Märkte untergliedert. Aus den Meldungen zum ifo Konjunkturtest wird der ifo Geschäftsklima-Index, Frühindikator für die konjunkturelle Entwicklung, abgeleitet. Die vom ifo-Institut entwickelte Methode wurde von anderen Ländern z.T. mit Änderungen übernommen.

Konjunkturtheorie – 1. *Begriff:* Teil der Volkswirtschaftstheorie, der sich mit dem Erklären des Zustandekommens von zyklischen Bewegungen (→ Konjunktur, → Konjunkturschwankungen) meist makroökonomischer Größen beschäftigt. – 2. *Modelle:* a) *Autoregressive Konjunkturmodelle:* In diesen theoretischen Modellen werden Konjunkturschwankungen auf Zeitverzögerungen (→ Lag) bzw. auf eine geeignete zeitliche Struktur zurückgeführt, wie sie in Differenzen- oder Differenzialgleichungen zum Ausdruck kommen. Optimierungsansätze und Zufallseinflüsse spielen in diesen Modellen keine Rolle, vielmehr wird die Erklärung des Konjunkturphänomens auf das simultane Zusammenwirken (meist makro-)ökonomischer Größen zurückgeführt. (1) *Lineare Konjunkturmodelle:* Ein Konjunkturmodell heißt *linear,* wenn seine zugrunde liegenden dynamischen Gleichungen linear sind oder wenn seine Eigenschaften nicht von denen linearer Systeme abweichen. – *Beispiele:* Zu den bekanntesten linearen Konjunkturmodellen zählen (a) die → Multiplikator-Akzelerator-Modelle von Samuelson (1939) und Hicks (1950). Das Zusammenwirken von linearem → Multiplikator (über die Konsumfunktion) und linearem Akzelerator (über die Investitionsfunktion) führt zu einer linearen Differenzengleichung zweiter Ordnung, deren qualitative Lösungen abhängig sind von den Werten der unterstellten Parameter des Systems. (b) *Weitere wichtige lineare Modelle* stammen von Metzler (Lagerhaltung), Kalecki (Investitionsverhalten) und Phillips (stetiges Multiplikator-Akzelerator-Modell). Als *Lösungen* werden unterschieden: *Gedämpfte Schwingungen* (die → Amplituden der Variablen verschwinden im Zeitverlauf), *harmonische Schwingungen* (die Amplituden der Variablen sind konstant im Zeitverlauf) und *explosive Schwingungen* (die Amplituden steigen beständig, sodass die Werte der Variablen über alle Grenzen anwachsen). Vom Standpunkt der Konjunkturtheorie sind lediglich gedämpfte Schwingungen relevant, da explosive Schwingungen in der Realität nicht vorkommen und harmonische Schwingungen darüber hinaus nur für exakt eine Parameterkonstellation denkbar sind. Da gedämpfte Schwingungen den Konjunkturverlauf im Zeitablauf verschwinden lassen, sind in solchen linearen Modellen andauernde exogene → Schocks notwendig, um persistente Konjunkturschwankungen zu erzeugen. Damit wird letztlich die Erklärung des Konjunkturphänomens auf exogene Faktoren zurückgeführt. (c) Zu den linearen Konjunkturmodellen zählen auch die *Modelle mit rationalen Erwartungen.* Eine bes. Rolle kommt hierbei den Modellen der → Neuen Klassischen Makroökonomik zu. Rationale Erwartungen im Zusammenhang mit Informationsdefiziten und Störungen im monetären Bereich sind für die Auslösung und das Andauern von Konjunkturschwankungen verantwortlich (Lucas 1975). In der Neukeynesianischen Makroökonomie sind hingegen Preis- und Lohnrigiditäten ursächlich für die Schwankungen. (2) *Nicht lineare Konjunkturmodelle:* Sie ermöglichen die Erzeugung von Schwingungen, die nicht auf exogene Einflüsse angewiesen sind. Die mathematische Struktur der Modelle ist allein für das Auftreten von anhaltenden Konjunkturschwankungen verantwortlich. Zu den frühesten nicht-linearen Modellen zählen die Modelle von Kaldor (1940), Hicks (1950) und Goodwin (1951). Unterschieden werden können sie nach der Art des verwendeten mathematischen Instrumentariums: (a) Modelle unter Verwendung des → Poincaré-Bendixson-Theorems: Grundlage ist ein zwei-dimensionales → Differenzialgleichungssystem mit instabilem Gleichgewicht. Wird die Dynamik durch ein abgeschlossenes Gebiet begrenzt, entstehen → Grenzzyklen. (b) Modelle unter Verwendung von *Bifurkationstheorien:* Grundlage ist ein zwei- oder mehrdimensionales Differenzial- oder Differenzengleichungssystem.

Wird ein Parameter des Modells beständig erhöht, kann ein zunächst stabiles Gleichgewicht instabil werden. Beim Übergang von stabilem zu instabilem Gleichgewicht entstehen (Konjunktur-)Schwankungen. (c) → Räuber-Beute-Modelle: Die Variablen eines Konjunkturmodells verhalten sich zueinander wie Räuber- und Beute-Populationen in biologischen Modellen (z.B. Lohn- und Beschäftigungsquote). Die Anfangswerte der Variablen bestimmen die (konstante) Amplitude des entstehenden Zyklus. Hinter dieser Beschreibung steht die Hypothese, dass Konjunkturschwankungen das Ergebnis von Verteilungskämpfen sind. (d) Neuere Ansätze, die in mittelfristigen makroökonomischen Modellen die mathematische Eigenschaft des *Chaos* nachweisen (→ Chaos-Theorie) sowie jene ökonomischen Modelle, in denen sog. Katastrophen, d.h. große plötzliche Sprünge der Variablen auftreten. (3) *Stochastische Ansätze:* Die Bedeutung zufallsbedingter Einflüsse für den Konjunkturverlauf wird in praktisch allen Konjunkturtheorien erkannt, ohne dass sie in jedem Einzelfall explizit berücksichtigt werden. Es gibt jedoch Erklärungsansätze, die gerade diese *Zufallseinflüsse* in das Zentrum der Konjunkturerklärung rücken. E. Slutzky (1937) zeigte bereits, dass Konjunkturschwankungen sich in ihrer zeitlichen Struktur genauso verhielten wie stochastische Zeitreihen, ohne dass damit jedoch eine Erklärung der Konjunkturschwankungen geliefert wurde. W. Krelle (1959) entwickelte ein Konjunkturmodell, in dem Entstehung, Frequenz und Amplitude der Konjunkturschwankungen rein stochastisch bedingt sind. – a) *Optimierungsansätze:* In diesen Modellen werden Konjunkturschwankungen aus dem Optimierungsverhalten von Entscheidungsträgern hergeleitet. Im Vordergrund stehen hierbei Modelle der *Neuen Politischen Ökonomie.* Die Regierung eines demokratischen Staates maximiert z.B. die Anzahl der Wählerstimmen bei einer Wahl mit geeigneten wirtschaftspolitischen Maßnahmen unter Berücksichtigung

ökonomischer Nebenbedingungen, z.B. der → Phillips-Kurve. Die Lösung dieses Optimierungsansatzes führt zu einem zyklischen Verlauf von Rate der Inflation und → Arbeitslosenquote, sodass diese (Konjunktur-) Schwankungen letztlich durch das politische System bedingt sind. In neuester Zeit wurde gezeigt, wie das Optimierungsverhalten im Rahmen einer staatlichen Wirtschaftspolitik Konjunkturausschläge verstärken kann. – b) *Real-Business-Cycle-Modelle (RBC-Modelle):* Von den Konjunkturtheorien der → Neuen Klassischen Makroökonomik sind die RBC-Modelle von bes. Bedeutung. *Stochastische Schocks* wirken über die Produktionsfunktion auf das gesamtwirtschaftliche Angebot ein, sodass zusammen mit Verstärkereffekten Schwankungen der gesamtwirtschaftlichen Produktion auftreten können, die als Konjunkturschwankungen interpretierbar sind. Die *Verstärkereffekte* können z.B. über die Zeitdauer der Investitionsgüterproduktion oder über substituierendes Verhalten bez. Arbeitszeit und Freizeit eingeführt werden. Die *empirische Relevanz* der RBC-Modelle ist allerdings umstritten. – c) *Ökonometrische Konjunkturmodelle:* Für die vergangene konjunkturelle Entwicklung einer Wirtschaft wird auf der Basis theoretischer Überlegungen ein dynamisches ökonometrisches Modell statistisch geschätzt (Ökonometrie). Ist die Schätzung hinreichend gut, kann dieses ökonometrische Konjunkturmodell zur → Konjunkturprognose herangezogen werden.

Konjunkturwellen → Konjunkturschwankungen.

Konjunkturzuschlag – konjunkturdämpfende Maßnahme (→ Konjunkturpolitik). Im Konjunkturaufschwung wird ein Teil des steuerpflichtigen Einkommens zusätzlich abgeschöpft und bei der Deutschen Bundesbank stillgelegt; im Konjunkturabschwung soll der Konjunkturzuschlag zurückgezahlt werden. Einen Konjunkturzuschlag kann die Bundesregierung per Verordnung und damit rasch erheben. Seit Einführung der Schuldenbremse wird dessen Funktion aber vom Kontrollkonto übernommen, auf das konjunkurell bedingte Mehreinnahmen oder Minderausgaben im Bundeshaushalt gebucht werden müssen und die bei schlechter Konjunkturlage mobilisiert werden können.

Konjunkturzyklus – Bezeichnung für den Zeitabschnitt zwischen Beginn der ersten und Ende der letzten → Konjunkturphase. Der Konjunkturzyklus wird meistens von einem oberen (unteren) Wendepunkt zum nächsten oberen (unteren) Wendepunkt gemessen. Die → Konjunkturtheorie unterscheidet Zyklen verschiedener *Länge:* (1) *Kitchin-Zyklus* (drei bis vier Jahre), auch als *Mitchell-Zyklus* bezeichnet; 1923 von J. Kitchin in den USA und Großbritannien festgestellt; Existenz umstritten; (2) *Juglar-Zyklus* (sieben bis elf Jahre); 1860 von C. Juglar festgestellt; dieses ist der Konjunkturzyklus i.e.S; (3) *Kondratieff-Zyklus* (50 bis 60 Jahre); 1926 von N.D. Kondratieff festgestellt. – Vgl. auch → Konjunkturgeschichte, → politischer Konjunkturzyklus.

Konkurrenzzone → Preisabsatzfunktion.

konstanter Skalenertrag – Die Produktionstechnik einer Einproduktunternehmung weist konstanten Skalenertrag auf, wenn bei einer Erhöhung aller Faktoreinsatzmengen um das λ-fache die Ausbringungsmenge ebenfalls um das λ-fache steigt (λ > 0). – *Formal:* Ist x ein Inputvektor und f eine → Produktionsfunktion, so gilt: f(λx) = λ f(x) für alle λ > 0, d.h. f(x) ist homogen vom Grad 1 (→ Linearhomogenität). – Vgl. auch → Homogenität und → homogene Produktionsfunktion.

Konsum – *Konsumtion.*

I. **Allgemein:** Verbrauch und/oder Nutzung materieller und immaterieller Güter durch Letztverwender.

II. **Marketing:** Untersuchungsgegenstand sind bes. die Einflussfaktoren der Höhe des Konsum in einzelnen Güterbereichen, der Produktwahl und der Einkaufsstättenwahl. – Vgl.

auch Kaufverhalten, Käufer- und Konsumentenverhalten.

III. **Volkswirtschaftliche Gesamtrechnung:** Teil der Verwendung des → Bruttoinlandsprodukts (BIP). Konsum wird nach dem Ausgaben- und nach dem Verbrauchskonzept abgegrenzt. – 1. Nach dem *Ausgabenkonzept* enthält Konsum die Konsumausgaben der privaten Haushalte, der privaten Organisationen ohne Erwerbszweck und des Staates. – 2. Nach dem *Verbrauchskonzept* werden die Konsumausgaben des Staates in individualisierbare und kollektive Güter (→ Kollektivkonsum) aufgespalten und der individualisierbare Teil dem → Individualkonsum der privaten Haushalte zugerechnet. Entsprechend ist nach dem Verbrauchskonzept der Individualkonsum der privaten Haushalte größer als deren Konsumausgaben.

Konsumaktivität → institutionelle Theorie der Haushaltung.

Konsumausgaben des Staates – Wert der Güter, die vom Staat produziert werden (ohne selbsterstellte Anlagen und Verkäufe) zzgl. der vom Staat auf dem Markt gekauften Güter, die ohne irgendwelche Umwandlungen als soziale Sachtransfers den privaten Haushalten für ihren Konsum zur Verfügung gestellt werden.

Konsument – *Endverbraucher;* Einzelperson, Haushalt oder größere Gruppe mit gemeinsamer Zielsetzung beim → Konsum. I.d.R. wird unterstellt, dass ein Konsument mit dem Ziel der Nutzenmaximierung und unter Berücksichtigung physiologischer und ökonomischer Beschränkungen einen optimalen Konsumplan bzw. ein optimales Konsumgüterbündel als → Nachfrage nach Konsumgütern auswählt. – Vgl. → Nachfragetheorie des Haushalts.

Konsumfunktion – Darstellung der funktionalen Abhängigkeit der Konsumausgaben von verschiedenen Einflussfaktoren wie Einkommen, Preise, Vermögen, Zinsniveau. – 1. *Annahmen über die Bestimmungsgründe der Konsumnachfrage* (Konsumhypothesen) stellen aufgrund der Aufteilung des Einkommens (Y) auf Konsum (C) und Sparen (S), d.h. Y = C + S, zugleich Hypothesen über das Sparverhalten dar. Die einfachste Konsumhypothese besagt, dass der Konsum vom laufenden Einkommen abhängt, und zwar so, dass mit steigendem Einkommen die Konsumnachfrage steigt: C = C(Y), mit 0 < dC/dY < 1. Die Ableitung dC/dY repräsentiert die marginale → Konsumquote (c). Wegen Y = C + S folgt die → Sparfunktion: S = Y- C(Y) = S(Y). 2. *Verläufe:* a) Keynes unterstellte einen *speziellen Verlauf* der Konsumfunktion: Nach seinem „fundamentalen → psychologischen Gesetz" nimmt der Konsum mit steigendem Einkommen zu, allerdings nur unterproportional. Ferner ging Keynes davon aus, dass die durchschnittliche Konsumquote (C/Y) mit steigendem Einkommen sinkt. Keynes betrachtete das Sparen als Luxus und nahm daher an, dass die Reichen einen höheren Anteil ihres Einkommens sparen können als die Armen. – b) Vereinfachend wird in der ökonomischen Theorie häufig mit einer *linearen* Konsumfunktion gearbeitet: C = C_0 + cY, mit C_0 = Basiskonsum oder → autonomer Konsum > 0, 0 < c = konstant < 1. Diese Konsumfunktion ist mit dem psychologischen Gesetz von Keynes vereinbar, denn für die marginale Konsumquote gilt: dC / dY = c < 1 und für die durchschnittliche C / Y = C_0 / Y + c. Dabei nimmt C / Y mit wachsendem Einkommen ab. Grafisch ergibt sich die Darstellung „Konsumfunktion". 3. *Empirische Untersuchungen* (v.a. von Kuznets, 1946) zeigen eine langfristig konstante durchschnittliche Konsumquote. Erklärungen: (1) → Relative Einkommenshypothese; (2) permanente Einkommenshypothese (→ permanentes Einkommen); (3) Lebenszyklushypothese (Lebenszeit-Einkommenshypothese). Neben dem in den letzten Ansätzen als Konsumdeterminante berücksichtigten Vermögen wird in der Literatur darüber hinaus ein spezifischer realer Vermögenseffekt diskutiert, der das Konsumverhalten im Konjunkturverlauf stabilisiert (Pigou, 1941): Bei einem Anstieg

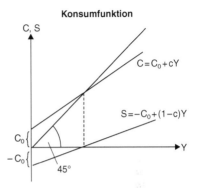

Konsumfunktion

des realen Vermögensbestandes durch eine Preissenkung (etwa im Abschwung) steigen die Konsumausgaben bei gegebenem Einkommen, weil das geplante Sparen reduziert werden kann. Dadurch wird der Abschwung gebremst. – 4. Die *Abhängigkeit der Konsumquote von der Einkommensverteilung* wird auf Keynes zurückgeführt und wurde von Kaldor formalisiert. Die Konsumausgaben (C) bestehen aus: (1) Ausgaben aus Lohneinkommen (C_L = c_L L) und (2) Ausgaben aus Gewinneinkommen (C_G = c_G G); es gilt: C = c_L L + c_G G. Mit der Verteilungsgleichung Y = L + G folgt:

C = (c_L - c_G) L + c_G Y

C = [(c_L - c_G) L / Y + c_G] Y.

Dabei ist der Ausdruck in der eckigen Klammer die von der Lohnquote (L / Y) abhängige Konsumquote, wobei gilt: 0 < c_G < c_L < 1. Mit steigender Lohnquote L/Y steigen die Konsumausgaben (Kaufkrafteffekt). – 5. *Dynamische Funktionen:* In dynamischen Modellen (→ dynamische Makroökonomik) werden verschiedene *zeitliche Verzögerungen* (→ Lags) in die Konsumfunktion eingebaut. Zudem wird zwischen *kurz- und langfristigen Funktionen* unterschieden, wobei angenommen wird, dass die kurzfristige Konsumfunktion flacher als die langfristige verläuft, was der → relativen Einkommenshypothese entspricht. Außerdem kann der laufende Konsum auch vom zukünftig erwarteten Konsum und vom Realzins abhängen, wenn die

Konsumnachfrage aus einem intertemporalen Nutzenmaximierungsansatz abgeleitet wird. – Vgl. auch → Euler-Gleichung des Konsums.

Konsumgewinne aus internationalem Handel – Internationaler Handel beinhaltet die Möglichkeit, die von einer Volkswirtschaft erzeugten Güter zu bestimmten Tauschverhältnissen (→ Terms of Trade) gegen andere Güter zu tauschen. Dies eröffnet zusätzliche Konsummöglichkeiten, die immer dann zu positiven Wohlfahrtswirkungen führen, wenn die verschiedenen Güter in den Augen der Konsumenten gegeneinander substituierbar sind.

Konsumgüter – *Konsumwaren;* alle → Güter, die von → Konsumenten (Letztverbrauchern) verbraucht (Verbrauchsgüter) oder genutzt (Gebrauchsgüter) werden.

Konsumhypothesen → Konsumfunktion, → Realplanung.

Konsumklimaindex – von der Forschungsstelle für empirische Sozialökonomik, Köln, und der Gesellschaft für Konsumforschung (GfK), Nürnberg, aus repräsentativen Befragungen von privaten Haushalten ermittelte Einschätzung der Konsumneigung und der Konsumabsichten. Erfragt werden die Beurteilung der allg. wirtschaftlichen Lage, der vergangenen und zukünftigen persönlichen Haushaltslage und die Einstellung zur vergangenen und zukünftigen Einkommensentwicklung. – Vgl. auch → Konjunkturindikatoren.

Konsum-Lag → Robertson-Lag.

Konsumquote – Begriff der → Makroökonomik. Der Konsum (C) hängt von verschiedenen Einflussfaktoren ab; als primärer Einflussfaktor wird jedoch das Volkseinkommen (Y) angesehen (→ Konsumfunktion). – 1. Die *durchschnittliche* Konsumquote wird durch C/Y gegeben. Sie gibt den Teil des Einkommens an, der für Konsumzwecke verwendet wird. – 2. Die *marginale* Konsumquote wird aus der 1. Ableitung der Konsumfunktion

nach dem Volkseinkommen, d.h. dC/dY entwickelt. Sie gibt an, um welchen Betrag der Konsum steigt, wenn das Volkseinkommen um einen infinitesimalen Betrag (näherungsweise eine Einheit) steigt. Ihr Wert liegt i.d.R. unter 1. – Durchschnittliche Konsumquote und durchschnittliche Sparquote sowie marginale Konsumquote und marginale Sparquote ergänzen sich jeweils zu 1, wenn von der → Hortung abgesehen wird (→ Multiplikator). In makroökonomischen Gütermarktmodellen, in denen die staatliche ökonomische Aktivität berücksichtigt wird, beziehen sich die durchschnittliche und marginale Konsumquote auf das verfügbare Einkommen $Y^v = Y - T = (1 - t) Y$, wobei: Y^v = verfügbares Einkommen, $T = t \cdot Y$ = Steuerzahlungen an den Staat mit $0 < t$ = Steuersatz < 1.

Konsumtechnik → institutionelle Theorie der Haushaltung.

Konsumtheorie – Lehre von den Bestimmungsfaktoren des → Konsums, seiner kurz- und langfristigen Abhängigkeit. Maßgebend sind ökonomische, soziologische und psychologische Faktoren; sie werden jeweils als Schwerpunkt in den verschiedenen Konsumtheorien hervorgehoben. Ein geschlossenes Gesamtkonzept existiert außerhalb der mikroökonomischen → Haushaltstheorie nicht.

Konsumtion → Konsum.

Konsumzeit – jene Zeitquanten, die ein → Haushalt im Rahmen der → institutionellen Theorie der Haushaltung benötigt, um Gütereigenschaften gemäß seiner Konsumtechnik so zu transformieren, dass sie ihm → Nutzen stiften.

Kontingent – vom Staat festgesetzte wert- oder mengenmäßige → Quote zur Begrenzung eines Warenangebots, etwa bei der → Ausfuhr oder → Einfuhr oder im Zug planwirtschaftlicher Maßnahmen. – Im internationalen Handel haben v.a. *Einfuhrkontingente* (Einfuhr- bzw. → Importkontingentierung) handelspolitische Bedeutung. Diese werden entweder *autonom* fixiert oder in zwischenstaatlichen Verhandlungen *vertraglich* vereinbart (→ Handelsabkommen). – Vgl. auch → Außenwirtschaftspolitik.

Kontingentverteilung → Verteilungsverfahren.

Kontraktion → Konjunkturphasen.

Kontroll-Zertifikat → Inspektionszertifikat.

Konvertibilität – *Konvertierbarkeit*. 1. *Begriff:* Element liberaler → Außenwirtschaftspolitik, bei der das Recht besteht, Währungsguthaben in andere Währungen umzutauschen und zu transferieren. Realisierung der Konvertibilität ist eines der Ziele des IWF. – 2. *Arten:* a) *Volle Konvertibilität:* Konvertibilität ohne jede Einschränkung, d.h. für in- und ausländische natürliche und juristische Personen, für laufende Zahlungen und Kapitaltransaktionen sowie sämtliche Währungen. – b) *Beschränkte Konvertibilität:* (1) bezogen auf Person bzw. Institution: Das Recht zum Umtausch inländischer in fremde Währung kann auf Ausländer bzw. ausländische Zentralbanken (bzw. Inländer bzw. inländische Zentralbanken) beschränkt werden *(Ausländerkonvertibilität bzw. Inländerkonvertibilität)*. (2) Bezogen auf Verwendungszweck: Die Konvertibilität gilt lediglich für Zahlungen aus laufenden Transaktionen (Waren- und Dienstleistungsverkehr) sowie Schuldendienste; Kapitaltransaktionen unterliegen dagegen Beschränkungen. (3) Bezogen auf Währungen: Nur bestimmte Währungen können gegen einheimische Währung eingetauscht werden. – 3. *Wirtschaftliche Bedeutung:* Förderung der internationalen Arbeitsteilung durch Verzicht auf Beeinträchtigung des Waren- und Dienstleistungsaustausches sowie Ermöglichung → internationaler Kapitalbewegungen.

Konvertierbarkeit → Konvertibilität.

Konzertierte Aktion – 1. *Begriff:* a) *Allgemein:* Versuch, das Verhalten unterschiedlicher Interessengruppen auf freiwilliger Basis miteinander abzustimmen; gemäß § 3 StWG vorgesehen, aber ohne Angaben, ob und in welcher Form die Konzertierte Aktion zu institutionalisieren ist. – b) *Institution:* Ein vom Bundesminister für Wirtschaft ausgewählter und einberufener Gesprächskreis *(Konzertierte Aktion):* 1967 erstmalig einberufen, seit 1976 faktisch aufgelöst. – 2. *Zweck:* Die Konzertierte Aktion diente zur Absicherung einer „offenen Flanke" (Schiller) der im Stabilitätsgesetz kodifizierten Fiskalpolitik keynesianischer Prägung; der Koordination mit der Geldpolitik unter Wahrung der Unhabhängigkeit der Bundesbank und v.a. der einkommenspolitischen Koordination zwischen Bundesregierung und Tarifpartnern (informelle Abstimmung), da nur eine einkommenspolitische Absicherung die Fiskalpolitik davor bewahrt, durch lohnpolitisches „Fehlverhalten" unterlaufen zu werden. Durch die Konzertierte Aktion sollten zudem wichtige gesellschaftliche Gruppen in die konjunkturpolitische Willensbildung und Verantwortung einbezogen werden. – 3. *Bedeutung:* Die Konzertierte Aktion war in den Aufschwungsphasen recht erfolgreich, geriet bei der Verteilung des Mangels in den Rezessionen der 1970er-Jahre aber unter Druck; die Fronten verhärteten sich. Seit einer Klage der Arbeitgeber zum Mitbestimmungsgesetz ist die Konzertierte Aktion nicht mehr einberufen worden. Ansatzweise wurde versucht sie im Bündnis für Arbeit (ohne Bundesbank) wiederaufzuleben zu lassen. Aber auch dies scheiterte.

Kooperation – *zwischenbetriebliche Kooperation.*

I. **Begriff:** Zusammenarbeit zwischen meist wenigen, rechtlich und wirtschaftlich selbstständigen Unternehmungen zur Steigerung der gemeinsamen Wettbewerbsfähigkeit. – *Intensitätsstufen der Zusammenarbeit:* (1) Informationsaustausch; (2) Erfahrungsaustausch; (3) Absprachen; (4) Gemeinschaftsarbeiten ohne Ausgliederung einer (mehrerer) Unternehmensfunktion(en); (5) Gemeinschaftsarbeiten mit Ausgliederung einer (mehrerer) Unternehmensfunktion(en); (6) Gütergemeinschaft; (7) Bildung eines Kooperationsmanagements; (8)

Gemeinschaftsgründung; (9) rechtliche Ausgliederung des Kooperationsmanagements. – Die Intensitätsstufen (7) und (9) beziehen sich auf die gesamte Kooperationsinstitution und deren Organisationsgrad, die restlichen Intensitätsstufen auf die Art und Weise der Kooperationsbeziehungen.

II. Formen: 1. Nach den *beteiligten Wirtschaftsstufen:* a) *Horizontale Kooperation:* Zusammenarbeit zwischen Wettbewerbern der gleichen Wirtschaftsstufe, die gleichartige oder eng substituierbare Güter anbieten, z.B. zwischen Herstellern von Haushaltsgeräten oder zwischen Lebensmittel-Einzelhändlern. Die Horizontal-Kooperation kann die gesamte Branche (Branchen-Kooperation) oder nur wenige Unternehmen eines Wirtschaftszweiges umfassen (Gruppen-Kooperation). b) *Vertikale Kooperation:* Zusammenarbeit zwischen Betrieben, die unterschiedlichen Wirtschaftsstufen angehören, z.B. Kooperation zwischen Industrie und Handel bei Vertriebsbindungen, bei der vertikalen Preisbindung oder innerhalb des Handels, etwa zwischen Großhandel und gewissen Einzelhändlern bei den freiwilligen Ketten. – 2. Nach den *gemeinschaftlich durchgeführten Funktionen:* a) Die Kooperation kann sich auf nahezu alle betrieblichen Funktionen erstrecken, z.B. auf Beschaffung, → Produktion, Absatz und Finanzierung: *gesamtfunktionelle Kooperation.* b) Meist bleibt die Zusammenarbeit auf einzelne Funktionen beschränkt: *Teilfunktionelle* bzw. *sektorale Kooperation,* z.B. Beschaffungs-, Produktions-, Absatz-, Verwaltungs- oder Finanz-Kooperation. – 3. Nach den *Marktgebieten, auf die sich die kooperative Tätigkeit erstreckt:* a) Zusammenarbeit auf regionalen oder überregionalen *Inlandsmärkten.* b) Zusammenarbeit auf *Auslandsmärkten,* und zwar im Hinblick auf die Beschaffung (Import-Kooperation) und bez. des Absatzes (Export-Kooperation). – 4. Nach der *beabsichtigten Dauer kooperativer Aufgabenerfüllung:* a) Zusammenarbeit beim Erhalt bzw. der Erfüllung eines Einzelauftrags *(Auftrags-Kooperation).* b) Zusammenarbeit

in bestimmten Bereichen auf längere Sicht *(kurz-, mittel- oder langfristige Kooperation).*

III. Kartellrechtliche Beurteilung: Mit der Kooperation von Unternehmungen sind vielfältige volks- und betriebswirtschaftliche sowie steuer-, gesellschafts- und kartellrechtliche Probleme verbunden. Während manche Kooperationen, etwa von kleinen und mittleren Unternehmen, zu einer spürbaren Wettbewerbsbelebung führen, können von anderen Kooperationen Wettbewerbsbeschränkungen ausgehen, die das Marktergebnis negativ beeinflussen. Aufgrund der oben aufgezeigten großen Vielfalt an Formen und Intensitätsstufen von Kooperationen ist daher von den Kooperationsteilnehmern in jedem Einzelfall selbst zu prüfen, ob die Kooperation gegen das Verbot des § 1 GWB und des Art. 101 I AEUV verstößt oder ob eine Legalisierung gemäß der §§ 2f. GWB und Art. 101 III AEUV in Betracht kommt. Sie können dabei auf Merkblätter und Leitlinien des *Bundeskartellamts* und der Europäischen Kommission zurückgreifen, die Hilfestellung bei der Selbsteinschätzung sowie bei der Auslegung der einschlägigen kartellrechtlichen Bestimmungen geben. Ferner besteht die Möglichkeit, die Kartellbehörde um eine Entscheidung zu bitten, nach der bez. der Kooperation die Voraussetzungen des § 1 GWB und des Art. 101 I AEUV nicht vorliegen, sodass die Kartellbehörde keinen Anlass zum Tätigwerden sieht (§ 32c GWB).

IV. Kooperation im Auslandsgeschäft: Internationale Kooperation, → regionale Integration.

Kooperationsabkommen – Völkervertragsrechtliches Abkommen zwischen zwei Staaten oder Staatengemeinschaften, geht über die in → Handelsabkommen üblichen Vereinbarungen über eine Förderung des gegenseitigen Warenaustausches hinaus und umfasst außerdem Absprachen über eine politische, wirtschaftliche, finanzielle und technische Zusammenarbeit in den Bereichen der industriellen Fertigung, der landwirtschaftlichen Erzeugung und des Handels.

Koordination – I. Organisation: 1. *Begriff:* Anlass zu Koordination besteht, wenn zwischen den arbeitsteiligen (→ Arbeitsteilung) Handlungen der organisatorischen Einheiten → Interdependenzen existieren. – 2. *Aufgaben:* a) Koordination löst Verteilungskonflikte. – b) Koordination trägt dazu bei, dass die Arbeitsabläufe so gestaltet werden, dass Doppelarbeit vermieden wird und sich eine optimale Reihenfolge realisieren lässt. – c) Koordination führt dazu, dass die Unternehmensziele stets bewusst gemacht, in der täglichen Arbeit einheitlich angewandt und ggf. auf Verbesserungs- und Änderungsmöglichkeiten hin überprüft werden. – d) Koordination gleicht Wissens- und Wahrnehmungsunterschiede unter den Organisationsmitgliedern aus. – 3. *Grenzen:* Der Einsatz von Koordinationsinstrumenten verursacht Kosten (Abstimmungskosten) und Demotivationseffekte. Ein Verzicht auf Koordination hingegen verursacht Autonomiekosten. Im Hinblick auf die organisatorische Effizienz stellt sich somit die Frage nach dem optimalen Koordinationsgrad.

II. Volkswirtschaft: 1. *Begriff:* Abstimmung von Wirtschaftsplänen in einer arbeitsteiligen Wirtschaft. Realgüterwirtschaftlich betrachtet besteht ein Koordinationsbedarf hinsichtlich (1) der Konsumpläne der Haushalte und der Produktionspläne der Unternehmen sowie (2) der Produktionspläne der Unternehmen, die untereinander in Zulieferbeziehungen stehen. – 2. *Arten:* a) *Marktmäßige Koordination (Ex-Post-Koordination):* Die bei juristischer (Vertragsfreiheit, *Privatautonomie*, § 311 BGB) und planerischer Selbstständigkeit gefassten Wirtschaftspläne werden schrittweise einander angepasst, wobei divergierende Wirtschaftspläne Preisbewegungen auslösen und auf die Wirtschaftspläne korrigierend zurückwirken. Eine Koordination ergibt sich allmählich nach Ablauf einiger Perioden. Überwiegendes Koordinationsprinzip

in der Marktwirtschaft. – b) *Zentralplanmäßige Koordination (Ex-Ante-Koordination):* Die Abstimmung der Wirtschaftspläne erfolgt vor ihrer späteren Durchführung. Eine Koordinationsinstanz erarbeitet, ausgehend von einer wirtschaftlichen Zielsetzung, die Leistungsbeiträge der beteiligten Wirtschaftseinheiten und weist sie als verbindliche Planvorgaben zu. Die Koordination ist bei der Planausführung ohne spätere Korrekturnotwendigkeiten somit gewährleistet. Überwiegendes Koordinationsprinzip in der Zentralverwaltungswirtschaft und in der Organisation.

III. Außenwirtschaft: → regionale Integration.

Koordinationsversagen – Bezeichnung für eine Situation, in der die Entscheidungsträger ein Ergebnis erreichen, das für alle schlechter ist als ein Ergebnis, das sich durch eine Koordination ihrer Strategien erzielen ließe. Koordinationsversagen wird im → Neuen Keynesianismus als eine Ursache für mangelnde Preisflexibilität angesehen. Kommt es z.B. zu einem Rückgang des nominalen Geldangebots, würde eine proportionale Verminderung aller Preise die Realkasse unverändert lassen und somit negative Auswirkungen der Geldangebotsverringerung auf Einkommen und Beschäftigung verhindern. Wegen des Auftretens von → Gesamtnachfrageexternalitäten wird ein einzelnes Unternehmen sich genauso verhalten wollen wie alle anderen Unternehmen: Geht dieses Unternehmen davon aus, dass die anderen Unternehmen ihre Preise senken, wird es seinen Preis auch senken, geht es jedoch davon aus, dass die anderen Unternehmen ihre Preise beibehalten, wird es seinen Preis auch beibehalten. Könnten sich alle Unternehmen auf eine Preissenkung verständigen, wäre dies für alle vorteilhaft, weil sich ein Rückgang von Einkommen und Beschäftigung verhindern ließe. – *In der Realität* wird eine solche Koordination jedoch häufig nicht auftreten. Weil die einzelnen Unternehmen mit Preisinflexibilität bei den anderen Unternehmen rechnen, kommt es dann im Sinne einer sich selbsterfüllenden Prophezeiung tatsächlich zu makroökonomischen Preisstarrheiten, obwohl dies für alle mit Nachteilen verbunden ist.

Kosten – I. Betriebswirtschaftslehre: 1. *Begriff*: bewerteter Verzehr von wirtschaftlichen Gütern materieller und immaterieller Art zur Erstellung und zum Absatz von Sach- und/oder Dienstleistungen sowie zur Schaffung und Aufrechterhaltung der dafür notwendigen Teilkapazitäten. Kosten werden üblicherweise aus dem Aufwand hergeleitet (Abgrenzung). – 2. *Begriffsausprägungen:* (1) wertmäßiger Kostenbegriff, (2) pagatorischer Kostenbegriff und (3) entscheidungsorientierter Kostenbegriff. – 3. *Ermittlung:* aus den Aufwendungen der Finanzbuchhaltung (1) durch Ausscheiden der neutralen Aufwendungen, (2) durch Einfügung der nicht als Aufwand verbuchten Zusatzkosten (z.B. kalkulatorischer Unternehmerlohn, kalkulatorische Zinsen auf Eigenkapital) und (3) durch Umformung kalkulatorisch ungeeigneten Aufwandes in Anderskosten als Form der kalkulatorische Kosten (kalkulatorische Abschreibungen, kalkulatorische Zinsen auf Fremdkapital, kalkulatorische Wagnisse).

II. Volkswirtschaftslehre: bewerteter Güterverzehr in der → Produktion. Zu diesem Zweck muss dieser addierbar gemacht werden. Dies geschieht meist dadurch, dass die Gütereinheiten (→ Produktionsfaktoren) in Geldeinheiten ausgedrückt, d.h. mit ihren Preisen (Faktorpreisen) bewertet werden. Grundsätzlich könnte man jedoch auch ein Numeraire-Gut (Standardgut) als Werteinheit definieren (relativer → Preis). Beim Bewertungsprozess kann man auf Marktpreise oder auf Wertgrößen im Sinn entgangener Nutzen (→ Opportunitätskosten, Alternativkosten oder Kosten im volkswirtschaftlichen Sinn) zurückgreifen, Letzteres v.a. dann, wenn Marktpreise fehlen oder externe Effekte auftreten.

Kostenfunktion – 1. *Begriff/Charakterisierung:* Die *Gesamtkostenfunktion* gibt alle → Kosten an, die anfallen, wenn eine Menge x eines Gutes bei gegebenen Faktorpreisen q mit der durch die → Produktionsfunktion x = f(r) beschriebenen Technologie produziert wird:

$$K = F(x).$$

2. *Kostenarten:* Man unterscheidet zwischen *fixen Kosten* (FK), auch als Kosten der Betriebsbereitschaft bezeichnet, und den *variablen Kosten* (VK). FK variieren nicht mit der Produktion, fallen aber in jedem Fall an, wenn man produktionsbereit sein will (z.B. Ausgaben für Gebäude, Gehälter des Managements). VK beziehen sich z.B. auf Rohstoffe, Energie, Arbeitsleistungen in der Produktion. Die Zuordnung kann im Einzelfall schwierig sein, da langfristig alle Kosten eliminierbar sind, andererseits auch institutionelle Faktoren zu berücksichtigen sind (langfristige Verträge, Ausdehnung des Kündigungsschutzes etc.). Insgesamt gilt:

$$K(x) = FK + VK(x).$$

3. *Verläufe:* Die VK können *proportional*, *über-* und *unterproportional* mit der hergestellten Menge variieren. Sie können aber auch zunächst unterproportional und dann überproportional steigen (vgl. Abbildung „Kostenfunktion (1)"). Welcher Fall eintritt, hängt einerseits von der Produktionstechnik, andererseits von den Faktorpreisen ab. Berücksichtigt man die Fixkosten, so verschiebt sich die VK(x)-Kurve um den FK-Betrag nach oben (z.B. Abbildung „Kostenfunktion (2)"), es resultiert die Kurve K(x). 4. *Kostenkategorien:* K(x) werden auch Gesamtkosten oder *Totalkosten* genannt. Daneben gibt es die *Durchschnittskosten* und die → *Grenzkosten* als weitere Kostenkategorien. Die Durchschnittskosten (DK) werden auch als *Stückkosten* bezeichnet. Sie werden definiert als

$$DK(x) = \frac{K(x)}{x} = \frac{FK}{x} + \frac{VK}{x} = DFK + DVK(x).$$

DFK nennt man die Fixkosten je Stück, DVK(x) die durchschnittlichen variablen Kosten.

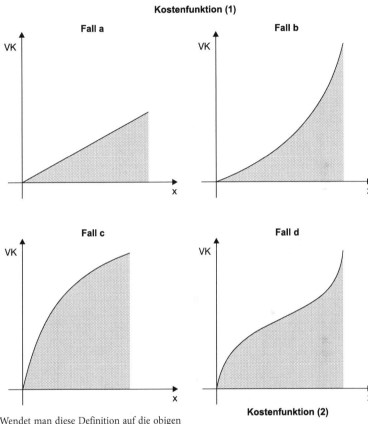

Kostenfunktion (1)

Fall a

Fall b

Fall c

Fall d

Wendet man diese Definition auf die obigen Fälle a bis d (vgl. Abbildung „Kostenfunktion (2)") an, so ergibt sich Abbildung „Kostenfunktion (3)". Die *Grenzkosten* (GK) sind definiert als die Kosten, die dadurch entstehen, dass man eine zusätzliche Einheit produziert. In infinitesimaler Betrachtung stellen sie den Anstieg K'(x) bzw. VK'(x) der totalen oder variablen Kostenfunktion dar. Dies führt zu den Verläufen aus Abbildung „Kostenfunktion (2)". Ist die Kostenfunktion linear, stimmen DVK und GK überein und sind konstant. Steigt die K(x)- bzw. die VK(x)-Funktion überproportional an, steigen DVK und GK

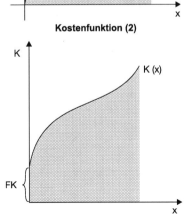

Kostenfunktion (2)

Kostenfunktion (3)

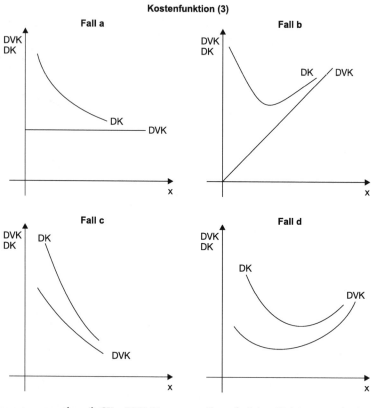

monoton an, und es gilt GK > DVK. Umgekehrt verhält es sich, wenn Unterproportionalität vorliegt: DVK > GK, DVK und GK fallen. Im Fall d verlaufen GK, DVK und DK u-förmig. DVK und DK erreichen ihr jeweiliges Minimum, wenn sie auf die GK-Kurve treffen. – 5. *Kosteneinflussgrößen*: Neben der Produktionsmenge hängen die Kosten wesentlich von den Preisen der Einsatzfaktoren, der Faktorqualität, dem Produktionsprogramm und der Betriebsgröße ab. Bei steigenden (fallenden) Faktorpreisen weisen die Kosten auch dann einen steigenden (fallenden) Verlauf auf, wenn die Faktoreinsatzmenge konstant ist. – Vgl. auch

→ Kostenfunktion, Herleitung aus der Produktionsfunktion.

Kostenfunktion, Herleitung aus der Produktionsfunktion – 1. *Allgemein:* a) Die → Produktionstheorie bildet die Grundlage, um verschiedene Kostenverläufe zu erklären. Der Zusammenhang lässt sich verdeutlichen, wenn man zunächst auf nur *einen* → Produktionsfaktor A abstellt: x = φ (A). Es gilt definitorisch K(x) = p_A · A (p_A = Lohnsatz, A = Arbeitsmenge). Wegen

$$A = \vartheta^{-1}(x)$$

folgt mit

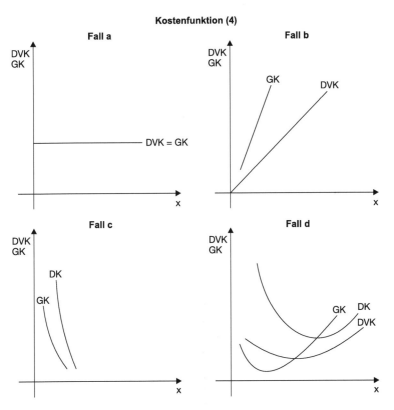

Kostenfunktion (4)

$$K = p_A \cdot \partial^{-1}\,(x)$$

der behauptete Zusammenhang. Daraus ergibt sich auch die Beziehung zwischen *Durchschnittskosten* und *Durchschnittsertrag* einerseits, von → *Grenzkosten* und → *Grenzertrag* andererseits. Aus $K(x) = p_A \cdot A$ folgt:

$$DK(x) = \frac{AP_A}{x} = \frac{p_A}{\frac{x}{A}} = \frac{p_A}{DE}$$

(mit DE = Durchschnittsertrag), ebenso gilt:

$$GK = \frac{dK}{dx} = p_A\,\frac{dA}{dx} = \frac{p_A}{\frac{dx}{dA}} = \frac{p_A}{GE}$$

(GE = Grenzertrag). Man sieht, dass DK bzw. GK fallen, steigen oder konstant bleiben

müssen, wenn DE bzw. GE steigen, fallen oder konstant sind, d.h. es handelt sich, bei konstantem Lohnsatz, jeweils um reziproke Größen. D.h. zugleich, dass den *Maxima* der Grenz- bzw. Durchschnittserträge die *Minima* der Grenz- bzw. Durchschnittskosten entsprechen. Die Kostenverläufe sind damit auf die Ertragsverläufe zurückführbar. – b) Bei mehr als einem Produktionsfaktor (A, B, ...) kann man die Kostenfunktion

$$K(x) = A\,pA + B\,pB + ...$$

nicht direkt unter Zuhilfenahme der → Produktionsfunktion x = F(A, B, ...) ableiten. Dies gelingt nur im Hinblick auf spezifische Faktorvariationen. – 2. Den *Fall der partiellen*

→ Faktorvariation kann man direkt auf denjenigen eines Faktors zurückführen ($\overline{B}$, ... sind konstant). Wenn bei $\boldsymbol{x}$ = F(A, $\overline{B}$, $\overline{C}$, ...) nur A variabel ist, so führen die Aufwendungen für $\overline{B}$, $\overline{C}$ etc. zu den FK, der Aufwand von A zu VK(x). Die Zusammenhänge zwischen DK bzw. GK und DE bzw. GE sind dann auf den variierten Faktor zu beziehen. – *Beispiel:* ∂x/∂A, x/A. – 3. Entsprechendes gilt für die *proportionale Faktorvariation* (der Faktoreinsatz $\overline{A}$, B wird auf das λ-fache erhöht). Wegen

$$K(x) = A_{p_A} + B_{p_B} + C_{p_C} + \cdots$$
$$= \lambda \overline{A}_{p_A} + \lambda \overline{B}_{p_B} + \lambda \overline{C}_{p_C} + \cdots$$
$$= \lambda (\overline{A}_{p_A} + \overline{B}_{p_B} + \overline{C}_{p_C} + \cdots)$$
$$= \lambda K(\overline{x}),$$

wobei $\overline{X}$ = F($\overline{A}$, $\overline{B}$, $\overline{C}$, ...) bezeichnet. Unterstellt man eine → homogene Produktionsfunktion, so gilt x = $\lambda^r \cdot \overline{X}$, wobei r den → Homogenitätsgrad bezeichnet; es folgt dann:

$$K(x) = \left(\frac{x}{\overline{x}}\right)^{\frac{1}{r}} K(\overline{x}).$$

Für r = 1, r < 1 und r > 1 erhält man jeweils die Verläufe a), b) und c). Dies ergibt sich auch aus den Gleichungen

$$DK(x) = \frac{K(x)}{x} = \frac{\lambda K(\overline{x})}{x} = \frac{K(\overline{x})}{\frac{x}{\lambda}} = \frac{K(\overline{x})}{DE_\lambda}$$

bzw.

$$GK(x) = \frac{dK(x)}{dx} = \frac{d\lambda}{dx} K(\overline{x}) = \frac{K(\overline{x})}{\frac{dx}{d\lambda}} = \frac{K(\overline{x})}{GE_\lambda},$$

wobei DEλ und GEλ für das Niveaudurchschnitts- und Niveaugrenzprodukt stehen. – 4. Der Fall der *isoquanten* → Faktorvariation wird relevant, wenn sich infolge einer Änderung der relativen → Faktorpreise die → Minimalkostenkombination ändert. Damit wird die Verschiebung der Kostenfunktion als Folge dieser Preisänderung erklärt. Für je zwei Faktoren muss

$$\frac{\partial x}{\partial A} / \frac{\partial x}{\partial B} = \frac{p_A}{p_B}$$

(Minimalkostenkombination) gelten, was hier zu einer Beziehung zwischen A und B führt, mit deren Hilfe aus der Definitionsgleichung K = A p_A + B p_B und der Produktionsfunktion x = F(A, B) die Kostenfunktion K(x) bestimmt werden kann. Entsprechend ergibt sich auch die neue Kostenfunktion nach einer Änderung der Faktorpreisrelation. – 5. Bei der *Leontief-Produktionsfunktion* (linear-limitationale Produktionsfunktion) kommt nur die proportionale Faktorvariation in Betracht, weil das Einsatzverhältnis der Faktoren konstant ist. Wegen (x = α A; x = β B) ergibt sich in diesem Fall (α, β = konstant)

$$K(x) = A_{p_A} + B_{p_B} = \frac{x}{\alpha} p_A + \frac{x}{\beta} p_B$$

und

$$DK(x) = GK(x) = \frac{p_A}{\alpha} + \frac{p_B}{\beta} = \text{konstant}.$$

Kostenisoquante → Isokostenkurve.

Kostentheorie → Kostenfunktion, → Produktions- und Kostentheorie.

Kostenwerttheorien – I. Wirtschaftstheorie: Objektivistische Werttheorien, die als Grundlage des Wertes die objektive Brauchbarkeit (objektiver Gebrauchswert) eines Gutes und als Maßstab des Wertes die zur Herstellung des Gutes aufgewendeten → Kosten ansehen. Die zeitlich vor den Nutzwerttheorien auftretenden Kostenwerttheorien scheitern an der sog. klassischen Wertantinomie (Contradicition Économique nach Proudhon): Es gibt viele Güter mit hohem Gebrauchs- und niedrigem Tauschwert (Preis), z.B. Brot, andererseits Güter mit niedrigem Gebrauchs- und hohem Tauschwert, z.B. Diamanten. Also besteht kein objektiver Zusammenhang in dem Sinn, dass ein hoher Gebrauchswert auch zu einem hohen Preis führt. Aus diesem Dilemma hilft nur die Berücksichtigung des subjektiven Gebrauchswerts (Nutzen) in

Abhängigkeit von der vorhandenen Menge (→ Grenznutzen).

II. **Kostentheorie**: Teilgebiet, das aufbauend auf der → Produktionstheorie, die das Mengengerüst der Kosten analysiert, aufzeigen soll, welche Größen die Wertkomponente der Kosten determinieren. Im Mittelpunkt steht hierbei die Frage, wie die Kostenwerte im Hinblick auf die jeweiligen Bewertungszwecke festzulegen sind.

Kreditgeld – Geldmarkt, Geldtheorie.

Kreditschöpfung der Geschäftsbanken – Geldtheorie.

Kredittheorie – Geldtheorie.

Kreislauf → Wirtschaftskreislauf.

Kreislaufanalyse – 1. *Begriff/Bedeutung:* Theoretische Analyse des → Wirtschaftskreislaufs. Die Ursprünge der Kreislaufanalyse gehen auf die Physiokraten Quesnay zurück. Ihre Bedeutung blieb jedoch gering, bis → Marx die Kreislaufanalyse wieder aufgriff, um die Frage nach der Reproduktion des Kapitals zu klären. Wesentliche Impulse zur Entwicklung der modernen Kreislaufanalyse gingen von Keynes aus, der im Rahmen seiner makroökonomischen Untersuchungen die kreislaufanalytischen Zusammenhänge betrachtete. Bes. Bedeutung hat die Kreislaufanalyse für die → Makroökonomik und die Volkswirtschaftliche Gesamtrechnung (VGR). – 2. *Zweck:* Ziel der Kreislaufanalyse ist es, das ökonomische Geschehen in einer Volkswirtschaft durch das Schaffen geeigneter Kategorien zu gliedern und die Beziehungen zwischen diesen Kategorien zu analysieren. – 3. *Inhalt:* a) *Kategorien:* (1) *Wirtschaftsobjekte:* → Güter (Sachgüter, Dienstleistungen, Faktorleistungen) und Forderungen (Geld, Wertpapiere). (2) *Wirtschaftssubjekte:* Diese werden in die Sektoren Unternehmen, öffentliche Haushalte (Gebietskörperschaften, Sozialversicherungen) und private Haushalte (einschließlich der sog. privaten Organisationen ohne Erwerbszweck, wie Verbände, Vereine, Kirchen und politische Parteien) sowie das Ausland eingeteilt. Die ökonomische Betätigung der Wirtschaftssubjekte wird ebenfalls gegliedert: Wirtschaftssubjekte können Sachgüter und Dienstleistungen produzieren, Einkommen empfangen und verwenden, Vermögen bilden sowie Kredite nehmen und gewähren. Ferner finden zwischen den Wirtschaftssubjekten ökonomische Transaktionen statt, bei denen Güter oder Forderungen von einem Wirtschaftssubjekt auf ein anderes übergehen. Es wird unterschieden zwischen Transaktionen mit (Tausch) und ohne (Schenkung, Transfer) Gegenleistung. Im Rahmen der Kreislaufanalyse werden die Sektoren durch Pole abgebildet, die zwischen ihnen stattfindenden Transaktionen durch Ströme. Man unterscheidet zwischen realen (Güter) und monetären (Forderungen) Strömen. Jedem realen Strom steht ein entgegengerichteter monetärer Strom in gleicher Höhe gegenüber. – b) *Darstellungsformen:* (1) *Grafische Darstellung:* (a) *Stark vereinfachter Wirtschaftskreislauf* (vgl. Abbildung „Kreislaufanalyse – Vereinfachter Wirtschaftskreislauf"): Diese Darstellungsform enthält nur den Haushaltspol und den Unternehmenspol. Die Abbildung besagt: Zur Güterproduktion bezieht der Unternehmenspol von den Haushalten Faktorleistungen, für die im Gegenzug Faktorentgelte (Y) von den Unternehmen zu den Haushalten fließen. Die Haushalte beziehen von den Unternehmen Konsumgüter, für die Zahlungen (C) zu leisten sind.

Kreislaufanalyse – Vereinfachter Wirtschaftskreislauf

(b) *Komplexer Wirtschaftskreislauf* (Abbildung „Kreislaufanalyse – Komplexer Wirtschaftskreislauf"): Bei dieser Darstellung werden eine Fülle komplexer Beziehungen zwischen den Polen berücksichtigt. Die Haushalte verwenden einen Teil ihres Einkommens zur Bildung von Vermögen (Sparen S). Dies wird durch einen entsprechenden Strom zum Vermögensänderungspol berücksichtigt. Der Teil der Güterproduktion, der nicht als Konsumgüter an die Haushalte verkauft wird, bildet die Investitionen (I; Anlage- und Lagerinvestitionen), für deren Finanzierung ein Strom genau in Höhe des Sparens vom Vermögensänderungspol zum Unternehmenspol fließt. Auch müssen der Staats- und Auslandssektor einbezogen werden. So erhält z.B. der Staatssektor direkte und indirekte Steuern sowie Transferzahlungen von den anderen Sektoren. Er leistet Faktoreinkommen an die im Staatssektor Beschäftigten, er kauft Güter im In- und Ausland, er zahlt Subventionen an die Unternehmen, leistet Transferzahlungen an die Haushalte etc. Der Kreislauf ist damit geschlossen: Für jeden Pol ist die Summe der Zuflüsse gleich der Summe der Abflüsse. – (2) *Kontenform* (vgl. Abbildung „Kreislaufanalyse (1) – Kontenform"): Jeder Pol wird als Konto dargestellt, auf dessen Soll-(Haben-) Seite jeder abfließende (zufließende) Strom erfasst wird. Da sich Zu- und Abgänge entsprechen, sind alle Konten ausgeglichen.

Kreislaufanalyse (1) – Kontenform

Haushalte		Unter- nehmen		Vermögens- änderung	
C	Y	Y	C	I	S
S			I		

(3) *Matrixform* (vgl. Abbildung „Kreislaufanalyse (2) – Matrixform"): Alle Pole werden

Kreislaufanalyse – Komplexer Wirtschaftskreislauf

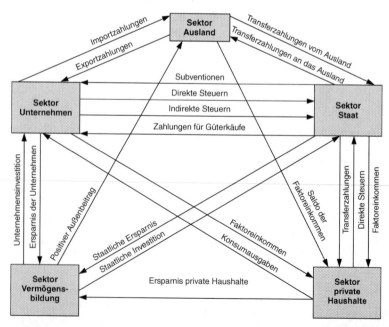

als gebende und empfangende Sektoren in Spalten bzw. Zeilen aufgeführt. Die Gleichheit der Zu- und Abflüsse eines jeden Pols kommt hier dadurch zum Ausdruck, dass Zeilen- und Spaltensummen einander entsprechen. Vorteil der Matrixdarstellung: Die Verflechtung der Sektoren wird bes. deutlich; auch bei einer Vielzahl von Polen bleibt die Darstellung noch übersichtlich. (4) *Gleichungssystem:* Für jeden Pol lässt sich eine Gleichung aufstellen, deren linke Seite die Abflüsse und deren rechte Seite die Zuflüsse zeigt. Für alle Pole zusammen ergibt sich ein Gleichungssystem:

Haushalte: C + S = Y

Unternehmen: Y = C + I

Vermögensänderung: I = S

Diese Form ist v.a. für die Darstellung des Beziehungsverhältnisses einzelner Pole geeignet und liefert direkt wichtige Gleichungen für die makroökonomische Ex-post- und Ex-ante-Analyse (→ Makroökonomik).

Kreislauftheorie → Kreislaufanalyse.

Krelle-Modell – auch als Gleichgewichtsgebiet-Lösung im Oligopol bezeichnet. Die entscheidende Prämisse ist die des Normalverhaltens. Sie besagt, dass ein Dyopolist auf eine Preisänderung eines Konkurrenten nicht reagiert, wenn diese ihm nicht schadet. Ist hingegen die Maßnahme mit einer Gewinneinbuße verbunden, so versucht er, seine alte Gewinnposition wiederherzustellen oder dieser möglichst nahe zu kommen. Als Lösung des Modells ergibt sich ein

Gleichgewichtsgebiet, das fast sämtliche traditionellen Oligopollösungen enthält.

Kreuzpreiselastizität der Nachfrage → Elastizität, welche die Mengenreaktion der Nachfrage nach einem bestimmten → Gut (dx_1) im Verhältnis zur Änderung des Preises eines anderen Gutes (dp_2) misst:

$$\eta_{x_1, p_2} = \frac{dx_1}{dp_2} \frac{p_2}{x_1}$$

Sie kann als die Elastizität einer speziellen → Nachfragefunktion des Haushalts (Preiskonsumkurve) aufgefasst werden. Die Kreuzpreiselastizität der Nachfrage ist positiv bei → Substitutivgütern und negativ bei → Komplementärgütern. – Kreuzpreiselastizitäten der Nachfrage lassen sich zur sachlichen Marktabgrenzung verwenden, da zu einem Markt gehörende Güter aufgrund ihrer funktionalen Austauschbarkeit (zumindest in irgendeinem Preisbereich) eine positive Kreuzpreiselasitzität aufweisen müssen. Aus gleichem Grund wird die Kreuzpreiselasizität (als → Triffinscher Substitutionskoeffizient) zur Abgrenzung von → Marktformen und Konkurrenzbeziehungen herangezogen (→ Triffinsche Marktsituationen). Eine Kreuzpreiselastizität von Null deutet auf eine totale oder partielle → Preisautonomie hin.

Kriegswaffenkontrolle – Kontrolle der → Einfuhr, Durchfuhr und → Ausfuhr von Kriegswaffen auf Grundlage des Kriegswaffenkontrollgesetzes (KWKG), die zu den gesetzlichen Verboten und Beschränkungen (VuB) des grenzüberschreitenden

Kreislaufanalyse (2) – Matrixform

Empfangende Sektoren / Gebende Sektoren	Haushalte	Unternehmen	Vermögensänderung	Zeilensumme
Haushalte	–	C	S	C + S
Unternehmen	Y	–	–	Y
Vermögensänderung	–	I	–	I
Spaltensumme	Y	C + I	S	–

Warenverkehrs zählen. Genehmigungen für Einfuhr, Durchfuhr und Ausfuhr erteilt auf Antrag das Bundesamt für Wirtschaft und Ausfuhrkontrolle (BAFA). Die tatsächliche Überwachung der genehmigungsbedürftigen Warenbewegung über die Grenze des Zollgebiets der Europäischen Union wird von der Zollverwaltung vorgenommen.

Kriegswaffenkontrollgesetz (KWKG) – erlassen worden in Ausführung von Art. 26 II GG. „Zur Kriegsführung bestimmte Waffen dürfen nur mit Genehmigung der Bundesregierung hergestellt, befördert und in Verkehr gebracht werden. Das Nähere regelt ein Bundesgesetz." Aufgrund dieses Verfassungsauftrages beinhaltet das Kriegswaffenkontrollgesetz als Ausführungsgesetz die Regelungselemente der Definition von Kriegswaffen, der Statuierung eines Genehmigungsvorbehaltes – inkl. inhaltlicher Ausgestaltung – und die Festlegung der Genehmigungskompetenz auf Seiten der Bundsregierung. Inhalt des Kriegswaffenkontrollgesetzs sind u.a. Genehmigungspflichten für jeden Umgang mit Kriegswaffen (z.B. auch für den Erwerb/Überlassung der tatsächlichen Gewalt über Kriegswaffen in der Kriegswaffenliste). Daneben bestehen Kriegswaffenbuchführungs- und Bestandsmeldepflichten für Kriegswaffenhersteller und -besitzer. Die Kontrolle erfolgt unmittelbar durch das Bundesamt für Wirtschaft und Ausfuhrkontrolle (BAFA), u.a. durch Genehmigungserteilung und Betriebsprüfungen sowie mittelbar durch die Zollverwaltung bei der Prüfung jeder → Verbringung innerhalb der EU und jeder Einfuhranmeldung bei der → Einfuhr von Waren aus Drittländern oder Ausfuhranmeldung bei der → Ausfuhr von Waren in Drittländer außerhalb der EU. Näheres regelt die Verordnung zur Durchführung des Gesetzes über die Kontrolle von Kriegswaffen und die Verordnung über Meldepflichten bei der Einfuhr und Ausfuhr bestimmter Kriegswaffen.

Krise → Konjunkturphasen, → Krisentheorie, Krisenmanagement, Unternehmungskrise.

Krisengeschichte – 1. *Anfänge:* Krisen im Sinn von wirtschaftlichen Katastrophen gibt es seit langem, z.B. Tulpenspekulation in Holland (1634–1637), Überspekulation um die Mississippi-Gesellschaft in Frankreich (1717–1719), Südsee-Gesellschaft in England (1719–1720), Nordeuropäische Kreditkrise (1763), durch Kontinentalsperre ausgelöste Warenhandelskrise in England (1810), Missernten 1845/46 in Deutschland. – 2. *Weltweite Krise:* Erstmalig 1859, ausgehend von den USA. Sie löste eine bis dahin beispiellos lange Aufstiegsphase ab und beruhte auf Kapitalmangelerscheinungen bei gleichzeitiger Überproduktion. – 3. Von da an ist Krisengeschichte im eigentlichen Sinn → Konjunkturgeschichte, da sich die konjunkturelle Entwicklung (→ Konjunktur) der Marktwirtschaften immer deutlicher offenbarte und die Krise nicht länger als isolierte Erscheinung bewertet wurde. Insbesondere die Globalisierung der Handelsströme und der Kapitalmärkte erzeugten die globale Anfälligkeit für Krisen.

Krisentheorie – I. Konjunkturtheorie: Der Begriff Krise beschreibt eine lang anhaltende Phase des konjunkturellen Niedergangs (auch → Depression). – Vgl. auch → Konjunkturphasen, → Konjunkturtheorie.

II. Marxismus: Die Krisentheorie behauptet, dass die wirtschaftliche Entwicklung des Kapitalismus notwendigerweise durch immer heftigere Konjunkturkrisen und Disproportionen gekennzeichnet sei. Als generelle Ursache hierfür wird der durch den technischen Fortschritt und durch anwachsende → Akkumulation bedingte tendenzielle Fall der Profitrate angesehen. – Marx argumentiert wie folgt: Da die Unternehmer dem Profitratenfall durch verstärkte Akkumulation und damit Produktion entgegenzuwirken versuchten, um die geringere Kapitalrentabilität durch vergrößerten Mehrwert (Mehrwerttheorie) zu kompensieren, steige der gesamtwirtschaftliche Produktionsumfang zwangsläufig an. Gleichzeitige bewirkt jedoch → Ausbeutung und Verelendung der Arbeiter sowie die Vergrößerung der industriellen Reservearmee, dass die kaufkräftige Nachfrage hinter dem wachsenden Güterangebot zurückbleibe. Dies führe zu periodisch wiederkehrenden konjunkturellen Absatzkrisen. Mittelfristig falle die Kapitalrentabilität durch den technischen Fortschritt und die fortgesetzte Akkumulation immer weiter. Durch die sich häufenden Insolvenzen komme es zu einer fortgesetzten Zentralisation des Kapitals. Kritisiert wird dieser Ansatz kreislauftheoretisch, weil ungeklärt bleibt, warum die Gewinne bei zunehmender Akkumulation nicht ebenfalls nachfragewirksam werden (Investitionsgüterbedarf) und die Unternehmer keine Konsumgüternachfrage entfalten. – Die marxistische Krisenerklärung ist derjenigen Gruppe von Theorien zuzurechnen, die eine *prinzipielle Instabilität des privatwirtschaftlichen Sektors* unterstellen.

III. Keynesianismus: Auch Keynes geht von einer inhärenten Instabilität marktwirtschaftlicher Systeme aus. Diese beruht auf der fundmanetaler Unsicherheit marktwirtschaftlicher Entscheidungen v.a. auf dem Finanzmaärkten und bei Investitionen. Breitet sich Unsicherheit aus, flüchten Kapitalanleger und Investoren in Liquidität, reduzieren also ihre Ausgaben, was Produktion und Beschäftigung schrumpfen läßt. Höhere Arbeitslosigkeit überträgt die Unsichherheit auf die Konsumenten, was auch sie ihre Ausgaben einschränken und damit die Krise verschärfen läßt. Gegen die Ausbreitung der Unsicherheit hilft nach Keynes nur eine Nachfrageauswreitung seitens des Staates, der durch das Gegenpol gegen die inhärente Instabilität des Märktesystem wirkt. Er dient also als Stabilisator eines an sich unsicheren Marktsystems.

IV. Neuklassische Theorien: Entgegengesetzter Auffassung sind z.B. die Vertreter des → Monetarismus, der allgemeinen Gleichgewichtstheorie sowie der Neuen Klassichen Makroökonomie, die annehmen, dass der Wettbewerbsprozess zu einer inhärenten Stabilität des privaten Sektors führe, sodass ein störungsfreier Wirtschaftsablauf gewährleistet sei. Krisen können demnach nur durch Eingriffe von „außen", v.a. durch den Staat, im Marktsystem erzeugt werden.

Kumulation – I. Wirtschaftstheorie: Ein sich selbstverstärkender Wirtschaftsprozess, z.B. Inflation, Deflation. – Vgl. auch → Wachstumstheorie.

II. Zollrecht: Nach den Bestimmungen vieler → Präferenzabkommen ist es zur Erfüllung der Ursprungskriterien (→ Ursprung, → Ursprungsregeln) zulässig, dass auch Produktionsvorgänge außerhalb des Staates bzw. des Zollgebietes, dessen Ursprung die Ware erhalten soll, „mitgezählt" (kumuliert) werden, sodass die meist erforderliche Mindestwertschöpfung zur Erlangung der Ursprungseigenschaft leichter erreicht wird. Je nach Ausprägung des Präferenzabkommens können bilaterale oder multilaterale Kumulationen zulässig sein.

kumulative Kontraktion – Begriff für eine sich selbstverstärkende Abschwungphase. Nach Keynes besteht die Gefahr von kumulativer Kontraktion wegen möglicher Preis- und Lohnstarrheiten und der Unsicherheit in jedem Abschwung. Um solche kumulativen Prozesse mit der Gefahr tiefer Depressionen zu vermeiden, empfiehlt Keynes, die Wirtschaft stets im Quasiboom zu halten.

Kuppelproduktion – technologisch verbundene Produktion, → Mehrproduktunternehmung.

Kursparität → Kaufkraftparität.

Kurssicherung – Absicherung gegen mögliche Verluste, welche aus einer Abweichung des erwarteten → Wechselkurses vom tatsächlichen Wechselkurs resultieren. Es kann zwischen operativer Kurssicherung und strategischem Wechselkursmanagement unterschieden werden. Im Rahmen der operativen Kurssicherung werden Zahlungsströme gegen ein Wechselkursrisiko gesichert. Gängige Instrumente sind Fremdwährungsfinanzierung, Devisentermingeschäfte, Devisenfutures, Währungsswaps und Währungsoptionen. Das strategische Währungsmanagement verfolgt die gezielte Steuerung von Transaktions-, Translations- und ökonomischen Wechselkurspositionen. – *Beispiel:* Ein deutscher Exporteur hat eine in drei Monaten fällige Forderung in US-Dollar. Diese offene Position birgt ein Risiko. Eine bis dahin erfolgende Aufwertung des Euro würde den Wert der Forderung reduzieren. Die Kurssicherung kann dadurch erfolgen, dass der Exporteur auf dem → Devisenterminmarkt in Höhe der Forderung US-Dollar verkauft. Bei einem → Swapsatz von Null würde ein potenzieller Verlust (Gewinn) aus der offenen Position vollständig durch den Gewinn (Verlust) aus dem Termingeschäft kompensiert werden. – Alternativ zu dem Einsatz von Devisentermingeschäften als Instrument der Kurssicherung können vom Exporteur *Devisenoptionen* verwendet werden, die ihm ein höheres Maß an Flexibilität bei begrenztem Verlustpotenzial verschaffen. – Vgl. auch Hedging und zur Regulierung EMIR.

Kuznets-U-These – besagt, dass im zeitlichen Verlauf des Entwicklungsprozesses die Einkommensverteilung zunächst ungleicher und später wieder gleicher wird. Die grafische Darstellung des Verteilungsindikators (z.B. Gini-Koeffizient) gleicht einem umgestülpten „U".

KWKG – Abk. für → Kriegswaffenkontrollgesetz.

L

Lag – *Time Lag, Zeitverzögerung.*

I. Wirtschaftstheorie/Ökonometrie: 1. *Begriff*: Zeitabschnitt zwischen der Veränderung einer Größe (Ursache) und der Auswirkung dieser Veränderung auf eine andere Größe, z.B.

$$C_t = C(Y_{t-1)},$$

mit Y = verfügbares Einkommen, C = Konsumausgaben, t = Zeitindex. In diesem Beispiel beträgt der Lag eine Periode; inhaltlich handelt es sich hier um den → Robertson-Lag. – 2. *Merkmale*: Vom modelltheoretischen Standpunkt aus ermöglichen Lags die Formulierung *dynamischer Modelle*, die die Analyse von zeitlichen Anpassungsprozessen erlauben (→ Konjunkturtheorie); *mathematisch* handelt es sich bei derartigen → Modellen um → Differenzengleichungen oder → Differenzengleichungssysteme.

II. Wirtschaftspolitik/Finanzwissenschaften: 1. *Begriff*: Zeitraum zwischen Auftreten einer Störung des Wirtschaftsablaufs und seiner Korrektur. – 2. *Arten*: a) Nach der Einflusssphäre der wirtschaftspolitischen Entscheidungsträger: (1) *Inside Lag, innerer Lag, innere Wirkungsverzögerung*: Verzögerung innerhalb der Einflusssphäre der wirtschaftspolitischen Entscheidungsträger, d.h. sie sind im politisch-administrativen Prozess begründet. (2) *Outside Lag, äußerer Lag, äußere Wirkungsverzögerung*: Verzögerung außerhalb der Einflusssphäre der wirtschaftspolitischen Entscheidungsträgers. – b) Nach der *Ursache*: (1) *Disturbance Lag*: Zeitverzögerung, bis die Störung messbar wird. Der Disturbance Lag ist ein Outside Lag. – Als Inside Lag folgen: (2) *Recognition Lag, Erkennungsverzögerung*: Die Information wird wahrgenommen, die Reaktion auf die Störung beginnt. (3) *Diagnostic Lag, Diagnoseverzögerung*: Die Störung wird hinsichtlich ihrer Verursachung und Behebbarkeit analysiert, die grundsätzliche Bereitschaft zum Handeln entsteht. (4) *Decision Lag, Entscheidungsverzögerung*: Entscheidungs- und Abstimmungszeit bei der Wahl geeigneter Maßnahmen. (5) *Instrumental Lag, Durchführungsverzögerung*: Zeitraum zwischen der Entscheidung und der Implementation der ergriffenen Maßnahmen durch die zuständige Bürokratie. – Diagnostic, Decision and Instrumental Lag werden zusammengefasst auch als *Administrative* Lag bezeichnet. (6) Am Ende des Prozesses steht wiederum als *Outside* Lag der *Operational* Lag *(Wirkungsverzögerung)*, der die Wirkungsverzögerungen der ergriffenen Maßnahmen im volkswirtschaftlichen Transmissionsprozess beschreibt. – 3. *Wirkungen*: Lags behindern die Funktionsweise eines optimal gestalteten finanz- bzw. wirtschaftspolitischen Eingriffsinstrumentariums; dazu kommt, dass die zeitliche Länge eines Lag für konkrete Maßnahmen nicht oder bestenfalls nur der Tendenz nach bestimmbar ist. – 4. *Folgerungen*: Aufgrund der genannten Lags wirken die Maßnahmen einer → diskretionären Finanzpolitik oder einer diskretionären Wirtschaftspolitik (diskretionärer Mitteleinsatz) möglicherweise *prozyklisch* im Konjunkturverlauf (→ Konjunkturzyklus, → Konjunkturpolitik). Daher werden solche Maßnahmen teilweise vollständig abgelehnt (→ Monetarismus), oder es werden Verfahren der regelgebundenen Finanzpolitik gefordert. – Vgl. auch → Built-in Flexibility, → Built-in Stability.

Lagerzyklus – die z.T. sehr erheblichen, oft saisonal bedingten Schwankungen (→ Saisonschwankungen) in der Lagerhaltung. Lagerzyklus steht auch in Zusammenhang mit dem allgemeinen → Konjunkturzyklus. Demnach erhöhen Unternehmen freiwillig ihre Lagerbestände, wenn sie einen Aufschwung erwarten und bauen sie während des Aufschwungs bei dann gestiegenen

Produktionskosten wieder ab. Bei einem erwarteten Abschwung reduzieren sie ihre Bestände. Bei einem unerwarteten Aufschwung oder Abschwung verläuft die Entwicklung umgekehrt. Die Unternehmen müssen aufgrund der plötzlich gestiegenen Nachfrage diese aus Lagerbeständen befriedigen. Bricht der Absatz hingegen plötzlich, wird die Produktion eingelagert.

Laggers → ABC-Kurven, → Konjunkturindikatoren.

Lagging – bewusstes Hinauszögern einer vertraglich fälligen Zahlung, im Auslandsgeschäft bes. um einen erwarteten oder konkreten Wechselkursvorteil auszunutzen. Im Gegensatz zum → Leading (bewusstes vorzeitiges Zahlen) ist Lagging vertragswidrig.

Länderkontingent – Einfuhrkontingent (→ Einfuhrkontingentierung) für die → Einfuhr allg. oder die Einfuhr bestimmter Waren aus einem bestimmten Ursprungsland, das sich aus der unterschiedlichen Situation eines Landes gegenüber anderen Produktionsländern ergibt. Für einzelne Länder nach unterschiedlichen Maßstäben aufgestellte Länderkontingente stellen eine Diskriminierung dar. – *Gegensatz:* → Globalkontingent.

Länderlisten – Anlagen zum → Außenwirtschaftsgesetz (AWG) (→ Einfuhrliste) und zur → Außenwirtschaftsverordnung (AWV) (Anlage AL, → Ausfuhrliste). Die *Länderlisten* dienen neben Ausfuhrliste und Einfuhrliste zur Regelung des → Außenwirtschaftsverkehrs: *Länderliste K* betrifft Länder (früher zahlreiche Länder, 2012 nur noch Kuba) in die die Ausfuhr von Gütern nach § 7 I AWG wegen ihrer militärischen Endverwendung genehmigungsbedürftig ist. Weitere Länder sind direkt in den Normen der §§ 5c, 5d und 7 IV AWV enthalten.

latente Konkurrenz – Begriff der → Preistheorie und → Wettbewerbstheorie. Bei Annahme des freien Marktzutritts (→ offener Markt) hängt die Position eines Anbieters nicht nur von den Reaktionen der bereits am Markt befindlichen Anbieter, sondern auch von den Verhaltensweisen möglicher Konkurrenten ab (potenzieller Wettbewerb). Falls auf einem Markt überdurchschnittlich hohe Gewinne erzielt werden, ist langfristig damit zu rechnen, dass neue Anbieter auf diesem Markt auftreten. Die von potenziellen Anbietern ausgehende Gefahr für die tatsächlichen Anbieter wird als latente Konkurrenz bezeichnet. Durch sie werden Monopol- bzw. Oligopolmärkte bestreitbar (*Contestable Markets*).

laufende Übertragungen – Teil der einseitigen Übertragungen, die regelmäßig stattfinden und die vom laufenden → Einkommen z.B. der Inländer finanziert werden. – Vgl. auch → Zahlungsbilanz.

Leaders → ABC-Kurven, → Konjunkturindikatoren.

Leading – bewusste Zahlung einer Verpflichtung vor vertraglicher Fälligkeit, im Auslandsgeschäft, einen erwarteten oder konkreten Wechselkursvorteil auszunutzen. Im Gegensatz zum → Lagging (Verzögerung der Zahlung über den Fälligkeitstermin hinaus) ist Leading vertragskonform.

Learning by Doing → dynamische Größenvorteile; Ergänzung um Erfahrungs- und Lerneffekte, z.B. effizientere Ausnutzung der vorhandenen → Produktionsfaktoren, z.B. besserer Einsatz der Maschinen.

Lebenszeit-Einkommenshypothese – Lebenszyklus-Hypothese.

Leistungsbilanz – I. Bilanzierung: Von Anhängern der dynamischen Bilanztheorie geschaffener Begriff für die Erfolgsrechnung. – Vgl. auch Gewinn- und Verlustrechnung (GuV).

II. Außenwirtschaft: Zusammenfassung der → Handelsbilanz, der → Dienstleistungsbilanz, der Einkommensbilanz sowie der → Bilanz der laufenden Übertragungen. – Vgl. auch → Zahlungsbilanz.

Leistungsbilanzmultiplikator → Zahlungsbilanzmultiplikator.

Leitkurs – meist vertraglich im Rahmen eines Währungssystems vereinbarter fixer Orientierungskurs, von dem die Devisenkassakurse (Marktkurse) nach oben und unten innerhalb einer bestimmten → Bandbreite abweichen dürfen. – Vgl. auch EWS II (seit Einführung des *Euro*), → Währungsintegration.

Leitwährung – jene Währung innerhalb eines → internationalen Währungssystems, die als internationales → Zahlungsmittel und Reservemittel sowie als internationale Anlagewährung verwandt wird. Die Leitwährung wird auch als *Ankerwährung* bezeichnet, weil die Wechselkurse der Währungen aller anderen Länder in einer relativ stabilen Beziehung zur Leitwährung gehalten werden. Die Leitwährung dient somit auch als Recheneinheit zur Bestimmung des Wertes aller Währungen.

Leontief-Modelle → lineare Wachstumsmodelle.

Leontief-Paradoxon – Ergebnis einer 1953 von *Wassiliy Leontief* vorgelegten empirischen Untersuchung, wonach die Kapitalintensität der US-amerikanischen Exporte im Jahr 1947 geringer war als die Kapitalintensität der US-Importe (→ kapitalintensives Gut, → arbeitsintensives Gut). Nachdem die USA nach dem Zweiten Weltkrieg international fraglos ein relativ kapitalreiches Land waren, stand dieses Ergebnis im völligen Widerspruch zum → Heckscher-Ohlin-Handel. – *Erklärungsansätze für das Paradoxon:* a) *Verletzung des* → Heckscher-Ohlin-Theorems, hervorgerufen durch → umschlagende Faktorintensitäten, unterschiedliche Nachfragepräferenzen, unterschiedliche Produktionstechnologien, Marktunvollkommenheiten, Handelsbilanzungleichgewichte.–b) *Mängel im Testverfahren:* Verzerrung der Daten, Nichtberücksichtigung von → Humankapital und natürlichen Ressourcen. Das *Leontief-Paradoxon* bildete die Grundlage für zahllose weitere empirische Untersuchungen, die den Widerspruch zwischen Theorie und Empirie wieder etwas abschwächten, aber auch bestätigten. In den

1980-er Jahren wurde gezeigt, dass *Leontiefs* Ergebnisse dem *Heckscher-Ohlin-Vanek-Modell* in gewissem Sinn durchaus entsprachen. Gleichwohl aber bleibt der Eindruck, dass die *Heckscher-Ohlin-Theorie* des internationalen Handels nur sehr beschränkt empirische Bestätigung erfahren kann.

Leontief-Produktionsfunktion – linear-limitationale Produktionsfunktion.

Lerner-Samuelson-Theorem – Das *Lerner-Samuelson-Theorem* (→ Faktorpreisausgleichstheorem). Benannt nach *Abba P. Lerner*, (dem die Ausformulierung 1933 gelang) und *Paul A. Samuelson* (der im Jahr 1948 das → *Lernersche* Symmetrietheorem wieder entdeckt hat).

Lernersches Symmetrietheorem – Das Theorem besagt, dass der Effekt einer Exportsteuer (→ Ausfuhrzoll) in jeder Hinsicht derselbe ist wie der Effekt eines → Einfuhrzolls vom selben *Ad-Valorem-*(→ Wertzoll-)Ausmaß. Bei realwirtschaftlicher Betrachtung spielen nur für die relativen Preise eine Rolle, und der relative Preis des importierten Gutes kann im Inland nicht nur durch einen Importzoll über die → Terms of Trade angehoben werden, sondern auch durch eine Exportsteuer (*Ausfuhrzoll*). Eine Exportsteuer (ein *Ausfuhrzoll*) bewirkt, dass der für den heimischen Produzenten relevante Preis des exportierten Gutes unter den Weltmarktpreis sinkt. Zu diesem geringeren Preis ist er dann auch bereit im Inland anzubieten, und es entsteht im Inland eine relative Verbilligung des exportierten Gutes. Dies aber ist gleichbedeutend mit einer relativen Verteuerung des importierten Gutes wie sie bei einem *Einfuhrzoll* zustande kommt. – Vgl. auch → Handelspolitik, → tarifäre Handelshemmnisse.

Liberalisierung – 1. *Begriff:* Befreiung des → Außenhandels von mengenmäßigen Beschränkungen (Kontingente und andere → nicht tarifäre Handelshemmnisse). Der Begriff der Liberalisierung wurde von der OECD eingeführt, deren Mitglieder sich am 18.8.1950 auf ein Liberalisierungsprogramm, niedergelegt im sog. Liberalisierungskodex, einigten, das den schrittweisen Abbau aller intraeuropäischen Mengenbeschränkungen vorschrieb. Unter Liberalisierung des Außenhandels i.w.S. wird gelegentlich auch die Befreiung des Handels von allen *Handelshemmnissen* und damit die Wiederherstellung des → Freihandels verstanden. – 2. *Durchführung* der Liberalisierung zwischen den OECD-Ländern wurde ermöglicht und gestützt durch die gleichzeitige Multilateralisierung des Zahlungsverkehrs (IWF). Die Liberalisierungsvorschriften erstrecken sich nur auf den Privathandel zwischen den Staaten, jedoch wurde der nichtliberalisierungsfähige Staatshandel wesentlich eingeschränkt. Ferner wurde die Liberalisierung des Warenverkehrs durch eine analoge Befreiung des Dienstleistungsverkehrs (Liberalisierung der „unsichtbaren Einfuhren") ergänzt (1955). Schutzklauseln ermöglichten den Ländern im Fall von Zahlungsbilanzschwierigkeiten die Rückgriff auf neue Beschränkungen (Entliberalisierung unter bestimmten Bedingungen). Sie wurden jedoch immer seltener in Anspruch genommen. Auch die Welthandelsorganisation (engl. *World Trade Organization (WTO)*) sorgt sich um die Liberalisierung des Warenverkehrs (GATT) und des Dienstleistungsverkehrs (GATS). Zudem wird im Rahmen der WTO ein handelsbezogener Schutz geistiger Eigentumsrechte gewährt.

limitationale Produktionsfunktion – *Produktionsfunktion mit limitationalen Einsatzfaktoren;* → Produktionsfunktion, bei der das Faktoreinsatzverhältnis technisch konstant ist. Die → Faktorproduktivität und die Faktorkoeffizienten (Produktionskoeffizient) können jedoch variieren, da für unterschiedliche Ausbringungsmengen unterschiedliche Faktorkombinationen erforderlich sein können. – Zu *unterscheiden:* (1) linear-limitationale Produktionsfunktion (Leontief-Produktionsfunktion) und (2) nicht linear-limitationale Produktionsfunktion (Gutenberg-Produktionsfunktion, Produktionsfunktion vom Typ B).

Limitationalität – Begriff zur Kennzeichnung des Tatbestands, dass die Faktoreinsatzmengen in technisch eindeutiger Beziehung zur geplanten Produktmenge stehen. Wird ein → Produktionsfaktor innerhalb einer Kombination mehrerer Faktoren über die meist technisch bestimmte Relation hinaus vermehrt, so bleibt diese überschüssige Einsatzmenge ohne produktive Wirkung. Es besteht keine Möglichkeit der → Substitution. – Vgl. auch → limitationale Produktionsfunktion, limitationale Einsatzfaktoren.

Limitpreis – I. Mikroökonomik: Preis, bei dem die Gefahr der aktuellen Konkurrenz durch einen Marktzutritt weiterer Anbieter aller Voraussicht nach ausgeschaltet werden kann (marktzutrittsverhindernder Preis). Auch für Monopolisten (→ Monopol) besteht eine → latente Konkurrenz, z.B. durch Erschließung ergiebigerer Quellen, Erfindung von Surrogaten u.Ä., und zwar um so stärker, je höher der → Monopolpreis angesetzt wird. Vom Standpunkt der langfristigen → Gewinnmaximierung aus kann es unter dem Einfluss potenziellen Wettbewerbs deshalb günstiger sein, freiwillig unterhalb des kurzfristig gewinnmaximalen Monopolpreises (→ monopolistische Preisbildung) anzubieten.

II. Kommissionsgeschäft: Preisbegrenzung, die z.B. der Kommittent dem Kommissionär setzt und die bei einem Verkauf nicht unterschritten, bei einem Kauf nicht überschritten werden darf, bes. der angegebene Kurs bei Börsenaufträgen.

Limit Pricing → monopolistische Preisbildung.

Linder-Hypothese – Hypothese zur → Handelsstruktur. Sie bezieht sich auf den industriellen Bereich, und hier wiederum v.a. auf Sektoren mit einem gewissen Potenzial an Produktdifferenzierung. Zentrales Element dieser Hypothese ist die aus der → Produktzyklus-Theorie entlehnte Vorstellung, dass die Entwicklung differenzierter industrieller Güter zumindest anfangs eine gewisse Nähe zu den Nachfragern erfordert. Die → Produktion solcher Güter erfordert mithin die Existenz eines hinreichend großen heimischen Marktes. Erst nach Aufnahme der heimischen Produktion können Exporte in andere Länder entstehen, in denen ebenfalls Nachfrage nach solchen Gütern besteht. Dies sind v.a. Länder mit einem ähnlichen → Pro-Kopf-Einkommen, jedenfalls dann, wenn die → Nachfragestruktur unter sonst gleichen Bedingungen sehr stark mit der Nachfrage variiert. Erst mit zunehmendem → Einkommen entsteht eine verstärkte → Nachfrage nach Produkten mit einem hohen Potenzial an Produktdifferenzierung. – Da dieselben Überlegungen für die Entstehung der Produktion und des Exports in anderen Ländern gelten, entsteht → intra-industrieller Handel. – Das Handelsvolumen zwischen zwei Ländern wird umso größer sein, je höher die Pro-Kopf-Einkommen der beiden Länder sind, je ähnlicher die beiden Länder in ihren Einkommensniveaus sind, und je geringer die Distanz zwischen den beiden Ländern ist. – Vgl. auch → Gravitationsmodell, → Linder-These.

Linder-These – 1. *Begriff*: Die Linder-These besagt, dass der Export von Industrieprodukten ohne bereits bestehenden → Binnenmarkt für diese Güter kaum möglich ist. Beitrag zur Erklärung der ausgeprägten Intensität des Außenhandels zwischen Ländern mit vergleichbar hohem → Pro-Kopf-Einkommen und deshalb ähnlichen Nachfragestrukturen, so v.a. zur Erklärung des intensiven Handels zwischen den Industriestaaten. – 2. *Begründung*: a) Um neue Produktionsbereiche aufzunehmen, muss der Unternehmer von der Existenz einer latenten Nachfrage überzeugt sein. Dies abzuschätzen fällt zunächst auf dem Inlandsmarkt leichter. – b) Internationale Wettbewerbsfähigkeit erfordert kostengünstige → Produktion, die oft (wegen hoher fixer Kosten) nur bei großen Stückzahlen realisierbar ist. Ohne Inlandsmarkt für dieses Produkt liegt darin ein erhebliches Risiko für potenzielle Investoren.–c) Exportfähig sind oft nur qualitativ

hochwertige Produkte. Diese Standards sind ohne inländische Erprobungs- und Reifephase kaum erreichbar. – d) Argument für wirtschaftliche → Integration zwischen Entwicklungsländern (Süd-Süd-Kooperation), da zwischen diesen Ländern die Ähnlichkeit der Nachfragestrukturen und Entwicklungsniveaus eher gegeben ist und deshalb die Märkte der Integrationspartner leichter überschaubar und die Absatzchancen für Güter minderer Qualität größer sind. – Vgl. auch → Linder-Hypothese.

lineare Wachstumsmodelle – Wachstumsmodelle für eine Wirtschaft mit n Gütern und m Produktionsverfahren. Das derart strukturierte *von-Neumann-Modell* erlaubt es, die maximal mögliche Wachstumsrate zu ermitteln. Zu dieser Modellklasse gehören auch die *Leontief-Modelle*, in denen vereinfachend angenommen wird, zu jedem Gut gehöre nur ein Produktionsverfahren und vice versa (m = n). Untersucht wird v.a., ob ein solches Modell zu einem Gleichgewichtspfad tendiert. In *Turnpike-Modellen* schließlich wird untersucht, welchen Pfad eine Wirtschaft einschlagen sollte, die von einer gegebenen Anfangsstruktur aus eine abweichende optimale Struktur im Endzustand anstrebt. Dabei zeigt sich, dass unter bestimmten Bedingungen nicht eine allmähliche Anpassung am günstigsten ist, sondern das Benutzen einer „Schnellstraße" (Turnpike) mit anderen Strukturen, aber sehr hohem Wachstumstempo, und erst späterem Umschwenken in Richtung auf die optimalen Strukturen. – Vgl. auch → neoklassische Wachstumstheorie.

Linearhomogenität – *Homogenität vom Grade 1*; in der ökonomischen Theorie häufig verwendete Sonderform der → Homogenität. Wird bei einer linear-homogenen → Produktionsfunktion die Einsatzmenge aller → Produktionsfaktoren um den Faktor λ vervielfacht, steigt der Output ebenfalls auf das λ-fache; man spricht in diesem Fall auch von *konstanten Skalenerträgen* (→ Skalenertrag). Die Summe der partiellen

Produktionselastizitäten aller Faktoren hat in diesem Fall ebenfalls den Wert 1.

Liquidität – I. Betriebswirtschaftslehre: 1. *Begriff:* Fähigkeit und Bereitschaft eines Unternehmens, seinen bestehenden Zahlungsverpflichtungen termingerecht und betragsgenau nachzukommen. Die Sicherung der Liquidität besteht in der Aufgabe, Geld und liquidisierbare Vermögensgegenstände (Fungibilität) zum Zweck der zeitpunktgerechten Kapitalbeschaffung bereitzustellen. – Vgl. auch Liquiditätspolitik, Illiquidität, Überliquidität. – 2. *Determinanten:* a) *Güterwirtschaftliche Liquidität:*Tausch- bzw. Veräußerungsfähigkeit von Wirtschaftsgütern. Güter haben, abhängig von ihren technischen Eigenschaften und Zeit- bzw. Kostenaufwand der Käufersuche, unterschiedliche Liquiditätsgrade.–b) *Verliehene Liquidität:* Mögliche Beleihbarkeit eines Wirtschaftsguts durch ein Kreditinstitut (Stütze). Diese Art der Gewinnung von Liquidität hat den Vorteil, dass das entsprechende Wirtschaftsgut nicht veräußert werden muss und so Verluste durch schnelle erzwungene Veräußerung nicht auftreten.–c) *Zukünftige Liquidität:* Fähigkeit, durch zukünftige Erträge zu einem späteren Zeitpunkt Liquidität zu erlangen. Sie wird anhand des Finanzplans gemessen. – d) *Antizipierte Liquidität:* Ein Unternehmen lässt seine zukünftigen Überschüsse durch ein Kreditinstitut beleihen. Diese Bereitstellung von Kapital ohne Sicherheiten durch das Kreditinstitut erfordert eine strenge Kreditwürdigkeitsprüfung. – 3. *Arten:* a) *Vertikale Liquidität:* Prozess der Geldwerdung von Vermögensgegenständen („Verflüssigung") entsprechend den Zahlungsverpflichtungen.–b) *Horizontale Liquidität:* Grad der Belastung von Kapitalansprüchen (Zins, Tilgung).

II. Wirtschaftstheorie/Geldtheorie: 1. *Allgemein:* Liquidität stellt die durch → Geld oder andere Tauschmittel repräsentierte Verfügungsmacht über Bedarfsgüter dar. Mittels Aufrechterhaltung der Liquidität bei einzelnen Wirtschaftssubjekten wird gesamtwirtschaftlich der Kreislauf von Gütern und Nutzleistungen ermöglicht; die Liquidität verschafft die Verfügungsmacht über knappe Güter und bestimmt wirtschaftliche Entscheidungs- und Handlungsfreiheit. – Die volkswirtschaftliche Liquidität ist abhängig von der *optimalen Versorgung der Wirtschaft mit Zahlungsmitteln bzw. Geld.* Aufgabe der Notenbank ist es, die Liquidität der Volkswirtschaft den Erfordernissen der Konjunktur zur Sicherung der Stabilität anzupassen (Geldpolitik). – 2. *Liquidität der Kreditinstitute (Bankenliquidität):* a) Kreditinstitute müssen ihre Mittel so anlegen, dass eine ausreichende Zahlungsbereitschaft jederzeit gewährleistet ist. Für die Beurteilung sind die von der Bundesanstalt für Finanzdienstleistungsaufsicht (BaFin) aufgestellten Grundsätze maßgebend (§ 11 KWG). – b) Falls erforderlich, kann die staatliche Aufsichtsbehörde zur Sicherung der Liquidität Entnahmen durch die Inhaber oder Gesellschafter, Gewinnausschüttung und Kreditgewährung untersagen oder beschränken (§ 45 KWG). – c) *Messung/Beurteilungskriterien:* Die Liquidität der Kreditinstitute wird gemäß der Verordnung über die Liquidität der Institute (LiqV) gemessen. Die LiqV konkretisiert die Anforderungen des § 11 I KWG, wonach Kreditinstitute jederzeit ausreichend zahlungsfähig sein müssen. – 3. *Internationale Liquidität:* Die i.d.R. nicht vom Inland zu schaffenden Zahlungsmittel, mit denen Zahlungen an das Ausland geleistet werden können. Hierzu gehören in erster Linie die → Währungsreserven des betreffenden Landes (Gold, Sonderziehungsrechte (SZR), → Reservetranche, Devisen und Sorten), aber auch z.B. der nicht genutzte Teil der Kreditlinien bei internationalen Organisationen (außerhalb des IWF) oder Banken. Lediglich die sog. „Hartwährungsländer" können internationale Liquidität selbst schaffen, da ihre Währungen als internationales Zahlungsmittel akzeptiert werden.

Liquiditätsfalle – Bereich einer unendlichen Zinselastizität der Geldnachfrage gemäß der Liquiditätspräferenztheorie von Keynes. Kein

Wirtschaftssubjekt erwartet in der Liquiditätsfalle bei dem herrschenden niedrigen Zinssatz eine positive Rendite auf Wertpapierhaltung. Wer bei diesem Zinssatz Wertpapiere hat, kann sie nicht ohne Kursverluste verkaufen; wer Geld hält kauft aus Angst vor Kapitalverlusten keine Wertpapiere. Kauft die Zentralbank Wertpapiere im Rahmen einer expansiven Offenmarktpolitik erhält sie zum herrschenden Zinssatz/Kurs jede gewünschte Menge. Die Wirtschaftssubjekte halten das zusätzliche Zentralbankgeld (es fällt in die Liquiditätsfalle) in ihrem Vermögen; sie strukturieren ihre Vermögenshaltung dann soweit wie möglich zugunsten der Geldhaltung (vollkommene Liquiditätspräferenz) um. Die Geldmengenexpansion führt zu keiner Erhöhung der gesamtwirtschaftlichen Aktivität (Investition etc.).

Liquiditätspräferenztheorie von Keynes-Geldtheorie, → makroökonomische Totalmodelle geschlossener Volkswirtschaften, Nachfrageseite.

Liquiditätstheorie – 1. *Keynesianische Liquiditätstheorie:* Geldtheorie. – 2. *Liquiditätstheorie des Geldes:* Geldtheorie.

LM-Gleichung → LM-Kurve.

LM-Kurve – *LM-Gleichung;* 1. *Begriff:* In der Makroökonomik Bezeichnung für die Gleichgewichtskurve des gesamtwirtschaftlichen Geldmarktes. Dabei wird der Geldmarkt als fiktiver Markt aufgefasst, der sich spiegelbildlich zum gesamtwirtschaftlichen Wertpapiermarkt verhält. – 2. *Bedeutung:* a) Im traditionellen → Keynesianismus ist die LM-Kurve Bestandteil makroökonomischer Totalmodelle, die den monetären Sektor einer Volkswirtschaft beschreibt und zusammen mit der → IS-Kurve die Nachfrageseite repräsentiert. Die LM-Kurve ist dadurch charakterisiert, dass dem realen Geldangebot eine gleich große reale Geldnachfrage gegenübersteht, die in positiver Weise vom Realeinkommen und in negativer Weise vom Wertpapierzins abhängig ist. Dabei wird das Geldangebot in traditionellen makroökonomischen

Totalmodellen als Steuerungsinstrument der Zentralbank aufgefasst, sodass die Geldmenge eine exogene und der Zins eine endogene Variable der LM-Kurve darstellen. – Vgl. auch → makroökonomische Totalmodelle geschlossener Volkswirtschaften, Nachfrageseite; → Totalmodelle offener Volkswirtschaften, Nachfrageseite. – b) In der → Neukeynesianischen Makroökonomik lässt sich eine Geldnachfragefunktion aus einem intertemporalen Nutzenmaximierungsansatz eines repräsentativen Haushalts ableiten, sofern die Realkassenhaltung als nutzenstiftend angesehen wird. Es ergibt sich dann eine einzelwirtschaftliche und gesamtwirtschaftliche Geldnachfragefunktion, die in negativer Weise vom Konsum (und nicht mehr vom Einkommen) abhängig ist. In der resultierenden LM-Kurve wird dann i.d.R. nicht mehr die Geldmenge, sondern der Zins als exogene Variable und damit als relevante Instrumentvariable der Zentralbank aufgefasst. Da der Zins gleichzeitig Bestandteil der neukeynesianischen → IS-Gleichung ist, wird in neukeynesianischen Totalmodellen häufig auf die explizite Modellierung einer eigenständigen LM-Kurve verzichtet. Die → Neukeynesianische Makroökonomik wird daher auch als Makroökonomik ohne LM-Kurve bezeichnet. – Vgl. auch → Neukeynesianische Makroökonomik, dynamisches Grundmodell.

Loanable Funds Theory – von Ohlin, Robertson und Lerner entwickelte → Zinstheorie, nach der die Höhe des Marktzinses durch das verfügbare Kreditangebot (Sparen) und Nettoveränderung der Geldmenge und die Kreditnachfrage (Investition und Erhöhung der Kassenhaltung) determiniert wird.

Lohn-Freizeit-Kurve – beschreibt in der Arbeitsangebotstheorie des Haushalts die bei alternativen Reallohnsätzen (pro Stunde) gewählte optimale Aufteilung der einem Haushalt zur Verfügung stehenden Zeit auf Arbeitszeit und auf Freizeit. Ihre Ableitung ist die Vorstufe zur Ermittlung der invers verlaufenden → Arbeitsangebotskurve des Haushalts. – Vgl. auch → Angebotstheorie des Haushalts.

Lohnillusion → Monetarismus.

Lohnquote – Die Lohnquote stellt den Anteil des Arbeitnehmerentgeltes am → Volkseinkommen dar und ist ein wichtiger Indikator für die funktionale Einkommensverteilung. Um Änderungen in der Beschäftigtenstruktur Rechnung zu tragen, wird eine bereinigte Lohnquote ausgewiesen. Gelegentlich finden sich auch Definitionen der Lohnquote, bei denen das Arbeitnehmerentgelt auf andere Sozialproduktsgrößen (z.B. das Bruttoinlandsprodukt) bezogen werden – Vgl. auch → Arbeitseinkommensquote.

Lohnstückkosten – gesamtwirtschaftlich die Relation zwischen → Arbeitnehmerentgelt je beschäftigten Arbeitnehmer zum → Bruttoinlandsprodukt (BIP) in konstanten Preisen je Erwerbstätigen. Dadurch, dass im Zähler auf die beschäftigten Arbeitnehmer, im Nenner auf die Gesamtzahl der Erwerbstätigen gezogen wird, sind in dieser Formel die kalkulatorischen Löhne der Selbstständigen berücksichtigt. Für die Wirtschaftsbereiche wird das Arbeitnehmerentgelt auf die (unbereinigte) Wertschöpfung bezogen.

Lohnveredelung – I. Außenwirtschaftsrecht: Form des Dienstleistungsverkehrs (Veredelung). Rechtsgeschäfte über Lohnveredelung sind auch im → Außenwirtschaftsverkehr frei; Rechtsgeschäfte über aktive Lohnveredelung können nach § 15 AWG beschränkt werden, um einer Gefährdung der Deckung des lebenswichtigen Bedarfs im → Wirtschaftsgebiet entgegenzuwirken; diese Ermächtigungsgrundlage wird in der → Außenwirtschaftsverordnung (AWV) derzeit nicht genutzt.

II. Umsatzsteuerrecht: Die Lohnveredelung unterliegt grundsätzlich der Umsatzsteuer. Bemessungsgrundlage ist das Entgelt. – Lohnveredelung an Gegenständen der → Ausfuhr liegt vor, wenn bei einer Be- oder Verarbeitung eines Gegenstandes der Auftraggeber diesen zum Zweck der Be- oder Verarbeitung in das Gemeinschaftsgebiet eingeführt hat oder zu diesem Zweck in diesem Gebiet erworben hat und der be- oder verarbeitete Gegenstand (wieder) ausgeführt wird (§ 7 UStG). Sie ist steuerfrei, wenn die Voraussetzungen einer steuerfreien → Ausfuhrlieferung vorliegen, wobei an die Stelle des ausländischen Abnehmers der ausländische Auftraggeber tritt. Die Steuerfreiheit schließt den Vorsteuerabzug nicht aus.

III. Zollrecht: Im Gegensatz zur Eigenveredelung ist bei der Lohnveredelung der Veredeler nicht frei in der Auswahl seiner unveredelten Vorprodukte. Er hat sich sowohl bei den Zollverfahren der aktiven Veredelung (in der EU) als auch bei der passiven Veredelung (außerhalb der EU) an die Vorgaben des Auftraggebers zu halten.

Lokomotivtheorie → internationaler Konjunkturverbund.

Lomé-Abkommen – 1. *Begriff/Charakterisierung:* Formale Basis der bes. Wirtschaftsbeziehungen zwischen der EU und den sog. AKP-Staaten. – 2. *Rechtsgrundlagen:* Seit ihrer Gründung (1958) ist die EU (zuvor EWG bzw. EG) verpflichtet, solche außereuropäischen Länder zu assoziieren und wirtschaftlich zu fördern, die zu einem der EU-Staaten langandauernde bes. Beziehungen unterhalten (Art. 198-203 AEUV). Dieser Vorschrift liegen in erster Linie politische Absichten zugrunde; die genannte Verpflichtung kann im Übrigen als eine spezielle Form von Kompensation für die von der Gemeinschaftsgründung zulasten von Nicht-Mitgliedsländern ausgehenden integrationsbedingten Diskriminierungswirkungen (→ Handelsverzerrung) angesehen werden. – *Weitere Rechtsgrundlage:* Art. 207 AEUV, d.h. die Verpflichtung der Mitgliedsstaaten der EU zu einer gemeinsamen Handelspolitik. – 3. *Entwicklung:* a) Den Art. 198 ff. AEUV wurde nach Inkrafttreten der Römischen Verträge zunächst durch die unverzügliche Errichtung des ersten EEF (*Europäischer Entwicklungsfonds*). Dieser Fonds finanziert v.a. die

Entwicklungshilfezusammenarbeit der EU mit den AKP-Staaten sowie mit den überseeischen Ländern und Gebieten (ÜLG). Während die Hilfe für die ÜLG ab 2008 in den Haushaltsplan der EU einbezogen worden ist, werden die Mittel für die AKP-Staaten von 2008 bis 2013 weiterhin aus den EEF finanziert. Die Instrumente des EEF sind nichtrückzahlbare Hilfe, Risikokapital und Darlehen an die Privaten. – b) Nachdem diese Staaten die Unabhängigkeit erlangten, kam es zur Vereinbarung des Ersten *Jaunde-Abkommens* (1964–1969) zwischen den sechs EWG-Staaten und 18 AASM-Staaten (AASM). Das Erste Jaunde-Abkommen nahm bereits einige Elemente der späteren Lomé-Merkmale vorweg: Handelspräferenzen, finanzielle und technische Hilfe, gemeinsame Institutionen auf Ministerebene. Nach Auslauf des Ersten *Jaunde-Abkommens* trat bis zum 31.1.1975 das Zweite Jaunde-Abkommen in Kraft. Parallel dazu (1971–1975): *Arusha-Abkommen* zugunsten der Commonwealthländer Kenia, Tansania und Uganda. – c) Durch den EG-Beitritt Großbritanniens (1.1.1973) vergrößerte sich die Zahl potenzieller Anwärter für eine Assoziierung gemäß Art. 131 ff. EWGV (Art. 206 ff. AEUV) ganz beträchtlich. 1975 kam es zum Abschluss des in Lomé (Hauptstadt von Togo) unterzeichneten Ersten Lomé-Abkommens (1975–1980) zwischen neun EG-Ländern und 46 AKP-Staaten. Der durch die Lomé-I-Konvention begründete bes. Charakter der Wirtschaftsbeziehungen zwischen der EG und den AKP-Staaten ist im Laufe der Zeit fortgeführt und kontinuierlich ausgebaut worden: Lomé-II (1980–1985; zehn EG- und 57 AKP-Staaten); Lomé-III (1985–1990; 12 EG- und 66 AKP-Staaten); Lomé-IV (1990–2000; 12 bzw. 15 EU- und 71 AKP-Staaten); *Cotonou-Abkommen* (2000–2007; in 2003: 15 EU- und 79 AKP-Staaten). – 4. *Hauptmerkmale:* a) Der schon im Zuge von Lomé-II und Lomé-III eingeschlagene Weg, vermehrt marktwirtschaftliche Anreize für eine stärkere *Entfaltung der Eigeninitiative* zu

etablieren sowie die Effizienz der Gemeinschaftshilfen zu verbessern, wurde mit Lomé-IV durch die Etablierung einer Strukturanpassungsfazilität fortgesetzt. Um einen höheren Selbstversorgungsgrad der AKP-Staaten bei Nahrungsmitteln zu erreichen, wird seit Lomé-II bes. Gewicht auf Maßnahmen zur Erhaltung der natürlichen Lebensgrundlagen sowie zum Ausbau der Landwirtschaft gelegt. Außerdem wird seit Lomé-III die Notwendigkeit betont, dass die lokalen sozialen und kulturellen Gegebenheiten in die entwicklungspolitischen Überlegungen einbezogen werden müssen. – b) *AKP-EU-Handelsbeziehungen:* Seit Anfang an wird das Ziel verfolgt, sowohl den AKP-EU-Handel als auch den Handel zwischen den AKP-Ländern auszuweiten. Fast alle (ca. 99 Prozent) Erzeugnisse mit Ursprung aus den AKP-Staaten haben einen von Zöllen und Kontingenten freien Zutritt zum EU-Raum. Ausgenommen von dieser Vergünstigung sind lediglich solche Erzeugnisse, für die im Rahmen internationaler Warenabkommen spezielle Regelungen bestehen; das Gleiche gilt auch für landwirtschaftliche Produkte, die Gegenstand einer EU-Agrarmarktordnung sind, wobei allerdings die AKP-Staaten eine Präferenzstellung gegenüber sonstigen Drittländern genießen. – Eine *Besonderheit* der handelspolitischen Beziehungen zwischen den beiden Blöcken besteht darin, dass die EU seit Lomé-I auf die *reziproke Gewährung der Handelsvergünstigungen* für ihre eigenen Exporte nach den AKP-Ländern verzichtet. Im Übrigen weist das Abkommen eine bisher nie angewendete *Schutzklausel* auf, nach welcher EU-Importe aus den AKP-Ländern nach beiderseitiger Konsultation partiell und vorübergehend eingeschränkt werden können, falls diese Lieferungen gravierende Störungen einer Branche oder Region innerhalb der EU auslösen sollten. – c) *Verstetigung der Deviseneinnahmen der AKP-Staaten:* Bereits mit Lomé-I erfolgte die Etablierung des sog. → STABEX-Systems zur Verstetigung der Deviseneinnahmen, welche die AKP-Staaten aus ihrem Export von tropischen und subtropischen Agrargütern in die EU erzielen. Im Rahmen von Lomé-II kam es zur Einrichtung eines an relativ restriktive Bedingungen gebundenen Sonderfonds für die Förderung der Modernisierung und Ausweitung des Bergbaupotenzials der AKP-Staaten *(SYSMIN)*. Sowohl STABEX als auch SYSMIN wurden nach und nach abgebaut und zum 1.1.2008 durch andere Formen der Zusammenarbeit (neue Abkommen) im Rohstoffsektor abgelöst. – d) *Industrielle Kooperation:* Bereits im Zuge der Umsetzung des Lomé-I-Abkommens wurde Mitte der 1970er-Jahre ein *AKP-EG-Zentrum für industrielle Entwicklung* gewerblicher bzw. industrieller Vorhaben (Sitz: Brüssel) geschaffen. – e) Im Zuge der Durchführung des Lomé-II-Abkommens wurde ein beiderseits verwaltetes *Technisches Zentrum für die Zusammenarbeit in der Landwirtschaft und im ländlichen Bereich* errichtet. Außerdem erfolgte seit Lomé-II eine Abkehr von der vorrangigen Förderung von Großprojekten. – f) *Strukturanpassungshilfen:* Weil während der 1980-er Jahre die Auslandsverschuldung vieler AKP-Staaten beträchtlich zugenommen hat, wurde die Gewährung von Strukturanpassungshilfen in das Vierte Lomé-Abkommen aufgenommen. Seit dem Siebten EEF (1990–1995) werden für diesen Zweck in Form einer Sonderfazilität Mittel ausgewiesen. Deren Einsatz erfolgt in Kooperation mit den Strukturanpassungsprogrammen von IWF und Weltbank. Die gewährten Finanzhilfen dienen zur wirtschaftlichen und sozialen Abfederung von Wirtschaftsreformen. – g) *Finanzielle Zusammenarbeit:* Für die Gewährung von Finanzhilfen gilt der Grundsatz der vorrangigen Förderung derjenigen AKP-Staaten, deren wirtschaftliches Entwicklungsniveau bes. niedrig ist, die entweder sog. Binnenstaaten oder sog. Inselstaaten sind. Seit dem Dritten Lomé-Abkommen wird verstärkt darauf abgestellt, die Finanzmittel so einzusetzen, dass die Eigeninitiative der einheimischen Bevölkerung angeregt wird. – Das vonseiten der EU für die

einzelnen Aufgabenbereiche des Abkommens zur Verfügung gestellte *Mittelvolumen* ist in einem Finanzprotokoll, das Bestandteil des Vertragswerks ist, festgelegt und besteht aus dem jeweiligen EEF und Leistungen der Europäischen Investitionsbank (EIB). Schon seit dem Ersten Lomé-Abkommen hat der überwiegende Teil der vom EEF gewährten Mittel den Charakter von *Zuschüssen* getragen. Dieser Anteil ist von Abkommen zu Abkommen erhöht worden. Von den für die Laufzeit der Vierten Lomé-Konvention bereitgestellten Mitteln entfallen rund 90 Prozent auf nicht rückzahlbare *Finanzhilfen*. – 5. *Gemeinsame Organe:* Die schon im Zuge der Ersten Jaunde-Abkommens errichteten gemeinsamen Institutionen zur Förderung der Vertragsziele und des wechselseitigen Meinungsaustauschs sind durch die vier Lomé-Konventionen sowie das nachfolgende Cotonou-Abkommen fortgeführt und kontinuierlich ausgebaut worden. Insgesamt sind im Abkommen drei paritätisch besetzte Kontroll- und Entscheidungsorgane verankert: der gemeinsame AKP-EG-Ministerrat (richtungweisende Funktion), der Ausschuss der ständigen Vertreter und die sog. paritätische Versammlung (Initiativrecht). Die Beschlussfassung über die Bereitstellung von Finanzmitteln unterliegt allerdings de facto dem üblichen EU-internen Entscheidungsverfahren (d.h. dem Rat der Europäischen Union unter Mitwirkung des Europäischen Parlaments). – 6. *Bedeutung:* Die AKP-EU-Kooperation bildet den Schwerpunkt der Entwicklungspolitik der EU. – 7. *Perspektiven:* Im Abkommen von Cotonou, das im Jahre 2000 abgeschlossen worden ist, wird die Kooperation zwischen der EU und den AKP-Staaten auf die folgenden fünf Elemente gestützt: (1) politischer Dialog (Forderung nach sog. good governance), (2) Armutsbekämpfung durch Integration in den Welthandel, (3) Reform der wirtschaftlichen Kooperation, (4) Einbeziehung nicht staatlicher Akteure (NGO), (5) Reform der finanziellen Zusammenarbeit. Die einseitigen Handelspräferenzen zugunsten der AKP-Staaten sind teilweise bereits abgebaut worden bzw. sollen in absehbarer Zeit eliminiert werden.

Lotka-Volterra-Modelle → Räuber-Beute-Modelle.

Lucas-Kritik – vom amerik. Ökonom Lucas geäußerte Kritik an der bis dahin üblichen Abschätzung der Auswirkungen von wirtschaftspolitischen Maßnahmen mithilfe traditioneller ökonometrischer Großmodelle (Ökonometrie). Die Lucas-Kritik besagt, dass dieses Vorgehen zu falschen Schlussfolgerungen führt, weil wirtschaftspolitische Maßnahmen zu Erwartungsänderungen führen, die ihrerseits die strukturellen Parameter des ökonometrischen Modells, welches

Grundlage für die Schätzungen ist, beeinflussen. Dies wird bei der ursprünglichen Schätzung aber nicht berücksichtigt.

Lücke → Gap, → Produktionslücke.

Lundberg-Lag – Produktions-Lag, der die zeitliche Verzögerung zwischen Verausgabung des Einkommens (effektiver Nachfrage) und dadurch veranlasster Anpassung der Produktion beschreibt. – *Beispiel:*

$$Q_t = f(Y_{t-1}).$$

Die geplante Produktion der Unternehmer für die gegenwärtige Periode (Q_t) richtet sich dann am Einkommen der Vorperiode (Y_{t-1}) aus. – Vgl. auch → Lag.

magisches Dreieck → magisches Vieleck.

magisches Vieleck – Ausdruck dafür, dass versucht werden soll, mehrere teilweise im Konflikt stehende gesamtwirtschaftliche Ziele gleichzeitig möglichst gut zu erfüllen. – 1. *Magisches Dreieck:* Es umfasst die Ziele hoher Beschäftigungsgrad (Vollbeschäftigung), Preisniveaustabilität und Zahlungsbilanzgleichgewicht. – 2. *Magisches Viereck:* Dies umfasst zusätzlich das Ziel (angemessenes) Wachstum; ist in § 1 StWG vorgesehen. Auf derartige Zielbündel ist heute die Wirtschaftspolitik fast aller westlichen Länder verpflichtet. Dass die verschiedenen Ziele nicht alle gleichzeitig und in vollem Umfang zu erfüllen sind, resultiert aus der wechselseitigen Abhängigkeit der gesamtwirtschaftlichen Variablen. Die wirtschaftliche Interdependenz bedingt also, dass die Zielbündel Zielkonflikte einschließen, was mit dem Attribut „magisch" zum Ausdruck gebracht wird. – Vgl. auch → Stabilisierungspolitik.

magisches Viereck → magisches Vieleck.

Makromodelle geschlossener Volkswirtschaften → makroökonomische Totalmodelle geschlossener Volkswirtschaften.

Makromodelle offener Volkswirtschaften → Totalmodelle offener Volkswirtschaften.

Makroökonomie → Makroökonomik.

Makroökonomik – *Makroökonomie, makroökonomische Theorie, Makrotheorie.* 1. *Begriff:* Teilgebiet der Volkswirtschaftstheorie. Die Makroökonomik befasst sich im Gegensatz zur → Mikroökonomik mit dem gesamtwirtschaftlichen Verhalten ganzer Sektoren. Sie ist eine Analysemethode, die auf der Grundlage institutioneller und funktioneller Aggregate das Wirtschaftsgeschehen in seiner Gesamtheit betrachtet und demzufolge gesamtwirtschaftliche Fragestellungen untersucht. Historisch gesehen steht die Entstehung der Makroökonomik in engem Zusammenhang mit dem von Keynes beeinflussten Aufbau der Volkswirtschaftlichen Gesamtrechnung (VGR). Bei der Erforschung der ökonomischen Realität greift die Makroökonomik auf gesamtwirtschaftliche Größen zurück, die in der VGR durch → Aggregation aus einzelwirtschaftlichen Größen gewonnen werden. Auch ein Teil der in makroökonomischen Modellen verwendeten Beziehungen zwischen den betreffenden Größen sind der VGR entnommen (Definitionsgleichungen, Gleichgewichtsbedingungen). Durch die Aggregation gehen notwendigerweise Informationen verloren. Andererseits ist gerade dies Voraussetzung, um die vermuteten Zusammenhänge klarer erkennen zu können. – 2. Auf die Makroökonomik kann man die in der Volkswirtschaftstheorie üblichen *Gliederungsprinzipien* anwenden: a) Makroökonomische → Partialanalyse oder makroökonomische → Totalanalyse, je nachdem, ob einzelne Märkte (z.B. Gütermarkt) oder alle Märkte (Güter-, Geld-, Wertpapier- und Arbeitsmarkt) im Zusammenhang betrachtet werden. – b) *Statik* und *Dynamik* (→ dynamische Makroökonomik). – c) Differenzierung unter *historischen und inhaltlichen Gesichtspunkten* zwischen verschiedenen makroökonomischen Lehrmeinungen. (1) Fundamentales Unterscheidungskriterium ist die Frage, ob reale Wirtschaftssysteme sich überwiegend im → Gleichgewicht befinden oder zumindest bei Abweichungen vom Gleichgewicht sehr schnell wieder zu einer Gleichgewichtsposition zurückstreben. Obwohl die Makroökonomik erst in den 1930er-Jahren begrifflich konstituiert wurde, enthalten natürlich schon ältere Theoriegebäude makroökonomische Aussagen, sodass zu den *gleichgewichtsorientierten Makrotheorien* auch klassische Lehre und → Neoklassik zählen.

Gleichgewichtsorientierte Lehrmeinungen jüngeren Datums sind → Monetarismus, → Neue Klassische Makroökonomik, → Neukeynesianische Makroökonomik (→ Neuer Keynesianismus) und → Angebotsökonomik. (2) Die *Ungleichgewichtstheorien* gehen zurück auf die Keynessche Lehre (→ Keynesianismus). In diese Kategorie gehören → Neokeynesianische Theorie und Postkeynesianismus. Der → Neue Keynesianismus, der in die Kategorie der Gleichgewichtstheorien gehört, hat sich demgegenüber zum Ziel gesetzt, eine mikroökonomische Fundierung makroökonomischer Hypothesen des Keynesianismus (wie z.B. Preis- und Lohnstarrheiten) zu liefern; er knüpft dabei an neoklassische Überlegungen an. Er wird deshalb auch als → Neue Neoklassische Synthese (als Weiterentwicklung der traditionellen → Neoklassischen Synthese oder traditionellen keynesianischen Totalanalyse) bezeichnet. – d) *Makroökonomik geschlossener vs. offener Volkswirtschaften* (→ Totalanalyse offener Volkswirtschaften).

Makroökonomik offener Volkswirtschaften → Totalanalyse offener Volkswirtschaften, → Totalmodelle offener Volkswirtschaften.

makroökonomische Stabilisierungspolitik → Stabilisierungspolitik.

makroökonomische Stabilitätspolitik → Stabilisierungspolitik.

makroökonomische Theorie → Makroökonomik.

makroökonomische Totalanalyse → Totalanalyse.

makroökonomische Totalmodelle geschlossener Volkswirtschaften – sind typischerweise traditionelle keynesianische Flexpreismodelle (→ Keynesianismus), in denen eine simultane Betrachtung des gesamtwirtschaftlichen Gütermarktes, des Geld- und Wertpapiermarktes sowie des Arbeitsmarktes vorgenommen wird. Im Unterschied zu → Totalmodellen offener Volkswirtschaften bleiben in makroökonomischen Totalmodellen geschlossener Volkswirtschaften internationale Güter-, Dienstleistungs- und Kapitaltransaktionen zwischen dem Inland und dem Ausland unberücksichtigt. Von neukeynesianischen Makromodellen (→ Neukeynesianische Makroökonomik) unterscheiden sie sich darin, dass sie keine vollständige Mikrofundierung besitzen. Makroökonomische Totalmodelle haben den großen Vorteil, dass sie das komplexe wirtschaftliche Geschehen in überschaubarer Form darstellen, sodass konkrete Aussagen über den Istzustand einer Volkswirtschaft möglich sind. Mithilfe solcher Modelle können sowohl eine gesamtwirtschaftliche Gleichgewichtsanalyse durchgeführt als auch die Auswirkungen stabilisierungspolitischer Maßnahmen auf makroökonomische Zielvariablen des Staates untersucht werden. – Im Unterschied zu makroökonomischen Totalmodellen sind *mikroökonomische Totalmodelle* disaggregierte Modelle, die lediglich der formalen Abbildung ökonomischer Zusammenhänge dienen und keine konkreten Aussagen über die ökonomische Realität zulassen. In solchen Walras-Modellen oder Modellen des → allgemeinen Gleichgewichts geht es primär um den Nachweis der Existenz und der Stabilität eines simultanen Gleichgewichts auf allen Güter- und Faktormärkten und damit um die prinzipielle Funktionsweise eines marktwirtschaftlichen Systems. – Makroökonomische Totalmodelle geschlossener Volkswirtschaften bestehen auf der *Nachfrageseite* aus dem → Güter-Geldmarkt-Modell für die geschlossene Volkswirtschaft (→ IS-LM-Modell), welches auf eine gesamtwirtschaftliche Güternachfragefunktion reduziert wird (→ makroökonomische Totalmodelle geschlossener Volkswirtschaften, Nachfrageseite) und auf der *Angebotsseite* aus den Gleichungen des Arbeitsmarktes sowie einer neoklassischen Produktionsfunktion, die zu einer gesamtwirtschaftlichen Angebotsfunktion zusammengefasst werden (→ makroökonomische Totalmodelle geschlossener

Volkswirtschaften, Angebotsseite). Dabei wird zwischen dem Keynesschen Unterbeschäftigungsfall, der mit einem rigiden Geldlohnsatz verbunden ist (sog. Keynessche Variante), und dem neoklassischen Vollbeschäftigungsfall, der durch vollkommene Preis- und Lohnflexibilität gekennzeichnet ist (neoklassische Variante), unterschieden. Während die gesamtwirtschaftliche Angebotsfunktion bei völliger Preis- und Lohnflexibilität preisunelastisch verläuft, weist sie bei rigidem Geldlohnsatz einen preiselastischen Verlauf auf. Dies hat die Konsequenz, dass von Maßnahmen der Nachfragesteuerung (Geld- und Fiskalpolitik) bei Vorliegen flexibler Löhne und Preise sowie eines gesamtwirtschaftlichen Gleichgewichts bei Vollbeschäftigung keine Realeinkommens- und Beschäftigungseffekte ausgehen können (→ makroökonomische Totalmodelle geschlossener Volkswirtschaften, Stabilisierungspolitik). Dagegen können mit geld- und fiskalpolitischen Maßnahmen i.d.R. Beschäftigungswirkungen erzielt werden, wenn der Geldlohnsatz rigide ist und eine Situation der Unterbeschäftigung vorliegt. Sowohl die Keynessche als auch die neoklassische Variante makroökonomischer Totalmodelle werden zur sog. → Neoklassischen Synthese gerechnet, da sie aus einer keynesianisch modellierten Nachfrageseite und einer neoklassisch geprägten Angebotsseite bestehen. Weiterentwicklungen existieren in Form neukeynesianischer Totalmodelle, die entsprechend der → Neuen Neoklassischen Synthese zugeordnet werden können.

makroökonomische Totalmodelle geschlossener Volkswirtschaften, Angebotsseite – 1. *Charakterisierung:* In → makroökonomischen Totalmodellen geschlossener Volkswirtschaften wird die Angebotsseite durch die Gleichungen des gesamtwirtschaftlichen Arbeitsmarktes und eine neoklassische Produktionsfunktion beschrieben. Hieraus lässt sich eine gesamtwirtschaftliche Angebotskurve (→ aggregierte Angebotskurve) ableiten, die grafisch in

einem Preis-Output-Diagramm darstellbar ist. Dabei ist zwischen dem neoklassischen Vollbeschäftigungsfall, der durch vollkommene Lohn- und Preisflexibilität gekennzeichnet ist, und dem Keynesschen Unterbeschäftigungsfall, der einen rigiden Geldlohnsatz unterstellt, zu unterscheiden. – 2. *Arbeitsmarkt:* Auf dem gesamtwirtschaftlichen Arbeitsmarkt hängt die Arbeitsnachfrage gemäß der neoklassischen → Grenzproduktivitätstheorie in negativer Weise vom Reallohnsatz W/P ab: $N^d = N^d$ (W / P) mit $dN^d/d(W/P) < 0$, wobei: W = Geldlohn- oder Nominallohnsatz, P = gesamtwirtschaftliches Güterpreisniveau. In geschlossenen Volkswirtschaften ist – im Unterschied zu offenen Volkswirtschaften – der für die Produzenten relevante Reallohnsatz ebenfalls Bestimmungsfaktor für das Arbeitsangebot der privaten Haushalte (→ Totalmodelle offener Volkswirtschaften, Angebotsseite): $N^s = N^s$ (W / P) mit $dN^s/d(W/P) > 0$. In einem Reallohn-Beschäftigungs-Diagramm verläuft die Arbeitsangebotskurve steigend und die Arbeitsnachfragekurve fallend (vgl. Abbildung „makroökonomische Totalmodelle geschlossener Volkswirtschaften, Angebotsseite (1)"). a) Im neoklassischen Fall der vollkommenen Preis- und Lohnflexibilität ergibt sich auf dem gesamtwirtschaftlichen Arbeitsmarkt stets ein Vollbeschäftigungs-Gleichgewicht, das durch die Übereinstimmung von aggregiertem Arbeitsangebot und aggregierter Arbeitsnachfrage gekennzeichnet ist: N^s (W/P) = N^d (W / P) → N*, (W / P)*. Der Reallohnsatz verharrt in diesem Fall auf seinem gleichgewichtigen Niveau (W/P)*; eine durch eine Senkung des Güterpreisniveaus hervorgerufene Steigerung des Reallohnsatzes löst aufgrund des damit verbundenen Angebotsüberschusses auf dem Arbeitsmarkt unmittelbar eine gleichgerichtete Anpassung des Geldlohnsatzes aus, sodass der Reallohn sofort wieder in seinen Gleichgewichtszustand zurückkehrt. – b) Im Gegensatz dazu sind in der sog. Keynesschen Variante auch dauerhafte Angebotsüberschüsse auf dem Arbeitsmarkt

makroökonomische Totalmodelle geschlossener Volkswirtschaften, Angebotsseite (1)

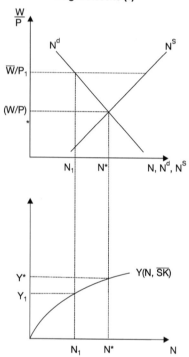

möglich, was durch die Annahme eines nach unten starren Geldlohnsatzes erreicht werden kann. Liegt der Nominallohn auf dem Niveau $W = \overline{W}$ fest, bewirkt eine durch eine Preissenkung erzeugte Steigerung des Reallohnsatzes über sein Gleichgewichtsniveau $(W/P)^*$ hinaus keine Anpassung des Geldlohnsatzes nach unten, sodass sich auf dem Arbeitsmarkt ein Zustand unfreiwilliger Arbeitslosigkeit ergibt. In diesem Fall bestimmt die Arbeitsnachfrage als kurze Marktseite die effektive (tatsächliche) Beschäftigung: $N = N^d$ $(W/P) < N^s(W/P)$ mit $W = \overline{W}$ und $\overline{W}/P > (W/P)^*$. – 3. *Gesamtwirtschaftliche Produktionsfunktion, Güterangebotsfunktion:* Herrscht auf dem Arbeitsmarkt aufgrund

einer vollkommen flexiblen Lohnanpassung ein dauerhafter Zustand der Vollbeschäftigung ($N = N^*$), gilt für jeden Wert des Güterpreisniveaus P dieses effektive Beschäftigungsniveau N^*. Bei Zugrundelegung einer neoklassischen Produktionsfunktion der Art $Y = Y (N, \overline{S}\ \overline{K}\ )$ mit gegebenem Sachkapitalbestand $SK = \overline{S}\ \overline{K}$ und positiver, aber abnehmender Grenzproduktivität des Faktors Arbeit

$$(\partial Y/\partial N > 0,\ \partial Y^2/\partial N^2 < 0)$$

ist dann das gesamtwirtschaftliche Güterangebot Y^s durch das Vollbeschäftigungs-Gleichgewicht N^* am Arbeitsmarkt festgelegt:

$$Y^s = Y^*\ \text{mit}\ Y^* = Y(N^*, \overline{SK}).$$

Bei Vorliegen vollkommen flexibler Löhne und Preise erhält man also eine preisunelastische Güterangebotsfunktion Y^s, die in einem Preis-Output-Diagramm vertikal über dem Vollbeschäftigungs-Einkommen Y^* verläuft (vgl. Abbildung „makroökonomische Totalmodelle geschlossener Volkswirtschaften, Angebotsseite (2)"). – Wird der Keynessche Unterbeschäftigungsfall betrachtet, der einen rigiden Geldlohnsatz ($W = \overline{W}$) und einen Angebotsüberschuss, also einen Zustand unfreiwilliger Arbeitslosigkeit auf dem Arbeitsmarkt unterstellt, so ergibt sich eine in positiver Weise vom Güterpreisniveau P abhängige Güterangebotsfunktion:

$$Y^s = Y(N^d(\overline{W}/P), \overline{SK}) = Y(P)\ \text{mit}\ dY/dP > 0.$$

Die positive Beziehung zwischen Preisniveau P und Güterangebot Y^s resultiert daraus, dass bei einem Angebotsüberschuss am Arbeitsmarkt die effektive Beschäftigung N durch die unternehmerische Arbeitsnachfrage bestimmt wird, welche bei einer Steigerung von P über die damit einhergehende Senkung des Reallohrsatzes W/P (mit $W = \overline{W}$) zunimmt. Neben diesem preiselastischen besteht die Keynessche Variante der makroökonomischen Angebotsfunktion auch aus einem preisunelastischen Bereich, der im Preis-Output-Diagramm vertikal über dem Vollbeschäftigungs-Einkommen Y^* liegt (vgl.

makroökonomische Totalmodelle geschlossener Volkswirtschaften, Angebotsseite (2) und (3)

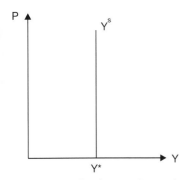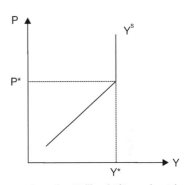

Abbildung „makroökonomische Totalmodelle geschlossener Volkswirtschaften, Angebotsseite (3)"). Bleibt nämlich der Geldlohnsatz W im gesamten Unterbeschäftigungsbereich konstant, so führen Preissteigerungen über die damit verbundene Reallohnsenkung zu einem Abbau des Angebotsüberschusses auf dem Arbeitsmarkt, da die Arbeitsnachfrage zunimmt und das Arbeitsangebot zurückgeht. Bei einem hinreichend großen Wert des Güterpreisniveaus (P = P*) nimmt dann der Reallohn wieder sein Gleichgewichtsniveau an, sodass sich auf dem Arbeitsmarkt der Vollbeschäftigungszustand einstellt, der mit einem Güterangebot in Höhe des Vollbeschäftigungs-Outputs Y* verbunden ist. Treten weitere Preissteigerungen auf, so wird unterstellt, dass der Gleichgewichtszustand am Arbeitsmarkt und das Güterangebot in Höhe des Vollbeschäftigungs-Einkommens Y* erhalten bleiben, was nur dann der Fall ist, wenn sich jetzt der Lohnsatz W vollkommen flexibel nach oben anpasst. Der Reallohn verharrt dann – ebenso wie in der neoklassischen Variante – auf seinem markträumenden Gleichgewichtswert. Die Keynessche Variante der Güterangebotsfunktion weist dann neben einem preiselastischen Unterbeschäftigungs- auch einen

preisunelastischen Vollbeschäftigungsbereich auf.

makroökonomische Totalmodelle geschlossener Volkswirtschaften, Nachfrageseite – 1. *Charakterisierung:* In traditionellen → makroökonomischen Totalmodellen geschlossener Volkswirtschaften wird die Nachfrageseite durch zwei Gleichgewichtskurven beschrieben und zwar durch die → IS-Kurve als Gleichgewichtskurve des gesamtwirtschaftlichen Gütermarktes und die → LM-Kurve als Gleichgewichtskurve des Geldmarktes. Dabei wird hinsichtlich des Verhaltens der Wirtschaftssubjekte bei der Aufstellung ihrer Wirtschaftspläne auf dem Güter- und Geldmarkt von → Realplanung (bzw. Freiheit von Geldillusion) ausgegangen. Außerdem stellt die IS-Kurve nur dann eine Gleichgewichtskurve des gesamtwirtschaftlichen Gütermarktes dar, wenn die Produzenten vollkommen elastisch mit ihrem mengenmäßigen Angebot auf Änderungen der gesamtwirtschaftlichen Güternachfrage reagieren. Das → IS-LM-Modell (→ Güter-Geldmarkt-Modell) zeigt die simultane Bestimmung eines Gleichgewichts auf dem Güter- und Geldmarkt. Es kann grafisch im Hicks-Diagramm (Zinssatz-Einkommen-Diagramm) dargestellt werden. Aus dem IS-LM-Modell lässt sich durch Variation des Güterpreisniveaus eine gesamtwirtschaftliche Nachfragekurve (→ aggregierte Nachfragekurve) ableiten, die grafisch in einem Preisniveau-Einkommen-Diagramm darstellbar ist. Dabei ist zwischen dem Normalfall einer preiselastisch verlaufenden Güternachfragekurve und dem Sonderfall einer vertikalen Nachfragekurve zu unterscheiden. – 2. *Gleichgewichtskurven:* a) *Gütermarkt:* In einer geschlossenen Volkswirtschaft mit staatlicher ökonomischer Aktivität gilt für ein Gütermarktgleichgewicht die Bedingung: reales geplantes Güterangebot (Y) = reale geplante Güternachfrage. Die gesamtwirtschaftliche Güternachfrage setzt sich dabei aus der Konsumgüternachfrage C der privaten Haushalte, der Investitionsgüternachfrage I der privaten Unternehmen und der staatlichen Nachfrage G nach Gütern und Dienstleistungen zusammen. Der private Konsum hängt nach dem „fundamentalen → psychologischen Gesetz" von Keynes in positiver, unterproportionaler Weise vom Einkommen Y ab (C = C(Y) mit $0 < dC / dY < 1$; → Konsumfunktion). Bei Berücksichtigung der ökonomischen Aktivität des Staates ist das Volkseinkommen Y durch das verfügbare Einkommen $Y^v = Y - T$ zu ersetzen, da Steuerzahlungen T an den Staat zu leisten sind. Wird eine proportionale Steueraufkommensfunktion $T = tY$ (mit $0 < t$ = Steuersatz < 1) unterstellt, gilt allg. für die Konsumfunktion $C = C(Y - T) = C((1 - t)Y)$. Die private Investitionsnachfrage ist dagegen eine negative Funktion des Marktzinssatzes i für alternative Wertpapieranlagen ($I = I(i)$ mit $dI / di < 0$). Nach dem Konzept der → Grenzleistungsfähigkeit des Kapitals ist die Investitionsnachfrage außerdem in positiver Weise von den unternehmerischen Ertragserwartungen E über die zukünftigen Nettoerlöse eines geplanten Investitionsobjektes abhängig. Für die Gleichgewichtsbedingung des Gütermarktes einer geschlossenen Volkswirtschaft gilt dann die Gleichung: $Y = C((1 - t) Y) + I(i, E) + G$. Diese Gleichgewichtsbedingung beschreibt einen negativen funktionalen

Zusammenhang zwischen Zins und Einkommen, der sich grafisch in einem Zinssatz-Einkommen-Diagramm veranschaulichen lässt (vgl. Abbildung „makroökonomische Totalmodelle geschlossener Volkswirtschaften, Nachfrageseite (1)". Eine Steigerung des gesamtwirtschaftlichen Einkommens Y, welche gleichbedeutend mit einer Zunahme des gesamtwirtschaftlichen Güterangebots ist, bewirkt wegen der damit verbundenen unterproportionalen Zunahme des privaten Konsums einen Angebotsüberschuss auf dem gesamtwirtschaftlichen Gütermarkt, der durch eine Zinssenkung ausgeglichen werden kann, da hierdurch im Normalfall eine Erhöhung der privaten Investitionsnachfrage induziert wird. Im Grenzfall extrem pessimistischer unternehmerischer Ertragserwartungen führen Zinssenkungen zu keiner Ausweitung der Nachfrage nach Investitionsobjekten, da ihre interne Verzinsung (Grenzleistungsfähigkeit des Kapitals) weiterhin als geringer eingestuft wird als die (gesunkene) Verzinsung alternativer Finanzanlagen. In diesem Sonderfall der sog. → Investitionsfalle verläuft die Gleichgewichtskurve des Gütermarktes im i/Y-Diagramm vertikal (zinsunelastisch). Die Gütermarkt-

makroökonomische Totalmodelle geschlossener Volkswirtschaften, Nachfrageseite (1)

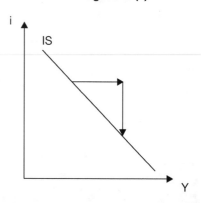

Gleichgewichtskurve wird auch als → IS-Kurve bezeichnet, da die Gleichgewichtsbedingung des Gütermarktes bei Vernachlässigung staatlicher ökonomischer Aktivität (G = T = 0) zur Bedingung „geplante private Ersparnis S (= Y − C) = geplante private Nettoinvestition I" äquivalent ist. Die IS-Kurve stellt alle i/Y-Kombinationen dar, für die sich der Gütermarkt im Gleichgewicht befindet. Dabei wird hinsichtlich des Verhaltens der Anbieter (Unternehmer) unterstellt, dass diese sich mit ihrem mengenmäßigen Angebot vollkommen elastisch jeder Nachfrageänderung anpassen. Anderenfalls könnte man sonst nicht mehr von einer Gleichgewichtskurve des Gütermarktes sprechen. − b) *Geldmarkt:* Für ein Gleichgewicht auf dem gesamtwirtschaftlichen Geldmarkt, der in der makroökonomischen Theorie ein fiktiver Markt ist (und nicht mit dem real existierenden Interbankenmarkt zu verwechseln ist), gilt die Bedingung: reales geplantes Geldangebot (M/P) = reale geplante Geldnachfrage (L). Dabei stellt M das nominale, exogen vorgegebene Geldangebot dar, welches durch Deflationierung mit dem gesamtwirtschaftlichen Güterpreisniveau P in das reale Geldangebot übergeführt wird. Bei der Erklärung der realen Geldnachfrage L wird die von Keynes entwickelte Liquiditätspräferenztheorie (Geldtheorie) zugrundegelegt, die die Geldhaltung aus einem Transaktions-, Vorsichts- und Spekulationsmotiv heraus erklärt. Aus dem Transaktions- und Vorsichtsmotiv der Kassenhaltung ergibt sich eine positiv vom Einkommen abhängige Geldnachfrage, während das Spekulationsmotiv der Kassenhaltung auf eine negativ vom laufenden Zinssatz abhängige Geldnachfrage führt. Dabei wird von gegebenen, vom aktuellen Zinsniveau unabhängigen Erwartungen der Anleger über das zukünftige Zinsniveau ausgegangen (sog. Normalzinsvorstellungen). Außerdem werden sichere Zinserwartungen (i^e) unterstellt, die sich von Anleger zu Anleger unterscheiden. Dadurch ergibt sich − trotz einer einzelwirtschaftlichen Entweder-oder-Entscheidung bzgl. der Aufteilung des Vermögens in Form von zinslosem Geld und zinstragenden kursvariablen Wertpapieren − gesamtwirtschaftlich gesehen eine stetige, negativ vom Zins abhängige gesamtwirtschaftliche Geldnachfragefunktion, die die Zinserwartung als Lageparameter enthält. Kommt es zu einer allgemeinen Korrektur der Zinserwartung nach oben, nimmt die gesamtwirtschaftliche Geldnachfrage aus dem Spekulationsmotiv zu, da die Zahl der Vermögensbesitzer steigt, die mit Zinssteigerungen bzw. Kursverlusten aus der Wertpapierhaltung rechnen. Wird auf eine explizite Aufspaltung der gesamtwirtschaftlichen Geldnachfrage in eine Transaktions-, Vorsichts- und Spekulationskasse verzichtet, lässt sich die Gleichgewichtsbedingung des Geldmarktes in der kompakten Form: M / P = L (Y,i,i^e) mit δ L / δ Y > 0, δ L / δ i < 0 und $\delta L / \delta i^e > 0$ darstellen. Im i/Y-Diagramm stellt diese → LM-Gleichung im Normalfall eine mit positiver Steigung verlaufende Kurve dar (vgl. Abbildung „makroökonomische Totalmodelle geschlossener Volkswirtschaften, Nachfrageseite (2)"). Da ein Einkommensanstieg über vermehrte Gütertransaktionen eine Zunahme der Transaktions- und

makroökonomische Totalmodelle geschlossener Volkswirtschaften, Nachfrageseite (2)

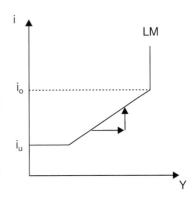

Vorsichtskassenhaltung bewirkt, ergibt sich eine Überschussnachfrage auf dem Geldmarkt. Hiermit korrespondiert ein verstärktes Wertpapierangebot der Nachfrager nach Transaktionskasse, weshalb die Kurse sinken und sich die Effektivverzinsung festverzinslicher kursvariabler Wertpapiere erhöht. Ein solcher Zinsanstieg ist erforderlich, um über den daraus resultierenden Rückgang der Spekulationskassenhaltung wieder ein Gleichgewicht auf dem Geldmarkt herzustellen. Bei unveränderter Erwartung über das sich zukünftig einstellende „normale" Zinsniveau führt eine aktuelle Zinssteigerung dazu, dass sich gesamtwirtschaftlich gesehen die Zahl der Anleger erhöht, für die der laufende über dem zukünftig erwarteten Zins liegt und die für die Zukunft mit fallenden Zinsen und steigenden Kursen rechnen und daher lieber Wertpapiere als zinsloses Geld halten wollen. Die gesamtwirtschaftliche Spekulationskassenhaltung geht daher zurück. Entlang der Gleichgewichtskurve des Geldmarktes sind Zins- und Einkommensänderungen gleichgerichtet, während sie entlang der → IS-Kurve genau entgegengerichtet sind. Die → LM-Kurve enthält außerdem noch einen vollkommen zinselastischen (horizontalen) Bereich, der sich ergibt, wenn der Zinssatz i auf seinen unteren Grenzwert i_u gefallen ist. Die Zinsuntergrenze hängt allein von der Zinserwartung der Anleger mit den geringsten Normalzinsvorstellungen über das zukünftige Zinsniveau ab und ist von kurzfristigen Zinsänderungen unabhängig. Liegt der aktuelle Zins in dieser sog. Keynesschen → Liquiditätsfalle, ist das herrschende Kursniveau festverzinslicher kursvariabler Wertpapiere so hoch, dass alle Anleger von starken zukünftigen Kursverlusten ausgehen und niemand mehr mit einem positiven Gesamtertrag (allenfalls mit einem Gesamtertrag von null) aus der Wertpapierhaltung rechnet. I.d.R. wird daher in der Liquiditätsfalle das gesamte Vermögen nur in Form von risikolosem Geld gehalten. Umgekehrt gibt es eine Zinsobergrenze i_o, ab der alle Wirtschaftssubjekte mit einem positiven Gesamtertrag aus der Wertpapierhaltung rechnen und daher keine Spekulationskassenhaltung stattfindet. Geld wird dann nur noch aus Transaktions- und Vorsichtszwecken gehalten. In diesem sog. klassischen Bereich der LM-Kurve ergibt sich ein vertikaler Verlauf der Geldmarkt-Gleichgewichtskurve. In jüngeren (postkeynesianischen) Ansätzen zur Kassenhaltung wird auch von einer Zinsabhängigkeit der Transaktionskassenhaltung ausgegangen, die sich v.a. bei hohen Zinssätzen einstellt. In diesem Fall ist es nämlich lohnend, diejenigen Teile der Transaktionskasse, die erst gegen Ende der Planperiode für Transaktionszwecke benötigt werden, vorübergehend zinsbringend anzulegen, um → Opportunitätskosten der ertraglosen Geldhaltung zu vermeiden. Die LM-Kurve verläuft dann auch oberhalb der Zinsobergrenze zinselastisch, obwohl in diesem Fall keine Spekulationskassenhaltung stattfindet. – 3. *IS-LM-Modell:* a) *Charakterisierung:* Das → IS-LM-Modell liefert die simultane Bestimmung eines Gleichgewichts auf dem Güter- und Geldmarkt. Gleichzeitig befindet sich dann auch der zum Geldmarkt spiegelbildliche Wertpapiermarkt im Gleichgewicht. Dabei wird von einem exogen vorgegebenen Wert des Güterpreisniveaus P ausgegangen. Außerdem wird von einer vollkommen elastischen Mengenanpassung der Unternehmen auf dem gesamtwirtschaftlichen Gütermarkt ausgegangen. Im Hicks-Diagramm (i/Y-Diagramm) liegt das simultane Strom-Bestands-Gleichgewicht des Güter- und Geldmarktes im Schnittpunkt von IS- und LM-Kurve (vgl. Abbildung „makroökonomische Totalmodelle geschlossener Volkswirtschaften, Nachfrageseite (3)"). Beim Gleichgewichtszins i_0 und Gleichgewichtseinkommen Y_0 stimmt die geplante gesamtwirtschaftliche Güternachfrage genau mit dem geplanten gesamtwirtschaftlichen Güterangebot überein, während gleichzeitig das exogen vorgegebene reale Geldangebot identisch mit der gesamtwirtschaftlich gewünschten realen Geldnachfrage ist. – b)

makroökonomische Totalmodelle geschlossener Volkswirtschaften, Nachfrageseite (3)

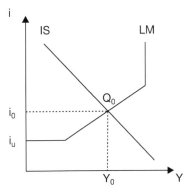

makroökonomische Totalmodelle geschlossener Volkswirtschaften, Nachfrageseite (4)

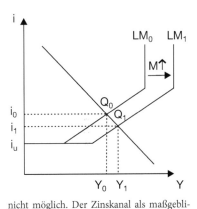

Störungen: Treten exogene Störungen im → Güter-Geldmarkt-Modell (→ IS-LM-Modell) auf, ändert sich das simultane Gleichgewicht. Wirtschaftspolitisch bedeutsam sind in diesem keynesianischen Fixpreismodell die Wirkungen geld- und fiskalpolitischer Maßnahmen. – *Geldpolitik:* Eine expansive Geldpolitik, wie z.B. eine expansive Offenmarktpolitik, führt über die damit verbundene Ausweitung der Geldmenge zu einer Rechtsverlagerung der LM-Kurve. Hiermit ist im Normalfall eine Zinssenkung und bei zinselastischen Nettoinvestitionen eine Erhöhung der privaten Investitionsnachfrage sowie über einen daraus resultierenden → Multiplikatorprozess eine Ausweitung der privaten Konsumgüternachfrage und des gesamtwirtschaftlichen Einkommens verbunden (vgl. Abbildung „makroökonomische Totalmodelle geschlossener Volkswirtschaften, Nachfrageseite (4)"). Eine Einkommensexpansion findet allerdings nur dann statt, wenn das erhöhte Geldangebot mit einer Zinssenkung verbunden ist, d.h. wenn sich die betrachtete Volkswirtschaft in der Ausgangslage außerhalb der → Liquiditätsfalle befindet. Eine Übertragung monetärer Impulse in den güterwirtschaftlichen Bereich wäre andernfalls

nicht möglich. Der Zinskanal als maßgeblicher Übertragungskanal monetärer Impulse vom monetären zum güterwirtschaftlichen Bereich wäre im vorliegenden IS-LM-Modell ebenfalls unterbrochen, wenn die Situation der → Investitionsfalle vorliegt. In diesem Fall würde es trotz einer Zinssenkung am Geld- bzw. Wertpapiermarkt aufgrund extrem pessimistischer unternehmerischer Zukunftserwartungen zu keiner Ausweitung der privaten Investitionsgüternachfrage kommen, sodass der monetäre Impuls im monetären Sektor der Volkswirtschaft versickern würde. – *Fiskalpolitik:* Eine expansive Fiskalpolitik (Staatsausgabensteigerung, Steuersatzsenkung) bewirkt eine Rechtsverschiebung der IS-Kurve, sodass sich ein neues simultanes Gleichgewicht mit einem im Vergleich zur Ausgangslage gestiegenen Einkommen und Zinssatz ergibt (vgl. Abbildung „makroökonomische Totalmodelle geschlossener Volkswirtschaften, Nachfrageseite (5)"). Die Staatsausgabensteigerung (bzw. Steuersatzsenkung) löst einen expansiven → Multiplikatorprozess am Gütermarkt aus, der bei unverändertem Geldangebot aufgrund des Mehrbedarfs an Transaktionskasse mit einer Zinssteigerung am Geld- bzw.

makroökonomische Totalmodelle geschlossener Volkswirtschaften, Nachfrageseite (5)

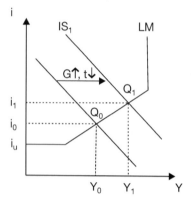

Wertpapiermarkt verbunden ist. Hieraus resultieren zinsinduzierte Crowding-out-Effekte (Crowding-out) am Gütermarkt (in Form eines Rückgangs privater Investitionsnachfrage), die die Multiplikatorwirkung der Fiskalpolitik am Gütermarkt verringern (→ Multiplikator). Liegt das Ausgangsgleichgewicht im klassischen Bereich der LM-Kurve und verläuft diese dort vertikal, so ergibt sich ein totales Crowding-out expansiver Fiskalpolitik. Von der Fiskalpolitik würden jetzt nur allokative Wirkungen und keine Einkommenseffekte mehr ausgehen. Eine Staatsausgabensteigerung würde in diesem Sonderfall zu einer Zurückdrängung privater Investitionstätigkeit in genau gleichem Ausmaße führen. – 4. *Güternachfragefunktion:* Aus dem IS-LM-System lässt sich eine gesamtwirtschaftliche Güternachfragefunktion ableiten, indem man zu alternativen Werten des gesamtwirtschaftlichen Preisniveaus P das zughörige Güternachfragegleichgewicht Y ermittelt (→ aggregierte Nachfragekurve). Anschaulich ergibt sich die gesamtwirtschaftliche Nachfragekurve, indem man im Hicks-Diagramm die LM-Kurve durch Variation des Preisniveaus entlang der IS-Kurve verschiebt und die zugehörigen

P/Y-Kombinationen in ein Preisniveau-Output-Diagramm abträgt. Im Normalfall ergibt sich dann im P/Y-Diagramm eine fallende Nachfragekurve Y^d (vgl. Abbildung „makroökonomische Totalmodelle geschlossener Volkswirtschaften, Nachfrageseite (6)"): $Y^d = Y(P)$ mit $dY / dP < 0$. Eine Senkung des Preisniveaus P führt über die damit verbundene Zunahme der realen Geldmenge zu einer Rechtsverlagerung der LM-Kurve im i/Y-Diagramm (→ Keynes-Effekt). Aus dem Angebotsüberschuss am Geldmarkt resultiert eine Zinssenkung und über die Erhöhung privater Investitionsnachfrage eine Steigerung der gesamtwirtschaftlichen Güternachfrage. Bei sehr niedrigem Preisniveau wird die Zinsuntergrenze bzw. Liquiditätsfalle am Geldmarkt erreicht, sodass weitere Preissenkungen ohne

makroökonomische Totalmodelle geschlossener Volkswirtschaften, Nachfrageseite (6)

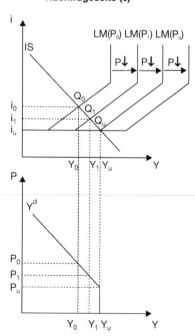

Wirkungen auf den Zinssatz und die aggregierte Güternachfrage wären. Die Güternachfragekurve verläuft daher im unteren Bereich preisunelastisch. Ein überall vertikaler Verlauf der Y^d-Kurve ergibt sich bei Vorliegen der Investitionsfalle. In diesem Sonderfall einer im i/Y-Diagramm vertikal verlaufenden IS-Kurve führen preisinduzierte Änderungen der realen Geldmenge zwar zu gegenläufigen Zinsänderungen, jedoch zu keiner Anpassung der Investitionsnachfrage, da diese bei extrem pessimistischen unternehmerischen Ertragserwartungen nicht auf Zinsänderungen reagiert. – Eine Steigerung der Geldmenge verlagert nur den preiselastischen Bereich der Y^d-Kurve nach rechts und lässt den preisunelastischen Bereich dieser Kurve unverändert. Dagegen können mit Maßnahmen der Fiskalpolitik sowohl der preiselastische als auch der preisunelastische Bereich der gesamtwirtschaftlichen Nachfragekurve verschoben werden.

makroökonomische Totalmodelle geschlossener Volkswirtschaften, stabile Gleichgewichtszustände – 1. *Charakterisierung:* In → makroökonomischen Totalmodellen geschlossener Volkswirtschaften können sich stabile (dauerhafte) gesamtwirtschaftliche Gleichgewichtszustände sowohl in der neoklassischen Variante vollkommen flexibler Löhne und Preise als auch in der Keynesschen Variante nach unten starrer Geldlöhne ergeben. Dabei ist zwischen einem gesamtwirtschaftlichen Vollbeschäftigungs-Gleichgewicht und einem gesamtwirtschaftlichen Unterbeschäftigungs-Gleichgewicht zu unterscheiden, je nachdem, ob auf dem Arbeitsmarkt ein dauerhafter Zustand der Vollbeschäftigung oder unfreiwilliger Arbeitslosigkeit vorherrscht. Anschaulich ist die Existenz eines gesamtwirtschaftlichen Gleichgewichts gegeben, wenn sich die gesamtwirtschaftliche Güterangebots- und -nachfragekurve im Preis-Output-Diagramm schneiden. In diesem Fall befinden sich alle gesamtwirtschaftlichen Märkte in einem Zustand des Gleichgewichts, wobei auf dem

Arbeitsmarkt anstelle von Markträumung auch ein Beharrungszustand dauerhafter Unterbeschäftigung vorliegen kann (→ Gleichgewicht). Wie weiter unten ausgeführt wird, können sowohl in der neoklassischen als auch in der Keynesschen Variante des makroökonomischen Totalmodells für die geschlossene Volkswirtschaft dauerhafte gesamtwirtschaftliche Vollbeschäftigungs- und Unterbeschäftigungs-Gleichgewichtszustände existieren. Ein stabiles gesamtwirtschaftliches Gleichgewicht bei Unterbeschäftigung kann sich auch in der neoklassischen Variante vollkommener Lohn- und Preisflexibilität ergeben, sofern der Preismechanismus versagt, um eine bestehende Nachfragelücke am Gütermarkt (d.h. eine gemessen am Vollbeschäftigungs-Output zu geringe Güternachfrage) über einen deflatorischen Prozess (Preissenkungsprozess) zu beseitigen. – 2. *Neoklassische Variante:* Bei flexiblen Löhnen und Preisen ergibt sich eine preisunelastisch verlaufende gesamtwirtschaftliche Güterangebotsfunktion (→ makroökonomische Totalmodelle geschlossener Volkswirtschaften, Angebotsseite). Dieser Angebotskurve ist die aus dem → IS-LM-System resultierende gesamtwirtschaftliche Güternachfragekurve gegenüberzustellen (→ makroökonomische Totalmodelle geschlossener Volkswirtschaften, Nachfrageseite). Dabei ist zwischen einer im relevanten Bereich preiselastischen und einer preisunelastischen Nachfragekurve zu unterscheiden.a) *Gleichgewicht bei preiselastischer Nachfragekurve:* Bei preiselastisch verlaufender Güternachfragekurve sowie unelastischer Angebotskurve existiert ein Schnittpunkt beider Kurven im Preis-Output-Diagramm (vgl. Abbildung „makroökonomische Totalmodelle geschlossener Volkswirtschaften, stabile Gleichgewichtszustände (1)"). Ist dieser gemeinsame Punkt mit einem positiven Wert des gesamtwirtschaftlichen Preisniveaus P verbunden, liegt ein gesamtwirtschaftliches Gleichgewicht bei Vollbeschäftigung vor. Alle gesamtwirtschaftlichen Märkte (einschließlich des Arbeitsmarktes) befinden sich dann

makroökonomische Totalmodelle geschlossener Volkswirtschaften, stabile Gleichgewichtszustände (1)

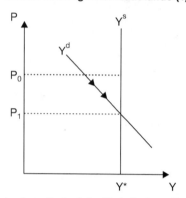

in einem Zustand der Markträumung. Das flexible Güterpreisniveau sorgt durch flexible Anpassung dafür, dass jedes Ungleichgewicht am Gütermarkt durch eine entsprechende Preisanpassung genau ausgeglichen wird und sich die Güternachfrage stets dem durch das Vollbeschäftigungs-Einkommen Y^* determinierten Güterangebot anpasst (Saysches Theorem). Liegt z.B. in der Ausgangssituation aufgrund eines sehr hohen Preisniveaus eine Nachfragelücke, also ein Angebotsüberschuss am Gütermarkt vor, kommt es über einen Preissenkungsprozess zu einer allmählichen Steigerung der Güternachfrage, während das Güterangebot durch die gleichzeitig auftretende flexible Lohnanpassung nach unten unverändert bleibt. Die Güternachfrage passt sich dabei über den → Keynes-Effekt dem Vollbeschäftigungs-Output an: Durch die Preissenkung ergibt sich ein Anstieg der realen Geldmenge, also ein Angebotsüberschuss auf dem Geldmarkt, der mit einem Nachfrageüberschuss auf dem Wertpapiermarkt korrespondiert. Die Wirtschaftssubjekte versuchen, ihre überschüssige reale Kassenhaltung durch den Erwerb festverzinslicher kursvariabler Wertpapiere abzubauen. Die Folge ist, dass das Kursniveau ansteigt und die Effektivverzinsung sinkt, weshalb für private

Investoren bei unveränderter → Grenzleistungsfähigkeit des Kapitals ein Anreiz besteht, verstärkt neu zu produzierendes Sachkapital nachzufragen. Dadurch erhöht sich die private Investitions- und aggregierte Güternachfrage, sodass die in der Ausgangslage bestehende Nachfragelücke am Gütermarkt allmählich beseitig wird. Anschaulich bewegt sich die gesamtwirtschaftliche Güternachfrage entlang der preiselastisch verlaufenden Nachfragekurve Y^d in Richtung auf das Vollbeschäftigungs-Einkommen Y^*. Solange der → Keynes-Effekt voll wirksam ist (d.h. die Nachfragekurve im relevanten Bereich fallend und nicht vertikal verläuft), sorgt der Preismechanismus stets für die Anpassung der gesamtwirtschaftlichen Güternachfrage an das durch das Gleichgewicht am Arbeitsmarkt determinierte Güterangebot. – b) Gleichgewicht *bei preisunelastischer Nachfragekurve:* Eine bestehende Nachfragelücke am Gütermarkt kann nicht über einen deflatorischen Prozess beseitigt werden, wenn sich die Volkswirtschaft entweder in der → Investitionsfalle befindet oder durch sinkende Preise in die → Liquiditätsfalle gerät (→ makroökonomische Totalmodelle geschlossener Volkswirtschaften, Nachfrageseite). In beiden Fällen ist der → Keynes-Effekt unwirksam, sodass die Nachfragekurve Y^d entweder überall oder im unteren Bereich preisunelastisch verläuft (vgl. Abbildung „makroökonomische Totalmodelle geschlossener Volkswirtschaften, stabile Gleichgewichtszustände (2) und (3)"). Es existiert dann kein gemeinsamer Schnittpunkt mit der in der neoklassischen Variante ebenfalls preisunelastischen Güterangebotskurve Y^s. Das gewinnmaximierende Güterangebot (→ Grenzproduktivitätstheorie) liegt auf dem Niveau Y^*, während das Güternachfragegleichgewicht Y_0, welches sich als Lösung der → IS-Gleichung $Y = C((1 - t)Y) + I + G$ mit gegebener Investitionsnachfrage $I = \bar{I}$ ergibt, kleiner als das Vollbeschäftigungs-Einkommen Y^* ausfällt. In dieser Situation eines versagenden Preismechanismus kann ein dauerhaftes

makroökonomische Totalmodelle geschlossener Volkswirtschaften, stabile Gleichgewichtszustände (2) und (3)

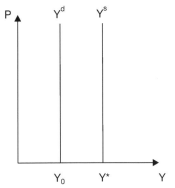

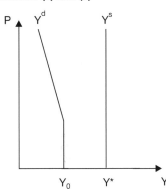

gesamtwirtschaftliches Gleichgewicht nur dadurch erreicht werden, dass sich die Unternehmen mit ihrem mengenmäßigen Angebot der Absatzschranke am Gütermarkt anpassen (nachfragebeschränktes Gleichgewicht). Sie produzieren dann nicht den eigentlich geplanten, in der vorliegenden Situation nicht vollständig absetzbaren Vollbeschäftigungs-Output Y^*, sondern die kleinere, nachfrageseitig determinierte Produktionsmenge Y_0. Durch dieses Anpassungsverhalten an eine bestehende Mengenrationierungsschranke am Gütermarkt ($\rightarrow$ Neokeynesianische Theorie, Mengenrationierungsansatz) werden unerwünschte Lageraufstockungen vermieden. Gleichzeitig ist hiermit ein negativer Spillover (Übertragungseffekt) vom Güter- zum Arbeitsmarkt in Form eines Rückgangs der effektiven Beschäftigung verbunden, da die Unternehmen nur noch soviel Arbeitskräfte nachfragen, wie sie zur Produktion des Güternachfragegleichgewichts Y_0 benötigen. Anschaulich weichen sie dann von ihrer eigentlich geplanten, reallohnabhängigen Arbeitsnachfragekurve N^d ab und gehen zu einer vertikal über N_0 verlaufenden effektiven Arbeitsnachfragekurve $\tilde{N}^d$ über (vgl. Abbildung „makroökonomische Totalmodelle geschlossener Volkswirtschaften, stabile Gleichgewichtszustände (4)"). Die

tatsächliche Arbeitsnachfrage N_0 ist dabei mit dem effektiven Güterangebot Y_0 über die Produktionsfunktion verknüpft. Selbst beim „richtigen" (markträumenden) Reallohnniveau $(W/P)^*$ entsteht dann unfreiwillige Arbeitslosigkeit, die als konjunkturelle Arbeitslosigkeit bezeichnet werden kann, da sie aus einem (konjunkturell bedingten) Rückgang der gesamtwirtschaftlichen Güternachfrage resultiert. Die Folge ist ein dauerhaftes gesamtwirtschaftliches Unterbeschäftigungs-Gleichgewicht. Dieses kann nicht durch eine flexible Lohn-Preis-Anpassung

makroökonomische Totalmodelle geschlossener Volkswirtschaften, stabile Gleichgewichtszustände (4)

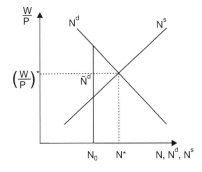

beseitigt werden, sondern nur über eine Steigerung der effektiven Güternachfrage. – 3. *Keynessche Variante:* Auch in der Keynesschen Variante des makroökonomischen Totalmodells für die geschlossene Volkswirtschaft existieren stabile Gleichgewichtszustände bei Vollbeschäftigung und Unterbeschäftigung (vgl. Abbildung „makroökonomische Totalmodelle geschlossener Volkswirtschaften, stabile Gleichgewichtszustände (5)"). Typischerweise wird unterstellt, dass unabhängig von der herrschenden Situation am Arbeitsmarkt ein einmal erreichtes Lohnniveau nach unten nicht wieder verlassen wird. Dagegen kann sich der Lohnsatz nach oben flexibel anpassen, sofern auf dem Arbeitsmarkt ein Zustand der Vollbeschäftigung herrscht. Liegt Unterbeschäftigung vor, soll der Lohnsatz auch nach oben rigide sein. In diesem Fall bestimmt das aktuell herrschende Niveau des Geldlohnsatzes W die Lage des preiselastischen Bereichs der Güterangebotsfunktion (→ makroökonomische Totalmodelle geschlossener Volkswirtschaften, Angebotsseite). Kommt es bei Vorliegen von Vollbeschäftigung zu Preissteigerungen, passt sich der Geldlohnsatz in proportionaler Weise nach oben an und wird anschließend nach unten nicht wieder verlassen. Eine Lohnanpassung nach oben bewirkt dann eine gleichgerichtete Verschiebung des preiselastischen Bereichs der Güterangebotsfunktion, der wie eine Sperrklinke wirkt, d.h. nicht wieder zurückverlagert wird (→ Ratchet Effect). In diesem Fall können gesamtwirtschaftliche Gleichgewichtszustände bei Vollbeschäftigung nur im Knickpunkt der gesamtwirtschaftlichen Güterangebotsfunktion liegen. – Ausgehend von einem derartigen Vollbeschäftigungs-Gleichgewicht führt ein kontraktiver Nachfrageschock (z.B. eine Verschlechterung unternehmerischer Ertragserwartungen) in ein dauerhaftes gesamtwirtschaftliches Gleichgewicht bei Unterbeschäftigung. Grafisch ergibt sich eine Linksverschiebung der gesamtwirtschaftlichen Güternachfragekurve, sodass der neue Schnittpunkt mit der Güterangebotskurve im preiselastischen Bereich dieser Kurve liegt. Der Preismechanismus sorgt jetzt dafür, dass sich geplante gesamtwirtschaftliche Güternachfrage und geplantes gesamtwirtschaftliches Güterangebot genau ausgleichen. Durch den Nachfragerückgang tritt – gemessen am Vollbeschäftigungs-Output – ein

makroökonomische Totalmodelle geschlossener Volkswirtschaften, stabile Gleichgewichtszustände (5)

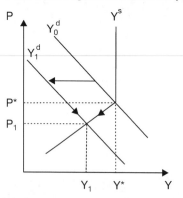

makroökonomische Totalmodelle geschlossener Volkswirtschaften, stabile Gleichgewichtszustände (6)

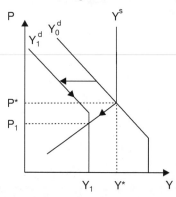

Angebotsüberschuss am Gütermarkt auf, der einen Preissenkungsprozess hervorruft. Nachfrageseitig findet dadurch über den → Keynes-Effekt ein Anstieg der aggregierten Güternachfrage statt, was anschaulich einer Bewegung entlang der nach links verschobenen Güternachfragekurve entspricht. Angebotsseitig kommt es aufgrund des nach unten starren Geldlohnsatzes zu einer Steigerung des Reallohnsatzes und über den damit verbundenen Rückgang der Arbeitsnachfrage (→ Grenzproduktivitätstheorie) auch zu einer Senkung des Güterangebots. Anschaulich ergibt sich eine Bewegung entlang des preiselastischen Arms der Güterangebotskurve. Der deflatorische Prozess führt zwar zu einem stabilen Marktgleichgewicht auf dem Gütermarkt, jedoch bewirkt der nach unten rigide Geldlohnsatz, dass sich auf dem Arbeitsmarkt ein dauerhafter Zustand unfreiwilliger Arbeitslosigkeit einstellt. – Ein dauerhaftes gesamtwirtschaftliches Unterbeschäftigungs-Gleichgewicht würde sich auch dann ergeben, wenn der Preissenkungsprozess in die → Liquiditätsfalle führt, d.h. der Schnittpunkt der Nachfragekurve Y^d mit dem preiselastischen Arm der Güterangebotskurve im vertikalen Bereich der Y^d-Kurve liegt. In diesem Sonderfall passt sich – in Umkehrung zum Sayschen Theorem – das geplante Güterangebot genau der effektiven Güternachfrage Y_I an, die sich aus der IS-Gleichung mit exogener Investitionsnachfrage ergibt (vgl. Abbildung „makroökonomische Totalmodelle geschlossener Volkswirtschaften, stabile Gleichgewichtszustände (6)").

makroökonomische Totalmodelle geschlossener Volkswirtschaften, Stabilisierungspolitik – 1. *Charakterisierung:* Im Rahmen → makroökonomischer Totalmodelle geschlossener Volkswirtschaften lassen sich die Wirkungen stabilisierungspolitischer Maßnahmen (v.a. der Geld- und Fiskalpolitik) auf zentrale gesamtwirtschaftliche Variablen analysieren (→ Stabilisierungspolitik). Dabei kann zwischen der neoklassischen und

der Keynesschen Variante des makroökonomischen Totalmodells für die geschlossene Volkswirtschaft unterschieden werden. – 2. *Expansive Geld- und Fiskalpolitik im neoklassischen Vollbeschäftigungsfall:* Bei völliger Lohn- und Preisflexibilität lassen Maßnahmen der Nachfragesteuerung das Vollbeschäftigungs-Einkommen und das Gleichgewicht am Arbeitsmarkt unverändert. Im Preis-Output-Diagramm bewirkt ein expansiver Nachfrageimpuls eine Rechtsverlagerung der preiselastischen gesamtwirtschaftlichen Güternachfragekurve Y^d, während die vertikal über dem Vollbeschäftigungs-Output Y^* verlaufende Angebotskurve Y^s unverändert bleibt (vgl. Abbildung „makroökonomische Totalmodelle geschlossener Volkswirtschaften, Stabilisierungspolitik (1)"). a) *Expansive Geldpolitik:* Eine Steigerung der Geldmenge hat im Rahmen der neoklassischen Variante des makroökonomischen Totalmodells für die geschlossene Volkswirtschaft lediglich prozentual gleich große Preis- und Lohnsteigerungen zur Folge. Aufgrund einer bestehenden Modelldichotomie zwischen dem realen und monetären Sektor sind monetäre Impulse ohne Wirkungen auf die Gleichgewichtswerte des realen Sektors

makroökonomische Totalmodelle geschlossener Volkswirtschaften, Stabilisierungspolitik (1)

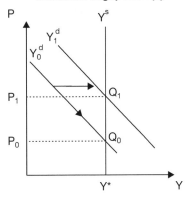

(→ Neutralität des Geldes, → Dichotomie des Geldes). Dieser wird durch die Gleichungen des Arbeitsmarktes, die Produktionsfunktion und die → IS-Gleichung beschrieben und liefert die von der Geldmenge M unabhängigen Gleichgewichtswerte des realen Inlandsproduktes Y, der Beschäftigung N, des Reallohnsatzes W/P und des Zinssatzes i. Eine Steigerung von M lässt dann aber auch die Komponenten der gesamtwirtschaftlichen Güternachfrage (d.h. den einkommensabhängigen Konsum und die zinsabhängigen Investitionen) sowie die von Y und i abhängige reale Geldnachfrage unverändert, sodass es zur Aufrechterhaltung eines Geldmarktgleichgewichts zu proportionalen Preissteigerungen kommen muss, damit auch das reale Geldangebot konstant bleibt. Das keynesianische Totalmodell liefert also in der neoklassischen Variante analoge Ergebnisse hinsichtlich der Wirkungsweise der Geldpolitik wie die → Neoklassik. – b) *Expansive Fiskalpolitik:* Ebenso bestätigt das keynesianische Totalmodell bei Lohn- und Preisflexibilität Vorstellungen der Neoklassik über die Wirkungsweise der Fiskalpolitik. Eine Staatsausgabensteigerung ist – ebenso wie die Geldpolitik – ohne Realeinkommenswirkungen, sodass auch die aggregierte Güternachfrage unverändert bleibt. Da die staatliche Güternachfrage angestiegen ist, ergibt sich ein totales Crowding-out privater Güternachfrage, das in keynesianischen Totalmodellen gleichbedeutend mit einem zinsinduzierten Rückgang privater Investitionsnachfrage im Ausmaße der Staatsausgabensteigerung ist. Die Zinssteigerung resultiert aus der Zunahme des Güterpreisniveaus und dem damit verbundenen Rückgang der realen Geldmenge, welcher wiederum einen Nachfrageüberschuss am Geldmarkt erzeugt, der über eine Anhebung des Zinssatzes beseitigt wird. Expansive Maßnahmen der Fiskalpolitik sind also nur mit allokativen Effekten verbunden und lassen das Vollbeschäftigungs-Einkommen und den Vollbeschäftigungszustand am Arbeitsmarkt unverändert. Es ist daher nicht möglich, die hinter dem Vollbeschäftigungs-Gleichgewicht stehende natürliche Arbeitslosigkeit mit Maßnahmen der Nachfragesteuerung zu bekämpfen. – Verläuft die gesamtwirtschaftliche Nachfragekurve – ebenso wie die Angebotskurve – aufgrund eines Nachfragedefekts (→ Investitionsfalle, → Liquiditätsfalle) im relevanten Bereich vertikal im Preis-Output-Diagramm (→ makroökonomische Totalmodelle geschlossener Volkswirtschaften, stabile Gleichgewichtszustände), gehen von der Fiskalpolitik trotz des Vorliegens von vollkommener Preis- und Lohnflexibilität Realeinkommenswirkungen aus. Expansive Maßnahmen der Fiskalpolitik führen bei Vorliegen eines Unterbeschäftigungs-Gleichgewichts über die Rechtsverlagerung der vertikal verlaufenden Nachfragekurve zu einem Anstieg des nachfragebeschränkten Gleichgewichts (vgl. Abbildung „makroökonomische Totalmodelle geschlossener Volkswirtschaften, Stabilisierungspolitik (2)"). Es ergeben sich jetzt keine Crowding-out-Effekte bei einer Staatsausgabensteigerung, da entweder keine Zinssteigerung auftritt (→ Liquiditätsfalle) oder die private Investitionsnachfrage aufgrund extrem pessimistischer Ertragserwartungen

makroökonomische Totalmodelle geschlossener Volkswirtschaften, Stabilisierungspolitik (2)

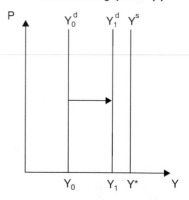

nicht auf Zinserhöhungen reagiert (→ Investitionsfalle). Die Multiplikatorwirkung expansiver Fiskalpolitik entspricht in diesem Sonderfall der des reinen Gütermarktmodells (→ Multiplikator). – 3. *Expansive Geld- und Fiskalpolitik im Keynesschen Unterbeschäftigungsfall:* Wird die Keynessche Variante des makroökonomischen Totalmodells für die geschlossene Volkswirtschaft zugrunde gelegt, so gehen bei Vorliegen eines Unterbeschäftigungs-Gleichgewichts (→ makroökonomische Totalmodelle geschlossener Volkswirtschaften, stabile Gleichgewichtszustände) von expansiven Maßnahmen der Geld- und Fiskalpolitik positive Realeinkommens- und Beschäftigungswirkungen aus. Für die Geldpolitik muss dabei die Wirksamkeit des → Keynes-Effektes, d.h. eine preiselastisch verlaufende Güternachfragekurve, unterstellt werden. Anschaulich wird die Güternachfragekurve entlang des preiselastischen Arms der Güterangebotskurve nach rechts verschoben, sodass sich ein neues gesamtwirtschaftliches Gleichgewicht mit einem im Vergleich zur Ausgangslage höheren Output- und Beschäftigungsniveau sowie einem gestiegenem Güterpreisniveau ergibt (vgl. Abbildung „makroökonomische Totalmodelle geschlossener Volkswirtschaften, Stabilisierungspolitik (3)"). a) *Expansive Geldpolitik:* Im Unterschied zum neoklassischen Vollbeschäftigungsfall gehen jetzt von einer Geldmengenexpansion positive Realwirkungen aus. Die Preissteigerung fällt in der Keynesschen Variante unterproportional zur Geldmengenerhöhung aus, sodass sich insgesamt ein Anstieg der realen Geldmenge ergibt, der über eine Zinssenkung und Zunahme der privaten Investitionsnachfrage eine Ausweitung der gesamtwirtschaftlichen Güternachfrage bewirkt. Ebenso erhöht sich das Güterangebot, da die Preissteigerung bei unverändertem Nominallohnsatz im Unterbeschäftigungsbereich zu einer Senkung des Reallohnsatzes führt, die eine Mehrnachfrage nach Arbeit und eine Outputexpansion zur Folge hat. – b) *Expansive Fiskalpolitik:* Eine

makroökonomische Totalmodelle geschlossener Volkswirtschaften, Stabilisierungspolitik (3)

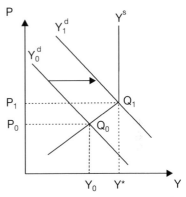

Staatsausgabensteigerung ist im Unterschied zum neoklassischen Vollbeschäftigungsfall nicht mehr mit einem totalen, sondern nur noch mit einem partiellen Crowding-out privater Investitionsnachfrage verbunden. Im Vergleich zur neoklassischen Variante ergibt sich jetzt eine geringere Preis- und Zinssteigerung, was sich damit begründen lässt, dass sich der Geldlohnsatz nicht nach oben anpasst. Dadurch sinkt der Reallohnsatz, sodass auf dem Arbeitsmarkt ein Abbau des Angebotsüberschusses stattfindet. – c) *Probleme diskretionärer Nachfragesteuerung:* Im Prinzip ist es mit expansiven fiskal- und geldpolitischen Maßnahmen möglich, einen bestehenden stabilen Unterbeschäftigungszustand zu beseitigen, d.h. die Volkswirtschaft wieder in den Zustand der Vollbeschäftigung zurückzuführen. Für die Geldpolitik tritt hierbei das Problem auf, dass die zur Erreichung von Vollbeschäftigung notwendige Zinssenkung u.U. nicht realisierbar ist, weil das dazu erforderliche Zinsniveau unter der Zinsuntergrenze, d.h. dem Zinssatz der Liquiditätsfalle, liegt (→ makroökonomische Totalmodelle geschlossener Volkswirtschaften, Nachfrageseite). Anschaulich würde in diesem Fall der untere preisunelastische Bereich der

Güternachfragekurve links vom vertikalen Ast der Angebotskurve liegen. Da durch geldpolitische Maßnahmen nur der preiselastische Bereich der Nachfragkurve Y^d verschoben wird, sind Gleichgewichtszustände, die rechts vom unelastischen Arm der Y^d-Kurve liegen, nicht erreichbar (vgl. Abbildung „makroökonomische Totalmodelle geschlossener Volkswirtschaften, Stabilisierungspolitik (4)"). Problematisch an expansiver Fiskalpolitik sind die damit verbundenen zinsinduzierten Crowding-out-Effekte, weil durch die Zurückdrängung privater Investitionstätigkeit das langfristige Wachstum einer Volkswirtschaft eher gehemmt als gefördert wird. In offenen Volkswirtschaften, d.h. durch die Berücksichtigung des internationalen Güter- und Kapitalverkehrs, treten außerdem noch aufwertungsbedingte Crowding-out-Effekte in Form einer Beeinträchtigung der Güterexporte ins Ausland hinzu (→ Stabilisierungspolitik in einer kleinen offenen Volkswirtschaft). Darüber hinaus ist eine einseitig betriebene expansive Fiskalpolitik im Rahmen einer durch Lohnsatzrigidität gekennzeichneten Zwei-Länder-Währungsunion vom Charakter her eine → Beggar-my-Neighbour-Politik, d.h. eine Politik, die mit Output- und Beschäftigungssenkungen im Partnerland verbunden ist (→ Stabilisierungspolitik in einer Währungsunion). Ein weiteres Problem, das zumindest kurz- bis mittelfristig bei expansiver Fiskalpolitik auftritt, ist das damit verbundene staatliche Budgetdefizit. Im vorliegenden makroökonomischen Totalmodell für die geschlossene Volkswirtschaft gilt für alle Modellvarianten, dass das einkommensabhängige Steueraufkommen im Vergleich zu einer Staatsausgabenerhöhung immer nur unterproportional ansteigt, sodass ein Finanzierungsproblem entsteht. Wird dieses nicht durch Verkauf staatlicher Anleihen an Private auf zukünftige Generationen übertragen, sondern durch eine entsprechende Anhebung des direkten Steuersatzes gelöst (→ makroökonomische Totalmodelle geschlossener Volkswirtschaften, Nachfrageseite), so hat eine vollständig steuerfinanzierte Staatsausgabensteigerung allenfalls geringfügige Outputeffekte. Der Staatsausgabenmultiplikator würde in diesem Fall kleiner als eins ausfallen und nur im Grenzfall einer vertikal verlaufenden Güternachfragekurve entsprechend dem Haavelmo-Schneider-Theorem den Wert eins annehmen. Wird dagegen das Finanzierungsproblem dadurch gelöst, dass sich der Staat bei der Zentralbank verschuldet (indem diese staatliche Anleihen aufkauft), steigt bei Verzicht auf neutralisierungspolitische Maßnahmen die Geldmenge, sodass es mittel- und längerfristig gesehen zu weiteren Preissteigerungen kommt. Gleichzeitig würde es aber auch zu einem Rückgang der zinsinduzierten Crowding-out-Effekte kommen. Wie das Beispiel der derzeitigen europäischen Staatsschuldenkrise zeigt, kann der Ankauf von Staatsanleihen durch die (Europäische) Zentralbank geradezu erforderlich sein, um Volkswirtschaften mit sehr hoher Staatsverschuldung vor der drohenden Insolvenz zu bewahren. Es bleibt allerdings das grundsätzliche Problem, ob durch eine übermäßige Ausweitung der Geldmenge nicht weitere

makroökonomische Totalmodelle geschlossener Volkswirtschaften, Stabilisierungspolitik (4)

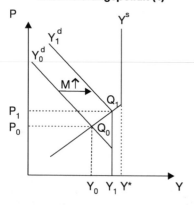

Krisen (wie Immobilienkrisen oder hohe Inflationsraten) hervorgerufen werden können.

makroökonomische Totalmodelle geschlossener Volkswirtschaften, Weiterentwicklungen – Keynesianische Totalmodelle geschlossener Volkswirtschaften sind in verschiedene Richtungen weiterentwickelt worden. Hierzu zählen v.a. die Übertragung auf offene Volkswirtschaften und die stärkere entscheidungslogische (Mikro-)Fundierung. Durch die explizite Berücksichtigung internationaler Güter- und Kapitaltransaktionen ergeben sich → makroökonomische Totalmodelle offener Volkswirtschaften. Makroökonomische Totalmodelle offener Volkswirtschaften können sich sowohl auf kleine als auch große offene Volkswirtschaften beziehen (→ Totalmodelle großer offener Volkswirtschaften), wobei zwischen dem Keynesschen Unterbeschäftigungsfall und dem neoklassischen Vollbeschäftigungsfall unterschieden werden kann. Im Sonderfall, dass neben den Geldlohnsätzen auch die Güterpreise vollkommen starr sind, ergibt sich das → IS-LM-Z-Modell (→ Mundell-Fleming-Modell), das das → IS-LM-Modell auf offene Volkswirtschaften überträgt (→ Totalmodelle offener Volkswirtschaften, Nachfrageseite). Dieses Fixpreismodell, das den Güter-, Geld- und Devisenmarkt simultan betrachtet, lässt sich auch auf eine Zwei-Länder-Währungsunion übertragen (→ IS-LM-Z-Modell einer Währungsunion). Solche keynesianischen Makromodelle offener Volkswirtschaften sind – ebenso wie die entsprechenden Modelle geschlossener Volkswirtschaften – statische Modelle, die keine explizite Dynamik enthalten. Sie lassen sich aber durch die Annahme einer verzögerten Preis-Lohn-Anpassung vom Phillips-Kurven-Typ (→ Phillips-Kurve) sowie durch die Berücksichtigung rationaler Preis- und Wechselkursänderungserwartungen (→ Erwartungen) in dynamische sattelpunktstabile Makromodelle offener Volkswirtschaften überführen (→ dynamische Makroökonomik, → Sattelpunktstabilität). Mit solchen dynamischen Modellansätzen offener Volkswirtschaften können die intertemporalen Effekte antizipierter und nicht antizipierter geld- und fiskalpolitischer Maßnahmen auf zentrale Makrovariablen (wie Inlandsprodukt und Wechselkurs) untersucht werden. Das bekannteste und mittlerweile klassische Modell dieser Modellklasse ist das von Dornbusch (1976) entwickelte → Dornbusch-Modell, mit dem sich das Overshooting-Phänomen, d.h. das Überschießen des nominellen Wechselkurses im Anschluss an einen monetären Schock erklären lässt. – Die theoretische und empirische Forschung zur monetären Makroökonomik offener Volkswirtschaften basiert in jüngerer Zeit nicht nur auf Modellen vom Mundell-Fleming-Dornbusch-Typ, sondern in zunehmenden Maße auf Makromodellen, die zur Neuen Makroökonomik offener Volkswirtschaften (→ New Open Economy Macroeconomics (NOEM)) gerechnet werden. NOEM-Modelle analysieren offene Volkswirtschaften im Rahmen dynamischer allgemeiner Gleichgewichtsmodelle, die vollständig mikrofundiert sind. Die Dynamik zentraler makroökonomischer Variablen (wie Output und Wechselkurs) wird dabei aus der expliziten mikroökonomischen Modellierung der intertemporalen Optimierungsprobleme von Haushalten und Unternehmen entwickelt. Das bekannteste NOEM-Modell ist das von Obstfeld und Rogoff Mitte der 1990er-Jahre entwickelte → Redux-Modell. Ein weiteres Kennzeichen von NOEM-Modellen ist, dass sie neben der Mikrofundierung von einer verzögerten Preisanpassung sowie von monopolistischer Konkurrenz auf dem Gütermarkt ausgehen. Deshalb lassen sich diese Modelle der ursprünglich für geschlossene Volkswirtschaften entwickelten → Neukeynesianischen Makroökonomik (→ Neuer Keynesianismus) zuordnen. Im Unterschied zu den Modellen der → Neokeynesianischen Theorie werden in NOEM-Modellen keine Mengenrationierungs- und Ungleichgewichtskonstellationen auf dem Güter- und Arbeitsmarkt betrachtet; vielmehr handelt es sich um allgemeine Gleichgewichtsmodelle, die auch Elemente der → Neuen Klassischen Makroökonomik enthalten, wie z.b. die explizite Berücksichtigung der intertemporalen Substitutionsentscheidung zwischen Arbeit und Freizeit. Andererseits unterscheiden sie sich von klassischen und neuklassischen Ansätzen darin, dass von verzögerter Preisanpassung und der Modellwelt der monopolitischen Konkurrenz auf Güter- und/oder Faktormärkten ausgegangen wird.

makroökonomische Totalmodelle offener Volkswirtschaften → Totalmodelle offener Volkswirtschaften.

Makrotheorie → Makroökonomik.

Manager-Theorie der Unternehmung – verbleibt im Rahmen der stilisierten bzw. fiktiven Theorie der mikroökonomischen Unternehmung, wendet sich aber gegen das Ziel der → Gewinnmaximierung. Dies geschieht, um dem Einfluss der Trennung von Management und Eigentum auf die Zielbildung der Unternehmung Rechnung zu tragen. Denn Manager sind keine Eigentümer und werden demzufolge ihre eigenen Ziele zu realisieren trachten, die nicht notwendig mit denen der Eigentümer übereinstimmen müssen (→ Prinzipal-Agent-Theorie der Unternehmung). Wie groß der Spielraum für das Verfolgen eigener Ziele ist, hängt dabei von der (ökonomischen) Kontrollierbarkeit des Managements durch die Eigentümer und den Wettbewerb ab. Aufgrund des Informationsgefälles zwischen den Managern und den Aktionären sowie unvollkommen arbeitender Kontrollmechanismen wird ein entsprechender Handlungsspielraum angenommen, der sich in einer Veränderung der Zielfunktion der Unternehmung spiegelt und die → Präferenzen der Manager zum Ausdruck bringt. I.d.R. wird statt der Gewinnmaximierung das Wachstumsziel unter Einhaltung eines Mindestgewinns unterstellt, da das Einkommen und Ansehen von Managern von der Unternehmensgröße und der Zahl ihrer Untergebenen abhängig sei.

Marginalanbieter → marginaler Anbieter.

marginale Importneigung – gibt an, in welchem Ausmaß die Importnachfrage eines Landes bei einer Zunahme des → Bruttoinlandsprodukts (BIP) um eine marginale Einheit zunimmt. – Vgl. auch → marginale Importquote.

marginale Importquote – Änderung der Ausgaben für Importe, die durch eine Änderung des → Volkseinkommens um eine Einheit induziert wird (ausgehend von der Annahme, dass die Importe vom Volkseinkommen determiniert sind). Nach empirischen Untersuchungen ist die marginale Importquote großer Länder (z.B. USA) i.d.R. kleiner als diejenige kleinerer Länder (z.B. Niederlande), was nicht zuletzt mit der Größe und Vielfältigkeit des inländischen Angebots großer Länder erklärt wird, die eine wachsende Inlandsnachfrage eher befriedigen können. – Vgl. auch → marginale Importneigung.

marginaler Anbieter – *Marginalanbieter, Grenzanbieter, Grenzproduzent*; in der → Preistheorie Bezeichnung für diejenigen Anbieter bei vollkommener Konkurrenz, welche bei dem herrschenden Marktpreis lediglich den Unternehmerlohn und die marktübliche Verzinsung des Eigenkapitals erzielen. Geometrisch liegt bei dem marginalen Anbieter das Minimum der totalen Durchschnittskosten genau auf der Höhe des Marktpreises. – Anbieter, die aufgrund einer günstigeren Kostenstruktur bei gleichem Preis einen positiven Gewinn erreichen, werden demgegenüber als *intramarginale* Anbieter bezeichnet.

marginale Sparquote – gibt an, in welchem Ausmaß das → Sparen der privaten Haushalte zunimmt, wenn das → verfügbare Einkommen dieses Sektors um eine (infinitesimal kleine) Einheit steigt. – Vgl. auch → durchschnittliche Sparquote, → Konsumquote.

Marginalkosten → Grenzkosten.

Markt – I. Mikroökonomik: 1. *Begriff*: Markt nennt man in *funktioneller* Hinsicht das Zusammentreffen von → Angebot und → Nachfrage, durch das sich im Falle eines Tausches Preise bilden. Mindestvoraussetzung für das Entstehen eines Marktes ist eine potenzielle Tauschbeziehung, d.h. abgesehen vom Tauschmittel (i.d.R. Geld) mind. ein Tauschobjekt (knappes Gut), mind. ein Anbieter und mind. ein Nachfrager. – 2. *Arten*: a) Ein Markt kann *organisiert* oder *nicht-organisiert* sein. Im zuerst genannten Fall liegt ein Markt im institutionellen Sinn vor, auf dem bestimmte festgelegte Regeln gelten; z.B. Wochenmärkte, Jahrmärkte, Auktionen, Ausschreibungen, Börsen. Angebot und Nachfrage werden auch durch Messen und Ausstellungen zusammengeführt. – b) Nach dem *Marktzutritt* kann in offene, beschränkte und geschlossene Märkte unterschieden werden. Wenn der Zugang zum Markt und der Marktaustritt jederzeit für alle Anbieter offen stehen, herrscht freie Konkurrenz, sonst liegt ein *geschlossener* Markt vor. Letzterer kann durch staatliche Verfügung entstehen (z.B. früher durch das Postregal, Konzessionen), auf rechtlichen Gründen beruhen (Patent) oder lediglich faktisch (temporär) gegeben sein. Die resultierenden Wirkungen sind jeweils unterschiedlich. – c) Ein Markt ist *frei*, wenn die Marktpartner ihre Aktionsparameter, bes. den → Preis, frei aushandeln bzw. setzen können. Unterliegt der → Aktionsparameter behördlichen Eingriffen (z.B. in Form von Fest-, Höchst- oder Mindestpreisen – → Preisfunktionen) so liegt ein *regulierter* Markt vor. – d) Nach *Präferenzen* wird folgendermaßen unterschieden: Man nennt einen Markt *homogen*, wenn das Gut technisch homogen ist und als solches auch von den Nachfragern perzipiert wird. Letzteres bedingt, dass *persönliche Präferenzen* zwischen Anbietern und Nachfragern fehlen, Transportkosten nicht auftreten, also ein *räumlicher Punktmarkt* vorliegt, außerdem Angebot und Nachfrage sich auf den gleichen Zeitpunkt beziehen *(zeitlicher Punktmarkt)*. Fehlt eine

dieser Voraussetzungen, liegt ein *heterogener* Markt vor. – Herrscht auf einem homogenen Markt vollständige → Markttransparenz und reagieren die Beteiligten auf Marktsignale mit unendlicher → Reaktionsgeschwindigkeit, spricht man vom *vollkommenen* Markt. In allen anderen Fällen handelt es sich um einen *unvollkommenen* Markt. Auf einem vollkommenen Markt gibt es einen einheitlichen Preis („Gesetz der Unterschiedslosigkeit der Preise" nach Jevons). „Vollkommenheit" ist als Begriff rein analytisch zu verstehen, wird also im normativen Sinn nicht als überlegen bewertet. – 3. *Marktabgrenzung*: Soll ein Markt bestimmt werden, ist eine Marktabgrenzung in sachlicher, persönlicher, räumlicher und zeitlicher Hinsicht vorzunehmen, d.h. es ist festzulegen, wer unter diesen Kriterien zu den Anbietern und Nachfragern der zum Markt gehörenden Güter zählen soll. Eine allgemeingültige Marktabgrenzung gibt es nicht, sondern nur im Hinblick auf eine bestimmte Fragestellung bzw. Zwecksetzung. Außerdem ist ein gewisser Grad an „Willkür" nicht vermeidbar.

II. Ordnungsökonomik: Märkte bzw. Marktwirtschaften werden mit → spontanen Ordnungen gleichgesetzt, während Zentralverwaltungswirtschaften mit gesetzten Ordnungen, Organisationen, identifiziert werden. Häufig soll die Überlegenheit von Marktwirtschaften über Zentralverwaltungswirtschaften gezeigt werden. Hayek weist dabei auf Folgendes hin: Eine Marktordnung erhöht die Chancen, über verschiedene Güter zu verfügen in höherem Maße als jede andere uns bekannte Ordnung. Die Überlegenheit werde dadurch erreicht, dass jeder Akteur, während er seinen eigenen Zielen folgt, unbeabsichtigt auch die Ziele anderer Personen fördere. Eine Marktordnung sei ein Positiv-Summen-Spiel, das Anreize enthalte, anderen bei der Befolgung ihrer Ziele dienlich zu sein. Preise nehmen dabei eine zentrale Rolle ein: Sie informieren alle Akteure über veränderte Knappheiten, aber auch über veränderte Wertschätzungen und lenken das

Verhalten dezentral dahin, dass die dringlichsten Wünsche zuerst befriedigt werden können. Der Wettbewerb kann dabei als Entdeckungsverfahren gedacht werden, das den Beteiligten Wissen über die Wünsche und Fähigkeiten anderer Akteure entdeckt, die ohne seine Nutzung unentdeckt bleiben würden. Bestimmte in der Vergangenheit erzielte Erfolge sind für Gegenwart und Zukunft allerdings bedeutungslos: Pekuniäre Externalitäten sind notwendige Funktionsbedingung einer funktionierenden Marktordnung. Die Sicherung von Einkommenspositionen über staatliche Beihilfen wird von Ordnungsökonomen deshalb abgelehnt. Die abstrakten Regeln, die einer Marktordnung zugrunde liegen, können nur als Chancen interpretiert werden und nicht als Recht auf bestimmte Ergebnisse. – Die *Notwendigkeit des Staates zur Sicherung der spontanen Ordnung Markt:* Traditionell wird von Ordnungsökonomen ein starker Staat gefordert, der die Konzentration von Macht in der Hand einiger weniger Individuen zu verhindern habe. Diese Position ist häufig kritisiert worden, weil sie vernachlässige, dass Vertreter des Staates ihre starke Position für eigene Zwecke missbrauchen können. Machtpositionen, die durch das staatliche Gewaltmonopol geschützt werden, seien sogar noch gefährlicher als Macht in der Hand von Privaten.

Marktanpassung – (zeitlich verzögerte) Reaktion des → Marktes bzw. seiner Teilnehmer auf Änderungen der bisher gültigen Marktbedingungen, z.B. Kostenänderungen, Nachfrageverschiebungen, Preisveränderungen, technischen Fortschritt. – Vgl. auch → Marktformen.

Marktformen – Klassifizierung der Märkte (→ Markt) u.a. nach der Anzahl der Marktteilnehmer und deren relativem Gewicht *(Marktmorphologie).* Durch die Kombination von einem, wenigen, vielen Anbietern und Nachfragern lässt sich das folgende Schema bilden (vgl. Abbildung „Marktformen"). Sind auf beiden Marktseiten sehr viele Akteure („Polypol-Polypson") vorhanden, spricht man auch von *atomistischer* Marktstruktur. Als *vollkommene Konkurrenz* wird das bilaterale Polypol bezeichnet, wenn zusätzlich alle *Vollkommenheitskriterien* erfüllt sind, d.h. die vier *Homogenitätsbedingungen* (Fehlen sachlicher, persönlicher, zeitlicher und räumlicher Päferenzen) und eine *vollständige Markttransparenz.* – Das dargestellte Marktschema stellt nur auf die Anzahl und das Gewicht der Marktseiten, nicht aber auf das Kräfteverhältnis der Akteure einer Marktseite ab. Letzteres lässt sich jedoch in die Analyse einbeziehen. *Beispiel:* Beim *Teilmonopol* bzw. *Teiloligopol* dominiert ein Anbieter bzw. eine Gruppe von wenigen Anbietern marktanteilsmäßig die vielen Übrigen. – Darüberhinaus werden in der Marktformenlehre nach der Beschaffenheit der angebotenen Güter *homogene und heterogene Oligopole* bzw. *homogene und heterogene Polypole* unterschieden. – In der *Preistheorie* werden aus den Marktformen Verhaltensweisen abgeleitet, die für die Preisbildung ausschlaggebend sein sollen, was sich jedoch als zu kurzschlüssig erwiesen hat.

Marktgleichgewicht → Gleichgewicht.

Marktkonfiguration → Marktkonstellation.

Marktformen

Nachfrager / Anbieter	einer	wenige	viele
einer	bilaterales Monopol	beschränktes Monopol	Monopol
wenige	beschränktes Monopson	bilaterales Oligopol	Oligopol
viele	Monopson	Oligopson	(bilaterales) Polypol

Marktkonstellation – *Marktkonfiguration;* Zustand eines → Marktes, wie er sich – v.a. hinsichtlich der Marktstellung und der daraus resultierenden Geschäftspolitik einer Unternehmung – aus dem Zusammenwirken vorherrschender → Marktformen, Marktstruktur und einzelner Marktkomponenten (z.B. → Angebot, → Nachfrage, Verhaltensweise) ergibt.

Marktmechanismus → Preismechanismus, → Tâtonnement.

Marktphase – Entwicklungsstadium eines → Marktes. Nach *E. Heuß* durchläuft ein Markt von seiner Entstehung bis zu seinem Endzustand verschiedene Marktphasen mit jeweils unterschiedlichen Angebots- und Nachfragebedingungen, die Heuß in *Experimentier-, Expansions-, Ausreifungs- und Stagnations- oder Rückbildungsphase* einteilt. Diesen vier Marktphasen entsprechen der Pionierunternehmer, der spontan imitierende, der nur unter Druck reagierende Unternehmer sowie der immobile Unternehmer. Als mögliches Einteilungskriterium für die Marktphasen dient die → Einkommenselastizität der Nachfrage. – Die von Heuß vorgenommene *Typisierung von Marktphasen und Unternehmertypus* erlaubt Rückschlüsse für die Wettbewerbspolitik, da die Marktphasen nicht nur mit dem Unternehmertypus, sondern auch mit der → Marktform und den Marktzutrittsschranken sowie den im Wettbewerb eingesetzten Aktionsparametern und Gewinnraten korrelieren.

Marktpreis – 1. Ein von den Klassikern der Nationalökonomie im Gegensatz zum → natürlichen Preis geprägter Begriff für den ausschließlich durch Angebot und Nachfrage auf einem → Markt über die unsichtbare Hand (→ Tâtonnement) bestimmten *Gleichgewichtspreis.* – 2. Der auf einem Markt (Produktenbörse, Effektenbörse, Wochenmarkt, Weltmärkten etc.) entsprechend dem durchschnittlichen Angebot und der allg. Nachfrage *während der Marktzeit* erzielte Preis; auch der bei *staatlicher Preispolitik* festgelegte,

am Tageswert orientierte Preis. Dieser durchschnittliche Preis liegt der amtlichen Preisstatistik zugrunde.

Markt-Preis-Mechanismus → Preismechanismus.

Markträumungsansatz → Neue Klassische Makroökonomik.

Marktspaltung – Existenz von mehreren Märkten bzw. Marktpreisen für ein homogenes Gut. Marktspaltung kann u.a. entstehen durch (1) → Preisdifferenzierung, (2) Gebietsaufteilung (Gebietskartelle) oder (3) im Außenhandel durch Subventionierung oder Besteuerung (Steuern). – Vgl. auch → monopolistische Preisbildung.

Markttransparenz – Wissen über Marktvorgänge, v.a. hinsichtlich des Verhaltens anderer Wirtschaftssubjekte und über Marktkonditionen. – *Vollständige* Markttransparenz (neben den Homogenitätsbedingungen ein Kriterium für *vollkommene Märkte*) liegt vor, wenn die Wirtschaftssubjekte alle wesentlichen Informationen über das Marktgeschehen, v.a. über die Preisbildung, besitzen. Je höher die Markttransparenz ist, desto leichter können die Handlungsträger die → Aktions-Reaktions-Verbundenheit erkennen. – Für *Marktprozesse* ist der Grad der Markttransparenz im Hinblick auf die Marktneben- und Marktgegenseite von Bedeutung, da hierdurch einerseits die Verhaltensweisen, andererseits die realisierbaren Wahlmöglichkeiten bestimmt werden. Markttransparenz stellt sich in Marktprozessen tendenziell um so schneller ein, je weniger Marktteilnehmer, v.a. Anbieter, vorhanden sind. Grund hierfür ist der Sachverhalt, dass durch Preissenkungen ausgelöste Abwanderungen von Kunden zu Konkurrenten rasch identifizierbar sind. Bei vielen Anbietern verteilt sich die Wirkung der Abwanderung auf viele Akteure und fällt im Verhältnis so gering aus, dass sie zumindest anfangs von zufälligen Schwankungen nicht unterschieden werden kann. Daher laufen *Lernprozesse* im Oligopol schneller als im Polypol ab, d.h., es kommt schneller zum

Übergang von der poly- zur oligopolistischen Verhaltensweise (Aktions-Reaktions-Verbundenheit). Daneben ist für die Markttransparenz auch die → Marktphase von Belang, da schnell mutierende Märkte die Herstellung von Markttransparenz erschweren. – Auf die *Schaffung von* Markttransparenz zur Verhinderung von preislichen Wettbewerbsverstößen zielen *identifizierende Preismeldestellen*. In diesem Fall melden alle beteiligten Firmen Preisveränderungen an eine zentrale Stelle, die dann alle übrigen Firmen hiervon unterrichtet. Nicht erfasst werden dabei allerdings heimliche Preissenkungen, z.B. in Form von Nachlässen.

Marktzerrüttung – dem → Dumping verwandter Begriff für eine Marktsituation mit folgenden Voraussetzungen: (1) bedeutende Zunahme der Einfuhr eines bestimmten Produkts aus einem bestimmten Land; (2) Preisforderungen dafür, die stark unter den entsprechenden Preisen im Importland liegen; (3) effektive oder drohende ernsthafte Schädigung einer Produktion des Importlandes; (4) Verursachung der Preisdifferenzen durch Subventionen oder Dumpingpraktiken. Die Gefahr einer Marktzerrüttung stellt die Voraussetzung für die Einführung von nicht tarifären Maßnahmen dar, welche eine Störung des Marktes verhindern soll, z.B. durch die Einführung von Anti-Dumping-Zöllen oder von mengenmäßigen Beschränkungen, Quotierungen und Kontingenten.

Marshall-Lerner-Bedingung → Elastizitätsansatz. Bedingung für eine Normalreaktion der → Leistungsbilanz: Summe der Absolutwerte der Importnachfragefunktionen beider Länder ist größer als 1, wenn das → Angebot beider Länder vollständig preiselastisch ist.

Marshallsche Nachfragefunktion → Nachfragefunktion.

Marx – Heinrich Karl, 1818–1883, deutscher Nationalökonom und Vertreter des wissenschaftlichen Sozialismus (Marxismus). Die Bedeutung von Marx liegt in seinem geschichtsphilosophisch-soziologischen System und in seiner darauf aufbauenden nationalökonomischen Lehre. Beide zusammen werden als Marxismus bezeichnet. In seiner Geschichtslehre ging Marx von der „dialektischen Methode" Hegels aus, setzte aber an die Stelle der Idee den dialektischen Materialismus. Viele der Voraussagen von Marx – etwa die zunehmende „Verelendung der Massen" oder der „Zusammenbruch der kapitalistischen Wirtschaft" – sind nicht eingetroffen. Nationalökonomisch fußt Marx auf den Klassikern, übernimmt aber z.B. nicht das von ihm kritisierte Bevölkerungsgesetz von Malthus. In der Wertlehre verlässt Marx die Arbeitswerttheorie Ricardos (Theorie der relativen Preise); die Arbeit wird bei Marx zur Substanz des Wertes. Neben dem Einfluss von Marx auf die Arbeiterbewegung und die rein sozialistische Literatur blieb seine Wirkung auf die Nationalökonomie gering. Kritische Auseinandersetzungen mit Marx finden sich bei Böhm-Bawerk, Spann, Schumpeter, Oppenheimer, Preiser und Peter. – *Hauptwerke*: „Manifest der kommunistischen Partei" (1848, zusammen mit Engels), „Kritik der politischen Ökonomie" (1859), „Das Kapital", Band I (1867), Band II und III von Engels posthum herausgegeben 1885 bis 1894.

Marxistische Theorie der Unternehmung → kapitalistische Unternehmung, → Theorie der arbeitergeleiteten Unternehmung.

Matching – I. Außenhandel: → Netting, Covering. Um eine Netto-Exposure (→ Exposure) von Null bei den laufenden Transaktionen zu erreichen, können offene Positionen durch entsprechende spiegelbildliche Positionen geschlossen (kompensiert) werden, z.B. indem einer Dollarforderung eine Dollarverbindlichkeit gegenüber gestellt wird. Dabei sollten Währungsbeträge und Termine möglichst deckungsgleich sein. – Vgl. auch Hedging.

II. Marktforschung: Matched Samples.

McKinnon-Shaw-These – Analyse zur Bedeutung des Finanzsektors für die wirtschaftliche Entwicklung. Die

McKinnon-Shaw-These besagt, dass ohne ausreichende Finanzintermediation größere Geldmengen zur Durchführung von Investitionen notwendig sind: Der Investor muss zuvor die Finanzmittel selbst ansparen (Eigeninvestor), sodass wegen fehlender Finanzintermediation nicht unbedingt die volkswirtschaftlich produktivste Investition realisiert wird. Der Aufbau einer Finanzintermediation ermöglicht eine höhere Sparfähigkeit und eine effiziente Verwendung der Ersparnisse.

Measurement-Theorie der Unternehmung
→ Team-Theorie der Unternehmung.

Mehrproduktunternehmung – 1. *Charakterisierung*: Eine Mehrproduktunternehmung stellt – grundsätzlich – mehrere Produkte her. Die Abbildung „Mehrproduktunternehmung – Produktionsbeziehungen" stellt die unterschiedlichen Produktionsbeziehungen in einer Mehrproduktunternehmung dar. 2. *Preisbildung*: Im Fall der *Parallelproduktion* laufen die Produktionsprozesse technisch getrennt voneinander ab, sodass sich im Hinblick auf die Preisbildung Konsequenzen nur für die *Preisuntergrenzen* ergeben (wegen der Gemeinkosten). Bei der *Alternativproduktion* konkurrieren die Produkte um gemeinsame Produktionskapazitäten, und zwar entweder im Sinn des „entweder-oder" *(strikte Alternativproduktion)* oder der Aufteilung *(simultane Alternativproduktion)*. Beides hat Konsequenzen für die Preisbildung, da das hergestellte Produkt mind. den Gewinn erwirtschaften

muss, der bei der Nutzung der Kapazität für die nicht gewählten Produkte entstünde, d.h., es müssen die → Opportunitätskosten berücksichtigt werden (→ Transformationskurve). Bei der *Kuppelproduktion* fallen die Produkte zwangsläufig zusammen an, wobei das Mischungsverhältnis fest *(fixe Kuppelproduktion)* oder in Grenzen gestaltbar sein kann *(flexible Kuppelproduktion)*. In beiden Fällen kann sich die Kuppelproduktion nur auf einen Teil des Produktionsprozesses beziehen *(partielle Kuppelproduktion)*. Da bei der Kuppelproduktion das Produktions- nicht mit dem Absatzverhältnis der Güter übereinstimmen muss, kann eine Teilvernichtung der Produktion aus Gründen der Gewinnsteigerung angezeigt sein. Hauptproblem der Preisbildung ist bei der Kuppelproduktion, dass die Kosten auf die einzelnen Produkte nicht zugerechnet werden können. Deshalb spielen hier die Marktpreise, letztlich die Nachfrage, eine bes. Rolle für die Preisbildung. – Grund für die gemeinsame Produktion ist das Auftreten von *Economies of Scale* oder Verbundvorteilen (Economies of Scope) technischer und/oder organisatorischer Art (Synergieeffekte). Formal wird dies auch durch die *Subadditivität* der Kostenfunktionen ausgedrückt: Bei gemeinsamer Produktion in *einer* Unternehmung sind die Produktionskosten niedriger als die Summe der Kosten bei getrennter Produktion in *zwei* oder *mehreren* Unternehmungen (→ Subadditivität). – Vgl.

Mehrproduktunternehmung – Produktionsbeziehungen

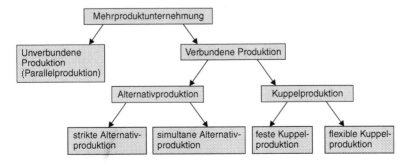

auch → Theorie der Mehrproduktunternehmung.

Meltzer – Allan H., geb. 1928, amerik. Nationalökonom; lehrt seit 1957 an der Carnegie-Mellon University. Meltzer ist ein bedeutender Vertreter des → Monetarismus. Als Schüler von → Brunner entwickelte er mit ihm in zahlreichen analytischen und empirischen Arbeiten die Theorie des Geldangebots und eine makroökonomische Analyse der Transmission von Geld- und Fiskalpolitik über die Bestandsmärkte für Geld, Bankkredit und Realkapital. Meltzer betont den Informationsaspekt von Geldpolitik und vertritt daher das Konzept der Regelbindung der Geldpolitik. – *Hauptwerk:* „Money, Credit and Policy" (1995).

Mengenanpasser – *Preisnehmer, Price Taker;* Wirtschaftssubjekte, die Preise als gegeben (ein „Datum") akzeptieren und ihre Wirtschaftsziele durch Anpassung von Mengen realisieren. Unter vollkommener Konkurrenz verhalten sich alle Wirtschaftssubjekte als Mengenanpasser.

Mengenanpasserverhalten → polypolistische Preisbildung.

Mengenkonjunktur – Zunahme der Produktionsmengen, allgemeiner der realen Produktion, während des Aufschwungs im → Konjunkturzyklus (→ Konjunkturphasen). – *Gegensatz:* → Preiskonjunktur.

Mengennotierung – Bei der Mengennotierung gibt der → Wechselkurs die Menge an ausländischen Währungseinheiten an, die erforderlich sind um eine Einheit inländischer Währung zu erwerben. – *Beispiel:* 1 Euro = 1,45 US-Dollar. – Vgl. auch → Wechselkurs, → Devisenkurs.

Mengenrationierungsansatz → Neokeynesianische Theorie.

Mengenwechselkurs → Wechselkurs, welcher ausdrückt, welche Menge an ausländischer Währung einer Einheit der inländischen Währung entspricht (z.B. 1 Euro = 1,4582 US-Dollar). Der spiegelbildliche Preiswechselkurs drückt rechnerisch das exakt gleiche Wertverhältnis aus.

Mengenzoll – Zoll, der auf Mengenbasis berechnet wird (→ spezifischer Zoll oder → Wertzoll), z.B. Euro pro Stück oder Gewicht – *Beispiel:* 102,4 Euro/100 kg). Die wertmäßige Belastung eines Gutes durch einen Mengenzoll sinkt mit zunehmendem → Preis. – Vgl. auch → Zoll, → Spezifischer Zoll, → Einfuhrzoll, → Wertzoll, → tarifäre Handelshemmnisse, → Zollzwecke.

Menu Costs – 1. *Begriff:* Methaphorisch zu verstehender Begriff. Er bezieht sich i.e.S. auf die Kosten, die für ein Unternehmen im Zuge von Preisveränderungen anfallen (in einem Restaurant z.B. die Kosten, die für das Neudrucken der Speisekarte anfallen). I.w.S. gehören hierzu aber auch Organisations- und Informationskosten (z.B. die Kosten für das Drucken und Versenden von Preislisten und Katalogen, die Verärgerung von Konsumenten). – 2. *Bedeutung:* Obwohl die Menu Costs insgesamt nur gering sind, wird behauptet, dass sie gleichwohl große gesamtwirtschaftliche Auswirkungen haben können. Kommt es z.B. aufgrund einer Verringerung der Geldmenge zu einem Rückgang der monetären Gesamtnachfrage, würden die Unternehmen in einem klassischen Modell mit einer proportionalen Preissenkung reagieren, sodass der Output unverändert bliebe. Wird die Existenz von Menu Costs berücksichtigt, kann es für die einzelnen Unternehmen optimal sein, auf die Preissenkung zu verzichten. Die Preissenkung eines Unternehmens hat aber nicht nur Wirkungen auf die Nachfrage nach den einzelnen Produkten, sondern über die Realkasse auch auf die Gesamtnachfrage. Die Bedeutung dieser → Gesamtnachfrageexternalität wird i.Allg. deutlich höher sein als der einzelwirtschaftliche Effekt des Verzichts auf eine Preisanpassung. Menu Costs stellen im Rahmen des → Neuen Keynesianismus eine Begründung dafür dar, dass Preisstarrheiten das Ergebnis mikroökonomischen Optimierungsverhaltens sein können. – Werden infolge von Menu Costs statt der Preise die Mengen einer exogenen Störung angepasst, kann es zu Konjunkturschwankungen kommen (→ Konjunkturtheorie).

Metzler-Paradoxon – Wenn ein Land als Importeur oder Exporteur auf dem → Weltmarkt von großer Bedeutung ist, dann wird die Einführung eines → Einfuhrzolles oder einer → Exportsubvention den → Weltmarktpreis des importierten Gutes verringern (→ Optimalzoll). Dieser Terms-of-Trade-Effekt (→ Terms of Trade) kann so stark und unerwünscht sein, dass sogar der zollinklusive Inlandspreis dieses Gutes sinkt. Man spricht vom *Metzler-Paradoxon*, benannt nach *Lloyd Metzler*, der 1949 diese theoretische Möglichkeit im Rahmen der Analyse mithilfe des → *Heckscher-Ohlin-Theorems* postuliet hat. Diese Situation wird in der realen Wirtschaft für wenig wahrscheinlich angesehen. – Vgl. auch → Stolper-Samuelson-Theorem, → Handelspolitik, → Heckscher-Ohlin-Theorem.

MFN-Zollsatz → Drittlandszollsatz; engl. *Most Favoured Nations*. Nach dem Meistbegünstigungsprinzip der WTO (GATT) der anzuwendende → Vertragszollsatz.

Migration – Wanderungsbewegungen von Menschen (Arbeitskräften) zwischen Staaten oder administrativen Untereinheiten eines Staates (Binnenwanderung), die zu einem längerfristigen oder dauernden Wechsel des ständigen Aufenthaltsortes der daran beteiligten Personen führen. Häufig durch politische, soziale oder wirtschaftliche Not der sog. *Migranten* hervorgerufen. – Vgl. auch → internationale Faktorwanderungen, Wanderung.

Mikroökonomie → Mikroökonomik.

Mikroökonomik – *Mikroökonomie, Mikrotheorie*. 1. *Begriff*: Die Mikroökonomik analysiert die Entscheidungsprobleme und Koordinationsvorgänge, die aufgrund der Arbeitsteiligkeit des Produktionsprozesses notwendig werden. Sie setzt grundsätzlich an den *Individualitäten* des Wirtschaftsprozesses an,

nämlich den → Wirtschaftssubjekten (Haushalte, Unternehmen, Staat) einerseits und den einzelnen Gütern andererseits. – 2. *Zu unterscheiden*: a) *Partialanalyse*: Es wird untersucht, wie das einzelne Wirtschaftssubjekt (Haushalt oder Unternehmen) sich in den über Märkte vermittelten Tauschprozess einfügt (→ Haushaltstheorie und → Theorie der Unternehmung) bzw. wie solche Wirtschaftssubjekte auf einem einzelnen Produktmarkt zusammenwirken. Bei der Partialanalyse wird notwendigerweise von der Ceteris-Paribus-Annahme Gebrauch gemacht. – b) *Totalanalyse*: Es wird das simultane Zusammenwirken aller am Wirtschaftsprozess beteiligten Wirtschaftssubjekte betrachtet. – Sowohl bei der Partial- als auch bei der Totalanalyse steht die Rolle der → Preise und des Preissystems im Zentrum der Überlegungen (→ Preistheorie). – Zunehmend werden auch das arbeitsteilige Geschehen innerhalb von → Unternehmen und → Haushalten und die Konsequenzen der Art und Weise dieser internen Koordination für die Marktvorgänge analysiert, sodass eine *Theorie der Institutionen* entstanden ist. – Methodisch kann Mikroökonomik als *Gleichgewichts-* oder als *Marktprozesstheorie* (→ Wettbewerbstheorie) sowie als *positive* oder als *normative* Theorie betrieben werden. Letzteres geschieht in der Wohlfahrtsökonomik. – *Gegensatz*: → Makroökonomik.

mikroökonomische Fundierung der makroökonomischen Theorie – 1. *Begriff*: Unter mikroökonomischer Fundierung der makroökonomischen Theorie versteht man die direkte Ableitung makroökonomischer Verhaltensgleichungen aus dem einzelwirtschaftlichen (also mikroökonomischen) Maximierungsverhalten (Nutzenmaximierung der Haushalte, Gewinnmaximierung der Unternehmung). Häufig wird dabei eine Analogie zwischen einzelwirtschaftlicher und gesamtwirtschaftlicher Verhaltensgleichung postuliert (z.B. reallohnabhängige Arbeitsnachfragefunktion), um das i.d.R. unlösbare Aggregationsproblem zu umgehen. Die aus dem Nutzen- oder Gewinnmaximierungsprinzip gewonnenen makroökonomischen Verhaltenshypothesen besitzen eine mikroökonomische oder entscheidungslogische Fundierung. – Makroökonomische Verhaltenshypothesen, die sich nicht mit dem einzelwirtschaftlichen Rationalprinzip begründen lassen, wie z.B. die auf Keynes (1936) zurückgehende → Konsumfunktion C = C (Y) (→ psychologisches Gesetz), stellen sog. Ad-hoc-Hypothesen dar. Sie lassen sich aber – wie Clower im Rahmen seiner dualen Entscheidungshypothese gezeigt hat – aus beschränkten Optimierungsansätzen ableiten, wenn im Nutzenmaximierungsansatz der Haushalte Beschränkungen auf dem Arbeitsmarkt berücksichtigt werden (→ Neokeynesianische Theorie) – 2. *Verwendung:* Die → Neue Makroökonomik, zu der die → Neue Klassische Makroökonomik, der → Neue Keynesianismus und die → Neue Makroökonomik offener Volkswirtschaften zählen, ist zum überwiegenden Teil durch makroökonomische Modelle gekennzeichnet, die eine vollständig mikroökonomische Fundierung besitzen.

mikroökonomische Theorie der Unternehmung – 1. *Gegenstand:* Sie dient bes. im neoklassischen Theoriegebäude (→ neoklassische Theorie der Unternehmung) der deduktiven Ableitung der Branchenangebotsfunktion, die gemeinsam mit der Marktnachfrage unter Annahme vollkommener Konkurrenz den Marktpreis bestimmt. Für diesen Zweck reiche es aus, von einer stilisierten, fiktiven Unternehmung auszugehen, die ohne Organisationsstruktur wie ein Wirtschaftssubjekt das Gewinnmaximierungsziel (→ Gewinnmaximierung) verfolgt und als → Produktionsfunktion konzipiert ist; dies dient dazu, Veränderungen in den Bedingungen in qualitative Voraussagen von Preis- und Mengenänderungen zu transformieren. – 2. *Stabilitätsproblem:* Unter der Bedingung der vollkommenen Konkurrenz lautet die Gewinnmaximierungsbedingung Grenzkosten gleich → Preis. Diese Bedingung ist aber nur dann mit einem stabilen → Gleichgewicht vereinbar, wenn die Grenzkosten der einzelnen Unternehmung steigen (Sraffa). Steigende und sinkende Grenzkosten führen jedoch zu Problemen bei der Partialanalyse, die die Unabhängigkeit von Angebots- und Nachfragefunktion sowie die Geltung der Ceteris-Paribus-Bedingung für die anderen Märkte voraussetzt. Dabei sind weit reichende Economies of Scale oder abnehmende Grenzkosten mit der Annahme der vollkommenen Konkurrenz unvereinbar; vorausgesetzt, sie sind nicht branchenintern und unternehmensextern zugleich (Sraffa). Diese Bedingung ist aber nur sehr selten erfüllt, sodass demzufolge die Anwendbarkeit der Marginalanalyse stark eingeschränkt wird. Um die relevanten Fälle, v.a. die der sinkenden Grenzkosten, behandeln zu können, könnte die vollkommene Konkurrenz durch das → Monopol ersetzt werden. Dieser Angriff Sraffas auf die Branchenangebotsfunktion und letztlich auf die neoklassische Werttheorie wurde mit der Theorie des unvollkommenen Wettbewerbs (Robinson) bzw. der monopolistischen Konkurrenz (Chamberlin) pariert. Im Kern wird das von Marshall aufgeworfene Problem der Bestimmung des gewinnmaximierenden Angebots durch die Einführung einer fallenden individuellen → Preisabsatzfunktion (sie bringt die Nachfragerpräferenzen für die jeweiligen Anbieter zum Ausdruck, sodass ein heterogener Markt unterstellt wird) und die Gewinnmaximierungsbedingung Grenzerlös gleich Grenzkosten gelöst. Offen bleibt das Problem der Bestimmung einer Branchenangebotsfunktion und der dazu erforderlichen Marktabgrenzung sowie der Nachweis der Stabilität des Branchengleichgewichts. – 3. *Unternehmungsgrenzen:* → Grenzen der Unternehmung.

Mikrotheorie → Mikroökonomik.

Mindestpreis – gesetzlich oder behördlich festgesetzte niedrigste Preisgrenze, die nicht unterschritten werden darf. Verordnung von

Mindestpreisen ist ein Mittel der staatlichen Preispolitik, das auf Gütermärkten (insbesondere auf Märkten für landwirtschaftliche Erzeugnisse) bei schlechter Absatzlage ruinöse Konkurrenz verhindern soll. – Als ein Mindestpreisbeispiel auf einem Faktormarkt ist der staatlich garantierte Mindestlohn zu nennnen, der ein Mindesteinkommen auf dem Arbeitsmarkt sichern soll. – Vgl. auch → Preisfunktionen.

Minimalkostenkombination – I. Preis- und **Markttheorie:** Faktorkombination, die bei gegebenen Faktorpreisen zu minimalen → Kosten führt. Sie wird realisiert, wenn gemäß dem Wirtschaftlichkeitsprinzip entweder eine gegebene Menge x zu minimalen Kosten hergestellt wird oder bei gegebenem Kostenbudget die hergestellte Menge x maximiert wird. Die optimale → Budgetgerade muss im ersten Fall (a) die vorgegebene → Isoquante, im zweiten Fall (b) die optimale Isoquante die vorgegebene Budgetlinie tangieren (vgl. Abbildungen „Minimalkostenkombination (a)" und „(b)"). – Bei anderen Budgetlinien kommt es im ersten Fall entweder zur Verschwendung oder die vorgegebene Menge ist nicht realisierbar. Entsprechendes gilt im zweiten Fall. – Die Tangentialbedingung impliziert die Übereinstimmung von der → Grenzrate der Substitution

$$\frac{dB}{dA} = -\frac{\partial x}{\partial A} : \frac{\partial x}{\partial B}$$

und der Steigung der Budgetlinie

$$\frac{dB}{dAy} = -\frac{p_A}{p_B},$$

mithin:

$$\frac{dB}{dA} = -\frac{\partial x}{\partial A} : \frac{\partial x}{\partial B} = -\frac{p_A}{p_B}.$$

A und B stellen die im → Produktionsprozess eingesetzten Faktormengen dar. Die Minimalkostenkombination ist eine Voraussetzung der → Gewinnmaximierung.

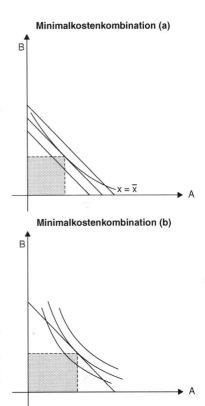

Minimalkostenkombination (a)

$x = \bar{x}$

Minimalkostenkombination (b)

II. **Betriebliche Produktionsfunktion:** Diejenige Kombination der → Produktionsfaktoren, die bei einer → substitutionalen Produktionsfunktion bei gegebenem Kostenbetrag den höchsten Output erbringt, bzw. bei gegebenem Output die geringsten → Kosten verursacht. Bei Substitutionalität besteht die Möglichkeit, einen bestimmten Output durch verschiedene effiziente Kombinationen von Produktionsfaktoren zu erstellen. Erst durch die Berücksichtigung der Kosten kann daher die ökonomisch optimale Kombination der Produktionsfaktoren bestimmt werden. Analytisch wird die Minimalkostenkombination dadurch bestimmt, dass im Optimum die Gleichheit der Verhältnisse der partiellen

$\rightarrow$ Grenzproduktivitäten und der entsprechenden $\rightarrow$ Faktorpreise gilt:

$$\frac{\delta x}{\delta r_1} : \frac{\delta x}{\delta r_2} : \ldots : \frac{\delta x}{\delta r_n} = q_1 : q_2 \cdots : q_n,$$

wobei: $\delta x / \delta r_i$ = partielle Grenzproduktivität des Faktors i, q_i = Preis des Faktors i.

Minsky-Effekt – Auch wenn man die Ursachen von Finanzkrisen im Nachgang gut identifizieren und begründen kann, bleibt die Frage, warum insbesondere professionelle Marktteilnehmer wie Kreditinstitute nicht rechtzeitig gegensteuern. Im Zuge der Subprime-Krise finden die Ideen des bislang relativ unbeachteten US-Ökonomen *Hyman Minsky* (1919-1996) Eingang in die Diskussion. Im Gegensatz zur Mainstream-Ökonomie vertritt Minsky die Auffassung, dass Volkswirtschaften nicht immer einem Gleichgewichtszustand zustreben. Aus seiner Sicht wird ein Finanzsystem im Laufe eines Aufschwungs automatisch instabil, d.h. Krisensituationen sind ein inhärentes Element des „Kapitalismus". Im Mittelpunkt seiner Überlegungen steht die Finanzierung von Unternehmen, Haushalten und Banken. Dabei lassen sich drei Finanzierungsarten differenzieren. – (1) *Sichere Finanzierungen* bei denen die Kreditnehmer sowohl die Zinsen als auch die Rückzahlungen gewährleisten können. – (2) Bei *spekulativen Finanzierungen* reichen die Einnahmen der Kreditnehmer aus, um die Zinszahlungen nicht aber die Rückzahlungen sicherzustellen. Insbesondere Banken und andere Finanzinstitutionen finanzieren sich auf diese Art und Weise und sind somit auf liquide Finanzmärkte angewiesen, die eine laufende Refinanzierung sicherstellen. – (3) Schließlich gibt es die *Ponzi-Finanzierung*; hier sind die Kreditnehmer weder in der Lage die Kredite zurückzuzahlen noch die Zinszahlungen vollständig zu gewährleisten. Die Kreditnehmer spekulieren darauf, dass die Preise der kreditfinanzierten Assets (im Fall der Subprime-Krise die Immobilienpreise) ansteigen, um somit die Schulden zu tilgen. In einer Aufschwungphase nimmt die Zahl der Ponzi-Finanzierungen zu, da die Gewinnerwartungen sukzessive steigen und steigende Vermögenspreise diese Einschätzung der Marktteilnehmer zunächst bestätigen. Im Laufe der Zeit steigt die Risikobereitschaft der Marktteilnehmer immer weiter an, sie unterschätzen die Risiken und überschätzen die Renditeaussichten. Im Ergebnis steigt die Verschuldung und immer mehr Kreditnehmer wechseln zur spekulativen oder Ponzi-Finanzierung. Kommt es nun zu Erschütterungen des Systems, bspw. durch einen restriktiveren Kurs der Geldpolitik, bleiben die Gewinnaussichten plötzlich hinter den Erwartungen zurück; die Vermögenspreise fallen und die Ponzi-Finanzierer können die Kredite nicht mehr bedienen. Sukzessive werden Verwerfungen auf einzelnen Teilmärkten wie dem US-Hypothekenmarkt auch auf andere Finanzmarktsegmente übertragen (sog. *Minsky-Moment*). Im Ergebnis kommt es zu einem Verfall der Vermögenspreise auf breiter Front und zu erheblichen Auswirkungen auf die reale Sphäre der Volkswirtschaft. Aus Sicht von Minsky lassen sich solche Krisen durch den Aufbau starker öffentlicher Institutionen vermeiden. Die Notenbanken sollen das immer komplexer werdende Finanzsystem überwachen und die Entwicklung neuer Finanzstrukturen steuern. Im Krisenfall können sie die Funktion des „lender of last resort" einnehmen, der durch eine ausreichende Liquiditätsversorgung die Krisenerscheinungen begrenzt. Der Staat soll die Auswirkungen auf die reale Sphäre aufgrund einer sinkenden Investitionsbereitschaft durch eine anti-zyklische Fiskalpolitik keynesianischer Provenienz begrenzen. Durch die Finanzierung der Zusatzausgaben mithilfe zusätzlicher, ausfallsicherer Staatsanleihen wird zugleich das Finanzsystem stabilisiert. Angesichts der Regulierungsdebatten im Nachgang der Subprime-Krise werden die Argumente von Minsky bei den Befürwortern einer stärkeren Finanzmarktregulierung sicherlich auf fruchtbaren Boden fallen. Widerspruch finden seine

Thesen allerdings bei jenen Ökonomen, die Regulierungen und den damit quasi automatisch verbundenen Ausweichversuchen der Marktteilnehmer (Regulierungsarbitrage) als eine wesentliche Ursache für Finanzkrisen identifizieren bzw. krisenhafte Erscheinungen nicht generell vermeiden wollen, weil sie Fehlentwicklungen auf den Finanzmärkten beseitigen und zugleich Wegbereiter für eine effizientere Struktur der Finanzmärkte darstellen.

Misalignment – Fehlanpassung des → Wechselkurses, die dadurch zustande kommt, dass der reale → Wechselkurs durch die Veränderung des nominellen Wechselkurses von seinem Gleichgewichtswert abweicht. – Der Gleichgewichtswert des realen Wechselkurses ist allerdings nicht einfach zu ermitteln. Bei empirischen Betrachtungen wird als Vergleichsmaßstab meist die → Kaufkraftparität verwendet. Der gleichgewichtige reale Wechselkurs verändert sich im Laufe der Zeit, und zwar einerseits aufgrund von realwirtschaftlichen Veränderungen im Bereich der → Produktion und der → Nachfrage, andererseits aber auch aufgrund von Bestandsanpassungsprozessen zur Erreichung des → außenwirtschaftlichen Gleichgewichts. – Vgl. auch → Wechselkurstheorie, → Zahlungsbilanzausgleich.

Mischzoll – Kombination aus → Wertzoll und → spezifischem Zoll, wobei einer dieser Zollsätze die Höchst- oder Mindestgrenze des anzuwendenden Zollsatzes angibt. Mischzölle sollen bei Preisschwankungen eine Mindest- oder Höchstzollbelastung gewährleisten. Sie werden bei → Einfuhr in das Zollgebiet der Gemeinschaft (künftig der EU) vorwiegend auf landwirtschaftliche Waren angewendet. – *Form:* → Gleitzoll.

Mitchell-Zyklus → Konjunkturzyklus.

Mitläufereffekt – *Bandwagon-Effekt;* ist in der Haushaltstheorie eine → Nachfrageinterdependenz; bezeichnet das Auftreten einer Nachfragesteigerung nach einem → Gut aufgrund der Tatsache, dass das Gut auch von anderen Personen konsumiert wird. Der Mitläufereffekt beruht auf dem Bestreben von → Haushalten, die Mitglieder einer bestimmten Bezugsgruppe nachzuahmen. Mitläufereffekte können als teilweise Präferenzangleichung aufgefasst werden und finden ihr Beispiel in Moden aller Art.

Modell – I. Charakterisierung: 1. *Anwendung/Zweck:* Auf der Basis von Funktions-, Struktur- oder Verhaltensähnlichkeiten bzw. -analogien zu einem Original werden Modelle zum Zwecke speziell solcher Problemlösungen benutzt, deren Durchführung am Original nicht möglich oder zu aufwendig wäre. Ein Modell ist also eine Abstraktion des Originals. – 2. *Arten:* Grundlegende Bedeutung kommt der Unterscheidung zwischen *ikonischen* oder *materialen Modellen* (z.B. Globus als Modell der Erde, Nachbildung der äußeren Form eines Automobils für Windkanalversuche) und *sprachlich-semantischen Modellen* (z.B. Modell des Marktverhaltens von Wirtschaftssubjekten; Modelle verschiedener Entscheidungssituationen) zu. Hinsichtlich Ausmaß der Ähnlichkeit zwischen Original und Modell wird zwischen *isomorpher Abbildung* (im Idealfall entspricht jedem Element des Originals ein Modellelement und umgekehrt) und *homomorpher Abbildung* (ausreichende Ähnlichkeit zwischen Original und Modell) unterschieden. – 3. *Modell und Theorie:* Synonyme Begriffsverwendung v.a. dann, wenn es sich um formalisierte (ggf. auch mathematisierte) Theorien handelt. Da es sich bei Theorien jedoch ausschließlich um sprachliche Gebilde handelt, liegt in diesem Fall eine (unnötig) restriktive Verwendung des Modellbegriffs vor. Andererseits können Theorien insofern als *Teilklasse von Modellen* interpretiert werden, als mit ihrer Hilfe bestimmte Originalobjekte abstrakt und generalisiert beschrieben werden. Innerhalb der Realwissenschaften kann Modellbildung zweckmäßigerweise als *Anwendung von Theorien* auf bestimmte Tatbestände oder Situationen aufgefasst werden *(Teilklasse der theoretischen Modelle).*

II. Modelle in den Wirtschaftswissenschaften: 1. *Bedeutung:* Modelle haben in den Wirtschaftswissenschaften einen hohen Stellenwert. Es gibt allerdings auch zahlreiche Belege dafür, dass das „Denken in Modellen" leicht in eine Sackgasse führen kann (Modellplatonismus). – 2. *Typen:* a) *Beschreibungsmodelle,* mit deren Hilfe reale Objekte deskriptiv erfasst werden. – *Beispiele:* Volkswirtschaftliches und betriebliches Rechnungswesen, Instrumente also, die gewisse ökonomische Vorgänge selektiv abzubilden erlauben. Der Zweck besteht in der Erfassung bestimmter Größen (etwa des gesamten Volksvermögens oder der Schulden eines Unternehmens), sodass auch von speziellen *Erfassungsmodellen* gesprochen werden kann. Ferner geht es häufig darum, mithilfe von bestimmten Rechenoperationen zusätzliche Erkenntnisse zu gewinnen (z.B. über die Preisuntergrenze eines Produkts). Stehen derartige Zwecke im Vordergrund, wird von sog. *Ermittlungsmodellen* gesprochen. – b) *Erklärungsmodelle,* die als Anwendung von Theorien auf mehr oder weniger typische Tatbestände zu interpretieren sind. So kann z.B. von einem Modell der individuellen Leistungsbereitschaft gesprochen werden, in das einerseits allg. Motivationstheorien, andererseits spezielle Sachverhalte (Merkmale der betrieblichen Leistungsanreize wie Entgelt, Karriere, Vorgesetztenverhalten etc.) eingehen. Wegen der weitgehenden Strukturidentität von Erklärung und Prognose lassen sich derartige Modelle zudem teilweise auch für prognostische Zwecke verwenden (Prognosemodell). Eine spezielle Ausprägung solcher *Prognosemodelle* sind *Simulationsmodelle* (Simulation), mit deren Hilfe die Wirkungen alternativer Bedingungskonstellationen „durchgespielt" werden können. – c) *Entscheidungsmodelle,* in die (ggf. hypothetisch eingeführte) Zielvorstellungen von Modell-Benutzern eingehen: (1) Verschiedene Verfahren der (mathematischen) Entscheidungsforschung (Operations Research (OR), z.B. lineare Programmierung), die zur Lösung von wohl-strukturierten Entscheidungsproblemen herangezogen werden. (2) Sog. heuristische Verfahren (z.B. Entscheidungsbaumverfahren), die bei der Lösung von schlecht-strukturierten Problemen zur Anwendung kommen können. Entscheidungsmodelle sollen zu maximaler Zielerreichung verhelfen. Eine enge Beziehung zu Erklärungsmodellen besteht insofern, als diese Ziele nicht einfach als gegeben anzunehmen, sondern als erklärungsbedürftige Tatbestände zu betrachten sind.

modifizierte goldene Regel → Ramsey-Modelle

MOEL – Abk. der EU für *mittel- und osteuropäische Länder (MOE-Staaten);* Bezeichnung für folgende Staaten: Albanien, Bulgarien, Estland, Litauen, Lettland, Polen, Rumänien, Slowakische Republik, Kroatien, Serbien, Slowenien, Tschechische Republik, Ungarn (u.a.). Mit diesen *MOE-Staaten* wurden Europa-Abkommen zur Assoziierung an die EU geschlossen (sog. → Assoziierungsabkommen). Die meisten MOE-Staaten sind am 1.5.2004 und 1.1.2007 der EU beigetreten. Kroatien wird voraussichtlich am 1.7.2013 als 28. Mitgliedstaat der EU beitreten; Albanien und Serbien steht der Beitritt zur EU nach dem Thessaloniki-Gipfel von 2003 – wie allen Nachfolgestaaten des Westbalkan (des ehemaligen Jugoslawien) – offen. Montenegro stellte im Dezember 2008, Mazedonien bereits im März 2004, Albanien im April 2009, Serbien im Dezember 2009 den Antrag auf EU-Mitgliedschaft. Bosnien und Herzegowina hat im Februar 2010 einen Beitrittsantrag zur EU angekündigt, aber bislang noch nicht gestellt. Problematisch bleibt das Gebiet Kosovo nach der UN-Resolution 1244, dass seine Unabhängigkeit erklärt hat und von zahlreichen Staaten anerkannt worden ist.

Mondialreihen – der → Konjunkturforschung dienende wirtschaftsstatistische Reihen von weltwirtschaftlicher Bedeutung. Maßgebliche Größen für Mondialreihen sind Zinsbewegungen am Geld- und Kapitalmarkt, der Welthandel sowie

Preisbewegungen bei Welthandelsrohstoffen und -halbfabrikaten. – *Gegensatz:* → Regionalreihen. – Vgl. auch → Barometersystem.

monetäre Anpassung – Begriff der Volkswirtschaftstheorie für eine Politik der Anpassung der Geldmenge (Geldmengenpolitik). – *Beispiel:* Monetäre Anpassung an expansive Fiskalpolitik mit dem Ziel der Stabilisierung des Zinsniveaus. Eine solche akkomodierende Geldpolitik gefährdet aber i.d.R. das Preisstabilisierungsziel.

monetäre Außenwirtschaftstheorie – 1. *Begriff:* Teilbereich der → Außenwirtschaftstheorie, in dem die Rolle des Geldes im Zentrum des Interesses steht. Die monetäre Außenwirtschaftstheorie widmet sich im Sinn einer wissenschaftlichen Arbeitsteilung genau jenen Problemen, die in der → realen Außenwirtschaftstheorie durch geschickte Wahl der Annahmen aus der Betrachtung ferngehalten werden. Die explizite Berücksichtigung des Geldes rückt nun die Existenz *unterschiedlicher Währungen* ins Zentrum der Analyse. Damit zusammenhängend wird die Betrachtung über den internationalen Handel von Gütern und Dienstleistungen auch auf den → internationalen Kapitalverkehr ausgedehnt. – 2. *Problembereiche:* Die wichtigsten Probleme, denen sich die monetäre Theorie widmet, sind: (1) Erklärung von unausgeglichenen Handelsbilanzen über makroökonomische Zusammenhänge sowie deren Beziehung zum internationalen Kapitalverkehr und dem Geschehen auf dem → Devisenmarkt. (2) Detaillierte Analyse der Bestimmungsgründe des internationalen → Kapitalverkehrs. (3) Definition des → außenwirtschaftlichen Gleichgewichts in einer Welt mit internationalem Kapitalverkehr sowie Analyse der entsprechenden Anpassungsmechanismen bei unterschiedlichen Wechselkurssystemen. (4) Wirksamkeit der Stabilitätspolitik in Ökonomien mit internationaler Verflechtung auf den Güter- und Kapitalmärkten bei unterschiedlichen Wechselkurssystemen. (5) Die Wechselkurstheorie als

Teilbereich der monetären Außenwirtschaftstheorie untersucht die Bestimmungsgründe des Wechselkursverhaltens für flexible Wechselkurssysteme. (6) Schließlich will die monetäre Außenwirtschaftstheorie die Vor- und Nachteile der Wechselkursflexibilität aufzeigen, um so Hinweise für die Gestaltung des → internationalen Währungssystems zu gewinnen. (7) Erklärung der Währungskrisen. In Modellen verschiedener Generationen wird der Zusammenbruch von Festkursmodellen analysiert. Im Mittelpunkt der spekulativen Attacken stehen die Erwartungen der Anleger, die auch mit den Fundamentaldaten vereinbare Festkurssysteme zum Einsturz bringen können. Es können sog. multiple Gleichgewichte entstehen. – 3. *Methoden:* Bei der Analyse dieser Fragen verwendet die monetäre Theorie weitgehend einen *makroökonomischen Ansatz*. Damit verschwinden zwangsläufig die von der der realen Außenwirtschaftstheorie untersuchten Fragen der Allokation und Verteilung aus dem Blickfeld. Aufgrund der Konzentration auf Probleme der Unterbeschäftigung spielen *Preisstarrheiten* verschiedenster Art in der monetären Theorie eine viel bedeutendere Rolle als in der realen Theorie. – Vgl. auch → Stabilisierungspolitik in einer großen offenen Volkswirtschaft, → Stabilisierungspolitik in einer kleinen offenen Volkswirtschaft, → Wechselkurstheorie, → Zahlungsbilanzausgleich.

monetäre Basis – *Geldbasis;* Summe aus Bargeldumlauf, Mindestreserven und Überschussreserven. Die monetäre Basis ist zentrale Steuergröße aus monetaristischer Sicht (→ Monetarismus). – Vgl. auch → Geld.

monetäre Konjunkturtheorien → Konjunkturtheorien, die → Konjunkturschwankungen einer Volkswirtschaft allein oder maßgeblich durch monetäre Größen verursacht sehen: 1. *Rein monetäre Konjunkturtheorien:* Konjunkturschwankungen werden *nur* durch monetäre Größen verursacht. Nach Hawtrey werden die Zyklen durch Mehr- oder Minderproduktion von Gold oder (hauptsächlich) durch Zu- und Abnahme der Geldmenge infolge von Kreditexpansion und -kontraktion erklärt (Inflation, Deflation). Wicksell sieht die Ursache in Abweichungen des natürlichen Zinsfußes vom Geldzinsfuß (Zinsspannentheorie). – 2. *Monetäre Konjunkturtheorien*: I.w.S. Konjunkturtheorien, die die Konjunkturschwankungen unter Einbeziehung des Geldmarktes erklären (→ Konjunkturtheorie). Friedman erklärt Inflation allein durch eine übermäßige Expansion der Geldmenge (Monetarismus), deren Schwankugn zudem maßgeblich für Konjunkturbewegungen sind. – 3. *Kritik*: Umstritten ist die Frage, ob Konjunkturschwankungen allein durch monetäre Faktoren bewirkt werden, ob die monetären Auswirkungen nur Folgeerscheinung realer Vorgänge sind oder ob eine Kombination realer und monetärer Ursachen die Schwankungen bestimmt. Wegen ihres monokausalen Charakters ist die reine monetäre Konjunkturtheorie als alleiniger Erklärungsversuch der Konjunktur abzulehnen.

monetärer Ansatz zur Zahlungsbilanztheorie – Ansatz zur Erklärung eines Anpassungsprozesses, der im Fall eines → fixen Wechselkurses zu Leistungsbilanzausgleich führt. Ursprünglich entwickelt für Situationen ohne → internationale Kapitalmobilität. Die Bezeichnung *monetär* soll andeuten, dass unausgeglichene Leistungsbilanzen zu Veränderungen der heimischen *Geldmenge* führen, die ihrerseits auf die → Leistungsbilanz zurückwirken, und zwar mit der langfristigen Konsequenz des Leistungsbilanzausgleichs. Der Leistungsbilanzausgleich ist hier ein monetärer Prozess. Die Geldmengenveränderung als Resultat einer unausgeglichenen Leistungsbilanz ergibt sich aus der bei → fixem Wechselkurs erforderlichen Devisenmarktintervention. Die Rückwirkung dieser Geldmengenveränderung auf die Leistungsbilanz ergibt sich aufgrund der Abhängigkeit der Absorption von der Geldmenge. Gemäß dem monetären Ansatz zur Zahlungsbilanztheorie ist die Geldmenge also

endogen. – Vgl. → monetaristisches Wechselkursmodell.

monetäre Theorie – Geldtheorie.

monetäre Wachstumsmodelle → monetäre Wachstumstheorie.

monetäre Wachstumstheorie – 1. *Begriff*: In der monetären Wachstumstheorie wird analysiert, welche Wirkung monetäre Größen, wie Geld, Geldmenge, Inflation, u.a. auf das Wachstum realer Größen wie Kapitalintensität und Pro-Kopf-Konsum haben. Die Klassiker der Nationalökonomie gingen von realen Auswirkungen des Geldes aus (z.B. Smith, Mill). Geld existierte als Warengeld und wurde wie andere Güter getauscht; es gab also relative Preise des Geldes und die Menge des gehandelten Geldes bestimmte direkt den Handel realer Waren. Seitdem die Geldmenge keiner Warendeckung unterliegt, wird Geld mit anderen Maßstäben betrachtet. – 2. *Ansätze*: a) In der *postkeynesianischen Wachstumstheorie* sorgen variable Preise für eine Übereinstimmung zwischen Sparen und Investieren in einer Periode, falls der Mengenausgleich über den Multiplikatorprozess nicht ausreicht. Dieser Ansatz wird als Keynes-Wicksell-Ansatz bezeichnet, weil Mengen (Keynes) und Preise (Wicksell) als Ausgleichsmechanismus angewendet werden. Für die langfristige Analyse sind diese Ansätze jedoch in den Hintergrund geraten, weil sie sich auf die kurze Periode und dessen Gleichgewicht beziehen und nicht auf das langfristige gleichgewichtige Wachstum. – b) Bei den Versuchen, monetäre Phänomene in die *neoklassische Wachstumstheorie* zu integrieren, können drei Modelltypen unterschieden werden. (1) Im *Modell von Tobin* (1965) werden Geld- und Realkapital als alternative Formen der Vermögensanlage angesehen. Eine Zunahme der Geldmengenwachstumsrate erhöht in diesem Modell die Kapitalintensität und den Pro-Kopf-Konsum (Tobin-Effekt). Der Effekt fand allerdings keine empirische Bestätigung. Kritisiert wurde u.a., dass die Konsum- bzw. Sparentscheidung und die Geldnachfrage der Wirtschaftsobjekte nicht aus Entscheidungskalkülen abgeleitet wurde. (2) Das *Modell von Sidrauski* (1967) begründet die Tradition, Geld als Argument der Nutzenfunktion anzusehen und die Entscheidung von Wirtschaftsobjekten mikroökonomisch herzuleiten. In diesen Modellen wird die sog. Superneutralität des Geldes nachgewiesen: Geldmengenwachstum und Inflation haben keinerlei Wirkung auf reale Größen wie die Kapitalintensität und den Pro-Kopf-Konsum. (3) Im *Modell von Levhari und Patinkin* (1968) wird Geld als Argument der Produktionsfunktion berücksichtigt, indem die Realkasse als Produktionsfaktor modelliert wird. In einer Erweiterung dieses Modells wird die Konsum-/Sparentscheidung von Haushalten in einem intertemporalen Optimierungsmodell hergeleitet. Als Ergebnis folgt, dass bei Zunahme des Geldmengenwachstums Kapitalintensität und Pro-Kopf-Konsum sinken (Stockmann-Effekt). Die nutzentheoretische und die produktionstheoretische Herleitung der Geldnachfrage im Rahmen monetärer Wachstumsmodelle führen also zu unterschiedlichen Ergebnissen. – c) *Neuere Ansätze* versuchen Geld gleichzeitig in der Nutzen- und der Produktionsfunktion zu berücksichtigen. Dabei bestätigen deterministische Modelle den negativen Effekt des Geldmengenwachstums auf reale Größen. Hingegen sind die Ergebnisse stochastischer Modelle, in denen Risiken der ökonomischen Entwicklung berücksichtigt werden, unbestimmt – hier kann sowohl restriktive als auch expansive Geldpolitik eine positive Wachstumswirkung haben. Langfristige empirische Analysen bestätigen jedoch eher die Neutralität geldpolitischer Maßnahmen hinsichtlich des Wirtschaftswachstums und einen eindeutig positiven Zusammenhang zwischen niedriger Inflationsrate und wirtschaftlichem Wachstum.

Monetarismus – I. Begriff: Wirtschaftswissenschaftliche Schule, die v.a. aus der Kritik der geldtheoretischen Vorstellung der Keynesianischen Theorie (→ Keynesianismus)

und der → keynesianischen Positionen entstanden ist. Neben geldtheoretischen Aussagen (insbesondere Zusammenhang zwischen Geldmengenwachstum und Inflation) macht der Monetarismus auch Aussagen zur Einkommens- und Beschäftigungstheorie, zur Verteilungstheorie etc. Der Monetarismus stellt ein geschlossenes wirtschaftstheoretisches System zur Erklärung der ökonomischen Realität dar. – Die *bekanntesten Vertreter* des traditionellen Monetarismus sind Friedman und Brunner.

II. Annahmen und Kernaussagen: 1. *Relative Stabilität des privaten Sektors:* Das marktwirtschaftliche System tendiert bei flexiblen Preisen zu einem stabilen Gleichgewicht. Darüber hinaus wird angenommen, dass die Dynamik des privaten Sektors stabil ist, exogene Schocks also absorbiert und in eine stabilisierende Bewegung umgeformt werden. – 2. *Neoquantitätstheorie:* Die → Umlaufgeschwindigkeit des Geldes ist vom Geldnachfrageverhalten bestimmt. Die Neoquantitätstheorie geht davon aus, dass Geld eine von mehreren Vermögensformen ist und mit den übrigen in Substitutionsbeziehungen steht; die Portfoliozusammensetzung wird durch die Ertragsraten der einzelnen Vermögensarten bestimmt. Demzufolge hängt die Umlaufgeschwindigkeit des Geldes von den Ertragsraten der einzelnen Vermögenskomponenten ab, wobei ein stabiler Zusammenhang vermutet wird. – 3. *Steuerung der Geldmenge:* Eine Steuerung der Geldmenge erlaubt es unter den genannten Umständen den geldpolitischen Instanzen, das Nominaleinkommen zu beeinflussen. Die Zentralbank kann jedoch nicht die Geldmenge direkt steuern, da diese Größe auch vom Verhalten der Geschäftsbanken und des Publikums abhängt. Als primärer Ansatzpunkt der Geldmengensteuerung werden daher die von der Zentralbank kontrollierbaren Konzepte der Zentralbankgeldmenge bzw. der → monetären Basis angesehen. – 4. *Transmissionsmechanismus der relativen Preise:* Der von Keynes entwickelte kredittheoretische

Transmissionsmechanismus wird von den Monetaristen als zu eng angesehen und durch einen vermögenstheoretisch orientierten Transmissionsmechanismus der relativen Preise ersetzt. Bei dieser Sicht werden im Prinzip Substitutionsbeziehungen zwischen allen Aktiva vermutet, sodass eine Störung des Portfoliogleichgewichts (z.B. durch eine Erhöhung der Geldmenge) zu Anpassungsvorgängen (Substitutionseffekten) bei sämtlichen Aktiva führt, die aus Änderungen der relativen Ertragsraten resultieren. – 5. *Reale Effekte:* Die Monetaristen gehen davon aus, dass eine einmalige Erhöhung des Geldmengenwachstums nur vorübergehend reale Effekte auf Produktion und Beschäftigung hat (Temporaritätsannahme). Langfristig führt die höhere Wachstumsrate der Geldmenge lediglich zu einer erhöhten Inflationsrate. Die → Phillips-Kurve hat aus dieser Sicht nur kurzfristig eine negative Steigung, langfristig verläuft sie senkrecht. – 6. *Langfristigkeit:* Das Wachstum der realen Produktion wird ausschließlich durch reale Faktoren bestimmt. Im Gegensatz zum → Keynesianismus wird der Fiskalpolitik im Vergleich zur Geldpolitik keine große Wirksamkeit unterstellt. Falls die fiskalpolitischen Maßnahmen über Steuern oder Kredite beim Publikum finanziert werden, kommt es nach monetaristischer Auffassung in großem Umfang zur Verdrängung privater Ausgaben (Crowding-out), die im Extremfall vollständig sein kann. Werden die Ausgaben über Geldschöpfung finanziert, dann liegt in Wirklichkeit keine Fiskal-, sondern Geldpolitik vor. Aber auch die Geldpolitik hat nur vorübergehende reale Wirkungen. Zudem sind ihre Wirkungen weder im Umfang noch hinsichtlich des Zeitpunktes (aufgrund zeitlicher Verzögerungen (→ Lags)) genau absehbar. – 7. *Wachstums- und Konjunkturzyklen in der Realität:* In der Realität zu beobachtende Wachstums- und Konjunkturzyklen werden auf exogene Störungen des ökonomischen Systems zurückgeführt, die durch den Einsatz diskretionärer Geld- und Fiskalpolitik noch verstärkt werden.

III. Wirtschaftspolitische Konsequenzen: 1. *Verzicht auf diskretionäre Konjunktur- und Beschäftigungspolitik:* Aus den monetaristischen Positionen ergibt sich die Forderung nach dem Verzicht auf jede diskretionäre Konjunktur- oder Beschäftigungspolitik (diskretionärer Mitteleinsatz, → Konjunkturpolitik). Wird in der Ausgangslage eine bestimmte Höhe der Unterbeschäftigung diagnostiziert, so lässt sich nicht ohne weiteres feststellen, ob diese unfreiwilliger Natur ist. Nach monetaristischer Auffassung ist der allergrößte Teil der statistisch gemessenen Arbeitslosigkeit freiwillig und beruht auf falschen Reallohnvorstellungen, Informationsmängeln und Marktstörungen (z.B. Arbeitslosenversicherung, Sozialhilfe). Beschäftigungspolitische Maßnahmen sind in diesem Fall auf Dauer gesehen unwirksam sowie wohlfahrtsmindernd, weil sie nur durch Täuschung und gegen die Präferenzen der Betroffenen durchgeführt werden können. Sollte die Arbeitslosigkeit jedoch tatsächlich unfreiwillig sein, dann führen diskretionäre beschäftigungspolitische Maßnahmen tendenziell zu einer Verschlechterung der Situation, weil das Marktsystem schneller zum Gleichgewicht zurückfindet, wenn es sich selbst überlassen bleibt. Daher wird empfohlen, lediglich eine kontinuierliche trendorientierte Geldmengenpolitik (d.h. eine sog. regelgebundene Geldpolitik (regelgebundener Mitteleinsatz)) zu betreiben, die für die monetäre Alimentierung des realen Wachstums sorgt. Eine solche Politik, die die Ankündigung eines Geldmengenziels impliziert, sorgt für die Verstetigung der Erwartungen und die Stabilisierung des Preisniveaus. – 2. *Preisniveaustabilität:* Das Ziel der Preisniveaustabilität genießt Vorrang, weil diese als Voraussetzung für das Funktionieren des marktwirtschaftlichen Anpassungsprozesses angesehen wird. Das Beschäftigungsziel wird von selbst erreicht, wenn dem freien Spiel des Marktes Raum geschaffen wird. – 3. *Ordnungs- und Wettbewerbspolitik:* Von Bedeutung sind daher auch Ordnungs- und Wettbewerbspolitik, die dafür zu sorgen haben, dass die Unvollkommenheiten des Marktsystems beseitigt werden. Der Staat wird im Wesentlichen auf ordnungspolitische Aufgaben beschränkt. Interventionen können beim Vorliegen von externen Effekten angezeigt sein, müssen aber in jedem Einzelfall unter Abwägung der Vor- und Nachteile begründet werden.

monetaristische Geldnachfragetheorie – Geldtheorie.

monetaristisches Wechselkursmodell – spezielles Modell zur Erklärung des nominellen → Wechselkurses zwischen zwei Währungen. – *Annahmen:* Es unterstellt perfekte Preisflexibilität, perfekte Kapitalmobilität, sowie → Kaufkraftparität, und es betont die Relation zwischen Geldangebot und Geldnachfrage zweier Länder als entscheidenden Bestimmungsgrund für den Wechselkurs zwischen den Währungen dieser Länder. – *Erläuterung:* Schreibt man w für den nominellen Wechselkurs aus der Sicht des Inlandes, M bzw. M* für die Geldmenge des In- bzw. Auslandes, und I(.) bzw. I*(.) für die reale Geldnachfrage des In- bzw. Auslandes, so ergibt sich gemäß dem monetaristischen Wechselkursmodell:

$$w = \frac{[M/I(.)]}{[M^*/I^*(.)]}.$$

Wächst die Geldmenge des Inlandes unter sonst gleich bleibenden Bedingungen stärker als jene des Auslandes, so muss die heimische Währung abwerten, es sei denn, es wächst auch die reale Geldnachfrage im Inland stärker als im Ausland. – *Determinanten:* Die reale Geldnachfrage hängt aus der Sicht des monetaristischen Wechselkursmodells vom → Realeinkommen und vom Zinssatz ab. Daraus ergibt sich letztlich, dass der Wechselkurs von dem Verhältnis der beiden Geldmengen (M/M*) dem Verhältnis der beiden Realeinkommen und von der Zinsdifferenz zwischen dem Inland und dem Ausland abhängt. Die Zinsdifferenz ist jedoch über die *ungedeckte* → Zinsparität (perfekte → Kapitalmobilität)

mit der Abwertungserwartung für die heimische Währung verknüpft. Die Abwertungserwartung kann über die relative → Kaufkraftparität auch in die Differenz zwischen den Inflationserwartungen im In- und Ausland überführt werden. Während üblicherweise in makroökonomischen Modellen der offenen Volkswirtschaft Geldmengenerhöhungen mit einer Zinssenkung einhergehen (→ Mundell-Fleming-Modell, → Dornbusch-Modell, → Portfolio-Ansatz), kann es im monetaristischen Wechselkursmodell im Anschluss an eine Geldmengenexpansion zu einem sofortigen Nominalzinsanstieg kommen, der durch höhere Inflationserwartungen zustande kommt. – Vgl. auch → Wechselkurstheorie.

Monopol – 1. *Begriff:* → Marktform, bei der auf der Seite des Angebots nur ein aktueller Verkäufer vorhanden ist (Angebotsmonopol), während die Nachfrageseite viele kleine Nachfrager aufweist. Bei geschlossenem Markt spricht man auch von einem *absoluten Monopol*, während das Monopol bei offenem Markt als *prozessuales Monopol* bezeichnet wird. – Der Monopolist steht einer → Preisabsatzfunktion gegenüber, die gleichzeitig die Gesamtnachfragefunktion des Marktes ist; sein Aktionsparameter ist entweder der Preis oder die Menge. Die notwendige *Gewinnmaximierungsbedingung* lautet: Grenzkosten = Grenzerlös (→ monopolistische Preisbildung). – 2. *Arten:* a) *natürliches Monopol;* b) *rechtliches Monopol* durch den Staat (z.B. Branntwein-Monopol) oder durch Gesetze (z.B. Patentrecht); c) *wirtschaftliches Monopol* durch Vertrag (sog. Kollektiv-Monopol) oder originär (z.B. Kunstwerke oder schöne Seegrundstücke). – 3. *Beurteilung:* a) Bei einem Vergleich der Marktversorgung zwischen dem Monopol und vollkommener Konkurrenz wird oft behauptet, der Monopolpreis liege über dem bei vollständiger Konkurrenz. Diese Aussage ist aber nur unter der Prämisse gleicher Kostenfunktionen richtig. Ein *natürliches Monopol* kann demgegenüber Kostenvorteile aufweisen. b) Temporäre Monopolstellungen sind als Incentive in einer dynamischen Wirtschaft notwendig und erwünscht. Jedoch besteht die Gefahr, dass Unternehmen versuchen, aus der temporären eine dauerhafte Monopolstellung zu machen. – Vgl. auch → bilaterales Monopol, → Monopson.

monopolistische Preisbildung – Monopolistische → Preisbildungsmodelle unterscheidet man danach, ob es sich um einen homogenen (einfaches Monopol) oder um einen heterogenen Markt handelt (Verbundmonopol), ob die potenzielle Konkurrenz berücksichtigt wird oder nicht, ob Preiseinheitlichkeit vorausgesetzt oder von → Preisdifferenzierung (→ monopolistische Preisdifferenzierung) ausgegangen wird. – 1. *Monopolistische Preisbildung ohne Berücksichtigung der potenziellen Konkurrenz (auf geschlossenem Markt):* a) Geht man davon aus, dass der Monopolist seine → Preisabsatzfunktion und seine Kostenfunktion genau kennt, lässt sich die Preisbildung im Monopol im *Ein-Produkt-Fall* durch die Cournot-Lösung (mit dem Lösungsindex c) darstellen. Da in den deterministischen Preisbildungsmodellen i.d.R. Gewinnmaximierung vorausgesetzt wird, gilt aufgrund der Zielfunktion

$$G(x) = U(x) - K(x) = max$$

die Gewinnmaximierungsbedingung Grenzgewinn = 0 bzw. Grenzumsatz = Grenzkosten:

$$\frac{dG}{dx} = \frac{dU}{dx} - \frac{dK}{dx} = 0$$

bzw.

$$\frac{dU}{dx} = \frac{dK}{dx}.$$

Bei der grafischen Ermittlung des gewinnmaximalen Monopolpreises wird diese Bedingung durch den Schnittpunkt S von Grenzumsatz- und Grenzkostenkurve erfüllt. Senkrecht darunter findet man die (gewinnmaximale) Cournot-Menge x_c, senkrecht darüber auf der Preisabsatzkurve den Cournot-Punkt C, dem wiederum waagerecht auf der Preisachse der (gewinnmaximale) Cournot-Preis p_c zugeordnet ist. – Man kann den Cournot-Punkt grafisch auch über die maximale Differenz zwischen Erlös- und Kostenkurve bestimmen (vgl. Abbildung „Monopolistische Preisbildung"), indem man diejenige Absatzmenge ermittelt, bei welcher die Steigungen der (gestrichelten) Tangenten an die Erlös- und Kostenkurve die gleiche Steigung aufweisen. Da der Tangens der Steigungswinkel den Grenzerlös und die Grenzkosten angeben, wird auch durch die Parallelität der Tangenten die Gewinnmaximierungsbedingung (Grenzerlös = Grenzkosten) erfüllt. – Diese Lösung gilt unabhängig davon, ob je nach Produktions- und Kostenfunktion konstante, steigende oder sinkende Grenzkosten angenommen werden oder ob es sich dabei um die kurz- oder langfristige Grenzkostenfunktion (mit partieller oder isokliner Faktorvariation) handelt. Im letzteren Fall lassen sich entsprechend ein kurzfristiges (nur durch Zufall auch kostenminimales) oder ein langfristiges (in jedem Fall auch kostenminimales) Monopolgleichgewicht unterscheiden. Im Falle eines natürlichen Monopols ist (aufgrund zunehmender Skalenerträge) in jedem Fall von langfristig sinkenden Grenzkosten auszugehen, die zum Beispiel bei einer Cobb-Douglas-Produktionsfunktion mit dem Homogenitätsgrad 2 ($\alpha = \beta = 1$) mit kurzfristig konstanten Grenzkosten kombiniert sind. Liegen bei den Nachfragern des Monopolisten für das gleiche Produkt unterschiedliche Zahlungsbreitschaften vor, lässt sich der Monopolgewinn i.d.R. weiter steigern, wenn statt der Einheitspreispolitik eine eine → monopolistische Preisdifferenzierung verfolgt wird. – b) Die Prinzipien der vorstehenden Preisbildung lassen sich auf den *heterogenen Monopolmarkt* (Mehr-Produkt-Fall) übertragen unter der Annahme, dass vom Monopolisten im Zuge einer → Produktdifferenzierung verschiedene, aber funktional noch austauschbare Produkte angeboten werden (Verbundmonopol). Der

Monopolistische Preisbildung

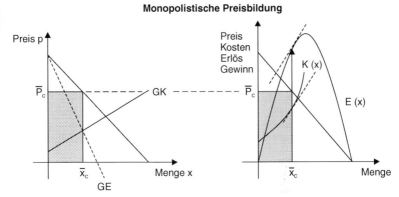

Monopolist berücksichtigt dann bei der Preisbildung, dass die von ihm angebotenen Güter wechselseitig konkurrieren und ihre konjekturalen → Preisabsatzfunktionen vom selbstbestimmten „Konkurrenzpreis" abhängig sind. Preise und Mengen werden unter Berücksichtigung der individuellen Produktnachfrage und produktspezifischen Grenzkosten so festgelegt, dass der Gesamtgewinn aller Produkte maximiert wird. – 2. *Monopolistische Preisbildung unter Berücksichtigung potenziellen Wettbewerbs:* Die Preisbildung nach 1. führt i.Allg. zu überdurchschnittlichen Gewinnen, was als neue Anbieter auf den Markt lockt, entweder vorübergehend (Hit-and-Run-Aktionen, Contestable Markets) oder auf Dauer. Der dies antizipierende Monopolist besitzt grundsätzlich zwei Strategien, darauf zu reagieren. (1) Er kann einmal an dem hohen Preis festhalten und entsprechende Gewinne einfahren und den Markteintritt grundsätzlich hinnehmen. Dies wird sich nur dann empfehlen, wenn potenzielle Anbieter aus bestimmten Gründen am sofortigen Markteintritt (z.B. wegen eines Patents des Monopolisten) gehindert sind. (2) Die andere Strategie besteht darin, Marktzutrittsschranken gegen die Gefahr → latenter Konkurrenz zu errichten. Beide Strategien sind auf Gütermärkten beobachtbar. Nach der *Theorie des marktzutrittsverhindernden*

Preises wird der Monopolist den aktuellen Preis auf ein solches Niveau absenken, dass dem potenziellen Anbieter zum herrschenden Preis nur eine mengenmäßige Restnachfrage verbleibt, die unterhalb seiner mindestoptimalen Betriebsgröße liegt *(Limit Pricing)*. Dabei wird unterstellt, dass die Angebotsmenge des Monopolisten unverändert bleibt (Sylos-Labini-Annahme) und der potenzielle Anbieter dies auch antizipiert. Die Strategie des Monopolisten, durch eine entsprechend niedrige Preissetzung den Markteintritt zu verhindern, ist jedoch (ohne wirksame Selbstbindung) unglaubwürdig. Der Monopolist wird nämlich im Fall des Marktzutritts die eigene Absatzmenge reduzieren, und zwar im eigenen Interesse, um nämlich ein zu starkes Absinken des Preises zu verhindern. Diesen Sachverhalt aber wird der potenzielle Konkurrent antizipieren, sodass er nicht wirklich abgeschreckt wird. Nimmt der Monopolist dies seinerseits vorweg, wird er bei der ursprünglichen Preissetzung des Cournot-Preises bleiben. – Abschrecken kann der Monopolist glaubwürdig hingegen durch *versunkene Kosten (Sunk Costs),* z.B. indem er *Reservekapazitäten* aufrechterhält, die beim Markteintritt mobilisiert werden können (Preiskampf). Hierdurch entsteht eine wirksame *Marktzutrittsschranke.*

monopolistische Preisdifferenzierung – 1. → Preisdifferenzierung liegt vor, wenn ein Anbieter von seinen Kunden für das gleiche Gut unterschiedliche Preise verlangt. Sie tritt auf, wenn ein Anbieter bei einem Preisvorstoß nach unten zunächst nicht alle seine Kunden zu dem niedrigen Preis bedient oder ein nachstoßender Konkurrent nur bei einzelnen Kunden Preisreduktionen gewährt. Neben solchen eher temporären, *marktprozessbedingten* Preisdifferenzierungen bzw. -diskriminierungen gibt es auf längere Dauer angelegte Varianten, v.a. im Fall des *Monopols* (→ monopolistische Preisbildung). – 2. Preisdifferenzierung setzt in jedem Fall an der unterschiedlichen *Zahlungsbereitschaft* der Nachfrager an. Diese wird Grundlage der → Marktspaltung (deglomerative Preisdifferenzierung), welche zu unterschiedlichen Teilmärkten mit jeweils unterschiedlicher Preisforderung führt. – a) Je nach dem Feinheitsgrad der *deglomerativen* Preisdifferenzierung unterscheidet man zwischen einer *Preisdifferenzierung des ersten, zweiten und dritten Grades* (Pigou). Bei der Preisdifferenzierung *zweiten Grades* werden n Nachfrageschichten gebildet, im Fall der Preisdifferenzierung *ersten Grades* gilt n → ∞, d.h., sie stellt den Grenzfall der Preisdifferenzierung *zweiten Grades* dar, ist aber wegen der Existenz von *Marktspaltungskosten* praktisch nicht von Bedeutung. Ziel der Preisdifferenzierung ist die Erhöhung des Erlöses und damit des Gewinns. Diese wird möglich durch die an den unterschiedlich hohen → Preiselastizitäten in den einzelnen Nachfrageschichten orientierte Preissetzung. Preisdifferenzierung *dritten Grades* entsteht durch die Umsetzung der Preisdifferenzierung zweiten Grades anhand „praktischer" Kriterien, was i.Allg. zu einer geringeren Trennschärfe zwischen den Teilmärkten führt, als sie mit der Preisdifferenzierung zweiten Grades intendiert ist. – An praktischen Merkmalen setzen die *Typen* und *Techniken* der Preisdifferenzierung an. Man unterscheidet *personelle, sachliche, räumliche* und *zeitliche Preisdifferenzierung*. Im ersten Fall werden Personen je nach vermuteter Zahlungsbereitschaft unterschiedliche Preise abverlangt. Im zweiten Fall versucht man, Preisdifferenzierung über → Produktdifferenzierung (z.B. Luxus- vs. Normalausstattung) zu realisieren. Bei der zeitlichen Preisdifferenzierung wird zunächst ein hoher Preis verlangt, um die höhere Zahlungsbereitschaft auszunutzen, und erst später werden die anderen Nachfrageschichten bedient. Schließlich werden Preise auch in räumlich getrennten Märkten unterschiedlich gesetzt. Gelegentlich werden die Techniken der Preisdifferenzierung miteinander kombiniert. Zu beachten bleibt, dass die Aufrechterhaltung der Marktspaltung mit Kosten verbunden ist. – b) Werden bereits getrennt vorliegende Märkte bei der Preisbildung zusammengefasst und auf den Teilmärkten unterschiedliche Preise gesetzt, so spricht man von *agglomerativer Preisdifferenzierung* Auch hier orientiert sich die Preissetzung an den Preiselastizitäten in den Teilmärkten. Gewinnsteigerung ist ebenfalls das Ziel der Preisdifferenzierung.

Monopolpreis → Tauschwert von Monopolgütern, den ein Monopolist aufgrund seiner Marktstellung (ohne aktuelle Konkurrenz) erzielen kann. – Da der Monopolist i.d.R. einen Maximalgewinn erstrebt *(Cournotscher Punkt)*, wird der Monopolpreis i.Allg. *über* dem Konkurrenzpreis liegen; er kann im *natürlichen Monopol* aber auch auf lange Sicht *unter* dem Konkurrenzpreis liegen, wenn der monopolistische Betrieb aufgrund seiner größeren Kapitalbasis größere Rationalisierungsmöglichkeiten besitzt (→ Skalenertrag). – Vgl. → monopolistische Preisbildung, → monopolistische Preisdifferenzierung.

Monopson – *Nachfragemonopol.* Ein Monopson liegt vor, wenn ein Nachfrager einer großen Zahl von Anbietern gegenübersteht (→ Marktformen). Die Preisbildung im Monopson lässt sich für den Fall eines Unternehmens, das auf einem (etwa lokalen) Arbeitsmarkt als alleiniger Nachfrager nach

Arbeitsleistungen auftritt, veranschaulichen (vgl. Abbildung „Monopson").

Monopson

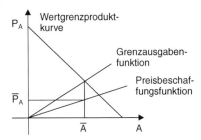

Der Wert der Arbeitsleistungen für die Firma lässt sich aus der Wertgrenzproduktkurve ablesen. Der Monopsonist orientiert sich aber nicht an der → Preisbeschaffungsfunktion (bzw. der → Arbeitsangebotskurve), sondern an der aus ihr abgeleiteten Grenzausgabenfunktion. Der Schnittpunkt beider Kurven legt die nachgefragte Arbeitsleistung fest, der zugehörige Lohnsatz lässt sich dann an der Preisbeschaffungsfunktion ablesen. – Handelt es sich bei dem Monopsonisten um einen Konsumenten, tritt an die Stelle der Wertgrenzproduktkurve die aus der → Nutzenfunktion abgeleitete sog. *Grenzvorteilskurve*.

multilaterale Liberalisierung – Alle Vertragspartner der Welthandelsorganisation (World Trade Organization (WTO)) nehmen an den völkerrechtlichen Verträgen zur Beseitigung der (tarifären und nicht tarifären) Handelshemmnisse teil (GATT, GATS, etc.); es gibt aber völkervertragsrechtliche Abkommen z.B. für Agrarprodukte oder Textilien, an denen nicht alle WTO-Mitglieder teilnehmen, man spricht dann von plurilateralen Abkommen. – Vgl. → Handelsliberalisierung, → tarifäre Handelshemmnisse, → nicht tarifäre Handelshemmnisse.

multilateraler Handel → Multilateralismus.

Multilateralismus – System mehrseitiger (multilateraler) → Handelsabkommen und → Zahlungsabkommen im internationalen Handel (multilateraler Handel); Grundsatz

des GATT. – Vgl. auch → Bilateralismus, → Regionalismus, World Trade Organization (WTO).

multipler Wechselkurs → gespaltener Wechselkurs.

Multiplikator – 1. *Begriff* der Makroökonomik (Kahn, Keynes): Der Multiplikator gibt an, um wie viele Einheiten das Einkommen wächst, wenn → autonome Größen (z.B. Investitionen, Staatsausgaben, Exporte) marginal steigen. Im Rahmen einfacher Partialmodelle des gesamtwirtschaftlichen Gütermarktes kommt es dabei zu einer mehrfachen Einkommenssteigerung, sodass der Wert des Multiplikators größer als eins ist. – *Beispiele:* → Exportmultiplikator, → Importmultiplikator, → Investitionsmultiplikator, Staatsausgabenmultiplikator, Steuermultiplikator, → Transfermultiplikator, → Zahlungsbilanzmultiplikator. – 2. Das *allg. Prinzip des* Multiplikators lässt sich demonstrieren, wenn im Rahmen einer partialanalytischen Betrachtung des gesamtwirtschaftlichen Gütermarktes das gesamte Einkommen (Y) aufgeteilt wird in einkommensabhängige Ausgaben f(Y) und autonome Ausgaben A. Es folgt: Y = f(Y) + A.

Eine Veränderung der autonomen Ausgaben führt dann zu einer Einkommensänderung in Höhe von

$$\mathrm{d}Y = \frac{\mathrm{d}A}{1 - f'(Y)}.$$

Für den Fall, dass f(Y) = a × Y; 0 < a = konstant < 1, ergibt sich:

$$\mathrm{d}Y = \frac{\mathrm{d}A}{1 - a}.$$

3. Das allg. Prinzip kann beliebig *erweitert und ergänzt* werden.a) Z.B. folgt für eine vereinfachte offene Wirtschaft mit staatlicher ökonomischer Aktivität: $Y = c\,Y^V + I + G + Ex - Im$, wobei: $Y^V = Y - tY$ (verfügbares Einkommen), 0 < t = konstanter Steuersatz < 1, G = autonome Staatsausgaben, Ex = autonome

Exporte, Im = m × Y, 0 < m = konstante marginale Importquote < 1. Damit folgt:Y = c (1–t)Y + I + G + Ex- m Y und

$$dY = \frac{dI + dG + dEx}{1 - c(1 - t) + m},$$

d.h. ein kombinierter Investitions-, Staatsausgaben- und Exportmultiplikator.Ohne staatliche Aktivität folgt hieraus der Exportmultiplikator 1 / (s + m) mit s = 1- c = → marginale Sparquote. – b) Es können auch *Rückwirkungen des Geldmarktes* einbezogen werden. So erhöht ein Anstieg der autonomen Investitionen die Nachfrage nach Geld; dadurch steigt das Zinsniveau, was die Investitionen negativ beeinflusst (→ Investitionsfunktion) und den Multiplikator verringert. – c) Es lassen sich auch Multiplikatoren für makroökonomische Totalmodelle berechnen, in denen das *Preisniveau flexibel* ist. Wenn autonome Nachfragesteigerungen mit einer Erhöhung des Preisniveaus verbunden sind, sinkt die reale Geldmenge, was über den → Keynes-Effekt mit einer weiteren Zinssteigerung verbunden ist, sodass der Multiplikator weiter zurückgeht. In offenen Volkswirtschaften kann zudem die *Wirkung von Wechselkurseffekten* auf den Multiplikator berücksichtigt werden. Bei hoher internationaler Kapitalmobilität kommt es zu einer Aufwertung der heimischen Währung und einem Rückgang des Außenbeitrags, sodass sich neben Zins- auch Wechselkurs-Crowding-out-Effekte ergeben, die den Einkommensmultiplikator noch weiter zurückgehen lassen. – 4. Neben den genannten Multiplikatoren, die die Einkommensteigerung bei veränderten autonomen Ausgaben angeben, werden noch *andere analog aufgebaute* Multiplikatoren benutzt, z.B. Geldschöpfungsmultiplikator im Rahmen der → Geldangebotstheorie.

Multiplikator-Akzelerator-Modelle – meist in Form von → Differenzengleichungen dargestellte mathematische → Konjunkturmodelle, in denen Konjunkturschwankungen durch das Zusammenwirken von → Multiplikator und → Akzelerator verursacht werden. Die bekanntesten Multiplikator-Akzelerator-Modelle stammen von Samuelson (1939) und Hicks (1950). – Vgl. auch → Konjunkturtheorie.

Multiplikatorprozess – Prozess der Einkommenszunahme ausgelöst durch höhere autonome Ausgaben und verstärkt über die Nachfragewirkung zusätzlichen Einkommens. – Vgl. auch → Multiplikator, → Wachstumstheorie.

Mundell-Fleming-Modell – stromgrößenorientiertes makroökonomisches Modell zur Analyse der Wirksamkeit von nachfrageorientierter Geld- und Fiskalpolitik in Ländern mit hoher → internationaler Kapitalmobilität in unterschiedlichen Wechselkurssystemen. Es wird Unterauslastung und ein perfekt elastisches Güterangebot bei starren nominellen Preisen unterstellt. Insofern handelt es sich um einen auf offene Volkswirtschaften übertragenen keynesianischen Fixpreisansatz. Von Interesse sind v.a. die Einkommenswirkungen von Geld- und Fiskalpolitik. Am einfachsten darstellbar bei perfekter Kapitalmobilität. (1) Bei → fixem Wechselkurs erweist sich die hohe Kapitalmobilität als hilfreich für eine expansiv angelegte *Fiskalpolitik*. Sie verhindert (zumindest für gemessen am Volumen des Weltkapitalmarktes kleine Länder) das für die Fiskalpolitik geschlossener Länder charakteristische Crowding-out durch Zinserhöhungen, da der Inlandszinssatz wegen der Bedingung der *ungedeckten* → Zinsparität und *stationären Wechselkursänderungserwartungen* an den exogen vorgegebenen Auslandszins gekoppelt ist. Die Zentralbank ist über den fixierten Wechselkurs gezwungen, die expansive Fiskalpolitik mit einer expansiven Geldpolitik über Devisenmarktinterventionen zu begleiten.Im Unterschied zur Fiskalpolitik ist die *Geldpolitik* bei fixem Wechselkurs völlig wirkungslos. Dies folgt aus der Erkenntnis, dass sich die Geldmenge bei fixem Wechselkurs nicht ändert, da eine Erhöhung der heimischen Komponente der

→ monetären Basis über Devisenmarktinterventionen der Zentralbank zu gleich großen Reserveabflüssen führt, sodass insgesamt im System fester Wechselkurse keine Geldmengenwirkungen auftreten können. Dieses Ergebnis hängt nicht vom Grad der internationalen Kapitalmobilität ab. (2) Bei → flexiblem Wechselkurs führen Kapitalimporte zu einer Aufwertung der heimischen Währung, die den Nachfrageeffekt der *Fiskalpolitik* sofort wieder konterkarieren. Bei perfekter Kapitalmobilität kommt es anstelle eines zinsinduzierten Crowding-out zu einem wechselkursinduzierten Crowding-out, welches die Wirksamkeit der expansiven Fiskalpolitik vollständig unterminiert. Nur bei unvollkommener Kapitalmobilität ergeben sich bei einer Staatsausgabensteigerung positive Einkommens- und Beschäftigungswirkungen, da jetzt die aus der Zins- und Wechselkursreaktion resultierenden Verdrängungseffekte in der Summe geringer ausfallen als der reine Fiskalimpuls. Für die *Geldpolitik* kommt es bei perfekter Kapitalmobilität nicht zu der für geschlossene Ökonomien charakteristischen Zinssenkung, aber an deren Stelle tritt nun eine Abwertung der heimischen Währung mit einem expansiven Effekt auf die heimische Nachfrage. Da die Abwertung der heimischen Währung bei vollkommener Kapitalmobilität stärker ausfällt als bei unvollkommener, erzielt expansive Geldpolitik bei perfekter Kapitalmobilität die größten Einkommenswirkungen im System flexibler Wechselkurse. – Werden *regressive Wechselkursänderungserwartungen* zugelassen, so entstehen bei der *Fiskalpolitik* durch die reale Aufwertung der heimischen Währung Abwertungserwartungen, die ein positives Zinsdifferential aus Sicht des Inlandes implizieren, wodurch spekulationsbedingt die Geldnachfrage sinkt und bei unveränderter Geldmenge Raum für eine Ausweitung der Transaktionskassenhaltung und für eine reale Expansion der Fiskalpolitik selbst bei perfekter Kapitalmobilität geschaffen wird. Die expansive *Geldpolitik* verliert dagegen an Effizienz, da

durch die Abwertung eine Aufwertungserwartung für die heimische Währung entsteht, die der Outputexpansion dämpfend entgegenwirkt. Berücksichtigt man des Weiteren die *Preiseffekte von Wechselkursbewegungen* und deren Implikationen für das Geldmarktgleichgewicht, so zeigt sich auch hier, dass die Ergebnisse des traditionellen Mundell-Fleming-Modells relativiert werden. – Vgl. auch → Totalmodelle offener Volkswirtschaften, Nachfrageseite.

Mundell-Theorem – Aussage der → Außenhandelstheorie über die Wirkung eines → Zolls bei → Heckscher-Ohlin-Handel mit → internationaler Kapitalmobilität, benannt nach *Robert A. Mundell*.

Münzen – *Metallgeld, Münzgeld*. 1. *Begriff/ Entwicklung:* Metallscheibchen, die als Zahlungsmittel fungieren. Um Tauschakte v.a. bei Mehrfachtausch zu vereinfachen, wurden schon früh Edelmetalle eingesetzt, da diese die für ein allg. akzeptiertes Tauschgut wichtigen Eigenschaften der Homogenität, Teilbarkeit, Haltbarkeit und Seltenheit aufweisen. Bis Ende des 19. Jh. wurden fast ausschließlich Kurantmünzen aus Gold und/oder Silber als gesetzliche Zahlungsmittel mit unbeschränkter Annahmepflicht emittiert. Seitdem haben → Banknoten die Funktion der wertvollen, aber schwer handhabbaren Kurantmünzen übernommen. Nach Art. 2, § 3 des Dritten Euro-Einführungsgesetzes besteht keine Pflicht für die Annahme von mehr als 50 Münzen im Gesamtbetrag von mehr als 100 Euro, ebenso brauchen Gedenkmünzen des Bundes im Betrag von mehr als 100 Euro bei einer einzelnen Zahlung nicht angenommen zu werden. Scheidemünzen dienen weiterhin dem Kleinverkehr. – 2. *Arten:* (1) Kurantmünzen; (2) Scheidemünzen. – Vgl. auch → Geld, Münzumlauf.

Münzgeld → Münzen.

Münzgewinn – Ertrag des Münzregals (Münzhoheit). Früher benutzten die Staaten und Fürsten das Münzregal vielfach dazu, durch unterwertige

Ausprägung einen Münzgewinn zu erzielen. In neuerer Zeit wurde bei der Ausprägung des Kurantgeldes (z.B. Goldmünzen) nur Prägegebühr (Schlagschatz) erhoben. Einen erheblichen Münzgewinn bringt die Prägung der Scheidemünzen. – In der *Bundesrepublik Deutschland* geht der Münzgewinn aufgrund des Münzregals des Bundes in den Bundeshaushalt ein. – Vgl. auch → Seignorage.

N

Nachfrage – 1. *Begriff:* Entscheidung und Streben der Wirtschaftssubjekte, Güter i.w.S. zu erwerben. Als wichtigste Determinante der Nachfrage wird der → Preis angesehen. Formal ein Punkt der Konsummenge. – Die Wirtschaftstheorie erfasst das Nachfrage-Verhalten durch → Nachfragefunktionen. – 2. *Ausprägungen:* (1) *Mikro- und makroökonomische Nachfragefunktionen:* Erstere werden für einzelne Nachfrager und einzelne Güter ermittelt, letztere für volkswirtschaftliche Aggregate (z.B. gesamtwirtschaftliche Investitionsfunktion); (2) *Funktionen nach den Güterarten*, auf die sich die Nachfrage bezieht: Z.B. Faktor-, Konsumgüter-, Geldnachfragefunktionen; (3) *monetäre und reale Nachfragefunktionen*, je nachdem ob die Nachfrage in Geld- oder Gütereinheiten ausgedrückt wird; (4) *geplante und effektive Nachfragefunktionen*. – Vgl. auch → abgeleitete Nachfrage, → Nachfragefunktion des Haushalts, → Nachfragetheorie des Haushalts, → Nachfragestruktur, → aggregierte Nachfragekurve.

Nachfrageelastizität – relative Änderung der nachgefragten Menge (→ Nachfrage) bezogen auf eine relative, (infinitesimal) kleine Änderung des Preises (→ Preiselastizität) oder eine (infinitesimal) kleine Änderung des Einkommens (→ Einkommenselastizität der Nachfrage). – Vgl. auch → Elastizität.

Nachfragefunktion – 1. → Nachfragetheorie des Haushalts: a) *Marshallsche Nachfragefunktion:* Funktionale Beziehung zwischen nachgefragten Güterbündeln, Güterpreisen und dem Einkommen eines Konsumenten. – b) *Hickssche Nachfragefunktion* (kompensierte Nachfragefunktion): Funktionale Beziehung zwischen nachgefragten Güterbündeln in Abhängigkeit von den Güterpreisen bei einer Variation des Einkommens, die es dem Konsumenten erlaubt, ein konstantes Nutzniveau aufrechtzuerhalten. – 2. *Theorie der Unternehmung:* Die *Faktornachfragefunktion* einer Unternehmung gibt die nachgefragten Faktoreinsatzmengen in Abhängigkeit von Güter- und Faktorpreisen an.

Nachfragefunktion des Haushalts – *Preiskonsumkurve;* gibt in der → Nachfragetheorie des Haushalts die Mengen eines → Gutes an, die ein → Haushalt zu unterschiedlichen Preisen ceteris paribus nachfragt (→ Nachfragefunktion). Durch die Aggregation der verschiedenen individuellen Nachfragefunktionen der Haushalte kann man zur Marktnachfragefunktion für ein bestimmtes Gut gelangen.

Nachfrageinterdependenz – tritt im Sinn der → Haushaltstheorie (→ Nachfragetheorie des Haushalts) dann auf, wenn der → Nutzen, den ein → Gut einem → Haushalt stiftet, nicht nur von diesem Gut selbst, sondern auch vom Verhalten der übrigen Haushalte abhängig ist. Das Nachfrage- und Konsumverhalten bringt somit externe Effekte (z.B. Neid) hervor und wird wiederum von solchen berührt. Die Nachfrager agieren nicht mehr vollkommen unabhängig voneinander, sondern unter dem Einfluss der gesellschaftlichen Umwelt auf ihre → Präferenzen, der sich auf die Lage und Gestalt der → Nachfragefunktion des Haushalts auswirkt. Als Nachfrageinterdependenz werden gewöhnlich → Mitläufereffekt, → Snobeffekt und → Vebleneffekt aufgefasst.

Nachfragemonopol → Monopson.

nachfrageorientierte Wirtschaftspolitik → Keynesianismus.

Nachfragestruktur – Gestalt der Nachfrageseite des → Marktes nach Anzahl der Marktteilnehmer: (1) *atomistische oder polypsonistische Nachfragestruktur:* um ein Gut bewirbt sich eine große Anzahl kleiner Nachfrager; (2)

oligopsonistische Nachfragestruktur: Nachfrageoligopol; (3) *monopsonistische Nachfragestruktur:* → Monopson. – Eine Kombination der *Nachfragestrukturen* mit der Struktur des Angebots ergibt die → Marktformen. – Vgl. auch Konsumstruktur, → Exportstruktur.

Nachfragetheorie des Haushalts – 1. *Begriff:* Theorie der Verausgabung von Einkommen und Teil der → Haushaltstheorie. Die Nachfragetheorie des Haushalts beschreibt, in welcher Weise ein Haushalt das ihm zufließende → Einkommen durch seine → Nachfrage nach → Gütern auf Gütermärkten verbraucht. – 2. *Determinanten:* Die Höhe der Güternachfrage eines Haushalts ist durch die Höhe seiner geplanten Konsumsumme bestimmt. Sie ergibt sich als Differenz zwischen dem Einkommen, das durch sein Faktorangebot bestimmt wird und dem Sparen. Nach Friedman wird dagegen der Umfang der individuellen Konsumgüternachfrage in erster Linie vom → permanenten Einkommen und weniger von der Einkommenshöhe der laufenden Periode bestimmt. – Auf der Basis seiner → Präferenzen, die als außerökonomische Verhaltensdeterminante aufgefasst und somit als gegeben angesehen werden, teilt der Haushalt die Konsumsumme unter Berücksichtigung der Güterpreise optimal auf alle Konsumgüter auf, die in seinen Begehrskreis fallen. Dabei lässt sich der Zusammenhang zwischen Gütern und subjektiven Präferenzen formal durch die → Nutzenfunktion beschreiben. Sie illustriert die Eignung eines Gutes, individuelle Bedürfnisse zu befriedigen, indem es Nutzen stiftet. Mit den prinzipiellen Fragen der *Messbarkeit des Güternutzens* setzt sich die → Nutzentheorie auseinander. – 3. *Haushaltsgleichgewicht/Haushaltsoptimum:* Nimmt man an, dass der → Haushalt seine Präferenzen in eine konsistente → Präferenzordnung einstellt, die auch als System von → Indifferenzkurven darstellbar ist, so lässt sich das Haushaltsgleichgewicht bei Mengenanpasserverhalten ableiten. Voraussetzung: Die auf die Geldeinheiten bezogenen → Grenznutzen aller konsumierbaren

Güter und des Geldes gleichen sich gemäß dem zweiten → Gossenschen Gesetz aus. Dies tritt genau dann ein, wenn – im Fall nur zweier Güter – die → Grenzrate der Substitution gleich dem Güterpreisverhältnis sowie gleich dem Verhältnis der ersten partiellen Ableitungen der → Nutzenindexfunktionen ist. Eine solche Situation lässt sich formal darstellen als der Tangentialpunkt der → Bilanzgeraden (die sich als Äquivalent zur Konsumsumme ergibt, da der Haushalt annahmegemäß die zum Konsum bestimmten Einkommensteile voll verausgabt), mit der äußersten nun erreichbaren Indifferenzkurve (vgl. Abbildung „Nachfragetheorie des Haushalts – Haushaltsgleichgewicht").

Nachfragetheorie des Haushalts - Haushaltsgleichgewicht

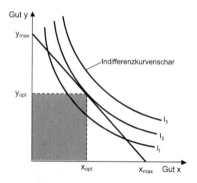

4. *Änderungen:* a) *Änderungen des Einkommens:* Die Auswirkungen von Änderungen der Konsumsumme, z.B. aufgrund einer Variation des Einkommens, lassen sich anhand von → Einkommenskonsumkurven beschreiben. Aus ihnen lassen sich unmittelbar die → Einkommensnachfragefunktionen (Engelkurven) ermitteln (vgl. Abbildung „Nachfragetheorie des Haushalts – Ableitung der Nachfragefunktion"). b) *Änderungen der Güterpreise:* Verändern sich ceteris paribus die Güterpreise, so kann das Nachfrageverhalten mittels der Preiskonsumkurve (→ Nachfragefunktion des Haushalts)

Nachfragetheorie des Haushalts – Ableitung der Nachfragefunktion

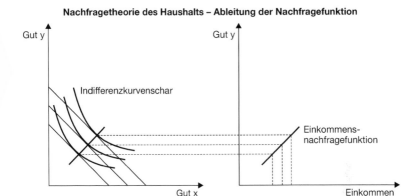

beschrieben werden. Der Umfang der Nachfrageveränderung wird durch die direkte Preiselastizität der Nachfrage bestimmt. Der Übergang vom alten zum neuen Haushaltsgleichgewicht kann gemäß der → Slutsky-Hicks-Gleichung als → Substitutionseffekt und als → Einkommenseffekt betrachtet werden. Ersterer beschreibt das Ersetzen des relativ teurer gewordenen Gutes durch das relativ verbilligte, letzterer bezieht sich auf die Realeinkommensveränderung, die eine Preisänderung stets impliziert. Ob sich insgesamt ein positiver oder negativer Nachfrageeffekt ergibt, hängt von der jeweiligen Stärke der

Teileffekte ab. Im Normalfall wird die mengenmäßige Nachfrage entsprechend einer von links oben nach rechts unten fallenden individuellen Nachfragefunktion mit sinkendem Preis zunehmen (vgl. Abbildung „Nachfragetheorie des Haushalts – Wirkung einer Preisvariation auf den Haushaltskonsum"). Beim Auftreten des → Giffen-Paradoxons lässt sich dagegen ein anomaler Verlauf ableiten, der eine Zunahme der Nachfrage nach einem Gut bei steigendem Preis bedingt. Ein Zusammenhang der betreffenden Preisänderung mit der Nachfrage nach anderen Gütern kann durch die → Kreuzpreiselastizität der

Nachfragetheorie des Haushalts – Wirkung einer Preisvariation auf den Haushaltskonsum

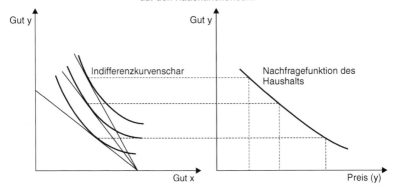

Nachfrage gemessen werden. 5. *Weiterentwicklungen*: a) → Nachfrageinterdependenzen. – b) *Qualitätsunterschiede*: Eine Erweiterung der herkömmlichen Theorie stellt die Berücksichtigung des Einflusses der Güterqualität auf das Nachfrageverhalten dar. Die subjektive Bewertung der Qualität wird durch die Annahme in die Nutzenfunktion integriert, einem Gut werde seitens der Haushalte eine um so höhere Qualität beigemessen, je höher der Preis ist. Preisänderungen ziehen dann nicht nur einen → Substitutionseffekt und → Einkommenseffekt, sondern auch einen Qualitätseffekt nach sich. Variiert das Einkommen, so werden unterschiedliche Güterqualitäten dann relevant, wenn nun Güter höherer Qualität verstärkt nachgefragt werden bzw. im Fall eines Einkommensverlusts die Haushaltsnachfrage auf Güter minderer Qualität verlagert wird. – c) *Unvollständige Information*: Lässt man unvollständige Information zu, so müssen bestimmte Güter anhand des Kriteriums ihrer Qualitätssicherheit in → Erfahrungsgüter, → Suchgüter und → Vertrauensgüter eingeteilt werden.

Nachfrageüberhang – *Nachfrageüberschuss*; → Preisfunktionen, → Totalanalyse.

nachhaltige Entwicklung – *Sustainable Development*. 1. *Begriff* aus der Umwelt- und Ressourcenökonomik der Wachstumstheorie.

I. **Wirtschaftstheorie**: 1. *Bedeutung*: Seit dem 1987 erstatteten Bericht der „Brundtland-Kommission" der Vereinten Nationen einer der populärsten Begriffe in der öffentlichen Umweltdiskussion. Bezeichnet eine Verbesserung der gesellschaftlichen Wohlfahrt („Entwicklung"), die nicht nur für die Gegenwart, sondern auch für alle kommenden Generationen eintreten soll („Nachhaltigkeit"). – 2. *Inhalt*: Enquete-Kommission „Schutz des Menschen und der Umwelt" (1994) nennt vier Grundregeln: (1) Die Abbaurate erneuerbarer Ressourcen soll deren Regenerationsrate nicht überschreiten (Aufrechterhaltung der ökologischen Leistungsfähigkeit). (2) Stoffeinträge in die Umwelt

müssen sich an der Belastbarkeit der als Senken dienenden Umweltmedien in allen ihren Funktionen orientieren. (3) Nicht erneuerbare Ressourcen sollen nur in dem Umfang genutzt werden, in dem ein physisch und funktionell gleichwertiger Ersatz in Form erneuerbarer Ressourcen oder höherer Produktivität der nicht erneuerbaren Ressourcen geschaffen wird. (4) Das Zeitmaß anthropogener Einträge bzw. Eingriffe in die Umwelt muss in einem ausgewogenen Verhältnis zu der Zeit stehen, die die Umwelt zur Reaktion benötigt. – 3. *Kritik*: Der Begriff der nachhaltigen Entwicklung wird in außerordentlich unterschiedlicher Weise gedeutet. Bes. besteht Uneinigkeit darüber, welche Indikatoren zur Messung der gesellschaftlichen Wohlfahrt verwendet werden sollen. Die traditionelle wirtschaftstheoretische Literatur betrachtet lediglich das Ziel eines dauerhaft aufrechtzuerhaltenden Pro-Kopf-Konsums. In jüngerer Zeit wird dagegen stärkeres Gewicht auf die Integration ökologischer Gesichtspunkte sowie der intra- und intergenerativen Gerechtigkeit gelegt. Die in der Diskussion verwendeten Begriffe von n.E. unterscheiden sich bes. hinsichtlich der Annahmen über die Substituierbarkeit von natürlichen Ressourcen und reproduzierbarem Kapital. – 4. Die *Eingliederung der nachhaltige Entwicklung in die Politik der Europäischen Union* als dritte Säule der Strategie von Lissabon („wettbewerbsfähigster Wirtschaftsraum" bis zum Jahr 2010) wurde von den EU-Staats- und Regierungschefs im Juni 2001 in Göteborg beschlossen. Um Nachhaltigkeit zu erzielen, muss laut Beschluss von Göteborg die Wettbewerbsfähigkeit die drei Dimensionen der nachhaltigen Entwicklung berücksichtigen: Die wirtschaftliche, die soziale und die ökologische.

II. **Entwicklungspolitik**: Entwicklungspolitisches Paradigma der 1990er-Jahre, das als Konsensformel für den Interessenausgleich zwischen Nord und Süd galt. Im politischen Raum hat dieser Begriff weite Akzeptanz gefunden, wobei die Operationalisierung

Schwierigkeiten bereitet. Der Brundtland-Bericht stellt dabei die vordringlich zu befriedigenden Bedürfnisse der Armen in den Vordergrund, wobei ökologische Grenzen berücksichtigt werden. Wachstum soll so erfolgen, dass auch zukünftige Generationen ihre Bedürfnisse noch befriedigen können. – *Ansatzpunkte für wirtschaftspolitische Maßnahmen* werden in der Eindämmung des Bevölkerungswachstums und in der Verbesserung von Ausbildung, Gesundheit und Ernährung (Bildung von → Humankapital) gesehen. – Vgl. auch → Entwicklungspolitik.

National Bureau of Economic Research (NBER) – Wirtschaftsinstitut in den USA, Sitz in New York, gegründet 1920. Das National Bureau of Economic Research (NBER) stützt sich größtenteils auf die Zusammenarbeit mit Universitäten. – *NBER-Indikatoren:* → Konjunkturindikatoren.

Nationaleinkommen – früher: *Sozialprodukt*. Größe, die sich ergibt, indem vom → Inlandsprodukt die → Primäreinkommen abgezogen werden, die an die → übrige Welt geflossen sind, und umgekehrt jene Primäreinkommen hinzugefügt werden, die von inländischen Wirtschaftseinheiten aus der übrigen Welt bezogen wurden. Es stellt die Summe der Inländern zugeflossenen Primäreinkommen dar und ist zu unterscheiden vom (konzeptionell eng zusammenhängenden) → Volkseinkommen. Das Nationaleinkommen wird brutto (→ Bruttonationaleinkommen (BNE)) und netto (→ Nettonationaleinkommen) nachgewiesen.

Naturalwirtschaft – Bezeichnung für eine geldlose Volkswirtschaft; Tausch von Ware unmittelbar gegen Ware.

Naturalzins – die in einer Naturaltauschwirtschaft (→ Naturalwirtschaft) für die zeitweilige Überlassung einer Gütermenge bezahlte Vergütung.

natürliche Arbeitslosigkeit – *normale Arbeitslosigkeit, Vollbeschäftigungsarbeitslosigkeit*. 1. *Begriff*: Diejenige Arbeitslosigkeit, die unter Berücksichtigung der Unvollkommenheiten des Arbeitsmarktes als mit Vollbeschäftigung vereinbar angesehen wird. Zur natürlichen Arbeitslosigkeit zählen neben freiwilliger Arbeitslosigkeit v.a. die friktionelle und strukturelle Arbeitslosigkeit. – 2. *Probleme*: Es ist nicht möglich, die Höhe der natürlichen Arbeitslosigkeit exakt zu bestimmen, daher besteht Gefahr der Tendenz zur Interpretation jeder Höhe der Arbeitslosigkeit als natürliche Arbeitslosigkeit. Auf keinen Fall handelt es sich um eine stabile, eindeutig definierbare und messbare Größe. Die natürliche Arbeitslosigkeit kann nicht mit den traditionellen Instrumenten der → Globalsteuerung bekämpft werden. – Vgl. auch → Stabilisierungspolitik, Geldtheorie, → Neue Klassische Makroökonomik.

natürliche Bedürfnisse → Bedürfnisse, die ausschließlich aus den physischen Eigenschaften des Menschen resultieren und durch seinen Wunsch zu Überleben geprägt sind (z.B. Nahrung, Schlaf).

natürlicher Preis – im Gegensatz zum → Marktpreis ein ausschließlich durch die Größe der Aufwendungen bei der → Produktion von → Gütern bestimmter → Preis. Der natürliche Preis wurde von den Vertretern der objektiven → Preistheorie, v.a. von den Klassikern, als endgültig bestimmt für den Marktpreis angesehen, bei dem im Einzelfall das Verhältnis von Angebot und Nachfrage ausschlaggebend wirkt.

natürlicher Zins – *originärer Zins;* Begriff von Wicksell für die → Zinsrate, die ein Investor als Nettorendite aus einer Investition erzielt. Für Wicksell stellt jede Abweichung des Geldzinses vom natürlichen Zins eine Gleichgewichtsstörung und damit eine wesentliche Determinante des Konjunkturverlaufes dar (*Zinsspannentheorem*). – Vgl. auch → Wicksellscher Prozess.

natürliche Wachstumsrate – von Domar, einem Vertreter der postkeynesianischen Wachstumstheorie, geprägter Begriff. Die natürliche Wachstumsrate beschreibt die

Wachstumsrate des Arbeitskräftepotenzials. Bei der Annahme eines konstanten durchschnittlichen Kapitalkoeffizienten steigen nach Domar der Kapitalbestand, die Investitionen und letztlich das Sozialprodukt einer Volkswirtschaft im langfristigen Wachstumsgleichgewicht mit der natürlichen Wachstumsrate. – Vgl. auch → postkeynesianische Wachstumstheorie.

NBER – Abk. für → National Bureau of Economic Research.

NBER-Indikator → Konjunkturindikatoren.

Neo-Faktorproportionen-Theorie – Weiterentwicklung des Faktorproportionentheorems im Anschluss an das → Leontief-Paradoxon. *Wassily Leontief* hatte 1947 für die USA nachgewiesen, dass kapitalintensive Güter importiert und arbeitsintensive Güter exportiert werden. Das erschien widersprüchlich, da die USA als hochentwickeltes Industrieland über relativ viel Sachkapital verfügten. Eine Erklärung für diesen Widerspruch ist die mangelnde Berücksichtigung des → Humankapitals. Die Neo-Faktorproportionen-Theorie spezifiziert die → Produktionsfunktion so, dass neben den → Produktionsfaktoren Sachkapital und → Arbeit auch → Humankapital erfasst werden. – Vgl. → Heckscher-Ohlin-Handel.

Neokeynesianische Theorie – Erweiterung der theoretischen Grundlagen der keynesianischen Analyse, da die Verkürzung der Keynesschen Lehre auf *Rigiditätsfälle* (→ keynesianische Positionen) zur Erklärung der Realität mit andauernden Ungleichgewichten nicht befriedigen konnte. Nominale Rigiditäten in Form von Preis- und Lohnstarrheiten sind nur eine von mehreren Ursachen für Ungleichgewichte und z.T. nur Folge der wahren Ursachen, wie Unsicherheit, Monopolisierung. – 1. *Ausgangspunkt* der hier anknüpfenden Neokeynesianischen Theorie (*Ungleichgewichtstheorie*) ist das *Patinkin-Modell* (Patinkin, 1955), ein Ungleichgewichtsansatz, in dem *anhaltende Abweichungen vom Gleichgewicht* möglich und wahrscheinlich sind,

wenn die Trägheit der Anpassungsmechanismen (Zins- und preisinduzierter → Realkassenhaltungseffekt) die Erreichung des Gleichgewichts auf dem Gütermarkt verzögern und es daher zu Rückwirkungen auf dem Arbeitsmarkt kommt. Damit führt auch der Lohn-/Preismechanismus nicht zu einem grundsätzlich bestehenden Gleichgewicht zurück. Reallohnsenkungen vermindern in solchen Situationen die Arbeitslosigkeit nicht, da sich dadurch die im Vergleich zum Vollbeschäftigungseinkommen zu geringe gesamtwirtschaftliche Güternachfrage nicht erhöhen lässt. – Der Patinkinsche Ungleichgewichtsansatz wurde dann Ausgangspunkt einer Reihe von *Ungleichgewichtstheorien*, von denen einige der bekanntesten kurz charakterisiert werden (Clower, Leijonhufvud, Barro/Grossman, Malinvaud). – 2. Clower, dessen Analyse von Leijonhufvud intensiv aufgegriffen wurde, vertritt eine *duale Theorie* (duale Entscheidungshypothese): Im Gleichgewicht ist ein bestimmtes Entscheidungssystem wirksam, in Ungleichgewichtszuständen ein anderes Entscheidungssystem, welches sich vom Gleichgewichtsfall löst. Nach Störungen des Gleichgewichts (z.B. am Arbeitsmarkt) sind für die Konsumentscheidungen nicht mehr die Preise bestimmend, sondern die vorgegebenen Mengen (d.h. das aus dem Rückgang der mengenmäßigen Arbeitsnachfrage resultierende Einkommen). Die (notionale oder unbeschränkte) Nachfrage ist nicht mehr relevant, sondern stellt nur noch potenzielle oder eigentlich geplante (hypothetische) Nachfrage dar. Stattdessen gelten jetzt die effektiven Nachfragefunktionen. Die effektive Nachfrage ist im Unterschied zur hypothetischen nicht nur von den Relativpreisen, sondern auch von der Mengenschranke des jeweils anderen Marktes (im Beispiel von der Rationierungsschranke der Arbeitsmarktes) abhängig. Dadurch wird die effektive Konsumnachfrage der privaten Haushalte aber keynesianisch, d.h. einkommensabhängig. Die ursprüngliche Störung am Arbeitsmarkt überträgt sich auf den Gütermarkt und wirkt dann wieder auf den Arbeitsmarkt zurück. Das konsistente, aus Mengenrationierungen resultierende Ungleichgewicht verfestigt sich und kann auch durch den Übergang zu flexiblen Preisen nicht beseitigt werden. Der Preismechanismus versagt. Wenn einmal zu *„falschen"* Preisen gehandelt wird, sog. false trading, kann sich das Ungleichgewicht auf Güter- und Arbeitsmarkt „verfestigen". – 3. *Weiterentwicklungen und Integrationsversuche* der Ansätze von Patinkin und Clower sind die Ansätze von Barro/Grossman und Malinvaud. In beiden kommt es zu gegenseitigen Interdependenzen zwischen den Märkten (Gütermarkt und Arbeitsmarkt). Ungleichgewicht und Rationierung in einem Markt führen zum Ungleichgewicht im jeweils anderen Markt *(Mengenrationierungsansatz)*. Die Ungleichgewichte können sich aufschaukeln und in einem „gleichgewichtigen" Ungleichgewichtszustand mit wechselseitiger Rationierung auf Güter- und Arbeitsmarkt verharren. Solche Ruhezustände sind nicht mehr durch die Übereinstimmung der hypothetischen, sondern der effektiven Angebots- und Nachfragepläne gekennzeichnet. Ist die Wirtschaft einmal in einer Ungleichgewichtssituation festgefahren, so ist der Preismechanismus weitgehend außer Kraft gesetzt *(Ungleichgewichtsgleichgewicht)*. Das allgemeine Gleichgewicht (mit gleichgewichtigem Preisvektor) ist dabei als Spezialfall anzusehen. Das allgemeine Gleichgewichtsmodell neoklassischer Prägung bleibt Ausgangs- und Bezugspunkt der Ungleichgewichtstheorien; insofern werden sie häufig auch als temporäre Gleichgewichtsmodelle bei Mengenrationierung bezeichnet. Unbestritten erfassen sie nur einen Aspekt Keynesscher Lehre, nämlich den des Unterbeschäftigungsgleichgewichts aufgrund fehlender effektiver Nachfrage, während andere Aspekte, z.B. Unsicherheit und deren Konsequenzen, nicht einbezogen werden. – Vgl. → Mengenrationierungsansatz.

Neoklassik – *neoklassische Theorie*. 1. *Charakterisierung*: Weiterentwicklung der klassischen Lehre. Die Neoklassik folgt dem Gleichgewichtsansatz der Klassik. Die bedeutendsten Veränderungen gegenüber der Klassik liegen im Übergang von der objektiven zur subjektiven Wertlehre und der damit verbundenen Betonung des Marginalkalküls. Darüber hinaus treten nun Probleme der Allokation und Verteilung gegenüber denen der Produktion und des Wachstums in den Vordergrund. – *Wichtigste Vertreter*: Jevons, Menger, Walras. – 2. *Inhalt*: Im Zentrum der Neoklassik steht die Analyse der Verteilung der Güter auf die Konsumenten bei gegebener Faktormenge und das Problem der → Allokation, d.h. die Frage, wie die vorhandenen knappen Faktoren eingesetzt werden müssen, um eine bestmögliche Bedürfnisbefriedigung zu erreichen. Dabei wird extensiv auf die Marginalanalyse zurückgegriffen, die von der Produktionssphäre auch auf die Nachfragesphäre (Grenznutzenschule) ausgedehnt wird. Während in der Klassik der Arbeitslohn durch die Lohnfondstheorien und die Güterpreise über die Produktionskosten erklärt werden, wird in der Neoklassik die Bedeutung des Marktpreises betont, der sich aus dem Zusammenspiel von Angebot und Nachfrage ergibt. Angebots- bzw. Nachfrageverhalten werden dabei aus Grenzproduktivitäts- bzw. Grenznutzenüberlegungen abgeleitet. Die Nachfrage spielt nicht nur bei der Bestimmung der Zusammensetzung der Produktion eine Rolle, sondern auch bei der Festlegung der relativen Preise. Die Frage, ob das Volumen der Gesamtnachfrage ausreicht, um die Produktion zu absorbieren, wird auch von der Neoklassik nicht beachtet. Im Prinzip wird weiterhin die Gültigkeit des Sayschen Theorems vorausgesetzt, aber die Bedeutung des Preismechanismus bes. unterstrichen, der als völlig flexibel angenommen wird. – 3. *Zentrales Modell*: Walras' Modell des → allgemeinen Gleichgewichts. – 4. *Bedeutung*: Mit der Entwicklung der subjektiven Werttheorie und des Marginalkalküls hat die Neoklassik einen kaum zu überschätzenden Beitrag geleistet. Walras gelang die erste Darstellung eines geschlossenen mathematischen Totalmodells zur formalen Abbildung des ökonomischen Geschehens einer Gesamtwirtschaft. Dieses Modell diente gleichzeitig dem Nachweis der Existenz, Stabilität und Eindeutigkeit eines gesamtwirtschaftlichen Gleichgewichts bei Vollbeschäftigung. Es darf jedoch nicht übersehen werden, dass die Ergebnisse der neoklassischen Theorie auf sehr restriktiven Annahmen beruhen. Fundamentale Kritik an der Neoklassik übte Keynes. Er bezog sich dabei v.a. auf die Rolle, die das Geld in der Neoklassik spielt (→ Neutralität des Geldes), auf die Behandlung des → Arbeitsmarktes (der sich in der Neoklassik stets im Zustand der Vollbeschäftigung befindet) und die Annahme der vollständigen Voraussicht sowie der vollkommenen Preis- und Lohnflexibilität (→ Keynesianismus).

Neoklassische Synthese – Oberbegriff für traditionelle makroökonomische Totalmodelle, die aus einer keynesianisch geprägten Nachfrageseite (→ IS-LM-Modell, → IS-LM-Z-Modell, → makroökonomische Totalmodelle geschlossener Volkswirtschaften, Nachfrageseite, → Totalmodelle offener Volkswirtschaften, Nachfrageseite) und einer neoklassisch modellierten Angebotsseite (→ makroökonomische Totalmodelle geschlossener Volkswirtschaften, Angebotsseite, → Totalmodelle offener Volkswirtschaften, Angebotsseite) bestehen. Dabei wird zwischen der Keynesschen Variante, bei der der Geldlohnsatz starr ist und Unterbeschäftigung auf dem Arbeitsmarkt herrscht, und der Neoklassischen Variante, bei der völlige Preis- und Lohnflexibilität herrscht und sich der Arbeitsmarkt stets im Zustand der Vollbeschäftigung befindet, unterschieden. Modelle der Neoklassischen Synthese sind gesamtwirtschaftliche Gleichgewichtsmodelle, die sowohl Unterbeschäftigungs- als auch Vollbeschäftigungsgleichgewichtsmodelle sein können. Sie beinhalten sowohl Elemente der keynesianischen als auch der neoklassischen Theorie. Man spricht daher auch von der keynesianisch-neoklassischen oder neoklassisch-keynesianischen Synthese

neoklassische Theorie → Neoklassik.

neoklassische Theorien der Unternehmung – 1. *Merkmale:* Gemeinsamer Kern der hier als neoklassisch bezeichneten Unternehmenstheorien ist die Orientierung an partiellen und totalen Gleichgewichtszuständen (→ Gleichgewicht), das Ausblenden von endogenen Innovationen, die Voraussetzung einer gegebenen Menge von Handlungsalternativen, die für Wahlhandlungen zur Verfügung stehen sowie die Annahme des Prinzips der marginalen Substitution. Diese Ansätze sind trotz erheblicher Unterschiede auf die statische → Allokation bezogen. Dabei bildet das allgemeine Gleichgewicht den Referenzzustand der optimalen Allokation (Wohlfahrtsökonomik). – 2. *Auswirkungen auf die Allokation:* Die optimale Allokation kann durch die Unternehmung entweder gestört oder verbessert werden. Im ersten Fall beeinträchtigt das (marktformenabhängige) Verhalten den Markt als Allokationsmechanismus. Im zweiten Fall verringern Unternehmungen (und andere Institutionen) Funktionshemmnisse der marktlichen Koordination und verbessern die Allokation. – a) Zunächst erfolgt die Einbettung der Unternehmung in die *neoklassische Markt- und Preistheorie* rein unter dem Produktionsaspekt in der → mikroökonomischen Theorie der Unternehmung. Es handelt sich dabei um die mikroökonomische → Produktionstheorie, die im Zusammenhang mit der → Marktform Bestandteil der → Wettbewerbstheorie ist. Da davon ausgegangen wird, die Unternehmung verhalte sich wie eine Ein-Mann-Unternehmung, die ihren Gewinn maximiert, spielen die Marktform und die Verhaltensweise für die Allokation eine zentrale Rolle. – b) Das Verhalten der Unternehmung kann sich auch unmittelbar auf die *Effizienz der Unternehmung* selbst auswirken. Werden Unternehmungen von Managern geleitet, die nicht Eigentümer sind, kann sich rationales Verhalten der Manager auf die Zielbildung, das Verhalten und das ökonomische Ergebnis der Unternehmung auswirken, wie die → Manager-Theorie der Unternehmung zeigt. Weiter führt die Trennung von Eigentum und Kontrolle unter der Annahme unvollkommener Informationen zu Effizienzeinbußen und der Frage der Gestaltung effizienter Anreiz- und Kontrollmechanismen in der → Prinzipal-Agent-Theorie der Unternehmung. Ähnliche Probleme ergeben sich u.a. in der → Team-Theorie der Unternehmung. – c) Die Benutzung des Marktmechanismus verursacht – wie die von Organisationen – *Kosten*. Sie wirken sich auf die → Allokation aus. Die → Transaktionskostentheorie der Unternehmung und die → Governance-Structure-Theorie der Unternehmung greifen auf diese Marktbenutzungs- und Organisationskosten zurück, um Existenz, Struktur und → Grenzen der Unternehmung zu erklären. Dabei werden verschiedene institutionelle Arrangements miteinander verglichen. Im Gegensatz zu a) wird die Unternehmung nicht als → Produktionsfunktion, sondern als Vertragsnexus begriffen und der Austausch inkl. der Informationsprobleme in den Vordergrund gestellt. Das Verhalten der Unternehmung richtet sich auf eine Minimierung der Transaktionskosten und der Produktionskosten. – d) Marktversagen auf dem Markt für Informationen (Informationsparadoxon) – und damit Kosten der Informationsbeschaffung und -übertragung – erklären nach K.J. Arrow die Existenz von Unternehmungen. Unternehmungen sparen Informationskosten ein *(Economies of Information)* und erlangen zudem viele Informationen kostenlos. Dieser Vorteil ist jedoch begrenzt. – e) Marktversagen drückt sich auch im Fehlen einer vollständigen Palette von Zukunfts- und Versicherungsmärkten aus. Dies führt zu *unvollständigen Verträgen* und *Anpassungskosten*, die Unternehmung erklären (→ Governance-Structure-Theorie der Unternehmung). Knight begründet die Unternehmung als Ersatz für

fehlende Versicherungsmärkte bei Moral Hazard; sein Ansatz ist jedoch nicht neoklassisch.

neoklassische Wachstumstheorie – 1. *Begriff:* Unter neoklassischer Wachstumstheorie werden wachstumstheoretische Arbeiten zusammengefasst, deren Methodik durch neoklassische Eigenschaften charakterisiert sind. – 2. *Merkmale:* a) Es wird davon ausgegangen, dass sämtliche Preise und Löhne flexibel sind. Folglich sind Märkte für Güter und Produktionsfaktoren jeweils durch einen Ausgleich von Angebot und Nachfrage gekennzeichnet. Es herrscht *vollkommene Konkurrenz*. – b) Der Produktionsprozess eines Landes wird anhand einer *aggregierten Produktionsfunktion* beschrieben: Das Sozialprodukt wird durch den Einsatz von physischem Kapital (Sachkapital) und Arbeit erzeugt. Es wird angenommen, dass das Einsatzverhältnis der Produktionsfaktoren variabel ist und dass die Grenzerträge der Produktionsfaktoren mit zunehmendem Einsatz sinken. Ferner beinhaltet die Produktionsfunktion einen als konstant angenommenen Faktor, mit dem berücksichtigt wird, dass die Produktivität der neu eingesetzten Faktoren im Zeitablauf steigt (etwa durch verbesserte Techniken und qualifiziertere Ausbildung). Allerdings wird dieser Faktor auch als „Restgröße" der Produktionsfunktion bezeichnet, weil alle Steigerungen des Outputs, die nicht auf einen rein zahlenmäßig erhöhten Einsatz der Faktoren Arbeit und Kapital zurückgeführt werden, diesem Faktor zugerechnet werden. Möglich ist damit auch, dass mit dieser Restgröße positive Einflüsse auf den Output gemessen werden, die nicht explizit in der Produktionsfunktion benannt sind.–c) Die *Ausstattung einer Volkswirtschaft mit Sachkapital* (hier allg. als Kapital bezeichnet) erfolgt im Laufe der Zeit dadurch, dass ein Teil des Einkommens gespart wird. Da das Modell als geschlossene Volkswirtschaft konzipiert ist, beschreibt diese Ersparnisbildung zugleich den Umfang der Investitionen in neues Sachkapital. Der Kapitalbestand einer Volkswirtschaft ist im Zeitablauf ferner durch eine abnutzungsbedingte Wertminderung gekennzeichnet. – 3. *Ziele:* Die neoklassische Wachstumstheorie versucht zu erklären, unter welchen Bedingungen durch den Einsatz von originären Faktoren (wie natürlichen Ressourcen und menschlicher Arbeitskraft) und produzierten Faktoren (wie Maschinen und erlerntem Fähigkeiten) wirtschaftliches Wachstum entsteht und dauerhaft sein kann. – 4. *Methode:* Im Mittelpunkt steht das Konzept des Wachstumsgleichgewichts (→ Steady State), das im Fall der neoklassischen Wachstumstheorie dadurch gekennzeichnet ist, dass die Wachstumsraten von Modellvariablen konstant sind. Das Wachstumsgleichgewicht ist ein Zustand, in dem sich alle Produzenten und Nachfrager optimal an die Güter- und Faktorpreise anpassen. Die Identifizierung eines solchen Zustands ist der erste Analyseschritt der neoklassischen Wachstumstheorie. Im zweiten wird geprüft, ob das Gleichgewicht stabil ist: Entwickeln sich Volkswirtschaften von unterschiedlichen Ausgangssituationen aus (oder nach Störungen) zu einem Wachstumsgleichgewicht hin? Im dritten Schritt wird geprüft, welche Veränderungen der Ergebnisse eintreten, wenn Annahmen in Bezug auf exogene Einflüsse verändert werden. – 5. *Ansätze:* Die zwei grundlegenden Ansätze werden durch die jeweilige Annahme in Bezug auf die Ersparnisbildung unterschieden: a) *Exogene Ersparnisbildung:* Das von Solow 1956 (siehe auch → Solow-Modell) veröffentlichte Modell erklärt die Ersparnisbildung nicht durch das Verhalten der Bürger, sondern diese wird als gegeben angenommen. Solow zeigt, dass sich Ökonomien zu einem Gleichgewicht hin entwickeln, in dem Output und Kapitalstock mit derselben Rate wachsen wie das Arbeitsangebot (von dem angenommen wird, dass es mit dem Wachstum der Bevölkerung übereinstimmt). Weil das Verhältnis des pro Arbeitseinheit eingesetzten Kapitals die → Kapitalintensität der Produktion beschreibt, kann man auch formulieren: Eine Wirtschaft ist im Steady State dadurch charakterisiert, dass die Kapitalintensität im Zeitablauf konstant ist. Aufgrund der Modellstruktur ist jede weitere durch die Kapitalintensität definierte Größe im Zeitablauf konstant: Die Faktorproduktivitäten (das Verhältnis Output zu eingesetzten Faktoren), die Verteilung des Einkommens (mit Preisen bewertete Erträge der Produktionsfaktoren) auf die Produktionsfaktoren Kapital und Arbeit, sowie die Faktorpreise. Aus der konstanten Arbeitsproduktivität folgt, dass die Produktion mit der Wachstumsrate des Arbeitseinsatzes (bzw. der Bevölkerung) wächst. Der zweite positive Einfluss auf die Produktion geht von der Sparquote aus: Je höher die Sparquote, die in diesem Fall der Investitionsquote entspricht, desto höher ist der Kapitalbestand einer Volkswirtschaft und desto höher ist damit die Kapitalintensität und folglich auch die Wachstumsrate des produzierten Outputs. Die Stabilitätsanalyse zeigt, dass sich das System im Zeitablauf hin zu einem Wachstumsgleichgewicht entwickelt: Im Normalfall liegt die anfängliche Kapitalintensität unter der gleichgewichtigen und es erfolgt ein Konvergenzprozess der Wirtschaft hin zum Gleichgewichtszustand. Dieser Anpassungsprozess ist dadurch gekennzeichnet, dass die Wachstumsraten des Pro-Kopf-Einkommens am Beginn des Aufholprozesses umso höher sind, desto weiter die anfängliche Kapitalintensität zu diesem Zeitpunkt vom Gleichgewicht entfernt ist. – b) *Endogene Ersparnisbildung:* In der Produktionsbeschreibung stimmen die Modelle von F.A. Ramsey (1928; → Ramsey-Modelle) sowie die Generationenmodelle von Samuelson (1958) und Diamond (1965) (s. → Generationenmodelle) mit den neoklassischen Eigenschaften des Solow-Modells überein. Die Sparentscheidung der Bürger wird aber jeweils als Reflex ihrer Konsumentscheidungen im Zeitablauf beschrieben. Als methodisches Konzept wird ein repräsentativer Haushalt betrachtet, der durch die zeitliche Verteilung des Lebenskonsums seine Wohlfahrt maximiert. Die

Beschreibung des Wachstumsgleichgewichts und der Anpassung an ein solches stimmt in beiden Modelltypen qualitativ mit der Aussage von Solow überein; allerdings ist nun die Kapitalintensität und damit das Pro-Kopf-Einkommen im Wachstumsgleichgewicht umso geringer, desto stärker die Präferenzen der Bürger für den gegenwärtigen Konsum sind. In Ramsey-Modellen kann, anders als im Diamond-Modell und im → Solow-Modell, ineffiziente Überakkumulation von Kapital hervorgerufen durch Übersparen nicht auftreten. – 6. *Folgerungen und Ergebnisse:* Solow zeigt erstens, dass durch eine dauerhafte Erhöhung der Spar- bzw. Investitionsquote ein höheres Steady-State-Niveau bzgl. Kapitalinetnsität und Pro-Kopf-Einkommen erreicht werden kann, und zweitens, dass Wachstum der pro-Kopf-Größen nur während eines Anpassungsprozesses hin zu einem stabilen, stationären Gleichgewicht möglich sind. Mit diesen Ergebnissen widerlegt Solow die beiden zentralen Aussagen der keynesianischen Wachstumstheorie (→ postkeynesianische Wachstumstheorie), dass Wachstumsprozesse von Volkswirtschaften grundsätzlich zur Instabilität (Harrod) oder Stagnation (Domar) neigen. Solow selbst hat bereits 1957 im Rahmen einer empirischen Studie erste wichtige Konkretisierungen seines Modells vorgelegt. Er findet heraus, dass sich der Output einer Arbeitsstunde in den USA im Zeitraum zwischen 1909 und 1949 in etwa verdoppelt hat. Diese Entwicklung wird nur zu einem Anteil von 1/8 auf einen Anstieg des Kapitaleinsatzes pro Arbeitseinheit zurückgeführt; 7/8 des Wachstums wird durch die Restgröße totale Faktorproduktivität bestimmt. Dieses Ergebnis zeigt einerseits, dass technischem Fortschritt bei der Erklärung wirtschaftlichen Wachstums die entscheidende Rolle zukommt, aber andererseits auch die Schwäche des Erklärungsansatzes, weil eine Restgröße der Produktionsfunktion den größten Einfluss auf das Ergebnis hat. – 7. *Aktuelle Entwicklung:* Es hat einige Jahrzehnte gedauert, bis Ökonomen die Endogenisierung des technischen Fortschritts gelungen ist . Diese Arbeiten werden als → neue Wachstumstheorie (endogene Wachstumstheorie) bezeichnet, weil sie den technischen Fortschritt und damit das Wirtschaftswachstum explizit modelltheoretisch erklären wollen. Dabei wendet sich ein Teil dieser Arbeiten von rein neoklassischen Modellrahmen ab und sieht gerade in der Modellierung von Marktunvollkommenheiten bessere Möglichkeiten zur Erklärung wirtschaftlicher Entwicklungen. Andere Arbeiten bleiben im neoklassischen Analyserahmen und versuchen, durch verschiedene Modifizierungen Fortschritte in der Erklärung von Wirtschaftswachstum zu erzielen. Interessanterweise hat sich dabei die Struktur des neoklassischen Wachstumsmodells von Solow als relativ robust erwiesen, wenn in die von Solow konzipierte Produktionsfunktion weitere Faktoren aufgenommen werden. Insbesondere die 1992 von Mankiw, Romer und Weil veröffentlichte Erweiterung um den Faktor → Humankapital hat dazu geführt, dass die neoklassische Wachstumstheorie in der Tradition von Solow in der aktuellen Forschung nach wie vor eine zentrale Stellung einnimmt.

Neoquantitätstheorie – Geldtheorie, Inflationstheorien.

Netting – 1. *Allgemein:* Verrechnung gegenläufiger Zahlungsbewegungen, um Anzahl und Volumen von Zahlungsbewegungen innerhalb von nationalen oder multinationalen Konzernen zu verringern (Cash-Management-Systeme). – 2. *Verrechnung von Zinszahlungen:* Interest Netting. – 3. *Verrechnung von sich aufhebenden Positionen* bei Swapgeschäften, Futures-Kontrakten und Optionen an Terminbörsen. Aufrechnungsvereinbarungen bewirken unter bestimmten Voraussetzungen eine ermäßigte Anrechnung in der Solvabilitätsverordnung. – 4. *Netting von Währungspositionen:* Wird eingesetzt, um gegensätzliche Währungsrisiken gleicher Fälligkeit miteinander aufzurechnen und nur die verbleibende Nettoposition kurszusichern. Hierdurch lässt sich das risikobehaftete Fremdwährungsvolumen und damit vermeintlich das Währungsrisiko reduzieren. – 5. *Netting durch Novation:* Das Ersetzen zweier bestehender Kontrakte zwischen zwei Parteien über die Lieferung von Beträgen in einer bestimmten Währung an einem bestimmten Tag durch einen einzigen Kontrakt, durch den die ursprünglichen Kontrakte erfüllt werden und damit erlöschen. Das Netting kann in verschiedenen Formen ausgestaltet sein: a) bilaterales Netting durch Novation: Netting zwischen nur zwei Parteien (z.B. FXNET), b) multilaterales Netting durch Novation und c) Substitution: Netting zwischen mehr als zwei Parteien (eine dritte Partei tritt als Gläubiger bzw. Schuldner in die Kontrakte zwischen zwei Parteien ein). Eine rechtlich weniger klar ausgestaltete Form des Netting stellt die Positionenaufrechnung dar.

Nettoanlageinvestitionen → Anlageinvestitionen.

Nettoanlagevermögen → Anlagevermögen.

Nettoauslandsaktiva – Nettobestand an Forderungen des Inlandes gegenüber dem Ausland. Erhöht durch → Kapitalexporte und Zunahme der → Devisenreserven der Zentralbank, verringert durch → Kapitalimporte sowie durch Abnahme der Devisenposition der Notenbank. – Vgl. auch → Auslandsverschuldung, → Zahlungsbilanz.

Nettoauslandsposition – Volkswirtschaftliche Gesamtrechnung (VGR).

Nettogeldvermögen – Saldo aus Forderungen und Verbindlichkeiten.

Nettoinlandsprodukt → Inlandsprodukt.

Nettoinvestitionen – Differenz zwischen → Bruttoinvestitionen und → Abschreibungen. Eine positive Differenz bedeutet eine Vergrößerung des Realkapitalbestandes, eine negative Differenz entsprechend eine Verminderung.

Nettonationaleinkommen → Bruttonationaleinkommen (BNE) abzüglich der → Abschreibungen. – Vgl. auch → Nationaleinkommen.

Netto-Output-Vektor – *Netput-Vektor;* Produktionsplan einer Unternehmung, dargestellt durch einen Vektor y des euklidischen Raumes R^n. Wird ein Gut als Input verwendet, so setzt man $y_i < 0$, wird ein Gut produziert, dann gilt $y_i > 0$.

Nettoproduktionsabgaben – Saldo aus → Produktions- und Importabgaben einerseits und → Subventionen andererseits.

Netzwerkgüter → Güter, die sich dadurch auszeichnen, dass sie wertvoller werden, je mehr andere Personen ein gleiches Gut konsumieren (z.B. Telefone oder Internetzugänge). Netzwerkgüter erzeugen durch den Konsum positive externe Effekte.

Neue Keynesianische Makroökonomik → Neukeynesianische Makroökonomik

Neue Klassische Makroökonomik – 1. *Begriff/Einordnung:* Während zu Beginn der 1970er-Jahre die makroökonomische Debatte entscheidend durch die Kontroverse zwischen Keynesscher Lehre (→ Keynesianismus) und → Monetarismus geprägt wurde, hat sich der Schwerpunkt der Diskussion auf die Auseinandersetzung zwischen neo- und neukeynesianischer Makroökonomik einerseits und Neuer Klassischer Makroökonomik andererseits verlagert. Die Neue Klassische Makroökonomik geht im Gegensatz zu Weiterentwicklungen der keynesianischen Theorie von völliger Flexibilität der Preise und Löhne auf Güter- und Faktormärkten aus, sodass diese Märkte über den Preismechanismus prinzipiell ständig geräumt werden (*Markträumungsansatz*). Eines der *Hauptziele* der Neuen Klassischen Makroökonomik ist die gleichgewichtstheoretische Erklärung von Konjunkturschwankungen. – Die *Einordnung* der Neuen Klassischen Makroökonomik ist umstritten. Viele Ökonomen betrachten sie als moderne Spielart des Monetarismus (sog. Monetarismus zweiter Art); für andere ist die

Entfernung zwischen Neuer Klassischer Makroökonomik und Monetarismus größer als die zwischen Monetarismus und Keynesianismus. – Wichtige *Vertreter* der Neuen Klassischen Makroökonomik sind Lucas, Sargent und Wallace. – 2. Für die Modelle der Neuen Klassischen Makroökonomik sind eine Reihe von *Prämissen* entscheidend: a) *Vollständige Preisflexibilität:* Diese Annahme führt dazu, dass die Märkte prinzipiell im → Gleichgewicht sind. Alle relevanten Informationen sind in den nur von den Preisen abhängigen Angebots- und Nachfragefunktionen enthalten. Die Marktteilnehmer befinden sich stets auf ihren Funktionen, d.h. getauscht wird zu Gleichgewichtspreisen. Ein Handel zu falschen (nicht markträumenden) Preisen ist im Unterschied zur → Neokeynesianischen Theorie nicht möglich. Abweichungen von tatsächlichem Marktpreis und Gleichgewichtspreis können nicht dauerhaft sein, da sie zu Extraprofiten führen, die von den Wirtschaftssubjekten sofort wahrgenommen und dadurch eliminiert werden. In der Praxis schwanken Preise und Mengen ständig stochastisch um ihre Gleichgewichtswerte. Als Konsequenz werden Modelle der neuen Klassik häufig durch *stochastische Gleichungen* beschrieben. Vertreter der Neuen Klassischen Makroökonomik sehen die Markträumungsannahme oft nicht als getreue Abbildung der Wirklichkeit, sondern als Kunstgriff, der, ähnlich wie die Rationierungsannahme in Ungleichgewichtsmodellen der Neokeynesianischen Theorie, vorwiegend methodischen Charakter hat. – b) „*Natürliche*" *Unterbeschäftigung:* Für den Arbeitsmarkt wird die Markträumungshypothese durch das Konzept der → natürlichen Arbeitslosigkeit spezifiziert. Es gibt danach nur eine Höhe der → Arbeitslosenquote, die mit einem modifizierten walrasianischen Gleichgewicht (ein solches, das Marktunvollkommenheiten, Informationskosten etc. berücksichtigt) vereinbar ist. Diese Arbeitslosenquote ist mit jeder Inflationsrate verträglich. Die dadurch beschriebene Arbeitslosigkeit ist rein angebotsbedingt, somit

freiwilliger Natur und kein Ergebnis eines Marktversagens. – Darüber hinaus ist für viele Vertreter der Neuen Klassischen Makroökonomik keine Arbeitslosigkeit wirklich unfreiwillig. Nach ihrer Auffassung ist das Arbeitsangebot in Bezug auf langfristige (also nicht transitorische) Veränderungen des Reallohns weitgehend unelastisch. Diese Ansicht wird aus empirischen Beobachtungen abgeleitet, setzt aber unter theoretischen Aspekten ein auf bestimmte Weise geformtes Präferenzsystem voraus. – Sehr elastisch reagiert das Arbeitsangebot hingegen auf als transitorisch angesehene Reallohnvariationen. Es wird argumentiert, dass die Wirtschaftssubjekte bereit sind, „vorzuarbeiten" (falls der Reallohn transitorisch steigt) bzw. Muße „vorzuholen" (im umgekehrten Fall). Ein beobachtbares Überangebot am Arbeitsmarkt bedeutet daher, dass eine entsprechende Anzahl von Arbeitnehmern mit einem unter ihren Normalvorstellungen liegenden Lohnsatz konfrontiert ist und es deshalb vorziehen, bei dem gegenwärtigen Lohn nicht zu arbeiten. Dies bedeutet aber nicht, dass zum gegenwärtigen Lohn keine Arbeit gefunden werden könnte. – c) *Rationale Erwartungen:* Bei autoregressiven → Erwartungen werden nur die vergangenen Werte der betrachteten ökonomischen Größe zur Erwartungsbildung genutzt. Damit bleibt aber ein Teil der den Individuen zur Verfügung stehenden Informationen unbeachtet, und es kann zu systematischen Erwartungsirrtümern kommen. In der Theorie der rationalen Erwartungen wird das Konzept des Rationalverhaltens auch auf Informationsgewinnung und -verarbeitung übertragen. Die sog. *schwache Form der rationalen Erwartungen* geht davon aus, dass die Wirtschaftssubjekte alle verfügbaren Informationen auf effiziente Weise nutzen, um Erwartungen über die zukünftigen Werte von ökonomischen Variablen zu bilden. In der sog. *starken Form* schließen diese Informationen das relevante ökonomische Modell, seine Struktur und alle Kenntnisse über Parameter sowie exogene und endogene Lag-Variablen ein. Erwartungsirrtümer können auftreten, aber nur aufgrund zufälliger Ereignisse. Die Möglichkeit stochastisch bedingter Erwartungsirrtümer unterscheidet rationale Erwartungen von vollständiger Voraussicht. – d) *Unvollständige Information:* Es wird davon ausgegangen, dass die Wirtschaftssubjekte die wahre Struktur des Modells so genau kennen, dass sie (jedenfalls im Durchschnitt) die Effekte von Geldpolitik und Fiscal Policy richtig prognostizieren können, falls sie die geld- und fiskalpolitischen Maßnahmen kennen oder richtig vorhersehen. Weiter wird angenommen, dass diese Informationen und Prognosen sich vollständig im Verhalten der Wirtschaftssubjekte niederschlagen. Alle Gewinne, die durch genauere Kenntnis der Situation gemacht werden könnten, sind bereits realisiert. Produktion und Beschäftigung befinden sich auf dem Gleichgewichtsniveau. Da aber weder Geld- noch Fiskalpolitik immer richtig erkannt oder prognostiziert werden können, sind die *Informationen unvollkommen.* – In einer Welt mit unvollkommenen Informationen spielen für das Verhalten der Wirtschaftssubjekte zwei *Aspekte* eine fundamentale Rolle. Erstens geht es darum, zu entscheiden, ob eine wahrgenommene Preisveränderung *temporär* oder *dauerhafter* Natur ist. Zweitens muss das Wirtschaftssubjekt feststellen, ob die Preisveränderung *relativer* Art ist oder im Zusammenhang mit der Änderung des *allg. Preisniveaus* steht. In beiden Fällen kann man von einem *„Dekompositionsproblem"* sprechen, wenn argumentiert wird, dass sich die Wirtschaftssubjekte auf Erfahrungen der Vergangenheit stützen. War der größere Teil der Varianz des Preises eines Gutes (wozu auch das Gut „Arbeit" gerechnet werden kann) durch permanente Änderungen bedingt, dann wird das Wirtschaftssubjekt auch eine *aktuelle* Preisänderung eher für *permanent* halten. Genauer gesagt wird eine aktuelle Preisänderung anhand der Erfahrungen mit früheren Preisänderungen in eine permanente und

eine temporäre Komponente zerlegt. Zu einer Erhöhung des Arbeitsangebots wird es nur in dem Ausmaß kommen, das der temporären Komponente einer aktuellen Lohnerhöhung entspricht. Die Dekomposition einer aktuellen Preisveränderung in *relative* oder *aggregative* Veränderung wird analog erklärt. Waren Preisschwankungen in der Vergangenheit v.a. durch Variationen des Preisniveaus bedingt, dann wird eine aktuelle Preisbewegung auch vorwiegend auf eine allg. Inflation oder Deflation zurückgeführt. War das Preisniveau dagegen mehr oder weniger konstant, dann werden Preisveränderungen hauptsächlich als relativ bedingte Änderungen angesehen; und nur diese haben Mengeneffekte zur Folge. – e) *Neutralitätseigenschaft:* Sie besagt, dass Geld- und Fiskalpolitik, die systematisch auf den Konjunkturzyklus einwirken will, keinen Einfluss auf diesen haben kann. Die Abweichungen von Produktion und Beschäftigung von ihrem „natürlichen" Niveau sind also völlig unabhängig von systematisch durchgeführten wirtschaftspolitischen Maßnahmen. (1) Systematische *Geldpolitik* beeinflusst lediglich die nominalen Größen, wie Preisniveau, Inflationsrate, Nominallohn und Nominalzins. Die Neutralitätseigenschaft geht unmittelbar zurück auf die Annahmen über die Struktur der Wirtschaft (z.B. Existenz einer „natürlichen" Unterbeschäftigung) und die Hypothese der rationalen Erwartungen. Zusammen mit den Annahmen, dass die Wirtschaftssubjekte alle verfügbaren Informationen effizient nutzen und systematische Politiken erkennen, folgt die Neutralitätseigenschaft. (2) Geld- und Fiskalpolitik können dennoch *reale Effekte* haben, nämlich in ihrem nichtsystematischen Teil. Wie oben erwähnt, erfolgt die Dekomposition aufgrund von Erfahrungswerten. Führt eine *kontraktive Geldpolitik* etwa zu Preisveränderungen, wird deren allg. Charakter aber nicht erkannt, so werden die Preissenkungen als relativ aufgefasst, und es kann zu einem Rückgang von Produktion und Beschäftigung kommen. Die realen Effekte einer nicht vorhergesehenen

Geld- oder Fiskalpolitik werden um so geringer sein, je größer die Varianz solcher Politikmaßnahmen in der Vergangenheit war. Wurden die Wirtschaftssubjekte in der Vergangenheit häufig durch unvorhersehbare wirtschaftspolitische Aktionen getäuscht, werden sie künftig auf geld- oder fiskalpolitische Signale weniger reagieren. (3) Dies hat einmal zur *Folge*, dass ökonomische Störungen, die eine Anpassung erfordern, fehlinterpretiert werden *(Fehlallokationshypothese)*; zum anderen wird eine ursprünglich wirksame Politik, die auf einem Dekompositionsschema beruht, das durch eine stabile Entwicklung der Vergangenheit geprägt wurde, zunehmend unwirksam. – f) *Gleichgewichtsorientierte Erklärung des Konjunkturzyklus (Modell unvollkommener Informationen):* In den Modellen der Neuen Klassischen Makroökonomik wird der → Arbeitsmarkt ganz analog wie der Gütermarkt behandelt. Daher wird allg. nur von „Preisen" gesprochen, die auch den „Lohn" umfassen. (1) Stellt ein repräsentatives Wirtschaftssubjekt fest, dass der Preis seines Gutes gestiegen ist, steht es vor dem oben beschriebenen *Dekompositionsproblem*. Als *temporär empfundene Lohnerhöhungen* führen dazu, dass heutige Muße in die Zukunft verlagert wird und Produktion und Beschäftigung daher in der laufenden Periode zunehmen. Schon relativ kleine Schwankungen in Löhnen und Preisen können zu erheblichen Schwankungen im Arbeitsangebot führen. In welchem Ausmaß dies der Fall ist, hängt davon ab, wie das Dekompositionsproblem gelöst wird, also welche Anteile von vergangenen Preisänderungen permanent bzw. temporär waren. (2) Kennen alle Entscheidungseinheiten die relativen Preise ihrer Güter, dann reicht die Unterscheidung in temporäre und permanente Preisänderungen nicht aus, um einen *generellen Konjunkturzyklus* hervorzurufen. Den gestiegenen *relativen Preisen* in einigen Bereichen stehen gesunkene in anderen Bereichen gegenüber. Dem erhöhten Arbeitsangebot in einem Teil der Wirtschaft entspricht daher ein vermindertes

in einem anderen. Konjunkturelle Schwankungen sind nur möglich, wenn die Wirtschaftssubjekte lediglich die nominalen Preise ihrer eigenen Produkte kennen, nicht aber den allg. Preisindex. Sie stehen dann vor dem *zweiten Dekompositionsproblem*. In Abhängigkeit von den Erfahrungen der Vergangenheit wird eine beobachtete Preisänderung in eine relative und eine absolute Komponente zerlegt. War früher die Varianz der relativen Preise groß, wird auch die aktuelle Preisänderung zum größten Teil als Änderung des relativen Preises aufgefasst. Wird die Preisänderung dann noch überwiegend als temporär angesehen, verändert sich das Arbeitsangebot und damit auch Produktion und Beschäftigung. (3) Ein ganz wesentlicher Aspekt dieser Erklärung des Konjunkturzyklus ist, dass Wirtschaftssubjekte nur über *begrenzte Informationen* verfügen dürfen. Dies gilt für das Dekompositionsproblem, aber auch z.B. für die Auswirkungen eines monetären Impulses auf die Wirtschaft. Hier bezieht die Neue Klassische Makroökonomik eine fast keynesianische Position, indem sie argumentiert, dass nur langfristig ein enger Zusammenhang zwischen Geldmenge und Preisniveau besteht. Die kurzfristige weitgehende Unabhängigkeit ist für die Argumentation aber notwendig, da die Wirtschaftssubjekte sonst anhand der Geldmengenentwicklung das Dekompositionsproblem lösen können. Tritt keine unerwartete Inflation auf, kann es im Rahmen der Neuen Klassischen Makroökonomik aber auch keinen Konjunkturzyklus geben. Neben Geldmengenschocks kommen aus Sicht der Neuen Klassischen Makroökonomik auch Technologieschocks als Ursache für Konjunkturschwankungen infrage. Dies ist Gegenstand der realen Konjunkturtheorie (real business cycle theory, → Konjunkturtheorie) – g) *Hauptergebnisse:* (1) *Es gibt keine unfreiwillige Arbeitslosigkeit.* Arbeitslosigkeit entsteht dadurch, dass temporär der tatsächliche Reallohn als unter dem Normalniveau liegend angesehen wird. Daher substituieren die Arbeitsanbieter künftige Muße gegen heutige.

Sie werden nur deswegen als arbeitslos registriert, weil sie ihre Bereitschaft zu arbeiten signalisieren, bei der statistischen Erfassung aber nicht berücksichtigt wird, dass sie dies nur zu einem höheren Reallohn wollen. (2) *Aktivistische Wirtschaftspolitik hat nur solange Erfolg, wie sie nicht erkannt und antizipiert wird.* Eine expansive Geldpolitik hat reale Auswirkungen, wenn in der Vergangenheit die Varianz der Inflationsrate klein war. Unter dieser Bedingung wird eine allg. Preiserhöhung nicht oder nur in geringem Maß antizipiert, sondern vielmehr für eine Erhöhung des relativen Preises gehalten. Da durch eine solche Maßnahme die Varianz der Inflationsrate zunimmt, wird in Zukunft die Geldpolitik weniger wirksam.

Neue Makroökonomik – Darunter versteht man Weiterentwicklungen der traditionellen keynesianischen Theorie, die eine starke Mikrofundierung besitzen (→ mikroökonomische Fundierung der makroökonomischen Theorie). Hierzu zählen die → Neue Klassische Makroökonomik und der → Neue Keynesianismus, wozu die → Neukeynesianische Makroökonomik geschlossener und offener Volkswirtschaften zu zählen sind. Aufgrund ihrer Mikrofundierung handelt es sich bei diesen Weiterentwicklungen um Theorien des → allgemeinen Gleichgewichts. Davon zu unterscheiden sind neuere Ungleichgewichtsansätze, insbesondere die → Neokeynesianische Theorie. – Vgl. auch → Neukeynesianische Makroökonomik, dynamisches Grundmodell, → Neue Makroökonomik offener Volkswirtschaften.

Neue Makroökonomik offener Volkswirtschaften – 1. *Gegenstand:* Die Neue Makroökonomik offener Volkswirtschaften (New Open Economy Macroeconomics, NOEM) stellt eine Weiterentwicklung der traditionellen Makroökonomik offener Volkswirtschaften (→ Totalanalyse offener Volkswirtschaften, → Totalmodelle offener Volkswirtschaften) in Richtung einer stärkeren Mikrofundierung dar. Die Modelle der Neuen Makroökonomik offener Volkswirtschaften sind allg. Gleichgewichtsmodelle mit expliziter Nutzen- und Gewinnmaximierung auf Seiten der Wirtschaftssubjekte. Im Zentrum steht die mikroökonomische Fundierung des traditionellen keynesianischen Makromodells offener Volkswirtschaften (→ Mundell-Fleming-Modell). Ein wesentlicher Vorteil gegenüber diesem Makromodell besteht in der Berücksichtigung einer expliziten Nutzenfunktion für den repräsentativen Haushalt. Dadurch wird – im Unterschied zum Mundell-Fleming-Modell – eine fundierte Wohlfahrtsanalyse zur Beurteilung wirtschaftspolitischer Maßnahmen (Geld- und Fiskalpolitik) ermöglicht. Zudem können jetzt die hiermit verbundenen Effekte – über die kurzfristige Betrachtungsweise des traditionellen Makro-Modells hinausgehend – in einem dynamischen Kontext analysiert werden, sodass zwischen den Wirkungen stabilisierungspolitischer Maßnahmen in der kurzen und langen Frist unterschieden werden kann. – 2. *Einordnung:* Die Makroökonomik offener Volkswirtschaften erfährt durch die neue Modellklasse eine Weiterentwicklung, wie sie für Makromodelle geschlossener Volkswirtschaften längst etabliert ist. In der Neuen Makroökonomik geschlossener Volkswirtschaften, die sich in eine keynesianische (→ Neue Keynesianische Makroökonomik, → Neuer Keynesianismus) und in eine neoklassische Richtung (→ Neue Klassische Makroökonomik) einteilen lässt, geht es stets um die Mikrofundierung makroökonomischer Modelle. Es ist daher nicht überraschend, dass sich wichtige Bausteine der Neuen Keynesianischen Makroökonomik und des Neuen Keynesianismus auch in den Modellen der Neuen Makroökonomik offener Volkswirtschaften wiederfinden. Hierbei handelt es sich um die Berücksichtigung nominaler Rigiditäten wie Preis- und Lohnstarrheiten auf den Güter- und Arbeitsmärkten, Marktunvollkommenheiten auf den Gütermärkten (Modellwelt der monopolistischen anstelle vollständiger Konkurrenz), die mit preissetzendem Verhalten der Anbieter einhergehen, sowie die Mikrofundierung eines kurzfristig nachfrageorientierten unternehmerischen Angebotsverhaltens. Daneben finden sich aber auch Elemente der Neuen Klassischen Makroökonomik in den Modellen der Neuen Makroökonomik offener Volkswirtschaften, wie rationale Erwartungsbildung und die Endogenisierung des langfristigen oder natürlichen Outputniveaus durch explizite Berücksichtigung der Substitutionsentscheidung zwischen Arbeit und Freizeit. – 3. *(Einfachstes) Modell:* → Redux-Modell.

Neue Makroökonomik offener Volkswirtschaften, Wirkungen der Geldpolitik – 1. Im Zwei-Länder-Ansatz des Mundell-Fleming-Fixpreismodells großer offener Volkswirtschaften (→ Mundell-Fleming-Modell) oder im keynesianischen Unterbeschäftigungsmodell für die große offene Volkswirtschaft (→ Totalmodelle großer offener Volkswirtschaften, → Stabilisierungspolitik in einer großen offenen Volkswirtschaft) hat eine inländische Geldmengensteigerung im System flexibler Wechselkurse über einen abwertungsbedingten Nachfrageverlagerungseffekt zugunsten des Inlandes eine *Outputexpansion im Inland* und eine *Outputkontraktion im Ausland* zur Folge. Der Rückgang des Auslandseinkommens gilt trotz der mit expansiver Geldpolitik verbundenen Senkung des Weltzinsniveaus und der daraus resultierenden erhöhten Investitionstätigkeit. In den traditionellen Unterbeschäftigungsansätzen großer offener Volkswirtschaften stellt somit expansive Geldpolitik eine → Beggar-my-Neighbour-Politik dar. Diese Sichtweise wird in den Modellen der → Neuen Makroökonomik offener Volkswirtschaften in Frage gestellt, da jetzt nicht mehr gesamtwirtschaftliche Produktion und Gesamtwohlfahrt gleichgesetzt werden können. – 2. Bei den Wirkungen, die von einer expansiven Geldpolitik des Inlandes auf die beiden Volkswirtschaften ausgehen, kann gemäß dem Grundmodell der Neuen Makroökonomik

offener Volkswirtschaften (→ Redux-Modell) zwischen *kurz- und langfristigen Effekten* unterschieden werden. In der kurzen Frist sind die Güterpreise, die aufgrund der Monopolstellung der Anbieter über den Grenzkosten liegen, zunächst noch starr und das Güterangebot zu den gegebenen Absatzpreisen vollständig nachfragedeterminiert. In der langen Frist sind die Preise vollkommen flexibel; dabei kommt es – im Unterschied zu traditionellen Flexpreismodellen offener Volkswirtschaften (→ Totalmodelle offener Volkswirtschaften) – zu Änderungen der → Terms of Trade; außerdem sind die Effekte, die sich aus einer Vermögensumverteilung zwischen den beiden Ländern ergeben, zu berücksichtigen. Ebenso wie in den traditionellen → Totalmodellen großer offener Volkswirtschaften bewirkt die einseitig durchgeführte inländische Geldmengenerhöhung eine dauerhafte Abwertung der Inlandswährung und eine Senkung des Weltzinsniveaus (→ Stabilisierungspolitik in einer großen offenen Volkswirtschaft). Über den Zinseffekt ergibt sich in beiden Ländern eine Nachfrageerhöhung, die im Redux-Modell die Form einer symmetrischen Konsumsteigerung (anstelle einer Investitionssteigerung wie in den traditionellen Modellansätzen) hat. Außerdem findet abwertungsbedingt ein asymmetrischer Konsumverlagerungseffekt zugunsten des aktiven Inlandes statt, der mit einem Leistungsbilanzüberschuss des Inlandes einhergeht. Zinseffekt und Abwertungseffekt wirken jeweils expansiv auf die Nachfrage nach Inlandsprodukten, sodass sich im Inland kurzfristig die Produktion erhöht. Im Ausland ist dagegen die Richtungsänderung des Produktionsniveaus unbestimmt, da Zinseffekt und Abwertungseffekt genau entgegengerichtet auf die Nachfrage nach Auslandsgütern wirken. In den traditionellen keynesianischen Modellansätzen gilt zwar auch diese Gegenläufigkeit; jedoch dominiert in dieser Modellklasse eindeutig der für die Auslandsproduktion kontraktive Abwertungs- bzw. Konsumverlagerungseffekt. Dies ist auch anhand der traditionellen einkommens- und zinsabhängigen, jedoch wechselkursunabhängigen Gleichgewichtsbedingung des ausländischen Geldmarktes erkennbar (→ LM-Kurve). Im Redux-Modell ist dagegen die aus dem intertemporalen Nutzenmaximierungsansatz resultierende Geldnachfragefunktion nicht mehr einkommens-, sondern konsumabhängig, sodass das Vorzeichen der kurzfristigen ausländischen Produktionsänderung maßgeblich von der Konsumelastizität der Geldnachfrage des Auslandes bestimmt wird. Nimmt diese – ebenso wie die Einkommenselastizität der Geldnachfrage in keynesianischen Modellansätzen – den Wert eins an, ergibt sich auch im Redux-Modell ein Rückgang der Nachfrage nach Auslandsgütern und damit kurzfristig eine ausländische Outputkontraktion. – 3. Im Unterschied zu den traditionellen keynesianischen Modellen offener Volkswirtschaften werden in den Modellen der Neuen Makroökonomik offener Volkswirtschaften auch *Vermögenseffekte*, die aus dem dauerhaften Leistungsbilanzüberschuss des Inlandes resultieren, berücksichtigt. Dieser Überschuss bewirkt eine Vermögensumverteilung zugunsten des Inlandes, sodass dieses in eine Nettogläubigerposition gerät. Der Vermögensanstieg bei den inländischen Haushalten hat bei diesen eine Substitution von Arbeit gegen Freizeit zur Folge, wodurch langfristig im Inland Arbeits- und Güterangebot im Vergleich zur Ausgangslage zurückgehen. Dennoch steigt das inländische Konsumniveau dauerhaft an, wobei die Finanzierung über die Zinseinnahmen aus der verbesserten Vermögensposition erfolgt. Im Ausland ergeben sich genau entgegengesetzte langfristige Effekte, die aus der Schuldnerposition resultieren. V.a. steigt dort langfristig die Güterproduktion an, während sie kurzfristig zurückgehen kann. Damit gehen von expansiver Geldpolitik dauerhafte Realeffekte in beiden Ländern aus, obwohl die Güterpreise in der langen Frist flexibel sind. Außerdem kommt es zu einer dauerhaften Verbesserung der inländischen Terms of Trade, da

durch die Verknappung der Inlandsgüter deren relativer Preis steigt und durch die Produktionsausweitung ausländischer Güter deren Relativpreis sinkt. Ohne die kurzfristig auftretenden Preisstarrheiten wäre Geldpolitik – ebenso wie in traditionellen Makromodellen mit vollkommener Preis- und Lohnflexibilität (→ Stabilisierungspolitik in einer großen offenen Volkswirtschaft) – neutral in Bezug auf alle Realgrößen und Relativpreise. – 4. Das Redux-Modell erlaubt es, *Wohlfahrtseffekte der Geldmengenexpansion* zu bestimmen, indem entsprechend der Nutzenfunktion des repräsentativen Haushalts der kurz- und langfristige Nettoeffekt aus Konsum-, Realkassen- und Produktionseffekt gebildet wird und anschließend diese beiden Effekte aufaddiert werden. Dabei zeigt sich, dass der Nettowohlfahrtseffekt einer unilateralen (d.h. einseitig durchgeführten) Geldmengenexpansion für beide Länder positiv ist und im Sonderfall, dass der Nutzeneffekt der Realkassenhaltung vernachlässigt wird, sogar übereinstimmt. In diesem Sonderfall wird der Wohlfahrtseffekt für beide Länder durch die Veränderung der Weltgeldmenge determiniert. Dabei spielt es letztlich keine Rolle, in welchem Land die Geldmengenerhöhung vorgenommen wird. Die erreichbare Wohlfahrtssteigerung erhöht sich dabei um so mehr, je größer die dem Modell zugrunde liegende Externalität der Monopolmacht ausfällt, da dann die Wirksamkeit der Geldpolitik in Bezug auf die Realgrößen des Modells zunimmt. Ebenso wie in keynesianisch geprägten mikrofundierten Makromodellen geschlossener Volkswirtschaften ergibt sich auch im Redux-Modell bei Vorliegen von unvollständiger Konkurrenz ein im Vergleich zur vollständigen Konkurrenz suboptimales Outputniveau; dafür erweist sich aber expansive Geldpolitik als effizient und wohlfahrtssteigernd. Im Vergleich zu traditionellen Makromodellen offener Volkswirtschaften vom Mundell-Fleming-Typ zeigen die Wohlfahrtsergebnisse des Redux-Modells, dass eine expansive Geldpolitik bei unvollkommener

Konkurrenz und intertemporaler Optimierung der Haushalte trotz des damit verbundenen Konsumverlagerungseffektes nicht mit einer Beggar-my-Neighbour-Politik gleichzusetzen ist. Im Mundell-Fleming-Modell ist dagegen diese Interpretation der Geldpolitik zulässig, da es nur die kurzfristigen Outputeffekte, die für das passive Land kontraktiv sind, abbildet und die langfristigen Angebotseffekte, die aus Vermögensverschiebungen zwischen den beiden Ländern resultieren, vernachlässigt. Außerdem werden im traditionellen Modell die Nutzeneffekte, die aus der Konsumänderung und Änderungen der Terms of Trade resultieren, nicht berücksichtigt, da hier Output und Gesamtwohlfahrt bzw. -nutzen gleichgesetzt werden.

Neue Neoklassische Synthese – Oberbegriff für vollständig mikrofundierte Totalmodelle der Neukeynesianischen Makroökonomik geschlossener und offener Volkswirtschaften. Sie stehen in der Tradition der neoklassischen allgemeinen Gleichgewichtstheorie (→ Neue Klassische Makroökonomik), berücksichtigen dabei aber nominale Rigiditäten (wie Preisträgheit) und unterstellen die Modellwelt der monopolistischen Konkurrenz. Insofern enthalten Modelle der Neuen Neoklassischen Synthese Bausteine der neoklassischen und keynesianischen Theorie. Sie unterscheiden sich von der traditionellen → Neoklassischen Synthese darin, dass sie vollständig mikrofundiert sind und bei der Erwartungsbildung der privaten Haushalte und Unternehmen von *rationalen Erwartungen* ausgehen. Durch die Berücksichtigung nominaler Rigiditäten besteht für die Geldpolitik in den Modellen der Neuen Neoklassischen Synthese ein stabilisierungspolitischer Spielraum, während ein solcher in der Neuen Klassischen Makroökonomik nicht gegeben ist. – Vgl. → Neuer Keynesianismus.

Neuer Keynesianismus – *New Keynesian Macroeconomics*, → Neukeynesianische Makroökonomik. 1. *Begriff:* in den

1980er-Jahren entstandene makroökonomische Schule, die im Gegensatz zur gleichgewichtsorientierten Konjunkturerklärung der → Neuen Klassischen Makroökonomik davon ausgeht, dass sich Schwankungen in fundamentalen makroökonomischen Variablen (Einkommen, Beschäftigung) nur erklären lassen, wenn Unvollkommenheiten auf Mikroebene (z.B. starre Löhne und Preise) existieren. – 2. *Neuer Keynesianismus und Keynesianismus:* Der Neue Keynesianismus steht insoweit also in der Tradition der Keynesschen Lehre (→ Keynesianismus). Im Unterschied zu dieser liefert der Neue Keynesianismus eine mikroökonomische Fundierung von Lohn- und Preisstarrheiten. In traditionellen keynesianischen Ansätzen werden Lohnstarrheiten z.B. mit Nominallohnillusion der Arbeitnehmer begründet. Der Neue Keynesianismus versucht zu zeigen, warum es auch bei Rationalverhalten der Individuen zu Starrheiten kommen kann. Dies ist prinzipiell nur möglich, wenn vom Bild des vollkommenen Marktes abgerückt und davon ausgegangen wird, dass die Unternehmen ihre Preise setzen können. Aus diesem Grund ist die typische Marktform, die den Modellen des Neuen Keynesianismus zugrunde gelegt wird, die monopolistische Konkurrenz. Als mögliche Ursachen für Preisstarrheiten bei mikroökonomischem Rationalverhalten werden diskutiert: → Menu Costs, → gestaffelte Preissetzung, → Koordinationsversagen und Hysteresis (→ Hysterese). – 3. Der Neue Keynesianismus hat mit *anderen Weiterentwicklungen der Keynesschen Lehre* wenig Gemeinsamkeiten. Zwar werden sowohl im Neuen Keynesianismus wie auch im Postkeynesianismus Preisstarrheiten und monopolistische Marktformen unterstellt, jedoch sind damit die Gemeinsamkeiten auch schon weitgehend erschöpft. Während der Postkeynesianismus sich durch die Bedeutung, die er gesellschaftlichen Konflikten, Unsicherheit und ökonomischer Macht zumisst, deutlich vom neoklassischen Paradigma abhebt, knüpft der Neue Keynesianismus insofern an neoklassische Überlegungen an, als er versucht, eine auf dem Maximierungskalkül basierende mikroökonomische Begründung keynesianischer Makrohypothesen zu liefern. Das traditionelle makroökonomische Totalmodell (→ makroökonomische Totalmodelle geschlossener Volkswirtschaften) wird auf diese Weise ersetzt durch ein mikrofundiertes Angebots-Nachfrage-Modell, das auf der Angebotsseite aus einer neukeynesianischen → Phillips-Kurve und auf der Nachfrageseite aus einer dynamischen → IS-Gleichung besteht (→ Neukeynesianische Makroökonomik, dynamisches Grundmodell). Dabei wird Geldpolitik nicht mehr durch Geldmengensteuerung, sondern durch eine regelgebundene Zinssteuerung ersetzt, weshalb auch auf eine (mikrofundierte) LM-Gleichung verzichtet werden kann. Die Neukeynesianische Makroökonomik wird daher in der Literatur gelegentlich auch als Makroökonomik ohne LM-Gleichung bezeichnet. – Von der → Neokeynesianischen Theorie unterscheidet sich der Neue Keynesianismus dadurch, dass er nicht auf wechselseitige Rationierungen auf Güter- und Arbeitsmarkt sowie den Tausch zu „falschen" (nicht markträumenden) Preisen abstellt, sondern dem neoklassischen Gleichgewichtsgedanken folgt. Er wird auch als → Neue Neoklassische Synthese bezeichnet, da er neoklassische Gleichgewichtsansätze mit nominalen Rigiditäten (Preisträgheit) und der Modellwelt der monopolistischen Konkurrenz kombiniert. Im Unterschied zur traditionellen → Neoklassischen Synthese, die traditionelle keynesianische Totalmodelle geschlossener und offener Volkswirtschaften zum Gegenstand hat, sind die Modelle der Neoklassischen Synthese vollständig mikrofundiert.

neue Wachstumstheorie – *endogene Wachstumstheorie.* 1. *Begriff:* Ansätze der → Wachstumstheorie, die Wachstumsraten des Pro-Kopf-Einkommens nicht auf modellexogene Einflüsse zurückführt (wie etwa das → Solow-Modell; → neoklassische Wachstumstheorie), sondern innerhalb der jeweils verwendeten Modellstruktur erklären. – 2. *Merkmale:* Kennzeichen dieser Ansätze ist die modellendogene Erklärung des Wachstums. Dabei argumentieren einige Autoren weiterhin auf Basis neoklassischer Modellannahmen, andere weichen explizit von diesen Annahmen ab und formulieren die These, dass gerade über Marktunvollkommenheiten dauerhaft positives Wachstum erklärt werden kann. Die Ansätze unterscheiden sich zum einen in der Konzeption der Produktionsfunktion, die durch unterschiedliche Faktoren beschrieben wird; etwa durch den Einsatz von Humankapital, Wissen, Forschung und Entwicklung (F&E), Produktvielfalt (→ Romer-Modell), neuen Produktionsverfahren, Marktstrukturen, oder auch Rahmenbedingungen wie politische Stabilität, moderater Wohlstandsunterschiede, oder ungehinderten internationalen Handel. Dabei wird i.d.R. nicht nur mit dem Modell erklärt, wie Wachstum entsteht, sondern auch, wie die genannten Faktoren erzeugt werden. Angenommen wird, dass die Bürger über bestimmte Anfangsausstattungen verfügen, aber ansonsten die materiellen, aber auch immateriellen Ressourcen herstellen können, die für ein dauerhaft positives Wachstum sorgen. – 3. *Ziele:* Das Hauptanliegen der neuen Wachstumstheorie besteht darin, nicht nur Bedingungen aufzuzeigen, unter denen Wachstum entsteht, sondern die entscheidenden Einflüsse auf das Wirtschaftswachstum zu erklären. Dabei existiert einerseits der Anspruch, bestimmte makroökonomische Kennzahlen (z.B. die → Kaldor-Fakten) zu erklären, andererseits aber auch darüber hinausgehende Fakten, wie die starker Einkommensunterschiede innerhalb (→ Directed Technological Change) oder zwischen Ländern und Veränderungen solcher Divergenzen im Zeitablauf (→ Unified Growth Theory). – 4. *Methode:* Bei einem Teil der Ansätze unterscheidet sich die verwendete Methodik nicht von der Vorgehensweise vorangegangener Wachstumstheorien, denn auch hier wird untersucht, unter welchen Konstellationen bestimmte

Variablen des Modells Gleichgewichtsbedingungen erfüllen, ob diese stabil sind und wie sie auf von außen kommende Veränderungen reagiert. Zu den neuen Wachstumstheorien werden aber auch evolutorische Ansätze gezählt, die sich explizit nicht mit einer Analyse von Gleichgewichtssituationen beschäftigen, sondern gerade die ständige Veränderung von Systemen als Analyserahmen wählen. – 5. *Ansätze:* a) *Ein-Sektoren-Modelle* (AK-Modelle): Diese Modelle gehen von der Annahme aus, dass es in einer Volkswirtschaft nur einen Produktionssektor gibt, in dem mit dem Einsatz eines umfassend definierten Produktionsfaktors Kapital Güter hergestellt werden. Das Kapital ist dabei ein Faktor, der Elemente physischen Kapitals und → Humankapitals vereinigt. Es verfügt über die Eigenschaft, dass der Grenzertrag bei einem zunehmendem Einsatz nicht null wird. Die entscheidende Argumentation der Modelle besagt, dass Humankapital (etwa durch Learning by Doing) so auf das gesamte physische Kapital einer Volkswirtschaft wirkt, dass über dauerhaft positive Grenzerträge des eingesetzten Kapitals permanente Wachstumseffekte erzeugt werden können. – b) *Zwei-Sektoren-Modelle:* Diese Modelle gehen davon aus, dass zwei Produktionsfaktoren existieren, Kapital und Humankapital (oder allg. Wissen), die zusammen mit einem dritten Faktor, Arbeitskraft, Güter herstellen. Zusätzlich werden die drei Produktionsfaktoren in einem zweiten Sektor eingesetzt, um den Faktor Humankapital zu erzeugen. Auch in dieser Variante der neue Wachstumstheorie sorgen positive Auswirkungen des Humankapitals auf die Produktivität des physischen Kapitals dafür, dass dessen Grenzerträge bei zunehmendem Einsatz nicht irgendwann Null werden, sondern dauerhaft positiv bleiben. Allerdings ist dieser Effekt hier nicht exogen (wie bei Solow) oder ein Nebenprodukt der Produktion), sondern die Folge eines gezielten Ressourceneinsatzes von Individuen; diese müssen dafür einen Teil ihrer Arbeitszeit (und damit ihres Einkommens)

für die Produktion von Humankapital (i.w.S. Ausbildung) aufwenden, was sich aber auf lange Sicht für sie lohnen wird. Kritisch zu sehen ist, dass Wachstum in diesem Fall allein durch besser ausgebildete Individuen modelliert wird. Andere Formen des → technischen Fortschritts werden nicht berücksichtigt. Einen Erklärungsbeitrag liefern diese Modelle aber zur Beantwortung der Frage, warum Entwicklungsländer auch bei gleicher Kapitalausstattung unterschiedlich schnell wachsen. Es liegt an den divergierenden Bildungsstandards, von denen aus die Bürger weiteres Humankapital bilden können. – c) *Modelle mit Produkt- und Verfahrensinnovationen* (Zwei- und Drei-Sektoren-Modelle): Die Erzeugung des technischen Fortschritts wird realitätsnäher erklärt. Neue Produkte werden in einem Forschungssektor entwickelt und in einem zweiten Sektor hergestellt. Eingesetzte Produktionsfaktoren sind jeweils physisches Kapital und Humankapital. Der Erfolg eines Landes in der Entwicklung neuer Produkte beeinflusst die zukünftigen Forschungsaktivitäten positiv. Das Wachstum ist dabei um so stärker, desto höher der Anteil der im Forschungssektor beschäftigten Arbeitskräfte ist (→ Romer-Modell; → Jones-Modell). Voraussetzung für eine positive Entwicklung ist, dass etwa ein effektiver Patentschutz den innovativen Unternehmen Möglichkeiten einräumt, die Erträge aus ihren Neuerungen abzuschöpfen. Dabei kann die Absicht von innovativen Unternehmen in diesem Forschungssektor Gewinne zu erzielen als treibende Kraft des Wachstums bewertet werden. Auf gleiche Weise lassen sich positive Effekte modellieren, wenn statt der Produktvielfalt eine Qualitätsverbesserung von Produkten angenommen wird. Durch v.a. qualitativ höherwertige Produktionsfaktoren kann in diesem Fall die Güterproduktion einer Volkswirtschaft effektiver erfolgen und dauerhaftes Wachstum erzeugen. – 6. *Folgerungen und Ergebnisse:* Insgesamt habe die verschiedenen Ansätze der neuen Wachstumstheorie erheblich dazu beigetragen, die

Entwicklung und Verwertung des technischen Fortschritts zu erklären. Als Folge davon konnte herausgearbeitet werden, welche Einflüsse für die wirtschaftliche Entwicklung eines Landes von zentraler Bedeutung sind. Das Verständnis für die Mechanismen wirtschaftlichen Wachstums ist durch die Arbeiten der neuen Wachstumstheorie erheblich verbessert worden. Eine wichtige Konsequenz dieser Erkenntnisforschritte ist, dass die aus der neuen Wachstumstheorie abgeleiteten Empfehlungen an die → Wachstumspolitik genauer spezifiziert werden können. Es konnten aber auch die Grenzen einer aktiven Wachstumspolitik verdeutlicht werden. – 7. *Weitere Entwicklung:* Bis heute wird eine zunehmende Zahl von Arbeiten veröffentlicht, die sich der neuen Wachstumstheorie zuordnen lassen. Der Fokus dieser Arbeiten richtet sich dabei auf die notwendige empirische Evidenz der Modelle. Eine in den letzten Jahren vorgebrachte Kritik wirft der endogenen Wachstumstheorie vor, dass sie nicht die fundamentalen Ursachen für Wachstum bzw. Unterentwicklung erklärt. Zugespitzt kann man formulieren: Wenn zu geringe Ausgaben für Forschung und Entwicklung sowie Bildung die Ursache für Unterentwicklung sind, warum werden diese dann nicht in Entwicklungsländern durch geeignete Politiken erhöht? D. Acemoglu sieht in diesem Zusammenhang v.a. ineffiziente politische und ökonomische Insitutionen als eigentliche fundamentale Ursache für Unterentwicklung an. Die Persistenz dieser ineffizienten Insitutionen wird durch soziale Konflikte und herrschende Machtverhältnisse erklärt.

Neukeynesianische Makroökonomik

Neukeynesianische Makroökonomik – Die Neukeynesianische Makroökonomik oder Neue Keynesianische Makroökonomik ist eine vollständig mikrofundierte makroökonomische Theorie. Sie steht in der Tradition der Theorie des dynamischen → allgemeinen Gleichgewichts und ist aus der realen → Konjunkturtheorie → (Real Business Cycle Theory) durch Berücksichtigung nominaler Rigiditäten oder keynesianischer Elemente wie Preisträgheit in der kurzen Frist sowie der Marktform monopolistischer anstelle vollständiger Konkurrenz auf realen Märkten entstanden. Die Verhaltensgleichungen der Marktteilnehmer (wie Konsumverhalten der Haushalte oder Preissetzungsverhalten der Unternehmen) werden dabei aus intertemporalen Optimierungsansätzen abgeleitet. Modelle der Neukeynesianischen Makroökonomik gibt es sowohl für geschlossene (→ Neukeynesianische Makroökonomik, dynamisches Grundmodell) als auch für offene (→ Redux-Modell) Volkswirtschaften. Da sie in der Tradition der neoklassischen Gleichgewichtstheorie stehen, sind sie makroökonomische Gleichgewichtsmodelle, die sich grundlegend von den Ungleichgewichtsmodellen (Mengenrationierungsansätzen) der → Neokeynesianischen Theorie unterscheiden. Die Neukeynesianische Makroökonomik wird wegen ihres Bezugs zur neoklassischen Theorie auch als → Neue Neoklassische Synthese bezeichnet. Sie betont im Unterschied zur herkömmlichen → Neoklassischen Synthese (traditionellen Keynesianischen Theorie) die weitgehende Mikrofundierung ihrer Verhaltensgleichungen. – Vgl. auch → Neuer Keynesianismus, → Neukeynesianische Makroökonomik, dynamisches Grundmodell, → Keynesianismus.

Neukeynesianische Makroökonomik, dynamisches Grundmodell

Neukeynesianische Makroökonomik, dynamisches Grundmodell – 1. *Charakterisierung:* Das dynamische Grundmodell der Neukeynesianischen Makroökonomik ist ein sog. vorausschauendes makroökonomisches System, das sowohl nachfrage- als auch angebotsseitig durch rationale Zukunftserwartungen gekennzeichnet ist. Die Nachfrageseite wird durch eine dynamische → IS-Gleichung beschrieben, die aus der → Euler-Gleichung des Konsums resultiert, während die Angebotsseite durch eine neukeynesianische → Phillips-Kurve charakterisiert wird. In der IS-Gleichung wird üblicherweise die Outputvariable y durch die Outputlücke $x = y - y^f$ mit dem Flexpreis-Outputniveau

y^f ersetzt. Bei konstanter Technologie kann dabei das Outputniveau bei völliger Preisflexibilität (y^f) wie eine exogene Variable aufgefasst werden. Die beiden Modellgleichungen lauten dann

(1) $x_t = E_t x_{t+1} - \dfrac{1}{\sigma}(i_t - E_t \pi_{t+1}) + u_t$

(2) $\pi_t = \beta E_t \pi_{t+1} + \gamma x_t + k_t$

mit x_t = Outputlücke, π_t = Inflationsrate, i_t = Nominalzins, E_t = rationaler Erwartungsoperator, $\sigma \geq 1$, $0 < \beta < 1$, $\gamma > 0$.

u_t und k_t sind Störvariablen, die einen Nachfrage- bzw. Kostenschock kennzeichnen. Dabei wird typischerweise unterstellt, dass es sich um temporäre Schocks handelt, die einem autoregressiven Prozess erster Ordnung folgen. Im Unterschied zu traditionellen keynesianischen Totalmodellen (→ makroökonomische Totalmodelle geschlossener Volkswirtschaften, → Totalmodelle offener Volkswirtschaften) wird anstelle der Geldmenge der Nominalzins i_t als geldpolitisches Steuerungsinstrument angesehen. Da dieser

Kostenschock im neukeynesianischen Grundmodell

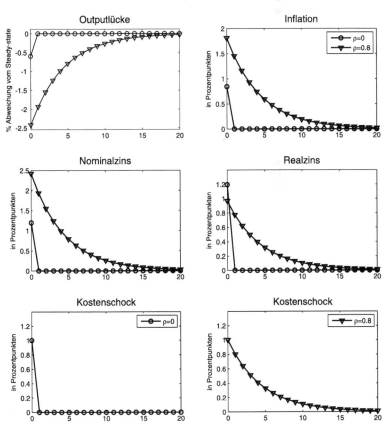

bereits in der IS-Gleichung (1) auftritt, kann auf eine eigenständige Geldmarktgleichung (→ LM-Gleichung) verzichtet werden. Für die geldpolitische Instrumentvariable i_t wird unterstellt, dass diese einer Regelbindung vom Taylor-Typ folgt. Dabei wird der Zins gemäß J.B. Taylor (1993, 1999) in linearer Weise an die Inflations- und Outputlücke gekoppelt:

(3) $i_t = i^* + \delta_\pi(\pi_t - \pi^*) + \delta_x x_t + \nu_t$

Mit i^* und π^* werden angestrebte Zielwerte von i und π bezeichnet. In numerischen Simulationen werden diese der Einfachheit halber gleich null gesetzt. In der Zinsregel charakterisiert die Größe ν_t einen Zinsschock, der im Grundmodell der Neukeynesianischen Makroökonomik dann von Relevanz ist, wenn die intertemporalen Wirkungen von monetären Schocks auf die vorausschauenden Variablen x_t und Π_t untersucht werden sollen. Für die positiven Koeffizienten δ_π und δ_x in (3) wird üblicherweise

$\delta_\pi \geq \delta_x$ unterstellt, sodass dem Inflationsziel ein stärkeres Gewicht als dem Outputziel beigemessen wird. Weiter wird für den Koeffizienten δ_π das Taylor-Prinzip $\delta_\pi > 1$ angenommen. Eine Steigerung der Inflationsrate, die durch einen expansiven Nachfrageschock erzeugt wird, bewirkt dann gemäß (3) eine im Vergleich dazu überproportionale Erhöhung des Nominalzinses, sodass auch der Realzins zunimmt, was sich wiederum dämpfend auf die Güternachfrage und die Inflationsrate auswirkt. Die Annahme $\delta_\pi > 1$ ist damit gleichzeitig eine Stabilitätsbedingung. Sie stellt insbesondere sicher, dass die Zustandsgleichungen des neukeynesianischen Grundmodells, welche vollständig das dynamische Verhalten dieses Systems beschreiben, die Eigenschaft der → Sattelpunktstabilität aufweisen. Setzt man die Zinsregel (3) (mit $i^* = \pi^* = 0$) in die IS-Gleichung (1) ein, ergibt sich für die Zustandsgleichungen die matrizielle Darstellung

Kostenschock im hybriden neukeynesianischen Modell

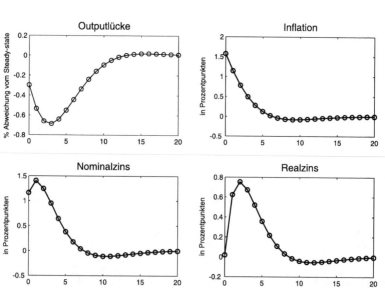

(4) $A \begin{pmatrix} x_t \\ \pi_t \end{pmatrix} = B \begin{pmatrix} E_t x_{t+1} \\ E_t \pi_{t+1} \end{pmatrix} + C \begin{pmatrix} u_t \\ \nu_t \\ k_t \end{pmatrix}$

wobei

(5) $A = \begin{pmatrix} 1 + \frac{\delta_r}{\sigma} & \frac{\delta_\pi}{\sigma} \\ -\gamma & 1 \end{pmatrix}$, $B = \begin{pmatrix} 1 & \frac{1}{\sigma} \\ 0 & \beta \end{pmatrix}$, $C = \begin{pmatrix} 1 & -\frac{1}{\sigma} & 0 \\ 0 & 0 & 1 \end{pmatrix}$

Bei Gültigkeit des Taylor-Prinzips hat die Systemmatrix $B^{-1}A$ zwei instabile Eigenwerte, d.h. zwei Lösungen λ_1 und λ_2 der charakteristischen oder quadratischen Gleichung in λ

(6) $\det(B^{-1}A - \lambda I_{2,2}) = 0$

(wobei det = Determinante und $I_{2,2} = times_2$ ^{2} - Einheitsmatrix), welche außerhalb des Einheitskreises liegen. Diesen beiden Eigenwerten stehen die beiden Sprungvariablen oder vorausschauenden Variablen x_t und Π_t gegenüber, sodass sich nach den Stabilitätsbedingungen von Blanchard und Kahn (1980) als Folge realer oder monetärer Schocks jeweils eindeutig bestimmte konvergente Anpassungsprozesse für die modellendogenen Variablen x_t, Π_t, i_t und $i_t - E_t \pi_{t+1}$ ergeben. Algebraisch können diese über die sog. Vorwärtslösung des Differenzengleichungssystems (4) ermittelt werden. Dabei zeigt sich, dass die Lösungszeitpfade des rein vorausschauenden Systems allein durch die (exogen vorgegebenen) Persistenz- oder Autokorrelationsparameter der Schockvariablen u_t, ν_t und k_t bestimmt werden. So gilt bei einem (von den Privaten im Voraus nicht antizipierten) stochastischen Kostenschock, der einem autoregressiven Prozess erster Ordnung mit dem Autokorrelationsparameter $0 \leq \rho < 1$ folgt, die Lösungsdarstellung für die Zustandsvariablen x_t und Π_t

(7) $E_0 \begin{pmatrix} x_t \\ \pi_t \end{pmatrix} = (A - \rho B)^{-1} \begin{pmatrix} 0 \\ 1 \end{pmatrix} \rho^t$

Wegen $\rho < 1$ werden durch (7) konvergente Anpassungszeitpfade beschrieben, die langfristig gegen den Anfangs-Steady-State $\overline{x}_0 = 0$, $\overline{\pi}_0 = 0$ konvergieren. – 2. *Wirkungen eines Kostenschocks:* Die intertemporalen

Wirkungen eines temporären Kostenschocks werden durch die Abbildung „Kostenschock im neukeynesianischen Grundmodell" veranschaulicht. Der Schock tritt im Zeitpunkt $t = 0$ auf und entwickelt sich gemäß der Exponentialfunktion

(8) $E_0 k_t = \rho^t$,

sodass er im Fall $\rho < 1$ langfristig verschwindet, d.h. in das Nullniveau zurückkehrt. Im Sonderfall, dass der Schock keine Persistenz aufweist ($\rho = 0$), besteht sein Anpassungsprozess nur aus zwei Perioden. Gemäß der Lösungsdarstellung (7) beträgt dann die Anpassung der modellendogenen Variablen im Fall $\rho = 0$ ebenfalls nur zwei Perioden. Der Kostenschock erzeugt temporäre → Stagflation (Outputsenkung bei gleichzeitiger Inflation), die mit Nominal- und Realzinssteigerungen verbunden ist. Der Kostenschock führt gemäß der Phillips-Kurve (2) zu unmittelbarer Inflation und wegen des unterstellten Taylor-Prinzips zu einem im Vergleich dazu stärkeren Anstieg des Nominalzinses, sodass auch der Realzins steigt, was nach der IS-Gleichung (1) einen Rückgang des Outputs und der Outputlücke induziert. Im Anschluss an die Schockperiode kehren alle Variablen in monotoner Weise in ihre Ausgangsniveaus zurück. – 3. *Kritik und Weiterentwicklungen:* Die Anpassungsprozesse sind dahingehend zu kritisieren, dass nach den Anfangssprüngen monotone Anpassungsprozesse zurück zum Anfangsgleichgewicht stattfinden. Die Abweichungen vom Anfangsgleichgewicht sind bereits in der Anfangsperiode maximal. Realistisch wären dagegen buckelförmige Verläufe, d.h. eine zunächst nur schwache Anfangsreaktion (im Beispiel Stagflation), die sich im Zuge der Anpassung weiter verstärkt, sodass die maximalen Abweichungen vom Anfangs-Steady-State nicht sofort, sondern erst nach einer gewissen Anpassungsdauer eintreten. Erst danach würde es zu einer Abschwächung der Stagflation und der Zinssteigerungen kommen. – Solche buckelförmigen

Anpassungsprozesse lassen sich durch sog. → hybride Systeme erzeugen, die in der IS-bzw. Phillips-Kurven-Gleichung neben einem vorausschauenden ($E_t x_{t+1}$ bzw. $E_t \pi_{t+1}$) gleichzeitig auch ein analoges zurückblickendes ($x_{(t-1)}$ bzw. π_{t-1}) Element enthalten. Solche → Lag-Terme in (1) bzw. (2) lassen sich mit gewohnheitsmäßigem Konsumverhalten (habit formation) bzw. Daumenregeln (rules of thumb) bei der Preisfestsetzung begründen. Als Folge davon treten in den Zustandsgleichungen dieses erweiterten neukeynesianischen Modells jetzt auch vorherbestimmte Variablen und endogene stabile Eigenwerte auf, die dann zusammen mit den exogenen Persistenzparametern das dynamische Anpassungsverhalten der endogenen Modellvariablen bestimmen. Es ergeben sich dann buckelförmige Verläufe, wie durch die Abbildung „Kostenschock im hybriden neukeynesianischen Modell" verdeutlicht werden.

neutrales Geld – 1. *I.e.S.:* → Geld, das sich infolge einer entsprechenden Geldpolitik zum natürlichen Ablauf des Wirtschaftslebens neutral verhält, also auf die Konjunkturbewegungen keinerlei Einfluss ausüben soll. – 2. *I.w.S.:* Wertstabiles Geld, d.h. Geld mit gleichbleibender Kaufkraft.

Neutralisierung → Sterilisierung.

Neutralität des Geldes – Begriff der Volkswirtschaftstheorie. Nach klassischen und neoklassischen Vorstellungen besteht eine → Dichotomie zwischen dem realen und monetären Sektor einer Volkswirtschaft. Störungen, die im monetären Sektor auftreten, übertragen sich nicht auf den realwirtschaftlichen Bereich. → Geld ist hinsichtlich der realwirtschaftlichen Größen neutral, da es lediglich Tauschmittelfunktionen erfüllt. Die Höhe des realen Volkseinkommens und die relativen Preise (Preisverhältnisse) der Güter und Faktoren werden ausschließlich durch reale Vorgänge determiniert. Durch das Geld werden lediglich die absolute Höhe der Preise und das nominale Volkseinkommen bestimmt. Die

Hypothese der Neutralität des Geldes setzt Freiheit von Geldillusion, aber auch einen funktionierenden Preismechanismus auf Güter- und Faktormärkten voraus. Dies wurde v.a. von Keynes infrage gestellt, der neben der Kassenhaltung zu Transaktionszwecken als weiteres Motiv die spekulative (zinsabhängige) Geldhaltung einführte. Änderungen der Geldmenge können dann über den → Keynes-Effekt (Zinsänderungen auf dem Wertpapiermarkt und daraus resultierende Änderungen der Investitionsnachfrage) reale Wirkungen entfalten, sofern eine verzögerte Preis- und Lohnanpassung unterstellt wird. – Vgl. auch → Makroökonomische Totalmodelle geschlossener Volkswirtschaften, Geldtheorie, klassische Lehre.

New Keynesian Macroeconomics → Neuer Keynesianismus, → Neukeynesianische Makroökonomik.

New Open Economy Macroeconomics → Redux-Modell.

Nichtbanken – Begriff der Volkswirtschaftslehre zur Abgrenzung der Banken bzw. Kreditinstitute von den übrigen Wirtschaftseinheiten bzw. Wirtschaftssektoren. Zu den Nichtbanken zählen der Staat, die privaten Haushalte, das Ausland und alle privaten Unternehmungen, soweit diese nicht Geschäftsbanken sind. Problematisch ist diese Abgrenzung im Hinblick auf die paramonetären Finanzierungsinstitute, die als Kapitalsammelstellen auch Kreditgeschäfte betreiben und somit Funktionen der Geschäftsbanken übernehmen. Um auch diese geldpolitisch relevanten Akteure zu berücksichtigen, beobachtet die Europäische Zentralbank die monetäre Entwicklung im Sektor der geldschöpfenden Finanzintermediäre – monetäre Finanzinstitute (MFI) –, die in der konsolidierten Bilanz zusammengefasst sind.

nicht finanzielle Kapitalgesellschaften – Sektor in der Volkswirtschaftlichen Gesamtrechnung (VGR), der Kapitalgesellschaften, wie AG und GmbH, Personengesellschaften, wie OHG und KG, rechtlich unselbstständige Eigenbetriebe des Staates und der privaten Organisationen ohne Erwerbszweck, wie Krankenhäuser und Pflegeheime, sowie Wirtschaftsverbände umfasst, die als Marktproduzenten in der Haupttätigkeit Waren und nicht finanzielle Dienstleistungen produzieren. – Vgl. auch → finanzielle Kapitalgesellschaften.

nicht handelbare Güter – Güter, die nicht international gehandelt werden können und deswegen in verschiedenen Ländern auch unterschiedliche Preise aufweisen können (z.b. Grundstücke). Diese Preise werden allein durch die *nationalen* Angebots- und Nachfragebedingungen bestimmt. – *Gegensatz:* → handelbare Güter.

Nichtpreiswettbewerb – *Non-Price Competition;* Terminus der → Wettbewerbstheorie für alle Formen des Wettbewerbs, die auf den Einsatz des Preises als → Aktionsparameter verzichten und stattdessen auf andere Wettbewerbsformen (Qualität, Service und Werbung) ausweichen. Nichtpreiswettbewerb ist die typische Wettbewerbsform in Oligopolen mit hoher Interdependenz, in denen eine Verlagerung des Wettbewerbsstrebens vom Preiswettbewerb auf den Nichtpreiswettbewerb stattfindet. – Vgl. auch → Wettbewerbstheorie, → Preiswettbewerb, Qualitätswettbewerb, → Servicewettbewerb, Werbung.

nicht tarifäre Handelshemmnisse – alle Arten von Handelshemmnissen, die nicht die Form von → tarifären Handelshemmnissen haben wie z.b. technische Vorschriften, industrielles Sicherheitsrecht, Lebensmittelrecht, Arzneimittelrecht, Zulassungsbedingungen für KfZ u.a. staatliche Maßnahmen. Sie verzerren den Handel bestimmter Güter oder Dienstleistungen auf internationaler Ebene hinsichtlich seiner Zusammensetzung, seiner regionalen Ausrichtung und nicht zuletzt in seinem Umfang. Nicht tarifäre Handelshemmnisse spielen in der realen Wirtschaft eine große Rolle. Weitere Beispiele nicht tarifärer Handelshemmnisse: Maßnahmen, die direkt Warenströme beeinflussen

(wie Anmeldeformalitäten für Importe, technische Qualitätsanforderungen an Produkte, Import- und Exportverbote, mengenmäßige Beschränkungen, Importquoten, freiwillige Exportbeschränkungen, Ausfuhrsubventionen, Exportabgaben, staatliche Exportabsicherungen – in Deutschland HERMES-Kredite, Förderungen von Direktinvestitionen), Maßnahmen, die nicht mit handelspolitischen Motiven verknüpft sind, sich aber dennoch auf die Warenströme auswirken (Normen und Standards, z.b. umweltpolitische Produktnormen, Abgasvorgaben, Verpackungsvorschriften, Sicherheitsvorschriften, aber auch Verwaltungsvorschriften und Öffnungszeiten von Behörden) und → Antidumpingzoll, Retorsionszoll, → Ausgleichszoll (auch Strafzoll) und Bevorzugungen in der staatlichen Auftragsvergabe. Nicht tarifäre Handelshemmnisse stellen all jene Behinderungen im → Außenhandel dar, die sich aus Vorschriften und internen Anweisungen für die Verwaltung – insbesondere der Zollverwaltung – ergeben und so ggf. zu Verzögerungen der Zollabwicklung führen können; verwaltungsbedingte Handelshemmnisse werden „administrative Handelshemmnisse" oder „administrativer Protektionismus" genannt. Nicht tarifäre Handelshemmnisse führen ebenso wie tarifäre Hemmnisse zu Verzerrungen zwischen den Weltmarktpreisen (→ Terms of Trade) und den heimischen Güterpreisen. Bei tarifären Handelshemmnissen führt diese Verzerrung zu Steuereinnahmen, bei mengenmäßigen Restriktionen fallen Quotenrenten an. – Vgl. auch → Handelspolitik, → Importquote, → Äquivalenz zwischen tarifären und nicht tarifären Handelshemmnissen.

NOEM → Redux-Modell.

nominales Bruttoinlandsprodukt (BIP) → Bruttoinlandsprodukt (BIP).

Nominalzoll → Zollsatz (→ Einfuhrzoll), so wie er dem → Zolltarif zu entnehmen ist. Weichen die Nominalzölle für die verschiedenen Fertigungsstufen eines Gutes voneinander ab, ergibt sich faktisch ein anderer (meist höherer) Zollschutz (→ effektive Protektion) bei der → Einfuhr.

Non-Price Competition → Nichtpreiswettbewerb.

Nord-Nord-Handel → Außenhandel zwischen → Industrieländern, in Abgrenzung zum → Süd-Süd-Handel (Süd-Süd-Kooperation) zwischen → Entwicklungsländern.

Nord-Süd-Konflikt – wirtschaftlicher und politischer Interessengegensatz zwischen den durchweg auf der nördlichen Hälfte der Erdkugel angesiedelten Industrienationen und den in ihrer überwiegenden Mehrzahl südlich davon existierenden → Entwicklungsländern. Die Entwicklungsländer sehen sich in der herrschenden Weltwirtschaftsordnung in vielfältiger Hinsicht benachteiligt und fordern dementsprechend eine Neue Weltwirtschaftsordnung. Die → Industrieländer stehen diesen Forderungen überwiegend ablehnend gegenüber.

Normalauslastungsgrad – der → Auslastungsgrad des gesamtwirtschaftlichen → Produktionspotenzials, der als normal im Sinn eines langfristigen Durchschnitts oder aufgrund von Erfahrungen, z.B. auf Unternehmensebene bei Befragungen, angesehen wird.

normale Arbeitslosigkeit → natürliche Arbeitslosigkeit.

Normalreaktion (der Nachfrage) – als „normale" Reaktion der → Nachfrage gilt in der → Preistheorie die Annahme, dass der oder die Nachfrager eines → Gutes auf die Erhöhung seines → Preises p mit einer Einschränkung der nachgefragten Menge x reagieren. Für eine individuelle oder aggregierte → Nachfragefunktion bzw. → Preisabsatzfunktion x=x(p) bedeutet dies, dass deren 1. Ableitung bei Normalreaktion ein negatives Vorzeichen hat (dx/dp < 0) und auch die direkte → Preiselastizität der Nachfrage negativ ist. Eine „normale" Nachfragekurve bzw. → Preisabsatzkurve weist im Preis-Mengen-Diagramm infolgedessen einen inversen

oder fallenden Verlauf auf. – Als Beispiel für eine „anomale" Nachfragereaktion gilt der → Vebleneffekt, bei dem auf eine Preiserhöhung hin die Nachfrage gesteigert wird.

Normalwert – I. Rechnungswesen: Normalmenge, bewertet zu einem Festpreis.

II. Außenhandel: Wert einer Ware, anhand dessen festgestellt wird, ob die Ware bei Einfuhr in die Europäische Union (EU) zu gedumpten Preisen verkauft wird. Der Normalwert wird normalerweise anhand der Preise festgestellt, die im Ausfuhrland der Ware normalerweise von unabhängigen Abnehmern gezahlt werden. Sind brauchbare Preise dieser Art nicht vorhanden, kann der Normalwert subsidiär anhand der Kosten oder des Preises in einem vergleichbaren dritten Land bestimmt werden (Art. 2 EG-VO 384/96, sog. Anti-Dumping-VO). – 1. *Zollrecht:* Zollwert. – 2. *Umsatzsteuer:* in der Mehrwertsteuersystemrichtlinie (und damit auch in der Rechtsprechung des EuGH zur Umsatzsteuer) Bezeichnung für einige Unterarten der Mindestbemessungsgrundlage, vgl. Art. 77, 80 MWStSystRL.

Numéraire → Standardgut.

Nutzen – *wirtschaftlicher Wert.* In der → Haushaltstheorie bzw. der → Nutzentheorie die Fähigkeit eines → Gutes, ein bestimmtes Bedürfnis des konsumierenden → Haushalts befriedigen zu können; vgl. auch Utilitarismus. – In der Ethik findet ein weit gefasster Nutzenbegriff Verwendung, der etwa ein gutes Gefühl, soziale Achtung, individuelle Identität usw. umfasst. – Vgl. auch → Wert, → Bedürfnis, → Bedarf, → Nachfrage.

Nutzenfunktion – I. Wirtschaftstheorie: In der → Haushaltstheorie bzw. → Nutzentheorie reellwertige Funktion, die auf der Grundlage einer vollständig durch die → Präferenzordnung geordneten Konsummenge definiert ist. – Vgl. auch → Nutzenindexfunktion.

II. Entscheidungstheorie: Eindeutige Abbildung der Ergebnisse von Aktionen in die

Menge der Nutzenmaße eines Entscheidungsträgers (vgl. → Nutzen, Entscheidungstheorie). Jedem Ergebnis e_{ij} (Ergebnismatrix) wird genau ein Nutzenwert $u_{ij} = f(e_{ij})$ zugeordnet.

Nutzenindexfunktion – in der → Haushaltstheorie bzw. in der → Nutzentheorie ein mathematischer Ausdruck der → Präferenzordnung, der abgeleitet werden kann, indem → Indifferenzkurven mit sukzessiv größeren Nutzenindices belegt werden. Unter den Bedingungen der Stetigkeit, zweimaligen Differenzierbarkeit und beliebigen Teilbarkeit spiegelt die Nutzenindexfunktion die Präferenzordnung des → Haushalts wider, indem sie jedem seiner denkbaren Versorgungssituationen eine reelle Zahl zuweist. Bei gegebenem Budget, gegebenen Güterpreisen und nutzenmaximierendem Verhalten kann auf der Grundlage der Nutzenindexfunktion eine → Nachfragefunktion für jedes → Gut aufgestellt werden. – Vgl. auch → Nachfragetheorie des Haushalts.

Nutzentheorie – 1. *Begriff:* Teilbereich der mikroökonomischen → Haushaltstheorie. – 2. *Unterscheidung:* a) Die ältere *kardinale Nutzentheorie* ordnet jeder Gütermenge eine Nutzengröße (→ Nutzen) zu, sodass Nutzeneinheiten analog den Gütereinheiten auf einer extensiven Skala kardinal quantifiziert werden können. Aufgrund der damit bestimmbaren Nutzendifferenzen wird auch der → Grenznutzen messbar. Formuliert wird die kardinale *Nutzentheorie* in den → Gossenschen Gesetzen. – b) Die *ordinale Nutzentheorie* fasst den Nutzen dagegen als eine intensive Größe auf, die nur darüber Auskunft geben kann, ob ein bestimmter Zustand einem anderen vorgezogen wird. Solche Zustände reflektieren konsumierbare Güterkombinationen, die die Grundlage der Analyse ordinaler Bewertungsprozesse bilden. Dabei wird i.d.R., wie auch in der kardinalen *Nutzentheorie*, davon ausgegangen, dass sich die Nutzenvorstellungen der → Haushalte unabhängig von einander bilden. In Ausnahmefällen werden jedoch externe Effekte im Konsumbereich berücksichtigt (vgl. auch → Nachfrageinterdependenz). Durch die Zuordnung von Nutzenindices können die Güterkombinationen in Form einer → Nutzenindexfunktion in eine Ordnungsfolge gebracht werden, die Widerspruchsfreiheit und Transitivität der Präferenzen (→ Transitivität (der Präferenzordnung)) voraussetzt. Güterkombinationen mit gleichem Nutzenindex gelten im Urteil des Haushalts als gleichwertig und werden durch → Indifferenzkurven dargestellt.

Nutzwert – subjektiver, d.h. durch die Tauglichkeit zur Bedürfnisbefriedigung (den → Nutzen) bestimmter Wert eines → Gutes; z.T. auch sein → objektiver Wert als Maß einer bestimmten sachlichen Funktionserfüllung, z.B. die Effektivverzinsung eines Wertpapieres oder der Heizwert eines Brennstoffes.

objektiver Wert – 1. *Volkswirtschaftslehre:* Begriff der Arbeitswertlehre, die allein die Arbeitskosten, die zur Herstellung eines → Gutes notwendig sind, als Maßstab (Ricardo) oder Ursprung (Marx) seines → Wertes annimmt. Die moderne → Mikroökonomik geht hingegen von einem subjektiven, am → Nutzen orientierten Wertbegriff aus. – 2. *Betriebswirtschaftslehre/Steuern:* Wert, der im Gegensatz zum → subjektiven Wert allgemeingültig ist bzw. sein soll (z.B. Teilwert).

offenbarte Präferenzen → Präferenz.

offener Markt → Markt ohne Zutritts- und Austrittsbeschränkungen bzw. mit freiem Marktzutritt und -austritt, d.h. jeder kann ihn als Anbieter oder Nachfrager betreten und wieder verlassen. Aktuelle Marktteilnehmer sind dadurch einem potenziellen Wettbewerb ausgesetzt.

offene Volkswirtschaft → Volkswirtschaft, die außenwirtschaftliche Beziehungen auf den Güter- und Faktormärkten unterhält. – Vgl. auch → Außenwirtschaftstheorie. – *Gegenteil:* geschlossene Volkswirtschaft.

Offenheit → offene Volkswirtschaft, → Außenhandelstheorie, → Freihandel.

Offset Account → Verrechnungskonto, das im → Verrechnungsverkehr zwischen zwei Ländern in einer Drittwährung (meist in US-Dollar) geführt wird.

Offset-Geschäft → Kompensationshandel.

ökonomisches Prinzip – Wirtschaftlichkeitsprinzip, → Minimalkostenkombination.

Okunsches Gesetz – nach M. Okun (1970) benannter Zusammenhang zwischen Arbeitslosigkeit und relativer Auslastung des → Produktionspotenzials. Die Zunahme der Arbeitslosenquote um einen Prozentpunkt führt nach dem Okunsches Gesetz zu einer Verringerung des realen Bruttoinlandsproduktes um ca. 2 Prozent und damit zu einer Reduzierung des → Auslastungsgrades ebenfalls um ca. 2 Prozent. Dieser Zusammenhang ist im Gegensatz zu seiner Bezeichnung kein ökonomisches Gesetz, sondern eine empirisch beobachtete Regelmäßigkeit, die kurzfristig stabil ist, langfristig allerdings Änderungen unterworfen ist. Auch kann der Zusammenhang zwischen Volkswirtschaften mit unterschiedlichen Arbeitsmarktstrukturen variieren. Der Einfluss der Arbeitslosigkeit auf die gesamtwirtschaftliche Produktion entsteht durch die i.d.R. geringeren Einkommen der Arbeitslosen, die entsprechend weniger ausgeben. Folglich wird besonders der private Verbrauch belastet.

oligopolistisch – Begriff der Marktformenlehre (vgl. → Marktformen) und der Preistheorie für die Abhängigkeit (→ oligopolistische Interdependenz) und Verhaltensweise (→ oligopolistische Preisbildung) von „wenigen" Anbietern in einem Oligopol bzw. Nachfragern in einem Nachfrageoligopol (Oligopson).

oligopolistische Interdependenz – Begriff zur Beschreibung der starken wechselseitigen Erfolgsabhängigkeit und Reaktionsverbundenheit zwischen den (wenigen) Anbietern eines Oligopols bzw. den (wenigen) Nachfragern eines Oligopsons (Nachfrageoligopol). Bei oligopolistischer Interdependenz gehen in die Gewinnfunktion des einzelnen Marktteilnehmers auch Größen ein, auf die er selbst keinen Einfluss ausüben kann. Er muss seinen Gewinn unter Berücksichtigung der → Aktionsparameter und der Reaktionen seiner Konkurrenten maximieren. – Vgl. auch → oligopolistische Preisbildung.

oligopolistische Preisbildung – 1. *Oligopolistische Preisbildung auf dem homogenen Markt:* a) Die *polypolistische Verhaltensweise* lässt sich auf die → Aktionsparameter Menge oder Preis beziehen: Im ersten Fall gelangt man zum *Cournotschen*, im zweiten Fall zum *Bertrandschen Dyopol-(Oligopol-)Modell.* – (1) *Cournotsches Modell:* Polypolistische Verhaltensweise bez. der *Menge* bedeutet, dass der einzelne Dyopolist seinen Gewinn maximiert unter der Annahme, dass der jeweils andere Anbieter seine bisherige Absatzmenge beibehält. Daraus lassen sich zwei *Mengen-Reaktionsgeraden* ableiten, deren Schnittpunkt die Gleichgewichtslösung ($\overline{X}_1$, $\overline{X}_2$) des Modells darstellt. Mithilfe der Marktnachfragefunktion lässt sich dann auch das Preisniveau $\overline{P}$ bestimmen. Unter der Voraussetzung, dass beide Anbieter das gleiche Grenzkosten-Niveau aufweisen, kommt die sog. *Zwei-Drittel-Lösung* zustande, d.h., es gilt:

$$\overline{x}_1 + \overline{x}_2 = \frac{2}{3}x_w,$$

wobei x_w für die Menge steht, die im Mengenanpassfall (→ polypolistische Preisbildung) zustande kommt (vgl. Abbildung „oligopolistische Preisbildung – nach Cournot").

oligopolistische Preisbildung – nach Cournot

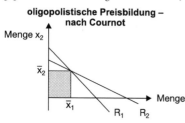

(2) Im *Bertrand-Modell* wird die polypolistische Verhaltensweise auf den *Preis* bezogen. Dies bedeutet, dass die Anbieter ihren Gewinn jeweils unter der Voraussetzung, dass der andere Anbieter den bisherigen Preis beibehalten wird, maximieren. Wegen des unterstellten homogenen Marktes impliziert dies die Annahme, man könne durch eine Preissenkung den gesamten Markt erobern. – Gegenüber (1) ist diese Strategie in der Wirkung wesentlich aggressiver. Nicht überraschend ist daher, dass die Gleichgewichtslösung mit derjenigen des Mengenanpasserverhaltens

übereinstimmt. – b) Im homogenen Markt ist im Gleichgewicht von einer Gleichverteilung der Absatzmenge auf die Anbieter auszugehen, da wegen der Abwesenheit von Präferenzen bei einem einheitlichen Preis kein Grund für eine andere Aufteilung gegeben ist. Wird dieser Sachverhalt von den Anbietern antizipiert, kommt es zu einem *Lernprozess.* Die daraus resultierende Perzeption der → Aktions-Reaktions-Verbundenheit wird durch die *oligopolistische Verhaltensweise* umschrieben. Im Fall n = 2 bedeutet dies, dass bei der Gewinnmaximierung jeder der Anbieter bereits ex ante von der Voraussetzung $x_1 = x_2$ ausgeht *(Chamberlin-Heuß-Modell).* Für den Fall einer linearen Nachfragefunktion und konstanten sowie übereinstimmenden Grenzkosten ergibt sich die *Monopollösung:*

$$\overline{x} = \overline{x}_1 + \overline{x}_2 = \frac{1}{2}x_w.$$

Bei unterschiedlichen Grenzkosten kommt es zum Konflikt, der durch *Preisführerschaft* gelöst wird. → Preisführer wird derjenige Anbieter, der die niedrigeren Grenzkosten aufweist. Der *Preisfolger* wird gezwungen, Preis und Menge des Preisführers zu übernehmen. In diesem Konflikt zwischen beiden ist somit ein *Wettbewerbselement* zu erblicken (vgl. Abbildung „oligopolistische Preisbildung – nach Chamberlin/Heuß"). – c) Der unter b) geschilderte Lernprozess muss bei den Akteuren nicht gleichzeitig auftreten. Erkennt zunächst nur ein Anbieter die Zusammenhänge, so kann er das Verhalten des anderen nach Ermittlung von dessen *Mengen-Reaktions-Funktion* prognostizieren und bei seiner Gewinnmaximierung berücksichtigen. Er realisiert dann diejenige Menge auf der Reaktionsgerade des Konkurrenten, bei der er seinen Gewinn maximiert. Dieses *asymmetrische Modell* (Stackelberg) kann als die Erfassung einer *Zwischenstufe* zur oligopolistischen Verhaltensweise angesehen werden. – d) Der Übergang von der poly- zur oligopolistischen Verhaltensweise zeitigt ein höheres Preis- bzw. Gewinn-Niveau. Dies kann Veranlassung zum *Markteintritt* neuer

oligopolistische Preisbildung – nach Chamberlin / Heuß

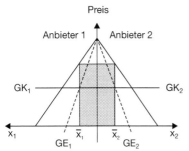

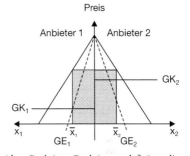

Anbieter sein (→ Monopol). Die oligopolistische Verhaltensweise ist aber nicht nur hierdurch, sondern auch von den aktuellen Anbietern *prinzipiell bedroht*, weil durch (geheime) Preisnachlässe der einzelne Anbieter Vorteile realisieren kann, vorausgesetzt die anderen halten sich an die bisherige spontane „Verabredung". Auf der anderen Seite müssen sich die Akteure arrangieren, was die Neigung zu Ausbrüchen aus der spontanen Kollusion begrenzt, denn die Preisbrecher müssen auf Preiskämpfe oder „Bestrafungen" seitens der übrigen Konkurrenten gefasst sein (Spieltheorie). – 2. *Die oligopolistische Preisbildung auf dem heterogenen Markt:* Stellt man der Einfachheit halber wieder auf zwei Anbieter ab, so kann der Markt durch die Funktionen $x_1 = F(p_1, p_2)$ und $x_2 = G(p_1, p_2)$ dargestellt werden, wobei x_1 und x_2 die Angebotsmengen der Anbieter 1 und 2 darstellen. Die → Preisabsatzfunktionen beider Anbieter hängen somit von beiden Güterpreisen p_1 und p_2 ab. Auch hier kann die Aktions-Reaktions-Verbundenheit von der polypolistischen oder der oligopolistischen Verhaltensweise bestimmt sein. – a) Die *polypolistische Verhaltensweise* wird hier bez. des Aktionsparameters *Preis* definiert. Sie bedeutet, dass die einzelnen Anbieter ihren Gewinn unter der Voraussetzung maximieren, dass der andere Anbieter seinen Preis konstant hält. Dies führt dann zu den *Preis-Reaktions-Funktionen* R_1 und R_2 der Anbieter 1 und 2. Der Schnittpunkt der

beiden Reaktions-Funktionen definiert die Gleichgewichtspreise $\bar{p}_1$ und $\bar{p}_2$, womit zugleich die Mengen $\bar{x}_1$ und $\bar{x}_2$ der beiden Anbieter bestimmt sind (Cournot-Modell des heterogenen Oligopolmarktes). – b) Auch auf dem heterogenen Markt treten mit der Zeit *Lernprozesse* auf. Zwar gilt für den Gleichgewichtszustand ($\bar{p}_1$, $\bar{p}_2$) gemäß a), dass dort die gemachten Voraussetzungen – dass nämlich der Preis des jeweils anderen Anbieters konstant bleibt – erfüllt werden. Außerhalb dieses Zustandes jedoch – also z.B. auf dem Wege zum Gleichgewicht – gilt dies nicht. Mit anderen Worten, das polypolistische Verhalten beruht auf einem Irrtum der beteiligten Anbieter. Bei Anpassungen der Preise an neue „Daten" werden die Anbieter aber irgendwann bemerken, dass der Preis des Konkurrenten ebenfalls gesenkt wird, wenn eine eigene Preissenkung vorgenommen wurde. Es liegt deshalb nahe, letztere zu antizipieren. Heuß hat dies zu der Annahme der „Politik der festen Preisrelation" verdichtet, womit gemeint ist, dass die Anbieter im Rahmen ihrer Gewinnmaximierung bei eigenen Preisänderungen immer von gleichen prozentualen Preisänderungen des (der) Konkurrenten ausgehen. Es lässt sich zeigen, dass diese Variante der *oligopolistischen Verhaltensweise* im Gleichgewichtszustand durchweg zu höheren Preisen und Gewinnen als im Fall der polypolistischen Verhaltensweise führt. Dabei ist jedoch zu berücksichtigen, dass es sehr viele verschiedene Preisverhältnisse geben kann, sodass es keine eindeutig bestimmbare Gleichgewichtslösung gibt. Letztere bleibt abhängig von den Preisen, die zu dem Zeitpunkt existieren, zu welchem der Lernprozess abgeschlossen wird, d.h., es liegt eine Art Pfadabhängigkeit vor. – c) Auch im Fall des heterogenen Oligopolmarktes lassen sich *Stackelberg-Varianten* bestimmen, die wiederum als Zwischenstufen des Lernprozesses gedeutet werden können. – d) Auch im Fall des heterogenen Oligopolmarktes ist das Problem des *Marktzutritts* zu beachten, wirft jedoch im Vergleich zum homogenen Oligopolmarkt keine grundsätzlich neuen Probleme auf. Gleiches gilt für die Beziehungen zwischen den aktuellen Wettbewerbern. Hier können im Marktprozess allerdings Änderungen des festen Preisverhältnisses auftreten. Selbst wenn es dazu nicht kommt, besteht i.Allg. ein Konflikt, weil die isolierten Optimierungsprozesse der Anbieter auf Basis des aus der Vergangenheit übernommenen Preisverhältnisses nicht zwangsläufig zu solchen Optimalpreisen führen, die diesem „festen" Preisverhältnis entsprechen. Dieser Konflikt wird durch *Preisführerschaft* gelöst. Preisführer wird derjenige Anbieter, dessen Gefolgschaftspreis über seinem Optimalpreis – dies ist der Preis, welcher den Gewinn unter der Bedingung des festen Preisverhältnisses maximiert – liegt. Umgekehrt liegt der Optimalpreis des Preisfolgers über seinem Gefolgschaftspreis. – e) Auf dem heterogenen Markt können neben dem Preis auch andere → Aktionsparameter eingesetzt werden. Auch in Bezug auf diese können analog die polypolistische und die oligopolistische Verhaltensweise formuliert werden. Allg. besteht die Tendenz, dass die oligopolistische Verhaltensweise begünstigt wird, wenn der Markt in seine reifen Phasen gelangt, wenn also die *Momente der Iteration diejenigen der Mutation* (Heuß) überwiegen. Weiterhin besteht eine Tendenz im Wettbewerbsprozess, auf andere Aktionsparameter verstärkt auszuweichen, wenn bestimmte Aktionsparameter

– v.a. der Preis – bereits von der oligopolistischen Verhaltensweise erfasst werden (z.B. verstärkte Werbung, wenn der Aktionsparameter Preis „oligopolisiert" worden ist).

Operational Lag → Lag.

Opportunitätskosten – I. Kostenrechnung: Entgehende Deckungsbeiträge einer nicht gewählten Handlungsmöglichkeit. Sie sind als Vergleichsgröße für die Beurteilung des erzielten bzw. erzielbaren Deckungsbeitrags bei Vorliegen eines Engpasses bedeutsam, z.B. bei der Programmwahl, der Ermittlung von Preisuntergrenzen.

II. Mikroökonomik: *Alternativkosten;* entgangene Erträge oder Nutzen im Vergleich zur besten, nicht realisierten Handlungsalternative. Die Vermeidung von Opportunitätskosten folgt aus dem Wirtschaftlichkeitsprinzip. – Vgl. auch → Kosten, → Mehrproduktunternehmung, → Transformationskurve.

optimaler Währungsraum – *Begriff:* Die Theorie des optimalen Währungsraums betont, dass die Abwägung der Vor- und Nachteile der Wechselkursflexibilität nur unter Bezugnahme auf konkrete Besonderheiten der jeweils in Frage stehenden Länder erfolgen kann, und sie kommt auf diese Weise zum Schluss, dass es Regionen mit gemeinsamer Währung bzw. intern fixierten Kursen geben soll, während zwischen diesen Regionen die Wechselkurse flexibel sein sollen. Dies scheint genau jener Weg zu sein, der auch in der Praxis beschritten wird, zweifelhaft aber scheint, ob die Praxis dabei die von der Theorie betonten Kriterien für einen optimalen Währungsraum beachtet. (1) *Das Mundellsche Kriterium* betont die → Faktormobilität. Wenn zwei (oder auch mehrere) Länder auf asymmetrische Weise durch Nachfrage- oder Angebotsschocks getroffen werden, so kann die Anpassung entweder auf der Mengen- oder auf der Preisseite erfolgen. Das Mundellsche Kriterium besagt, dass eine Wechselkursfixierung bei fixen nominellen Güterpreisen die Preisanpassung unmöglich macht, und dass die dann erforderliche Mengenanpassung entweder Faktorwanderungen zwischen diesen Ländern erfordert, oder aber zu Unterbeschäftigung in einzelnen Regionen führen wird. Optimale Währungsräume sind danach durch ein hohes Maß an interner Faktormobilität gekennzeichnet. (2) *Das McKinnonsche Kriterium* betont, dass die Verwendung des nominellen Wechselkurses als Instrument der Preisanpassung mit einem Inflationseffekt für das abwertende Land verbunden ist, und dass dieser Inflationseffekt umso größer ist, je größer die *Offenheit* dieser Ökonomik auf den Gütermärkten ist. Dabei ist Offenheit zu interpretieren als Anteil der mit dem anderen Land gehandelten Güter im Warenkorb der → Verbraucher. – Das Mundellsche Kriterium ist also nach *R. McKinnon* dergestalt zu ergänzen, dass Länder dann keine flexiblen Wechselkurse haben sollten, wenn sie über die *Gütermärkte* sehr stark verflochten sind. (3) *Das Kriterium von Kenen* betont die Wahrscheinlichkeit, mit der zwei (oder mehrere) Länder durch asymmetrische Schocks getroffen werden. Länder mit sehr stark diversifizierten Produktionsstrukturen werden durch Nachfrageveränderungen bei einzelnen Gütern i.Allg. weniger hart getroffen, als Länder mit stark konzentrierten Produktionsstrukturen. Demnach stellt die Wechselkursfixierung eine umso geringere Gefahr dar, je *stärker diversifiziert die Produktionsstruktur* eines Landes ist. (4) *Ingarm* stellt ab auf die Integration von Finanzmärkten. Länder mit hoher Finanzintegration sind eher für feste Wechselkurse prädestiniert. – Vgl. auch → Wechselkurspolitik, → internationales Währungssystem, → Währungsintegration.

Optimalzoll – jener Zollsatz, der den positiven Terms of Trade-Effekt des → Zolls für ein → großes Land auf optimale Weise ausnutzt. Im *Fall eines großen Landes* entsteht als Wirkung eines Zolls neben den angebots- und nachfrageseitigen Verzerrungen auch ein positiver Terms-of-Trade-Effekt. Für sehr kleine Zollsätze überwiegt dieser positive Effekt,

für sehr große Zollsätze (z.B. → Prohibitivzoll) überwiegt der negative Verzerrungseffekt. Dazwischen liegt der Optimalzoll bei dem die beiden Effekte einander die Waage halten. Im Optimum ist der Zollsatz gleich dem Kehrwert der → Preiselastizität des Importangebots. – Die Terms-of-Trade-Verbesserung für das importierende Land ist natürlich eine Terms-of-Trade-Verschlechterung für das Ausland. Die Optimalzollpolitik geht also zulasten des Auslandes. – Aus der Sicht eines → kleines Landes ist die Preiselastizität des Importangebots unendlich, sein optimaler Zollsatz ist also null. – Vgl. auch → Handelspolitik.

Optionsempfänger – in der → Preistheorie Bezeichnung für das Verhalten eines Marktteilnehmers; zuerst verwandt bei Frisch, v.a. im Zusammenhang mit dem → Optionsfixierer. – *Beispiel:* Ein Käufer handelt als Optionsempfänger, wenn er sich von einem Anbieter den → Preis und die Abnahmemenge gleichzeitig vorschreiben lässt und sich nur die Wahl zwischen Annahme oder Ablehnung dieser Vorgaben vorbehält.

Optionsfixierer – Marktteilnehmer, der als Anbieter den → Preis und die Abnahmemenge eines → Gutes gleichzeitig bestimmt und dem Abnehmer nur die Wahl zwischen Annahme und Ablehnung überlässt. – Vgl. auch → Optionsempfänger.

ordinale Nutzentheorie → Nutzentheorie.

Ordnungsaxiome – Grundannahmen der → Haushaltstheorie: Vollständigkeit, Reflexivität und Transitivität der → Präferenzordnung eines → Konsumenten bzw. → Haushalts. Das Axiom der *Vollständigkeit* besagt, dass ein Haushalt beim Vergleich zweier Güterbündel (Konsumpläne) aus seinem Begehrskreis stets weiß, welches Güterbündel er dem anderen vorzieht oder ob er indifferent zwischen zwei Güterbündeln ist. *Reflexivität* bedeutet, dass jedes Güterbündel höchstens so erwünscht ist, wie es selbst. Das Axiom der *Transitivität* (→ Transitivität (der Präferenzordnung)) besagt: Ist ein Güterbündel mind.

so erwünscht wie ein zweites, und ist dieses zweite Güterbündel mind. so erwünscht wie ein drittes, dann ist auch das erste Güterbündel mind. so erwünscht wie das dritte. Das Axiom der Reflexivität ist trivialerweise erfüllt. Empirische Untersuchungen haben ergeben, dass das Transitivitätsaxiom bei manchen Haushalten nicht erfüllt ist. Viele Ergebnisse der Haushaltstheorie lassen sich jedoch auch mit schwächeren Annahmen als dem Transitivitätsaxiom ableiten.

Ordoliberalismus – Freiburger Schule, Neoliberalismus, → Wettbewerbstheorie.

originärer Zins → natürlicher Zins.

Originärnachfrage → Preisabsatzfunktion.

Oszillation – Schwankung einer Variablen um einen Mittelwert oder Trend. Die Stärke der Abweichung wird durch die → Amplitude angegeben, während die Häufigkeit von Oszillationen in einem Referenzzeitraum durch die → Frequenz ausgedrückt wird. – Vgl. auch → Konjunkturschwankungen.

Output Gap → Produktionslücke, → Gap. – Vgl. auch → Neukeynesianische Makroökonomik, dynamisches Grundmodell, → Phillips-Kurve.

Outputlücke → Produktionslücke, → Gap. – Vgl. auch → Neukeynesianische Makroökonomik, dynamisches Grundmodell, → Phillips-Kurve.

Outside Lag → Lag.

Outside Money – *Außengeld;* Geld, das nicht im Austausch gegen Verbindlichkeiten des privaten Sektors geschaffen wird. – *Gegensatz:* → Inside Money.

Overlapping Generations (OLG) Model → Generationenmodelle

Overshooting → Überschießen des nominellen Wechselkurses über seinen langfristigen, durch die → Kaufkraftparitätentheorie vorgegebenen Gleichgewichtswert. – Vgl. auch → Dornbusch-Modell.

P

Parallelgeschäft → Kompensationshandel, → Kompensationsgeschäft.

Parität – Gleichheit des Wertes zweier Währungen oder auch Tauschverhältnis zwischen zwei Währungen; i.d.R. (vertraglich) festgelegtes Verhältnis (→ Wechselkurs) zwischen zwei Währungen. – Vgl. auch → Kaufkraftparität, → Kaufkraftparitätentheorie.

Paritätentabelle → Paritätstabelle.

Paritätstabelle – *Paritätentabelle;* Zusammenstellungen aller Kursparitäten (→ Kaufkraftparität) der einzelnen Währungen. Wichtig bei Arbitrage.

Partialanalyse – Methode wirtschafts- und sozialwissenschaftlicher Untersuchungen. – 1. *I.w.S.:* Herauslösung eines z.B. ökonomisch relevanten Teilaspektes als Untersuchungsprojekt aus dem umfassenderen Wirtschaftsgeschehen. So etwa, wenn die einzelne Unternehmung, ein Markt oder ein Sektor als Erkenntnisobjekt gewählt und unterstellt wird, dass Wechselwirkungen zwischen dem analysierten Zusammenhang und anderen auch außerökonomischen Vorgängen vernachlässigt werden können. – 2. *I.e.S.:* Isolierung bestimmter Ursache-Wirkungs-Zusammenhänge aus einem umfassenderen Geschehen in Form von Modellen. Wird dabei lediglich untersucht, wie sich die Änderung einer Veränderlichen auf eine andere Modellvariable auswirkt und angenommen, dass alle übrigen Variablen des Modells im Betrachtungszeitraum konstant sind, deckt sich die Partialanalyse mit der Ceteris-Paribus-Annahme. Analytisch wird sie durch die partielle Ableitung eines funktionalen Zusammenhanges nach einer von mehreren unabhängigen Variablen durchgeführt. – *Gegensatz:* → Totalanalyse.

Partialembargo – *Teilembargo,* → Embargo.

partielle Konsumfunktion → Einkommensnachfragefunktion.

passive Leistungsbilanz → Zahlungsbilanz.

Patinkin-Modell → Neue Keynesianische Makroökonomik.

Peak-to-Peak-Methode – ursprünglich von der Wharton School of Finance and Commerce entwickeltes Verfahren zur Schätzung des → Produktionspotenzials einer Volkswirtschaft. – *Annahme:* In einem konjunkturellen Hochpunkt sind keine unausgelasteten Kapazitäten vorhanden, mithin entspricht in diesem Zeitpunkt die Produktion dem Produktionspotenzial. – *Methode:* Zwei nebeneinander liegende obere Umkehrpunkte des → Konjunkturzyklus werden miteinander verbunden, sodass ihre Verbindungslinie die Entwicklung des Produktionspotenzials angibt. Für den Zeitraum jenseits des letzten konjunkturellen Hochpunkts wird das Produktionspotenzial durch Extrapolation berechnet. – *Beurteilung:* An zwei oberen Umkehrpunkten können die Produktionskapazitäten nicht oder unterschiedlich ausgelastet sein. Beides kann zu gravierenden Verzerrungen in der Ermittlung des Produktionspotenzials führen.

perfekte Kapitalmobilität → internationale Kapitalmobilität.

permanente Einkommenshypothese → permanentes Einkommen.

permanentes Einkommen – 1. *Begriff:* Das durchschnittliche, vom → Haushalt mittel- bzw. langfristig erzielbare, verfügbare → Realeinkommen. Gemäß der permanenten Einkommenshypothese M. Friedmans orientieren Haushalte ihren Konsumplan vorwiegend am permanenten Einkommen und weniger am laufenden → Einkommen (→ Konsumfunktion). Kurzfristige Schwankungen des laufenden Einkommens wirken sich also kaum auf die Höhe des Konsums aus, weshalb nach Auffassung M. Friedmans auch kein unmittelbarer → Multiplikatorprozess infolge einer exogenen Änderung der Güternachfrage auftreten kann. – 2. *Determinanten:* Die Höhe des permanenten Einkommens wird durch die individuelle Fähigkeit zur Einkommenserzielung bestimmt. Formal ergibt es sich als Produkt aus dem nominalen Vermögen des Haushalts über seine Lebenszeit und einer Zinsgröße. Das permanente Einkommen wird also als Vermögensertrag aufgefasst. Dabei ist die Vermögenskategorie mit fünf Bestandteilen (Geld, festverzinsliche Wertpapiere, Aktien, langlebige Konsumgüter, Humanvermögen) weit gefasst. – 3. Die *Ermittlung des* permanenten Einkommens ist exakt nicht möglich, da auch Einkommen, die erst in der Zukunft anfallen, zu berücksichtigen wären. Insofern sind über die in der Zukunft anfallenden Vermögenserträge Erwartungen zu bilden. Als Approximation schlägt Friedman einen mit exponentiell abnehmenden Gewichten gewogenen Durchschnitt aus gegenwärtigem und vergangenem Einkommen vor. Außerdem wird von Friedman das Konzept der adaptiven Erwartungen unterstellt (→ Erwartung). Abweichungen von dem erwarteten permanenten Einkommen sind zufällige transitorische Einkommenskomponenten, die für die Konsumentscheidungen des Haushalts nur geringe Bedeutung besitzen, da sie weder mit dem permanenten Einkommen noch mit dem permanenten Konsum korreliert sind.

persistierende Zyklen – dauerhaft existierende → Konjunkturschwankungen. In der → Konjunkturtheorie spricht man von persistierenden Zyklen, wenn ein → Konjunkturmodell endogene und anhaltende Schwingungen erzeugt. – Vgl. auch → endogene Konjunkturmodelle, → Poincaré-Bendixson-Theorem.

persönliches Einkommen → Individualeinkommen.

Petrodollar – 1. *Begriff:* Dollareinnahmen aus dem Verkauf von Erdöl (Rohöl). Wesentliche Einnahmquelle in resourcenabhängigen Volkswirtschaften, z.B. Iran, Irak, Nigeria, Russland, Venezuela. – 2. *Funktion:* Seit dem Zweiten Weltkrieg wird der Handel mit Rohöl vorwiegend in US-Dollar abgerechnet. – 3. *Bedeutung:* Die große und konstante Abhängigkeit der Weltwirtschaft vom Rohöl hat zur Folge, dass der Wechselkurs jedes Landes gegenüber dem US-Dollar eine entscheidende ökonomische Größe ist – schließlich beeinflusst er in großem Maß die Rohstoffpreise eines Landes. Andererseits verursacht die fast ausschließliche Dollarfakturierung Verbindlichkeiten der US-Zentralbank gegenüber den erdölexportierenden Ländern in enormem Umfang, da diesen Ländern durch den Ölexport große Dollarbestände zufließen. Politisch ist die USA daran interessiert, Dollarbeträge in Länder zu transferieren, deren politisches System den USA gewogen ist. Einige Staaten versuchen inzwischen der Fixierung auf den US-Dollar durch Fakturierung der Rohöllieferungen in Euro entgegenzuwirken (v.a. China, Iran, Syrien, Venezuela), sog. *Petroeuro.* – 4. *Notierung an Rohstoffmärkten:* Rohöl wird an den Rohstoffmärkten in US-Dollar notiert (pro Barrel Rohöl, das sind 159 Liter).

Pfandpoolverfahren – Verfahren zur Verwaltung von Sicherheiten seitens der Zentralbanken. Als Sicherheit für ihre Geschäfte mit der Zentralbank bringen Geschäftspartner Aktiva in einen Pool ein. Diese Aktiva dienen der allg. Sicherung und nicht – wie beim Kennzeichnungsverfahren – der Deckung nur bestimmter Geschäfte.

Phase – 1. *Allgemein:* Teilabschnitt einer Entwicklung. – 2. *Wirtschaftlich:* → Konjunkturphasen, Lebenszyklus.

Phasendiagramm – grafische Darstellung der gleichzeitigen Entwicklung meist zweier Variablen in stetigen dynamischen Modellen (→ Differenzialgleichungen). Die Koordinaten in einem (x_1, x_2)-Diagramm geben die

Werte der Variablen in einem Zeitpunkt t an; die Zeit selbst wird im Phasendiagramm parametrisch erfasst. Die zeitliche Veränderung der Variablen, die sich aus dem zugrunde liegenden → Differenzialgleichungssystem ergibt, wird durch Pfeile dargestellt und gestattet in vielen Fällen Aussagen über z.B. konvergierende oder instabile Entwicklungspfade (→ Trajektorien). Phasendiagramme werden v.a. in der → Wachstumstheorie und der → Konjunkturtheorie verwendet.

Phaseneinteilung → Konjunkturphasen.

Phasenmodelle – I. Betriebswirtschaftslehre: Lebenszyklus.

II. Wirtschaftsinformatik: 1. *Systemanalyse:* Ein Modell zur Entwicklung eines betrieblichen Informationssystems in verschiedenen, aufeinander aufbauenden Phasen. – *Grundidee:* Vorgehensweise nach dem Top-Down-Prinzip. Unterteilung der Phasen nach den verschiedenen Entwicklungstätigkeiten und den jeweiligen Detaillierungsgraden. Rücksprünge in frühere Phasen sind möglich und üblich. In Praxis und Literatur werden mehrere unterschiedliche Phasenmodelle verwendet. – *Typische Einteilung:* Istanalyse, Sollkonzept, Systementwurf, Systemimplementierung, Systemtest und Systembetrieb, innerhalb der einzelnen Phasen weiter untergliedert. – 2. *Life-Cycle-Modell (Lebenszyklusmodell):* Im Software Engineering ein Schema für die Unterteilung der Lebensdauer eines Softwareprodukts in einzelne Phasen (Software Life Cycle). In Praxis und Literatur sind eine Reihe unterschiedlicher Phasenmodelle gebräuchlich. – *Typische Einteilung:* Software Engineering.

III. Konjunkturpolitik/-theorie: → Konjunkturphasen.

Phillips-Kurve – 1. *Charakterisierung:* Die ursprüngliche Phillips-Kurve geht auf den britischen Ökonometriker Phillips (1958) zurück und beschreibt die Beziehung zwischen Arbeitslosenquote und Geldlohnsteigerungen in Großbritannien für einen Zeitraum von rund 100 Jahren. Dabei wurde von

ihm eine stabile negative und nichtlineare Beziehung zwischen diesen Größen ermittelt. Eine *modifizierte* Phillips-Kurve, die auf Samuelson und Solow zurückgeht, ergibt sich, wenn eine feste gleichgerichtete Beziehung zwischen Nominallohn- und Preisniveauänderungen unterstellt wird. Aus der ursprünglichen Phillips-Kurve wird dadurch ein stabiler Zusammenhang zwischen Inflationsrate und Arbeitslosenquote (vgl. Abbildung „Phillips-Kurve").

Phillips-Kurve

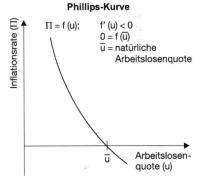

2. *Bedeutung:* Der modifizierten Phillips-Kurve käme wirtschaftspolitisch eine große Bedeutung zu, wenn die Beziehung einerseits quantitativ annähernd exakt bestimmbar und andererseits im Zeitablauf nachweislich stabil wäre. Aus wirtschaftspolitischer Sicht würde dann ein politisch ausnutzbarer negativer Trade-off zwischen Inflationsrate und Arbeitslosenquote bestehen. Ein Rückgang der Arbeitslosenquote über expansive Maßnahmen der Konjunkturpolitik wäre in diesem Fall möglich, würde aber erkauft werden mit einem Anstieg der Inflationsrate. Umgekehrt würde eine mittels kontraktiver Geldpolitik erreichte niedrige Inflationsrate mit hoher Arbeitslosigkeit verbunden sein. Vielfältige Modifikationen, Alternativtheorien und Tests machen zwar deutlich, dass der Zusammenhang zwischen Inflationsrate und Arbeitslosenquote sicher vorhanden ist, jedoch wegen anderer

Einflussfaktoren (Struktur der Wirtschaft, Produktionstechnik, Präferenzen und Verhaltensweisen, außenwirtschaftliche Zusammenhänge, Wettbewerbs- bzw. Machtverhältnisse, Erwartungen über die zukünftige Entwicklung u.a.) nicht als stabil angenommen werden darf. Form und Gestalt der Phillips-Kurve werden insbesondere im Konjunkturablauf ständig variieren. Wirtschaftspolitische Empfehlungen auf der Basis bestimmter Phillips-Kurven sind deshalb kritisch zu beurteilen. – 3. *Varianten:* Die monetaristischen und neuklassischen Variationen zur Phillips-Kurve betonen die Erwartungsbildung als Determinante der Inflationsrate. Die Lage der Phillips-Kurve variiert mit den Inflationserwartungen (Π^*): $\Pi = f(u) + \Pi^*$. a) Die *monetaristische Version* unterstellt eine asymmetrische Informationsverteilung von Unternehmern und privaten Haushalten. Während die Produzenten die Inflationsrate stets perfekt antizipieren, unterliegen die Arbeitsanbieter bei der Inflationsprognose einem temporären Inflationserwartungsirrtum. Dieser tritt auf, weil sie von autoregressiven Erwartungen ausgehen, z.B. von der einfachen statischen Erwartungshypothese $\Pi_t^* = \Pi_{t-1}$. Kurzfristig ist dann ein Rückgang der Arbeitslosenquote durch expansive Maßnahmen (v.a. der Geldpolitik) zulasten höherer Inflationsraten möglich, weil die Arbeitsanbieter die tatsächliche Inflationsrate zunächst unterschätzen. Dadurch ist ein Rückgang der Arbeitslosenquote u unter das Normalniveau $\overline{u}$ möglich. Nach Anpassung der Inflationserwartungen mit langfristig korrekter Erwartung, d.h. $\Pi_t^* = \Pi_t = \Pi_{t-1}$ und damit $f(u) = 0$, wird die → natürliche Arbeitslosenquote $\overline{u}$ wieder erreicht (langfristige Ineffizienz der Geldpolitik aufgrund einer *langfristig vertikalen* Phillips-Kurve). Von geldpolitischen Maßnahmen können aus monetaristischer Sicht also nur temporäre realwirtschaftliche Effekte ausgehen (→ Monetarismus). – b) Die *neuklassische Version* (→ Neue Klassische Makroökonomik) unterstellt eine symmetrische Informations-

verteilung bei den Wirtschaftssubjekten und geht bereits kurzfristig von rationaler Inflationserwartungsbildung aus ($\Pi_t^* = E(\Pi_t / I_{t-1})$, wodurch systematische Erwartungsirrtümer ausgeschlossen werden. Durch diese Annahme erhält man eine bereits kurzfristig *senkrechte* Phillips-Kurve. Expansive Maßnahmen der Geldpolitik führen jetzt selbst in der kurzen Frist nicht zu positiven Beschäftigungseffekten. Dies setzt allerdings eine systematisch betriebene, regelgebundene Geldpolitik voraus, die dann Bestandteil der Informationsmenge I der Privaten ist, sodass $\Pi_t^* = \Pi_t$ gilt. Unsystematische, diskretionär betriebene Geldpolitik ist dagegen nicht antizipierbar und daher auch bei rationaler Erwartungsbildung der Marktteilnehmer mit Realwirkungen verbunden, da sie unsystematische (zufallsabhängige) Prognosefehler erzeugt, die wiederum zu Abweichungen der Mengenvariablen von ihren Normalniveaus führen. – c) *Kritik: Eine Schwäche der monetaristischen und neuklassischen Argumentation* liegt in der Behauptung eines stabilen, eindeutig definierbaren Gleichgewichts (natürliche Arbeitslosenquote). – Tatsächlich ist die natürliche Arbeitslosenquote (→ natürliche Arbeitslosigkeit) nicht konstant im Zeitablauf, sondern hat sich mehrfach sprunghaft erhöht (z.B. im Zuge der Ölpreisschocks Anfang der 1970er- und 1980er-Jahre). Empirische Analysen deuten darauf hin, dass in der Realität eher Ungleichgewichtssituationen vorliegen. Für Ungleichgewichte ist die monetaristische und neuklassische Analyse irrelevant. Zudem muss auch ein beträchtlicher Teil der Arbeitslosigkeit bei Nullinflation als unfreiwillig und nicht-optimal angesehen werden, da ein Makrogleichgewicht nicht gewährleistet, dass alle Sektoren, Branchen und Märkte ebenfalls im Gleichgewicht sind. – Die monetaristische Variante der Phillips-Kurve lässt sich außerdem dahingehend kritisieren, dass sie keine Mikrofundierung besitzt, d.h. nicht aus einem einzelwirtschaftlichen Optimierungsansatz ableitbar ist. – 4. *Neukeynesianische Phillips-Kurve:* Diese

Variante der Phillips-Kurve ist mikrofundiert und gleichzeitig zentraler Bestandteil der → Neukeynesianischen Makroökonomik (→ Neuer Keynesianismus). Ausgehend von der Modellwelt der monopolitischen Konkurrenz sowie einer gestaffelten Preissetzung, bei der in jeder Periode immer nur ein bestimmter, zufällig ausgewählter Anteil von der Gesamtheit der Unternehmen den Preis neu festsetzen kann, lässt sich aus einem unternehmerischen Optimierungsansatz zur Bestimmung des optimal gesetzten Preises eine Phillips-Kurve entwickeln, bei der die laufende Inflationsrate von der zukünftig erwarteten Inflationsrate und den realen unternehmerischen Grenzkosten abhängig ist. Der Erweiterungsterm – die Inflationserwartung – geht dabei im Unterschied zur monetarischen und neuklassischen Version nicht mehr mit dem Gewicht eins in die Inflationsgleichung ein, sondern mit einem Faktor, der dem Diskontfaktor des unternehmerischen Optimierungsansatzes entspricht. Dadurch verläuft auch die langfristige Phillips-Kurve nicht mehr vertikal. Ferner macht die Abhängigkeit der laufenden von der zukünftig erwarteten Inflationsrate den vorausschauenden Charakter von Inflation deutlich. – Die neukeynesianische Phillips-Kurve lässt sich weiter umformen, indem die realen Grenzkosten durch die → Outputlücke ersetzt werden. Dabei wird unter der Outputlücke nicht mehr die Abweichung des tatsächlichen Outputniveaus von seinem potenziellen oder natürlichen Niveau verstanden (die man dann gemäß dem → Okunschen Gesetz durch die Abweichung der natürlichen von der tatsächlichen Unterbeschäftigungsrate ersetzen könnte); vielmehr wird darunter die Differenz zwischen tatsächlichem und Flexpreis-Outputniveau verstanden. Das Flexpreis-Outputniveau ist dasjenige Outputniveau, das sich bei Vorliegen von monopolistischer Konkurrenz einstellt, wenn keine nominalen Rigiditäten mehr auftreten, d.h. wenn zu Beginn jeder Periode alle Unternehmen (und nicht nur ein bestimmter

Anteil von ihnen) die Möglichkeit der Neufestsetzung (Reoptimierung) des zugehörigen Güterpreises besitzt. Im Ergebnis stellt sich dann eine starke Ähnlichkeit zur neuklassischen Phillips-Kurve ein, da in beiden Fällen rationale Inflationserwartungen zugrundegelegt werden (allerdings mit unterschiedlicher zeitlicher Datierung und unterschiedlichem Gewichtungsfaktor) und außerdem die Outputlücke (mit leicht unterschiedlicher Definition in den beiden Versionen) jeweils treibende Kraft der Inflation ist. – Die neukeynesianische Phillips-Kurve enthält häufig noch einen additiven Störterm, der in der Neukeynesianischen Makroökonomik als exogener Kostenschock interpretiert und häufig als Verursacher von Inflation angesehen wird. Dabei werden üblicherweise temporäre Kostenschocks, die einem autoregressiven Prozess erster Ordnung folgen, zugrundegelegt. In log-linearer Formulierung lautet dann die neukeynesianische Phillips-Kurve:

$$\Pi_t = \beta E_t \Pi_{t+1} + \gamma x_t + k_t$$

wobei: Π_t = Inflationsrate der Periode t, $E_t \Pi_{t+1}$ = rationale Inflationserwartung für die in t+1 erwartete Inflationsrate, $E_t(\cdot) = E(\cdot | I_t)$ = bedingte mathematische Erwartung mit der Informationsmenge I_t, $x_t = y_t - y_t^f$ = Outputlücke mit, y_t = Outputniveau, x_t^f = Flexpreis-Outputniveau, k_t = temporärer Kostenschock (autoregressiver Schockprozess erster Ordnung), β = Diskontfaktor des intertemporalen Optimierungsproblems einer Unternehmung, γ = Parameter der Outputlücke und gleichzeitig Steigung der Phillips-Kurve, dieser hängt in negativer Weise vom Grad der Preisrigidität auf dem Gütermarkt ab.

Pioniergewinne → Wettbewerbstheorie, Unternehmergewinn.

Pionier-Unternehmer → Schumpeter.

Plafond – I. Finanzwissenschaft: 1. *Steuerpolitik*: Spitzensteuersatz, der die progressive Steuerbelastung nach oben begrenzt (steuerlicher Plafond). Der Plafond sollte so gewählt werden, dass keine unerwünschten Disincentives auftreten. – 2. *Schuldenpolitik*: Betrag, bis zu dem sich die öffentliche Hand am Kapitalmarkt (Schuldendeckel nach §§ 19 ff. StabG) oder bei der Zentralbank (seit 1.1.1995 verboten) verschulden darf. – Vgl. auch Ausfuhrkreditgesellschaft mbH (AKA).

II. Wirtschaftstheorie: 1. *Oberer Plafond:* Dadurch gekennzeichnet, dass die Produktionsmenge wegen Vollausnutzung aller Produktionsfaktoren (Vollbeschäftigung) trotz Nachfrageerweiterung nicht mehr gesteigert werden kann. Das reale → Einkommen kann also im Gegensatz zum monetären nicht mehr erhöht werden. Nach Hicks erhöht sich der Plafond in demselben Verhältnis wie das Gleichgewichtseinkommen. – 2. *Unterer Plafond:* Makroökonomisch durch jene Einkommenshöhe bestimmt, bei der das gesamte Einkommen für Konsumzwecke verbraucht bzw. das Sparen gleich null wird.

Plastizität → Team-Theorie der Unternehmung.

pluralistische Theorien → Konjunkturtheorien, die → Konjunktur als Ergebnis mehrerer ursächlicher Faktoren erklären. – *Gegensatz:* → Kausalmonismus.

Poincaré-Bendixson-Theorem – nach H. Poincaré (1854–1912) und I.O. Bendixson (1861–1935) benanntes mathematisches Theorem zum Nachweis der Existenz von → Grenzzyklen in zweidimensionalen nicht linearen → Differenzialgleichungssystemen. Das Poincaré-Bendixson-Theorem wird v.a. in der mathematischen → Konjunkturtheorie angewandt.

Policy Mix – 1. *Makroökonomik:* Gleichzeitige Durchführung verschiedener Maßnahmen der Wirtschaftspolitik, z.B. kombinierter Einsatz von Geld- und Fiskalpolitik. So würde z.B. im Rahmen des → IS-LM-Modells eine expansive Fiskalpolitik im Normalfall über eine Rechtsverschiebung der → IS-Kurve nicht nur zu der erwünschten Erhöhung von Einkommen und Beschäftigung führen, sie

wäre auch mit einer Erhöhung des Zinssatzes und einem daraus resultierenden Crowding-out-Effekt verbunden (Punkt A der Abbildung „Policy Mix"). Die Zinssteigerung ließe sich durch die Kombination mit einer expansiven Geldpolitik (Rechtsverschiebung der → LM-Kurve) vermeiden (Punkt B). – 2. In der *quantitativen Theorie der Wirtschaftspolitik* wird gezeigt, dass ein Policy Mix von Instrumentvariablen erforderlich ist, um gleichzeitig mehrere Zielvariablen zu erreichen. Nach den von Tinbergen (1952) aufgestellten Bedingungen müssen zur Realisation einer beliebig vorgegebenen n-dimensionalen Zielkombination mind. ebenso viele wirtschaftspolitische Instrumente zur Verfügung stehen, wobei n dieser Instrumente in linear unabhängiger Weise auf die Zielvariablen einwirken müssen. Mithilfe der Methode der wirtschaftspolitischen Entscheidungsmodelle lässt sich der genaue Policy Mix bzw. Instrumenteneinsatz ermitteln. Allerdings setzt diese Methode die genaue Kenntnis des quantitativen Zusammenhangs zwischen Instrument- und Zielvariablen voraus, was in der Realität aufgrund vielfältiger stochastischer Störungen nicht der Fall ist. Außerdem erfordert diese Konzeption eine diskretionäre anstelle einer regelgebundenen Wirtschaftspolititk.

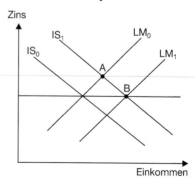

Policy Mix

Politikversagen → Staatsversagen. – *Gegenteil:* Marktversagen.

Politische Ökonomie der Protektion – Ein bes. Forschungsprogramm der → realen Außenwirtschaftstheorie, das die real existierenden Formen der Protektion bzw. → Handelspolitik durch eigennütziges Verhalten politischer Akteure im Rahmen bestimmter politischer Systeme zu erklären versucht. Die konkrete Gestaltung der → Handelspolitik – wie im Prinzip auch beliebiger anderer Bereiche der Wirtschaftspolitik – wird nicht über deren Gesamtwohlfahrtswirkung erklärt, sondern über deren Einkommensverteilungswirkung, in Verbindung mit Besonderheiten des politischen Prozesses, welche der einen oder anderen Gruppe von Nutznießern einer bestimmten Politik zum Durchbruch verhilft.

politischer Konjunkturzyklus – W.D. Nordhaus (1975) hat die Ansätze der Neuen Politischen Ökonomie weiterentwickelt und einen politischen Konjunkturzyklus modelliert. Es wird unterstellt, dass Politiker zwischen Inflationsrate und Unterbeschäftigung abwägen könnten (Konzept der → Phillips-Kurve). Vor einem Wahltermin wird die Regierung durch verstärkte öffentliche Nachfrage für mehr Beschäftigung sorgen und dafür eine höhere Inflationsrate in Kauf nehmen. Die Kosten der Disinflation sowie der Konsolidierung der Staatsverschuldung fallen erst nach der Wahl an. Es hat sich jedoch gezeigt, dass die Wähler dies bei rationalen → Erwartungen und hinreichenden Informationen durchschauen und entsprechend höhere Löhne fordern (→ Lucas-Kritik), sodass die Beschäftigung nicht dauerhaft höher wird, sondern lediglich die Inflationsrate steigt. Wenn auch Politiker unter diesen Rahmenbedingungen über rationale Erwartungen verfügen, ist ein politischer Konjunkturzyklus irrational. – *Anders:* wirtschaftlicher Konjunkturzyklus.

politische Union → regionale Integration, EU, EWWU.

politökonomischer   Konjunkturzyklus → politischer Konjunkturzyklus.

polypolistische Preisbildung – 1. *Preisbildung im homogenen Polypol:* Die Preisbildung im homogenen Polypol wird meist am Beispiel der *vollkommenen Konkurrenz* dargestellt, die wegen der unterstellten *atomistischen* Struktur („Tropfenangebot" bzw. „Tropfennachfrage") – was eine sehr hohe Zahl von Teilnehmern impliziert – jedoch lediglich den *Grenzfall* des homogenen Polypols markiert. Dies ist zulässig, weil damit die weniger extrem ausgeprägten Fälle der Tendenz nach miterfasst werden. – Bei einer atomistischen Struktur sind die Marktanteile so gering, dass der einzelne Anbieter (oder Nachfrager) praktisch keinen Einfluss auf die Höhe des *Marktpreises* besitzt, der folglich als *Datum* betrachtet wird. → *Aktionsparameter* ist demnach die angebotene bzw. nachgefragte Menge, weshalb auch von *Mengenanpassern* gesprochen wird. Institutionell bedeutet dies, dass ein *Börsenauktionator* (→ Totalanalyse) vorhanden sein muss, der den Preis „bewegt". Fehlt ein solcher, müssen Anbieter und Nachfrager ihn selbst verändern, d.h., sie sind dann keine strikten „Mengenanpasser" mehr. Außerdem ist dann i.Allg. der Preis nicht mehr einheitlich, sodass ein *temporär unvollkommener Markt* vorliegt. Näherungsweise kann das Mengenanpasser-Modell jedoch auch hier angewendet werden. – Wie Anbieter und Nachfrager auf wechselnde Preise mengenmäßig reagieren, hängt von den *individuellen Angebots-* und *Nachfragefunktionen* ab. Letztere ergeben sich aus den Wirtschaftsplänen der → Haushalte und zeigen, dass die mengenmäßige Nachfrage ceteris paribus bei steigendem Marktpreis abnimmt. Umgekehrt steigt die angebotene Menge eines Unternehmer-Mengenanpassers,   wenn   der   Marktpreis steigt. – *Gewinnmaximierung* führt in diesem Fall zu der Bedingung Grenzkosten = Marktpreis, d.h., der Mengenanpasser passt sich entlang seiner Grenzkostenkurve an. Sind die Grenzkosten konstant, so wird bis zur Kapazitätsgrenze produziert. Im Fall abnehmender Grenzkosten gilt dies ebenso und es kommt zu Ausscheidungsprozessen in Richtung Oligopol oder → Monopol (u.a. kann ein sog.

Polypolistische Preisbildung (1)

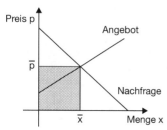

natürliches Monopol entstehen). – Da ein *homogener Markt* vorliegt, können Angebots- und Nachfragemengen der Anbieter bzw. Nachfrager horizontal addiert werden, kann also zur *aggregierten* oder *Marktbetrachtung* übergegangen werden. Damit ergeben sich folgende Konstellationen (für steigende bzw. konstante Grenzkosten; die „Stufenlänge" im zweiten Fall bezeichnet die jeweiligen Kapazitäten der einzelnen Polypolisten; vgl. Abbildung „Polypolistische Preisbildung (1)").

Man sieht, dass sich Marktpreis und -menge aus dem Schnittpunkt von Angebots- und Nachfragefunktion ergeben. Mengenanpasser, die gerade noch zum Zuge kommen, werden als *Grenzanbieter* bzw. *Grenznachfrager* bezeichnet. Die intra-marginalen Anbieter produzieren mit Gewinn *(Differenzialgewinne)*. Deutlich wird, dass die Höhe des sich bildenden Marktpreises abhängig ist von den → Präferenzen der Nachfrager, der Produktivität bzw. den Kosten und den Kapazitätsentscheidungen der Anbieter. – 2. *Preisbildung im heterogenen Polypol*: Sie vollzieht sich ganz analog zum heterogenen Oligopol bei polypolistischer Verhaltensweise, nur dass hier die Zahl der Anbieter größer ist. Auch die im Folgenden dargestellten Preisbildungsmodelle der monopolistischen Konkurrenz (Chamberlin) einerseits und des Ansatzes von Gutenberg andererseits, lassen sich mit dem dort benannten Instrumentarium angehen. – In der Bezeichnung „*monopolistische Konkurrenz*" kommt zunächst – ähnlich wie im Begriff „*unvollkommene Konkurrenz*" (Robinson) – die Heterogenität der gehandelten Produkte zum Ausdruck: Die Preisabsatzfunktion des einzelnen Anbieters verläuft

Polypolistische Preisbildung (2)

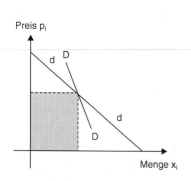

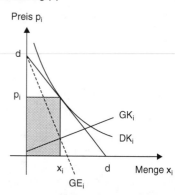

nicht – wie im Mengenanpasser-Fall des homogenen Markts – parallel zur Abszisse (wegen p = $\overline{P}$), sondern – wie beim Monopol – fallend. Zum anderen besteht aber gerade kein echtes Monopol, sondern heftige Konkurrenz (freier Marktzutritt, zahlreiche Anbieter). Da die Produkte heterogen sind, verbietet sich eine Aggregation wie unter Punkt 1; außerdem sind die Preise selbst im Gleichgewicht i.Allg. verschieden. Dennoch kann man unter bestimmten Annahmen den Sachverhalt grafisch erfassen (vgl. Abbildung „Polypolistische Preisbildung (2)"). Senkt Anbieter i seinen Preis, steigt die Nachfrage entlang der Preisabsatzfunktion dd an, wenn alle übrigen Anbieter ihren Preis nicht verändern. Senken jedoch alle Anbieter ihren Preis im gleichen Ausmaß, steigt die nachgefragte Menge schwächer an, nämlich entlang der Funktion DD. Die Preissetzung der Firma i

als der „repräsentativen Firma" orientiert sich im Fall der monopolistischen Konkurrenz an der Kurve dd. Kommt es dabei zu Gewinnen, so werden zusätzliche Anbieter angelockt, und zwar so lange, bis Gewinnlosigkeit eintritt. Dann ergibt sich der *Chamberlinsche Tangentenfall*, d.h., die Kapazitäten werden bes. im Fall positiver Skaleneffekte suboptimal genutzt. Diese Argumentation lässt sich jedoch nicht halten, weil die Produktionsprozesse der Unternehmen und die Kosten bei Heterogenität der Produkte ebenso unterschiedlich ausfallen werden wie die in einer solchen Situation notwendigen Werbungskosten, sodass ganz unterschiedliche Gewinne bei den Anbietern entstehen können. Außerdem kommen schon wegen der Werbungskosten Sunk Costs ins Spiel, die den Markteintritt abbremsen. Schließlich hat Heuß zu Recht darauf hingewiesen, dass für

Polypolistische Preisbildung (3)

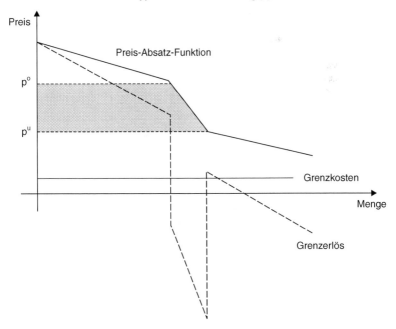

„Übersetzung" und „Typeninflation" in einer Branche nicht die Heterogenität des Marktes, sondern die oligopolistische Verhaltensweise verantwortlich ist. – Eine gewisse Verwandtschaft mit Chamberlins dd-Kurve weist die *doppelt geknickte Preisabsatzfunktion* Gutenbergs auf (vgl. Abbildung „Polypolistische Preisbildung (3)"). Die Heterogenität der Produkte drückt sich hier in einem *monopolistischen Bereich* aus. Erst wenn der obere Grenzpreis p^o überschritten wird, kommt es zu starker Abwanderung der Kunden; erst wenn der untere Grenzpreis p^u unterschritten wird, kommt es zu stärkerer Zuwanderung. Preisdifferenzen müssen also in jedem Fall groß genug sein, um die Bindung der Kunden, die sich in der Existenz des relativ unelastischen Bereichs der Preisabsatzfunktion manifestiert, zu lockern. Die relativ starke Zuwanderung, die bei einer Preissenkung unterhalb des unteren Grenzpreises eintritt, erklärt sich aus der Existenz zahlreicher anderer Anbieter: Da aber alle im Durchschnitt so wenig Nachfrage verlieren, bleibt die jeweilige Wirkung unterhalb *der Schwelle der Fühlbarkeit.* Hierin drückt sich der „Polypolismus" des Marktes aus. – Im Fall der doppelt geknickten Preisabsatzfunktion können – bedingt durch die sprunghafte Veränderung der Grenzerlös-(GE-)Kurve – mehrere lokale Gewinnmaxima auftreten, von denen das mit dem größten Gewinn ausgewählt wird. – 3. *Kritik:* Das Modell des heterogenen Polypols ist insofern eine äußerst fragwürdige Konstruktion, als sich die notwendige Annahme eines heterogenen Angebots und einer Vielzahl von Anbietern in einem endlichen Merkmalsraum für Heterogenität nicht aufrechterhalten lässt. Denn die mit zunehmender Anbieterzahl abnehmende Heterogenität der Angebote führt zu einer bes. Konkurrenzintensität weniger direkt benachbarter Produkte, die in eindeutig zurechenbarer oligopolistischer Interdependenz miteinander stehen, sodass hierfür keine „polypolistische", sondern nur eine oligopolistische Preisbildung in einem insgesamt gesehen sog.

Kettenoligopol in Frage kommt. Dies lässt sich in einem Marktmodell mit räumlicher Heterogenität, in dem jeder Anbieter das gleiche Gut ex definitione an einem anderen Standort anbieten muss, klar machen (z.B. Tankstellen). Je dichter mit steigender Anbieterzahl das Standortnetz wird, um so intensiver wird aufgrund der abnehmenden räumlichen Kundenbindung der Wettbewerb mit den wenigen Anbietern der Nachbarstandorte (den Nachbartankstellen), während man mit den dahinterliegenden Anbietern nur indirekt durch räumliche Kettenreaktionen verbunden ist. Diese fundamentale Kritik gilt insbesondere für die doppelt geknickten Preisabsatzfunktionen Gutenbergs, weil sich diese nur durch Präferenzenleerräume der Nachfrager (räumlich betrachtet: nur durch nachfragerleere Markträume) begründen lassen. Diese Voraussetzung lässt sich aber im Zuge einer dichter werdenden Standortbesetzung immer weniger erfüllen, weil jeder Anbieter seinen Standort sozusagen auf einer Nachfragerinsel behalten müsste, die (bis zur nächsten Nachfragerinsel) rundherum mit einer nachfragerlosen Schutzzone (Wald, Wiese, Wasser) umgeben sein müsste.

Portfolio-Ansatz – 1. *Begriff:* theoretischer Ansatz zur Wechselkursbestimmung (z.B. das *Branson-Modell*) für Situationen mit hoher, aber nicht perfekter → internationaler Kapitalmobilität. Resultiert aus der *bestandsgrößenorientierten* Betrachtung des → Devisenmarktes. – 2. *Darstellung:* Der gleichgewichtige nominelle → Wechselkurs ist nach dem Portfolio-Ansatz jener Kurs, bei dem renditeorientierte Anleger die gegebenen Bestände der in verschiedenen Währungen notierten Finanzaktiva, die annahmegemäß als imperfekte Substitute betrachtet werden, zu halten bereit sind *(Portfoliogleichgewicht).* Dies erfordert – in Abhängigkeit vom Grad der internationalen Kapitalmobilität – ganz bestimmte → Risikoprämien. Diese wiederum hängen bei gegebenen Zinssätzen und gegebenen Wechselkurserwartungen vom Wechselkurs ab, sodass ein

Portfoliogleichgewicht nur bei einem ganz bestimmten Wechselkurs erreicht wird. – Bedingt durch die für den Portfolio-Ansatz charakteristische Annahme der imperfekten Substitutionalität in- und ausländischer zinstragender Assets besteht für die Zentralbank diskretionärer Spielraum zur Beeinflussung des heimischen Zinssatzes und des Wechselkurses. Verbindung von Strom- und Bestandsgleichgewichten dadurch, dass Ungleichgewicht der Leistungsbilanz mit entsprechenden, aber entgegen gesetzten Veränderungen der Bestände an ausländischen Wertpapieren einhergehen. Hierdurch werden Rückwirkungen auf die Assetmärkte ausgelöst. – Vgl. auch → Zahlungsbilanzausgleich, → außenwirtschaftliches Gleichgewicht, → Vermögenspreisansatz zur Wechselkursbestimmung, → monetaristisches Wechselkursmodell, → Wechselkurstheorie.

Positionswechsel – Ursprungserwerb einer Ware nach den sog. *Listenkriterien* in den Anhängen der → Ursprungsregeln.

postkeynesianische Geldtheorie – Weiterentwicklung der keynesianischen Geldtheorie sowohl zur Transmission monetärer Impulse als auch zum Kausalzusammenhang zwischen der wirtschaftlichen Aktivität und der in einer → Volkswirtschaft umlaufenden Geldmenge. Den Ausgangspunkt der meisten Modelle bilden dabei portfoliotheoretische (Portfolio Selection) und kreditmarkttheoretische Überlegungen, mit denen die Keynesianische Theorie (→ Keynesianismus) um weitere Übertragungsmechanismen geldpolitischer Impulse auf den realen Sektor ergänzt wird. Darüber hinaus wurden im Rahmen der postkeynesianischen Geldtheorie Überlegungen angestellt, die herkömmliche Vorstellungen von einer durch die Zentralbank kontrollierbaren Geldmengenentwicklung in Frage stellen und die Analyse der Wirkungen der Geldmenge auf die wirtschaftliche Aktivität durch eine Berücksichtigung der umgekehrten Kausalität von der wirtschaftlichen Aktivität auf die Geldmenge ergänzen

(Endogenisierung der Geldmenge). Kennzeichnend für die Ansätze ist ferner, dass sie eine mikroökonomische Fundierung der Geldtheorie anstreben und deshalb auch den Banken- und Finanzsektor einer Volkswirtschaft explizit in die Analyse einbeziehen.

postkeynesianische Wachstumstheorie – 1. *Charakterisierung:* Im Rahmen der postkeynesianischen Wachstumstheorie wird versucht, die Überlegungen der statischen keynesianischen Lehre (→ Keynesianismus) auf die → Wachstumstheorie zu übertragen. – Bereits in der „General Theory of Employment, Interest and Money" hat Keynes 1936 dargelegt, wie Produktionsniveau und Beschäftigung durch das Unternehmerverhalten bestimmt werden. Seine Schlussfolgerungen basieren aber auf einem statischen Modell, d.h. auf einer Volkswirtschaft, deren Produktionspotenzial nicht wächst; es handelt sich folglich um eine *kurzfristige Analyse.* Im Unterschied zur bis zu diesem Zeitpunkt vorherrschenden neoklassisch-mikroökonomischen Betrachtung in der ökonomischen Theorie, in der alle Teilmärkte einer Volkswirtschaft unabhängig voneinander durch den Preismechanismus zum partiellen Gleichgewicht tendieren, schuf Keynes ein interdependentes System, in dem die Märkte über Güter- und Geldströme miteinander in Verbindung stehen. Zugleich sind in dieser *Kreislaufanalyse* nicht alle Teilmärkte gleichberechtigt, es gibt eine *Hierarchie der Märkte.* Das bedeutet, dass die Entscheidungen auf den Geld- und Gütermärkten das Angebots- und Nachfrageverhalten auf dem Arbeitsmarkt beeinflussen. Der Unternehmer übernimmt die aktive Rolle in diesem interdependenten System der Teilmärkte. Er muss aufgrund unvollständiger Informationen Erwartungen über die effektive Nachfrage bilden und entscheidet auf dieser Grundlage über die zu produzierende Menge sowie über die Investitionen, die erforderlich sind, um die nachgefragte Gütermenge auch anbieten zu können. Im Umfang der in der jeweils betrachteten Periode tatsächlich produzierten

Gütermenge entsteht bei den Arbeitnehmer- und Unternehmerhaushalten Einkommen, woraus die Konsumnachfrage finanziert wird. Ein Teil des Einkommens wird jedoch gespart und dient der Vermögensbildung. – Sofern in Höhe des Sparens der Haushalte von den Unternehmern auch investiert wird, herrscht *Periodengleichgewicht*, d.h. die angebotene Gütermenge entspricht der nachgefragten, und die Erwartungen der Unternehmer sind erfüllt worden. Die Investitionsentscheidung der Unternehmer orientiert sich aber nur z.T. an der *Absatzerwartung*. Relevant sind die *Renditeerwartungen* der Unternehmer, also die Verzinsung des eingesetzten Kapitals. Die Rendite- bzw. die Gewinnerwartungen der Unternehmer ergeben sich aus der Differenz zwischen den Absatzerwartungen und den Kosten, wobei bes. die Zinsen, also der Verzicht auf alternative Zinserträge zu berücksichtigen sind *(Opportunitätskostenprinzip)*. Diese Differenz ist die Marginal Efficiency of Capital, die → Grenzleistungsfähigkeit des Kapitals. Die Zinsen ergeben sich auf dem *Geldmarkt* aus Angebot und Nachfrage. Die angebotene Geldmenge ist exogen, und die Geldnachfrage ergibt sich aus den Kassenhaltungswünschen der Haushalte, welche wiederum wesentlich vom Einkommen und – damit zusammenhängend – von den Transaktionen, also den regelmäßig anfallenden Zahlungen, bestimmt werden. Die Entscheidungen auf Geld- und Gütermärkten bestimmen letztlich das *Beschäftigungsniveau;* denn die Unternehmer werden nur so viele Arbeitskräfte auf dem Arbeitsmarkt nachfragen, wie sie für die Produktion der Güter zur Befriedigung der effektiven Nachfrage benötigen. Daraus folgt gleichzeitig, dass diese Nachfrage nach Arbeitskräften nicht unbedingt dem Angebot auf dem Arbeitsmarkt entsprechen muss. Es kann somit sein, dass zwar auf Güter- und Geldmarkt Gleichgewicht herrscht, nicht aber auf dem Arbeitsmarkt. Wenn in dieser Situation die Arbeitskräftenachfrage kleiner ist als das Angebot, herrscht Arbeitslosigkeit

(Unterbeschäftigungsgleichgewicht; Arbeitsmarkttheorie). – Diese Zusammenhänge verdeutlichen die zentrale Rolle des Unternehmers sowie bes. die Nachfrage(erwartung) im Keynesianismus und somit auch in der p. W. Ebenso wichtig wie diese Verhaltensanalyse ist die *Stabilitätsanalyse des gesamtwirtschaftlichen Gleichgewichts*. In der statischen Keynesschen Theorie ist das Gleichgewicht stabil. Angebot und Nachfrage klaffen nur vorübergehend auseinander: Positive oder negative → Multiplikatorprozesse führen zum Gleichgewicht zurück. Dafür gibt es mehrere Gründe. (1) Einer der Gründe ist darin zu sehen, dass die *marginale Konsumquote*, also der Teil jeder zusätzlich verdienten Geldeinheit, der für Konsum verwendet wird, kleiner ist als Eins. Eine Einkommenserhöhung führt zu einer unterproportionalen Erhöhung der Nachfrage. Der Multiplikatorprozess läuft folglich nach vielen Schritten aus und endet in einem neuen Gleichgewicht bei höherem Einkommen und höherer Nachfrage. Im umgekehrten Fall führt der negative Multiplikatorprozess dazu, dass die Nachfrage nur unterproportional schrumpft und demnach ein neues Gleichgewicht bei niedrigerem Einkommen und niedrigerem Nachfrageniveau erreicht wird. Dieser Stabilitätsmechanismus funktioniert allerdings nur, wenn die Unternehmer nur wenig auf Änderungen der Renditeerwartungen reagieren. (2) Stabilisierend wirkt auch, wenn die Unternehmer mit zunehmenden Investitionen erwarten, dass deren Rentabilität sinkt. Dies hat zur Folge, dass positive Änderungen in der Renditeerwartung nicht kontinuierlich weitere Investitionen induzieren, sondern dass die *Investitionsbereitschaft* im Zeitablauf nachlässt und sich ein neues Gleichgewicht einstellt. – 2. *Phasen/Epochen:* In der ersten Phase steht das Instabilitätsproblem im Vordergrund (z.B. → Harrod-Domar-Modell). Die zweite Phase der postkeynesianischen Wachstumstheorie zeichnet sich durch das Bemühen ihrer Vertreter aus, den in der Realität nicht völlig instabil verlaufenden Akkumulationsprozess

zutreffender theoretisch zu modellieren; sie suchen folglich nach stabilisierenden Faktoren in einem generell instabilen System. – *Beispiel:* → Kaldors Wachstumsmodell, → Robinson-Modell. – 3. *Gesamtkritik und Ausblick:* In der postkeynesianischen Wachstumstheorie spielen die Investitionsentscheidungen der Unternehmer die entscheidende Rolle. Ihre Bestimmungsgründe sind daher von großem Einfluss, und es zeigt sich, dass deren Auswahl die Modellergebnisse bestimmt: Berücksichtigt ein Modell nur auslastungsgradabhängige Investitionen, so sind Periodengleichgewicht und dynamisches Gleichgewicht instabil. Bestimmen dagegen Profitratenerwartungen die Investitionstätigkeit, dann erhält man stabile Gleichgewichte. Da in der *Realität* beide Einflüsse eine Rolle spielen, würden ihre gemeinsame Berücksichtigung kein eindeutiges Ergebnis bringen, und man könnte nur gleichgewichtige und ungleichgewichtige Parameterkonstellationen bestimmen. Ein Erkenntnisfortschritt wäre daraus nur zu erzielen, wenn sich die relevanten Parameter empirisch bestimmen ließen. Die postkeynesianische Modellanalyse des Wachstums hat mithin die Grenze erreicht, bis zu der sie allein ohne Ökonometrie Erkenntnisse liefern kann.

potenzialorientierte Wirtschaftspolitik – 1. *Beispiele:* (a) Potenzialorientierte Geldpolitik, bei der die Wachstumsrate des weit gefassten Geldmengenaggregates M3 an der Entwicklung der Produktionsmöglichkeiten ausrichtet, korrigiert um die trendmäßige Veränderung der Umlaufsgeschwindigkeit sowie um die nicht-vermeidbare Inflation. (b) Konjunkturneutrale Fiskalpolitik, bei der sich die Ausgaben und Einnahmen des Staates nicht nach der Konjunkturlage richten, sondern sich am Wachstumspfad der Wirtschaft orientieren. – 2. *Vorteile:* (a) Stetige und verlässliche Wirtschaftspolitik führt zur Reduktion der Unsicherheit. Die Investitionen steigen. (b) Keine Problematik der Zeitverzögerung, da kein diskretionärer Instrumenteneinsatz. (c) Kein strategisches Verhalten der Politiker,

die Wahlen gewinnen wollen. – Vgl. auch → Angebotspolitik, regelgebundene Wirtschaftspolitik.

Präferenz – im Sinn der → Nutzentheorie ein Ausdruck der relativen subjektiven Bewertung zweier Güterbündel A gegenüber B durch den nachfragenden → Haushalt im Hinblick auf ihre jeweilige erwartete Bedürfnisbefriedigung. Die Präferenzen eines Wirtschaftssubjektes gelten als das Ergebnis eines wohlabgewogenen Entscheidungs- und Bewertungsprozesses unter hinreichender Information, das zumindest über einen gewissen Zeitraum Bestand hat. – Unter der *Annahme* ihrer Transitivität, Reflexivität und Vollständigkeit (→ Ordnungsaxiome) können sie zu einer → Präferenzordnung zusammengefasst werden. – Ein Instrumentarium zur *Ermittlung der* Präferenzen versucht die Theorie der „offenbarten Präferenzen" zu entwickeln. Bei gegebenen Preisen schließt sie aus den beobachtbaren Wahlhandlungen bei gegebenen Preisen, dass ein Haushalt ein bestimmtes Güterbündel gegenüber anderen vorzieht. Wiederholt man die Beobachtung bei variierten Preisen, lassen sich auf empirischen Weg sukzessive → Indifferenzkurven als Ausdruck der Präferenz-Ordnung ableiten. – *Arten:* Normalerweise gelten die Präferenzen eines Wirtschaftssubjektes als gegeben und interpersonell unabhängig. Werden allerdings externe Effekte des Verhaltens der Menschen zugelassen, gewinnt die gesellschaftliche Umwelt Einfluss auf die Präferenzordnung. – *Sachliche* Präferenzen: Die Präferenzen manifestieren sich in den beobachtbaren Wahlhandlungen des Haushaltes und nehmen entweder die Form der *echten* Präferenz (A wird B strikt vorgezogen) oder der *schwachen* Präferenz (A wird mind. genauso hoch geschätzt wie B) an bzw. es stellt sich im Grenzfall eine *Indifferenzsituation* ein. *Spezielle* Präferenzen beeinflussen das Marktgeschehen aufgrund persönlicher Eigenschaften oder Bindungen (*persönliche* Präferenzen), durch standortbedingte und entfernungsabhängige Vorteile (*räumliche*

Präferenzen) sowie aufgrund unterschiedlicher Liefer- oder Abnahmefristen und Wartezeiten *(zeitliche* Präferenzen*)*.

Präferenzabkommen – *Preferential Trade Agreement (PTA)*; vertraglich geregelte Vorzugsbehandlung. In der Außenwirtschaft Einräumung eines → Präferenzzolls/ → Vorzugszolls (Zollpräferenzen, → Einfuhrzoll Reduzierung bis auf Null in Abweichung vom → Drittlandszollsatz/MFN-Zollsatz), entweder einseitig (z.B. EU gegenüber Waren aus → Entwicklungsländern) oder gegenseitig. Präferenzabkommen verstoßen grundsätzlich gegen den WTO/GATT-Grundsatz der Meistbegünstigung (MFN), allerdings sind für die regionale Handelsintegration Ausnahmen aufgrund von Art. XXIV GATT möglich. Meist werden in den Präferenzabkommen auch Regelungen getroffen bez. der zulässigen → Kumulation, d.h. ob und welche Wertschöpfungsvorgänge in verschiedenen Ländern (Präferenzzonen) für die Ursprungsbestimmung in einem anderen Präferenzabkommen anerkannt werden. – Vgl. auch → Präferenzzoll, → regionale Integration, APS.

Präferenzenleerraum → Preisabsatzfunktion.

Präferenznachfrage → Preisabsatzfunktion.

Präferenzordnung – in der → Haushaltstheorie die widerspruchsfreie, d.h. transitive und reflexive Anordnung der gesamten → Präferenzen eines → Haushalts, die kurzfristig als nicht oder nur wenig veränderlich sowie i.d.R. von den Präferenzen anderer Haushalte unabhängig angenommen wird. Anhand der Präferenzordnung können die zur Wahl stehenden Güterbündel bewertet werden und lassen sich dann unter bestimmten Bedingungen durch eine Schar von → Indifferenzkurven wiedergeben. Bei *ordinaler Nutzenmessung* ist diese in eine → Nutzenindexfunktion überführbar. Somit kann bei Nutzenmaximierung unter gegebener Budgetrestriktion für jedes → Gut eine Nachfragefunktion aus der Präferenzordnung abgeleitet

werden. Werden *externe Effekte* des Konsumverhaltens (→ Nachfrageinterdependenz) zugelassen, sind die Präferenzordnungen der Haushalte nicht mehr autonom und im Zeitablauf stabil, sondern durch die gesellschaftliche Umwelt beeinflusst. Dabei können von der Angebotsseite aus die → Präferenzen einerseits durch Werbung beeinflusst werden, anderseits können durch neue und veränderte → Güter im wirtschaftlichen Entwicklungsprozess neue Bedürfnisse geweckt werden bzw. gegebene Bedürfnisse auf andere Weise befriedigt werden. Die *gegenseitige Beeinflussung der* Präferenzordnung durch die → Haushalte wird für bestimmte Fälle durch den → Mitläufereffekt, den → Snobeffekt sowie den → Vebleneffekt (Demonstrativkonsum) beschrieben. Schließlich können sich die Präferenzordnungen durch Konsumakte selbst ändern, indem Konsumenten im Zeitablauf *Erfahrungen* sammeln, aus diesen lernen und Gewohnheiten bilden (→ Erfahrungsgut).

Präferenzspanne – Unterschied zwischen der Höhe des → Präferenzzolls und dem höheren Zollsatz nach dem Meistbegünstigungsprinzip des GATT (→ Drittlandszollsatz), der auf Waren aus anderen Länder, die nicht in das Präferenzsystem einbezogen sind, angewandt wird.

Präferenzzoll – *Vorzugszoll;* → Zoll auf Einfuhrwaren aus bestimmten Länder, der niedriger ist als der Zoll auf die betreffende Ware bei Importen aus anderen Ländern; *Gegenteil:* → Drittlandszollsatz. Präferenzzölle verstoßen eigentlich gegen das Prinzip der Meistbegünstigung, werden vom GATT bzw. World Trade Organization (WTO) aber trotzdem in großem Umfang zugelassen. Präferenzzölle ergeben sich zum einen aus bi- oder multilateralen Abkommen. So hat z.B. die Europäische Union (EU) gleich oder ähnlich lautende Abkommen u.a. mit den EFTA-Staaten (EFTA), Mittelmeeranrainern, Mexiko, Chile, Südafrika und Südkorea geschlossen. Zum anderen gewährt die EU einseitig

Entwicklungsländern (den AKP-Staaten) Präferenzen für die Einfuhr deren Waren in die EU. – Vgl. auch → Präferenzabkommen.

Preis – bezeichnet den in Geldeinheiten ausgedrückten → Tauschwert eines → Gutes. Er trägt die Dimension Geldeinheiten pro Mengeneinheit (z.B. Euro pro Stück). Er wird auch als *absoluter* Preis bezeichnet, im Gegensatz zum *relativen* Preis, der den Tauschwert eines Gutes in Einheiten eines anderen Gutes ausdrückt. In der → Totalanalyse werden häufig alle Preise und Werte in Einheiten eines Gutes, des sog. *Numéraire-Gutes*, ausgedrückt. – Vgl. auch → natürlicher Preis, → Marktpreis, → relativer Preis, → Preisfunktion, Richtpreis, → Gleichgewichtspreis (eines Gutes), → Gegenwartspreis, → Prohibitivpreis.

Preisabsatzfunktion – 1. *Begriff*: funktionaler Zusammenhang zwischen dem effektiven → Preis p (als → Aktionsparameter) eines Anbieters und der zu diesem Preis in der Planperiode absetzbaren Menge x (als → Erwartungsparameter): x = x(p), wenn man vom Konkurrenzpreis noch abstrahiert. Als Zuordnung von unterschiedlich hohen Planpreisen zu mutmaßlich bewirkten Absatzmengen stellt die Preisabsatzfunktion keinen faktischen Zusammenhang dar, sondern ein subjektives Planungskonzept, sodass auch von einer *konjekturalen Preisabsatzfunktion* gesprochen wird. Da der Preis hierin die unabhängige Variable und die Menge die abhängige Variable bilden, kann das analytische Instrument der Preisabsatzfunktion sinnvoll nur auf Preisakteure oder Preissetzer (im → Monopol, Oligopol und heterogenen Polypol) angewendet werden und nicht auf Mengenanpasser (Anbieter im homogenen Polypol oder bei vollkommener Konkurrenz). Wegen der Konkurrenzpreisunabhängigkeit des (absoluten) Monopolisten wird im folgenden zwischen der Preisabsatzfunktion im Monopol und den Preisabsatzfunktionen bei Konkurrenz unterschieden. Der Graph einer Preisabsatzfunktion wird als *Preisabsatzkurve*

bezeichnet. Die Bedeutung von Preisabsatzfunktionen liegt darin, dass sie die nachfragetheoretischen Grundlagen zur Erklärung der Preisbildung und neben der Produktions- und Kostentheorie einen unverzichtbaren Baustein in den → Preisbildungsmodellen darstellen. – 2. *Preisabsatzfunktion im* → *Monopol*: In der Marktform des Ein-Produkt-Monopols wird im einfachsten Fall von einer linearen Preisabsatzfunktion (*Monopolnachfrage*) ausgegangen:

$$x(p) = a - bp$$

mit den Parametern a = x(p=0) > 0 und b > 0 und der 1. Ableitung dx/dp = -b < 0. Hierin stellen a die beim Nullpreis erzielbare → *Sättigungsmenge* und b die Preisreagibilität der Monolnachfrage dar, die angibt welchen Absatz der Monopolist als über die Marktgrenzen wandernde Nachfrage als negative (positive) → Außenfluktuation verliert (hinzugewinnt), wenn der Monopolpreis um eine Einheit erhöht (gesenkt) wird. Der negative Wert von b (1. Ableitung der Preisabsatzfunktion) bestimmt m.a.W. die Steigung der fallenden Preisabsatzkurve des Monopolisten (vgl. Abb. 1: Preisabsatzkurve im Monopol). Je größer b und damit der Grad der Außenfluktuation ist, um so flacher verläuft seine Nachfragekurve. Während die Sättigungsmenge a den Abschnitt der monopolistischen Preisabsatzkurve auf der Mengenachse markiert, wird der Abschnitt auf der Preisachse (bei Nullabsatz) durch den → *Prohibitivpreis* $p^h = p(x=0) = a/b > 0$ gebildet. Wie viele Nachfrager hinter der Preisabsatzfunktion des Monopolisten stehen, bleibt in der dargestellten aggregierten Form offen. Unterstellt man jedoch ein konstantes Nachfragerpotenzial n und für jeden Nachfrager j die gleiche individuelle Nachfragefunktion $x_j(p) = a_j - b_j p$, lässt sich der Einfluss dieser Nachfragedeterminanten in der disaggregierten Preisabsatzfunktion explizit ausweisen:

$$x(p) = x_j(p)n = (a_j - b_j p)n = a_j n - b_j n p.$$

Unterstellt man alternativ, dass hinter jeder marginalen Absatzeinheit des Monopolisten

Abb. 1: Preisabsatzkurve im Ein-Produkt-Monopol

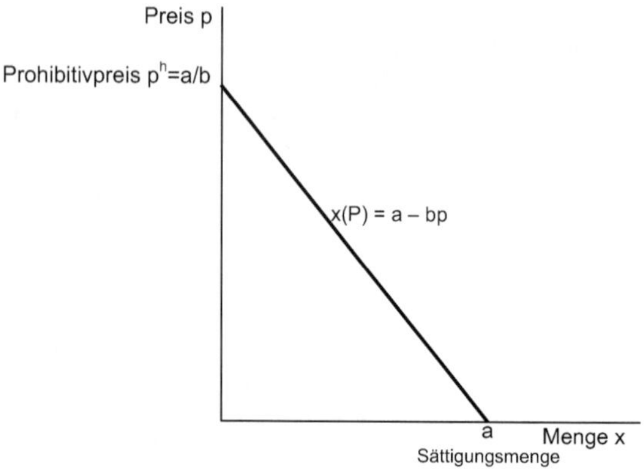

Preis p

Prohibitivpreis $p^h = a/b$

$x(P) = a - bp$

a   Menge x
Sättigungsmenge

ein Grenzkäufer steht und demzufolge jeder Nachfrager vollkommen preisunelatisch, aber mit jeweils unterschiedlich hoher maximaler Preisbereitschaft konstant eine Mengeneinheit nachfragt ($x_j = 1$ für $0 \leq p \leq p_j^{max}$), lässt sich die aggregierte Preisabsatzfunktion (da x = n) in eine identische *Preisnachfragerfunktion* überführen:

$$x(p) = n(p) = a - bp$$

Unter dieser Bedingung, die für viele Ausrüstungs- und Gebrauchsgegenstände (Automobile, Nussknacker, Dosenöffner, Kühlschränke etc.) mit dem Grenznutzen einer weiteren Mengeneinheit von Null nicht unrealistisch ist, besteht die Außenfluktion der Nachfrage in gleichem Umfang aus Außenfluktuation von Nachfragern. – 3. *Preisabsatzfunktionen bei Konkurrenz:* a) *Vorbemerkung:* Von den Preisen konkurrierender Produkte bzw. Anbieter abhängige Preisabsatzfunktionen können wie festgestellt nur im heterogenen Monopol, im homogenen und heterogenen Oligopol sowie (theoretisch) im heterogenen Polypol vorkommen. Der von der Anbieterzahl abhängige Übergang von „wenigen" auf „viele" Anbieter unter strikter Beibehaltung der Heterogenitätsbedingung

hat jedoch bisher zu keiner überzeugenden Unterscheidung oligopolistischer und polypolistischer Preisabsatzfunktionen geführt (vgl. die entsprechende Kritik an der → polypolistischen Preisbildung), d.h. es werden (z.T. bedenkenlos) im heterogenen Polypol im Prinzip die gleichen Preisabsatzfunktionen und -kurven verwendet wie im heterogenen Oligopol. Da auch im Mehr-Produkt-Monopol ein polypolistisches Produktangebot ausgeschlossen werden kann, konzentrieren wir uns ausschließlich auf eindeutige oligopolistische Interdependenzen. Dabei wird zwischen Preisabsatzfunktionen im homogenen und heterogenen Oligopol unterschieden. Die Preisabsatzfunktionen im heterogenen Oligopol können ohne weiteres auf das heterogene Monopol übertragen werden, wobei natürlich zu berücksichtigen ist, dass der Verbundmonopolist die Preise für alle seine miteinander in Konkurrenz stehenden Produkte autonom festsetzen kann. Gleichwohl muss er die innerhalb seiner Produkpalette herrschenden Verbundeffekte, d.h. die individuellen Preisabsatzfunktionen seiner Produkte berücksichtigen. – b) *Preisabsatzfunktionen im homogenen Oligopol:*

Abb. 2: Preisabsatzkurven bei gleich hohem Konkurrenzpreis im homogenen Oligopol

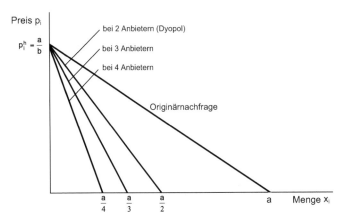

Die individuellen Preisabsatzfunktionen von Anbietern mit homogenem Produktangebot sind (a) von der Anbieterzahl und (b) von der Annahme über den Konkurrenzpreis abhängig. – (1) *Originärnachfrage*: Bei homogenen Gütern, wie sie der Ein-Produkt-Monopolist auch anbietet, kann jeder Oligopolist in einer Quasi-Monopolsituation, in welcher er von seiner Konkurrenz abstrahiert, mit dem gleichen Absatzpotenzial rechnen wie der Monopolist. Insofern bildet die beschriebene lineare Preisabsatzfunktion des Monopolisten im einfachsten Fall die Marktnachfrage, die er sich zwar mit seinen Konkurrenten teilen muss, die er als individuelle Nachfrage aber im günstigsten Fall (nämlich durch Ausschalten oder wenigstens durch Wegdenken der Konkurrenz) allein erzielen kann. – Diese seine sog. „Originärnachfrage" lautet als Funktion also (zusätzlich mit dem Index i für den betrachteten Anbieter versehen):

$$x_i(p_i) = a - bp_i$$

mit a > 0, b >0. (2) *Preisabsatzfunktionen bei gleich hohem Konkurrenzpreis*: Fordern die Oligopolisten bei sog. „paralleler" Preispolitik für gleiche Güter stets gleiche hohe Preise ($p_i = p_k$), wird sich die Markt- oder Originärnachfrage bei polypsonistischer Struktur (nach dem Wahrscheinlichkeitsgesetz) wegen der Indifferenz aller Käufer gleichmäßig auf die aktuellen Anbieter verteilen. Die individuelle Preisabsatzfunktion bei gleich hohen Konkurrenzpreisen ist daher ein durch die Anbieterzahl A bestimmter *Bruchteil der Originärnachfrage*:

$$x_i(p_i = p_k, A) = \frac{a}{A} - \frac{b}{A}p_i.$$

Die hieraus resultierende individuelle Preisabsatzkurve dreht sich (von der Originärnachfrage mit A=1 ausgehend) mit wachsender Anbieterzahl immer mehr nach innen, wobei der (gleich hohe) individuelle Prohibitivpreis konstant bleibt (vgl. Abb. 2: Preisabsatzkurven im homogenen Oligopol bei gleich hohem Konkurrenzpreis). Aus diesen Zusammenhängen folgt, dass der mengenmäßige und monetäre Marktanteil ebenfalls mit der Anbieterzahl schrumpft und dass sich die Außenfluktuation der Originärnachfrage (wegen dx/dp = – b/A) gleichmäßig auf die Anbieter verteilt. (3) *Preisabsatzfunktionen bei konstantem Konkurrenzpreis*: Welche Intenstät der Wettbewerb im homogenen

Abb. 3: Preisabsatzkurve bei konstantem Konkurrenzpreis im homogenen Dyopol

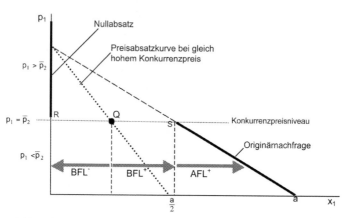

Oligopol (abgesehen von der Zahl der Wettbewerber) annimmt wird vollends deutlich, wenn man die Preisabsatzlage eines beliebigen Anbieters i bei konstantem Konkurrenzpreis untersucht. (a) Bei gleichem Preis ($p_i = p_k$ = konstant) erzielt er wie festgestellt einen Bruchteil der Originärnachfrage. (b) Erhöht er bei konstantem Konkurrenzpreis seinen Preis im Alleingang um eine minimale Einheit oder mehr ($p_i > p_k$ = konstant), wird er seinen gesamten Absatz an die Konkurrenten verlieren (aus seiner Sicht totale negative → Binnenfluktuation, aus Sicht der Konkurrenten totale positive Binnenfluktuation), weil seine bisherigen Käufer diesen Preisnachteil bei gleichem Produktangebot nicht tolerieren werden. (c) Senkt er umgekehrt bei konstantem Konkurrenzpreis seinen Preis alleine um eine minimale Einheit oder mehr (pi < p_k= konstant), wird er aufgrund des gebotenen Preisvorteiles alle Käufer des Marktes für sich gewinnen (positive Binnenfluktuation) und damit durch Ausschaltung der Konkurrenz (negative Binnenfluktuation) die gesamte Originärnachfrage erringen. Insofern lautet die dreiteilige Preisabsatzfunktion bei konstantem Konkurrenzpreis 0 für $p_i > \bar{p}_k$

$$x_i(p_i, \bar{p}_k) = \frac{a}{A} - \frac{b}{A} p_i$$

für $p_i = \bar{p}_k$ $a - bp_i$ für $p_i < \bar{p}_k$. Der Graph dieser Preisabsatzfunktion bei konstantem Konkurrenzpreis besteht analog aus drei Abschnitten (vgl. Abb. 3: Preisabsatzkurve bei konstantem Konkurrenpreis im homogenen Dyopol). a) Auf dem Konkurrenzpreisniveau befindet sich der betrachtete Anbieter 1 im Dyopol im Punkt Q auf der Preisabsatzkurve bei gleich hohem Konkurrenzpreis, welche die Hälfte der Originärnachfrage umfasst. In der gleichen Lage befindet sich Anbieter 2. (b) Erhöht Anbieter 1 den Preis um eine minimale Geldeinheit findet er sich aufgrund totaler negativer Binnenfluktuation (BFL⁻) mit Nullabsatz auf der Preisachse im Punkte R wieder, während Anbieter 2 bei unverändertem Preis die Originärnachfrage erreicht. Bei weiterer Preiserhöhung ändert sich daran nichts mehr, er bewegt sich lediglich auf der Preisachse weiter nach oben. (c) Senkt Anbieter 1 seinen Preis umgekehrt um eine minimale Einheit unter den Konkurrenzpreis, gewinnt er zunächst durch positive Binnenfluktuation (BFL+) den gesamten

Absatz von Anbieter 2 hinzu, wodurch nun bei unverändertem Preis dessen Absatz auf Null schrumpft. Anbieter 1 gelangt so in den Punkt S auf der Originärnachfrage. Da dieser Punkt eine minimale Geldeinheit unter dem Ausgangspreisniveau und Punkt Q liegt, hat er (optisch nicht erkennbar) auf der *Originärnachfragekurve* durch positive → Außenfluktuation (AFL⁺) eine minimale Absatzmenge zusätzlich erzielt. Durch stärkere Preissenkungen wird dieser Außenfluktuationsgewinn durch Bewegung auf der Originärnachfrage nach rechts unten aber deutlich. – (4) *Konsequenzen für die Preispolitik:* Im Zuge der Darstellung der Preisabsatzfunktionen im homogenen Oligopol ist deutlich geworden, dass es in dieser Marktform aufgrund der schon bei minimalen Preisdifferenzen ausgelösten totalen Binnenfluktuation für alle Anbieter einen *Zwang zum Einheitspreis* gibt. Alleinige Preiserhöhungen sind wegen totaler eigener Absatzverluste indiskutabel, der Preissenkung eines Wettbewerbers muss unvollzüglich gefolgt werden, da auch in diesem Fall ein totaler Absatzverlust droht. Die Preisabsatzfunktion bei gleich hohen Konkurrenzpreisen oder bei paralleler Preispolitik stellt daher in dieser Marktform praktisch die einzig relevante Preisabsatzfunktion dar. – c) *Preisabsatzfunktionen im heterogenen Oligopol:* (1) *Vorbemerkungen:* Anders als bei Produkthomogenität ist bei heterogenem Produktangebot bei den Käufern nicht von Indifferenzen, sondern von mehr oder weniger starken Präferenzen und höheren Preisbereitschaften für das von ihnen bevorzugte Produkt auszugehen. Die Präferenzbindungen führen dazu, dass die durch Preisdifferenzen auslösbare Binnenfluktuation zwischen den Produkten und ihren Anbietern mehr oder weniger herabgesetzt ist, bei ausschließlich starken Präferenzbindungen sogar partiell aussetzen kann. Damit eröffnet sich eine Vielzahl möglicher Varianten von Preisabsatzfunktionen, sodass am einfachen Beispiel eines heterogenen Dyopols nur auf wenige Grunddefinitionen und -muster eingegangen

werden kann. – (2) *Allg. Definition einer Preisabsatzfunktion im heterogenen Dyopol:* Für Anbieter 1 bzw. Anbieter 2 gelten bei heterogenem Produktangebot die dyopolistischen Preisabsatzfunktionen:

$$x_1(p_1, p_2) = a_1 - (m_1 + c_1)p_1 + c_2 p_2 = a_1 - m_1 p_1 - c_1 p_1 + c_2 p_2$$

$$x_2(p_2, p_1) = a_2 - (m_2 + c_2)p_2 + c_1 p_1 = a_2 - m_2 p_2 - c_2 p_2 + c_1 p_1$$

Erläuterung am Beispiel der Preisabsatzfunktion für Anbieter 1: Der Parameter $a_1 > 0$ gibt seine individuelle Sättigungsmenge an, während der Koeffizient $m_1 > 0$ die durch seine Preisaktion bewirkte Außenfluktuation und die Koeffizienten $c_1, c_2 > 0$ den Grad der durch Variation von p_1 bzw. p_2 ausgelösten Binnenfluktuation bestimmen. Die Vorzeichen der partiellen Ableitungen der Funktion nach p_1 ($\partial x_1/\partial p_1 = -(m_1 + c_1) < 0$) bzw. nach p_2 ($\partial x_1/\partial p_2 = c_2 > 0$) besagen, dass c.p. eine Erhöhung (Senkung) des eigenen Preises den Absatz positiv (negativ) und eine Erhöhung (Senkung) des Konkurrenzpreises den eigenen Absatz positiv (negativ) beeinflusst. Die direkte → Preiselastizität der Nachfrage hat dementsprechend ein negatives, die Kreuzpreiselastizität dagegen ein positives Vorzeichen. – (3) *Preisabsatzfunktion bei paralleler Preispolitik (Präferenznachfrage):* Fordern die Dyopolisten stets gleich hohe Preise und sind auch die Binnenfluktuationskoeffizienten gleich groß (Symmetrieannahme) verkürzt sich die Preisabsatzfunktion des Anbieters auf den Ausdruck $x_1(p_1 = p_2) = a_1 - m_1 p_1$ für $c_1 = c_2$. Dies bedeutet, dass bei gleich hohen Preisen beider Anbieter keine Binnenfluktuation, sondern nur eine Außenfluktuation (in Höhe von $\Delta x_1 = -m_1 \Delta p_1$) stattfindet. Die Binnenfluktuation schließt sich deshalb aus, weil für die Nachfrager des Anbieters 1 und ebenso für die Nachfrager des Anbieters 2 bei gleich hohen Preisen nur die Präferenzen für das eine oder andere Produkt kaufentscheidend sind und keinerlei Veranlassung besteht, marktintern das Produkt oder den Anbieter zu wechseln. Wenn im Zuge einer parallelen Preiserhöhung dennoch weniger oder gar nicht mehr nachgefragt wird, dann nur, weil

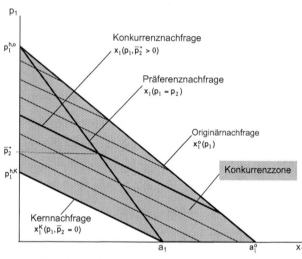

Abb. 4: Preisabsatzkurven im heterogenen Dyopol

die Preisbereitschaft für das auf dem betrachteten Markt bevorzugte Gut gegenüber Bedarfsgütern auf anderen Märkten abnimmt. Soweit überhaupt noch eine aktuelle Nachfrage ausgeübt wird, äußert sich darin ein klares Präferenzbekenntnis zugunsten des nachgefragten Produktes. Insofern macht es Sinn, die Preisabsatzfunktion bei gleich hohen Preisen als *„Präferenznachfrage"* zu bezeichnen. – (4) *Preisabsatzfunktion bei konstantem Konkurrenzpreis*: Liefern gleich hohe Preise einen Markttest für die Verteilung der Präferenzen auf das heterogene Produktangebot, offenbart die Preisvariation bei konstantem Konkurrenzpreis, wie intensiv die Präferenzbindung der Nachfrager des betrachteten Anbieters und der Nachfrager des Konkurrenzproduktes ist, d.h. wie die eigenen Präferenznachfrager auf Preiserhöhungen und den damit zunehmenden Preisnachteil (mit negativer Binnenfluktuation) reagieren und umgekehrt die Präferenznachfrager des Wettbewerbers auf Preissenkungen und damit auf den zunehmenden Preisvorteil des nachgezogenen Produktes (mit positiver

Binnenfluktuation). Die entsprechende Preisabsatzfunktion ergibt sich aus der allg. Preisabsatzfunktion, indem man den Konkurrenzpreis als Konstante einsetzt:

$$x_1(p_1, \bar{p}_2) = a_1 + c_2\bar{p}_2 - (m_1 + c_1)p_1.$$

Hieraus ergibt sich erstens, dass im Vergleich zur Präferenznachfrage mit Außen- und Binnenfluktuation zu rechnen ist. Zweitens fungiert das Konkurrenzpreisniveau als Lageparameter, da die Sättigungsmenge im Vergleich zu Präferenznachfrage um eine konstante positive Binnenfluktuation (in Höhe von c_2p_2) zunimmt und zwar um so mehr, je höher der Konkurrenzpreis ist. Lediglich beim Konkurrenzpreis von $p_2 = 0$ bleibt dieser Effekt aus. – (5) *Kernnachfrage*: Letzteres führt zu der plausiblen Erkenntnis, dass der betrachtete Anbieter 1 mit der ungünstigsten Preisabsatzfunktion konfrontiert ist, wenn er durch einen konstanten Nullpreis von Anbieter 2 (negative Konkurrenzpreise ausgeklammert) dem schärfsten Preiswettbewerb ausgesetzt ist. Die Preisabsatzfunktion lautet in diesem Fall:

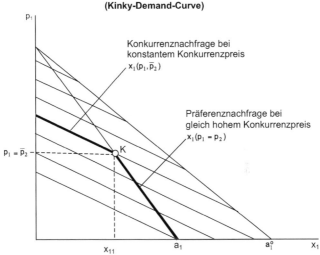

Abb. 5: Einfach geknickte Preisabsatzkurve (Kinky-Demand-Curve)

$$x_1(p_1, \bar{p}_2 = 0) = a_1 - (m_1 + c_1)p_1 .$$

Die frohe Botschaft für Anbieter 1 besteht aber darin, dass er bei eigenem Nullpreis von der Sättigungsmenge a_1 ausgehend bei Preiserhöhungen noch bis zum Prohibitivpreis

$$p_1^h(\bar{p}_2 = 0) = \frac{a_1}{m_1 + c_1}$$

einen ihm im Preiswettbewerb nicht zu nehmenden positiven Absatz, die sog. „Kernnachfrage" erzielen kann. – (6) *Originärnachfrage*: Abschließend stellt sich die Frage, bis zu welchem Absatz sich im Zuge einer sukzessiven Preisunterbietung durch eine positive Außen- und Binnenfluktuation zulasten des Konkurrenten vorstoßen lässt. Wie im homogenen Oligopol lautet die Antwort: bis zur Erreichung der Quasi-Monopolsituation, d.h. bis zur Erzielung der Originärnachfrage. Diese entspricht im heterogenen Oligopol jedoch nicht der Marktnachfrage, da jedes heterogene Produktangebot aufgrund seiner präferenzbildenden Eigenart eine individuelle Originärnachfrage besitzt. Diese ist genau um die maximale positive

Binnenfluktuation größer als die Präferenznachfrage. D.h. bspw., dass er maximal den Absatz hinzugewinnen kann, den Anbieter 2 bei Erreichen des prohibitiven Preises seiner Kernnachfrage durch negative Binnenfluktuation an ihn verliert. Beide genannten Absatzmengen bilden daher die Sättigungsmenge seiner Originärnachfrage. Schließlich ist der prohibitive Preis der Präferenznachfrage des Anbieters 1 auch Prohibitivpreis seiner Originärnachfrage, da bei diesem Preis keine Binnen- und Außenfluktuation mehr stattfinden kann. – (7) *Grafische Darstellung und Erläuterung der Zusammenhänge*: Wie Abb. 4 (Preisabsatzkurven im heterogenen Dyopol) am Beispiel von Anbieter 1 zeigt, stellt die Originärnachfrage seine maximale und die Kernnachfrage seine minimale Preisabsatzkurve dar. Die durch diese beiden Grenzkurven begrenzte (grau eingefärbte) Fläche wird sinnvoll als „Konkurrenzzone" bezeichnet, da sich hierin der durch Binnenfluktuation gekennzeichnete Preiswettbewerb abspielt. Die mit gleicher Steigung wie die Kernnachfrage eingezeichnete Schar von Preisabsatzkurven,

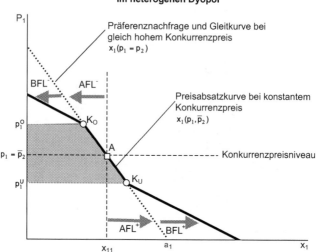

**Abb. 6: Doppelt geknickte Preisabsatzkurve
im heterogenen Dyopol**

gelten bei unterschiedlich hohen konstanten Konkurrenzpreisen. Diese Kurven werden auch als konkurrenzpreisabhängige „Konkurrenznachfragen" angesprochen. Sie verlaufen relativ flach, weil sie der Binnen- und Außenfluktuation unterworfen sind. Diagonal durch die Konkurrenzzone (vom Prohibitivpreis der Originärnachfrage bis zur Sättigungsmenge der Kernnachfrage) verläuft die bei paralleler Preispolitik der Dyopolisten geltende Präferenznachfrage. Sie verläuft steiler als die Konkurrenznachfragen, weil sie keine Binnenfluktuation beinhaltet. An den Schnittpunkten jeder Konkurrenznachfrage mit der Präferenznachfrage lässt sich jeweils der für erstere geltende konstante Konkurrenzpreis ablesen. Die waagerechten Abstände zwischen der Präferenznachfrage und jeder Kokurrenznachfrage zeigen die absolute Binnenfluktuation an, unterhalb des Schnittpunktes mit der Präferenznachfrage die positive (Absatzgewinn von Anbieter 2) und oberhalb des Schnittpunktes die negative Binnenfluktuation (Absatzverlust an Anbieter 2). – (8) *Die einfach geknickte Preisabsatzkurve*

(Kinky-Demand-Curve): Keine neue Preisabsatzfunktion, aber eine viel diskutierte Preisabsatzkurve stellt in diesem Zusammenhang die einfach geknickte Preisabsatzkurve dar, die zur Erklärung der oligopolistischen Preisstarrheit herangezogen wird ($\rightarrow$ Kinky-Demand-Modell). Sie ergibt sich als Kombination zweier linearer Preisabsatzkurven, die auf zwei der vorgestellten Preisabsatzfunktionen bei heterogener Konkurrenz beruhen, nämlich (a) auf der Preisabsatzfunktion bei konstantem Konkurrenzpreis $x_1(p_1, p_k$=konstant) und (b) der Preisabsatzfunktion bei gleich hohen Konkurrenzpreisen $x_1(p_1=p_k)$. Die erstere begründet (aufgrund von Außen- *und* Binnenfluktuation) den flacheren oberen Ast der geknickten Preisabsatzkurve, die letztere (wegen des Fehlens von Binnenfluktuation) den steileren unteren Ast. Der Knick K als gemeinsame Nahtstelle beider Kurven ergibt sich auf Höhe des konstanten *und* gleich hohen Konkurrenzpreises (vgl. Abb. 5). Ursache für die Knickstelle ist die asymmetrische Hypothese des Kinky-Demand-Modells über das Konkurrenzverhalten: (a) bei

Preiserhöhungen behält die Konkurrenz wegen des Absatzgewinns (der für sie positiven Binnenfluktuation) ihren Preis bei, (b) bei einer Preissenkung dagegen zieht sie mit, um den drohenden Absatzverlust (die für sie negative Binnenfuktuation) zu verhindern.

(9) *Die doppelt geknickte Preisabsatzkurve*: Eine Preisabsatzkurve mit zwei Knickstellen wurde von E. *Gutenberg* in die preistheoretische Diskussion der heterogenen Konkurrenz gebracht (vgl. Abb. 6). Die dahinter stehende Funktion ist eine Preisabsatzfunktion vom Typ „bei konstantem Konkurrenzpreis" mit einem dreiteiligen Definitonsbereich. Das Besondere an der Kurve ist der mittlere Abschnitt (zwischen den beiden Knickstellen), der mit der Preisabsatzkurve bei gleichem Konkurrenzpreis erstaunlicher Weise zusammenfällt, woraus sich rückschließen lässt, dass hier (trotz des konstanten Konkurrenzpreises) keine Binnenfluktuation stattfindet. Dies bedeutet, dass in diesem Definitionsbereich der Preisabsatzfunktion die Binnenfluktuationskoeffizienten den Wert Null haben (z.B. im Dyopol: $c_1 = c_2 = 0$), während sie in den beiden anderen Definitionsbereichen „normal" definiert sind ($c_1, c_2 > 0$). Aus diesem Grunde verlaufen auch der obere und der untere Ast der Kurve wieder normal, d.h. aufgrund von Binnen- *und* Außenfluktuation flacher. Konsequenz dieser Zusammenhänge ist, dass die Konkurrenz bei einer Preisvariation in dem Intervall zwischen den zu den beiden Knicken gehörenden Grenzpreisen gar keine Absatzwirkung spürt. Da auch die Aktions-Reaktions-Verbundenheit hierdurch partiell unterbrochen ist, wird dieser Preisbereich auch als „*autonomes Preisintervall*" (→ Preisautonomie) bezeichnet. Die notwendige Begründung für das entsprechende Verhalten der Nachfrager liefert die plausible Annahme über eine ganz bestimmte Verteilung der Präferenzintensitäten der bei gleichen Preisen hinter der Präferenznachfrage steckenden Käufer. Befinden sich in den Lagern der Präferenznachfrager der miteinander konkurrierenden Produkte

nämlich nur solche mit relativ starken Präferenzen, sind eben auch relativ große absolute Preisdifferenzen notwendig, bevor sie sich zu einem Produktwechsel bewegen lassen. D.h. die nachfragetheoretische Begründung dieses Phänomens ist das Fehlen schwacher (mit Preisen bewerteter) Präferenzintensitäten oder die Existenz eines sog. „*Präferenzenleerraumes*". Da dieser Leerraum unterschiedlich groß und auf die Produktangebote außerdem symmetrisch oder asymmetrisch verteilt sein kann, können auch autonome Preisintervalle unterschiedlich groß und symmetrisch oder asymmetrisch sein. Da die Lage der autonomen Preisintervalle ex definitione vom Konkurrenzpreis abhängt, d.h. sich mit diesen nach oben oder unten verschieben, fungiert die Präferenznachfrage (Preisabsatzkurve bei gleich hohen Preisen) für den mittleren Abschnitt der geknickten Preisabsatzkurve als Gleitkurve. Erreicht der obere Grenzpreis des „Intervalls" den Prohibitivpreis der Präferenznachfrage bzw. der untere Grenzpreis den Nullpreis, gehen diese schließlich in einen „*oberen autonomen Preisbereich*" bzw. in einen „*unteren autonomen Preisbereich*" über.

Preisabsatzkurve – grafische Darstellung (*Graph*) einer → Preisabsatzfunktion.

Preisausgleichsprinzip – Begriff der einzelwirtschaftlichen oder gemeinwirtschaftlichen Preispolitik für eine Preisstellung, bei der Verluste auf einem Absatzsektor durch entsprechend höhere Gewinne auf einem anderen ausgeglichen werden, z.B. Ausgleich zwischen Inlands- und Exportpreisen, zwischen verschiedenen Betriebsabteilungen, bes. bei Versorgungsbetrieben (Verlust bei Wasserwerk, Gewinn bei Gaswerk). – Die Kostenrechnung bleibt vom Preisausgleichsprinzip unberührt.

Preisautonomie – *Preisunabhängigkeit*; Unabhängigkeit des Absatzes eines → Gutes vom → Preis eines anderen Gutes und seinem Anbieter, sodass das betrachtete Gut im Falle einer *totalen* Preisautonomie im gesamten relevanten Preisbereich (vom Nullpreis bis zum

→ Prohibitivpreis) oder bei *partieller Preisautonomie* zumindest in einem begrenzten Preisbereich eine Kreuzpreiselastizität von Null aufweist und jede mögliche oder eine begrenzte Preisdifferenz auf einem Markt keine → Binnenfluktuation auslöst. – *Beispiele*: (1) Total preisunabhängig ist ex definitione das in einem einfachen → Monopol angebotene Gut und damit auch sein Alleinanbieter. (2) Eine partielle Konkurrenzpreisunabhägigkeit in Form eines sog. *autonomen Preisintervalls* liegt bei der doppelt geknickten Preisabsatzkurve (→ Preisabsatzfunktion, → polypolistische Preisbildung) Gutenbergs vor, da hier (bei gegebenem Konkurrenzpreis) durch eine alleinige Preisvariation zwischen den beiden Knickstellen und den dazugehörigen Grenzpreisen aufgrund der Präferenzbindung der Nachfrager keine Binnenfluktuation ausgelöst wird.

Preisbeschaffungsfunktion – funktionaler Zusammenhang zwischen dem → Faktorpreis p_B eines → Produktionsfaktors und der zu diesem Preis beschaffbaren Faktormenge x_B: $x_B = x_B(p_B)$.

Aus der Perspektive der Marktgegenseite handelt es sich um die *Faktorangebotsfunktion*. Die Preisbeschaffungsfunktion ist Grundlage für die *Ausgabenfunktion* (Faktorpreis x Beschaffungsmenge) und die *Grenzausgabenfunktion* (1. Ableitung der Ausgabenfunktion) des betrachteten Faktors.

Preisbildung – 1. *Begriff*: Bezeichnung für das Zustandekommen des → Preises oder u.U. auch mehrerer Preise auf einem → Markt und Ermittlung der Preishöhe. Die Preisbildungsvorgänge sind Untersuchungsgegenstand der → Preistheorie. – 2. *Arten*: a) Nach den *Marktformen* sind zu unterscheiden: – (1) *Preisbildung in der vollständigen Konkurrenz*: → polypolistische Preisbildung. – (2) *Preisbildung bei Konkurrenz auf einem unvollkommenen Markt*: monopolistische Konkurrenz, → polypolistische Preisbildung. – (3) *Preisbildung beim Monopol*: → monopolistische Preisbildung. – (4)

Preisbildung beim Oligopol: → oligopolistische Preisbildung. – b) Für die Marktform der vollständigen Konkurrenz und für die monopolistische Konkurrenz ist die Unterscheidung zwischen *kurz- und langfristiger Betrachtungsweise* von Bedeutung: (1) In *vollständiger Konkurrenz* können kurzfristig Differenzialgewinne bei den einzelnen Unternehmern auftreten, weil nicht alle Unternehmer mit gleichen Kosten arbeiten. Das jedoch ist bei freiem Marktzugang (Free Entry) langfristig nicht mehr möglich, weil so lange neue Anbieter angezogen werden, bis sämtliche Differenzialgewinne abgebaut worden sind. Alle Unternehmer arbeiten mit den gleichen Produktionsverfahren im Minimum der langfristigen Durchschnittskosten (langfristig totales Gleichgewicht). – In der *monopolistischen Konkurrenz* erhält man als langfristige Gleichgewichtslösung die Chamberlinsche Tangentenlösung. – Vgl. auch → Preisbildungsmodelle.

Preisbildungsmodelle – 1. *Begriff*: Modelle, die unter Rückgriff auf die in der → Preistheorie herausgestellten Einflussfaktoren die → Preisbildung für typische Marktkonstellationen erfassen. Sie lassen sich klassifizieren nach den Annahmen, die man hinsichtlich des Informationsstandes der beteiligten Wirtschaftssubjekte trifft. – 2. *Deterministische Preisbildungsmodelle*: Setzt man vollständige Information sowie Nutzenmaximierung der Haushalte und Gewinnmaximierung der Unternehmen voraus, so gelangt man zu deterministischen *Preisbildungsmodellen*. Sie bauen auf Modellvorstellungen auf, die sich auf das Verhalten der einzelnen Unternehmung (→ mikroökonomische Theorie der Unternehmung) oder des Haushalts (→ Haushaltstheorie) beziehen, betrachten jedoch prinzipiell das Zusammenspiel dieser Einheiten auf dem einzelnen Produkt- oder Faktormarkt oder die Vorgänge zwischen verschiedenen Marktstufen (→ abgeleitete Nachfrage) oder über alle Märkte hinweg (→ Totalanalyse). Bez. des Einzelmarktes lassen sich hier die klassischen

Preisbildungsformen Monopol, Oligopol, Polypol, Monopson, bilaterales Monopol etc. nennen, die dann im Rahmen der → Grenzproduktivitätstheorie über zwei Marktstufen hinweg auch in kombinierter Form auftreten (→ polypolistische Preisbildung, → oligopolistische Preisbildung, → monopolistische Preisbildung). – *Unterscheidungsmerkmale:* Diese, an → Marktformen und Verhaltensweisen anknüpfenden *Preisbildungsmodelle* lassen sich wiederum danach klassifizieren, ob man einen homogenen oder heterogenen → Markt zugrunde legt. Ein zusätzliches Unterscheidungsmerkmal dieser Modelle ergibt sich daraus, dass man unterschiedliche Größen als → Aktionsparameter bzw. → Erwartungsparameter (Preis oder Menge) fixieren kann. Schließlich resultieren unterschiedliche *Preisbildungsmodelle,* je nachdem ob nur der aktuelle oder auch der potenzielle Wettbewerb einbezogen wird (→ Monopol). – 3. *Stochastische Preisbildungsmodelle:* Besitzen die Akteure lediglich die Kenntnis statistischer Verteilungen bez. der relevanten Variablen und setzt man Maximierungsstreben voraus, so erhält man stochastische *Preisbildungsmodelle* Berücksichtigt man in diesem Zusammenhang explizit Informationskosten, ergibt sich die Möglichkeit, dass es selbst auf ansonsten homogenen Märkten nicht zu einem einheitlichen Preis kommen muss (Suchmodelle; Mehrpreise-Modelle). – 4. *Auf Routinen fußende Modelle:* Besitzen die Akteure auf beiden Marktseiten nicht einmal statistische Informationen, handeln sie in *echter Ungewissheit* (Unsicherheit), sodass Maximierungsstrategien ihren Sinn verlieren. Die Preisbildung ergibt sich in solchen Fällen eher aus *Routinen* bzw. Daumenregeln, die auf Erfahrungen der Vergangenheit (Extrapolationsprinzip) basieren und im Licht des jeweils Erreichten angepasst werden, indem sog. *Anspruchsniveaus* (→ Satisficing) nach oben oder unten korrigiert werden. – 5. Je nach dem Grad der *Komplexität* werden *Preisbildungsmodelle* in mathematisch geschlossener Form oder als Simulation dargestellt.

Preisdifferenzierung – 1. *Begriff:* Verkauf von sachlich gleichen Produkten (Sach- und Dienstleistungen) durch einen Anbieter an verschiedene Kunden/Kundengruppen (Marktsegmentierung) zu einem unterschiedlichen Preis; Instrument der differenzierten Marktbearbeitung. Ermöglicht das (teilweise oder totale) Abschöpfen von Gewinnpotenzialen (Preismanagement). Preisdifferenzierung kann direkt über Preispolitik oder indirekt über Konditionenpolitik erfolgen. – 2. *Formen:* a) *Räumliche* Preisdifferenzierung: Veräußerung von Waren auf regional abgegrenzten Märkten zu verschieden hohen Preisen, z.B. Preisdifferenzierung zwischen In- und Ausland. – b) *Zeitliche* Preisdifferenzierung: Forderung verschieden hoher Preise für gleichartige Waren je nach der zeitlichen Nachfrage (Abschöpfung von Konsumentenrenten). – c) *Zielgruppenorientierte* Preisdifferenzierung: Preisstellung je nach der marketingpolitischen Bedeutung (z.B. A- oder C-Kunden) und/oder den Absatzfunktionen der Zielgruppen, z.B. Groß- oder Einzelhandel. – d) *Sachliche* Preisdifferenzierung: Preishöhe je nach dem Verwendungszweck der Produkte, z.B. Preisdifferenzierung für verschiedenartige Abnehmer von Branntwein, verschiedene Strom- und Gastarife für Industrie- und Haushaltsverbrauch u.Ä. – Vgl. auch → monopolistische Preisdifferenzierung.

Preisdumping – liegt vor, wenn auf Exportmärkten für dieselben Güter niedrigere Preise verlangt werden als auf dem Inlandsmarkt (regionale → Preisdifferenzierung). – Vgl. auch → Dumping.

Preiselastizität – *direkte Preiselastizität.* Kennziffer, die das Verhältnis der *relativen* Nachfrageveränderung eines Gutes und der sie auslösenden *relativen* Veränderung des Preises desselben Gutes (und insofern im Unterschied zur Kreuzpreiselastizität direkt) misst. Sie wird genauer als → Elastizität η der nachgefragten Menge x in Bezug auf den Preis p bezeichnet ($\eta_{x,p}$). – Oft wird sie mit (-1) multipliziert, um für den Normalfall einer auf Preiserhöhungen negativ reagierenden Nachfrage (*dx/dp* < 0) positive Werte zu erhalten. Dadurch geht jedoch die in dem Vorzeichen steckende Information über die (negative) Normalreaktion der Nachfrage verloren. – Definiert ist sie als Bogen- oder Streckenelastizität durch

$$\eta_{x,p} = \frac{\frac{\Delta x}{x}}{\frac{\Delta p}{p}} = \frac{\Delta x}{\Delta y}\frac{p}{x}$$

und als Punktelastizität durch

$$\eta_{x,p} = \frac{dx}{dp}\frac{p}{x}$$

Der Wert der Preiselastizität gibt an, ob der Umsatz U bei einer Preiserhöhung steigt (η > -1), konstant bleibt (η = -1) oder fällt (η < -1). Dies korrespondiert mit *dU/dp* >0, *dU/dp*=0 und *dU/dp*<0. – Bei einer normal verlaufenden linearen Nachfragefunktion (mit dx/dp

<0) werden alle (absoluten) Werte von 0 bis unendlich durchlaufen (vgl. Abbildung „Preiselastizität Fall a"). Daneben existieren Nachfragekurven, die wegen ihrer konstanten Preiselastizität als *isoelastisch* bezeichnet werden. Ist η = 0 bzw. η = ∞, spricht man von *vollkommen preisunelastischer* bzw. *vollkommen preiselastischer* Nachfrage (vgl. Abb. Fall b die senkrecht bzw. horizontal verlaufende Nachfragekurve). Einen isoelastischen Spezialfall mit Normalverlauf bilden hyperbelförmige Nachfragekurven (vgl. Abb. Fall c) mit Funktionen vom Typ *x* =*bp* η mit *b*, η = konstant.

Preisflexibilität → Neue Klassische Makroökonomik, → Neoklassik.

Preisfolger – Anbieter in einem Oligopol, welcher gewöhnlich der Preissetzung des → Preisführers folgt.

Preisführer – Anbieter in einem Oligopol (auch Teiloligopol oder Teilmonopol), der mit einer Preisänderung in der begründeten

Preiselastizität

Fall a

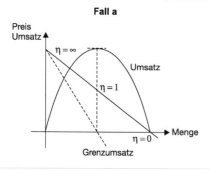

Fall b

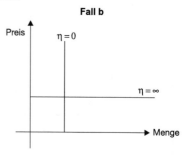

Fall c

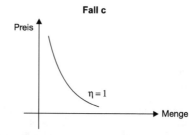

Erwartung vorangeht, dass die anderen Anbieter (als → Preisfolger) nachziehen werden. Er übernimmt mit dieser Rolle eine sog. → Preisführerschaft.

Preisführerschaft – *Price Leadership*; eine preispolitische Haltung und Verhaltensweise im Oligopol (Teiloligopol und Teilmonopol), bei der ein Anbieter als → Preisführer für die restliche Anbietergruppe den Zeitpunkt und das Ausmaß von Preisveränderungen bestimmt, während die anderen als → Preisfolger nachziehen. Man unterscheidet *dominierende* Preisführerschaften aufgrund von Marktmacht (überragendem Marktanteil, finanzieller Überlegenheit, Kostenführerschaft) und *barometrische* Preisführerschaften z.B. wegen bes. Marktübersicht oder aus Tradition. Preisführerschaften beruhen im Unterschied zu Preiskartellen nicht auf expliziten Absprachen, sondern auf stillschweigender Übereinkunft (tacit collusion). Insofern lässt sich beim Phänomen sog. „wechselnder Preisführerschaften" eher auf ein (zur Täuschung der Kartellbehörden) inszeniertes Kartellverhalten schließen. – Vgl. auch → oligopolistische Preisbildung).

Preisfunktionen – Funktionen, welche die → Preise im Koordinationsprozess des → Marktes erfüllen. Hier sind zu nennen die Funktionen der *Orientierung* bzw. der *Information* (Wirtschaftssubjekte orientieren ihre Konsum- oder Produktionsentscheidungen an Preisen), der → *Allokation*

(Güter und Faktoren fallen tendenziell demjenigen zu, der den höchsten Preis zahlen kann, man spricht daher auch von der *Rationierungs-* oder *Verteilungsfunktion*) und des *Anreizes* (hohe Preise und erwartete Gewinne provozieren eine höhere Produktion – durch Kapazitätsausbau und möglicherweise durch den Markteintritt neuer Anbieter – oder neue Einfälle, die zu Substitutionsmöglichkeiten oder technischen Alternativen führen, d.h., Preise fungieren als *Knappheitsindikatoren*). – *Voraussetzung:* Die genannten Funktionen erfüllen Preise jedoch nur dann, wenn sie sich (ohne Staatseingriffe) frei bilden können und die Anpassungsreaktionen der Marktteilnehmer nicht behindert werden. Dies ist nicht der Fall, wenn behördlicherseits ein effektiv werdender *Mindestpreis* gesetzt wird, weil der dann entstehende *Angebotsüberschuss* vom Markt her nicht abgebaut werden kann (vgl. Abbildung „Preisfunktionen, Fall a"). Umgekehrt kann der *Nachfrageüberhang* nicht abgebaut werden, wenn ein Höchstpreis effektiv wird (vgl. Abbildung „Preisfunktionen, Fall b"). Das Gleiche gilt, wenn ein *Festpreis* die Eigenschaft eines Mindest- oder Höchstpreises annimmt. In allen Fällen neigen die Wirtschaftssubjekte zu Umgehungen, was *graue* oder *schwarze* Märkte hervorruft, auf denen sich tendenziell *markträumende Preise* geltend machen. Preise können ihre Funktionen bes. dann nicht erfüllen, wenn in der Inflation zahlreiche oder alle

Preisfunktionen

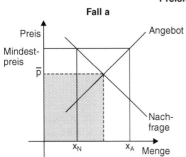

Fall a

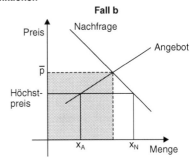

Fall b

Preise behördlicherseits festgesetzt werden, z.B. durch *allg. Preisstopp*. In diesem Fall ist die Koordination der Märkte bzw. der Handlungen der Wirtschaftssubjekte zunehmend gefährdet. Vorstehende Bemerkungen beziehen sich auf eine Situation, in der die Wirtschaftssubjekte daran gehindert werden, gewünschte Preisanpassungen vorzunehmen. Freiwillige „Preisstarrheiten", verbunden mit Anpassung über die Produktmengen, können hingegen Informationskosten senken und insofern die Koordination begünstigen.

Preiskonjunktur – zyklisch stark variierende Inflationsrate. Während des Aufschwungs im → Konjunkturzyklus beschleunigt sie sich, während des Abschwungs fällt sie (→ Konjunkturphasen). Hiermit verbundene Gefahren: Akzelerierende Inflation oder Deflation, Fehlallokationen in Form von Fehlinvestitionen, da die Preise falsche Knappheitssignale geben und erhöhte Unsicherheit. – *Gegensatz:* → Mengenkonjunktur.

Preiskonsumkurve → Nachfragefunktion des Haushalts.

Preiskreuzelastizität der Nachfrage → Kreuzpreiselastizität der Nachfrage.

Preismechanismus – *Markt-Preis-Mechanismus;* Bezeichnung für das Prinzip der horizontalen Koordination von Wirtschaftsplänen auf dezentralen Märkten, wo sich der → Preis als Ergebnis des Zusammenspiels von Angebot und Nachfrage frei von direkter staatlicher Einflussnahme bilden kann. Gleichwohl bestehen staatlich gesetzte Rahmenregeln (z.B. in Form des Handelsrechts) für Transaktionen auf Märkten. Die Koordination ist das Ergebnis des Zusammenspiels der Koordinationsmechanismen Verhandlung, Wettbewerb, Vertrag und Tausch. Anders als bei der gesamtwirtschaftlichen Planung existiert keine zentrale Instanz, die die Güter- und Ressourcenströme festlegt. Diese ergeben sich vielmehr indirekt als Ergebnis des wirtschaftlichen Handelns einer Vielzahl von Wirtschaftssubjekten. Der Preismechanismus ist die dominierende Form

der Koordination wirtschaftlicher Prozesse in der Marktwirtschaft. Durch die Erfüllung der → Preisfunktionen führt der Preismechanismus zu einer Abstimmung der ökonomischen Aktivitäten innerhalb der gesamten Volkswirtschaft. Er gewährleistet, dass die Interdependenzen zwischen den verschiedenen Märkten in das Kalkül der einzelnen Wirtschaftssubjekte einfließen und so zu einer optimalen → Allokation der Ressourcen führen. Auf Märkten, die durch Marktversagen gekennzeichnet sind, kann der Preismechanismus seine Funktionen allerdings nicht oder nicht befriedigend erfüllen und muss dann durch andere Formen der Wirtschaftskoordination, z.B. durch staatliche Eingriffe ergänzt werden. Eucken sieht in einem funktionsfähigen Preismechanismus eine wesentliche Voraussetzung für die Funktionsfähigkeit der Verkehrswirtschaft. Deren Existenz ist allerdings an eine Reihe weiterer konstituierender Prinzipien gebunden.

Preisnachfragerfunktion → Preisabsatzfunktion.

Preisnehmer → Mengenanpasser.

Preisniveaustabilität – Inflation.

Preisnotierung → Wechselkurs, bei dem der → Preis für eine (bzw. 100) ausländische Währungseinheiten in einheimischer Währung ausgedrückt wird (z.B. 1 US-Dollar = 0,9546 Euro). Der spiegelbildliche → Mengenwechselkurs drückt rechnerisch das exakt gleiche Wertverhältnis aus.

Preisstopp → Preisfunktionen.

Preistheorie – Teilgebiet der → Mikroökonomik, in der im Rahmen der Markttheorie versucht wird, die → Preisbildung auf Märkten zu erklären. Hierzu greift sie auf das Verhalten der am Preisbildungsprozess beteiligten Wirtschaftssubjekte zurück (→ Haushalte, → Unternehmen). – Dieses Verhalten wird als durch zahlreiche Faktoren bedingt eingeschätzt, wobei sich je nach Ausprägung und Gewichtung dieser Faktoren unterschiedliche → Preisbildungsmodelle ergeben. (1) Ein zentraler Faktor stellt die *Zielsetzung* der Wirtschaftssubjekte dar (Nutzenmaximierung vs. gewohnheitsmäßiges Verhalten, z.b. Routinen, beim Haushalt; Gewinnmaximierung vs. Aufschlagskalkulation oder Umsatzmaximierung bei der Unternehmung). (2) Weiterhin ist von Bedeutung, welcher *Informationsstand* bei den Beteiligten vorausgesetzt wird (vollkommene → Markttransparenz bis hin zu lediglich partieller Marktinformation, was praktisch nur ein Verhalten nach Daumenregeln ermöglicht). (3) Des Weiteren ist zu unterscheiden, ob es sich um einen *homogenen* oder *heterogenen (Produkt-)Markt* handelt. (4) Darüber hinaus ist von Belang, welche → Marktform auf dem betrachteten Markt selbst sowie auf den vor- und nachgelagerten Märkten gegeben ist. Hiervon hängt u.a. die → Aktions-Reaktions-Verbundenheit zwischen den Akteuren auf derselben Marktseite ab, die sich wiederum auf das Verhalten gegenüber der anderen Marktseite auswirkt. Die Perzeption der Aktions-Reaktions-Verbundenheit seitens der Akteure ist gleichzeitig das Ergebnis von marktlichen *Erfahrungsprozessen*. – Analytisch wird die seitens der Akteure wahrgenommene Reaktionsverbundenheit über das Konzept der *Verhaltensweise* erfasst. – Schließlich ist für die Erfassung der Preisbildungsvorgänge relevant, ob man eine *Gleichgewichts-* oder *Prozess-Betrachtung* zugrunde legt. Während letztere in der → Wettbewerbstheorie dominiert, argumentiert die Preistheorie primär mit Bezug auf Gleichgewichtszustände. Dabei wird zunehmend auch auf Gleichgewichtskonzepte der Spieltheorie zurückgegriffen. – Vgl. insbesondere → monopolistische Preisbildung, → oligopolistische Preisbildung und → polypolistische Preisbildung.

Preisunabhängigkeit → Preisautonomie.

Preiswettbewerb – gewährleistet im Gegensatz zu anderen Formen des Wettbewerbs (→ Nichtpreiswettbewerb) in weitem Maße die Ausrichtung aller wirtschaftlichen

Tätigkeit nach dem ökonomischen Prinzip (Wirtschaftlichkeitsprinzip). Ein wirksamer Preiswettbewerb kann i.d.R. als notwendige Voraussetzung zur Erreichung des Zielkatalogs des Wettbewerbs angesehen werden. In der Realität besitzt der Preiswettbewerb allerdings häufig nicht die Bedeutung, die ihm in der → Wettbewerbstheorie beigemessen wird.

Pre-Shipment Inspection Certificate (PSI)
→ Inspektionszertifikat.

Prestigeeffekt → Vebleneffekt.

Price-Cap-Regulierung – 1. *Begriff:* Verfahren zur Begrenzung der Preisentwicklung in regulierten oder zu deregulierenden Wirtschaftssektoren. Die Entwicklung eines Bündels von Produktpreisen wird angebunden an die Inflationsentwicklung abzüglich einer Produktivitätsfortschrittsrate. Verbindliche Festlegung des Preispfades für einen Zeitraum von i.d.R. drei, vier oder fünf Jahren im Voraus. Ursprünglich entwickelt für die Kontrolle regionaler Telefontarife der British Telecom. – 2. *Anwendungsbereiche:* Begrenzung der Preisentwicklung im Zuge wettbewerblicher Öffnung als Orientierungsmaßstab; in dauerhaft regulierten Branchen als Ersatz für Wettbewerb. – 3. *Vorzüge:* Hohe Anreize zu Effizienzsteigerungen (Allokationseffekt) durch langfristige Festlegung zulässiger Tarife und die Möglichkeit, erzielte Gewinne voll einzubehalten; relativ verringerter Verwaltungsaufwand gegenüber Kosten-Plus Regulierung. – 4. *Nachteile:* Möglichkeit zur zwischenzeitlichen Erzielung hoher Gewinne (Verteilungseffekt) bei Übererfüllung des Produktivitätsziels.

primäre Einkommensverteilung – *Primärverteilung;* bezeichnet die unmittelbar durch den Marktprozess entstehende Verteilung des Einkommens. In einem marktwirtschaftlichen System resultiert das Einkommen der → Produktionsfaktoren aus ihrem Beitrag zur gesamtwirtschaftlichen Leistung (Arbeit: Lohneinkommen, Boden: Pachteinkommen, Kapital: Zinseinkommen,

Unternehmerleistung: Einkommen aus Unternehmertätigkeit). Diese Verteilung erfolgt nach ökonomischen Funktionen der Produktionsfaktoren (funktionale Einkommensverteilung), einzelne Personen können jedoch aufgrund von Querverteilung wiederum Einkommen aus unterschiedlichen Produktionsfaktoren beziehen (personelle Einkommensverteilung). Die Primärverteilung hängt damit sowohl von der Verteilung der Einkommen auf die Produktionsfaktoren als auch von der Verteilung der Produktionsfaktoren auf die Personen ab. Durch korrigierende staatliche Maßnahmen wie etwa Steuern, Abgaben und Transfers ergibt sich aus der → primären Einkommensverteilung die sekundäre Einkommensverteilung.

Primäreinkommen – die in der Volkswirtschaftlichen Gesamtrechnung (VGR) den inländischen Sektoren zufließenden → Arbeitnehmerentgelte, → Unternehmens- und Vermögenseinkommen sowie die vom Staat empfangenen → Produktions- und Importabgaben abzüglich der → Subventionen. Die Summe der Primäreinkommen ergibt das → Nettonationaleinkommen. – *Gegensatz:* Sekundäreinkommen (abgeleitetes Einkommen).

primärer Sektor – entsprechend des Sektorenschemas von Fourastié zusammenfassend für die Wirtschaftszweige Landwirtschaft, Forstwirtschaft und Fischerei. – Vgl. auch Drei-Sektoren-Hypothese, sektoraler Strukturwandel.

Prinzipal-Agent-Theorie der Unternehmung – 1. *Gegenstand:* Die Prinzipal-Agent-Theorie der Unternehmung hat sich aus der → Manager-Theorie der Unternehmung entwickelt, wobei das Problem der Trennung zwischen Eigentümer und Manager auf alle Verträge ausgedehnt wird (Agency-Theorie), in denen das Verhalten des Beauftragten die Vermögensposition des Auftraggebers zwar negativ, jedoch nicht ohne weiteres nachweisbar beeinflussen kann. – Das *Anreizschema des Agenten* muss nicht mit dem des Auftraggebers kompatibel sein, sodass seine Interessen nicht automatisch vollständig realisiert werden, wenn der Agent seine eigenen Ziele verfolgen kann. Es bedarf daher einer Kontrolle des Agenten bzw. der Schaffung anreizkompatibler Arrangements mit anreizkompatiblen Zahlungen. – Kontrolle verursacht Kosten und ist nur dann ökonomisch effizient, wenn die Grenzerlöse größer als die Grenzkosten der Kontrolle sind. – Das *Ausmaß des Agency-Problems* hängt von der Ausgestaltung des Anreiz- und Kontrollmechanismus bzw. von der Vertragsgestaltung ab. – *Gegenstand* der Prinzipal-Agent-Theorie der Unternehmung ist die (positive) Analyse dieser Arrangements sowie die Empfehlung ökonomisch effizienter Vertragsstrukturen (normative Theorie). – 2. *Grundidee:* Bezogen auf die → Theorie der Unternehmung wird die → Produktionstheorie um die Vertragsstruktur erweitert und die Unternehmung als Nexus impliziter und expliziter Verträge aufgefasst. Die Verträge sind annahmegemäß vollständig und regeln daher das Prinzipal-Agent-Problem in beabsichtigter Weise. Vertragsstruktur und verfügbare Produktionstechniken bestimmen unter Beachtung rechtlicher Restriktionen die Kostenfunktion eines Produkts, das mit einer bestimmten Organisationsform hergestellt wird. Es überleben im Wettbewerbsprozess die Organisationsformen, die das Produkt zum niedrigsten Preis kostendeckend anbieten können. – 3. *Organisationsformen:* Zentrale Merkmale/Eigenschaften der Organisationsformen sind (1) Risikoübernahme (Residual Claims) und der Entscheidungsprozess, (2) Entscheidungsmanagement (Initiierung und Implementierung), (3) Entscheidungskontrolle (Ratifizierung und Überwachung). Effiziente Organisationsformen sind die, die entweder (1) bis (3) trennen oder zusammenfassen, nicht aber die Zwischen- oder Mischformen. Eine Trennung erfolgt bei großen Unternehmungen, in denen das spezifische Wissen auf verschiedene Agenten verteilt ist, seien es

Aktiengesellschaften, große OHG etc., weil die Vorteile (Spezialisierungsvorteile bei Entscheidungen und Kontrolle, Vorteil der unbegrenzten Risikoübernahme) der Trennung größer seien als die Agency-Kosten. Eine Zusammenfassung der Eigenschaften erfolgt hingegen bei kleinen Unternehmungen mit kleiner Ausbringung, die als Eigentümer-Unternehmungen, OHG oder (Familien-) GmbH geführt werden. Hier sind die Vorteile der Trennung von (1) bis (3) geringer als die durch sie entstehenden Agency-Kosten.

Prinzip der Preisunterschiedslosigkeit – von Jevons formulierter Lehrsatz, nach dem sich auf einem vollkommenen Markt bei Verhalten der Teilnehmer nach dem Rationalprinzip für ein Gut nur ein Preis einstellen kann (vollkommene Konkurrenz).

private Organisationen ohne Erwerbszweck – Sektor in der Volkswirtschaftlichen Gesamtrechnung (VGR), der politische Parteien, Gewerkschaften, Kirchen, Wirtschaftsverbände, Vereine u.Ä. enthält.

privater Konsum – Teilbereich der Verwendungsseite des → Inlandsprodukts. Privater Konsum wird nach dem Ausgaben- und nach dem Verbrauchskonzept nachgewiesen (vgl. → Konsum). Er umfasst die Konsumausgaben privater Haushalte und privater Organisationen ohne Erwerbszweck. Nach dem Verbrauchskonzept werden darüber hinaus individualisierbare Teile der Konsumausgaben des Staates im → Individualkonsum der privaten Haushalte berücksichtigt.

Product Buy Back → Kompensationshandel.

Produktdifferenzierung – I. Marketing: 1. *Begriff*: Hinzufügen einer weiteren Produktvariante zum Absatzprogramm unter Beibehaltung der bisherigen Ausführung. Es erfolgt somit entweder eine Variation im Sinne der Programmbreite oder Programmtiefe. Eine Produktdifferenzierung erfolgt im Produktlebenszyklus typischerweise zur Ausdehnung der Wachstumsphase und somit bevor Stagnation erreicht ist. – 2. *Arten*: a) Es kann sich einerseits um eine eher sachlich-rationale

oder um eine eher affektiv-anmutungshafte Differenzierung handeln. – b) Andererseits kann auch nach der Differenzierung von Produktkern oder -hülle unterschieden werden. Hüllendifferenzierungen sind z.B. Verpackungsmodifikationen, Karrosserievarianten, Kerndifferenzierungen sind z.B. Motorvarianten, Konstruktionsänderungen etc. – 3. *Zweck*: Ansprüche einer Teilzielgruppe genauer als bisher zu befriedigen oder zusätzliche Kundengruppen ansprechen.

II. **Außenwirtschaft**: → Außenhandelstheorie.

Produktion – I. Betriebswirtschaftslehre: *Erzeugung, Fertigung, Herstellung*. 1. *Begriff*: a) Prozess der zielgerichteten Kombination von → Produktionsfaktoren (Input) und deren Transformation in Produkte (Erzeugnisse, Output). – b) In der *ingenieurwissenschaftlichen Literatur* wird der Terminus *Fertigung* für die zusammenbauende Produktion und der Terminus *Erzeugung* für die chemische Produktion verwendet; in der *betriebswirtschaftlichen Literatur* synonym. – 2. Produktion ist Gegenstand der → Produktionstheorie sowie der *Produktionsplanung*. – 3. *Formen der Produktion*: Produktionstypen.

II. **Volkswirtschaftslehre**: Kombination von → Produktionsfaktoren (Arbeitskraft, Kapital, Energie, Rohstoffe etc.) zur Herstellung von → Gütern (einschließlich → Dienstleistungen). Produktion wird wegen der → Knappheit der Güter vorgenommen, führt überwiegend zur → Arbeitsteilung und damit zur Notwendigkeit der → Koordination. → Produktionstheorie ist Gegenstand sowohl der → Makroökonomik als auch der → Mikroökonomik.

Produktionsbarometer → Barometersystem.

Produktionsbereich – Darstellungseinheit der Input-Output-Rechnung (im Gegensatz zum Wirtschaftsbereich, der bei der Entstehungsrechnung des → Inlandsprodukts zugrunde gelegt wird). Ein Produktionsbereich wird gebildet, indem man jede produzierende

Einheit in einzelne, technisch homogene Produktionseinheiten zerlegt und die gleichartigen Einheiten neu zusammenfasst. Ein Produktionsbereich produziert alle Güter einer Gütergruppe und nur diese. (Dagegen ist die Produktion von Wirtschaftsbereichen, bei denen es auf den Schwerpunkt der Produktion ankommt, gütermäßig heterogen.)

Produktionselastizität – *partielle Produktionselastizität.* Quotient der *relativen* Veränderung des Produktionsergebnisses (Output) x und der *relativen* Veränderung eines → Produktionsfaktors (Inputs) A_i bei konstantem Einsatz aller anderen Faktoren, d.h. bei partieller Faktorvariation (im Grenzfall existiert nur ein Faktor). Sie gibt bei positivem Vorzeichen an, um wieviel Prozent die Prouktionsmenge zunimmt, wenn der Einsatz des betrachteten Faktors um 1 Prozent erhöht wird.

$$\eta_{x,A_i} = \frac{\partial x}{\partial A_i} \cdot \frac{A_i}{x}.$$

Je nach dem Wert der Produktionselastizität steigt die Produktionsmenge gegenüber dem Faktoreinsatz proportional ($\eta_{x,Ai} = 1$),

überproportional ($\eta_{x,Ai} > 1$) oder unterproportional ($\eta_{x,Ai} < 1$). Wird der Koeffizient Null oder negativ, stagniert die Produktion bzw. nimmt trotz höheren Faktoreinsatzes ab (vgl. Abbildung „Produktionselastizität"). Da

$$\eta_{x,A_i} = \frac{\partial x}{\partial A_i} : \frac{x}{A_i}$$

geschrieben werden kann (= Verhältnis von Grenzprodukt zu Durchschnittsprodukt des Faktors), lässt sich der Wert der Produktionselastizität aus der Lage der Grenz- zur Durchschnittsproduktkurve ablesen. – Die Summe der partiellen Produktionselasizitäten aller Faktoren ergibt die sog. → Skalenelastizität.

Produktionsfaktoren – I. Volkswirtschaftslehre: 1. *Begriff:* Bezeichnung der zur → Produktion verwendeten Güter materieller und immaterieller Art, deren Einsatz für das Hervorbringen anderer wirtschaftlicher → Güter aus technischen oder wirtschaftlichen Gründen notwendig ist. – a) *Klassik:* → Arbeit, → Boden und → Kapital, denen die Einkommensarten Lohn, Bodenrente und Profit entsprechen. J.-B. Say (1767-1832) fügte als

Produktionselastizität

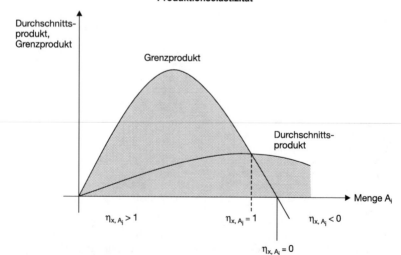

weiteren Faktor die unternehmerische Tätigkeit hinzu. – b) *Sozialistische Theorie:* Alleiniger Produktionsfaktor sei letztlich die Arbeitskraft. – c) *Böhm-Bawerk* und die sich an ihn anschließende Schule kannten zwei originäre Produktionsfaktoren (Arbeit und Boden) und den derivativen Produktionsfaktor Kapital. – d) *Moderne Theorie:* (1) Die Dreiteilung und Koordination der Produktionsfaktoren ist gegeben im *naturalwirtschaftlichen Bereich,* d.h. zur Produktion sind Arbeit, Boden und dem Kapital jeweils ein Ertragsanteil zuzurechnen. (2) Im *sozialwirtschaftlichen Bereich* gilt dies allein für den Arbeiter, weil die Arbeit nicht vom Arbeiter getrennt werden kann. Dass der naturalwirtschaftliche Ertragsanteil des Bodens wie der des Kapitals dem Boden- bzw. Kapitalbesitzer zufallen muss, ist dagegen nicht notwendig, da zwischen Boden und Bodenbesitzer (Kapital und Kapitalbesitzer) nicht der gleiche Zusammenhang wie zwischen Arbeit und Arbeiter besteht. Sozialwirtschaftlich ist deshalb die („sozialistische") Lehre von dem einen Produktionsfaktor, der Arbeit, richtig; Boden und Kapital sind → Produktionsmittel (Preiser). – e) In einigen Ansätzen wird heute der Produktionsfaktor Boden durch den Produktionsfaktor „Umwelt" (natürliche Ressourcen) ersetzt. Dies wird damit begründet, dass Umweltleistungen in modernen Industriegesellschaften für die Produktion bedeutsamer seien als Boden. In neueren Ansätzen zur Wachstumstheorie (→ Neue Wachstumstheorie) wird v.a. auf den Produktionsfaktor → Humankapital abgestellt, der wiederum endogen über eine Humankapital-Produktionsfunktion erklärt wird. – 2. *Arten:* a) *Substitutive* Produktionsfaktoren können einander im Produktionsprozess ersetzen, sodass → Isoquanten wie in Fall a oder b entstehen (vgl. Abbildung „Produktionsfaktoren (1)"). – Der Schwierigkeitsgrad im Hinblick auf die Substituierbarkeit lässt sich durch den Begriff der → *Grenzrate der Substitution* erfassen. Abbildung 2 zeigt, dass man bei gleicher Produktmenge $x = \overline{X}$ den Faktoreinsatz

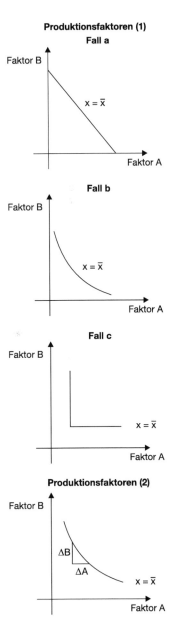

Produktionsfaktoren (1)

Fall a

Faktor B

$x = \overline{x}$

Faktor A

Fall b

Faktor B

$x = \overline{x}$

Faktor A

Fall c

Faktor B

$x = \overline{x}$

Faktor A

Produktionsfaktoren (2)

Faktor B

ΔB

ΔA

$x = \overline{x}$

Faktor A

um ΔB reduzieren kann, wenn dafür ΔA Faktoreinheiten zusätzlich eingesetzt werden. Der Quotient $\Delta B/\Delta A$, in infinitesimaler Formulierung dB / dA, also die Steigung der Isoquante, wird als Grenzrate der Substitution (in der Produktion) bezeichnet. Man sieht, dass die Grenzrate (absolut) abnimmt, wenn B sinkt und A steigt. Das spiegelt die zunehmende Schwierigkeit wider, bei wachsendem Einsatzniveau von A eine zusätzliche Substitution in gleicher Richtung vorzunehmen. Im Fall a existiert diese Schwierigkeit nicht, da die Grenzrate der Substitution konstant ist. Der Faktor B kann dann aus der Produktion sogar vollkommen verdrängt werden (vollkommene Substituierbarkeit, z.B. wenn die lineare Produktionsfunktion x = αA + βB gilt). – b) Vollkommene Substituierbarkeit ist im Fall b nicht möglich, weil hier immer alle Faktoren, wenn auch in unterschiedlicher Zusammensetzung, benötigt werden (z.B. $\rightarrow$ Wicksell-Cobb-Douglas-Produktionsfunktion, in der die Faktoren multiplikativ miteinander verknüpft werden). Es liegt somit eine gewisse *Komplementarität* der Faktoren vor. Im Fall c gibt es aus technischen Gründen keine Substitution der Produktionsfaktoren (Fall der strikten Komplementarität). Dies bedeutet, dass der jeweils knappere Faktor die Produktion begrenzt. Daher spricht man auch von *limitationalen* Produktionsfaktoren. Es liegt dann eine $\rightarrow$ Leontief-Produktionsfunktion mit rechtwinklig verlaufenden Isoquanten vor ($\rightarrow$ Substitutionselastizität).

II. Betriebswirtschaftslehre: Nach E. Gutenberg (1897-1984) unterscheidet man die direkt an der Produktion beteiligten Elementarfaktoren sowie den dispositiven Faktor. Elementarfaktoren sind objektbezogene menschliche Arbeitskraft, Betriebsmittel und Werkstoffe, der dispositive Faktor umfasst die Unternehmensführung, daraus ergeben sich Planung, Organisation und Kontrolle als derivative (abgeleitete) Faktoren. – Nach *E. Gutenberg* werden *unterschieden:* Potenzialfaktoren und Verbrauchsfaktoren; nach *E. Heinen*

(1919-1996) werden *unterschieden:* Potenzialfaktoren und Repetierfaktoren. Als weitere Faktoren werden u.a. Zusatzfaktoren, Energie, Informationen bzw. Wissen, Nominalfaktoren, Rechte und Umweltgüter diskutiert.

Produktionsfunktion – I. Mikroökonomische Produktionsfunktion: 1. *Charakterisierung:* Funktionale Beschreibung des Zusammenhangs zwischen dem Einsatz an $\rightarrow$ Produktionsfaktoren und der damit realisierbaren maximalen Ausbringungsmenge bei gegebener $\rightarrow$ Technologie. Bei dieser Beschreibung der Produktion interessiert in erster Linie die mengenmäßige Umwandlung von Produktionsmitteln bei gegebenem technischen Wissen, nicht aber die Organisation oder Art und Ablauf der Produktion. – 2. *Arten:* a) Substitutionale und limitationale Produktionsfunktion ($\rightarrow$ Produktionstheorie). – b) (1) *Produktionsfunktion vom Typ A:* Funktionsverlauf gemäß $\rightarrow$ Ertragsgesetz. (2) *Produktionsfunktion vom Typ B:* Gutenberg-Produktionsfunktion. (3) *Produktionsfunktion vom Typ C:* Von E. Heinen (1919-1996) entwickelt (entsprechend auch als *Heinen*-Produktionsfunktion bezeichnet). Die Produktionsfunktion vom Typ C stellt auf eine momentane Betrachtung der betrieblichen Teilprozesse der Leistungserstellung mit anschließender Zusammenfassung ab. Die Bestimmung der die Produktionsfunktion vom Typ C in ihrer Gesamtheit bestimmenden Produktionsfunktion der Teilprozesse erfolgt in *folgenden Schritten:* Zerlegung des Prozesses der Leistungserstellung in Teilvorgänge (Elementarkombinationen); Ermittlung der Bestimmungsfaktoren des Faktorverzehrs (technische und ökonomische Verbrauchsfunktionen sowie Belastungsfunktionen); Bestimmung der Elementarkombinationswiederholungen für einen bestimmten Output (Wiederholungsfunktionen). (4) *Produktionsfunktion vom Typ D:* Von J. Kloock entwickelt. Produktionsfunktion vom Typ D ist eine Weiterentwicklung der Produktionsfunktionen vom Typ B und C unter dynamischen Aspekten; es handelt sich um ein Betriebsmodell (Input-Output-Modell einer Unternehmung). (5) *Produktionsfunktion vom Typ E:* Von H.-U. Küpper entwickelt. Die Produktionsfunktion vom Typ E stellt eine Weiterentwicklung der Produktionsfunktion vom Typ D dar; es werden zusätzlich Kapazitäts-, Belegungs- und Umrüstbedingungen berücksichtigt. (6) *Produktionsfunktion vom Typ F:* Von W. Matthes entwickelt. Bei der Produktionsfunktion vom Typ F werden zusätzliche (Entscheidungs-) Ziele berücksichtigt. (7) *Produktionsfunktion vom Typ G:* Von W. Matthes entwickelt. Umfassende Beschreibung von Produktionsbeziehungen mithilfe von Entscheidungsnetzen. – c) Produktionsfunktionen werden weiterhin nach dem *Grade ihrer* → Homogenität unterschieden (→ Produktionstheorie). – d) Neuere Entwicklungen im Bereich der Produktionstheorie sind die strukturalistische Produktionstheorie von S. Zelewski und die unscharfen Produktionsfunktionen.

II. Makroökonomische Produktionsfunktion: 1. *Charakterisierung:* Produktionsfunktionen, die für einzelne Industrien, Branchen und für die gesamte Volkswirtschaft aufgestellt werden. Der Output wird als homogenes Produkt (→ Wertschöpfung) aller Industrien oder als Produkt einzelner Industrien (oder Industriezweige) definiert, z.B. Investitions-, Konsumgüter, landwirtschaftliche Produkte. Inputfaktoren sind → Arbeit, Realkapital (→ Kapital) und bei dynamischer Betrachtungsweise der → technische Fortschritt. – 2. *Algebraische Darstellung:* Y = f(K, A, F), wobei: Y = Output, K = Kapitaleinsatz, A = Arbeitseinsatz, F = Wirkungsgrad des technischen Fortschritts. – 3. Das *Problem der* → Limitationalität bzw. → Substitutionalität stellt sich in der volkswirtschaftlichen Produktionstheorie anders als in der betriebswirtschaftlichen. Unter gesamtwirtschaftlichen Aspekten werden ständig neue Investitionsentscheidungen getroffen, die zu einer kontinuierlichen Veränderung der Produktionstechnik führen. – 4. *Kategorien:* a) *Substitutionale Produktionsfunktionen:* Sie sind vorwiegend hochaggregiert und untersuchen die Technologie der gesamten Volkswirtschaft. Die bekanntesten und am häufigsten verwendeten sind die → CES-Funktion und die Cobb-Douglas-Funktion (Spezialfall der CES-Funktion). Die partiellen Ertragskurven dieser Funktionen weisen abnehmende Ertragszuwächse (→ Ertragsgesetz), die partiellen Grenzertragsfunktionen fallende Verläufe auf. Der technische Fortschritt kann in diesen Funktionen auf verschiedene Weise wirken; entsprechend kann sich die funktionale Einkommensverteilung ändern, wenn die Entlohnung der Produktionsfaktoren nach der → Grenzproduktivität erfolgt. – b) *Limitationale Produktionsfunktionen:* Sie finden in der postkeynesianischen → Wachstumstheorie und v.a. in der → Input-Output-Analyse, die als spezielle Produktionstheorie angesehen werden kann, Verwendung. Da die Input-Output-Analyse untrennbar mit W. Leontief verbunden ist, spricht man auch von Leontief-Produktionsfunktionen. Diese Funktionen können als Spezialfall der CES-Funktion mit einer → Substitutionselastizität von null angesehen werden. In der → Neuen Wachstumstheorie werden makroökonomische Produktionsfunktionen mit endogen erklärtem technischen Fortschritt sowie Humankapital als Produktionsfaktor verwendet.

Produktionsfunktion vom Typ A → Ertragsgesetz.

Produktionsgewinn aus internationalem Handel – Wenn das Tauschverhältnis im internationalen Handel (→ Terms of Trade) von der bei → Autarkie relevanten Grenzrate der Transformation abweicht, dann kann eine → Volkswirtschaft durch Reallokation immer eine Erhöhung ihres gesamten Outputwertes erzielen. Dies bezeichnet man als *Produktionsgewinn durch internationalen Handel.*

Produktionskonten – Teil des Kontensystems der Volkswirtschaftlichen Gesamtrechnung (VGR).

Produktionskostentheorie – 1. *Werttheorie:* Bezeichnung für objektivistische Werttheorien, nach denen der langfristige → Gleichgewichtspreis (eines Gutes) (natürlicher Preis der Klassiker) sämtliche Produktionskosten, also Arbeitslohn, Kapitalzins und Grundrente, gerade deckt (der Unternehmergewinn also = 0 ist). Die von Smith vertretene Produktionskostentheorie unterscheidet sich grundsätzlich von der Arbeitskostentheorie; sie wurde von Carey zur Reproduktionskostentheorie (→ Reproduktionskosten) umgebildet. – 2. Produktionskostentheorie *des Geldes:* Lehre, nach der der Geldwert (Kaufkraft des Geldes) von den Produktionskosten des Währungsmetalls abhängt. Die Produktionskostentheorie des Geldes ist nicht als allgemeingültige Geldtheorie anzusehen; sie könnte nur für Metallwährungen bei freiem Prägerecht Geltung haben.

Produktions-Lag → Lundberg-Lag.

Produktionslücke – *Output Gap,* → Outputlücke; Differenz zwischen → Produktionspotenzial und tatsächlicher Produktion. In der → Neukeynesianischen Makroökonomik wird das Produktionspotenzial durch das Flexpreis-Outputniveau ersetzt, welches sich ergibt, wenn auf dem Gütermarkt bei Vorliegen von monopolistischer Konkurrenz alle Unternehmen die Möglichkeit der Preisanpassung haben und somit die → gestaffelte Preissetzung entfällt. – Vgl. auch → Phillips-Kurve, → Gap.

Produktionsmittel – 1. *I.e.S.:* Bezeichnung für Realkapital (→ Kapital) und → Boden im Unterschied zum originären Produktionsfaktor → Arbeit. – 2. *I.w.S.:* Synonym für → Produktionsfaktor.

Produktionsmöglichkeitenkurve → Transformationskurve.

Produktionspotenzial – 1. *Begriff:* Gesamtwirtschaftliche Produktion, die bei maximaler (oder nach einem anderen Konzept normaler) Beschäftigung aller volkswirtschaftlichen → Produktionsfaktoren hergestellt werden könnte. – 2. *Bedeutung:* a) Das Produktionspotenzial ermöglicht zusammen mit der tatsächlichen Produktion die Bestimmung des konjunkturellen Zustands einer Wirtschaft (Auslastungsgrad). Hierbei wird bei den meisten Berechnungsmethoden auch berücksichtigt, dass erst nach Erreichen des oberen Wendepunktes (→ Konjunkturphasen) volkswirtschaftliche Produktionskapazitäten ausgelastet sein können. – b) Die Entwicklung des Produktionspotenzials im Zeitverlauf wird als Indikator für das Wachstum verwendet und häufig auch als das Gleichgewicht einer Volkswirtschaft interpretiert. – c) Das Produktionspotenzial führt zusammen mit dem → Auslastungsgrad zum Konzept des → konjunkturneutralen Haushalts und des → strukturellen Defizits. – d) Das Produktionspotenzial findet in der potenzialorientierten Geldpolitik Anwendung (→ potenzialorientierte Wirtschaftspolitik). – Vgl. auch → Konjunkturpolitik, → Stabilisierungspolitik. – 3. *Berechnungsmethoden:* a) → Peak-to-Peak-Methode; b) Hochrechnungen aus Unternehmensbefragungen über die Kapazitätsauslastung, z.B. im Rahmen des ifo-Konjunkturtests. – c) Schätzungen anhand von Zeitreihenanalysen, bei denen aus der beobachtbaren Veränderung der Produktion konjunkturelle Effekte herausgefiltert werden, um so einen Wachstumstrend zu erhalten. Dieser wird als Veränderung des Produktionspotenzials interpretiert. – d) Schätzungen mithilfe einer Produktionsfunktion, wobei sowohl Ein-Faktor-Ansätze wie auch Mehr-Faktor-Ansätze zur Anwendung kommen. In Deutschland werden bes. von der Deutschen Bundesbank und dem Sachverständigenrat zur Begutachtung der gesamtwirtschaftlichen Entwicklung (SVR) regelmäßig Berechnungen des Produktionspotenzials durchgeführt. – Vgl. auch → Wachstumstheorie. – 4. *Kritik:* Das Produktionspotenzial ist letztlich eine empirisch unbeobachtbare Größe. Die verwendeten Verfahren liefern eine artifizielle Größe, die zudem sehr revisionsanfällig selbst für ihre Vergangenheitswerte ist. Dies spricht dagegen, weite Bereiche der Wirtschaftspolitik an dieser Größe zu orientieren. Insbes. kann die Interpretation des Produktionspotenzials als Gleichgewicht zu einer zu statischen und restriktiven Wirtschaftspolitik führen, die zu sehr an Vergangenheitswerten orientiert ist.

Produktionsprozess – I. Mikroökonomik: Formales Konzept der allg. Gleichgewichtstheorie (→ allgemeines Gleichgewicht), Kapitaltheorie, → Input-Output-Analyse zur mengenmäßigen Beschreibung der → Produktion. Unter einem Produktionsprozess versteht man ein geordnetes Paar (x,y), wobei der Vektor x angibt, welche Mengen an Produktionsfaktoren bei gegebenem technischem Wissen eingesetzt werden müssen, um den Output y herzustellen.

II. Industriebetriebslehre: Technologisch, zeitlich und örtlich bestimmtes effizientes Zusammenwirken von → Produktionsfaktoren zur Herstellung einer bestimmten Gütermenge in bestimmter Qualität. – Vgl. auch Produktionsprozessplanung, Produktionsprozesssteuerung, Produktionsprozesskontrolle, Produktionsprozessregelung.

III. Volkswirtschaftliche Gesamtrechnung: Der Produktionsprozess wird in der → Entstehungsrechnung der VGR und speziell in der → Input-Output-Rechnung dargestellt.

Produktionsschwelle → Betriebsminimum.

Produktionstheorie – analysiert die → Produktion von Gütern, d.h. Zusammenhänge zwischen dem Einsatz von → Produktionsfaktoren (Inputs) und dem Güterausstoß (Output) und legt damit die Grundlagen für die Kostentheorie (→ Produktions- und Kostentheorie). Grundlegend ist der Begriff der → Produktionsfunktion: Durch sie werden die Input- und Outputgrößen funktional miteinander verknüpft.

Produktions- und Importabgaben – Summe aus → Gütersteuern und sonstigen Produktionsabgaben; letztere sind

Steuern, die von Unternehmen aufgrund ihrer Produktionstätigkeit erhoben werden, aber unabhängig von der Menge oder dem Wert der produzierten oder verkauften Güter zu entrichten sind (z.B. Grundsteuer, Abgaben auf Umweltverschmutzung infolge von Produktionstätigkeit).

Produktions- und Kostentheorie – 1. *Charakterisierung:* Teilgebiet der Wirtschaftstheorie (→ Mikroökonomik) sowohl in der Volkswirtschafts- als auch in der Betriebswirtschaftslehre (BWL). Erforschung des Mengengerüsts *(Produktionstheorie)* und des Werteverzehrs *(Kostentheorie)* des Einsatzes an → Produktionsfaktoren im Kombinationsprozess mit dem Ziel, funktionale Zusammenhänge aufzudecken, in → Modellen darzustellen und das theoretische Grundgerüst der Kostenrechnung sowie in Modelle des Operations Research (OR) eingehende Daten und Strukturen zu liefern. – 2. *Zentralbegriffe:* a) → Produktionsfunktion in ihren verschiedenen Ausprägungen und die aus ihr abgeleiteten Größen, z.B. Produktionskoeffizient, Durchschnittsertrag, → Ertragsgesetz, → Grenzertrag. – b) → Kostenfunktion, die sich durch Bewertung der Faktoreinsatzmengen in der Produktionsfunktion ergibt, und die aus ihr abgeleiteten Größen Durchschnittskosten und → Grenzkosten. – 3. *Betrachtungsweisen:* a) *Kurzfristig:* Nur die Beziehung zwischen Ausbringung (Output) und variablem Faktoreinsatz (Input) wird in die Untersuchung einbezogen. – b) *Langfristig:* Auch Kapazitäten, Potenzialfaktoren und Produktionsverfahren (Produktionstechnik) werden als variabel angesehen; dies führt zur Analyse der optimalen Betriebsgröße und des einzel- und gesamtwirtschaftlichen Wachstums. – 4. *Annahmen:* Die Produktions- und Kostentheorie geht i.Allg. von *Ein-Produkt-Betrieben* aus, während in der Realität *mehrstufige Mehrproduktfertigung* überwiegt, auch Probleme der Lagerhaltung und der Kuppelproduktion werden nur selten einbezogen. – In der langfristigen Produktions- und Kostentheorie sind v.a. *Übergänge* *zur simultanen Produktions- und Investitions-planung* bedeutsam.

Produktionswert – I. Kostenrechnung: Summe der Herstellkosten aller im Abrechnungszeitraum erzeugten Güter.

II. Volkswirtschaftliche Gesamtrechnung: Wert der von inländischen Wirtschaftseinheiten in der Berichtsperiode produzierten Güter. Der Produktionswert enthält auch die von anderen Wirtschaftseinheiten bezogenen → Vorleistungen. Zieht man diese ab, ergibt sich die → Bruttowertschöpfung.

Produktivgüter – diejenigen Betriebsmittel, Werkstoffe und sonstigen materiellen Güter, aber auch diejenige Arbeitskraft, die im Zuge einer wirtschaftlichen Betätigung Erträge schafft. – Im *wissenschaftlichen Sozialismus* gelten nur „produzierte Produktionsmittel" (→ Produktionsmittel) als Produktivgüter.

Produktivität – I. Volkswirtschaftslehre: Verhältnis von Produktionsergebnis (Output) und an seiner Erstellung beteiligten Inputs. Messzahlen zur Produktivität werden u.a. herangezogen für Analysen des Wachstums, internationale, interregionale und intertemporale Vergleiche. Meist wird Produktivität mit Arbeitsproduktivität gleichgesetzt. – *Unterschieden wird:* (1) *Totale Produktivität:* Verhältnis zwischen dem Produktionsergebnis (→ Bruttoinlandsprodukt (BIP)) und den Einsatzmengen aller Faktoren. Da die Faktoren heterogene, nicht-addierbare Größen sind, werden sie mit ihren Faktorpreisen bewertet und zum nominalen Bruttoinlandsprodukt in Beziehung gesetzt. Totale Produktivität wird auch als Wertproduktivität bezeichnet. Sie wird häufig bei internationalen Vergleichen benutzt. Unterschiedliche Preisindizes beeinträchtigen die Aussagefähigkeit. (2) *Partielle Produktivitäten* werden hauptsächlich für die → Produktionsfaktoren Arbeit und Kapital ermittelt. Der gesamte physische oder monetäre Ertrag wird dem physischen oder wertmäßigen Einsatz eines Faktors zugerechnet (z.B. Ertrag pro eingesetzte Arbeitsstunde, Ertrag pro eingesetzte

Kapitaleinheit). – Vgl. auch → Kapitalproduktivität.

II. Betriebswirtschaftslehre: 1. *Begriff:* Ergiebigkeit der betrieblichen Faktorkombination. Produktivität ist nicht gleichbedeutend mit Wirtschaftlichkeit, auch nicht mit Rentabilität, sondern ist das Verhältnis von Output-Menge zu Input-Menge. – 2. *Messung:* Zu messen ist die Produktivität als Quotient des Ertrages bzw. der Leistung und des Faktoreinsatzes, z.B. Stück Fahrräder je Arbeitsstunde etc. *(technische* oder *physische Produktivität)* oder durch das Verhältnis von Produktionswert zum Kapitaleinsatz *(Wertproduktivität)* oder zum Arbeitseinsatz (→ Arbeitsproduktivität*)*. Die Verwendung der Produktivität als Messgröße für das Wirtschaftlichkeitsstreben bereitet in der betrieblichen Praxis Schwierigkeiten. – *Reziproker Wert:* Produktionskoeffizient.

Produktzyklushypothese → Produktzyklustheorie.

Produktzyklustheorie – I. Außenwirtschaft: Die Produktzyklustheorie betont die Veränderung → komparativer Vorteile für einzelne Güter im Zeitverlauf. In der *Einführungsphase* ist das technische Know-how für den komparativen Vorteil entscheidend. Die Produkteinführung solcher Güter erfordert gute Kommunikationsmöglichkeiten zwischen Produzenten und Nachfragern, und diese sind im Inland eher gegeben als international (→ Linder-Hypothese). Nach der erfolgreichen Einführung solcher Produkte entsteht in der *Reifephase* die Möglichkeit des Exports in Länder mit ähnlicher Nachfragestruktur. Elemente der → Produktdifferenzierung und → Größenvorteile können diesen Effekt noch verstärken. Nach einer gewissen Zeit wird das Produkt standardisiert, und die erwähnten Kommunikationserfordernisse verlieren ihre Bedeutung. An deren Stelle bestimmen Kostenüberlegungen die komparativen Vorteile. Je nach Faktorausstattung der einzelnen Länder kann dann die Produktion solcher Güter in der *Stagnationsphase* in das Ausland wandern, und das Gut wird in weiterer Folge zu einem Importgut (→ Heckscher-Ohlin-Handel). Schließlich kann das Gut durch die Einführung neuer Güter im Inland vollständig ersetzt werden *(Degeneration)*.

II. Theorie der standörtlichen Verlagerung von Produktionsstätten: (im Zusammenhang mit dem angenommenen „Lebenspfad" eines Produktes): 1. *Begriff:* Die Produktzyklustheorie besagt, dass der Wachstumspfad der Produktion eines Gutes nachfrageabhängig feste Phasen der Produktcharakteristik und der Produktionstechnik durchläuft und entsprechend dem Lebenszyklusstadium das Gewicht der einzelnen Standortfaktoren unterschiedlich ist. Dadurch kommt es zu regelhaften Sequenzen räumlicher Verlagerung der Produktionsstandorte (Standort). – 2. *Entstehung:* Entwickelt wurde diese Theorie von *Vernon* (1966) und *Hirsch* (1965, 1967) zur Erklärung des relativ stärkeren Wachstums von US-amerikanischen → Direktinvestitionen im Ausland gegenüber den Warenexporten in den 1960er-Jahren. Wirtschaftsgeografie und Stadtökonomik haben diesen Ansatz übernommen und auf die räumliche Spezialisierung und Dynamik von Industrieregionen, v.a. die Verlagerung von den entwickelten zu den unterentwickelten Staaten im Zusammenhang mit der neuen internationalen Arbeitsteilung, angewandt. Inzwischen genießt die Produktzyklustheorie einen zentralen Stellenwert in der Analyse der Lokalisierung von Unternehmen aus hochtechnologischen Branchen sowie der Rolle der Technologie in der Herstellung räumlich ungleicher Entwicklung. – 3. *Theorie:* Das Produktzyklusmodell unterscheidet i.d.R. drei (manchmal vier) Phasen: a) In der *Innovationsphase* (Innovation), in der das neue Produkt eingeführt wird, sind die wissenschaftlich-technischen Ressourcen, hoch qualifizierte Arbeitskräfte und gute, flexible Kommunikationsmöglichkeiten mit Nachfragern, Zulieferern und auch Konkurrenten in der Region von großer Bedeutung. Die Produktionstechnologie befindet sich noch im experimentellen Stadium, das Marktvolumen ist gering und unsicher. Geringe → Preiselastizität und temporäres → Monopol ermöglichen zwar beachtliche → Gewinne, diesen stehen jedoch hohe Pionierinvestitionen und ein geringes Produktionsvolumen (Einzel-, Kleinserienfertigung) gegenüber. Metropolitane Regionen in hochentwickelten → Industrieländern mit Forschungszentren, aufnahmefähigen Märkten, differenziertem Dienstleistungsangebot und ungebundenem Kapital scheinen die günstigsten Standortvoraussetzungen zu bieten. – b) In der *Wachstums- und Reifephase* expandiert die Nachfrage sowohl in der Region als auch außerhalb. Die Produktstandardisierung setzt ein, Massenproduktion wird aufgenommen. Die Nutzung von Skalenvorteilen und kostengünstigen Inputs (Rohstoffe, Arbeitskraft) zur Stückkostensenkung gewinnt angesichts wachsenden Preiswettbewerbs zunehmend an Bedeutung. Dem Management kommt eine Schlüsselfunktion für die Organisation der Massenproduktion, die Sicherung der Märkte und die Bereitstellung des Investitionskapitals zu. Der wachsende Kostendruck und die zunehmende Bedeutung auswärtiger Märkte löst Standortverlagerungen hin zu peripheren Regionen (Peripherie) der hoch entwickelten Industrieländer und hin zu den auswärtigen Märkten aus. – c) In der *Standardisierungsphase* ist die Massenproduktion die Norm, die Produktionstechnologie ausgereift, Ersatz- und Erweiterungsinvestitionen überwiegen. Es herrscht intensiver Preiswettbewerb. Die Produktdifferenzierung dominiert gegenüber Innovationen. Die wachsende Kapitalintensität bewirkt Standortverlagerungen in weniger entwickelte Regionen bzw. Länder wegen der dort reichlich vorhandenen billigen, gering qualifizierten Arbeitskräfte sowie der staatlichen Investitionsanreize und Subventionen. In den hochentwickelten Gebieten überwiegen die Importe aus den neuen Standortregionen. – d) Diesen drei ursprünglichen Phasen des Produktzyklus wird z.T. eine vierte, die *Stagnations- und Kontraktionsphase,* hinzugefügt. Sie zeichnet sich durch schwach wachsende oder schrumpfende Märkte aus. Massenproduktion und der Einsatz billiger, ungelernter Arbeitskräfte bleiben bestimmend. Es setzen verstärkt Prozesse der Unternehmenskonzentration und der vertikalen Integration ein. Die Exportstrategien werden zunehmend durch Importsubstitution und staatliche Protektion (→ Protektionismus) in den peripheren Standortregionen ersetzt. – 4. *Kritik:* Die Simplizität des Modells hat maßgeblich zu seiner Verbreitung beigetragen, ist aber auch eine Schwachstelle, da es wesentliche Aspekte der Nachfrage, des Angebotes, des unternehmerischen Handelns und der politischen Steuerung vernachlässigt und im technologischen Wandel den Hauptgrund von Investitionsentscheidungen sieht (technologischer Determinismus). Bez. der Kontrolle der Produktionstechnologie und des Technologietransfers berücksichtigt das Modell nicht die vielfältigen Unternehmensstrategien, wie z.B. Internationalisierung, Joint Ventures, Subcontracting u.Ä., sondern unterscheidet in der räumlichen Verlagerung des Know-hows nur zwischen einheimischen und auswärtigen Unternehmen. Die Invention neuer Produkte ist i.d.R. nicht identisch mit ihrer endgültigen Form, wie es das Modell annimmt, vielmehr erfolgen im Verlauf der Markteinführung stufenweise Verbesserungen und Änderungen. Im Modell wird das Produkt als homogen betrachtet; die in der ökonomischen Realität wirkenden Unterschiede der technischen Ausstattung und der Verwendungsmöglichkeit sowie die Markenpolitik der Unternehmen bleiben ausgeklammert. Standortwirksame Faktoren (v.a. in der zweiten und dritten Phase) werden ebenso verkürzt behandelt. Fraglich ist auch die Gültigkeit des postulierten Zusammenhangs von Standardisierung und Massenproduktion einerseits und Nutzung billiger Arbeitskraft in der Peripherie andererseits; technologische Entwicklungen wie CNC-Anlagen, CIM etc. ermöglichen Stückkostensenkung

und Massenproduktion ohne Standardisierung. Weiterhin können Prozessinnovationen bei einer scheinbaren Produktstabilität die Standortverlagerung nachhaltig verändern. Fraglich ist auch, ob die im Verlauf des Produktzyklus angenommene Auflösung der → Monopol-Marktform eintritt. Schließlich berücksichtigt das Modell die Diskordanzen von Nachfrage- und Produktzyklen nicht, sondern unterstellt, dass der Markt alle Produkte absorbiert. Ungeachtet dieser Probleme ist die Produktzyklustheorie vielfach zur Grundlage wirtschaftsgeographischer Analysen der regionalökonomischen Dynamik gemacht worden. Sie dient auch zur Erklärung der Rolle von F&E-Aktivitäten (*Silicon-Valley-Phänomen*), der Gründung neuer Unternehmen, des technologischen Wandels und der Planung von Technologieparks. Die Überwindung der aufgezeigten konzeptionellen Schwächen wird in einer Verknüpfung mit Theorie des Unternehmens gesehen.

Profit → Gewinn.

Prognose – I. *Begriff:* Aussage über zukünftige Ereignisse, bes. zukünftige Werte ökonomischer *Variablen* (z.B. angewandt als Konjunkturprognose, Situationsanalyse oder Bevölkerungsvorausrechnung), beruhend auf Beobachtungen aus der Vergangenheit und auf theoretisch wie empirisch fundierten nachvollziehbaren Verfahren und Theorien. Prognosen richten sich v.a. auf Variablen, die nicht oder kaum durch denjenigen gestaltbar sind, der die Prognose vornimmt. – *Grundlage* jeder Prognose ist eine allg. Stabilitätshypothese, die besagt, dass gewisse Grundstrukturen in der Vergangenheit und Zukunft unverändert wirken. – *Anders:* technologische Voraussage.

II. *Arten:* 1. *Direkte/indirekte Prognose:* Eine direkte oder autoregressive Prognose liegt vor, wenn Werte einer ökonomischen Variablen ausschließlich aus Werten derselben Variablen in der Vergangenheit heraus prognostiziert werden. Bei indirekter Prognose wird der Wirkungszusammenhang zwischen verschiedenen Variablen in die Prognose einer Variablen eingebaut; hierbei muss allerdings letztlich wieder auf direkte Prognosen zurückgegriffen werden. – 2. *Qualitative/quantitative Prognose:* Bei einer qualitativer Prognose werden nur Art und Richtung der Entwicklung ökonomischer Variablen genannt, bei einer quantitativer Prognose geht es auch um das Ausmaß dieser Entwicklung. – 3. *Punkt-/Intervall-Prognose:* Bei einer Punkt-Prognose wird ein spezieller zukünftiger Wert für eine ökonomische Variable gesucht, bei einer Intervall-Prognose wird hingegen eine Spanne verlangt, innerhalb derer sich der zukünftige Wert mit hoher „Sicherheit", zumeist als mindestens 90%-Wahrscheinlichkeit definiert, befindet. Bei letzterer kann bes. auch ein Konfidenzbereich angegeben sein (Prognoseintervall). – 4. *Bedingte/unbedingte Prognose:* In einem bestimmten Sinn ist jede Prognose bedingt, also als Wenn-Dann-Aussage, zu verstehen; völlig unbedingte Prognosen sind nicht möglich. Allerdings kann so vorgegangen werden, dass Prognosen für ein und dieselbe Variable alternativ je nach gewissen eingehenden Voraussetzungen gemacht werden und dem Verwerter die Einschätzung für das Eintreten dieser Voraussetzungen überlassen wird, etwa bei Bevölkerungsprognosen unter verschiedenen Voraussetzungen bez. der Entwicklung der Geburten. – 5. *Einzel-Prognose/Prognose-Systeme:* Eine Einzel-Prognose richtet sich auf eine einzige ökonomische Variable. Ein Prognose-System bezieht sich auf eine Gesamtheit von Variablen, die in ihrer gegenseitigen Verknüpfung prognostiziert werden. – 6. Verschiedene *Fristigkeiten von Prognosen:* Kurzfristige Prognose (Prognose-Zeitraum bis zwei Jahre); mittelfristige Prognose (bis fünf Jahre); langfristige Prognose (bis zehn Jahre); säkulare Prognose (über mehrere Jahrzehnte oder Jahrhunderte). – 7. *Entwicklungs-Prognose (Informations-Prognose, Trend-Prognose):* Die Unternehmung übt keinen spürbaren Einfluss auf die zu prognostizierenden Größen aus (z.B.

Marktentwicklung der Personal Computer insgesamt, Veränderungen des Abnehmerverhaltens oder Veränderungen im Distributionssystem). – 8. *Wirkungs-Prognose (Instrumental-Prognose, Entscheidungs-Prognose):* Prognose der Wirkungen von Maßnahmen der eigenen Unternehmung (z.B. auf Größen wie Absatz, Umsatz in Abhängigkeit von bestimmten Marketingmaßnahmen). – 9. *Indikator-Prognose:* Indikatoren werden zur Prognose von Entwicklungen herangezogen. Indikatoren können, müssen aber nicht in kausaler Beziehung zu der zu prognostizierenden Variablen stehen. Indikatoren lassen sich unterteilen in vorauseilende, koindizierende und nacheilende Indikatoren. So ist die Zahl der erteilten Baugenehmigungen ein vorauseilender Indikator für die Nachfrage in der Baubranche.

III. **Verfahren:** 1. Bei *kurzfristigen* Prognosen, bes. im betrieblichen Bereich, werden direkte Prognosen bevorzugt, v.a. Zeitreihen-Prognosen mittels gleitender Durchschnitte oder mittels exponziellem Glätten; bei *mittelfristigen* Prognosen werden ökonometrische Verfahren zur Fortrechnung des Trends herangezogen oder auch, etwa bei Marktprognosen, die Prognose mittels Wachstumsfunktionen (logistische Funktion; Gompertz-Funktion). Bei Vorhandensein auch *saisonaler Komponenten* (Zeitreihenkomponenten) erfolgt die Prognose des Trends auf der Grundlage von Vergangenheitswerten, die einer Trendbereinigung unterworfen wurden; für Prognosen des *Zukunftswertes* wird dann die Saisonkomponente geeignet hinzugerechnet. *Indirekte Prognosen* erfolgen zumeist mithilfe der Regressionsanalyse und ökonometrischen Modellen. – 2. Grundsätzlich *unterschieden* werden: a) *Quantitative Prognoseverfahren:* Basieren auf mathematischen Verfahren (z.B. Trendextrapolation, Indikatorprognose, exponenzielles Glätten). – b) *Qualitative Prognoseverfahren:* Basieren auf Erfahrungen, Kenntnissen und Fingerspitzengefühl; angewandt beim Fehlen quantitativer Daten (z.B. Delphi-Technik,

Expertenbefragung, Szenario-Technik). – 3. Prognosen erfolgen häufig als direkte Prognosen auf der Grundlage von ARMA-Modellen (ARMA(p,q)-Prozess).

IV. Beurteilung: 1. Beurteilung von Prognosen kann zunächst *qualitativ* und *im Voraus* erfolgen. Kriterien sind die ökonomisch-theoretische Fundierung, die Verträglichkeit von Einzelprognosen innerhalb eines Systems, die Verfügbarkeit qualifizierter Vergangenheitsdaten. – 2. Außerdem erfolgt die Beurteilung oft *quantitativ* und *im Nachhinein* durch eine geeignete globale Kennzeichnung der aufgetretenen Prognosefehler (Durchschnitt des absoluten, des relativen Prognosefehlers; Korrelation zwischen prognostiziertem und eingetretenem Wert; Theilscher Ungleichheitskoeffizient). Allerdings sollten die aufgetretenen Prognosefehler nicht nur eine Messung, sondern auch eine Ursachenanalyse erfahren. – Vgl. auch → Situationsanalyse, → Konjunkturprognose.

Prognoseverfahren → Konjunkturprognose.

Prohibitivpreis – oberer Grenzpreis eines → Gutes, bei dem im Zuge von Preiserhöhungen eine positive Nachfrage gerade verhindert wird (*prohibere* = lat. verhindern). In einer individuellen oder aggregierten Nachfragefunktion ist ihm daher die Menge $x = 0$ zugeordnet, sodass der Prohibitivpreis p^h allg. durch $p^h = p(x = 0)$ definiert ist. Bei einer normal verlaufenden linearen Nachfrage- oder Preisabsatzkurve markiert der Prohibitivpreis den Abschnitt auf der Preisachse. Lautet z.B. die zugehörige → Preisabsatzfunktion $x(p) = a - bp$ (mit der → Sättigungsmenge a > 0 und dem Steigungspararamter b > 0), ist der Prohibitivpreis (Achsenabschnitt) durch $p^h = a/b > 0$ bestimmt. Er gibt m.a.W. die Zahl der Preiseinheiten an, durch welche die Nachfrage von der Sättigungsmenge (beim Nullpreis) ausgehend durch Preisanhebung auf den Wert Null schrumpft.

Prohibitivpreis

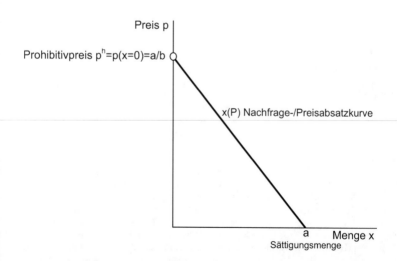

Prohibitivzoll – jener Zollsatz, bei dem die Importe des betreffenden Gutes wegen der extremen Zollbelastung zum Erliegen kommen. Wirkt faktisch wie ein → Einfuhrverbot. – Vgl. auch → Protektionismus, → Zoll.

Pro-Kopf-Einkommen – statistische Durchschnittsgröße, die das → Volkseinkommen oder das → Bruttonationaleinkommen (BNE) eines Landes zu seiner Bevölkerungszahl ins Verhältnis setzt. Das Maß dient dem Vergleich der durchschnittlichen wirtschaftlichen Lage der Bevölkerung in den Regionen eines Landes bzw. verschiedener Länder oder dem Vergleich im Zeitablauf. Das Pro-Kopf-Einkommen gilt üblicherweise als einer der wichtigsten Indikatoren zur Wohlstandsmessung eines Landes. Doch erschweren statistische Besonderheiten, Unterschiede in den Rechenwerken, den Inflationsraten, den Währungen oder der Kaufkraft die internationale Vergleichbarkeit. Auch gibt das Pro-Kopf-Einkommen als isolierter Indikator keinen Anhaltspunkt darüber, wie das Einkommen innerhalb eines Landes verteilt ist (Einkommensverteilung) oder wie sich jenseits der allein quantitativ erfassten Größe die qualitative Lebenssituation beschreiben lässt.

Prosperität – 1. *Allgemeiner Sprachgebrauch:* Periode allg. guten Geschäftsgangs oder eine Phase gesamtwirtschaftlichen Wohlstands, charakterisiert durch hohen Beschäftigungsstand (→ Beschäftigungsgrad) und durch tendenziell steigende Preise und Gewinne. – 2. *Konjunkturtheorie:* Phase des Aufschwungs oder Hochkonjunktur (→ Konjunkturphasen).

Protektion – 1. *Allgemeiner Begriff* für verschiedene handelspolitische Maßnahmen (→ tarifäre Handelshemmnisse oder → nicht tarifäre Handelshemmnisse), deren Zweck es ist, einzelne Sektoren einer → Volkswirtschaft vor Importkonkurrenz zu schützen oder der eigenen Exportwirtschaft Vorteile auf dem internationalen Markt zu verschaffen. – Vgl. auch → Zoll, → Handelspolitik, → Protektionismus. – 2. *Das klassische*

Instrument ist der → Einfuhrzoll, mit dem die Preise für Importprodukte so weit angehoben werden können, dass sie keine Konkurrenz für heimische Produkte mehr darstellen. Im Rahmen mehrerer allg. Zölle jedoch weltweit derart gesenkt worden, dass sie als Handelshemmnis unter → Industrieländern kaum noch eine Rolle spielen. Zunehmendes Gewicht haben allerdings → Antidumpingzölle, die gezielt als Abwehrmaßnahme auf bestimmte Warenimporte aus einzelnen Ländern erhoben werden. Diese Ausnahmeregel wird verstärkt zur Umgehung allg. Zollregeln missbraucht. – 3. Beim *Agrarzoll* (der ehemaligen *Abschöpfung*), wie sie in der EU-Agrarpolitik (GAP) verwendet wird, ist der Inlandspreis fest vorgegeben, und die Einfuhrabgabe wird als Differenz zum Weltmarktpreis berechnet. Dieser variable Zoll kann auch von bes. kostengünstigen Auslandsproduzenten nicht unterlaufen werden, da von ihnen eine entsprechend höhere Abschöpfungsabgabe erhoben wird. – 4. *Außerhalb des Agrarbereichs* ist mittlerweile das *Einfuhrkontingent* (→ Importkontingentierung) zum wichtigsten Instrument aufgerückt. Dabei wird ausländischen Produzenten entweder eine feste Einfuhrmenge oder ein fester Anteil am gesamten Inlandsabsatz vorgegeben. Im Unterschied zum Zoll fließt hier die Differenz zwischen dem Inlandspreis und dem Weltmarktpreis nicht dem Staat des Importlandes zu, sondern entweder dem Importeuren oder den ausländischen Produzenten. – 5. *Einfuhrkontingente* sind nur eines unter vielen Instrumenten aus dem Bereich der → nicht tarifären Handelshemmnisse. Daneben sind v.a. die *„freiwilligen" Exportselbstbeschränkungen* (Voluntary Eyport Restraints) zu nennen, bei denen sich das Exportland in Absprache mit dem Importland verpflichtet, seine Lieferungen auf bestimmte Höchstmengen zu beschränken. Analog dazu werden mit *„freiwilligen" Importausweitungsabkommen* Mindestmengen für die Importe eines Landes aus einem anderen Land festgelegt. Schließlich können auch technische Normen und

Standards dazu missbraucht werden, heimischen Produzenten einen künstlichen Wettbewerbsvorteil zu verschaffen.

Protektionismus – handelspolitische Konzeption, die durch eine ausgeprägte Neigung zu → Protektion geprägt ist. – Vgl. auch → Handelspolitik, → Prohibitivzoll.

prozyklisch – 1. Mit dem Konjunkturverlauf (→ Konjunkturschwankungen, → Konjunkturzyklus) gleichgerichtete *Bewegung ökonomischer Größen.* – 2. Mit dem Konjunkturverlauf gleichgerichtete *Wirkung wirtschaftspolitischer Maßnahmen* (→ Konjunkturpolitik). – *Gegensatz:* → antizyklisch.

psychologisches Gesetz – *fundamentales psychologisches Gesetz;* 1. *Inhalt:* Von Keynes formulierte These, nach der bei steigendem Einkommen ein immer größerer Teil des Einkommens gespart bzw. ein immer kleinerer Teil des Einkommens konsumiert wird. Der private Konsum der Haushalte steigt demnach unterproportional mit ihrem verfügbaren Einkommen. Für die langfristige → Konsumfunktion konnte diese Hypothese allerdings nicht bestätigt werden, da langfristig von einer proportionalen Beziehung zwischen Einkommen und Konsum auszugehen ist. Das psychologische Gesetz gilt also eher für die kurzfristige Version der absoluten Einkommenshypothese. – 2. *Bedeutung:* Wird im Rahmen der absoluten Einkommenshypothese des Konsums (→ Konsumfunktion) das psychologische Gesetz unterstellt, so finden im Rahmen eines durch eine autonome Nachfragesteigerung hervorgerufenen → Multiplikatorprozesses Sickerverluste (in Form der Ersparnisbildung) statt, die dafür sorgen, dass die induzierten Einkommenseffekte von Runde zu Runde immer kleiner werden und der Anpassungsprozess schließlich zu einem neuen Gleichgewicht konvergiert. – Vgl. auch → Einkommen-Ausgaben-Modell.

Punktmarkt → Markt.

Qualitätsrente – eine im Gegensatz zur Lagerrente bereits von H. Anderson (1777) und Malthus (1815) abgeleitete Form der Grundrente, die von der Voraussetzung ausgeht, dass die Böden bei der Besiedlung je nach ihrer Ergiebigkeit urbar gemacht und bestellt würden (zuerst die ergiebigsten, die gegenüber den später besiedelten, weniger ergiebigen, eine Qualitätsrente abwerfen). Die Qualitätsrente entsteht dann allein durch Bodenknappheit. – Ihre *Höhe* richtet sich nach der Qualität der für die volkswirtschaftliche Bedarfsdeckung zusätzlich erforderlichen Böden. Sie ist bei Böden erster Qualität z.T. größer als bei Böden zweiter oder dritter Güte; und es gibt Grenzböden, die keine Qualitätsrente abwerfen. – Ricardo hat die Qualitätsrente zur *Intensitätsrente* ausgebaut.

Quantitätstheorie – Geldtheorie, Inflationstheorien.

Quasiboom → kumulative Kontraktion.

Quasimonopol – von Preiser im Rahmen seiner Marktformenlehre (→ Marktformen) geprägter Begriff für eine Marktsituation, bei der zwar die Anbieter bzw. Nachfrager unter sich konkurrieren, trotzdem aber (durch kartellmäßiges Handeln) als Gruppe eine Art Monopolstellung gegenüber der anderen Marktseite einnehmen. Als klassisches Beispiel wird der Arbeitsmarkt angeführt: Die Arbeitgeber konkurrieren zwar untereinander um die Arbeiter, treten aber in Tarifverhandlungen als Kollektiv (Kollektivmonopol) auf.

Quote – Anteil bzw. Verhältnisteil, der jeweils festgesetzt wird oder sich nach einer Verhältnisrechnung ergibt.

I. Wettbewerbsrecht/-politik: Die Festlegung der Quote ist bei hochorganisierten Kartellen und *Syndikaten* wichtig. Sie umfasst die Produktmenge, die von den einzelnen Kartell- und Syndikatsmitgliedern in einem bestimmten Zeitabschnitt produziert werden darf.

II. Außenhandel: Zuteilungsmenge hinsichtlich → Einfuhrlizenzen, Devisen sowie Waren der → Einfuhr im Fall von mengenmäßigen Beschränkungen (→ Importkontingentierung, → Verteilungsverfahren).

Quotenreferenzverfahren → Referenzverfahren. Methode der Verteilung z.B. von Importlizenzen im Falle einer mengenmäßigen Beschränkung der → Einfuhr bestimmter Waren.

R

Ramsey-Modelle – *1. Begriff und Abgrenzung:* Neoklassisches Wachstumsmodell (→ neoklassische Wachstumstheorie) von Ramsey (1928), Cass (1965) und Koopmans (1965). Anders als im → Solow-Modell resultiert die Sparquote endogen aus dem Nutzenmaximierungsproblem eines unendlich lange lebenden Haushalts. Insbes. die Optimalitätsbedingungen des Nutzenmaximierungsproblems verhindern hier Überakkumulation von Kapital. Entscheidend ist nicht, dass die Individuen unendlich lange leben, sondern der Haushalt bzw. die Dynastie. Hierfür ist es hinreichend, dass ein endlich lange lebender Haushalt Nutzen aus dem Nutzen seiner direkten Nachfahren zieht (siehe → Generationenmodelle). – *2. Modell:* Die Produktion von *Y(t)* geschieht mit physischem Kapital *K(t)* und Arbeit *L(t)* unter neoklassischen Annahmen, sodass $Y(t)=F(K(t),L(t))$ und $y=Y/L=f(k)$. Bevölkerungswachstum vollzieht sich mit exogener Rate *n*, sodass die Bevölkerungsgröße zum Zeitpunkt *t*, $L(t)=e^{nt}$ (mit $L(0)=1$) entspricht. Die Abschreibungsrate von physischem Kapital beträgt $0<\delta<1$. Ein repräsentativer Haushalt zieht Nutzen aus dem Konsum pro Kopf, $c(t)=C(t)/L(t)$, der Periode *t*, sodass der Nutzen zum Zeitpunkt *t*, $u(c(t))$ beträgt. Ferner gilt: $u'(c(t))>0$ und $u''(c(t))<0$. Jeder Haushalt zieht Nutzen aus dem Nutzen seiner Nachfahren, welcher mit der Zeitpräferenzrate ρ diskontiert wird. Damit maximiert jeder Haushalt den Barwert des Nutzens aller Nachfahren:

$$U = \int_0^\infty u(c(t))e^{(n-\rho)t}dt.$$

Um zu verhindern, dass *U* einen Wert von unendlich annimmt, wenn $t\rightarrow\infty$ muss gefordert werden, dass $\rho>n$. Agenten beziehen Lohneinkommen *w(t)* aus dem lohnunelastischem Arbeitsangebot einer Zeiteinheit pro Periode und Zinseinkünfte auf Vermögen pro Kopf *a(t)*. Das Vermögen eines Haushalts verhändert sich mit seiner Ersparnis, also der Differenz zwischen Einkommen und Konsum. Damit ergibt sich für die Veränderung des Vermögens pro Kopf über die Zeit

$$\dot{a} = w(t) + (r(t) - n)a(t) - c(t).$$

Um zu verhindern, dass sich der Haushalt fortwährend verschuldet ($da/dt<0$) muss gefordert werden, dass der Gegenwartswert aller Vermögenswerte nichtnegativ ist. Dies leistet die sogenannte No-Ponzi-game Bedingung. Sie verhindert, dass ein Haushalt sich nach einem Schneeballsystem verschuldet

$$\lim_{t\to\infty}\left\{a(t)e^{-\int_0^t(r(\nu)-n)d\nu}\right\} \geq 0.$$

Gelöst wird dieses Optimierungsproblem mit der Hamilton-Funktion (hier in Gegenwartswerten)

$$\mathcal{H} = u(c(t))e^{-(\rho-n)t} + \nu(t)(w(t) + (r(t) - n)a(t) - c(t)),$$

wobei $a(0)=a_0$gegeben ist. Die Variable *v(t)* wird als Kozustandsvariable bezeichnet und repräsentiert den Gegenwartswert des Schattenpreises des Einkommens. Als zweite Randbedingung muss beachtet werden, dass der Wert des Vermögens asymptotisch gegen Null geht. Dieses stellt die sog. Transversaltitätsbedingung

$$\lim_{t\to\infty}[\nu(t)a(t)] = 0$$

sicher. Transversaltitätsbedingung und No-Ponzi-Game-Bedingung induzieren, dass der Haushalt weder Schulden noch Vermögen übrig lässt. – Die Bedingungen 1. Ordnung für ein Maximum lauten

$$\frac{\partial\mathcal{H}}{\partial c} = 0 \Rightarrow \nu = u'(c)e^{-(\rho-n)t}$$

$$-\frac{\partial\mathcal{H}}{\partial a} = \dot{\nu} = -(r - n)\nu$$

Um analytische Lösungen zu erhalten wird üblicherweise unterstellt, dass $u(c)=[c^{1-\theta}-1]/[1-\theta]$, wobei θ den Kehrwert der intertemporalen Substitutionselastizität angibt, sodass man aus den beiden obigen Gleichungen folgende Wachstumsrate des Konsums erhält

$$\frac{\dot{c}}{c} = \frac{1}{\theta}(r(t) - \rho),$$

wobei unter vollständiger Konkurrenz gilt $r(t)=f'(k(t))-\delta$. Diese Gleichung wird auch Keynes-Ramsey-Rule genannt. Sie ist letztlich Ausfluss der intertemporalen Nutzenmaximierung i.d.S., dass der Grenznutzen aus heutigem Konsum dem Barwert des Grenznutzen aus zukünftigen Konsum entsprechen muss, sodass es nicht mehr möglich ist, durch eine andere Gestaltung des Konsumprofils eine Wohlfahrtserhöhung zu erreichen. Ferner ist die Wachstumsrate des Konsums solange positiv, wie der Zins größer ist als die Zeitpräferenzrate, d.h. solange, wie die Kompensation des Kapitalmarktes für Konsumverzicht größer ist als die individuelle Minderschätzung zukünftiger Bedürfnisse. Dann

ist es sinnvoll zu sparen, was zukünftige Konsummöglichkeiten erhöt. Da es keine Anlagealternativen gibt, muss das Vermögen pro Kopf dem Kapitalbestand pro Kopf entsprechen, also $a(t)=k(t)$. Damit folgt aus der Budgetrestriktion des repräsentativen Haushalts

$$\dot{k} = f(k) - (n + \delta)k - c$$

und die Transversaltätsbedingung lautet jetzt

$$\lim_{t \to \infty} \left\{ k(t) \exp(- \int_0^t (f'(k(v)) - \delta - n)dv) \right\} = 0$$

– 3. *Optimales Wachstum (Planerlösung):* Gesucht wird hier die sozial optimale Lösung, d.h. es wird überprüft, ob neben der oben beschriebenen Lösung ein optimum optimorum existiert. Das Optimierungsproblem sucht jetzt diejenige Kapitalintensität, welche die Wohlfahrt des repräsentativen Haushalts maximiert unter Berücksichtigung der Ressourcenrestriktion der gesamten Ökonomie. Diese entspricht ebenfalls

$$\dot{k} = f(k) - (n + \delta)k - c \qquad .$$

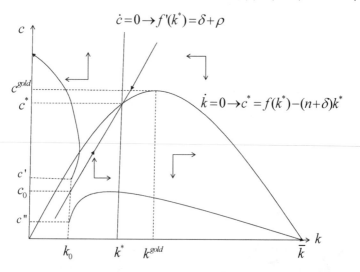

Weil diese Ramsey-Ökonomie keine Externalitäten aufweist, welche der repräsentative Haushalt in seiner dezentralen Lösung nicht auch berücksichtigen würde, fallen hier die sozial optimale Lösung und die dezentrale Lösung zusammen. – 4. *Dynamik und Steady State:* Die Dynamik der Ökonomie wird durch ein zweidimensionales Differentialgleichungssystem in C und k beschrieben. Im Steady State muss gelten: $\dot{k} = \dot{c} = 0$. Für $\dot{k} = 0$ ergibt sich $c=f(k)-(n+\delta)k$ und folglich eine umgekehrt u-förmige Beziehung zwischen c und k und damit ein $k^{\cdot}=k^{gold}$, welches mit maximalem Steady-State-Konsum einhergeht (siehe auch → goldene Regel der Kapitalakkumulation und → Solow-Modell). Die sich tatsächlich einstellende Lösung ergibt sich allerdings aus dem Schnittpunkt der $\dot{k} = 0$-Isokline mit der senkrechten $\dot{c} = 0$-Isokline. Dieser Schnittpunkt muss sich immer links von k^{gold} befinden, weil sonst die Transversalitätsbedingung verletzt wird. Denn in k^{gold} gilt:

$$f'(k^{gold}) = n + \delta \ .$$

Dementsprechend ist der Exponent in der Transversalitätsbedingung Null, sodass für $k^{\cdot}=k^{gold}$ der Grenzwert nicht Null ist. Damit kann ineffizientes Übersparen im Gegensatz zum → Solow-Modell und dem Diamond-Modell (→ Generationenmodelle) nicht auftreten. $\dot{c} = 0$ impliziert die sogenannte modifizierte goldene Regel

$$f'(k^*) = \delta + \rho \ .$$

Die Abbildung zeigt, dass der Steady State zwar eindeutig ist, aber sattelpunktstabil, d.h. er kann hier nur von zwei Seiten entlang des Sattelpunktpfades erreicht werden. Dies erfordert, dass zu jedem Startwert von k, $k(0)=k_0$, ein Konsumniveau $c(0)=c_0$ gewält werden muss, welches sicherstellt, dass man entlang des Sattelpunktpfades in den Steady State konvergiert. Entlang dieses Sattelpunktpfades steigt die Kapitalintensität und der Konsum. Gleichzeitig fällt der Zins,

sodass die Wachstumsrate des Konsums gemäß der Keynes-Ramsey-Rule fällt und im Steady State schließlich Null beträgt. In der Tat ist auch kein anderer Pfad zulässig. Würde ein zu kleines Konsumniveau gewählt werden ($c(0)=c''$), würde der Konsum in endlicher Zeit Null erreichen und eine maximale Kapitalintensität $bar\ k$ erreicht werden. Diese verletzt aber genauso wie k^{gold} die Transversalitätsbedingung. Ferner ist ein Konsumniveau von 0 nicht wohlfahrtsmaximierend. Wäre der anfängliche Konsum zu hoch ($c(0)=c'$), würde die Kapitalintensität in endlicher Zeit Null erreichen, was einen Output von Null und ein Konsumniveau von ebenfalls Null bedeuten würde, was offensichtlich auch nicht mit einem Wohlfahrtsmaximum kompatibel ist. Das Ramsey-Modell ist damit in der Lage Überakkumulation von Kapital auszuschließen. – Die Kapitalintensität verhält sich während des Anpassungsprozesses an den Steady State qualitativ genauso wie im Solow-Modell. Änderungen von Bevölkerungswachstum und Präferenzparametern, die die Ersparnis verändern, haben verglichen zum Solow-Modell qualitativ symmetrische Effekte. Der Steady State wegen der neoklassischen Produktionsfunktion durch Nullwachstum der Pro-Kopfgrößen gekennzeichnet.

Ratchet Effect – *Sperrklinkeneffekt.*

I. Volkswirtschaftstheorie: 1. In der *Konsumforschung* beobachtetes Phänomen, nach dem bei Einkommenserhöhungen, die gewöhnlich dauerhafter Natur sind, eine proportionale Zunahme der Konsumausgaben eintritt, während bei Einkommensrückgängen, die typischerweise temporärer Natur sind, eine nur unterproportionale Einschränkung der Konsumausgaben erfolgt. Eine permanente Einkommenserhöhung lässt dann die durchschnittliche → Konsumquote unverändert, während sie bei einem temporären Einkommensrückgang steigt. Erklärung des Ratchet Effect durch Duesenberry im Rahmen der → relativen Einkommenshypothese des Konsums (→ Konsumfunktion). – 2. Analoge

Erscheinung bei der *sektoralen und gesamtwirtschaftlichen Preisentwicklung:* Preissteigerungen bei Nachfrageerhöhungen, keine Preissenkung bei Nachfragerückgängen (Inflation). – 3. Auf dem Arbeitsmarkt liegt ein Sperrklinkeneffekt vor, wenn es im Falle eines Nachfrageüberhangs zu Lohnsteigerungen kommt, während bei einem Angebotsüberschuss auf diesem Markt keine Lohnsenkung eintritt. Ein einmal erreichtes Lohnniveau wirkt dann wie eine Sperrklinke. Die strukturelle Arbeitslosigkeit steigt unter diesen Umständen fortlaufend.

II. Agency-Theorie: 1. *Inhalt:* Der Ratchet Effect tritt auf, wenn sich ein Prinzipal nicht bindend verpflichten kann, im Zeitverlauf gewonnene Informationen über die Leistungsfähigkeit eines Agenten bei der Ausgestaltung zukünftiger Anreizverträge bzw. Leistungsstandards zu ignorieren (Prinzipal-Agent-Theorie). Deutet z.B. eine hohe aktuelle Ausbringung auf eine hohe Leistungsfähigkeit des Agenten hin, so mag der Prinzipal die Information dazu nutzen, die Leistungsstandards heraufzusetzen. Diese Verhaltenstendenz wird als Ratchet Effect bezeichnet. Zur Illustration sei auf die Anpassung eines Akkords oder Plan-Solls im Zeitverlauf verwiesen. – 2. *Auswirkungen:* Antizipiert der Agent die Verhaltenstendenz des Prinzipals, ist eine Reduktion der Effektivität von Anreizen die Folge: Der Agent wird rationalerweise bei einem gegebenen Anreizvertrag bzw. Leistungsstandard ein geringeres Aktionsniveau wählen als er es tun würde, wenn der Ratchet Effect keine Rolle spielte. Der Ratchet Effect impliziert somit, dass es in langfristigen Prinzipal-Agent-Beziehungen schwieriger sein kann, Anreize für den Agenten bereitzustellen als im statischen Fall. Als Mittel zur Abschwächung des Ratchet Effect kommt Jobrotation in Betracht.

rationale Erwartung → Erwartung.

Räuber-Beute-Modelle – *Lotka-Volterra-Modelle*; aus der Biologie übernommener Ansatz in der → Konjunkturtheorie. Endogene wirtschaftliche Variablen verhalten sich zueinander wie in der Natur beobachtbare interdependente Spezies: Eine Variable (Räuber) kann nicht existieren ohne ausreichenden Bestand der zweiten Variablen (Beute). Steigt die Anzahl der Räuber, so sinkt der Bestand an Beute und vermindert somit die zukünftige Zahl der Räuber. Man kann diese Modelle auch als Konfliktmodelle bezeichnen, wobei es in der Konjunkturtheorie zumeist um Verteilungskonflikte geht, die Konjunkturzyklen verursachen. – Das zyklische Verhalten von Räuber-Beute-Modellen ist v.a. in *Klassenkampfmodellen* untersucht worden (Räuber: Lohnquote, Beute: Beschäftigungsquote). – Vgl. auch → Goodwin-Modell.

RBC-Modelle → Real-Business-Cycle-Modelle.

Reagonomics – auch: *Reaganomics.* – Vgl. Chicago School, → Angebotsökonomik.

Reaktion – I. Allgemein: Sammelbezeichnung für beobachtbares und nicht beobachtbares Verhalten eines Menschen aufgrund eines Stimulus (Käufer- und Konsumentenverhalten).

II. Werbung: Käufer- und Konsumentenverhalten. – *Messung* z.B. durch Hautwiderstandsmessung.

III. Preistheorie: → oligopolistische Preisbildung, → Reaktionsfunktion, → Reaktionskoeffizient.

Reaktionsfunktion – Begriff der → Preistheorie für das reaktive Verhalten oligopolistischer Anbieter (Oligopol). Man hat zu unterscheiden zwischen einer Reaktionsfunktion bei Mengenstrategie und bei Preisstrategie (vgl. Abbildung „Reaktionsfunktion auf vollkommenen Markt" und Abbildung „Reaktionsfunktion auf unvollkommenem Markt"). – 1. Betreiben die Anbieter Mengenstrategie, wie beim Cournot-Modell im homogenen Dyopol unterstellt, gibt die Reaktionsfunktion an, mit welcher Ausbringungsmenge Anbieter 1 (Anbieter 2) reagiert,

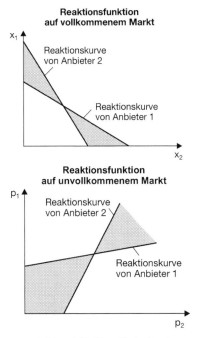

Reaktionsfunktion auf vollkommenem Markt

x₁

Reaktionskurve von Anbieter 2

Reaktionskurve von Anbieter 1

x₂

Reaktionsfunktion auf unvollkommenem Markt

p₁

Reaktionskurve von Anbieter 2

Reaktionskurve von Anbieter 1

p₂

wenn Anbieter 2 (Anbieter 1) eine bestimmte Menge ausbringt. Die entsprechenden dyopolistischen Mengenreaktionsfunktionen lauten $x_1(x_2)$ bzw. $x_2(x_1)$. – 2. Betreiben die Anbieter Preisstrategie, wie beim Bertrand-Modell im heterogenen Dyopol angenommen, gibt die Reaktionsfunktion an, mit welchem Preis Anbieter 1 (Anbieter 2) jeweils auf bestimmte Preise des Anbieters 2 (Anbieters 1). Die dyopolistischen Preisreaktionsfunktionen sind dementsprechend $p_1(p_2)$ bzw. $p_2(p_1)$.

Reaktionsgeschwindigkeit – Geschwindigkeit, mit der Marktteilnehmer (Anbieter oder Nachfrager) insbesondere auf Preissignale der Marktgegenseite oder auf Preisänderungen von Teilnehmern der gleichen Marktseite (konnkurrierende Anbieter oder Nachfrager) reagieren. Entsprechendes gilt für den Einsatz anderer → Aktionsparameter.

Einflussgrößen sind u.a. die → Markttransparenz, die Anbieter- bzw. Nachfragerzahl, Produkthomogenität oder -heterogenität, die Kreuzpreiselastizität der Nachfrage, die → Marktphase und das Vorliegen von Wettbewerbsbeschränkungen. – Vgl. auch → Preisbildungsmodelle.

Reaktionskoeffizient – in der oligopolistischen → Reaktionsfunktion die Koeffizienten (1. Ableitung) dp_j/dp_i (bei Preisstrategie) oder dx_j/dx_i (bei Mengenstrategie), welche angeben, mit welcher Preisänderung (dp_j) oder Mengenänderung (dx_j) der Anbieter j tatsächlich oder in der Erwartung des Anbieters i reagiert, wenn letzterer eine Preis- oder Mengenänderung vornimmt (Oligopol, → oligopolistische Preisbildung).

Real Balance Effect → Realkassenhaltungseffekt.

Real-Business-Cycle-Modelle – *RBC-Modelle*; Modelle der → Konjunkturtheorie, in denen exogene realwirtschaftliche → Schocks, i.d.R. Technologieschocks, zusammen mit Ausbreitungs- und Verstärkermechanismen wie z.B. intertemporale Substitution von Arbeits- und Freizeit zu → Konjunkturschwankungen führen. RBC-Modelle sind Gleichgewichtsmodelle, bei denen die Volkswirtschaft früher oder später in Abhängigkeit von der Preis- und Lohnflexibilität immer wieder auf ihr Gleichgewichtsniveau zurückkehrt. Konjunkturpolitik ist daher in diesen Modellen weitgehend wirkungslos.

reale Außenwirtschaftstheorie – *reine Außenwirtschaftstheorie, güterwirtschaftliche Außenwirtschaftstheorie; 1. Begriff:* Teilbereich der → Außenwirtschaftstheorie, in dem von der Existenz des Geldes abstrahiert wird. – *Gegensatz:* → monetäre Außenwirtschaftstheorie. – Die reale Außenwirtschaftstheorie behandelt folgende *Problembereiche:* (1) Erklärung der → Handelsstruktur. (2) Untersuchung der Wohlfahrtswirkungen des internationalen Handels (→ Gains-from-Trade-Theorem), wie auch der internationalen

Faktorbewegungen. (3) Erklärung der internationalen Tauschverhältnisse (→ Terms of Trade) und deren Bedeutung für die Wohlfahrtswirkungen des internationalen Handels. (4) Klärung der Frage, ob und unter welchen Bedingungen der internationale Güterhandel zu internationalem Faktorpreisausgleich führt. (5) Analyse der Wirkung von wirtschaftspolitisch motivierten Beeinflussungen des internationalen Handels durch künstliche – → tarifäre und → nicht tarifäre Handelshemmnisse – (→ Handelspolitik). (6) Untersuchung der Konsequenzen des internationalen Güterhandels bzw. → internationalen Faktorwanderungen, sowie deren wirtschaftspolitischen Beeinflussung, für die Einkommensverteilung innerhalb eines Landes. (7) Erklärung der empirisch beobachtbaren Formen der Protektion durch eine ökonomische Analyse des politischen Prozesses. – *Methoden:* Bei der Beschäftigung mit diesen Problemen setzt die reale Außenwirtschaftstheorie *mikroökonomische Methoden* ein, und dabei wiederum vorwiegend die *Theorie des allgemeinen Gleichgewichts* (auch Totalanalyse). Diese unterscheidet sich von der Partialanalyse durch die Berücksichtigung der für die gesamte Volkswirtschaft gegebenen Knappheit der Produktionsfaktoren. Dadurch entsteht typischerweise ein komplexes System der Interdependenz aller Güter- und Faktormärkte, die in der Partialanalyse jeweils isoliert betrachtet werden. Nachdem die reale Außenwirtschaftstheorie sich vorwiegend den Fragen der effizienten → Allokation von knappen Faktoren widmet, abstrahiert sie ferner weitgehend von Problemen der *Preisstarrheit*, die ihrerseits oft Ursache von Unterbeschäftigung sind. Aus der Abstraktion von der Existenz des Geldes ergibt sich zwangsläufig, dass die reale Außenwirtschaftstheorie den internationalen Tausch von Finanzaktiva (→ internationaler Kapitalverkehr) nicht betrachtet.

Realeinkommen – Nominaleinkommen dividiert durch einen Preisindex (z.B. Verbraucherpreisindex). Das Realeinkommen ist Indikator für die reale Kaufkraft des Geldeinkommens (Inflation).

Realeinkommenseffekt → Einkommenseffekt.

realer Wechselkurs → Wechselkurs.

reales Bruttoinlandsprodukt (BIP) → Bruttoinlandsprodukt (BIP).

reales Inlandsprodukt – 1. *Begriff:* umfassender Ausdruck für die von Preisänderungen bereinigte, periodisch abgegrenzte wirtschaftliche Leistung einer Volkswirtschaft (→ Bruttoinlandsprodukt (BIP)). Als Indikator für Wachstum oder Schrumpfung der Volkswirtschaft zeigt das reale Inlandsprodukt die Entwicklung der wirtschaftlichen Leistung, die sich bei einer Umbewertung aller Transaktionen in Preisen des Vorjahres ergibt. – *Gegensatz:* das in jeweiligen Preisen ausgedrückte nominale BIP. – 2. *Berechnung:* Sowohl über die → Verwendungsrechnung des Inlandsprodukts (→ privater Konsum, Staatsverbrauch, → Bruttoinvestitionen, Export und Import jeweils in konstanten Preisen) als auch in der Entstehungsrechnung über die Bruttowertschöpfungen der einzelnen Wirtschaftsbereiche. Dividiert man das nominale BIP durch das reale BIP, erhält man den Preisindex des BIP mit wechselnder Wägung (Paasche-Index). Entsprechendes gilt für die Komponenten des BIP. – 3. Vom realen BIP (oder genauer: BIP in konstanten Preisen) zu unterscheiden ist der *Realwert des Inlandsprodukts oder des Nationaleinkommens,* bei dem alle Transaktionen nur von der allg. Geldwertänderung bereinigt werden. Die Deflationierung soll dabei mit jenem einheitlichen Preisindex erfolgen, an dem auch die Inflationsrate gemessen wird. Die Auswahl des konkreten Preisindex ist umstritten. Mit diesem Konzept werden der Einkommensaspekt und die Kaufkraftentwicklung in den Vordergrund gerückt.

Realignment – Anpassung des im Rahmen eines → internationalen Währungssystems angestrebten → fixen Wechselkurses an veränderte → Fundamentaldaten durch

→ Aufwertung oder → Abwertung. – Vgl. → Bretton-Woods-System, → Wechselkurspolitik.

Realkapital – *Sachkapital;* Summe der Betriebsmittel (ohne immaterielle Teile wie Patente, Know-how) einer Unternehmung, z.B. Anlagen, Maschinen, Fahrzeuge. – *Gegensatz:* Geldkapital, → Humankapital, immaterielle Wirtschaftsgüter, Werkstoffe. – Vgl. auch → Kapital.

Realkassenhaltungseffekt – *Real Balance Effect;* → Vermögenseffekt des Geldes; v.a. auf Patinkin zurückgehend. Die Wirtschaftssubjekte machen ihre Angebots- und Nachfragedisposition vom Realwert ihrer Geldbestände als einem Bestandteil ihres Vermögens abhängig. Bei sinkendem Preisniveau und damit bei steigendem Realwert ihrer Kassenbestände werden die Wirtschaftssubjekte aus ihrem Einkommen weniger sparen und stattdessen mehr Güter und Dienstleistungen nachfragen. Dadurch entsteht eine Übernachfrage am Gütermarkt mit der Folge steigender Produktion und Beschäftigung und/oder steigenden Preisniveaus (analog bei steigendem Preisniveau). Patinkin versuchte, mithilfe des Realkassenhaltungseffekts die klassische These von der → Neutralität des Geldes zu stützen, sie gegen den Vorwurf der Inkonsistenz zu verteidigen und durch eine Integration von Geld- und Werttheorie die klassische Dichotomie (→ Dichotomie des Geldes) zu überwinden.

Realplanung – 1. *Begriff:* Die Wirtschaftssubjekte orientieren sich bei ihren Entscheidungen ausschließlich an realen (preisbereinigten) Größen; die absolute Höhe der Güterpreise und der Lohnsätze spielt dabei keine Rolle. – 2. *Bedeutung:* In der → Makroökonomik wird bez. des Verhaltens der Wirtschaftssektoren typischerweise Realplanung unterstellt. So lautet die Keynessche Konsumhypothese (ausgedrückt in Realgrößen): $C^r = C_0{}^r + c \times Y^r$ ($0 < c < 1$), wobei: C^r = gesamtwirtschaftlicher realer privater Konsum, $C_0{}^r$ = autonome reale

Konsumgüternachfrage, c = marginale Konsumquote, Y^r = reales Volkseinkommen. Das *reale* Volkseinkommen ist der Quotient aus dem *nominalen* Volkseinkommen Y^n und dem gesamtwirtschaftlichen Güterpreisniveau P: $Y^r = Y^n / P$. Die aufgestellte Konsumhypothese für die privaten Haushalte impliziert, dass ihre reale Konsumnachfrage unverändert bleibt, wenn Nominaleinkommen und Preisniveau um den gleichen Prozentsatz zunehmen. Trotz des Anstiegs des nominalen Einkommens ändert sich die reale Konsumgüternachfrage nicht, da das Realeinkommen unverändert geblieben ist und der autonome Konsum real geplant wird, d.h. nicht von der absoluten Höhe des Preisniveaus P abhängt. Diese Verhaltensweise der Haushalte wird auch als *Freiheit von Geldillusion* bezeichnet, da sie nicht der Illusion unterliegen, dass eine Steigerung ihres Nominaleinkommens mit einer Erhöhung der Kaufkraft des nominalen Einkommensbetrags verbunden ist. – *Gegensatz:* → Geldillusion.

Rechenmittelfunktion des Geldes → Geld.

Rechnungswesen – I. Volkswirtschaftslehre: Volkswirtschaftliche Gesamtrechnung (VGR).

II. Betriebswirtschaftslehre: 1. *Begriff:* Das betriebliche Rechnungswesen umfasst Verfahren zur systematischen Erfassung und Auswertung aller quantifizierbaren Beziehungen und Vorgänge der Unternehmung für die Zwecke der Planung, Steuerung und Kontrolle des betrieblichen Geschehens. – 2. *Aufgaben:* a) *betriebsintern:* (1) *Abbildung und Kontrolle:* mengen- und wertmäßige Erfassung und Überwachung der betrieblichen Prozesse. – *Beispiel:* Feststellung von Bestandsveränderungen, Errechnung der Stückkosten, Ermittlung von Beständen. (2) *Planung und Steuerung:* Wirtschaftlichkeits- und Rentabilitätsrechnungen, die auf Daten des betriebswirtschaftlichen Rechnungswesens basieren, dienen den Unternehmensleitung als Planungsgrundlagen. – b) *Extern:* (1) *Rechenschaftslegung:* Aufgrund gesetzlicher

Vorschriften (z.B. §§ 238 ff. HGB) sind die Unternehmen verpflichtet, Rechenschaft über die betrieblichen Abläufe zu legen. Diese Forderung kann nur mit einem funktionierenden Rechnungswesen erfüllt werden. (2) *Information:* Das Rechnungswesen informiert, teils aufgrund gesetzlicher Veröffentlichungspflicht (z.B. §§ 325 ff. HGB), teils aufgrund freiwilliger Offenlegung, Gesellschafter, Gläubiger, Arbeitnehmer, Finanzbehörden und die interessierte Öffentlichkeit über die Vermögens-, Finanz- und Ertragslage der Unternehmung. – 3. *Aufbau:* Es gibt eine Vielzahl von Vorschlägen für die Gliederung des Rechnungswesens: – a) *Traditionelle Gliederung:* Buchführung und Bilanz, Kosten- und Leistungsrechnung, Betriebsstatistik und Vergleichsrechnung, Planungsrechnung. – b) Um eine *Vermischung* der Einteilungskriterien wie unter a) zu vermeiden (z.B. kann eine Bilanz als Planungsrechnung erstellt werden), ist in der tabellarischen Übersicht über Aufgaben und Aufbau des betrieblichen Rechnungswesens die Gliederung der Bereiche nach folgenden Merkmalen vorgenommen: Alle Rechnungen lassen sich in *Planungs-, Dokumentations- und Überwachungsrechnungen* einteilen. Die Rechnungen können nach betriebswirtschaftlichen Rechnungskategorien (Aufwand/Ertrag, Vermögen/Kapital, Kosten/Leistungen, Auszahlungen/Einzahlungen), Abrechnungsinhalten (Gewinn- und Verlustrechnungen, Bilanzen etc.) und ihrer Auswertung für Statistik und Betriebsvergleich gegliedert werden. – c) Auch eine *Einteilung in Nominalrechnungen* (z.B. Liquiditätsrechnungen) *und realgüterliche Rechnungen* (z.B. Lagerbuchführung, Substanzerhaltungsrechnungen) ist möglich. – d) *In der Gesamtorganisation der Unternehmung* wird das betriebliche Rechnungswesen häufig als Aufgabenbereich des Controllings eingeordnet. – 4. Tabellarische Darstellung von Aufgaben und Aufbau des betrieblichen Rechnungswesens vgl. Abbildung „Rechnungswesen". – Vgl. auch Umweltrechnungslegung, verhaltensorientiertes Rechnungswesen.

Recognition Lag → Lag.

Redistribution with Growth – These, dass im Wachstums- und Entwicklungsprozess

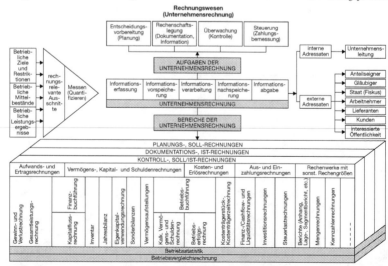

die Verteilung zunehmend gleichmäßiger auf die Bevölkerung erfolgt. – Vgl. auch → Kuznets-U-These, → Entwicklungspolitik.

Redux-Modell – 1. *Begriff*: das einfachste Modell der → Neuen Makroökonomik offener Volkswirtschaften (→ New Open Economy Macroeconomics, → NOEM). Es handelt sich bei diesem NOEM-Ansatz um eine vereinfachte Version eines analytisch sehr anspruchsvollen, vollständig mikrofundierten Makro-Modells von Obstfeld und Rogoff aus dem Jahre 1995. – 2. *Bausteine*: Das Redux-Modell, das hier nicht durch Gleichungen abgebildet werden soll, besteht aus den folgenden Elementen: a) Es werden *zwei offene Volkswirtschaften mit symmetrischen* → Präferenzen *aller Haushalte*, also identischen → Nutzenfunktionen, betrachtet. Die symmetrischen Haushalte sind monopolistische Anbieter einer Vielzahl handelbarer substituierbarer Güter, zu deren Produktion nur die eigene Arbeitskraft verwendet wird. Die Substitutionselastizität ist dabei zwischen allen in- und ausländischen Gütern gleich groß. Die Absatzpreise sind kurzfristig rigide, was sich mit der Existenz von → Menu Costs begründen lässt. – b) Für die individuellen Haushalte werden *intertemporale Nutzenfunktionen* unterstellt, die positiv vom realen Gesamtkonsum und von der realen Kassenhaltung und negativ von der Produktionstätigkeit, die infolge des damit verbundenen Arbeitseinsatzes mit einem Verzicht auf Freizeit einhergeht, abhängt. Der Gesamtkonsum wird dabei als Konsumbündel in Form einer → CES-Funktion mit konstanter intertemporaler Substitutionselastizität definiert. Im Gegensatz zu einer geschlossenen werden in einer offenen Volkswirtschaft die Konsummöglichkeiten nicht durch die inländische Produktion begrenzt; insofern enthält die Nutzenfunktion des repräsentativen Haushalts neben dem gesamten Konsumgüterbündel auch das eigene Produktionsniveau stellvertretend für die entgangene Freizeit als Argumentvariable. – c) Bei der Maximierung seiner Nutzenfunktion hat der Haushalt eine

periodenbezogene Budgetrestriktion oder dynamische Vermögensgleichung in nominalen Werten zu beachten, welche besagt, dass sich der Vermögensbestand zu Beginn der Folgeperiode aus dem Anfangsvermögen ergibt, indem man hierauf anfallende Zinseinkünfte und denjenigen Teil des laufenden Nominaleinkommens, der nicht für Konsumzwecke verwendet, also gespart wird, hinzuaddiert. Die Haushalte können dabei ihr Vermögen in Form zinsloser Kasse oder in Form eines zinstragenden risikolosen Wertpapiers, das auf einem vollkommenen internationalen Kapitalmarkt handelbar ist, halten. Die Annahme eines vollständig integrierten Weltkapitalmarktes impliziert dabei die Gültigkeit der ungedeckten → Zinsparität zwischen dem In- und Auslandszins. – d) Hinsichtlich des gesamtwirtschaftlichen Preisniveaus, das sowohl in der Budgetrestriktion als auch als Deflator der nominalen Geldmenge in der Nutzenfunktion auftritt, wird von einem *Konsumentenpreisindex* ausgegangen, der eine Kombination aus den Einzelpreisen der im In- und Ausland produzierten Güter ist. Da von der Existenz nicht-handelbarer Güter sowie von Handelsbeschränkungen abstrahiert wird, gilt für jedes individuelle Gut das Gesetz der Unterschiedslosigkeit der Preise (d.h. jeweils der gleiche Preis in beiden Volkswirtschaften) und für den in- und ausländischen Preisindex die → Kaufkraftparität in der absoluten Form. – e) Das Redux-Modell enthält schließlich noch *für jedes Gut eine relativpreisabhängige Gesamtnachfragefunktion*, der sich ein monopolistischer Anbieter dieses Gutes gegenübersieht. Ebenso wie in der traditionellen mikroökonomischen Monopoltheorie ist diese Funktion im Optimierungsansatz der Anbieter zu berücksichtigen. – f) Die Maximierung der intertemporalen Nutzenfunktion unter Beachtung der Budgetrestriktion liefert für den individuellen Haushalt seinen *optimalen (realzinsabhängigen) Konsumpfad* (→ Euler-Gleichung des Konsums*), die gewünschte reale Kassenhaltung und den Zeitpfad des Güter- bzw. Arbeitsangebots. Die* reale Geldnachfrage ist dabei negativ vom Zins und – im Unterschied zu traditionellen keynesianischen Modellen (→ Totalmodelle offener Volkswirtschaften, Nachfrageseite) – positiv vom Konsumniveau abhängig. Die endogene Bestimmung des Outputs bzw. Güterangebots geschieht analog zur Gewinnmaximierung einer Unternehmung. Ebenso wie in der traditionellen Monopoltheorie gilt auch im Redux-Modell, dass der mit den Grenzkosten übereinstimmende → Grenzerlös kleiner als der Preis ist, da der Absatz isoliert gesehen nur bei einer Preissenkung zunimmt. Im Redux-Modell setzt der Monopolist seinen Relativpreis ebenfalls mit einem Mark-up auf die Grenzkosten (→ Aufschlagspreisbildung). Der Zuschlagssatz ist dabei mit der aus der traditionellen Monopoltheorie bekannten Form bei konstanter Nachfrageelastizität identisch. – g) Das Gesamtmodell wird geschlossen durch *Marktgleichgewichtsbedingungen für den Weltkapitalmarkt und den Weltgütermarkt*. Im Bestandsgleichgewicht des internationalen Kapitalmarktes stimmen die Nettoauslandspositionen der beiden Volkswirtschaften betragsmäßig genau überein, während im Gleichgewicht auf dem Weltgütermarkt der aggregierte Weltkonsum gleich dem aggregierten Weltangebot bzw. Welteinkommen ist. Üblicherweise wird für die Ausgangsposition eine Nettoauslandsposition von null für beide Länder unterstellt. Das Steady-State-Gleichgewicht, das durch die Konstanz aller Modellvariablen gekennzeichnet ist, weist dann eine ausgeglichene Leistungsbilanz sowie ein für beide Länder identisches Outputniveau auf, das mit zunehmender Freizeitpräferenz der Wirtschaftssubjekte sowie zunehmender Monopolmacht bzw. Zuschlagssatz abnimmt. Im Vergleich dazu würde sich im Modell der vollständigen Konkurrenz, bei dem der Preis genau mit dem Grenzerlös übereinstimmt, ein höheres Steady-State-Outputniveau ergeben. Ebenso wie in keynesianisch geprägten, mikrofundierten Modellen geschlossener Volkswirtschaften

ergibt sich also auch im Rahmen des Redux-Modells ein suboptimales Outputniveau bei Vorliegen der Marktform der monopolistischen Konkurrenz.

Referenzverfahren – Verfahren zur Festlegung von Einfuhrquoten bei kontingentierter Einfuhr (→ Verteilungsverfahren). Bei Referenzverfahren bilden früher getätigte Einfuhren (Referenzen) die Basis, auf der die Zuteilungsmenge berechnet wird. – *Formen:* (1) *Reines Referenzverfahren:* anteilsmäßige Verteilung des Gesamtkontingents gemäß der nachgewiesenen Referenzen; neuen Importeuren wird häufig dadurch der Zugang zu bestimmten Waren erschwert. – (2) *Quotenreferenzverfahren:* Ein Teil des Gesamtkontingents (*Grundkontingent*) wird nach Köpfen (Zahl der Antragsteller) verteilt (Grund- bzw. Kopfquote), der Rest (*Zusatzkontingent*) gemäß der erbrachten Referenzen (*Referenzquote*). Endquote ist die Summe von Kopf- und Referenzquote.

Referenzzyklus → Konjunkturindikatoren.

regionale Integration – 1. *Begriff:* Zwischen den Extremen des völligen → Freihandels und (theoretisch) der völligen Abkopplung von internationalen Handelsbeziehungen (→ Autarkie) werden in der Realität Zwischenformen praktiziert, welche die Vorteile von Freihandel mit den Vorteilen der Protektion verbinden sollen. – Es gibt verschiedene *Intensitätsstufen:* (1) Die *Koordinierung* (gegenseitige Abstimmung) von Politikbereichen ist die schwächste Form. Sie beinhaltet keinerlei Souveränitätsaufgabe der beteiligten Staaten, lediglich eine gewisse Einschränkung. Die Vertragspartner verpflichten sich, sich in vereinbarten Teilbereichen der Politik zu unterrichten und abzustimmen. (2) *Kooperation* bedeutet z.B. den völkervertragsrechtlichen Abschluss von → Handelsabkommen, in denen die rechtlichen und sonstigen Rahmenbedingungen für den Handel zwischen zwei Staaten geregelt werden (z.B. Lieferung und Abnahme von Rohstoffen, Formalitäten für Ein- und

Ausfuhren, Investitionsbedingungen, patentrechtliche Regelungen). In Abgrenzung zur Koordinierung werden bereits bestimmte legislative Aspekte gemeinsam wahrgenommen (die Abgrenzung ist fließend); die exekutiven Souveränitätsrechte verbleiben bei den Vertragspartnern. Regionale Handelsabkommen werden auch als *Regional Trade Agreements* (RTA) bezeichnet. (3) Erst bei Abtretung sowohl legislativer als auch exekutiver Rechte auf gemeinsame Organe, um eine gemeinsame (ggf. sachlich begrenzte) Politik zu betreiben, spricht man von → *Integration*. Handels- und Kooperationsabkommen sind keine Assoziierungs- oder Integrationsabkommen, d.h. mit ihnen sind keine weitergehenden Integrationsabsichten verbunden, die über handels- oder industriepolitische Aspekte hinausgehen. (4) *Präferenzabkommen* sind Ausnahmen von den WTO/GATT-Prinzipien (GATT) der Gegenseitigkeit bzw. der Meistbegünstigung: Unter Verzicht auf Gegenseitigkeit werden Zollvergünstigungen gewährt, die anderen Staaten vorenthalten bleiben. Auf diese werden die regulären Zollsätze für nicht-präferenzbegünstigten Einfuhren angewendet (→ Drittlandszollsatz). (5) → *Assoziierungsabkommen* sind als Vorstufe der Integration anzusehen. Sie sind üblich zwischen Staatenverbänden (z.B. der EU) und einzelnen Staaten. Assoziierung bedeutet eben bes. Verhältnis, das über handelspolitische Vereinbarungen hinausgeht. Die Assoziierung wird i.d.R. als eine Vorstufe zu einer Vollmitgliedschaft gedacht. Daneben wird der Begriff aber auch (missverständlich) verwendet z.B. im Zusammenhang mit Einbindung in Kooperations- und Präferenzabkommen. Die EU bezeichnet solche Verträge heute auch nicht mehr als Assoziierungsabkommen, sondern als → *Interimsabkommen*. In formeller Hinsicht besteht aus Sicht der EU dabei der Unterschied, dass Assoziationsabkommen nach Art. 217 AEUV einstimmig vom Rat der Europäischen Union beschlossen werden müssen, nachdem das Europäische Parlament gehört worden ist und

institutionelle Vereinbarungen vorgesehen sind, während bei Handelsabkommen nur die qualifizierte Mehrheit im Rat hinreichend ist (Art. 207 AEUV); allerdings wird das Parlament in der Praxis auch vor Abschluss von Handelsverträgen eingeschaltet. (6) Von *Integration* i.e.S. sollte nur gesprochen werden, wenn die Partnerstaaten einen gemeinsamen Wirtschaftsraum entwickeln wollen. Dabei sind die folgenden Integrationsformen zu unterscheiden: (a) Die schwächste Integrationsstufe ist eine → Freihandelszone (vgl. die Abgrenzung zu → Sonderwirtschaftszonen). In einer Freihandelszone werden untereinander handelsbehindernde Maßnahmen abgebaut, während die Mitglieder nach außen eine autonome Außenhandelspolitik betreiben. (b) In einer → *Zollunion* vereinbaren die Mitgliedsländer außer dem internen Freihandel eine gemeinsame Zollpolitik gegenüber Drittländern. (c) In einem *gemeinsamen Markt* kommt zur internen Gütermobilität (→ Freihandel) auch die Faktormobilität hinzu (Produktionsfaktoren Arbeit, Boden, Kapital sind frei beweglich). In der EU wird zur Kennzeichnung des gemeinsamen Marktes der Begriff → *Binnenmarkt* verwendet. (d) Eine *Wirtschaftsgemeinschaft* (auch: Wirtschaftsunion) geht über einen Binnenmarkt hinaus, indem auch die nationale Wirtschaftspolitik zwischen den Partnerstaaten abgestimmt wird (Ziele, Einsatz wirtschaftspolitischer Mittel). Zur Verwirklichung der Wirtschaftsgemeinschaft im strengen Sinn besteht z.B. in der EU noch erheblicher Harmonisierungsbedarf. Der Begriff Wirtschaftsgemeinschaft wird jedoch auch allg. verwendet im Sinne einer wirtschaftlichen Gemeinschaft. Die meisten Integrationsräume erfüllen nicht die Kriterien für die Verwirklichung der jeweiligen Integrationsformen, sodass ihre Bezeichnungen eher Zielbeschreibungen sind. (7) Eine *politische Union* ist die intensivste Integrationsstufe mit völliger, auch politischer Verschmelzung der Mitgliedsstaaten (Bundesländer der Bundesrepublik Deutschland, Vereinigte Staaten von

Amerika, Indischer Bundesstaat etc.) und dem Übergang von einem Staatenbund zu einem Bundesstaat. – Zur monetären Integration vgl. → Währungsintegration, Europäische Währungsunion (EWU).

Regionalismus – 1. *Begriff*: gegenseitige außenhandelspolitische Vorzugsbehandlung von Ländern einer Region bzw. abgestimmtes Verhalten von Staaten einer Region auf Grundlage einer völkervertraglichen Vereinbarung. Von Regionalismus spricht man *nicht*, wenn ein kleines Land sich währungs- und außenhandelspolitisch an ein großes anschließt (Liechtenstein – Schweiz, San Marino – Italien, Monaco – Frankreich). – *Formen*: Z.B. → Präferenzabkommen (zur Gewährung von → Präferenzzoll), Bildung von → Zollunionen, → Freihandelszonen und anderen Formen der → regionalen Integration, sonstige handelspolitische Vorzugsbehandlung, devisenpolitische Sonderbehandlung, Bildung gemeinsamer Systeme des Zahlungsverkehrs mit den anderen Ländern u.a. – Grundsätzlich sind alle im Rahmen der Welthandelsorganisation vorgenommen → Handelsliberalisierungen multilaterale Ansätze nach dem Prinzip der Meistbegünstigung (gegenüber allen Vertragsparteien). Die Welthandelsrunde von Doha ist jedoch seit 1999 ins Stocken geraden. Dem Regionalismus kommt daher seitdem eine starke Bedeutung zu – mit regionaler Integration wird ein Schritt zum (regional begrenzten) → Freihandel ermöglicht, auch wenn die weltweite Situation sich nicht weiter entwickelt. Versuche der neueren Zeit, *wirtschaftlich integrierte Räume* zu bilden, sind Ausprägungen des Regionalismus (EU, MERCOSUR, CARICOM, CEMAC, UEMOA, EAC und Southern African Customs Union (SACU) sind Zollunionen; EFTA, NAFTA, ASEAN, CACM, COMESA, SADC sind Freihandelszonen). Die regionale Integration ist ein Schritt auf dem Weg zu einer Wirtschaftsunion und dem Freihandel. – Vgl. auch → Integration, → Multilateralismus,

Globalisierung, World Trade Organization (WTO), GATT, GATS.

Regionalreihen – wirtschaftsstatistische Reihen, die auf eine Region beschränkt sind. Die → Konjunkturforschung bedient sich der Regionalreihen nur hilfsweise, da die hier beobachteten Entwicklungen nur einen eingeschränkten Aussagewert aufweisen und i.d.R. nur zeitlich verzögert verfügbar sind. – *Gegensatz*: → Mondialreihen.

Regulierung – *staatliche Regulierung*.

I. Allgemein: Regulierung bezeichnet Verhaltensbeeinflussung von Unternehmen und Konsumenten durch gesetzgeberische, meist marktspezifische Maßnahmen mit dem Ziel der Korrektur bzw. Vermeidung von vermutetem Marktversagen, z.B. zur Verhinderung monopolistischen Machtmissbrauchs und ruinöser Konkurrenz. Regulierung bezieht sich im Wesentlichen auf Marktzugang, Preise, Qualität und Konditionen sowie auf den Kontrahierungszwang. – *Typische Regulierungsmaßnahmen* sind Produktionsauflagen, Qualitätsstandards bei Produkten und Dienstleistungen, Ausnahmen vom Wettbewerbsgesetz, Berufsordnungen sowie Vorschriften der Preis- und Tarifgestaltung. – In der *Bundesrepublik Deutschland* ist neben weiteren staatlichen Einrichtungen insbesondere die Bundesnetzagentur in den Bereichen Elektrizität, Gas, Post, Eisenbahn und Telekommunikation regulierend tätig. – *Gegensatz*: → Deregulierung.

II. Strukturpolitik: 1. *Begriff*: Einschränkungen der Gewerbefreiheit (Vertragsfreiheit), die für bestimmte Märkte oder für Gruppen von Unternehmen gelten. Regulierung ist insofern von allg. ordnungsrechtlichen Rahmensetzungen (z.B. Gewerbeordnung) abzugrenzen. Aus wettbewerbspolitischer Sicht handelt es sich um Ausnahmebereiche des Wettbewerbsrechts, da für die regulierten Sektoren oder Märkte Sonderordnungen geschaffen werden. – 2. *Begründungen*: Die Einrichtung von Sonderordnungen wird entweder damit begründet, dass auf einem bestimmten

Markt oder in einem Wirtschaftsbereich Wettbewerb nicht funktionieren kann, weil Bedingungen eines natürlichen Monopols vorliegen, oder dass ein unbeschränkter Wettbewerb zu volkswirtschaftlich oder gesellschaftspolitisch unerwünschten Konsequenzen führen könnte. Im ersten Fall (z.B. leitungsgebundene Energieversorgung) dient die Regulierung dem Schutz vor missbräuchlicher Ausnutzung der monopolistischen Anbieterposition. Im zweiten Fall kann es z.B. darum gehen, ruinöse Konkurrenz zwischen Anbietern auf einem Markt mit beschränkter Nachfrage zu verhindern oder den Schutz der Verbraucher zu gewährleisten, wenn die Nachfrageseite gegenüber der Angebotsseite (praktisch) nicht behebbare Informationsdefizite aufweist. – 3. *Formen:* a) *Regulierung des Marktzutritts,* z.B. Konzessionsvergabe im Güterfernverkehr (Ziel ist hier die Vermeidung ruinöser Konkurrenz); Zulassung zum Geschäftsbetrieb bei Banken und Versicherungen (Ziel ist hier die Gewährleistung von Sachkunde und einer verantwortlichen Unternehmensleitung). – b) *Preisregulierungen,* z.B. Tarif- oder Gebührenordnungen, Höchstpreisverordnungen. – c) *Verhaltensregulierungen* zur Sicherung eines ordnungsgemäßen Geschäftsbetriebs, z.B. Vorschriften seitens der Banken- und Versicherungsaufsicht, die im Interesse des Verbraucherschutzes erlassen werden. – 4. *Träger der Regulierung:* Regulierung wird durch Fachbehörden auf Bundes- oder Landesebene ausgeübt (z.B. Bundesanstalt für Finanzdienstleistungsaufsicht, Bundesnetzagentur). – 5. *Umfang und Bedeutung:* Traditionell stark regulierte Wirtschaftsbereiche sind die Energie- und Verkehrswirtschaft, die Telekommunikation, die Finanzdienstleistungen und die Landwirtschaft. Maßnahmen der Regulierung können ein wichtiges Instrument der sektoralen Strukturpolitik sein. Das heute erreichte Ausmaß der Regulierung wird aber zunehmend kritisch beurteilt und zumindest teilweise als effizienzmindernd angesehen. Die Praxis hat zudem gezeigt, dass die Aufhebung

von Regulierung (→ Deregulierung), z.B. im Telekommunikationsbereich, zu Produktivitätssteigerungen führen kann, ohne die möglichen negativen Effekte auszulösen, deren Vermeidung der ursprüngliche Anlass für die Einführung einer Regulierung war.

reine Außenwirtschaftstheorie → reale Außenwirtschaftstheorie.

Reinvermögen – I. Volkswirtschaftliche Gesamtrechnung: Saldo aus Gesamtvermögen (Sachvermögen, immaterielles Vermögen, Forderungen) und Verbindlichkeiten eines Sektors oder der Volkswirtschaft. – Vgl. auch → Volksvermögen.

II. Betriebswirtschaftslehre: Aktiva abzüglich Schulden, Rückstellungen und passiven Rechnungsabgrenzungsposten. – Vgl. auch → Vermögen, → Gesamtvermögen, Eigenkapital.

III. Steuerrecht: → Gesamtvermögen.

Reiseverkehr – I. Allgemein: 1. *Begriff:* a) Häufig synonyme Bezeichnung für *Tourismus.* – b) Unter Reiseverkehr werden alle Formen und Arten des Reisens – so auch die nichttouristischen Reiseverkehr-Aspekte – wie die schwerpunktmäßige Beschäftigung mit allg. Transport- und Verkehrsaspekten und deren -problemen verstanden. – 2. *Abgrenzung:* Dabei bleibt offen, inwieweit sich Reiseverkehr auf Personenverkehr beschränkt oder auch Güterverkehr umfasst.

II. Internationale Wirtschaftsbeziehungen: Internationaler Reiseverkehr ist für einige Länder ein wichtiger Aktivposten der → Zahlungsbilanz; er wird für das leistende Land als Dienstleistungsexport angesehen und verbessert die → Leistungsbilanz.

III. Umsatzsteuerrecht: Für → Ausfuhrlieferungen im Reiseverkehr ins Drittlandsgebiet gilt § 17 UStDV: Ausfuhren im sog. nicht kommerziellen außergemeinschaftlichen Reiseverkehr (ein ausländischer Abnehmer mit Wohnort im Drittlandsgebiet erwirbt einen Gegenstand im Inland für private Zwecke und führt ihn im persönlichen Reisegepäck in das Drittlandsgebiet aus): Steuerfrei, wenn der Ausfuhrnachweis zusätzliche Angaben zu Name und Anschrift des ausländischen Abnehmers und den Identitätsnachweis durch eine Grenzzollstelle enthält.

IV. Zollrecht: Zahlreiche Besonderheiten und Vereinfachungen gelten für die Zollabwicklung des Reiseverkehrs, z.B. Zollanmeldungen beim Durchschreiten des roten oder grünen Kanals auf einem Flughafen oder die sog. *Reisefreimenge*, die zollfrei bleibt. Eine rechtliche Definition des Reisenden wird in der Verordnung (EG) Nr. 2454/93 (sog. Zollkodex-Durchführungsverordnung, ZK-DVO) getroffen.

relative Einkommenshypothese – Hypothese von Duesenberry, wonach der kurzfristige Konsum nicht nur vom laufenden, sondern auch vom höchsten jemals erreichten Einkommen bestimmt wird (→ Konsumfunktion). Wenn das Volkseinkommen abnimmt, geht der Konsum nur unterproportional zurück, da das höchste erzielte Einkommen bremsend auf die Kontraktion wirkt. Die kurzfristige durchschnittliche → Konsumquote ist damit variabel und erhöht sich mit fallendem Einkommen. Langfristig hängt der Konsum von der Stellung des Individuums in der sozialen Schicht ab. Steigt das Einkommen eines einzelnen Individuums, ohne dass das Einkommen seiner sozialen Schicht zunimmt, wird es seine Konsumgewohnheiten nicht ändern. Eine Änderung erfolgt lediglich, wenn die gesamte soziale Schicht eine Einkommenserhöhung erfährt oder wenn das Individuum in eine höhere soziale Schicht infolge der Einkommenserhöhungen aufrückt. Bei relativ gleichmäßigen Einkommenserhöhungen, die allen Individuen zugute kommen, ist die langfristige durchschnittliche Konsumquote daher konstant.

relativer Preis – Quotient aus einem absoluten Einzelpreis und dem allg. Preisniveau. Die Flexibilität der relativen Preise ist von zentraler Bedeutung für die Funktionsfähigkeit von Märkten.

Rente – **I. Mikroökonomik:** Grundrente (Bodenrente), Konsumentenrente, Produzentenrente.

II. Soziale Sicherung: 1. *Renten als Einkommensersatz:* regelmäßige Zahlung an Anspruchsberechtigte aus privater oder betrieblicher Altersvorsorge sowie im Rahmen der sozialen Sicherung. – *Beispiel:* Alterssicherung, Kriegsopferversorgung, Lastenausgleich. – Vgl. auch Rentenbesteuerung. – 2. *Renten als Produktionsfaktorentlohnung:* Grundrente, → Qualitätsrente. – *Anders:* Produzentenrente.

III. Sozialversicherung/-recht: 1. *Begriff:* zu regelmäßig wiederkehrenden Zeitpunkten aufgrund von Rechtsansprüchen zu zahlende Geldbeträge. Beim Empfänger stellen Renten ein Renteneinkommen dar. – 2. *Arten:* a) *allgemein:* (1) hinsichtlich der *Dauer* der Auszahlung: (a) Zeitrente; (b) Leibrente; (c) ewige Rente oder Dauerrente, (2) hinsichtlich der *Höhe* der Beträge: (a) konstante Renten; (b) nach bestimmten Richtlinien (arithmetisch oder geometrisch) steigende oder fallende Renten, (3) nach dem *Zeitraum,* für den gezahlt wird: (a) Nachschüssige (postnumerando) Renten werden jeweils am Ende des Zeitabschnitts gezahlt; (b) vorschüssige (pränumerando) Renten werden am Anfang des Zeitabschnitts gezahlt; (c) aufgeschobene Renten: die Zahlung beginnt erst nach einer Anzahl von Jahren; (d) abgebrochene Renten: die Zahlung hört zu einem bestimmten Zeitpunkt auf; (e) unterbrochene Renten: zwischen den Rentenzahlungen liegen Leerzeiten. – *Berechnung der Renten:* Rentenberechnung. – b) *Renten als Einkommen aufgrund von Rechtsansprüchen:* (1) Renten in Form von *Ruhegehalt:* Vergütung für frühere Dienstleistungen. (2) Renten aufgrund eines gesetzlichen *Versorgungsanspruches:* Kriegsbeschädigtenrenten (Beschädigtenrenten) oder Hinterbliebenenrenten. (3) Renten aus *sonstigen Versicherungsansprüchen:*

(a) Unfallrenten seitens der Berufsgenossenschaft; (b) Renten aus der Arbeiterrentenversicherung, Angestelltenversicherung, Knappschaftsversicherung aus Pensionskassen etc. (4) Renten aus *Vertrag*: betriebliche Altersversorgung (bAV), Lebensversicherung. (5)Mindestrente. – Teilweise werden diese Renten nur *auf Antrag* gewährt. Die Anträge sind sofort nach Eintritt des Versicherungsfalls zu stellen, ohne Rücksicht darauf, ob zu diesem Zeitpunkt schon alle Unterlagen beigefügt werden können.

IV. Steuerrecht: 1. *Begriff:* periodisch wiederkehrende gleichbleibende Leistungen in Geld oder vertretbaren Sachen, die ihren Rechtsgrund in einem einheitlich nutzbaren, selbstständigen Rentenstammrecht haben und auf das Leben eines Menschen oder auf die Dauer von mind. zehn Jahren gewährt werden. Renten sind zu unterscheiden von anderen dauernden Lasten, anderen dauernden Bezügen und Kaufpreisraten. – 2. *Einzelregelungen:* Rentenbesteuerung.

V. Wertpapiere: Rentenwerte.

VI. Finanzmathematik: gleichbleibende Zahlungen (Ein- oder Auszahlungen), die in regelmäßigen Abständen geleistet werden. Man unterscheidet zwischen einer vorschüssigen Rente (Rentenraten werden zu Beginn eines Jahres fällig) und einer nachschüssigen Rente (Rentenraten werden am Ende eines Jahres fällig).

Rent Shifting → Handelspolitik.

Repatriierung – I. Auslandseinsatz: Endphase des Auslandseinsatzes, die sich auf die Rückkehr und Wiedereingliederung des Entsandten in die vormals entsendende Einheit des internationalen Unternehmens bezieht. In dieser Phase treten in Abhängigkeit von Dauer der Entsendung, Anzahl der Auslandseinsätze, Intensität des Stammhauskontaktes während des Auslandsaufenthaltes und der Größe der Heimatlandorganisation vielfach sowohl berufliche als auch private Probleme auf. Im beruflichen Bereich können

sich ausgebliebene Karrieresprünge, die Einschränkung des Entscheidungsspielraumes oder etwa Lücken im Fachwissen als Probleme erweisen. Im privaten Bereich können Kulturschocks (interkulturelles Management) oder Prestigeverluste zu Problemen führen. Ferner gestaltet sich die Auswertung des durch den Entsandten gesammelten Wissens oftmals als schwierig.

II. Außenwirtschaft: Rückführung des Einkommens von im Ausland tätigen → Produktionsfaktoren (Arbeitnehmer, → Kapital) in das Land der Faktoreigner. – *Arten:* Grenzgängereinkommen sind Bestandteil des → Bruttoinlandsprodukts (BIP) des Landes, in dem die → Produktion stattfindet. Es ist aber Bestandteil des → Bruttonationaleinkommens (BNE) des Wohnsitzlandes der Grenzgänger. Repatriierung findet auch statt, wenn die im Land A befindliche Produktionsstätte an ihre Muttergesellschaft (internationale Unternehmung) mit Sitz im Land B *Gewinne* abführt. Auch die *Zinseinkommen* von → internationalen Portfolioinvestitionen stellen repatriierte Einkommen dar. Diese Repatriierungen finden im Rahmen der → Zahlungsbilanz ihren Niederschlag in der Dienstleistungsbilanz. Das Einkommen von Gastarbeitern mit Wohnsitz im Inland zählt zum Bruttoinlandsprodukt und zum Bruttonationaleinkommen. Überweisungen von Gastarbeitern in ihr Heimatland werden im Rahmen der → Zahlungsbilanz in der Bilanz der *laufenden Übertragungen* verbucht.

Reproduktionskosten – die zur Wiederherstellung (im Sinn von Wiederbeschaffung) eines Sachguts notwendigen Kosten, die durch Preisveränderungen oder technischen Fortschritt von den „historischen" Produktionskosten des Sachguts abweichen können. Reproduktionskosten sind auch für den Faktor Arbeit definiert. Sie entsprechen dem Aufwand, der erforderlich ist, um die menschliche Arbeitskraft zu regenerieren (Existenzminimum). – Nach der *Reproduktionskostentheorie* tendiert der

→ Gleichgewichtspreis (eines Gutes) dahin, sich den Reproduktionskosten anzugleichen.

Reproduktionskostentheorie → Reproduktionskosten.

Reserveposition im IWF – Betrag, der von einem Mitglied des Internationalen Währungsfonds (IWF) von diesem jederzeit als Kredit zur Finanzierung von Defiziten in der → Zahlungsbilanz abgerufen werden kann, ohne dass der IWF berechtigt ist, eine Rechtfertigung des Kreditwunsches zu verlangen oder die Kreditvergabe an Auflagen (Konditionalität) zu binden. Die Reserveposition im IWF umfasst die → Reservetranche und eventuelle Forderungen aus der Gewährung von Krediten an den IWF. Ein in Anspruch genommener Kredit ist zu verzinsen und in konvertierbarer Währung zurückzuzahlen. Die Reserveposition im IWF zählt zu den Währungsreserven eines Landes. Die Währungsreserven setzen sich zusammen aus den → Devisenreserven (Finanzaktiva in ausländischer Währung) und Gold- und Ziehungsrechten beim IWF. – Vgl. auch → Ziehungsrechte.

Reservetranche – Teil der → Reserveposition im IWF. Die Höhe der Reservetranche bemisst sich nach der Subskriptionsverpflichtung des betreffenden IWF-Mitglieds; diese entspricht der IWF-Mitgliedsquote, die zu 25 Prozent in Sonderziehungsrechten (SZR) (früher in Gold) und zu 75 Prozent in nationaler Währung einzuzahlen ist. Zur Reservetranche zählen alle Subskriptionsleistungen abzüglich des vom IWF nicht für seine Ausleihung eingesetzten, vom Mitglied in eigener Währung erbrachten Teils der Subskription. Bei Ländern mit einer nicht konvertierbaren, d.h. vom IWF nicht für Ausleihungen verwendbaren Währung (v.a. → Entwicklungsländer) entspricht die Reservetranche demnach dem in *Sonderziehungsrechten (SZR)* eingezahlten Betrag.

Reservewährung – Währung, die als → Devisenreserve verwendet wird. Der Status als Reservewährung kann einer Währung über

bes. Bestimmungen eines → internationalen Währungssystems betreffend die Devisenmarktinterventionen erwachsen, oder er kann sich im Laufe der Zeit durch bestimmte Entwicklungen rein faktisch ergeben.

Restposten der Zahlungsbilanz – Saldo der statistisch nicht aufgliederbaren Transaktionen. Korrekturposten, mit dessen Hilfe der statistische Ausgleich der → Zahlungsbilanz formal hergestellt wird. Der Restposten der Zahlungsbilanz wird dadurch erforderlich, dass aufgrund von Unzulänglichkeiten der Zahlungsbilanzstatistik nicht für alle außenwirtschaftlich relevanten Transaktionen die entsprechenden Gegenbuchungen nach dem Prinzip der doppelten Buchführung in der → Zahlungsbilanz vorgenommen werden können, z.B. die Gewährung von Handelskrediten bei Exporten oder Importen.

Retorsionszoll → Vergeltungszoll.

Returns to Scale → Skalenelastizität, → Skalenertrag.

Rezession → Konjunkturphasen.

Rheinisch-Westfälisches Institut für Wirtschaftsforschung (RWI) – Sitz in Essen, gegründet 1926 als Abteilung Westen des Instituts für Konjunkturforschung. Seit 1943 selbstständige, unabhängige und gemeinnützige Einrichtung der wissenschaftlichen Forschung. – *Arbeitsgebiete:* Beobachtung und Analyse der konjunkturellen und strukturellen Entwicklung in der Bundesrepublik Deutschland sowie in bedeutenden Industrieländern; spezielle Aufmerksamkeit gelten dem Energiemarkt, dem Arbeitsmarkt, der Strukturforschung und der Steuer- und Abgabenpolitik.

Ricardianische Äquivalenz – These, die besagt, dass die Konsumenten zukunftsorientiert denken und daher erwarten, dass eine Erhöhung der Staatsverschuldung in der Gegenwart mit einer Steuererhöhung zu dem Zeitpunkt in der Zukunft verbunden ist, zu dem die Staatsschuld zurückgezahlt wird. Die Staatsverschuldung ist demnach äquivalent mit einer Steuerzahlung. Neben den Implikationen für die Lastverschiebungskontroverse gibt es verschiedene Aspekte für die Stabilisierung angesichts einer Rezession: die Crowding-Out-Effekte beider Finanzierungsalternativen sind identisch. In der empirischen Forschung ist die Existenz der Ricardiniansichen Äquivlaenz umstritten.

Ricardianisches Modell – David *Ricardo* war der Erste, der auf → komparative Vorteile als Grundlage für internationalen Handel hinwies (1817). Im *Ricardianischen Modell* liegt die Ursache komparativer Vorteile in *relativen Produktivitätsunterschieden* der Produktion im In- und Ausland, die sich bei → Autarkie in Relativpreisunterschieden niederschlagen. Bei Aufnahme von Handelsbeziehungen erlangen beide Länder Handelsgewinne (Wohlfahrtseffekte des Handels) durch Spezialisierung auf das Gut mit ihrem relativen Produktivitätsvorteil bzw. mit den geringsten → Opportunitätskosten. In solchen Fällen existiert eine Tendenz zur → vollständigen Spezialisierung.

Ricardo-Theorem – *Theorem der komparativen Kosten;* → komparative Vorteile. Jedes Land spezialisiert sich tendenziell auf die → Produktion der Güter, bei denen die jeweiligen → Opportunitätskosten geringer als in anderen Ländern sind.

Ricardo-Viner-Modell – Modell des internationalen Handels, in dem unterstellt wird, dass installiertes Sachkapital ein → sektorspezifischer Faktor ist, während die → Arbeit zwischen verschiedenen Sektoren frei beweglich ist. → Kapital kann dann von Sektor zu Sektor unterschiedliche Renditen erwirtschaften, während der Lohnsatz im Gleichgewicht in allen Sektoren derselbe ist. Es ergibt sich dabei ein vom → Stolper-Samuelson-Theorem abweichendes Ergebnis bez. der Beziehung zwischen Güterpreisveränderungen und → Faktoreinkommen (→ Handelspolitik). Entwickelt von *Jacob Viner* auf der Grundlage der handelstheoretischen Überlegungen von *David Ricardo*.

Risikoaversion – Risikoabneigung; Risikopräferenz.

Risikoneutralität – Risikopräferenz.

Risikoprämie – **I. Kostenrechnung:** Das im Unternehmergewinn enthaltene Äquivalent für das allgemeine Unternehmerwagnis (Wagnisse).

II. Außenhandel: Die Risikoprämie kann als Erklärung für auftretende Abweichungen von der → Zinsparität verwendet werden. Ist der Inlandszinssatz r und der entsprechende Auslandszins r*, dann ist die Risikoprämie p aus der Sicht des inländischen Anlegers

$$r - r^* = w_e - p,$$

wobei w_e die für den entsprechenden Zeitraum erwartete Änderungsrate des nominellen → Wechselkurses (Abwertungsrate der heimischen Währung) ist. Risikoscheue Anleger verlangen Risikoprämien für das Halten von Finanzaktiva, die mit einem länderspezifischen und mit politischen Risiken verbunden sind. Je größer die *Risikoaversion* (Risikoscheu) ist, umso größer ist die erforderliche Risikoprämie p für das Portfoliogleichgewicht (→ Portfolio-Ansatz). Bei *Risikoneutralität* ignorieren die Anleger Risikounterschiede zwischen verschiedenen Anlagen, und das Gleichgewicht erfordert dann eine Übereinstimmung der erwarteten Renditen verschiedener Anlagen; die Risikoprämie r muss gleich null sein. – Vgl. auch → Wechselkurstheorie, → Zinsparität. → **III. Versicherungswirtschaft:** 1. *Allgemein:* (1) *Begriff:* Kalkulatorische Kompensation für den durch Abschluss eines einzelnen Versicherungsvertrags oder eines Kollektivs von Versicherungsverträgen zustande kommenden Risikotransfer. Abgestellt wird hierbei allein auf die Versicherungsleistungen (reine Risikoübernahme), ohne Berücksichtigung von Kosten oder einer Gewinnmarge des Versicherungsunternehmens. Bezieht sich die Prämie auf ein Kollektiv von Versicherungsverträgen, so wird von kollektiver Risikoprämie gesprochen, im Fall eines einzelnen Versicherungsvertrags von individueller Risikoprämie. Die

Bestimmung der Risikoprämie ist Gegenstand der Prämienkalkulation bzw. der Tarifkalkulation (Tarifierung). – (2) *Merkmale:* Nach dem versicherungstechnischen Äquivalenzprinzip muss eine Gleichheit zwischen den erwarteten Prämieneinzahlungen und den erwarteten Versicherungsleistungen bestehen. Hieraus resultiert die Nettoprämie (auch: Nettorisikoprämie), die mit der erwarteten Versicherungsleistung identisch ist. Aus risikopolitischer Sicht kann die Nettoprämie jedoch nur eine Preisuntergrenze darstellen. Um ein hinreichendes Sicherheitsniveau des Versicherungsunternehmens zu gewährleisten, muss hierzu ein Risikozuschlag treten, der eine Kompensation für die Zufallsschwankungen (Zufallsrisiko) in den Entschädigungsleistungen (Schwankungszuschlag) sowie allgemeiner auch für Irrtumsrisiken bei der Ermittlung der Zufallsgesetzmäßigkeit der Versicherungsleistungen beinhaltet. Die Summe aus der Nettoprämie und dem Risikozuschlag ergibt die Risikoprämie (auch: Bruttorisikoprämie). – (3) *Formal:* Nettoprämie zuzüglich Risikozuschlag = Risikoprämie. Für ein zufälliges Risiko X wird jede Prämie, die die Nettoprämie um einen Risikozuschlag übersteigt, als Risikoprämie bezeichnet. – 2. *Besonderheiten in der Lebensversicherung:* (1) *Vorbemerkungen:* Die spezielle Definition für die Lebensversicherung passt nicht zur o.a. allgemeinen Definition. In der Lebensversicherung ist einerseits der (biometrische) Risikozuschlag bereits in der Nettoprämie enthalten, andererseits enthält die Nettoprämie auch einen Sparanteil (Sparprämie), der nicht zur Risikoprämie gehört. – (2) *Begriff:* Die Risikoprämie für einen Lebensversicherungsvertrag ist der für einen einzelnen Versicherten für eine bestimmte Periode (i.d.R. ein Jahr) vorschüssig zu entrichtende Prämienanteil, der bei rechnungsmäßiger Verzinsung mit dem Zinssatz i und unter Zugrundelegung der Ausscheidewahrscheinlichkeiten 1. Ordnung am Ende der Periode den kalkulatorisch erwarteten, über die Deckungsrückstellung hinausgehenden

Versicherungsleistungen entspricht. – (3) *Modell:* Ist L(t) die in der Versicherungsperiode t zu erbringende Leistung, V(t) die Deckungsrückstellung am Ende der Periode t und a(t) die Ausscheidewahrscheinlichkeit 1. Ordnung in t, so bestimmt sich die Risikoprämie R(t) nach der Formel

$$R(t) = a(t) * (L(t) - V(t))/(1 + i).$$

(4) *Merkmale:* Da die Ausscheidewahrscheinlichkeit ebenso wie die Deckungsrückstellung im Verlauf eines Versicherungsvertrags im Regelfall nicht konstant ist, ist die Risikoprämie ebenfalls eine im Zeitablauf variable Größe. Sind mehrere Risiken versichert, so wird für jedes Risiko eine Risikoprämie nach der o.g. Formel bestimmt. Risikoprämien können auch negativ sein. Dies ist z.B. bei Rentenversicherungen dann der Fall, wenn bereits eine Deckungsrückstellung gebildet wurde, aber im Todesfall der versicherten Person keine Rentenzahlung ausgelöst wird, also L(t) = 0 ist. In einem größeren Kollektiv entspricht die Summe der Risikoprämien für ein bestimmtes Risiko den kalkulatorisch über die gebildete Deckungsrückstellung hinaus zu erbringenden Versicherungsleistungen. Ein Vergleich mit den tatsächlichen Versicherungsleistungen zeigt daher direkt, ob die Kalkulation ausreichend ist (siehe auch Überschusszerlegung). – (5) *Probleme:* Bei kleineren Kollektiven und geringen Ausscheidewahrscheinlichkeiten (z.B. bei Todesfallrisiken) können rein zufallsbedingt größere Abweichungen der tatsächlichen Versicherungsleistungen von den kalkulatorisch erwarteten auftreten, ohne dass in statistisch signifikanter Weise auf unzureichende Rechnungsgrundlagen geschlossen werden kann. Daher werden bei der Überprüfung von Rechnungsgrundlagen oft die Daten mehrerer Gesellschaften über mehrjährige Zeiträume zusammengefasst.

Robertson-Lag – *Konsum-Lag, Verbrauchs-Lag;* nach Robertson benannter Verzögerungszusammenhang (→ Lag) zwischen Konsum und Einkommen: $C_t = cY_{t-1}$, wobei:

$0 < c < 1$ sowie C_t = Konsum in der Periode t, Y_{t-1} = Einkommen der Vorperiode, c = marginale Konsumquote. – Vgl. auch → Lundberg-Lag.

Robinson-Modell – Modell der → postkeynesianischen Wachstumstheorie. – 1. *Annahmen:* Im Akkumulationsmodell von Robinson sind die investierenden Unternehmer diejenigen, die den Wachstumsprozess vorantreiben. Die Kernaussage dieses Modells besteht darin, dass ein wechselseitiger Zusammenhang zwischen der Profitrate(nerwartung) und der Höhe der Akkumulationsrate besteht, der den Wachstumsprozess stabilisiert. Die Antriebskraft des Akkumulationsprozesses ist der Drang der Unternehmer zu wachsen und zu überleben. Gewinne werden angestrebt, um das Unternehmenswachstum zu finanzieren. Die Unternehmer lassen sich hierbei direkt von der erwarteten Profitrate leiten: (1) $w_K = I / K = f (G / K)^{erw}$. Robinson nimmt an, dass eine steigende Akkumulationsrate für die Investoren mit zunehmenden Risiken verbunden ist, sodass nur dann, wenn die erwartete Profitrate überproportional steigt, mehr investiert wird. – Die Akkumulationsrate wirkt ihrerseits auf die tatsächliche Profitrate zurück; denn es gilt: (2) $G / K = I / K \cdot 1 / s_u$. – 2. Dieses *Ergebnis* lässt sich aus der Kaldor-Pasinetti-Verteilungstheorie ableiten, sofern man von der klassischen Sparhypothese ausgeht, wonach die Arbeitnehmer nichts sparen ($s_A = 0$). Das → Witwenkrug-Theorem gilt auch hier: Die Profitrate ist negativ abhängig von der Sparquote der Unternehmerhaushalte (S_u), weil eine geringere Sparquote eine höhere Konsumneigung der Unternehmerhaushalte bedeutet, die zu höheren Preisen führt. In der Abbildung „Robinson-Modell" ist die Profitrate in Abhängigkeit von der Akkumulationsrate und die Akkumulationsrate in Abhängigkeit von der erwarteten Profitrate abgetragen. Die *Akkumulationsratenfunktion* ergibt sich aus der Annahme, dass mit steigender Akkumulationsrate die Risiken zunehmen und deshalb die erwartete

Profitrate überproportional steigen muss, damit weiter investiert wird. Durch den Verlauf der Kurven ergeben sich zwei Schnittpunkte. Es handelt sich jeweils um einen Gleichgewichtspunkt, in dem die erwartete der tatsächlichen Profitrate entspricht. Aber nur *der rechte Schnittpunkt* markiert ein stabiles dynamisches Gleichgewicht. *Links* von ihm ist die tatsächliche Profitrate größer als die erwartete. Daraufhin korrigieren die Investoren ihre Erwartungen und erhöhen die Akkumulationsrate. Dieser Anpassungsprozess läuft so lange weiter, bis das Gleichgewicht erreicht ist. *Rechts* vom betrachteten Gleichgewichtspunkt ist die erwartete Profitrate größer als die tatsächliche. Die Erwartungen werden „nach unten" korrigiert und es wird weniger investiert. *Der untere Gleichgewichtspunkt* ist deswegen instabil, weil sowohl rechts als auch links vom Gleichgewicht die Erwartungen und Investitionen so korrigiert werden, dass sich die realisierte Profitrate und damit die Akkumulationsrate jeweils vom Gleichgewicht weg entwickeln.

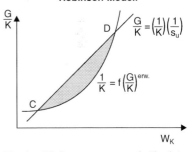

Robinson-Modell

Für das *Wachstumstempo* entscheidend ist zum einen die Risikobereitschaft der Unternehmer (bzw. ihre Renditeansprüche) in Abhängigkeit von der Akkumulationsrate und zum anderen die Ungleichheit der Einkommensverteilung, gemessen an der Gewinnquote.

Rohstoffe – I. Volkswirtschaftslehre: Unbearbeitete Grundstoffe, die durch Primärproduktion (Urproduktion) gewonnen werden. In der Havanna-Charta ($\rightarrow$ Bretton-Woods-System, $\rightarrow$ ITO) etwas weiter gefasste volkswirtschaftliche Definition über „Grundstoffe": „Jedes Erzeugnis der Landwirtschaft, der Forstwirtschaft oder der Fischerei und jedes Mineral, einerlei, ob dieses Erzeugnis sich in seiner natürlichen Form befindet oder ob es eine Veränderung erfahren hat, die i.Allg. für den Verkauf in bedeutenden Mengen auf dem internationalen Markt notwendig ist."

II. Betriebswirtschaftslehre: Grundstoffe, die im Produktionsprozess in das Erzeugnis eingehen. Rohstoffe bilden den stofflichen Hauptbestandteil der Erzeugnisse. – Vgl. auch Rohstoffwirtschaft.

Romer-Modell – auf den Ökonomen Paul Romer (1990) zurückgehendes endogenes Wachstumsmodell. Anders als in der $\rightarrow$ neoklassischen Wachstumstheorie, welche fortwährendes Wachstum des Outputs pro Kopf nur durch exogenen technischen Fortschritt generieren kann, wird dieser hier erstmals endogenisiert. Technischer Fortschritt ist das Ergebnis von gewinnorientierten Investitionen in Forschung und Entwicklung (F&E), mit dem Ziel die Variitäten von Inputs (Maschinen) zu vergrößern. Mit zunehmender „Ausdifferenzierung" des Maschinenbestandes steigt die Arbeitsteilung und damit die Produktivität der Arbeit. Da die Herstellung eines bestimmten Typs einer Maschine zunächst deren Entwicklung voraussetzt, fallen Fixkosten an, die bei vollständiger Konkurrenz nicht gedeckt werden könnten. Infolgedessen muss die Annahme der vollständigen Konkurrenz bei den Maschinenproduzenten (Zwischenproduktsektor) aufgegeben werden. – 1. *Struktur des Modells:* Im Endproduktsektor wird ein homogenes Gut Y durch Arbeit L, Humankapital H_Y und einer Menge von Maschinen $x(i)$ (= Kapital) vom Typ i, der insgesamt $A(t){>}0$ zum Zeitpunkt t zur Verfügung stehenden Typen produziert, d.h.

$$Y = H_Y^\alpha L^\beta \int_0^A x(i)^{1-\alpha-\beta} di.$$

Im (symmetrischen) Gleichgewicht wird von jedem Typ dieselbe Menge an Maschinen beschäftigt, sodass $x(i){=}x$ und sich der aggregierte Maschinenbestand durch $K{=}Ax$ ergibt. Damit folgt für den aggregierten Output:

$$Y = H_Y^\alpha L^\beta A(K/A)^{1-\alpha-\beta} = (AH_Y)^\alpha (AL)^\beta K^{1-\alpha-\beta}$$

Durch zunehmende Spezialisierung, die sich in einem zunehmenden Maschinenbestand (Anstieg von A) ausdrückt, steigt die Arbeitsproduktivität. Durch die Produktionsfunktion von Y ergibt sich, dass alle $x(i)$ imperfekte Substitute sind. Damit unterliegt dieser Sektor der monopolistischen Konkurrenz, was erforderlich ist, um die F&E-Auslagen der Unternehmen decken zu können. Ferner wird eine Einheit x mit einer Einheit „rohem" Kapital (nicht konsumiertem Output) hergestellt, sodass die Grenzkosten dem Zinssatz r entsprechen. F&E ist durch freien Marktzutritt und keine Unsicherheiten bzgl. des Forschungserfolgs charakterisiert. Als Input dienen Arbeit HA und alle bisher entwickelten Ideen A. Damit verändert sich A im Zeitablauf wie folgt

$$\dot{A} = \eta A H_A$$

wobei Vollbeschäftigung $H_A{+}H_Y{=}H$ impliziert. Auf der Haushaltsseite wird ein unendlich lange lebender repräsentativer Haushalt bei Abwesenheit von Bevölkerungswachstum betrachtet, der den Barwert seines Nutzenstroms aus Konsum maximiert (siehe $\rightarrow$ Ramsey-Modelle), mit dem Ergebnis, dass sich der Konsum optimalerweise gemäß der Keynes-Ramsey-Regel entwickelt

$$\frac{\dot{C}}{C} = \frac{1}{\theta}(r - \rho)$$

– 2. *Gleichgewicht* Die Nachfrage nach x-Gütern (Maschinen) im Endproduktsektor ergibt sich im Gewinnoptimum der Y-Produzenten aus der Bedingung, dass die Kosten dem Wertgrenzprodukt entsprechen müssen, wobei der Preis für Y auf 1 normiert werden kann, sodass

$$p_x = (1 - \alpha - \beta)H_Y^\alpha L^\beta x^{-\alpha-\beta}$$

Da der x-Sektor der monopolistischen Konkurrenz unterliegt, muss p_x von den Grenzkosten r abweichen. x-Produzenten maximieren ihre Profite durch optimale Preissetzung unter Berücksichtigung der Nachfrage nach ihren Gütern

$$\pi_x = p_x x - r x = (p_x - r)x = (p_x - r)((1 - \alpha - \beta)H_Y^\alpha L^\beta / p_x)^{\frac{1}{\alpha+\beta}}$$

sodass $\partial\pi_x/\partial p_x$ den gewinnmaximierenden Preis $p_x = r/(1-\alpha-\beta)$ impliziert, mit $1/(1-\alpha-\beta) > 1$ als „mark-up" über die Grenzkosten r. Vollständige Konkurrenz auf dem Arbeitsmarkt impliziert gleiche Löhne w_H im F&E- und Endproduktsektor, sodass

$$w_H = p_A \eta A = \alpha H_Y^{\alpha-1} L^\beta A x^{1-\alpha-\beta}$$

Entlang des gleichgewichtigen Wachstumpfades müssen Konsum, Output und Innovationen mit gleicher und konstanter Rate g^* wachsen, sodass

$$\dot{C}/C = \dot{Y}/Y = \dot{A}/A = g^*$$

Damit gilt $H_A = g^*/\eta$. Ferner muss bei freiem Markteintritt in F&E der Preis eines Patents p_A dem Barwert der Profite entsprechen, also

$$p_A = \pi/r = (\alpha+\beta)p_x x/r = (\alpha+\beta)(1 - \alpha - \beta)H_Y^\alpha L^\beta x^{1-\alpha-\beta}/r$$

Berücksichtigt man ferner $H_Y = H - H_A = H - g^*/\eta$, so gilt im Lichte voranstehender Gleichung und der Beziehung für w_H für den Zins einerseits

$$r = \frac{1}{\alpha}(\alpha + \beta)(1 - \alpha - \beta)\eta(H - g^*/\eta)$$

und andererseits wegen der Keynes-Ramsey-Regel

$$r = \theta g^* + \rho$$

Gleichsetzen der beiden letzten Gleichungen und Auflösen nach g^* liefert die Wachstumsrate der Ökonomie entlang des gleichgewichtigen Wachstumspfades

$$g^* = \frac{\eta H - \Lambda \rho}{\theta \Lambda + 1}$$

mit $\Lambda = \alpha/[(\alpha+\beta)(1-\alpha-\beta)]$ und $g^* > 0$, wenn $\eta H > \Lambda \rho$. – 3. *Implikationen*: Damit unterliegt die Wachstumsrate der Ökonomie einem Skaleneffekt, d.h. die Wachstumsrate ist positiv von der Bevölkerungsgröße abhängig (siehe bzgl. Kritik: → Jones-Modell). Ferner ist die Wachstumsrate kleiner als die sozial optimale Wachstumsrate, weil F&E die Produktivität von Forschern in der Zukunft erhöht, sich diese intertemporale Externalität aber nicht in p_A widerspiegelt und die Nachfrage nach Maschinen wegen der monopolistischen Verzerrung geringer ausfällt als bei vollständiger Konkurrenz. Die Lösung liegt allerdings nicht in einer Zerschlagung der Monopole, sondern in entsprechender Subvention der Verkäufe von Maschinen und Patenten.

Rückwärtsverknüpfung → Verkettungseffekte.

RWI – Abk. für → Rheinisch-Westfälisches Institut für Wirtschaftsforschung.

Rybczynski-Theorem – Aussage der → Außenhandelstheorie über die Auswirkung von Faktorausstattungsveränderungen auf die produzierten und gehandelten Gütermengen eines Landes unter der Annahme konstanter Güter- und Faktorpreise. Benannt nach dem polnischen Ökonomen *Taduesz Rybczynski* (1923 – 1988), der dieses Theorem 1955 veröffentlicht hat. – Vgl. auch → Heckscher-Ohlin-Theorem.

S

Sachkapital → Realkapital.

Sachvermögen → Vermögen.

Sachverständigenrat zur Begutachtung der gesamtwirtschaftlichen Entwicklung (SVR) – 1. *Begriff:* Gemäß dem Gesetz über die Bildung des Sachverständigenrates zur Begutachtung der gesamtwirtschaftlichen Entwicklung (SVG) am 14.8.1963 gebildetes Gremium. Nach § 3 I SVG ist der Sachverständigenrat zur Begutachtung der gesamtwirtschaftlichen Entwicklung (SVR) weder Regierung noch Parlament verantwortlich, sondern nur an den gesetzlich begründeten Auftrag gebunden. – 2. *Organisation:* Der SVR setzt sich aus fünf *Mitgliedern* („Fünf Weisen" bzw. „Fünf Wirtschaftsweisen") zusammen. Die Mitglieder sollen über bes. wirtschaftswissenschaftliche Kenntnisse und volkswirtschaftliche Erfahrungen verfügen (§ 1 II SVG). Die Mitglieder werden auf Vorschlag der Bundesregierung durch den Bundespräsidenten für die Dauer von fünf Jahren berufen. Sie dürfen nicht der Regierung oder einer gesetzgebundenen Körperschaft des Bundes oder eines Bundeslandes angehören und nicht im Dienste einer juristischen Person des öffentlichen Rechts, eines Wirtschaftsverbandes oder einer Arbeitgeber- bzw. Arbeitnehmerorganisation stehen, um die Unabhängigkeit des SVR zu sichern (§ 1 III SVG). – Zur Erfüllung seines Auftrages stehen dem SVR zur Verfügung: Ein Stab von acht wissenschaftlichen Mitarbeitern, einer davon in der Funktion eines Generalsekretärs; das Statistische Bundesamt (StBA), das die Aufgaben einer Geschäftsstelle für den SVR wahrnimmt und zu diesem Zweck eine Verbindungsstelle innerhalb des Statistischen Bundesamtes eingerichtet hat, an ihrer Spitze ein Geschäftsführer, sowie die Behörden des Bundes und der Länder, die dem SVR zur Amtshilfe verpflichtet sind. – Die Kosten des SVR trägt der Bund. – 3. *Aufgaben:* a) *Periodische Begutachtung* der gesamtwirtschaftlichen Lage und deren absehbarer Entwicklung *(Jahresgutachten).* In den Gutachten soll untersucht werden, wie die wirtschaftspolitischen Ziele Stabilität des Preisniveaus, hoher Beschäftigungsstand, außenwirtschaftliches Gleichgewicht sowie stetiges und angemessenes Wachstum (→ magisches Vieleck) im Rahmen einer marktwirtschaftlichen Ordnung (→ Stabilitäts- und Wachstumsgesetz (StWG)) gleichzeitig erfüllt werden können. Dabei sollen Fehlentwicklungen, die diese Ziele gefährden, aufgedeckt werden sowie alternative Möglichkeiten gezeigt werden, um Spannungen zwischen der gesamtwirtschaftlichen Nachfrage und dem gesamtwirtschaftlichen Angebot zu vermeiden oder zu beseitigen, ohne dass dabei Empfehlungen für bestimmte wirtschafts- und sozialpolitische Maßnahmen ausgesprochen werden. – b) Dadurch soll der SVR zur *Erleichterung der Urteilsbildung* bei allen wirtschaftspolitisch verantwortlichen Instanzen und in der Öffentlichkeit beitragen (wirtschaftswissenschaftliche Politikberatung). – c) Der SVR hat *Sondergutachten* zu erstellen, wenn Entwicklungen erkennbar werden, die die genannten wirtschaftspolitischen Ziele gefährden, oder wenn ihn die Bundesregierung mit der Erstattung eines zusätzlichen Gutachtens beauftragt. Die Bundesregierung ist verpflichtet, zu den *Jahresgutachten* des SVR Stellung zu nehmen. Die Stellungnahme ist Teil des → Jahreswirtschaftsberichts. Der Deutsche Bundestag erörtert das Jahresgutachten des SVR und die Stellungnahme der Bundesregierung dazu im Rahmen seiner Beratungen über den Jahreswirtschaftsbericht.

Saison – im Sprachgebrauch der Wirtschaft, insbesondere des Handels, eine Phase – insbesondere innerhalb eines Jahres – mit bes. intensiven Aktivitäten, insbesondere bes.

hohen Umsätzen. – Vgl. auch → Saisonschwankungen.

Saisonschwankungen – jahreszeitlich bedingte Schwankungen von wirtschaftlichen
Größen, etwa Umsätzen, Absatzmengen oder
Arbeitslosenzahlen. – Die statistische Behandlung von Saisonschwankungen durch
Schätzung der Saisonkomponente (Bewe-
gungskomponenten) ist Teilgebiet der Zeitreihenanalyse.

säkulare Stagnation – Begriff der Volkswirtschaftstheorie. Von Keynes und v.a. Hansen vertretene Hypothese, nach der das kapitalistische Wirtschaftssystem langfristig
in einen stationären Zustand, d.h. einen Zustand ohne wirtschaftliches Wachstum, übergeht. Die säkulare Stagnation entsteht bei relativ hohem Pro-Kopf-Einkommen, bei dem
infolge zu hoher → durchschnittlicher Sparquote das geplante Sparen die geplante Investition übersteigt. Dadurch wird ein langfristiger Kontraktionsprozess ausgelöst, der
erst bei einem so niedrigen Nationalein-
kommensniveau zum Stillstand kommt, bei
dem geplantes Sparen und geplante Investition wieder einander angeglichen sind. Die
Wirtschaft verharrt dann auf diesem Niveau. – Diese Argumentation erscheint für
geschlossene Volkswirtschaften plausibel. In
offenen Volkswirtschaften würde die überschüssige Ersparnisbildung ins Ausland ab-
fließen, eine Abwertung der Inlandswährung
hervorrufen und über eine Zunahme der Güterexporte einen expansiven → Multiplikatorprozess auslösen. Ein Rückgang des inländischen Nationaleinkommens braucht dann
nicht mehr aufzutreten.

Sanktion – Politische Maßnahmen der Be-
strafung eines bestimmten Verhaltens bzw. einer Vorgehensweise (negative Verstärkung).
Häufig in der Form der vom *UN-Sicherheitsrat* oder von der EU im Rahmen der *Gemeinsamen Außen- oder Sicherheitspolitik* (GASP)
gefassten Beschlüsse oder Entscheidungen.
Eine Sanktion ist Grundlage für ein → Embargo.

SAP – 1. Abk. für *Streuplan-Analyse-Pro-
gramm*. – Vgl. auch Mediaselektionsmo-
delle. – 2. Abk. für *Strukturanpassungspro-
gramm*.

Satellitensysteme – Datensyteme, die die
Volkswirtschaftliche Gesamtrechnung (VGR)
um gesellschaftlich wichtige Informationsbe-
reiche ergänzen sollen.

Satisficing – alternative Verhaltensannahme
im Rahmen der → Haushaltstheorie bzw.
der → Theorie der Unternehmung gegenüber dem Postulat der Nutzenmaximierung
bzw. Gewinnmaximierung. → Haushalte
maximieren demgemäß ihren → Nutzen
nicht, sondern streben nur ein „befriedigen-
des" Nutzenniveau an, während Unternehmen sich anstelle des maximalen Gewinns
mit einem „ausreichenden" Gewinn zufrieden geben. Das Satisficing unterstellt unvollständige Information, denn die Kosten ver-
ursachende Informationssuche wird im Zuge
der Erkundung der Möglichkeiten zur größtmöglichen Zielerreichung aufgegeben, wenn
für eine Wahlalternative ein zuvor festgelegtes
Anspruchsniveau erreicht oder überschritten
wurde.

Sattelpunktstabilität – typische Eigenschaft von Modellen der → dynamischen
Makroökonomik mit rationalen Zukunftserwartungen (→ Erwartungen). Nach dem
Auftreten eines temporären oder permanenten Schocks gibt es dann genau einen konvergenten, zum Steady-State hinführenden
Zeitpfad für die modellendogenen Variablen. Dabei verhalten sich die vorausschauenden (forward-looking) Variablen des dynamischen Systems im Zeitpunkt der Antizipation
oder im Zeitpunkt des plötzlichen (unerwarteten) Auftretens eines Schocks sprunghaft.
Daneben gibt es sog. vorherbestimmte (back-
ward-looking) Variablen, die auf Schocks
träge reagieren und sich nur allmählich anpassen. – Nach den Sattelpunktbedingungen
von Blanchard und Kahn (1980) gibt es bei
Vorliegen eines linearen dynamischen ökonomischen Systems nach dem Auftreten eines

Schocks nur dann einen eindeutig bestimmten konvergenten Sattelpfad zum Gleichgewicht, wenn die Zahl der Sprungvariablen in der dynamischen Zustandsdarstellung des Modells genau mit der Zahl der instabilen Eigenwerte der Zustandsgleichungen übereinstimmt. Diese Sattelpunktbedingung ist i.d.R. in neukeynesianischen Makromodellen erfüllt. – Vgl. auch → Neukeynesianische Makroökonomik, dynamisches Grundmodell.

Sättigungsmenge – Nachfragemenge, bei der einzelne Wirtschaftssubjekte oder Aggregate von Wirtschaftssubjekten im Hinblick auf ein bestimmtes → Gut ihre → Bedürfnisse vollständig befriedigen können, sodass der Grenznutzen jeder weiteren konsumierten Gütereinheit Null oder sogar negativ wird. In einer individuellen oder aggregierten Nachfragefunktion (Marktnachfrage, Originärnachfrage, → Preisabsatzfunktion) ist der Sättigungsmenge a der Preis Null zugeordnet, sodass diese durch $a = x(p=0)$ definiert ist.

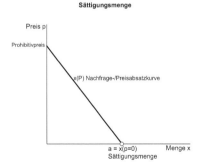

Bei einer normal verlaufenden linearen Nachfrage- oder Preisabsatzfunktion $x(p) = a - bp$ (mit $a > 0$ und $b > 0$) markiert die Sättigungsmenge den Abschnitt der Nachfrage- oder Preisabsatzkurve auf der Mengenachse, während der → Prohibitivpreis den Abschnitt auf der Preisachse bildet. – Die Annahme von Sättigungsmengen bedeutet den Verzicht auf das in der → Nachfragetheorie des Haushalts übliche Nichtsättigungsaxiom (vgl. auch

→ Ordnungsaxiome), d.h. sie setzt → Nutzenfunktionen mit Maximalwert voraus.

Saysches Theorem – von Say aufgestellter Satz der klassischen Lehre, nach dem eine allgemeine Überproduktion in einer Volkswirtschaft unmöglich sei, da jedes → Angebot in demselben Umfang kaufkräftige Nachfrage schaffe, die durch Faktoreinkommen und Gewinne dem Wert der erstellten Produkte entspreche. Jede Produktion schaffe sich also ihre eigene Nachfrage. Das Geld sei nur ein Schleier, der den eigentlichen Tatbestand verhülle, dass die Produkte immer nur mit Produkten gekauft werden. Demnach sei nur eine partielle Überproduktion möglich, der eine Unterproduktion an anderer Stelle entspreche. Diese Ungleichgewichtssituation sei aber nur temporär und werde durch den Preismechanismus beseitigt. – *Kritik* an Say schon durch Malthus und Sismondi. Das Saysches Theorem gilt nur in einer Naturaltauschwirtschaft. Scharfe Kritik am Sayschen Theorem v.a. von Keynes.

Schattenpreis → Opportunitätskosten, → Verrechnungspreis.

Schaukelstuhlmodell – anschauliche Bezeichnung für die Vorstellung, dass die Wirtschaft ein schwingungsfähiges Gebilde sei, das durch exogene → Schocks zu Schwingungen, d.h. zu → Konjunkturschwankungen, angeregt wird; ohne Auftreten neuer Schocks würden die Konjunkturschwankungen verschwinden, so wie ein Schaukelstuhl nach einem Anstoß wieder zur Ruhe kommt.

schmutziges Floaten – Dirty → Floating; zielgerichtete Interventionen auf dem → Devisenmarkt in einem System mit flexiblem Wechselkurs.

Schock – 1. *Begriff:* Im Zusammenhang mit exogenen Einflussfaktoren verwendet; ein Schock liegt vor, wenn exogene Einflussfaktoren eine Änderung von Parametern oder exogenen Variablen (→ Variable, exogene) in einem ökonomischen Modell bewirken. – 2. *Arten:* Man unterscheidet v.a. folgende Arten: a) *Monetäre Schocks:* Eine Zentralbank ändert plötzlich das Geldangebot und damit die Inflationserwartungen der Wirtschaftssubjekte. – b) *Preisschock*, plötzliche Preisänderungen mit nachfolgenden Anpassungsprozessen durch die Wirtschaftssubjekte. – c) *Angebotsschock* oder *technologischer Schock,* plötzliche Änderung der Angebotsbedingungen v.a. durch Änderungen der Produktionstechnologie mit nachfolgenden Anpassungsprozessen. – 3. *Bedeutung:* Schocks sind in der Konjunkturtheorie wesentlich als Auslöser von → Konjunkturschwankungen, so v.a. in linearen Konjunkturmodellen und in Real-Business-Cycle-Modellen. – Vgl. auch → Konjunkturtheorie.

Schumpeters Theorie der Unternehmung → dynamisch-evolutorische Theorien der Unternehmung, → Unternehmer.

Schutzzoll – Einfuhrzoll (→ Zoll) auf Auslandsgüter (in der EU für Einfuhren aus Staaten außerhalb des Zollgebietes der EU, die eine → Zollunion ist) zum Schutz der inländischen → Produktion vor ausländischer Konkurrenz. – Vgl. auch → Finanzzoll, → Erziehungszoll.

Schwarzmarkt → Preisfunktionen.

Schwedische Schule → Stockholmer Schule.

Schweinezyklus – vom Institut für Konjunkturforschung (durch Hanau) festgestellter regelmäßiger drei- bis vierjähriger Schweinepreiszyklus verbunden mit einer entsprechenden Variation der Schweinebestände. Hervorgerufen wird der Schweinezyklus durch eine verzögerte Anpassung des Angebots an den Marktpreis (→ Lag). Ein hoher Preis für Schweinefleisch führt zu gesteigerter Aufzucht; das größere Angebot erscheint nach etwa 18 Monaten (drei Monate Reaktionsverzögerung der Landwirte, 15 Monate zwischen Ferkelzeugung und Schlachtreife) auf dem Markt, kann aber bei geringer variierender Nachfrage nur zu niedrigen Preisen abgesetzt werden. Darauf sinkt das Angebot, und die Preise steigen, bis ein neuer Schweinezyklus beginnt. – Der Schweinezyklus ist das klassische Beispiel für das → Cobweb-Theorem.

Schwingungen → gedämpfte Schwingungen, → harmonische Schwingungen, → Konjunkturtheorie.

Second Best → Theorie des Zweitbesten.

Seignorage – in der Geldtheorie gebräuchlicher Begriff, der sich auf die mit dem allg. Preisniveau deflationierten Einnahmen des Staates aus sämtlichen Arten der Basisgeldemission (Münzen, Noten, Einlagen von Geschäftsbanken und privaten Nichtbanken bei der Zentralbank) bezieht. – Es lassen sich drei Arten unterscheiden: 1. *Monetärer Seignorage:* Hierunter versteht man den realen Zuwachs des Nominalbestandes an Zentralbankgeld. – 2. *Opportunitätskosten-Seignorage:* In dieser Betrachtungsweise kommt zum Tragen, dass die Geldschöpfung alternativ über eine Kreditaufnahme am Geld- oder Kapitalmarkt hätte realisiert werden können. Dies würde periodische Zinszahlungen des Staatssektors an den privaten Sektor nach sich ziehen. Die real eingesparten Zinsen repräsentieren dementsprechend den Opportunitätskosten-Seignorage. – 3. *Fiskalischer Seignorage:* Bei diesem Konzept wird der Zeitpunkt des realen Mittelzuflusses an den Staatshaushalt betrachtet. Typischerweise liegt dieser Zeitpunkt bei der Ausschüttung des Zentralbankgewinns an den Staatshaushalt.

Sektoren → Kreislaufanalyse, → Sektoren der Volkswirtschaft.

Sektoren der Volkswirtschaft – 1. In der *Volkswirtschaftlichen Gesamtrechnung (VGR)* werden Sektoren durch *Zusammenfassung institutioneller Einheiten* gebildet. Es wird zwischen (a) → nicht finanziellen Kapitalgesellschaften, (b) → finanziellen Kapitalgesellschaften, (c) Staat, (d) privaten Haushalten und (e) → privaten Organisationen ohne Erwerbszweck unterschieden. Der so abgegrenzten gesamten Volkswirtschaft steht die (f) → übrige Welt gegenüber. – 2. Gliederung aus *entwicklungstheoretischer Sicht* (Clark,

Fourastié), in einer zeitlichen und systematischen Reihenfolge: → primärer Sektor (Land- und Forstwirtschaft, Fischerei); sekundärer Sektor (Waren produzierendes Gewerbe); tertiärer Sektor (Handel, Verkehr, Kreditgewerbe, Versicherungen, sonstige Dienstleistungsunternehmen, Staat, private Organisationen ohne Erwerbszweck etc.). – 3. Für die Abbildung der Produktionsstruktur ist in der VGR die Abgrenzung in → Wirtschaftsbereiche maßgeblich, die zu drei großen Wirtschaftsbereichen zusammengefasst werden können.

sektorspezifische Faktoren → Produktionsfaktoren, die nur für die Erzeugung einer bestimmten Kategorie von Gütern geeignet sind und die nicht in andere Verwendungsrichtungen umgelenkt werden können. Dies gilt bes. in kurzer Frist für installiertes Sachkapital. – Vgl. auch → Ricardo-Viner-Modell.

sekundäre Einkommensverteilung – *Sekundärverteilung;* Verteilung der Einkommen, die insbes. aus staatlichen Umverteilungsmaßnahmen (Verteilungspolitik, Sozialversicherung) folgt und die → primäre Einkommensverteilung modifiziert. – Vgl. auch → Transfereinkommen, Einkommensverteilung, Redistribution.

Selbstbeschränkungsabkommen – Branchenabkommen, → freiwillige Exportbeschränkung.

Selbstständigeneinkommen – in der Volkswirtschaftlichen Gesamtrechnung (VGR) die Einkommen der privaten Haushalte als Produzenten (selbstständige Landwirte, Einzelunternehmer u.Ä.). Darin enthalten sind ihre nicht explizit ausgewiesenen → Arbeitseinkommen.

Selbstverstärker – Begriff der Konjunkturtheorie. Exogen verursachte Störungen des Gleichgewichts werden durch die endogenen Kräfte einer Wirtschaft in ihrer Wirkung verstärkt (→ Akzelerator).

Semi-endogenes Wachstumsmodell → Jones-Modell.

semirationale Erwartung → Erwartung.

Sequenzanalyse – I. Statistik: Sequentialtestverfahren.

II. Mikroökonomik: Untersuchung von ökonomischen Prozessen, insbesondere vom Ungleichgewicht ins Gleichgewicht und umgekehrt (*Beispiel:* → Cobweb-Theorem). Die Sequenzanalyse ist immer dynamisch (vgl. → Analyse-Methoden). Der Untersuchungszeitraum wird in Perioden zerlegt und die Entwicklung der interessierenden ökonomischen Variablen über alle Perioden untersucht.

Servicewettbewerb – Unter Service versteht man Dienstleistungen eines Herstellers oder Händlers, die er seinem Abnehmer entweder im Zusammenhang mit dem Kauf eines Produktes oder davon unabhängig als eigenes Gut anbietet. Service (z.B. Verkaufsberatung, Garantieleistungen) kann im Zusammenhang mit dem Kauf eines Produktes gesehen werden (Bundle Theory). Insoweit steht der Service in engem Zusammenhang mit der Produktqualität und wirft im Hinblick auf die Steuerung des Wettbewerbsprozesses die gleichen Probleme wie der Qualitätswettbewerb auf (Transparenz, Rechenbarkeit und Verzögerungen bei der Anpassung). Davon unterschieden werden muss der Service, der unabhängig von dem Kauf eines Produktes vom Verkäufer oder von selbstständigen Serviceunternehmen angeboten wird (z.B. technischer Kundendienst). Insoweit ist Service unabhängig von der Produktqualität. Service bekommt dann den Charakter eines selbstständigen Gutes, für welches mit Preis, Qualität und Werbung Wettbewerb betrieben werden kann. – Servicewettbewerb steht in engem Zusammenhang mit der Art der Güter. Er spielt nur eine Rolle bei technisch komplizierten Investitions- und Gebrauchsgütern sowie bestimmten Dienstleistungen (z.B. Banken und Versicherungen) und ist insofern – abgesehen von seiner Intensität – unabhängig von Marktform und Marktphase. – Vgl.

auch → Preiswettbewerb, → Nichtpreiswettbewerb.

Signalfunktion des Preises – Begriff der → Preistheorie. Veränderungen der Nachfrage eines knappen → Gutes lösen Preisveränderungen aus, die dem Produzenten anzeigen, dass sich die relative → Knappheit des Gutes verändert hat. Preiserhöhungen signalisieren, dass das Angebot für die herrschende Nachfrage zu gering, Preissenkungen, dass das Angebot für die herrschende Nachfrage zu hoch ist. I.d.R. werden die Unternehmungen sich (bei Gewinnmaximierung) an die veränderte Knappheitssituation durch Veränderungen der Angebots- bzw. Ausbringungsmenge anpassen.

simultanes Gleichgewicht → allgemeines Gleichgewicht.

Situationsanalyse – Begriff der Theorie der Wirtschaftspolitik. – *Elemente:* 1. *Diagnose:* Beschreibung und Erklärung der jeweiligen wirtschaftlichen Lage sowie Aufzeigen und Erklären von Abweichungen zwischen dem erwünschten Zustand (wirtschaftspolitisches Ziel) und der realen Situation. – Vgl. auch → Konjunkturdiagnose, → Gemeinschaftsdiagnose, → Sachverständigenrat zur Begutachtung der gesamtwirtschaftlichen Entwicklung (SVR). – 2. *Status-quo-Prognose:* Vorhersage über die Fortentwicklung der Situation, wenn keine wirtschaftspolitischen Eingriffe vorgenommen werden. – *Zweck:* Erkennung wirtschaftspolitischen Handlungsbedarfs unter Berücksichtigung der Verzögerungen (→ Lag), mit denen die Wirkungen erwogener Maßnahmen einsetzen dürften. – 3. *Wirkungsprognose/Entscheidungsprognose:* Vorhersage möglicher Haupt- und Nebenwirkungen der in der jeweiligen Wirtschaftslage zur Zielerreichung vorgeschlagenen wirtschaftspolitischen Instrumente oder Programme (→ Konjunkturprognose). – *Zweck:* Bereitstellung von Informationen für den wirtschaftspolitischen Entscheidungsträger, der diese für das Problemlösungsverfahren benötigt.

Skalenelastizität – Verhältnis zwischen relativer Änderung des Outputs x und der sie auslösenden relativen Änderung des Faktoreinsatzniveaus λ. Es wird also eine proportionale Variation aller Einsatzmengen vorausgesetzt (proportionale → Faktorvariation). Es gilt als Punktelastizität (→ Elastizität):

$$\eta_{x,\lambda} = \frac{\frac{dx}{x}}{\frac{d\lambda}{\lambda}} = \frac{dx}{d\lambda}\frac{\lambda}{x}$$

Je nach den Werten, die die Skalenelastizität annimmt, liegen konstante (Constant Returns to Scale; $\eta_{x,\lambda} = 1$), steigende (Increasing Returns to Scale, $\eta_{x,\lambda} > 1$) oder abnehmende → Skalenerträge (Decreasing Returns to Scale, $\eta x,\lambda < 1$) vor. Ist die Skalenelastizität konstant und gleich eins, handelt es sich um eine linear-homogene → Produktionsfunktion (→ Homogenität). Der Wert der Skalenelastizität ergibt sich als Summe der partiellen Produktionselastizitäten.

Skalenertrag – *Niveaugrenzprodukt, Returns to Scale;* Änderung des Outputs (Produktionsertrags), die dadurch entsteht, dass bei gegebener Produktionstechnik alle Faktoreinsatzmengen im gleichen Verhältnis variiert werden. Wächst die Produktionsmenge proportional, überproportional oder unterproportional zum Faktoreinsatz, spricht man von → konstantem, → zunehmendem oder → abnehmendem Skalenertrag (Constant, Increasing oder Decreasing Returns to Scale). – Vgl. auch → Skalenelastizität.

Sklerose → Eurosklerose.

Slutsky-Hicks-Gleichung – teilt im Rahmen der → Haushaltstheorie die Reaktion der Nachfrage eines → Haushalts auf eine Preisänderung für ein → Gut (a) in einen → Einkommenseffekt und (b) in einen → Substitutionseffekt auf (vgl. → Nachfragetheorie des Haushalts). Dabei kann der Einkommenseffekt je nach → Einkommenselastizität der Nachfrage des betreffenden → Gutes den Substitutionseffekt verstärken (→ superiore Güter), abschwächen (→ inferiore Güter) oder im Fall des → Giffen-Paradoxons auch überkompensieren.

SNA – I. Volkswirtschaftliche Gesamtrechnung: Abk. für → System of National Accounts.

II. Informatik: 1. Abk. für *Systems Network Architecture*; von IBM entwickeltes geschlossenes Rechnernetz (geschlossenes Netz, lokales Netz). – 2. Abk. für *Social Network Analysis*; Analysemethode, mit deren Hife die (sozialen) Beziehungen in einem Kommunikationsnetzwerk untersucht werden (Kommunikation).

Snobeffekt – bezeichnet in der → Haushaltstheorie (→ Nachfragetheorie des Haushalts) eine → Nachfrageinterdependenz und stellt als Gegenteil des → Mitläufereffektes den Effekt dar, dass die Nachfrage nach einem → Gut abnimmt, und zwar aufgrund (des negativen externen Effekts) des zunehmenden Konsums dieses Gutes durch andere Personen. Bei Vorliegen des Snobeffekts ist die individuelle Nachfrage eine fallende Funktion der Gesamtnachfrage nach einem Gut. – Vgl. auch → externer Konsumeffekt.

Solow-Modell – von Robert M. Solow (1956) entwickeltes Wachstumsmodell, mit dem die → neoklassische Wachstumstheorie begründet wurde. – 1. *Struktur des Modells:* Ausgangspunkt ist eine neoklassische Produktionsfunktion $Y=F(K,L)$, wonach Output Y mit physischem Kapital K und Arbeit L produziert wird. Im Zentrum der Betrachtung steht die Entwicklung des Kapitalstocks K. Kapital wird mit einer exogenen Abschreibungsrate $0<\delta<1$ abgenutzt. Die Sparquote $0<s<1$ und Bevölkerungswachstum n sind exogen. Ausgangspunkt des Modells ist das Gütermarktgleichgewicht einer geschlossenen Ökonomie ohne Staat zum Zeitpunkt t, sodass die aggregierte Ersparnis S_t den aggregierten Bruttoinvestitionen I_t entsprechen

$$I_t = S_t = sY_t.$$

Da sich die Bruttoinvestitionen aus den Nettoinvestitionen und den Abschreibungen zusammensetzen, gilt

$$I_t = I_t^{net} + \delta K_t = S_t = sY_t.$$

Berücksichtigt man nun, dass Nettoinvestitionen eine Änderung des Kapitalstocks ($\Delta K_{t+1} = K_{t+1} - K_t$) herbeiführen, erhält man

$$K_{t+1} - K_t = sY_t - \delta K_t$$

bzw. in zeitstetiger Notation

$$\dot{K}(t) = \frac{\partial K(t)}{\partial t} = sY(t) - \delta K(t).$$

Damit steigt (sinkt) der Bestand an physischem Kapital, wenn die aggregierte Ersparnis größer (kleiner) ist als die Abschreibungen. Teilt man die letzte Gleichung durch $K(t)$ erhält man die Wachstumsrate des Kapitalstocks

$$\frac{\dot{K}(t)}{K(t)} = s\frac{Y(t)}{K(t)} - \delta.$$

Da die Bevölkerung, welche anahmegemäß mit dem Erwerbspersonenpotential übereinstimmt, mit konstanter Rate n wächst, zieht man sich auf die Betrachtung von Pro-Kopf-Größen, also der Entwicklung der Kapitalintensität $k=K/L$ und des Einkommens pro Kopf $y=Y/L$, zurück. Weil die neoklassischen Eigenschaften für die Produktionsfunktion gelten, muss Linearhomogenität gelten, sodass für den Pro-Kopf-Output gilt:

$$y = \frac{Y}{L} = F(\frac{K}{L}, \frac{L}{L}) = F(k,1) = f(k),$$

wobei f als Pro-Kopf-Produktionsfunktion oder als intensive Produktionsfunktion bezeichnet wird. Offensichtlich ist das Pro-Kopf-Einkommen eine Funktion der Kapitalintensität. Steigt k steigt y. k steigt, wenn der aggregierte Maschinenbestand schneller wächst als die Bevölkerung, mathematisch:

$$\frac{\dot{k}}{k} = \frac{\dot{K}}{K} - \frac{\dot{L}}{L}$$

Damit ergibt sich für die Wachstumsrate der Kapitalintensität unter Berücksichtigung von **dot K K** und $\dot{L}/L = n$

$$\frac{\dot{k}}{k} = \frac{\dot{K}}{K} - \frac{\dot{L}}{L} = s\frac{Y}{K} - \delta - n = s\frac{Y/L}{K/L} - \delta - n$$

$$\frac{\dot{k}}{k} = s\frac{y}{k} - \delta - n$$

bzw.

$$\dot{k} = sy - (\delta + n)k.$$

Dies ist die fundamentale Bewegungsgleichung des Solow-Modells. – 2. *Dynamik und Steady State:* k steigt (sinkt), wenn $\dot{k} > (<)0$ und damit auch y, wenn $sy > (<)(\delta + n)k$. Die Kapitalintensität nimmt also zu, wenn die Pro-Kopf-Ersparnis (= Pro-Kopf-Investition) größer ist als die notwendige Investition, die erforderlich wäre, um die Kapitalausstattung pro Kopf bei Vorliegen von Abschreibungen und Bevölkerungswachstum konstant zu halten. Ist die tatsächliche Investition kleiner müssen Kapitalintensität und Output pro Kopf sinken. Ist nun dauerhaftes Wachstum in Pro-Kopf-Größen möglich? Die Antwort lautet: nein. Die Kapitalausstattung und damit der Output pro Kopf steigen solange, wie $sy>(n+\delta)k$. Da aber y wegen positiven, aber abnehmenden Grenzerträgen konkav

in k ist, muss auch sy konkav sein. Demgegenüber ist $(n+\delta)k$ eine lineare Ursprungsgerade, sodass sich beide Funktionen nur einmal schneiden können. Danach verläuft die Pro-Kopf-Ersparnis unterhalb der Ursprungsgeraden, sodass jetzt $\dot{k} < 0$. Im Schnittpunkt gilt $sy=(\delta+n)k$, sodass $\dot{k} = \dot{y} = 0$. Dies ist gleichzeitig der Steady State, ausgezeichnet durch eine konstante Kapitalintensität k^* und konstantes Prop-Popf-Einkommen y^*. Abweichungen von k^* nach rechts oder links führen wieder zum Steady State k^* zurück. Er ist damit global stabil und die Ökonomie wird dauerhaft einen Zustand mit Nullwachstum in den Pro-Kopfgrößen erreichen. – 3. *Mit exogenem technischen Fortschritt:* Dauerhaftes Wachstum in Pro-Kopf-Größen kann nur durch Produktivitätsfortschritt erreicht werden. Das Solow-Modell behandelt diesen als exogen, d.h. er wird nicht aus dem Modell heraus erklärt. Exogener technischer Fortschritt bedeutet, dass die Arbeitsproduktivität A mit exogener Rate x wächst. Damit lautet die Produktionsfunktion jetzt $Y=F(K,AL)$. Man

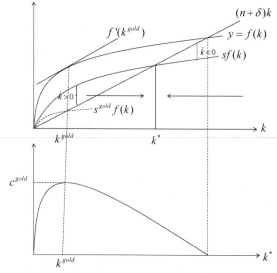

spricht auch von arbeitsvermehrenden technischen Fortschritt. Die (quasi) zur Verfügung stehende Menge an Arbeit steigt also mit der Rate n und x. Deshalb ist es jetzt erforderlich, nicht mehr Pro-Kopf-Größen, sondern sogenannte Effizienzeinheiten der Arbeit zu betrachten. Der Output in Effizienzeinheiten $y=Y/(AL)$ kann folgendermaßen beschrieben werden

$$y = \frac{Y}{AL} = F(\frac{K}{AL}, \frac{AL}{AL}) = F(k, 1) = f(k),$$

wobei die Kapitalausstattung in Effizienzeinheiten jetzt definiert durch $k=K(AL)$ sich folgendermaßen entwickelt

$$\frac{\dot{k}}{k} = \frac{\dot{K}}{K} - \frac{\dot{L}}{L} - \frac{\dot{A}}{A} = s\frac{Y(t)}{K(t)} - \delta - n - x$$

$$\frac{\dot{k}}{k} = s\frac{Y(t)/AL}{K(t)/AL} - \delta - n - x$$

$$\frac{\dot{k}}{k} = s\frac{y}{k} - \delta - n - x$$

bzw.

$$\dot{k} = sy - (\delta + n + x)k.$$

Damit ist die Kapitalintensität in Effizienzeinheiten langfristig wieder konstant und genauso der Output in Effizienzeinheiten. Allerdings gilt im Steady State deshalb auch

$$\frac{\dot{k}}{k} = \frac{\dot{K}}{K} - \frac{\dot{L}}{L}\frac{\dot{A}}{A} = 0$$

und

$$\$\frac{\dot{K}}{K} - \frac{\dot{L}}{L} = x\$ \cdot$$

Damit wachsen die Kapitalintensität K/L und der Output pro Kopf Y/L im Steady State mit der Rate des technischen Fortschritts x. Das Solow-Modell ist also in der Lage langfristiges Wachstum in den Pro-Kopf-Größen zu generieren, wenn exogener technischer Fortschritt implementiert wird, aber nicht zu erklären, weil technischer Fortschritt nicht aus dem Modell heraus erklärt wird. Langfristiges

Wachstum dieser Größen scheint eine empirische Regularität zu sein (siehe Kaldor-Fakten). Dementsprechend wurde das Modell kritisiert. Wie schwerwiegend diese Kritik ist, hängt vom tatsächlichen Beitrag des technischen Fortschritts zum Wirtschaftswachstum ab. Das Solow-Residuum liegt zwischen 1/3 und 2/3. Damit kann man zumindest sagen, dass das Solow-Modell einen signifikanten Teil des Wirtschaftswachstums erklärt, aber ein signifikanter Teil bleibt unerklärt. Dieses ist Gegenstand der endogene Wachstumstheorie. – 4. Die → goldene Regel der Kapitalakkumulation: induziert im Wachstumsgleichgewicht eine Sparquote s^{gold}, welche dort den Pro-Kopf-Konsum $c^* = c^{gold}$ maximiert. Konzeptionell muss im Solow-Modell der Abstand zwischen der Pro-Kopf-Produktionsfunktion y und der Ursprungsgeraden $(n+\delta)$ k maximiert werden, denn es gilt: Pro-Kopf-Konsum = Pro-Kopf-Output minus Pro-Kopf-Ersparnis. Also ist zu maximieren

$$c^* = f(k^*) - (n + \delta)k^* \quad ,$$

sodass gilt: $f'(k^{gold})=(n+\delta)$. s^{gold} ist nun diejenige Sparquote, welche mit k^{gold} kompatibel ist. Ist $s>s^{gold}$ so liegt dynamische Ineffizienz vor. Die Sparquote sollte reduziert werden, weil der Pro-Kopf-Konsum sofort und für alles Zeit erhöht werden kann. Ist $s<s^{gold}$, liegt dynamische Effizienz vor und die Sparquote kann nicht erhöht werden ohne gegenwärtigen Konsum zu reduzieren. Hier muss allerdings berücksichtigt werden, dass dies eine sehr technische Argumentation ist, weil diese Sparquote ein exogener Parameter ist. Im Diamond-Modell (siehe → Generationenmodelle) ist die Sparquote endogenisiert. Auch diese Modelle können im Gegensatz zum Ramsey-Modell (siehe → Ramsey-Modelle) Steady States hevorbringen, welche durch Kapitalüberakkumulation gekennzeichnet sein.

Sonderwirtschaftszone – *Free Production Zone, Investment Promotion Zone;* abgegrenztes, meist physisch gesichertes Gebiet innerhalb des Wirtschaftsraumes eines Staates, für das zoll-, steuer- und andere rechtliche Sonderbestimmungen und administrative Vergünstigungen gelten für Güter, die nicht in den inländischen Warenverkehr gebracht werden. Im Bankensektor gibt es analoge freie Bankenzonen (Off-Shore-Zentren). – *Anders:* → Freihandelszone, zollrechtliche Freizone.

Sonnenflecken → Sunspots.

Sozial-Dumping – billiges Exportangebot eines Landes aufgrund eines niedrigen Lohnniveaus bzw. niedriger Lohnnebenkosten (v.a. Sozialaufwendungen). – Sozial-Dumping stellt jedoch (wie auch das Umweltdumping oder das → Valutadumping) kein → Dumping im Sinn des GATT-/GATS-/WTO-Vertrags dar, da beim Sozial-Dumping der Exportvorteil auf einem allg. Kostenvorteil, nicht aber auf einer räumlichen Preisdifferenzierung beruht. – Sozial-Dumping liefert inländischen Anbietern häufig einen Vorwand, vom Staat protektionistische Eingriffe zu fordern.

soziale Indikatoren – 1. *Begriff:* quantitative Messziffern, die Aussagen über Zustand und Entwicklung gesellschaftlicher Anliegen ermöglichen sollen. Der Begriff wird je nach Zielsetzung des Systems unterschiedlich weit gefasst: Wohlfahrtsmessung ("Lebensqualität"), Dauerbeobachtung des sozialen Wandels sowie Prognose und Steuerung gesellschaftlicher Prozesse. – 2. *Ausprägungen:* a) Die in den USA zu Beginn der 1960er-Jahre in Gang gekommene Diskussion über soziale Indikatoren basierte auf der Erkenntnis, dass das Bruttosozialprodukt (jetzt: → Bruttonationaleinkommen (BNE)) kein zuverlässiger Wohlfahrtsindikator sein kann; positive Wachstumsraten sind also nicht gleichbedeutend mit Wohlfahrtssteigerung. Zudem wurde ein Mangel an zielbezogenen Indikatoren und Daten in nichtökonomischen Gesellschaftsbereichen festgestellt. Aus diesen Gründen werden *mehrdimensionalen Systeme* gebildet u.a. mit Bereichen wie Gesundheit, Bildung, soziale Sicherung, Umweltqualität und Freizeit. Nicht alle Messzahlen

lassen sich monetär definieren, z.T. wurde darauf bewusst verzichtet. – b) Zentrale Probleme bei der Entwicklung eines umfassenden Systems von sozialen Indikatoren sind u.a. die Aufgliederung der einzelnen Tatbestände auf Gruppen, Schichten, Regionen etc. sowie die Gewichtung der Einzelindikatoren zum Zwecke ihrer Aggregation zu globalen Messzahlen. Von den bislang vorgelegten Entwürfen gilt das *Konzept der OECD* (List of Social Concerns, Paris 1973, und The OECD List of Social Indicators, Paris 1982) zur Bestimmung der Wohlfahrt von Individuen als das umfassendste mit den Hauptzielgebieten (sozialen Anliegen): Gesundheit, Bildung, Erwerbstätigkeit und Qualität des Arbeitslebens, Zeitverwendung und Freizeit, ökonomischer Status, physische sowie soziale Umwelt und persönliche Sicherheit. Für diese Anliegen wurden zahlreiche Indikatorenvorschläge entwickelt, die jedoch wegen statistischer Probleme nur teilweise quantifiziert werden konnten. – c) Seit Anfang der 1980er-Jahre haben die Bestrebungen um die Entwicklung von Systemen von sozialen Indikatoren wieder an Bedeutung verloren, jedoch in vielen Ländern mit der Publikation von entsprechenden Datenhandbüchern und Berichten eine *Verbesserung der Sozialberichterstattung* gebracht. Überlegungen zu den sozialen Indikatoren können auch bei der Problematik der Volumenmessung staatlicher und privater Dienstleistungen behilflich sein.

Sozialprodukt – früherer Begriff für → Nationaleinkommen. – Vgl. auch → Bruttonationaleinkommen (BNE).

Sparen – Vorgang, der sich in der → Haushaltstheorie auf den Teil des laufenden → verfügbaren Einkommens eines → Haushalts bezieht, der nicht für den → Konsum verausgabt wird. Bietet eine Volkswirtschaft keine Möglichkeit, bestimmte Einkommensteile konsumtiv zu verausgaben, spricht man vom *Zwangssparen. Freiwilliges Sparen* kann entweder Vermögensanlage oder *Zwecksparen,* z.B. für dauerhafte Konsumgüter, sein. – Bezogen auf die Vermögensanlage wird die Höhe des *Sparens* durch die Überlegung bestimmt, inwieweit sich Konsumverzicht in der laufenden Periode zugunsten eines (1) erweiterten Handlungsspielraumes und (2) – bei zinsbringender Anlage – eines Einkommens aus Vermögen in der Zukunft lohnt. Im Fall des *Zwecksparens* muss zwischen heutigem und zukünftigem Konsum abgewogen werden. Aufgrund der Unsicherheit der Zukunft haben die Haushalte i.d.R. eine *Zeitpräferenz zugunsten der Gegenwart*, sie schätzen den gegenwärtigen Konsum also höher als den zukünftigen. Ist die Höherschätzung des Gegenwartskonsums sehr ausgeprägt, kann auch *Entsparen* Platz greifen, indem der Gegenwartskonsum höher angesetzt wird als das laufende Einkommen. In Höhe der Differenz muss dann ein Kredit aufgenommen werden, der in späteren Perioden zulasten von Konsummöglichkeiten getilgt wird. Die *Minderschätzung zukünftiger Bedarfe* kann durch die Zahlung eines Zinses auf den Sparbetrag ausgeglichen werden. Weiterhin wird angenommen, dass die Höhe des *Sparens* nicht nur vom Zins (Klassiker) und dem laufenden Einkommen (Keynes) abhängt, sondern auch vom → permanenten Einkommen (Friedman).

Sparfunktion – Begriff für die funktionale Abhängigkeit des Sparens (S) von verschiedenen Einflussfaktoren, wie z.B. Einkommen, Preise, Vermögen, Zinsniveau. Wegen der Aufteilung des Einkommens (Y) auf Sparen und Konsum (C),

$$Y = C + S \text{ bzw. } S = Y - C,$$

stellen Hypothesen über das Konsumverhalten (→ Konsumfunktion) gleichzeitig auch Sparhypothesen dar. – Vgl. auch → Sparparadoxon.

Sparparadoxon – beschreibt die Auswirkungen einer Senkung der autonomen Konsumnachfrage auf die gesamtwirtschaftliche Ersparnisbildung im Rahmen des einfachen keynesianischen Gütermarktmodells (→ Einkommen-Ausgaben-Modell)

$$Y = C + I, C = C_0 + c \cdot Y \ (0 < c < 1),$$

wobei: Y = gesamtwirtschaftliches Einkommen, C = gesamtwirtschaftlicher Konsum, I = autonome Investition, C_0 = autonomer Konsum, c = marginale Konsumquote. Durch einen Rückgang des autonomen Konsums C_0 wird der Wunsch der Wirtschaftssubjekte zum Ausdruck gebracht, mehr sparen zu wollen. Da hierdurch jedoch ein kontraktiver → Multiplikatorprozess ausgelöst wird, der das Einkommen im Ausmaße von $dY = 1/s$ dC_0 (s = 1 - c = marginale Sparquote) vermindert, bleibt das gesamtwirtschaftliche Sparen

$$S = Y - C = -C_0 + s \cdot Y$$

insgesamt unverändert: $dS = -dC_0 + s \cdot dY = -dC_0 + dC_0 = 0$.

Das ist das *Paradoxon der Sparsamkeit*. Der einzelwirtschaftliche Wunsch mehr zu sparen und weniger zu konsumieren lässt die gesamtwirtschaftliche Ersparnisbildung unverändert. Bei einer einkommensabhängigen Investitionsnachfrage ($I = I_0 + k \cdot Y, 0 < k < 1$) würde der Wunsch, mehr zu sparen, sogar zu einem Rückgang des gesamtwirtschaftlichen Sparens führen.

Sparquote der privaten Haushalte – Quotient aus dem → Sparen (einschließlich der Ansprüche auf betriebliche Altersversorgung) bezogen auf die Summe aus → verfügbarem Einkommen und Zunahme der betrieblichen Versorgungsansprüche.

Spätzykliker – Bei einem Spätzykliker handelt es sich um ein Unternehmen, dessen Geschäftsverlauf dem Konjunkturverlauf verspätet folgt.

spekulative Blase – *Bubble*; Abweichungen eines Assetpreises (Asset) von seinem Fundamentalwert, in Modellen mit rationalen Erwartungen verursacht durch Verletzung der Transversalitätsbedingung. Die Bezeichnung solcher Abweichungen als Blasen soll andeuten, dass sie eine Tendenz zur Selbstverstärkung beinhalten. – *Erläuterung*: Wenn die Wirtschaftssubjekte die momentan beobachteten Fundamentaldaten auch für die Zukunft erwarten, kann eine Abweichung des Assetpreises von den momentanen Fundamentaldaten nur dann entstehen, wenn die Wirtschaftssubjekte eine durch Fundamentaldaten nicht gestützte Preisänderung *erwarten*. Diese Erwartungen haben dann auch einen *tatsächlichen* Einfluss auf die Assetpreisbildung. Ist die kumulative Abweichung des Assetpreises von seinem Fundamentalwert dabei von ganz bestimmter stochastischer Natur, so kann die Abweichung auch plötzlich wieder verschwinden. Man spricht in diesem Zusammenhang von *platzenden Blasen*. Die Existenz von Blasen ist empirisch schwer nachweisbar. Dies liegt nicht zuletzt daran, dass eine Blase in Relation zu einem Fundamentalwert definiert ist, dessen Ermittlung jedoch stets vom zugrunde liegenden theoretischen Modell abhängig ist. – Vgl. auch → Wechselkurstheorie.

Sperrklinkeneffekt → Ratchet Effect.

Spezialisierung – I. Industriebetriebslehre: → Arbeitsteilung.

II. Organisation: 1. *Begriff*: die im Rahmen der → Arbeitsteilung erfolgende inhaltliche Ausrichtung der Kompetenzen organisatorischer Einheiten auf jeweils spezielle Handlungen. – 2. *Gestaltungsalternativen:* Die Zentralisation kann dabei nach dem Verrichtungsprinzip (Funktionalprinzip) oder nach dem Objektprinzip erfolgen. – 3. *Beurteilung:* Die organisatorische Effizienz hängt u.a. von der Art und der hierarchischen Positionierung der spezialisierten Einheit ab. Bei der Spezialisierung einer Stelle auf Verrichtungen z.B. können sich v.a. auf tiefer gelegenen Hierarchieebenen Vorteile besserer Auslastung maschineller Anlagen und höherer Geschicklichkeit der Handlungsträger bei gleichartigen Tätigkeiten einstellen; als Nachteil kann u.a. Monotonie mit ihren Ermüdungs- und Frustrationsfolgen auftreten.

III. Wettbewerbsrecht: Spezialisierungskartell.

IV. Außenwirtschaft: Spezialisierung im → Außenhandel impliziert, dass sich die Länder auf die Rohstoffförderung oder Produktion von Waren und auf den Export in Länder konzentrieren, bei denen sie über *komparative Kostenvorteile*, das sind geringere → Opportunitätskosten im internationalen Vergleich, verfügen.

V. Informatik: Konzept der Modellierung, bei dem ein allgemeiner Typ von Objekten zur besseren Unterscheidung in verschiedene, andere Subtypen unterteilt wird. – *Gegensatz:* Generalisierung.

Spezialisierungsgewinn – Ressourcenersparnis, die sich als Ergebnis der → Spezialisierung ergibt. Z.B. wird die Produktivität der Faktoren gesteigert und es werden Erfahrungs- und Lerneffekte evident. – Vgl. → Handelsgewinn.

spezielle Nachfragefunktion – Funktion, die die Abhängigkeit der → Nachfrage nach einem → Gut von einem bestimmten als bes. wichtig erachteten Faktor darstellt, z.B. die *Preis-Konsum-Funktion* (Abhängigkeit der Nachfrage vom Preis) und die *Einkommens-Konsum-Funktion* (Abhängigkeit der Nachfrage vom Einkommen; vgl. → Einkommenskonsumkurve). – *Verallgemeinerung:* → Nachfragefunktion.

spezifische Investitionen – Investitionen sind für bestimmte Transaktionen dann spezifisch, wenn sie die Bindung von Kapital erfordern, deren Ertrag von der Fortsetzung dieser Transaktionsbeziehungen abhängt. Spezifische Investitionen sind dadurch gekennzeichnet, dass ihre Erträge in der nächstbesten Verwendung niedriger ausfallen als in der gegenwärtigen, sodass beim Investor eine Quasirente anfällt. – Zu unterscheiden sind physische und räumliche Spezifität von Anlagen, die Spezifität von Humankapital und Widmungsspezifität. Letztere kommt aufgrund von spezifischen Investitionen eines Transaktionspartners zustande, der ohne diese den Anreiz hätte, sich die Quasirente seines Gegenübers anzueignen. Durch Widmungsspezifität soll die einseitige Abhängigkeit eines Partners durch eine wechselseitige

Abhängigkeit der Beteiligten ersetzt werden, was zur Stabilisierung der Transaktionsbeziehung beiträgt. – Spezifische Investitionen können glaubhafte Zusicherungen im Rahmen langfristiger Verträge bestärken. – Vgl. auch → Team-Theorie der Unternehmung.

spezifischer Zoll → Zoll, (→ Einfuhrzoll) der nach dem Gewicht, dem Volumen, der Länge, der Stückzahl oder einer *Kombination* solcher Bemessungsfaktoren (z.B. Volumen und Alkoholgehalt) der betreffenden Ware berechnet wird. *Beispiel*: Zollsatz = 102,4 Euro / 100 kg. – Weniger als zehn Prozent der in der EU bestehenden Zollsätze sind spezifische Zollsätze, etwa 90 Prozent sind *Wertzollsätze (ad valorem)*. – Vgl. auch → Wertzoll, → Mischzoll, → Mengenzoll.

Spezifität → Governance-Structure-Theorie der Unternehmung, → Team-Theorie der Unternehmung, → spezifische Investitionen.

Spinnweb-Theorem → Cobweb-Theorem.

spontane Ordnung – 1. *Begriff*: Die spontane Ordnung ist von der geplanten Ordnung, auch Organisation genannt, abzugrenzen. Der Begriff spontane Ordnung, den Hayek (1963) populärisiert hat, bezieht sich auf die Genese dieser Ordnungsart: Sie ist entstanden, ohne dass irgendjemand sie bewusst geplant hätte, sie hat sich spontan gebildet. – *Beispiele*: Markt, Sprache, Moral, Gesetz, Schrift und Geld. – 2. In spontaner Ordnung werden Informationen genutzt, die nur einzelnen Individuen bekannt sind und die sich nicht sinnvoll aggregieren lassen. Die geplante Organisation, die auf der bewussten Anordnung der Elemente durch einen Organisator beruht, sei der spontanen Ordnung in Bezug auf die Koordination großer und komplexer Gesellschaften unterlegen, weil sie viel weniger Wissen verarbeiten könne (nämlich nur das an der Hierarchiespitze vorhandene) und deswegen notwendigerweise nur einen geringen Komplexitätsgrad hervorzubringen in der Lage sei. Für die Wirtschaftspolitik bedeutet dies den weitgehenden Verzicht auf interventionistische und ergebnisorientierte

Eingriffe. Sie sollte vielmehr die Rahmenregeln adäquat setzen (Ordnungspolitik), damit neues Wissen in der spontanen Ordnung Markt (bei Hayek auch: Katallaxie) durch den → Wettbewerb hervorgebracht wird. – 3. *Entstehungsbedingungen*: Spontane Ordnungen ergeben sich daraus, dass ihre Elemente bestimmten Verhaltensregeln folgen. Allerdings bringt nicht jede Regelmäßigkeit im Verhalten eine solche Ordnung hervor. Eine zentrale Aufgabe für Sozialwissenschaftler sieht Hayek deshalb darin, die Eigenschaften von Regeln herauszuarbeiten, die eine spontane Ordnung ermöglichen. Unter Rückgriff auf Kant fordert er die Universalisierbarkeit von Regeln (Wirtschaftsverfassung, Rechtsstaatlichkeit): (Rechts-)Regeln sollten allg. sein, d.h. auf eine unbestimmte Zahl von Fällen und Personen anwendbar sein. Des Weiteren müssten sie abstrakt in dem Sinn sein, dass sie kein bestimmtes Verhalten positiv vorschreiben, sondern nur einige Verhaltensweisen verbieten würden und ein individueller Freiheitsspielraum so erhalten bleibe. Der Staat hat die Aufgabe, für die Einhaltung jenes Minimums an Regeln zu sorgen, das für die Bildung sowie Erhaltung einer spontanen Ordnung erforderlich ist. – 4. *Entstehung der Regeln*: Ordnungen entstehen sich spontan bilden, solange die beteiligten Elemente gewissen Regelmäßigkeiten folgten. Nach Hayeks Ansicht haben sich auch die spontane Ordnung ermöglichenden Regelmäßigkeiten in einem spontanen Prozess herausgebildet. Die unsichtbare Hand-Erklärung bleibt somit nicht auf den Koordinationsprozess beschränkt, der sich innerhalb eines gegebenen Regelrahmens ergibt, sondern sie wird auf die Entstehung dieses Rahmens ausgedehnt. – 5. *Markt als* spontane Ordnung: → Markt.

staatliche Regulierung → Regulierung.

Staatsausgabenquote – einzelne Staatsausgaben oder die Staatsausgaben insgesamt bezogen auf das → Bruttoinlandsprodukt (BIP). – Vgl. auch → Staatsquote.

Staatskonsum → Kollektivkonsum.

Staatsquote – 1. *Begriff*: Verhältnis der gesamten Staatsausgaben zum → Bruttoinlandsprodukt (BIP). Die Staatsquote fällt unterschiedlich aus, je nachdem, ob die Staatsausgaben in der Abgrenzung der Finanzstatistik oder der Volkswirtschaftlichen Gesamtrechnung (VGR) nachgewiesen werden. – 2. *Bedeutung*: DieStaatsquote soll den Grad der Inanspruchnahme der gesamten Volkswirtschaft durch den staatlichen Sektor ausdrücken. Da auch Ausgaben des Staates einbezogen werden, die nicht Teilmenge des BIP sind, ist die Staatsquote eine „unechte" Quote. Sie ermöglicht damit zwar eine Einordnung der absoluten Beträge der Staatsausgaben in einem gesamtwirtschaftlichen Zusammenhang, liefert jedoch nur begrenzte Information über den Grad der Inanspruchnahme der gesamtwirtschaftlichen Leistung durch den Staat. Aussagefähiger ist die *Veränderung der Staatsquote* im Zeitablauf. Sie zeigt, ob die Staatsausgaben in einem bestimmten Zeitraum schneller oder langsamer gewachsen sind als das BIP. *Internationale Vergleiche von Staatsquoten* sind problematisch, da bereits geringe Unterschiede in den jeweils angewandten Konzepten der VGR die Aussagefähigkeit erheblich herabsetzen können.

Staatsversagen – *Politikversagen*. 1. *Begriff*: Durch staatliches Handeln oder Unterlassen von Handlungen hervorgerufene Fehlallokationen. – 2. *Begründung* für die Vermutung von Staatsversagen: (1) Erkenntnismängel: Der Kritische Rationalismus ist eine Wissenschaftsauffassung, die davon ausgeht, dass es keine endgültigen Wahrheiten z.B. über die Wirkungszusammenhänge beim Einsatz der wirtschaftspolitischen Instrumente gibt; (2) Mängel beim Entwurf und der Koordination wirtschaftspolitischer Entscheidungen; (3) im parlamentarischen Gesetzgebungsverfahren angelegte Anreize für politische Unternehmer, korrigierend in Marktabläufe einzugreifen. Diese Politik sind gemäß der ökonomischen Theorie der Politik (Public Choice, A. Downs) daran interessiert, durch Wahlsiege

persönliche Interessen zu verfolgen; (4) Beeinflussungen wirtschaftspolitischer Entscheidungen durch Interessenvertreter (Interessengruppen, Rent Seeking); (5) Ineffizienzen bei der Ausführung wirtschaftspolitischer Entscheidungen (ökonomische Theorie der Bürokratie). – *Anders*: Marktversagen.

STABEX – Abk. für *Stabilisierung der Exporterlöse für Agrarerzeugnisse (franz.: Système de Stabilisation des Recettes d'Exportation)*. 1. *Gegenstand*: Ehemaliges System zur Stabilisierung der Exporterlöse. Bereits im Ersten → Lomé-Abkommen war für die der EU assoziierten AKP-Staaten ein Mechanismus zur Verstetigung der Deviseneinnahmen, welche diese Länder aus dem Export von bestimmten tropischen und subtropischen Agrargütern sowie von Fischen erzielen, verankert worden. – 2. *Voraussetzungen*: Das STABEX-System fand, von wenigen Ausnahmen abgesehen, allein auf die AKP-Exporte in die EU und nur dann Anwendung, wenn die Ausfuhr des jeweiligen Produkts einen festgelegten Anteil (sog. Auslöseschwelle) der gesamten Deviseneinnahmen der betreffenden AKP-Landes überschreitet. Zudem darf der Erlösrückgang nicht selbstverschuldet sein bzw. auf eine gezielte Politik zurückzuführen sein. – 3. Das STABEX, wie auch SYSMIN für mineralische Stoffe, wurden auf Druck der *Welthandelsorganisation (*World Trade Organization (WTO)) aufgehoben im Abkommen von *Cotonou* im Jahre 2000. – 4. *Leistungen*: a) Die STABEX-Bestimmungen gewährten den AKP-Staaten einen *automatischen Anspruch* auf die von der EU aufgebrachten Ausgleichsmittel, sobald die vertraglich fixierten Voraussetzungen gegeben sind. b) Das von der EU im Rahmen einer *Sonderfazilität des* EEF (Europäischer Entwicklungsfonds) zur Verfügung gestellte Mittelvolumen des STABEX-Fonds ist schrittweise ausgeweitet worden. Die STABEX-Fazilität ist in Jahrestranchen aufgeteilt. c) Die *Höhe einer Ausgleichszahlung* errechnete sich aus dem Durchschnitt der Devisenerlöse, die ein AKP-Land in den zurückliegenden Jahren durch den Export des betreffenden Erzeugnisses in die EU erzielt hat. In bes. gelagerten Fällen kann es gestattet sein, auch die Exporte in andere AKP-Staaten oder auch sogar in sonstige Länder bei der Berechnung des Transferanspruchs mit zu berücksichtigen. d) Die sog. „am wenigsten entwickelten AKP-Staaten" (und das ist die Mehrheit dieser Länder) erhielten die ihnen übertragenen STABEX-Mittel von Anfang an in vollem Umfang *ohne jede spätere Rückerstattungspflicht* zur Verfügung gestellt. Mittlerweile braucht keines der AKP-Länder empfangene Zahlungen in Jahren mit überdurchschnittlich hohen Erlösen zurückzugewähren.–5. Die *Verwendung* der vom STABEX-Fonds ausgezahlten Mittel oblag beim Ersten Lomé-Abkommen ausschließlich dem Empfängerstaat. In der Folgezeit sind schrittweise *Verwendungsmodalitäten* eingeführt worden. Seit Inkrafttreten des Vierten Lomé-Abkommens erfolgen die STABEX-Zahlungen nur noch auf der Grundlage eines zwischen dem Empfängerland und der Europäischen Kommission für jeden einzelnen Transferfall vereinbarten *Rahmenkonzepts für gegenseitige Verpflichtungen.*

Stabilisierungskrise – *Reinigungskrise;* eine Rezession bzw. → Depression, die vermeintlich notwendig bzw. unvermeidbar einer Erholung der Wirtschaft vorausgeht. – *Begründung:* Im Boom ändern sich Erwartungen und Verhaltensweisen, z.B. steigt das Anspruchsverhalten der Gewerkschaften, Arbeitgeber sind wegen der guten Überwälzungsmöglichkeiten eher zu Lohnzugeständnissen bereit, alle Wirtschaftssubjekte erwarten steigende Inflationsraten. Einige Ökonomen sind der Ansicht, dass sich diese Inflations- und Anspruchsmentalität nur durch eine tiefe Rezession brechen lässt, um so die Voraussetzungen für eine Rückkehr auf den gleichgewichtigen Wachstumspfad zu schaffen.

Stabilisierungspolitik – 1. *Begriff:* a) *Stabilisierungspolitik i.w.S.:* Alle staatlichen Maßnahmen zur Erreichung eines

makroökonomischen Gleichgewichts mit hohem Beschäftigungsstand und stabilem Preisniveau. – b) *Stabilisierungspolitik i.e.S.:* Alle prozesspolitischen Maßnahmen zur Beeinflussung des Wirtschaftsablaufs; ordnungspolitische Aktivitäten, die das Regelwerk der Wirtschaft verändern, werden der → Wachstumspolitik und der Angebotspolitik (→ Angebotsökonomik) zugeordnet. – 2. *Ziele:* Gemäß § 1 des → Stabilitäts- und Wachstumsgesetzes (StWG) haben Bund und Länder bei ihren wirtschafts- und finanzpolitischen Maßnahmen die Erfordernisse des gesamtwirtschaftlichen Gleichgewichts zu beachten (sog. magisches Viereck; → Magisches Viereck). – a) *Preisniveaustabilität:* Als Indikatoren für das gesamtwirtschaftliche Preisniveau werden die Deflatoren des Bruttoinlandsproduktes und des privaten Konsums, am häufigsten aber der Verbraucherpreisindex für Deutschland (VPI) (früher der Preisindex für die Lebenshaltung für alle privaten Haushalte), auf europäischer Ebene der sog. Harmonisierte Verbraucherpreisindex (HVPI) verwendet. – b) *Hoher Beschäftigungsstand* im Sinn eines möglichst hohen Ausnutzungsgrad der in der Volkswirtschaft vorhandenen Produktionsfaktoren. Zumeist wird auf die Beschäftigung des Arbeitskräfteangebots abgestellt. I.d.R. wird als Indikator die Arbeitslosenquote herangezogen. – c) *Außenwirtschaftliches Gleichgewicht* im Sinn eines in Relation zum Bruttoinlandsprodukt möglichst geringen Saldos in der Leistungsbilanz. Dies gilt entsprechend neuerer Vorschriften der EU-Kommission für den Außenhandel innerhalb des Euroraums. – d) *Stetiges und angemessenes Wirtschaftswachstum* (Wachstum) gehört nicht direkt zu den Zielen der Stabilisierungspolitik, sondern ist Kernaufgabe der längerfristig angelegten Wachstumspolitik. – Vgl. auch → Konjunkturpolitik.

Stabilisierungspolitik in einer großen offenen Volkswirtschaft – 1. *Charakterisierung:* In einer großen offenen Volkswirtschaft gehen von stabilisierungspolitischen Maßnahmen des Inlands neben inländischen Wirkungen auch Wirkungen auf das Ausland aus, sodass internationale Rückwirkungen entstehen. Modelltheoretisch lassen sich solche Rückwirkungen durch makroökonomische → Totalmodelle großer offener Volkswirtschaften (Zwei-Länder-Modelle) abbilden. Im einfachsten Fall kann unterstellt werden, dass das Ausland eine zum Inland analoge makroökonomische Struktur aufweist. Die Modellgleichungen des Inlands, die aus dem IS-LM-Z-System (s. → IS-LM-Z-Modell) auf der Nachfrageseite und einer Keynesschen bzw. neoklassischen → Angebotsfunktion auf der Angebotsseite bestehen (→ Totalmodelle offener Volkswirtschaften, Nachfrageseite, → Totalmodelle offener Volkswirtschaften, Angebotsseite), sind dann um entsprechende Gleichungen für das Ausland zu ergänzen. Dabei ist zu beachten, dass bei Gültigkeit der → Kaufkraftparität sowie Vorliegen eines ausgeglichenen Außenbeitrages in der Ausgangslage der ausländische → Außenbeitrag real gesehen bis auf das Vorzeichen mit dem inländischen übereinstimmt, da die Güterexporte bzw. -importe des Inlands gleich den Güterimporten bzw. -exporten des Auslands sind. Außerdem entsprechen die ausländischen dem Kehrwert der inländischen → Terms of Trade. Ebenso wie im Fall einer kleinen offenen Volkswirtschaft (→ Stabilisierungspolitik in einer kleinen offenen Volkswirtschaft) kann vollkommene Kapitalmobilität unterstellt werden, sodass (bei Vernachlässigung von Wechselkursänderungserwartungen) ein einheitliches Zinsniveau in beiden Ländern herrscht. Im Unterschied zum Klein-Land-Fall wird das Weltzinsniveau bei Vorliegen einer großen offenen Volkswirtschaft durch stabilisierungspolitische Maßnahmen dieses Landes beeinflusst. – 2. *Expansive Fiskal- und Geldpolitik im Keynesschen Unterbeschäftigungsfall:* Wir unterstellen im Folgenden ein System flexibler Wechselkurse. a) *Fiskalpolitik:* Die Wirkungen, die von einer inländischen Staatsausgabensteigerung auf das In- und Ausland

ausgehen, unterscheiden sich grundlegend von den entsprechenden Wirkungen im Fall einer kleinen offenen Volkswirtschaft. Im Unterschied zum Fall des kleinen Landes wird jetzt die Fiskalpolitik im System flexibler Wechselkurse effizient. Trotz des Anstiegs des Weltzinsniveaus und des daraus resultierenden Crowding-out-Effekts (Crowding-out) für die private Nettoinvestition ergibt sich in beiden Ländern eine Einkommensexpansion. Im Ausland verbessert sich der Außenbeitrag in stärkerem Maße als der Rückgang der Investitionsnachfrage, sodass sich dort das Einkommen erhöht. Die positive internationale Konjunkturübertragung, die eine expansive inländische Fiskalpolitik hervorruft, lässt sich von der monetären Seite mithilfe der Gleichgewichtsbedingung für den ausländischen Geldmarkt (der ausländischen → LM-Kurve) begründen: Da der Anstieg des Weltzinsniveaus die reale Geldnachfrage (bes. die Spekulationskassenhaltung) verringert und das ausländische Geldangebot im System flexibler Wechselkurse unverändert bleibt, kann ein neues Gleichgewicht auf dem Geldmarkt nur dadurch zustande kommen, dass sich das Einkommen zusammen mit dem Preisniveau erhöht. In entsprechender Weise lässt sich auch die Einkommenssteigerung im Inland begründen. Auf dem inländischen Gütermarkt kommt es aufgrund der Zunahme des ausländischen Einkommens zu positiven internationalen Rückwirkungen im Sinne einer Steigerung der inländischen Güterexporte. Da diese im Fall des kleinen Landes nicht auftreten und außerdem die reale Aufwertung der Inlandswährung wegen des Zinsanstiegs in beiden Ländern jetzt schwächer ausfällt als im Klein-Land-Fall, dominieren im Fall der großen offenen Volkswirtschaft die expansiven Effekte auf der Güternachfrageseite, sodass sich das Inlandseinkommen erhöht. – b) *Geldpolitik:* Im Unterschied zu einer Staatsausgabensteigerung bewirkt eine inländische Geldmengenexpansion trotz der damit verbundenen Senkung des Weltzinsniveaus eine negative internationale Konjunkturtransmission, die wiederum mit negativen internationalen Rückwirkungen und einer im Vergleich zum Klein-Land-Fall geringeren inländischen Einkommenssteigerung verbunden ist. Die ausländische Einkommenskontraktion lässt sich mit der realen Aufwertung der Auslandswährung erklären, die zu einem stärkeren Verdrängungseffekt führt als die expansive Wirkung, die sich insgesamt aus der Senkung des Weltzinsniveaus und der Einkommenssteigerung im Inland ergibt. Der negative Einkommenseffekt für das Ausland lässt sich von der monetären Seite, d.h. anhand der ausländischen Geldmarkt-Gleichgewichtsbedingung, damit begründen, dass die durch die Zinssenkung hervorgerufene Zunahme der realen Geldnachfrage bei unverändertem ausländischen Geldangebot (im System flexibler Wechselkurse) einen Einkommens- und Preisrückgang erfordert, um wieder ein Gleichgewicht auf diesem Markt herzustellen. Die inländische Einkommenssteigerung wird somit erkauft mit einem Rückgang des ausländischen Einkommens. Die expansive Geldpolitik des Inlands stellt insofern eine → Beggar-my-Neighbour-Politik (d.h. eine Politik zulasten des anderen Landes) dar. – 3. *Expansive Fiskal- und Geldpolitik im neoklassischen Vollbeschäftigungsfall:* a) *Fiskalpolitik:* Bei vollkommener Lohn- und Preisflexibilität im In- und Ausland ergeben sich für beide Länder Terms-of-Trade-abhängige Güterangebotsfunktionen (→ Totalmodelle offener Volkswirtschaften, Angebotsseite). Da eine Steigerung der inländischen Terms of Trade (reale Aufwertung der Inlandswährung) gleichbedeutend mit einer Senkung der ausländischen Terms of Trade (reale Abwertung der Auslandswährung) ist, bewirkt eine inländische Staatsausgabensteigerung über eine Verbesserung der inländischen Terms of Trade eine Erhöhung des inländischen und gleichzeitig einen Rückgang des ausländischen Güterangebots. Im Unterschied zum Keynesschen Unterbeschäftigungsfall kommt es jetzt also bei einer expansiven inländischen Fiskalpolitik zu einer

negativen Konjunkturtransmission und kontraktiven internationalen Rückwirkungen. Nachfrageseitig lässt sich die Einkommenssenkung im Ausland damit begründen, dass die Verbesserung des ausländischen Außenbeitrages, die aus der realen Abwertung der Auslandswährung und der inländischen Einkommensexpansion resultiert, schwächer ausfällt als der zinsinduzierte Rückgang der privaten Investitionsnachfrage. Auf der Angebotsseite des Auslands erhöht sich der Produzentenreallohnsatz (weshalb dort die Arbeitsnachfrage und das Güterangebot zurückgehen). Neben dem Geldlohnsatz kommt es auch zu einer (im Vergleich dazu unterproportionalen) Preissteigerung, die sich damit begründen lässt, dass die Abwertung der Auslandswährung isoliert gesehen die ausländische Güternachfrage erhöht und das ausländische Güterangebot senkt, also einen Nachfrageüberschuss erzeugt, der nur über eine Preisniveauerhöhung abgebaut werden kann. Durch die vollkommen flexible Preisanpassung nach oben fällt auch die reale Abwertung der Auslandswährung geringer aus als im Keynesschen Unterbeschäftigungsfall. Eine inländische Staatsausgabensteigerung führt dann insgesamt zu stagflationären Wirkungen (→ Stagflation) im Ausland, wenn dieses durch eine neoklassische Angebotsstruktur gekennzeichnet ist. – b) Eine Steigerung der inländischen Geldmenge hat dagegen weder Realwirkungen noch Preiseffekte im Ausland, da der flexible Wechselkurs das Ausland vollständig von der monetären Störung des Inlands abschirmt. Ebenso wie im Fall des kleinen Landes gilt auch im vorliegenden neoklassischen Zwei-Länder-Ansatz eine Modelldichotomie (→ Dichotomie des Geldes) zwischen dem monetären und realen Sektor; daher bleiben auch die inländischen Realgrößen und Relativpreise unverändert, sodass es lediglich zu proportionalen Preissteigerungen im Inland und zu einer prozentual gleich großen Erhöhung des Wechselkurses kommt. – 4. In einer großen offenen Volkswirtschaft sind expansive

Maßnahmen der Fiskalpolitik sowohl im Keynesschen Unterbeschäftigungsfall als auch im neoklassischen Vollbeschäftigungsfall effizient; auf das Ausland gehen dabei im System flexibler Wechselkurse positive (negative) Übertragungseffekte aus, wenn dieses ebenfalls durch eine Keynessche (neoklassische) Angebotsstruktur gekennzeichnet ist. Die Geldpolitik ist nur im Keynesschen Unterbeschäftigungsfall effizient und erzeugt eine negative Konjunkturübertragung, wenn auch im Ausland der Keynessche Unterbeschäftigungsfall gilt. Dagegen wäre die Konjunkturübertragung inländischer Geldpolitik expansiv, wenn das Ausland eine neoklassische Angebotsstruktur aufweisen würde und das Inland weiterhin durch Unterbeschäftigung gekennzeichnet ist.

Stabilisierungspolitik in einer kleinen offenen Volkswirtschaft – 1. *Charakterisierung:* Im Rahmen (keynesianischer) → Totalmodelle offener Volkswirtschaften lassen sich die Wirkungen stabilisierungspolitischer Maßnahmen (bes. der Fiskal- und Geldpolitik) auf zentrale gesamtwirtschaftliche Variablen analysieren. Dabei wird i.d.R. von vollkommener Kapitalmobilität sowie von einem System flexibler → Wechselkurse ausgegangen. Es gibt dann die Bedingung für die (ungedeckte) Zinsparität, sodass bei Vernachlässigung von Wechselkursänderungserwartungen der Inlandszins stets mit dem ausländischen Zinssatz übereinstimmt. Ist die betrachtete Volkswirtschaft klein gegenüber dem Rest der Welt, üben stabilisierungspolitische Maßnahmen des Inlands vernachlässigbare Wirkungen auf das Ausland aus, sodass die makroökonomischen Auslandsvariablen (wie ausländisches Nationaleinkommen, Preisniveau und Zinssatz) als exogene Größen aufgefasst werden können. Bei vollkommener Kapitalmobilität sowie Vernachlässigung erwarteter Wechselkursänderungen als weitere Renditekomponente für die Haltung ausländischer Wertpapiere liegt dann der Inlandszins auf dem vorgegebenen Niveau des Auslandszinssatzes fest. Es sind

dann nur noch tendenzielle Abweichungen des inländischen vom ausländischen Zinssatz möglich. – 2. *Expansive Fiskal- und Geldpolitik im Keynesschen Unterbeschäftigungsfall:* a) Eine expansive Fiskalpolitik in Form einer Steigerung der Staatsausgaben (G) führt zunächst zu einer Güternachfrageerhöhung und über den vermehrten Bedarf an Transaktionskasse zu einer Zinssteigerungstendenz im Inland; die daraus resultierenden massiven Nettokapitalimporte bewirken im System flexibler Wechselkurse eine → Aufwertung der Inlandswährung, die wiederum einen Crowding-out-Effekt (Crowding-out) in Form eines Rückgangs der inländischen Nettoexporte hervorruft. Da die → IS-Kurve in Abbildung „Stabilisierungspolitik in einer kleinen offenen Volkswirtschaft (1)" bei unveränderter → LM-Kurve sowie unveränderter Angebotskurve Y^s zur Erreichung eines gesamtwirtschaftlichen Gleichgewichts wieder in ihre Ausgangslage zurückkehren muss, ergibt sich – ebenso wie im → IS-LM-Z-Modell – ein totales aufwertungsbedingtes Crowding-out. Die LM-Kurve ändert im P-Y-Diagramm ihre Lage nicht, da die Geldmenge M im System flexibler Wechselkurse exogen ist und der Inlandszins auf dem Niveau des ausländischen Zinssatzes festliegt. Angebotsseitig kommt es zu keiner Änderung des Güterangebots Y, da das Güterpreisniveau P und – wegen der Konstanz des Geldlohnsatzes W

Stabilisierungspolitik in einer kleinen offenen Volkswirtschaft (1)

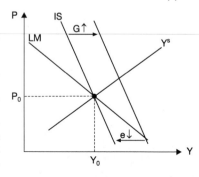

im Keynesschen Unterbeschäftigungsfall – auch der Produzentenreallohn W/P unverändert geblieben sind. Bei vollkommener Kapitalmobilität ist expansive Fiskalpolitik im System → flexibler Wechselkurse also ungeeignet, einen bestehenden Unterbeschäftigungszustand zu beseitigen. b) Expansive *Geldpolitik* ist dagegen in diesem Wechselkurssystem effizient: Eine Steigerung der Geldmenge M löst über massive Kapitalexporte eine Abwertung der Inlandswährung aus, die den → Außenbeitrag zum Inlandsprodukt verbessert und zu einer Erhöhung der Güternachfrage führt. Da hiermit eine Preissteigerung im Inland verbunden ist, sinkt der Produzentenreallohnsatz, sodass es zu einer Beschäftigungssteigerung und einer Ausweitung des Güterangebots kommt. Im P-Y-Diagramm (vgl. Abbildung „Stabilisierungspolitik in einer kleinen offenen Volkswirtschaft (2)") werden die LM- und IS-Kurve jeweils nach rechts verschoben, sodass sich ein neues gesamtwirtschaftliches Gleichgewicht bei einem im Vergleich zur Ausgangslage höheren Wert des Nationaleinkommens und Preisniveaus ergibt. – 3. *Expansive Fiskal- und Geldpolitik im neoklassischen Vollbeschäftigungsfall:* a) *Fiskalpolitik:* Bei vollkommener Lohn- und Preisflexibilität gehen von einer Staatsausgabensteigerung positive Realeinkommenswirkungen bei einer gleichzeitigen Steigerung der Terms of Trade T aus (vgl. Abbildung „Stabilisierungspolitik in einer kleinen offenen Volkswirtschaft (3)"). Im T-Y-Diagramm wird die IS-Kurve durch den Anstieg der Güternachfrage nach rechts verschoben, während die Lage der Güterangebotskurve in diesem Diagramm unverändert bleibt; trotz der realen Aufwertung der Inlandswährung und dem daraus resultierenden Rückgang des Außenbeitrages kommt es insgesamt zu einer Steigerung des Einkommens und der Beschäftigung. Im Unterschied zum Keynesschen Unterbeschäftigungsfall ergibt sich im neoklassischen Vollbeschäftigungsfall kein totales, sondern nur ein partielles Crowding-out privater Güternachfrage. Die reale Aufwertung (Terms-of-Trade-Steigerung) fällt jetzt geringer aus, was sich mit der inländischen Preisniveausenkung begründen lässt. Der Rückgang des Preisniveaus, der anhand der LM-Kurve bei gegebenem Zinssatz und gestiegener realer Transaktionskassenhaltung erkennbar ist, resultiert daraus, dass die Wechselkurssenkung isoliert gesehen das Güterangebot erhöht und die Güternachfrage vermindert, also einen Angebotsüberschuss auf dem Gütermarkt erzeugt, der über eine Kontraktion des inländischen Preisniveaus abgebaut werden kann. Auf der Angebotsseite ergibt sich durch die Terms-of-Trade-Steigerung eine Senkung der Produzenten- und eine Steigerung des Konsumentenreallohnsatzes, wodurch die gleichgewichtige Beschäftigung und das Güterangebot zunehmen (→ Totalmodelle offener Volkswirtschaften, Angebotsseite). In einem analogen Modell für eine geschlossene Volkswirtschaft würde dagegen das in diesem Fall vollkommen preisunelastische Güterangebot unverändert bleiben und das Preisniveau durch die Staatsausgabenerhöhung ansteigen. Bei vollkommener Preis- und Lohnflexibilität kommt es also durch den Übergang von einer geschlossenen zu einer offenen Volkswirtschaft zu einer grundlegenden Änderung in der Wirkungsweise der Fiskalpolitik. Dabei wird implizit unterstellt,

Stabilisierungspolitik in einer kleinen offenen Volkswirtschaft (2)

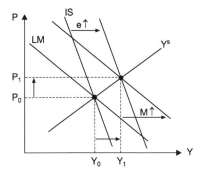

dass durch Maßnahmen der Fiskalpolitik Änderungen der Terms of Trade hervorgerufen werden, d.h. dass der flexible Wechselkurs nicht für die Übereinstimmung von in- und ausländischem Preisniveau, also für → Kaufkraftparität, sorgt. b) Für die *Geldpolitik* gilt eine entsprechende Aussage nicht; vielmehr ist sie aufgrund einer zwischen dem realen und monetären Sektor bestehenden Dichotomie auch im Fall einer offenen Wirtschaft ineffizient in Bezug auf alle Realgrößen und Relativpreise (→ Dichotomie des Geldes). Im System flexibler Wechselkurse bewirkt eine Geldmengenexpansion lediglich proportionale Preis-, Lohn- und Wechselkurssteigerungen. Da es im τ-Y-Diagramm zu keiner Verschiebung der IS- und Y^s-Kurve kommt, bleiben die Terms of Trade und das reale Inlandsprodukt unverändert. – 4. Für

Stabilisierungspolitik in einer kleinen offenen Volkswirtschaft (3)

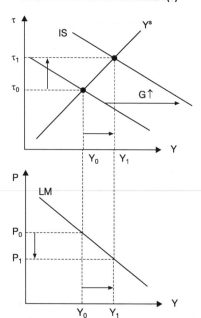

stabilisierungspolitische Maßnahmen der Nachfragesteuerung gilt bei Vorliegen einer kleinen offenen Volkswirtschaft, dass durch den Übergang vom Keynesschen Unterbeschäftigungs- zum neoklassischen Vollbeschäftigungsfall die Geldpolitik im System flexibler Wechselkurse ineffizient und die Fiskalpolitik effizient wird.

Stabilisierungspolitik in einer Währungsunion – Auf der Grundlage des → IS-LM-Z-Modells für eine aus zwei Ländern (U_1 und U_2) bestehende Währungsunion (→ IS-LM-Z-Modell einer Währungsunion) lassen sich die Wirkungen geld- und fiskalpolitischer Maßnahmen auf die Mitgliedsländer der Union analysieren. Dabei wird gemäß der Bedingung für die Zinsparität von einheitlichen Zinssätzen innerhalb der Union ausgegangen, die wiederum – bei Vernachlässigung von Wechselkursänderungserwartungen – auf dem Niveau des exogen vorgegebenen ausländischen Zinssatzes festliegen. – 1. *Geldpolitik:* Eine Geldmengenexpansion der gemeinsamen Zentralbank führt über die damit verbundene Zinssenkungstendenz in der Union zu massiven Kapitalabflüssen ins große Ausland und zu einer Abwertung der Einheitswährung (Senkung des Wechselkurses in Mengennotierung). Dadurch verbessert sich für beide Unionsländer der bilaterale Handelsbilanzsaldo gegenüber dem großen Ausland. Bei vollkommen elastischem

Stabilisierungspolitik in einer Währungsunion (1)

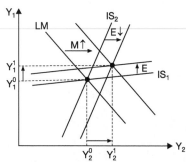

Güterangebot kommt es in beiden Ländern zu einer Einkommenssteigerung (vgl. Abbildung „Stabilisierungspolitik in einer Währungsunion (1)"). Da sich gleichzeitig das Gesamteinkommen der Union erhöht hat, bestätigt sich für die Union als Ganzes das Mundell-Fleming-Resultat über die Wirksamkeit der Geldpolitik im System flexibler Wechselkurse (→ Stabilisierungspolitik in einer großen offenen Volkswirtschaft). – 2. *Fiskalpolitik*: Findet eine einseitige Staatsausgabenerhöhung statt (z.B. in U₁), so ist hiermit im aktiven Land eine Einkommenssteigerung verbunden, während im passiven Unionsland das Einkommen sinkt. Durch die Aufwertung der Einheitswährung gehen für beide Länder die Güterexporte ins große Ausland zurück; gleichzeitig verbessert sich der innergemeinschaftliche Handelsbilanzsaldo zugunsten des passiven Landes U₂. Trotz dieser gegenläufigen Effekte am Gütermarkt des Unionslandes U₂ ergibt sich dort eindeutig eine Einkommenskontraktion. Von der monetären Seite lässt sich die fiskalpolitisch induzierte negative Konjunkturtransmission in einer Währungsunion mit der Änderung der Geldnachfrage in beiden Ländern begründen. Da die Geldnachfrage des aktiven Landes gestiegen und das Gesamtgeldangebot der Union unverändert geblieben ist, muss die Geldnachfrage des passiven Landes gesunken sein, um das Geldmarktgleichgewicht

aufrechtzuerhalten. Bei gegebenem Zins ist hierzu aber eine Senkung des Einkommens Y₂ erforderlich. Grafisch ist erkennbar, dass das neue Gleichgewicht nordwestlich des alten auf der unverändert gebliebenen → LM-Kurve liegen muss, da die Steigerung des Wechselkurses E in Mengennotierung die → IS-Kurve des passiven Landes U₂ nach links (d.h. in die kontraktive Richtung) verlagert (vgl. Abbildung „Stabilisierungspolitik in einer Währungsunion (2)"). In einer Währungsunion hat somit eine einseitig durchgeführte expansive Fiskalpolitik den Charakter einer → Beggar-my-Neighbour-Politik. Im Vergleich zum Mundell-Fleming-Fixpreisansatz für eine kleine offene Volkswirtschaft (→ Totalmodelle offener Volkswirtschaften, Nachfrageseite) wird die Fiskalpolitik effizient, wenn das stabilisierungspolitisch aktive Land in eine Währungsunion eintritt. Während eine Staatsausgabenerhöhung im Fall einer kleinen offenen Volkswirtschaft bei flexiblen Wechselkursen sowie vollkommener Kapitalmobilität keine Einkommenswirkungen erzielt, ergibt sich für das aktive Land durch den Beitritt in eine Währungsunion eine Einkommensexpansion, die allerdings zulasten des Partnerlandes geht. Die Einkommenssteigerung im aktiven Land kommt dabei trotz des aufwertungsbedingten Crowding-out-Effektes und des Rückgangs der Güterexporte ins passive Partnerland zustande. Wegen der negativen Konjunkturübertragung braucht das Gesamteinkommen der Union – im Unterschied zur Geldpolitik – nicht mehr anzusteigen.

Stabilisierungspolitik in makroökonomischen Totalmodellen geschlossener Volkswirtschaften → makroökonomische Totalmodelle geschlossener Volkswirtschaften, Stabilisierungspolitik.

Stabilität → allgemeines Gleichgewicht.

Stabilitätsgesetz (StabG) → Stabilitäts- und Wachstumsgesetz (StWG).

Stabilitätspolitik – Geldpolitik, → Stabilisierungspolitik.

Stabilisierungspolitik in einer Währungsunion (2)

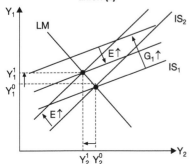

Stabilitätspolitik in geschlossenen Volkswirtschaften → makroökonomischen Totalmodelle geschlossener Volkswirtschaften, Stabilisierungspolitik.

Stabilitätspolitik in offenen Volkswirtschaften → Stabilisierungspolitik in einer kleinen offenen Volkswirtschaft, → Stabilisierungspolitik in einer großen offenen Volkswirtschaft.

Stabilitäts- und Wachstumsgesetz (StWG) – *Stabilitätsgesetz (StabG)*.

I. Begriff/Charakterisierung: Kurzbezeichnung für das Gesetz zur Förderung der Stabilität und des Wachstums der Wirtschaft vom 8.6.1967 (BGBl. I 582). Rechtliche Regelung der Bund und Ländern obliegenden Pflicht, bei ihren wirtschafts- und finanzpolitischen Maßnahmen die Erfordernisse des gesamtwirtschaftlichen Gleichgewichts zu beachten (Art. 109 GG); Kodifizierung der keynesianischen Wirtschaftspolitik in der Bundesrepublik Deutschland. Maßnahmen gemäß Stabilitäts- und Wachstumsgesetz (StWG) sollen so getroffen werden, dass sie im Rahmen der marktwirtschaftlichen Ordnung gleichzeitig zur Stabilität des Preisniveaus, zu einem hohen Beschäftigungsstand, zum außenwirtschaftlichen Gleichgewicht und zu einem stetigen und angemessenen Wirtschaftswachstum beitragen (magisches Viereck). – Vgl. auch → Konjunkturpolitik, → Stabilisierungspolitik.

II. Maßnahmen: 1. Erstellung eines → Jahreswirtschaftsberichts durch die Bundesregierung, der eine Stellungnahme zu dem Jahresgutachten des → Sachverständigenrates zur Begutachtung der gesamtwirtschaftlichen Entwicklung (SVR), eine Darlegung der für das laufende Jahr von der Bundesregierung angestrebten wirtschafts- und finanzpolitischen Ziele (Jahresprojektion) und eine Darlegung der für das laufende Jahr geplanten Wirtschafts- und Finanzpolitik enthalten soll. – 2. Bildung des → Konjunkturrats für die öffentliche Hand zur Beratung der Bundesregierung. – 3. Im Fall der

Gefährdung der Ziele des Stabilitäts- und Wachstumsgesetzes (StWG) ist eine Orientierungshilfe in Form der → Konzertierten Aktion vorgesehen; sie soll der Absicherung der gesellschaftspolitischen Flanke der Konjunkturpolitik dienen. – 4. Bei außenwirtschaftlichen Störungen des gesamtwirtschaftlichen Gleichgewichts, deren Abwehr durch binnenwirtschaftliche Maßnahmen nicht oder nur unzureichend möglich ist, hat die Bundesregierung alle Möglichkeiten der internationalen Koordination zu nutzen; notfalls setzt sie die ihr zur Verfügung stehenden wirtschaftspolitischen Mittel ein (Wirtschaftspolitik). – 5. Zur Abwehr einer Störung des gesamtwirtschaftlichen Gleichgewichts ist die Bundesregierung ermächtigt, durch Rechtsverordnung *steuerliche Maßnahmen* zu ergreifen. Sie kann v.a. Vorschriften erlassen, nach denen die Inanspruchnahme von Sonderabschreibungen, erhöhten Absetzungen für Abnutzung sowie die Bemessung der Absetzungen in fallenden Jahresbeträgen (degressive Abschreibung) ganz oder teilweise ausgeschlossen werden kann. Sie kann Vorschriften erlassen, nach denen Einkommensteuer, Lohnsteuer und Kapitalertragsteuer um höchstens 10 Prozent herabgesetzt oder erhöht werden können. Entsprechendes gilt u.a. für die Körperschaftsteuer und die Gewerbesteuer.

III. Regelungen für Bundes- und Länderhaushalte: 1. Im *Bundeshaushaltsplan* (Bundeshaushalt) sind Umfang und Zusammensetzung der Ausgaben und der Ermächtigung zum Eingehen von Verpflichtungen zulasten zukünftiger Rechnungsjahre so zu bemessen, wie es zur Erreichung der Ziele des Stabilitäts- und Wachstumsgesetzes (StWG) erforderlich ist. Finanzplan und Subventionsbericht dienen ebenfalls der Erreichung dieser Ziele. – 2. Bei einer die volkswirtschaftliche Leistungsfähigkeit übersteigenden *Nachfrageausweitung* sollen Mittel des Bundes zur zusätzlichen Tilgung von Schulden bei der Deutschen Bundesbank oder zur Zuführung an die

→ Konjunkturausgleichsrücklage veranschlagt werden. Außerdem kann die Bundesregierung den Finanzminister ermächtigen, die Verfügung über bestimmte Ausgabemittel, den Beginn von Baumaßnahmen und das Eingehen von Verpflichtungen zulasten künftiger Rechnungsjahre von seiner Einwilligung abhängig zu machen. – 3. Bei einer die Ziele des Stabilitäts- und Wachstumsgesetzes (StWG) gefährdenden *Abschwächung* der allg. Wirtschaftstätigkeit sollen zusätzliche Ausgaben aus öffentlichen Mitteln geleistet werden, v.a. aus der Konjunkturausgleichsrücklage. Auch ist die Planung geeigneter Investitionsvorhaben so zu beschleunigen, dass mit ihrer Durchführung kurzfristig begonnen werden kann. – 4. Die *Kreditaufnahme* im Rahmen der in den Haushaltsgesetzen oder Haushaltsatzungen ausgewiesenen Kreditermächtigungen durch Bund, Länder, Gemeinden, Gemeindeverbände sowie der öffentlichen Sondervermögen und Zweckverbände kann die Bundesregierung zur Abwehr einer Störung des gesamtwirtschaftlichen Gleichgewichts beschränken.

IV. Bedeutung/Kritik: Mit dem Vordringen ideologischer und/oder theoretisch begründeter Kritik an einer keynesianischen Wirtschaftspolitik ist auch das Stabilitäts- und Wachstumsgesetz (StWG) nach kurzer Zeit aus dem Brennpunkt der konjunkturpolitischen Diskussion verschwunden; seine Instrumente werden kaum noch benutzt. – *Kritikpunkte:* 1. Fast ausschließliche *Nachfrageorientierung:* Vielfältige Ursachen → konjunktureller Impulse erfordern aber eine differenzierte Therapie; insofern ist die theoretische und politische Entwicklung, ausgedrückt in verbesserten theoretischen Kenntnissen über die Transmissionsmechanismen finanzpolitischer Maßnahmen, einer Verschiebung der politischen Zielstruktur und einer Veränderung der wirtschaftspolitischen Landschaft (Vordringen neoklassischer theoretischer Denkrichtungen und damit verbundener Werturteile; → Neoklassik) sowie der wirtschaftlichen Rahmenbedingungen

über das Stabilitäts- und Wachstumsgesetz (StWG) hinweggegangen. – 2. *Instrumentelle* steuerungspolitische und verteilungspolitische *Kritikpunkte*. Diesen Kritikpunkten wurde durch die Einführung der Schuldenbremse in das Grundgesetz weitgehend nachgegeben. Dadurch sind viele Maßnahmen des StWG nicht mehr möglich.

Stackelberg-Führerschaft – bes. → Modell nicht kooperativen oligopolistischen Verhaltens, entwickelt vom dt. Ökonomen *Heinrich von Stackelberg*. Eine Firma (Führer) wählt zuerst ihre Strategie, danach passen sich die anderen auf gewinnmaximierende Weise an. Die führende Firma kann diese Reaktion der anderen vorauskalkulieren, und auf diese Weise einen höheren Gewinn erzielen, als in einem symmetrischen Oligopol (→ Cournot-Oligopol, → Bertrand-Oligopol). Mathematisch ergibt sich die optimale Produktionsmenge des *Stackelberg Leaders* so, dass die *Nash*-Reaktionsfunktion (Nash) des Folgenden in die Gewinnfunktion des Führers eingesetzt wird und dann die notwendigen und hinreichenden Optimierungsbedingungen ermittelt werden. Von bes. Bedeutung für die strategische → Handelspolitik, und zwar insofern, als jeder Anreiz für eine solche Politik verschwindet, wenn die heimischen Firmen eine Stackelberg-Führerschaft besitzen.

Stackelbergsches Dyopol-Modell → oligopolistische Preisbildung.

Stagflation – 1. *Begriff:* Damit werden ökonomische Situationen gekennzeichnet, in denen unterausgelastete Produktionskapazitäten, Arbeitslosigkeit und unzureichendes wirtschaftliches Wachstum bei gleichzeitig hoher Preissteigerungsrate auftreten. Stagflation ist also durch das gleichzeitige Auftreten von wirtschaftlicher Stagnation (→ Konjunkturphasen) und Inflation gekennzeichnet. Stagflation ist in den westlichen Industrieländern v.a. als Folge von Angebotsschocks (wie die Ölpreisschocks in den 1970er-Jahren) aufgetreten. – 2. *Wirtschaftspolitische Maßnahmen:* Stagflation lässt sich nicht mit den traditionellen Instrumenten der → Globalsteuerung bekämpfen, da diese an den Aggregatgrößen der gesamtwirtschaftlichen Nachfrage ansetzen. Außerdem schließt die der Globalsteuerung zugrunde liegende keynesianische Theorie das gleichzeitige Auftreten von Inflation und stagnierender Wirtschaftstätigkeit aus. Wie die Diskussion um die → Phillips-Kurve gezeigt hat, besteht bei stabilen Inflationserwartungen stets eine negative Beziehung zwischen → Arbeitslosenquote und Inflationsrate. Gemäß der monetaristischen Version der Phillips-Kurve existiert dieser Trade-off dann nicht mehr, d.h. ist eine Zunahme der Arbeitslosigkeit mit einem Anstieg der Inflationsrate verbunden, wenn damit gleichzeitig eine überproportionale Erhöhung der von den privaten Haushalten erwarteten Inflationsrate einhergeht. Aus monetaristischer Sicht erfordert daher die Bekämpfung von Stagflation die „Brechung" von Inflationserwartungen. Grafisch wäre damit eine Verlagerung der kurzfristig mit negativer Steigung verlaufenden Phillips-Kurve in Richtung Ursprung verbunden. Die Reduktion von Inflationserwartungen erfordert eine stabile, glaubwürdige und an Regeln orientierte Geldpolitik der Zentralbank, die außerdem ein hohes Maß an Reputation besitzen muss. Allgemein ist eine → angebotsorientierte Wirtschaftspolitik, die mit einer Stabilisierung der Erwartungsbildung verbunden ist, ein geeignetes Mittel, um das Problem der Stagflation in den Griff zu bekommen. In jüngster Zeit ist eher das Gegenstück zur Stagflation zu beobachten, d.h. eine Zunahme der Arbeitslosigkeit, die mit einem Rückgang der Inflationsrate einhergeht, sodass bereits von Deflation und der Rückkehr der Keynesschen → Liquiditätsfalle gesprochen wird.

Stagnation → Konjunkturphasen, → säkulare Stagnation.

Standardgut – *Numéraire;* in der → Mikroökonomik das → Gut, dessen → Preis auf 1 normiert wird, um den Preis der übrigen Güter in Einheiten des → Standardgutes auszudrücken (→ relativer Preis).

Stand-by-Arrangement → Bereitschaftskreditabkommen.

stationäres Gleichgewicht – *statisches Gleichgewicht;* Zustand einer → stationären Wirtschaft, in dem zu jedem Zeitpunkt ein Gleichgewicht im Sinne eines dauerhaften Ruhezustands vorliegt.

stationäre Wirtschaft – *statische Wirtschaft;* Volkswirtschaft in einem langfristigen Gleichgewichtszustand unter gleichbleibenden Umweltbedingungen (konstante Bevölkerung, kein technischer Fortschritt, unveränderte Konsumgewohnheiten), wobei sich in jeder Periode alle wirtschaftlichen Aktivitäten unverändert wiederholen *(stationäres Gleichgewicht* bzw. *statisches Gleichgewicht).* Alle Variablen (z.B. Verbrauch, Einkommen, Kapitalstock, Preise, Zinsen) weisen im Zeitablauf eine Veränderungsrate von null auf. – Das stationäre Gleichgewicht ist als Fiktion *Erklärungszwecken* dienlich. In der neoklassischen *Wachstumstheorie* hat das Konzept des stationären Gleichgewichts Bedeutung erlangt, nachdem es als theoretisches Konzept der „klassischen Theorie" von Keynes (→ Keynesianismus) angegriffen worden war. – *Gegensatz:* → evolutorische Wirtschaft.

statische Analyse → Analyse-Methoden.

statisches Gleichgewicht → stationäres Gleichgewicht.

statische Wirtschaft → stationäre Wirtschaft.

Steady State – Zustand einer Wirtschaft, bei dem alle ökonomisch relevanten Größen, wie Konsum, Investitionen, Arbeitsmenge, im Zeitablauf relativ zueinander konstant sind oder mit derselben Rate wachsen (stetiger Entwicklungspfad). – *Sonderfall:* → stationäre Wirtschaft.

Sterilisierung – *Neutralisierung;* seitens der Zentralbank unternommener Versuch, die Geldmengenwirkung einer im Zuge von Devisenmarktinterventionen entstehenden

Zu- oder Abnahme der → Devisenreserven durch eine Offenmarktpolitik ganz oder teilweise zu kompensieren. Tritt oft bei der Aufrechterhaltung eines Systems mit → fixen Wechselkursen auf, wenn die Zentralbank → Devisenreserven verkaufen muss, zugleich aber eine monetäre Kontraktion vermeiden will. Dadurch wird der vom → monetären Ansatz zur Zahlungsbilanztheorie betonte Prozess der Erreichung einer ausgeglichenen → Leistungsbilanz verzögert. Der Sterilisierung sind allerdings Grenzen gesetzt. Noch am leichtesten möglich ohne → internationale Kapitalmobilität, sogar kurzfristig völlig unmöglich bei perfekter → Kapitalmobilität. – Vgl. auch → Zahlungsbilanzausgleich, → Portfolio-Ansatz.

stilisierte Fakten – deskriptive Darstellung typischer Regularitäten ökonomischer Größen.

stochastische Konjunkturtheorie – Teilgebiet der → Konjunkturtheorie, das exogenen stochastischen Faktoren die wesentliche Rolle bei der Auslösung und dem Aufrechterhalten eines → Konjunkturzyklus zuerkennt. Nach W. Krelle (1959) genügen kleine und daher mit hoher Wahrscheinlichkeit eintretende Abweichungen vom → Gleichgewicht, einen Konjunkturzyklus herbeizuführen und diesen für eine längere Zeit in Gang zu halten.

Stockholmer Schule – *Schwedische Schule;* Richtung der Wirtschaftswissenschaften in Schweden. – *Hauptvertreter:* Lindahl, Ohlin, Myrdal, Lundberg. – *Bedeutung:* Hauptverdienst der Stockholmer Schule ist es, den Einfluss von → Erwartungen (d.h. die Vorausschau der im Wettbewerb stehenden Unternehmer) auf die Preisbildung untersucht zu haben. Zur Kennzeichnung der unterschiedlichen Betrachtungsweise wurde das Begriffspaar ex ante und ex post in die Theorie eingeführt. Ex-ante-Größen sind am Anfang einer Periode erwartete bzw. geplante Größen, Ex-post-Größen am Ende der Periode realisierte Größen. Die Abweichungen zwischen Ex-ante- und Ex-post-Größen, d.h.

zwischen Erwartungen und Tatsachen, bestimmen den Wirtschaftsprozess (Schneider). Mithilfe dieser Begriffe können dynamische, meist makroökonomische Prozessanalysen vorgenommen werden. – Wichtige Arbeiten der Stockholmer Schule entstanden auch auf dem Gebiet der *Preistheorie.*

Stolper-Samuelson-Theorem – Aussage über den Zusammenhang zwischen Güterpreisen und realen Faktoreinkommen in der Welt des → Heckscher-Ohlin-Theorems: Steigt der relative → Preis des → kapitalintensiven Gutes, so sinkt das Realeinkommen des Faktors → Arbeit, und es steigt das Realeinkommen des Faktors → Kapital *(Magnification Effect).* – Der *Grund für die Güterpreisveränderung* kann beliebig sein, in der ursprünglichen Formulierung des Theorems wurde dahinter jedoch eine handelspolitische Maßnahme (z.B. → Zoll) gesehen. – Das Stolper-Samuelson-Theorem ist nicht nur im Zusammenhang mit → Protektion und Handelspolitik relevant. Es ist eine *allg.* Aussage über den Zusammenhang zwischen Güterpreisen und realen → Faktoreinkommen. Die Ursache für die Güterpreisveränderung ist dabei völlig irrelevant. Das Überraschende an diesem Theorem liegt darin, dass die → Realeinkommen sich im Zuge von Güterpreisveränderungen unabhängig von den Präferenzen der Faktoreinkommensbezieher eindeutig verändern. Dies ist dann nicht mehr für alle Faktoren der Fall, wenn einzelne davon *sektorspezifisch* sind, und nicht in andere Verwendungsrichtungen wandern können. Dies ist zumindest kurzfristig für installiertes Sachkapital zu erwarten. – Vgl. auch → Ricardo-Viner-Modell, → Handelspolitik.

strategische Handelspolitik → Handelspolitik.

Stromgleichgewicht – im Rahmen makroökonomischer → Modelle verwendeter Gleichgewichtsbegriff, der sich auf die → Stromgrößen der Güter- und Faktormärkte bezieht. Stromgleichgewicht liegt vor, wenn das Güter- bzw. Faktorangebot der

Güter- bzw. Faktornachfrage innerhalb einer Zeitspanne entspricht. Zu unterscheiden von dem ebenfalls in makroökonomischen Modellen verwendeten Begriff des Portfoliogleichgewichts, welches sich auf die Bestandsgrößen auf den Assetmärkten bezieht. Bestandsgrößen erfassen Vermögens- und Schuldenwerte zu einem bestimmten Stichtag. – Vgl. auch → Portfolio-Ansatz.

Stromgrößen – volkswirtschaftliche Größen, die zeitraumbezogen gemessen werden, z.B. Nationaleinkommen, Konsumausgaben. – *Gegensatz:* → Bestandsgrößen.

struktureller Wandel – *Strukturwandel.* Die Veränderung der Wirtschaftsstruktur, d.h. der relativen Gewichte einzelner Sektoren während des Entwicklungsprozesses. Im Entwicklungsprozess nimmt die Bedeutung des → primären Sektors im Laufe der Zeit ab, der sekundäre Sektor und tertiäre Sektor (Dienstleistungssektor) nehmen an Bedeutung zu, wobei schließlich der tertiäre Sektor den Industriebereich überflügelt (Drei-Sektoren-Hypothese). – Vgl. auch sektoraler Strukturwandel, regionaler Strukturwandel, → Wachstumstheorie.

strukturelles Defizit – Konzept des → Sachverständigenrates zur Begutachtung der gesamtwirtschaftlichen Entwicklung (SVR); dient der Ermittlung des konjunkturbereinigten Konsolidierungsbedarfs der öffentlichen Haushalte. Das strukturelle Defizit steht in einem engen Zusammenhang mit dem → konjunkturneutralen Haushalt und dem → konjunkturellen Impuls und wurde im Jahresgutachten 1994/1995 weiterentwickelt. – Dem Konzept des strukturellen Defizits wird vom Sachverständigenrat mittlerweile eine größere *Bedeutung* beigemessen als dem des konjunkturneutralen Haushalts und dem des konjunkturellen Impulses. – Mit dem strukturellen Defizit wird der Teil des Gesamtdefizits der öffentlichen Haushalte mittels Zeitreihenverfahren ökonometrisch geschätzt, der dauerhaften Charakter hat, sich also nicht im Laufe eines → Konjunkturzyklus selbsttätig abbaut oder durch gesetzlich befristete Maßnahmen begründet ist. Das strukturelle Defizit entspricht also jenem Teil des Gesamtdefizits, der bei Normalauslastung des → Produktionspotenzials besteht. – Vgl. → Angebotspolitik, → Monetarismus; *Gegenteil:* konjunkturelles Defizit.

strukturelle Zahlungsbilanzungleichgewichte – Erscheinungsform der → Zahlungsbilanz, wenn die Politikträger ein annäherndes Zahlungsbilanzgleichgewicht in einer angemessenen Zeit mithilfe binnenwirtschaftlicher Mittel (d.h. ohne Wechselkurskorrektur) nicht herbeiführen können.

Strukturwandel → struktureller Wandel.

Stückzoll → Mengenzoll.

Stufenflexibilität – Auch in Währungssystemen mit grundsätzlich → festen Wechselkursen kann die Notwendigkeit auftreten, die vereinbarten festen Kurse den Realitäten anzupassen (→ Realignment), sodass sich die Kurse in „Stufen" verändern können. – Vgl. auch → Wechselkurspolitik.

Stützungskauf – Intervention einer Notenbank auf dem → Devisenmarkt. – Vgl. auch → Wechselkurspolitik.

Subadditivität – eine → Kostenfunktion K ist subadditiv, wenn entweder $K(x_1) + K(x_2) > K(x_1 + x_2)$ (Economies of Scale) oder $K(x + y) < K(x) + K(y)$ (Economies of Scope) gilt (→ Mehrproduktunternehmen); d.h., die Produktion der Mengen x_1 und x_2 bzw. x und y in demselben Betrieb führt zu geringeren Kosten als die Produktion in jeweils getrennten Betrieben.

subjektiver Wert – 1. Von der *Grenznutzenschule* vertretene Auffassung, dass der Wert und letztlich auch der Preis eines knappen → Gutes von dem individuellen → Nutzen, also von der subjektiven Wertschätzung des Nachfragers, bestimmt wird. Der subjektive Wert beruht auf der Gültigkeit der → Gossenschen Gesetze. – 2. Wert, den jemand einer Sache beimisst *(persönlicher Wert)*, z.B.

Liebhaberwert. – *Gegensatz:* → objektiver Wert.

subjektive Werttheorie – Grundannahme der Grenznutzenschule, dass der Wert nachgefragter → Güter subjektiv bestimmt ist und damit → subjektive Werte ihre → Preisbildung maßgeblich mitbeeinflussen.

Substitution – I. Produktions- und Kostentheorie: begrenzte oder vollständige Ersetzung der Einsatzmengen von → Produktionsfaktoren durch andere (substitutionale Produktionsfaktoren).

II. Haushalts- und Preistheorie: begrenzte oder vollständige Ersetzung der Nachfragemengen von (marktfähigen) Gütern durch andere (→ Substitutionsgüter).

substitutionale Produktionsfunktion – Begriff der → Produktions- und Kostentheorie: → Produktionsfunktion mit einem variablen Einsatzverhältnis der → Produktionsfaktoren (→ Faktorintensität). Es werden ein oder mehrere Faktoren konstant gehalten und mind. zwei Faktoren variiert, um den gleichen Ertrag oder Ertragsveränderungen zu erzielen. Die ökonomisch günstigste Faktorkombination liegt vor, wenn das Verhältnis der → Grenzproduktivitäten der Faktoren dem Faktorpreisverhältnis entspricht (→ Minimalkostenkombination). Die partiellen → Faktorproduktivitäten und die Faktorkoeffizienten sind variabel. – 1. *Mikroökonomische* substitutionale Produktionsfunktion (einzelbetriebliche Betrachtungsweise): Die → Substitution der Faktoren kann begrenzt (periphere Substitution, begrenzte Substitution) oder vollständig (alternative Substitution, vollständige Substitution) erfolgen. Bei Variation eines Faktors und Konstanz wenigstens eines anderen Faktors kann der Grenzbetrag der Faktorveränderung entsprechend dem → Ertragsgesetz ermittelt werden; dieses Gesetz stand in der ältesten Theorie (A.R.J. Turgot (1721-1781), J.H. von Thünen (1783-1850)) im Vordergrund der

Betrachtung. – Bei *Variation aller Faktoren* ergibt sich das Niveaugrenzprodukt, wobei je nach → Homogenität der Funktion eine konstante, zunehmende oder abnehmende Niveaugrenzproduktivität vorliegt. Wenn eine Vermehrung aller Faktoren die Ausbringung um λ^s erhöht, ist die Funktion homogen vom Grade s, s = 1 bedeutet konstante, s < 1 abnehmende, s > 1 zunehmende Niveaugrenzproduktivität. – 2. *Makroökonomische substitutionale Produktionsfunktionen:* Werden für einzelne Industrien und für ganze Volkswirtschaften aufgestellt. Der Output wird als homogenes Produkt definiert, wobei das Problem der Realgüterzusammenfassung durch Verwendung der Wertschöpfung näherungsweise gelöst wird. Die bisher verwendeten makroökonomischen substitutionalen Produktionsfunktionen gehen von peripherer Substitution und, sofern technischer Fortschritt nicht berücksichtigt wird, von linearer Homogenität aus. Die bekanntesten Funktionen sind die Cobb-Douglas-Funktion und die → CES-Funktion, die abnehmende Ertragszuwächse (→ Ertragsgesetz) aufweisen. Technischer Fortschritt kann in diese Produktionsfunktion arbeitssparend, kapitalsparend oder neutral eingebracht werden, was zu unterschiedlichen Wachstumspfaden führt.

Substitutionseffekt – Teileffekt der → Slutsky-Hicks-Gleichung; beschreibt im Rahmen der → Haushaltstheorie (→ Nachfragetheorie des Haushalts) die Reaktion eines → Haushalts auf eine Preisänderung für ein → Gut. Der Substitutionseffekt bewirkt im Fall einer Preissenkung eine Verstärkung der Nachfrage nach dem relativ billiger gewordenen Gut zulasten der relativ teureren Güter. Ihm steht der → Einkommenseffekt gegenüber.

Substitutionselastizität – Quotient aus der relativen Veränderung des Faktoreinsatzverhältnisses m und der relativen Veränderung des Faktorpreisverhältnisses n. Wird vorausgesetzt, dass die → Minimalkostenkombination in Bezug auf die → Produktionsfaktoren A und B erfüllt ist, gilt:

$$\frac{P_B}{P_A} = \frac{\partial x}{\partial B} : \frac{\partial x}{\partial A},$$

sodass n auch für das Verhältnis der Grenzerträge bzw. für die → Grenzrate der Substitution stehen kann. Dies ermöglicht es, die Substitutionselastizität als nur von der → Produktionsfunktion abhängige Größe zu bestimmen. Es gilt also:

$$\sigma = \frac{\frac{d\left(\frac{B}{A}\right)}{\frac{B}{A}}}{d\left(\frac{p_B}{p_A}\right)} = \frac{\frac{d\left(\frac{B}{A}\right)}{\frac{B}{A}}}{d\left(\frac{\frac{\partial x}{\partial B}}{\frac{\partial x}{\partial A}}\right)} = \frac{\frac{dm}{m}}{\frac{dn}{n}} = \frac{dm}{m} \cdot \frac{n}{dn}.$$

Die Substitutionselastizität nimmt in Abhängigkeit von der Produktionsfunktion unterschiedliche Werte an. Solche Produktionsfunktionen, für die die Substitutionselastizität konstant ist, werden als → CES-Funktionen bezeichnet. Wichtige CES-Funktionen stellen die → Wicksell-Cobb-Douglas-Produktionsfunktion ($\sigma = -1$), die → Leontief-Produktionsfunktion (limitationale Produktionsfaktoren, $\sigma = 0$) und die lineare Produktionsfunktion mit vollkommenen substituierbaren Produktionsfaktoren ($\sigma = -\infty$) dar. Diese Fälle lassen sich durch die Form der Isoquanten charakterisieren (vgl. Abbildung „Substitutionselastizität"). Die Substitutionselastizität steht in enger Beziehung zur Verteilung des Erlöses bzw. (auf

volkswirtschaftlicher Ebene) des Einkommens auf die Faktoren. Aus dem Verhältnis der Erlösanteile $E_A = A \cdot p_A$ und $E_B = B \cdot p_B$ der Faktoren A und B, nämlich

$$v = \frac{E_B}{E_A} = \frac{p_B \cdot B}{p_A \cdot A} = n \cdot m,$$

folgt:

$$dv = \frac{\partial v}{\partial n}dn + \frac{\partial v}{\partial m}dm = mdn + ndm,$$

mithin

$$\frac{dv}{dn} = m + n\frac{dm}{dn} = m\left(1 + \frac{dm}{dn} \cdot \frac{n}{m}\right)$$
$$= m\,(1 + \sigma) = \frac{B}{A}(1 + \sigma).$$

Ist $\sigma = 0$, folgt:

$$\frac{dv}{dn} = 0,$$

d.h., die Verteilung für den sich z.B. relativ verteuernden Faktor B verbessert sich. Für $\sigma = -1$ bleibt die Verteilung (wegen dv/dn = 0) unverändert, Steigerung des Faktorpreisverhältnisses und Abnahme des Faktoreinsatzverhältnisses (oder umgekehrt) kompensieren sich hier exakt in ihrer Wirkung. Im Fall $\sigma = -\infty$ wird etwa der Faktor B bei relativer Verteuerung völlig aus dem Produktionsprozess verdrängt.

Substitutionsgüter – 1. *Begriff:* Konsum- oder Investitionsgüter, die einander in ihrer Verwendungsfunktion ersetzen können, z.B. Butter/Margarine, Kohle/Heizöl, Dampfkraft/Elektrizität. – 2. *Merkmale:* Preiserhöhungen für ein Gut führen bei den in Betracht kommenden Substitutionsgütern zu einer mengenmäßig gesteigerten Nachfrage und zumeist dadurch auch zu Preissteigerungen für die Substitutionsgüter (positiver Substitutionskoeffizient bzw. positive → Kreuzpreiselastizität der Nachfrage).

Substitutionskoeffizient → Triffinscher Substitutionskoeffizient.

Substitutionselastizität

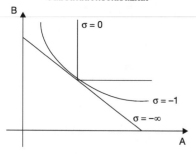

B

$\sigma = 0$

$\sigma = -1$

$\sigma = -\infty$

A

substitutive Produktionsfaktoren → Produktionsfaktoren.

substitutiver Handel – liegt vor, wenn sich die Handelsstrukturen der beteiligten Länder potenziell partiell „ersetzen" können, weil sie miteinander im Wettbewerb stehen. – *Beispiel:* Autoindustrie Frankreich/Deutschland. – *Gegensatz:* → komplementärer Handel.

Subvention – I. Finanzwissenschaft: → Einseitige Übertragungen des Staates an die Unternehmen; Geldzahlungen oder geldwerte Vorteile (z.b. Steuervergünstigungen, Preisnachlässe bei Käufen des Staates, Bürgschaften), die der Staat oder Institutionen der EU ohne (marktwirtschaftliche) Gegenleistung i.d.R. Unternehmen gewährt. Häufig liegen Subventionen bestimmte Bedingungen oder erwartete Verhaltensweisen zugrunde. Subventionen werden verschieden abgegrenzt. Im Subventionsbericht der Bundesregierung werden v.a. Geldzahlungen („Finanzhilfen") und Steuervergünstigungen des Bundes dargestellt. In den Volkswirtschaftlichen Gesamtrechnungen (VGR) gelten nur laufende Transfers an Produzenten (ohne Vermögenstransfers) als Subventionen, allerdings i.d.R. keine Steuervergünstigungen. Die Wirtschaftsforschungsinstitute in Deutschland legen den Begriff der Subventionen in ihren Arbeitsbereichen umfassender aus. – Die *Problematik* der Subventionen liegt darin, dass sie leicht – häufig versteckt – einzuführen, aber nur schwer wieder abzuschaffen sind und häufig weitere Maßnahmen nach sich ziehen. Die Begründungen für Subventionen sind meist fragwürdig, Erfolgskontrollen fehlen regelmäßig. Subventionen sind politisch beliebt, weil wählerwirksam Leistungen gewährt werden können, deren Finanzierung aber verschleiert wird.

II. Wirtschafts-/Strafrecht: 1. *Begriff:* Leistung aus öffentlichen Mitteln nach Bundesoder Landesrecht oder nach dem Recht der Europäischen Gemeinschaften an Betriebe und Unternehmen, die wenigstens z.T. ohne marktmäßige Gegenleistung gewährt wird und der Förderung der Wirtschaft dienen soll (vgl. Legaldefinition in § 264 VII StGB). – 2. Subventionen als *Gegenstand eines strafbaren Delikts:* Subventionsbetrug.

Sucharbeitslosigkeit – Arbeitslosigkeit.

Suchgut – im Rahmen der → Haushaltstheorie ein → Gut, bei dem der → Haushalt durch Informationssuche schon vor dem Kauf Kenntnisse über die Qualität erlangen kann. – Vgl. auch Informationseigenschaften von Gütern, → Vertrauensgut, → Erfahrungsgut.

Süd-Süd-Handel – Handel zwischen → Entwicklungsländern (Süd-Süd-Kooperation), in Abgrenzung zum → Nord-Nord-Handel zwischen Industrieländern.

Sunspots – *Sonnenflecken;* Begriff der → Konjunkturtheorie. Mithilfe von Sunspots lässt sich das Zustandekommen von → Konjunkturschwankungen in der folgenden Weise erklären: Ein beliebiges stochastisches Phänomen, anschaulich Sunspot genannt, habe a priori keinen zwangsläufigen realen Einfluss auf das Wirtschaftsgeschehen, aber die Wirtschaftssubjekte glauben fälschlicherweise, es hätte. Sie ändern daraufhin ihre Wirtschaftspläne mit der Konsequenz, dass ex post reale Auswirkungen auftreten, die sie nun als Ergebnis der Sunspots interpretieren.

superiores Gut – in der → Haushaltstheorie ein → Gut, dessen → Einkommenselastizität der Nachfrage größer Eins ist, dessen Konsum folglich mit steigendem → Einkommen überproportional zur Einkommenssteigerung zunimmt. Unter superioren Gütern versteht man zumeist Luxusgüter.

Supermultiplikator → Hicksscher Supermultiplikator.

Superneutralität des Geldes → monetäre Wachstumstheorie.

Supply Side Economics → Angebotsökonomik.

Surrogatkonkurrenz – *heterogene Konkurrenz.* Konkurrenz zwischen Anbietern, die nicht → homogene Güter, sondern → heterogene Güter herstellen, die aber den gleichen konsumtiven oder produktiven Zwecken dienen können (Surrogate) und somit funktional austauschbar sind (→ Substitutionsgüter). – *Beispiel:* Wettbewerb verschiedener Automarken. Vollkommener Wettbewerb zwischen diesen substituierbaren Gütern ist deshalb nicht gegeben, weil die Nachfragenden sachliche oder persönliche Präferenzen äußern, die aber andererseits nicht stark genug sind, um den Anbietern ein reines Monopol zu verschaffen. Die → Preisabsatzfunktionen von Anbietern mit heterogener Konkurrenz lassen aufgrund der Nachfragerpräferenzen dennoch vom Konkurrenzpreis abweichende Preisforderungen zu, u.U. auch autonome Preisbereiche mit partieller Konkurrenzpreisunabhängigkeit.

SVR – Abk. für → Sachverständigenrat zur Begutachtung der gesamtwirtschaftlichen Entwicklung.

Swapsatz – Differenz zwischen dem Devisenterminkurs und dem Devisenkassakurs bezogen auf den Devisenkassakurs. Auf- bzw. Abschlag (*Report* bzw. *Deport*) zum bzw. vom Devisenkassakurs zur Errechnung des Devisenterminkurses. Die überwiegende Mehrheit der Devisentermingeschäfte wird im Wege des Swapgeschäfts kontrahiert. – Vgl. auch → Devisenterminmarkt, → Wechselkurs, Swapgeschäft.

Sylos-Labini-Bedingung → monopolistische Preisbildung.

Synchronisation – Gleichlauf verschiedener nationaler → Konjunkturzyklen.

Synchronisationsthese – These der Geldtheorie, die die Einführung von Kreditbeziehungen mit dem Auseinanderfallen von Einnahmen und Ausgaben begründet.

System of National Accounts – der unter Federführung der Vereinten Nationen vorgelegte Rahmen für die Erstellung der Volkswirtschaftlichen Gesamtrechnung (VGR). 1953 erstmals veröffentlicht, wurde das Regelwerk in den Jahren 1960, 1964, 1968, 1993 und zuletzt 2008 einer Revision unterzogen. Um dem Ziel der internationalen Vergleichbarkeit volkswirtschaftlicher Daten Rechnung zu tragen, wurde das SNA der Idee nach so konzipiert, dass es weltweit und unter unterschiedlichsten wirtschaftlichen Gegebenheiten und Anforderungen angewandt werden kann. Allerdings führt die Offenheit seiner Definitionen und Abgrenzungen häufig zu wenig trennscharfen Festlegungen. Das in Europa gültige → Europäische System Volkswirtschaftlicher Gesamtrechnungen (ESVG) 1995 basiert auf dem SNA 1993.

T

tarifäre Handelshemmnisse – Sammelbegriff für handelspolitische Maßnahmen durch vertraglich vereinbarte Zölle (→ Vertragszollsatz). Ein → Zoll ist das klassische Instrument des → Protektionismus, mit dem sich ein Land einen Vorteil zulasten eines anderen Landes verschafft; die Erhebung von Zöllen wird auch als „tarifäre Protektion" bezeichnet. Tarifäre Handelshemmnisse haben regulierende Wirkung beim Marktzugang. Diese Steuern werden auf Grundlage des Wertes oder der Menge des eingeführten Gutes berechnet und an den Staat oder die → Zollunion abgeführt. Die grenzüberschreitenden Gütertransaktionen werden einer indirekten Steuer unterworfen (Importsteuer, Exportsteuer). Eine Importsteuer nennt man → Einfuhrzoll. Sind die Steuern negativ, dann entstehen Subventionen, d.h. Importsubventionen oder Exportsubventionen. Die Steuern können auf Mengenbasis eingeführt werden (→ Mengenzoll, → spezifischer Zoll), oder auf Wertbasis (→ Wertzoll, *ad-valorem-Zoll*). Tarifäre Handelshemmnisse führen zu einer Verzerrung zwischen den Weltmarktpreisen (→ Terms of Trade) und den im Inland relevanten Güterpreisen. – Vgl. auch → Handelspolitik. – *Gegenteil*: → nicht tarifäre Handelshemmnisse.

Tarifeskalation – liegt vor, wenn die → Nominalzölle (der jeweilige → Einfuhrzoll) auf vorgelagerten Fertigungsstufen (Rohstoffe, Vorprodukte, Halberzeugnisse etc.) niedriger sind als die auf nachgelagerten Fertigungsstufen, sodass mit zunehmendem Verarbeitungsgrad der nominale *Zollsatz* ansteigt: – *Beispiel*: Rohstoff = zollfrei, Halbfertigprodukt 5 Prozent, Fertigprodukt 10 Prozent. Daraus ergibt sich faktisch für die höheren Fertigungsstufen ein stärkerer Zollschutz, als sich aus dem Nominalzoll für diese Produktionsstufe ablesen lässt. – Vgl. auch → Zolltarif, → effektive Protektion.

Tâtonnement – *Ausgleichsfunktion des Preises, Preismechanismus, Invisible Hand*; Interpretation des Marktmechanismus als Auktionsverfahren nach Léon Walras. Dabei wird gedanklich unterstellt, es gäbe einen Auktionator (unsichtbare Hand), der noch vor dem Tausch Preise für Güter und Faktoren vorschlägt. Dem Auktionator werden die von den Haushalten und Unternehmungen dazu angebotenen und nachgefragten Mengen zunächst mitgeteilt. Stimmen Angebot und Nachfrage zu diesen Preisen nicht überein, erhöht er bei einer Überschussnachfrage den Preis bzw. senkt er diesen bei einem Überschussangebot. Durch Einholen neuer Mengenvorschläge und entsprechender Preiskorrektur tastet er sich an die markträumenden Gleichgewichtspreise heran. Erst wenn dieses Tâtonnement zum → allgemeinen Gleichgewicht auf allen Märkten geführt hat, dürfen die Kontrakte geschlossen werden. – Vgl. auch → Totalanalyse.

Tausch → Geld.

Tauschgewinn → Handelsgewinn.

Tauschgleichgewicht – spezielle Form eines Marktgleichgewichts (→ Gleichgewicht) in einer Volkswirtschaft, in der keine Produktion stattfindet und Tausch von Gütern die einzige ökonomische Aktivität darstellt. Im Tauschgleichgewicht stimmen die Quotienten der → Grenzraten der Substitution für alle Individuen überein. In einer Edgeworth-Box sind Tauschgleichgewichte durch diejenigen Teile der Kontraktkurve gekennzeichnet, die von der Anfangsausstattung an Gütern aus erreichbar sind. – Tauschgleichgewicht *im Außenwirtschaftsverkehr*: → Außenhandelsgleichgewicht.

Tauschhandel → Kompensationshandel.

Tauschkurve – *Offer Curve*; geometrische Darstellung der Tauschwünsche (Exporte,

Importe) eines Landes bei unterschiedlichen → Terms of Trade. Diese Tauschwünsche unterliegen der gesamtwirtschaftlichen Budgetbeschränkung (→ Bilanzgerade), Importe und Exporte sind also bei den jeweils betrachteten Terms of Trade immer wertgleich (→ ausgeglichener Handel).

Tauschmittel → Geld.

Tauschmittelfunktion des Geldes → Geld.

Tauschwert – I. Klassik/Neoklassik: 1. *Objektiver Tauschwert:* eine nach den Klassikern (u.a. Quesnay, Smith) vollzogene Identifizierung des *Tauschwerts* mit dem Preis. Der objektive *Tauschwert* führt zu dem *klassischen Wertparadoxon.* – *Zu unterscheiden sind:* (1) der spezifische Seltenheitswert (→ Monopolpreis); (2) der *Tauschwert* der (unter der Bedingung des Aufwands von Kosten und Zeit) beliebig vermehrbaren Güter; der objektive *Tauschwert* der beliebig vermehrbaren Güter macht eine Unterscheidung erforderlich zwischen (a) → Marktpreis und (b) → natürlichem Preis. – 2. *Subjektiver Tauschwert:* Die klassische Gleichsetzung von Tauschwert und Preis wird mit der Einführung der subjektiven Bewertung eines Gutes als Tauschobjekt für die bewertende Person durch die Grenznutzenschule (bes. Böhm-Bawerk) in Frage gestellt. Nach den → Gossenschen Gesetzen ist der Tauschwert der Güter keine feststehende Größe, sondern je nach wirtschaftlicher Konstellation unterschiedlich groß. Der Wert wird objektiv bestimmt durch die anerkannte Brauchbarkeit eines Gutes zur Herbeiführung eines gewollten Erfolges (Heizwert der Kohle). Ein Tauschwert kommt jedoch nur zustande, wenn ein Wirtschaftssubjekt den Heizwert der Kohle für wertvoller hält als die Tauschgüter, die es dafür abgeben muss (Waren oder Geld). Demnach ergibt sich der Preis nicht durch die Kosten, die für den Anbieter mit der Herstellung der Güter verbunden waren, sondern durch die subjektive Bewertung des Nachfragers, also den subjektiven Tauschwert.

II. Wirtschaftstheorie des Marxismus: Arbeitswertlehre.

Team-Theorie der Unternehmung – *Koalitionstheorie der Unternehmung, Measurement-Theorie der Unternehmung.* 1. *Gegenstand:* Die Team-Theorie der Unternehmung ist mit der → Governance-Structure-Theorie der Unternehmung sowie der → Prinzipal-Agent-Theorie der Unternehmung verwandt; sie ist der → neoklassischen Theorie der Unternehmung zuzuordnen. Ein Unterschied besteht darin, dass die Austausch- und Produktionsperspektive in stärkerem Maße vereint werden und die Existenz der Unternehmung nicht (allein) auf Transaktionskosten, sondern die Teamproduktion zurückgeführt wird. Im Kern definiert dieser Ansatz die Unternehmung (genauer: Firma als legales Konstrukt) als Vertragsnexus im Sinn einer Koalition von Mitgliedern. Die Koalition besitzt wechselseitig spezifische Ressourcen gemeinsam und entlohnt dabei einige Eigentümer unspezifischer oder allgemeiner Ressourcen, deren Grenzprodukte ökonomisch nicht ermittelbar sind, nach Hilfsmaßstäben. Langfristige Verträge sind das Kennzeichen von Koalitionen, in denen die Mitglieder einerseits kooperieren, andererseits aber untereinander innerhalb der Firma im Wettbewerb stehen. – 2. *Ansatzpunkt:* Koalitionenbildung verursacht Kosten (Such- und Experimentierkosten) und Erlöse. Letztere resultieren aus einer vorteilhaften Aufteilung der einzelnen Komponenten von Verfügungsrechten auf mehrere Personen (z.B. Trennung von Eigentum und Kontrolle) sowie der Teamproduktion. Teamproduktion wird i.d.R. als → Subadditivität der Kostenfunktion interpretiert. Hieraus ergeben sich Probleme, die Grenzprodukte der einzelnen Ressourcen zu ermitteln. Teamarbeit findet statt, wenn Informationen kostspielig sind. – 3. *Abhängigkeit/Spezifität:* Koalitionsmitglieder nehmen i.d.R. auch Investitionen vor, deren Wert (Amortisierbarkeit) spezifisch von der Koalition abhängt. Investitionen können spezifisch hinsichtlich der Bereitstellung anderer

Ressourcen sein (Specific to), sodass deren spezifische Quasirente (Marshall) von diesen Ressourcen beeinflussbar bzw. aneigenbar ist (Dependent). Sie können einzigartig sein, wenn der Wert anderer Ressourcen von ihnen abhängt (Dependent upon). Ressourcen können ferner gegenseitig abhängig sein (Dependent und Dependent upon). Abhängigen Ressourcen droht die Enteignung ihrer Quasirente durch das Team (Hold-up), während einzigartige Ressourcen eine Hold-up-Bedrohung für abhängige Ressourcen darstellen. Voraussetzung für diese Strategie ist aber die Möglichkeit, die Leistungsabgabe der Ressource variieren bzw. das Team tatsächlich verlassen zu können. Abhängige Ressourcen sind unabhängig von der Variierbarkeit ihres Leistungsbeitrags bedroht. – 4. *Moral Hazard*: Wenn der Leistungsbeitrag einzelner Ressourcen oder Teammitglieder nicht oder nur sehr kostspielig feststellbar ist und deshalb die Entlohnung nicht anhand des tatsächlichen Grenzprodukts erfolgt, so lohnt es sich für diese, sich zu drücken (Shirking). Aus der Sicht eines Ressourcenbesitzers oder Teammitgliedes erhält dieser den vollständigen Vorteil des Sich-Drückens, während die Kosten von allen Mitgliedern getragen werden. Nicht alle Mitglieder können sich gleichermaßen drücken, weil ihre Leistung in geringerem Maße veränderlich oder leichter und billiger gemessen werden können. Ähnliches gilt auch für die Möglichkeit, unbeobachtet Ressourcen missbräuchlich zu verwenden (Plastizität). Diese Gefahr ist umso größer, je weiter der Bereich möglicher Verwendungsentscheidungen ist und je weniger diese Entscheidungen bzw. deren Folgen beobacht- und beurteilbar sind. Eine bes. plastische Ressource ist Geld. – 5. *Unternehmungsgrenze und Eigentum*: Um sich vor der Ausbeutung von Quasirenten zu schützen, werden abhängige und einzigartige Ressourcen von den Eigentümern gemeinsam besessen, wodurch auch Probleme mit plastischen Ressourcen gelöst werden. Eigentümer der Unternehmung sind diejenigen,

deren Vermögensposition am stärksten von der Leistung des Teams abhängt. Sie bewerten Entscheidungs- und Kontrollrechte am höchsten, um das Verhalten anderer Teammitglieder beschränken zu können.

technische Fortschrittsfunktion (TFF) – *Technical Progress Function*. 1. *Begriff*: Von Kaldor entwickelte funktionale Beziehung zwischen der Wachstumsrate der → Kapitalintensität und der Wachstumsrate des Nationaleinkommens pro Kopf, mit der er die in der neoklassischen Produktionsfunktion notwendige Trennung der Wirkung des → technischen Fortschritts von der Wirkung der gleichzeitig erfolgenden Kapitalakkumulation, also die Unterscheidung zwischen Bewegungen auf der Produktionsfunktion (durch die Kapitalakkumulation) bei gegebenem Stand des technischen Wissens und Verschiebungen der Produktionsfunktion aufgrund technischen Fortschritts überwindet; denn die Durchsetzung technischen Wissens ist meistens nur durch gleichzeitige Kapitalakkumulation möglich, und letztere führt zu weiterem neuen technischen Wissen. – 2. Die technische Fortschrittsfunktion (TFF) weist aufgrund von nicht an Kapitalakkumulation gebundenem technischen Fortschritt bei einer Wachstumsrate des Kapitalbestandes von Null einen *positiven Wert* auf und steigt dann mit abnehmender Rate an: Je höher die Wachstumsrate der Kapitalakkumulation, desto mehr muss auf Neuerungen zurückgegriffen werden, deren Verwendung die Produktivität des zusätzlich eingesetzten Kapitals nur noch wenig erhöht.

technischer Fortschritt – 1. *Begriff*: Herstellung neuartiger oder wesentlich verbesserter Produkte und Materialien sowie Anwendung neuer Verfahren, die eine rationellere Produktion der bekannten Produkte und Materialien erlaubt, d.h. es möglich macht, eine gegebene Produktmenge mit niedrigeren Kosten bzw. eine größere Menge des Produktes mit gleichbleibenden Kosten zu erstellen. – Der Begriff technischer Fortschritt ist wertend, weil von Fortschritt nur in Hinblick auf eine ganz bestimmte Zielsetzung gesprochen werden kann; die mit dem technischen Fortschritt einhergehenden Begleiterscheinungen (Substitutionen, Rationalisierungen und damit eventuelle Qualifikationsverluste durch die Einführung neuer Techniken, neue Belastungsverschiebungen am Arbeitsplatz, Arbeitsplatzverluste von Betroffenen) werden nicht einbezogen. – 2. *Entstehung:* Technischer Fortschritt entsteht durch Innovationen, bei denen drei Phasen unterschieden werden: (1) Phase der *Invention* (Erfindung): Erarbeitung naturwissenschaftlich-technischen Wissens, von Forschungs- und Entwicklungsergebnissen und Erfindungen. (2) Phase der *Innovation:* Die erstmalige kommerzielle Anwendung führt zur Erweiterung des technischen Könnens und zur Entstehung von Produkt-, Material- und/oder Verfahrensinnovationen; Hauptaktivitäten sind u.a. Konstruieren, Experimentieren mit Prototypen, montagegerechte Anwendung und Verwertung in der Produktion und erste Marketingbestrebungen. (3) Phase der *Diffusion:* Die Innovationen werden mittels Marketingaktivitäten und Technologietransfer in Form von Materialien, Produkten, Verfahren (Investitionsgütern), Patenten und Lizenzen wirtschaftlich verwertet; ihre Anwendung breitet sich dadurch aus (diffundiert). – 3. *Arten:* a) *Potenzieller technischer Fortschritt:* technischer Fortschritt, der aufgrund des Standes der naturwissenschaftlich-technischen Forschung und Entwicklung augenblicklich oder in unmittelbarer Zukunft durchführbar ist (Forschung und Entwicklung (F&E)). – b) *Realisierter technischer Fortschritt:* Es wird nur ein Teil dessen, was technisch, betrieblich und gesellschaftlich möglich ist (Technologiefolgenabschätzung) tatsächlich realisiert, politische und v.a. wirtschaftliche Kriterien sind entscheidend (Technologiemanagement). – c) *Ungebundener technischer Fortschritt (unverkörperter technischer Fortschritt)* liegt vor, wenn er nicht an den Einsatz neuer Maschinen

(bzw. Arbeitskräfte) gebunden ist *(Disembodied Technical Progress).* – d) *Gebundener technischer Fortschritt* dagegen kann nur verwirklicht werden, wenn neue Maschinen oder neu geschulte Arbeitskräfte eingesetzt werden *(Embodied Technical Progress).* – e) In den Anfängen der Wachstumstheorie betrachtete man nur den *autonomen technischen Fortschritt,* der wie „Manna vom Himmel" fällt. Technischer Fortschritt, der auf bestimmte Ursachen zurückgeführt wird, heißt dagegen *induzierter technischer Fortschritt.* – 4. *Wirkungen:* Der technische Fortschritt wird als *neutral* bezeichnet, wenn er die Einkommensverteilung nicht verändert, genauer: die Aufteilung des Faktoreinkommens auf Löhne (einschließlich Gehälter) und Zinsen, wenn die Produktionsfaktoren Arbeit und Kapital gemäß ihrem Grenzprodukt entlohnt werden (→ Grenzproduktivitätstheorie). – 5. *Aktuelle Diskussion:* In den Arbeiten der → neuen Wachstumstheorie steht die Erklärung des technischen Fortschritts und damit die Erklärung der entscheidenden Determinante des Wirtschaftswachstums im Mittelpunkt. Dabei wird in diesen Ansätzen davon ausgegangen, dass technischer Fortschritt durch Forschung und Entwicklung (F&E) von rational handelnden Akteuren produziert wird. Nicht der vom Staat, oder von staatlichen Organisationen, durchgeführten Grundlagenforschung, sondern der von profitorientierten Unternehmen durchgeführten F&E kommt damit hinsichtlich der Wachstumsimpulse die wichtigere Rolle zu. Die Ansätze knüpfen damit an Schumpeters Theorie der profitorientierten Innovationsanstrengungen von dynamischen Unternehmern an. – Vgl. auch → evolutorische Wachstumstheorie, → Wachstumstheorie.

Technologie – I. Allgemein: übergreifende, Wirtschaft, Gesellschaft und Technik verklammernde Wissenschaft von der Technik.

II. Mikroökonomik: formale Beschreibung aller für den Ökonomen relevanten Informationen über die Produktion; verkörpert zu jedem Zeitpunkt die Gesamtheit an technischem Wissen in einer Volkswirtschaft. – *Formen der Darstellung:* (1) → Produktionsfunktionen; (2) Aktivitätsmengen.

III. Soziologie: systematische Zusammenfassung und Integration einzelner Techniken zu einer auf spezifische Ziele und Zwecke gerichteten Verfahrensweise, einschließlich sozialer Technologien, z.b. einem Verfahren der Konfliktregelung. Moderne Technologien bestimmen und gestalten die sozialen Beziehungen und den sozialen Wandel in hohem Maße; sie können daher nicht isoliert von der Gesellschaft betrachtet werden und müssen auf ihre Sozialverträglichkeit hin bewertet werden.

IV. Unternehmensführung: Technologie im Sinn von „Managementtechnologie" umfasst die Instrumente der Unternehmensführung und Organisation, und somit Ansätze, Denkweisen, Modelle, Methoden und Hilfsmittel für die Innovations- und Technologieplanung wie z.B. Technologie-Portfolio, Methoden der Bedarfserfassung, Bewertung von Ideen etc. Erfolgreiche technische Innovation ist an die Kombination von Produkt- und/oder Produktionstechnologie mit Management-Technologie gebunden.

technologische Konjunkturtheorien – 1. *Charakterisierung:* → Konjunkturtheorien, bei denen die Einführung technischer Neuerungen als Hauptursachen konjunktureller Schwankungen gedeutet wird. Ein oder wenige Unternehmerpioniere bewirken Aufschwung durch Einführung neuer Produktionsverfahren oder neuer Güter; sobald sich deren Rentabilität abzeichnet, folgt die Masse der branchengleichen Unternehmer nach. Der Aufschwung geht in depressive Anpassung über, nachdem die Prozess- bzw. Produktinnovation durch die gesamte Wirtschaft diffundiert ist und ein Übermaß an Fertigerzeugnissen auf dem Markt erscheint. – *Hauptvertreter:* Schumpeter. – 2. *Kritik:* Es wird nicht erklärt, wie Erfindungen bzw. Innovationen zustande kommen. Einige Autoren lassen die technologische

Konjunkturerklärung nur für wirklich große Erfindungen wie z.b. Dampfmaschine, Eisenbahn, Elektrizität, Automobil gelten; damit wird dann der Kondratieff-Zyklus (→ Konjunkturzyklus) erklärt.

technologische Lücke – *Technological Gap;* viel diskutierter Begriff für die Lücke im technologischen und organisatorischen Wissen und Können innerhalb der hoch entwickelten Industrieländer (z.b. Elektronik). Dabei handelt es sich nicht so sehr um eine technologische Kluft als um eine Lücke im Management.

temporäres Gleichgewicht – → Gleichgewicht.

Tendenzbefragung – in Interviewform geführte Umfrage zur qualitativen zukünftigen konjunkturellen Entwicklung (→ Konjunkturprognose). In der Bundesrepublik Deutschland werden Tendenzbefragungen vom ifo-Institut durchgeführt (ifo-Konjunkturtest). – Vgl. auch → ifo Institut für Wirtschaftsforschung.

Terminabschlag – Deport, negativer → Swapsatz, wenn der Terminkurs geringer als der Kassakurs ist.

Terminaufschlag – Report, positiver → Swapsatz, wenn der Terminkurs höher als der Kassakurs ist.

Terminkurs – Kurs, → Wechselkurs, → Devisenterminmarkt.

Terms of Trade – Tauschbedingungen im internationalen Handel, gegeben durch die relativen Preise der → handelbaren Güter. Die Terms of Trade werden *im zweidimensionalen Fall* meist als das Verhältnis zwischen dem Preis des exportierten und dem → Preis des importierten Gutes angegeben. Diese Größe gibt an, wie viele Mengeneinheiten des Importgutes die heimische Ökonomik für eine Einheit des Exportgutes tauschen kann (*reales Austauschverhältnis*). Eine Verbesserung der Terms of Trade bedeutet, dass das Inland mehr Importgüter pro Einheit des Exportgutes erhält als vorher. Es führt zu einer Verbesserung des → Außenbeitrags bzw. des Saldos der → Leistungsbilanz. – Im *mehrdimen-sionalen Fall* werden Export- und Import-preisindizes einander gegenübergestellt. Die Terms of Trade werden durch Angebot und Nachfrage auf den Weltmärkten bestimmt. Maßnahmen, die die Importnachfrage oder das Exportangebot eines Landes verringern, führen zu einer Verbesserung der Terms of Trade, wenn Angebot und Nachfrage dieses Landes gemessen am Volumen des Weltmarktes von Bedeutung sind. – Vgl. auch → Handelspolitik, → großes Land, → kleines Land, → Optimalzoll.

tertiärer Sektor – Dienstleistungssektor, → Sektoren der Volkswirtschaft.

Thatcherismus → Angebotsökonomik.

Theorie der arbeitergeleiteten Unternehmung – 1. *Mikroökonomische Theorie:* Die Übertragung der → mikroökonomischen Theorie der Unternehmung führt zu dem Ergebnis, dass die arbeitergeleiteten Betriebe nicht wie die kapitalistischen Unternehmungen den Gewinn, sondern den Gewinn pro Mitglied maximieren. Demzufolge werden nicht die Grenzkosten mit dem Grenzerlös ausgeglichen, sondern die Durchschnittskosten minimiert bzw. das Pro-Kopf-Einkommen maximiert. Deshalb ist die Allokation der Ressourcen suboptimal, die Beschäftigung und Ausbringungsmenge geringer als bei Gewinnmaximierung. – 2. *Property-Rights-Ansatz:* Gemäß der Theorie der Verfügungsrechte weisen arbeitergeleitete Unternehmungen in kollektivem Eigentum mit unveräußerlichen Anteilen ein suboptimales Investitionsverhalten und eine Tendenz zum Kapitalverzehr auf. Denn sind die Anteile unveräußerbar, kommen die zukünftigen Erträge aus Investitionen nur denjenigen zugute, die während der Amortisationszeit in der Unternehmung Mitglied sind, während vorzeitig ausscheidende Mitglieder die Kosten der Investition tragen müssen, ohne aber an den Erlösen partizipieren zu können. Den Wertezuwachs oder die zukünftigen Erlöse aus Investitionen können nur dann mitgenommen werden, wenn sich die Zukunftserlöse im Kurswert handelbarer Eigentumsanteile kapitalisieren würden. Dies setzt allerdings einen leistungsfähigen Markt für diese Titel voraus. – 3. *Neuere Ansätze:* Entsprechend der → Team-Theorie der Unternehmung sollen die Arbeitnehmer nur dann Eigentümer der Unternehmung sein, wenn sie selbst vom Team abhängige, spezifische Ressourcen darstellen. Dabei besteht das Problem, dass Humanvermögen kein gemeinsames Eigentum analog zum spezifischen Kapital bilden zu können. Dies habe den Anreiz verstärkt, in spezifisches Kapital zu investieren und Arbeitskräfte als allg., unspezifische Faktoren einzustellen. Während die Team-Theorie der Unternehmung erklärt, weshalb Kapital Arbeit anheuert und nicht Umgekehrtes gilt, wird die Frage aufgeworfen, ob nicht dennoch eine Wirtschaft mit arbeitergeleiteten Unternehmungen einem System kapitalistischer Firmen wohlfahrtsökonomisch überlegen sein könnte (Pagano). Dabei wird auf die Möglichkeit zurückgegriffen, dass die Evolution Irrtümer begehen kann. Die Team-Theorie erklärt, dass das Kapital Arbeitskräfte aus Effizienzgründen anheuert und nicht andersherum, wie das bei der arbeitergeleiteten Unternehmung der Fall wäre. Die in der Realität anzutreffendere kleine Anzahl letzterer wird daher mit ihrer geringen Effizienz erklärt. Eine geringe Verbreitung impliziert jedoch nicht notwendig Effizienznachteile, sondern kann auch auf einem reinen Zufall bei der Evolution beruhen. So kann die historische Ausgangsverteilung von kapitalistischen und arbeitergeleiteten Unternehmungen entscheidend bestimmen, welcher Typ sich irreversibel durchsetzt, wenn der Wettbewerbsvorteil mit steigender Zahl eines Typs zunimmt. Es ist daher denkbar, dass ein System arbeitergeleiteter Unternehmungen wohlfahrtsökonomisch überlegen sein kann, ohne deshalb zustande kommen zu müssen (Pagano). – Welche Eigenschaften könnten für eine Überlegenheit eines Systems arbeitergeleiteten Unternehmungen sprechen? Ein bes. *Vorteil* der arbeitergeleiteten Unternehmungen bestehe in der höheren Motivation der Mitglieder, einem größeren Humanvermögen und einer stärkeren Nutzung des Wissens der Arbeitskräfte. Diese Eigenschaften kämen aber deshalb nicht zum Tragen, weil das System der vertikalen Arbeitsteilung zu einer Verringerung der Fähigkeiten von Arbeitskräften beitrage und zu Arbeitsmärkten geführt habe, die unspezifisches Wissen und die Entwicklung von Techniken förderten, die bes. auf das kapitalistische System zugeschnitten seien. Es müsste sich daher das gesamte institutionelle System (simultan) wandeln, damit die vermuteten Vorteile wirksam werden könnten (Pagano). Neben diesen Argumenten gibt es zahlreiche weitere, mit denen versucht wird, die tatsächlich geringe Verbreitung dieser Organisationsform — trotz hypothetischer Überlegenheit — zu erklären. Gegen die denkbare Überlegenheit eines Systems arbeitergeleiteter Unternehmungen lassen sich jedoch gerade aus der evolutorischen Perspektive heraus Einwände erheben (Schreiter).

Theorie der faktischen Präferenz – *Revealed Preference*; Teilgebiet der → Haushaltstheorie (→ Nachfragetheorie des Haushalts), in dem die Präferenzen eines Haushalts aus seinen beobachtbaren Handlungen *(offenbarte Präferenz)* abgeleitet werden.

Theorie der Geldnachfrage – Geldtheorie.

Theorie der komparativen Vorteile – Von *David Ricardo* entwickelte Theorie des → Freihandels, nach der sich jedes Land auf die Güter konzentrieren sollte, bei denen es über → komparative Vorteile verfügt. – Vgl. → Ricardianisches Modell.

Theorie der Mehrproduktunternehmung – 1. *Charakterisierung:* Gegenstand sind Unternehmungen, die mehrere Endprodukte am Markt anbieten (→ Mehrproduktunternehmung). Sind die Produkte verwandt, spricht man von einer diversifizierten, andernfalls von einer konglomeraten Unternehmung. Die mikroökonomische

Theorie der Mehrproduktunternehmung (Preisbildung) untersucht, wie eine Unternehmung ihren Produktionsplan aufstellt, *wenn* sie mehrere Güter herstellt. Die institutionelle Theorie der Mehrproduktunternehmung fragt dagegen zunächst einmal danach, *weshalb* Unternehmungen überhaupt mehrere Güter produzieren sollten bzw. weshalb diese nicht von jeweils spezialisierten Anbietern hergestellt werden. – 2. *Begründungslinien:* a) Die *produktionstheoretische Erklärung* mit der → Subadditivität begründet die Vorteilhaftigkeit der Mehrproduktunternehmung mit geringeren Kosten der gemeinsamen Produktion. Die Subadditivität der Kostenfunktion ist aber weder eine notwendige noch hinreichende Bedingung für das Auftreten einer Mehrproduktunternehmung (Teece). – (1) *Coase* geht davon aus, dass die Unternehmung entsprechend den *Transaktionskosten* sowohl vertikal als auch horizontal integriert ist. Dies hängt von den relativen Transaktionskosten ab. – (2) *Teece* führt für die Erklärung der Mehrproduktunternehmung die → Wachstumstheorie der Unternehmung von Penrose und die → Governance-Structure-Theorie der Unternehmung von Williamson zusammen. Penrose betont die akkumulierten, teils impliziten Unternehmungsfähigkeiten sowie das permanente Entstehen physischer Überschussressourcen und freiwerdender Managementkapazitäten *(Penrose-Prozess)*. Auf verschiedene Aktivitäten übertragbares Wissen und unteilbare (Mehrzweck-)Aktiva verursachen Economies of Scope. Für das Auftreten einer Mehrproduktunternehmung ist es notwendig, dass eine Einproduktunternehmung ihre Überschussressourcen nicht dem bisherigen Verwendungszweck zuführt oder gar verkauft, sondern in anderer Weise selbst nutzt. Dies setzt relativ höhere Gewinne der Ressourcen in der neuen Anwendung voraus. Da Überschussressourcen bei Null-Transaktionskosten per Vertrag auf andere spezialisierte Einproduktunternehmungen übertragbar sind, kann die Diversifizierung einer Unternehmung nur auf positiven Marktbenutzungskosten beruhen. Marktversagen bes. auf dem Markt für Wissen, aber auch auf dem für spezialisierte Aktiva, macht den Markttransfer bes. neuen Wissens sehr teuer. Gewinnmaximierung verlangt die Wahl der geeignetesten Koordinationsform, wobei dies nicht notwendig die diversifizierende Integration sein muss, sondern eine der vielen Koordinationsformen zwischen Markt und Hierarchie (→ Governance-Structure-Theorie der Unternehmung) sein kann. Eine Mehrproduktunternehmung entsteht demzufolge dann, wenn keine (gewinn-)bessere Alternative zur Hand ist. Dabei hat die multidivisionale Organisationsstruktur die Möglichkeit der Diversifizierung verbessert. Teece berücksichtigt auch Informationsprobleme des Kapitalmarktes und schließt sich hier Williamson an. – (3) *Williamson* sieht neben den Transaktionskosten (→ Governance-Structure-Theorie der Unternehmung) den wesentlichen Grund für die Existenz der Mehrproduktunternehmung (und bes. des Konglomerats) in der Möglichkeit, einen unternehmensinternen Kapitalmarkt zu bilden, dessen Vorteile sich aus dem Marktversagen des externen Kapitalmarktes ableiten. – b) Konglomerate sind ferner mit dem Hinweis auf die dadurch mögliche *Risikodiversifizierung* begründet worden. Ein Problem dieses Ansatzes besteht darin, dass die Anleger oder Aktionäre die Risikodiversifizierung effizienter vornehmen können. – c) Neben diesen Erklärungen bieten die → dynamisch-evolutorischen Theorien der Unternehmung weitere Erklärungsbausteine an (*Dosi* u.a.).

Theorie der multinationalen Unternehmung – Theorie, die sich u.a. mit der Frage befasst, weshalb Unternehmungen im Ausland eigene Betriebe unterhalten, anstatt Lizenzen, Franchise-Verträge, Subunternehmer oder Joint-Ventures zu verwenden, bzw. von welchen Bedingungen die Wahl dieser Arrangements abhängt. Es existieren *verschiedene Erklärungsansätze,* in denen strategisches Verhalten (unvollkommener Wettbewerb),

bes. im Zusammenhang mit der Ausnutzung aneigenbaren Wissens und von Transaktionskosten, eine grundlegende Bedeutung besitzen: (1) *Marktstrukturansatz:* Multinationale Unternehmungen stellen bei unvollkommenem Wettbewerb eine Möglichkeit dar, die Renten aus ihrem spezifischen Wissen zu maximieren, wenn Verträge oder Kartelllösungen mit Lizenznehmern etc. Probleme aufwerfen (Stabilitätsproblem von Kartellen). – (2) *Transaktionskosten zwischen Mutter und Auslandsstochter:* Das Ziel, die Rente aus dem Wissen zu maximieren, kann zu Direktinvestitionen führen, wenn zwischen Mutter und Lizenznehmer unsicherheitsbedingte Transaktionskosten am Markt für Wissen bestehen, die den Lizenznehmer veranlassen, geringere Lizenzgebühren zu zahlen, als mit einer multinationalen Unternehmung erwirtschaftbar sind (Käuferunsicherheit bei Wissen). Franchising und Lizenzen können zu Wettbewerb zwischen den Unternehmungen führen (Bedingungen z.B.: Wissen nicht patentierbar, Weltmarkt nicht segmentierbar, fehlende Exportrestriktionen), wodurch die Erlöse der Wissensnutzung stark sinken könnten (Casson). – (3) *Transaktionskosten im Absatzmarkt:* Ein zentrales Problem ist die Ermittlung der Qualität von Produkten seitens der Nachfrager. Marketingfunktion und Qualitätssicherung können für die Erzielung von Renten von bes. Bedeutung sein und sich auf die Vorwärts- und Rückwärtsintegration von Unternehmungen auswirken. Die multinationale Unternehmung kann z.B. ihren Goodwill oder ihre Reputation gewinnerhöhend nutzen. – (4) *Andere Ursachen:* Transaktionskosten zwischen Mutter und Tochter sind nicht erforderlich, um die multinationale Unternehmung zu erklären. Neben Transaktionskosten im Absatzmarkt als ein Erklärungsgrund kann die multinationale Unternehmung vorteilhaft sein, wenn sie billiger produzieren oder höhere Preise realisieren kann als alternative Arrangements (Erlösdifferenzen). Multinationale Unternehmungen werden ferner als Ersatz für Netzwerke betrachtet, weil der internationale Transfer von Wissen schwieriger sei als der nationale.

Theorie der Unternehmung – *Unternehmenstheorie*; 1. *Allgemein:* Die Theorie der Unternehmung befasst sich mit der speziellen Wirtschaftseinheit → Betrieb im System der Marktwirtschaft, der als Unternehmung bezeichnet wird (Gutenberg). Betriebe und Unternehmungen produzieren durch den Einsatz von (originären und derivativen) → Produktionsfaktoren Leistungen für Dritte (Fremdbedarfsdeckung). Das Prinzip der Wirtschaftlichkeit und das des finanziellen Gleichgewichts stellen systemindifferente Funktionsvoraussetzungen dar. Für das System der Marktwirtschaft sind das Autonomieprinzip, das erwerbswirtschaftliche Prinzip sowie das Prinzip des Privateigentums spezifisch. Die Unternehmung trifft zielgerichtete Entscheidungen über knappe Güter unter Berücksichtigung der obigen Prinzipien. Unternehmungen können entsprechend der Gestaltung der Eigentums- und Verfügungsrechte → kapitalistische Unternehmung oder → arbeitergeleitete Unternehmung sein. Entsprechend der in Deutschland üblichen Aufteilung der Wirtschaftswissenschaften in BWL und VWL ist die BWL als Theorie der Unternehmung von volkswirtschaftlichen Theorien der Unternehmung zu unterscheiden. V.a. die angelsächsische Unternehmenstheorien (Theories of the Firm) werden i.d.R. in der VWL behandelt, weil sie mit volkswirtschaftlichen Ansätzen (→ Gleichgewicht) und Fragestellungen verknüpft sind (→ Allokation, → Wettbewerb). – 2. *Betriebswirtschaftslehre als Theorie der Unternehmung:* Gegenstand sind alle in der Unternehmung ablaufenden Prozesse, die mit dem betrieblichen Umsatzprozess i.w.S. zu tun haben. Er erstreckt sich auf die Funktionsbereiche Beschaffung, Produktion (Umsatzprozess i.e.S.), Absatz, Management und Finanzierung. Die BWL verwendet verschiedene theoretische Ansätze bzw. Perspektiven, aus denen die Unternehmung

betrachtet wird (z.B. faktor-, entscheidungs-, verhaltens-, systemtheoretischer Ansatz). Die Unternehmung wird als Aktionszentrum (Kosiol) und Entscheidungseinheit mit ihren vielfältigen Umweltbeziehungen als sozio-ökonomisches System gefasst. Von bes. Bedeutung sind der unternehmensinterne Prozess der Ziel- und Entscheidungsbildung sowie wirksame Anreizmechanismen, die kooperative Verhaltensweisen erzeugen (→ Verhaltenstheorie der Unternehmung). In der BWL werden die verschiedenen Teilbereiche der Unternehmung i.d.R. gesondert behandelt, sodass nicht von einer geschlossenen Theorie der Unternehmung gesprochen werden kann. Neben der funktionalen Differenzierung wird zudem eine branchenspezifische Aufspaltung des Untersuchungsgegenstandes Unternehmung vorgenommen (z.B. BWL der Kooperative, Bankbetriebslehre, Industriebetriebslehre, Handel und Absatz etc.), um den verschiedenen rechtlichen, institutionellen und ökonomischen Besonderheiten Rechnung zu tragen. – 3. *Volkswirtschaftliche Theorie der Unternehmung:* Das Forschungsprogramm der VWL richtet sich nicht unmittelbar auf das Verhalten einzelner Wirtschaftssubjekte, sondern auf das Gesamtergebnis einer Vielzahl an individuellen Zielen orientierter, autonomer Handlungen. Der in der VWL traditionell dominierende Koordinationsmechanismus ist der Preismechanismus, sodass die Unternehmung zunächst im Rahmen der Preistheorie behandelt (→ mikroökonomische Theorie der Unternehmung) worden ist. Die Frage, weshalb es Unternehmungen geben sollte und was ihre Grenzen bestimmt, wenn es bereits einen leistungsfähigen Koordinationsmechanismus gibt (Coase), hat das Marktversagen bzw. das Versagen des Preismechanismus zum zentralen Erklärungsansatz werden lassen (→ neoklassische Theorie der Unternehmung). Das Marktversagen beruht auf Kosten der Marktbenutzung, die als Informations- und Vertragskosten zu verstehen sind (→ Transaktionskostentheorie der Unternehmung). Die

Verträge und ihre Eigenschaften spielen deshalb eine zentrale Rolle für die Erklärung ökonomischer Beziehungen von Vertragspartnern innerhalb und mit der Unternehmung. Die Unternehmung wird als Nexus von Verträgen aufgefasst. Verträge können als vollständig oder unvollständig angenommen werden. Im ersten Fall handelt es sich um die Vorgehensweise der → Prinzipal-Agent-Theorie der Unternehmung, im zweiten um die Herangehensweise der → Governance-Structure-Theorie der Unternehmung. Die Unternehmung wird explizit als Koordinationsmechanismus mit einer Organisationsstruktur aufgefasst. – Während diese Entwicklung zunächst vor dem Hintergrund der allg. Gleichgewichtstheorie stattgefunden hat, wird zunehmend die Rolle der Unternehmung im Entwicklungs- und Innovationsprozess behandelt (→ dynamisch-evolutorische Theorie der Unternehmung). Die Vertrags(kosten)perspektive spielt im evolutorischen Kontext eine geringere Rolle.

Theorie des Geldangebots – Geldtheorie.

Theorie des Zweitbesten – I. Begriff: Die Theorie des Zweitbesten wird im Rahmen der Wohlfahrtsökonomik relevant, wenn das „Erstbeste" in Form des Pareto-Optimums nicht erreichbar ist. Das Optimierungsproblem des Zweitbesten bezieht sich auf eine gesellschaftliche Situation, in der von n Bedingungen für das gesamtwirtschaftliche Wohlfahrtsoptimum mind. eine nicht erfüllt ist. Tritt diese Situation ein, ist es möglich, dass es bei Erfüllung von n-1 Optimalbedingungen nicht zu einer Annäherung an die optimale Situation, sondern zu einer weiteren Verschlechterung der Marktergebnisse kommt. Um dies zu verhindern wird die Theorie des Zweitbesten angewendet.

II. Wettbewerb: In Chamberlins Modell der monopolistischen Konkurrenz führt die Heterogenität der Güter bei gleichzeitiger Offenheit der Märkte zu → Wohlfahrtsverlusten in Form von zunehmenden Überkapazitäten und einer Produktion zu höheren Stückkosten als beim homogenen Polypol. Entsprechend der Theorie des Zweitbesten müssen in diesem Fall Marktschranken errichtet werden, damit wenigstens eine „zweitbeste" Situation erreicht wird. Einschränkend ist hierbei allerdings zu beachten, dass durch Marktschranken neue Probleme in dynamischer Hinsicht entstehen können. – Im Fall des natürlichen Monopols wird anstelle des Pareto-Optimums der vollkommenen Konkurrenz auf das Optimalitätskriterium des Ramsey-Preises abgestellt.

III. Außenhandel: im Zusammenhang mit der → Handelspolitik insofern relevant, als → tarifäre Handelshemmnisse im Prinzip durchaus zur Korrektur von verschiedenen Verzerrungen geeignet sind. Sie sind aber immer nur zweitbeste Maßnahmen, es sei denn, die Verzerrung selbst hat mit dem Handel zu tun. – *Beispiel:* Wenn die Verzerrung darin besteht, dass die gesamtwirtschaftlichen, sozialen → Grenzkosten unter dem → Preis liegen (etwa wegen positiver externer Effekte), dann kann zwar ein → Zoll zu der gewünschten Ausdehnung der heimischen → Produktion führen, er führt aber zugleich auf der Nachfrageseite in Form einer Preiserhöhung über den → Weltmarktpreis eine neue Verzerrung ein. Eine weitere wichtige Erkenntnis der Theorie des Zweitbesten ist, dass eine partielle Beseitigung von Verzerrungen nicht notwendigerweise eine Wohlfahrtsverbesserung bringt. Das im Bereich der Handelspolitik wichtigste Beispiel dafür ist die Errichtung einer → Zollunion oder → Freihandelszone. Dort werden die Handelshemmnisse nur partiell, nämlich zwischen den Partnerländern, abgebaut, während sie gegenüber Drittländern aufrecht bleiben. Es entsteht neben dem Handelsschaffungseffekt (→ Handelsschaffung) auch ein Handelsumlenkungseffekt (→ Handelsablenkung), deren Gesamtwirkung durchaus negativ sein kann.

Tiefstand → Konjunkturphasen.

Time Lag → Lag.

Time Preference → Zeitpräferenz.

Tobin's q – von Tobin (1963) eingeführte Relation zwischen Veränderung des Wertes einer Unternehmung (PV) und dem hierfür zugrunde liegenden Wert der Investition (I), also:

$$q = \frac{PV}{I}.$$

Fälle: Für q > 1 werden Investitionen durchgeführt, für q < 1 unterbleiben Nettoinvestitionen, und im Gleichgewicht ist q = 1. – *Bedeutung:* Wichtige Rolle im Transmissionsmechanismus monetärer Impulse. So führt z.b. eine expansive Offenmarktpolitik zu höherer Liquidität, die u.a. zum Kauf von Aktien eingesetzt wird. Mit den steigenden Kursen erhöht sich der Unternehmenswert und damit steigt q. Daraufhin nehmen die Investitionen zu.

Totalanalyse – Teil der → Makroökonomik, der sich mit der Gesamtheit der über Märkte vermittelten Interaktionen zwischen konsumierenden und produzierenden Einheiten (Unternehmungen, Haushalte) beschäftigt. Allg. geht es um Totalanalyse immer dann, wenn die Interdependenz der Handlungen aller Wirtschaftssubjekte zur Debatte steht. I.d.R. wird die Betrachtung jedoch vereinfacht, da man nicht auf den anhaltenden Interaktionsprozess – also einen Wettbewerbsprozess in der Zeit – abstellt, in den die Wirtschaftssubjekte in kreativer Weise grundsätzlich immer auch Neuerungen einspeisen können und in dem daher nicht nur auf Gegebenheiten reagiert wird. Vielmehr geht man von bestimmten *Daten* (gegebene Vermögensbestände, Faktoren, Präferenzen, Produktionsfunktionen) und fixierten Verhaltensweisen aus, d.h. man reduziert das Problem auf eine preistheoretische Analyse, und zwar in dem Sinn, als man die Bewegung auf Gleichgewichtszustände hin thematisiert. Deshalb wird Totalanalyse oft auch mit der Theorie des → allgemeinen Gleichgewichts identifiziert. In jedem Fall geht es um die Analyse des horizontalen und vertikalen Preiszusammenhanges über die Vielzahl der Partialmärkte und die verschiedenen Stufen des Produktionsprozesses hinweg. Im Rahmen traditioneller keynesianischer und neukeynesianischer Totalmodelle (→ Keynesianismus, → Neuer Keynesianismus) wird die makroökonomische Interdependenz, die zwischen gesamtwirtschaftlichen Märkten (insbesondere Güter-, Arbeits-, Geld- und Wertpapiermarkt) besteht, analysiert. Makroökonomische Totalmodelle existieren sowohl für geschlossene als auch offene Volkswirtschaften. Da sie in der Tradition der neoklassischen Gleichgewichtstheorie stehen und keynesianische Elemente wie Lohnstarrheiten berücksichtigen, spricht man auch von Totalmodellen der neoklassisch-keynesianischen Synthese oder verkürzt von Totalmodellen der → Neoklassischen Synthese und → Neuen Neoklassischen Synthese. – Vgl. auch → Totalanalyse offener Volkswirtschaften, → makroökonomische Totalmodelle geschlossener Volkswirtschaften.

Totalanalyse offener Volkswirtschaften – Übertragung keynesianischer Totalmodelle für geschlossene Volkswirtschaften, die den gesamtwirtschaftlichen Gütermarkt, den Geldmarkt, den Wertpapiermarkt und den Arbeitsmarkt im Zusammenhang betrachten, auf offene Volkswirtschaften durch Berücksichtigung internationaler Güter-, Dienstleistungs- und Kapitalströme sowie des Devisenmarktes als weiteren makroökonomischen Markt. Dabei kann zwischen kleinen (keine internationalen Rückwirkungen bei exogenen inländischen Störungen) und großen (Berücksichtigung internationaler Rückwirkungen) offenen Volkswirtschaften unterschieden werden (→ Totalmodelle offener Volkswirtschaften, → Totalmodelle großer offener Volkswirtschaften). Primäres Ziel der Totalanalyse offener Volkswirtschaften ist die Analyse der Wirkungen isolierter und kombinierter stabilisierungspolitischer Maßnahmen auf zentrale Makrovariablen des In- und Auslands (→ Stabilisierungspolitik in einer kleinen offenen Volkswirtschaft, → Stabilisierungspolitik in einer großen offenen

Volkswirtschaft, → Stabilisierungspolitik in einer Währungsunion, → Totalmodelle offener Volkswirtschaften). Neben traditionellen keynesianischen gibt es auch neukeynesianische Totalmodelle offener Volkswirtschaften, zu denen insbesondere das → Redux-Modell zählt.

Totaleinkommen – in der → institutionellen Theorie der Haushaltung eine monetäre Restriktion für die Nutzenmaximierung durch den → Haushalt, die als weitere Nebenbedingung die → Konsumzeit als zeitliche Restriktion berücksichtigt. Es handelt sich um jenes → Einkommen, das der Haushalt erwerben könnte, wenn er die ihm zur Verfügung stehende Gesamtzeit ausschließlich als Arbeitszeit verwenden würde.

totale Konkurrenz – weiter Konkurrenzbegriff (geprägt von Vershofen), der zum Ausdruck bringen soll, dass selbst Güter ganz verschiedener Bedarfsarten (über die Marktgrenzen hinweg) miteinander um die Ausgaben der Haushalte konkurrieren (Kaufkraftkonkurrenz), so der Absatz von Kühlschränken, Fernsehgeräten und ähnlichen Konsumgütern des gehobenen Bedarfs mit dem Absatz von z.B. Kraftfahrzeugen und Motorrädern. Das Vorliegen totaler Konkurrenz bedingt (wie bei der → Surrogatkonkurrenz), dass die Möglichkeiten der Verbrauchs- und Ausgabenverlagerung in die Absatzerwartungen einbezogen werden müssen. – Die totale Konkurrenz ist insoweit marktübergreifend und nicht mit dem klassischen Konkurrenzmarktbegriff der vollkommenen Konkurrenz zu verwechseln.

Totalmodelle geschlossener Volkswirtschaften → makroökonomische Totalmodelle geschlossener Volkswirtschaften.

Totalmodelle großer offener Volkswirtschaften – Makroökonomische Totalmodelle großer offener Volkswirtschaften sind typischerweise traditionelle keynesianische Zwei-Länder-Modelle, in denen jedes Land durch ein eigenes Gleichungssystem dargestellt wird. Die Nachfrageseite jedes Landes

wird dabei durch das IS-LM-Z-System (s. → IS-LM-Z-Modell) beschrieben (→ Totalmodelle offener Volkswirtschaften, Nachfrageseite), während die Angebotsseite aus den Gleichungen des Arbeitsmarktes und einer makroökonomischen Produktionsfunktion besteht (→ Totalmodelle offener Volkswirtschaften, Angebotsseite). Dabei kann zwischen dem Keynesschen Unterbeschäftigungs- und dem neoklassischen Vollbeschäftigungsfall unterschieden werden. Solche keynesianischen Zwei-Länder-Modelle weisen entweder eine symmetrische Angebotsstruktur auf (d.h. in beiden Ländern gilt z.B. der Keynessche Unterbeschäftigungsfall) oder sind durch eine asymmetrische Angebotsstruktur gekennzeichnet (d.h. in einem Land gilt der Keynessche Unterbeschäftigungsfall, im anderen der neoklassische Vollbeschäftigungsfall). Auf der Basis solcher Totalmodelle können die Wirkungen, die von isolierten oder kombinierten stabilisierungspolitischen Maßnahmen auf das In- und Ausland ausgehen, analysiert werden (→ Stabilisierungspolitik in einer großen offenen Volkswirtschaft). – In der → Neuen Makroökonomik offener Volkswirtschaften (NOEM) stellt das → Redux-Modell ebenfalls ein makroökonomisches Totalmodell großer offener Volkswirtschaften dar. – Traditionelle Totalmodelle offener Volkswirtschaften werden der → Neoklassischen Synthese (neoklassisch-keynesianischen Synthese), neukeynesianische Totalmodelle offener Volkswirtschaften der → Neuen Neoklassischen Synthese zugerechnet.

Totalmodelle offener Volkswirtschaften – Makroökonomische Totalmodelle offener Volkswirtschaften sind typischerweise keynesianische Flexpreismodelle, die im Unterschied zu → makroökonomischen Totalmodellen geschlossener Volkswirtschaften auch die Wirtschaftsbeziehungen zwischen den inländischen Sektoren (Haushalte, Unternehmen, Staat) zum Sektor Ausland mit berücksichtigen. Im Wesentlichen handelt es sich hierbei um die Integration des internationalen Güter- und Kapitalverkehrs, der statistisch gesehen in der → Zahlungsbilanz erfasst wird. Solche Modelle bestehen auf der Nachfrageseite aus dem → IS-LM-Z-Modell (→ Mundell-Fleming-Modell, → Totalmodelle offener Volkswirtschaften, Nachfrageseite) und auf der Angebotsseite aus einer Güterangebotsfunktion, die sich aus den Gleichungen des gesamtwirtschaftlichen Arbeitsmarktes und einer neoklassischen Produktionsfunktion ergibt. Dabei wird zwischen dem Keynesschen Unterbeschäftigungsfall, der mit einem rigiden Geldlohnsatz verbunden ist, und dem neoklassischen Vollbeschäftigungsfall, der durch vollkommene Preis- und Lohnflexibilität gekennzeichnet ist, unterschieden (→ Totalmodelle offener Volkswirtschaften, Angebotsseite). In offenen Volkswirtschaften weist die gesamtwirtschaftliche Angebotsfunktion – im Gegensatz zum Fall einer geschlossenen Volkswirtschaft – auch im neoklassischen Vollbeschäftigungsfall einen preiselastischen Verlauf auf. Dies liegt daran, dass in offenen Volkswirtschaften der für das Arbeitsangebot maßgebliche Reallohn (der sog. Konsumenten-Reallohnsatz) vom relevanten Reallohn für die Arbeitsnachfrage (Produzenten-Reallohnsatz) abweicht, sodass das Gleichgewicht am Arbeitsmarkt und der Vollbeschäftigungsoutput in positiver Weise vom internationalen Preisverhältnis (Terms of Trade) abhängig sind. Dies hat die Konsequenz, dass von fiskalpolitischen Maßnahmen bei Vorliegen flexibler Löhne und Preise reale Wirkungen ausgehen (→ Stabilisierungspolitik in einer kleinen offenen Volkswirtschaft, → Stabilisierungspolitik in einer großen offenen Volkswirtschaft) – Neben traditionellen keynesianischen Totalmodellen gibt es auch neukeynesianische Totalmodelle offener Volkswirtschaften (wie z.B. das → Redux-Modell), die sich durch eine vollständige Mikrofundierung ihrer Gleichungen auszeichnen. Da beide Modellklassen in der Tradition der neoklassischen Gleichgewichtstheorie stehen, stellen sie eine Kombination aus keynesianischen und neoklassischen

Ansätzen dar. Man spricht daher auch von Modellen der Neoklassischen bzw. Neuen Neoklassischen Synthese. – Vgl. auch → Totalmodelle großer offener Volkswirtschaften.

Totalmodelle offener Volkswirtschaften, Angebotsseite – 1. *Charakterisierung:* In traditionellen makroökonomischen Totalmodellen offener Volkswirtschaften wird die Angebotsseite durch die Gleichungen des Arbeitsmarktes und eine gesamtwirtschaftliche Produktionsfunktion beschrieben. Sie lässt sich auf eine gesamtwirtschaftliche Güterangebotsfunktion reduzieren. Dabei ist zwischen dem neoklassischen Vollbeschäftigungsfall, der mit Lohn- und Preisflexibilität einhergeht, und dem Keynesschen Unterbeschäftigungsfall, der mit rigiden Geldlohnsätzen verbunden ist, zu unterscheiden. – 2. *Arbeitsmarkt:* Die Arbeitsnachfrage hängt – ebenso wie in einer geschlossenen Volkswirtschaft – gemäß der neoklassischen → Grenzproduktivitätstheorie in negativer Weise vom Produzentenreallohnsatz W/P ab: $N^d = N^d (W / P)$, mit d $N^d/d(W/P) < 0$, wobei: W = Geldlohn- oder Nominallohnsatz, P = inländisches Preisniveau. Für das Arbeitsangebot N^s ist der relevante Reallohnsatz der

Totalmodelle offener Volkswirtschaften, Angebotsseite (1)

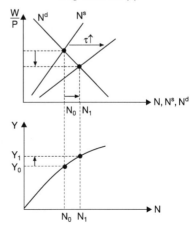

Konsumentenreallohnsatz W/P_I. Dieser ergibt sich durch Deflationierung des Geldlohnsatzes W mit einem Preisindex P_I, welcher eine Kombination aus dem inländischen Preisniveau P und dem ausländischen Preisniveau P^* in Inlandswährung (d.h. multipliziert mit dem Wechselkurs in Preisnotierung e) ist: $N^s = N^s (W / P_I)$ mit $dN^s/d (W/P_I) > 0$, wobei: $P_I = \gamma \cdot P + (1 - \gamma)P^* \cdot e$, $0 < \gamma < 1$. In einer offenen Volkswirtschaft messen die Arbeitsanbieter die Kaufkraft ihrer Geldlöhne daran, wie viele in- und ausländische Güterbündel sie mit dem herrschenden Lohnsatz erwerben können. Demzufolge ist der Nominallohnsatz mit dem Konsumentenpreisindex P_I, welcher neben dem Preis des Inlandsgutes auch den Preis des importierten Gutes beinhaltet, zu deflationieren. Die Konstante γ bzw. $1 - \gamma$ ist dabei ein Maß für die Geschlossenheit bzw. Offenheit der betrachteten Volkswirtschaft; sie gibt denjenigen Anteil an den gesamten Konsumgüterkäufen der inländischen privaten Haushalte an, der auf den Kauf des Inlandsgutes (bzw. Auslandsgutes) entfällt. Gleichzeitig ist γ ein Präferenzmaß für heimische Güter. Konsumenten- und Produzentenreallohnsatz fallen auseinander, sofern keine $\rightarrow$ Kaufkraftparität gegeben ist, d.h. das international handelbare Inlands- und Auslandsgut unvollkommene Substitute darstellen ($\rightarrow$ Totalmodelle offener Volkswirtschaften, Nachfrageseite). Dies zeigt die folgende Umrechnung des Reallohnsatzes W/P_I, in welcher dieser mithilfe des Produzentenreallohns und der $\rightarrow$ Terms of Trade τ ausgedrückt wird:

$$\frac{W}{P_I} = \frac{W}{P} \cdot \frac{1}{\gamma + (1 - \gamma)/\tau}.$$

Unterscheidet sich das Inlandspreisniveau P vom ausländischen Preisniveau P^* e in Inlandswährung, sind die Terms of Trade τ ungleich eins, sodass der Konsumenten- vom Produzentenreallohn abweicht. Da eine Steigerung von τ isoliert gesehen den relevanten Reallohnsatz der Haushalte W/P_I und damit die Kaufkraft ihres Geldlohnsatzes erhöht, nimmt das Arbeitsangebot bei einer realen Aufwertung der Inlandswährung zu; im Arbeitsmarktdiagramm (Abbildung „Totalmodelle offener Volkswirtschaften, Angebotsseite (1)") kommt es dann zu einer Steigerung der gleichgewichtigen Beschäftigungsmenge N. Die gleichzeitige Erhöhung der Arbeitsnachfrage ist dabei auf einen Rückgang des Produzentenreallohns zurückzuführen. – 3. *Gesamtwirtschaftliche Produktionsfunktion, Güterangebotsfunktion:* Herrscht auf dem Arbeitsmarkt aufgrund einer vollkommen flexiblen Lohnanpassung ein dauerhafter Zustand der Vollbeschäftigung, erhöht sich mit der Steigerung von τ gleichzeitig das Beschäftigungsvolumen, sodass es bei Zugrundelegung einer

Totalmodelle offener Volkswirtschaften, Angebotsseite (2)

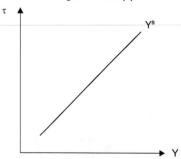

Totalmodelle offener Volkswirtschaften, Angebotsseite (3)

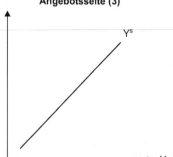

neoklassischen Produktionsfunktion der Art $Y = Y(N, \overline{S} \ \overline{K})$ mit $\partial Y / \partial N > 0$, $\partial^2 Y / \partial N^2 < 0$ und gegebenem Sachkapitalbestand $(SK = \overline{S} \ \overline{K})$ auch zu einer Ausweitung des Güterangebots kommt. Bei Vorliegen vollkommen flexibler Löhne und Preise ergibt sich also eine gesamtwirtschaftliche Güterangebotsfunktion Y^s, die positiv von den Terms of Trade τ abhängig ist und im Unterschied zum Fall der geschlossenen Volkswirtschaft preiselastisch verläuft (vgl. Abbildung „Totalmodelle offener Volkswirtschaften, Angebotsseite (2)"): $Y^s = Y(\tau)$ mit $dY/d\tau > 0$. – Wird der Keynessche Unterbeschäftigungsfall betrachtet, der mit einem starren Geldlohnsatz verbunden ist $(W = \overline{W})$, bestimmt die Arbeitsnachfrage als kurze Marktseite die effektive Beschäftigung; man erhält dann – ebenso wie im Fall der geschlossenen Volkswirtschaft – eine in positiver Weise vom inländischen Preisniveau P abhängige Güterangebotsfunktion (vgl. Abbildung „Totalmodelle offener Volkswirtschaften, Angebotsseite (3)"): $Y^s = Y(N^d (\overline{W}/P), \overline{S} \ \overline{K}) = Y (P)$ mit $dY/dP > 0$.

Totalmodelle offener Volkswirtschaften, Nachfrageseite – 1. *Charakterisierung:* In traditionellen makroökonomischen Totalmodellen offener Volkswirtschaften wird die Nachfrageseite durch drei Gleichgewichtskurven beschrieben: Die → IS-Kurve als Gleichgewichtskurve des gesamtwirtschaftlichen Gütermarktes, die → LM-Kurve als Gleichgewichtskurve des Geldmarktes und die → Z-Kurve als Gleichgewichtskurve des gesamtwirtschaftlichen Devisenmarktes. Dabei wird das Ausland oder der Rest der Welt wie eine einheitliche große offene Volkswirtschaft aufgefasst, in der ein homogenes, universell verwendbares Gut bzw. Güterbündel produziert wird, welches auch vom Inland nachgefragt wird und mit dem im Inland produzierten Endprodukt konkurriert. Ebenso wird das im Inland hergestellte Gut nicht nur dort abgesetzt, sondern auch ins Ausland exportiert. Bez. der Nachfrage wird unterstellt, dass es sich beim Inlands- und Auslandsgut

um unvollkommene Substitute handelt, sodass sie sich in ihren Preisen unterscheiden können. Hinsichtlich des Verhaltens der Wirtschaftssubjekte bei der Aufstellung ihrer Wirtschaftspläne wird von → Realplanung (bzw. Freiheit von Geldillusion) ausgegangen. – 2. *Gleichgewichtskurven:* a) *Gütermarkt:* In einer offenen Volkswirtschaft ist in der Gleichgewichtsbedingung des Gütermarktes, die sich durch die IS-Gleichung beschreiben lässt, neben der einkommensabhängigen Konsumnachfrage C(Y), der zinsabhängigen Investitionsnachfrage I(i), den Staatsausgaben für Güter und Dienstleistungen G auch der → Außenbeitrag A zum Inlandsprodukt zu berücksichtigen. Der Außenbeitrag oder Handelsbilanzsaldo ist als Differenz zwischen Güterexport und -import positiv vom Auslandseinkommen Y* und negativ vom Inlandseinkommen Y abhängig, da eine Zunahme von Y* bzw. Y den Export bzw. Import erhöht. Außerdem hängt der Außenbeitrag von den → Terms of Trade $\boldsymbol{\tau}$, d.h. vom Verhältnis zwischen inländischem (P) und ausländischem (P*) Preisniveau ab, wobei Letzteres durch Multiplikation mit dem → Wechselkurs in Preisnotierung e in Einheiten der Inlandswährung ausgedrückt wird. Da durch eine Steigerung von $\boldsymbol{\tau} = P/(P^* \cdot e)$ das Inlandsgut relativ zum Auslandsgut teurer wird, führt dies zu einem Rückgang des mengenmäßigen Güterexports X und einer Steigerung des mengenmäßigen Imports Im; im Normalfall ist hiermit eine Verschlechterung des inländischen realen Außenbeitrages verbunden. A = X (Y*, $\boldsymbol{\tau}$) – 1/$\boldsymbol{\tau}$ · Im(Y,$\boldsymbol{\tau}$) = A(Y*, Y, $\boldsymbol{\tau}$) (sog. Normalreaktion des Außenbeitrages auf Terms-of-Trade-Änderungen). Insgesamt wird das Güternachfragegleichgewicht in einer offenen Volkswirtschaft durch die IS-Gleichung

$$Y = C(Y) + I(i) + G + A(Y^*, Y, \boldsymbol{\tau})$$

beschrieben. Genau genommen ist in der Konsumfunktion C das Volkseinkommen Y durch das verfügbare Einkommen $Y^v = Y$ -T zu ersetzen, da Steuerzahlungen (T) an den

Staat zu leisten sind; dieser Aspekt bleibt in makroökonomischen Totalmodellen offener Volkswirtschaften i.d.R. unberücksichtigt. Die IS-Kurve stellt nur dann eine Gleichgewichtskurve des Gütermarktes dar, wenn in Höhe der Güternachfrage ein Güterangebot seitens der Produzenten bereitgestellt wird und eine vollkommen elastische Mengenanpassung der Unternehmen an erwartete Nachfrageänderungen unterstellt wird. – b) *Geldmarkt:* Die Gleichgewichtsbedingung des Geldmarktes, die durch die LM-Gleichung beschrieben wird, lässt sich ebenso wie in einer geschlossenen Volkswirtschaft darstellen: $M / P = L(Y, i)$, wobei: $\partial L/\partial Y > 0$ und $\partial L/\partial i < 0$. Hierbei wird unterstellt, dass die heimische Währung ausschließlich von Inländern nachgefragt wird und dass die Geldhaltung (L) gemäß der Keynesschen Liquiditätspräferenztheorie erfolgt. Die Geldmenge M kann im System flexibler Wechselkurse als exogene Größe angesehen werden, die unter Kontrolle der Zentralbank steht; bei Vorliegen eines Systems fester Wechselkurse ist sie aufgrund von Devisenmarktinterventionen (zur Aufrechterhaltung des festen Austauschverhältnisses zwischen in- und ausländischer Währung) und daraus resultierenden Änderungen ihres Bestandes an Währungsreserven endogen. – c) *Devisenmarkt:* Weiterhin ist die → Z-Kurve als

Gleichgewichtskurve des Devisenmarktes zu berücksichtigen. Dabei steht der Buchstabe Z für den Zahlungsbilanzsaldo im Sinn des Devisenbilanzsaldos. Diese Bezeichnungsweise kommt daher, dass internationale Güter- und Kapitaltransaktionen statistisch in der → Zahlungsbilanz eines Landes erfasst werden. Auf dem makroökonomischen Devisenmarkt treten neben Exporteuren und Importeuren v.a. in- und ausländische Kapitalanleger in Erscheinung. In der traditionellen stromgrößenorientierten Betrachtung des Devisenmarktes ist Devisenmarktgleichgewicht dann gegeben, wenn das aus dem nominalen Güterexport und internationalen Kapitalzuflüssen resultierende Devisenangebot genau der aus dem nominalen Güterimport und Kapitalabflüssen resultierenden Devisennachfrage entspricht. Hierbei wird von möglichen Devisenmarktinterventionen seitens der Zentralbank abgesehen. Da jeder positive oder negative Angebotsüberschuss auf dem Devisenmarkt gemäß der Zahlungsbilanzgliederung mit dem nominalen Überschuss der Devisenbilanz, d.h. dem Devisenbilanzsaldo, übereinstimmt, nimmt bei einem Gleichgewicht auf dem Devisenmarkt der Devisenbilanzsaldo Z als Summe von nominalem Außenbeitrag P · A (Leistungsbilanzsaldo) und Nettokapitalimport K (Kapitalbilanzsaldo) den Wert Null an.

Totalmodelle offener Volkswirtschaften, Nachfrageseite (1)

Totalmodelle offener Volkswirtschaften, Nachfrageseite (2)

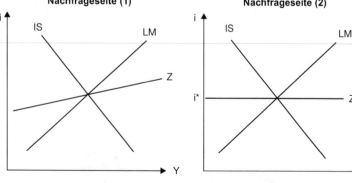

Unterstellt man, dass die internationalen Kapitalströme vom in- und ausländischen Zinssatz i bzw. i* abhängen, lautet die Gleichgewichtsbedingung des Devisenmarktes: $Z = P \cdot A(Y^*, Y, \mathcal{T}) + K(i, i^*) = 0$. Hierbei wird angenommen, dass eine Zunahme des inländischen (ausländischen) Zinssatzes den Nettokapitalimport erhöht (verringert). Das IS-LM-Z-System ($\to$ Mundell-Fleming-Modell; Abbildung „Totalmodelle offener Volkswirtschaften, Nachfrageseite (1)") überträgt das von Hicks entwickelte $\to$ IS-LM-Modell für geschlossene auf offene Volkswirtschaften: Die gegenüber dem traditionellen IS-LM-Modell neu hinzugetretene Z-Kurve gibt alle Kombinationen von inländischem Zinssatz und Inlandseinkommen an, die mit einem Gleichgewicht auf dem Devisenmarkt vereinbar sind. Sie verläuft im i-Y-Diagramm – ebenso wie die $\to$ LM-Kurve – mit positiver Steigung, da eine Steigerung des Inlandseinkommens die Güterimporte und damit die Devisennachfrage erhöht; zur Wiederherstellung eines Devisenmarktgleichgewichts ist dann eine entsprechende Zunahme des Devisenangebots erforderlich, was über eine inländische Zinssteigerung und eine daraus resultierende Erhöhung der Nettokapitalimporte erreicht werden kann. Die Z-Kurve verläuft umso flacher, je zinsreagibler die internationalen Kapitalströme sind. Im Grenzfall vollkommen zinselastischer

Totalmodelle offener Volkswirtschaften, Nachfrageseite (3)

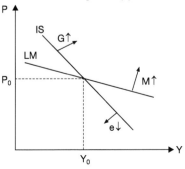

Nettokapitalimporte ($\partial K/\partial i = +\infty$) weist sie einen horizontalen Verlauf auf (Abbildung „Totalmodelle offener Volkswirtschaften, Nachfrageseite (2)"). Einem solchen Kurvenverlauf liegt ein vollkommener internationaler Kapitalmarkt zugrunde, auf dem in- und ausländische Vermögenstitel aus Sicht der (risikoneutralen) Anleger perfekte Substitute sind und bei uneingeschränkter Kapitalmobilität (d.h. einer sehr hohen Anpassungsgeschwindigkeit auf diesem Markt) stets die gleichen Ertragsraten aufweisen. Sieht man von Wechselkursänderungserwartungen als weitere Renditekomponente für ausländische Vermögensanlagen ab, kann es keine Zinsdifferenz zwischen dem in- und ausländischen Zinssatz geben; die Gleichgewichtsbedingung des Devisenmarktes geht dann in die Bedingung für die ungedeckte $\to$ Zinsparität $i = i^*$ über. Perfekte Substituierbarkeit in- und ausländischer Vermögenstitel in Kombination mit uneingeschränkter Kapitalmobilität wird auch als vollkommene Kapitalmobilität bezeichnet. In keynesianischen Totalmodellen wird dieser Fall typischerweise zugrunde gelegt. Dies hat den Vorteil, dass sich die Nachfrageseite grafisch in einem P-Y-Diagramm darstellen lässt (vgl. Abbildung „Totalmodelle offener Volkswirtschaften, Nachfrageseite (3)"). Werden Wechselkurserwartungen der Form $(e^{erw.} - e)/e$ (mit $e^{erw.} =$ zukünftig erwarteter Wechselkurs) als weitere Renditekomponente ausländischer Bonds in der Bedingung für die Zinsparität mitberücksichtigt, weicht der Inlandszins auch bei Vorliegen von vollkommener Kapitalmobilität vom Auslandszins ab, da dann eine Aufwertung der Inlandswährung bei gegebener Wechselkurserwartung ein positives internationales Zinsdifferential induziert. In diesem Fall würde die Wechselkurssenkung auch eine Verschiebung der LM-Kurve nach oben zur Folge haben.

Trajektorie – Begriff aus der Theorie der $\to$ Differenzialgleichungen. Eine Trajektorie gibt die zeitliche Entwicklung (Entwicklungspfad) der Variablen eines

→ Differenzialgleichungssystems in einem → Phasendiagramm an. – *Anwendung:* Trajektorien werden v.a. in der → Konjunkturtheorie und in der → Wachstumstheorie verwendet.

Transaction Exposure → Exposure.

Transaktionskostentheorie der Unternehmung – Coase begründet die Existenz und → Grenzen der Unternehmung mit dem Vorhandensein von Marktaustauschkosten bzw. Kosten der Benutzung des Preismechanismus sowie der Unsicherheit. Diese Kosten können mit dem Koordinationsmechanismus Hierarchie vermieden oder eingespart werden, wobei im Gegenzug Organisationskosten entstehen. – Der *Vorteil der Unternehmung* resultiert aus einer Verringerung der Zahl der Verträge, und zwar zu einem bestimmten Zeitpunkt und/oder über einen bestimmten Zeitraum. Im *Zeitpunkt-Fall* wird die Zahl der Verträge dadurch reduziert, dass der → Unternehmer die Verträge mit den Faktoren abschließt und die Faktoren durch Weisung koordiniert. Es entfallen damit die Verträge zwischen den Faktoren, die bei einer Marktkoordination erforderlich wären. Im *Zeitraum-Fall* lässt sich die Zahl der Verträge durch Wahl einer längeren Laufzeit verringern. Langfristige Verträge, wie z.B. Arbeitsverträge, erfordern aber eine höhere Voraussicht und sind nicht so flexibel an sich verändernde Umstände anpassbar, wenn ihr Inhalt hochgradig spezifiziert ist. Aufgrund der Unsicherheit legen langfristige Verträge nur den Bereich der durch Weisung gesteuerten oder konkretisierten Leistungen fest. – Die Unternehmung spart zwar Marktbenutzungskosten ein, verursacht aber uno actu *Organisationskosten,* die mit steigender Zahl von Transaktionen zunehmen. Die *abnehmenden Erträge des Management*s begründet Coase erstens mit Effizienzverlusten. Mit zunehmender Unternehmensgröße werden Fehlentscheidungen des Managements wahrscheinlicher auftreten. Zweitens könnten mit steigender Unternehmensgröße und zunehmender Faktornachfrage die Faktorpreise steigen. Die Größe der Unternehmung ist dann optimal, wenn die Organisationskosten der letzten Transaktion gleich den Marktbenutzungskosten oder den Organisationskosten einer anderen Unternehmung sind (Prinzip der marginalen Substitution). Diese zunächst auf die Einproduktunternehmung angewendete Formel überträgt Coase auch auf die → Mehrproduktunternehmung, um die Unternehmensgröße zu erklären. Die Arbeit von Coase bildet einen zentralen Bestandteil der → Governance-Structure-Theorie und der → Team-Theorie der Unternehmung. – *Kritik* gegen den Ansatz von Coase richtet sich bes. auf die Dichotomisierung von Markt und Unternehmung, die Vernachlässigung der Produktionsfunktion, die unzureichende Begründung der steigenden Organisationskosten sowie die Gleichgewichtsorientierung (gegebene Produktionsfunktionen bzw. gegebenes technisches Wissen).

Transfer → internationale Transfers, Lerntransfer.

Transferabkommen – zwischenstaatliche Vereinbarung über die Abwicklung des internationalen Zahlungsverkehrs, und zwar über den Umfang von Zahlungen an das Ausland außerhalb des Warenverkehrs. → Transferabkommen können getroffen werden: (1) zwischen zwei Ländern; (2) zwischen einer Mehrzahl von Ländern, die sich zu einer → Zahlungsunion zusammenschließen.

Transfereinkommen – *Übertragungseinkommen.* 1. *Begriff:* Einkommen, das ohne ökonomische Gegenleistung empfangen oder gezahlt wird. Transfereinkommen beziehen private Haushalte etwa durch soziale Leistungen (Renten und Pensionen, Kindergeld, Sozialhilfe etc.) oder Unternehmen durch → Subventionen. – 2. Die Zahlung von Transfereinkommen ist *Bestandteil der staatlichen Umverteilungspolitik* (Sekundärverteilung), durch die die Ergebnisse der primären Einkommensverteilung (Einkommen aus der

Teilnahme am Produktionsprozess) modifiziert werden sollen (Einkommensverteilung, Verteilungspolitik).

Transferklausel – in internationalen Schuldenabkommen die Vereinbarung, dass das Schuldnerland Zinsen- und Tilgungsdienst unterbrechen kann, wenn der Transfer der fälligen Beträge seine → Zahlungsbilanz ungewöhnlich belastet oder aus anderen Gründen nicht möglich ist.

Transfermechanismus – I. Begriff: Der Transfermechanismus beschreibt, wie und in welchem Umfang ein Kapitaltransfer (→ internationale Kapitalbewegungen) bei → festen Wechselkursen zu einem realen Transfer (Realtransfer) führt, d.h. entsprechende Waren- und Dienstleistungsbewegungen nach sich zieht. Gewährt z.B. das Inland einem anderen Land einen Kredit, lautet also die Frage, inwieweit es daraufhin zu einem entsprechenden Leistungstransfer aus dem Inland ins Ausland kommt. Diese Frage wird einerseits unter klassischen und andererseits unter keynesianischen Annahmen diskutiert.

II. Klassischer Transfermechanismus: Ihm liegen v.a. folgende wichtige *Prämissen* zugrunde: Vollbeschäftigung aller → Produktionsfaktoren, keine realen Multiplikatorwirkungen, Übereinstimmung von geplantem Sparen und geplanter Investition, Änderungen der Geldmenge durch geldpolitische Maßnahmen finden nicht statt. In diesem Fall bedingt die Bereitstellung von Mitteln für den monetären Transfer eine Einschränkung der Gesamtausgaben im Inland; da diese sowohl für Inlands- als auch – nach Maßgabe der → marginalen Importquote für Auslandsgüter getätigt werden, sinken die Importe des Inlands. Analog steigen die Gesamtausgaben im Ausland; da diese ebenfalls z.T. für Importgüter getätigt werden, steigen die Importe des Auslands, die Exporte des Inlands darstellen. Im Inland ist also eine Importminderung und eine Exportzunahme eingetreten, beides zusammen ergibt den

Realtransfer. Dessen Höhe hängt von den marginalen Importquoten des In- und Auslands ab; beträgt deren Summe 1, entsprechen Exportzuwachs und Importminderung im Inland genau dem Kapitalexport, d.h. der reale Transfer ist *vollkommen.* Ist die Summe kleiner oder größer als 1, entspricht der Realtransfer zunächst nicht dem Kapitalexport, es verschieben sich jedoch die Preisrelationen zwischen In- und Ausland, sodass es letztlich doch zu einem Ausgleich kommen kann: Ist die genannte Summe z.B. kleiner als 1, d.h. der Realtransfer kleiner als der Kapitalexport, werden im Inland Gesamtausgaben und Geldmenge kleiner sein (im kreditnehmenden Ausland größer) als im Ausgangszustand, d.h. im Inland ergibt sich eine Preisniveausenkung, im Ausland eine -zunahme. Dies wirkt im Inland exportfördernd und importhemmend, sodass sich der Leistungsbilanzsaldo des Inlands solange verbessern dürfte, bis der reale dem monetären Transfer entspricht. Ist die genannte Summe größer als 1, tritt analog die umgekehrte Wirkungskette ein.

III. Keynesianischer Transfermechanismus: Er unterscheidet sich im Wesentlichen durch die *Annahmen,* dass Multiplikatorprozesse im In- und Ausland wirksam sind sowie dass der Kapitalexport im Inland (z.T. oder sogar vollständig) aus Enthortung oder Geldschöpfung finanziert und im kreditnehmenden Ausland (z.T. sogar vollständig) zur Hortung verwendet werden kann. Je nach unterstellter Konstellation ergeben sich dementsprechend vom klassischen Transfermechanismus mehr oder weniger stark *abweichende Ergebnisse.* Dass sich Kapitalexport und Realtransfer genau entsprechen, ist hier nur unter sehr restriktiven Prämissen zu erwarten. *Kritisch* wird zum keynesianischen Transfermechanismus u.a. angeführt, dass in der Realität die Möglichkeit besteht, den Kreditbetrag im Inland auch durch Reduzierung der Importe aufzubringen sowie ihn im Ausland unmittelbar zur Erhöhung der dortigen Importe zu verwenden; in derartigen Fällen dürfte die

Wahrscheinlichkeit, dass der *Realtransfer dem Kapitalexport exakt entspricht,* steigen.

Transfermoratorium – einseitige Einstellung des → Transfers durch das Schuldnerland. Die Verpflichtungen gegenüber ausländischen Gläubigern werden durch Transfermoratorien nicht annulliert, sondern bestimmten Regelungen über den Zeitpunkt des Wiedereinsetzens der (voll oder zeitweise) zu entrichtenden Transferleistungen unterworfen.

Transfermultiplikator – genauer: *Transfermultiplikator in Bezug auf das Einkommen;* gibt an, um wie viel sich das Inlandsprodukt (Y) verändert, wenn die Transferleistungen (Tr) des Staatssektors an die Haushalte variiert werden. Zugrunde liegt das Multiplikatormodell (→ Einkommen-Ausgaben-Modell) mit der Nachfrage Y = C + G, wobei G die Staatsausgaben sind. Die Konsumfunktion ist: C = b Yv, wobei b die marginale Konsumquote und Yv das verfügbare Einkommen sind. Für das verfügbare Einkommen gilt: Yv = (1 – t) Y – T_0 + Tr, wobei t den proportionalen Einkommenssteuersatz, T_0 die autonome Kopfsteuer und Tr die Transferzahlungen des Staates darstellen. Differenziert man das Gleichgewichtseinkommen nach den Transferausgaben, dann erhält man den Multiplikator: – dY / dTr = b / (1-b (1-t)). – Der Transfermultiplikator ist bei exogen gegebenem Steueraufkommen (t=0) größengleich dem (negativen) Steuermultiplikator und deutlich kleiner als der Staatsausgabenmultiplikator für Güter und Dienstleistungen, da Transferzahlungen nicht unmittelbar in voller Höhe nachfragewirksam werden, sondern erst mittelbar über eine Erhöhung der privaten Konsumausgaben. – Vgl. auch → Multiplikator.

Transferproblem – behandelt die Frage, ob die Zahlung monetärer → internationaler Transfers (z.B. Reparationszahlungen nach einem Friedensvertrag) auch im selben Maße einen *realen* Transfer involvieren. – *Erläuterung:* Im Ausmaß einer Transferzahlung von Land A nach Land B verringern sich auf die eine oder andere Weise das Einkommen oder die Vermögenswerte (allgemeiner: die Kaufkraft) der Wirtschaftssubjekte in Land A zugunsten jener des Landes B. Dies ist dann in vollem Umfang mit einem realen Transfer verbunden, wenn sich die Handelsbilanz des zahlenden Landes (empfangenden Landes) genau im Ausmaß der Transferzahlung verbessert (verschlechtert). – *Determinanten:* Bei gegebenem Einkommen hängt die Auswirkung des Transfers auf die Handelsbilanz davon ab, wie sich die Veränderung der *Kaufkraft* in den beiden Ländern in der Absorption von Gütern niederschlägt. Wenn der Realtransfer geringer als die Transferzahlung ist, so bedeutet dies natürlich lediglich eine *Verschiebung der realen Last des Transfers in die Zukunft,* denn dem gebenden Land erwächst im Ausmaß der Differenz zwischen Transferzahlung und Realtransfer eine Verpflichtung gegenüber dem Ausland (→ Kapitalimport).

Transfers – *Übertragungen, Transferausgaben, Transferzahlungen;* tatsächliche und bestimmte unterstellte Zahlungen bzw. Einnahmen der Sektoren (→ Sektoren der Volkswirtschaft), die ohne spezielle Gegenleistung an andere Sektoren geleistet oder von diesen empfangen werden. Soweit Transfers Zahlungen der öffentlichen Hand an private Haushalte darstellen, erhöhen sie deren → verfügbares Einkommen. In der Volkswirtschaftlichen Gesamtrechnung wird zwischen laufenden Transfers und → Vermögenstransfers unterschieden (→ Zahlungsbilanz). – Vgl. auch → internationale Transfers.

Transferzahlungen → Transfers.

Transformationskurve – *Produktionsmöglichkeitskurve;* Ausdruck für die produktionstechnisch möglichen Güterkombinationen, die bei einem gegebenen Bestand von → Produktionsfaktoren hergestellt werden können. Ihr entspricht einzelwirtschaftlich die *Kapazitätslinie* (Fall a der Abbildung „Transformationskurve" zeigt diese für den Fall zweier, für

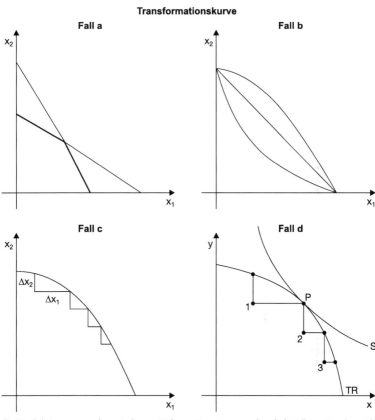

die Produktion notwendiger Anlagen, Mehrproduktunternehmung, Alternativproduktion). In der Volkswirtschaftslehre wird die
Transformationskurve auch als *Produktionsmöglichkeitskurve* bezeichnet und gibt an,
welche unterschiedlichen Ausstoßmengen
bei einem gegebenen Faktorbestand maximal möglich sind (Fall b). – *Verlauf:* Ob die
Transformationskurve linear oder konkav
verläuft, hängt von der Art der zugrunde liegenden → Produktionsfunktionen und deren
Zusammenwirken ab. Die Transformationskurve zeigt, dass man die Produktion x_1 nur
auf Kosten der Produktion x_2 steigern kann.

Das „Austauschverhältnis" $\Delta x_2/\Delta x_1$ bezeichnet man als *Grenzrate der Transformation
(Fall c),* die deshalb auch als Grundlage für
die → Opportunitätskosten verwendet werden kann. Sie ist je nach Verlauf der Transformationskurve konstant oder zunehmend,
was die unterschiedlichen Produktionsbedingungen für die betroffenen Güter widerspiegelt. – Eine Bewegung von einer Güterkombi-
nation der Punkte 1, 2 oder 3 unterhalb der
Transformationskurve zu einer auf der Transformationskurve wird im Rahmen der Wohlfahrtsökonomik als Wohlfahrtssteigerung bezeichnet. Das *Wohlfahrtsoptimum* wird in

dem Tangentialpunkt P der Transformationskurve mit der Scitovsky-Indifferenzkurve erreicht.

Transithandelsgeschäfte – 1. *Begriff* des → Außenwirtschaftsrechts: Geschäfte, bei denen außerhalb des → Wirtschaftsgebietes befindliche Waren oder in das Wirtschaftsgebiet abgefertigte Waren durch → Gebietsansässige von → Gebietsfremden erworben und an Gebietsfremde veräußert werden (Legaldefinition in § 4c Nr. 8 → Außenwirtschaftsverordnung (AWV)); ihnen stehen Rechtsgeschäfte gleich, bei denen diese Waren vor der Veräußerung an Gebietsfremde an andere Gebietsansässige veräußert werden. – 2. *Beschränkungen:* Die Veräußerung der in Teil I der → Ausfuhrliste genannten Waren im Rahmen eines Transithandelsgeschäft bedarf der Genehmigung, gemäß § 40 I AWV. – 3. Für *Zahlungen* im Zusammenhang mit Transithandelsgeschäften gelten i.Allg. die Vorschriften des internationalen Zahlungsverkehrs (§ 66 AWV).

Transithändler – *Transiteur;* Transithandel betreibende Person; Transithandelsgeschäfte sind legal definiert in § 4c Nr. 8 → Außenwirtschaftsverordnung (AWV). Zahlungen im Transithandel sind meldepflichtig nach § 66 AWV.

Transitivität (der Präferenzordnung) – Bedingung bei der Formulierung von Nutzensystemen (→ Nutzenfunktion) bzw. → Präferenzordnungen: Wenn einem Ereignis e_1 ein höherer Nutzen $U(e_1)$ als einem Ereignis $e_2(U(e_2))$ zugeordnet wird und $U(e_2) > U(e_3)$ ist, dann muss auch gelten: $U(e_1) > U(e_3)$. – Vgl. auch → Ordnungsaxiome.

transitorisches Einkommen → permanentes Einkommen.

Translation Exposure → Exposure.

Transmissionsmechanismus – Geldtheorie.

Trendextrapolation → Extrapolation.

Trickle-down-Effekte – *Durchsickereffekte;* über Kapitaltransfers ausgelöste

Wachstumsprozesse sickern auch auf die Lebensverhältnisse der Masse der armen Bevölkerung durch. Ihr Ausbleiben hat zur Entwicklung von Strategien zur Armutsbekämpfung beigetragen.

Triffinsche Marktsituationen – auf der Grundlage des → Triffinschen Substitutionskoeffizienten τ, welcher der Kreuzpreiselastizität der Nachfrage entspricht, entwickelte Grade der Konkurrenzgebundenheit eines → Marktes. R. Triffin unterscheidet drei Formen: Homogene Konkurrenz für $\tau = \infty$, Monopolsituation für $\tau = 0$ und heterogene Konkurrenz für $0 < \tau < \infty$. – Nicht berücksichtigt wird dabei, dass bei heterogener Konkurrenz der Substitutionskoeffizient in bestimmten Preisbereichen auch partiell den Wert Null annehmen kann, was aufgrund fehlender Konkurrenzpreisabhängigkeit zu entsprechenden *autonomen Preisbereichen* führt (partielle → Preisautonomie).

Triffinscher Substitutionskoeffizient – analytisches Hilfsmittel zur Einteilung von → Marktformen mithilfe der → Preistheorie nach einem Kriterium, das nicht auf der Anzahl der Marktteilnehmer (wie bei Stackelberg) beruht, sondern abgestellt ist auf den *Wirkungsgrad,* der von Preisänderungen eines Anbieters auf die Absatzmenge eines anderen Anbieters ausgeht. Bei der Errechnung dieses Wirkungsgrades verwendet R. Triffin die *relative* (nicht absolute) *Preis- und Mengenänderung.* Ändert z.B. das Unternehmen A den Verkaufspreis seines Produkte p_A absolut um den Betrag Δp_A und relativ um $\Delta p_A/p_A$, so wird das bisherige Absatzvolumen x_B eines Konkurrenten B dahingehend beeinflusst, dass sich die Absatzmenge absolut um Δx_B und relativ um $\Delta x_B/x_B$ ändert. Triffin hat nun die relative Mengenänderung bei B zu der sie verursachenden relativen Preisänderung von A in Beziehung gesetzt und damit einen *Maßstab für die Stärke der Konkurrenzbeziehung* zwischen A und B (als Beispiel aus der Vielzahl der Unternehmungen herausgegriffen) gefunden, der allgemein als der Triffinsche

Substitutionskoeffizient (= $\mathcal{T}$) bezeichnet wird.

$$\tau = \frac{\Delta x_B}{x_B} : \frac{\Delta p_A}{p_A} = \frac{p_A \cdot \Delta x_B}{x_B \cdot \Delta p_A}.$$

Mithilfe dieses Koeffizienten (auch als Kreuzpreiselastizität behannt) hat Triffin insgesamt *drei Formen der Konkurrenzgebundenheit*

($\rightarrow$ Triffinsche Marktsituationen) entwickelt. Der Triffinsche Substitutionskoeffizient selbst zeigt dabei an, „ob ein konkreter Einzelfall mehr zu der einen oder der anderen Form der Konkurrenzgebundenheit tendiert" (Gutenberg).

Turnpike-Modelle $\rightarrow$ lineare Wachstumsmodelle.

U

Überinvestitionstheorien – 1. *Begriff:* Auf hoch industrialisierte Wirtschaften bezogene Erklärungen des → Konjunkturzyklus. Kapitalgüterindustrien (ähnlich die Industrien dauerhafter Konsumgüter, wie Automobile und Häuser) werden kräftiger von den Konjunkturschwankungen betroffen als die Industrien kurzlebiger Konsumgüter (→ Konjunkturtheorie). Das *vertikale Ungleichgewicht der Produktionsstruktur* entsteht während des Aufschwungs: Kapitalgüterproduktion wird hier weiter ausgedehnt, als dem späteren Dauerbedarf entspricht. Der Aufschwung bricht nicht infolge Geldknappheit, sondern wegen Überentwicklung der Kapitalgüterindustrien zusammen. Monetäre Maßnahmen können den Abschwung nur hinauszögern. – 2. *Erklärung:* Eine Überinvestition lässt sich durch das → Akzelerationsprinzip erklären. Hier können geringe Änderungen in der Konsumgüterproduktion über den → Akzelerator zu großen Änderungen in der Investitionsgüterproduktion führen.

Überproduktionstheorie – marxistische → Konjunkturtheorie; ausgehend von der fortlaufenden Technisierung der kapitalistischen Wirtschaft, sodass fortlaufend menschliche Arbeitskraft freigesetzt wird. Die wachsende Produktion könne angesichts der schrumpfenden Zahl ausbeuterisch entlohnter Arbeitskräfte nicht abgesetzt werden. – *Kritik:* Arbeitskräfte werden nicht dauerhaft freigesetzt, sondern im Zuge des → strukturellen Wandels umgesetzt. Der mit der irreführenden Bezeichnung *Überproduktion* gemeinte Sachverhalt ist *Unterkonsumtion* (→ Unterkonsumtionstheorien).

Überschießen des nominellen Wechselkurses – Der → Wechselkurs reagiert kurzfristig auf einen *exogenen Schock* (z.B. Geldpolitik) stärker als langfristig. Dies kommt typischerweise dann zustande, wenn die Wirtschaft auf einzelnen Märkten durch *Trägheiten* gekennzeichnet ist, und wenn ein hohes Ausmaß an → internationaler Kapitalmobilität vorliegt. Typisches Beispiel ist eine kurzfristige *Preisstarrheit* auf den Gütermärkten, bei perfekt flexiblen Zinssätzen und Wechselkursen (→ Dornbusch-Modell). Überschießen des nominellen Wechselkurses kann aber auch auftreten, wenn die Produktion bei konstanten Güterpreisen nur träge auf Nachfrageveränderungen reagiert. Überschießende Wechselkurse sind allerdings auch bei solchen Asymmetrien in den Anpassungsgeschwindigkeiten nicht für jede exogene Veränderung zwingend. Sie sind typisch für *monetäre Veränderungen*, weit weniger charakteristisch für realwirtschaftliche Schocks (Technologie-, Nachfrage-Änderung). Überschießen des nominellen Wechselkurses ist auch ohne Preis- oder Mengenträgheiten möglich, und zwar im Zuge von *Bestandsanpassungsprozessen.* – Vgl. auch → Wechselkurstheorie, → Zahlungsbilanzausgleich, → Overshooting.

Überschussnachfrage → allgemeines Gleichgewicht.

Übertragung → internationale Transfers.

Übertragungen → Transfers.

Übertragungsbilanz – I. Internationale Wirtschaftsbeziehungen: → Zahlungsbilanz, → Bilanz der laufenden Übertragungen, → Vermögensübertragungen.

II. Handels-/Steuerrecht: Sonderbilanz, die bei der Umwandlung zweier oder mehrerer Rechtsträger aufzustellen ist.

übrige Welt – Der Sektor „übrige Welt" im Kontensystem der Volkswirtschaftlichen Gesamtrechnung (VGR) erfasst die Gesamtheit der Wirtschaftseinheiten mit (ständigem) Sitz (Wohnsitz) außerhalb des Wirtschaftsgebietes. Stellt das Wirtschaftsgebiet die gesamte Volkswirtschaft (z.B. Bundesrepublik Deutschland) dar, entspricht der Begriff dem des Auslands. Für eine Region ist die übrige Welt die wirtschaftliche Betätigung außerhalb des Wirtschaftsgebiets.

Umlaufgeschwindigkeit des Geldes – Geldumlaufgeschwindigkeit.

umschlagende Faktorintensitäten – Veränderung der Faktorkombination bzw. Rangfolge der Faktorintensitäten bei der Produktion eines Gutes. Umschlagende Faktorintensitäten liegen z.b. vor, wenn bei steigendem Preis des Faktors → Arbeit (relativ zum Faktor → Kapital) ein Gut A, das zunächst mit relativ mehr Arbeit als ein Gut B erzeugt wurde, nach Überschreitung eines bestimmten Preisverhältnisses mit relativ mehr Kapital als Gut B produziert wird. Umschlagende Faktorintensitäten können die Richtung des Handels beeinflussen. – Vgl. auch → Leontief-Paradoxon.

Umschuldung – Durch Umschuldung werden bei Zahlungsunfähigkeit des Schuldners eigentlich fällige Verbindlichkeiten umstrukturiert, indem zwischen Gläubiger und Schuldner z.B. längere Fälligkeiten, niedrigere Zinsen oder tilgungsfreie Zeiten vereinbart werden. Umschuldungen können auf privatwirtschaftlicher Ebene ebenso stattfinden wie zwischenstaatlich. Bei privaten Kreditnehmern wird die Umschuldung häufig genutzt, um mehrere Kreditverpflichtungen zusammenzufassen und so die gesamte Finanzierung neu zu ordnen. Abgesehen von der unmittelbaren finanzwirtschaftlichen Entlastung machen Umschuldungen nur Sinn, wenn eine Lageverbesserung für den Schuldner abzusehen ist. Andernfalls ist die Notwendigkeit einer weiteren Umschuldung absehbar. Bei Umschuldungen mit Staaten als Schuldnern (meist → Entwicklungsländer) verhandeln die staatlichen Gläubiger meist im Pariser Club, private Gläubiger (meist Banken) im Londoner Club. – Vgl. auch → Auslandsverschuldung, Schuldenerlass.

Umschwung – der höchste (niedrigste) Punkt eines → Konjunkturzyklus, der den Wechsel von Auf- und Abschwung kennzeichnet. – Vgl. auch → Konjunkturphasen.

Umweltdumping – Tatsache, dass Güter deshalb billig auf dem → Weltmarkt angeboten werden, weil im Produktionsland niedrigere *Umweltstandards* gelten als anderswo, was zu entsprechenden Kostenvorteilen (aber auch Umweltzerstörung) führt. – Vgl. auch → Dumping.

Unabhängigkeit der Zentralbank – 1. *Begriff:* Eine unabhängige Zentralbank betreibt ihre Geldpolitik unabhängig von Weisungen der Politik (Regierungen, Parlamente), wobei sie regelmäßig vorrangig auf das Ziel der Preisniveaustabilität verpflichtet ist. Dies wird häufig als notwendige institutionelle Voraussetzung für Geldwertstabilität betrachtet, da Politiker insbesondere aus drei Gründen in Versuchung geraten könnten, Inflation zuzulassen oder gezielt zu betreiben: – a) Eine Regierung kann eine abhängige Zentralbank zu einer erhöhten Geldemission veranlassen, um Staatsausgaben bzw. Staatsverschuldung zu finanzieren. Dies ist immer wieder zur Finanzierung von Kriegen oder Kriegslasten und –schulden (u.a. die Hyperinflation in der Weimarer Republik 1922-23) sowie zur vermeintlichen Überwindung von Krisen (bspw. in vielen Staaten Lateinamerikas in den 1970er-/80er-Jahren oder jüngst in verschiedenen Staaten im Rahmen der Finanzkrise) betrieben worden und hatte oftmals verheerende Inflationskrisen bis zur Vernichtung der jeweiligen Währung zur Folge. – b) Der Staat kann sich zulasten seiner Bürger gezielt entschulden, wenn die Staatsverschuldung vorrangig auf langläufigen und festverzinslichen Wertpapieren (Staatsanleihen, Schatzbriefe u.Ä.) beruht, welche durch die Inflation real entwertet werden. – c) Der temporär belebende Effekt einer Inflation („Strohfeuereffekt") kann genutzt werden, um bspw. in Wahlkampfzeiten einen vorübergehenden Wirtschaftsaufschwung herbeizuführen (vgl.

→ Philipps-Kurve). Dagegen wird kritisiert, dass regierungsunabhängige Zentralbanken keiner genügenden demokratischen Kontrolle unterliegen. Die ausschließliche Fixierung auf das Ziel der Preisniveaustabilität vernachlässigt u.U. andere wirtschaftspolitische Ziele und erschwert deren Verfolgung. – 2. *Dimensionen der Unabhängigkeit einer Zentralbank:* Neben der institutionellen Unabhängigkeit (Verbot einer politischen Einflussnahme) sind die personelle Unabhängigkeit der leitenden Zentralbankfunktionäre, die haushalterische Unabhängigkeit (Höhe, Gestaltung und Verwendung des Zentralbankbudgets), die instrumentelle Unabhängigkeit (Einsatz und Ausgestaltung geldpolitischer Instrumente) sowie die wechselkursbezogene Unabhängigkeit (Entscheidung über und Ausgestaltung von Wechselkurssystemen insbesondere eventuelle Festkursbindungen und Interventionspflichten) zu erwähnen. – 3. *Nationale Zentralbanken:* In verschiedenen Staaten sind derzeit die nationalen Zentralbanken in unterschiedlichem Ausmaß unabhängig. Während sowohl die Europäische Zentralbank als auch die nationalen Zentralbank der Mitgliedsstaaten der Europäischen Währungsunion (EWU) gemäß EU-Vertrag über eine vergleichsweise umfassende Unabhängigkeit verfügen (Europäisches System der Zentralbanken (ESZB), gilt dies bspw. für das US-amerikanische Notenbanksystem in deutlich geringerer Weise. Viele Zentralbanken in Schwellen- und Entwicklungsländern können überhaupt nicht als unabhängig betrachtet werden.

unausgewogenes Wachstum – *Unbalanced Growth*; Entwicklungsstrategie zur Förderung der wirtschaftlichen Entwicklung der Dritten Welt. Unternehmerische Sachzwänge sind vom Staat durch die Schaffung von Ungleichgewichtssituationen (z.B. heftige Preisausschläge) künstlich herbeizuführen. Durch den Abbau dieser Ungleichgewichte kann es zu Investitionssequenzen kommen, sodass schließlich alle Sektoren des Entwicklungslandes erreicht werden. Zur Wirksamkeit

dürfen jedoch keine inversen Angebotsreaktionen vorliegen, ebenfalls sind hohe Vorwärts- bzw. Rückwärtsverknüpfungen entscheidend (→ Verkettungseffekte). Perroux hat dieses Konzept zur *Theorie der Entwicklungspole* erweitert. Dualistische Wirtschaftsstrukturen sind gefährliche Folgewirkungen. – Vgl. auch → Entwicklungspolitik.

Unbalanced Growth → unausgewogenes Wachstum.

unentgeltliche Übertragung → einseitige Übertragung, → Bilanz der laufenden Übertragungen.

Ungleichgewichtsgleichgewicht → Neokeynesianische Theorie.

Ungleichgewichtstheorien – seit der Kritik von Keynes an der allgemeinen Gleichgewichtstheorie (→ allgemeines Gleichgewicht) in der Wirtschaftstheorie entstandene Ansätze zur Erklärung von Entstehen und Beharrungstendenz von Ungleichgewichten (insbesondere auf Arbeitsmärkten). Unterschieden werden mind. drei verschiedene Ausprägungen von Ungleichgewichtstheorien: (1) Keynesianische (→ Keynesianismus); (2) neokeynesianische (Mengenrationierungsansatz); (3) postkeynesianische (→ Keynesianismus). Daneben werden noch unorthodoxe Ansätze (→ Antigleichgewichtstheorie, → Chaos-Theorie) diskutiert. – Der traditionelle → Keynesianismus kann als Ungleichgewichtstheorie aufgefasst werden, weil er das Auftreten dauerhafter Zustände unfreiwilliger Arbeitslosigkeit bei gleichzeitiger Markträumung des Gütermarktes analysiert (→ Unterbeschäftigungsgleichgewicht). In der → neokeynesianischen Theorie führt unfreiwillige Arbeitslosigkeit zu einem negativen Spillover (Rückgang der Nachfrage) für den Gütermarkt, sodass auch dort Ungleichgewicht i.S. eines Angebotsüberschusses mit der Folge einer wechselseitigen Rationierung von Haushalten und Unternehmen auftreten kann. Passen sich die rationierten Marktteilnehmer den Rationierungsschranken an, entstehen auf beiden

Märkten Gleichgewichtszustände, die durch die Übereinstimmung der effektiven Pläne gekennzeichnet sind (während die eigentlich geplanten [unbeschränkten oder notionalen] Angebots- und Nachfragepläne weiterhin auseinanderfallen).

Unified Growth Theory – vom Ökonomen Oded Galor entwickelte Theorie. Ausgangspunkt ist die Kritik am Paradigma der endogenen Wachstumstheorie, langfristiges Wachstum relativ zu den → Kaldor-Fakten erklären zu wollen. Kritisiert wird hieran, dass der Beobachtungszeitraum dieser Wachstumsphase allenfalls den Zeitraum seit der industriellen Revolution abgreift. Davor hat es im langfristigen Trend kein Wirtschaftswachstum (in Pro-Kopf-Größen) gegeben und international auch nahezu keine Einkommensunterschiede. Unified Growth Theory will den Wachstumsprozess über alle Entwicklungsphasen der Menschheit in einem einzigen Modellrahmen erklären. Wird deutlich, welche Faktoren den Eintritt in eine Phase wirtschaftlichen Wachstums in den Industrieländern durch die industrielle Revolution begünstigt haben, so verspricht man sich hiervon mehr Klarheit über die Hindernisse, denen sich Entwicklungsländer gegenübersehen. Zentraler Baustein dieser Modelle ist das Zusammenwirken von demografischer Transition und wirtschaftlicher Entwicklung. Es gilt als stilisiertes Faktum, dass in jedem Land auf der Erde, der wirtschaftliche Entwicklungsprozess durch eine demografische Transition begleitet wird und wurde. Eine demografische Transition besteht aus einem Anstieg der Fertilitätsraten (begleitet durch sinkende Mortalitätsraten bei Kindern), gefolgt von sinkenden Fertilitätsraten und steigender Lebenserwartung in der letzten Phase. Der Anstieg der Fertilitätsraten wird durch einen Produktivitätsanstieg infolge der industriellen Revolution erklärt. Das Sinken der Fertilitätsraten durch steigende Humankapitalinvestitionen von Eltern in ihre Kinder, weil die Beschleunigung des technischen Fortschritts auch zu komplexeren Technologien und Arbeitsabläufen führt(e). In dieser Phase wird also sinkendes Bevölkerungswachstum mit steigenden Humankapitalinvestitionen verknüpft, welches wiederum den Weg für steigendes Pro-Kopf-Einkommen ebnete. Dieser Prozess ist demnach für die Divergenz der Pro-Kopf-Einkommen in der Welt verantwortlich. Internationale Einkommensunterschiede liegen in unterschiedlichen Zeitpunkten des Einsetzens wirtschaftlicher Entwicklung und demografischer Transition begründet.

unilaterale Liberalisierung – *Bedeutung*: → einseitige Handelsliberalisierung; vgl. → Handelsliberalisierung, → Liberalisierung, → Bilateralismus, → Multilaterale Liberalisierung.

unsichtbarer Handel – Teil des grenzüberschreitenden Leistungsverkehrs, der weder Warenhandel noch → einseitige Übertragungen umfasst, sondern → Dienstleistungen (z.B. Zahlungen für Schiffsfracht, Hafen- und Kanalabgaben in ausländischen Häfen, Zahlungen im Reiseverkehr). Unsichtbarer Handel wird in der → Dienstleistungsbilanz (→ Zahlungsbilanz) erfasst.

Unterbeschäftigungsgleichgewicht → Arbeitsmarkt, Arbeitsmarkttheorie, → Keynesianismus, → Wachstumstheorie.

unterentwickelte Länder → Entwicklungsländer.

Unterkonsumtionstheorien – 1. *Begriff*: Sammelbezeichnung für diejenigen Theorien, die die Entstehung des Abschwungs eines → Konjunkturzyklus mit einer unzureichenden Nachfrage nach Konsumgütern erklären (→ Konjunkturtheorie). Unterkonsumtion kann auch als *Übersparen* verstanden werden. Dadurch, dass ein zu großer Teil des laufenden → Einkommens gespart und ein zu kleiner Teil für Konsumgüter ausgegeben wird, entsteht Ungleichgewicht zwischen Produktion und Absatz. – 2. *Wichtigste Vertreter der Unterkonsumtionstheorien*: Malthus, Sismondi, Hobson, Foster, Lederer, Preiser, Hayek. – 3. *Inhalt der*

Unterkonsumtionstheorien: Die Unterkonsumtion wird in *zwei Versionen* erklärt: a) Der Abschwung entsteht nicht durch plötzliches Steigen der Sparquote, d.h. durch Sinken der Nachfrage nach Konsumgütern, sondern durch ein schnelles Steigen des Angebots an Konsumgütern, das durch den Investitionsprozess im Aufschwung ermöglicht wird. – b) Der Angebotsüberschuss wird durch den Lohn-Lag erklärt. Im Aufschwung steigen die Löhne langsamer als die Preise, sodass die Gewinne der Unternehmen zunehmen. Durch erhöhte Selbstfinanzierung und übersteigerte Gewinnerwartungen werden zusätzliche Investitionen durchgeführt mit der Folge eines Ungleichgewichts zwischen Angebot und Nachfrage. – 4. *Folgerungen:* Wenn Version a) Gültigkeit besitzt, kann der Abschwung durch geeignete Geldpolitik und Fiskalpolitik vermieden werden, indem das geplante Sparen und die geplante Investition in der Ausgangslage einander angepasst werden. Bei Geltung der Version b) kann der Abschwung mit Maßnahmen der Verteilungspolitik, d.h. rechtzeitige Anpassung der Löhne an das Preisniveau und der damit verbundenen Umverteilung der Gewinne, gemildert oder verhindert werden. – 5. *Kritik:* Es fehlt eine Erklärung des Aufschwungs; da nur eine Erklärung des Abschwungs gegeben wird, bieten die Unterkonsumtionstheorien keine vollständige Konjunkturerklärung. – Vgl. auch → Überproduktionstheorie.

Unternehmen – I. Abgrenzung: Häufig wird für *Unternehmen* synonym *Unternehmung oder* → Betrieb verwendet, sowohl umgangssprachlich als auch in Gesetzestexten sowie mitunter in der Fachliteratur. Die wesentlichen Unterschiede sind – 1. Die Rechtsträgerschaft: ein Betrieb ist immer einem Rechtsträger zugeordnet. Das können ein oder mehrere Unternehmen sein.Hingegenkann ein Unternehmen aus mehreren bzw. keinem → Betrieb (im technischen Sinn) bestehen (z.B. → Holdinggesellschaft). Das Unternehmen wird durch den Handelsnamen des Kaufmanns (→ Firma) und die

Rechtsform charakterisiert. – Entsprechend unterscheidet das Wirtschaftsrecht Unternehmen nach dem Träger des Eigentums: a) Private Unternehmung, b) gemischt-wirtschaftliche Unternehmung (Unternehmung, die der Staat oder eine öffentlich-rechtliche Körperschaft unter Beteiligung privaten Kapitals betreibt) und c) öffentliche Unternehmung. – Ferner lässt sich differenzieren nach der Rechtsform: a) → Einzelkaufmann, b) → Personengesellschaft, nämlich → offene Handelsgesellschaft (OHG), → Kommanditgesellschaft (KG), → Partnerschaftsgesellschaft (PartG), → Europäische Wirtschaftliche Interessenvereinigung (EWIV), c) → Kapitalgesellschaft, nämlich → Aktiengesellschaft (AG), → Kommanditgesellschaft auf Aktien (KGaA), → Gesellschaft mit beschränkter Haftung (GmbH), d) → Genossenschaft mit beschränkter Haftpflicht und mit unbeschränkter Haftpflicht, e) → Stiftung und f) → Versicherungsverein auf Gegenseitigkeit (VVaG). – 2. Das Unternehmen ist eine nicht örtlich gebundene Einheit:Standort und räumliche Ausdehnung des Unternehmens werden sich zwar in vielen Fällen mit denen des Betriebes decken (z.B. bei Ein-Betriebs-Unternehmen): das Unternehmen kann aber auch aus mehreren Betrieben bestehen, die sich an verschiedenen, voneinander entfernten Orten befinden. Der Betrieb ist in jedem Falle eine örtlich gebundene Einheit. – 3. Das Unternehmen wird finanzwirtschaftlich getrennt vom Betrieb behandelt: Die finanzielle Einheit wird durch eine kaufmännische Unternehmensrechnung hergestellt, die im Gegensatz zur Betriebsrechnung (Kosten- und Leistungsrechnung) eine Aufwands- und Ertragsrechnung ist. So kann das Unternehmen im Gegensatz zum Betrieb auch aus betriebsfremden Vermögensteilen (z.B. Beteiligungen, Wertpapieren), betriebsfremden Tätigkeiten (z.B. Spekulationen) und Marktveränderungen (z.B. Preissteigerungen infolge politischer Ereignisse) Wertzugänge haben. – 4. *Unternehmung* wird als modell-theoretische Begriff von *Unternehmen* unterschieden: Der Begriff *Unternehmung* entstammt in seiner derzeitigen Verwendung in der betriebswirtschaftlichen Literatur im Wesentlichen dem Sprachgebrauch der Gründungsphase der Disziplin, die diesen ihrerseits juristischen bzw. Gesetzestexten entnommen hat. In der gegenwärtigen betriebswirtschaftlichen Literatur wird er zunehmend weniger verwendet. Hingegen wird er in der Theorie der Unternehmung (Unternehmenstheorie) weiter als modell-theoretisches Konstrukt als Gattungsbegriff für einen spezifischen Organisationstyp verwendet. Damit gleicht der modell-theoretische Begriff → *Unternehmung* dem *Unternehmen* der Makro- und Mikroökonomie, die mitunter ebenfalls beide Begriffe synonym verwenden.

II. Der betriebswirtschaftliche Begriff: 1. *Unternehmen als Ort dispositiver Entscheidungsvorgänge im Stakeholder-Netzwerk*: Generell differenziert die Betriebswirtschaftslehre den Betrieb als Unterbegriff des Oberbegriffs Unternehmen. Nur noch vereinzelt wird in der BWL nicht zwischen Betrieb und Unternehmen unterschieden. Hingegen ist bereits in den Anfängen der deutschsprachigen Betriebswirtschaftslehre das Unternehmen vom Betrieb unterschieden worden. Danach ist der Betrieb die konkrete örtliche, technische und organisatorische Einheit als Durchführungsorgan zur Verwirklichung der Ziele des Unternehmens (Gutenberg). – Das Unternehmen ist so der Ort dispositiver Entscheidungsvorgänge zur Verwirklichung der finanziellen Ziele (Hax). Bei der Verfolgung ihrer finanziellen Ziele stehen Unternehmen in einem Netzwerk von Interaktionsbeziehungen (Stakeholder-Netzwerk): Die eigenen Entscheidungen sind von denen anderer abhängig. Auch wirken die Entscheidungen und das Handeln anderer auf die Entscheidungen und das Handeln des Unternehmens zurück. Insofern konstituiert sich ein Unternehmen nicht nur durch Eigentümerstruktur, Ziel- und Zwecksetzung, sondern auch durch die Interessen sonstiger interner und externer Stakeholder. – 2. *Differenz*

von Betrieb und Unternehmen: Der Unterschied von *Betrieb* und *Unternehmen* wird im Besonderen deutlich bei der Unterscheidung von Wirtschaftlichkeit und Rentabilität. Wirtschaftlichkeit drückt sich aus in dem geringstmöglichen Einsatz von Mitteln (Faktoreinsatzmenge), um eine bestimmte betriebliche Leistung zu erbringen: Effizienz wird definiert als Maximum betriebstechnischer und organisatorischer Rationalität. Entgegen dieser Input-Output-Relation des betrieblichen Prozesses ist Rentabilität das Verhältnis des Erfolgs zum eingesetzten Kapital des Unternehmens, also der Unternehmenserfolg als die Summe von betriebsfremdem und Betriebsertrag im Verhältnis zum eingesetzten Eigenkapital (Gutenberg). Es wird also in der Erfolgsmessung zwischen Betriebs- und Kapitalerfolg bereits mit der Begründung der Betriebswirtschaftslehre unterschieden und folgt letztlich auch der finanzwirtschaftlichen Behandlung des Unternehmens (s.o. I. Abgrenzung). – In der finanzwirtschaftlichen Betrachtung des Unternehmens werden der Erfolg des Unternehmens und der Erfolg des Leistungsbereichs (realwirtschaftliche Erfolgsmessung: die Veränderungen des Verhältnisses von Erträgen und Aufwendungen im Rahmen der Leistungserstellung und Leistungsverwertung (Leistungssaldo)) unterschieden. Der Gewinn ist das Maß des Betriebserfolgs. Hingegen wird der Erfolg des Unternehmens bestimmt durch kapitaltheoretische Erfolgsmessung. Hier bemisst sich die Leistungsfähigkeit anhand des Ertragswertes, also der Wertentwicklung des Eigenkapitals des Unternehmens. So wird auch in der Unternehmensbewertung die betriebliche Vergangenheitsbewertung um die Sicht der Kapitalgeber und der strategischen Weiterentwicklung des Unternehmens ergänzt, durch die Prognose des Zukunftserfolgswertes. Insofern charakterisiert die bis heute häufig verwendete Formel des *Unternehmens als gewinnmaximierende Einheit* nicht das Unternehmen, sondern den Betrieb. – Diese Unterscheidung zwischen Betriebs- und

Unternehmenserfolg spiegelt sich auch in der relativ neuen Theorie des Wertorientierten Managements. Danach ist das Unternehmen ein Ressourcenpool, das Ressourcen bündelt mit dem Ziel, einen Mehrwert zu schaffen (Töpfer), also Zahlungen von Kunden zu generieren, die über den Zahlungen des Unternehmens an seine Stakeholder (Lieferanten, Mitarbeiter etc.) sowie Abschreibungen, Ersatzinvestitionen, Steuerzahlungen etc. liegen. – Der Residualerfolg in Form des Operating Cash-Flow gibt dem Unternehmen die Möglichkeit einer Zahlung an die Eigenkapitalgeber als Verzinsung des eingesetzten Kapitals mindestens auf der Höhe von Anlagealternativen (Mindestverzinsungserwartung der Eigentümer bzw. Anteilshalter, die ansonsten andere Anlagen suchen könnten und ihr Kapital abziehen) oder in die Weiterentwicklung des Unternehmens zu investieren. Ferner ist es im Interesse des Unternehmens, diesen Residualerfolg für die Selbstfinanzierung einzusetzen, da dies die billigste und risikoloseste Form (Risikopuffer) der Finanzierung ist. – So ist aus finanzwirtschaftlicher Perspektive und der Theorie des Wertorientierten Managements das Ziel des Unternehmens nicht Gewinnmaximierung, sondern Wertsteigerung. Wird der Wert hingegen nur erhalten oder sogar verringert, ist von Wertvernichtung zu sprechen. Das Unternehmen lebt also zu Lasten des Kapitals der Anteilshalter bzw. Eigentümer und von der eigenen Substanz und ihm droht bei fortgesetzter Wertvernichtung Übernahme oder Insolvenz. Auch stellt sich die Frage, ob das Unternehmen nicht selbst attraktivere Anlage- und Betriebsformen findet anstelle der wertvernichtenden Betriebstätigkeit (Portfolio-Management). – Somit ist nicht Gewinnmaximierung, sondern Rückfluss des eingesetzten Kapitals der Unterschied zwischen Betriebsführung und Unternehmensführung. Damit entspräche die Unterscheidung auch der in der Managementlehre üblichen Bedeutung des Gewinns als Kennzahl für das Management: Gewinn ist nicht Ziel, sondern nur

Mittel der Unternehmensführung (Drucker, Malik). – 3. *Erweiterte betriebswirtschaftliche Definition*: Als Schlussfolgerung der bisherigen Betrachtung von Unternehmen und Betrieb lässt sich die Definition des Unternehmens wie folgt vornehmen: Das Unternehmen ist die Handlungseinheit der Eigentümer zum Verfolgen privatwirtschaftlicher Ziele. Insofern ist ein Unternehmen eine selbstständig planende und entscheidende, wirtschaftlich und rechnerisch selbstständige Einheit, die Markt- und Kapitalrisiken (auf eigene Rechnung und Gefahr) übernimmt und sich zur Verfolgung des Unternehmenszweckes und der Unternehmensziele einer oder mehrerer Betriebe bedient. – Diese Definiton erweitert die weit verbreitete Definition des Unternehmens als wirtschaftlich-rechtlich organisiertes Gebilde, in dem auf nachhaltig ertragbringende Leistung gezielt wird, je nach der Art der Unternehmung nach dem Prinzip der → Gewinnmaximierung oder dem Angemessenheitsprinzip der Gewinnerzielung. I.d.R. wird in dieser Definition Gewinnstreben nur als zumindest angemessene Verzinsung des → betriebsnotwendigen Kapitals definiert. – Vgl. auch Abbildung „Unternehmung" und → internationale Unternehmung, → Theorie der Unternehmung.

III. Der volkswirtschaftliche Begriff: Im Klassifikationsschema der Wirtschaftseinheiten der Volkswirtschaftslehre ist das Unternehmen die Untergruppe der „Betriebe" neben den „öffentlichen Betrieben und Verwaltungen". In diesem Sinne ist das Unternehmen eine spezifische Betriebsform, die sich durch die privatwirtschaftliche Erfolgsorientierung unterscheidet. – Die allgemeine Aufgabe des Unternehmens aus gesamtwirtschaftlicher Perspektive ist die Bereitstellung von Sachgütern und Dienstleistungen sowie die Bereitstellung von Arbeitsplätzen. Unternehmen kombinieren → Produktionsfaktoren (Input) und transformieren diese in Endprodukte (Output). Im volkswirtschaftlichen Güterkreislauf zahlen Unternehmen an private Haushalte für die Überlassung von Produktionsfaktoren Löhne, Gehälter, Zinsen etc. Diese Zahlungen fließen wiederum durch Nachfrage der privaten Haushalte zum Teil an diese zurück. Gleichzeitig übernehmen Unternehmen die optimale Allokation von Produktionsfaktoren (Hayek: Markt als Entdeckungsverfahren) durch die Reaktion auf Preissignale (Lieferung von Beiträgen gegen Anreiz) und die Erbringung von Nutzen für andere Wirtschaftseinheiten (Deckung von Fremdbedarf). – Auch verändern Unternehmen entsprechend der Marktsignale ihre individuellen Kapazitäten und optimieren durch Konkurrenz den Faktoreinsatz, sodass der Preis auch für die nachfragenden Wirtschaftseinheiten optimiert wird. Ferner übernehmen sie eine wichtige Funktion für die gesamtwirtschaftliche Entwicklung durch technische Innovation, die die Gesamtwohlfahrt durch Produktivitätsfortschritte und neuen Nutzen steigert. – Die mikroökonomische Theorie hat über die Erklärung der gesamtwirtschaftlichen Bedeutung von Unternehmen hinaus eine Unternehmenstheorieentwickelt. Deren Ziel ist es, die Interaktion von Unternehmen und Markt gesetzesmäßig zu erfassen und typische Ausprägungen von Unternehmensmerkmalen aus der Interaktion von Marktakteuren und deren interdependenten Entscheidungen zu erklären sowie Selbststeuerungsmechanismen und Anreizsysteme zu analysieren.

IV. Wirtschaftsrecht: Es gibt keinen für die gesamte Rechtsordnung einheitlichen Begriff des Unternehmens. Das Unternehmen (synonym auch: Unternehmung) wird aber rechtlich vom Betrieb unterschieden durch die Zwecksetzung: Der Betrieb verfolgt eine arbeitstechnische Zwecksetzung, das Unternehmen (Unternehmung) einen erfolgswirtschaftlichen Zweck. Das Unternehmen wird durch einen einheitlichen Rechtsträger (GmbH, AG etc.) konstituiert. So kann ein Unternehmen entsprechend auch mehrere Betriebe besitzen bzw. mehrere Unternehmen einen Betrieb gemeinschaftlich führen. – Folgende weitere Tatbestände

konstituieren das Unternehmen: – 1. Zu den *Vermögenswerten* einer Unternehmung (Unternehmens) gehören nicht nur die → beweglichen Sachen und → Grundstücke, sondern auch die Rechte, z.B. Firmenrechte, gewerbliche Schutzrechte, Forderungsrechte, etc., aber auch die immateriellen Rechte, z.B. Kundenstamm, der gute Ruf des Geschäftes (zusammenfassend als *Goodwill* bezeichnet; → Firmenwert). – 2. Die *Rechtsnatur* der Unternehmung ist streitig: Der Unternehmer hat, unabhängig von den ggf. vorhandenen Rechten an den einzelnen Gegenständen, ein bes. Recht an der Unternehmung. Dieses Recht kann nach allgemeiner Meinung mit dem → Abwehranspruch aus § 1004 BGB gegen fremde Eingriffe und durch das Wettbewerbsrecht geschützt werden. Die Unternehmung als solche wird nicht als „sonstiges Recht" im Sinn des § 823 I BGB angesehen, wohl aber wird in gewissen Grenzen ein Recht am „eingerichteten und ausgeübten → Gewerbebetrieb" anerkannt und gegen unmittelbare Eingriffe gemäß § 823 I BGB geschützt. – 3. Das Vorhandensein einer Unternehmung lässt erst die → *Firma* entstehen; mit Wegfall der Unternehmung erlischt die Firma. – 4. Die Unternehmung *erlischt,* wenn die dauernd auf Gewinn gerichtete Tätigkeit nicht fortgesetzt werden soll oder kann. Entscheidend ist die Fortdauer der „Beziehungen". Ein vorübergehendes Nicht-Fortsetzen-Wollen führt nicht zum Erlöschen, andererseits kann das Vorhandenbleiben der Einrichtung auf längere Zeit allein nicht genügen. Tod beendet die Unternehmung, wenn nicht in angemessener Zeit ein Rechtsnachfolger den Betrieb wieder aufnimmt. – 5. Die Unternehmung als Ganzes kann Gegenstand eines schuldrechtlichen Grundgeschäftes sein, z.B. Kauf, Tausch, Pacht etc., kann aber nur durch *Übertragung* der einzelnen Gegenstände veräußert werden. – Vgl. auch → Veräußerung.

V. Arbeitsrecht: Das Arbeitsrecht (z.B. BetrVG oder KSchG) kennt keinen eigenen Unternehmungsbegriff, sondern setzt ihn voraus. Er wird weitgehend durch die in den Gesetzen für die Unternehmung (Unternehmen) vorgesehenen Rechts- und Organisationsformen bestimmt, die durchweg zwingend sind. Die Unternehmung lässt sich durch die organisatorische Einheit des dahinter stehenden wirtschaftlichen oder ideellen Zwecks kennzeichnen. – *Anders:* → Betrieb. – Eine Unternehmung (Unternehmen) kann aus mehreren Betrieben bestehen, wenn der mit der Unternehmung verfolgte Zweck durch mehrere organisatorisch verselbstständigte Zweckeinheiten erstrebt wird. In diesem Fall hat der Begriff der Unternehmung neben dem des Betriebs eine eigenständige betriebsverfassungsrechtliche Bedeutung, da er Anknüpfungspunkt für die Bildung des → Gesamtbetriebsrats ist. Andererseits ist es möglich, dass arbeitsrechtlich mehrere Unternehmen einen (gemeinsamen) Betrieb bilden.

VI. Steuerrecht: Auch im Steuerrecht werden *Betrieb, Unternehmen* und *Unternehmung* teils synonym verwendet. Steuerrechtlich ist der betriebliche Leistungsprozess der Ansatzpunkt für die Besteuerung: Beschaffung betrieblicher Mittel, Erstellung betrieblicher Leistung, Ergebnis betrieblicher Leistung und Übertragung von Betriebsvermögen. Steuerschuldner ist hingegen das Unternehmen als Rechtsträger, zu dessen Zweck („Unternehmensgegenstand") der Betrieb Leistung erstellt. Mitunter wird im Steuerrecht der Betrieb als Unternehmen (Unternehmung) verstanden, wie es sich z.B. in Formeln wie „rechtlich selbstständiger Betrieb" oder „Betrieb gewerblicher Art" widerspiegelt.

VII. Weiterführende Literatur: 1. Zur Problematik der Differenzierung von Betrieb und Unternehmen besonders: Federmann, R. (1993): Betriebswirtschaftslehre, Unternehmenspolitik und Unternehmensbesteuerung. Berlin; Kolbeck, R. (1982): Unternehmen I: Unternehmen und Betrieb. In: Ablers, W. (Hg.): Handwörterbuch der Wirtschaftswissenschaft S. 65-71.

2. Allgemeine Einführungen: Wöhe, G./Döring, U. (2005): Einführung in die Allgemeine Betriebswirtschaftslehre. München.

Unternehmensgleichgewicht → Gleichgewicht.

Unternehmensgröße → Transaktionskostentheorie der Unternehmung, → Grenzen der Unternehmung, → Wachstumstheorie der Unternehmung von Penrose.

Unternehmenstheorie → Theorie der Unternehmung.

Unternehmens- und Vermögenseinkommen – Bildet zusammen mit dem Arbeitnehmerentgelt das → Volkseinkommen. Es besteht aus den Unternehmensgewinnen (inklusive eines kalkulatorischen Unternehmerlohns) und den per Saldo von privaten Haushalten empfangenen und vom Staat geleisteten → Vermögenseinkommen.

Unternehmensverfassung – Um ihre Aktivitäten auf die Unternehmensziele ausrichten zu können, benötigen die Unternehmen ein festgelegte innere Ordnung. In ihr kommt zum Ausdruck, wodurch das Handeln der Unternehmung bestimmt wird und welche Regelungen existieren, um die Aktivitäten auf die Ziele auszurichten.

I. Begriff: Unter Unternehmensverfassung kann die Gesamtheit der konstitutiven und langfristig angelegten Regelungen für Unternehmen verstanden werden. Der Begriff ist seit Ende der 1960er-Jahre bes. im Zusammenhang mit der Diskussion um die Mitbestimmung und um die Weiterentwicklung des geltenden Gesellschaftsrechts zu einem Unternehmensrecht aktuell geworden. Die Unternehmensverfassung ergibt sich aus *gesetzlichen Regelungen,* bes. dem Wettbewerbs-, Kapitalmarkt-, Verbraucherschutz-, Gesellschafts-, Arbeits- und Mitbestimmungsrecht, aus *kollektivvertraglichen Vereinbarungen* wie Firmentarifverträgen und Betriebsvereinbarungen sowie *privatautonomen Rechtssetzungen* wie dem Gesellschaftsvertrag, der Satzung, den Geschäftsordnungen oder Unternehmensverträgen. Konkretisierend können *höchstrichterliche Entscheidungen* hinzutreten. Unternehmensverfassung umfasst also die *interne* formale Machtverteilung zwischen den involvierten Interessengruppen und die sie ergänzenden *extern* ansetzenden Regelungen zum Schutz von verfassungsrelevanten Interessen. Scharf davon zu trennen ist die *faktische Einflussverteilung* in Unternehmensverfassungen (Modell und Wirklichkeit), wenngleich dieses bes. für die Entwicklung und Reform der Unternehmensverfassung von höchster Bedeutung ist.

II. Grundfragen: Bei Analyse, Vergleich oder Gestaltung von Unternehmensverfassungen stehen immer zwei grundlegende Fragen zur Diskussion: 1. Welche *Interessen* sollen die Zielsetzung und Politik der Unternehmung bestimmen bzw. bestimmen sie? Bei der Beantwortung dieser Frage geht es darum, welche Interessen aus dem Kreis der prinzipiell verfassungs*relevanten* Interessengruppen der Konsumenten, der Arbeitnehmer, der Kapitaleigner und dem öffentlichen Interesse die Unternehmensverfassung konstituieren bzw. konstituieren sollen (verfassungs*konstituierende* Interessen). Rein formal kann man dann zwischen interessenmonistischen, interessendualistischen und interessenpluralistischen Unternehmensverfassungen unterscheiden. Interessenmonistische Varianten bilden die kapitalistische Unternehmensverfassung, wie sie in den handelsrechtlichen Kodifikationen des 19. Jh. ihren Niederschlag gefunden hat und noch heute die ökonomische Realität der westlichen Industrienationen prägt, und die (frühere) laboristische Unternehmensverfassung Jugoslawiens, die als Modell der Arbeiterselbstverwaltung allein auf den Arbeitnehmerinteressen gründete. Als interessendualistisch darf die Mitbestimmte Unternehmung gelten. Interessenpluralistische Verfassungen ergeben sich, wenn zusätzlich das öffentliche Interesse und/oder (partiell) Interessen der Konsumenten Verfassungsrang erhalten. – 2. Welche *institutionellen Vorkehrungen*

sind geeignet bzw. getroffen, die Unternehmensaktivitäten auf die verfassungskonstituierenden Interessen auszurichten? Bei der institutionellen Ausgestaltung *(Organisationsverfassung)* müssen Regelungen über Entscheidungsgremien (Art, Zusammensetzung, Wahl, Kompetenzen), über den Ablauf der Entscheidungsprozesse in den Gremien (Vorsitz, Ausschüsse, Teilnahme und Beschlussmodalitäten) und über ihre Information im Rahmen der Entscheidungsvorbereitung (Planungsinformationen) und zur Kontrolle der Resultate der getroffenen Entscheidungen (Kontrollinformation) getroffen werden. Zur Debatte stehen hier (für Großunternehmen) i.d.R. die dreigliedrige Verfassungsstruktur mit Hauptversammlung, Aufsichtsrat und Vorstand oder die zweistufige Lösung mit Hauptversammlung und Verwaltungsrat bzw. Board.

III. Wirtschaftsordnung und Unternehmensverfassung: Sowohl für das Verständnis von existierenden Verfassungen als auch für ihre Reform ist von zentraler Bedeutung, wie das Verhältnis von Wirtschaftsordnung und Unternehmensverfassung interpretiert wird. – 1. In der Sicht der klassischen *liberalen Wirtschaftstheorie* determiniert die Wirtschaftsordnung bzw. der Markt die Unternehmensverfassung (kapitalistische Unternehmensverfassung). Nach diesem Modell vollzieht sich der Interessenausgleich grundsätzlich im Markt. Das Unternehmen reduziert sich auf ein System von Vertragsbeziehungen zwischen den Produktionsmitteleigentümern und Abnehmern, Lieferanten, Arbeitnehmern und Fremdkapitalgebern. Übrig bleibt die Gesellschaft als Vertragsverbund der Kapitaleigner, die dann folgerichtig interessenmonistisch sein muss. Die Auszeichnung der Kapitaleignerinteressen ist insofern nicht willkürlich, sondern funktional für die Wohlfahrt aller. Die theoretische Begründung für diesen Zweck-Mittel-Zusammenhang lieferte die mikroökonomische allg. Gleichgewichtstheorie mit dem Marktmodell der vollkommenen Konkurrenz. – 2.

Im Lichte der neueren → Industrieökonomik erscheint diese Interpretation des Verhältnisses von Markt und Unternehmensverfassung jedoch fragwürdig. V.a. Großunternehmen verfügen über (nicht-triviale) Handlungsspielräume im Wettbewerbsprozess und vermögen durch unternehmensstrategisches Handeln die Marktstruktur selbst erfolgreich zu beeinflussen. Daraus folgt, dass die Unternehmung neben dem Markt ein eigenständiges Entscheidungs- und Interessenkoordinationszentrum darstellt und in ihrer verfassungsmäßigen Ausgestaltung nicht dem blanken Marktdiktat unterliegt. Die Dependenz zwischen Wirtschaftsordnung und Unternehmensverfassung hat sich so zu einer *Interdependenz* gewandelt. Genau an diesen Handlungsspielraum und Sachverhalt knüpft die Diskussion um die Weiterentwicklung der Unternehmensverfassung an. – 3. Arbeiterselbstverwaltung.

IV. Sonderfall: Verfassung internationaler Unternehmungen: 1. *Problematik* (Spannungsfeld): Für internationale Unternehmungen ist die Entfaltung von Geschäftsaktivitäten in mehreren Ländern, unter globalen Gesichtspunkten und über nationale Grenzen und alle Unternehmensteile hinweg *(keine ökonomische Einheit)* problematisch. Rechtlich existieren nur nationale Gesellschaften. Wegen der *Vielfalt der nationalen Rechtskreise* existiert eine Unternehmensverfassung typischerweise *nicht*. Internationale Gesellschaften bzw. Unternehmen mit Internationaler Unternehmensverfassung sind eine atypische Rarität; sie kommen durch Staatsverträge zustande und stehen auf internationaler Rechtsgrundlage. – 2. *Rechtliche Voraussetzungen* von internationalen Unternehmungen: Zum Aufbau und zur Lenkung von internationalen Unternehmungen müssen gewährleistet sein: a) *Niederlassungsfreiheit* und *wechselseitige Anerkennung* juristischer Personen (innerhalb der EU: Art. 52, 58, 220 EG-Vertrag). – b) *Rechtliche Möglichkeiten zentraler Leitung:* (1) Leitungsbefugnis aus *Eigentum,* wenn die Zentrale der internationalen

Unternehmungen selbst Eigentümer eines Unternehmensteils im Ausland ist (Niederlassungen): Im Rahmen des Gastlandrechts kann die Zentrale von ihrer Weisungsbefugnis Gebrauch machen. (2) Leitungsbefugnis durch direkte oder indirekte (mehrheitliche) *Beteiligung* (faktischer Konzern) an einer ausländischen Gesellschaft. Instrumente zur Durchsetzung der einheitlichen Leitung: Beschlüsse der Gesellschaftermehrheit in zentralen wirtschaftlichen Belangen mit Bindungswirkung für das Management; Recht zur Auswahl und Abberufung der Mitglieder der Geschäftsführung (Personalhoheit); Entsendung von Stammhausdelegierten; entsprechende Gestaltung der Unternehmensstatuten (Geschäftsordnung, Geschäftsverteilungsplan, Bestellung des Vorsitzenden der Geschäftsführung). (3) Leitungsbefugnis aus *Vertrag:* Unternehmensverträge (§§ 291, 292 AktG) zwischen Mutter- und Tochtergesellschaften: (a) Beherrschungsvertrag: Die Konzernmutter kann dem Vorstand der Tochter direkt Weisungen erteilen, auch gegen Widerstand durchsetzen (§ 308 AktG). (b) Konsortialverträge: Vertragliche Abmachungen zwischen den Gesellschaftern eines Unternehmens, um den Einfluss auf Unternehmenspolitik, Geschäftsführung und personelle Zusammensetzung zu sichern. – Vgl. auch Joint Venture. (4) *Schranken der Leitungsmacht:* Durch nationale Rechte zum Schutz von Tochtergesellschaften, aus divergenten nationalen Rechnungslegungsvorschriften und aus der Vielfalt der nationalen Steuersysteme. – 3. *Entwicklungstendenzen:* Konflikte mit den Interessen der Arbeitnehmer, Gläubiger, Aktionäre, Verbraucher oder sonstigen öffentlichen Interessen in Herkunfts- und Gastländern bestimmen die Diskussion über die Unternehmensverfassung von internationaler Unternehmungen Ansätze zur Überbrückung der Diskrepanz zwischen internationaler Wirtschaftstätigkeit von internationalen Unternehmungen und nationaler Interessenkoordination und Konfliktregelung: (1) Internationale

Unternehmensverfassung; (2) Angleichung der nationalen verfassungsrelevanten Rechtsgebiete (Europäisches Gesellschaftsrecht); (3) Vereinbarung internationaler Verhaltenskodizes für internationale Unternehmungen.

V. Entwicklungsperspektiven: 1. Als grundsätzliche *Strategiealternativen* zur Weiterentwicklung der Unternehmensverfassung werden sowohl der gesetzliche als auch der vertragliche Weg verfolgt. Neben der *Gesetzesstrategie,* wie sie v.a. in der Bundesrepublik Deutschland mit der Mitbestimmungsgesetzgebung verfolgt wurde und in EG-Richtlinien zur Vereinheitlichung des Gesellschaftsrechts ihren Ausdruck findet (Europäisches Gesellschaftsrecht), gewinnt die *Vertragsstrategie,* nicht nur im europäischen Ausland, zunehmend an Bedeutung. – *Beispiele:* Tarifvertragliche Vereinbarung von Mitbestimmungsregelungen in Schweden, Dänemark, Belgien und der Schweiz sowie entsprechende rechtspolitische Vorschläge im Entwurf der Fünften EG-Richtlinie zur Struktur der Aktiengesellschaft und im DGB-Entwurf eines Mitbestimmungsgesetzes von 1982. Vertragliche Entwürfe zur Unternehmensverfassung bilden weiter die Partnerschaftsmodelle. Als weiteres für die Zukunft prägendes Entwicklungsmuster darf die *„Internationalisierung"* der Unternehmensverfassung durch Rechtsangleichung gelten, wie sie bes. im Rahmen der Europäischen Gemeinschaft durch Schaffung von Gesellschaftsformen wie der Societas Europaea (SE), der Societas Cooperativa Europaea (SCE) und der Europäische Wirtschaftliche Interessenvereinigung (EWIV) betrieben wird. – Vgl. auch Europäisches Gesellschaftsrecht und internationale Unternehmensverfassung. – 2. Hinsichtlich der *Interessenbezüge* der Unternehmensverfassung lässt sich ein klarer Trend hin zu *pluralistischen Strukturen* erkennen. Zahlreiche europäische Unternehmensverfassungen erfuhren eine interessendualistische Öffnung durch die Einführung der Mitbestimmung der Arbeitnehmer in Großunternehmen, die jedoch nach Intensität, Rechtsquelle und

organisatorischer Ausformung eine erhebliche Bandbreite aufweist. Außer den Interessen von Kapitaleignern und Arbeitnehmern ist in einzelnen nationalen Unternehmensverfassungen (Schweden, Montan-Mitbestimmung) und Richtlinien (Europäische Aktiengesellschaft) das öffentliche Interesse als eigenständiger Einflussfaktor vertreten. Auf faktischer Ebene hat sich seit Ende der 1960er-Jahre auch in den USA durch die selektive Repräsentanz von ethnischen Minoritäten, Konsumenten, Frauen und vereinzelt von Arbeitnehmern als Outside-Directors im Board eine interessenpluralistische Unternehmensverfassung in Ansätzen herausgebildet. – 3. Einen zentralen Diskussionspunkt zur *Organisationsverfassung* bildet die Frage, ob sie wie bisher nach Rechtsformen ausdifferenziert werden soll, oder ob nicht eine einheitliche, für alle Großunternehmen *rechtsformunabhängige* Lösung wünschenswert ist. Die dt. Mitbestimmungsgesetzgebung hat an der Rechtsformabhängigkeit festgehalten, obwohl Bedenken bestehen, ob so ein produktives Interessen-Clearing zustande kommt und eine effiziente Führungsorganisation für Großunternehmen zur Verfügung steht. Bei *Rechnungslegung und Publizität* hingegen hat der dt. Gesetzgeber bei Umsetzung einschlägigen EU-Rechts eine rechtsformunabhängige Lösung gewählt (Bilanzrichtlinien-Gesetz). Für die klassische Frage der *Organisation von Geschäftsführung und Kontrolle* werden weiterhin das Board System und das Aufsichtsrats System als Alternative diskutiert. Für das Board System wird eine binnenorganisatorische Aufspaltung in einen „Management Board" und einen „Supervisory Board" empfohlen. Die Vorschläge zum Aufsichtsratssystem hingegen favorisieren Ansätze (Pflichtkatalog zustimmungspflichtiger Geschäfte), die auf eine verstärkte interessen- und sachbezogene Interaktion zwischen Vorstand und Aufsichtsrat hinauslaufen. Schließlich gewinnen Fragen des *Konzerns* durch die immer weiter fortschreitende kapitalmäßige Verflechtung der Unternehmen und der zunehmenden Zahl und Bedeutung von international tätigen Firmen an Bedeutung. Der Trend – zumindest in Europa – geht dahin, nach dt. Vorbild die nationalen Aktienrechte durch konzernrechtliche Regelungen zu erweitern, wobei zusätzlich der Schutz der abhängigen Gesellschaft deutlich verstärkt werden soll. – 4. Neben den strategischen, interessenmäßigen und organisatorischen Überlegungen zur Weiterentwicklung der Unternehmensverfassung wurde in letzter Zeit die Forderung nach einer Ergänzung der Unternehmensverfassung durch eine *Unternehmensethik* (Corporate-Governance-Kodex) erhoben. Der Sinn dieser Forderung ergibt sich aus der gesellschaftlichen Verantwortung der Unternehmensführung sowie aus der Einsicht, dass nicht alle interessenrelevanten Problemfälle verfassungsmäßig vorregelbar sind und insofern Verhaltenskodizes für Manager und Unternehmen entwickelt werden müssen, die zu einer Selbstbindung des Handelns führen. Bes. Bedeutung haben in diesem Zusammenhang die Verhaltenskodizes für multinationale Unternehmen erhalten.

Unternehmer – I. Theorie der Unternehmung: 1. *Begriff:* Es wird zwischen dem Pionier-Unternehmer und Nichtpionier-Unternehmer unterschieden. Letzterer wird auch als *Wirt* (Schumpeter) bezeichnet. Die Figur des Pionier-Unternehmers stellt eine Black Box für Kreativität, Intuition, Findigkeit, Animal Spirits (Keynes) etc. dar, d.h. für Verhaltensweisen, die zum Aufgreifen und Durchsetzen von Innovationen im ökonomischen System führen. Die Motive des Unternehmers für das Ergreifen neuer Gelegenheiten sind vielfältig. Das Gewinnmotiv muss dabei nicht vordringlich sein (Macht, Erfolg, Freude). Die Figur des Unternehmers ist ein zentraler Bestandteil von volkswirtschaftlichen Entwicklungstheorien. Sie ist Quelle endogenen Wandels und verhält sich nicht wie der Homo oeconomicus oder der Robbinssche Ökonomisierer, der sich passiv an Restriktionen mit seinem gegebenen Ziel-Mittel-Raster anpasst. Der *Pionier*-Unternehmer richtet seine Aktivitäten nicht auf die Allokation seiner Mittel in einem gegebenen Ziel-Mittel-Rahmen aus, sondern verändert ihn. Er findet neue Ziele und/oder neue Mittel. Dies wiederum erfordert Lernprozesse und die Wahrnehmung solcher Gelegenheiten. Die Existenz dieser Gelegenheiten und damit das Betätigungsfeld des Unternehmers setzt *unvollkommenes Wissen* voraus. Nur wenn das Wissen unvollkommen ist, gibt es etwas zu entdecken. Vorteile können nur aus dem Wissen gezogen werden, das nicht von allen Marktteilnehmern besessen bzw. genutzt wird. Mit diesem Wissen hofft der Unternehmer, *Vorsprungs- oder Pioniergewinne* zu erzielen. Die Nutzung des Unternehmerwissens erfolgt unter Unsicherheit. Unternehmer experimentieren und stellen wie Forscher Hypothesen über Marktgelegenheiten auf, die sie im Markt testen (→ Wettbewerb). I. Allg. wird das unternehmerische Element nur auf der Angebotsseite des Marktes betrachtet. Auf Seiten der Nachfrager lassen sich als Pendant zum Unternehmer jedoch Pioniernachfrager identifizieren, welche die neuen Produkte testen. – 2. *Unternehmertypen:* a) Der Schumpetersche *Pionier*-Unternehmer ist ein Gleichgewichtszerstörer, der Neuerungen, seien es technische oder organisatorische Innovationen, neue Ressourcenkombinationen oder neue Ressourcennutzungen, durchsetzt. Er muss selbst kein Inventor sein. Seine durch die Neuerungen bedingte, allerdings nur temporäre, Monopolstellung mitsamt ihren Vorsprungsgewinnen wird durch das Auftreten von *Imitatoren* erodiert. In der Theorie Schumpeters bringen die Imitatoren das ökonomische System wieder in ein (neues) Gleichgewicht. – b) Der *Kirznersche* Unternehmer ist stark am Misesschen Homo agens orientiert. Er ist ein Arbitrageur (Arbitrage) im Ungleichgewicht, der bestehende Koordinationslücken mit seiner Findigkeit für sich ausnutzt, d.h., auf diese Lücken oder Gelegenheiten absichtsvoll reagiert. Da das ökonomische System durch exogene Veränderungen der Daten permanent im Ungleichgewicht ist, übt die vom Kirznerschen Unternehmer durchgeführte Arbitrage eine Kraft in Richtung → Gleichgewicht aus. Im Gegensatz zu a) zerstört er nicht ein bestehendes Gleichgewicht, sondern ist vielmehr eine gleichgewichtsbildende Kraft. Das Schließen von Koordinationslücken kann allerdings auch neue Lücken aufreißen oder neue Gewinngelegenheiten schaffen. Kirzner verwendet einen sehr weit gefassten Arbitragebegriff, der z.B. auch die Produktion miteinschließt. Umstritten ist, ob der Kirznersche Unternehmer auch Gelegenheiten im Sinn Schumpeters durch die Durchsetzung neuen technischen Wissens schafft, weil Kirzner selbst die bereits vorhandenen Gelegenheiten in seiner Theorie herausstreicht, die der Unternehmer „lediglich" finden muss. – c) Während sowohl Schumpeter als auch Kirzner die gesamtwirtschaftliche Wirkung des Unternehmers untersuchen, analysiert *Heuß* die Entwicklung einzelner Branchen und Märkte, wobei sich diese in vier Phasen vollzieht: Experimentier-, Expansions-, Ausreifungs- und Rückbildungs- bzw. Stagnationsphase. In diesen Phasen dominieren jeweils verschiedene Unternehmer-Typen. Heuß unterscheidet dabei die initiativen Unternehmer in Pionier- und spontan imitierende Unternehmer sowie die konservativen Unternehmer in diejenigen, die unter Druck reagieren und solche, die immobil sind. – d) Nach *Knight* ist derjenige Unternehmer, der die Leitung der Unternehmung innehat und dem der Gewinn als Restgröße zufällt. Dieser reine Gewinn ergibt sich aus der Differenz zwischen dem erwarteten und tatsächlichen Wert der Faktorleistungen. Er entsteht zwar durch Unsicherheit, ist jedoch kein Entgelt für die Übernahme von Risiko. Der Unternehmergewinn im Sinn Knights kann ex ante nicht optimiert werden. I. Kirzner kritisiert, dass das intentionale Streben des Unternehmers nach Unternehmergewinn – durch die Knightsche Betonung seines Zufallscharakters – nicht deutlich werde.

II. **Handelsrecht:** Unternehmer (in älteren, noch geltenden Vorschriften als „Prinzipal" bezeichnet, z.B. § 60 HGB) im handelsrechtlichen Sinne kann eine natürliche Person, eine Personengesellschaft oder eine juristische Person des privaten oder öffentlichen Rechts, die einen Gewerbebetrieb unterhält, sein. – Zum Begriff des Unternehmers gehört nicht notwendig die *Kaufmannseigenschaft.* Betreibt der Unternehmer ein Handelsgewerbe, so ist er stets Kaufmann. Nur ein solcher Unternehmer kann Handlungsgehilfen haben; Handelsvertreter können auch für nichtkaufmännische Unternehmer tätig sein.

III. **Bürgerliches Recht:** 1. *Allgemein:* Natürliche oder juristische Person bzw. rechtsfähige Personengesellschaft, die bei Abschluss eines Rechtsgeschäfts ihrer gewerblichen oder selbstständigen beruflichen Tätigkeit nachgeht (§ 14 BGB). – 2. *Werkvertrag:* Unternehmer ist beim Werkvertrag derjenige, der sich zur Herstellung des Werkes gegen Vergütung verpflichtet.

IV. **Umsatzsteuerrecht:** 1. *Begriff:* Derjenige, der eine gewerbliche oder berufliche Tätigkeit selbstständig ausübt. Gewerbliche oder berufliche Tätigkeit in diesem Sinn ist jede nachhaltige Tätigkeit zur Erzielung von Einnahmen. – 2. *Unternehmerfähigkeit:* Als Unternehmer kommen nicht nur natürliche oder juristische Personen, sondern auch nicht rechtsfähige Personenvereinigungen jeder Art wie z.B. Gesellschaften oder Gemeinschaften; einzige Bedingung ist, dass es sich um ein Gebilde handelt, das nach außen hin auftreten (keine bloßen Innengesellschaften ohne Kundenkontakt). Unternehmer kann auch sein, wer nur gegenüber Mitgliedern oder Gesellschaftern tätig wird (Gesellschafterbeiträge, Mitgliederbeiträge). – 3. *Nachhaltigkeit* der Tätigkeit verlangt zwingend wiederholtes Tätigwerden oder zumindest Wiederholungsabsicht; dies reicht jedoch nicht aus, vielmehr muss eine „wirtschaftliche Tätigkeit" vorliegen, d.h. ein Vergleich mit der Stellung eines Produzenten, Händlers oder Dienstleisters (z.B. schon eines Vermieters von Grundstücken) möglich sein, um Nachhaltigkeit der Tätigkeit als Unternehmer bejahen zu können. – 4. *Einnahmenerzielungsabsicht* reicht für die Unternehmereigenschaft aus, es ist nicht erforderlich, dass Gewinne erzielt werden soll; auch die Einstellung einer aussichtslosen Tätigkeit vor der ersten Erzielung von Einnahmen gefährdet nicht die Unternehmereigenschaft, wenn die Erzielung von Einnahmen ursprünglich nur ernsthaft gewollt war. – 5. *Selbstständigkeit* ist gegeben, wenn die Tätigkeit auf eigene Rechnung und Verantwortung ausgeführt wird, d.h. wenn der Betroffene nicht als Arbeitnehmer handelt und keine unselbstständige, in ganz bestimmter Weise einem Konzernverbund eingegliederte juristische Person ist (Organschaft, Organgesellschaft). – 6. *Allgemeine Bedeutung:* Nur ein Unternehmer kann den Haupttatbestand der Umsatzsteuer realisieren (Umsatzsteuer auf Umsätze) und einen Vorsteuerabzug geltend machen oder Rechnungen mit gesondertem Umsatzsteuerausweis ausstellen; auch Erwerbsteuer kann i.d.R. nicht ausgelöst werden, wenn an dem Vorgang kein Unternehmer als Lieferer beteiligt ist. Lediglich Einfuhrumsatzsteuer (EuSt) kann auch ohne Mitwirkung eines Unternehmers ausgelöst werden. – 7. *Andere EU-Staaten:* Wer als Unternehmer angesehen kann und wer nicht, ist durch die Mehrwertsteuersystem-Richtlinie der EG vereinheitlicht.

Unternehmerlohn – statisches Einkommen des Unternehmers, das sich ein (Mit-)Inhaber von Anteilen am Eigenkapital der Unternehmung (soweit dieser zugleich Unternehmer ist) für seine Tätigkeit anrechnet. Dieser Unternehmerlohn steht demnach dem Einzelkaufmann, Gesellschafter-Geschäftsführer und solchen Angehörigen des Unternehmers zu, die ohne festes Arbeitsentgelt (bzw. volkswirtschaftlich gesehen Arbeitseinkommen) mitarbeiten.

Unternehmung – *Unternehmen.*

I. Begriff: Wirtschaftlich-rechtlich organisiertes Gebilde, in dem auf nachhaltig ertragbringende Leistung gezielt wird, je nach der Art der Unternehmung nach dem Prinzip der → Gewinnmaximierung oder dem Angemessenheitsprinzip der Gewinnerzielung. Das Gewinnstreben richtet sich zumindest auf angemessene Verzinsung des betriebsnotwendigen Kapitals. – In diesem Sinn kann eine Unternehmung aus mehreren bzw. keinem → Betrieb (im technischen Sinn) bestehen (z.B. Holdinggesellschaft). – Vgl. auch Abbildung „Unternehmung" und internationale Unternehmung, → Theorie der Unternehmung.

II. Abgrenzung: 1. Unternehmung *als untergeordneter Begriff:* Zunehmend wird „Betrieb" als übergeordneter Begriff verwendet, um auch die Dienststellen der Behörden-Verwaltungen (im eigentlichen Sinn keine Unternehmung) einordnen zu können sowie zur besseren Rechtfertigung des Begriffs Betriebswirtschaftslehre. – 2. Unternehmung *als Synonym für Betrieb* (häufig verwendet). – 3. Unternehmung *als Synonym für Unternehmen:* Inhaltlich gleich sind die Begriffe Unternehmung und Unternehmen; letzterer wird z.T. in Gesetzestexten und in der Wirtschaftszweigsystematik verwendet.

III. Charakterisierung: Die Unternehmung ist eine selbstständige, vom Haushalt des oder der Unternehmer losgelöste Einzelwirtschaft, die sich vom Betrieb dadurch unterscheidet, dass sie eine örtlich nicht gebundene, wirtschaftlich-finanzielle und rechtliche Einheit darstellt. – 1. *Örtlich nicht gebundene Einheit:* Standort und räumliche Ausdehnung der Unternehmung werden sich zwar in vielen Fällen mit denen des Betriebes decken (z.B. bei der Ein-Betriebs-Unternehmung): die Unternehmung kann aber auch aus mehreren Betrieben bestehen, die sich an verschiedenen, voneinander entfernten Orten befinden. – 2. *Wirtschaftlich-finanzielle Einheit:* Wesensnotwendig ist die Tätigkeit eines → Unternehmers (bzw. Unternehmensleiters), der

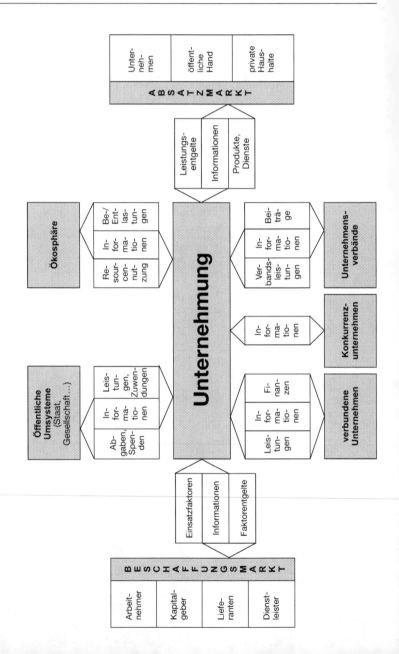

aufgrund erwerbswirtschaftlicher Erwartungen die Geschäftspolitik der Unternehmung einheitlich nach dem Prinzip der Gewinnmaximierung bzw. größtmöglicher Rentabilität ausrichtet und entweder sein privates Eigentum an Produktionsmitteln oder das ihm anvertraute Kapital der Unternehmung etwaigem Unternehmerwagnis aussetzt. – Für ihr Fortbestehen muss die Unternehmung im finanziellen Gleichgewicht bleiben: Die Unternehmung muss langfristig Gewinne machen, da sonst das Eigenkapital aufgezehrt würde; es muss gewährleistet sein, dass die Einnahmen und Auszahlungen so koordiniert werden, dass die Unternehmung zu jedem Zeitpunkt liquide ist (→ Liquidität). – Die finanzielle Einheit wird durch eine kaufmännische Unternehmungsrechnung hergestellt, die im Gegensatz zur Betriebsrechnung (Kosten- und Leistungsrechnung) eine Aufwands- und Ertragsrechnung ist. So kann die Unternehmung auch aus betriebsfremden Vermögensteilen (z.B. Beteiligungen, Wertpapieren) und betriebsfremden Tätigkeiten (z.B. Spekulationen) und Marktveränderungen (z.B. Preissteigerungen infolge politischer Ereignisse) Wertzugänge haben. Der hierdurch bewirkte ständige Wertefluss wird chronologisch und systematisch in der Buchführung erfasst. – 3. *Rechtliche Einheit:* Sie wird durch den Handelsnamen des Kaufmanns (Firma) und die Rechtsform charakterisiert.

IV. Arten: 1. *Nach dem Träger des Eigentums:* a) Private Unternehmung, b) gemischt-wirtschaftliche Unternehmung, d.h. Unternehmung, die der Staat oder eine öffentlich-rechtliche Körperschaft unter Beteiligung privaten Kapitals betreibt und c) öffentliche Unternehmung (öffentliche Unternehmen). – 2. *Nach der Rechtsform:* a) Einzelkaufmann, b) Personengesellschaft, nämlich offene Handelsgesellschaft (OHG), Kommanditgesellschaft (KG), Partnerschaftsgesellschaft (PartG), Europäische Wirtschaftliche Interessenvereinigung (EWIV), c) Kapitalgesellschaft, nämlich Aktiengesellschaft (AG),

Kommanditgesellschaft auf Aktien (KGaA), Gesellschaft mit beschränkter Haftung (GmbH), d) Genossenschaft mit beschränkter Haftpflicht und mit unbeschränkter Haftpflicht, e) Stiftung, f) Versicherungsverein auf Gegenseitigkeit (VVaG) und g) Partenreederei.

V. Wirtschaftsrecht: 1. Zu den *Vermögenswerten* einer Unternehmung gehören nicht nur die beweglichen Sachen und Grundstücke, sondern auch die Rechte, z.B. Firmenrechte, gewerbliche Schutzrechte, Forderungsrechte, etc., aber auch die immateriellen Rechte, z.B. Kundenstamm, der gute Ruf des Geschäftes (zusammenfassend als *Goodwill* bezeichnet; Firmenwert). – 2. Die *Rechtsnatur* der Unternehmung ist streitig: Der Unternehmer hat, unabhängig von den ggf. vorhandenen Rechten an den einzelnen Gegenständen, ein bes. Recht an der Unternehmung. Dieses Recht kann nach allgemeiner Meinung mit dem Abwehranspruch aus § 1004 BGB gegen fremde Eingriffe und durch das Wettbewerbsrecht geschützt werden. Die Unternehmung als solche wird nicht als „sonstiges Recht" im Sinn des § 823 I BGB angesehen, wohl aber wird in gewissen Grenzen ein Recht am „eingerichteten und ausgeübten Gewerbebetrieb" anerkannt und gegen unmittelbare Eingriffe gemäß § 823 I BGB geschützt. – 3. Das Vorhandensein einer Unternehmung lässt erst die *Firma* entstehen; mit Wegfall der Unternehmung erlischt die Firma. – 4. Die Unternehmung *erlischt,* wenn die dauernd auf Gewinn gerichtete Tätigkeit nicht fortgesetzt werden soll oder kann. Entscheidend ist die Fortdauer der „Beziehungen". Ein vorübergehendes Nicht-Fortsetzen-Wollen führt nicht zum Erlöschen, andererseits kann das Vorhandenbleiben der Einrichtung auf längere Zeit allein nicht genügen. Tod beendet die Unternehmung, wenn nicht in angemessener Zeit ein Rechtsnachfolger den Betrieb wieder aufnimmt. – 5. Die Unternehmung als Ganzes kann Gegenstand eines schuldrechtlichen Grundgeschäftes sein, z.B. Kauf, Tausch, Pacht etc., kann aber nur durch *Übertragung* der einzelnen Gegenstände veräußert werden.

VI. Arbeitsrecht: Das Arbeitsrecht (z.B. BetrVG oder KSchG) kennt keinen eigenen Unternehmungsbegriff, sondern setzt ihn voraus. Er wird weitgehend durch die in den Gesetzen für die Unternehmung vorgesehenen Rechts- und Organisationsformen bestimmt, die durchweg zwingend sind. Die Unternehmung lässt sich durch die organisatorische Einheit des dahinter stehenden wirtschaftlichen oder ideellen Zwecks kennzeichnen. – *Anders:* → Betrieb. – Eine Unternehmung kann aus mehreren Betrieben bestehen, wenn der mit der Unternehmung verfolgte Zweck durch mehrere organisatorisch verselbstständigte Zweckeinheiten erstrebt wird. In diesem Fall hat der Begriff der Unternehmung neben dem des Betriebs eine eigenständige betriebsverfassungsrechtliche Bedeutung, da er Anknüpfungspunkt für die Bildung des Gesamtbetriebsrats ist. Andererseits ist es möglich, dass arbeitsrechtlich mehrere Unternehmen einen (gemeinsamen) Betrieb bilden.

unvollständige Information → Haushaltstheorie, → Neue Klassische Makroökonomik, Spieltheorie.

Ursprung – **I. Zollrecht:** 1. *Begriff:* Die Ursprungsregeln des Zollkodex legen fest, wo im- und exportierte Waren ihren Ursprung haben. Es geht stets darum, das Herkunftsland zu bestimmen. – 2. *Merkmale:* Schwerpunkt dabei ist die Regelung des allgemeinen Ursprungs in den Art. 22-26 Zollkodex (ZK). Daneben gibt es über Art. 27 ZK den sog. Präferenzursprung, der für zolltarifliche Vorzugsbehandlung von Bedeutung ist. – 3. *Unterscheidung von anderen Begriffen:* Der allgemeine Ursprung wird in Abgrenzung zum Präferenzursprung im Zollrecht vereinfacht oft auch nicht präferenzieller Ursprung genannt. Wegen der Bedeutung für andere Rechtsgebiete spricht man auch von *handelspolitischem Ursprung*, wegen des Austellers der Ursprungszeugnisse

auch von *IHK-Ursprung oder Kammer-Ursprung.* – 4. *Inhalte:* Die Ursprungsregelungen bestimmen, welches Land als Ursprungsland einer Ware in Betracht kommt. Oft ist diese Feststellung schwierig, weil mehrere Unternehmen in verschiedenen Ländern an der Herstellung oder Bearbeitung einer solchen Ware beteiligt sind. Für solche Fälle bestimmen Art. 22 ff. ZK Folgendes: „Eine Ware, an deren Herstellung zwei oder mehrere Länder beteiligt waren, ist Ursprungsware des Landes, in dem sie der letzten wesentlichen und wirtschaftlich gerechtfertigten Be- und Verarbeitung unterzogen worden ist, die in einem dazu eingerichteten Unternehmen vorgekommen worden ist und zur Herstellung eines neuen Erzeugnisses geführt hat oder eine bedeutende Herstellungsstufe dargestellt. – a) *Nicht präferenzieller Ursprung:* Ob eine Be- oder Verarbeitung einer Ware als wesentlich und wirtschaftlich gerechtfertigt anzusehen ist, ergibt sich i.d.R. aus den Umständen des Einzelfalles. In Zweifelsfällen entscheidet nach Anhören des Ursprungsausschusses die Europäische Kommission. Nach Art. 22-26 ZK besitzen Waren, die vollständig in einem Land gewonnen oder hergestellt worden sind, die Ursprungseigenschaft dieses Landes. Welche Waren oder Warengruppen im Einzelnen hierunter fallen, ergibt sich aus der Auflistung in Art. 23 ZK.Ungeachtet der Vorlage eines Dokuments zum Nachweis des Ursprungs können die Zollbehörden im Fall ernsthafter Zweifel weitere Beweismittel verlangen, um die Angaben über den Ursprung der Waren zu klären. – b) *Präferenzieller Ursprung:* Er ist nach völlig anderen Regeln und mit anderen Dokumenten nachzuweisen, um beim Import von Waren Zollvergünstigungen (Zollpräferenzen) in Anspruch nehmen zu können. Die präferenziellen Ursprungskriterien ergeben sich bei einseitiger Gewährung aus den Regeln der ZK-DVO, im Übrigen aus den vielfältigen Präferenzabkommen. Der Präferenzursprung beurteilt sich nach dem Positionswechsel der Waren, bestimmten Produktionsstufen oder

Wertklauseln. – 5. *Welthandelsrecht*: nach dem WTO-Agreement on Rules of Origin sollen die nichtpräferenziellen Ursprungsregeln weltweit harmonisiert werden, sie sind es derzeit jedoch nicht. Es gibt daher Unterscheidungen zwischen EU-Ursprungsregeln und US-Ursprungsregeln (nicht-präferenzieller Ursprung).

II. Außenwirtschaftsrecht: Der Ursprung der Ware ist im Rahmen der außenwirtschaftsrechtlichen Einfuhrabwicklung nach den §§ 27 ff. → Außenwirtschaftsverordnung (AWV) in der Zollanmeldung nach Art. 61 ZK anzugeben und ggf. mit bes. Dokumenten (Ursprungserklärung, Ursprungszeugnis) nachzuweisen. Der Ursprung einer Ware ist für die Anwendung des → Zolltarifs und die Bestimmung des Zollsatzes sowie der ggf. erforderlichen Einfuhrmaßnahmen nach der → Einfuhrliste – Anlage zum → Außenwirtschaftsgesetz (AWG), die ebenfalls im Elektronischen Zolltarif (EZT) abgebildet ist – erforderlich. Für bestimmte Ursprungsländer kann das Erfordernis für eine → Einfuhrgenehmigung oder eine → Einfuhrlizenz bestehen. Der → Drittlandszollsatz (→ MFN-Zollsatz, auch → Vertragszollsatz der WTO/ des GATT) wird nur für wenige westliche Industriestaaten (USA, Kanada, Japan, etc.) angewendet, für viele andere Staaten (u.A. → Entwicklungsländer) gelten aufgrund von → Präferenzabkommen der EU ermäßigte Zollsätze bei Vorlage der Präferenznachweise (bilaterale Präferenzabkommen, Präferenznachweis EUR.1 oder

Allgemeines Präferenzsystem [APS] mit dem Präferenzachweis Form A).

Ursprungslandregeln – Zur Erlangung der präferenziellen Ursprungseigenschaft einer Ware nach Art. 27 ZK setzen viele → Präferenzabkommen einen bestimmten Anteil an inländischer Wertschöpfung voraus, um das Produkt als im Ursprungsland gefertigt ansehen zu können. Damit soll verhindert werden, dass Warenbestandteile in ein Land geliefert und dort in „Schraubenzieherfabriken" lediglich zusammengesetzt werden, nur um dort die Ursprungseigenschaft zu erlangen. Die Ursprungslandregeln sind je nach Präferenzabkommen in verschiedenen Listen zusammengefasst, welche für jede Ware die *Listenbedingungen* oder *Listenregeln* festlegen. – Vgl. auch → Ursprung, Ursprungsland, → Freihandelszone, → Zollunion.

Ursprungsregeln – klären die Frage, ob und unter welchen Voraussetzungen einer Ware der → Ursprung in einem bestimmten Land zuzuerkennen ist. Ursprungsregeln (→ Ursprungslandregeln) bestehen aus *Listenkriterien* und *Listenbedingen* – sie sind entscheidend für die zollrechtliche Behandlung (Inanspruchnahme des → Präferenzzoll-Satzes bis hin zur Zollfreiheit bei Vorlage des *Präferenznachweises*, z.B. in der EU einer EUR.1 oder eines Form A; *präferenzielle Ursprungsregeln*, sog. *Präferenzursprung*) und die zoll- und außenwirtschaftsrechtliche Behandlung zur Feststellung des tatsächlichen Ursprungslandes nach Art. 22 bis 26

V

Valorisation – staatliche Maßnahmen zur Beeinflussung des → Preises einer Ware zugunsten der Erzeuger: Aufkäufe und Einlagerung größerer Mengen der betreffenden Ware mit dem Ziel, die Preise, z.B. für landwirtschaftliche Erzeugnisse, deren Ernten stark schwanken, durch die Angebotsverknappung stabil zu halten. – *Bekannteste Beispiele:* brasilianische Kaffee-Valorisation, griech. Korinthen-Valorisation; auch die Preisstützungsmaßnahmen in den USA und in der EU (z.B. des Milchpreises durch Aufkauf und Einlagerung von Butter und Milchpulver) sind zu den Valorisationen zu rechnen sowie andere gesetzliche Eingriffe zum Zwecke der Preisbeeinflussung, z.B. durch die zwangsweise Einschränkung des Anbaus oder durch die Vernichtung eines Teils der Ernte.

Value Added – engl. für → Wertschöpfung.

Valutadumping – Erlangung von Absatzvorteilen auf Exportmärkten durch gezielte → Abwertung der eigenen Währung (→ Beggar-my-Neighbour-Politik). Valutadumping stellt kein → Dumping im Sinn des GATT dar, da der Tatbestand der Preisdiskriminierung nicht erfüllt ist. – Vgl. auch → Sozial-Dumping, → Umweltdumping.

Valutazoll → Abwehrzoll, → Antidumpingzoll, → Ausgleichszoll, → Vergeltungszoll.

Variable, endogene – *abhängige Variable, erklärte Variable, Regressand;* diejenige Variable eines ökonometrischen Modells oder theoretischen Modells, deren Wert innerhalb des Modells erklärt wird. Endogene Variablen können in Mehrgleichungsmodellen auch zur Erklärung der Werte anderer endogener Variablen herangezogen werden. Generell werden auch erklärende Variablen, die mit dem Störterm einer Regressionsbeziehung korreliert sind, als endogene Variablen bezeichnet.

Variable, exogene – *erklärende Variable, Regressor, unabhängige Variable;* diejenige Variable eines ökonometrischen Modells oder theoretischen Modells, die nur eine erklärende Rolle hat, selbst aber nicht erklärt wird. Ihre Werte werden als außerhalb des Modellzusammenhangs bestimmt angenommen. Generell werden auch erklärende Variablen, die nicht mit dem Störterm einer Regressionsbeziehung korreliert sind, als exogene Variablen bezeichnet.

Vebleneffekt – *Demonstrativkonsum, Prestigeeffekt;* in der → Haushaltstheorie eine → Nachfrageinterdependenz, die aufgrund eines Bestrebens nach auffälligem und zugleich aufwendigem Konsum zu einer steigenden Nachfrage nach einem → Gut führt, wenn dessen Preis zunimmt.

Vent-for-Surplus-Theorie – Erklärung für das Zustandekommen von → Außenhandel, wonach im Inland nicht benötigte bzw. absetzbare Waren *(Überproduktion/Überfluss,* engl. *Surplus)* sich ein „Ventil" (engl. *Vent)* im → Außenhandel suchen. – Vgl. auch → Außenhandelstheorie.

Verarbeitung – I. Volkswirtschaftslehre: Umgestaltung von Zwischenprodukten zum Endprodukt.

II. Bürgerliches Recht: Herstellung einer neuen Sache aus einem anderen Stoff. Eine stoffliche Veränderung ist nicht notwendig, es genügt Einwirkung auf die Gebrauchsfähigkeit. – 1. Wer durch Verarbeitung oder Umbildung von Stoffen eine neue bewegliche Sache (z.B. Brot aus Mehl) herstellt, erwirbt daran *Eigentum,* sofern nicht der Wert der Verarbeitung oder Umbildung erheblich geringer ist als der Wert des Stoffes (§ 950 BGB). – 2. Wer *für einen anderen* eine Sache verarbeitet (z.B. als Fabrikarbeiter), erwirbt das Eigentum nicht für sich selbst, sondern für seinen Arbeitgeber. Durch Verarbeitung kann bes. auch das Eigentum an der unter Eigentumsvorbehalt gelieferten Sache untergehen; Schutz dagegen: Vereinbarung des verlängerten Eigentumsvorbehalts. – 3. Wer durch die Verarbeitung eines Stoffes einen *Rechtsverlust* erleidet, kann von dem neuen Eigentümer nach Maßgabe der Vorschriften über die ungerechtfertigte Bereicherung Entschädigung in Geld, i.d.R. aber nicht Wiederherstellung des früheren Zustandes, verlangen (§ 951 BGB).

Verbindlichkeiten Gebietsansässiger bei Gebietsfremden → Forderungen Gebietsansässiger an Gebietsfremde.

Verbrauch – I. Wirtschaftstheorie: Verzehr von Gütern und Dienstleistungen zur unmittelbaren oder mittelbaren Befriedigung menschlicher Bedürfnisse. – 1. Verbrauch für *private Bedürfnisbefriedigung:* → Konsum, → privater Konsum. – 2. Verbrauch für öffentliche Güter; Staatsverbrauch. – 3. Verbrauch als Verwendung von Gütern und Dienstleistungen für *Produktionszwecke,* z.B. der Einsatz von Rohmaterial zur Herstellung eines Endproduktes: Produktionsgüter, Investition.

II. Wirtschaftspraxis: 1. Der *private* Verbrauch des Unternehmers einer Einzelunternehmung oder des persönlich haftenden Gesellschafters einer Personengesellschaft. Verbrauch wird auf Privatkonto als Entnahme verbucht. – 2. In der *Industriebuchführung* die in die Produktion gegebenen Roh-, Hilfs- und Betriebsstoffe.

III. Finanzwissenschaft: Einsatz von Gütern und Diensten sowie die Nutzung von Gebrauchsgütern in (privaten und öffentlichen) Haushalten und Unternehmungen. – Als *Bemessungsgrundlage der Besteuerung:* Verbrauchsbesteuerung, Verbrauchsteuern.

Verbraucher – I. Wirtschaftswissenschaften: → Konsument (Endverbraucher), → Verbrauch, Verbrauchsgüter, Verbrauchsforschung.

II. Lebensmittel- und Futtermittelgesetzbuch: derjenige, an den Lebensmittel, Tabakerzeugnisse, kosmetische Mittel oder Bedarfsgegenstände zur persönlichen Verwendung oder zur Verwendung im eigenen Haushalt abgegeben werden. Dem Verbraucher stehen gleich Gaststätten, Einrichtungen zur Gemeinschaftsverpflegung und Gewerbetreibende, soweit sie die genannten Erzeugnisse zum Verbrauch innerhalb ihrer Betriebsstätte beziehen (§ 3 Nr. 4 LFGB).

III. Bürgerliches Recht: natürliche Person, die ein Rechtsgeschäft zu einem Zweck abschließt, der weder ihrer gewerblichen noch ihrer selbstständigen beruflichen Tätigkeit zugerechnet werden kann (§ 13 BGB). Die Bestimmung des Begriffs des Verbrauchers ist wichtig für eine Reihe von Verbraucherschutzvorschriften bes. im Bereich der Allgemeinen Geschäftsbedingungen (vgl. § 310 III BGB), beim Verbrauchsgüterkauf (§ 474 BGB) oder beim Darlehensvermittlungsvertrag (§ 655a BGB).

Verbrauchs-Lag → Robertson-Lag.

Verbringung – I. Außenwirtschaftsrecht: Die Verbringung von Waren und Elektrizität aus dem → Wirtschaftsgebiet nach fremden Wirtschaftsgebieten wird von § 4 II Nr. 3 → Außenwirtschaftsgesetz (AWG) als → Ausfuhr bezeichnet. Die Verbringung in umgekehrte Richtung als → Einfuhr (§ 4 II Nr. 6 AWG). Während es sich bei der Ausfuhr um Exporte aus Deutschland in Drittländer außerhalb der EU handelt (Extra-EU-Handel), ist die Verbringung der Export in andere Mitgliedsstaaten der EU (Intra-EU-Handel). Die Verbringung ist legal definiert in § 4 II Nr. 5 AWG.

II. Umsatzsteuerrecht: 1. *Begriff:* Sonderfall im Rahmen der Erwerbsteuer; bezeichnet das Überführen eines Gegenstandes, der zu einem Unternehmensvermögen gehört, aus dem Gebiet eines Mitgliedsstaates der EU in einen anderen, wenn der Gegenstand dort auf Dauer oder jedenfalls nicht nur kurzfristig bleiben soll (genauere Erläuterungen auf aktuellem Rechtsstand jeweils in den Umsatzsteuerrichtlinien). Verbringung kann also durch sämtliche Unternehmer bewirkt werden, auch wenn sie nur sog. Halbunternehmer sind, nicht aber durch nicht-unternehmerische juristische Personen. – 2. *Regelung*: Die Verbringung wird behandelt, als ob der Unternehmer den Gegenstand von dem einen Staat aus an sich selbst in den anderen Staat entgeltlich geliefert hätte (Fiktion); mit dieser Maßgabe Anwendung der normalen Regelungen über die Erwerbsteuer. Als Ersatz für das Entgelt dient die Mindest-Besteuerungsgrundlage. In dem Staat, in dem sich der Gegenstand vor der Verbringung befand, muss der Vorgang als innergemeinschaftliche Lieferung gemeldet werden; er ist dort steuerfrei, wenn die korrekte Versteuerung durch Erwerbsteuer im Zielland nachgewiesen werden kann.

III. Ertragsteuern: 1. *Begriff*: der Transport eines Wirtschaftsgutes in ein ausländisches Land. Steuerlich wird der Begriff meist nur mit Bezug auf solche Fälle angewandt, bei denen mit dem ausländischen Staat ein Doppelbesteuerungsabkommen (DBA) besteht, sodass die in ihm enthaltenen stillen Reserven ganz oder teilweise aus der dt. Steuerhoheit ausscheiden. – 2. *Konsequenzen*: Die Verbringung eines Wirtschaftsgutes in einen Bereich, in dem es der dt. Steuerhoheit nicht oder jedenfalls nicht mehr uneingeschränkt unterliegt, wird fiktiv als Entnahme eingeordnet; die vorhandenen stillen Reserven werden aus diesem Grunde aufgedeckt (§ 4 I Satz 3 EStG, § 6 I Nr. 4 EStG). Eine Sofortversteuerung der betreffenden Beträge kann (nur) unterbleiben, wenn das Wirtschaftsgut in eine Betriebsstätte in einem anderen Mitgliedstaat der EU verbracht worden ist und der Steuerpflichtige die Bildung eines Ausgleichspostens beantragt, durch den die Versteuerung der aufgedeckten stillen Reserven über maximal 5 Jahre verteilen lässt (§ 4g EStG, sog. „Merkpostenmethode").

Verbundvorteile – Economies of Scope, Unternehmenskonzentration.

verfügbares Einkommen – Einkommensbetrag, der Wirtschaftseinheiten nach der Verteilung der → Arbeitnehmerentgelte, → Unternehmens- und Vermögenseinkommen und nach der Umverteilung über empfangene und geleistete → Transfers für den → Konsum und das → Sparen (abzüglich der Zunahme der betrieblichen Versorgungsleistungen) zur Verfügung steht. Das neue → Europäische System Volkswirtschaftlicher Gesamtrechnungen (ESVG) schreibt die Berechnung des verfügbaren Einkommens nach dem Ausgabenkonzept und nach dem Verbrauchskonzept vor. Im letzteren Fall ist das verfügbare Einkommen um die „sozialen Sachtransfers", d.h. v.a. die individualisierbaren Teile der Konsumausgaben des Staates, höher. Entsprechend erhöht sich der private Konsum. – Bedeutung hat das verfügbare Einkommen bes. im Sektor der privaten Haushalte, da in diesem der größte Teil der Einkommensverwendung entschieden und vorgenommen wird.

Vergeltungszoll – *Kampfzoll, Retorsionszoll*; → Zoll, der in Erwiderung auf die → Handelspolitik eines anderen Landes eingeführt wird. Dieser Zoll wirkt für sich genommen (d.h. bei gegebenem Zollsatz des anderen Landes) *wohlfahrtsverbessernd* zulasten des anderen Landes, welches darauf seinerseits mitunter wieder mit einer Vergeltung in Form einer weiteren Zollerhöhung reagieren wird *(Zollkrieg)*. Das Endergebnis einer solchen Entwicklung ist im Vergleich zum → Freihandel zumindest für ein Land, möglicherweise aber auch für beide Länder, eine *Wohlfahrtsverschlechterung*. Deshalb wurde nach dem Zweiten Weltkrieg in Form des GATT ein rechtlicher Rahmen für → multilaterale Liberalisierung geschaffen. – Vgl. auch → Handelspolitik, World Trade Organization (WTO).

Verhaltenstheorie der Unternehmung – Versuch, das Verhalten realer

Unternehmungen und bes. deren Entscheidungsprozesse zu erfassen und zu erklären. Ihr liegt die induktive Methode zugrunde (im Gegensatz zu der deduktiven des marginalistischen Ansatzes (Machlup)). Cyert und March erfassen die Ziele, Erwartungen, die Entscheidungswahl und die Kontrolle der Organisation. – Die *mehrdimensionale Zielfunktion* setzt sich aus qualitativen Zielen, dem Produkt-, Lagerhaltungs-, Umsatz-, Marktanteils- und Gewinnziel zusammen. Jedem Ziel ist ein bestimmtes Anspruchsniveau zugeordnet. Ist dieses Anspruchsniveau erreicht, hat die Organisation keinen Anlass zu Verhaltensänderungen. Es wird kein optimales Verhalten unterstellt, sondern → Satisficing-Verhalten (Simon). Die Organisation bildet ihr Zielsystem durch Verhandlungen zwischen den Koalitionen. *Koalitionen* von Eigentümern, Managern, Arbeitnehmern, Gläubigern, Kunden und Lieferanten sind Interessengruppen, die unterschiedliche Ziele verfolgen, sodass Konflikte gelöst werden müssen. Ein Weg der *Konfliktlösung* ist es, bestimmte Gruppen zum Verzicht an der Zielbildung durch Seitenzahlungen zu bewegen. Ist eine Lösung des Zielkonflikts erreicht und eine Erfüllung der Anspruchsniveaus sichergestellt, so wird versucht, die Lösung kurz- und mittelfristig zu stabilisieren, auch wenn das Anspruchsniveau künftig verfehlt wird. Dies geschieht durch Bildung oder Auflösung von Reserven (Organizational Slacks). Das Anspruchsniveau wird erst bei dauerhafter Verfehlung korrigiert.

Verhaltensweise → Markttransparenz, → Aktions-Reaktions-Verbundenheit, → Marktform.

Verhältnisverfahren – 1. *Verteilung nach Köpfen:* Das zur Verteilung anstehende → Kontingent wird durch die Zahl der Antragsteller geteilt. Jeder Antragsteller erhält somit einen gleichen Anteil. – 2. *Verteilung im Verhältnis zur beantragten Menge:* Berechnung der individuellen → Quote nach

$$GK \cdot \frac{E_b}{E_g},$$

wobei: GK = Gesamtkontingent, E_b = beantragte Einzelmenge, E_g = beantragte Gesamtmenge. Dies Verfahren wird häufig bei Handelsgeschäften mit Staatshandelsländern angewandt. – Vgl. auch → Verteilungsverfahren.

Verkäufermarkt – Marktsituation steigender Preise. Ursache eines Verkäufermarkts ist ein Angebotsdefizit, das sich bei sinkendem Angebot und konstanter Nachfrage ergibt, bzw. ein Nachfrageüberschuss, der sich bei steigender Nachfrage und konstantem Angebot ergibt. – *Gegensatz:* → Käufermarkt.

Verkehr – I. Soziologie: alle Formen und Arten sozialer Kontakte (daher z.B. Verkehrsformen, verkehrsüblich, Geschäftsverkehr).

II. Wirtschaftstheorie: Austausch ökonomischer Sach- und Dienstleistungen zwischen Marktteilnehmern (daher z.B. Handelsverkehr, Verkehrsteuern).

III. Verkehrswissenschaft: Verkehr umfasst die technischen, organisatorischen, informatorischen und ökonomischen Maßnahmen, um Personen, Güter und Nachrichten zu befördern. – Vgl. auch Verkehrsmittel, Verkehrsbetriebslehre, Logistik.

verkettete Indizes – Mit der Revision der Volkswirtschaftlichen Gesamtrechnung (VGR) 2005 wurde die Preisbereinigung auf die → Vorjahresmethode umgestellt, mit deren Hilfe langfristigere Betrachtungsmöglichkeiten der realen Bruttoinlandsprodukt-Entwicklung geboten werden können, indem die aus der jährlich fortlaufend durchgeführten Deflationierung resultierenden Preisindizes „verkettet" werden. – *Beispiel:* Der Preisindex für 2005 soll einen Preisanstieg von 17 Prozent, für 2006 von 13 Prozent und für 2007 von 8 Prozent aufweisen. So wird hieraus der verkettete Preisindex für den gesamten Zeitraum 2005 – 2007 erstellt: 1,17 x 1,13 x 1,08 x 100 = 142,8. Also wären die Preise in den drei Jahren um 42,8 Prozent gestiegen.

Verkettungseffekte – geben an, inwieweit sich wirtschaftliche Aktivitäten eines Sektors auf andere Sektoren auswirken. Generell wird unterschieden zwischen *Vorwärtsverknüpfungen* (Forward Linkages), die die Effekte der Output-Verwendung aufzeigen und *Rückwärtsverknüpfungen* (Backward Linkages), die die Effekte der Input-Beschaffung bezeichnen.

Verkettungseffekte in Richtung vorwärts → Verkettungseffekte.

Verlaufsanalyse – Methode der Wirtschaftstheorie zur Untersuchung eines wirtschaftlichen Prozesses im Zeitablauf. Modelltheoretisch wird dazu der Wirtschaftsprozess durch dynamische Systeme in Form von Differenzen- oder Differenzialgleichungen beschrieben. – Vgl. auch → Sequenzanalyse, → dynamische Makroökonomik.

Vermögen – I. Bürgerliches Recht: Summe der einer Person zustehenden geldwerten Güter, Rechte und Forderungen ohne Abzug der Schulden und Verpflichtungen.

II. Rechnungswesen: Hauptteil der Aktivseite der Bilanz (Vermögensgegenstand, → Anlagevermögen, Umlaufvermögen). – *Anders:* → Reinvermögen (Eigenkapital).

III. Mikroökonomik: → Gegenwartswert aller Dinge, die ein → Konsument besitzt einschließlich seiner Forderungen und abzüglich seiner Schulden.

IV. Volkswirtschaftliche Gesamtrechnung: Die Summe der bewerteten Vermögensbestände wird als Gesamtvermögen bezeichnet, eingeteilt in Vermögensgüter (bes. Sachanlagen und immaterielle Anlagen) und Forderungen. Die Differenz aus Gesamtvermögen und Verbindlichkeiten bzw. die Summe aus Vermögensgütern und Nettogeldvermögen (Saldo aus Forderungen und Verbindlichkeiten) wird als *Reinvermögen* bezeichnet.

Vermögensbeschränkung – Ungleichung, die besagt, dass der → Gegenwartswert aller Nettoausgaben eines → Konsumenten sein → Vermögen nicht übersteigen darf.

Vermögenseffekt des Geldes – Begriff der Geldtheorie und der Makroökonomik. Der Vermögenseffekt des Geldes beschreibt die Auswirkungen von Mengen- und/oder Wertveränderungen der Geldbestände der Wirtschaftssubjekte des privaten Sektors auf die gesamtwirtschaftlichen Größen Produktion, Beschäftigung, Zins und Preisniveau. – *Grundlage* der theoretischen Ansätze über den Vermögenseffekt des Geldes ist die Annahme, die Wirtschaftssubjekte ließen sich bei ihren Ausgabeentscheidungen vom Realwert ihrer Vermögensbestände leiten und damit auch vom Realwert ihrer Kassenbestände (→ Realplanung). Bei Preisniveausenkungen wird der Realwert einzelner Vermögensbestandteile, in jedem Fall aber der Realwert der Kassenhaltung steigen. Um wieder ein Gleichgewicht zwischen den Vermögenskomponenten herzustellen, werden die Wirtschaftssubjekte versuchen, ihre Kassenhaltung zugunsten der Nachfrage nach anderen Anlageformen und nach Gütern und Dienstleistungen zu vermindern (Portfolio Selection). Die Folge ist eine erhöhte Gesamtnachfrage am Gütermarkt und damit tendenziell erhöhte Produktion und/oder erhöhtes Preisniveau. – Am *bekanntesten:* Pigou-Effekt, → Keynes-Effekt (→ aggregierte Nachfragekurve) und → Realkassenhaltungseffekt. – Vgl. auch → Konsumfunktion.

Vermögenseinkommen – Begriff aus der Volkswirtschaftlichen Gesamtrechnung, der die Einkommen aus der zeitweisen Überlassung finanzieller Vermögensteile beschreibt. Zu nennen sind etwa empfangene Zinsen, Dividenden und ähnliche Ausschüttungen der Unternehmen, Einkommen aus Patenten, Lizenzen und anderen Vermögensobjekten sowie Nettoeinnahmen aus Verpachtung von Grundstücken u.Ä. – Vgl. auch → Unternehmens- und Vermögenseinkommen.

Vermögenspreisansatz zur Wechselkursbestimmung – allgemeiner Ausdruck für all jene Wechselkursmodelle, in denen der momentane Kassakurs durch zwei Größen bestimmt wird: Die *Fundamentaldaten*, und die *Erwartungen* über den künftigen Kassakurs. – *Eine bes. Form des Vermögenspreisansatz zur Wechselkursbestimmung* ist das → monetaristische Wechselkursmodell, in dem die Fundamentaldaten v.a. die Geldmengen und die Realeinkommen enthalten. Die Realeinkommen können ihrerseits durch eine ganze Reihe von angebots- oder nachfrageorientierten Fundamentaldaten bestimmt sein, wie etwa technologische Entwicklungen, Arbeitsmarktentwicklungen, Konsumverhalten etc., denen je nach Modelltyp für die Bestimmung des Realeinkommen eine wichtige Rolle zukommt. – Postuliert man *rationale Erwartungen,* so ergibt sich der erwartete künftige Kassakurs aus den Erwartungen bez. der künftigen Fundamentaldaten und dem für die weitere Zukunft erwarteten Kassakurs. Wiederholt man diese Überlegung immer wieder aufs Neue, dann ergibt sich der momentane Kassakurs als Funktion der momentanen Fundamentaldaten und aller für die Zukunft erwarteter Fundamentaldaten. – Erhalten die Wirtschaftssubjekte neue Informationen *(News),* die sie zu veränderten Erwartungen für künftige Fundamentaldaten veranlassen, dann führt dies zu sofortigen Wechselkursveränderungen. Nur solche Neuigkeiten können überhaupt zu unerwarteten Wechselkursveränderungen führen. Interpretieren die Wirtschaftssubjekte eine Geldmengenerhöhung als Indiz für weitere Erhöhungen in der Zukunft, dann steigt der Wechselkurs stärker, als es die momentanen Fundamentaldaten eigentlich rechtfertigen würden. – Vgl. auch → Wechselkurstheorie, → Devisenmarkteffizienz.

Vermögensrechnung – Teil der Volkswirtschaftlichen Gesamtrechnung (VGR), der die Bestände an Vermögensgütern sowie von Forderungen und Verbindlichkeiten zu einem bestimmten Zeitpunkt darstellt.

Vermögenstransfers – Teil der → Transfers, der für mind. einen der Transaktionspartner den Zugang oder den Abgang eines oder mehrerer Vermögenswerte darstellt. Vermögenstransfers können Sachvermögens- oder Geldvermögenstransfers sein.

Vermögensübertragung – I. Gesellschaftsrecht: Es handelt sich um eine Form der Umwandlung (§ 1 I Nr. 3 UmwG). 1. *Vollübertragung:* Übergang des gesamten Vermögens eines Rechtsträgers im Wege der Gesamtrechtsnachfolge unter Auflösung ohne Abwicklung auf einen anderen Rechtsträger (§ 174 I UmwG). Den Anteilsinhabern des übertragenden Rechtsträgers wird keine Beteiligung an dem übernehmenden Rechtsträger, sondern eine Gegenleistung in anderer Form gewährt (z.B. Entschädigung). – 2. *Teilübertragung:* Übertragung eines Teils des Vermögens oder mehrerer bzw. sämtlicher Vermögensteile als Gesamtheit auf einen bestehenden Rechtsträger (§ 174 II UmwG) unter vorheriger Spaltung des Vermögens. Die Spaltungsvorschriften sind entsprechend anzuwenden (Rechtsträger, Spaltung von). – 3. *Gesetzlich geregelte Arten nach dem Umwandlungsgesetz:* Vgl. Tabelle „Vermögensübertragung".

II. Ertragsteuern: Wiederkehrende Leistungen im Zusammenhang mit einer Vermögensübertragung können sein: a) *Versorgungsleistungen:* Unter den Voraussetzungen von § 10 I Nr. 1a EStG können die Versorgungsleistungen beim Verpflichteten als Sonderausgaben geltend gemacht werden. Beim Leistungsempfänger sind diese als „Sonstige Einkünfte" nach § 22 Nr. 1b EStG steuerpflichtig. – b) *Unterhaltsleistungen:* Diese gelten als Zuwendungen und sind nach § 12 Nr. 2 EStG steuerlich nicht abzugsfähig. – c) *entgeltliche Vermögensübertragung im Austausch mit einer Gegenleistung:* Diese Leistungen beinhalten eine nicht steuerbare oder steuerbare Vermögensumschichtung sowie einen Zinsanteil. – *Versorgungsleistungen:* Voraussetzung hierfür ist die Übertragung von Vermögen kraft einzelvertraglicher Regelung unter Lebenden i.d.R. im Rahmen der vorweggenommenen Erbfolge. Der Rechtsgrund kann auch in einer Verfügung von Todes wegen sein, wenn die Vermögensübertragung im Wege der vorweggenommenen Erbfolge zu Lebzeiten des Erblassers ebenfalls begünstigt wäre (BFH vom 11.10.2007, BStBl. 2008 II Seite 123). Der Übergeber behält sich die Erträge des Vermögens typischerweise durch Versorgungsleistungen vor. Die Übertragung ist grundsätzlich unter Angehörigen, aber auch unter Fremden möglich. Als Empfänger gelten grundsätzlich Abkömmlinge und auch gesetzlich erbberechtigte entfernte Verwandte des Übergebers. Im Rahmen der Vermögensübertragung soll der Übernehmer (wenigstens teilweise) eine unentgeltliche Zuwendung erhalten. Bei einer Übertragung auf Angehörige gilt die Vermutung, dass die wiederkehrende Leistung unabhängig vom Wert des übertragenden Vermögens nach dem Versorgungsbedürfnis des Berechtigten und nach der wirtschaftlichen Leistungsfähigkeit des Verpflichteten bemessen wird. Diese Vermutung kann widerlegt werden, wenn die Beteiligten Leistung und Gegenleistung nach kaufmännischen Gesichtspunkten gegeneinander abgewogen haben und subjektiv von der Gleichwertigkeit der Leistung ausgehen dürfen, selbst wenn

Vermögensübertragung

Rechtsträger		übernehmender			
übertragender		Öffentliche Hand	VVaG	öffentl.-rechtl. Versicherungsunternehmen	Versicherungs-AG
GmbH	Vollübertr.	§§ 175 Nr. 1, 176	–	–	–
	Teilübertr.	§§ 175 Nr. 1, 177	–	–	–
AG/KGaA	Vollübertr.	§§ 175 Nr. 1, 176	–	–	–
	Teilübertr.	§§ 175 Nr. 1, 177	–	–	–
Versicherungs-AG	Vollübertr.	–	§§ 175 Nr. 2 Buchst. a, 178	§§ 175 Nr. 2 Buchst. a, 178	–
	Teilübertr.	–	§§ 175 Nr. 2, Buchst. a, 179	§§ 175 Nr. 2, Buchst. a, 179	–
VVaG	Vollübertr.	–	–	§§ 175 Nr. 2 Buchst. b, 180–183, 185–187	§§ 175 Nr. 2 Buchst. b, 180–183 185–187
	Teilübertr.	–	–	§§ 175 Nr. 2 Buchst. b, 184–187	§§ 175 Nr. 2 Buchst. b, 184–187
öff.-rechtl. Versicherungsunternehmen	Vollübertr.	–	§§ 175 Nr. 2 Buchst. c, 188	–	§§ 175 Nr. 2 Buchst. c, 188
	Teilübertr.	–	§§ 175 Nr. 2 Buchst. c, 189	–	§§ 175 Nr. 2 Buchst. c, 189

§§ sind solche des Umwandlungsgesetzes

Leistung und Gegenleistung nach objektiven Gesichtspunkten nicht gleichwertig sind. Gegenstand der Vermögensübertragung sind nur Mitunternehmeranteile an einer Personengesellschaft, die eine Tätigkeit i.S.d. § 13, 15 I S. 1 Nr. 1 oder nach § 18 I EStG ausüben, eines Betriebs oder Teilbetriebs und eines Anteils an einer GmbH von mindestens 50 Prozent, wenn der Übergeber als Geschäftsführer tätig war und der Übernehmer diese Tätigkeit nach der Übertragung übernimmt. Wird begünstigtes Vermögen unter Vorbehalt eines Nießbrauchs übertragen, gelten die vorgenannten Ausführungen, wenn der Nießbrauch lediglich Sicherungszwecken dient und der Vermögensübergeber gleichzeitig mit der Bestellung des Nießbrauchs dessen Ausübung nach § 1059 BGB dem Vermögensübernehmer überlässt. Weiterhin ist Voraussetzung für die Versorgung, dass das Vermögen ausreichend Ertrag bringt, um die Versorgung des Übergebers aus dem übernommenen Vermögens zumindest zu einem Teil sichert. Dies wird grundsätzlich angenommen, wenn nach überschlägiger Berechnung die wiederkehrenden Leistungen nicht höher sind als der langfristig erzielbare Ertrag des übertragenden Vermögens. Keine Begünstigung liegt vor, wenn sich der Übernehmer im Übertragungsvertrag der Verpflichtung nachkommt, das übertragene Vermögen umzuschichten. Darüber hinaus gelten Besonderheiten bei Betriebsaufgabe, Übertragung, Umwandlung und nachträgliche Umschichtungen. – *Entgeltliche Vermögensübertragungen*: Bis zur Grenze der Angemessenheit enthalten wiederkehrende Leistungen im Austausch mit einer Gegenleistung eine nicht steuerbare oder steuerbare Vermögensumschichtung in Höhe des Barwerts und einen Zinsanteil. Ist der Barwert (= Tilgungsanteil) der wiederkehrenden Leistungen jedoch höher als der Wert des übertragenden Vermögens, wird grundsätzlich eine Entgeltlichkeit in Höhe des angemessenen Kaufpreise angenommen. Der darüber hinausgehende Betrag gilt steuerlich als Zuwendung i.S.d. § 12

Nr. 2 EStG. Ist die Höhe des Barwerts doppelt so hoch wie der Wert des übertragenen Vermögens, liegt somit insgesamt eine Zuwendung des § 12 Nr. 2 EStG vor. Eine Teilentgeltlichkeit wird angenommen, wenn der Wert des übertragenen Vermögens höher ist als der Barwert der wiederkehrenden Leistungen. – a) *Übertragung von Betriebsvermögen*: Betreffend der ertragsteuerlichen Behandlung bei Veräußerung von Wirtschaftsgütern des Betriebsvermögens gegen Leibrenten, Veräußerungsrenten oder Kaufpreisraten verweisen wir auf die dort gemachten Ausführungen. – b) *Übertragung von Privatvermögen* gegen wiederkehrende Leistungen auf Lebenszeit: Beim Verpflichteten bemessen sich die Anschaffungskosten nach dem Barwert der wiederkehrenden Leistungen. Dieser wird bei lebenslänglichen Leistungen nach § 14 I BewG oder nach versicherungsmathematischen Grundsätzen ermittelt. Bei einer dauernden Leistung (ungleichmäßig wiederkehrende Leistungen) berechnet sich der Barwert nach dem Jahreswert, der in künftig im Durchschnitt der Jahre voraussichtlich erzielt wird. Bei einem Erwerb eines Wirtschaftsguts, welches zur Einkünfteerzielung dient, ist der errechnete Barwert Grundlage für die Absetzung für Abnutzung, für Sonderabschreibungen oder für höhere Absetzung. Zu beachten ist, dass der in den wiederkehrenden Leistungen enthaltene Tilgungsanteil im Zeitpunkt der Zahlung nicht gesondert im Rahmen von Werbungskosten berücksichtigt werden kann. Der Zinsanteil von Renten und dauernden Lasten ist grundsätzlich nicht abzugsfähig. Wenn hingegen das erworbene Wirtschaftsgut der Einkünfteerzielungsabsicht dient, ist der in den Zahlungen enthaltene Zinsanteil grundsätzlich als Werbungskosten abzugsfähig. Beim Berechtigten ermittelt sich der Veräußerungspreis in Höhe des Barwerts für die wiederkehrenden Leistungen. Bei privaten Veräußerungsgeschäften ist der Veräußerungspreis bis zur Höhe des Barwerts die Differenz zwischen der Summe der jährlichen Zahlungen und der ermittelte

Zinsanteil. In dem Jahr, in dem der in der Summe der jährlichen Zahlungen enthaltene Veräußerungspreis die um die Abschreibung gekürzten Anschaffungskosten und weitere Werbungkosten übersteigt, entsteht erstmals ein Gewinn. Bei Veräußerungsgewinnen von wesentlichen Anteilen i.S.d. § 17 EStG entsteht der Gewinn grundsätzlich im Zeitpunkt der Veräußerung. Bei Veräußerungen gegen Leibrente und gegen Ratenzahlungen, gelten wiederum Besonderheiten. Bei Veräußerungen von Kapitalvermögen, kann der Gewinn ggf. auch nach § 20 EStG besteuert werden: Hier greift die Abgeltungsteuer. Der Zinsanteil, der in den wiederkehrenden Leistungen enthalten ist, ist Entgelt für die Stundung des Veräußerungspreises. Dieses ist auf die Laufzeit der wiederkehrenden Leistungen zu verteilen. Bei dauernden Leistungen gilt der Zinsanteil als Einkünfte aus Kapitalvermögen i.S.d. § 20 EStG. Der Ertragsanteil, welcher in Veräußerungsleibrenten enthalten ist, ist nach § 22 EStG zu versteuern. – c) *Übertragung von Privatvermögen* gegen wiederkehrende Leistungen auf bestimmte Zeit: Die Anschaffungskosten und der Veräußerungspreis ermittelt sich nach § 13 I BewG mit dem Barwert. Dies gilt auch bei wiederkehrenden Leistungen für eine Mindestlaufzeit. Der Barwert kann auch auf Basis eines versicherungsmathematischen Gutachtens ermittelt werden. Bei der Ermittlung des Zinsanteils der Rente bei Mindestlaufzeit kommt es darauf an, ob die laufenden Zahlungen eher einer Leibrente oder der Kaufpreisrate zuzuordnen ist. Werden Kaufpreisraten angenommen, ermittelt sich der Zinsanteil grundsätzlich aus der Differenz zwischen der Summe der jährlichen Zahlungen und der jährlichen Minderung des Barwerts der wiederkehrenden Leistungen. Ansonsten ist der Ertragsanteil mittel Ertragswerttabelle des § 22 Nr. 1 S. 3 Buchst. a Doppelbuchst. bb S. 4 EStG zu ermitteln. Betreffen die Besteuerung verweisen wir auf die obigen Ausführungen unter b).

III. **Außenhandel**: → Zahlungsbilanz.

Verrechnungsdollar – bei → Handelsabkommen und → Zahlungsabkommen zwischen zwei Ländern häufig gewählte → Verrechnungseinheit (VE), wenn die Vertragspartner ihrer zwischenstaatlichen Verrechnung eine dritte Währung zugrunde legen wollen.

Verrechnungseinheit (VE) – I. Internationale Wirtschaftsbeziehungen: In → Zahlungsabkommen vereinbarte *Währungseinheit*, zu der unabhängig von ihren Kursschwankungen zwischen den an dem Zahlungsabkommen beteiligten Ländern abgerechnet wird. (→ Verrechnungsverkehr). – *Beispiel*: → Verrechnungsdollar.

II. Amtliche Statistik: Recheneinheit als Generalnenner für den statistischen Vergleich qualitativ unterschiedlicher, wenn auch gattungsgleicher Güter, z.B. Großvieh-Einheit und Arbeitskräfte-Einheit.

Verrechnungskonten – I. Finanzbuchhaltung: Konten, die keine eigentliche Abrechnungsstelle eines Bilanzpostens sind, die aber auch nicht als Unterkonten des Kapitalkontos zu den Erfolgskonten gerechnet werden können. Verrechnungskonten sind Hilfskonten aus buchungstechnischen Gründen, die sich immer wieder ausgleichen.

II. Kostenrechnung: Die Konten der Klasse 5 des Gemeinschafts-Kontenrahmens industrieller Verbände (GKR), die mit tatsächlich angefallenen Gemeinkosten belastet und mit verrechneten Gemeinkosten erkannt werden. Verrechnungsunterschiede sollen sich über größere Zeitabstände (Jahr) möglichst ausgleichen, andernfalls ist Korrektur der Normalzuschläge erforderlich. Differenzen werden über ein Abgrenzungssammelkonto gebucht.

III. Internationale Wirtschaftsbeziehungen: Konten bei Zentralbanken und/oder Geschäftsbanken, die aufgrund eines zwischen zwei oder mehreren Ländern abgeschlossenen → Zahlungsabkommens geführt werden und auf denen der → Verrechnungsverkehr abgewickelt wird. Verrechnungskonten können mit einem Swing versehen sein, es kann Abwicklung der Salden in harter Währung vereinbart sein etc. – Zu unterscheiden: (1) *Ein-Konten-System,* bei dem alle Verrechnungen über ein Konto des einen Vertragspartners bei der Zentralbank des anderen Vertragspartners laufen; (2) *Zwei-Konten-System,* bei dem jeder der Vertragspartner ein Verrechnungskonto bei der Zentralbank des anderen Vertragspartners unterhält.

Verrechnungsländer – Länder, mit denen ein Land ein → Zahlungsabkommen abgeschlossen hat und mit denen der Zahlungsverkehr über → Verrechnungskonten vorgenommen wird. – *Gegensatz:* Länder, mit denen freier Zahlungsverkehr besteht.

Verrechnungspreis – I. Wirtschaftstheorie: → Preis, der nicht durch Gütertausch auf Märkten entsteht, sondern in einem Optimierungsansatz berechnet wird. Auch als *Schattenpreis* bezeichnet. – Im Marktgleichgewicht (→ Gleichgewicht) stimmen die Verrechnungspreise mit den → Marktpreisen überein.

II. Plankostenrechnung: Synonym für *Planpreise.*

III. Internationales Management: Transferpreis.

IV. Steuerrecht: 1. *Begriff:* Der zwischen rechtlich selbständigen, aber miteinander durch Beteiligungsbeziehungen direkt oder indirekt verbundenen Unternehmen vereinbarte Preis für Lieferungen und Leistungen jeder Art. Keine Verrechnungspreise sind folglich innerhalb einer rechtlichen Einheit, d.h. zwischen einem Stammhaus und seiner Betriebsstätte, möglich. – 2. *Grundsatz:* Die verbundenen Unternehmen müssen ihre Leistungen untereinander so abrechnen, wie dies auch einander fremde Dritte täten (Drittvergleichsgrundsatz; Fremdvergleichsgrundsatz). Dieser Grundsatz gilt sowohl im nationalen Recht (wo eine Verletzung durch Vereinbarung unangemessener Verrechnungspreise entweder zu einer verdeckten Gewinnausschüttung

oder einer verdeckten Einlage führen kann) als auch im grenzüberschreitenden Rahmen (Art. 9 des OECD-Musterabkommens für Doppelbesteuerungsabkommen erlaubt es den Vertragsstaaten, unangemessene Verrechnungspreise auf Konditionen, die dem Fremdvergleichsgrundsatz entsprechen, zu berichtigen). – 3. *Steuerrechtliche Folgen:* Die Finanzverwaltung korrigiert die Gewinnermittlung des betroffenen Unternehmens und berechnet den Gewinn so, als ob die Verrechnungspreise in angemessener Höhe vereinbart worden wären. Die über die angemessene Höhe hinaus gehende Teile der Zahlungen an einen Gesellschafter gelten i.d.R. als verdeckte Gewinnausschüttungen und solche Zahlungen von einem Gesellschafter, wenn auch die übrigen Voraussetzungen dafür gegeben sind, als Einlagen (verdeckte Einlagen). Hilfsweise erlaubt aber § 1 AStG, die Verrechnungspreise auch in allen anderen Fällen zu korrigieren, um den Gewinn so auszuweisen, wie es bei Beziehungen unter fremden Dritten der Fall gewesen wäre. – 4. *Rechtsgrundlagen:* §§ 90, 162 AO; Gewinnaufzeichnungs-Dokumentationsverordnung; Funktionsverlagerungsverordnung, Art. 9 OECD-Musterabkommen; BMF-Schreiben über Verwaltungsgrundsätze zur Kontrolle der Verrechnungspreise („Verwaltungsgrundsätze"). – 5. *Dokumentationspflicht:* In Deutschland werden die Dokumentationspflichten der Unternehmen in § 90 III Abgabenordnung (Mitwirkungspflichten bei Auslandssachverhalten) festgelegt, deren Umfang und Ausgestaltung im Interesse einer einheitlichen Rechtsanwendung durch die „Verordnung zu Art, Inhalt und Umfang von Aufzeichnungen i.S.d. § 90 III der Abgabenordnung (Gewinnabgrenzungsaufzeichnungsverordnung) näher ausgeführt werden. Darüber hinaus hat das Bundesfinanzministerium einige Verwaltungsgrundsätze veröffentlicht, die die Arbeit der Finanzverwaltung binden. Hierbei sind insbesondere die sog. Verfahrensgrundsätze-Verfahren zu nennen (12.4.2005): die Verwaltungsgrundsätze-Kostenumlagen

(30.12.1999) und die Verwaltungsgrundsätze-Arbeitnehmerentsendung (9.11.2001). Darüber hinaus hat das Bundesfinanzministerium Merkblätter zu Verständigungs- und Schiedsverfahren (13.7.2006) sowie zu Vorabverständigungsverfahren (Advanced Pricing Agreements) (5.10.2006) veröffentlicht.

Verrechnungsverkehr – zwischenstaatlicher Ausgleich von Forderungen und Verpflichtungen auf dem Verrechnungsweg. Zahlungen erfolgen nicht in Devisen, sondern über → Verrechnungskonten durch Einzahlung seitens der Importeure in der Landeswährung bei der als Verrechnungsstelle fungierenden Zentralbank bzw. einer dazu geschaffenen bes. Stelle *(Verrechnungskasse)*. Häufig ist ein *Swing* vereinbart. Aus den Einzahlungen der Importeure werden die Exporteure befriedigt. – Auch die sonstigen *außerhalb des Außenhandels* entstehenden Zahlungsverbindlichkeiten werden im Verrechnungsverkehr reguliert. Überschüsse werden bisweilen zum Ausgleich von Zinsverpflichtungen oder zur Tilgung früherer Schulden verwendet. – *Bedeutung* im → Außenhandel im Rahmen der internationalen Verrechnungsabkommen (→ Zahlungsabkommen).

Verschuldung im Ausland → Auslandsverschuldung, Auslandsverschuldung der Entwicklungsländer.

Versender – I. Handelsrecht: Der Versender ist der Auftraggeber des Spediteurs: Für dessen Rechnung besorgt der Spediteur die Versendung (§ 453 HGB). Der Spediteur ist im Verhältnis zum Frachtführer Absender, im Verhältnis zum Verfrachter Befrachter.

II. Außenwirtschaftsrecht: Versender ist, wer auf Veranlassung eines Ausführers (vgl. Definition in § 4c AWV), dem er zur Lieferung verpflichtet ist, die Ware zur Erfüllung eines Liefervertrages des Ausführers an dessen gebietsfremden Abnehmer liefert.

Versenderland → Versendungsland.

Versendungsland – Begriff des Außenwirtschaftsrechts: fremdes Wirtschaftsgebiet, aus dem die Ware in das deutsche → Wirtschaftsgebiet versendet wird, ohne dass diese in Durchfuhrländern Rechtsgeschäften oder Aufenthalten unterworfen ist, die über die normale Beförderung hinausgehen. Eine Legaldefinition fehlt in der → Außenwirtschaftsverordnung (AWV), der Begriff ist dort mehrfach in Gebrauch (z.B. in § 21b II AWV, § 23 II AWV, § 27 II AWV, § 29 II AWV); zu unterscheiden sind → Einkaufsland (§ 21b II AWV), Ursprungsland (Anlage → Einfuhrliste zum AWG, Nr. 8).

Verstärkereffekte → konjunkturelle Verstärkereffekte.

Verteilungsfunktion des Preises – Begriff der → Preistheorie, der besagt, dass Änderungen von Güter- und Faktorpreisen über die Änderung der → Allokation auf die Einkommens- und Vermögensverteilung wirken können. Güterpreiserhöhungen ohne Erhöhung der Faktorpreise verschlechtern bei gegebener Beschäftigung z.B. die funktionale Einkommensverteilung für die Arbeitnehmer.

Verteilungsrechnung – im Rahmen der Darstellung des → Volkseinkommens die Ermittlung des → Arbeitnehmerentgelts und der → Unternehmens- und Vermögenseinkommen. Neben der Verteilungsrechnung bilden die → Entstehungsrechnung und die → Verwendungsrechnung den Kernbereich der laufenden Inlandsproduktsberechnung. – Vgl. auch Bruttoinlandsprodukt (BIP).

Verteilungsverfahren – I. Zwangsversteigerungsgesetz: Teil des Zwangsversteigerungsverfahrens, der sich an Versteigerungstermin mit Zuschlag anschließt und die Aufgabe hat, den erzielten Versteigerungserlös nach Abzug der Verfahrenskosten gemäß dem Teilungsplan zu verteilen (§§ 105 ff. ZVG).

II. Außenwirtschaftsrecht: Verfahren zur Festlegung der Einfuhrquoten im Fall kontingentierter → Einfuhr seitens der zuständigen Genehmigungsbehörden nach § 12 → Außenwirtschaftsgesetz (AWG):

a) → Referenzverfahren (reines Referenz-verfahren und Quotenreferenzverfahren); b) → Verhältnisverfahren; c) → Wind-hund-Verfahren (nur in Ausnahmefällen an-gewandt); d) Quotenversteigerungsverfahren (nicht üblich).

Vertragstheorien der Unternehmung → Transaktionskostentheorie der Unterneh-mung, → Governance-Structure-Theorie der Unternehmung, → Team-Theorie der Unter-nehmung, → Prinzipal-Agent-Theorie der Unternehmung.

Vertragszollsatz – *Vertragstarif,* → Dritt-landszollsatz; aufgrund zwischenstaatlicher Vereinbarungen im Rahmen des GATT für bestimmte Waren zu erhebender Zollsatz. Vertragszollsätze werden gegenüber Län-dern (sog. Drittländer) angewendet, denen die Meistbegünstigung zusteht. Vertragszoll-sätze beruhen auf Art. 207 AEUV. – *Gegen-sätze dazu:* → Präferenzzoll und *autonomer Zollsatz* (Art. 31 AEUV).

Vertrauensgut – in der → Haushaltstheorie ein → Gut, dessen Qualität selbst nach dem Kauf durch den Haushalt nicht sicher festge-stellt werden kann (z.B. Medikamente, Thera-pien). – Vgl. auch Informationseigenschaften von Gütern, → Erfahrungsgut, → Suchgut.

Verwaltungsprotektionismus – *administ-rativer Protektionismus;* Schutz inländischer Produzenten durch Behinderung der → Ein-fuhr von Waren im Weg verwaltungsmäßi-ger Vorschriften, die auf eine Komplizierung des Verfahrens und Erhöhung der Kosten des Grenzübertritts der betreffenden Güter ab-stellen. *Beispiele* hierfür sind Öffnungszei-ten von Zollstellen, zwingend zu benutzende Vordrucke oder IT-Verfahren, Abläufe bei der Zollabwicklung und sonstige Einfuhrab-wicklung (z.B. Verfahren beim Grenzveteri-när, Pflanzenschutzamt), Kosten und Gebüh-ren, etc. Dieser Verwaltungsprotektionismus ist z.T. nicht gesteuert und geplant. Innerhalb der EU bestehen in mittlerweile 27 Mitglieds-staaten nach 40 Jahren → Zollunion noch große Unterschiede in der täglichen Praxis

der Zollabwicklung bei der Einfuhr aus Dritt-ländern. – Vgl. auch → nicht tarifäre Han-delshemmnisse.

Verwendungsrechnung – Berechnung und Darstellung des → Inlandsprodukts nach Art der Verwendung der erzeugten Waren und Dienstleistungen. Bestandteile dieser Ver-wendung sind der → Konsum, die → Brutto-investitionen sowie der Export (→ Ausfuhr) von Waren und Dienstleistungen abzüglich der → Importe. Neben der Verwendungs-rechnung bilden die → Entstehungsrechnung und die → Verteilungsrechnung den Kernbe-reich der laufenden Inlandsproduktsberech-nung.

Verzollungsmaßstäbe – *Bemessungsgrund-lagen;* die verschiedenen Größen, auf die sich ein Zollsatz (→ Zoll) bezieht. Bei → Wertzöl-len ist der Verzollungsmaßstab der Zollwert (*ad valorem*), bei → spezifischen Zöllen be-stimmte Warenmengen z.B. 1.000 kg Eigen-gewicht (Salz), 1 hl (Wein), 100 m (Filme), ein Stück (Flasche mit Quecksilber). – Grund-sätzlich wird der Abgabensatz (t = tariff) be-rechnet mithilfe der drei Variablen Zollwert (v = value), Zollsatz (d = duty), Menge (q = quantity):

$$t = v * d * q$$

Bei spezifischen Zollsätzen wird v=1, bei Wertzöllen q=1 gesetzt. Der Zollsatz d wird bestimmt durch die zolltarifliche Einreihung in den Zolltarif (c = customs classification) und ist abhängig vom Ursprungsland (o = origin) und vom Zeitpunkt der Zollanmel-dung (ti = time).

$$d = co, ti$$

VGR – Abk. für Volkswirtschaftliche Gesamt-rechnung.

Vintage-Modelle – *Jahrgangsmodelle;* Be-griff der → Wachstumstheorie für Modelle mit investitionsgebundenem → technischen Fortschritt, der sich immer nur im jeweils jüngsten Kapitaljahrgang niederschlagen kann, sodass die Produktivität von Kapital-gütern bei gleich hohem Arbeitseinsatz umso geringer ist, je älter sie sind. Da der technische Fortschritt immer an die zuletzt getätigten Investitionen gebunden ist, ist er von der Höhe der Bruttoinvestitionen abhängig.

Volatilität – 1. *Allgemein:* Ausmaß der kurzfristigen Fluktuation einer Zeitreihe um ihren Mittelwert oder Trend, gemessen durch die Standardabweichung bzw. den Variationskoeffizienten. – 2. *Wertpapiere:* Gradmesser für die Preisschwankung des Bezugswertes (z.B. Aktie) während einer bestimmten Zeitperiode. Sie wird formal als Standardabweichung der annualisierten Renditen berechnet (historische Volatilität). Je höher die Volatilität eines Bezugswertes, d.h. das Ausmaß und die Häufigkeit der Kursschwankungen, desto höher ist i.Allg. die Optionsprämie. Aus der Black-Scholes-Formel lässt sich dagegen die implizite Volatilität ableiten, wenn man die gehandelten Prämien als gegebene Werte für eine bestimmte Option einsetzt. – 3. *Außenwirtschaft:* Verwendet im Zusammenhang mit Schwankungen des → Wechselkurses.

Volkseinkommen – 1. *Begriff:* In der Volkswirtschaftlichen Gesamtrechnung Ausgangsgröße für die Darstellung der Einkommensverteilung. Das Volkseinkommen ist die Summe der → Arbeitnehmerentgelte sowie → Unternehmens- und Vermögenseinkommen, die Inländern (Institutionen und Personen, die ihren ständigen Sitz bzw. Wohnsitz im Inland haben) zugeflossen sind. – Unterschieden werden in funktionaler Gliederung Arbeitnehmerentgelt sowie Unternehmens- und Vermögenseinkommen, in sektoraler Gliederung die entsprechenden Einkommen nach den Sektoren (private Haushalte, Unternehmen und Staat). – 2. *Berechnung:* Das Volkseinkommen wird ermittelt durch Absetzen der → Abschreibungen sowie der → Produktions- und Importabgaben (vermindert um die → Subventionen) vom → Bruttonationaleinkommen (BNE). Die Unternehmens- und Vermögenseinkommen ergeben sich als Restgröße durch Abzug der Arbeitnehmerentgelte vom Volkseinkommen. Bei der sekundären Einkommensverteilung müssen insbes. die an den Staat geleisteten und von ihm empfangenen laufenden → Transfers berücksichtigt werden. Resultat ist nach weiteren Korrekturen bei den privaten Haushalten deren → verfügbares Einkommen, wobei zuvor die den anderen Sektoren zufließenden Teile des Volkseinkommens abgezogen wurden.

Volksvermögen – Summe der → Reinvermögen aller Wirtschaftseinheiten einer → Volkswirtschaft bzw. nach Konsolidierung der inländischen Forderungen und Verbindlichkeiten die Summe des Wertes der in einer Volkswirtschaft zu einem Zeitpunkt vorhandenen Vermögensgüter und dem → Nettogeldvermögen gegenüber der → übrigen Welt. Der Vermögensbegriff des → Europäischen Systems Volkswirtschaftlicher Gesamtrechnungen (ESVG) schließt u.a. das → Humankapital, das Gebrauchsvermögen sowie Grund und Boden aus. Einzelne Bestandteile des Volksvermögens werden regelmäßig im Rahmen der Vermögensrechnung der Volkswirtschaftlichen Gesamtrechnung (VGR) vom Statistischen Bundesamt (StBA) (produzierte Vermögensgüter, ohne → Gebrauchsvermögen und Vorratsbestände) und von der Deutschen Bundesbank (Forderungen und Verbindlichkeiten im Rahmen der → Finanzierungsrechnung) ermittelt.

Volkswirtschaft – I. Makroökonomik: Gesamtheit aller mittelbar oder unmittelbar auf die Wirtschaft einwirkenden Kräfte, sämtliche Beziehungen und Verflechtungen der Einzelwirtschaften innerhalb eines durch Grenzen deutlich von anderen Gebieten abgegrenzten Gebietes (meist durch Staatsgrenzen) mit einheitlicher Währung. – *Modelle:* → Makroökonomische Totalmodelle geschlossener Volkswirtschaften, → Totalmodelle offener Volkswirtschaften.

II. Volkswirtschaftliche Gesamtrechnung (VGR): Die wirtschaftliche Betätigung aller Wirtschaftseinheiten, die ihren ständigen Sitz bzw. Wohnsitz im Wirtschaftsgebiet haben. Relevanter Wirtschaftsraum der nationalen Volkswirtschaftlichen Gesamtrechnung (VGR).

Vollbeschäftigungsarbeitslosigkeit → natürliche Arbeitslosigkeit.

vollkommene Kapitalmobilität → Totalmodelle offener Volkswirtschaften, Nachfrageseite.

vollkommener Markt → Markt, vollkommene Konkurrenz.

Vollkommenheitskriterien → Marktformen.

vollständige Spezialisierung – Situation, in der ein Land einzelne handelbare Güter nicht mehr im Inland erzeugt, sondern aus dem Ausland importiert. Solche Situationen kommen v.a. bei *Ricardianischem Handel* zustande. – Vgl. auch → Ricardianisches Modell.

vollständige Voraussicht → Neue Klassische Makroökonomik.

Vollständigkeit(der Präferenzordnung), → Ordnungsaxiome.

Voluntary Export Restriction (VER) → freiwillige Exportbeschränkung.

von Neumann-Modell → lineare Wachstumsmodelle.

Vorjahresmethode – seit ihrer Revision 2005 verwendet die Volkswirtschaftliche Gesamtrechnung (VGR) zur Preisbereinigung die Vorjahresmethode bzw. Vorjahrespreismethode, d.h. die Deflationierung wird auf der Grundlage der konstanten Preise des Vorjahres berechnet, um eine realitätsnähere Erfassung der Wirtschaftsentwicklung zu ermöglichen. Im Vergleich zu dem damit errechneten *realen* Bruttoinlandsprodukt (BIP) beruht die Berechnung des *nominalen* Bruttoinlandsprodukts (BIP) auf den jeweiligen Preisen des Berichtsjahres. – Vgl. auch → verkettete Indizes.

Vorleistung – I. Kaufmännischer Sprachgebrauch: Eine entgegen dem Handelsbrauch im Voraus erfolgende Lieferung oder Bezahlung, die den Handelspartner zur Einhaltung der vertraglichen Vereinbarungen verpflichten soll.

II. Volkswirtschaftliche Gesamtrechnung: Wert der → Güter (Waren und Dienstleistungen), die inländische Wirtschaftseinheiten von anderen in- und ausländischen Wirtschaftseinheiten bezogen und im Berichtszeitraum im Zuge der Produktion verbraucht haben.

Vorwärtsverknüpfung → Verkettungseffekte, Forward Linkage.

Vorzugszoll → Präferenzzoll. – *Gegenteil hierzu:* → Drittlandszollsatz (nach dem Meistbegünstigungsprinzip des GATT).

W

Wachstumsmodelle → Wachstumstheorie.

Wachstumspolitik – I. Begriff: Als Wachstumpolitik werden wirtschaftspolitische Maßnahmen des Staates bezeichnet, die auf eine langfristige Erhöhung des Prof-Kopf-Bruttoinlandsprodukts (BIP) eines Landes (oder eines anders definierten Wirtschaftsraumes wie z.b. der Europäischen Union) ausgerichtet sind. Der Begriff Wachstumspolitik fasst damit ein breites Spektrum von staatlichen Maßnahmen zusammen.

II. Merkmale: Bezugspunkt der Wachstumspolitik sind die Determinanten des Wachstums, die in der → Wachstumstheorie und der Institutionentheorie ermittelt werden. In der Wachstumstheorie werden Faktoren, die auf lange Sicht das (gleichgewichtige) Niveau des BIP bestimmen (Niveaueffekte) von solchen unterschieden, die eine Anpassung an Niveaus bewirken (Wachstumsrateneffekte). Falls die Wachstumsrateneffekte nicht nur vorübergehend bis zur Erreichung eines Gleichgewichtes wirken, sondern das Wachstum dauerhaft erhöhen, kommt diesen Maßnahmen eine größere Bedeutung zu. In der Wachstumstheorie ist diese Differenzierung wichtig, weil sich darauf eine ganze Forschungsrichtung – die neue bzw. endogene Wachstumstheorie – gründet. Zentraler Erklärungsansatz dieser Ansätze ist, dass die Wachstumsraten des Pro-Kopf-Einkommens permanent steigen können, wenn bestimmte Voraussetzungen in einer Volkswirtschaft erfüllt sind, oder geschaffen werden. Welche Rolle hierbei der Staat spielt, ist das Thema der Wachstumspolitik. Dabei wird oft eingewendet, dass es für die praktische Wirtschaftspolitik unerheblich sei, ob durch sie (lediglich) Niveaueffekte, oder auch Wachstumsrateneffekte induziert würden. Bedenkt man, dass Anpassungsprozesse i.d.R. mehrere Jahre dauern, scheint der genannte Unterschied für die Politik in der Tat eher eine untergeordnete Rolle zu spielen. Aus ökonomischer Sicht ist eine solche Differenzierung durchaus von Bedeutung, weil es bei einer notwendigen Kosten-Nutzen-Analyse von staatlichen Maßnahmen wichtig ist, ob diese dauerhaft oder eher nur vorübergehend wirken.

III. Maßnahmen: 1. Wachstumspolitik, die das Niveau des Pro-Kopf-Bruttoinlandsprodukts positiv beeinflusst. – Empirische Studien zeigen, dass das BIP eines Landes sich nur dann auf hohem Niveau entwickelt, wenn in diesem Land die Rahmenbedingungen, unter denen die Bürger agieren, bestimmte Eigenschaften aufweisen. Zu diesen zählen stabile politische Systeme, die durch Rechtssysteme sowie durch Eigentums- und Wettbewerbsordnungen gekennzeichnet sind, eine leistungsfähige Verkehrs- und Kommunikationsinfrastruktur sowie ein entwickelter Finanzsektor. Entscheidend ist bei diesen Determinanten, dass sie für funktionsfähige Güter- und Kapitalmärkte sorgen. Ferner gibt es Belege dafür, dass eine solide makroökonomische Politik das Wachstumsniveau einer Volkswirtschaft positiv beeinflusst. Indikatoren für eine solche Politik sind eine Geldpolitik, die Preisstabilität bewirkt, eine → Handelspolitik, die eine hohe Offenheit in Bezug auf den Handel des Landes mit Gütern, Dienstleistungen und Kapital bewirkt, sowie eine Finanzpolitik, die durch eine solide Finanzierung der öffentlichen Haushalte gekennzeichnet ist. Ferner gelten hohe Investitionsquoten (Investitionen in physisches Kapital als Anteil am BIP) und hohe Bildungsstandards als Determinanten eines hohen Niveaus des BIP. Volkswirtschaften, die diese sog. Niveau-Determinanten in ähnlicher Weise erfüllen, haben sich offenbar im Verlauf der vorangegangenen Jahrzehnte beim Por-Kopf-BIP angenähert. Länder, die diese Merkmale nicht oder nur sehr eingeschränkt aufweisen, fielen hingegen beim Pro-Kopf-BIP zurück und haben vorhandene Lücken nicht geschlossen. In empirischen Studien wird deshalb von bedingter Konvergenz der wirtschaftlichen Entwicklung gesprochen. Dabei zeigen diese Studien, dass für das Aufholen neben den genannten Merkmalen auch die Bedingungen eine große Rolle spielen, die ein Land zu Beginn der Entwicklung charakterisieren. Z.B. konnten Länder mit geringem Bildungsstandard auch deshalb nicht aufholen, weil deren Bürger nur begrenzt in der Lage waren, den Fortschritt der anderen aufzunehmen und im eigenen Land zu verwerten. – 2. Wachstumspolitik, die die Wachstumsraten des Pro-Kopf-Bruttoinlandsprodukts positiv beeinflusst. – Nach dem neoklassischen Standardmodell sind es die → Akkumulation des physischen Kapitals, das Bevölkerungswachstum und der → technische Fortschritt, die bestimmen, mit welchem Tempo sich eine Volkswirtschaft bis zur Erreichung eines unter den gegebenen Bedingungen maximal erreichbaren, stabilen Wachstumspfad entwickelt. Zentrale Bedeutung haben die *privaten unternehmerischen Investitionen*. Für die Wachstumspolitik folgt daraus, dass staatliche Maßnahmen, die eine hohe Effizienz der privaten Investitionen ermöglichen und die insgesamt positiv auf die private Investitionstätigkeit wirken, von größter Bedeutung für positive Wachstumsraten sind. Wachstumspolitische Erfordernisse aus dem Bevölkerungswachstum ergeben sich in erster Linie für die Arbeitsmarktpolitik, denn nur wenn es gelingt, auch eine hohe Erwerbsbeteiligung der Bürger im erwerbsfähigen Alter zu gewährleisten, hat das Bevölkerungswachstum positive Folgen. Anderenfalls konnten eher negative Effekte auf das Pro-Kopf-BIP festgestellt werden. In empirischen Studien gibt es deshalb Belege dafür, dass Länder mit inflexiblem Arbeitsmarkt (gemessen etwa anhand der strukturellen Arbeitslosigkeit) weniger schnell wachsen. Ein zentrales Anliegen der neuen Wachstumstheorie ist

es, die Bedeutung des → Humankapitals genauer herauszuarbeiten. Es gibt einige Belege dafür. dass der Bestand an Humankapital in einem Land auch dessen Wachstumstempo mitbestimmt. Auch für einen allgemeiner definierten Wissensbestand einer Volkswirtschaft, der nicht nur das an Menschen gebundene Humankapital, sondern auch Wissensbestände in Form von Bibliotheken, Patenten, Forschungsstrukturen u.Ä. berücksichtigt, konnten positive Einflüsse auf das Wachstum nachgewiesen werden. Demzufolge sind gerade diese Bereiche für wachstumspolitische Maßnahmen relevant. – Unterschiedliche Einflüsse auf das Wirtschaftswachstum gehen von der *Finanzpolitik* aus. Sofern staatliche Investitionen einen positiven Einfluss auf die privaten Investitionen haben, wirken sie wachstumsfördernd. Berücksichtigt werden muss allerdings, dass staatliche Investitionen private verdrängen können. Kennzeichen einer „guten" Wachstumspolitik ist, dies zu berücksichtigen und nur dann aktiv zu werden, wenn dies von Privaten unterbleibt oder in zu geringem Umfang erfolgt. Signifikant wachstumshemmende Wirkungen entfalten offenbar auch die Summe der Gehälter und Besoldung der beim Staat beschäftigten Erwerbstätigen. Gleiches gilt für Ausgaben des Staates in Form von Transfers an private Haushalte und in Form von Subventionen an private Unternehmen. In Bezug auf die Ausgabenseite des Budgets lässt sich daraus ableiten, dass sich ein eher geringer Umfang der staatlichen Aktivitäten mit folglich kleinerer Bürokratie und geringerem Personalaufwand positiv auf das Wirtschaftswachstum auswirkt. Da staatliche Ausgaben finanziert werden müssen, ist zur Beurteilung der Ausgaben die Einnahmenseite des Staatsbudgets ebenfalls einzubeziehen. Signifikant positiv wirkt eine solide Finanzierung von öffentlichen Haushalten, welche die staatliche Verschuldung in engen Grenzen hält. Ein signifikant negativer Zusammenhang zeigt sich insbesondere zwischen den direkten Steuern und der privaten Investitionstätigkeit, woraus sich indirekt negative Auswirkungen auf das Wirtschaftswachstum ableiten lassen. Für die Abgabenlast insgesamt (also Steuern und Beiträge in die Sozialversicherungssysteme) konnten zwar keine signifikant negativen Einflüsse nachgewiesen werden, wohl aber für Steuerstrukturen, in denen direkte Steuern auf Arbeits- und Kapitaleinkommen eine dominierende Rolle spielen. Zu erwarten ist allerdings, dass bei zunehmendem Wettbewerb der Staaten um mobile Ressourcen auch die Höhe der Abgabenlast ein wichtiges Feld wachstumspolitischer Maßnahmen eines Staates sein wird. – 3. Wachstumspolitik, die die Wachstumsrate des Pro-Kopf-Bruttoinlandsprodukts dauerhaft erhöht. – Ein zentrales Ergebnis empirischer Wachstumsstudien ist die Bestätigung von Solows Aussage, dass die Grenzerträge der im Wirtschaftsprozess eingesetzten Faktoren im Zeitablauf sinken. Dauerhaft positive Effekte auf die Wachstumsraten lassen sich offensichtlich nur durch jene staatlichen Maßnahmen erzeugen, mit deren Hilfe dieser Prozess verhindert oder doch zumindest über längere Zeiträume aufgehalten werden kann. Dies ist nur möglich, wenn von staatlichen Maßnahmen dauerhaft positive externe Effekte ausgehen. Staatliche Maßnahmen mit dieser Zielsetzung bestehen z.B. daraus, bestimmte als bes. innovativ eingeordnete Investitionen in irgendeiner Form zu subventionieren, den Einsatz von Arbeitskräften in bestimmten Forschungsbereichen zu fördern oder die Ansiedlung und Konzentration von Forschungsaktivitäten zu initiieren. Diese Formen staatlicher Interventionen müssen allerdings hohe Anforderungen erfüllen, denn es muss nachgewiesen werden, dass nicht lediglich vorübergehend wirksame Effekte induziert wurden, sondern dauerhafte. Bspw. erfüllen alleine höhere Zuwendungen an Schulen oder eine Ausweitung von Forschungskapazitäten nicht per se die genannten Anforderungen an eine erfolgreiche Wachstumspolitik. Dauerhafte

Wachstumsimpulse werden auch nicht schon allein durch einmalig höhere Ausgaben für Schulen zur Verbesserung der Schüler-Lehrer-Relation erreicht. Notwendig ist es vielmehr, gleichzeitig Strukturveränderungen vorzunehmen, die über Anreize eine permanente Steigerung der Ausbildungsqualität ermöglichen. Gleiches gilt für den Bereich Forschung und Entwicklung (F&E). Es greift wahrscheinlich zu kurz, einmalig den Etat etwa der Grundlagenforschung zu erhöhen. Permanent positive Wirkungen können nur durch Anreizstrukturen erzeugt werden, die Forschungsqualitäten dauerhaft verbessern. Dazu müssen etwa Strukturen geschaffen werden, in denen international wettbewerbsfähige Forschungsergebnisse produziert werden können. Damit wachstumspolitische Maßnahmen solche positiven Effekte bewirken können, müssen zudem Formen einer effizienten Wissensverbreitung in andere Produktionsbereiche einer Volkswirtschaft entstehen. Empirische Untersuchungen des Zusammenhangs von Wissenskapital und Wirtschaftswachstum können zwar auf weniger lange Datenreihen zurückgreifen, erste Auswertungen zeigen aber, dass nicht mit allen F&E-Ausgaben des Staates das Ziel der Wachstumsförderung erreicht wird. Z.B. konnte für einen Teil der F&E-Ausgaben, die in Verteidigungsetats fließen, keine signifikant positiven Effekte nachgewiesen werden. Auch für andere Formen der Wachstumspolitik konnte (noch) keine starke Evidenz für positive Folgen gefunden werden. Dies gilt bspw. auch für die Grundlagenforschung. Hier liegt es allerdings in der Natur der Sache, dass sich die positiven Effekte erst auf längere Sicht in höheren Wachstumsraten auswirken.

IV. Beurteilung: Je spezifischer die wachstumspolitischen Maßnahmen des Staates sind, etwa wenn der Staat die Entwicklung und Herstellung bestimmter innovativer Produkte fördert, desto größer ist der Informationsbedarf des Staates. Ebenso stellen spezielle Fördermaßnahmen im Bildungs- und Forschungsbereich einen enormen

Informationsbedarf an den Staat und der Nachweis von positiven Effekten ist schwierig zu führen. Dabei geht es v.a. auch um den Informationsvorsprung des Staates gegenüber privaten Marktakteuren, der nachzuweisen ist. Weil jegliche wachstumspolitische Maßnahmen Ressourcen beanspruchen, gilt es zu belegen, warum staatliche Institutionen eher als Private wissen, in welchen Technologien investiert werden sollte oder welche Bildungsmaßnahmen anderen vorzuziehen sind. Werden Private nicht aktiv, weil sie sich zu großen Risiken gegenüber sehen, ist immer noch zu prüfen, in welchem Umfang der Staat aktiv werden sollte um ein solches Marktversagen zu korrigieren. Ist ein zu fördernder Bereich festgestellt, ist immer noch die Frage nach dem effizientesten Vorgehen zu beantworten. Solange es um Rahmenbedingungen geht, die funktionsfähige Märkte erhalten oder schaffen, ist der Informationsbedarf dagegen noch vergleichsweise gering und für die positiven Auswirkungen gibt es gute empirische Belege. Allerdings kann selbst für diese Maßnahmen der Informationsbedarf schon hoch sein. Etwa wenn es gilt, die optimale Dauer des Patentschutzes für eine neue Produktionstechnik zu bestimmen. Einerseits muss dem innovativen Unternehmen eingeräumt werden, aufgrund seiner Leistung Gewinne erzielen zu können, andererseits sollten potenzielle Nachahmer und Nutzer der neuen Technik, diese möglichst rasch verwerten können, damit auch deren Produktion effizienter wird und Wettbewerbsmechanismen wirken können.

Wachstumsschwäche – allg. eine wirtschaftliche Situation eines Landes, deren Wachstum des Nationaleinkommens (bzw. bisher Sozialproduktes) zu gering ausfällt. Dabei existiert kein objektiver Maßstab für eine solche Beurteilung. Populär wurde der Begriff erstmals nach dem ersten Ölpreisschock 1973. Als Folge der innerhalb kurzer Zeit drastisch gestiegenen Ölpreise (und damit gestiegener Energiekosten) verlangsamte sich das Wirtschaftswachstum in fast allen Ländern beträchtlich. Ohne einen objektiven Maßstab bezeichnet Wachstumsschwäche also die Situation eines deutlich nachlassenden Wirtschaftswachstums.

Wachstumstheorie – 1. *Begriff/Charakterisierung*: Unter Wachstumstheorie werden alle Arbeiten zusammengefasst, die untersuchen, welche Faktoren in welcher Weise und in welcher Intensität die wirtschaftliche Entwicklung eines Landes beeinflussen. Es gibt also nicht die Wachstumstheorie, sondern eine Reihe von unterschiedlichen Theorien. Gemeinsam ist diesen Ansätzen, dass als Indikator der wirtschaftlichen Entwicklung das → Bruttoinlandsprodukt (BIP) verwendet und i.d.R. eine Pro-Kopf-Betrachtung vorgenommen wird, weil die wirtschaftliche Lebenssituation eines repräsentativen (Durchschnitts-)Bürgers von Interesse ist. Als Wachstum wird die Zunahme dieser Größe im Zeitablauf bezeichnet. Kennzeichen der Wachstumstheorie ist die langfristige Sichtweise, weshalb die Veränderung des in einer Volkswirtschaft vorhandenen → Produktionspotenzials im Vordergrund steht; die kurzfristige Sichtweise und damit die Frage der Auslastung des Produktionspotenzials ist Gegenstand der → Konjunkturtheorie. Zentrale methodische Vorgehensweisen der Wachstumstheorie sind, funktionale Zusammenhänge zwischen dem Einsatz verschiedener Faktoren (Arbeit, Kapital, Wissen u.a.) in Produktionsprozessen in einer Volkswirtschaft und dem damit erzielten Output aufzuzeigen, sowie zu formulieren, wie einzelne Faktoren entstehen und sich im Zeitablauf entwickeln. – 2. *Entwicklung*: Zwar beschäftigt schon Merkantilisten und Physiokraten im 18. Jh. die Frage, wie die wirtschaftliche Entwicklung eines Landes beeinflusst werden kann, der Beginn einer systematischen, ökonomischen Analyse dieser Frage wird aber erst auf Smiths' „Wealth of Nations" datiert. Für Smith ist → Arbeitsteilung die zentrale Erklärung wirtschaftlicher Dynamik, denn sie erhöht die Effizienz des Arbeitseinsatzes und sorgt in Verbindung mit der

Investitionstätigkeit der Unternehmen und der Ausdehnung von Märkten im In- und Ausland für Wachstum. In der als Klassik (klassische Lehre) bezeichneten Epoche sind in England Ricardo und Mill weitere wichtige Protagonisten. In Deutschland formulieren in dieser Zeit Kritiker dieser Position (List, Vertreter der Historischen Schule) die These, dass wirtschaftliche Entwicklung in erster Linie davon abhänge, wie weit das Land schon entwickelt sei. Aufbauend auf diesen Arbeiten formulierte → Marx seine Theorie der wirtschaftlichen Entwicklung, die vorhersagt, dass Wirtschaftsstrukturen sich in der Abfolge Urgesellschaft, Feudalismus, Kapitalismus, Sozialismus entwickeln und deren Gleichgewicht erreicht ist, wenn die beiden in einer Volkswirtschaft vorhandenen Produktionsfaktoren Arbeit und Kapital mit gleicher Rate wachsen. Die Wachstumstheorie des 20. Jh. wird zunächst von Schumpeter geprägt, der sich mit seiner Theorie der wirtschaftlichen Entwicklung gegen die von den Klassikern vorgenommenen Gleichgewichtsanalysen wendet und stattdessen von einem ständigen Strukturwandel einer Volkswirtschaft ausgeht. Triebfeder dieses Wandels sind Innovationen, die von dynamischen Unternehmern immer wieder initiiert werden. Auf der Grundlage der von Keynes entwickelten makroökonomischen Theorie, die sich auf Erklärungen wirtschaftlicher Entwicklungen in der kurzen und mittleren Zeitspanne konzentriert, analysieren Harrod und Domar, wie ständige Investitionen der Unternehmen das Produktionspotential und damit das Wachstum von Volkswirtschaften erhöhen (→ postkeynesianische Wachstumstheorie). Kernaussage ist die Hypothese, dass wirtschaftliche Entwicklungen mit der Zeit zur Instabilität (Harrod: „Gleichgewicht auf des Messers Schneide") oder zur Stagnation (Domar) neigen. Die Arbeiten von Solow (und Swan) definieren den Beginn der → neoklassischen Wachstumstheorie; sie gehen von im Produktionsprozess gegenseitig unbegrenzt austauschbaren (substitutionalen) Produktionsfaktoren und

von langfristig stets geräumten (ausgeglichenen) Märkten aus. Weil Produktionsfaktoren, wie Arbeit und Kapital, nur mit im Zeitablauf abnehmenden Erträgen eingesetzt werden können, lohnt sich ein zusätzlicher Einsatz dieser Faktoren irgendwann nicht mehr. Solow zeigt, dass → technischer Fortschritt diesen negativen Prozess aufhält kann und ein langfristig stabiles Wirtschaftswachstum möglich. Allerdings bleibt der technische Fortschritt in Solows Beschreibung von Produktionsvorgängen lediglich eine nicht weiter erklärte „Residualgröße". Die Schwächen der neoklassischen Wachstumstheorie bilden zugleich die Grundlagen für die weitere Entwicklung der Wachstumstheorie: Einerseits untersucht eine bis heute steigende Zahl von Autoren, die Determinanten und Entwicklung des technischen Fortschritts im Detail, andererseits widmen sich verschiedene Autoren der Erklärung von Konsum- und Sparentscheidungen der Bürger, die von Solow ebenfalls nicht analysiert, sondern lediglich als exogene Vorgaben berücksichtigt werden. Dabei argumentieren viele Autoren weiterhin im Rahmen der neoklassischen Analysemethodik, andere aber wenden bewusst anderen Methoden zu, weil sie gerade darin bessere Erklärungsmöglichkeiten sehen (→ evolutorische Wachstumstheorie).

Wachstumstheorie der Unternehmung von Penrose – Vorläufer → dynamisch-evolutorischer Theorien der Unternehmung, bes. der Theorie dynamischer Unternehmensfähigkeiten (→ Grenze der Unternehmung). Im Mittelpunkt steht die Entwicklung des Unternehmenswissens, wobei die Unternehmung als Bündel von Ressourcen aufgefasst wird. Das Wissen bestimmt, welche Leistungen von den Ressourcen entfaltet werden können. Eine Unternehmung produziert nicht nur, sondern lernt dabei in der Zeit, wobei das akkumulierte unternehmensinterne Wissen durch Teamwork von bes. Wert ist. Es entsteht ein gemeinsames, unternehmensspezifisches Wissen. Da dieses Teamwissen die Produktivität der Faktoren und die

Allokation der Ressourcen bestimmt, impliziert dies, dass der Preismechanismus nicht alle für die effiziente Allokation erforderlichen Informationen übermitteln kann (Best). Unternehmungen machen Erfahrungen in Abhängigkeit ihres Vorwissens und bilden ein spezifisches Wissen aus, das ihre produktiven Handelsmöglichkeiten bestimmt. Deren Nutzung in der Zeit hängt vom Verfügbarsein des Faktors Management ab, der einerseits durch das Aufgreifen neuer Möglichkeiten absorbiert wird und damit das Wachstum begrenzt. Andererseits wird er nach erfolgter Routinierung teilweise wieder freigesetzt und ist mit der Zeit selbst vermehrbar. Zusammen mit immer wiederkehrenden Unteilbarkeiten der Ressourcen, die einen permanenten Anreiz für Wachstum stiften, vollzieht sich der Wachstumsprozess in historischer Zeit (Penrose-Prozess). Im Endeffekt bleiben Größe und Grenzen der Unternehmung unbestimmt, weil sie endogen bestimmt werden. Unternehmungen unterliegen Restriktionen bei der Zahl der ergreifbaren Gelegenheiten, sodass Nischen entstehen, in denen sich kleinere und mittlere Unternehmungen erfolgreich etablieren können. Große Unternehmungen können durch Economies of Expansion zwar Wachstumsvorteile besitzen, müssen aber keineswegs kleineren Unternehmungen überlegen sein, die ebenfalls Economies of Scale realisieren können.

Währung → Geld.

Währungsdumping – Unterbietung des Inlandspreises durch ausländische Konkurrenten, die durch einen niedrigen → Devisenkurs der ausländischen Währung ermöglicht wird. – Vgl. auch → Dumping.

Währungsintegration – 1. *Begriff:* Maßnahmen zur Vereinheitlichung des Währungssystems zwischen zwei und mehreren Partnerländern. – 2. *Formen:* a) Bei einem *Wechselkursverbund* wie im damaligen EWS und dem heutigen EWS II werden für die beteiligten Länder untereinander feste Wechselkurse vereinbart (im EWS II: → Leitkurse

der Währungen der Länder mit Ausnahmegenehmigung, d.h. ohne Euro, gegenüber dem Euro), von denen die aktuellen Marktkurse innerhalb einer bestimmten → Bandbreite von bis zu 15 Prozent nach oben wie unten abweichen dürfen. Die beteiligten Notenbanken müssen durch gezielte Interventionen am → Devisenmarkt (Stützungskäufe, -verkäufe) sicherstellen, dass die Marktkurse innerhalb der Bandbreiten bleiben. – b) Bei einer *Wechselkursunion* gibt es keine Bandbreiten mehr; die beteiligten Währungen sind durch fixe Wechselkurse miteinander verbunden. Neben formalen (z.B. CFA-Franc-Zone in Zentral- und Westafrika) gibt es faktische Wechselkursunionen, bei denen die Konstanz des Wechselkurses ohne formale Absprachen sichergestellt wird. – c) In einer *Währungsunion* gilt für alle beteiligten Länder eine gemeinsame Währung, z.B. Europäische Währungsunion (EWU). – Vgl. auch → optimaler Währungsraum.

Währungsparität – der durch Entscheidung fixierte Wechselkurs (→ fester Wechselkurs), in Abgrenzung zum Wechselkurs, der sich am Markt bildet.

Währungsreserven – Die Währungsreserven bestehen aus den → Devisenreserven plus den Goldbeständen der Zentralbank und Reservepositionen aus der Mitgliedschaft in internationalen Institutionen (z.B. IWF-Sonderziehungsrechte (IWF)). Die Verwaltung der Währungsreserven erfolgt in der Europäischen Währungsunion (EWU) durch das *Europäische System der Zentralbanken (ESZB)*.

Währungsunion – unwiderrufliche Fixierung des Wechselkurses zwischen zwei oder mehreren Währungen (z.B. durch die Übernahme einer (neuen) gemeinsamen Währung). In einer Wechselkursunion besitzen die Teilnehmerländer noch eigene Währungen und unabhängige Zentralbanken, in einer Währungsunion als Grenzfall einer Wechselkursunion gibt es innerhalb der Union nur noch eine gemeinsame Zentralbank und eine Einheitswährung. Analyse in der Theorie des → optimalen Währungsraumes oder in der makroökonomischen Theorie einer Zwei-Länder-Währungsunion. *Beispiel:* Europäische Währungsunion, Gemeinschaftswährung Euro. – Vgl. auch Europäische Währungsunion (EWU), EU, → internationales Währungssystem, → Wechselkurspolitik, → Währungsintegration, → IS-LM-Z-Modell einer Währungsunion.

Walras' Modell des allgemeinen Gleichgewichts → allgemeines Gleichgewicht.

Walter-Eucken-Institut e. V. → Wirtschaftsforschungsinstitut; Sitz in Freiburg i. Br. – *Aufgabe:* Wirtschaftswissenschaftliche, -rechtliche und soziologische Forschung v. a. auf dem Gebiet von Wettbewerbsordnung und -recht, Ordnungstheorie und -politik sowie Geld-, Währungs- und Konjunkturtheorie und -politik.

Warenausfuhr → Ausfuhr, Wiederausfuhr, passive Veredelung, → Exportkontrolle, Ware.

Wareneinfuhr → Einfuhr, Ware.

Warenexport → Ausfuhr, → Exportkontrolle, passive Veredelung, Ware, Wiederausfuhr.

Waren-Kontroll-Zertifikat → Inspektionszertifikat.

Warenursprung → Präferenzabkommen, → Ursprung, Ursprungsland.

Warenwert – Begriff aus dem → Außenwirtschaftsrecht: das dem Empfänger in Rechnung gestellte Entgelt, in Ermangelung eines Empfängers oder eines feststellbaren Entgelts der statische Wert im Sinn der Vorschriften über die Station des grenzüberschreitenden Warenverkehrs (§ 4 I AWV).

Wartetheorie – von Cassel vertretene → Zinstheorie. Der Kapitalist ermöglicht durch sein „Warten" die Kapitaldisposition. Da dieses „Warten" knapp ist, wird ein Preis (Zins) erzielt. Von Schumpeter kritisiert. – *Ähnlich:* → Abstinenztheorie.

Washingtoner Währungsabkommen – Abkommen vom 18.12.1971 zwischen den wichtigsten → Industrieländern. Es beinhaltet eine Neufestsetzung der Paritäten (→ Kaufkraftparität, → Abwertung des US-Dollar, → Aufwertung von D-Mark, Schweizer Franken und japanischen Yen) sowie allg. Erweiterung der → Bandbreiten (→ Zielzonen-System) von ± 1 auf ± 2,25 Prozent. Mit diesem sog. → Realignment sollten die Spannungen im internationalen Wechselkursgefüge eliminiert und die Grundprinzipien des → Bretton-Woods-Systems (→ Bretton-Woods-Abkommen) aufrechterhalten werden. Die Turbulenzen an den Devisenmärkten hielten jedoch an; 1973 gingen die wichtigsten Industrieländer zu → flexiblen Wechselkursen gegenüber dem US-Dollar über. So besteht auch zwischen dem Euro als Währung der Europäischen Wirtschafts- und Währungsunion (EWWU) und dem US-Dollar ein Währungssystem mit flexiblem Wechselkurs.

Wechselkurs – 1. *Nomineller Wechselkurs:* Wertverhältnis zweier Währungen. Üblicherweise angegeben als in heimischen Währungseinheiten ausgedrückter Preis einer bestimmten Menge ausländischer Währungseinheiten = Preisnotiz (z. B. US-Dollar, Japanischer Yen). Der Kehrwert ergibt die Mengennotiz (z. B. Euro, US-Dollar). – Eine Erhöhung des nominellen Wechselkurses in der Preisnotierung entspricht einer → Abwertung der heimischen Währung (→ Aufwertung). – Fallen Geschäftsabschluss und Durchführung eines Devisengeschäftes (Währungstausches) zusammen, so spricht man vom *Kassakurs*, wird hingegen momentan ein Währungstausch für die Zukunft vereinbart, kommt der *Terminkurs* zur Anwendung. – Erklärung des Wechselkursverhaltens in der → Wechselkurstheorie (→ Zahlungsbilanzausgleich, → Wechselkurspolitik). – 2. *Realer Wechselkurs:* Preisverhältnis zweier Güter in unterschiedlichen Währungsräumen. Schreibt man w für den nominellen Wechselkurs, dann ist der reale Wechselkurs definiert als wP^*/P. Dabei können P^* und

P z.B. die in ausländischer bzw. heimischer Währung angegebenen Preise eines → homogenen Gutes sein. Ohne Berücksichtigung von Transportkosten würde dieser reale Wechselkurs bei Freihandel gleich eins sein *(Law of One Price)*. Sind jedoch P* und P die Preise zweier verschiedener Güter, etwa eines im Ausland erzeugten bzw. eines anderen im Inland erzeugten Gutes, dann entspricht der reale Wechselkurs den von der → realen Außenwirtschaftstheorie analysierten → Terms of Trade. Schließlich können P und P* auch als *Preisindizes* definiert werden. So werden z.B. Lohnstückkosten, Konsumenten- sowie Produzentenpreisindizes zur Ermittlung realer Wechselkurse herangezogen (→ Kaufkraftparität). – 3. *Effektiver Wechselkurs:* Im Gegensatz zum bilateralen Wechselkurs ist der effektive Wechselkurs *ein multilateraler Wechselkurs,* welcher aus dem gewichtetem Mittel verschiedener bilateraler Wechselkurse ermittelt wird. Als Gewichte dienen meist die Anteile des mit den betreffenden ausländischen Währungen abgewickelten Handels am Gesamthandel eines Landes. Man unterscheidet nominelle oder reale effektive Wechselkurse. Mithilfe des effektiven Wechselkurses können Veränderungen des gesamten *Außenwertes einer Währung* ermittelt werden. – Vgl. auch → Devisenkurs.

Wechselkursbildung – Ein → flexibler Wechselkurs drückt den Preis für eine ausländische Währung (Devisen) aus. Der Wechselkurs bildet sich am → Devisenmarkt aus Angebot von und Nachfrage nach der betreffenden Währung. Wichtige Einflussfaktoren sind die Spekulation, Zinsunterschiede zwischen In- und Ausland (z.B. steigt bei höherem Zinsniveau im Ausland die Nachfrage nach Devisen, um sie im Ausland anzulegen), die Handelsströme (z.B. werden im Export verdiente Devisen seitens der Exporteure im Inland verkauft, Importeure fragen Devisen nach), die Direktinvestitionen (bei Investitionen ist i.d.R. die Währung des Ziellandes erforderlich), unterschiedliche Inflationsniveaus (Kapitalflucht aus Inflationsländern

bedeutet Nachfrage nach Devisen), psychologische Faktoren (politische Krisen, Kriege verändern Angebot und Nachfrage von Devisen, ebenso die Jahrtausendwende; Veröffentlichung von Wirtschaftsdaten oder Ankündigung von Maßnahmen z.B. der amerik. Notenbank wirken sich umgehend im Devisenmarkt aus). Die Vielzahl der Einflussfaktoren auf die Wechselkursbildung erschwert eine einigermaßen zuverlässige Wechselkursprognose jenseits der sehr kurzen Frist.

Wechselkursdeterminanten → Wechselkurstheorie.

Wechselkursdumping → Wechselkurs, → Dumping.

Wechselkurshysterese – Allg. versteht man unter *Hysterese* jede Art von *bleibender Wirkung* eines an sich vorübergehenden Phänomens. Wechselkurshysterese entsteht bei → flexiblem Wechselkurs dann, wenn die Firmen auf den Exportmärkten (Drittmärkten) hohe *Markteintritts- und Marktaustrittskosten* haben und deswegen bei Wechselkursveränderungen jeweils relativ lange warten, bis sie in einen Exportmarkt eintreten bzw. diesen Markt wieder verlassen. – Die Firmen sehen stets die Möglichkeit, dass der Wechselkurs sich im nächsten Augenblick genau so verändern wird, dass die Eintritts- oder Austrittsentscheidung sich als falsch erweist. Eine (häufige) Revision solcher Entscheidungen ist aber wegen der damit verbundenen Austritts- bzw. Eintrittskosten nicht wirtschaftlich. Wenn z.B. eine starke Aufwertung der heimischen Währung ausländische Firmen zum Markteintritt verleitet und wenn diese Firmen bei einer später vielleicht wieder stattfindenden Abwertung auf das Ausgangsniveau aus den eben skizzierten Gründen aber noch nicht wieder zum Marktaustritt veranlasst werden, dann entsteht Wechselkurshysterese. Die Aufwertung der Währung ist verschwunden, geblieben ist aber der Effekt höherer Importe.

Wechselkursmechanismus – Ansatz im Rahmen der Zahlungsbilanzausgleichsmechanismen, nach dem autonome Ungleichgewichte der → Zahlungsbilanz Wechselkursvariationen induzieren, die deren Abbau, d.h. die Wiedererlangung des Zahlungsbilanzausgleichs, gewährleisten. – *Ablauf:* Liegt z.b. ein *Zahlungsbilanzdefizit* vor, dann übersteigt die Devisennachfrage das -angebot, die Inlandswährung wertet ab. Durch diese Wechselkursveränderung werden die Auslandsgüter, ausgedrückt in Inlandswährung, teurer und die Inlandsgüter, ausgedrückt in Auslandswährung, billiger. Wenn die Voraussetzungen für eine *normale Reaktion* der → Leistungsbilanz erfüllt sind, bewirkt die → Abwertung der Inlandswährung eine Aktivierung der → Leistungsbilanz, sodass der Ausgleich der Zahlungsbilanz wieder erreicht wird. Nach der Entschließung des *Europäischen Rats* über die Errichtung eines Wechselkursmechanismus während der dritten Stufe der *Wirtschafts- und Währungsunion* (EWWU)hat der neue → Wechselkursmechanismus (WKM II) das Europäische Währungssystem (EWS) ab 1.1.1999 ersetzt.

Wechselkurspolitik – 1. *Begriff:* Unter Wechselkurspolitik versteht man die Festlegung eines anzustrebenden *Grades an Wechselkursflexibilität* für die Währung eines Landes und die zur Erreichung dieses Grades ergriffenen Maßnahmen. Wichtigste Frage im Zusammenhang mit der *Ausgestaltung des* → internationalen Währungssystems. – Die → monetäre Außenwirtschaftstheorie kommt nicht zu einer bedingungslosen Aussage zur Überlegenheit von → fixen oder → flexiblen Wechselkursen. Sie kann nur auf einzelne *Vor- und Nachteile der Wechselkursflexibilität* hinweisen, deren relative Gewichtung letztlich von den bes. Umständen des Einzelfalls abhängt, was in der Idee des → optimalen Währungsraumes zum Ausdruck kommt. – 2. *Feste vs. flexible Wechselkurse:* a) *Wechselkursrisiko:* Wechselkursflexibilität begründet ein Wechselkursrisiko der am Außenhandel beteiligten Akteure. Wechselkursrisiko entsteht, wenn die Kontraktierung und Effektuierung eines Geschäftes

zeitlich auseinander fallen, oder wenn einer Transaktion intertemporale Überlegungen zugrunde liegen, wie z.b. im Fall von Investitionsvorhaben. Das Wechselkursrisiko ist mit einem *Ressourcenaufwand* verbunden, welcher sich in den Kosten einer *Risikoversicherung*oder im Fall einer Absicherung über Devisenoptions- oder Devisentermingeschäfte (→ Devisenterminmarkt) in den *Hedgingkosten*manifestiert. Unter dem Aspekt des Wechselkursrisikos und des damit verbundenen Ressourcenverzehrs ist demnach ein System fixer Wechselkurse einem flexiblem Wechselkurs überlegen, wenngleich es auch in Fixkurssystemen zu einer Anpassung der Paritäten kommen kann (→ Realignment). – b) *Reale und monetäre Schocks:* Ein weiterer Aspekt zur Beurteilung der Vorteilhaftigkeit von Wechselkursflexibilität betrifft die Implikationen alternativer Schocks im In- und Ausland bei festen und flexiblen Wechselkursen. In diesem Zusammenhang werden Schocks definiert als all jene realen oder monetären *Angebots- und Nachfragstörungen,* die eine relative Mengen- oder Preisanpassung zwischen dem In- und Ausland erfordern.*Beispiele* für diese Schocks sind technologische Erfindungen (realer Angebotsschock), Verlagerungen der Präferenzen der Wirtschaftssubjekte (realer Nachfrageschock), unerwartete Erhöhung der Geldmengenwachstumsrate (Geldangebotsschock), Finanzinnovationen (Geldnachfrageschock). In weiterer Folge sei der Fall der *perfekten Kapitalmobilität* unterstellt. Bei perfekter Mengen- oder Preisflexibilität auf Güter- und Faktormärkten im In- und Ausland kann die Last der Anpassung an diese Schocks durch Veränderung der flexiblen Mengen oder Preise übernommen werden, sodass der Art des nominellen Wechselkurssystems für diese Anpassung keine Bedeutung zukommt (*Mundellsche Kriterium* in der Theorie → optimaler Währungsräume). Sind hingegen sowohl Mengen als auch Preise in der Anpassung *träge,*so wird die Neutralität des nominellen Wechselkurssystems bez. der Anpassungsfähigkeit der Ökonomik auf diese Schocks aufgehoben. *Reale Schocks*können trotz Vorliegen von Preis- und Mengenträgheiten durch den perfekt flexiblen nominellen Wechselkurs sofort absorbiert werden. Bei fixem Wechselkurs hingegen verursachen reale Schocks temporäre *Ungleichgewichte an Güter- und Faktormärkten,* die erst im Zeitablauf über allmähliche Anpassungen der trägen Mengen und Preise abgebaut werden. In einem System flexibler Wechselkurse mit Mengen- und Preisträgheiten induzieren *monetäre Schocks* überschießende Wechselkurse (→ Überschießen des nominellen Wechselkurses) zur permanenten Aufrechthaltung des Geldmarktgleichgewichts, die ihrerseits temporäre → Misalignments nomineller sowie realer Wechselkurse und damit einhergehende temporäre Ungleichgewichte an Güter- und Faktormärkten nach sich ziehen. Bei festen Wechselkursen hingegen ergibt sich als Folge eines monetären Schocks eine sofortige endogene *Anpassung des Geldangebots*seitens der Zentralbank, die den realen Wechselkurs und auch die Gleichgewichte auf Güter- und Faktormärkten unbeeinflusst lässt. Werden mit temporären realen Ungleichgewichten *volkswirtschaftliche Kosten*assoziiert, so legt die obige Analyse die Schlussfolgerung nahe, dass jene Ökonomien, die schwerpunktmäßig durch das Auftreten realer Schocks berührt werden, flexible Wechselkurse präferieren sollten, während sich solche Ökonomien zu einem Fixkurssystem zusammenschließen sollten, für die die realen Schocks relativ zu den monetären Schocks eine untergeordnete Rolle spielen. – c) *Geldpolitische Souveränität, Disziplin und Glaubwürdigkeit:* Die Fixierung des Wechselkurses zwischen zwei Ländern mit intensiven außenwirtschaftlichen Beziehungen bedeutet für eines dieser beiden Länder die *Beschränkung der geldpolitischen Souveränität.* Dies ergibt sich einerseits über den *internationalen Preiszusammenhang* (→ Kaufkraftparität), andererseits über die → internationale Kapitalmobilität (→ Zinsparität), → Zahlungsbilanzausgleich, → Sterilisierung. Der Verlust

an geldpolitischer Souveränität muss jedoch nicht als Nachteil der Wechselkursfixierung betrachtet werden. Länder, die zugunsten des (erhofften) „Imports" von Preisniveaustabilität auf ihre geldpolitische Souveränität verzichten wollen, werden eine Fixierung des Wechselkurses anstreben wollen. Das Gegenteil gilt für Länder, die einen Inflationsimport befürchten. – Stabilitätsimport bedingt allerdings ein mitunter beträchtliches Ausmaß an monetärer *Disziplinierung*durch die Geldpolitik des Partnerlandes. Geht man davon aus, dass Vollbeschäftigung Flexibilität der relativen Güterpreise erfordert, so kann eine kompromisslos verfolgte Preisniveaustabilität des Wechselkurspartnerlandes je nach Lage der Dinge durchaus erfordern, dass die nominellen Preise im Inland sinken. Bei Vorliegen von *Nominallohnrigiditäten* kann es dann zu *unfreiwilliger Arbeitslosigkeit* kommen. Wenn man nun aus dem vorigen Absatz den Schluss ziehen wollte, dass alle Länder in der Tat dieselbe, möglichst geringe Inflationsrate anstreben *sollten,* dann erhebt sich die Frage, warum sie dazu offenbar nicht in gleichem Maße *in der Lage sind.* Hier ist das Problem mangelnder *Glaubwürdigkeit* zu erwähnen. Wird der Wirtschaftspolitik zur Verfolgung eines ambitionierten Preisniveaustabilitätsziels seitens der Wirtschaftssubjekte keine Glaubwürdigkeit beigemessen, dann kann sich die kompromisslose Durchsetzung dieser Ambitionen als sehr kostspielig (im Sinn von Unterbeschäftigung) herausstellen. Die Fixierung von Wechselkursen gegenüber jenen Währungen, hinter denen in dieser Hinsicht sehr glaubhafte wirtschaftspolitische Akteure stehen, wird auch manchmal als Möglichkeit des *Imports von Glaubwürdigkeit* gesehen. – 3. *Hybride Systeme:* Während die bisherigen Ausführungen sich auf den Fall perfekt fixer sowie perfekt flexibler Wechselkurse bezogen, sind real existierende Währungssysteme oftmals in dem Sinn hybrid, als sie sowohl Elemente eines Fixkurssystems als auch eines Systems flexibler Wechselkurse miteinander verbinden. Hybride Systeme existieren in den

Formen des *Managed* → Floating oder auch eines → Zielzonen-Systemsund versuchen, die Vorzüge fixer sowie flexibler Wechselkurse miteinander zu verbinden. Hierzu zählen eine Reduktion des Wechselkursrisikos im Vergleich zu einem System perfekt flexibler Wechselkurse, Abfederung realer Schocks durch begrenzte nominelle Wechselkursvariabilität bei gleichzeitiger Reduktion von Geldmarktungleichgewichten und eine Erhöhung des Grades der monetären Unabhängigkeit relativ zu einem Fixkurssystem. Zudem entstehen in *glaubwürdigen*hybriden Systemen stabilisierende Effekte auf den Wechselkurs durch die Erwartung betreffend zukünftiger Zentralbankinterventionen. – Vgl. auch → optimaler Währungsraum, → Zielzonen-System, → internationales Währungssystem, → Bretton-Woods-System.

Wechselkurstheorie – 1. *Begriff*: Teilbereich der → monetären Außenwirtschaftstheorie. Sie versucht, das Verhalten von → Wechselkursen zu erklären. Aus verschiedenen Modellen der *monetären Außenwirtschaftstheorie* lassen sich durch Konzentration auf die Bestimmungsgründe des Wechselkurses verschiedene Ansätze zur Wechselkurstheorie ableiten. – 2. *Der monetäre Ansatz zur Wechselkursbestimmung*: a) *Perfekte Preisflexibilität*: Unterstellt wird die Gültigkeit der → Kaufkraftparität zu jedem Zeitpunkt, sodass der Wechselkurs durch das Verhältnis von In- und Auslandspreisniveau bestimmt wird. In logarithmierter Schreibweise erfordert Kaufkraftparität

$$(1) \qquad e_t = p_t - p_t^*,$$

wobei e_t den nominellen Wechselkurs und p_t sowie p_t^* das in- und ausländische Preisniveau zum Zeitpunkt t angeben. Gleichung (1) basiert auf der Annahme *identischer Präferenzen* für beide Länder, der Annahme, dass ein handelbares Gut letztlich überall denselben Preis haben wird (keine Handelshemmnisse oder Transportkosten), und dass es nur *handelbare Güter* gibt. Zur Darstellung des

Modells in einer Zwei-Länder-Version wird sowohl das inländische als auch das ausländische *Geldmarktgleichgewicht* betrachtet:

$$(2) \qquad m_t - p_t = \kappa y_t - \lambda i_t,$$

$$(3) \qquad m_t^* - p_t^* = \kappa y_t^* - \lambda i_t^*.$$

In den Gleichungen (2) und (3) bezeichnet m_t das Geldangebot, y_t den Vollbeschäftigungsoutput, i_t den (unlogarithmierten) Nominalzinssatz und ein * kennzeichnet ausländische Variablen. Die Einkommens- und (Semi-)Zinselastizitäten k und l sind positiv definiert und der Einfachheit halber für das In- und Ausland identisch parametrisiert. Durch Substitution von (2) und (3) für das in- und ausländische Preisniveau in (1) folgt die *charakteristische Gleichung* des monetären Ansatzes zur Wechselkursbestimmung:

$$(4) \qquad e_t = m_t - m_t^* - \kappa(y_t - y_t^*) + \lambda(i_t - i_t^*).$$

Der Wechselkurs wird demnach bestimmt durch die Relation zwischen den Geldangeboten im In- und Ausland, durch die relativen realen Outputs, und durch die *Nominalzinsdifferenz*. Eine Erhöhung des nominellen Geldangebots im Inland bei gegebenem ausländischen Geldangebot impliziert einen Preisanstieg zur Räumung des heimischen Geldmarktes, der über die Kaufkraftparität eine Abwertung der heimischen Währung impliziert. Erhöht sich unter sonst gleichen Bedingungen das inländische Outputniveau, so erfordert dies eine Preissenkung zur Räumung des inländischen Geldmarktes, die über die Kaufkraftparität eine nominale Aufwertung der heimischen Währung erzwingt. Betrachtet man schließlich eine Zinserhöhung im Inland, so wird eine Abwertung zur Räumung des Geldmarktes benötigt. – In einem letzten Schritt wird die Annahme der → internationalen Kapitalmobilität zur Interpretation der Zinsdifferenz berücksichtigt. Bei perfekter Kapitalmobilität wird die Zinsdifferenz durch Wechselkursänderungserwartungen kompensiert, es gilt die ungedeckte → Zinsparität, sodass sich die

Wechselkursbestimmungsgleichung (4) wie folgt schreiben lässt:

(5) $\quad e_t = m_t - m_t^* + \kappa(y_t - y_t^*) + \lambda\Delta e_{t+1}^{ex}.$

Aus der Gleichung (5) folgt, dass Änderungserwartungen des Wechselkurses

$$(\Delta e_{t+1}^{ex} \neq 0)$$

sofort in seiner aktuellen Realisation eskomptiert werden. Berücksichtigt man ferner die Kaufkraftparität für die Erwartungsbildung, dann gilt näherungsweise

$$\Delta e_{t+1}^{ex} = \Delta p_{t+1}^{ex} - \Delta p_{t+1}^{*ex} ,$$

sodass sich folgende Wechselkursbestimmungsgleichung ergibt:

(6) $\quad e_t = m_t - m_t^* + \kappa(y_t - y_t^*)$
$\qquad\qquad + \lambda(\Delta p_{t+1}^{ex} - \Delta p_{t+1}^{*ex}).$

Nominalzinsvorsprünge des Inlandes reflektieren Abwertungserwartungen für die heimische Währung, deren Ursache in einer relativ zum Ausland höheren inländischen Inflationserwartung liegt. Bildet z.B. eine aktuelle Geldmengenerhöhung die Ursache für eine Korrektur der inländischen Inflationserwartungen nach oben, so wird anhand der Gleichung (6) ersichtlich, dass die Wechselkursänderung im Vergleich zur Veränderung des nominellen Geldangebots überproportional ausfällt (Magnification Effect). – Werden die fundamentalen Einflussfaktoren in der Wechselkursbestimmungsgleichung (5) definiert als

$$F_t \equiv m_t - m_t^* + \kappa(y_t - y_t^*) ,$$

so zeigt sich, dass der Wechselkurs durch die gegenwärtigen *Fundamentaldaten* (Fundamentals) und die Wechselkursänderungserwartungen bestimmt wird. Um eine geschlossene Lösung für Gleichung (5) herleiten zu können, wird eine Annahme bez. der Erwartungsbildung der Wirtschaftssubjekte benötigt. Werden *rationale Erwartungen* unterstellt, d.h. verarbeiten die Wirtschaftssubjekte zum Zwecke der Erwartungsbildung die

ihnen verfügbaren Informationen unter Zuhilfenahme der Differenzengleichung (5), so resultiert nach Vorwärtsintegration die folgende Lösung:

(7) $\quad e_t = \frac{1}{1+\lambda} \sum_{i=0}^{\infty} \left(\frac{\lambda}{1+\lambda}\right)^i E_t(F_{t+i}),$

vorausgesetzt der Ausdruck

$$[\lambda/(1+\lambda)]^{T+1} E_t(e_{t+T+1})$$

konvergiert mit zunehmendem T gegen null. Letztere Bedingung nennt man *Transversalitätsbedingung*. Sie ersetzt die „Anfangsbedingung", die üblicherweise für die Lösung von Differenzen- oder Differenzialgleichungen benötigt wird. Rationale Erwartungen implizieren, dass die Wirtschaftssubjekte die künftig erwarteten Fundamentaldaten als bestimmend für künftige Wechselkurse betrachten, und auf diese Weise wird der momentane Kassakurs letztlich bestimmt durch die momentanen Fundamentaldaten und die zum jetzigen Zeitpunkt für alle künftigen Zeitpunkte erwarteten Fundamentaldaten. – Da $\lambda/(1+\lambda)$ wertmäßig zwischen null und eins liegt, wird der Wechselkurs zum Barwert künftiger fundamentaler Faktoren. Für die Zukunft erwartete Veränderungen in den Fundamentaldaten haben sofortige Auswirkungen auf den Kassakurs, noch bevor die erwarteten Veränderungen Realität werden *(Antizipationseffekte)*. Der Wechselkurs wird bis zum Zeitpunkt einer *korrekt antizipierten* Veränderung der Fundamentaldaten die *gesamte* Anpassung schon vorgenommen haben. Antizipierte Veränderungen haben also zum Zeitpunkt ihres Geschehens keinen Effekt mehr auf den Wechselkurs. Der Kassakurs inkorporiert zu jedem Zeitpunkt bereits alle verfügbaren Informationen betreffend der Fundamentaldaten (→ Devisenmarkteffizienz). Devisenmarkteffizienz bedeutet aber nicht, dass der Wechselkurs sich gar nicht verändert, solange die Wirtschaftssubjekte keine neue Information erhalten. Sie bedeutet lediglich, dass die stattfindenden

Wechselkursveränderungen für die Wirtschaftssubjekte nicht überraschend kommen. Überraschende Wechselkursveränderungen können nur dann eintreten, wenn die Wirtschaftssubjekte neue Informationen erhalten. Dies ergibt sich aus der folgenden, trivialen Umformung für die Wechselkursänderung:

$$(8) \qquad e_{t+1} - e_t = [E_t(e_{t+1}) - e_t]$$
$$+[e_{t+1} - E_t(e_{t+1})].$$

Die Wechselkursveränderung setzt sich aus einem erwarteten Teil und einem überraschenden Teil zusammen. Wird die obige Wechselkursgleichung (7) berücksichtigt, so zeigt sich, dass die erwartete Veränderung des Wechselkurses gleich der erwarteten künftigen Veränderungen der Fundamentaldaten ist, während sich die unerwartete Veränderung aus der zwischen t und t+1 erfolgten Revision der Erwartungen bez. künftiger Fundamentaldaten ergibt. Letzteres wird auch als neue Information *(News)* bezeichnet. Solange keine Neuigkeiten an den Devisenmärkten eintreffen, werden die Wirtschaftssubjekte – vorausgesetzt, sie bilden ihre Erwartungen auf rationale Weise – durch Wechselkursveränderungen nicht überrascht. Die in Gleichung (7) gegebene Wechselkursbestimmungsgleichung wird auch als *Vermögenspreisansatz (Asset Pricing Model)* bezeichnet. Abweichungen des Wechselkurses von seinem fundamental bestimmten Wert ergeben sich bei Verletzung der Transversalitätsbedingung. Solche Abweichungen werden als rationale → spekulative Blasen (Speculative Bubbles) bezeichnet. Spekulative Blasen können aber auch bei Gültigkeit der Transversalitätsbedingung entstehen, wenn man *heterogene Erwartungen* der Wirtschaftssubjekte zulässt. Modelltheoretisch geschieht dies durch die separate Betrachtung von zwei Gruppen von Akteuren, Chartisten, die ihre Erwartungen aufgrund technischer Analysen (statistische Verfahren, Chartanalyse) bilden, und den restlichen Marktteilnehmern, die ihre Erwartungen auf der Basis der Fundamentalfaktoren bilden. – b) *Träge Preisanpassung:* Die

bisherigen Ausführungen konzentrierten sich auf die Erklärung von Wechselkursbewegungen in einer Ökonomik ohne Rigiditäten, wobei die permanente Existenz der Kaufkraftparität zu jedem Zeitpunkt die Markträumung am Gütermarkt sicherte. Die in real existierenden Wechselkurssystemen, speziell bei flexiblen nominellen Wechselkursen, zu beobachtende hohe Variabilität realer Wechselkurse legt es jedoch nahe, Rigiditäten, z.B. in Form einer trägen Preis- oder Mengenanpassung am Gütermarkt, in die Modellanalyse zu integrieren. Dornbusch hat Mitte der 1970er-Jahre in einem Modell mit träger Preisanpassung aufgezeigt, dass Wechselkurse unter bestimmten Bedingungen zu *überschießenden* Reaktionen *(Overshooting)* auf exogene Störungen neigen. Damit ist gemeint, dass die kurzfristige Reaktion der Richtung nach der langfristigen Veränderung entspricht, aber ein höheres Ausmaß annimmt. Der entscheidende Punkt ist hier eine *Asymmetrie in den Anpassungsgeschwindigkeiten.* Diese kann z.B. so geartet sein, dass der Wechselkurs und der Zinssatz perfekt flexibel sind und ein sofortiges Portfoliogleichgewicht herstellen können, während die Anpassung auf dem Gütermarkt (→ Stromgleichgewicht) nur träge erfolgen kann. – *Annahmen:* Perfekte Zins -und Wechselkursflexibilität gewährleistet die Aufrechthaltung eines permanenten (nationalen sowie internationalen) Portfoliogleichgewichts, während Ungleichgewichte am Gütermarkt durch träge Preisanpassung zugelassen werden. *Die Nachfrage nach heimischen Gütern* hängt von der gesamten Absorption des Inlandes, aber auch von dem Preisverhältnis zwischen den inländischen und den ausländischen Gütern (dem realen Wechselkurs) ab. Dies impliziert eine preisabhängige Exportnachfrage und damit ein großes Land. Ein weiterer wichtiger Punkt betrifft die *Erwartungsbildung.* Zwar ist für das Ergebnis des overshooting eine strikt rationale Erwartungsbildung erforderlich, aber es müssen die Erwartungen auf irgendeine Weise mit künftigen

Gleichgewichten verbunden sein. In weiterer Folge werden rationale Erwartungen unterstellt. Der *Auslandszins* wird als exogen gegeben und konstant betrachtet. – Als *exogene Störung* wird eine Erhöhung der Geldmenge analysiert. Bei rationalen Erwartungen muss im *langfristigen Gleichgewicht* gelten, dass die Wirtschaftssubjekte den dann realisierten Kurs auch für die weitere Zukunft erwarten. Mithin wird dann auch der Inlandszinssatz dem Auslandszinssatz entsprechen. Ferner muss langfristig die Leistungsbilanz ausgeglichen sein, vgl. → Zahlungsbilanzausgleich. – Lässt die monetäre Expansion die Güterproduktion unverändert, so muss das für die Exporte und Importe entscheidende Preisverhältnis zwischen den importierten und den heimischen Gütern (der reale → Wechselkurs) langfristig wieder dasselbe sein, wie vor der Datenänderung. Zugleich müssen langfristig die Güterpreise steigen, damit die erhöhte Geldmenge bei unverändertem Realeinkommen (Output) und unverändertem Zinssatz auch nachgefragt wird. Demnach bewegen sich sämtliche nominellen Größen proportional zueinander, die realen Größen werden jedoch nicht durch die monetäre Expansion beeinflusst *(klassische Dichotomie)*. – *Kurzfristig* erfordert das Portfoliogleichgewicht bei höherer Geldmenge eine Senkung des Inlandszinssatzes, und dies wiederum ist nur in dem Maße möglich, wie die Anleger bez. der heimischen Währung eine Aufwertungserwartung haben. Aufwertungserwartungen können aber rational nur dann entstehen, wenn der nominelle Wechselkurs momentan über seinen langfristigen Gleichgewichtswert hinausschießt (Overshooting). Der nach dem Überschießen zustandekommende *Anpassungsprozess* ist nicht nur durch Aufwertungsschritte, sondern auch durch eine schrittweise Erhöhung des Inlandszinses und der heimischen Güterpreise charakterisiert. Letzteres kommt zustande, weil die anfangs stattfindende Abwertung die inländischen relativ zu den ausländischen Gütern verbilligt, und so eine

Überschussnachfrage nach Gütern bewirkt. – *Modifikationen:* Werden Gütermarktungleichgewichte nicht über eine träge Preis-, sondern über eine träge Mengenanpassung abgebaut, so zeigt sich ein ähnliches Wechselkursverhalten. Ferner kommt das Overshooting nicht bei beliebigen Schocks zustande. Es tritt typischerweise bei monetären Veränderungen auf, ist der Schock jedoch auf der realen Seite der Ökonomik angesiedelt (z.B. Produktivitätsverbesserung), dann muss nicht zwingend ein Überschießen folgen. – 3. *Der portfoliotheoretische Ansatz zur Wechselkursbestimmung:* Im Unterschied zu den monetären Ansätzen der Wechselkursbestimmung löst sich der portfoliotheoretische Ansatz von der Annahme der perfekten Substitutionalität in- und ausländischer zinstragender Titel. Wird von der Existenz von Realkapitalanteilen und ausländischem Geld (Währungssubstitution) abstrahiert, so halten risikoaverse Wirtschaftssubjekte ein diversifiziertes Portfolio, bestehend aus inländischem Geld und in- sowie ausländischen zinstragenden Titeln (Bonds). Die Anleger werden nur bereit sein, eine Substitution in ihrem Portfolio zugunsten ausländischer Bonds vorzunehmen, wenn diese im Vergleich zu den inländischen Bonds eine höhere Rendite erwarten lassen. Bei exogen gegebenem ausländischen Zins sichert die perfekte Flexibilität von Wechselkursen und inländischem Zinsniveau die Aufrechthaltung des Portfoliogleichgewichts im Anschluss an alternative Schocks. – *Annahmen:* Die drei Bestandsgleichgewichte für den Inlandsgeldmarkt sowie für die Inlands- und Auslandsbondmärkte sind von der Angebotsseite charakterisiert durch momentan gegebene Bestände, und von der Nachfrageseite her determiniert durch Nachfragefunktionen, welche ihrerseits abhängig sind vom Vermögen (nichtricardianische Wirtschaftssubjekte) sowie von den Renditen der zinstragenden Assets. Während sich die Nachfrage nach allen drei Titeln mit steigendem Vermögen erhöht, induziert eine Erhöhung des heimischen (ausländischen) Zinssatzes unter sonst gleichen Bedingungen eine Reduktion der Nachfrage nach inländischem Geld *und* ausländischen (inländischen) zinstragenden Assets. Walrasianische Interdependenz ergibt sich aus der Definition des Vermögens als dem bewerteten Bestand der drei Vermögenstitel. – Als *exogener Schock* sei eine Geldschöpfung im Inland betrachtet, die im Zuge einer Offenmarktoperation zustande kommt. Die dadurch induzierten Störungen auf inländischem Geld- und Bondmarkt erfordern eine sofortige Zinssenkung und Abwertung der heimischen Währung zur Aufrechterhaltung des Bestandsgleichgewichts. Ein qualitativ gleiches Ergebnis ergibt sich, wenn die Geldschöpfung durch eine nichtsterilisierte Devisenmarktintervention erfolgt. Zur Aufrechthaltung der Bestandsgleichgewichte ist es allerdings erforderlich, dass im Zuge der Offenmarktoperation der heimische Zins, im Zuge der Devisenmarktintervention hingegen der Wechselkurs stärker reagieren muss. Die Heterogenität der in- und ausländischen zinstragenden Titel verschafft der inländischen Zentralbank damit diskretionären Spielraum zur Beeinflussung von Zinssätzen und Wechselkursen, welcher selbst bei einer sterilisierten Devisenmarktoperation (Swapgeschäfte in den Beständen der zinstragenden Titel bei Konstanz des Geldangebots) erhalten bleibt. – Die zur Räumung der Bestandsmärkte entstandenen Veränderungen im inländischen Zinssatz und im Wechselkurs wirken nun ihrerseits auf das Stromgleichgewicht des Gütermarktes und führen über induzierte Leistungsbilanzungleichgewichte zu Veränderungen des Bestands an Auslandsbonds. Stellt sich z.B. ein Stromgleichgewicht mit einem Leistungsbilanzüberschuss ein, so akkumuliert das Inland Nettoauslandsforderungen. Diese wiederum stören das Portfoliogleichgewicht und erfordern zur Neutralisierung des Vermögenseffekts ihrerseits eine kontinuierliche Aufwertung der heimischen Währung, die erst dann zum Stillstand kommt, wenn das

Leistungsbilanzungleichgewicht abgebaut ist (→ außenwirtschaftliches Gleichgewicht, → Zahlungsbilanzausgleich). – Vgl. auch → Mundell-Fleming-Modell, → Stabilisierungspolitik, → Zielzonen-System, → internationales Währungssystem.

Wechselkursunion → Währungsunion.

Wechselkurszielzonen → Zielzonen-System.

Weltmarkt – gedachter, nicht zu lokalisierender Markt für Welthandelsgüter, auf dem sich in gegenseitiger Abhängigkeit (→ Interdependenz) der volkswirtschaftlichen Binnenmärkte deren Verflechtung zu einer → Weltwirtschaft ergibt.

Weltmarktpreis → Preis für Welthandelsgüter, der sich am → Weltmarkt bildet. Der Weltmarktpreis kann nach Ländern, Waren und Handelsstufen verschieden sein. – *Ermittlung* (1) durch Einsichtnahme in ausländische Konkurrenzofferten; (2) durch Marktanalyse; (3) durch Schaffung von Preisspiegeln der Auslandsmärkte bzw. internationalen Warenbörsen.

Weltwirtschaft – Bezeichnung für die durch den internationalen Handel sowie Bewegungen von → Kapital und → Arbeit zwischen den Volkswirtschaften entstehenden internationalen Wirtschaftsbeziehungen und Verflechtungen. – Vgl. auch → Weltwirtschaftsordnung, → Weltmarkt.

weltwirtschaftliche Konjunktur → Mondialreihen.

Weltwirtschaftskrise – 1. *Begriff*: Weitgehender Zusammenbruch der Produktion und des internationalen Handels in der Weltwirtschaft. – 2. *Weltwirtschaftskrise von 1929–1931/1932*: a) *Ausmaß*: Das → Volkseinkommen sank z.B. in Deutschland um ca. 40 Prozent, in den USA um über 50 Prozent. Die *Industrieproduktion* Deutschlands ging um ca. 43 Prozent und die der USA um über 45 Prozent zurück. Die *Exporte* der großen Industrieländer gingen auf ca. ein Drittel ihres vorherigen Wertes zurück, und die

Arbeitslosigkeit erreichte in Deutschland im Jahre 1932 einen Höchststand mit fast 5,6 Mio. Arbeitslosen. – b) *Ursachen:* Ein komplexes Ursachenbündel führte zur Weltwirtschaftskrise; die wichtigsten Ursachen waren: überzogene Börsenspekulationen (v.a. in den USA); hohe Ungleichheit der Einkommen, Behinderung des internationalen Handels durch nationalen Zollprotektionismus; Reparationsleistungen Deutschlands an die Siegermächte des Ersten Weltkriegs. Vor allem aber wurde auf den Zusammenbruch der Finanzmärkte wirtschaftspolitisch falsch reagiert. Statt mit einem wirtschaftpolitisch expansiven Kurs zu versuchen, die Wirtschaft in dieser kritischen Phase zu stimulieren wurde die Krise durch eine zunächst restriktive Geld- und Finanzpolitik verschärft und verlängert. Erst der wirtschaftspolitische Kurswechsel in den USA (New Deal) leitete eine allmähliche Wende ein.

Weltwirtschaftsordnung – System *völkervertraglicher Regelungen* der internationalen Wirtschaftsbeziehungen. – *Hauptelemente* der Weltwirtschaftsordnung sind die Welthandelsordnung (GATT bzw. WTO (World Trade Organization)) und das Weltwährungssystem, die allerdings nicht uneingeschränkt weltweit gelten, da einige Länder nicht Mitglieder der Institutionen sind bzw. sich den Vereinbarungen nicht angeschlossen haben. – Von Entwicklungsländern und kritischen *Nicht-Regierungs-Organisationen* (engl. *Non-Governmental-Organization*, NGOs) sowie einigen Wissenschaftlern wird eine *Neue Weltwirtschaftsordnung* gefordert.

Wendepunkt – I. Mathematik: Punkt einer Funktion, in dem eine Krümmungsänderung stattfindet. Da die zweite Ableitung f'' die Krümmung einer Funktion angibt, lassen sich mit ihrer Hilfe Wendepunkte bestimmen. – Schema zur Bestimmung von Wendepunkten von f: (1) Bildung von f''; (2) Bestimmung der Nullstellen von f'': f'' (x) = 0; (3) Bildung von f'''; (4) Überprüfung aller Nullstellen von f'' durch Einsetzen in f''':

f'''(x_0) ≠ 0: an der Stelle x_0 liegt ein Wendepunkt vor und f'''(x_0) = 0: Untersuchung der höheren Ableitungen bis erstmals eine Ableitung ungleich Null wird; (5) f $^{(n)}$ (x_0) ≠ 0 n ungerade: An der Stelle x_0 liegt ein Wendepunkt vor.

II. Konjunktur: → Konjunkturphasen.

Wert – I. Mikroökonomik: Ausdruck der Wichtigkeit eines → Gutes, die es für die Befriedigung der subjektiven Bedürfnisse besitzt, wie sie sich etwa in seinem → Nutzen und in der betreffenden → Präferenzordnung des Wirtschaftssubjektes widerspiegelt. Steht seine Bereitschaft im Vordergrund, im Zuge des Marktprozesses Ressourcen zur Erlangung bestimmter Güter hinzugeben, so wird im Gegensatz zum Gebrauchswert auch vom → Tauschwert gesprochen. Wirtschaftlichen Wert können nur Güter besitzen, die dem Sachverhalt der → Knappheit unterworfen sind. Der Wert von Kapitalgütern ist eine abgeleitete Größe aus dem Wert der mit ihrer Hilfe zu produzierenden Konsumgüter, die der direkten Bedürfnisbefriedigung zugeführt werden.

II. Betriebswirtschaftslehre: Bewertung, Unternehmungsbewertung, Unternehmungswert.

Wertaufbewahrungsfunktion des Geldes → Geld.

Wertgrenzprodukt – mit dem Marktpreis des produzierten Gutes im Fall der Mengenanpassung (Polypol) oder dem Grenzerlös (im → Monopol, Oligopol) bewertetes (multipliziertes) physisches → Grenzprodukt eines Produktionsfaktors (→ Grenzproduktivitätssätze).

Wertlehre – 1. *Volkswirtschaftslehre:* → Wert. – 2. *Betriebswirtschaftslehre:* Bewertung. – 3. *Wirtschaftsethik:* Werte.

Wertschöpfung – I. Volkswirtschaftliche Gesamtrechnung: 1. *Begriff:* die einzelnen Wirtschaftsbereichen erbrachte wirtschaftliche Leistung. Seit der Revision der Volkswirtschaftlichen Gesamtrechnung (VGR) in 2005 werden nicht mehr die Marktpreise, sondern die Herstellpreise zugrunde gelegt, da in den Marktpreisen oft Gütersteuern und Gütersubventionen einfließen. Um den Einfluss des Staates auf die Preise herauszurechnen, wird die Wertschöpfung zu Herstellpreisen ermittelt. a) Die → Bruttowertschöpfung wird bei Marktproduzenten als Differenz zwischen dem → Produktionswert (zu Herstellpreisen) und den → Vorleistungen berechnet. Sie ist prinzipiell frei von Doppelzählungen. b) Soweit der Staat und private Organisationen ohne Erwerbszweck sich als *Nichtmarktproduzenten* betätigen, wird die Bruttowertschöpfung durch Addition der Aufwandsposten (Arbeitnehmerentgelt, Abschreibungen) ermittelt. c) Auch für Kreditinstitute und Versicherungsunternehmen gilt eine bes. Berechnungsmethode. So werden bei den Banken neben Verkäufen, Provisionen und Gebühren eine unterstellte Bankgebühr aus der Differenz zwischen Soll- und Habenzinsen berücksichtigt. – *Grund:* Zinsen und Versicherungsprämien werden nicht als Verkäufe von Dienstleistungen angesehen. – 2. *Inhaltlich* hat der Begriff der Wertschöpfung in seiner Geschichte zahlreiche Wandlungen durchgemacht. So ließen z.B. die Physiokraten nur die Leistung der landwirtschaftlichen Urproduktion und des Bergbaus als Wertschöpfung gelten. Auch das für Zentralplanungswirtschaften konzipierte, praktisch aber nicht mehr verwendete „*Material Product System*" (*MPS*) stellt lediglich auf die Erzeugung materieller Güter ab und lässt die Dienstleistungen der nicht-materiellen Sphäre außer Acht. Demgegenüber geht das jetzt fast ausschließlich verwendete „*System of National Accounts*" (*SNA*) der Vereinten Nationen von einem umfassenden Produktionsbegriff aus, der prinzipiell die Gesamtheit der erzeugten Waren und Dienstleistungen beinhaltet. Dazu rechnen also auch unentgeltlich abgegebene Dienstleistungen des Staates und der privaten Organisationen ohne Erwerbszweck, aber nicht z.B. Arbeit für den eigenen Haushalt oder ehrenamtliche Tätigkeit.

II. **Betriebswirtschaftslehre:** 1. *Begriff:* Beitrag eines Unternehmens zum Volkseinkommen. – 2. Die *Wertschöpfungsrechnung* kann aus der Brutto-Erfolgs-rechnung (Erfolgsrechnung) entwickelt werden. Das vom Betrieb erzeugte *Gütereinkommen* ergibt sich aus den gesamten Erlösen (den nach außen abgegebenen Güterwerten), von denen die „Vorleistungskosten" (die von außen hereingenommenen Güterwerte, d.h. Leistungen vorgelagerter Produktionsstufen) abgezogen werden. Das vom Betrieb erzeugte Gütereinkommen ist gleich dem vom Betrieb erzeugten Geldeinkommen, der Summe von Arbeitserträgen, Gemeinerträgen (Steuern und Abgaben) und Kapitalerträgen (Saldo).

Wertsicherungsklausel – *Geldwertsicherungsklausel.* 1. *Begriff:* Klausel in Verträgen, die Sicherung gegen etwaigen Währungsverfall bezweckt (Währungsklausel). Genehmigung durch das Bundesamt für Wirtschaft und Ausfuhrkontrolle (BAFA) grundsätzlich erforderlich. – 2. *Arten:* Goldklausel, Warenpreisklausel, Indexklausel, Festgehaltsklausel. – 3. Eine Art der Wertsicherung ist auch der sog. *Leistungsvorbehalt,* eine Klausel, nach der eine Änderung der Bezugsgröße sich nur *mittelbar* auf die Geldschuld auswirkt, nämlich Anlass oder Voraussetzung für die Änderung der Leistung aufgrund von Verhandlungen neu festgesetzt werden.

Werttheorie → Wert.

Wertzoll – *Ad-Valorem-Zoll.* 1. *Begriff:* → Tarifäres Handelshemmnis, das auf Wertbasis, d.h. *ad valorem,* berechnet wird, d.h. in Prozent des Warenwertes. *Beispiel:* Der → Drittlandszollsatz 10 Prozent bedeutet, dass zehn Prozent des Zollwertes als Zoll von den Zollbehörden der EU vereinnahmt werden. – 2. *Beurteilung:* a) *Vorteile:* Automatische Anpassung an die Preise und – im Gegensatz zu den → spezifischen Zöllen – gerechtere Belastung teurer und billiger Waren. – b) *Nachteile:* Wertzoll bietet einen schlechten Marktschutz, weil seine Wirkung in Zeiten von Absatzschwierigkeiten bei fallenden Preisen nachlässt, während sich bei Hochkonjunkturen der Zollschutz erhöht. Auch ist die Wertermittlung komplizierter als die Feststellung des Zollgewichts. – 3. *Geltung*: Der Gemeinsame Zolltarif der Europäischen Gemeinschaften (GZT) enthält, wie die Tarife der meisten Staaten, überwiegend Wertzoll. Etwa 90 Prozent der in der EU bestehenden Zollsätze sind *Wertzollsätze* (*ad valorem*). – Vgl. auch → Mengenzoll, → spezifischer Zoll.

Wettbewerb – I. Allgemein: 1. *Allgemein:* Unter Wettbewerb ist das Streben von zwei oder mehr Personen bzw. Gruppen nach einem Ziel zu verstehen, wobei der höhere Zielerreichungsgrad des einen i.d.R. einen geringeren Zielerreichungsgrad des (der) anderen bedingt (z.b. sportlicher, kultureller oder wirtschaftlicher Wettkampf). – 2. *Wirtschaftlich:* Überträgt man diese sehr allg. gefasste Wettbewerbsvorstellung auf das Wirtschaftsleben, so ist Wettbewerb begrifflich durch folgende Merkmale charakterisiert: (1) Existenz von Märkten mit (2) mind. zwei Anbietern oder Nachfragern, (3) die sich antagonistisch (im Gegensatz zu kooperativ) verhalten, d.h. durch Einsatz eines oder mehrerer → Aktionsparameter ihren Zielerreichungsgrad zulasten anderer Wirtschaftssubjekte verbessern wollen; (4) damit ist eine Komplementarität von Anreiz- und Ordnungsfunktion gegeben, die im sog. sozialistischen Wettbewerb (sozialistische Marktwirtschaft) fehlt. – 3. Um den so skizzierten Wettbewerb inhaltlich auszufüllen, sind in der Literatur verschiedene *wettbewerbspolitische Leitbilder* bzw. Konzeptionen entwickelt worden. – 4. Konzept eines → *wirksamen Wettbewerbs*.

II. Wirtschaftsethik: Der Wettbewerb bringt ein antagonistisches Element in die sozialen Beziehungen. Dies hat den Menschen und den Moralphilosophen seit Jahrhunderten theoretische und ethische Probleme bereitet. Wirtschaftsethik hat deutlich zu machen, dass der Wettbewerb, sofern er unter einer geeigneten Rahmenordnung stattfindet, eine ethische Begründung hat: Er hält alle Akteure

zu Kreativität und Disziplin an und garantiert so, dass die Allgemeinheit sehr schnell in den Genuss der relativ besten Problemlösungen gelangt. Wettbewerb ist nach Böhm „das großartigste und genialste Entmachtungsinstrument der Geschichte". – Vgl. auch Wirtschaftsethik.

wettbewerbsrechtlicher Ursprung → Ursprung.

Wettbewerbstheorie – 1. *Begriff*: Die Wettbewerbstheorie hat die Aufgabe, Ursache-Wirkungszusammenhänge von wettbewerblichen Marktprozessen zu erklären und damit die wissenschaftliche Grundlage für staatliche Wettbewerbspolitik zu schaffen. – 2. *Klassische* Wettbewerbstheorie: Smith und die klassische Schule der Nationalökonomie (klassische Lehre) haben das Wettbewerbssystem vorwiegend zum Angriff gegen die feudal-merkantilistischen Fesseln (Merkantilismus) der Wirtschaftsfreiheit benutzt. Die Bevormundung des einzelnen Bürgers durch die Wirtschaftspolitik des Merkantilismus wird abgelehnt und stattdessen die Gewährleistung der Handlungsfreiheit von Unternehmen und Haushalten gefordert. – Das klassische System lässt sich so charakterisieren als die *Freiheit zum Wettbewerb unter Konkurrenten*, d.h. Freiheit für vorstoßende und nachahmende Wettbewerbshandlungen, sowie Freiheit der Konsumenten, unter den von der Marktgegenseite gebotenen Alternativen zu wählen. Wettbewerb im Sinn der Klassik ist ein *dynamischer Prozess* aus Aktion und Reaktion, der jedem Marktteilnehmer einen begrenzten Freiheitsbereich gibt. Das Ausnutzen der Wettbewerbsfreiheit unter *Verfolgung des Eigeninteresses* führt über den Marktmechanismus dazu, dass jedes Wirtschaftssubjekt das erhält, was ihm nach seiner Leistung für den Markt zusteht. Durch dieses freie Spiel der Kräfte entsteht wie durch eine *Invisible Hand* eine allg. *Harmonie der Interessen*, die durch den Eingriff des Staates nur gestört werden kann. Das klassische Wettbewerbskonzept lässt sich daher als

Koordinationsprozess ohne staatliche Lenkung verstehen, d.h. als ein System nicht-autoritärer sozialer Kontrolle mit finanziellen Sanktionen. – Die von Smith analysierten *wettbewerbsbeschränkenden Strategien* beziehen sich vorrangig auf die merkantilistische Wirtschaftspolitik, wobei *Marktzutrittsschranken,* die durch das Zunftwesen begründet und durch Gesetze abgesichert sind, im Vordergrund stehen (z.B. die Begrenzung der Zahl der Lehrlinge in einem Gewerbe sowie die Bestimmungen für den Marktzutritt und Marktaustritt in Handwerksberufen). – Das Wettbewerbskonzept der Klassik ist jedoch nicht – wie oft fälschlich behauptet wird – gleichzusetzen mit einer Politik des „laissez-faire, laissez-passer" *(Laissez-faire-Prinzip),* vielmehr ist die von Smith geforderte wettbewerbliche Legitimation des *Privateigentums an den Produktionsmitteln* gekoppelt mit der klaren Forderung nach Schaffung und Sicherung einer *Rechtsordnung als Rahmen wettbewerblicher Prozesse.* So hat Smith bereits die Wohlfahrtsverluste von Preisabsprachen und dauerhaften Monopolstellungen klar erkannt und in seinem 1776 erschienenen Hauptwerk kritisiert. – 3. → Neoklassik: Die von Smith behauptete Harmonie der Interessen hat in der Folgezeit zu dem Versuch geführt, die Bedingungen für die totale Übereinstimmung von Einzel- und Gesamtinteressen herauszuarbeiten. Ergebnis dieser Bemühungen war das *Gleichgewichtsmodell der vollständigen (vollkommenen) Konkurrenz:* Die dynamische Wettbewerbsanalyse der Klassik wird durch eine stark mathematisch orientierte rein statische Betrachtungsweise ersetzt, bei der die klassische Wettbewerbstheorie auf eine Analyse von preistheoretischen Gleichgewichtszuständen (→ Preistheorie) reduziert wird. Aus einer Vielzahl (von mehr oder minder unrealistischen) Annahmen über die Marktstruktur und das Marktverhalten werden Schlussfolgerungen im Hinblick auf Gleichgewichtspreise und Gleichgewichtsmengen abgeleitet. Der Wettbewerbsprozess, der zu diesen

pareto-optimalen Gleichgewichten führt (Pareto-Optimum), wird durch die Dominanz der statischen Betrachtung vernachlässigt. – 4. *Die Theorie des unvollkommenen bzw. monopolistischen Wettbewerbs* (Sraffa, Robinson, Chamberlin) hat in den zwanziger und dreißiger Jahren des vergangenen Jahrhunderts versucht, die bisher vertretene Dichotomie zwischen reinem → Monopol und vollkommener Konkurrenz zu überwinden *(monopolistische Konkurrenz).* Im Mittelpunkt der Bemühungen standen die Berücksichtigung heterogener Güter, das Oligopolproblem *(Oligopol)* und die Ergänzung des Preiswettbewerbs durch Formen des → Nichtpreiswettbewerbs (z.B. Werbung). – Das Konzept des unvollkommenen oder monopolistischen Wettbewerbs ist als eine *dritte Kategorie* zwischen den beiden Grenzfällen der vollständigen Konkurrenz und des Monopols zu sehen. Abweichungen von den Bedingungen der vollständigen Konkurrenz werden als *Unvollkommenheitsfaktoren* (Market Imperfections) oder Monopolelemente (Monopolistic Elements) angesehen. Mit dieser erweiterten Analyse beginnt sich die *Erkenntnis* durchzusetzen, dass die vollständige Konkurrenz niemals realisiert werden kann. Gleichwohl blieb diese bis Anfang der 1960er-Jahre Leitbild der dt. Wirtschaftspolitik; Ziel der Wettbewerbspolitik war es, Anzahl und Ausmaß der Marktunvollkommenheiten zu minimieren. Je geringer die Marktunvollkommenheiten (im Sinn einer Abweichung von den Modellbedingungen), desto mehr glaubte man, sich dem wohlfahrtsökonomischen Ideal zu nähern. – 5. *Workable bzw. Effective Competition:* a) Die *Entwicklung zu einer modernen* Wettbewerbstheorie wird eingeleitet durch den Aufsatz von *Clark* „Towards A Concept of Workable Competition" (1940). Mit seiner sog. *Gegengiftthese,* wonach auf einem Markt vorhandene Unvollkommenheiten durch das Vorliegen anderer Unvollkommenheiten geheilt werden können, bahnt sich der entscheidende Wandel in der wettbewerbspolitischen Beurteilung von

Marktunvollkommenheiten an. So kann z.B. die eine Marktunvollkommenheit einer zu geringen Zahl von Anbietern im Oligopol durch die andere Unvollkommenheit einer beschränkten → Markttransparenz oder einer Produktheterogenität im Hinblick auf die Wettbewerbsbedingungen ausgeglichen werden, da die anderen Unvollkommenheiten die preispolitische Interdependenz im Oligopol mindern und damit erfolgreiche Wettbewerbshandlungen möglich werden *(Preismeldestellen – Open Price Systems)*. – b) Die *weitere Entwicklung der* Wettbewerbstheorie ist stark durch die *Schumpeterschen Thesen* zur „Konkurrenz der neuen Ware, der neuen Technik, der neuen Versorgungsquelle, des neuen Organisationstyps" sowie durch die industrieökonomische Forschung in den USA *(Industrieökonomik)* beeinflusst worden. In seinem Buch „Competition as a Dynamic Process" (1961) versucht *Clark,* die Schumpetersche Theorie der Innovationen in die allg. Wettbewerbstheorie zu integrieren. Danach sind *Pioniergewinne* aufgrund einer temporären Vorzugsstellung sowohl Folge als auch Voraussetzung für den Wettbewerb; sie sollen nicht sofort wieder abgebaut werden, sondern allmählich verschwinden, was für den initiativ handelnden Unternehmer eine reaktionsfreie Zeit voraussetzt, um dem Unternehmen einen Anreiz zur Innovation zu geben. – Die Geschwindigkeit, mit der Vorsprungsgewinne jeglicher Art aufgezehrt werden, kann als Ansatzpunkt für die Bestimmung der *Intensität des Wettbewerbs* benutzt werden. Nach Clark bemisst sich daher die *Funktionsfähigkeit des Wettbewerbs* danach, inwieweit vorgegebene (gesamtwirtschaftliche) Ziele im Sinn sinkender Preise, verbesserter Qualität und rationeller Produktionsverfahren realisiert werden. – Zentrales *Problem* der Theorie des wirksamen Wettbewerbs (auch: *funktionsfähiger Wettbewerb, Effective oder Workable Competition*) ist es, die wettbewerbspolitisch wünschenswerten von den unerwünschten Marktunvollkommenheiten zu unterscheiden, um damit zu Konstellationen von Unvollkommenheitsfaktoren zu kommen, die als notwendige und/oder hinreichende Bedingung für die Wirksamkeit des Wettbewerbs anzusehen sind. Wenngleich die Vorstellung des Wettbewerbs als einen dynamischen Prozess im Sinn von Schumpeter mit einer Folge von Vorstoß- und Verfolgungsphasen grundsätzlich allg. akzeptiert ist, so wird die Frage der Marktunvollkommenheiten als wettbewerbspolitischer Ansatzpunkt sehr unterschiedlich gesehen, was zur Entwicklung unterschiedlicher wettbewerbspolitischer Leitbilder geführt hat.

Wicksell-Cobb-Douglas-Produktionsfunktion → Produktionsfunktion, mit der zuerst Wicksell theoretisch, später Cobb und Douglas empirisch gearbeitet haben. Sie gehorcht der Gleichung

$$x = \gamma A^\alpha B^\beta$$

und ist *homogen* vom Grade r = α + β. Folglich ist auch die → Skalenelastizität $\eta_{x,\lambda} = \alpha + \beta$. Außerdem stimmen die partiellen → Produktionselastizitäten mit den Exponenten überein ($\eta_{x,A}$ = α und $\eta_{x,B}$ = β). Von bes. Bedeutung ist der *linear-homogene Fall* r = 1, d.h. α + β = 1, den man als die Wicksell-Cobb-Douglas-Produktionsfunktion i.e.S. bezeichnet. Hier gilt (bei vollkommener Konkurrenz auf den Faktor- und Gütermärkten und Entlohnung der Faktoren nach dem Wertgrenzprodukt) das Ausschöpfungstheorem (→ Eulersches Theorem):

$$x = \frac{\partial x}{\partial A}A + \frac{\partial x}{\partial B}B$$

d.h.

$$p_x x = p_x \frac{\partial x}{\partial A}A + p_x \frac{\partial x}{\partial B}B = p_A A + p_B B$$

(→ Grenzproduktivitätssätze); mit anderen Worten, die grenzproduktivitätstheoretisch bestimmten Faktoreinkommen schöpfen den Erlös (auf Unternehmens- oder Branchenebene) oder das Einkommen (auf volkswirtschaftlicher Ebene) voll aus. Außerdem geben die partiellen Produktionselastizitäten α und β die Erlös- bzw. Einkommensanteile der Faktoren A und B an

(Grenzproduktivitätstheorie der Verteilung). Gewinne entstehen somit grundsätzlich nicht, wenn die Entlohnung nach den Wertgrenzprodukten erfolgt.

Wicksell-Johnson-Theorem – Satz von der Gleichheit von → Skalenelastizität und der Summe der partiellen → Produktionselastizitäten:

$$\eta_{x,\lambda} = \eta_{x,A} + \eta_{x,B}$$

für x=F(A, B). Im Falle der → Wicksell-Cobb-Douglas-Produktionsfunktion

$$x = \gamma A^\alpha B^\beta$$

mit β =1 - α gilt z.B.

$$\eta_{x,\lambda} = \alpha + \beta = 1.$$

Wicksellscher Prozess – von Wicksell („Über Wert, Kapital und Rente" 1893; „Geldzins und Güterpreise" 1898) beschriebene kumulative Entwicklung im Wirtschaftsprozess. – *Vorgang:* Bei einem Sinken des Geldzinses (d.h. des Marktzinses) infolge der Kreditschöpfung der Banken unter den → natürlichen Zins wird ein größeres Kapital vorgetäuscht, als tatsächlich vorhanden ist. Daraufhin werden Investitionen vorgenommen, und zwar mehr, als der realen Kapitalbasis entspricht. Da Wicksell von einem Zustand der Vollbeschäftigung ausgeht, müssen die Preise und später auch die Löhne kumulativ steigen. Ein *Zwangssparprozess* wird hervorgerufen (→ Sparen), der aber den Umschwung nicht verhindern kann. Dieser tritt ein, wenn sich die Unzulänglichkeit der realen Kapitalbasis herausstellt und das Banksystem nicht fähig und/oder nicht willig ist, weitere Kreditexpansion zuzulassen. – *Bedeutung:* Die Gedankengänge des Wicksellschen Prozesses liegen der monetären Überinvestitionstheorie zugrunde; ihr schwächster Punkt ist die Hypothese einer Vollbeschäftigung als Ausgangssituation.

Wiederausfuhrkontrolle → End User Control (EUC); → Exportkontrolle beschränkt

sich auf Gemeinschaftswaren. Nichtgemeinschaftswaren (z.b. aus Zolllagern, aus der vorübergehenden Verwahrung, nach der vorübergehenden Verwendung oder aus Freizonen) unterliegen der Wiederausfuhrkontrolle (§ 16b AWV), die etwas weniger streng als die Exportkontrolle ist. Grundsätzlich sind auch hier Verbote und Beschränkungen sowie → Embargos zu beachten.

Windhund-Verfahren → Verteilungsverfahren, nach dem die Einfuhr- bzw. Ausfuhrmengen für → Kontingente und Lizenzen nach dem Zeitpunkt der Antragstellung vergeben werden. Es erfolgt keine Quotierung.

wirksamer Wettbewerb – *funktionsfähiger Wettbewerb, Effective Competition, Workable Competition.* Der für den Wettbewerbsprozess relevante Markt ist in sachlicher, räumlicher und zeitlicher Hinsicht abzugrenzen *(Marktabgrenzung),* da für den Preisbildungs- und Wettbewerbsprozess der Markt relevant ist, auf dem Wettbewerb stattfindet. Wettbewerbspolitik stützt sich i.Allg. auf das von Arndt und Abbott entwickelte *Bedarfsmarktkonzept,* das alle Güter in die Analyse einbezieht, die im Hinblick auf den Verwendungszweck dazu geeignet sind, einen bestimmten Bedarf zu befriedigen. – 1. *Formaler Aufbau:* Das Konzept eines wirksamen Wettbewerbs wird in seinem formalen Aufbau durch Merkmale der *Marktstruktur* (Market Structure), des *Marktverhaltens* (Market Conduct oder Behaviour) und des *Marktergebnisses* (Market Result oder Performance) beschrieben. Eine solche Einteilung entspricht auch der Richtung des Kausalprozesses: Structure und Conduct sind die Ursachen, das Marktergebnis ist die Wirkung; allerdings besteht im dynamischen Prozess eine *zirkuläre Verknüpfung* der drei Merkmale, d.h. eine schlechte Performance in Gestalt überhöhter Gewinne beeinflusst z.B. die Marktstruktur durch Anlocken von Newcomern. – a) Unter *Marktstruktur* werden alle Faktoren verstanden, die einen Einfluss auf den Wettbewerb und das Preisverhalten am Markt ausüben und relativ konstant sind (z.B. die Zahl der Anbieter und Nachfrager sowie ihrer Marktanteile, die im Rahmen der relevanten Marktabgrenzung ermittelt werden; der Grad der Produkthomogenität und der Markttransparenz; die Höhe der Marktschranken; die Marktphase und der Unternehmertypus). – b) *Marktverhalten* umfasst all diejenigen Aspekte, die Ausdruck von unternehmerischen Entscheidungen und damit – im Gegensatz zu Marktstrukturfaktoren – kurzfristig veränderbar sind. Im Rahmen des *Marktverhaltenstestes* ist daher zu untersuchen, wie häufig und zu welchen Zeitpunkten die verschiedenen → Aktionsparameter (Preise, Rabatte und Konditionen, Menge, Qualität, Service und Werbung) beim

Kampf um Marktanteile im Zeitablauf eingesetzt worden sind; entscheidend ist dabei, ob die einzelnen Aktionsparameter zu verschiedenen Zeitpunkten individuell oder kollektiv aufgrund von Gruppendisziplin oder Preis- bzw. Marktführerschaft eingesetzt worden sind. – c) *Marktergebnisse* können mithilfe von quantitativen Größen, die den eingesetzten Wettbewerbsparametern entsprechen, analysiert werden, z.B. die Höhe der Preise und Gewinne, die Qualitäten, den Output, die Produktions- und Verkaufskosten, den technischen Fortschritt. Zum Aufbau des Konzepts vgl. Abbildung „Wirksamer Wettbewerb – Formaler Aufbau des Konzepts". Für die Frage, an welche Normen die

Wirksamer Wettbewerb – Formaler Aufbau des Konzepts

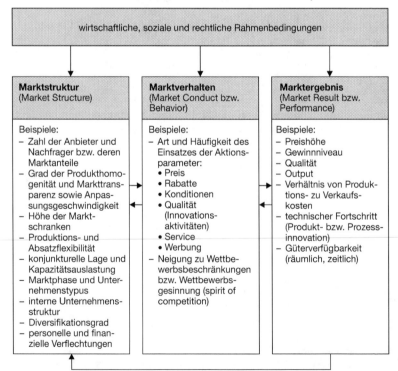

Wettbewerbspolitik anknüpfen soll, ist der Zusammenhang von Marktstruktur, Marktverhalten und Marktergebnis von großer Bedeutung, worauf bei der Darstellung industrieökonomischer Zusammenhänge eingegangen werden soll. – 2. *Inhalt und Funktionsweise des Konzepts eines wirksamen Wettbewerbs:* a) *Charakterisierung des Wettbewerbsprozesses:* Wettbewerb wird im Sinn eines *dynamischen Prozesses* verstanden, der durch eine *Abfolge von Vorstoß- und Verfolgungsphasen* gekennzeichnet ist, wobei Marktunvollkommenheiten Ergebnis initiativer Wettbewerbshandlungen und zugleich wieder Voraussetzung für imitatorische Wettbewerbshandlungen sind. Ein derartig charakterisierter dynamischer Wettbewerbsprozess ist als *anonymer Kontroll- und Steuerungsmechanismus mit finanziellen Sanktionen* zu verstehen, bei welchem Vorsprungsgewinne jeglicher Art dann aufgezehrt werden, wenn keine unangemessene Marktmacht besteht. Die Intensität des Wettbewerbs ist dabei um so stärker, je schneller die Vorsprungsgewinne aufgezehrt werden. Maßgeblich für das Verständnis des Wettbewerbs als dynamischer Prozess ist der durch den Wettbewerb ausgeübte, von den Beteiligten unkontrollierte Druck auf Preise und Kosten und damit auf die Gewinne, der durch das Gewinn- und Erfolgsstreben der Wirtschaftssubjekte ausgelöst wird. Dieser Wettbewerbsdruck führt zu einer tendenziellen Realisierung des vorgegebenen Zielkatalogs à la Kantzenbach, indem er die Wirtschaftssubjekte zu einem ökonomisch-rationalen Verhalten zwingt, welches auf die Verwirklichung der kostengünstigsten Kombination der Produktionsfaktoren

Wirksamer Wettbewerb- Typische Zusammenhänge zwischen Marktphase und Unternehmertypus, Marktform und Marktzutrittsschranken, Aktionsparametern, Gewinnraten und wettbewerbspolitische Maßnahmen

Marktphase und Unternehmertypus	Marktform und Marktzutrittsschranken	Aktionsparameter	Gewinnraten	wettbewerbspolitische Maßnahmen
Experimentierphase und Pionierunternehmer	Monopol eines Innovators mit hohen Marktzutrittsschranken	Produkt- und informative Werbung, Errichten von Marktschranken und limit pricing Service	steigende Gewinnrate	Offenhaltung der Märkte
Expansionsphase und (spontan) imitierender Unternehmer	weites Oligopol oder Polypol mit relativ niedrigen Marktzutrittsschranken	Preis, Produktqualität und informative Werbung, Service	steigende Gewinnrate: Höhepunkt der Gewinnrate	Offenhaltung der Märkte, Fusionskontrolle
Ausreifungsphase und (unter Druck) reagierender Unternehmer	Oligopol mit hohen Marktzutrittsschranken	Preis, (negative) Produktqualität (Obsoleszenz), Service und Werbung	abnehmende Gewinnrate	Kontrolle der Konzentrations- und Behinderungsstrategie
Stagnations- bzw. Rückbildungsphase und immobiler Unternehmer	Enges Oligopol oder Monopol mit hohen Marktzutrittsschranken	Service, Werbung und (negative) Produktqualität (Obsoleszenz)	abnehmende Gewinnrate, evtl. Verluste und Konkurse	Kontrolle der Konzentrations-, Behinderungs- und Verhandlungsstrategie; Preismissbrauchsaufsicht

(optimale Faktorallokation), auf die flexible Anpassung von Produkten und Produktionskapazitäten an sich ändernde Daten wie z.B. die Produktionstechnologie oder Verbraucherpräferenzen (Anpassungsflexibilität) sowie auf die Entwicklung neuer Produkte und/oder Produktions- und Absatzmethoden (technischer Fortschritt) zielt. Die dabei im Wettbewerbsprozess aufgrund temporärer Vorzugsstellungen entstehenden Pioniergewinne sollen nur allmählich abgebaut werden: So setzt z.B. der technische Fortschritt ein gewisses (Time-)Lag voraus, um die Innovation wirtschaftlich lohnend zu machen. – b) *Tatsächlicher Wettbewerb durch Einsatz verschiedener Aktionsparameter:* Wettbewerb tritt als → Preiswettbewerb oder als → Nichtpreiswettbewerb mit den Aktionsparametern Qualität, Service oder Werbung auf. Zu dem tatsächlichen Wettbewerb tritt der potenzielle Wettbewerb mit Newcomern, sofern die Marktzutrittsschranken nicht zu hoch sind. Langfristig gewinnt neben dem tatsächlichen und potenziellen Wettbewerb der Substitutionswettbewerb an Bedeutung, der den Unternehmen beim Einsatz ihrer Aktionsparameter gewisse Grenzen setzt. Die Tabelle „Wirksamer Wettbewerb – Übersicht über typische Zusammenhänge zwischen Marktphase und Unternehmertypus, Marktform und Marktzutrittsschranken, Aktionsparametern, Gewinnraten und wettbewerbspolitische Maßnahmen" gibt einen Überblick. – c) Die *Wirksamkeit der verschiedenen Wettbewerbsformen* hat Zohlnhöfer anhand des durch sie hervorgerufenen Preisdruckes charakterisiert. Danach bewirken unabhängige Anbieter weitgehend homogener Güter den stärksten Preisdruck. Der Substitutions- und i.d.R. auch der potenzielle Wettbewerb sind nur sehr langfristig wirksam, wenngleich sie im konkreten Einzelfall die unternehmerische Preispolitik erheblich beschränken können. Insofern kommt diesen beiden Wettbewerbsformen als Determinanten des einen funktionsfähigen Wettbewerb kennzeichnenden Preisdruckes nur

zweitrangige Bedeutung zu. – 3. *Industrieökonomische Zusammenhänge zwischen der Unternehmensgröße* (Konzentration*) und wirtschaftlicher Effizienz i.w.S.:* Die Industrial Organization School versucht, die Ursache-Wirkungs-Zusammenhänge im Wettbewerbsprozess empirisch zu analysieren und damit die Frage eventueller Zielkonflikte zwischen der Aufrechterhaltung wirksamen Wettbewerbs, definiert durch eine Kombination von Marktstruktur- und Marktverhaltensnormen, und einer Realisierung der Zielfunktionen zu beantworten. Das Ergebnis der empirischen Untersuchungen zur Frage des Zusammenhanges von Marktstruktur und Marktergebnis geht dahin, dass der individuelle Marktanteil eines Unternehmens die wichtigste Einflussgröße für das Marktergebnis ist; darüber hinaus wirken die Investitionsintensität, die industrielle Wachstumsrate, die Position im Produktlebenszyklus und die Werbeaufwendungen im Verhältnis zur Umsatzrelation auf das Marktergebnis ein. Dabei übt die Kombination von individuellem Marktanteil und Produktheterogeniät offenbar den entscheidenden Einfluss auf das Marktergebnis aus. – Ein derartiger Zielkonflikt wird z.B. im Rahmen der sog. Neo-Schumpeter-Hypothesen behauptet, wonach technischer Fortschritt und damit wirtschaftliches Wachstum eine hohe relative und absolute Unternehmenskonzentration voraussetzen. Darüber hinaus können Zielkonflikte in der Aufrechterhaltung einer kompetitiven Marktstruktur und einer Effizienzsteigerung i.w.S. im Hinblick auf die Realisierung von Economies of Scale, Transaction Cost Economies oder Economies of Scope auftreten. Auch im Hinblick auf die Verbesserung der internationalen Wettbewerbsfähigkeit ist ein Zielkonflikt denkbar. – Die *empirischen Untersuchungen,* die bes. in den Vereinigten Staaten, in den letzten Jahren aber auch zunehmend in Westeuropa, vorgenommen worden sind, erlauben jedoch keine *generelle Schlussfolgerung.* Die empirischen Studien zeigen vielmehr, dass derartige

Zielkonflikte im Einzelfall bestehen können, aber keinesfalls generell vorliegen. Im Hinblick auf den technischen Fortschritt sind die technologischen Unterschiede von Branche zu Branche zu groß, als dass die Aufstellung genereller Hypothesen möglich wäre. – Das *wettbewerbspolitische Resümee* dieser Untersuchungen ist darin zu sehen, dass grundsätzlich von der Überlegenheit des Marktmechanismus auch im Hinblick auf die Realisierung des technischen Fortschritts und der internationalen Wettbewerbsfähigkeit auszugehen ist; wenn im Einzelfall ein Zielkonflikt seitens der Unternehmen geltend gemacht wird, fällt diesen die Beweislast für das Vorliegen eines solchen Zielkonflikts zu. – Vgl. auch → Wettbewerbstheorie.

Wirkungsverzögerung → Lag.

wirtschaftliche Wechsellagen → Konjunkturschwankungen.

Wirtschaftsbarometer → Konjunkturbarometer.

Wirtschaftsbereich – Wirtschaftszweig.

Wirtschaftsforschung – Erforschung der Grundlagen einer Volkswirtschaft und der wirtschaftlichen Entwicklung mit wissenschaftlichen Methoden (v.a. Marktforschung und → Konjunkturforschung). Das Aufstellen ökonomischer Hypothesen erfolgt durch die Volkswirtschaftstheorie, die quantitative Analyse durch → empirische Wirtschaftsforschung. Durchgeführt wird die Wirtschaftsforschung an Universitätsinstituten und → Wirtschaftsforschungsinstituten.

Wirtschaftsforschungsinstitute – privat und öffentlich finanzierte Institutionen, die weitgehend die Einzelarbeit im Bereich der empirischen Wirtschaftsforschung bzw. → Konjunkturforschung abgelöst haben. Früher häufig auch als *Konjunkturforschungsinstitute* bezeichnet, haben sie mittlerweile den Schwerpunkt ihrer Tätigkeit auf die gesamte Bandbreite der Wirtschaftsforschung ausgedehnt. – 1. *Entwicklung:* a) *Wissenschaftsmethodisch* geht das Entstehen der Wirtschaftsforschungsinstitute zurück auf die zuerst in den USA entwickelte Forschungsmethodik, die mathematisch-statistische Methoden in die praktische Forschung einbezog. – b) Es entstehen private Einrichtungen, wie Brookmore Economic Service, Moody's Investors Service, Karstens's Statistical Laboratory; 1917 als erstes von der Wissenschaft betriebenes Institut das Harvard University Committee of Economic Research, New York. In den 1920er-Jahren schlossen sich europäische Länder dem amerik. Vorbild an: Russland 1920, Schweden 1922, England und Frankreich 1923, Deutschland 1925 (Institut für Konjunkturforschung), Italien 1926. – 2. *Bekannteste Wirtschaftsforschungsinstitute in der Bundesrepublik Deutschland:* → Deutsches Institut für Wirtschaftsforschung (DIW), Berlin; → ifo Institut für Wirtschaftsforschung, München; → Institut für Weltwirtschaft (IfW), Universität Kiel; → Institut für Wirtschaftsforschung Halle (IWH); → Rheinisch-Westfälisches Institut für Wirtschaftsforschung (RWI), Essen. Aus diesen fünf Instituten wird i.d.R. der Kreis der Gemeinschaftsdiagnose gebildet, die jeweils im Frühjahr und im Herbst eine gemeinsame Einschätzung und Beurteilung der Lage der Weltwirtschaft und der dt. Wirtschaft veröffentlichen. – *Weitere Wirtschaftsforschungsinstitute:* → Institut der Deutschen Wirtschaft e.V. (IW), Köln; → Wirtschafts- und Sozialwissenschaftliches Institut in der Hans-Böckler-Stiftung und das Institut für Makroökonomie und Konjunkturforschung (IMK) in der Hans Böckler Stiftung, Düsseldorf.

Wirtschaftsgebiet – Begriff des → Außenwirtschaftsrechts. Der Geltungsbereich des → Außenwirtschaftsgesetzes (AWG), also die Bundesrepublik Deutschland und Zollfreigebiete (Helgoland, Freizonen), definiert in § 4 I Nr. 1 AWG. Die österreichischen Gebiete Jungholz und Mittelberg gelten als Teil des Wirtschaftsgebiets. Die Zollanschlüsse gelten als Teil des Wirtschaftsgebiets. – *Gegensatz:* fremde Wirtschaftsgebiete. – Der Zollausschluss an der deutsch-schweizerischen

Grenze (Enklave Büsingen) gelten gemäß § 4 I Nr. 2 AWG für das Verbringen von Sachen und Elektrizität als Teil fremder Wirtschaftsgebiete. – Vgl. auch Wirtschaftsraum.

Wirtschaftsgemeinschaft → regionale Integration, → Regionalismus.

Wirtschaftsgut – I. Wirtschaftswissenschaften: → knappes Gut.

II. Steuerrecht: Nicht im Gesetz definierter *Begriff* des Einkommensteuer- und Bewertungsrechts (vgl. §§ 5 II, 6 I EStG; §§ 2, 98a BewG), das steuerliche Synonym für Vermögensgegenstand. Nach der Rechtsprechung sind Wirtschaftsgüter sowohl Sachen (§ 90 BGB), Tiere (§ 90a BGB) und nicht körperliche Gegenstände i.S.d. BGB, sofern sie am Bilanzstichtag bereits als realisierbarer Vermögenswert angesehen werden können, als auch bloße vermögenswerte Vorteile einschließlich tatsächlicher Zustände und konkreter Möglichkeiten, soweit diese derart sind, dass sich der Kaufmann ihre Erlangung etwas kosten lässt, sie nach der Verkehrsauffassung einer selbstständigen Bewertung zugänglich sind und i.d.R. einen Nutzen für mehrere Wirtschaftsjahre erbringen. – 1. *Einkommensteuerlich* zählen auch Schulden zu den (dann negativen) Wirtschaftsgütern. Nur (positive und negative) Wirtschaftsgüter (und Rechnungsabgrenzungsposten) können in die Steuerbilanz aufgenommen werden; die Erfüllung der Wirtschaftsgüter-Eigenschaften ist folglich im Regelfall Grundvoraussetzung für die Bilanzierung eines Objekts oder Vorgangs. – 2. *Bewertungsrechtlich* gibt es nur positive Wirtschaftsgüter; sie stellen die kleinste Bewertungseinheit dar (§ 2 III BewG).

III. Handelsbetriebslehre: Handelsgut.

Wirtschaftskreislauf – Gesamtheit aller volkswirtschaftlichen Transaktionen, bei denen Wirtschaftsobjekte (Güter, Forderungen) mit (Tausch) oder ohne (Transfer, Schenkung) Gegenleistung von einem Wirtschaftssubjekt (Unternehmen, private und öffentliche Haushalte) auf ein anderes übergehen. Der Wirtschaftskreislauf ist Folge der

→ Arbeitsteilung und in seinem Umfang von deren Ausmaß abhängig. In einer „Robinson-Crusoe-Wirtschaft", in der jeder Selbstversorger ist, gibt es keinen Wirtschaftskreislauf. Für moderne Industriegesellschaften ist eine ständige Zunahme der nationalen und internationalen Arbeitsteilung jedoch charakteristisch mit der Konsequenz eines stets steigenden Umfangs des Wirtschaftskreislaufs. Die theoretische Untersuchung des Wirtschaftskreislaufs ist Gegenstand der → Kreislaufanalyse.

Wirtschaftskrisen → Konjunkturphasen, → Krisengeschichte, → Krisentheorie,

Wirtschaftsobjekte → Kreislaufanalyse.

Wirtschaftssektoren → Sektoren der Volkswirtschaft, → Kreislaufanalyse.

Wirtschaftsstufen – 1. *Begriff:* Bezeichnung der Volkswirtschaftstheorie für das in der geschichtlichen Entwicklung der Wirtschaft sich wiederholende Muster des Industrialisierungsprozesses. Die Entwicklungsstadien werden nach Kriterien wie Produktionsweise, Art der Agrar- und Güterproduktion oder nach der Organisationsart des Tauschverkehrs eingeteilt. Vertreter solcher Typologien sind Marx, Hoffmann, Kuznets und Rostow. – 2. *Marx* unterscheidet fünf aufeinander folgende Stufen, die sich durch unterschiedliche Ausprägung von Produktivkräften und Produktionsverhältnissen voneinander unterscheiden (historischer Materialismus). – 3. Nach *Rostow* sind ebenfalls fünf Wirtschaftsstufen zu unterscheiden: (1) Die traditionelle Gesellschaft, deren Struktur- und Produktionsmöglichkeiten auf vornewtonscher Wissenschaft und Technik basieren. (2) Übergangsphase zur wirtschaftlichen Expansion, in der die Grundlagen für den wirtschaftlichen Aufstieg geschaffen werden, indem neue Wertvorstellungen sowie geeignete politische und wirtschaftliche Organisationsformen entstehen. (3) Der wirtschaftliche Aufstieg (Take-off-Phase), charakterisiert durch die Durchsetzung neuer Technologien in Landwirtschaft und Industrie und einen Anstieg der Investitionsquote auf über 10 Prozent des Nettoinlandsprodukts. (4) Die wirtschaftliche Reife (Mature Economy), erreicht etwa 60 Jahre nach Beginn des Aufstiegs und gekennzeichnet durch die institutionelle Anpassung der Gesellschaft an die Erfordernisse effizienter Produktionsmethoden, sowie durch die Vielfalt von Industriezweigen. (5) Der Massenkonsum, charakterisiert durch das Aufkommen des Wohlfahrtsstaates und der Massenproduktion dauerhafter Konsumgüter. Indikator dieses Stadiums ist die Produktion des Automobils. – 4. *Beurteilung:* Die kritischen Einwände gegen eine derartige Sicht der historischen Entwicklung wirtschaftlichen Wachstums richten sich hauptsächlich auf das starre Ablaufschema. Die Diskrepanzen in der Entwicklung einzelner Volkswirtschaften seien jedoch zu groß, als dass sie in ein allg. Schema gepresst werden könnten. – Im *Gegensatz* zu Stufentheorien ist die Rostowsche Konzeption als Alternative zur marxistischen Auffassung der Entwicklung von Gesellschaften gedacht.

Wirtschaftssubjekt – selbstständiges Sozialgebilde mit einheitlichem Wirtschaftsplan, wie → Haushalte und → Unternehmungen. Sie sind Gegenstand der → Haushaltstheorie und der → Theorie der Unternehmung bzw. → Produktionstheorie. – Vgl. auch → Kreislaufanalyse.

Wirtschaftstheorie – Volkswirtschaftstheorie.

Wirtschafts- und Sozialwissenschaftliches Institut in der Hans-Böckler-Stiftung – von der Hans Böckler Stiftung, einer Stiftung des DGB, getragenes Wirtschaftsforschungsinstitut (→ Wirtschaftsforschungsinstitute); Sitz in Düsseldorf. – *Arbeitsgebiete:* Wirtschafts-, Arbeitsmarkt- und Strukturpolitik sowie Sozial-, Tarif- und Mitbestimmungspolitik.

Wirtschaftsweise – auch als fünf Wirtschaftsweise bezeichnet; Mitglieder des → Sachverständigenrates zur Begutachtung der gesamtwirtschaftlichen Entwicklung (SVR).

Witwenkrug-Theorem – von Keynes (1930) gewählte Benennung der Erkenntnis, dass im Rahmen einer → Kreislaufanalyse unter bestimmten Annahmen alle Ausgaben der Unternehmen an den Unternehmenssektor zurückfließen. Die Bezeichnung „Witwenkrug" soll an den Ölkrug einer Witwe im Alten Testament erinnern, der nie leer wurde. Sofern die Arbeitnehmer in einer geschlossenen Volkswirtschaft ihr gesamtes Lohneinkommen für Konsum verwenden und nichts sparen, entsprechen die Ausgaben der Unternehmen für Löhne und Gehälter ihren Einnahmen aus den Käufen der Arbeitnehmer. Mehrausgaben der Unternehmer für Investitionen und Konsumgüter erhöhen daher die Einnahmen der Unternehmer insgesamt und in gleicher Höhe ihre Gewinne. Bei voll ausgelasteten Kapazitäten geschieht dies dadurch, dass aufgrund der gestiegenen Gesamtnachfrage nicht die Produktionsmenge, sondern nur die Preise steigen. In einer unterbeschäftigten Wirtschaft erhält man das gleiche Resultat: Aufgrund der höheren Gesamtnachfrage ergibt sich ein → Multiplikatorprozess, der erst ein Ende findet, wenn die Kapitaleinkommen solange gestiegen sind, bis ihre zusätzlichen Ersparnisse die Höhe ihrer zusätzlichen Ausgaben erreicht haben.

Wohlfahrtsverlust – I. Wohlfahrtsökonomik: 1. *Begriff:* Marshall definiert den Wohlfahrtsverlust als Verringerung der Konsumentenrente, die sich ergibt, wenn die Optimalitätsbedingungen der vollkommenen Konkurrenz verletzt sind. Wohlfahrtsverluste bilden im Rahmen der Wohlfahrtsökonomik die argumentative Grundlage für die → Theorie des Zweitbesten. – 2. *Formen:* Wohlfahrtsverluste entstehen aufgrund von starren Faktor- und Güterpreisen, externen Effekten, → Monopolen und monopolistischer Konkurrenz.

II. Außenwirtschaft: *toter Wohlfahrtsverlust;* Begriff im Zusammenhang mit der Analyse von Wohlfahrtswirkungen von handelspolitischen Maßnahmen mithilfe von Produzenten- und Konsumentenrenten. Ist die Summe aus der Veränderung der Produzentenrente, der Veränderung der Konsumentenrente plus Budgeteinnahmen einer handelspolitischen Maßnahme negativ, dann spricht man von einem Wohlfahrtsverlust.

Grafisch darstellbar mithilfe sog. *Harberger Dreiecke*. – Vgl. auch → Handelspolitik.

Wohlfahrtswirkungen des internationalen Handels → Gains-from-Trade-Theorem.

Workable Competition → wirksamer Wettbewerb.

Z

Zahlungsabkommen – *internationales Zahlungsabkommen, Clearingabkommen, Verrechnungsabkommen;* Teil des → Handelsabkommens zur Regelung des zwischenstaatlichen Zahlungsverkehrs (internationaler Zahlungsverkehr, → Auslandszahlungsverkehr), der über die bei den beiderseitigen Zentralbanken oder anderen vereinbarten Stellen geführten Konten abgerechnet wird. Für den Fall, dass ein Land mit seinen Zahlungen zurückbleibt, ist z.T. ein Swing vereinbart.

Zahlungsbilanz – 1. *Begriff*: Systematische Erfassung und Darstellung aller wirtschaftlichen Transaktionen zwischen Inländern und Ausländern für eine abgelaufene Periode. Diese Definition ist etwas problematisch, da auch Transaktionen zwischen Inländern erfasst werden und da es sich um eine Stromgrößenrechnung handelt. Die Deutsche Bundesbank veröffentlicht sie monatlich, wobei die ersten vorläufigen Ergebnisse etwa mit einem Zeitabstand von rund 30 Tagen veröffentlicht werden. Als Inländer gilt, wer seinen festen Wohnsitz im Inland hat, also auch ausländische Einwohner. Im Gegensatz zum kaufmännischen Bilanzbegriff, der i.d.R. von Beständen an einem bestimmten Stichtag ausgeht, ist die Zahlungsbilanz eine Saldenbilanz, die (ebenfalls nach dem Prinzip der doppelten Buchführung) Veränderungen in einer Periode ausweist. Die „Konten" der Zahlungsbilanz werden als Teil-Bilanzen angesprochen. – 2. *Aufbau*: a) Die → Handelsbilanz, auch Warenbilanz genannt, erfasst den → Außenhandel, d.h. Export und Import von Sachgütern. Dabei werden die Ergänzungen zum Warenverkehr gesondert ausgewiesen. Dies schließt sog. (Zoll-)Lagerverkehr ein sowie Rückwaren, die zunächst importiert wurden, aber z.B. aufgrund von Mängelrügen zurückgeschickt werden; Analoges gilt für den Export. Der Export wird ab Grenze Ausland erfasst (FOB, Free on Board), während der Import mit dem Wert an der Grenze zum Inland berücksichtigt wird (CIF, Costs, Insurance, Freight). – b) In die → Dienstleistungsbilanz gehen Ein- und Ausfuhren von Dienstleistungen ein. Dies kann Verständnisschwierigkeiten hervorrufen, weil man immaterielle Güter nicht immer transportieren kann. → Import bedeutet, dass Inländer Güter in Anspruch nehmen, die Teil eines ausländischen → Nationaleinkommens sind, oder anders ausgedrückt, die nicht im Inland produziert worden sind. Wenn also ein Deutscher Dienstleistungen ausländischer Anbieter in Anspruch nimmt, dann importiert er diese Dienstleistungen. Daher zählen Urlaubsreisen ins Ausland aus dt. Sicht zum Dienstleistungsimport, die Reisetätigkeit von Ausländern in Deutschland umgekehrt zum Dienstleistungsexport. – *Weitere Beispiele*: Lizenzen, Patente, Werbe- und Messekosten, Montagen, Nachrichtenverkehr, Versicherungen, Transportleistungen und Beratung. – Der Saldo von Handels- und Dienstleistungsbilanz wird als → Außenbeitrag zum → Bruttoinlandsprodukt (BIP) bezeichnet. Die grenzüberschreitenden → Faktoreinkommen (Kapitalerträge, Einkommen aus unselbstständiger Arbeit) werden nicht in der Dienstleistungsbilanz, sondern als Erwerbs- und → Vermögenseinkommen erfasst. Zählt man sie zum → Außenbeitrag zum Bruttoinlandsprodukt hinzu, erhält man den → Außenbeitrag zum Bruttonationaleinkommen. – Die frühere → Übertragungsbilanz (Transferbilanz), die alle unentgeltlichen Zahlungen enthielt, wurde aufgeteilt: → Laufende Übertragungen (z.B. an den EU-Haushalt, an den IWF oder die UN, Überweisungen ausländischer Gastarbeiter in ihre Heimat, Renten und Pensionen aus dem oder ins Ausland, öffentliche Entwicklungshilfe (sofern nicht als Kredit) werden als–c) *laufende Übertragungen* erfasst, in Abgrenzung zu–d) *Vermögensübertragungen* (Erbschaften, Schuldenerlasse, Steuererstattungen etc.). Nur die laufenden Übertragungen werden (zusammen mit dem Außenbeitrag zum Bruttoinlandsprodukt) zur → *Leistungsbilanz* gezählt, da nur sie Einfluss auf Einkommen und Verbrauch haben. Andere, einmalige Transfers wie z.B. Finanzierungsleistungen wie 1999 für den Kosovokrieg oder 2003 für den Irakkrieg werden getrennt erfasst. – Leistungsbilanz plus Saldo der Vermögensübertragungen ergeben – e) den → Finanzierungssaldo der Zahlungsbilanz. Ist dieser positiv, liegt eine Zunahme der Forderungen gegenüber dem Ausland vor, andernfalls eine Zunahme der Verbindlichkeiten gegenüber dem Ausland. Dies schlägt sich spiegelbildlich in der Kapitalbilanz bzw. der Bilanz der Deutschen Bundesbank nieder. – Es ist nicht unüblich, die Leistungsbilanz in die Positionen Außenhandel und Saldo der „unsichtbaren" Leistungen aufzuteilen. Diese umfassen die Dienstleistungen, die Erwerbs- und Vermögenseinkommen und die laufenden Übertragungen. – Die → *Kapitalbilanz* oder Kapitalverkehrsbilanz erfasst alle Forderungen und Verbindlichkeiten der privaten Wirtschaft und des Staates (außer der Notenbank) gegenüber dem Ausland. Sie unterteilt sich in mehrere Unterbilanzen. Von bes. Bedeutung sind dabei die Direktinvestitionen, also Beteiligungen dt. Unternehmen an ausländischen Firmen und umgekehrt, Portfolioinvestitionen, also Erwerb von ausländischen Wertpapieren als Kapitalanlage, sowie Kredite und Darlehen. Bewertungsbedingte Veränderungen des Netto-Auslandsvermögens, die naturgemäß in Zeiten starker Börsenkursbewegungen (Aktien, Devisen) nicht zu vernachlässigen sind, werden im Rahmen der Zahlungsbilanz nicht erfasst. – Beim Kreditverkehr unterscheidet man bei den Forderungen und Verbindlichkeiten der Unternehmen, der Banken und des Staates kurz- und langfristige Positionen. Auf der Forderungsseite der Kapitalbilanz werden u.a. auch die

Devisenbestände erfasst, die in der Wirtschaft verbleiben und nicht der Bundesbank zufließen, da Dollarbestände, die dt. Unternehmen oder Banken gehören, in aller Regel auf Dollarkonten im Ausland gehalten werden. – Kapitalimporte bedeuten eine Zunahme von Verbindlichkeiten, → Kapitalexporte eine Zunahme von Forderungen. Sofern es sich dabei um Transaktionen in fremden Währungen handelt, werden diese mit ihren Euro-Gegenwerten in der Zahlungsbilanz erfasst. – Die in der Zahlungsbilanz zu berücksichtigenden Transaktionen sind nicht lückenlos erfassbar. Der Warenhandel ist statistisch aufgrund von Zollunterlagen bzw. den gemäß Außenwirtschaftsgesetz und dem Außenhandelsstatistikgesetz zu vollziehenden Meldungen zur Außenhandelsstatistik weit gehend nachzuvollziehen; auch im Zahlungsverkehr liefern die Banken aufgrund entsprechender Vorschriften sehr dichtes Datenmaterial. Problematischer hingegen ist es beim Tourismus (Dienstleistungsbilanz), wo oft nur Schätzungen auf der Basis der Bestandsveränderungen an ausländischen Zahlungsmitteln bei den Banken bzw. aufgrund von Rücksendungen von Euro-Bargeldbeständen sowie eingelösten Reiseschecks aus dem Ausland möglich sind.–f) Der *Saldo der statistisch nicht aufgliederbaren Transaktionen* ergibt sich daher aus fiktiven Gegenbuchungen zu Transaktionen, die sich wegen unzureichender Erfassungsmöglichkeiten nicht auf zwei, sondern nur auf einer Teilbilanz niederschlagen würden. Z.B. sind Handelskredite kurzfristig nur schwer zu registrieren, sodass zwar Warenimporte erfasst werden mögen, nicht aber der dazugehörige Kreditvorgang. Beim vorläufigen Jahresabschluss ist der Restposten naturgemäß relativ groß, weil darin noch die statistisch nicht erfassten Handelskredite enthalten sind.–g) Der → Ausgleichsposten zur Auslandsposition der Bundesbank umfasst u.a. die Währungsreserven und sonstige Forderungen der Bundesbank gegenüber dem Ausland, z.B. gegenüber der Weltbank oder innerhalb des Europäischen

Währungssystems (EWS). Diese Währungsbestände werden (da die Zahlungsbilanz in Euro geführt wird) durch die entsprechenden Wechselkurse umgerechnet in Euro-Werte. Veränderungen der Devisenbestände aber werden zu den jeweiligen Kursen gebucht, sodass eine Korrekturbuchung im Ausgleichsposten den Unterschied zwischen Tageskurs und Wertansatz ausgleicht. – 3. *Zahlungsbilanzstatistik:* a) *Quellen:* Die → Daten der Zahlungsbilanz entstammen einer Vielzahl von Quellen. Zunächst ist die Außenhandelsstatistik des Statistischen Bundesamtes zu nennen. Diese wiederum stützt sich auf die Angaben, die bei Einfuhr und Ausfuhr in den Unterlagen zur außenwirtschafts- und zollrechtlichen Abfertigung gemacht werden, bes. auf Exemplare des sog. Einheitspapiers, das EU-einheitlich bei der Zollabfertigung verwendet wird (obwohl der Datenträger Papier inzwischen von elektronischen Verfahren abgelöst werden, z.B. dem deutschen Verfahren ATLAS und dem UK-Verfahren CHIEF), sowie auf ergänzende Unterlagen z.B. der Zollbehörden in Freihäfen. Da innerhalb des → Binnenmarktes der EU keine güterbezogenen Grenzabfertigungen mehr erfolgen, wird der innergemeinschaftliche Warenverkehr (sog. *Intrahandel*) durch ein spezielles Meldewesen (IntraStat) erfasst. Dies bedeutet für die Unternehmen entsprechenden Bearbeitungsaufwand. In der Statistik wird dabei zwischen Generalhandel und Spezialhandel unterschieden. Der Spezialhandel umfasst Ein- und Ausfuhr in den bzw. aus dem zollrechtlich freien Verkehr (das bedeutsamste Zollverfahren) sowie Ein- und Ausfuhren im Rahmen aktiver und passiver Veredelungsverkehre (zwei weitere Zollverfahren). Der Generalhandel erfasst zudem noch Im- und Exporte in bzw. aus Zolllagern (ein weiteres Zollverfahren). – Eine weiter bedeutsame Statistik ist die des → Auslandszahlungsverkehrs, die sich auf Meldevorschriften der §§ 59 bis 59 → Außenwirtschaftsverordnung (AWV) stützt. U.a. muss jeder Inländer Zahlungen an bzw. von Ausländern ab einem bestimmten Betrag auf bestimmten Formularen (Anlagen K 3 und K 4 sowie Z 1 bis Z 15 AWV) melden; in der Praxis geschieht dies meist durch das ausführende Kreditinstitut oder inzwischen auch mit elektronischen Meldesystemen gegenüber der Deutschen Bundesbank. Diese Informationen werden ergänzt durch den sog. Auslandsstatus der Kreditinstitute, mit dem diese monatlich den Stand der Auslandsaktiva und -passiva melden, gegliedert nach Bilanzpositionen, Währungen und Ländern. Analoge Meldungen müssen → Nichtbanken (→ Unternehmen, Privatpersonen) machen, wenn ihre Forderungen und Verbindlichkeiten aus Finanzbeziehungen und dem Waren- und Dienstleistungsverkehr den Betrag von 5 Mio. Euro überschreiten, allerdings außer Unternehmensbeteiligungen und verbrieften Schuldverschreibungen. Die Angaben zur Netto-Auslandsposition der Bundesbank ergeben sich aus der internen Rechnungslegung der Bundesbank. Auf Fremdwährungen lautende Positionen werden (soweit möglich) mit den Kassakursen zum Zeitpunkt der Transaktion, sonst mit Durchschnittskursen in Euro umgerechnet. – Diese Angaben werden durch Schätzungen ergänzt, z.B. Güterbewertungen im kleinen Grenzverkehr und im Reiseverkehr, Klein-Ein- und Klein-Ausfuhren unterhalb der Meldegrenzen oder Güter, die ursprünglich im Rahmen von Veredlungsverkehren erfasst wurden, aber im Land der Veredlung verbleiben (sog. Ergänzungen zum Warenverkehr), oder Frachten und Versicherungen, die sich nicht aus den Zollunterlagen ergeben.– b) *Erfassung und Bewertung:* Theoretisch müssten beim Vergleich internationaler Statistiken die Exporte Alands nach Benesien mit den entsprechenden Importen von Benesien aus Aland übereinstimmen. Tatsächlich ist dies jedoch nicht der Fall. Dies liegt u.a. an der unterschiedlichen Bewertung der Warenströme, da Exporte auf FOB-Basis (FOB), Importe auf CIF-Basis (CIF) erfasst werden (vgl. die sog. INCO-Terms der Internationalen Handelskammer ICC), sodass der

CIF-Importwert dem Güterwert bei Erreichen der Grenze des Importlandes entspricht. Dadurch werden in der Handelsbilanz Positionen erfasst, die eigentlich in die Dienstleistungsbilanz gehören. Manche Statistiken, z.B. die des Statistischen Bundesamtes, weisen internationaler Praxis entsprechend daher Importe wie Exporte in FOB-Werten aus. Dann entspricht der Importwert des einführenden Landes dem Exportwert des ausführenden Landes. – Neben der CIF-FOB-Diskrepanz gibt es noch einige weitere Gründe, weshalb korrespondierende Importe und Exporte in den beteiligten Ländern mit unterschiedlichen Werten ausgewiesen werden. (1) Aufgrund der transportbedingten Zeitdifferenz sind die Exporte im Exportland bereits erfasst, die Importe im Importland aber nicht; (2) es kann hinzukommen, dass sich der Wechselkurs zwischen Erfassung des Exports und Erfassung des Imports verändert hat; (3) Exporte können zwar offiziell registriert sein, jedoch durch Schmuggel und illegalen Handel nicht in den Importstatistiken auftauchen (Analoges gilt auch umgekehrt); (4) bspw. können Zinszahlungen in der Dienstleistungsbilanz als Zahlungsausgang erfasst werden, jedoch aus Steuergründen in dunklen Kanälen verschwinden; (5) bestimmte Positionen können nur annäherungsweise geschätzt und regional zugeordnet werden, wie z.B. der nicht organisierte private Reiseverkehr. Insgesamt können auf diese Weise riesige Summen im „Bermuda-Dreieck der Statistik" untergehen. Die zusammengefassten Salden aller Länder müssten eigentlich einen Saldo der Welt-Leistungsbilanz von Null ergeben, tatsächlich aber weist die Welt-Leistungsbilanz ein (erhebliches) Defizit auf. Dies macht aber weniger als 1 Prozent des Welthandelsvolumens aus.

Zahlungsbilanzausgleich – 1. *Begriff:* Kernbereich der → monetären Außenwirtschaftstheorie, in dem die Zusammenhänge zwischen dem Güterhandel, dem → internationalen Kapitalverkehr und dem → Devisenmarkt untersucht werden. Das *Ziel* ist

die Erfassung jener Mechanismen, die unter verschiedenen Voraussetzungen (→ fixer Wechselkurs, → flexibler Wechselkurs, verschiedene Grade der → internationalen Kapitalmobilität) die Erreichung des → außenwirtschaftlichen Gleichgewichts gewährleisten können. – 2. Im *Unterschied zur* → realen Außenwirtschaftstheorie untersucht die → monetäre Außenwirtschaftstheorie die internationalen Wirtschaftsbeziehungen unter expliziter Berücksichtigung der Existenz unterschiedlicher Währungen. Damit rückt ein bes. Markt in das Zentrum des Blickfelds, der in der realen Theorie gar nicht betrachtet wird und der für das außenwirtschaftliche Gleichgewicht von zentraler Bedeutung ist: Der → Devisenmarkt, auf dem verschiedene Währungen bzw. in unterschiedlichen Währungen denominierte Finanzaktiva getauscht werden. Devisenangebot und -nachfrage resultieren nicht nur aus dem internationalen Güterhandel, sondern auch aus → internationalem Kapitalverkehr, welchem die monetäre Theorie bes. Aufmerksamkeit widmet. Sie analysiert zunächst unabhängig voneinander die Bestimmungsgründe für die Leistungsbilanz und den internationalen Kapitalverkehr (Kapitalverkehrsbilanz), führt dann diese beiden Bereiche in der Betrachtung des Devisenmarktes zusammen und identifiziert das außenwirtschaftliche Gleichgewicht als *Devisenmarktgleichgewicht.* Die Betrachtung kann stromgrößenorientiert oder bestandsgrößenorientiert erfolgen. – 3. *Stromgrößenorientierte Betrachtung des Devisenmarktes:* Die traditionelle, *stromgrößenorientierte* Betrachtung identifiziert das Devisenmarktgleichgewicht als

$$B + K - DD = 0.$$

Dabei ist B der Leistungsbilanzüberschuss, während K die Nettokapitalimporte im Sinne der Kapitalverkehrsbilanz i.e.S. darstellt und $DD > 0$ die Veränderung der → Devisenreserven der Zentralbank angibt. Alle Größen sind dabei in einheitlicher Währung (z.B. Euro) angegeben. Wenn $B + K > 0$, dann herrscht eine Überschussnachfrage nach heimischer

Währung (Überschussangebot an ausländischer Währung). Bei → flexiblem Wechselkurs würde eine Verteuerung (Aufwertung) der heimischen Währung erfolgen, und zwar – Stabilität des Devisenmarktes vorausgesetzt – solange, bis B + K = 0. Bei → fixem Wechselkurs erfolgt das Devisenmarktgleichgewicht bei B + K ^{1} 0 durch sog. *Devisenmarktinterventionen,* das sind Devisenverkäufe seitens der Zentralbank im Ausmaß von – (B + K). Diese Devisenmarktinterventionen setzen ihrerseits bestimmte Anpassungsmechanismen in Gang, die das ursprüngliche Zahlungsbilanzungleichgewicht – Stabilität vorausgesetzt – wieder abbauen. Unterschieden wird in diesem Zusammenhang zwischen dem Geldmengen-Preis-Mechanismus, dem Einkommensmechanismus und dem Zinsmechanismus. – a) Beim *Geldmengen-Preis-Mechanismus* werden Zahlungsbilanzungleichgewichte über einen Relativpreiseffekt zwischen der heimischen und der ausländischen Ökonomik abgebaut. Unterstellt werden ein Vollbeschäftigungsoutput und perfekte Preisflexibilität. Zahlungsbilanzüberschüsse des Inlandes führen zu einem Devisenzufluss und einer Geldmengenexpansion im Inland, die bei Gültigkeit der Quantitätstheorie einen Preisanstieg im Inland induzieren. Die resultierende reale Aufwertung verschlechtert die Wettbewerbsfähigkeit der heimischen Ökonomik und baut den ursprünglichen Zahlungsbilanzüberschuss wieder ab. Allg. lässt sich sagen, dass die Geldmengenexpansion und der damit einhergehende Preisanstieg um so stärker ausfallen, je unelastischer die Leistungsbilanz auf Veränderungen des realen Wechselkurses reagiert (→ Elastizitätsansatz). – b) In der Tradition keynesianischer Modelle stehend bildet der *Einkommensmechanismus* einen Zusammenhang zwischen Geldmengenveränderungen und Einkommensniveau bei perfekt preiselastischem Güterangebot ab. Zahlungsbilanzüberschüsse generieren bei einer postulierten Zins- oder Vermögensabhängigkeit der Güternachfrage

eine Outputexpansion, die über die Einkommensabhängigkeit der Importe den ursprünglichen Zahlungsbilanzüberschuss wieder abbaut. – c) Die bereits für den Einkommensmechanismus konstatierten Zinsänderungen können auch internationale Kapitalbewegungen induzieren *(Zinsmechanismus).* Die mit einem Zahlungsbilanzüberschuss einhergehende Zinssenkung führt zu einer Abnahme der Nettokapitalimporte und eliminiert somit den ursprünglichen Zahlungsbilanzüberschuss. – d) Der bei fixem Wechselkurs entstehende Anpassungsprozess entspricht im Grunde jenem des → Goldstandards. Er kann durch Versuche der → Sterilisierung mitunter erheblich beeinflusst werden. Damit ist gemeint, dass die Zentralbank die Geldmengenwirkung einer im Zuge von Devisenmarktinterventionen entstehenden Zu- oder Abnahme der → Devisenreserven durch eine kompensierende Offenmarktpolitik ganz oder teilweise kompensiert. *Bei Kapitalimmobilität* kann dies kurzfristig sehr wohl geschehen, es würde dann der oben skizzierte Anpassungsprozess gewissermaßen „angehalten", und das Leistungsbilanzungleichgewicht würde zunächst perpetuiert. Einer solchen Politik der Sterilisierung sind jedoch Grenzen gesetzt, die spätestens dann erreicht werden, wenn die Zentralbank entweder am Ende ihrer *Devisenreserven* angelangt ist, bzw. (sollte der Prozess in die gegenteilige Richtung laufen) wenn sie über keine heimischen Zinstitel mehr verfügt. Im ersteren Fall wäre eine diskretionäre Veränderung des nominellen → Wechselkurses oder gar eine Freigabe des Wechselkurses notwendig. Die Grenzen der Sterilisierung sind bei → internationaler Kapitalmobilität enger gesteckt. Jeder Versuch der Notenbank, eine andere als die gleichgewichtige Geldmenge zu erreichen, würde zu Kapitalexporten bzw. -importen führen, die sofort jeden Versuch der Sterilisierung konterkarieren. Dies gilt sowohl bei perfekter, wie auch bei → imperfekter Kapitalmobilität. Gleichwohl ergibt sich ein im Hinblick auf

Sterilisierung wichtiger *Unterschied* zwischen diesen beiden Situationen. Während bei perfekter Kapitalmobilität die Geldmenge endogen bestimmt wird, hat die Zentralbank bei → imperfekter Kapitalmobilität die Möglichkeit, den Inlandszins durch eine Offenmarktpolitik zu beeinflussen. Neutralisierung ist also bei perfekter Kapitalmobilität nicht einmal kurzfristig möglich, während bei → imperfekter Kapitalmobilität eine gewisse Möglichkeit der kurzfristigen Beeinflussung des Anpassungsprozesses durch die Zentralbank gegeben ist. – 4. *Bestandsgrößenorientierte Betrachtung des Devisenmarktes:* Hierbei wird versucht, jene Relationen zwischen Zinssätzen und Wechselkursen zu identifizieren, bei denen renditeorientierte Anleger gegebene Bestände an verschiedenen Finanzaktiva zu halten bereit sind. Man spricht dann von einem *Bestandsgleichgewicht* oder *Portfoliogleichgewicht.* Der Devisenmarkt übernimmt bei dieser Sichtweise die Rolle eines von mehreren Bestandsmärkten, auf dem dem Wechselkurs im Rahmen eines allg. Gleichgewichtsmodells neben dem Zins eine Markträumungsfunktion zukommt (→ Wechselkurstheorie). – 5. *Außenwirtschaftliches Gleichgewicht:* Die beiden eben skizzierten Sichtweisen des Devisenmarktes sind Kernbestandteile der Theorie des Zahlungsbilanzausgleichs, bzw. des außenwirtschaftlichen Gleichgewichts. *Kurzfristig* gesehen ist mit außenwirtschaftlichem Gleichgewicht das Devisenmarktgleichgewicht gemeint, und zwar sowohl im Sinn der bestandsgrößenorientierten, als auch im Sinn der stromgrößenorientierten Betrachtung. Man spricht auch vom temporären oder momentanen Gleichgewicht. *Langfristig* herrscht ein außenwirtschaftliches Gleichgewicht dann vor, wenn das momentane Gleichgewicht zu keiner Veränderung im Nettobestand an Auslandsverbindlichkeiten bzw. -forderungen mehr führt (→ außenwirtschaftliches Gleichgewicht, → Wechselkurstheorie). – 6. *Neuere Ansätze* zur Erklärung von Zahlungsbilanzungleichgewichten rücken ab von dem Ziel

eines momentanen außenwirtschaftlichen Gleichgewichts hin zu der Forderung einer *intertemporal ausgeglichenen Leistungsbilanz,* wobei die Leistungsbilanz auf Periodenbasis unausgeglichen sein kann. In diesen Ansätzen unterliegt das Verhalten der Wirtschaftssubjekte einer rigorosen intertemporalen Optimierung und damit auch einer intertemporalen Budgetrestriktion. Leistungsbilanzungleichgewichte sind hier das Resultat des Zusammenwirkens zweier Dinge: Der Produktivität der Investitionen und der Gegenwartspräferenz der Konsumenten. Eine hohe Produktivität der Investitionen birgt eine Tendenz zu momentanem Leistungsbilanzdefizit, während eine geringe Gegenwartspräferenz eine Tendenz zu momentanem Leistungsbilanzüberschuss beinhaltet. – Vgl. auch → Wechselkurstheorie, → außenwirtschaftliches Gleichgewicht, → Wechselkurspolitik.

Zahlungsbilanzausgleichsmechanismen
→ Zahlungsbilanzausgleich, → Einkommensmechanismus, → Zinsmechanismus.

Zahlungsbilanzmultiplikator – *Leistungsbilanzmultiplikator;* durch den Quotienten aus → marginaler Sparquote (s) und der Summe aus marginaler Spar- und Importquote (q) bestimmte Messzahl, die angibt, um wie viel sich die Leistungsbilanz eines Landes verbessert (verschlechtert), wenn die autonomen Exporte um eine Geldeinheit steigen (sinken). Dementsprechend gilt:

$$\mathrm{d}Z = \frac{s}{s + q}\mathrm{d}\boldsymbol{EX},$$

wobei: dZ = Veränderung des Saldos der Leistungsbilanz (also die Differenz zwischen Güterexport und -import), dEX = Veränderung der Exporte,

$$\frac{s}{s + q} = \text{Zahlungsbilanzmultiplikator.}$$

Dabei wird unterstellt, dass neben dem privaten Konsum auch die Güterimporte eine positive Funktion des gesamtwirtschaftlichen Einkommens sind. Die Formel für den Leistungsbilanzmultiplikator ergibt sich dann

durch Erweiterung des → Einkommen-Aus-
gaben-Modells um den Leistungsbilanzsaldo.
Dem *„einfachen"* Zahlungsbilanzmultiplikator steht der Zahlungsbilanzmultiplikator
im Zwei-Länder-Fall gegenüber, der die Abhängigkeit des inländischen Leistungsbilanz-
saldos von dem des Auslands (und umgekehrt) berücksichtigt.

Zahlungsbilanzpolitik – Maßnahmen mit
dem Ziel, den Ausgleich der → Zahlungsbilanz zu bewirken.

Zahlungsmittel – I. Rechtlich: Geldforderung, die im Wirtschaftsverkehr als Tilgung von Geldschulden und i.d.R. auch als
allg. Tauschmittel akzeptiert wird. Die Zah-
lungsmitteleigenschaft können bestimmte
Finanzaktiva gewohnheitsmäßig oder kraft
Gesetzes (sog. *gesetzliche Zahlungsmittel*)
erlangen. Die vom Eurosystem emittier-
ten Banknoten sind im Eurowährungsgebiet unbeschränkt gesetzliche Zahlungsmittel, d.h. jeder Gläubiger einer Geldforderung
muss Eurobanknoten in unbegrenztem Umfang als Erfüllung seiner Forderung akzeptieren. Bei Euro- und Centmünzen ist die Annahmepflicht auf maximal 50 Münzen und
betragsbezogen auf 100 Euro begrenzt. – Im
Interbankenverkehr gibt es üblicherweise Zentralbankgeld als Zahlungsmittel, soweit nicht
Bankengeld in Form von Giroguthaben bei
Verrechnungsbanken im Settlement akzeptiert wird.

II. Volkswirtschaftlich: Teil des Finanzvermögens mit der Eigenschaft, im Wirtschaftsverkehr zur Tilgung von Geldschulden und
i.d.R. auch als allg. Tauschmittel akzeptiert zu
werden (perfekte Zahlungsmittel). Die Zah-
lungsmitteleigenschaft können bestimmte
Finanzaktiva gewohnheitsmäßig oder kraft
Gesetzes erlangen. Im letzten Fall spricht
man von gesetzlichen Zahlungsmitteln. In
Deutschland sind die vom Eurosystem in
Umlauf gebrachten Banknoten und Münzen gesetzliche bzw. beschränkt gesetzliche
Zahlungsmittel. Zu den perfekten Zahlungsmitteln zählt heute das Giralgeld, da es i.d.R.

kraft Treu und Glaubens im Zahlungsverkehr
angenommen werden muss. In Zeiten zerrüt-
teter Währungsverhältnisse – wie in Deutschland nach dem Ersten und dem Zweiten
Weltkrieg – kann es zu einer Trennung der
Zahlungsmittel- und Tauschmitteleigenschaft
des staatlichen Geldes kommen.

Zahlungsmittelfunktion des Geldes
→ Geld.

Zahlungsunion – vertragliche Vereinbarung
mehrerer Länder zum Zweck der Verrechnung aller Zahlungen im Außenhandel über
eine zentrale Verrechnungsstelle. Die einzelnen Teilnehmerländer verrechnen ihre Forderungen und Verbindlichkeiten nicht mit jedem Land bilateral, sondern multilateral mit
der Gesamtheit der Teilnehmerländer.

Zeitpräferenz – *Gegenwartspräferenz, Time
Preference;* Bezeichnung für die Bevorzugung
der Gegenwart (bzw. gegenwärtiger Güter,
Bedürfnisse) gegenüber der Zukunft (Gesetz
der Höherschätzung von Gegenwartsbedürf-
nissen). In der → Neuen Makroökonomik
wird häufig die subjektive Zeitpräferenzrate
in intertemporalen Optimierungsansätzen
der Haushalte und Unternehmen mit dem
langfristigen Realzins gleichgesetzt.

Zeitverzögerung → Lag.

Ziehungsrechte – *Drawing Rights;* Rechte eines Landes zur Beschaffung (Ziehung) von
ausländischen Zahlungsmitteln (Devisen)
beim *Internationalen Währungsfonds* (IWF)
gegen Hingabe eigener Währung für einen
begrenzten Zeitraum im Rahmen bestimmter Kontingente (→ Reserveposition im
IWF). – Bes. Bedeutung der Ziehungsrechte
haben heute beim IWF die *Sonderziehungsrechte (SZR).*

Zielzonen-System – Zielzonen-Systeme versuchen die Variabilität makroökonomischer
Variablen durch explizite oder auch implizite
Grenzen zu beschränken und sind meistens
im Zusammenhang mit Währungssystemen
anzutreffen. Real existierende Währungssysteme sind oftmals in dem Sinn hybrid, als

sie sowohl Elemente eines Fixkurssystems als auch eines Systems → flexibler Wechselkurse vereinen. *Hybride Systeme* existieren in den Formen des Zielzonen-Systems oder auch des *Managed Floating* und versuchen die Vorzüge fixer sowie flexibler Wechselkurse miteinander zu verbinden. In einem Zielzonen-System sind die nominellen oder realen → Wechselkurse innerhalb eines bestimmten Bandes (Zielzone) frei beweglich, sollen jedoch durch Zentralbankinterventionen daran gehindert werden, dieses Band zu verlassen. Mitunter können auch Anpassungen (→ Realignments) der Zielzone an veränderte Rahmenbedingungen vorgesehen werden. – *Bekanntestes Beispiel* eines Zielzonen-Systems für nominelle Wechselkurse: Das damalige Europäische Währungssystem (EWS) sowie das heutige EWS II, an dem die Länder der Europäischen Union (EU) teilnehmen müssen, die noch nicht den Euro eingeführt haben, diesen aber in absehbarer Zeit einführen wollen.

Zinsmechanismus → Zahlungsbilanzausgleich.

Zinsparität – Die Zinsparität besagt, dass in inländischer und in ausländischer Währung notierte Anlagen unter Berücksichtigung von Wechselkursveränderungen dieselbe Rendite aufweisen. – 1. *Gedeckte Zinsparität* ist gegeben, wenn: r = r* + (wᵗ − w) / w, wobei r bzw. r* den inländischen bzw. ausländischen Zinssatz andeuten. w bzw. w_t stehen für den Kassakurs bzw. den entsprechenden Terminkurs. Diese Parität muss bei Abwesenheit von → internationalen Kapitalverkehrskontrollen immer gelten. Gälte sie nicht, dann hätten die Wirtschaftssubjekte Gelegenheit zur *Währungsarbitrage:* Sie könnten internationale Zinsdifferenzen risikolos zur Gewinnerzielung ausnutzen. Indem sie dies tun, verändern sie die Zinssätze und Wechselkurse so, dass es zur gedeckten Zinsparität kommt. – 2. Die *ungedeckte* Zinsparität (*offene* Zinsparität) besagt, dass: r = r* + (w_e − w) / w, wobei w_e der momentan für den relevanten künftigen

Zeitpunkt erwartete Kassakurs ist. Diese Parität gilt für Situationen mit perfekter Kapitalmobilität. – Vgl. auch → Wechselkurstheorie.

Zinsparitätentheorie → Wechselkurstheorie.

Zinsrate – *reale Zinsrate;* in der allg. Gleichgewichtstheorie (→ allgemeines Gleichgewicht) und der Kapitaltheorie: Austauschrate von gegenwärtigem und zukünftigem Konsum. Sind $p(t)$ und $p(t+1)$ die → Gegenwartspreise eines Konsumgutes in den Perioden t und t + 1, so ist die Zinsrate $r(t)$ definiert als:

$$r(t) = \frac{p(t)}{p(t+1)} - 1.$$

Zinsspannentheorem → natürlicher Zins.

Zinsspannentheorie – von Wicksell entwickelte → monetäre Konjunkturtheorie. Schwankungen des Konjunkturverlaufs werden durch das Auseinanderfallen von natürlichem Zins (Realzins) und Geldzins erklärt, wodurch der Wicksellsche Prozess ausgelöst wird.

Zinstheorie – verschiedene Ansätze, das Wesen des Zinses sowie seine jeweilige Höhe zu erklären. Diesen Versuchen vorangestellt ist die ethische Frage nach der Rechtfertigung des Zinses (z.B. bei Aristoteles, Thomas von Aquin, Marx). – *Kategorien:* (1) *Reale Zinstheorie:* Auf der → Grenzleistungsfähigkeit des Kapitals sowie der Zeitpräferenz bei der Wahl zwischen Gegenwarts- und Zukunftsgütern basierende Zinserklärungen. (2) *Monetäre Zinstheorie:* Ansätze, bei denen der Zins als Entschädigung für die Aufgabe von Liquidität im Vordergrund steht. – *Einzelansätze:* (1) → Abstinenztheorie, (2) → Agiotheorie, (3) → Loanable Funds Theory und (4) → Wartetheorie.

zirkulare Konkurrenz → Aktions-Reaktions-Verbundenheit.

Z-Kurve – in der Makroökonomik Bezeichnung für die Gleichgewichtskurve des gesamtwirtschaftlichen Devisenmarktes. – Vgl.

auch → Totalmodelle offener Volkswirtschaften, Nachfrageseite.

Zoll – 1. *Begriff:* Zölle sind Abgaben die beim unmittelbaren Eingang von Waren in den Wirtschaftskreislauf (→ Einfuhrzoll) oder beim Verlassen des Wirtschaftskreislaufs (→ Ausfuhrzoll) erhoben werden. Vereinzelt werden auch Durchfuhrzölle erhoben, die allein an das Passieren einer Zollstelle oder eines Wirtschaftsgebietes anknüpfen. Ganz überwiegend werden heute Einfuhrzölle erhoben. Sie entstehen nicht bereits mit dem körperlichen Verbringen von Waren ins Zollgebiet, sondern erst dann, wenn die Waren ordnungsgemäß etwa durch Überführung in den zollrechtlich freien Verkehr, unmittelbar am Wirtschaftsleben teilnehmen oder vorschriftswidrig in den Wirtschaftskreislauf gelangen, etwa durch Einfuhrschmuggel oder Entziehen aus der zollamtlichen Überwachung. Zölle sind → tarifäre Handelshemmnis (engl. *tariff*), da sie den freien Warenverkehr behindern. Zölle sind nach der Abgabenordnung Steuern, aber nicht zu verwechseln mit der bei Entstehung von Einfuhrzöllen fast immer zugleich entstehenden Einfuhrumsatzsteuer. Sie entspricht der Umsatzsteuer im Inland. – 2. *Arten:* Es gibt entsprechend der Zielrichtung und des Zweckes von Zöllen verschiedene Arten: *Fiskal- oder* → Finanzzölle dienen der Einnahmeerzielung. → *Schutzzölle* sollen den heimischen Markt vor ausländischer Konkurrenz oder bei Ausfuhrzöllen vor Warenabfluss schützen. → *Antidumpingzölle* reagieren auf Subventionierung von Waren aus → Drittländern. – 3. *Berechnung:* → spezifische Zölle, → Gleitzölle und → Wertzölle. Ein Wertzollbemisst sich in einem bestimmten Prozentsatz des Zollwertes (*Ad-valorem*-Zoll, auch: proportionaler Zoll), ein spezifischer Zoll(auch *Stückzoll* oder Gewichtszoll) bemisst sich pro quantifizierbarer Einheit (z.B. Gewicht, Volumen, Länge, Alkoholanteil). Als Variante gibt es gemischte Zölle (den Gleitzoll), die Wertzölle und spezifische Zölle

kombiniert. – 4. *Aufkommen* (Deutschland): 4,6 Mrd. Euro (2011), 4,4 Mrd. Euro (2010), 3,67 Mrd. Euro (2009), 4.002 Mio. Euro (2008), 3.983 Mio. Euro (2007), 3.880 Mio. Euro (2006), 3.378 Mio. Euro (2005), 3.059 Mio. Euro (2004), 2.877 Mio. Euro (2003), 2.896,2 Mio. Euro (2002), 3.191,2 Mio. Euro (2001), 3.394 Mio. Euro (2000), 3.639,1 Mio. Euro (1995), 3.670,3 Mio. Euro (1990), 2.767 Mio. Euro (1985), 2.353 Mio. Euro (1980), 1.663 Mio. Euro (1975), 1.468 Mio. Euro (1970), 1.294 Mio. Euro (1965), 1.345 Mio. Euro (1960), 916 Mio. Euro (1955), 315 Mio. Euro (1950). – 5. *Europäische Union:* Innerhalb der EU werden keine Zölle mehr erhoben. Die Mitgliedsstaaten bilden eine Zollunion. Seit 1968 werden Zölle gegenüber Drittländern nach dem Gemeinsamen Zolltarif der Europäischen Gemeinschaften (GZT) erhoben. Die Zölle stehen als traditionelle Eigenmittel der EU zu (EU-Haushalt), dem erhebenden Mitgliedsstaat stehen allerdings 25 Prozent des Erhebungsbetrags als sog. Verwaltungskostenpauschale zu.

Zolldisparitäten – 1. Unterschiede zwischen den *Zolltarifstrukturen* verschiedener Länder, mit anderen Worten unterschiedliche Streuung der Zollbelastungen (→ Zollsätze für) einzelner Güter um die Durchschnittsbelastung. Ökonomisch von Bedeutung, weil u.U. hohe einheitliche Zölle auf alle Güter (Fertigwaren und Vorprodukte) weniger protektiv wirken als stark divergierende Zollsätze bei niedriger Durchschnittsbelastung. – 2. Unterschiede zwischen den *Zollsätzen* verschiedener Länder in Bezug auf *dasselbe* → Gut (kann auch vorliegen, wenn nach 1. keine Zolldisparitäten existieren). *Argumentation:* Bei allgemeiner Senkung der Zölle um einen bestimmten Prozentsatz wird der Zollschutz eines Landes mit niedrigen Zöllen mehr geschwächt als derjenige eines Landes mit hohen Sätzen. Vorwiegend politisches und taktisches Argument, spielte eine wesentliche Rolle bei den GATT-Verhandlungen (GATT) in der Kennedy-Runde (1964-1967).

Zollkontingent – bestimmte Warenmengen, die entweder nach dem Gewicht oder einer anderen spezifischen Einheit oder nach dem Wert begrenzt sind und innerhalb eines festgesetzten Zeitraums (meist eines Jahres) zollbegünstigt (i.d.R. zollfrei) eingeführt werden dürfen. Zollkontingente können *vertraglich* oder *autonom* festgesetzt werden. Als handelspolitische Mittel setzen Zollkontingente den sie gewährenden Staat in die Lage, den Lieferwünschen seines Vertragspartners nachzugeben, ohne auf einen Schutz der einheimischen Wirtschaft völlig zu verzichten. – In der EU ist die Befugnis zur Festsetzung von Zollkontingenten auf die Organe der Europäischen Union übergegangen (den Rat der Europäischen Union und die Europäische Kommission). Diese setzen EU-Zollkontingente fest, die entweder den Charakter von Versorgungskontingenten haben oder der mengenmäßigen Begrenzung von Zollbegünstigungen aus Assoziations- oder → Präferenzabkommen oder gegenüber Entwicklungsländern dienen. Zollkontigente sind nur für bestimmte Zeiträume geöffnet (und anwendbar). – *Berechnung der Einfuhrkontingentenquoten:* → Verteilungsverfahren, → Windhund-Verfahren. Eine *Zollaussetzung* unterscheidet sich vom Zollkontingent durch die nicht vorhandene mengenmäßige oder wertmäßige Beschränkung.

Zollkrieg → Vergeltungszoll.

Zollpolitik – alle Maßnahmen, um mit dem Gestaltungsmittel → Zoll die außenwirtschaftlichen Beziehungen zu beeinflussen; Teil der → Außenwirtschaftspolitik. Zollpolitik muss wirtschaftspolitischer Zielsetzung entsprechen, z.B. liberal orientierte Wirtschaftspolitik mit liberaler Außenhandels- und Zollpolitik. Kriterien für eine zollpolitische Entscheidung sind die strukturellen Gegebenheiten einer Volkswirtschaft sowie die davon beeinflussten unmittelbaren und mittelbaren Wirkungen eines Zolls, nicht die mit einem Notstand begründeten Interessentenwünsche. – *Weitere Aufgaben der*

Zollpolitik: Beeinflussung der Handelsbilanz (z.B. durch autonome Zollerhöhungen) als preispolitische Maßnahme (durch Zollsenkungen Bekämpfung von Preissteigerungen), zur Absatzsicherung (durch einen → Gleitzoll), zur Förderung der Industrialisierung (durch *Zollaussetzungen* für bestimmte Waren oder zur Unterstützung bestimmter Länder (z.B. durch Zollpräferenzen für → Entwicklungsländer im Rahmen des APS oder anderer → Präferenzabkommen). Die Zollpolitik ist in der Europäischen Union von den Mitgliedsstaaten auf die EU übertragen worden, eine nationale Zollpolitik nicht möglich. – Vgl. auch → Zolltheorie.

Zollpräferenzen → Präferenzzoll.

Zollprogression → Tarifeskalation, → Zollzwecke.

Zollrückvergütung – System der Rückzahlung der Einfuhrabgaben auf eingeführte für die aktive Veredelung (ein Zollverfahren) bestimmte Nichtgemeinschaftswaren (Einfuhrwaren), wenn die Waren in Form von Veredelungserzeugnissen aus dem Zollgebiet der EU ausgeführt werden.

Zollsätze – ergeben sich aus dem → Zolltarif. – Vgl. → Zoll

Zollschutz – Importschutz mithilfe von → Zöllen.

Zolltarif – I. Allgemein: Wichtigstes Instrument der → Zollpolitik. Dem Zolltarif liegt jeweils ein *Tarifschema* zugrunde. Erst wenn die Nummern des Schemas mit Zollsätzen versehen sind, handelt es sich um einen Zolltarif. – *Unterteilung:* In einem Zolltarif sind die Waren abschnittsweise entweder nach den Produktionszweigen, zu denen sie gehören, geordnet (Produktionsprinzip) oder nach dem Prinzip des Verwendungszwecks (z.B. Zusammenfassung aller Maschinen oder Spielwaren ohne Rücksicht auf den Stoff, aus dem sie bestehen, jeweils in einem Kapitel). Länder mit einer großen Breitenstreuung der Produktion haben i.d.R. Zolltarife, die nach Warenarten und -unterarten weitgehend unterteilt sind. – *Arten:* (1) *Einheits-Zolltarife,* die nur *eine* Zollsatzspalte aufweisen; (2) *Doppel-Zolltarife,* die zwei Spalten enthalten, z.b. einen General-Zolltarif mit einem höheren Niveau und einen Minimal-Zolltarif mit Zollsätzen, die die untere Grenze von Zollzugeständnissen an andere Länder bilden. Zolltarife mit zwei Spalten besitzen auch Länder, die bestimmten Ländern niedrigere (z.B. → Präferenzzoll) als die normalen vertragsmäßigen Zölle (Drittlandszoll nach dem Prinzip der Meistbegünstigung) einräumen. Der Gemeinsame Zolltarif der Europäischen Gemeinschaft (GZT) weist je eine Spalte für autonome und für vertragsmäßige Zollsätze auf.

II. Abfrage im Internet: Seit Januar 2006 ist dieses Auskunftssystem auch für Wirtschaftsbeteiligte kostenlos im Internet verfügbar: a) *Abfrage des Integrierten Zolltarifs der EG (TARIC),* dessen 10-stellige Codierungen EG-weite Gültigkeit besitzen, b) *Abfrage des Elektronischen Zolltarifs der dt. Zollverwaltung (EZT-online)* dessen 11-stellige Codenummern nur in Deutschland gelten.

III. Geschichte: Zolltarife gibt es, seit Steuern auf Warenbewegungen (der sog. → Zoll) erhoben werden. Mit Gründung des *Deutschen Zollvereins* 1834 wurden die Zolltarife der dt. Staaten im sog. *Vereinszolltarif* vereinigt, der aus 43 alphabetisch geordneten Warenkategorien bestand und auf dem preußischen Zolltarif basierte. 1902 wurde der sog. *Bülow-Zolltarif* geschaffen, der bereits 946 Warennummern enthielt. Der Bülow-Zolltarif trat 1906 in Kraft und galt mit jährlichen Änderungen bis 1950. Die internationale Einigung nach dem zweiten Weltkrieg, die auch zur Gründung des Rates für die Zusammenarbeit auf dem Gebiet des Zollwesens (RZZ) führte, resultierte in der Harmonisierung der weltweiten Zolltarifschemata mit der Nomenklatur der RZZ (NRZZ), welche aus etwa 8.000 Tariflinien in 21 römisch bezifferten Abschnitten und 99 arabisch bezifferten Kapiteln bestand. Der Deutsche Zolltarif 1951

bestand bereits aus einem ersten Entwurf der NRZZ. Die NRZZ wurde 1955 in vielen Staaten eingeführt. Mit Gründung der EWG durch sechs Westeuropäische Staaten (BENELUX, Frankreich, Italien und Deutschland) am 1.1.1958 wurde das Ziel der Schaffung einer → Zollunion im EWGV vereinbart. Innerhalb von zehn Jahren wurden die innerhalb der EWG geltenden Zollsätze abgebaut und die nach außen geltenden Zollsätze angeglichen – die Zollsätze der vier Zolltarife (für die BENELUX-Staaten galt ein einziger Zolltarif), wurden bis zum 30.6.1968 angeglichen (die Zollsätze für landwirtschaftliche Waren wurden zum 1.1.1970 angeglichen). Mit Wirkung vom 1.7.1968 wurde der Gemeinsame Zolltarif der Europäischen Gemeinschaft (GZT) geschaffen. Die NRZZ wurde am 1.1.1988 durch das → Harmonisierte System zur Bezeichnung und Codierung von Waren (HS) (sog. Harmonisiertes System, engl. *Convention on the Harmonized Commodity Description and Coding System*) ersetzt (abgekürzt HS 1988). Das weltweit angewandte Zolltarifschema besteht seitdem aus 21 römisch bezifferten Abschnitten und 96 arabisch bezifferten Kapiteln mit mehr als 10.000 Tariflinien. Die Nomenklatur des HS wird alle vier bis sechs Jahre an technische und wirtschaftliche Entwicklungen angepasst. Überarbeitungen (sog. Revisionen) gab es bislang mit dem HS 1992, HS 1996, HS 2002, HS 2007 sowie dem derzeit geltenden HS 2012. Die Nomenklatur des HS wird in mehr als 200 Ländern, Wirtschaftsgebieten und Freihandelszonen angewendet und damit werden mehr als 98 Prozent des grenzüberschreitenden Warenhandels erfasst. Daher lassen sich die erfassten Handelsdaten aus verschiedenen Ländern und Regionen vergleichen.

Zolltheorie – I. Begriff: Zolltheorie wird als theoretische Grundlage der → Zollpolitik verstanden. – *Hauptfragen:* (1) Welche Formen tarifärer Belastungen (→ tarifäre Handelshemmnisse) von Außenhandelsströmen gibt es (→ Zoll, → Einfuhrzoll)? (2)

Wie wirkt eine Zollerhebung auf Mengen und Werte der international gehandelten Güter, auf die Güterversorgung, auf die inländische Produktion, auf die Wohlfahrtspositionen von Konsumenten und Produzenten, auf die Verteilung der Handelsvorteile auf Inland und Ausland, auf die Realaustauschverhältnisse (→ Terms of Trade; → Optimalzoll), auf die → Zahlungsbilanz und auf die Einnahmenseite des Staatshaushaltes? (3) Inwieweit unterscheiden sich die Auswirkungen einer Zollerhebung von denen eines Einsatzes anderer handelspolitischer Instrumente (→ Importkontingentierung, → nicht tarifäre Handelshemmnisse)? (4) Mit welchen grundsätzlichen Argumenten kann ein Abweichen von den Prinzipien des → Freihandels durch die Anwendung von Zöllen überhaupt gerechtfertigt werden (→ Protektionismus)?

II. Zollwirkungen: 1. *Die (allg.) Auswirkungen* einer Zollerhebung seien anhand der Grafik „Zolltheorie – Wirkung einer Zollerhebung" veranschaulicht, die sich der Einfachheit halber auf die *Analyse der Inlandseffekte,* ausgehend von unendlicher Preiselastizität des Importangebots beschränkt. – Interpretation der Grafik: Dabei beschreiben P_i und Q_i Gleichgewichtspreis und -menge im Inland bei → Autarkie; bei Übergang zum Freihandel würde sich ein einheitlicher Weltmarktpreis von P_w ergeben, sofern von Transaktionskosten etc. abgesehen wird, sowie ein Import des Inlands in Höhe von BL erfolgen.

Zolltheorie – Wirkung einer Zollerhebung

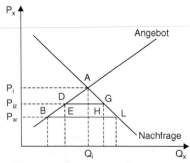

Wird nun ein Zoll auf die → Einfuhr des betrachteten Gutes erhoben, wird der Inlandspreis dementsprechend steigen. Es ergibt sich als neuer Gleichgewichtspreis P_{iz}, bei dem es nur noch zu einem Import in Höhe von DG kommt. – 2. Die Gesamtauswirkung der Zollerhebung auf das Inland lässt sich in folgende *Teileffekte* (Zollwirkungen) aufspalten: a) Aufgrund des von P_w auf P_{iz} gestiegenen Inlandspreises ist die inländische Wirtschaft zu einer um BE erhöhten Produktion in der Lage *(Protektionseffekt).* – b) Aus dem gleichen Grund kommt es zu einem Rückgang der inländischen Nachfrage um HL *(negativer Absorptionseffekt).* – c) Die Konsumentenrente verringert sich folglich um $GP_{iz}P_wL$, die Produzentenrente steigt um $DP_{iz}P_wB$ *(Umverteilungseffekt);* dabei sinkt die Konsumentenrente um BLGD stärker als die Produzentenrente steigt, wovon GHL auf einen Rückgang an Konsumentenrente aufgrund des um HL reduzierten Gesamtkonsums und BED auf eine Kostensteigerung für die erhöhte Inlandsproduktion entfallen, womit diese Flächen die gesamtwirtschaftlichen Wohlfahrtsverluste ausdrücken. – d) Die → Leistungsbilanz weist um BE + HL verminderte Warenimporte auf *(Zahlungsbilanzeffekt).* – e) Im Umfang von DEHG erzielt der Staat Zolleinnahmen *(fiskalischer Einnahmeeffekt),* es sei denn, der Zollsatz wird so hoch angesetzt, dass überhaupt kein Import mehr zustande kommt *(Autarkiepunkt A; Prohibitivzoll).* – 3. Diese Effekte können in ähnlicher Weise eintreten, wenn nicht ein Zoll erhoben, sondern stattdessen die Einfuhr mengenmäßig beschränkt wird *(Kontingentierung).* Grundsätzlich sind allerdings die einfuhrbeschränkenden Wirkungen sicherer. Ihre Einführung liegt deshalb nahe, wenn bei unelastischem Importangebot ein gewünschter Protektionseffekt durch Zollerhebung kaum, wohl aber durch Kontingentierung zu erreichen ist. Zu einem fiskalischen Einnahmeeffekt kommt es bei Kontingenten nur dann, wenn der Staat sich die Importlizenzen entgelten lässt. Mehreinnahmen infolge der induzierten Steigerung der inländischen Absatzpreise müssen nicht unbedingt den inländischen Importeuren zugute kommen, sondern können (zumindest z.T.) von den ausländischen Exporteuren beansprucht werden und zwar nicht zuletzt je nach der jeweiligen Konstellation der Marktmacht. – 4. Eine Exportsteuer führt *sowohl für ein großes wie für ein kleines Land* zu genau denselben Ergebnissen wie ein Importzollsatz von derselben Größenordnung, vorausgesetzt die Steuereinnahmen werden in beiden Fällen derselben Verwendung zugeführt (→ Lernersches Symmetrietheorem). – 5. Eine *bes. Form der Handelspolitik* ist die → Integration durch Errichtung von → Zollunionen bzw. → Freihandelszonen. Die Errichtung solcher Freihandelsblöcke kann nicht eindeutig als Schritt in Richtung Liberalisierung des Welthandels interpretiert werden. Der selektive Abbau von Handelsbarrieren beseitigt einerseits zwar eine Verzerrung, und zwar die Diskriminierung der Anbieter aus den Partnerländern gegenüber heimischen Anbietern (Handelsschaffungseffekt). Zugleich aber wird eine neue Verzerrung eingeführt, und zwar in Form der Diskriminierung zwischen den Anbietern aus den Block-Partnerländern und den Anbietern aus Drittländern (Handelsumlenkungseffekt). Es ist nicht von vornherein klar, ob der Nettoeffekt für alle beteiligten Partnerländer oder auch für die Drittländer positiv ist.

Zollunion – spezifisches Konzept zur regionalen Handelsliberalisierung. Im Zuge der Verwirklichung einer Zollunion werden zwischen den beteiligten Volkswirtschaften (schrittweise) alle → Zölle und → Kontingente beseitigt; parallel hierzu werden gleichzeitig die von den Mitgliedsländern gegenüber Drittländern angewendeten Zölle und Kontingente aneinander angeglichen, sodass nach außen hin ein einheitliches Zollrecht gilt (Entstehen *eines* gemeinsamen Zolltarifs, s. Einreihung in den Zolltarif). – *Bedeutung:* Eine Zollunion (so auch im Fall der Europäischen Union) dient i.d.R. als *Vorstufe*

zur Errichtung eines gemeinsamen → Binnenmarktes oder einer Wirtschaftsunion (→ regionale Integration). Der zur Gründung einer Zollunion erforderliche politische Konsens zwischen den beteiligten Ländern ist wegen des Verlustes der nationalen handelspolitischen Autonomie erheblich schwieriger zu erreichen als bei einer → Freihandelszone. – Eine Zollunion verstößt prinzipiell gegen den Grundsatz der *Meistbegünstigung* des GATT bzw. der World Trade Organization (WTO). Art. XXIV des GATT-Abkommens definiert die Bedingungen, unter denen eine Zollunion zwischen Staaten, die Vertragspartner im Rahmen des GATT sind, zulässig ist. – *Beispiel:* Die EU ist die bekannteste und wirtschaftlich bedeutendste Zollunion mit 27 Mitgliedsstaaten (vgl. Art. 28 AEUV). Weitere Zollunionen: MERCOSUR, CARICOM, CEMAC, UEMOA, EAC, Southern African Customs Union (SACU). – Vgl. auch → Integration, → Regionalismus.

Zollverein – 1. *Zusammenschluss* von Staaten zur Vereinheitlichung des Zollwesens und zum Abbau der Zollschranken, u.U. als Vorstufe einer → Zollunion. – 2. In Deutschland entstanden 1828 der *süddeutsche, mitteldeutsche* und *norddeutsche Zollbund,* 1833 wurde der „Deutsche Zollverein" gegründet als Zusammenschluss des bayerisch-württembergischen und des preußisch-hessischen Zollvereins mit Sachsen und Thüringen. Mit dem am 1.1.1834 in Kraft getretenen Zollverein wurden die → Binnenzölle aufgehoben und der wirtschaftliche Zusammenschluss der dt. Länder auch auf anderen Gebieten vorbereitet, so z.B. die Allgemeine Deutsche Wechselordnung von 1847, die in den Folgejahren von den Zollvereinsstaaten in Kraft gesetzt wurde. Der Vereinszolltarif wurde 1838 auf Grundlage des preussischen Zolltarifes geschaffen, der lediglich 43 alphabetisch sortierte Warengruppen enthielt. Schon 1842 gehörten dem Deutschen Zollverein 28 der 39 Bundesstaaten an. 1854 gehörten dem Zollverein alle Staaten des späteren Deutschen Reiches mit Ausnahme von Mecklenburg, Hamburg,

Bremen und den später hinzugekommenen Gebieten Schleswig-Holstein und Elsass-Lothringen an. Bremen trat erst 1884, Hamburg 1888 bei, nachdem die Freihäfen ein Zollausschlussgebiet ermöglichten. Bis 1888 traten insgesamt 39 dt. Staaten bei, so auch Luxemburg, allerdings ist Österreich nie beigetreten. Ein bedeutender Verfechter des Zollvereingedankens war Friedrich List. Der Deutsche Zollverein führte zur wirtschaftlichen Integration und Gründung einer → Währungsunion, da der Vereinstaler als Zahlungsmittel durch die Münzkonventionen von 1838 und 1857 eingeführt wurde. Darüber hinaus wurden Maße und Gewichte vereinheitlicht, was zur Erleichterung des Handelslebens führte. Der Deutsche Zollverein ist ein frühes Beispiel der wirtschaftlichen Integration und gilt mit Einschränkungen als Vorbild für die europäische Einigung im Rahmen der Europäischen Union.

Zollvertrag – zwischenstaatliche Vereinbarung zur Regelung von Zollfragen, die die beteiligten Länder angehen. – Vgl. auch → Zollverein, → Zollunion, Zollabkommen.

Zollwirkungen → Zolltheorie.

Zollzwecke – Grundsätzlich sind zwei (sich gegenseitig ausschließende) Zwecke bei der Zollerhebung zu unterscheiden: (1) *Fiskalzölle* (auch: der → Finanzzoll) sollen Einnahmen für den Staatshaushalt erbringen. Da sie das zu verzollende → Gut entsprechend verteuern, setzt die Verwirklichung des Einnahmeziels voraus, dass die Preiselastizität der Nachfrage nach diesen Gütern möglichst klein ist, d.h. dass sich die Nachfrager möglichst wenig durch die Zollerhebung abschrecken lassen. (2) Das zweite Zollmotiv ist der *Wirtschaftszoll* (→ Erziehungszoll). Sein Ziel ist nicht die Einnahmeerzielung, sondern der Schutz der inländischen Wirtschaft vor billiger ausländischer Importkonkurrenz (→ Schutzzoll). Das Schutzmotiv wird auch daran deutlich, dass Zölle in aller Regel mit zunehmendem Verarbeitungsgrad der importierten Güter zunehmen (*Zollprogression*),

d.h. verarbeitende inländische Industrie schützen, während im Zollgebiet nicht vorkommende bzw. nicht geförderte, aber produktionsnotwendige Rohstoffe gar nicht oder nur gering mit Zöllen belastet werden. Dies bezeichnet man als → effektive Protektion, im Unterschied zur nominalen Protektion, die sich aus den → Zolltarifen für die jeweiligen Güter ablesen lässt. Je ausgeprägter die Zolltarife eine Progression mit zunehmendem Verarbeitungsgrad aufweisen, desto größer ist die effektive Protektion im Vergleich zur nominalen. Die EU erhebt z.B. auch in Abhängigkeit von der Jahreszeit saisonale Zölle für Obst und Gemüse, um ihre eigene Produktion zu schützen. Unter dem Gesichtspunkt der Protektion ist somit nur der → Schutzzoll als protektionistische Maßnahme zu werten. Natürlich wirken auch Fiskalzölle handelshemmend, doch werden sie eben aus anderen wirtschaftspolitischen Gründen als Schutzzölle eingesetzt. Nach IWF-Angaben liegt in sehr vielen Staaten der Anteil der Zolleinnahmen zwischen 25 und 35 Prozent der Staatseinnahmen. Daher ist es verständlich, wenn bestimmte Länder aus fiskalischen Gründen kein ausgeprägtes Interesse an einer → Handelsliberalisierung haben. Sie befinden sich daher in einem Dilemma, wenn der IWF im Rahmen von Strukturanpassungsprogrammen zur Sanierung der Wirtschaft eine Importliberalisierung empfiehlt. Zuerst müsste bei Fiskalzöllen direkt auf Zolleinnahmen verzichtet werden, die nicht simultan durch andere Einnahmen (Steuern) kompensiert werden können. Hinzu kommt beim Wegfall von Schutzzöllen, dass durch Importe inländische Produktion verdrängt werden kann, was zum einen zu Beschäftigungseinbußen führt, zum andern aber auch Einbußen bei den Steuern bedeuten kann, die sich bislang aus der inländischen Produktion ergaben (Umsatz- und Verbrauchsteuern, Einkommen- und Gewinnsteuern). Auch im Exportbereich gibt es in vielen Ländern Zölle, und zwar sowohl als Fiskalzölle (v.a. in Entwicklungsländern) als auch als Schutzzölle, um den Export bestimmter Güter zu erschweren und die Güterversorgung im Inland nicht zu gefährden. Das Schutzzollargument ist historisch als → Erziehungszoll entstanden, d.h. als zeitlich begrenzter Zoll, in dessen Schutz sich die begünstigten Industrien auf den späteren Wettbewerb auf dem Weltmarkt vorbereiten sollten. Sobald die Wettbewerbsfähigkeit gegenüber den Konkurrenten im Ausland ausreichend gestärkt ist, soll ein solcher Schutzzoll abgebaut werden. Vielfach denaturieren Erziehungszölle jedoch zu Dauereinrichtungen, welche die Erstarrung und Verkrustung ineffizienter Wirtschaftsstrukturen begünstigen; die Abschottung des EU-Agrarmarktes vom Weltmarkt ist ein einschlägiges schlechtes Beispiel. Sofern durch Zölle der Import völlig zum Erliegen kommt und faktisch ein Importverbot vorliegt, spricht man von → *Prohibitivzoll*, während Zölle, die als Reaktion auf die Zollerhebung eines anderen Landes eingeführt werden, als *Retorsionszoll*, → *Abwehrzoll* oder → *Vergeltungszoll* bezeichnet werden. In diesem Zusammenhang ist auch der → Antidumpingzoll als tarifäre Protektion gegen „Schleuderpreise" und der → Ausgleichszoll für staatlich subventionierte Ausfuhren anzuführen, welche ungerechtfertigt billige Importe auf ein „richtiges" Preisniveau anheben sollen. Während Zölle grundsätzlich → tarifäre Handelshemmnisse sind, zählen die drei zuletzt genannten Maßnahmen zu den → nicht tarifären Handelshemmnissen gezählt.

Zukunftsmarkt – Konzept aus der Theorie des intertemporalen → Gleichgewichts. Der Zukunftsmarkt bezeichnet einen → Markt, auf dem Güter heute gekauft, morgen aber erst zu den beim Kauf festgelegten Konditionen geliefert werden. Damit werden die Markttransaktionen beim Abschließen eines Kaufes und Lieferung der Ware zeitlich

getrennt (Termingeschäfte). – *Funktionen:* (1) Absicherung gegen Risiken und Unsicherheit; (2) Informationsbeschaffung über Erwartungen der anderen Wirtschaftssubjekte bez. der Zukunft. – In der Realität existieren nur für wenige Güter Zukunftsmärkte (z.B. → Devisenterminmärkte).

zunehmende Skalenerträge – Eigenschaft der → Technologie einer Ein-Produkt-Unternehmung, wenn bei einer Vervielfachung aller Faktoreinsatzmengen um den → Faktor n die Produktionsmenge um mehr als das n-fache ansteigt. Handelt es sich um eine → homogene Produktionsfunktion und steigt die Produktionsmenge um das n-hoch-r-fache, so gibt r den → Homogenitätsgrad der Produktionsfunktion an. – Formal: Ist r ein Inputvektor und f eine Produktionsfunktion, so gilt: $f(nr) > n \cdot f(r)$ für alle $n > 1$.

Zweikontensystem – Form der Zahlungsabwicklung im → Außenhandel. – Vgl. auch → Verrechnungskonten.

Zwei-Länder-Modelle → Totalmodelle großer offener Volkswirtschaften.

zweitbeste Maßnahme → Theorie des Zweitbesten.

zyklische Konkurrenz – Begriff der Marktformenlehre (→ Marktformen) von R. Triffin. Zyklische Konkurrenz liegt vor, wenn sich zwei oder mehrere Anbieter absatzpolitisch in der Weise beeinflussen, dass stets eine Maßnahme eines Anbieters zu Konkurrenzmaßnahmen der übrigen führt und umgekehrt (→ Aktions-Reaktions-Verbundenheit). Derartige absatzpolitische Kettenreaktionen treten v.a. bei oligopolistischen Marktformen (Oligopol, → oligopolistische Interdependenz) auf.

Zyklus → Konjunkturzyklus, Lebenszyklus.

Zyklusdauer – Länge eines → Konjunkturzyklus.